Die Umsetzung der Verbrauchsgüterkaufrichtlinie
in Italien und Deutschland

Internationalrechtliche Studien

Beiträge zum Internationalen Privatrecht, zum Einheitsrecht und zur Rechtsvergleichung

Herausgegeben von Ulrich Magnus

Band 46

PETER LANG
Frankfurt am Main · Berlin · Bern · Bruxelles · New York · Oxford · Wien

Claire Anna Reifner

Die Umsetzung der Verbrauchsgüterkaufrichtlinie in Italien und Deutschland

PETER LANG
Europäischer Verlag der Wissenschaften

Bibliografische Information der Deutschen Nationalbibliothek
Die Deutsche Nationalbibliothek verzeichnet diese Publikation in der Deutschen Nationalbibliografie; detaillierte bibliografische Daten sind im Internet über <http://www.d-nb.de> abrufbar.

Zugl.: Hamburg, Univ., Diss., 2006

D 18
ISSN 0947-0395
ISBN-10: 3-631-56234-9
ISBN-13: 978-3-631-56234-5

www.peterlang.de

Meinen Eltern

... CERTI che, «Unita nella diversità», l'Europa offre ai suoi popoli le migliori possibilità di proseguire, nel rispetto dei diritti di ciascuno e nella consapevolezza delle loro responsabilità nei confronti delle generazioni future e della Terra, la grande avventura che fa di essa uno spazio privilegiato della speranza umana; ...

Trattato che istituisce una Costituzione per l'Europa, Preambolo

... IN DER GEWISSHEIT, dass Europa, „in Vielfalt geeint", ihnen die besten Möglichkeiten bietet, unter Wahrung der Rechte des Einzelnen und im Bewusstsein ihrer Verantwortung gegenüber den künftigen Generationen und der Erde dieses große Unterfangen fortzusetzen, das einen Raum eröffnet, in dem sich die Hoffnung der Menschen entfalten kann, ...

Vertrag über eine Verfassung für Europa, Präambel

Danksagung

Die vorliegende Arbeit wurde im Juli 2005 vom Fachbereich Rechtswissenschaften der Universität Hamburg unter dem Titel „Die Umsetzung der Verbrauchsgüterkaufrichtlinie in Deutschland und Italien" als Dissertation angenommen.

Sehr herzlich danken möchte ich meinem Doktorvater, Herrn Prof. Dr. *Ulrich Magnus*, der mir den entscheidenden Anstoß bei der Wahl meines Dissertationsthemas gegeben und die Arbeit betreut hat.

Herrn Prof. Dr. Dr. Dr. h.c. *Klaus J. Hopt* danke ich für die Erstellung des Zweitgutachtens.

Mein ganz besonderer Dank gilt Herrn Prof. Dr. *Luca Nogler*, dem Direktor des Fachbereichs Rechtswissenschaften an der Universität Trento in Italien. Dank seiner freundlichen Unterstützung habe ich bei meinem dortigen Forschungsaufenthalt optimale Voraussetzungen zur Fertigstellung meiner Arbeit vorgefunden. Frau Prof. Dr. *Luisa Antoniolli* vom Fachbereich Rechtswissenschaften der Universität Trento danke ich ebenfalls für ihre Unterstützung bei meinen Recherchen vor Ort und für ihre wertvollen Anregungen bei der Erstellung meiner Arbeit.

Bedanken möchte ich mich vor allem bei *Annette Gaspar* für ihre Geduld und Sorgfalt bei der Durchsicht des Manuskripts.

Hamburg, im September 2006 Claire Anna Reifner

Inhaltsverzeichnis

Einleitung

Mit der Gründung einer supranationalen Gemeinschaft in Europa durch die Verträge von Paris[1] und Rom[2] haben sich die Mitgliedstaaten der Europäischen Union vom Ideal eines eigenständigen unabhängigen, in sich geschlossenen und damit national-souveränen Rechtssystems in Richtung auf ein mindestens duales Rechtssystem hin bewegt.[3] Das vom nationalen Gesetzgeber geschaffene Recht steht nunmehr neben dem Recht der Mitgliedstaaten. Historisch betrachtet ist eine solche Koexistenz verschiedener Rechte und Gesetzgeber und damit ein Rechtspluralismus nicht die Ausnahme, sondern die Regel in der europäischen Rechtskultur. Im Mittelalter etwa überschnitten sich die Anwendungsbereiche der einzelnen Rechtskreise, wie die des Stammes- und Standesrechts, die durch Gewohnheiten geschaffenen örtlichen und regionalen Rechte und das Recht der Ortskirchen mit dem Recht der Kirche als *jus comune*. Auch im deutschen Föderalismus blieb diese Tradition durch die Konkurrenz von Landes- und Bundesgesetzgebung aufrechterhalten. Während die Rechtsetzung der nationalen Gesetzgeber in der Regel dazu diente, nicht geklärte Rechtsfragen einheitlich zu regeln oder bestehende Gesetze den Entwicklungen der Neuzeit anzupassen, versteht sich das Recht der Gemeinschaft als vom gemeinsamen Willen der Mitgliedstaaten getragenes Instrument zur Rechtsangleichung auch in solchen Bereichen, die bereits vom nationalen Gesetzgeber umfassend geregelt sind.

Erst in den letzten Jahrzehnten hat sich mit dem „Gemeinschaftsprivatrecht" die europäische Privatrechtsangleichung vom eher öffentlich-rechtlichen „Gemeinschaftsrecht" abgespalten und zu einem eigenständigen Rechtsbereich entwickelt.[4] Mitte der 80iger Jahre hatte die Gemeinschaft mit dem Erlass von privatrechtsregelnden Richtlinien begonnen. So ist z.B. das deutsche HGB, AktG und GmbHG ein Beweis dafür, dass das allgemeine Privatrecht und das Handels- und Gesellschaftsrecht seit über zwei Jahrzehnten durch harmonisiertes Recht maßgeblich geprägt werden. Neben dem Arbeits- und Gesellschaftsrecht eröffnet das Verbraucherschutzrecht für den EU-Gesetzgeber ein wichtiges Einfallstor in das allgemeine Zivilrecht der Mitgliedstaaten.[5]

In der ersten Phase der europäischen Verbraucherpolitik beschränkte sich die Kommission auf die Erarbeitung von unverbindlichen „Programmen", wobei diese

---

1 Vertrag über die Europäische Gemeinschaft für Kohle und Stahl (EGKS). Er wurde am 18.4.1951 unterzeichnet und trat am 25.7.1952 in Kraft.

2 Vertrag über die Europäische Wirtschaftsgemeinschaft (EWG) und Vertrag über die Europäische Atomgemeinschaft (EAG, EURATOM). Beide Verträge wurden am 25.3.1957 unterzeichnet und traten am 1.1.1958 in Kraft. Während der EGKS-Vertrag für einen Zeitraum von 50 Jahren abgeschlossen wurde, gelten die Verträge von Rom "auf unbegrenzte Zeit" (Art. 240 EWG und Art. 208 EAG), wodurch sie nahezu Verfassungsrang erhalten haben.

3 *Schulze*, Auslegung europäischen Privatrechts, S. 9.

4 Vgl. zur Entwicklungsgeschichte *Klauer*, Die Europäisierung des Privatrechts, S. 17f und 21f.

5 *Tonner*, BB 1999, 1769.

eher spärliche Gesetzgebung jeweils auf die Initiative der Mitgliedstaaten zurückging.[6] Die nach der seinerzeit bestehenden Ermächtigungsnorm zur Rechtsangleichung erforderliche Einstimmigkeit im Ministerrat hätte auch wohl kaum mehr erlaubt. Erst durch den EG-Vertrag 1985 wurde mit der Binnenmarktvorschrift des Art. 100 a EGV (heute Art. 95 EGV) das Mehrheitsprinzip eingeführt. Mittlerweile ist das Verbraucherschutzrecht mit seinen zahlreichen Richtlinien beinahe zum Zentrum der Harmonisierungsbemühungen geworden.

Betroffen waren bis zum Jahre 1999 Sonderbereiche des Verbrauchervertragsrechts. So betrafen die Haustürwiderrufs-[7], Verbraucherkredit-[8] und Fernabsatz-Richtlinie[9] ausschließlich Vertragsschlussmodalitäten, die Richtlinie über irreführende Werbung[10], die AGB-[11] und die Preisangabenrichtlinie[12] Teile des Vertragsinhalts und die Pauschalreise-[13] sowie die Timesharing-Richtlinie[14] die Regelung neuartiger Vertragstypen. Während die meisten Richtlinien nur der Rechtsannäherung dienten, stellte bereits die 1985 erlassene AGB-Richtlinie[15] eine

---

[6] Entschließung des Rates vom 14.4.1975 betreffend ein erstes Programm der Europäischen Wirtschaftsgemeinschaft für eine Politik zum Schutz und zur Unterrichtung der Verbraucher (ABl. EG Nr. C 92 vom 25.4.1975, S. 1f) und Entschließung des Rates vom 19.5.1981 betreffend ein zweites Programm der Europäischen Wirtschaftsgemeinschaft für eine Politik zum Schutz und zur Unterrichtung der Verbraucher (ABl. EG Nr. C 133 vom 03.6.1981, S. 1f).

[7] Richtlinie 85/577/EWG des Rates vom 20.12.1985 betreffend den Verbraucherschutz im Falle von außerhalb von Geschäftsräumen geschlossenen Verträgen (ABl. EG Nr. L 372 vom 31.12.1985, S. 31f).

[8] Richtlinie 87/102/EWG des Rates vom 22.12.1986 zur Angleichung der Rechts- und Verwaltungsvorschriften der Mitgliedstaaten über den Verbraucherkredit (ABl. EG Nr. L 42 vom 12.2.1987, S. 48f).

[9] Richtlinie 97/7/EG des Europäischen Parlaments und des Rates vom 20.5.1997 über den Verbraucherschutz bei Vertragsabschlüssen im Fernabsatz (ABl. EG Nr. L 144 vom 4.6.1997, S. 19f).

[10] Richtlinie 84/450/EWG des Rates vom 10.9.1984 zur Angleichung der Rechts- und Verwaltungsvorschriften der Mitgliedstaaten über irreführende Werbung (ABl. EG Nr. L 250 vom 19.9.1984, S. 17f). Die Richtlinie wurde geändert durch: Richtlinie 97/55/EG des Europäischen Parlaments und des Rates vom 6.10.1997 zur Änderung der Richtlinie 84/450/EWG über irreführende Werbung zwecks Einbeziehung der vergleichenden Werbung (ABl. EG Nr. L 290 vom 23.10.1997, S. 18f).

[11] Richtlinie 93/13/EWG des Rates vom 5.4.1993 über missbräuchliche Klauseln in Verbraucherverträgen (ABl. EG Nr. L 95 vom 21.4.1993, S. 29f).

[12] Richtlinie 98/6/EG des Europäischen Parlaments und des Rates vom 16.2.1998 über den Schutz der Verbraucher bei der Angabe der Preise der ihnen angebotenen Erzeugnisse (ABl. EG Nr. L 80 vom 18.3.1998, S. 27f).

[13] Richtlinie 90/314/EWG des Rates vom 13.6.1990 über Pauschalreisen (ABl. EG Nr. L 158 vom 23.6.1990, S. 59f).

[14] Richtlinie 94/47/EG des Europäischen Parlaments und des Rates vom 26.10.1994 zum Schutz der Erwerber im Hinblick auf bestimmte Aspekte von Verträgen über den Erwerb von Teilzeitnutzungsrechten an Immobilien (ABl. EG Nr. L 280 vom 29.10.1994, S. 83f).

[15] Siehe Fn. 11.

nennenswerte Innovation für viele bestehende Rechte der Mitgliedstaaten dar.[16] Sie zwang die nationalen Gesetzgeber, erstmals wesentliche Fragen des Vertragsgestaltungsrechts in ihren Umsetzungsgesetzen neu zu regeln. Zunächst waren nur junge[17] Rechtsbestände der Mitgliedstaaten betroffen. Eine Globalharmonisierung gehörte nicht zu den Zielen der EU.[18] Erstmals durch den Erlass der Timesharing-Richtlinie wurde Recht gesetzt, das ältere Rechts-vorschriften ergänzte. Durch die Fernabsatz-Richtlinie schließlich wurde das allen mitgliedstaatlichen Zivilrechtsordnungen zu Grunde liegende Prinzip des „pacta sunt servanda" durch ein allgemeines Widerrufsrecht mit neuem Inhalt gefüllt.[19]

Eine weitere Richtungsänderung des EU-Gesetzgebers erfolgte durch den Erlass der VerbrGK-RL[20]. Mit ihr wurde das europäische Verbraucherschutzrecht nachhaltig fortentwickelt und damit eine Europäisierung des Privatrechts eingeleitet.[21] Gegenstand der VerbrGK-RL ist vor allem die Sachmängelgewährleistung. Anders als bei den sonstigen Verbraucherschutzrichtlinien steht bei der VerbrGK-RL nicht die Information des Verbrauchers im Vordergrund. Sie betrifft den über den Verbraucherschutz hinausgehenden äußerst traditionsgebundenen Kernbereich der nationalen Privatrechtsordnungen: das Kaufrecht als zentrale Materie des Zivilrechts aller Mitgliedstaaten. So blieben mit Ausnahme etwa des italienischen und holländischen Zivilgesetzbuches die allgemeinen Zivilgesetze der Mitgliedstaaten, wie etwa der *Code Civil* von 1803 in Frankreich, das *Burgerlijk Wetboek* von 1804 in Belgien, das *Allgemeine Bürgerliche Gesetzbuch* von 1811 in Österreich, der *Código Civil* von 1889 in Spanien und nicht zuletzt das BGB von 1896 in Deutschland so wie die zivilrechtlichen Kodifikationen der Rechtsordnungen mit Einzelgesetzen, wie der *Sale of Goods Act* von 1893 in England, dem *Lov om Køb* in Dänemark und dem *Lag om Köp* in Schweden über 100 Jahre weitgehend unverändert.[22]

Mit dem Erlass der VerbrGK-RL griff die europäische Gesetzgebung damit auch in den Allgemeinen Teil des Zivilrechts ein.[23] Sie stellt damit den weitreichensten Eingriff durch sekundäres Gemeinschaftsrecht in das nationale Recht der EU-Mitgliedstaaten dar.[24] Es kann daher kaum verwundern, dass nur drei

---

[16] *Tonner*, BB 1999, 1769 (1769); *Micklitz*, EuZW 1999, 485 (491).

[17] Die AGB-Gesetzgebung der Mitgliedstaaten stammte überwiegend aus den 70er Jahren.

[18] *Zaccaria*, in: *Canaris/Zaccaria* (Hrsg.), Die Umsetzung von zivilrechtlichen Richtlinien, S. 1.

[19] *Tonner/Crellwitz/Echtmeyer*, in: *Micklitz/Pfeiffer/Tonner/Willingmann* (Hrsg.), Schuldrechtsreform und Verbraucherschutz, S. 293 (302).

[20] Richtlinie 1999/44/EU des Europäischen Parlaments und des Rates vom 25.5.1999 zu bestimmten Aspekten des Verbrauchsgüterkaufs und der Garantien für Verbrauchsgüter (ABl. EG Nr. L 171 vom 7.7.1999, S. 12f). Im Folgenden wird zur Vereinfachung die Richtlinie 1999/44/EU „VerbrGK-RL" genannt.

[21] Allgemeine Begründung I A Nr. 5, in: ZIP 1996, S. 1845 (1847); *Staudenmayer*, NJW 1999, 2393; *Reich*, NJW 1999, 2397 (2398); *Hübner*, EuZW 1999, 481; *Tonner*, BB 1999, 1769 (1769).

[22] Vgl. *Schwartze*, ZEuP 2000, 544 (545).

[23] *Tonner*, BB 1999, 1769 (1769).

[24] *Micklitz*, EuZW 1999, 485 (491).

Mitgliedstaaten die Umsetzung der VerbrGK-RL fristgerecht zum 1. Januar 2002[25] realisiert haben: Deutschland[26], Finnland[27] und Österreich[28]. Während Dänemark[29], Griechenland[30], Irland[31], Italien[32], Portugal[33], Schweden[34], Spanien[35], die Niederlande[36] und das Vereinigte Königreich[37] sich kurz nach Ablauf der Umsetzungsfrist anschlossen, ließen andere Länder, wie etwa Belgien[38], Luxemburg[39] und Frankreich[40], bis zu vier Jahren mit der Umsetzung auf sich warten.

---

[25] Vgl. Art. 11 Abs. 1 VerbrGK-RL.

[26] Gesetz zur Modernisierung des Schuldrechts vom 26.11.2001, BGBl. Nr. 61/2001 Teil I, 29.11.2001, S. 3138.

[27] Laki kuluttajansuojalain muuttamiesta ref: Suomen Säädökokoelma n 1258/2001 du 19/12/2001, S. 3509; vgl. zur Umsetzung der Richtlinie in Finnland, *Schulze Steinen*, IHR 2003, 212f.

[28] Gewährleistungsrechts-Änderungsgesetz, BGBl. Nr. 48/2001 Teil I, 08/05/2001, S.1019.

[29] Lov om aendring af lov om markedsforing ref: Lov Nr. 342 du 02/06/1999, S. 1731; Lov om aendring af lov omkob ref: Lov Nr. 213 du 22/04/2002.

[30] Gesetz Nr. 3043-2002 vom 21.8.2002, (EK 192/A/21-8-2002).

[31] European Communities (Certain Aspects of the Sale of Consumer Goods and Associated Guaranties) Regulation 2003, S.I. No. 11 of 2003.

[32] Gesetzesdekret (Decreto Legislativo) vom 02.2.2002, Nr. 24, GU Nr. 57 vom 08.3.2002 - Suppl. Ordinario Nr. 40.

[33] Decreto-Lei n. 67/2003 (DR 83 Série I-A de 2003-4-8).

[34] Lag om ändring i konsumentköplagen (1990 : 932) ref: SFS 2002/587 du 19/06/20023; Lag om ändring i konsumenttjänstlagen (1985:716) ref: SFS 2002/588 du 19/06/20024; Lag om ändring i marknadsföringslagen (1995:450) ref: SFS 2002/565 du 14/06/2002.

[35] Ley 23/2003, de 10 de julio, de Garantias en la Venta de Biens de Consumo (BOE núm. 165, p. 27160).

[36] Wet van 6 maart 2003 tot aanpassing van Boek 7 van het Burgerlijk Wetboek aan de richtlijn betreffende bepaalde aspecten van de verkoop van en de garanties voor consumptiegoderen (Stb. 2003, 110).

[37] Sale and Supply of Goods to Consumers Regulation 2002, Gesetz 2002 Nr. 3045 vom 11.12.2002 umgesetzt. Allein die Kollisionsnorm des Art. 7 Abs. 2 VerbrGK-RL wurde gesondert und zwar durch Section 27 des Unfair Contract Terms Act 1977 umgesetzt. Vgl. zur Umsetzung in Großbritannien: *Zerres*, RIW 2003, 746f und *Sobich*, RIW 2003, 740f.

[38] Loi relative à la protection des consommateurs en cas de vente de biens de consommation vom 01.09.2004.

[39] Loi du 21 avril 2004 relative à la garantie de conformité due par le vendeur de biens meubles corporels portant transposition de la Directive 1999/44/CE du Parlement et du Conseil du 25 mai 1999 sur certains aspects de la vente et des garanties des biens de consommation et modifiant la loi modifiée du 25 août 1983 relative à la protection juridique du consommateur.

[40] Ordonnance No. 2005-136 du 17 février 2005 relative à la garantie de la conformité du bien au contrat due par le vendeur au consommateur, Journal Officiel No. 41 vom 18.02.2005, S. 2778. Allerdings gibt es in Frankreich bereits ein weiteres Reformprojekt zum Schuld- und Verjährungsrecht: Avant-projet de réforme du droit des obligations (Articles 1101 à 1386 du Code civil) et du droit de la prescription (Articles 2234 à 2281 du Code civil) vom 22.9.2005.

Mit dem Erlass der Signatur-[41], E-Commerce- [42] und Zahlungsverzugsrichtlinie [43] sowie der Richtlinie über den Fernabsatz von Finanzdienstleistungen[44] und der Richtlinie über Finanzsicherheiten[45] hat sich die Regelungsdichte der privatrechtsregelnden und –angleichenden Rechtsakte der EU seither weiter vergrößert.

Es wird daher in der Literatur bereits heute von einer „kritischen Masse" an Richtlinien auf dem Gebiet des Verbraucherschutzes gesprochen.[46] Dabei war die Konzentration auf Verbraucherschutzgesichtspunkte nicht zwingend. Die Kompetenznorm des Art. 95 EGV erlaubt die Rechtsangleichung allgemein zum Zwecke der Errichtung und Funktionsfähigkeit des Binnenmarktes.[47] Damit stellt sich die Frage nach den künftigen Entwicklungsmöglichkeiten des Europäischen Privatrechts.[48] Im Wesentlichen sind drei Entwicklungslinien denkbar: die Fortführung des in der Literatur bezeichneten „Flickenteppich-Ansatzes"[49], die Entwicklung von Sonderprivatrechten oder die Verabschiedung eines Europäischen Vertragsgesetzbuches.[50]

Das Europäische Parlament, das zunächst nur wenig Einfluss hatte, fasste schon frühzeitig eine umfassende Europäisierung des Privatrechts ins Auge. So verabschiedete es bereits 1989 und 1994 zwei Resolutionen mit der Forderung nach einer Kodifikation in Form eines Europäischen Zivilgesetzbuches zur Angleichung

[41] Richtlinie 1999/93/EU des Europäischen Parlaments und des Rates vom 13.12.1999 über gemeinschaftliche Rahmenbedingungen für elektronische Signaturen (ABl. EG Nr. L 13 vom 19.1.2000, S. 12f).

[42] Richtlinie 2000/31/EU des Europäischen Parlaments und des Rates vom 8.6.2000 über bestimmte Aspekte der Dienste der Informationsgesellschaft, insbesondere des elektronischen Geschäftsverkehrs, im Binnenmarkt (ABl. EG Nr. L 178 vom 17.7.2000, S. 1f).

[43] Richtlinie 2000/35/EU des Europäischen Parlaments und des Rates vom 29.6.2000 zur Bekämpfung von Zahlungsverzug im Geschäftsverkehr (ABl. EG Nr. L 200 vom 08.8.2000, S. 35f).

[44] Richtlinie 2002/65/EG des Europäischen Parlaments und des Rates vom 23.9.2002 über den Fernabsatz von Finanzdienstleistungen an Verbraucher und zur Änderung der Richtlinie 90/619/EWG des Rates und der Richtlinien 97/7/EG und 98/27/EG (ABl. EG Nr. L 271 vom 09.10.2002 S. 16f).

[45] Richtlinie 2002/47/EG des Europäischen Parlaments und des Rates vom 6.6.2002 über Finanzsicherheiten (ABl. EG Nr. L 168 vom 27.6.2002 S. 43f).

[46] *Basedow*, AcP 2000 (200), 445 (446).

[47] *Klauer*, Die Europäisierung des Privatrechts, S. 107.

[48] Vgl. Mitteilung der Kommission an den Rat und das Europäische Parlament zum Europäischen Vertragsrecht vom 11.7.2001 [KOM 2001 (398)endg.] S. 13f und 19f. Abgedruckt auch in ZEuP 2002, 963f.

[49] So *Eckert*, in FS *Söllner*, S. 243 (251).

[50] *Staudenmayer*, in: *Schulze/Schulte-Nölke* (Hrsg.), Die Schuldrechtsreform vor dem Hintergrund des Gemeinschaftsrechts, S. 419; *Tonner/Crellwitz/Echtmeyer*, in: *Micklitz/Pfeiffer/Tonner/Willingmann* (Hrsg.) Schuldrechtsreform und Verbraucherschutz, S. 293 (301); *Basedow*, AcP 2000(200), 446; *Stathopoulos*, ZEuP 2003, 243f.

der Rechtsordnungen.[51] Zwei voneinander unabhängige Kommissionen europäischer Rechtswissenschaftler haben daraufhin Entwürfe für ein solches Werk vorgelegt: die Arbeiten zur internationalen Rechtsvereinheitlichung, insbesondere die *Principles of European Contract Law*[52] der Europäischen Vertragsrechtskommission, auch *Lando*-Kommission genannt, und die Arbeiten der Akademie Europäischer Privatrechts-wissenschaftler von Pavia[53], die zunächst in der rechtswissenschaftlichen Öffent-lichkeit wenig Beachtung fanden. Am 15. und 16. Oktober 1999 hielt der Europäische Rat im finnischen Tampere eine Sondertagung über die Schaffung eines Raumes der Freiheit, der Sicherheit und des Rechts in der Europäischen Union ab. Im Anschluss daran forderte er die Kommission auf, eine Studie zur Notwendigkeit einer Rechtsangleichung im Bereich des Zivilrechts in den Mitgliedstaaten und zur Beseitigung von Hindernissen für das reibungslose Funktionieren von zivilrechtlichen Verfahren bis zum Sommer 2001 vorzulegen. Damit rückte die Europäisierung des Privatrechts in das Rampenlicht der juristischen Diskussion.[54]

Gleichzeitig wurde eine vom Europäischen Parlament in Auftrag gegebene „Untersuchung der Privatrechtsordnungen der EU im Hinblick auf Diskriminierung und Schaffung eines Europäischen Zivilgesetzbuches" vorgelegt.[55] Hieran schloss sich eine Expertenanhörung im November 2000 vor dem Rechtsausschuss des Europäischen Parlaments an.[56] Am 11. Juli 2001 hat die EU-Kommission eine Mitteilung[57] an den Rat und das Europäische Parlament zum europäischen Vertragsrecht vorgelegt. Darin fordert die Kommission interessierte Kreise auf, sich zu der Frage zu äußern, ob die Funktionsfähigkeit des Binnenmarktes durch das Nebeneinander unterschiedlicher Rechtsordnungen in den Mitgliedstaaten beeinträchtigt wird. Für den Fall, dass die Antwort auf diese Frage positiv ausfällt, bittet sie um Lösungsvorschläge. Im Vordergrund stand dabei unter anderem die Frage, ob der bisher verfolgte Ansatz der sektoriellen Harmonisierung des

---

[51] Entschließung des Europäischen Parlaments zu den Bemühungen um eine Angleichung des Privatrechts der Mitgliedstaaten vom 26.5.1989 (ABl. EG Nr. C 158 vom 26.6.1989, S. 400f), abgedruckt in ZEuP 1993, 613f und Entschließung des Europäischen Parlaments zur Angleichung bestimmter Bereiche des Privat-rechts der Mitgliedstaaten vom 6.5.1994 (ABl. EG Nr. C 205 vom 25.7.1994, S. 518f), abgedruckt in ZEuP 1995, 669f.

[52] *Lando/Beale* (Hrsg.), The Principles of European Contract Law Part I and II, 2000, auch veröffentlicht in ZEuP 1995, 864f (deutsche Übersetzung von *Drobnig/Zimmermann*).

[53] Akademie Europäischer Privatrechtswissenschaftler (Hrsg.), Europäisches Vertragsgesetzbuch – Entwurf (Pavia 1995).

[54] Europäischer Rat vom 15./16.10.1999, Schlussfolgerungen des Vorsitzes SI (1999) 800 Nr. VII Punkt 39.

[55] Europäischen Parlament, Generaldirektion Wissenschaft (Hrsg.), *Von Bar/Barendrecht/ Basedow/Drobnig/ van Greven/Hondius/Kerameus/Koussoulis/Lando/Loos/Tilmann*, Untersuchung der Privatrechtsordnungen der EU im Hinblick auf Diskriminierung und Schaffung eines Europäischen Zivilgesetzbuches, JURI 103 DE, Luxemburg 1999.

[56] Arbeitsdokument vom 6.11.2000 des Ausschusses für Recht und Binnenmarkt (E 294.922).

[57] Mitteilung der Kommission an den Rat und das Europäische Parlament zum europäischen Vertragsrecht, [KOM (2001) 398 endg.] (ABl. EG Nr. C 255 vom 13.9.2001, S. 1f).

Vertragsrechts zu Inkohärenzen auf EU-Ebene oder zu Problemen auf Grund uneinheitlicher Richtlinienumsetzung in den EU-Mitgliedstaaten führt.

Durch diese Mitteilung wurde ein Konsultations- und Diskussionsprozess eingeleitet, der zahlreiche Stellungnahmen[58] von Regierungen und Interessengruppen unter anderem von Unternehmen, rechtsanwendenden Berufen, Hochschullehrern und Verbraucherverbänden nach sich zog. Noch im selben Jahr, am 2. Oktober 2001, veröffentlichte die Kommission ein Grünbuch zur Zukunft des Verbraucherschutzrechts, worin sie erstmals eine Rahmenrichtlinie über lautere Geschäftspraktiken vorschlug.[59] Auch das Europäische Parlament blieb nicht tatenlos. Am 15. November 2001 nahm es eine weitere Resolution an.[60] Obwohl seine äußere Form zunächst vermuten lässt, es handle sich um eine Reaktion auf die Mitteilung der Kommission, geht sie inhaltlich wesentlich weiter. Sie sieht ein dreistufiges Zeit- und Arbeitsprogramm zur Entwicklung eines gesamteuropäischen Privatrechts vor, wobei sie darauf verzichtet hat, das Reizwort[61] „Europäisches Zivilgesetzbuch" zu verwenden.

Nach Errichtung eines europäischen Instituts zur Erarbeitung der erforderlichen rechtlichen Konzepte durch zahlreiche rechtsvergleichende Untersuchungen sollen ab 2006 Entwürfe für das Recht der vertraglichen Schuldverhältnisse erarbeitet werden, die ab 2010 in die Ausarbeitung eines europäischen Vertragsrechtskodex unter gleichzeitiger Vertiefung der Rechtsangleichung des Verbraucherschutzrechts und der Produktsicherheit und –haftung münden sollen.[62] Damit erweitert das Europäische Parlament nun endgültig seine Rechtsangleichungsvorhaben über das Vertragsrecht hinaus auf das gesamte Privatrecht, da dessen Teilgebiete aufeinander bezogen und folglich nicht unabhängig voneinander behandelt werden dürften.[63] Gleichzeitig forderte das Europäische Parlament in seiner Resolution die Kommission auf, einen Aktionsplan vorzulegen. Ob sich die Kommission der vom Europäischen Parlament favorisierten Entwicklungstendenz anschließt, blieb zunächst noch offen. In der Literatur wurde richtigerweise darauf hingewiesen, dass mit dem bisher eingeschlagenen Weg eher eine Harmonisierung des nationalen Rechts erreicht wird als die Entstehung einer supranationalen einheitlichen Rechtsordnung.

In der Mitteilung[64] vom 11. Juni 2002 über Folgemaßnahmen zum Grünbuch über Verbraucherschutz in der EU hat die Kommission die zu diesem Dokument

---

[58] Bis zum 12.2.2003 waren es insgesamt 181 Stellungnahmen, abrufbar auf den Internetseiten der EU.

[59] Grünbuch zum Verbraucherschutz in der Europäischen Union vom 2.10.2001 [KOM (2001) 531endg.].

[60] Entschließung des Europäischen Parlaments zur Annäherung des Zivil- und Handelsrechts in den Mitgliedstaaten [KOM (2001) 398endg.].

[61] So *von Bar*, ZEuP 2002, 629 (630).

[62] Vgl. Nachweise hierzu *Sonnenberger*, RIW 2002, 489f.

[63] Vgl. hierzu *von Bar*, ZEuP 2002, 629 (631).

[64] Mitteilung der Kommission: Folgemaßnahmen zum Grünbuch über Verbraucherschutz in der EU [KOM (2002) 289endg.].

von Oktober 2001 ergangenen Stellungnahmen zusammengefasst und sich erneut durch zustimmende Stellungnahmen zum Grünbuch dafür ausgesprochen, eine Rahmenrichtlinie über unlautere Geschäftspraktiken zu erarbeiten. Die Idee eines Europäischen (Verbraucher-) Vertragsgesetzbuches wurde hingegen mit keinem Wort erwähnt. Noch trennt die Kommission zwischen Verbraucherschutzrecht und Vertragsrecht. Auch die von der Kommission in einer weiteren Mitteilung[65] veröffentlichten verbraucherpolitischen Strategien für die Jahre von 2002 bis 2006 lassen diese klare Trennung deutlich erkennen. Erst mit ihrer Mitteilung[66] vom 12. Februar 2003 hat die Kommission unter Berücksichtigung der Stellungnahmen aus Wissenschaft und Praxis ihre Mitteilung zum Europäischen Vertragsrecht vom 11. Juli 2001 wieder aufgegriffen und entsprechend der Aufforderung des Europäischen Parlaments einen Aktionsplan vorgelegt. Der Aktionsplan schlägt eine Mischung aus gesetzgeberischen und solchen Maßnahmen vor, denen kein formelles Gesetzgebungsverfahren vorangegangen ist. Ziel dieser Maßnahmen soll es sein, die Kohärenz des Gemeinschaftsvertragsrechts zu erhöhen, die Entwicklung EU-weiter Allgemeiner Geschäftsbedingungen zu fördern und festzustellen, inwieweit Probleme des europäischen Vertragsrechts sektorspezifische Lösungen erfordern. Letztlich zielt die Mitteilung darauf ab, der bereits in Gang gesetzten Diskussion über die Zukunft des Europäischen Vertragsrechts neue Impulse zu vermitteln. So werden noch einmal alle interessierten Kreise aufgefordert, diesmal bis zum 16. Mai 2003 ihre Beiträge einzusenden.[67]

Welche Zukunftsperspektiven und Chancen die einzelnen Kodifikationsmöglichkeiten des mittlerweile als notwendig anerkannten[68] europäischen Privatrechts tatsächlich haben, ist bisher in der rechtswissenschaftlichen Literatur heftig umstritten. Die Befürworter einer Kodifikation teilen sich in zwei Lager: die einen signalisieren eine eher zurückhaltende Zustimmung für eine Kodifikation[69] und warnen vor einer allzu schnellen Konsolidierung, andere haben bereits Vorentwürfe[70] für ein europäisches Vertragsgesetzbuch vorgelegt.[71] Einigkeit besteht darin, dass die Entwicklungstendenzen transparent sein müssen, und eine

---

[65] Mitteilung der Kommission an das Europäische Parlament, den Rat, den Wirtschafts- und Sozialausschuss und den Ausschuss der Regionen. Verbraucherpolitische Strategien 200-2006 [KOM (2002) 208endg.].

[66] Mitteilung der Kommission an das Europäische Parlament und den Rat. Ein kohärenteres europäisches Vertragsrecht - Ein Aktionsplan [KOM (2003) 68endg.].

[67] Die Beiträge werden auf den Internetseiten der EU veröffentlicht.

[68] Vgl. *Zaccaria*, in: *Canaris/Zaccaria* (Hrsg.), Die Umsetzung von zivilrechtlichen Richtlinien, S. 1.

[69] So etwa *Schlechtriem*, ZEuP 2002, 213f; *Sonnenberger*, RIW 2002, 489 (498); *Staudenmayer*, EuZW 2002, 481; *Engel*, ZfRV 1999, 121 (131), *Leible*, EWS 2001, 471 (480).

[70] Vgl. *Gandolfi*, ZEuP 2002, 1f, unter dessen Leitung ein Vorentwurf eines europäischen Vertragsgesetzbuches im Rahmen der Akademie Europäischer Privatrechtswissenschaftler in Pavia erarbeitet wurde. Veröffentlicht in deutscher Sprache in: ZEuP 2002, S. 139.

[71] Vgl. die auf der Internetseite der Kommission veröffentlichten Stellungnahmen. Jüngst ein Plädoyer für die Schaffung eines Europäischen von *Lando*, RIW 2003, 1 und *Magnus*, RIW 2002 Heft 10, S. 1.

breit angelegte Diskussion in der Rechtswissenschaft die Grundlage für Maßnahmen sein muss, die auf eine Rechtsvereinheitlichung zielen.[72] Historisch ist eine kodifikatorische Vereinheitlichung von Rechtsordnungen in Europa immer nur dort gelungen, wo eine intensive wissenschaftliche Diskussion vorausgegangen ist.[73]

In diesem Zusammenhang spielt die Umsetzung der VerbrGK-RL eine besondere Rolle. Da sie erstmalig auch in traditionsgebundene Regelungsmaterien der nationalen Zivilrechtsordnungen eingreift, können sowohl die bei der Umsetzung der VerbrGK-RL in den Mitgliedstaaten aufgetretenen Schwierigkeiten, insbesondere im Zusammenhang mit der Koordination des bereits bestehenden nationalen Rechts, als auch ein Vergleich der Umsetzungsmethode und –vorschriften in den Mitgliedstaaten helfen, die Vor- und Nachteile der diskutierten Entwicklungsmöglichkeiten des Europäischen Privatrechts aufzuzeigen. Dabei ist von Vorteil, dass die VerbrGK-RL zugleich das allgemeine kaufrechtliche Gewährleistungsrecht mit dem Verbraucherschutzrecht verbindet und damit den engen Bereich des Verbraucherschutzrechts verlässt. Bevor ein nächster Schritt zu einer umfassenden Europäisierung des Privatrechts gewagt werden kann, muss sichergestellt werden, dass das bereits bestehende Gemeinschaftsprivatrecht korrekt angewendet wird. Nur so lässt sich eine zuverlässige Prognose über die Chancen der unterschiedlichen Entwicklungsmöglichkeiten realisieren.

Mit der vorliegenden Arbeit soll hierzu ein Beitrag geleistet werden. Während sich die Bundesrepublik Deutschland für eine umfassende Reform des gesamten kaufrechtlichen Gewährleistungsrechts unter Einarbeitung der Richtlinienvorgaben entschieden hat und nur wenige Sondervorschriften mit auf den Verbrauchsgüterkauf beschränktem Anwendungsbereich erlassen hat, hat der italienische Gesetzgeber sich für eine 1:1-Umsetzung der VerbrGK-RL – wenn auch innerhalb des italienischen Zivilgesetzbuches - entschieden. Ein Vergleich mit der Rechtslage in Italien ist daher besonders gut geeignet, Vorteile aber auch Defizite der VerbrGK-RL als Instrument der Rechtsvereinheitlichung und Indizien für die künftige Entwicklung des Europäischen Privatrechts aufzuzeigen. Neben materiellrechtlichen Fragen geht es daher auch um die Frage, ob der sektorielle Charakter[74] der VerbrGK-RL ein geeignetes Mittel zur Harmonisierung des Vertragsrechts in Europa ist.

Eine unterschiedliche Umsetzung der Richtlinienvorgaben kann dabei zu einer erheblichen Gefährdung der mit der VerbrGK-RL angestrebten Rechts-

---

[72] *Staudenmayer*, EuZW 2002, 481; *von Bar*, ZEuP 2002, 629 (632). Zur Durchdringung und Systematisierung des geltenden Gemeinschaftsprivatrechts hat sich bereits eine europaweite Initiative, bekannt unter dem Stichwort „*Aquis-Gruppe*“, gebildet. Vgl. hierzu *Schulte-Nölke*, ZGS 2002, 261.

[73] *Kötz*, ZEuP 2002, 431 (433), der darauf hinweist, dass sowohl der *Code Civil* von 1804 in Frankreich als auch das ZGB in der Schweiz, beides Projekte der Rechtsvereinheitlichung, erst in der wissenschaftlichen Diskussion entstanden waren.

[74] *Zaccaria*, in: *Canaris/Zaccaria* (Hrsg.), Die Umsetzung von zivilrechtlichen Richtlinien, S. 1.

vereinheitlichung führen. Dies gilt selbst dann, wenn kein Umsetzungsdefizit der nationalen Gesetzgeber zu beklagen ist.[75] Nicht zuletzt im Hinblick auf die von der Kommission beabsichtigte Rahmenrichtlinie über unlautere Geschäftspraktiken[76] sowie der Integration von Verbraucherschutzrecht und allgemeinem Vertragsrecht ist es daher auch von erheblicher Bedeutung, ob angesichts der Umsetzung der VerbrGK-RL die bisher vollzogene Trennung des Verbrauchervertragsrechts vom sonstigen Vertragsrecht aufrecht erhalten werden kann oder aufgegeben werden muss.

Die hier vorgelegte Arbeit gliedert sich in drei Teile. Zunächst werden die der VerbrGK-RL zugrunde liegenden Voraussetzungen und ihre Wirkungen dargestellt (Kapitel 1). Es wird sowohl auf die Entstehungsgeschichte, Zielsetzung, Kompetenzgrundlage und Auslegung als auch auf die allgemeinen Wirkungen einer Richtlinie und die Folgen einer unzureichenden Umsetzung eingegangen. Hierdurch wird die Grundlage für die sich daran anschließenden Ausführungen geschaffen. Nur eine vorweggenommene Darstellung der allgemeinen Voraussetzungen und Wirkungen macht es möglich, Wiederholungen zu vermeiden.

Erst im zweiten Teil beginnt die eigentliche rechtsvergleichende Arbeit (Kapitel 2). Dies geschieht in drei Schritten. Zunächst werden die einzelnen Richtlinienvorschriften ausgelegt und ihre Vorgaben für den nationalen Gesetzgeber erarbeitet, dann folgt die Darstellung der deutschen und italienischen Umsetzungsvorschriften zu der jeweiligen Richtlinienvorschrift, die anschließend gegenübergestellt werden und im Rahmen eines Rechtsvergleichs aufgezeigt, welche Unterschiede bei und trotz der Umsetzung im Verbrauchsgüterkaufrecht in beiden Rechtsordnungen bestehen. Abschließend werden im Anschluss an eine Zusammenfassung der wesentlichen Unterschiede der Umsetzung in Italien und Deutschland die im ersten Teil aufgestellten Entwicklungshypothesen auf der Grundlage der im zweiten Teil dargestellten Materialien bewertet (Kapitel 3).

---

75 *Canaris*, in: *Canaris/Zaccaria* (Hrsg.), Die Umsetzung von zivilrechtlichen Richtlinien, S. 129.

76 Mitteilung der Kommission: Folgemaßnahmen zum Grünbuch über Verbraucherschutz in der EU, vom 11.6.2002 [KOM (2002) 289endg.].

Teil A: Grundlagen der VerbrGK-RL und ihrer Anwendung

I. Entstehungsgeschichte

Erste Bemühungen der EU-Kommission um eine Angleichung der schuldrechtlichen Vorschriften in den Mitgliedstaaten wurden 1990 offenbar. Die EU-Kommission hatte in einem Entwurf für die AGB-Richtlinie[77] versucht, Vorschriften über kaufrechtliche Gewährleistungsregeln zu erlassen. Dieser Versuch scheiterte an der fehlenden Zustimmung des Rates der Kommission gleichzeitig ein Mandat zur Erforschung der Rechtslage in den Mitgliedstaaten erteilt hatte.[78] Die Forschungsarbeiten übernahm im Auftrag der Kommission das Centre de Droit de la Consommation an der Université Catholique de Louvain-la-Neuve in Belgien.79 Hierauf basierte letztlich das 1993 von der Kommission veröffentlichte Grünbuch über Verbrauchsgütergarantien und Kundendienste, womit gleichzeitig der Grundstein für den Erlass der VerbrKG-RL gelegt wurde.[80]

In dem Grünbuch hatte die Kommission eine rechtsvergleichende Analyse der nationalen Lösungen zur Gewährleistung bei Kaufverträgen und zur Leistung freiwilliger Garantien vorgenommen und drei Harmonisierungsalternativen zur Diskussion gestellt: Eine formalrechtliche Harmonisierung des Kollisionsrechts, eine materiellrechtliche Harmonisierung des Verbrauchervertragsrechts und eine materiellrechtliche Harmonisierung des gesamten Kaufgewährleistungsrechts. 1994 hatte die EU-Kommission sodann Konsultationen zur Beurteilung des Nutzens und der Zweckmäßigkeit der geplanten Angleichung der Garantieregelungen und der Regelungen über den Kundendienst durchgeführt.[81] Im Anschluss daran setzte die EU-Kommission eine Arbeitsgruppe mit Wissenschaftlern zur Erarbeitung eines Vorentwurfs ein. Dieser Vorentwurf mündete 1996 in dem offiziellen Vorschlag der EU-Kommission für eine Richtlinie des Europäischen Parlaments und des

[77] Vorschlag für eine Richtlinie über missbräuchliche Klauseln in Verbraucherverträgen vom 24. Juli 1990 (ABl. EG Nr. C 243 vom 28.9.1990, S. 2f.).

[78] Vorschlag für eine Richtlinie des Europäischen Parlaments und des Rates über den Verbrauchsgüterkauf und –garantien [KOM (1995) 520endg.] (ABl. EG Nr. C 307 vom 16.10.1997, S. 8f.). Vgl. hierzu: *Amtenbrink/Schneider*, VuR 1996, 367f.; *Hondius*, ZEuP 1997, 130f.; *Wolf*, RIW 1997, 899f.; *Weisner*, JuS 2001, 759f.

[79] Etude sur un régime juridique pour les garanties et services après vente?, in: Rapport Final Avril 1993, Convention B-5-1040/92/007568 (unveröffentlicht).

[80] Grünbuch über Verbrauchsgütergarantien und Kundendienst vom 15.11.1993 [KOM (1993) 509endg.]. Vgl. dazu: *Schnyder/Straub*, ZEuP 1996, 8f.; *Horak*, in: *Schermaier* (Hrsg.), Reform des Gewährleistungsrechts und europäische Rechtsangleichung, S. 255f.

[81] Auf einem Verbraucherforum im Oktober 1994 in Brüssel kündigte die damalige Kommissarin *Mme Scrivener* bereits die Ausarbeitung der Richtlinie an.

Rates über den Verbrauchsgüterkauf und Garantien[82]. Der noch im Grünbuch von 1993 neben den Vorschriften über „gesetzliche Garantien“ und „kommerzielle Garantien“ enthaltene dritte Komplex „Kundendienste“[83] wurde gestrichen, da hier das Dienstleistungselement prägend ist und erhebliche Unterschiede zwischen den nationalen Rechtsordnungen bestehen.[84]

Nachdem der Wirtschafts- und Sozialausschuss sowie das Europäische Parlament in einer ersten Lesung Stellung genommen hatten[85], legte die EU-Kommission dem Rat am 31. März 1998 einen geänderten Vorschlag[86] vor. Am 24. September 1998 hat der Rat sodann einen gemeinsamen Standpunkt[87] förmlich festgelegt und dabei 22 von 40 Änderungsanträgen des Europäischen Parlaments abgelehnt. Das Europäische Parlament hat sich in zweiter Lesung mit dem gemeinsamen Standpunkt befasst und 14 Abänderungen mit Beschluss vom 17. Dezember 1998 festgelegt.[88] 12 der 14 Abänderungsanträge konnten im anschließenden Vermittlungsverfahren durchgesetzt werden. Die VerbrGK-RL wurde schließlich in der Fassung, die sie im Vermittlungsverfahren erhalten hatte, vom Europäischen Parlament und vom Rat am 25. Mai 1999 verabschiedet und am 7. Juli 1999 im Amtsblatt der Europäischen Gemeinschaften veröffentlicht und damit in Kraft getreten.[89]

---

[82] Vorschlag für eine Richtlinie des Europäischen Parlaments und des Rates über den Verbrauchsgüterkauf und –garantien [KOM (1995) 520endg.] (ABl. EG Nr. C 307 vom 16.10.1997, S. 8f.).

[83] Vgl. hierzu: *Amtenbrink/Schneider*, VuR 1996, 367 (369); *Micklitz*, EuZW 1997, 229 (231 Fn. 39); *Schnyder/Straub*, ZEuP 1996, 8 (10); *Welser/Jud*, Zur Reform des Gewährleistungsrechts, S. 11.

[84] Vorschlag für eine Richtlinie des Europäischen Parlaments und des Rates über den Verbrauchsgüterkauf und –garantien (KOM/95/520endg.), ABl. EG Nr. C 307 vom 16.10.1997, S. 8 (13); *Hondius*, ZEuP 1997, 130 (138); *Amtenbrink/Schneider*, VuR 1996, 367 (369).

[85] Stellungnahme des Wirtschafts- und Sozialausschusses zu dem "Vorschlag für eine Richtlinie des Europäischen Parlaments und des Rates über den Verbrauchsgüterkauf und -garantien" vom 27./28.11.1996 (ABl. EG Nr. C 66 vom 3.3.1997, S. 5 ff) und Legislative Entschliessung mit der Stellungnahme des Europaeischen Parlaments zu dem "Vorschlag für eine Richtlinie des Europäischen Parlaments und des Rates über den Verbrauchsgüterkauf und -garantien" vom 10.3.1998 (ABl. EG Nr. C 104 vom 6.4.1998, S. 30f.).

[86] Geänderter Vorschlag für eine Richtlinie des Europäischen Parlaments und des Rates über den Verbrauchsgüterkauf und -garantien [KOM (1998) 0217endg.] (ABl. EG Nr. C 148 vom 14.5.1998, S. 12f.).

[87] Gemeinsamer Standpunkt Nr. 51/98 vom Rat festgelegt am 24. September 1998 im Hinblick auf den Erlass der Richtlinie 98/.../EU des Europäischen Parlaments und des Rates zu bestimmten Aspekten des Verbrauchsgüterkaufs und der Garantien für Verbrauchsgüter (ABl. EG Nr. C 333 vom 30.10.1998, S. 46f.). Vgl. hierzu *Schmidt-Räntsch*, ZIP 1998, 849f.

[88] Legislative Entschließung mit der Stellungnahme des Europäischen Parlaments zu dem Vorschlag für eine Richtlinie des Europäischen Parlaments und des Rates über den Verbrauchsgüterkauf und Garantien [KOM (1995) 520] (ABl. EG Nr. C 104 vom 6.4.1998, S. 30f.).

[89] Siehe Art. 13 VerbrGK-RL.

II. Zielsetzung

Der VerbrGK-RL liegt eine zweifache Zielsetzung zu Grunde.[90] Sie hat zum einen eine Binnenmarkt- zum anderen eine Verbraucherschutzkomponente.[91] So weist Erwägungsgrund 2 zunächst daraufhin, dass der freie Warenverkehr in zunehmendem Maße nicht ausschließlich den gewerblichen Handel sondern auch Privatpersonen betrifft, da ihnen angesichts der neuen Kommunikationstechnologien ein leichter Zugang zu den Vertriebssystemen anderer Mitgliedstaaten ermöglicht wird. Die zum Teil erheblich von einander abweichenden nationalen Vorschriften im Bereich des Verbrauchsgüterkaufs würden dazu führen, dass die „einzelstaatlichen Absatzmärkte für Verbrauchsgüter uneinheitlich sind und bei Verkäufern Wettbewerbsverzerrungen eintreten können“[92].

Der freie Warenverkehr, der nicht nur den gewerblichen Handel, sondern auch Privatpersonen betrifft, setze daher voraus, dass die Verbraucher eines Mitgliedstaates auf der Grundlage angemessener einheitlicher Mindestbestimmungen über den Kauf im Hoheitsgebiet eines anderen Mitgliedstaates frei einkaufen können.[93] Um das Vertrauen des Verbrauchers bei Verträgen über Verbrauchsgüter außerhalb seines Herkunftsstaates zu stärken und ihn so letztlich dazu zu ermuntern, die Vorteile des Binnenmarkts durch grenzüberschreitende Warenkäufe besser zu nutzen und dadurch die Errichtung und das Funktionieren eines gemeinsamen Marktes zu fördern, muss dem Verbraucher deshalb, so Erwägungsgrund 5 VerbrGK-RL, ein „Mindestsockel an Rechten in der gesamten Europäischen Union“ gesichert werden.[94]

Zu diesem Zweck räumt die VerbrGK-RL dem Verbraucher subjektive Rechte ein, die teilweise über das Schutzniveau der Mitgliedstaaten hinausgehen.[95] Durch die VerbrGK-RL sollen die zum Teil erheblich von einander abweichenden nationalen Vorschriften „den ökonomischen Gegebenheiten der heutigen Zeit der Massenfertigung und des Massenvertriebs“ angepasst werden und so zur Vereinfachung der nationalen Vorschriften beitragen.[96] Ziel der VerbrGK-RL ist es, durch die Schaffung von Mindeststandards an Gewährleistungsrechten beim Abschluss von Verbraucherverträgen, Unsicherheiten des Verbrauchers über die Rechtslage beim Erwerb vertragswidriger Güter im Ausland und damit wettbewerbliche Ungleichheiten auf Anbieterseite infolge unterschiedlicher Haftungsdauer und –intensität nach den jeweils unterschiedlichen nationalen Gewährleistungsregeln abzumildern. Die Erwägungsgründe der VerbrGK-RL

---

[90] *Staudenmayer*, NJW 1999, 2393 (2393); *Reich*, NJW 1999, 2397 (2397), der allerdings von einer dreifachen Zielsetzung ausgeht und insoweit die Schaffung eines gemeineuropäischen Vertragsrechts in die Zielsetzung des EU-Gesetzgebers mit einbezieht. Hierfür lassen sich aber aus der Richtlinie selbst keine Anhaltspunkte gewinnen.

[91] *Reich*, NJW 1999, 2397 (2397).

[92] Vgl. Erwägungsgrund 3 VerbrGK-RL.

[93] Vgl. Erwägungsgrund 2 VerbrGK-RL.

[94] *Hänlein*, DB 1999, 1641 (1641).

[95] *Reich*, NJW 1999, 2397 (2398).

[96] Allgemeine Begründung I A Nr. 4 und 5, veröffentlicht in: ZIP 1996, S. 1845 (1846 f.).

lassen eindeutig erkennen, dass es sich nicht etwa um eine zufällige, politisch motivierte, sondern vielmehr um eine notwendige Verbindung beider Ziele handelt.[97] Auf Grund der engen Verknüpfung von verbraucher- mit haftungs-, AGB- und vertriebsrechtlichen Fragen wirkt sich die VerbrGK-RL insofern auch mittelbar auf handelsrechtliche Regelungen aus.[98] So deutet die Kommission an, dass die VerbrGK-RL Anbietern, die in mehreren Staaten tätig sind, die Vertragsgestaltung durch Geschäftsbedingungen vereinfacht.[99] Letztendlich zielt die VerbrGK-RL im Wesentlichen darauf ab, dass der Verbraucher sich unabhängig vom Ort des Kaufes wirksam Recht verschaffen kann.[100] Durch eine Mindestharmonisierung der Bestimmungen über den Verbrauchsgüterkauf sollen in erster Linie Hemmnisse für den Verbraucher, aktiv am Binnenmarkt teilzunehmen, beseitigt werden.[101] Der Schwerpunkt der Richtlinienzielsetzung liegt daher in der verbraucherschützenden Komponente.[102]

III. Kompetenzgrundlage

Aus Erwägungsgrund 1 VerbrGK-RL folgt, dass der EU-Gesetzgeber sich beim Erlass der VerbrGK-RL auf Art. 95 i.V.m. Art. 153 EGV gestützt hat. Ob die in Erwägungsgrund 1 genannten Vorschriften tatsächlich der EU die erforderliche Regelungskompetenz für eine VerbrGK-RL zuweisen, ist vielfach bezweifelt worden.[103] Insbesondere die Bundesrepublik Deutschland stand wegen der strikten, durch die deutsche Verfassung bestimmten, Kompetenzgrenzen zwischen der Bundesrepublik und der Europäischen Gemeinschaft dem Vorhaben der EU-Kommission zunächst ablehnend gegenüber.[104] Auch wenn die Mitgliedstaaten nicht nur die Zweimonatsfrist von Art. 230 Abs. 5 i.V.m. Abs. 2 EGV zur Erhebung einer Nichtigkeitsklage hätten ungenutzt verstreichen lassen und die in Art. 11 VerbrGK-RL enthaltenen Umsetzungsfrist nicht bereits abgelaufen wäre, dürfen Fragen nach Inhalt und Reichweite der europäischen Gesetzgebungskompetenz nicht unbeantwortet bleiben. Sie sind zum Verständnis der einzelnen Richtlinienbestimmungen von wesentlicher Bedeutung.[105]

Der Gemeinschaft stehen zwar gemäß Art. 249 EGV die gegenüber den Mitgliedstaaten verbindlichen Verordnungen, Richtlinien und Entscheidungen sowie Empfehlungen und Stellungnahmen als Maßnahmen zur Erfüllung ihrer

---

[97] Vgl. Erwägungsgrund 1 bis 5 VerbrGK-RL.
[98] *Reich*, NJW 1999, 2397 (2398).
[99] Begründung der Europäischen Kommission zum Erstvorschlag, KOM (95) 520 endg. S. 17.
[100] *Hänlein*, DB 1999, 1641 (1641).
[101] Begründung der Europäischen Kommission zum Erstvorschlag, KOM (95) 520 endg. S. 3 f.
[102] *von Sachsen Gessaphe*, RIW 2001, 721 (724 und 725).
[103] *Honsell*, JZ 2001, 278 (278); *Junker*, DZWir 1997, 271 (275); *Kirchner*, ZRP 1997, 290f.; *Medicus*, ZIP 1996, 1924; *Micklitz*, EuZW 1997, 229; *Wolf*, RIW 1997, 899; eher zustimmend hingegen *Schlechtriem*, JZ 1997, 441.
[104] Stellungnahme des Bundesrates vom 8.11.1996, BR-Drucks. 696/96.
[105] *Vorsmann*, Diss., S. 2.

Aufgaben zur Verfügung. Die Entscheidung des EuGH vom 5. Oktober 2000[106], in welcher auf Betreiben Deutschlands die Tabakwerberichtlinie wegen fehlender Kompetenz der Gemeinschaft für nichtig erklärt wurde, machte entgegen den früheren, grundsätzlich integrationsfreundlichen Tendenzen deutlich, dass dem europäischen Richtliniengesetzgeber Grenzen gesetzt sind.[107] Danach ist insbesondere das in Art. 5 EGV verbürgte Prinzip der *compétence d'attribution*, die „begrenzte Einzelermächtigung", vom EU-Gesetzgeber, zu beachten.[108] Darüber hinaus hat der EU-Gesetzgeber den Subsidiaritäts- und Verhältnismäßigkeitsgrundsatz aus Art. 5 Abs. 2 und 3 EGV zu beachten.

Teilweise wird in der Literatur vertreten, dass durch die nunmehr[109] in Art. 153 EGV ausdrücklich enthaltene Verweisung auf Art. 95 EGV eine Kompetenzzuweisung auch für den Verbraucherschutz als eigenständiges Richtlinienziel und nicht nur als Reflex einer auf die Schaffung des Binnenmarktes zielende Maßnahme geschaffen worden sei.[110] Schließlich habe der EuGH sogar festgestellt, dass aus dem Verbraucherschutzziel Staatshaftungsansprüche des Verbrauchers hergeleitet werden können.[111] Eine Richtlinie muss sich nicht mehr unmittelbar auf die Errichtung und das Funktionieren des Binnenmarktes auswirken, auch eine mittelbare, bloß potenzielle Auswirkung reicht danach aus.[112] Zumindest faktisch könne von einer eigenständigen, den Verbraucherschutz betreffenden, Kompetenz ausgegangen werden.[113] Dies zeige die sprachliche Ausdifferenzierung des Art. 153 EGV, wonach der Verbraucherschutz nicht nur im Rahmen spezifischer Aktionen, sondern im allgemeinen Handlungsprogramm der EU zu berücksichtigen ist.[114] Art. 153 Abs. 1 und 3 EGV bestimmt nur, dass die Gemeinschaft bei Maßnahmen nach Art. 95 EGV zur Angleichung der Rechts- und Verwaltungsvorschriften der EU-Mitgliedstaaten zugleich einen Beitrag zur Erreichung eines hohen Verbraucherschutzniveaus leistet. Nach überwiegend vertretener Auffassung soll der durch den Maastrichter Vertrag speziell für den Verbraucherschutz eingefügte Art. 153 Abs. 3 a) EGV nichts daran ändern, dass die Kompetenz der EU zur Rechtsangleichung stets Binnenmarkt bezogen ist.[115] Diese Auffassung wird durch die Aufgabenzuweisung in Art. 2 und 3 EGV unterstützt. Nach Art. 2 EGV ist es die Aufgabe der EU, das Funktionieren des Binnenmarktes

---

106 EuGH, Urt. v. 5. 10. 2000, Rs C-376/98, Slg. 2000, I-8419 – *Tabakwerberichtlinie*.

107 *Von Sachsen Gessaphe*, RIW 2001, 721 (723).

108 Safferling, in: Helms/Neumann/Caspers/Sailer/Schmidt-Kessel (Hrsg.), JbJgZivilRW, S. 133 (157).

109 Art. 100 a EGV a.F. sah nur eine Zuständigkeit der Gemeinschaft für Maßnahmen zur Verwirklichung des Binnenmarktes vor und erwähnte den Verbraucherschutz in seinem Absatz 3 lediglich als Nebenziel.

110 *Reich*, NJW 1999, 1397 (1398).

111 EuGH, Urt. v. 8.10.1996, Rs C-178/94, Slg. 1996, I-4845 – *Dillenkofer*.

112 *Reich*, in: *Reich/Micklitz* (Hrsg.), Europäisches Verbraucherrecht, S. 32.

113 *Reich*, ZEuP 1994, 381 (386).

114 *Reich*, VuR 1999, 3 (4).

115 So *Gebauer*, Diss., 1998, S. 94.

zu gewährleisten. Dabei umfasst zwar die Tätigkeit der EU sowohl gemäß Art. 3 Abs. 1 h) EGV die Angleichung der innerstaatlichen Rechtsvorschriften als auch gemäß Art. 3 Abs. 1 t) EGV den Verbraucherschutz. Eine eigenständige Befugnis für die Angleichung der Rechtsvorschriften oder den Verbraucherschutz ist damit aber nicht gegeben.[116] Aus dem Wort „Beitrag" in Art. 3 Abs. 1 t) EGV ebenso wie in Art. 153 EGV folgt vielmehr, dass der EU-Gesetzgeber lediglich ergänzende Maßnahmen zu denen der Mitgliedstaaten treffen kann.[117] Der Verbraucherschutz wird in Art. 95 Abs. 3 EGV nur als sekundäres Ziel erwähnt.[118] Der Verbraucherschutz als alleiniges Richtlinienziel verleiht dem EU-Gesetzgeber daher keinesfalls *per se* eine Kompetenz zum Erlass von Richtlinien.[119]

Eine Befugnisnorm für Angleichungsmaßnahmen zur Verwirklichung des Binnenmarktes i.S.d. Art. 14 EGV enthält Art. 95 EGV. Diese gegenüber dem Art. 94 EGV speziellere Vorschrift schafft wegen Art. 5 EGV keine allgemeine Kompetenz auf diesem Gebiet.[120] Der EuGH betont in seiner Entscheidung zur Tabakwerberichtlinie, dass die Gemeinschaft Maßnahmen auf Grundlage des Art. 95 EGV nur erlassen kann, wenn sie dem Zweck dienen, die Voraussetzungen für die Errichtung und das Funktionieren des Binnenmarktes zu verbessern.[121] Die bloße Feststellung von unterschiedlichen Vorschriften in den Mitgliedstaaten und die abstrakte Gefahr von Beeinträchtigungen der Grundfreiheiten oder daraus resultierenden Wettbewerbsverzerrungen reichen hingegen nach diesem Urteil nicht aus.

Maßgeblich für das Vorliegen der Voraussetzungen des Art. 95 EGV ist danach, ob erstens die unterschiedlichen nationalen Vorschriften zu Hindernissen für den Handel führen oder wahrscheinlich sind und zweitens, ob sie spürbare und nicht nur geringfügige Wettbewerbsverzerrungen im Binnenmarkt zur Folge haben.[122] Dabei soll die Prüfung der Kompetenzgrundlage nicht etwa auf Grund einer Gesamtbetrachtung erfolgen, sondern sie soll sich auf jede einzelne Bestimmung der VerbrGK-RL beziehen. Ob die Zielsetzung der VerbrGK-RL diesen Anforderungen gerecht wird, erscheint im Hinblick auf die im Wesentlichen auf Verbraucherschutzgesichtspunkte bezogenen Erwägungsgründe der VerbrGK-RL fraglich.

Hinweise dafür, dass die unterschiedlichen Rechtsvorschriften tatsächlich zu Hindernissen für den Handel oder Wettbewerbsverzerrungen führen, werden nur

---

116 *Roth*, JZ 2001, 475 (477); *Honsell*, JZ 2001, 278; a.A. offenbar *Reich*, NJW 1999, 2397 (2398).

117 *Von Sachsen Gessaphe*, RIW 2001, 721 (724).

118 Vgl. Art. 95 Abs. 3 EGV, dort heißt es in Satz 2:"Im Rahmen ihrer Befugnisse streben das Europäische Parlament und der Rat ebenfalls dieses Ziel (hohes Verbraucherschutzniveau) an.".

119 *von Sachsen Gessaphe*, RIW 2001, 721 (724).

120 EuGH, Urt. v. 5. 10. 2000, Rs C-376/98, Slg. 2000, I-8419 – *Tabakwerberichtlinie*.

121 Siehe Fn. 121.

122 Siehe Fn. 121.

am Rande erwähnt.[123] Abgesehen davon wird von der überwiegenden Ansicht in der Literatur ohnehin bezweifelt, dass durch die Verschiedenheit der Rechtsvorschriften in den Mitgliedstaaten tatsächlich Wettbewerbsverzerrungen eintreten können.[124] Zum einen sorge bereits Art. 5 des Römischen Schuldvertragsübereinkommens für die Anwendung zwingender verbraucherschützender Vorschriften am gewöhnlichen Aufenthaltsort des Verbrauchers und zum anderen sei durch die AGB-Richtlinie[125] eine harmonisierte Kontrolle von Allgemeinen Geschäftsbedingungen gewährleistet.[126] Dabei übersehen die Vertreter dieser Auffassung, dass die Einschätzungsprärogative den zuständigen Gemeinschaftsorganen zusteht.[127] Ob der Verbraucher tatsächlich durch die Umsetzung der VerbrGK-RL zu grenzüberschreitenden Käufen ermutigt wird und sich damit die Errichtung und Förderung des Binnenmarktes verwirklichen, ist eine Frage der Zukunft. Die Prognose hierüber aber obliegt den Gemeinschaftsorganen.[128]

Auch der Hinweis des Generalstaatsanwalts *Mischo*[129] auf den Subsidiaritätsgrundsatz kann hier zu keinem anderen Ergebnis führen. Es kann nicht überzeugen, warum Rechtsgeschäfte wie Reiseverträge, Verträge über Wertpapierdienstleistungen, Darlehen, Teilzeitnutzungsrechten an Immobilien und Überweisungen oder Handelsvertreterverträge einer Richtlinienregelung zugänglich sein sollten, nicht aber der Verbrauchsgüterkauf.[130]

Allein für die Vorschrift des Art. 4 VerbrGK-RL kann es fraglich sein, ob Art. 95 EGV eine ausreichende Kompetenzgrundlage darstellt. Unmittelbar dient das dort statuierte Rückgriffsrecht des Letztverkäufers gegenüber seinem Verkäufer oder dem Hersteller dem Schutz kleinerer und mittlerer Unternehmen und geht damit über das Verbraucherschutzkonzept hinaus.[131] Die Vermeidung von Hindernissen für den grenzüberschreitenden Handel und die Verminderung spürbarer Wettbewerbsverzerrungen gehen Art. 4 VerbrGK-RL insofern nur mittelbar an.[132]

---

123 Vgl. Erwägungsgrund 3 VerbrGK-RL.

124 *Roth*, JZ 2001, 475 (478); *Schlechtriem*, in: *Ernst/Zimmermann* (Hrsg.), Zivilrechtswissenschaft und Schuldrechtsreform, S. 205 (208); *Honsell*, JZ 2001, 278; dagegen hält *Reich*, NJW 1999, 2397 (2398)

125 Richtlinie 93/13/EWG des Rates vom 5. April 1993 über missbräuchliche Klauseln in Verbraucherverträgen (ABl. EG Nr. L 95 vom 21.04.1993, S. 29f.).

126 *Roth*, JZ 2001, 475 (477 und 478); *von Sachsen Gessaphe*, RIW 2001, 721 (724).

127 *Reich*, NJW 1999, 2397 (2398).

128 *Reich*, NJW 1999, 2397 (2398).

129 *Mischo*, Der Beitrag des EuGH zur Wahrung der föderalen Balance in der EU, S. 24.

130 So auch *Reich*, NJW 1999, 2397 (2397).

131 *Hänlein*, DB 1999, 1641 (1642); *von Sachsen Gessaphe*, RIW 2001, 721 (724).

132 *Roth*, in: *Ernst/Zimmermann* (Hrsg.), Zivilrechtswissenschaft und Schuldrechtsreform, S.225 (233).

Ein mittelbarer Verbraucherschutz wird aber wohl kaum zur Begründung der Kompetenzgrundlage ausreichen.[133] Ausweislich des Erwägungsgrundes 9 soll die Vorschrift über das Rückgriffsrecht in den einzelnen Mitgliedstaaten zur Umsetzung der VerbrGK-RL parteidispositiv ausgestaltet sein, was verdeutlicht, dass der EU-Gesetzgeber gleichfalls das Fehlen einer nach Art. 95 EGV erforderlichen Zielsetzung gesehen hat.

IV. Auslegung

Erfahrungen zeigen, dass die Aufnahme einer der Umsetzung einer Richtlinienvorschrift dienende Vorschrift in nationales Recht allein noch nicht zwingend zur Rechtsvereinheitlichung beiträgt. Auf ihre Auslegung kommt es an. Das Hinzutreten auf Gemeinschaftsrecht basierender Rechtsvorschriften zum nationalen Recht zwingt nicht nur dazu, Vorstellungen und Verfahrensweisen im Rahmen der Gesetzgebung, der Verwaltung oder der Juristenausbildung neu zu überdenken und weiterzuentwickeln, sondern darüber hinaus insbesondere bei der Auslegung von Rechtsvorschriften, den Bedürfnissen einer effektiven Rechtsangleichung gerecht zu werden.[134] Das Verstreichen der Umsetzungsfrist aus Art. 11 Abs. 1 VerbrGK-RL bewirkt daher, dass ab diesem Zeitpunkt das EU-rechtliche Gebot richtlinienkonformer Auslegung zum Tragen kommt, sowie bei Auslegungsfragen die Vorlagepflicht zum EuGH im Vorabentscheidungsverfahren nach Art. 234 EGV.[135]

Die Europäische Union kann ein gemeinsames Recht nur dann haben, wenn die von ihr gesetzten Rechtsvorschriften gemeinschaftsweit einheitlich angewandt werden, was ihre einheitliche Auslegung voraussetzt. Die Begrifflichkeiten des Gemeinschaftsprivatrechts dürfen nicht selbstverständlich mit Inhalten des nationalen Privatrechts belegt werden.[136] Die Auslegung des Gemeinschaftsprivatrechts ist zwar gemäß Art. 220 EGV institutionell letztendlich dem EuGH vorbehalten.[137] Auch ein mitgliedstaatliches Gericht muss in der Lage sein, alles Erforderliche zu tun, um Hindernisse für die Wirksamkeit des Gemeinschaftsrechts zu vermeiden.[138] Es ist daher Aufgabe des nationalen Rechtsanwenders, neben der Koordination der nationalen Rechtsvorschriften mit der mitgliedstaatlichen Rechtsordnung durch eine fachliche Verständigung mit Juristen anderer Mitgliedstaaten, einheitliche Maßstäbe zu entwickeln und so die Grundlage für gemeinsame Überzeugungen und Einsichten in den Mitgliedstaaten zu schaffen,

---

[133] *Medicus*, ZIP 1996, 1925 (1928); *Micklitz*, EuZW 1997, 229 (233); *Roth*, in *Ernst/ Zimmermann* (Hrsg.), Zivilrechtswissenschaft und Schuldrechtsreform, S.225 (233); *Brüggemeier*, JZ 2000, 529 (533); *Brüggemeier/Reich*, BB 2001, 213 (215 und 221); a.A. *Schurr*, ZfRV 1999, 222 (227).

[134] *Schulze*, in: *Schulze* (Hrsg.), Auslegung europäischen Privatrechts, S. 9 (11).

[135] Anwaltskommentar-*Pfeiffer*, Kauf-RL, Art. 11 Rn. 1.

[136] *Klauer*, Die Europäisierung des Privatrechts, S. 28.

[137] Art. 220 EGV weist dem europäischen Gerichtshof die Aufgabe zu „*die Wahrung des Rechts bei der Auslegung und Anwendung*" des Vertrages zu sichern.

[138] So *Zuleeg*, in: *Schulze* (Hrsg.), Auslegung europäischen Privatrechts, S. 163 (168).

wodurch dem Gemeinschaftsrecht überhaupt erst die volle Wirkung verliehen werden kann.[139] Die Beachtung des Grundsatzes der gemeinschaftskonformen Auslegung durch die nationalen Gerichte ist zwingend erforderlich, um überhaupt zu einer Gemeinschaftskonformität zu gelangen.

Bei der Auslegung von Vorschriften, die der Umsetzung von Richtlinien dienen, kommt noch ein weiterer Aspekt hinzu. Die Terminologie der Richtlinienvorschriften, ein Kompromiss der unterschiedlichen nationalen Privatrechte, weicht zwangsläufig von dem gewohnten Verständnis eines Rechtsbegriffes in den Mitgliedstaaten ab. Der Inhalt der VerbrGK-RL und der Inhalt der sie umsetzenden Vorschriften muss daher zunächst gesondert betrachtet werden.[140] Während sich die Auslegung der VerbrGK-RL nach dem Gemeinschaftsrecht richtet, erfolgt die Auslegung der nationalen Rechtsvorschriften zunächst nach den Auslegungsgrundsätzen des jeweiligen nationalen Rechts. Bei in alle Amtssprachen der Mitgliedstaaten übersetzten Richtlinien sind nicht nur Differenzen in der Bedeutung einzelner Begriffe, sondern auch Redaktionsfehler in den einzelnen Sprachfassungen der VerbrGK-RL durchaus wahrscheinlich.[141] Die Auslegung der VerbrGK-RL selbst darf nicht ausschließlich am Wortlaut der jeweiligen Sprache haften, sondern muss vielmehr durch einen Vergleich der einzelnen Sprachfassungen ermittelt werden.[142] Nach dem vom EuGH entwickelten Grundsatz des *effet utile* ist eine Gemeinschaftsnorm letztlich so auszulegen, dass sie ihre volle Wirkung entfalten kann.[143] Ergeben sich bei der Auslegung der nationalen Umsetzungsvorschriften Unterschiede in der Bedeutung und Wirkung der Vorschrift, so hat der nationale Gesetzgeber seine Pflicht zur Umsetzung der VerbrGK-RL nicht ordnungsgemäß erfüllt.

Um zu einer den Richtlinienzweck bestimmenden Angleichung der nationalen Rechtsordnungen zu gelangen, bedarf es der übereinstimmenden Anwendung und Auslegung der jeweiligen Umsetzungsvorschriften.[144] Nicht zuletzt bestimmt Art. 10 EGV, dass die Mitgliedstaaten dazu verpflichtet sind, alle geeigneten Maßnahmen allgemeiner oder besonderer Art zur Erfüllung der sich aus dem EGV ergebenden Verpflichtungen zu treffen. Sie legt damit das Prinzip der Gemeinschaftstreue fest. Nach Art. 249 EGV sind Richtlinien für jeden Mitgliedstaat, an den sie gerichtet ist, hinsichtlich des damit zu erreichenden Ziels verbindlich. Handelt es sich um eine Richtlinie zur Angleichung nationaler Rechtsvorschriften in der EU, so folgt aus dem Prinzip der Gemeinschaftstreue das Gebot richtlinienkonformer Auslegung.[145] Alle Umsetzungsvorschriften des nationalen

[139] *Schulze*, in: *Schulze* (Hrsg.), Auslegung europäischen Privatrechts, S. 9 (11).
[140] *Schulze*, in: *Schulze* (Hrsg.), Auslegung europäischen Privatrechts, S. 9 (14).
[141] Zu den Folgen der Mehrsprachigkeit der Richtlinie vgl. *Schulte-Nölke*, in: *Schulze* (Hrsg.), Auslegung europäischen Privatrechts, S. 143f.
[142] EuGH, Urt. v. 6.10.1982, Rs. 283/81, Slg. 1982, 3415 – *CILFIT*.
[143] EuGH, Urt. v. 19.11.1991, Rs C-6, 9/90, Slg 1991, I-5357 - *Francovich*; EuGH, Urt. v. 8.10.1996, Rs. C-178, 179, 188-190/94, Slg. 1996, I-4845 – *Dillenkofer*.
[144] *Klauer*, Die Europäisierung des Privatrechts, S. 50.
[145] Anwaltskommentar-*Pfeiffer*, Kauf-RL, Art. 11 Rn. 4.

Rechts sind daher so auszulegen, dass sie mit den Anforderungen der VerbrGK-RL übereinstimmen. Der EuGH hat hierzu entschieden, dass die Auslegung „unter voller Ausschöpfung des Beurteilungsspielraums, den (...) das nationale Recht einräumt", im Lichte des Wortlauts und des Zwecks einer Richtlinie zu erfolgen hat.[146] Dies gilt unabhängig davon, ob die Vorschrift vor oder nach einer Richtlinie erlassen wurde.[147] Lässt die Auslegung der Umsetzungsvorschrift mehrere Auslegungsmöglichkeiten zu, so sind daher die nationalen Gerichte gemäß Art. 10 i.V.m. Art. 249 EGV dazu verpflichtet, unter den Auslegungsalternativen diejenige zu wählen, die mit dem Inhalt der VerbrGK-RL übereinstimmt. Dabei unterliegt nicht nur das eigentliche Umsetzungsgesetz der richtlinienkonformen Auslegung, sondern darüber hinaus auch das nationale Recht als Ganzes, soweit es um eine Rechtsfrage geht, die Gegenstand einer Richtlinienvorgabe ist.[148]

Zu berücksichtigen ist dabei, dass sich die Wirkung einer Richtlinienbestimmung nur im Rahmen der ihr zu Grunde liegenden Gesetzgebungskompetenz und damit im Anwendungsbereich der VerbrGK-RL bewegen kann. Dies ist von besonderer Bedeutung für Vorschriften mit einer so genannten hybriden Rechts- bzw. einer Doppelnatur.[149] Erfassen die Umsetzungsgesetze des nationalen Rechts sowohl Fälle innerhalb als auch außerhalb des Anwendungsbereichs der VerbrGK-RL, fungieren sie also sowohl als Umsetzungsgesetz als auch als Vorschrift des autonomen nationalen Rechts, so gilt das Gebot richtlinienkonformer Auslegung nur für diejenigen Fälle, die vom Anwendungsbereich der VerbrGK-RL erfasst sind. Es kann sinnvoll sein, solche Vorschriften auch dann richtlinienkonform auszulegen, wenn sie auf einen Sachverhalt angewendet werden, der nicht dem Anwendungsbereich der VerbrGK-RL unterfällt. In diesen Fällen spricht man von einer *quasi*richtlinienkonformen Auslegung, die EU-rechtlich nicht geboten ist und ihre Wurzeln daher nur im nationalen Recht finden kann.[150] Gleiches gilt für so genannte überschießende Vorschriften. Für den nicht von der VerbrGK-RL zwingend vorgesehenen aber zulässigen Teil einer Umsetzungsvorschrift gilt nur eine autonome Auslegung. Grundsätzlich gilt dann auch nicht die Pflicht zur Vorlage an den EuGH nach Art. 234 Abs. 3 EGV. Der EuGH hat Vorlagen zur Sicherung einer einheitlichen Auslegung des nationalen Rechts aber auch dann zugelassen, wenn der zu entscheidende Sachverhalt außerhalb des Anwendungsbereichs der Vorschrift lag.[151]

Teilweise wird in der Literatur eine *gespaltene* Auslegung der Vorschriften mit Doppelnatur sogar ganz abgelehnt und immer eine *quasi*richtlinienkonforme Auslegung der Vorschrift auch für die Fälle, die nicht in den Anwendungsbereich

---

146 EuGH, Urt. v. 10.4.1984, Rs. 19/83, Slg. 1984, 1921 – *Harz;* EuGH, Urt. v. 10.4.1984, Rs. 14/83, Slg. 1984, 1891– *von Colson und Kamann*.

147 EuGH, Urt. v. 13.11.1990, Rs. C-106/89, Slg. 1990, I-4135 – *Marleasing*.

148 EuGH, Urt. v. 13.11.1990, Rs. C-106/98, Slg. 1990, I-4135 – *Marleasing*.

149 Vgl. hierzu *Habersack/Meyer*, JZ 1999, 913.

150 Anwaltskommentar-*Pfeiffer*, Kauf-RL, Art. 11 Rn. 7.

151 EuGH, Urt. v. 8.11.1990, Rs. C-231/89, Slg. 1990, I-4003 – *Gmurzynska-Bscher*.

der VerbrGK-RL fallen, gefordert.[152] Dagegen spricht, dass eine Vorschrift mit Doppelnatur außerhalb des Anwendungsbereichs der VerbrGK-RL unter Umständen Sinn und Zweck der ihr zu Grunde liegenden Richtlinienvorgaben als maßgebliche Auslegungsgrundlage nicht berührt. Die Grenzen der Auslegung finden sich aber grundsätzlich in der Ratio der Norm.[153] Selbst wenn von dem aus Gründen der Rechtsklarheit auch wünschenswerte Gebot der einheitlichen Auslegung aus grammatikalischen und systematischen Gründen auszugehen ist, so muss diese Auslegung im Einzelfall widerlegbar sein.[154]

Inwieweit durch richtlinienkonforme Auslegung Vorschriften aufrecht-erhalten werden können, die durchaus auch eine richtlinienwidrige Auslegung zulassen, ist in der Literatur umstritten.[155] Nach der Rechtsprechung des EuGH[156] muss die richtlinienkonforme Auslegung durchgeführt werden, soweit dies möglich ist, wobei man möglich i.S.v. „irgendwie möglich" interpretieren muss.[157] Die Grenze der richtlinienkonformen Auslegung bildet der Wortlaut der Vorschrift. Um darüber hinaus zu einer einheitlichen Anwendung des Gemeinschaftsprivatrechts zu gelangen, ist es unerlässlich, sich der Rechtsvergleichung zu bedienen.[158] Eine vergleichende Betrachtung der Rechtslage in anderen Mitgliedstaaten ermöglicht dem nationalen Gericht, durch eine harmonisierende Auslegung bei der Rechtsangleichung mitzuwirken.[159] Zu berücksichtigen ist, dass die letztinstanzlichen Gerichte von ihrer Vorlagepflicht nach Art. 17 Abs. 3 EGV nur entbunden sind, wenn auch ohne Vorlage eine einheitliche Auslegung des Gemeinschaftsrechts gewährleistet ist. In der Gerichtspraxis der meisten europäischen Staaten, abgesehen von der Schweiz, spielt die Rechtsvergleichung bisher nur eine relativ geringe Rolle. Es ist die Aufgabe der Rechtswissenschaft, sie in ihrer Bedeutung neu zu definieren.[160]

Dies gilt umso mehr in Bezug auf die Umsetzungsvorschriften der VerbrGK-RL, die wesentliche Bereiche des Privatrechts betrifft und überwiegend als Baustein eines europäischen Verbraucher- oder Vertragsrechts bezeichnet wird.[161] Schließlich bietet ihre Anwendung und Auslegung bereits ein Indiz für das Funktionieren eines einheitlichen Europäischen Privatrechts. Neben europäischen Materialien und den Erwägungsgründen der VerbrGK-RL sowie den rechtsvergleichende Arbeiten, wie etwa der von UNIDROIT[162] erarbeiteten

---

[152] So *Roth*, BGH-Festgabe II, S. 847 (884).

[153] Anwaltskommentar-*Pfeiffer*, Kauf-RL, Art. 11 Rn. 7.

[154] Anwaltskommentar-*Pfeiffer*, Kauf-RL, Art. 11 Rn. 7.

[155] Siehe hierzu *Schulze*, in: *Schulze* (Hrsg.), Auslegung europäischen Privatrechts, S. 9 (15).

[156] EuGH, Urt. v. 10.4.1984, Rs. 14/83; Slg. 1984, 1891 – *von Colson und Kamman*; EuGH, Urt. v. 13.11.1990, Rs. C-106/98, Slg. I-4135 – *Marleasing*.

[157] *Pfeiffer*, ZGS 2002, 23 (24).

[158] *Klauer*, Europäisierung des Privatrechts, S. 28.

[159] Siehe hierzu *Schulze*, in: *Schulze* (Hrsg.), Auslegung europäischen Privatrechts, S. 9 (16).

[160] *Gruber*, ZVglRWiss 101 (2002), 38 (40).

[161] *Reich*, NJW 1999, 2397 (2398); *von Sachsen Gessaphe*, RIW 2001, 721 (722).

[162] UNIDROIT, Principles of International Commercial Contracts, 1994.

Principles of International Commercial Contracts oder der *Principles of European Contract Law* der *Lando*-Kommission[163] müssen ausländische Zivilrechtskodifikationen ebenfalls Berücksichtigung finden.

Um zu vermeiden, dass von den Mitgliedstaaten gleich verwendete, von den nationalen Gerichten aber unterschiedlich ausgelegte Begrifflichkeiten den Rechtsanwender bei der gebotenen einheitlichen Anwendung der Umsetzungsvorschriften irritieren, hat der europäische Gesetzgeber bei der Formulierung des Richtlinientextes bewusst Begrifflichkeiten gewählt hat, die den Rechtsordnungen der Mitgliedstaaten weitestgehend unbekannt waren.[164] Die nationalen Gerichte sind daher bei der Auslegung der VerbrGK-RL besonders großen Anforderungen ausgesetzt, zumal der überwiegende Teil des Vertrags- und Schuldrechts der Mitgliedstaaten bisher außerhalb der Einflusssphäre des EuGH lag, sodass bei der Auslegung der Umsetzungsvorschriften kaum entsprechende Anhaltspunkte aus seinen Entscheidungen gewonnen werden können.[165] Eine zwar begrenzte, aber dennoch einfache Hilfe zu einer gemeinschaftsweiten einheitlichen und richtlinienkonformen Auslegung kann ein Rückgriff auf das CISG[166] bieten, da es in seiner Systematik der VerbrGK-RL zu Grunde liegt[167] und in den meisten EU-Staaten[168] gilt.[169] Während zum CISG bereits eine überwiegend[170] einheitliche und gesicherte Rechtsprechung vorliegt, werden angesichts der in den Mitgliedstaaten geltenden Übergangsvorschriften Entscheidungen der obersten nationalen Gerichtshöfe noch auf sich warten lassen. Auch der europäische Gesetzgeber wird bei der anvisierten Schaffung eines Europäischen Zivilgesetzbuches künftig vor die Aufgabe gestellt sein, die Vorschriften der VerbrGK-RL mit denen des CISG abzustimmen.[171] Auch wenn die Auslegung der Richtlinienbestimmungen letztlich

---

163 *Lando*/Beale (Hrsg.), Principles of European Contract Law, Parts I and II, 2000.

164 Vgl. hierzu *Micklitz*, EuZW 1999, 485 (491).

165 Der Europäische Gerichtshof hat es abgelehnt Vorlagefragen zur Auslegung des nationalen Rechts zu beantworten, wenn die streitgegenständliche Vorschrift lediglich einer Richtlinienbestimmung nachempfunden wurde, ohne dass es eine entsprechende Verpflichtung der Mitgliedstaaten hierzu gab. Vgl. EuGH, Urt. v. 28.3.1995, Rs. C-346/93, Slg. 1995, I-615 – *Benson /City of Glasgow*.

166 Wiener UN-Übereinkommen über Verträge über den internationalen Warenkauf vom 11. April 1980 (BGBl. L 1989 II 588, Bek. vom 23.10.1990, BGBl. L II 1477). Zur Vielzahl, der für das UN-Kaufrecht bestehenden Abkürzungen vgl. *Flessner/ Kadner*, ZEuP 1995, 347f.

167 *Schlechtriem*, JZ 1997, 441; *Staudenmayer*, NJW 1999, 2393; *Weisner*, JuS 2001, 759.

168 Dass Großbritannien, Irland und Portugal keine Vertragsstaaten sind, schadet hierbei nicht. Vgl. *Jud*, in: *Helms/Neumann/Caspers/Sailer/Schmidt-Kessel* (Hrsg.), JbJgZivilRW, S. 205 (208 Fn. 18).

169 *Magnus*, RIW 2002 Heft 8 S. 1; *Wolf*, RIW 1997, 899 (899); *Junker*, DZWiR 1997, 271 (273, 277 f.); *Jud*, in: *Helms/Neumann/Caspers/Sailer/Schmidt-Kessel* (Hrsg.), JbJgZivilRW, S. 205 (208); auch die Kommission zählt das CISG zum rechtsvergleichenden Material vgl. KOM(95) 520 endg., 6, 12f.

170 Vgl. hierzu *C. Reifner*, IHR 2002, 52f.

171 *Bar*, in: FS *Henrich*, S. 1 (9); *Schmid*, JZ 2001, 674 (682).

dem EuGH vorbehalten sind[172], können die nationalen Gerichte hierzu heute schon einen Beitrag leisten.

V. Direktwirkung

Die Rechtswirkungen von Richtlinien sind in Art. 249 Abs. 3 EGV geregelt. Danach sind Form und Mittel zur Umsetzung von Richtlinien den Mitgliedstaaten überlassen, während nach Art. 249 Abs. 2 EGV eine Verordnung unmittelbare Wirkung hat. Die unterschiedliche Ausgestaltung von Art. 249 Abs. 2 und 3 EGV bedeutet nicht, dass jegliche unmittelbare Wirkung von Richtlinien abzulehnen ist.[173] Art. 249 Abs. 3 EGV enthält vielmehr einen an die Mitgliedstaaten gerichteten Handlungsauftrag und bestimmt damit nur, dass die Vorgaben einer Richtlinie regelmäßig keine unmittelbare Geltung haben, welche die Mitgliedstaaten von ihrer Umsetzungsverpflichtung befreit.[174] Nach mittlerweile herrschender Auffassung[175] und der Rechtsprechung des EuGH[176], der sich auch das Bundesverfassungsgericht[177] angeschlossen hat, kann eine Richtlinie unter bestimmten Voraussetzungen durchaus unmittelbare Wirkung entfalten. Ist der nationale Gesetzgeber zeitlich oder inhaltlich hinter den Richtlinienvorgaben zurückgeblieben, so hat der EuGH für das Verhältnis zwischen Staat und Bürger eine (vertikale) Direktwirkung angenommen.[178] Dieser Auffassung lag ursprünglich die Überlegung zu Grunde, dass der *effet utile* einer Richtlinie erheblich beeinträchtigt würde, wenn es den Mitgliedstaaten möglich wäre, durch ein Hinauszögern der Richtlinienumsetzung die mit ihr beabsichtigten Rechtswirkungen zu vereiteln.[179]

Selbst wenn ein Vertragsverletzungsverfahren gemäß Art. 226 EGV eingeleitet würde, wäre das Gemeinschaftsrecht nicht hinreichend gesichert, da es zum einen nicht die Verzögerung verhindern kann und zum anderen nur ein Feststellungsurteil ergeht. Später stützte der EuGH seine Rechtsprechung auf das Argument des Rechtsmissbrauchs. Er führte erstmalig in der Entscheidung *Ratti*[180] aus, dass es insoweit rechtsmissbräuchlich sei, wenn der Staat sich auf die

[172] Vgl. Art. 177 EGV.

[173] EuGH, Urt. v. 4.12.1974, Rs. 41/74, Slg. 1974, 1337 – *van Duyn*.

[174] EuGH, Urt. v. 6.5.1980, Rs. 102/79, Slg. 1980, 1473 – *Kommission/Belgien*; EuGH, Urt. v. 1.3.1983, Rs. 301/81, Slg. 1983, 467 – *Kommission/Belgien*; EuGH, Urt. v. 11.8.1995, Rs. 433/93, Slg. 1995, 2303 – *Kommission/BRD*. Vgl. darüber hinaus statt vieler *Heß*, Diss., S. 101 m.w.N.

[175] *Klauer*, die Europäisierung des Privatrechts, S. 44.

[176] EuGH, Urt. v. 5.4.1979, Rs. 148/78, Slg. 1978, 1629f. – *Ratti*; EuGH, Urt. v. 19.1.1982, Rs. 8/81, Slg. 1982, 53f. – *Becker*.

[177] BVerfGE 75, 223 (235).

[178] EuGH, Urt. v. 4.12.1974, Rs. 41/74, Slg. 1974, 1337 – *van Duyn*.

[179] EuGH, Urt. v. 4.12.1974, Rs. 41/74, Slg. 1974, 1337 – *van Duyn*; EuGH, Urt. v. 19.1.1982, Rs. 8/81, Slg. 1982, 53 – *Becker*.

[180] EuGH, Urt. v. 5.4.1979, Rs. 148/78, Slg. 1978, 1629 – *Ratti*.

mangelnde Umsetzung einer Richtlinie beruft.[181] Nach der Lehre vom *effet utile* ist im Einzelfall nach Verstreichen der Umsetzungsfrist zu prüfen, ob die Bestimmung, um die es geht, nach Rechtsnatur, Systematik und Wortlaut geeignet ist, unmittelbare Wirkung in den Rechtsbeziehungen zwischen den Mitgliedstaaten und den einzelnen Bürgern zu begründen.[182] Der EuGH hat den Begriff „Staat" weit ausgelegt und auch dann eine unmittelbare Wirkung von Richtlinien bejaht, wenn der Staat nicht in seiner Eigenschaft als Hoheitsträger tätig geworden ist. Es reicht aus, wenn es sich um eine Einrichtung oder Organisation handelt, die dem Staat oder dessen Aufsicht unterstehen und mit besonderen Rechten ausgestattet sind, die über diejenigen hinausgehen, die nach den Vorschriften für die Beziehungen zwischen Privaten gelten.[183] Während der EuGH für die unmittelbare Anwendbarkeit einer Richtlinie zunächst noch für erforderlich hielt, dass dem Bürger durch sie bestimmte subjektive Rechte verliehen werden[184], hat er später auch eine objektive unmittelbare Wirkung im Vertikalverhältnis zugelassen.[185]

Im Vertikalverhältnis kann eine Richtlinie bereits dann zur unmittelbaren Anwendung gelangen, wenn sie hinreichend genau formuliert ist, dass daraus unmittelbar Rechte abgeleitet werden (*Self-executing*-Charackter einer Richtlinie) und wenn die Umsetzungsfrist abgelaufen ist. Im Hinblick auf die VerbrGK-RL gilt daher, dass ihre Vorschriften dann unmittelbar zur Anwendung kommen, wenn der Staat oder ein Staatsunternehmen als Verkäufer eines Verbrauchsgüterkaufes auftraten.[186] Eine unmittelbare Wirkung von Richtlinien zwischen Privaten (horizontale Wirkung) hat der EuGH indessen zu Recht abgelehnt. Adressaten einer Richtlinie sind die Mitgliedstaaten, sodass eine Richtlinie selbst keine Verpflichtungen für Private und damit auch keine Ansprüche gegen sie begründen kann.[187] Der EuGH hat darauf hingewiesen, dass es schließlich auch keinen EU-

---

181 Während der EuGH in der Entscheidung *Ratti* (s. Fn. oben) und *Becker* (s. Fn. oben) noch beide Argumente verwendete, beruft sich der EuGH in seinen nachfolgenden Entscheidungen allein auf das Argument des *vernire contra factum proprium*. Vgl. EuGH, Urt. v. 26.2.1986, Rs. 152/84, Slg. 1986, 723 – *Marshall*; EuGH, Urt. v. 13.11.1990, Rs. C-106/98, Slg. I-4135 – *Marleasing*; EuGH, Urt. v. 14.7.1994, Rs. C-91/92, Slg. I-3325 - *Faccini Dori*; EuGH, Urt. v. 7.3.1996; Rs. C-192/94, Slg. 1996, I-1281 – *El Corte Inglés*

182 EuGH, Urt. v. 4.12.1974, Rs. 41/74, Slg. 1337 – *van Duyn*; bestätigt durch EuGH, Urt. v. 14.7.1994, Rs. C-91/92, Slg. I-3325 – *Dori*.

183 EuGH, Urt. v. 26.2.1986, Rs. 152/84, Slg. 1986, 723 – *Marshall*; EuGH, Urt. v. 15.5.1986, Rs. 222/84, Slg. 1986, 1651 – *Johnston*; EuGH, Urt. v. 22.6.1989, Rs. 103/88, Slg. 1989, 1839 – *Fratelli Costanzo*; EuGH, Urt. v. 12.7.1990, Rs. C-188/89, Slg. 1990, I-3313 – *Foster/British Gas*.

184 EuGH, Urt. v. 4.12.1974, Rs. 41/74, Slg. 1337 – *van Duyn*.

185 EuGH, Urt. v. 11.8.1995, Rs. C-431/92, Slg. 1995, I-02189 – *Kommission/Deutschland*.

186 Anwaltskommentar-*Pfeiffer*, Kauf-RL, Art. 11 Rn. 9.

187 EuGH, Urt. v. 8.10.1987, Rs. 80/86, Slg. 1987, 3969 - *Kolpinghuis Nijmegen;* EuGH, Urt. v. 26.2.1986, Rs. 152/84, Slg. 1986, 723 – *Marshall;* EuGH, Urt. v. 13.11.1990, Rs. C-106/98, Slg. I-4135 – *Marleasing*; EuGH, Urt. v. 14.7.1994, Rs. C-91/92, Slg. I-3325 - *Faccini Dori*; EuGH, Urt. v. 7.3.1996, Rs. C-192/94, Slg. 1996, I-1281 – *El Corte Inglés*; EuGH, Urt. v. 26.9.1996, Rs. C-168/95, Slg. 1996, I-4705 – *Arcaro*.

rechtlichen Mechanismus zur Abwehr der Anwendung gemeinschaftswidriger nationaler Vorschriften gibt[188], woran sich auch im Bereich des Verbraucherschutzes trotz der Wertentscheidung des Art. 153 EGV nichts ändert[189]. Eine Ausnahme hiervon gilt nach der neusten Rechtsprechung für die Anwendung nationaler Verbotsnormen, die ein Mitgliedstaat unter Missachtung EU-rechtlicher Verfahrenspflichten erlassen hat.[190] Im Übrigen hält der EuGH trotz der von Teilen der Literatur[191] wegen der drohenden Einbußen bei der praktischen Wirksamkeit von Gemeinschaftsprivatrecht geäußerten Kritik, der sich bereits drei Generalanwälte[192] angeschlossen haben, an seiner Auffassung fest. Im horizontalen Verhältnis kann die VerbrGK-RL demnach keine unmittelbare Wirkung entfalten, auch wenn die hier gebotene richtlinienkonforme Auslegung oftmals einer unmittelbaren Anwendung gleichkommen mag.

VI. Staatshaftung bei unzureichender Umsetzung

Art. 9 VerbrGK-RL verpflichtet die Mitgliedstaaten dazu, die Verbraucher über die zur Umsetzung der Richtlinienvorgaben neu geschaffenen oder geänderten Vorschriften durch geeignete Maßnahmen zu informieren und gegebenenfalls auch Berufsorganisationen dazu aufzurufen. Insoweit entfaltet die VerbrGK-RL eine gewisse Direktwirkung. Eine ähnliche Regelung hat der europäische Gesetzgeber bereits in Art. 16 Fernabsatz-Richtlinie[193] und in Art. 7 Preisangaben-Richtlinie[194] vorgesehen. Anders als in der Fernabsatz-Richtlinie hat der europäische Gesetzgeber davon abgesehen, die Verbraucherinformation, zu der die Berufsverbände aufzufordern sind, auch auf die Verhaltenskodizes der Berufs-verbände zu beziehen, da sie die Regelungen über den Verbrauchsgüterkauf wohl nicht beeinflussen können.[195] Die Informationspflicht des Art. 9 VerbrGK-RL bezieht sich auf den Inhalt der Umsetzungsnormen, nicht aber auf die Vorschriften der VerbrGK-RL selbst.[196] Insoweit entspricht Art. 9 VerbrGK-RL der Vorschrift des

---

188 So in EuGH, Urt. v. 26.9.1996, Rs. C-168/95, Slg. 1996, I-4705 – *Arcaro*.

189 So in EuGH, Urt. v. 7.3.1996, Rs. C-192/94, Slg. 1996, I-1281 – *El Corte Inglés*.

190 EuGH, Urt. v. 26.9.2000, Rs- C-443/98, Slg. 2000, I-7535 – *Unilever Italia*.

191 *Reich*, in: *Reich/Micklitz* (Hrsg.), Europäisches Verbraucherrecht, S. 44; *Gundel*, EuZW 2001, 143f.

192 Vgl. Schlussantrag GA Lenz vom 9.2.1994 (EuGH, Urt. v. 14.7.1994, Rs. C-91/92, Slg. I-3325 - *Faccini Dori*); Schlussantrag des GA Jacobs vom 27.1.1994 (EuGH, Urt. v. 3.3.1994, Rs. C-316/93, Slg. 1994, I-763 – *Vaneetveld*); Schlussantrag des GA Van Gerven 26.1.1993 (EuGH, Urt. v. 2.8.1993, Rs. C-271/91, Slg. 1993, I-4367 – *Marshall II*).

193 Richtlinie 97/7/EU des Europäischen Parlaments und des Rates vom 20. Mai 1997 über den Verbraucherschutz bei Vertragsabschlüssen im Fernabsatz (ABl. EG Nr. L 144 vom 4.6.1997, S. 19f.).

194 Richtlinie 98/6/EU des Europäischen Parlaments und des Rates vom 16. Februar 1998 über den Schutz der Verbraucher bei der Angabe der Preise der ihnen angebotenen Erzeugnisse (ABl. EG Nr. L 80 vom 18.3.1998, S. 27f.).

195 *Staudenmayer*, in: *Grundmann/Medicus/Rolland* (Hrsg.), Europäisches Kaufgewährleistungsrecht, S. 27 (46).

196 *Welser/Jud*, Zur Reform des Gewährleistungsrechts, S. 19.

Art. 7 der Preisangaben-Richtlinie[197]. Danach sind die Mitgliedstaaten dazu aufgefordert, alle Beteiligten von den innerstaatlichen Rechtsvorschriften zur Umsetzung dieser Richtlinie zu unterrichten. Informationsempfänger des Art. 9 VerbrGK-RL ist hingegen der Verbraucher.[198] Nur ihm wird ein subjektives Informationsrecht gegenüber dem Staat eingeräumt. Ziel der Vorschrift ist es, durch eine gesteigerte Aufklärung das Vertrauen des Verbrauchers zu stärken. Damit dient sie der praktischen Durchsetzung von Erwägungsgrund 5 VerbrGK-RL, wonach die Schaffung eines gemeinsamen Mindestsockels von Verbraucherrechten das Vertrauen der Verbraucher stärkt und es ihnen so gestattet, die Vorzüge des Binnenmarktes besser zu nutzen. Letztlich soll durch Art. 9 VerbrGK-RL die Nutzung des europäischen Binnenmarktes durch den Erwerb von Waren in anderen EU-Mitgliedstaaten als ihrem Wohnsitzland tatsächlich vorangetrieben werden,[199] um so die Errichtung eines gemeinsamen Marktes zu fördern. Art. 9 VerbrGK-RL dient damit der Verwirklichung der in Art. 2 EGV festgelegten Aufgaben der EU, deren Mitglieder die Vertragsparteien des EGV es sind.

Daher sind auch die Mitgliedstaaten nicht nur Normadressaten sondern primär Verpflichtete.[200] Es ist den nationalen Gesetzgebern demnach verwehrt, ihre Informationsverantwortung gemäß Art. 9 VerbrGK-RL auf die Gewerbetreibenden zu übertragen. Die Vorschrift zwingt demnach nicht dazu, eine entsprechende Informationspflicht des Verkäufers zu schaffen.[201] Von Art. 9 VerbrGK-RL unberührt bleiben die in anderen Richtlinien verankerten Informationspflichten des Verkäufers, wie etwa die Pflicht des Verkäufers, den Verbraucher über dessen gesetzliches Rücktrittsrecht bei Haustürgeschäften nach Art. 4 Abs. 1 f) bzw. Art. 5 Abs. 1 Satz 2 Spiegelstrich 1 Haustürwiderrufs-Richtlinie[202] oder nach Art. 4 Fernabsatz-Richtlinie[203] zu informieren.

Die Formulierung „falls angebracht" macht deutlich, dass auch eine Aufforderung an die Berufsverbände zur Verbraucherinformation die Mitgliedstaaten nicht von ihrer Informationspflicht befreit.[204] Gleichzeitig ergibt sich hieraus, dass hinsichtlich der Aufforderung der Berufsverbände keine Verpflichtung besteht, sodass ihre Einbeziehung in den Kreis der Informations-

---

[197] Richtlinie 98/6/EU des Europäischen Parlaments und des Rates vom 16. Februar 1998 über den Schutz der Verbraucher bei der Angabe der Preise der ihnen angebotenen Erzeugnisse (ABl. EG Nr. L 80 vom 18.3.1998, S. 27f.).

[198] *Grundmann/Sirena*, in: *Grundmann/Bianca* (Hrsg.), EU-Kaufrechts-Richtlinie, Art. 9 Rn. 3.

[199] *Grundmann/Sirena*, in: *Grundmann/Bianca* (Hrsg.), EU-Kaufrechts-Richtlinie, Art. 9 Rn. 5.

[200] *Grundmann/Sirena*, in: *Grundmann/Bianca* (Hrsg.), EU-Kaufrechts-Richtlinie, Art. 9 Rn. 7.

[201] Anwaltskommentar-*Pfeiffer*, Kauf-RL, Art. 9 Rn. 1.

[202] Richtlinie 85/577/EWG des Rates vom 20. Dezember 1985 betreffend den Verbraucherschutz im Falle von außerhalb von Geschäftsräumen geschlossenen Verträgen (ABl. EG Nr. L 372 vom 31.12.1985, S. 31f.).

[203] Richtlinie 97/7/EG des Europäischen Parlaments und des Rates vom 20. Mai 1997 über den Verbraucherschutz bei Vertragsabschlüssen im Fernabsatz (ABl. EG Nr. L 144 vom 4.6.1997, S. 19f.).

[204] *Grundmann/Sirena*, in: *Grundmann/Bianca* (Hrsg.), EU-Kaufrechts-Richtlinie, Art. 9 Rn. 7.

verantwortlichen im Ermessen der Mitgliedstaaten steht.[205] Diesbezüglich ist die Vorschrift des Art. 9 VerbrGK-RL rein unterstützender Natur i.S.d. Art. 153 Abs. 3 b) EGV. Wegen des in Art. 5 EGV verankerten Subsidiaritätsprinzips dürfte eine Verpflichtung der Mitgliedstaaten hierzu unzulässig sein.

Aus demselben Grund dürften auch die Umsetzungsmodalitäten den Mitgliedstaaten überlassen worden sein. Art. 9 VerbrGK-RL spricht insoweit nur von „geeigneten Maßnahmen". Weder die bloße Veröffentlichung der Umsetzungsnormen im Gesetzblatt noch die Verbreitung des Textes in anderen Medien dürfte den Anforderungen des Art. 9 VerbrGK-RL genügen.[206] Sinn und Zweck der Vorschrift finden vielmehr nur dann ausreichend Berücksichtigung, wenn durch die von den Mitgliedstaaten gewählte Art und Weise der Information gewährleistet wird, dass der Verbraucher über die Kenntnis seiner Rechte hinaus auch über seine Rechtsschutzmöglichkeiten und die praktische Relevanz der Umsetzungsvorschriften Kenntnis erlangt. Denkbar sind sowohl staatliche Publikationen oder die hierfür erforderliche Finanzierung von Verbraucherverbänden, wobei auch dann sichergestellt werden muss, dass eine umfassende Information der Verbraucher auch tatsächlich erfolgt ist.[207] Eine Verletzung dieser staatlichen Aufklärungspflicht dürfte nach Maßgabe der *Francovich*-Entscheidung[208] des EuGH, die ihre Bestätigung in den Entscheidungen des EuGH in Sachen *Brasserie du pêcheur* und *Factortame III*[209] gefunden hat, grundsätzlich sanktionsfähig sein.[210] Danach führt eine unzureichende Umsetzung einer Richtlinie zu Staatshaftungsansprüchen. Hat ein Mitgliedstaat eine Richtlinie trotz Ablauf der Umsetzungsfrist gar nicht oder nur unzureichend umgesetzt, so kann der einzelne Bürger Staatshaftungsansprüche gegen den säumigen Mitgliedstaat gelten machen.[211] Auf Grund dieser Regelung können dem Verbraucher unter Umständen Ansprüche gegen den Staat erwachsen, wenn dieser seine Verbraucher nicht über die Umsetzung und den Inhalt der Umsetzungsnormen informiert.

Der EuGH leitete den Anspruch aus der Mitwirkungspflicht nach Art. 5 EGV und dem *effet utile* des Richtlinienrechts ab. Er wies daraufhin, dass insbesondere dann, wenn die volle Wirkung gemeinschaftsrechtlicher Bestimmungen mangels unmittelbarer Anwendbarkeit der VerbrGK-RL davon abhängt, dass die Mitgliedstaaten tätig werden, und der Einzelne deshalb im Falle der Untätigkeit des Staates die ihm durch das Gemeinschaftsrecht zuerkannten Rechte vor den nationalen Gerichten nicht gelten machen kann, die Möglichkeit

---

[205] *Grundmann/Sirena*, in: *Grundmann/Bianca* (Hrsg.), EU-Kaufrechts-Richtlinie, Art. 9 Rn. 7.
[206] *Staudenmayer*, in: *Grundmann/Medicus/Rolland* (Hrsg.), Europäisches Kaufgewährleistungsrecht, S. 27 (46).
[207] Anwaltskommentar-*Pfeiffer*, Kauf-RL, Art. 9 Rn. 1.
[208] EuGH, Urt. v. 19.11.1991 –Rs. C-6/90 und C-9/90, Slg. 1991, I-5357 - *Francovich I.*
[209] EuGH, Urt. v. 5.3.1996 –Rs. C-46/93 und C-48/93 Slg. 1996, I-1029 - *Brasserie du pêcheur.*
[210] *Micklitz*, EuZW 1999, 485 (489).
[211] EuGH, Urt. v. 19.11.1991, Rs C-6, 9/90, Slg 1991, I-5357 – *Francovich.*

einer Entschädigung unerlässlich sei.[212] Im Horizontalverhältnis sei hingegen dann ein Staatshaftungsanspruch unerlässlich, wenn die richtlinienkonforme Auslegung des nationalen Rechts am Wortlaut der anzuwendenden Vorschrift scheitert.[213] Voraussetzung hierfür ist, dass ein qualifizierter Verstoß gegen das Gemeinschaftsrecht vorliegt, was insbesondere dann zu bejahen ist, wenn überhaupt keine Umsetzungsmaßnahmen erfolgt sind und das nationale Recht keine den Richtlinienvorgaben entsprechenden Vorschriften enthält.[214] Darüber hinaus müssen drei weitere Voraussetzungen vorliegen. Erstens, es muss Ziel der VerbrGK-RL sein, dem Einzelnen Rechte zu verleihen; zweitens muss der Inhalt dieser Rechte auf Grundlage der VerbrGK-RL bestimmt werden können und drittens muss ein Kausalzusammenhang zwischen dem Schaden und der unzureichenden Richtlinienumsetzung bestehen.[215]

Gemäß Art. 11 Abs. 2 VerbrGK-RL sind die Mitgliedstaaten darüber hinaus dazu aufgefordert, der Kommission den Wortlaut der Umsetzungsvorschriften mitzuteilen. Die Berichterstattungspflicht ist als exekutive Aufgabe von den nationalen Regierungen zu erfüllen.[216] Diese Regelung ist im Zusammenhang mit Art. 12 VerbrGK-RL zu lesen, wonach die Überprüfung, ob die VerbrGK-RL fristgerecht und inhaltlich korrekt umgesetzt wurde, der Kompetenz der Kommission zugewiesen ist, die bei unvollständiger und unkorrekter Umsetzung der VerbrGK-RL gemäß Art. 226 EGV eine Vertragsverletzungsklage gegen den betreffenden Mitgliedstaat erheben kann.[217]

---

[212] EuGH, Urt. v. 19.11.1991, Rs C-6, 9/90, Slg 1991, I-5357 – *Francovich*; diesen Grundsatz hat der EuGH auf sämtliche Verstöße gegen das Gemeinschaftsrecht ausgeweitet vgl. EuGH, Urt. v. 5.3.1996, verb. Rs C-46/93 und C-48/93, Slg. 1996, I-1029 – *Brasserie du Pêcher.*

[213] EuGH, Urt. v. 14.7.1994, Rs. C-91/92, Slg. 1994, I-3325 - *Faccini Dori.*

[214] EuGH, Urt. v. 8.10.1996, Rs. C-178, 179, 188-190/94, Slg. 1996, I-4845 – *Dillenkofer.*

[215] Vgl. EuGH, Urt. v. 14.7.1994, Rs. C-91/92, Slg. 1994, I-3325 - *Faccini Dori*; EuGH, Urt. v. 7.3.1996, Rs. C-192/94, Slg. 1996, I-1281 – *El Corte Inglés*; EuGH, Urt. v. 8.10.1996, Rs. C-178, 179, 188-190/94, Slg. 1996, I-4845 – *Dillenkofer.*

[216] Anwaltskommentar-*Pfeiffer*, Kauf-RL, Art. 11 Rn. 12.

[217] Anwaltskommentar-*Pfeiffer*, Kauf-RL, Art. 11 Rn. 12.

Teil B: Richtlinienvorgaben, Umsetzung und Rechtsvergleich

Kapitel 1 - Rahmenbedingungen

I. Richtlinienvorgaben

Die Rahmenbedingungen der VerbrGK-RL sind in den Vorschriften der Art. 1, 7, 8 und 11 normiert. Festzuhalten ist zunächst, dass Richtlinien anders als Verordnungen, die gemäß Art. 249 Abs. 2 Satz 2 EGV unmittelbar in jedem Mitgliedstaat gelten, gemäß Art. 249 Abs. 3 EGV zwar hinsichtlich ihrer Ziele verbindlich sind, jedoch kein unmittelbar geltendes Recht erzeugen.[218] Sie kann ihre Wirkung gegenüber dem Marktbürger nur über die von dem jeweiligen Mitgliedstaat ergriffenen Durchführungsmaßnahmen entfalten.[219] Primärrechtlich ergibt sich die Pflicht zur Umsetzung aus Art. 10 Abs. 1 EGV.[220] Dabei bleibt die Wahl der Formen und Mittel gemäß Art. 249 Abs. 3 a.E. EGV den Mitgliedstaaten überlassen. Die Mitgliedstaaten sind nur dazu aufgefordert, die Vorschriften der VerbrGK-RL in ihre nationale Gesetzestechnik einzupassen, eine etwa wörtliche Übernahme ihrer Vorschriften in die nationale Rechtsordnung erfordert die VerbrGK-RL indessen nicht.[221]

Nach der Rechtsprechung des EuGH folgt aus dem Gebot effektiver Umsetzung, dass Richtlinien durch verbindliche, eindeutig und klar verständliche Außenrechtssätze umzusetzen sind.[222] Werden dem einzelnem Bürger durch eine Richtlinie etwa individuelle Rechte eingeräumt, wie dies bei der VerbrGK-RL der Fall ist, so müssen die Umsetzungsvorschriften so klar und verständlich sein, dass der Bürger ohne Zweifel erkennen kann, welche Rechte ihm zur Seite stehen.[223] Daher bestimmt auch Art. 11 Abs. 1 VerbrGK-RL, dass die Mitgliedstaaten zur Umsetzung der Richtlinienvorgaben bis zum 1. Januar 2002 Rechts- und Verwaltungsvorschriften erlassen müssen. Schlichte Verwaltungspraktiken etwa, die als solche von der Exekutive beliebig geändert werden können, reichen nicht aus.[224] Auch solche durch eine ständige nationale Rechtsprechung entwickelten und damit gewohnheitsrechtlich anerkannten Rechtssätze, wonach Generalklauseln oder unbestimmte Rechtsbegriffe im Sinne einer Richtlinie ausgelegt werden, können die Schaffung von Umsetzungsvorschriften nicht ersetzen.[225] Ob Einzelgesetze neben den bestehenden Zivilrechtskodifikationen zur Umsetzung der Richtlinien-

---

218 EuGH, Urt. v. 10.5.2001, Rs. 144/99, Slg. 2001, I - 3541 – *Kommission/Niederlande.*

219 EuGH, Urt. v. 6.5.1980, Rs. 102/79, Slg. 1979, 1473 – *Kommission/Belgien*; EuGH, Urt. v. 19.1.1982, Rs. 8/81, Slg. 1982, 53 – *Becker.*

220 EuGH, Urt. v. 6.6.1978, Rs. 147/77, Slg. 1978, 1307 – *Kommission/Italien.*

221 *Micklitz*, EuZW 1999, 485 (489).

222 EuGH, Urt. v. 10.5.2001, Rs. 144/99, Slg. 2001, I - 3541 – *Kommission/Niederlande.*

223 EuGH, Urt. v. 18.1.2001, Rs. C- 162/99, Slg. 2001, I-541 - *Kommission/Italien.*

224 EuGH, Urt. v. 15.10. 1986, Rs. 168/85, Slg. 1986, 2945 – *Kommission/Italien.*

225 EuGH, Urt. v. 10.5.2001, Rs. 144/99, Slg. 2001, I - 3541 – *Kommission/Niederlande.*

vorgaben geschaffen oder aber die Vorgaben in die Zivilgesetzbücher der Mitgliedstaaten integriert werden, bleibt dabei den Mitgliedstaaten überlassen. Zugleich entfaltet das Verstreichen der Umsetzungsfrist eine gewisse Sperrwirkung, wonach einmal richtlinienkonform transformiertes Recht nachträglich nicht derart abgeändert werden darf, dass letztlich nicht mit den Richtlinienvorgaben zu vereinbarende Rechtsvorschriften entstehen.[226]

Mit Rücksicht auf das gemeinschaftsrechtliche Subsidiaritätsprinzip aus Art. 5 EGV hat die VerbrGK-RL nicht etwa das gesamte Kaufrecht zum Gegenstand, sondern wie sich aus dem in Art. 1 Abs. 1 VerbrGK-RL normierten Zweck der VerbrGK-RL ergibt, „die Angleichung der Rechts- und Verwaltungsvorschriften der Mitgliedstaaten zu bestimmten Aspekten des Verbrauchsgüterkaufes und der Garantien für Verbrauchsgüter zur Gewährleistung eines einheitlichen Verbraucherschutz-Mindestniveaus im Rahmen des Binnenmarktes". Geregelt werden sollen nur Verbrauchsgüterkaufverträge und die damit in Zusammenhang stehenden Garantien. Die Mitgliedstaaten können daher zur Umsetzung sowohl bestehende allgemeine oder ausschließlich für Verbraucherverträge geltende Vorschriften den Vorgaben der VerbrGK-RL durch Änderungen ihres Inhalts anpassen als auch durch die Aufnahme neuer Vorschriften ergänzen, sei es durch das Einfügen von Sondervorschriften mit auf den Anwendungsbereich der VerbrGK-RL beschränktem Inhalt oder aber über den Regelungsbereich der VerbrGK-RL hinaus geltende Vorschriften schaffen bzw. ändern.

Bei der Suche nach der bestmöglichen Umsetzungsalternative kann aber nicht allein die Frage im Vordergrund stehen, ob Regelungswerke aus traditionellen Gründen nicht angetastet werden dürfen. Angesichts des primär von der VerbrGK-RL angestrebten Zieles eines erhöhten Verbraucherschutzniveaus in den Mitgliedstaaten muss vielmehr die Frage im Vordergrund stehen, wie dieses Ziel am effektivsten erreicht werden kann. Lassen sich Grundwertungen bestehender nationaler Gesetze mit den Vorgaben einer Richtlinie vereinbaren, so besteht kein zwingender Bedarf nach einer umfassenden Reform.[227] Sowohl die Aufnahme neuer und die Ergänzung von Vorschriften zur Umsetzung der VerbrGK-RL in das allgemeine Kaufrecht der Zivilrechtsbücher der Mitgliedstaaten, als auch die Schaffung eines in sich geschlossenen Normenkomplexes innerhalb oder außerhalb der bestehenden Kodifikationen, wird sich wohl mit den dort bereits enthaltenen Wertungen und der den Zivilgesetzbüchern zu Grunde liegenden Systematik in Einklang bringen lassen.[228] Die Vor- und Nachteile liegen auf der Hand: Die Schaffung eigenständiger, vom allgemeinen Kaufrecht unabhängiger, Sondervorschriften fördert zwar einerseits die konsequente Beachtung von verbraucherschützenden Wertungen, da es eine größere Hemmschwelle für den Rechtsanwender darstellen würde, die Regelungen des Verbraucherschutzrechts

---

[226] Anwaltskommentar-*Pfeiffer*, Kauf-RL, Art. 11 Rn. 3; *Pfeiffer/ Schinkels*, in: *Micklitz/Pfeiffer/ Tonner/Willingmann*, Schuldrechtsreform und Verbraucherschutz, S. 133 (156).

[227] So auch *Roth*, JZ 2001, 475 (487).

[228] So auch *Roth*, JZ 2001, 475 (487).

vorschnell zu Gunsten einer einheitlichen Regelung zu verfälschen.[229] Das Nebeneinander von allgemeinem Kaufrecht und Sondervorschriften für den Verbrauchsgüterkauf hat andererseits zur Folge, dass doppelte Regelungen, wenn auch mit minimalen Unterschieden für Verbraucher- und Nichtverbraucherverträge, nebeneinander anwendbar sind.[230] Bei einer 1:1-Umsetzung entstehen anders als bei einer umfassenden Reform des gesamten kaufrechtlichen Gewährleistungsrechts erhebliche Abgrenzungsprobleme und Missbrauchsgefahren.[231] Bei der Wahl der Umsetzungsmethode handelt es sich nicht ausschließlich um eine fundamentale, sondern vielmehr auch um eine pragmatische Frage.[232]

Inhaltlich ist der Umsetzungsspielraum der nationalen Gesetzgeber durch das in Art. 7 Abs. 1 VerbrGK-RL verankerte Unabdingbarkeitspostulat und das in Art. 7 Abs. 2 VerbrGK-RL festgeschriebene Umgehungsverbot begrenzt. Durch Art. 8 VerbrGK-RL wird schließlich das Konzept der Teilharmonisierung und der Mindestharmonisierung festgelegt.[233] Art. 11 Abs. 1 Satz 2 VerbrGK-RL bestimmt darüber hinaus, dass in den neuen bzw. geänderten Vorschriften selbst oder mit einem entsprechendem Hinweis in der amtlichen Veröffentlichung auf die VerbrGK-RL Bezug zu nehmen ist. Diese Regelung soll verhindern, dass die Herkunft der in nationales Recht transformierten Vorschriften verschleiert wird. Sie soll damit letztlich eine einheitliche Auslegung der nationalen Umsetzungsvorschriften gewährleisten.[234]

1. Anwendungsbereich

Wie bereits der Name der VerbrGK-RL deutlich zeigt, enthält sie keine umfassende Regelung des Verbrauchsgüterkaufes, sondern bezieht sich nur auf „bestimmte Aspekte des Verbrauchsgüterkaufs".[235] Harmonisiert werden soll der Sachmängelbegriff, das Gewährleistungsrecht einschließlich der Gewährleistungsfristen, optional die Rügepflicht und Formalanforderungen an vertragsbegleitende Garantien sowie das Rückgriffsrecht des Letztverkäufers.[236] Vertragliche, vertragsähnliche und außervertragliche Schadensersatzansprüche insbesondere wegen Mangel- oder Mangelfolgeschäden[237] werden hingegen nicht von ihr geregelt, sondern bleiben den nationalen Gesetzgebern der EU-Mitgliedstaaten vorbehalten.[238] Gleiches gilt für die Einrede des nicht erfüllten Vertrages und gemäß

---

[229] *Krebs*, DB 2000 Beilage Nr. 14, S. 26.

[230] *Tonner*, BB 1999, 1769 (1772).

[231] *Schäfer/Pfeiffer*, ZIP 1999, 1829 (1834).

[232] *Tonner/Crellwitz/Echtmeyer*, in: *Micklitz/Pfeiffer/Tonner/Willingmann* (Hrsg.), Schuldrechtsreform und Verbraucherschutz, S. 293 (299).

[233] Anwaltskommentar-*Pfeiffer*, Kauf-RL, Art. 8 Rn. 1.

[234] *Roth*, in: *Grundmann/Medicus/Rolland* (Hrsg.), Europäisches Kaufgewährleistungsrecht, S. 113 (127).

[235] *Hänlein*, DB 1999, 1641 (1641).

[236] *Micklitz*, EuZW 1999, 485 (485).

[237] So *Grundmann*, NJW 2000, 14 (20), der darauf hinweist, dass insoweit die Produkthaftungsrichtlinie zum tragen kommt.

[238] *Hänlein*, DB 1999, 1641 (1642).

Erwägungsgrund 14 VerbrGK-RL für den Zeitpunkt des Gefahren-übergangs. Aus dem in Art. 1 Abs. 1 VerbrGK-RL verankerten Schutzzweck der VerbrGK-RL ergibt sich, dass Adressat der Richtlinievorgaben in erster Linie der Verbraucher im Rahmen eines Verbrauchsgüterkaufes ist. Aus Art. 1 Abs. 1 VerbrGK-RL ergibt sich, dass nur solche Sachverhalte geregelt werden sollen, die einen Bezug zum Binnenmarkt aufweisen. Der Anwendungsbereich der VerbrGK-RL wird durch Art. 1 Abs. 1 VerbrGK-RL in sachlicher, persönlicher und räumlicher Hinsicht begrenzt.[239] Zur Konkretisierung des Anwendungsbereichs hat sich der EU-Gesetzgeber in Art. 1 Abs. 2 bis 4 VerbrGK-RL der aus anderen Richtlinien[240] bekannten Technik der Aufnahme autonomer Definitionen für die von der VerbrGK-RL verwendeten Kernbegriffe bedient.

a) Sachlicher Anwendungsbereich

Der sachliche Anwendungsbereich der VerbrGK-RL ist für alle Verträge eröffnet, die den Kauf von Verbrauchsgütern zum Inhalt haben. Auf Initiative des Parlaments ist die noch vom Entwurf der VerbrGK-RL[241] vorgesehene Einschränkung für die Fälle, in denen ein wesentlicher Teil des Stoffes vom Verbraucher gestellt wird, entfallen.[242] Damit schließt ein werk- oder dienstvertraglicher Charakter des Vertrages die Anwendbarkeit der VerbrGK-RL nicht aus. Art. 1 Abs. 4 VerbrGK-RL bestimmt, dass als Kaufverträge i.S.d. VerbrGK-RL auch Verträge über die Lieferung herzustellender oder zu erzeugender Verbrauchsgüter gelten. Hieraus ergibt sich, dass nicht nur Kaufverträge i.e.S. sondern alle Verträge vom Anwendungsbereich der VerbrGK-RL erfasst sind, die auf eine Eigentumsverschaffung gegen die Zahlung eines Entgeltes gerichtet sind. Damit fallen insbesondere auch Werk- und Werklieferungsverträge in den Anwendungsbereich der VerbrGK-RL.[243]

Berücksichtigt man bei der Auslegung von Art. 1 Abs. 4 VerbrGK-RL die Vorschrift des Art. 2 Abs. 5 VerbrGK-RL, wonach die Vertragswidrigkeit bei unsachgemäßer Montage zu bejahen ist, so ergibt sich, dass Werkleistungen nur insoweit von der VerbrGK-RL erfasst werden, als sie dem Vertragstypus eines auf

---

[239] *Hänlein*, DB 1999, 1641 (1642).

[240] Wie etwa bei der Richtlinie 97/7/EU des Europäischen Parlaments und des Rates vom 25.5.1997 über den Verbraucherschutz bei Vertragsabschlüssen im Fernabsatz (ABl. EU Nr. L 144 vom 4.6.1997, S. 19f.).

[241] Vorschlag für eine Richtlinie des Europäischen Parlaments und des Rates über den Verbrauchsgüterkauf und –garantien [KOM (1995) 520 endg.] (ABl. EG Nr. C 307 vom 16.10.1996, S. 8f.).

[242] Beschluss des Europäischen Parlaments vom 17.12.1998 (ABl. EG Nr. C 98 vom 9.4.1999, S. 26f.) Änderung 11.

[243] Anwaltskommentar-*Pfeiffer*, Kauf-RL, Art. 1 Rn. 12; *Luna Serrano*, in: *Grundmann/Bianca* (Hrsg.), EU-Kaufrechts-Richtlinie, Art. 1 Rn. 16; *Ehmann/Rust*, JZ 1999, 853 (856); *Rieger*, VuR 1999, 287; *Schwartze*, ZEuP 2000, 545 (552); *Weisner*, JuS 2001, 759 (760); *Westermann*, in: *Grundmann/Medicus/Rolland* (Hrsg.), Europäisches Kaufgewährleistungsrecht, S. 259; *Welser/Jud*, Zur Reform des Gewährleistungsrechts, *S.* 30.

eine Eigentumsverschaffung gerichteten Umsatzgeschäfts nicht widersprechen. Die Werkleistung darf nicht alleiniger Inhalt des Vertrages sein.

Verträge, die ausschließlich die Überlassung von Gegenständen zum Inhalt haben, wie etwa der Tausch oder die Schenkung, werden von der VerbrGK-RL nicht erfasst. Ausnahmsweise kann bei einer Vertragstypenmischung aus Kaufvertrag und Tausch, was in der Praxis im Rahmen von Autokäufen durch Inzahlungnahme des alten Wagens gegen Preisminderung durchaus üblich ist, der Anwendungsbereich der VerbrGK-RL für den kaufrechtlichen Teil eröffnet sein. Dass die Aufteilung des Vertrages in einen kauf- oder tauschrechtlichen Teil unter Umständen zu unterschiedlichen Ansprüche wegen desselben Mangels innerhalb eines Vertragsverhältnisses führen kann, ist der Vertragstypenmischung immanent.

Ebenfalls problematisch ist die Anwendung der VerbrGK-RL auf die neuen Vertragstypen wie etwa Leasing, Factoring oder den Mietkauf. Es handelt sich dabei nicht um eine ausschließlich den Verbrauchsgüterkauf betreffende Problematik, sondern vielmehr um die grundsätzliche Frage der Behandlung typengemischter Verträge. Die Anwendbarkeit der VerbrGK-RL auf derartige Verträge kann daher nicht abschließend beantwortet werden. Zur Vermeidung einer selbständigen Einschränkung des Anwendungsbereichs der Umsetzungsvorschriften durch die Mitgliedstaaten, was die mit der VerbrGK-RL angestrebte Harmonisierung der Rechtsvorschriften im Bereich des Verbrauchsgüterkaufs in den Mitgliedstaaten gefährden könnte, wäre es durchaus angebracht gewesen, diese Frage in der VerbrGK-RL umfassend zu regeln. Echte Leasingverträge hingegen dürften nicht in den Anwendungsbereich der VerbrGK-RL miteinbezogen sein, da hier die für den Vertragstyp wesentliche Pflicht des Leasinggebers nur die Gebrauchs-überlassung und nicht die Eigentums-verschaffung ist[244], auch wenn der Leasingvertrag oftmals eine Kaufoption enthält.

Der Begriff „Verbrauchsgüter" erfasst gemäß Art. 1 Abs. 2 b) VerbrGK-RL ausschließlich bewegliche und körperliche Gegenstände wobei sich die VerbrGK-RL entgegen der verwendeten Begrifflichkeit „Verbrauch" nicht darauf beschränkt, Verträge über den Erwerb von Konsumgütern zu regeln.[245] Die VerbrGK-RL erfasst daher damit auch so genannte „Viehkäufe".[246] Sie findet anders als das ihr vorausgegangene Grünbuch[247] unabhängig davon Anwendung, ob es sich um neue oder gebrauchte Güter handelt.[248] Allein für die durch Art. 7 VerbrGK-RL eröffnete Möglichkeit der Mitgliedstaaten für Verträge über gebrauchte Güter eine

---

[244] Palandt-*Weidenkaff*, 64. Aufl., Einf. vor § 535 Rn. 37.

[245] *Honsell* JZ 2001, 278 (278).

[246] *Brüggemeier*, JZ 2000, 529 (530); *Welser/Jud*, Zur Reform des Gewährleistungsrechts, S. 29.

[247] Grünbuch über Verbrauchsgütergarantien und Kundendienst vom 15.11.1993 [KOM (1993) 509 endg.]. Danach sollte nur der Kauf neuer Sachen erfasst werden, was von der Richtlinie zu lösende Abgrenzungsfragen aufgeworfen hätte und daher wieder verworfen wurde.

[248] *Brüggemeier*, JZ 2000, 529 (532); *Ehmann/Rust*, JZ 1999, 853 (854); *Luna Serrano*, in: *Grundmann/Bianca* (Hrsg.), EU-Kaufrechts-Richtlinie, Art. 1 Rn. 28. Die Einbeziehung von gebrauchten Sachen in den Anwendungsbereich der Richtlinie ist in der Literatur heftig kritisiert worden. Vgl. statt vieler *Honsell*, JZ 2001 278 (280) m.w.N.

kürzere als die in der VerbrGK-RL vorgesehene Haftungsdauer vorzusehen, kommt es auf diese Unterscheidung an. Entscheidend ist, dass es sich um Gegenstände handelt, die räumlich abgrenzbar und beweglich sind, sodass Immaterialgüter, Forderungen und Immobilien vom Anwendungsbereich der VerbrGK-RL ausgenommen sind.[249] Verträge über die Lieferung herzustellender oder zu erzeugender Sachen werden hingegen ausdrücklich gemäß Art. 1 Abs. 4 VerbrGK-RL in den Anwendungsbereich der VerbrGK-RL miteinbezogen. Diese Regelung ist von der Kommission in dem Bestreben eingefügt worden, eine Übereinstimmung mit Art. 3 CISG zu schaffen. Die Differenzierung in Art. 3 Abs. 1 CISG zwischen herzustellender und zu erzeugender Waren dient der Klarstellung, dass sowohl solche Waren, die durch menschliche Tätigkeit als auch solche, die als Früchte der Natur betrachtet werden können, vom Anwendungsbereich erfasst werden sollen.[250] Diesem Zweck dient wohl auch die differenzierende Betrachtung der VerbrGK-RL.

Ausdrücklich vom Anwendungsbereich der VerbrGK-RL ausgenommen sind gemäß Art. 1 Abs. 2 b) Verträge über Güter, die im Rahmen einer Zwangsvollstreckung versteigert oder anderen gerichtlichen Maßnahme „verkauft" werden und Verträge über Strom, Gas und Wasser, wenn sie nicht in einer bestimmten Menge abgefüllt sind.[251] Aus einem Umkehrschluss ergibt sich somit, dass Wasser, Gas und Strom dann unter den Anwendungsbereich der VerbrGK-RL fallen, wenn sie in einer bestimmten Menge oder in einem bestimmten Volumen abgefüllt sind, wie dies etwa bei einer Flasche Mineralwasser oder einer Flasche Propangas für den Campingkocher der Fall ist.[252] Verträge über eine leitungsgebundene Versorgung mit Gas oder Wasser fallen indessen nicht in den Anwendungsbereich der VerbrGK-RL.[253] Offen ist bislang, ob sich für Computersoftware, wenn sie auf Datenträgern gespeichert ist, etwas anderes ergibt.

Nach Art. 1 Abs. 3 VerbrGK-RL ist es den Mitgliedstaaten darüber hinaus freigestellt, bei der Definition des Begriffs „Verbrauchsgut" gebrauchte Waren auszuschließen, die in einer öffentlichen Versteigerung verkauft werden, bei der die Verbraucher die Möglichkeit haben, dem Verkauf persönlich beizuwohnen.[254]

---

[249] Anwaltskommentar-*Pfeiffer*, Kauf-RL Art. 1 Rn. 6; *Luna Serrano*, in: *Grundmann/Bianca* (Hrsg.), EU-Kaufrechts-Richtlinie, Art. 1 Rn. 30.

[250] Staudinger-*Magnus*, CISG, Art. 3 Rn. 13, 69.

[251] Verträge über die Lieferung von Strom und Gas sind bereits durch die Richtlinie 1996/92/EU des Europäischen Parlaments und des Rates vom 19.12.1996 betreffend gemeinsame Vorschriften für den Elektrizitätsbinnenmarkt (ABl. EG Nr. L 95 vom 10.4.1997, S. 31f.) harmonisiert worden.

[252] *Staudenmayer*, in: *Grundmann/Medicus/Rolland* (Hrsg.), Europäisches Kaufgewährleistungsrecht, S. 27 (33); *Micklitz*, in: *Reich/Micklitz* (Hrsg.), Europäisches Verbraucherrecht, S. 650.

[253] Anwaltskommentar-*Pfeiffer*, Kauf-RL Art. 1 Rn. 6; *Luna Serrano*, in: *Grundmann/Bianca* (Hrsg.), EU-Kaufrechts-Richtlinie, Art. 1 Rn. 34; *Weisner*, JuS 2001, 759 (760); *Micklitz*, in: *Reich/Micklitz* (Hrsg.), Europäisches Verbraucherrecht, S. 650.

[254] Vgl. hierzu *Staudenmayer*, in: *Grundmann/Medicus/Rolland* (Hrsg.), Europäisches Kaufgewährleistungsrecht, S. 27 (33); *Welser/Jud*, Zur Reform des Gewährleistungsrechts, S. 29.

b) Persönlicher Anwendungsbereich

Die VerbrGK-RL ist ausschließlich auf Kaufverträge zwischen Verbrauchern als Käufer und gewerblichen Verkäufern anwendbar. Vom persönlichen Anwendungsbereich nicht erfasst werden somit Kaufverträge zwischen Privaten, zwischen Kaufleuten und Gewerbetreibenden und solche zwischen privaten Verkäufern und professionellen Käufern.[255] Um einen nicht in den Anwendungsbereich der VerbrGK-RL fallenden Kaufvertrag zwischen Privaten handelt es sich daher auch dann, wenn ein gebrauchtes Gut von einem Händler in Vertretung einer Privatperson an einen Privaten veräußert wird.[256]

Angesichts des beschränkten persönlichen Anwendungsbereichs der VerbrGK-RL auf Verträge, an denen ein Verbraucher beteiligt ist, dürften grundsätzlich keine Kollisionslagen mit dem CISG auftreten, das in seinem Art. 2 a) 1. Halbsatz den Kauf eines Verbrauchers vom Anwendungsbereich des CISG ausnimmt. Im 2. Halbsatz dieser Vorschrift wurde hinzugefügt, dass der Anwendungsausschluss des CISG zum Schutze des Verkäufervertrauens nicht gilt, wenn der Verkäufer nicht wusste und auch nicht hätte wissen müssen, dass die Ware für einen beruflichen oder gewerblichen Gebrauch gekauft wurde. Die Vorschriften des CISG gelten auch dann, wenn der Vertrag nicht ausschließlich privaten Zwecken dient, also bei privat und beruflich bzw. gewerblich genutzten Gütern.[257] In diesen Fällen aber ist grundsätzlich auch der Anwendungsbereich der VerbrGK-RL eröffnet. Weder der Spezialitätsgrundsatz[258] noch der *Lex posterior*-Grundsatz[259] können hier helfen, da das CISG und die Verbrauchergüterkaufrichtlinie nicht deckungsgleich sind. Zum anderen ist das CISG noch nicht in allen Europäischen Staaten in Kraft getreten. Die Umsetzungsvorschriften zur VerbrGK-RL bei internationalen Warenkäufen kämen in denjenigen Staaten, in denen das CISG noch nicht in Kraft getreten ist, nur solange zur Anwendung, solange das CISG nicht in Kraft tritt, womit der Rechtssicherheit nicht gedient ist.[260]

Auch handelt es sich bei der VerbrGK-RL nicht um eine völkerrechtliche Übereinkunft, demgegenüber das CISG gemäß Art. 90 CISG nachrangig anzuwenden ist.[261] Letztlich wird man der Ansicht den Vorzug einräumen müssen, wonach die Mitgliedstaaten die Anwendbarkeit des CISG gemäß Art. 94 CISG

---

255 *Micklitz*, EuZW 1999, 485 (485); *Luna Serrano*, in: *Grundmann/Bianca* (Hrsg.), EU-Kaufrechts-Richtlinie, Art. 1 Rn. 60; *Micklitz*, in: *Reich/Micklitz* (Hrsg.), Europäisches Verbraucherrecht, S. 651; *Brüggemeier*, JZ 2000, 529 (530); beachte aber, dass Kaufverträge zwischen Kaufleuten indirekt durch die Regressregelung in Art. 4 VerbrGK-RL in den Anwendungsbereich der Richtlinie miteinbezogen werden.

256 Vgl. so insbesondere zum Gebrauchtwagenhandel: *Schlechtriem*, JZ 1997, 441 (443).

257 Staudinger-*Magnus*, CISG, Art. 2 Rn. 17.

258 „Das speziellere Gesetz geht dem allgemeinerem vor".

259 „Das jüngere Gesetz geht dem älteren vor".

260 Vgl. hierzu *Janssen*, VuR 1999, 324 (326).

261 A.A. *Herber/Czerwenka*, CISG, Art. 90 Rn. 4, die für eine analoge Anwendung des Art. 90 CISG plädieren.

ausschließen müssen, damit die Umsetzungsvorschriften zur VerbrGK-RL auch in Kollisions-fällen mit dem CISG zum Tragen kommen.[262]

Verbraucher ist nach Art. 1 Abs. 2 a) VerbrGK-RL jede natürliche Person, die zu einem nicht beruflichen oder gewerblichen Zweck handelt.[263] Ob es sich dabei um eine selbstständige oder unselbstständige berufliche Tätigkeit handelt, ist nach dem insoweit eindeutigen Wortlaut der VerbrGK-RL unerheblich.[264] Da eine Tätigkeit, die nicht der gewerblichen oder beruflichen Tätigkeit zuzurechnen ist, nur eine private Tätigkeit sein kann, ist der Anwendungsbereich der VerbrGK-RL in personeller Hinsicht auf solche Geschäfte natürlicher Personen beschränkt, die privaten Zwecken dienen.[265] Aus einem Umkehrschluss hierzu könnte folgen, dass der Anwendungsbereich der VerbrGK-RL für so genannte Mischverträge ausgeschlossen ist.[266] Hierfür könnte zunächst auch die Gesetzgebungsgeschichte sprechen.

So enthielt der Richtlinienvorschlag vom 23. August 1996[267] in Art. 1 Abs. 2 a) VerbrGK-RL noch zur Definition des Verbrauchers die Formulierung „jede natürliche Person, die im Rahmen der unter die VerbrGK-RL fallenden Verträge zu einem Zweck handelt, der nicht unmittelbar ihrer beruflichen Tätigkeit zugerechnet werden kann". Sinn dieser Regelung war es, Kaufleute in den Anwendungsbereich der VerbrGK-RL mit einzubeziehen, die Waren nur teilweise für private Zwecke nutzen wollten.[268] Da der EU-Gesetzgeber in der endgültigen Fassung auf die Übernahme des Zusatzes „nicht unmittelbar" verzichtet hat, ist in der Literatur angenommen worden, dass Art. 1 Abs. 2 a) VerbrGK-RL restriktiv auszulegen sei, mit der Folge, dass Mischverträge nicht in den Anwendungsbereich der VerbrGK-RL fallen.[269] Es wird darauf hingewiesen, dass die Doppel-verwendung einer Sache aus einem nicht schutzbedürftigen Unternehmer keinen schutzbedürftigen Privatmann machen könne.[270] Dieser Auffassung kann in seiner Absolutheit nicht gefolgt werden. Der Verzicht auf die Übernahme der Formulierung „nicht unmittelbar" in die endgültige Fassung der VerbrGK-RL lässt sich vielmehr damit erklären, dass die Klärung der Frage, wie bei einer gemischten Verwendung des Verbrauchsgutes zu verfahren ist, den nationalen Gesetzgebern überlassen bleiben

---

262 *Magnus*, ZEuP 1999, 642 (646); *Janssen*, VuR 1999, 324 (326).

263 Zum Verbraucherbegriff vgl. *Schlechtriem*, JZ 1997, 441 (443).

264 *Welser/Jud*, Zur Reform des Gewährleistungsrechts, *S.* 25; a.A. *Faber*, ZEuP 1998, 854 (874), der nur solche Geschäfte ausschließt, die im Rahmen selbstständigen beruflichen Tätigkeiten ausgeführt werden.

265 *Honsell*, JZ 2001, 278.

266 Jauernig, FS Schlechtriem, S. 569f.

267 Vorschlag für eine Richtlinie des Europäischen Parlaments und des Rates über den Verbrauchsgüterkauf und –garantien [KOM (1995) 520 endg.] (ABl. EG Nr. C 307 vom 16.10.1996, S. 8f.).

268 Vgl. *Staudenmayer*, NJW 1999, 2393.

269 *Jauernig*, FS *Schlechtriem*, S. 569 (574).

270 *Jauernig*, FS *Schlechtriem*, S. 569 (574).

soll.[271] Fest zu halten ist, dass sich in der Literatur die Auffassung durchgesetzt hat, dass für den Fall, dass der Verbraucher sowohl zu privaten als auch zu beruflichen oder gewerblichen Zwecken einen Vertrag über ein Verbrauchsgut abschließt[272], der Anwendungsbereich der VerbrGK-RL bei über-wiegend privater Nutzung eröffnet ist.[273] Juristische Personen indessen können nach der ständigen Rechtsprechung des EuGH keine Verbraucher sein.[274] Damit sind auch Idealvereine und gemeinnützige Stiftungen - ungeachtet ihrer nicht auf Erwerb gerichteten Tätigkeit - nicht als Verbraucher zu qualifizieren. Gleiches gilt für Existenzgründer.[275]

Die Beschränkung des Anwendungsbereichs der VerbrGK-RL auf natürliche Personen ist in der Literatur heftig kritisiert worden.[276] Es könne nicht überzeugen, warum juristische Personen, insbesondere kleinere Unternehmen, die als „End-verbraucher" am Rechtsverkehr teilnehmen, nicht in demselben Maße schutzwürdig sind, wie natürliche Personen.[277] Auch wenn dem Schutz kleinerer und mittlerer Unternehmen durchaus ein hoher Stellenwert im Zusammenhang mit der Vollendung eines europäischen Binnenmarktes einzuräumen ist, so kann hier nur darauf hingewiesen werden, dass die Gesetzgebungskompetenz der EU durch Art. 95 EGV auf solche Maßnahmen beschränkt ist, die dem Zweck dienen, die Voraussetzungen für die Errichtung und das Funktionieren des Binnenmarktes zu verbessern, wobei die unterschiedlichen nationalen Vorschriften zu Hindernissen für den Handel führen und spürbare, nicht nur geringfügige Wettbewerbsverzerrungen im Binnenmarkt vorliegen müssen.[278] Bereits das Vorliegen dieser Voraussetzungen ist heftig umstritten, sodass eine entsprechende Erweiterung des persönlichen Anwendungsbereiches auf juristische Personen sich wohl kaum hätte durchsetzten können.

Dennoch sei darauf hingewiesen, dass die Frage im Zusammenhang mit der Schaffung eines europäischen Zivilgesetzbuches nicht aus den Augen verloren werden darf. Anders hingegen der Hinweis auf die vermeidliche Irreführung in Art. 1 Abs. 2 a) VerbrGK-RL durch die Bezugnahme auf das Possessivpronomen „ihre"[279], was angesichts der Tatsache, dass der europäische Verbraucherbegriff

---

[271] *Schwartze*, ZEuP 2000, 544 (551); *Grundmann*, Schuldvertragsrecht, Kapitel 2.12 Rn. 15; Anwaltskommentar-*Pfeiffer*, Kauf RL, Art. 1 Rn. 26; *Micklitz*, in: *Reich/Micklitz* (Hrsg.), Europäisches Verbraucherrecht, S. 652.

[272] So genannte „*dual use*" – Käufe, vgl. den Ausdruck bei *Ernst*, MDR 2003, 4 (5).

[273] *Lehr/Wendel*, EWS 1999, 321; *Staudenmayer*, NJW 1999, 2393; *Kamanabrou*, WM 2000, 1417 (1418); *Pfeiffer*, NJW 1999, 160 (173).

[274] Jüngst: EuGH, Urt. v. 22.11.2001, Rs. C-541/99 und 542/99, Slg. 2001, I-9049 - *Cape/Idealservice und Idealservice/OMAI.*

[275] *Micklitz*, ZEuP 1999, 875 (878).

[276] *Medicus*, ZIP 1996, 1925; *Pfeiffer*, in: *Schulte-Nölke/Schulze*, Europäische Rechtsangleichung und nationale Privatrechte, S. 21 (38f.).

[277] *Medicus*, ZIP 1996, 1925.

[278] EuGH, Urt. v. 5.10.2000, Rs. C-376/98, Slg. 2000, I-8419 – *Bundesrepublik Deutschland/ Parlament und Rat.*

[279] So *Flume* ZIP 2000, 1427; *Repgen*, Kein Abschied von der Privatautonomie, S. 31.

sich mittlerweile etabliert hat[280], nur verwundern kann. Bemühungen der Kommission, den Verbraucherbegriff auf Personen zu erweitern, die einen Kaufvertrag zur Deckung des gewerblichen Eigenbedarfs abschließen, sind gescheitert. Beweispflichtig für die Verbrauchereigenschaft ist stets derjenige, der sich darauf beruft, dass ein Verbrauchsgüterkauf geschlossen wurde und damit in der Regel der Verbraucher.[281]

Verkäufer ist nach Art. 1 Absatz 2 c) jede natürliche oder juristische Person, die im Rahmen ihrer beruflichen oder gewerblichen Tätigkeit Verbrauchsgüter verkauft. Schließt der Verkäufer den Vertrag sowohl zu privaten als auch zu beruflichen oder gewerblichen Zwecken ab, so ist entscheidend, welche Nutzung hinsichtlich der Kaufsache überwiegt.[282]

c) Zeitlicher Anwendungsbereich

Gemäß Art. 11 VerbrGK-RL sind die zur Umsetzung der Richtlinien-vorgaben vom nationalen Gesetzgeber erlassenen Rechts- oder Verwaltungsvorschriften bis zum 1. Januar 2002 in Kraft zu setzen.

2. Unabdingbarkeitspostulat und Umgehungsverbot

Gemäß Art. 7 Abs. 1 VerbrGK-RL sind Vertragsklauseln oder Vereinbarungen zwischen dem Verkäufer und dem Verbraucher vor Unterrichtung des Verkäufers über die Mangelhaftigkeit der Sache nicht bindend, wenn durch sie die Verbraucherrechte - sei es unmittelbar oder mittelbar – eingeschränkt werden. Mit Art. 7 VerbrGK-RL hat der europäische Gesetzgeber das allen Verbraucherschutzrichtlinien zu Grunde liegende Postulat der Schaffung zwingender Standards zum Schutze des Verbrauchers in die VerbrGK-RL aufgenommen.[283] Ziel der Vorschrift ist es, den durch die VerbrGK-RL angestrebten gemeinsamen Mindestsockel von Verbraucherrechten auch tatsächlich innerhalb der Mitgliedstaaten zu gewährleisten.[284] Letztlich wird dadurch der bisher dem Recht der Allgemeinen Geschäftsbedingungen überlassene Ausgleich des Ungleichgewichts zwischen Verbraucher und Verkäufer wieder in das Kaufrecht zurückgeholt.[285]

Erwägungsrund 12 VerbrGK-RL stellt klar, dass die Unabdingbarkeit der Umsetzungsvorschriften nicht für die Fälle nach Anzeige der Mangelhaftigkeit gilt. Hat der Verbraucher den Mangel angezeigt, ist danach eine gütliche Abrede immer zulässig, d.h. auch dann, wenn sie einen unmittelbaren oder mittelbaren Ausschluss der Verbraucherrechte zur Folge hat. Der Verbraucher ist nicht verpflichtet, seine Rechte geltend zu machen.[286] Aus Verbraucherschutzgesichtspunkten rechtfertigt

---

[280] Vgl. hierzu *Krebs*, DB 2002, S. 517 ff; *Kilian*, Diss., S. 49f.

[281] *Ernst*, MDR 2003, 4 (5).

[282] So *Lehr/Wendel*, EWS 1999, 321 und *Staudenmayer*, NJW 1999, 2393.

[283] *Micklitz*, EuZW 1999, 485 (489); *Staudenmayer*, NJW 1999, 2393 (2397); *Welser/Jud*, Zur Reform des Gewährleistungsrechts, S. 19.

[284] *Grundmann/Bianca-Stijns/van Gerven*, EU-Kaufrechts-Richtlinie, Kommentar, Art. 7 Rn. 6.

[285] *Schmidt-Räntsch*, ZIP 1998, 849 (850).

[286] *Grundmann/Bianca-Stijns/van Gerven*, EU-Kaufrechts-Richtlinie, Art. 7 Rn. 16.

sich die Vorgabe, dass dem Verbraucher hierzu die Möglichkeit einzuräumen ist. Die Wirksamkeit für den Abschluss und die Durchführung einer solchen Abrede bestimmt sich dabei nach den jeweiligen nationalen Rechtsordnungen. Die dem Verbraucher nach der VerbrGK-RL zustehenden Rechte müssen nur dann wieder aufleben, wenn die Durchführung der Abrede scheitert.[287] Vor Anzeige der Mangelhaftigkeit sind gemäß Art. 7 Abs. 1 VerbrGK-RL die von den Mitgliedstaaten zur Umsetzung der VerbrGK-RL zu schaffenden nationalen Vorschriften zur Absicherung der Verbraucherschutzmindeststandards[288] unabdingbar und damit zwingend auszugestalten.[289] Art. 7 Abs. 1 VerbrGK-RL setzt mittelbar zwingendes Recht.[290]

Der Richtliniengesetzgeber hat sich offensichtlich nicht damit begnügt, Haftungsfreistellungs- oder Haftungsbegrenzungsklauseln für unzulässig zu erklären.[291] Erfasst sind vielmehr sämtliche Vertragsgestaltungen vor Anzeige der Mangelhaftigkeit, wodurch die Rechte des Verbrauchers ausgeschlossen oder eingeschränkt werden. Die Formulierung „Rechte des Verbrauchers" ist weit auszulegen. Hierunter fallen nicht nur die in Art. 3 VerbrGK-RL genannten Rechte, wie Nacherfüllung einschließlich ihrer Festlegung als primärer Rechtsbehelf, Minderung und Vertragsauflösung, sondern auch alle übrigen durch die VerbrGK-RL gewährleisteten Vorteile, die sie dem Verbraucher einräumt, wie etwa die zweijährige Verjährungsfrist und die Beweislastumkehr in Art. 5 VerbrGK-RL sowie die in Art. 6 VerbrGK-RL genannten Transparenzanforderungen für Garantien.[292] Machen die Mitgliedstaaten von der Option des Art. 5 Abs. 2 VerbrGK-RL Gebrauch und schaffen eine Mängelanzeigeobliegenheit des Verbrauchers, so gilt auch hier das Unabdingbarkeitspostulat zugunsten des Verbrauchers.

Die Vereinbarung einer kürzeren als die in Art. 5 Abs. 2 VerbrGK-RL festgelegten Frist von zwei Monaten ab Feststellung der Vertragswidrigkeit ist demnach unzulässig. Aber auch die Beweislast hinsichtlich der Kenntnis der Vertragswidrigkeit nach Art. 2 Abs. 3 VerbrGK-RL darf nicht zulasten des Verbrauchers umgekehrt werden. Ebenso wenig kann durch Parteivereinbarung der vom Verbraucher anzuwendende Sorgfaltsmaßstab im Rahmen der Prüfung, wann der Verbraucher vernünftigerweise nicht in Unkenntnis über die Vertragswidrigkeit sein durfte, zu seinen Lasten modifiziert werden. Auch von der Ausgestaltung des Rechtsbehelfssystem darf nicht zulasten des Verbrauchers abgewichen werden, indem man Vereinbarungen zuließe, wonach das Wahlrecht des Verbrauchers hinsichtlich der Abhilfealternativen eingeschränkt oder gar ausgeschlossen wird oder indem man weitere Voraussetzungen für den Übergang auf die sekundäre

---

287 *Grundmann/Bianca-Stijns/van Gerven*, EU-Kaufrechts-Richtlinie, Art. 7 Rn. 16.
288 Vgl. insoweit Erwägungsgrund 22 VerbrGK-RL.
289 *Micklitz*, EuZW 1999, 485 (489); *Reich*, NJW 1999, 2397 (2395).
290 Anwaltskommentar-*Pfeiffer*, Kauf-RL, Art. 7 Rn. 3.
291 *Staudenmayer*, NJW 1999, 2393 (2397).
292 *Grundmann/Bianca-Stijns/van Gerven*, EU-Kaufrechts-Richtlinie, Art. 7 Rn. 19, 23f.

Gewährleistungsstufe aufstellt, ganz zu Schweigen von einer Parteivereinbarung, wonach die Rangfolge der Rechtsbehelfe gänzlich umgekehrt wird. Vereinbarungen, die von vornherein festlegen, dass eine der Abhilfealternativen unverhältnismäßig i.S.d. Art. 3 Abs. 3 VerbrGK-RL ist, können ebenfalls einer Prüfung an Art. 7 Abs. 1 VerbrGK-RL nicht standhalten. Anders verhält es sich hingegen mit Vereinbarungen, welche die Kosten der Nacherfüllung i.S.d. Art. 3 Abs. 4 VerbrGK-RL beziffern, sofern sie die Haftung des Verkäufers nicht auf die genannte Kostenhöhe beschränken.

Um eine mittelbare Einschränkung der Gewährleistungsrechte handelt es sich nach Erwägungsgrund 22 VerbrGK-RL dann, wenn der Käufer die Kenntnis eines bestimmten Zustandes des Verbrauchsgutes bestätigt, ohne dass dies den Tatsachen entspricht, da die Kenntnis der Vertragswidrigkeit gemäß Art. 2 Abs. 3 VerbrGK-RL die Rechte des Verbrauchers ausschließt.[293] Gleiches gilt auch dann, wenn neue Waren als gebraucht bezeichnet werden, um so die Verjährungsfristen zu beeinflussen, die nach Art. 5 VerbrGK-RL nur für gebrauchte Verbrauchsgüter verkürzt werden können. In beiden Fällen kann die Vereinbarung nach nationalem Recht keine Bindung für den Verbraucher entfalten. Aber nicht jedwede Abweichung von den Umsetzungsvorschriften muss nach nationalem Recht einen Verstoß gegen das Unabdingbarkeitspostulat darstellen. Entscheidend ist, dass die nationalen Gesetzgeber Vorschriften schaffen, wonach dem Verbraucher durch Vereinbarung zwischen ihm und dem Verkäufer nur solche Rechte nicht genommen werden dürfen, die ihm auch tatsächlich nach der VerbrGK-RL zustehen.[294] Die nationalen Gesetzgeber müssen nur dann einer Parteivereinbarung, durch die das Vorliegen der Vertragswidrigkeit, die gemäß Art. 3 VerbrGK-RL Voraussetzung zur Geltendmachung der Rechte auf Nacherfüllung, Minderung und Vertragsauflösung, modifiziert wird, die Bindungswirkung nehmen, wenn das Verbrauchsgut nach der VerbrGK-RL überhaupt vertragswidrig ist.

Bei einem Ausschluss der Vertragswidrigkeit durch Parteivereinbarung stellt sich die Frage, in welchem Verhältnis der Vorrang der Parteivereinbarung zur Unabdingbarkeitsklausel des Art. 7 VerbrGK-RL steht.[295] Vereinbart der Verkäufer mit dem Verbraucher etwa die Klausel „gekauft wie besehen“, so werden dadurch de facto die Rechte des Verbrauchers ausgeschlossen, da das Vorliegen eines Sachmangels in jedem Fall ausscheidet. Der Klausel „gekauft wie besehen“ ist darauf ausgerichtet, dass eine nach den Vermutungsregelungen des Art. 2 Abs. 2 VerbrGK-RL bestehende Vertragswidrigkeit vom Verbraucher nicht geltend gemacht werden kann. Ob darin aber überhaupt eine Parteivereinbarung i.S.d. Art. 2 Abs. 1 VerbrGK-RL zu sehen ist, erscheint äußerst fraglich. Eine solche Klausel schließt nämlich die Rechte des Verbrauchers bei Vertragswidrigkeit aus, die nach den Vermutungsregelungen des Art. 2 Abs. 2 VerbrGK-RL vorliegen. Sie stellt selbst keine von objektiven Qualitätsstandards abweichende Parteivereinbarung

293 *Schmidt-Räntsch*, ZIP 1998, 849 (851).
294 *Grundmann/Bianca-Stijns/van Gerven*, EU-Kaufrechts-Richtlinie, Kommentar, Art. 7 Rn. 24.
295 *Faber*, JBl 1999, 413 (425); *Welser/Jud*, Zur Reform des Gewährleistungsrechts, S. 60 f.

dar.[296] Hier liegt nach der Parteivereinbarung durchaus eine Vertragswidrigkeit vor, wenn das Verbrauchsgut nicht mit den Vermutungsregelungen des Art. 2 Abs. 2 VerbrGK-RL übereinstimmt. In diesem Fall sind objektive Qualitätsstandards ja gerade als vereinbarter Maßstab zur Prüfung der Vertragsmäßigkeit anzusehen. Ausgeschlossen werden sollten lediglich die sich daran anknüpfenden Verbraucherrechte. Es handelt sich demnach nicht etwa um einen mittelbaren Ausschluss durch eine Parteivereinbarung über die Vertragsmäßigkeit i.S.d. Art. 2 VerbrGK-RL, sondern vielmehr um einen unmittelbaren Ausschluss durch eine Parteivereinbarung i.S.d. Art. 7 VerbrGK-RL in Bezug auf die Rechte des Verbrauchers. Darüber hinaus bestimmt Erwägungsgrund 22, dass auch solche Vertragsklauseln nicht bindend sind, wonach der Verbraucher von der Vertragswidrigkeit der Sache Kenntnis hat. Damit scheidet ein mittelbarer Haftungsausschluss über den Umweg einer Fiktion immer aus.[297] Das genannte Beispiel macht daher deutlich, dass Art. 2 und Art. 7 VerbrGK-RL in einem Exklusivverhältnis stehen, auch wenn genau geprüft werden muss, ob es sich um eine Parteivereinbarung i.S.d. Art. 2 VerbrGK-RL oder des Art. 7 VerbrGK-RL handelt.

Von Einigen in der Literatur, die in derartigen Klauseln eine von objektiven Qualitätsstandards abweichende Parteivereinbarung sehen wollen, wird vertreten, dass zu den von Art. 7 VerbrGK-RL geschützten Rechten auch das gegenüber den Gewährleistungsrechten nach Art. 3 ff. VerbrGK-RL vorrangige Recht auf Parteiverein-barung gemäß Art. 2 Abs. 1 VerbrGK-RL gehören, weswegen derartige Klauseln zulässig sein sollen.[298] Nach dieser Auffassung können nur dann, wenn die Eigenschaften des Verbrauchsgutes hinreichend bestimmt sind, und dem Verbraucher ermöglicht wird, den Beweis der Vertragswidrigkeit anzutreten, die Vermutungswirkung des Art. 2 Abs. 2 VerbrGK-RL ausgeschaltet werden. Dem kann nicht gefolgt werden. Art. 7 VerbrGK-RL bestimmt eindeutig, dass Vertragsklauseln oder Vereinbarungen vor Unterrichtung über die Vertragswidrigkeit, durch welche die Rechte aus der VerbrGK-RL außer Kraft gesetzt werden, nicht bindend sind.

Der Vorrang der Parteivereinbarung bildet den Maßstab bei der Prüfung der Vertragsmäßigkeit, deren Vorliegen die Rechte des Verbrauchers immer ausschließt. Sie ist kein „Recht" des Verbrauchers im Sinne des Art. 7 VerbrGK-RL. Die Vorschrift erfasst vielmehr nur die Rechte nach Art. 3 ff. VerbrGK-RL, die dem Verbraucher bei Vertragswidrigkeit bzw. im Falle einer Garantieerklärung zustehen. Das Unabdingbarkeitspostulat des Art. 7 VerbrGK-RL dient insoweit nicht dazu, die Parteivereinbarung als solche zu schützen, sondern bestimmt vielmehr ihre Grenzen. Zu berücksichtigen ist zwar, dass Erwägungs-grund 8 VerbrGK-RL ausdrücklich betont, der Grundsatz der Vertragsfreiheit werde durch die Vermutungsregelungen nicht berührt. Dies bedeutet nicht, dass die Mitgliedstaaten festlegen müssen, dass der Parteivereinbarung immer der Vorrang

296 So aber *Grundmann*, in: Europäisches Kaufgewährleistungsrecht, S. 296, *Höffe*, Diss., S. 31.
297 *Höffe*, Diss., S. 81.
298 *Grundmann*, in: Europäisches Kaufgewährleistungsrecht, S. 297.

gebührt. Die Mitgliedstaaten können gemäß Art. 8 Abs. 2 VerbrGK-RL ein höheres Schutzniveau für den Verbraucher festlegen, indem Sie etwa in ihren nationalen Vorschriften festlegen, dass der Vorrang der Parteivereinbarung nur zu Gunsten des Verbrauchers wirkt. Es wäre insoweit widersprüchlich, wenn Art. 7 VerbrGK-RL die Parteivereinbarung als unabdingbares Recht qualifizieren würde, gleichzeitig aber in Art. 8 VerbrGK-RL Abweichungen hiervon für zulässig hielte.

Eine Klausel hingegen, wonach keine Vertragswidrigkeit vorliegt, wenn der Käufer Kenntnis von der Vertragswidrigkeit hat, scheint zwar ebenfalls mittelbar zum Ausschluss der Rechte aus Art. 3 VerbrGK-RL zu führen. Angesichts der Tatsache, dass nach der VerbrGK-RL selbst, namentlich nach Art. 2 Abs. 3 VerbrGK-RL, keine Vertragswidrigkeit vorliegt, wenn der Verbraucher zum Zeitpunkt des Vertragsschlusses Kenntnis von der Vertragswidrigkeit hatte oder vernünftigerweise nicht in Unkenntnis darüber sein konnte, kann Art. 7 VerbrGK-RL der Wirksamkeit einer solchen Klausel grundsätzlich nicht entgegenstehen. Das Gesagte gilt gleichermaßen für solche Vereinbarungen, wonach versteckte Fehler nicht als Vertragswidrigkeit gelten, wenn die Gebrauchstauglichkeit auf Grund eines solchen Fehlers tatsächlich gemindert ist und der Verbraucher davon Kenntnis hat.[299] Auch bei Vereinbarungen, wonach die übliche Beschaffenheit der Sache im Zeitpunkt des Vertragsschlusses als vertragsgemäß gelten soll, sind grundsätzlich auch dann zulässig, wenn die Übergabe der Sache erst wesentlich später erfolgen soll. Anders verhält es sich hingegen für den Fall, dass die Vermutungskriterien des Art. 2 Abs. 2 VerbrGK-RL generell ausgeschlossen werden, ohne dass eine die Vermutungskriterien ersetzende Vereinbarung über die Vertragswidrigkeit vorliegt. In diesem Fall handelt es sich zweifelsohne um einen mittelbaren Haftungsausschluss i.S.d. Art. 7 VerbrGK-RL und nicht etwa um eine Parteivereinbarung i.S.d. Art. 2 Abs. 1 VerbrGK-RL.[300]

Die ausschließliche Bezugnahme auf den Verbraucher macht deutlich, dass das Rückgriffsrecht des Letztverkäufers von der Unabdingbarkeitsbestimmung des Art. 7 Abs. 1 VerbrGK-RL nicht erfasst ist.[301] Eine ausdrückliche Ausnahme zum Unabdingbarkeitspostulat des Art. 7 VerbrGK-RL besteht in der Möglichkeit, nach Art. 7 Abs. 1 Satz 2 VerbrGK-RL bei gebrauchten Gütern die Verjährungsfrist durch Parteivereinbarung bereits bei Vertragsschluss auf ein Jahr zu verkürzen. Für die optionale Rügeobliegenheit nach Art. 5 Abs. 2 VerbrGK-RL gilt diese Ausnahme nur bedingt. Hat der nationale Gesetzgeber von der Option Gebrauch gemacht, so können die Vertragsparteien die Rügefrist von zwei Monaten nicht durch Vereinbarung unterschreiten oder den Inhalt der Rüge modifizieren.[302] Gleiches muss aber auch für Verträge gelten, die dem Recht eines Mitgliedstaates

---

[299] *Grundmann/Bianca-Stijns/van Gerven*, EU-Kaufrechts-Richtlinie, Art. 7 Rn. 24; *Grundmann*, in: *Grundmann/ Medicus/Rolland* (Hrsg.), Europäisches Kaufgewährleistungsrecht, S. 281 (297).

[300] *Grundmann/Bianca-Stijns/van Gerven*, EU-Kaufrechts-Richtlinie, Art. 7 Rn. 25.

[301] *Micklitz*, EuZW 1999, 485 (489).

[302] *Grundmann/Bianca-Stijns/van Gerven*, EU-Kaufrechts-Richtlinie, Art. 7 Rn. 45.

unterliegen, das keine Rügeobliegenheit des Verbrauchers vorsieht, da andernfalls die Richtlinienvorgaben zur Disposition der Vertragsparteien stünden.[303]

Welche konkrete Rechtsfolge bei Verstoß gegen das Unabdingbarkeitspostulat in den nationalen Vorschriften vorzusehen ist, ob Nichtigkeit, Anfechtbarkeit oder Unwirksamkeit der Parteivereinbarung, bleibt nach dem Wortlaut des Art. 7 VerbrGK-RL den Mitgliedstaaten überlassen. Entscheidet sich ein nationaler Gesetzgeber für die Nichtigkeit, so könnte darin ein Widerspruch zu Sinn und Zweck der VerbrGK-RL begründet sein. Der EuGH hat auf dem Gebiet des Wettbewerbsrechts in seinen Entscheidungen vom 14.Dezember 1995[304] und vom 1. Juni 1999[305] ein Verpflichtung der Richter und Schiedsrichter angenommen, die Nichtigkeit wettbewerbswidriger Vereinbarungen gemäß Art. 81 Abs. 2 EGV von Amts wegen auszusprechen, da Art. 81 EGV im Sinne einer Konkretisierung des *ordre public* grundlegende Bedeutung für das Funktionieren des Binnenmarktes hat.[306] Der VerbrGK-RL aber wird man eine derart fundamentale Bedeutung für das Funktionieren des Binnenmarktes wohl kaum beimessen können.

Eine absolute Nichtigkeit von Vereinbarungen ließe sich demnach nur schwer rechtfertigen. Aber auch die relative Nichtigkeit als Rechtsfolge eines Verstoßes gegen das Unabdingbarkeitspostulat könnte nur schwer überzeugen. Eine nichtige Vereinbarung verliert ihre Wirkung nicht nur zwischen den Vertragsparteien, also gegenüber dem Verbraucher, sondern auch gegenüber Dritten. Die VerbrGK-RL dient ausschließlich dem Schutz des Verbrauchers, wenn man von dem in Art. 4 VerbrGK-RL geregelten Sonderfall des Verkäuferregresses absieht. Der Grundsatz der Vertragsfreiheit soll im Hinblick auf das Vertragsverhältnis zwischen Nichtverbrauchern als solches nicht berührt werden.[307] Dies macht auch die Formulierung in Art. 7 Abs. 1 VerbrGK-RL deutlich, wonach durch eine Vereinbarung, die gegen das Unabdingbarkeitspostulat verstößt, nur der Verbraucher nicht gebunden sein soll.

Dies spricht ebenfalls dafür, dass als Rechtsfolge eines Verstoßes gegen das Unabdingbarkeitspostulat die Vereinbarung insoweit „unanwendbar" bzw. „unwirksam" ist. Angesichts dessen, dass die VerbrGK-RL insoweit hinreichend genau ist, wäre eine wörtliche Übernahme der Formulierung „nicht bindend" daher durchaus angebracht, um einen Widerspruch zu Sinn und Zweck der VerbrGK-RL zu vermeiden.[308] Zumal die englische Sprachfassung des Art. 7 Abs. 1 VerbrGK-RL auch so gelesen werden kann, dass die Rechtsfolge wörtlich zu übernehmen

303 *Grundmann/Bianca-Stijns/van Gerven*, EU-Kaufrechts-Richtlinie, Art. 7 Rn. 46.
304 EuGH, Urt. v. 14.12.1995, Rs. C-430/93 und C-431/93, Slg. 1995, I-4705 – *Van Schijndel.*
305 EuGH, Urt. v. 1.6.1999, Rs. C-126/97, Slg. 1999, I-3055 - *Eco Swiss China Time Ltd.*
306 EuGH, Urt. v. 1.6.1999, Rs. C-126/97, Slg. 1999, I-3055 - *Eco Swiss China Time Ltd.*
307 Erwägungsgrund 8 und 9 VerbrGK-RL.
308 *Grundmann/Bianca-Stijns/van Gerven*, EU-Kaufrechts-Richtlinie, Art. 7 Rn. 61.

ist.[309] Hier heißt es „Any contractual terms or agreements (...) shall, as provided for by national law, not be binding on the consumer.".[310]

Art. 7 Abs. 2 VerbrGK-RL verpflichtet die Mitgliedstaaten die erforderlichen Maßnahmen zu treffen, damit dem Verbraucher der durch die VerbrGK-RL gewährte Schutz auch dann zu Gute kommt, wenn ein Verbrauchsgüterkauf nicht dem Recht eines Mitgliedstaats unterliegt, aber einen engen Zusammenhang mit dem Gebiet der Mitgliedstaaten aufweist.[311] Gemäß Art. 7 Abs. 2 VerbrGK-RL darf der Schutzstandard der VerbrGK-RL nicht durch die Wahl des Rechts eines Drittstaates unterlaufen werden, wenn der Vertrag einen engen Zusammenhang mit dem Gebiet der EU aufweist. Damit enthält die VerbrGK-RL eine eigene IPR-Vorschrift, die über die die Kollisionsfälle bei Verbraucherverträgen innerhalb der EU regelnde Vorschrift des Art. 5 EVÜ[312] hinausgeht.[313]

Art. 5 Abs. 2 EVÜ bestimmt, dass die Rechtswahl der Parteien nicht dazu führen darf, dass dem Verbraucher der durch die zwingenden Bestimmungen des Rechts des Aufenthaltsstaates gewährte Schutz entzogen wird. Dies Vorschrift entspricht insoweit Art. 7 Abs. 2 VerbrGK-RL, der seinen Anwendungsbereich auf drei eng umschriebene Situationen beschränkt. Erforderlich ist danach, dass dem Vertragsabschluss ein ausdrückliches Angebot oder eine Werbung des Vertragspartners am gewöhnlichen Aufenthaltsort des Verbrauchers vorausgegangen ist (Spiegelstrich 1), eine Bestellung des Verbrauchers vom Vertragspartner an dessen gewöhnlichen Aufenthaltsort angenommen wurde (Spiegelstrich 2) oder dass der Verbraucher auf Veranlassung des Vertragspartners ins Ausland gereist ist, um dort eine Bestellung aufzugeben (Spiegelstrich 3). Art. 7 Abs. 2 VerbrGK-RL hingegen enthält keine solche den Verbraucherschutz einschränkende Anknüpfungsregel.[314] Die Umsetzungsgesetzgeber müssen eine Vorschrift vorsehen, wonach dem Verbraucher zumindest unabhängig von einer Rechtswahl die ihm nach der VerbrGK-RL zustehenden Rechte zwingend zustehen, wenn die Vertragsparteien das Recht eines Drittstaates gewählt haben, das dem Verbraucher weniger Schutz gewährt als die VerbrGK-RL und wenn der Vertrag einen hinreichenden

---

[309] *Grundmann/Bianca -Stijns/van Gerven*, EU-Kaufrechts-Richtlinie, Art. 7 Rn. 62.

[310] „Vertragsklauseln oder Vereinbarungen (...) sollen, (so) wie nach nationalem Recht vorgesehen, nicht bindend für den Verbraucher sein.".

[311] Eine vergleichbare Bestimmung findet sich bereits in der AGB-Richtlinie (vgl. Fn. 11) und der Timesharingrichtlinie (vgl. Fn. 14).

[312] Römisches EWG-Übereinkommen 80/934/EWG vom 19. Juni 1980 über das auf vertragliche Schuldverhältnisse anzuwendende Recht (ABl. EG Nr. L 266 vom 9.10.1980, S. 1f.). Die EG-Kommission hat am 14. Januar 2003 ein "Grünbuch über die Umwandlung des Übereinkommens von Rom aus dem Jahr 1980 über das auf vertragliche Schuldverhältnisse anzuwendende Recht in ein Gemeinschaftsinstrument sowie über seine Aktualisierung" [KOM (2002) 654 endg.] vorgelegt.

[313] *Martiny*, ZEuP 1999, 246 (249); *Tonner*, BB 1999, 1769 (1771).

[314] *Fischer*, in: FS *Großfeld*, S. 277 (280); *Wagner*, IPRax 2000, 249 (250); *Welser/Jud*, Zur Reform des Gewährleistungsrechts, S. 172; *Rusche*, IPRax 2001, 420 (421); *Freitag/Leible*, ZIP 1999, 1296 (1297); *Martiny*, ZEuP 1999, 246 (250).

Gemeinschaftsbezug aufweist.[315] Für die Frage, wann ein Vertrag einen solchen Bezug aufweist, kann die Rechtsprechung zu Art. 6 Abs. 2 der AGB-Richtlinie fruchtbar gemacht werden.[316]

Eine Normenkollision mit Art. 5 EVÜ ist zwar wegen Art. 20 EVÜ, wonach die Vorschriften des EVÜ hinter den nationalen Kollisionsnormen, die der Umsetzung einer Richtlinie dienen, zurücktreten, nicht möglich.[317] Es ist zu erwarten, dass die Einführung der Vorschrift in das System des internationalen Privatrechts und des Schuldrechtsübereinkommens die hierzu im Rahmen des Art. 6 Abs. 2 der AGB-Richtlinie[318] bereits geführte Diskussion wieder beleben wird.[319] In diesem Zusammenhang sei nur darauf hingewiesen, dass die durch Art. 5 EVÜ bereits auf der Ebene des internationalen Privatrechts gewonnene Rechtsangleichung nach der hier vertretenen Auffassung nicht etwa beseitigt, sondern durch Art. 7 Abs. 2 VerbrGK-RL erweitert wird. Letztlich behält Art. 5 EVÜ seine Bedeutung für die von der VerbrGK-RL den Mitgliedstaaten optional anheim gestellten Vorgaben, wie etwa der Mängelanzeigeobliegenheit, der Ausschlussfrist für Verträge über gebrauchte Güter und den Letzterkäuferregress.[320]

3. Mindestschutzklausel

Das Mindestschutzprinzip der VerbrGK-RL ist in Abs. 1 und 2 des Art. 8 VerbrGK-RL normiert. Während sich Abs. 1 des Art. 8 VerbrGK-RL auf Bestimmungen bezieht, die nicht in den Anwendungsbereich der VerbrGK-RL fallen, enthält Abs. 2 eine Bestimmung, welche die Vorschriften regelt, die dem Anwendungsbereich der VerbrGK-RL angehören. Art. 8 Abs. 1 VerbrGK-RL bestimmt zunächst, dass andere Ansprüche des Verbrauchers nach nationalem Recht von der VerbrGK-RL nicht berührt werden. Mit der Formulierung „andere Ansprüche“ meint die VerbrGK-RL vor allem solche von ihr nicht geregelten Haftungstatbestände, die auf eine Geldzahlung oder sonstige Kompensation gerichtet sind.[321] Die Ausgestaltung von Ansprüchen auf Ersatz des

---

315 A.A. *Grundmann/Bianca-Stijns/van Gerven*, EU-Kaufrechts-Richtlinie, Art. 7 Rn. 63.

316 *Grundmann/Bianca-Stijns/van Gerven*, EU-Kaufrechts-Richtlinie, Art. 7 Rn. 73.

317 *Kropholler*, Internationales Privatrecht, § 52 V 6, S. 463; *Martiny*, ZEuP 1999, 246 (249).

318 Richtlinie 93/13/EWG des Rates vom 5.4.1993 über missbräuchliche Klauseln in Verbraucherverträgen (ABl. EG Nr. L 95 vom 21.4.1993, S. 29f.). Aber auch in anderen verbraucherschützenden Richtlinien sind mittlerweile Kollisionsnormen zu finden, vgl. etwa Art. 9 der Richtlinie 94/47/EU des Europäischen Parlaments und des Rates vom 26.10.1994 zum Schutz der Erwerber im Hinblick auf bestimmte Aspekte von Verträgen über den Erwerb von Teilzeitnutzungsrechten an Immobilien (ABl. EG Nr. L 280 vom 29.10.1994, S. 83f.); Art. 12 VerbrGK-RL 97/7/EU des Europäischen Parlaments und des Rates vom 25.5.1997 über den Verbraucherschutz bei Vertragsabschlüssen im Fernabsatz (ABl. EG Nr. L 144 vom 4.6.1997, S. 19f.).

319 Vgl. zur Diskussion im Rahmen der AGB-Richtlinie statt vieler: *Baumert*, EWS 1995, 57f.

320 *Welser/Jud*, Zur Reform des Gewährleistungsrechts, S. 172.

321 Nicht einschlägig ist Art. 8 Abs. 1 VerbrGK-RL, soweit es sich um das Recht des Verbrauchers auf Abhilfe, Vertragsauflösung oder Minderung im Rahmen eines Verbrauchsgüterkaufes handelt.

Sachmangelschadens einschließlich des entgangenen Gewinns, auf Ersatz des materiellen und immateriellen Mangelfolgeschadens und deliktische Schadensersatzansprüche sowie Ansprüche des Verbrauchers gegen Dritte bleiben den nationalen Gesetzgebern überlassen.[322]

In Art. 8 Abs. 1 VerbrGK-RL ist zwar nur von „Ansprüchen" die Rede, aus einem *argumentum a maiore ad minus* folgt, dass auch allgemeine nationale Vorschriften von der VerbrGK-RL unberührt bleiben, wie etwa Regelungen, die das Zustandekommen eines Vertrages, weitere Pflichten der Vertragsparteien oder etwa Voraussetzungen und Wirkungen der Erfüllung betreffen.[323] Problematisch können hier die Vorschriften über den Gefahrenübergang, Nutzungsersatz bei Vertragsauflösung und die Unterbrechung bzw. Hemmung der Verjährung sein. Obwohl sich Art. 8 Abs. 1 VerbrGK-RL auf das nationale Recht bezieht, bleibt eine vertragliche oder außervertragliche Haftung auf der Grundlage von Gemeinschaftsrecht ebenfalls unberührt, sofern es sich um einen neueren oder spezielleren Haftungstatbestand handelt, da die Grundsätze[324] „lex specialis derogat legi generali" und „lex posterior derogat legi priori" auch innerhalb des Gemeinschaftsrechts gelten.[325]

Nach Art. 8 Abs. 2 VerbrGK-RL können die Mitgliedstaaten in dem unter die VerbrGK-RL fallenden Bereich mit dem Vertrag in Einklang stehende strengere Bestimmungen erlassen oder aufrechterhalten, um ein höheres Verbraucherschutzniveau beizubehalten oder neu einzuführen. Diese Regelung war auch zwingend notwenig, da der europäische Gesetzgeber andernfalls über die ihm zugewiesene Regelungskompetenz hinausgegangen wäre. Die Kompetenzgrundlage des Art. 95 Abs. 3 EGV erlaubt vom Wortlaut her, nur die Mitgliedstaaten auf den kleinsten gemeinsamen Nenner zu verpflichten.[326] Eine durch strengere Bestimmung bedingte Inländerdiskriminierung ist aber bisher vom EuGH grundsätzlich nicht beanstandet worden, da sich die Grundfreiheiten des EGV nur auf grenzüberschreitende Sachverhalte beziehen.[327] Teilweise wird in der Literatur aus einem Umkehrschluss zur Kompetenzgrundlage des Art. 95 Abs. 3 EGV sogar gefolgert, dass strengere nationale Bestimmungen nur gegenüber inländischen Anbietern durchgesetzt werden können, während gegenüber anderen Anbietern nur das Mindestschutzniveau der VerbrGK-RL zum Tragen kommt.[328]

---

322 *Grundmann/Bianca-Grundmann*, EU-Kaufrechts-Richtlinie, Art. 8 Rn. 1.

323 *Grundmann/Bianca-Grundmann*, EU-Kaufrechts-Richtlinie, Art. 8 Rn. 3.

324 EuGH, Urt. v. 15.01.1986, Rs. 44/84, Slg. 1986, 29 - *Hurd/Jones*; EuGH, Urt. v. 19.03.1992, Rs. C-60/91, Slg. 1992, I-2085 - *Batista Morais*; EuGH, Urt. v. 16.02.1995, Rs. C-29/94 bis 35/94, Slg. 1995, I-301 – *Aubertin*.

325 *Grundmann/Bianca-Grundmann*, EU-Kaufrechts-Richtlinie, Art. 8 Rn. 2.

326 *Grundmann/Bianca-Grundmann*, EU-Kaufrechts-Richtlinie, Art. 8 Rn. 9.

327 EuGH, Urt. v. 13.3.1979, Rs. 86/78, Slg. 1979, 897 - *Grandes Distilleries Peureux*; EuGH, Urt. v. 27.10.1982, verb. Rs. 35/82, Slg. 1982, 3723 - *Morson und Jhanjan*.

328 *Grundmann*, RabelsZ 64 (200), 457 (471f.); *Grundmann/Bianca-Grundmann*, EU-Kaufrechts-Richtlinie, Art. 8 Rn. 13.

Richtig ist, dass die VerbrGK-RL die Schaffung eines einheitlichen europäischen Binnenmarktes und die Vermeidung von Wettbewerbsverzerrungen bezweckt, gleichzeitig geht aber aus Erwägungsgrund 1 VerbrGK-RL hervor, dass sie auch der Erreichung eines hohen Verbraucherschutzniveaus dient. Enthalten aber nationale Bestimmungen eines Mitgliedstaates bereits ein höheres Verbraucherschutzniveau als es die VerbrGK-RL vorsieht, so kann Letzteres zumindest in diesem Staat nicht verwirklicht werden, wenn die Richtlinienbestimmungen bei grenzüberschreitenden Sachverhalten unmittelbar zur Anwendung kommen. Zumal eine unmittelbare Anwendung der Richtlinievorgaben auf grenzüberschreitende Sachverhalte zwar durchaus als Maßnahme zur Vermeidung von Wettbewerbsverzerrungen durch umfassende Rechtsvereinheitlichung auf europäischer Ebene betrachtet werden kann, auf nationaler Ebene aber würde dies zu einem gespaltenem Verbrauchervertragsrecht führen.[329] Ein in der VerbrGK-RL verankertes umfassendes Verbot abweichender Vorschrift würde gegen den Subsidiaritäts- und Erforderlichkeitsgrundsatz in Art. 5 Abs. 2 und 3 EGV verstoßen, da strengere nationale Bestimmungen den grenzüberschreitenden Verkehr regelmäßig unberührt lassen.

Die Schaffung eines gemeinsamen Verbraucherbinnenmarktes, wie es das Ziel der VerbrGK-RL ist[330], wird nicht durch strengere Bestimmungen gehindert. Zumal die von der VerbrGK-RL angestrebte Vermeidung von Wettbewerbsverzerrungen bereits durch das Unabdingbarkeitspostulat des Art. 7 VerbrGK-RL abgesichert wird. Auch der EuGH hat nicht nur abgesegnet, dass nicht alle Wettbewerbsverzerrungen vermieden werden können[331], sondern festgelegt, dass Mindestschutzklauseln auch auf grenzüberschreitende Sachverhalte anzuwenden sind.[332] Letztlich kann es auch keinen Unterschied machen, ob es sich um importierte Waren handelt, die von einem inländischem Anbieter oder um Waren, die von einem ausländischem Anbieter vertrieben werden.[333]

Auch das von der Gegenauffassung in diesem Zusammenhang bemühte Herkunftslandprinzip des EuGH[334], wonach gewährleistet sein muss, dass ein Unternehmer seine Waren und Leistungen zu den Bedingungen des Rechts seines Sitzstaates anbieten kann, ändert hieran nichts.[335] Diese Regelung bezieht sich zum einen ausschließlich auf den Vertrieb von Produkten, zum anderen folgt es nicht aus den Grundfreiheiten, sondern ist durch sekundäres Gemeinschaftsrecht zu verwirklichen, wie der EuGH bereits festgestellt hat.[336] Das Herkunftslandprinzip

---

[329] *Roth*, in: *Grundmann/Medicus/Rolland* (Hrsg.), Europäisches Kaufgewährleistungsrecht, S. 113 (123).

[330] Vgl. Erwägungsgrund 1 bis 5 VerbrGK-RL.

[331] EuGH, Urt. v. 19.10.1995, Rs. C-128/94, Slg. 1995, I-3389 – *Hönig*.

[332] EuGH, Urt. v. 16.05.1989, Rs. 382/87, Slg. 1989, 1235 – *Bue.t*

[333] So aber *Grundmann*, RabelsZ 64 (200), 457 (472).

[334] EuGH, Urt. v. 20.02.1979, Rs. 120/78, Slg. 1979, 649 - *Cassis de Dijon*.

[335] *Roth*, in: *Grundmann/Medicus/Rolland* (Hrsg.), Europäisches Kaufgewährleistungsrecht, S. 113 (125).

[336] EuGH, Urt. v. 13.05.1997, Rs. C-233/94, Slg. 1997, I-2405 – *BRD/ Parlament und Rat*.

gilt daher nicht als Grenze für die Zulässigkeit von strengeren nationalen Vorschriften i.S.d. Art. 8 Abs. 2 VerbrGK-RL. Solche gegenüber den Richtlinien strengere Bestimmungen finden daher auch auf grenzüberschreitende Sachverhalte Anwendung. Diese Auffassung findet in Art. 153 Abs. 5 EGV seine EU-vertragliche Bestätigung.[337] Danach hindern Maßnahmen nach Abs. 4 und damit der Erlass von Richtlinien die Mitgliedstaaten nicht daran, strengere Schutzmaßnahmen beizubehalten oder zu ergreifen. Dies ist auch die Konsequenz daraus, dass Art. 153 EGV gemäß Erwägungsgrund 1 VerbrGK-RL neben Art. 95 EGV als Kompetenzgrundlage für die VerbrGK-RL herangezogen worden ist.

Die Formulierung „unter die Richtlinie fallenden Bereich" meint daher alle diejenigen nationalen Vorschriften, die Rechtsfragen betreffen, die von einer Richtlinie in irgendeiner Weise berührt werden.[338] Nicht erforderlich ist, dass eine Richtlinie eine Rechtsfrage abschließend regelt. Auch solche Vorschriften, die lediglich zum Teil der Umsetzung der VerbrGK-RL dienen, werden von Art. 8 Abs. 2 VerbrGK-RL erfasst. Es gilt die Vorgabe, dass nur strengere Vorschriften, die ein höheres Verbraucherschutzniveau sicherstellen, erlassen oder beibehalten werden können und zwar auch nur für den Teil, der in den Anwendungsbereich der VerbrGK-RL fällt. Wann eine Bestimmung ein höheres Schutzniveau beinhaltet, klärt die VerbrGK-RL nicht. Unzweifelhaft handelt es sich dabei zunächst um Vorschriften, welche die Verbraucherrechte an geringere tatbestandliche Voraussetzungen knüpfen oder weiter gehende Rechtsfolgen vorsehen.[339] Eine Saldierung durch die Kompensation geringerer tatbestandlicher Voraussetzungen oder weitergehender Rechtsfolgen an anderer Stelle ist indessen unzulässig.[340] Art. 8 Abs. 2 VerbrGK-RL bestimmt insoweit ausdrücklich, dass die von den Richtlinienvorgaben abweichenden nationalen Bestimmungen im Ergebnis eine Besserstellung des Verbrauchers zum Inhalt haben müssen.

Aus Sinn und Zweck der Vorschrift folgt, dass der Begriff der Bestimmungen weit auszulegen ist. Um Bestimmungen handelt es sich nicht nur bei legislativen Akten, sondern gleichfalls bei richterrechtlich entwickelten Rechtsgrundsätzen.[341] Ziel des Art. 8 Abs. 2 VerbrGK-RL ist, wie der Wortlaut der Vorschrift ausdrücklich bestimmt, ein Mindestschutzniveau sicherzustellen und nicht nur die Grundlage hierfür zu schaffen. Adressat des Art. 8 VerbrGK-RL ist damit neben dem nationalen Gesetzgeber[342] ebenso die Judikatur und Exekutive. Art. 8 Abs. 2 VerbrGK-RL betrifft ausschließlich das Sachrecht und nicht das Kollisionsrecht. Hierfür enthält Art. 7 Abs. 1 VerbrGK-RL eine Sonderregelung. Bei der Ausgestaltung von Ansprüchen gegen den Verbraucher ist besonders gründlich zu prüfen, ob sie nicht mit den Richtlinienvorgaben in Konflikt geraten.

---

[337] *Roth*, in: *Grundmann/Medicus/Rolland* (Hrsg.), Europäisches Kaufgewährleistungsrecht, S. 113 (126).
[338] *Grundmann/Bianca-Grundmann*, EU-Kaufrechts-Richtlinie, Art. 8 Rn. 5.
[339] Anwaltskommentar-*Pfeiffer*, Kauf-RL, Art. 8 Rn. 6.
[340] *Grundmann/Bianca-Grundmann*, EU-Kaufrechts-Richtlinie, Art. 8 Rn. 7.
[341] Anwaltskommentar-*Pfeiffer*, Kauf-RL, Art. 8 Rn. 7.
[342] *Staudenmayer*, NJW 1999, 2393 (2394).

Aufwendungsersatzansprüche des Verkäufers etwa bleiben nicht der Regelungsautonomie der nationalen Gesetzgeber vorbehalten, da Art. 3 Abs. 2 und 3 VerbrGK-RL ausdrücklich bestimmen, dass die Kosten der Abhilfe vom Verkäufer zu tragen sind. Ist zweifelhaft, ob eine Vorschrift den Schutzstandard der VerbrGK-RL unterschreitet oder ob sie gegen den EGV verstößt, so ist grundsätzlich eine Vorabentscheidung durch den EuGH einzuholen.[343] Allerdings bedarf es keiner zwingenden Vorlage wenn nur unklar ist, inwieweit das Schutzniveau der VerbrGK-RL überschritten wurde, diese Unklarheit aber durch richtlinienkonforme Auslegung beseitigt werden kann.

Soweit Grundfreiheiten eingreifen, ist eine gegenüber den Richtlinienbestimmungen strengere nationale Bestimmung auf ihre Vereinbarkeit mit den Grundfreiheiten zu überprüfen.[344] Dies macht auch die einschränkende Formulierung in Art. 8 Abs. 2 VerbrGK-RL deutlich, wonach strengere Bestimmungen nur zulässig sind, sofern sie „mit dem Vertrag in Einklang" stehen. Gemeint ist zweifelsohne der EGV. Dabei ist insbesondere die Warenverkehrsfreiheit zu berücksichtigen. Vorschriften, welche die gleiche Wirkung haben wie mengenmäßige Einfuhrbeschränkungen verstoßen gegen Art. 28 EGV bzw. wie mengenmäßige Ausfuhrbeschränkungen gegen Art. 29 EGV. Nach der *Dassonville*-Formel gelten als Maßnahmen gleicher Wirkung wie Einfuhrbeschränkungen alle nationalen Handelsregelungen, die geeignet sind, den innergemeinschaftlichen Handel unmittelbar oder mittelbar, tatsächlich oder potenziell, zu behindern.[345]

Als Maßnahmen gleicher Wirkung wie Ausfuhrbestimmungen werden hingegen nur zielgerichtete Binnenmarktsbeschränkungen qualifiziert.[346] Der EuGH[347] hat bereits entschieden, dass eine Einstandspflicht des Verkäufers für versteckte Mängel keine solche Ausfuhrbeschränkung beinhaltet, sodass grundsätzlich davon auszugehen ist, dass eine strengere Verkäuferhaftung regelmäßig keinen Verstoß gegen die Wettbewerbsfreiheit darstellt.[348] Gleiches dürfte für Regelungen über Verkaufsmodalitäten gelten, die nach der Rechtsprechung des EuGH[349] bisher regelmäßig keine Ausfuhrbeschränkung i.S.d. Art. 29 EGV darstellt. Produktbezogene Regelungen hingegen können durchaus wettbewerbsbeschränkende Wirkung haben.[350] Werden etwa per Gesetz bestimmte Produktstandards festgelegt, so handelt es sich um eine von der VerbrGK-RL abweichende strengere Bestimmung über die Vertragsmäßigkeit der Ware, die durchaus geeignet ist, die Ausfuhr oder Einfuhr des Produkts einzuschränken. Liegt ein Eingriff in die Grundfreiheiten vor, so führt dies noch nicht ohne weiteres dazu,

---

343 Anwaltskommentar-*Pfeiffer*, Kauf-RL, Art. 8 Rn. 13.

344 *Grundmann/Bianca-Grundmann*, EU-Kaufrechts-Richtlinie, Art. 8 Rn. 10.

345 EuGH, Urt. v. 11.07.1974, Rs. 8/74, Slg. 1974, 837 – *Dassonville*.

346 EuGH, Urt. v. 27.03.1990, Rs. C-9/89, Slg. 1990, I-1383 – *Spanien/Rat*.

347 EuGH, Urt. v. 24.01.1991, Rs. C-339/89, Slg. 1991, I-107 – *Alsthom Atlantique*.

348 Anwaltskommentar-*Pfeiffer*, Kauf-RL, Art. 8 Rn. 10.

349 EuGH, Urt. v. 24.11.1993, verb. Rs. C-267/91 und C-268/91, Slg. 1993, I-6097 – *Keck*; EuGH, Urt. v. 15.12.1993, Rs. 292/92, Slg. 1993, I-6787 – *Hünermund*.

350 EuGH, Urt. v. 24.11.1993, Rs. C-267/91 und C-268/91, Slg. 1993, I-6097 – *Keck*.

dass die Bestimmung auch unzulässig ist. Rechtfertigen etwa zwingende Erfordernisse des Allgemeininteresses, wie die Lauterkeit des Handelsverkehrs oder Verbraucherschutzbelange, eine solche Regelung, so kann eine nationale Bestimmung gleichwohl zulässig sein.[351] Durch Verbraucherschutzbelange ist eine Bestimmung nur dann gerechtfertigt, wenn sie auch erforderlich ist. Dies ist regelmäßig dann abzulehnen, wenn durch eine Maßnahme der Verbraucherinformation dasselbe Ziel erreicht werden kann.[352] Die Reichweite dieser Einschränkung in Bezug auf den Verbrauchsgüterkauf ist noch ungeklärt, sodass abzuwarten bleibt, welche Maßstäbe der EuGH hierzu entwickeln wird. Neben den Art. 28 und 29 EGV gilt auch der durch die Grundfreiheiten geschützte Grundsatz der Privatautonomie als Kontrollmaßstab im Rahmen des Art. 8 Abs. 2 VerbrGK-RL.[353] Aber auch das Diskriminierungsverbot des Art. 12 EGV nach Maßgabe der Rechtsprechung des EuGH[354] ist als Grenze solcher gemäß Art. 8 Abs. 2 VerbrGK-RL zulässiger nationaler Bestimmungen nicht zu vernachlässigen.[355]

II. Deutschland

In der Vergangenheit hat der deutsche Gesetzgeber überwiegend sondergesetzliche Lösungen außerhalb des BGB zur Umsetzung von verbraucherschützenden Richtlinien gewählt. So hatte er zur Umsetzung der Haustürwiderrufsrichtlinie[356] das Haustürwiderrufsgesetz[357], der Verbraucherkreditrichtlinie[358] das Verbraucherkreditgesetz[359] und zur Umsetzung der Richtlinie über Teilzeitnutzungsrechte an Immobilien[360] das Teilzeitwohnrechte-Gesetz[361] neu geschaffen. Ähnlich verhielt

---

351 EuGH, Urt. v. 20.02.1979, Rs. 120/78, Slg. 1979, 649 - *Cassis de Dijon.*

352 EuGH, Urt. v. 12.03.1987, Rs. 178/84, Slg. 1987, 1227 – *Kommission/BRD.*

353 Anwaltskommentar-*Pfeiffer*, Kauf-RL, Art. 8 Rn. 12.

354 Vgl. hierzu: EuGH, Urt. v. 24.11.1993, verb. Rs. C-267/91 und 268/91, Slg. 1993, I-6097 – *Keck.*

355 Anwaltskommentar-*Pfeiffer*, Kauf-RL, Art. 8 Rn. 7.

356 Richtlinie 85/577/EWG des Rates vom 20.12.1985 betreffend den Verbraucherschutz im Falle von außerhalb von Geschäftsräumen abgeschlossenen Verträgen (ABl. EG Nr. L 372 vom 31.12.1985, S. 31f.).

357 Gesetz über den Widerruf von Haustürgeschäften und ähnlichen Geschäften vom 16.1.1986 (BGBl. I S. 122). Aufgehoben durch Gesetz vom 26.11.2001 (BGBl. I S. 3138) m.W.v. 1.1.2002.

358 Richtlinie 87/102/EWG des Rates vom 22.12.1986 zur Angleichung der Rechts- und Verwaltungsvorschriften der Mitgliedstaaten über den Verbraucherkredit (ABl. EG Nr. L 042 vom 12.2.1987, S. 48f.).

359 Verbraucherkreditgesetz vom 17.12.1990 (BGBl. I S. 2840). Aufgehoben durch Gesetz vom 26.11.2001 (BGBl. I S. 3138) m.W.v. 1.1.2002.

360 Richtlinie 94/47/EU des Europäischen Parlaments und des Rates vom 26.10.1994 zum Schutz der Erwerber im Hinblick auf bestimmte Aspekte von Verträgen über den Erwerb von Teilzeitnutzungsrechten an Immobilien (ABl. EG Nr. L 280 vom 29.10.1994, S. 83f.).

361 Gesetz über die Veräußerung von Teilzeitnutzungsrechten an Wohngebäuden vom 20.12.1996 (BGBl 1996 I Nr. 70).

es sich mit der Umsetzung der AGB-Richtlinie[362], die durch eine geringfügige Modifikation des AGBG umgesetzt wurde[363]. Lediglich die Pauschalreiserichtlinie[364] wurde innerhalb des BGB umgesetzt, was darauf zurückzuführen ist, dass es einen entsprechenden Untertitel im BGB für Pauschalreiseverträge bereits gab. Erstmals im Rahmen der Umsetzung der Fernabsatz-Richtlinie[365] hat der deutsche Gesetzgeber neben der Schaffung eines eigenständigen Fernabsatz-gesetzes[366] neue Vorschriften im BGB aufgenommen.

Zum einen wurde das Widerrufsrecht der genannten Nebengesetze in § 361 a BGB a.F. nunmehr §§ 355 ff. BGB in das BGB aufgenommen und zum anderen die Begriffe des Verbrauchers in § 13 BGB und des Unternehmers in § 14 BGB neu eingeführt. Bei der Umsetzung der VerbrGK-RL hingegen hat sich der deutsche Gesetzgeber nunmehr für eine umfassende Reform des gesamten Schuldrechts entschieden und ist damit weit über die Richtlinienvorgaben hinausgegangen. Hierzu hat er am 26. November 2001 das „Schuldrechtsmodernisierungsgesetz" erlassen[367], das am 29. November 2001 im Bundesgesetzblatt verkündet wurde und am 1. Januar 2002 in Kraft getreten ist. Mit diesem Gesetz wurde in Deutschland eine inhaltlich weitgehend geschlossene Neukodifikation des Verjährungs-, Leistungsstörungs-, allgemeinen Kauf- und des Werkvertragsrechts innerhalb des BGB vorgenommen.[368] Darüber hinaus wurden das AGB-Gesetz, das Verbraucherkreditgesetz, das Gesetz über den Widerruf von Haustürgeschäften, das Fernabsatzgesetz und das Teilzeitwohnrechte-Gesetz in das BGB inkorporiert und die einzelnen Paragraphen haben amtliche Überschriften erhalten. Im Rahmen der Frage, welche der Umsetzungsmodelle für das deutsche Recht die wohl beste ist, sind im Wesentlichen vier Alternativen auf zahlreichen Tagungen[369] und in der

---

362 Richtlinie 93/13/EU des Rates vom 5.4.1993 über missbräuchliche Klauseln in Verbraucherverträgen (ABl. EG Nr. L 95 vom 21.4.1993, S. 29f.).

363 Gesetz zur Regelung des Rechts der Allgemeinen Geschäftsbedingungen vom 9.12.1976 (BGBl. I S. 3317). Aufgehoben durch Gesetz vom 26.11.2001 (BGBl. I S. 3138) m.W.v. 1.1.2002.

364 Richtlinie 90/314/EWG des Rates vom 13.6.1990 über Pauschalreisen (ABl. EG Nr. L 158 vom 23.6.1990, S. 59f.).

365 Richtlinie 97/7/EU des Europäischen Parlaments und des Rates vom 20.5.1997 über den Verbraucherschutz bei Vertragsabschlüssen im Fernabsatz (ABl. EG Nr. L 144 vom 4.6.1997, S. 19f.).

366 Gesetz über Fernabsatzverträge und andere Fragen des Verbraucherrechts sowie zur Umstellung von Vorschriften auf den Euro vom 27.6.2000 (BGBl. I, S. 897f.). Aufgehoben durch Gesetz vom 26.11.2001 (BGBl. I, S. 3138) m.W.v. 1.1.2002.

367 Gesetz zur Modernisierung des Schuldrechts vom 26.11.2001 (BGBl I, Nr. 61/2001 vom 29.11.2001, S. 3138f.).

368 *Schubel*, JuS 2002, 313 (313); *Westermann*, NJW 2002, 241 (253).

369 Konferenz „Europäisches Kaufgewährleistungsrecht und ihre Notwendigkeit eines deutschen Schuldrechtsreform" des Instituts für Wirtschaftsrecht an der Martin-Luther-Universität in Halle/Saale am 20./21.1.2000; Symposium „Schuldrechtsmodernisierung 2001" am 17./18.11.2001 in Regensburg; Sondertagung der Zivilrechtslehrervereinigung am 30./31.3.2001 in Berlin; 12. Tagung junger Zivilrechtswissenschaftler e.V. zum Thema „Das neue Schuldrecht" vom 5. bis 8.9.2001 in Freiburg.

rechtswissenschaftlichen Literatur äußerst kontrovers diskutiert. Während einige in der Literatur die Schaffung eines sondergesetzlichen Verbrauchsgüterkaufgesetzbuches[370] oder sogar eines alle richtlinienbedingten Verbraucherschutz-gesetze erfassenden Verbrauchergesetzbuches favorisierten, sprach sich die überwiegende Ansicht für eine Integration der Richtlinienvorgaben in das BGB aus; sei es durch eine punktuelle Änderung der vom Anwendungsbereich der VerbrGK-RL betroffenen kaufrechtlichen Vorschriften („kleine Lösung") oder durch eine umfassenden Neugestaltung des Gewährleistungsrechts („große Lösung"). Die Tatsache, dass die Vorarbeiten zur Modernisierung des Schuldrechts in Deutschland bereits seit einigen Jahren im Gang waren und etliche Übereinstimmungen und Ähnlichkeiten mit der VerbrGK-RL aufwiesen, sprach für eine umfassende Reform des Schuldrechts.[371]

Bereits in der Zeit von 1984 bis 1992 hatte sich eine Kommission aus 15 Rechtswissenschaftlern, hohen Richtern, Ministerialbeamten und Praktikern mit dem Reformbedarf im Schuldrecht auseinander gesetzt und hierzu einen Abschlussbericht vorgelegt. Nachdem sich der 60. Deutsche Juristentag im Jahr 1994 in Münster damit insgesamt zustimmend befasst hatte, wurde von einer gesetzgeberischen Umsetzung zunächst abgesehen. Im gleichen Jahr hatte der Ministerrat der Europäischen Union das Grünbuch der Kommission zum Verbrauchsgüterkauf gebilligt und damit den Startschuss für die Erarbeitung der VerbrGK-RL gegeben. Um durch abweichende Vorgaben der VerbrGK-RL notwendig werdenden Nachbesserung der bisher erarbeiteten Regelungen zu vermeiden, wurde die Reform bis zum Erlass der VerbrGK-RL zurückgestellt. Nach Verabschiedung der VerbrGK-RL am 25. Mai 1999 hat das Bundesjustizministerium die Vorschläge zu einer Reform des Schuldrechts umgehend wieder aufgegriffen und, motiviert durch die seit über 20 Jahren andauernde Diskussion über eine Neuregelung des Leistungsstörungs- und des Verjährungsrechts, eine umfassende Reform des seit über 100 Jahren[372] fast unangetasteten Schuldrechts in Angriff genommen. Hinzu kam, dass auch die Zahlungsverzugsrichtlinie[373], die bis zum 7. August 2002 umzusetzen war, und die E-Commerce-Richtlinie[374], deren Umsetzungsfrist schon am 17. Januar 2002 abgelaufen ist, ebenfalls Teile des

---

370 So *Schurr*, ZfRV 1999, 222 (228); a.A. *Medicus*, ZIP 1996, 1925 (1930); *Schlechtriem*, JZ 1997, 441 (442); *Wolf*, RIW 1997, 900 (903).

371 Eine ausführliche Darstellung der Übereinstimmungen findet sich bei: *Schäfer/Peiffer*, ZIP 1999, 1829 (1831-1833).

372 Die schuldrechtlichen Vorschriften des BGB in der bis zum 31.12.2001 geltenden Fassung waren seit In-Kraft-Treten des BGB am 1.1.1900 bisher nur vereinzelt geändert worden.

373 Richtlinie 2000/35/EU des Europäischen Parlaments und des Rates vom 29. Juni 2000 zur Bekämpfung von Zahlungsverzug im Geschäftsverkehr (ABl. EG Nr. L 200 vom 8.8.2000, S. 35f.).

374 Richtlinie 2000/38 des Europäischen Parlaments und des Rates vom 8. Juni 2000 über besondere Aspekte der Dienste der Informationsgesellschaft, insbesondere des elektronischen Geschäftsverkehrs, im Binnenmarkt ["Richtlinie über den elektronischen Geschäftsverkehr"] (ABl. EG Nr. L 178 vom 17.7.2000, S. 1f.).

Schuldrechts betreffen. Um den Gesamtaufwand der Richtlinienumsetzung gering zu halten, sollten daher auch die durch diese Richtlinien notwendig werdenden gesetzgeberischen Maßnahmen erfolgen.[375] Anfang August 2000 wurde sodann nach drei rechtswissenschaftlichen Kolloquien[376] der Öffentlichkeit ein erster Diskussionsentwurf[377] vorgestellt, mit dem die Vorschläge der Schuldrechtskommission auf den Stand der VerbrGK-RL und der europäischen Diskussion gebracht wurden. Der Entwurf erntete in der Zivilrechtswissenschaft überwiegend Kritik.[378]

Das Bundesjustizministerium ließ sich dennoch von seinem umfassenden Reformvorhaben nicht abbringen. Nachdem am 17. und 18. November 2000 ein zweitägiges Symposium zur Schuldrechtsmodernisierung mit etwa 100 Teilnehmern aus der Zivilrechtswissenschaft, der Rechtsprechung und der Gesetzgebung in Regensburg stattgefunden hatte[379], wurde zu Beginn des Jahres 2001 - neben einer speziell für das Leistungsstörungsrecht eingesetzten besonderen Kommission - für das Gewährleistungs- und das Verjährungsrecht jeweils eine Bund-Länder-Kommission unter Beteiligung der Gerichte und der Kommission ins Leben gerufen. Die äußerst intensive Diskussion um die Schuldrechtsreform hat zu grundlegenden Änderungen des Diskussionsentwurfs geführt. Am 6. März 2001 wurde unter Berücksichtigung der Änderungsvorschläge eine konsolidierte Fassung des Diskussionsentwurfs verabschiedet. Die neben der Neufassung des Verjährungsrechts vom 22. März 2001 zum Regierungsentwurf vom 9. Mai 2001 geführt hat.[380] Von 150 Prüfungsbitten und Änderungsvorschlägen, insbesondere solcher redaktioneller Art, die sich in der Stellungnahme des Bundesrates vom 13. Juli 2001 finden, hat die Bundesregierung in ihrer Gegenäußerung vom 29. August 2001 etwa 100 aufgegriffen. Der Rechtsausschuss des Bundestages hat seine Beschlussempfehlung letztendlich am 25. September 2001 abgegeben. Auf dieser Grundlage hat der Bundestag das Gesetz in zweiter und dritter Lesung am 11. Oktober 2001 verabschiedet.

Der Titel des BGB zum Kaufrecht, der im Wesentlichen die Vorschriften der VerbrGK-RL umsetzt, beginnt mit dem Untertitel „Allgemeine Vorschriften" (§§ 433 bis 453 BGB), gefolgt von dem zweiten Untertitel „Besondere Arten des Kaufs" (§§ 454-473 BGB). Erst im dritten Untertitel „Verbrauchsgüterkauf" (§§ 474 bis 479 BGB) sind die speziellen Regelungen für diese Materie enthalten. Das Gesetz bleibt damit bei seiner traditionellen Systematik vom Allgemeinen zum Besonderen. Entgegen dem ersten Anschein ist der Verbrauchsgüterkauf nicht etwa

---

375 Regierungsbegründung zum SchuldRModG, BT-Drucks 14/6040, S. 79.

376 Und zwar im November 2000 in Regensburg, im Januar 2001 in Münster und im März 2001 in Berlin.

377 Diskussionsentwurf eines SchuldRModGes vom 4.8.2000, Online verfügbar unter http://www.lrz-muenchen.de/~Lorenz/schumod.

378 Zum Diskussionsentwurf vgl. *Honsell*, JZ 2001, 18f. m.w.N.

379 Vgl. hierzu *Jakobs*, JZ 2001, 27f.

380 Eine kritische Würdigung des Regierungsentwurfs findet sich bei *Wilhelm*, JZ 2001, 861f., m.w.N.

nur ein spezielles Phänomen, wie der dritte Untertitel zunächst vermuten lässt.[381] Es handelt sich bei den dort aufgeführten Vorschriften um solche Bestimmungen, die Einschränkungen der privatautonomen Gestaltungsfreiheit, Beweislastregelungen und für Garantien vorsehen. Die auf einen Verbrauchsgüterkauf anwendbaren rechtsbegründenden Vorschriften finden sich hingegen nur im ersten und zweiten Untertitel. Die §§ 433 ff. BGB bilden die gesetzliche Norm für alle Kaufverträge. Der Verbrauchervertrag war insofern Leitbild der Neuregelung. Dem allgemeinen Kaufvertragsrecht liegt das bisher nur als Ausnahmerecht für Verbraucherverträge geltende Verbraucherrecht als Regelrecht zu Grunde.[382] Der Gesetzgeber hat zur Rechtfertigung der Leitbildfunktion des Verbrauchervertrages in der Gesetzesbegründung ausgeführt: „Der Verbrauchervertrag (...) ist die typische Erscheinungsform des schuldrechtlichen Vertrages und der Verbraucherschutz ist ein schuldrechtsimmanenter allgemeiner Schutzgedanke (...).“.[383] In der Konsequenz hierzu hat er die allgemeinen Vorschriften an die Vorgaben der VerbrGK-RL angepasst und den von ihr vorgesehenen zwingenden Charakter für den Bereich des Verbrauchsgüterkaufes gesondert in § 475 BGB angeordnet. Allein für den Regress des Letztverkäufers gegenüber seinen Vertragspartnern enthält der dritte Untertitel selbstständige Anspruchsgrundlagen.

1. Anwendungsbereich

Grundsätzlich finden die durch das Schuldrechtsmodernisierungsgesetz in das BGB neu eingefügten Vorschriften auf alle Kaufverträge Anwendung. Allein die Vorschriften der §§ 474 ff. BGB finden ausschließlich auf den Verbrauchsgüterkauf Anwendung. Art. 475 BGB ordnet für den Bereich des Verbrauchsgüterkaufes die zwingende Geltung der Umsetzungsvorschriften an, wobei die Vorschrift gleichzeitig den Verbrauchsgüterkauf legal definiert und damit im Ergebnis auch im deutschen Recht die Umsetzungsvorschriften eine sondergesetzliche Ausprägung im Rahmen eines fest umrissenen, sachlichen, persönlichen und räumlichen Anwendungsbereichs erfahren.

a) Sachlicher Anwendungsbereich

Gemäß § 474 Abs. 1 Satz 1 BGB liegt nach der dort enthaltenen Legaldefinition ein Verbrauchsgüterkauf vor, wenn ein Verbraucher von einem Unternehmer eine bewegliche Sache kauft. Die Anwendbarkeit der §§ 474 ff. BGB setzt zunächst den Abschluss eines Kaufvertrages i.S.d. § 433 BGB voraus. Aus § 480 BGB folgt, dass die Vorschriften über den Kauf auf den Tausch entsprechende Anwendung finden. Handelt es sich um einen Tausch zwischen einem Unternehmer und einem Verbraucher, so gelten die §§ 474 ff. BGB auch beim Tausch. Dasselbe gilt gemäß § 651 BGB für einen Vertrag, der die Lieferung herzustellender oder zu erzeugender beweglicher Sachen zum Gegenstand hat. Die Umsetzungsvorschriften

---

[381] *Schubel*, JuS 2002, 313 (313).

[382] *Dauner-Lieb*, JZ 2001, 8 (13); *Krebs*, DB 2000, Beilage Nr. 14, S. 15 ff; *Roth*, JZ 2001, 475 (489).

[383] Regierungsbegründung zum SchuldRModG, BT-Drucks. 14/6040, S. 79 (91).

erfassen alle diejenigen Verträge, die letztlich der endgültigen Übertragung des Eigentums dienen. Keine Anwendung finden sie hingegen auf Verträge, die allein die Gebrauchsüberlassung oder eine Dienstleistung zum Gegenstand haben.

Auch auf Werkverträge findet das Kaufrecht keine Anwendung, sofern sie nicht die Lieferung herzustellender oder zu erzeugender beweglicher Sachen zum Gegenstand haben. Die Vorschriften über den Werkvertrag der §§ 631 ff. BGB sind weitgehend den kaufrechtlichen Vorschriften angeglichen, sodass keine allzu großen Unterschiede in der Rechtspraxis bei der Behandlung eines Werkvertrages gegenüber den von §§ 474 ff. BGB erfassten Vertragstypen entstehen. Sachen sind gemäß § 90 BGB körperliche Gegenstände. Um einen körperlichen Gegenstand handelt es sich, wenn sie im Raum abgrenzbar sind, sei es durch eine eigene körperliche Begrenzung, ihre Fassung in einem Behälter oder durch sonst künstliche Mittel, wie z.B. Grenzsteine oder ihre Einzeichnung in Karten.[384]

Gemäß § 90 a BGB werden Tiere in ihrer rechtlichen Behandlung unter Berücksichtigung besonderer Gesetze Sachen gleichgestellt. Der sachliche Anwendungsbereich der Sondervorschriften über den Verbrauchsgüterkauf ist demnach auf räumlich abgrenzbare[385] Gegenstände und Tiere beschränkt, die fortgeschafft werden können. Aus einem Umkehrschluss zu § 474 Abs. 1 Satz 2 BGB ergibt sich, dass grundsätzlich auch gebrauchte Sachen vom Anwendungsbereich der §§ 474 ff. BGB erfasst sind. Gemäß § 474 Abs. 1 Satz 2 BGB finden die Vorschriften über den Verbrauchsgüterkauf nur dann auf gebrauchte Güter keine Anwendung, wenn sie in öffentlichen Versteigerungen, an denen der Verbraucher persönlich teilnehmen kann, verkauft werden. Damit hat der deutsche Gesetzgeber von der Option in Art. 1 Abs. 3 VerbrGK-RL Gebrauch gemacht. Die Vorschriften über den Verbrauchsgüterkauf finden unabhängig davon Anwendung, ob es sich um eine neue oder gebrauchte Sache handelt, wobei § 475 Abs. 2 BGB eine Sonderregelung hinsichtlich der Abdingbarkeit der gesetzlichen Verjährungsfristen für Verträge über gebrauchte Sachen enthält.

Der deutsche Gesetzgeber geht außerdem davon aus, dass auch Verträge über leistungsgebundene Versorgung mit Gas und Wasser dem Anwendungsbereich der §§ 474 ff. BGB nur dann unterfallen, wenn sie von einem Behälter erfasst und damit räumlich abgrenzbar sind, sodass es sich um körperliche Gegenstände handelt. Aus diesem Grund hat er auf eine Art. 1 Abs. 2 VerbrGK-RL entsprechende Regelung verzichtet, wonach Gas und Wasser von Anwendungsbereich der Richtlinienvorgaben ausgenommen sind, wenn sie nicht in einem begrenzten Volumen oder einer bestimmten Menge abgefüllt sind.[386]

Vom Anwendungsbereich der §§ 474 ff. BGB ausdrücklich ausgenommen sind Verträge über Immobilien, Rechte und sonstige Gegenstände einschließlich

---

[384] Palandt-*Heinrichs*, 64. Aufl., § 90 Rn. 1; *Graf von Westphalen*, in: *Henssler/Graf von Westphalen* (Hrsg.), Praxis der Schuldrechtsreform, § 474 Rn. 6.

[385] Palandt-*Heinrichs*, 64. Aufl., § 90 Rn. 1.

[386] Regierungsbegründung zum SchuldRModG, BT-Drucks. 14/6040, S. 243.

der Strom- und Fernwärmelieferungsverträge.[387] Dies entspricht auch den Vorgaben der VerbrGK-RL. Der deutsche Gesetzgeber hat indessen darauf verzichtet, in § 474 BGB auch solche Güter ausdrücklich aus dem Anwendungsbereich der Vorschriften über den Verbrauchsgüterkauf auszunehmen, die aufgrund von Zwangsvollstreckungsmaßnahmen oder anderen gerichtlichen Maßnahmen verkauft werden, wie dies der EU-Gesetzgeber in Art. 1 Abs. 2 b) Spiegelstrich 1 VerbrGK-RL für den Anwendungsbereich der VerbrGK-RL vorgesehen hat. Gemäß § 806 ZPO sind Gewährleistungsansprüche des Erwerbers in diesen Fällen ohnehin ausgeschlossen.

Demgegenüber finden die Vorschriften der §§ 474 ff. BGB unzweifelhaft auch dann Anwendung, wenn es sich um einen Vertrag handelt, der die Inzahlungnahme gebrauchter Sachen gegen die Lieferung einer neuen Sache zum Gegenstand hat.[388] Es handelt sich insoweit um einen einheitlichen Vertrag mit Ersetzungsbefugnis hinsichtlich der Kaufpreisforderung.[389] Die Inzahlungnahme ist insofern nur als Leistung an Erfüllung statt i.S.d. § 362 Abs. 2 BGB zu qualifizieren. Sie ändert nichts an dem Charakter des Vertrages.[390] Ein solches Geschäft aber ist zweifelsohne ein Verbrauchsgüterkauf i.S.d. § 474 BGB. Problematisch ist indessen die Einordnung von Verträgen über Computersoftware, die nicht auf einem Datenträger verkörpert ist. Gleiches gilt für den Vertrieb von Musik, Filmen oder E-Books über das Internet. Festzuhalten ist zunächst, dass § 453 BGB die Vorschriften über den Kauf von Sachen bei anderen Kaufgegen-ständen als denen des § 433 BGB und damit etwa für den Erwerb von Informationen für entsprechend anwendbar erklärt. Der Verweis erfasst aber nach ganz herrschender Ansicht nicht die §§ 474 ff. BGB.[391]

In der Gesetzesbegründung hat sich der Gesetzgeber ausdrücklich nur auf Verträge über Elektrizität, Gas und fließendes Wasser bezogen, da er insoweit die Verordnungen für die Allgemeinen Bedingungen für die Versorgung von Tarifkunden mit Elektrizität, Gas und Wasser nicht antasten wollte.[392] Zur Begründung hat er darauf hingewiesen, dass für solche Verträge eine Berücksichtigung spezieller Verbraucherschutzgesichtpunkte nicht erforderlich ist.[393] Maßgeblich ist, ob die Aufnahme von Verträgen über Informationen in den Anwendungsbereich der §§ 474 ff. BGB aus Verbraucherschutzgesichtspunkten gerechtfertigt bzw. erforderlich ist. In der Vergangenheit waren Verbraucherschutzregeln ausschließlich auf bestimmte Vertragstypen wie etwa Verbraucherkredit-

---

[387] Anwaltskommentar- *Büdenbender*, § 474 Rn. 3.

[388] *Binder*, NJW 2003, 393 (398).

[389] BGH NJW 1982, 1700 (1700); OLG Düsseldorf, MDR 1994, 347 (348).

[390] BGH NJW 1967, 553 (554); NJW 1984, 429 (430); NJW 1995, 518 (519).

[391] *Büdenbender*, in: *Dauner-Lieb/Heidel/Lepa/Ring* (Hrsg.), Das neue Schuldrecht in der anwaltlichen Praxis, § 8 Rn. 80; Palandt-*Putzo*, 61. Aufl., § 453 Rn. 1, § 474 Rn. 6; *Westermann*, NJW 2002, 241 (251); *Haas*, in: *Haas/Medicus/Rolland/Schäfer/Wendtland*, Das neue Schuldrecht, § 5 Rn. 431; *Spindler/Klöhn*, CR 2003, 81 (84).

[392] Regierungsbegründung zum SchuldRModG, BT-Drucks. 14/6040, S. 243.

[393] Regierungsbegründung zum SchuldRModG, BT-Drucks. 14/6040, S. 242.

verträge oder bestimmte Absatzformen wie Haustür- oder Fernabsatzgeschäfte angeknüpft. Außerdem sind verbraucherspezifische Gefahren beim Vertrieb von Informationen grundsätzlich dieselben wie beim Kauf beweglicher Sachen. Hieraus aber folgt, dass zumindest eine analoge Anwendung der §§ 474 ff. BGB auf die genannten Verträge anerkannt werden muss.[394] Die Vorschriften über den Fernabsatz der §§ 312b ff. BGB, die in diesen Fällen zur Anwendung gelangen können, bieten nicht annähernd einen so weit reichenden Schutz wie die Vorschriften der §§ 474 ff. BGB.

b) Persönlicher Anwendungsbereich

Aus der Legaldefinition des Verbrauchsgüterkaufes ergibt sich gleichzeitig der persönliche Anwendungsbereich der §§ 474 ff. BGB. Erfasst sind nur Verträge zwischen Verbrauchern und Unternehmern. Es genügt aber nicht alleine, dass an dem Kaufvertrag je ein Unternehmer und ein Verbraucher beteiligt sind. Entscheidend ist, dass der Verbraucher auch die Käuferrolle einnimmt und der Unternehmer die Verkäuferrolle. Der deutsche Gesetzgeber hatte bereits im Rahmen der Umsetzung der Fernabsatz-Richtlinie[395] mit dem Fernabsatzgesetz[396] in den Vorschriften des allgemeinen Teils des BGB Legaldefinitionen für den Verbraucher- und den Unternehmerbegriff geschaffen. Die Vorschriften zur Bestimmung des Verbraucher- und Unternehmerbegriffs finden sich daher in den allgemeinen Vorschriften des BGB.

Nach § 13 BGB ist ein Verbraucher jede natürliche Person, die ein Rechtsgeschäft zu einem Zwecke abschließt, der weder ihrer gewerblichen noch ihrer selbstständigen beruflichen Tätigkeit zugerechnet werden kann. Der Verbraucher muss nach mittlerweile gefestigter Auffassung in der deutschen Rechtswissenschaft ein Rechtsgeschäft zu privaten Zwecken vorgenommen haben, wobei es nicht auf seinen inneren Willen sondern auf den anhand objektiver Umstände des Einzelfalls zu ermittelnden tatsächlich realisierten Zweck des Rechtsgeschäfts ankommt.[397] Entscheidend ist, dass es sich um eine natürliche Person handelt. Die Verbrauchereigenschaft kann auch nicht durch Vereinbarung ausgeschlossen werden.[398]

Überraschend hat der BGH die BGB-Gesellschaft ohne gewerbliche Tätigkeit als Verbraucher im Sinne des nunmehr in die §§ 491 ff. BGB integrierten § 1 Abs. 1 Verbraucherkreditgesetz a.F., der nur natürliche Personen erfasst,

---

[394] *Spindler/Klöhn*, CR 2003, 81 (85); wohl auch *Hass*, in: *Haas/Medicus/Rolland/Schäfer/Wendtland* (Hrsg.), Das neue Schuldrecht, § 5 Rn. 431.

[395] Richtlinie 97/7/EU des Europäischen Parlaments und des Rates vom 20.5.1997 über den Verbraucherschutz bei Vertragsabschlüssen im Fernabsatz (ABl. EG Nr. L 144 vom 4.6.1997, S. 19f.).

[396] Gesetz über Fernabsatzverträge und andere Fragen des Verbraucherrechts sowie zur Umstellung von Vorschriften auf den Euro vom 27.6.2000 (BGBl. I, S. 897f.). Aufgehoben durch Gesetz vom 26.11.2001 (BGBl. I S. 3138) m.W.v. 1.1.2002.

[397] Palandt-*Heinrichs*, 64. Aufl., § 13 Rn. 3.

[398] AG Zeven, ZGS 2003, 158.

eingeordnet.[399] Eine erweiternde Auslegung des Verbraucherbegriffs gemäß § 13 BGB ist abzulehnen. Als allgemeine Vorschrift findet er bei Rechtsfragen im Zusammenhang mit Verbraucherkreditverträgen Anwendung, da er insoweit die Vorschrift des § 1 Verbraucherkreditgesetz ersetzt. Gleichzeitig aber gilt er für die Bestimmung des Verbraucherbegriffs im Rahmen eines Verbrauchsgüterkaufes gemäß § 474 BGB. Bei richtlinienkonformer Auslegung sind hiervon regelmäßig nur Einzelpersonen erfasst.

Personenvereinigungen können allenfalls dann unter § 13 BGB subsumiert werden, wenn sie nicht rechtsfähig sind, sodass Träger der Rechte und Pflichten eines Vertrages natürliche Personen sind.[400] Der eingetragene Verein und die rechtsfähige Stiftung i.S.d. § 80 BGB fallen als juristische Personen zweifelsohne aus dem Anwendungsbereich des § 13 BGB raus. Auch die BGB-Außengesellschaft und der nichtrechtsfähige Verein hinsichtlich seiner vermögensrechtlichen Beziehungen sind aber nach Auffassung der Rechtsprechung als teilrechtsfähig anzusehen[401], sodass sie ebenfalls aus dem Anwendungsbereich des § 13 BGB herausfallen. Der EuGH hat hingegen entschieden, dass der Verbraucherbegriff allein natürliche Personen erfasst.[402] Mag auch ein weiter Verbraucherbegriff rechtspolitisch wünschenswert sein, so ist es doch Zweck des § 13 BGB, der insoweit der Umsetzung aller verbraucherschützenden Richtlinien dient, den Verbraucherbegriff zu vereinheitlichen und zwar nach europäischem Verständnis.[403] Insoweit entspricht § 13 BGB und seine Auslegung den Richtlinienvorgaben.

Auffällig ist, dass § 13 BGB anders als die VerbrGK-RL auch solche Personen in den Verbraucherbegriff einbezieht, die einen Vertrag abschließen, der einer beruflichen Tätigkeit zugerechnet werden kann. Voraussetzung ist, dass es hierbei nicht um eine selbstständige berufliche Tätigkeit des Verbrauchers handelt. Nach deutschem Recht sind die Vorschriften über den Verbrauchsgüterkauf auch dann anwendbar, wenn der Verbraucher Güter erwirbt, die er für seine berufliche Tätigkeit benötigt. Tritt er dabei als Erfüllungsgehilfe i.S.d. § 278 BGB z.B. seines Arbeitgebers auf, so gilt dies nicht, da er in diesem Fall nicht einmal Vertragspartner des Verkäufers wird. Der Verbraucherbegriff des § 13 BGB ist damit weiter als nach Art. 1 Abs. 2 a) VerbrGK-RL.[404] Ein Rückgriff auf § 13 BGB statt einer wortgleichen Umsetzung der Richtlinienvorgaben ist im Hinblick auf die Mindestschutzklausel des Art. 8 Abs. 2 VerbrGK-RL durchaus zulässig, da es sich um eine den Verbraucherschutz in personeller Hinsicht erweiternde Vorschrift handelt.[405]

---

399 BGH, DB 2001, S. 2708f.

400 *Krebs*, DB 2002, 517.

401 BGH, DB 2001, 423f.; BGH DB 1979, 2173 (2173).

402 EuGH, Urt. v. 22.11.2001, Rs. C-541/99 und 542/99, Slg. 2001, I-9049 - *Cape/Idealservice und Idealservice/OMAI.*

403 *Krebs*, DB 2002, 517 (519).

404 *Jorden/Lehmann*, JZ 2001, 952 (Fn. 5).

405 *Bülow/Arzt*, NJW 2000, 2049 (2050).

Gemäß § 14 BGB ist ein Unternehmer eine natürliche oder juristische Person oder eine rechtsfähige Personengesellschaft, die bei Abschluss eines Rechtsgeschäfts in Ausübung ihrer gewerblichen oder selbstständigen beruflichen Tätigkeit handelt. Auch ein Verkäufer i.S.d. Art. 1 Abs. 2 c) VerbrGK-RL fällt unter den Unternehmerbegriff des § 14 BGB. Es kommt nicht auf die Absicht der Gewinnerzielung an.[406] Hinsichtlich der Einschränkung auf selbstständige berufliche Tätigkeit gilt ebenfalls, dass angesichts des damit gegenüber der VerbrGK-RL verbundenen erhöhten Verbraucherschutzniveaus auf eine Umsetzung des Art. 1 Abs. 2 c) VerbrGK-RL verzichtet werden kann.

c) Zeitlicher Anwendungsbereich

Gemäß Art. 9 Schuldrechtsmodernisierungsgesetz[407] sind die Vorschriften dieses Gesetzes am 1. Januar 2002 in Kraft getreten. Damit sind auch die zur Umsetzung der VerbrGK-RL in das BGB neu eingefügten Vorschriften geltendes Recht geworden. Art. 229 § 5 und 6 EGBGB, ebenfalls geändert durch das "Gesetz zur Modernisierung des Schuldrechts", enthalten einige Überleitungsvorschriften. Während Art. 229 § 5 EGBGB eine intertemporale Kollisionsnorm enthält, finden sich in Art. 229 § 6 EGBGB ausdifferenzierte Übergangsvorschriften zur Verjährung. Die Vorschriften kopieren die Übergangsvorschriften bei der Einführung des BGB im Jahre 1900 und diejenigen bei der Ausweitung seines Anwendungsbereichs auf das Gebiet der früheren DDR.[408]

Gemäß Art. 229 § 5 Satz 1 EGBGB ist auf Verträge, die vor dem 1. Januar 2002 geschlossen wurden grundsätzlich das BGB in seiner Fassung vor dem 1. Januar 2002 anzuwenden. Die Vorschrift gilt gleichermaßen für vertragliche und gesetzliche Schuldverhältnisse.[409] Maßgeblich ist der Zeitpunkt des Zustandekommens des Schuldverhältnisses, bei Verträgen also der Zeitpunkt des Wirksamwerdens der Annahmeerklärung.[410] Dabei erfasst die Anknüpfung des Art. 229 § 5 Satz 1 EGBGB das Schuldverhältnis insgesamt also seine Entstehung, Durchführung und Beendigung.[411] Handelte es sich etwa um ein genehmigungsbedürftiges Rechtsgeschäft und wurde die Genehmigung erst nach dem 31. Dezember 2001 erteilt, wirkt sie aber gemäß § 184, 177 oder 1828f. BGB zurück, so unterfällt das gesamt Schuldverhältnis dem BGB in seiner alten Fassung.[412] Ist ein Schuldverhältnis hingegen erst nach dem 1. Januar 2002 wirksam zustande gekommen, so findet das BGB in seiner neuen Fassung auf alle Fragen, die im

---

406 Palandt-*Heinrichs*, 64. Aufl., § 14 Rn. 2.

407 Gesetz zur Modernisierung des Schuldrechts vom 26.11.2001 (BGBl I Nr. 61/2001 vom 29.11.2001, S. 3138f.).

408 Kritisch hierzu *Heß*, NJW 2002, 253 (254).

409 *Mansel*, in: *Dauner-Lieb/Heidel/Lepa/Ring* (Hrsg.), Das neue Schuldrecht, § 14 Rn. 3.

410 *Ziegler/Rieder*, ZIP 2002, 1789 (1793).

411 *Heß*, NJW 2002, 253 (255); *Mansel*, in: *Dauner-Lieb/Heidel/Lepa/Ring* (Hrsg.), Das neue Schuldrecht, § 14 Rn. 10; zu Art. 232 § 1 EGBGB Palandt-*Heinrichs*, 64. Aufl., Art. 232 § 1 EGBGB Rn. 5.

412 *Hertel*, DnotZ 2002, 742 (744).

Zusammenhang mit dem Schuldverhältnis entstehen, Anwendung. Schadensersatzansprüche aus einem vorvertraglichen Schuldverhältnis werden an den Zeitpunkt des vorvertraglichen Kontakts angeknüpft. Liegt dieser vor dem 1. Januar 2002, so kommt nur ein Anspruch aus *culpa in contrahendo* und nicht aus § 280 Abs. 1 i.V.m. §§ 311 Abs. 2, 241 Abs. 2 oder aus § 280 Abs. 1, 282 i.V.m. §§ 311 Abs. 2, 241 Abs. 2 BGB in Betracht. Wurde ein vor dem 1. Januar 2002 wirksam zustande gekommener Vertrag nach dem 31. Dezember 2001 abgeändert, so führt eine solche Änderung zur Anwendbarkeit der neuen Vorschriften auf den ganzen Vertrag, sofern es sich nicht lediglich um eine unwesentliche Änderung handelt.[413] Der Regress in der Lieferkette nach § 478 BGB ist nur möglich, wenn auch die übrigen Verträge in der Lieferkette nach dem 1. Dezember 2001 zustande gekommen sind.[414]

Bei Art. 229 § 5 EGBGB handelt es sich entgegen dem ersten Anschein um eine dispositive Vorschrift. Die Regelung des Art. 27 EGBGB, wonach die Parteien im Schuldrecht das anzuwendende Recht, gemäß Art. 34 EGBGB vorbehaltlich zwingender Vorschriften, frei wählen können, gilt zwar nur für das internationale Privatrecht, es wäre jedoch widersinnig für das intertemporale Privatrecht etwas Anderes gelten zu lassen.[415] Die Parteien können das BGB in seiner neuen Fassung auch auf Verträge, die vor dem 1. Januar 2002 wirksam zustande gekommen sind, für anwendbar erklären.[416]

Nach Art. 229 § 5 Satz 2 EGBGB ist das BGB in seiner neuen Fassung auf Dauerschuldverhältnisse erst ab dem 1. Januar 2003 anzuwenden. Damit hat der Gesetzgeber den Vertragsparteien eines Dauerschuldverhältnisses eine einjährige Übergangsfrist eingeräumt.[417] Dadurch soll den Parteien die Möglichkeit eingeräumt werden, laufende Dauerschuldverhältnisse den geänderten Rechtsvorschriften anzupassen.[418] Das Dauerschuldverhältnis unterscheidet sich von einem Schuldverhältnis, das nur auf eine einmalige Leistung gerichtet ist, dadurch, dass aus ihm während seiner Laufzeit ständig neue Pflichten i.S.v. § 241 BGB entstehen. Es wird im Wesentlichen durch seine zeitliche Dimension und dem Bedürfnis ständiger Pflichtenanpassung gekennzeichnet.[419] § 229 § 5 Satz 2 EGBGB gilt damit für solche Verträge, die eine wiederkehrende Leistungspflicht beinhalten, deren Gesamtumfang von der Dauer der Vertragsbeziehungen abhängt.[420] Wie auch im Rahmen von Art. 229 § 5 Satz 1 EGBGB blieb es den Vertragsparteien dennoch unbenommen, das Vertragsverhältnis bereits vor dem 1.

---

[413] *Mansel*, in: *Dauner-Lieb/Heidel/Lepa/Ring* (Hrsg.), Das neue Schuldrecht, § 14 Rn. 11.
[414] *Heß*, NJW 2002, 253 (259).
[415] *Heß*, NJW 2002, 253 (255).
[416] *Mansel*, in: *Dauner-Lieb/Heidel/Lepa/Ring* (Hrsg.), Das neue Schuldrecht, § 14 Rn. 4.
[417] Regierungsbegründung zum SchuldRModG, BT-Drucks. 14/6040, S. 273.
[418] *Heß*, NJW 2002, 253 (256); *Mansel*, in: *Dauner-Lieb/Heidel/Lepa/Ring* (Hrsg.), Das neue Schuldrecht, § 14 Rn. 12.
[419] Palandt-*Heinrichs*, 64. Aufl., § 314 Rn. 2.
[420] Für einen besonders weiten Begriff des Dauerschuldverhältnisses, der insoweit auch den Sukzessivlieferungsvertrag erfassen soll: *Heß*, NJW 2002, 153 (256).

Januar 2003 der Neufassung des BGB zu unterstellen.[421] Erst ab dem 1. Januar 2003 vollzog sich ein zwingender Statutenwechsel.[422] Dadurch aber ist es möglich, dass sich der Vertragsinhalt ändert, wenn die Parteien keine ausdifferenzierten Abreden getroffen haben und das dispositive Recht der Neufassung des BGB von der alten Fassung des BGB abweicht, oder wenn die Vereinbarung gegen nach der Neufassung zwingendes Recht verstößt.[423]

Gemäß Art. 229 § 6 Abs. 1 Satz 1 EGBGB finden die neuen verjährungsrechtlichen Vorschriften auf sämtliche Ansprüche Anwendung, die am 1. Januar 2002 bestanden und zu diesem Zeitpunkt noch nicht verjährt waren. Auf die Einrede der Verjährung hinsichtlich eines zu diesem Zeitpunkt bereits verjährten Anspruchs nach dem 1. Januar 2002 finden die neuen Vorschriften der §§ 214 ff. BGB Anwendung.[424] Auf die vor dem 1. Januar 2002 bereits verjährten Ansprüche ist demnach ausschließlich das BGB in seiner alten Fassung anwendbar. Ist auf ein Schuldverhältnis nach Art. 229 § 5 EGBGB altes Recht anzuwenden, so gilt hingegen Art. 229 § 6 EGBGB. Dabei meint die Formulierung „bestehende Ansprüche" nicht, dass die Ansprüche auch fällig gewesen sein müssen.[425]

Gemäß Art. 229 § 6 Abs. 1 Satz 2 EGBGB gilt für den Beginn, die Unterbrechung und die Hemmung der Verjährung von Ansprüchen, die vor dem 1. Januar 2002 entstanden sind, weiterhin das alte Recht. Eine nach altem Recht bereits angelaufene Verjährung wird demnach nicht rückwirkend wieder beseitigt. Erstreckt sich die Dauer der Hemmung oder Unterbrechung über den 1. Januar 2002 hinaus, unterliegen sie ab diesem Zeitpunkt dem neuen Recht.[426] Wenn nach altem Recht eine Unterbrechung der Verjährung vorgesehen war, die nach neuem Recht unter denselben Voraussetzungen zu einer Hemmung der Verjährung führt, wie dies etwa bei § 209 BGB a.F. und § 204 BGB n.F. der Fall ist, so gilt die Verjährung bis zum 31. Dezember 2001 als unterbrochen und ab dem 1. Januar 2002 als gehemmt. Umgekehrt gilt dasselbe. Hemmungstatbestände nach neuem Recht, die dem alten Recht unbekannt waren, greifen erst ab dem 1. Januar 2002.[427]

Hinsichtlich der Dauer der Verjährungsfrist gilt grundsätzlich Art. 229 § 6 Abs. 1 EGBGB. Ab dem 1. Januar 2002 richtet sich die Fristdauer nach neuem Recht. Ist die neue Frist länger als die frühere Frist, so bleibt es gemäß Art. 229 § 6 Abs. 3 EGBGB bei der Anwendung des alten Rechts. Insbesondere hinsichtlich der kurzen kaufrechtlichen Gewährleistungsfrist des § 477 BGB a.F. ist diese Regelung von erheblicher Bedeutung. Ansprüche wegen einer vor dem 1. Januar 2002 gelieferten mangelhaften Sache verjährten in sechs Monaten, wenn auch der Anspruch vor dem 1. Januar 2002 bereits bestanden hat. Verjährt ein Anspruch nach neuem Recht in einer kürzeren Frist als dies nach altem Recht der Fall war, so

---

421 *Mansel*, in: *Dauner-Lieb/Heidel/Lepa/Ring* (Hrsg.), Das neue Schuldrecht, § 14 Rn. 13.
422 *Heß*, NJW 2002, 253 (256).
423 *Mansel*, in: *Dauner-Lieb/Heidel/Lepa/Ring* (Hrsg.), Das neue Schuldrecht, § 14 Rn. 12.
424 *Mansel*, in: *Dauner-Lieb/Heidel/Lepa/Ring* (Hrsg.), Das neue Schuldrecht, § 14 Rn. 17.
425 Palandt-*Heinrichs*, 64. Aufl., Art. 229 § 6 EGBGB Rn. 2.
426 *Mansel*, in: *Dauner-Lieb/Heidel/Lepa/Ring* (Hrsg.), Das neue Schuldrecht, § 14 Rn. 20.
427 *Heß*, NJW 2002, 253 (257).

beginnt die Frist gemäß Art. 229 § 6 Abs. 4 EGBGB erst am 1. Januar 2002 zu laufen. Ist die alte Frist länger, so bleibt es bei der Verjährungsfrist nach altem Recht. Es gilt insoweit das Günstigkeitsprinzip zugunsten des Schuldners.[428] Dabei meint der Verweis auf die kürzeren Verjährungsfristen in Art. 229 § 6 Abs. 4 EGBGB sowohl die subjektive Frist der §§ 195, 199 Abs. 1 BGB als auch die objektiven Fristen des § 199 Abs. 2 bis 4 BGB.

Problematisch wird die Vorschrift des Art. 229 § 6 Abs. 4 EGBGB im Zusammenhang mit dem Regress in der Lieferkette nach § 478 BGB, da die Regresskette bei dem Lieferanten abgebrochen wird, der von seinem Vertragspartner nach Ablauf der Verjährung nach altem Recht, das wegen des in Art. 229 § 6 Abs. 4 EGBGB normierten Günstigkeitspostulat auf Verträge, die vor dem 1. Januar 2002 entstanden sind, anwendbar bleibt, in Anspruch genommen wird. Dies wird aber regelmäßig zu erwarten sein, da § 478 BGB jeweils nur die Inanspruchnahme des Vertragspartners zulässt und keine Durchgriffshaftung vorsieht. Denkbar wäre zwar § 479 Abs. 2 BGB n.F. anzuwenden, sodass die Verjährung der Ansprüche des Rückgriffsgläubigers gehemmt wird.[429] Dagegen spricht, dass bereits § 478 BGB auf Verträge, die vor dem 1. Januar 2002 entstanden sind, nicht anwendbar ist.

2. Unabdingbarkeitspostulat und Umgehungsverbot

Gemäß § 475 Abs. 1 Satz 1 BGB kann sich der Unternehmer bei Verbrauchsgüterkaufverträgen nicht auf eine vor Mitteilung eines Mangels von den Vorschriften der §§ 433 bis 435, 437, 439 bis 443 BGB und der §§ 474 ff. BGB abweichende Vereinbarung berufen. Gleiches gilt gemäß § 475 Abs. 1 Satz 2 BGB auch für anderweitige Gestaltungen. Die Verweisung in § 475 Abs. 1 BGB geschieht auf nahezu alle Vorschriften zur Haftung des Verkäufers bei Vertragswidrigkeit der Sache. Nicht verwiesen wird auf den § 436 BGB, der nur Grundstücke betrifft, auf § 438 BGB, da die Unabdingbarkeit der Verjährung in Abs. 2 der Vorschrift gesondert geregelt ist und auf § 444 BGB, der nicht auf Verbrauchsgüterkäufe zugeschnitten ist. § 475 Abs. 1 Satz 1 BGB schließt die Dispositivität der Vorschriften des allgemeinen Kaufrechts, die auf die VerbrGK-RL zurückgehen[430], für den Bereich des Verbrauchsgüterkaufes aus und entspricht damit den Vorgaben von Art. 7 Abs. 1 VerbrGK-RL. Trotz der insoweit überschießenden Umsetzung der VerbrGK-RL[431] macht der Gesetzgeber mit § 475 Abs. 1 BGB deutlich, dass er von einem unterschiedlichen Regelungsbedürfnis bei Verbrauchsgüterkäufen und sonstigen Kaufverträgen ausgeht.

Die durch § 475 Abs. 1 BGB unabdingbar ausgestalteten Vorschriften sind insoweit von einer gewissen Zweispurigkeit gekennzeichnet.[432] Bei der Auslegung

[428] *Mansel*, in: *Dauner-Lieb/Heidel/Lepa/Ring* (Hrsg.), Das neue Schuldrecht, § 14 Rn. 27.

[429] so *Heß*, NJW 2002, 253 (259f.).

[430] Die Vertragsfreiheit der Parteien als solche wird von § 475 Abs. 1 BGB selbstverständlich nicht berührt (vgl. Kompaktkommentar-*Tonner*, RL, Art. 475 Rn. 2).

[431] *Habersack/Mayer*, JZ 1999, 913 (914).

[432] Kompaktkommentar-*Tonner*, RL, Art. 475 Rn. 1.

der Vorschriften stellt sich daher die Frage, inwieweit die im Rahmen eines Verbrauchsgüterkaufes zwingend anzuwendende richtlinienkonforme Auslegung auch außerhalb des Anwendungs-bereichs der VerbrGK-RL Berücksichtigung finden muss.[433] Das gemeinschafts-rechtliche Gebot der richtlinienkonformen Auslegung gilt zwar nicht für die Auslegung nationalen Rechts.[434] Eine durch eine adressatenabhängige Auslegung bedingte Normspaltung stünde im offenen Widerspruch zum Willen des Gesetzgebers.[435] Das Gebot der Klarheit und Bestimmtheit von Rechtsvorschriften ist eine der wichtigsten Ausprägungen des Rechtsstaatsprinzips. Selbst wenn man vom Grundsatz der „Relativität der Rechtsbegriffe" ausgeht, so kann dies nur für Rechtsbegriffe gelten, die in unterschiedlichen Rechtsbereichen verwendet werden.[436] Die unterschiedliche Auslegung eines Rechtsbegriffes innerhalb ein und derselben Norm ist indessen mit dem Rechtsstaatsprinzip nicht zu vereinbaren. In Konsequenz einer richtlinienkonformen Auslegung auch des überschießenden Teils muss die Auslegung des EuGH im Rahmen des Art. 234 EGV auch für den nationalen Teil übernommen werden.[437]

Voraussetzung der Anwendbarkeit des § 475 BGB ist, dass es sich um einen Verbrauchsgüterkauf handelt. § 475 BGB greift daher auch dann ein, wenn sich ein Verbraucher kraft Vereinbarung als Unternehmer i.S.d. § 14 BGB bezeichnet, sodass formal ein Kaufvertrag zwischen zwei Unternehmern vorliegt, auf den die §§ 474 ff. BGB nicht anwendbar sind. Nach § 474 i.V.m. § 13 BGB ist der Geschäftszweck zum Zeitpunkt des Vertragsschlusses maßgeblich zur Bestimmung der Verbrauchereigenschaft. Dieser ist aber im Hinblick darauf, dass Verbraucherschutz grundsätzlich nicht dispositiv ist, anhand objektiver Kriterien zu bestimmen.[438] Eine Vereinbarung über die Eigenschaft als Verbraucher bzw. Unternehmer kann daher die Anwendbarkeit von § 475 BGB nicht hindern. Teilweise wird gefordert, dass der Unternehmer diejenigen Umstände, welche die Verbrauchereigenschaft seines Vertragspartners begründenden, gekannt haben oder hätte erkennen müssen, damit ein Verbrauchsgüterkaufvertrag vorliegt.[439]

Andere hingegen stellen auf den objektiven Empfängerhorizont ab, wobei es auch dann auf die Kenntnis oder das Kennenmüssen des Unternehmers ankommen soll.[440] Zur Begründung wird darauf hingewiesen, dass im Verbraucherschutzrecht kein absoluter Schutz gilt, wie etwa im Minderjährigenrecht, wo auch bei Täuschung über die Minderjährigkeit der Schutz der §§ 106 ff. BGB eingreift.[441] Die Vereinbarung, wonach der Verbraucher als Unternehmer zu behandeln ist,

---

433 Vgl. hierzu *Bärenz*, DB 2003, 375f.
434 EuGH, Urt. v. 16.7.1998, Rs. C-264/96, Slg. 1998, S. I-4695 – *ICI*.
435 Regierungsbegründung zum SchuldRModG, BT-Drucks. 14/6040, S. 211.
436 *Bärenz*, DB 2003, 375 (376).
437 *Bärenz*, DB 2003, 375 (376).
438 Soergel-*Pfeiffer*, § 13 Rn. 27.
439 Soergel-*Pfeiffer*, § 13 Rn. 28.
440 So Jauernig-*Berger*, § 13 Rn. 3; Palandt-*Heinrichs*, 64. Aufl., § 13 Rn. 4.
441 *Müller*, NJW 2003. 1975 (1979).

müsse daher dann zum Ausschluss der Anwendbarkeit des § 475 BGB führen, wenn der Unternehmer keine Kenntnis von der Verbrauchereigenschaft hatte oder hätte haben müssen, wobei zumindest dann, wenn kein objektiver Bezug zu einer unternehmerischen Tätigkeit vorliegt, wie etwa das Auftreten als Unternehmer oder die Verwendung von Geschäftspapieren, die Verbrauchereigenschaft zu vermuten sei.[442] Dieser Auffassung kann nicht gefolgt werden. § 475 BGB ist vielmehr im Lichte von Art. 7 VerbrGK-RL auszulegen. Zur Bestimmung, ob die Merkmale eines Verbrauchers vorliegen, sind allein objektive Kriterien maßgeblich, sodass auch im Rahmen von § 475 BGB nicht auf subjektive Kriterien, wie die Kenntnis des Verkäufers von der Verbrauchereigenschaft, abgestellt werden darf. Die in § 475 Abs. 1 Satz 1 BGB genannten Vorschriften finden gemäß § 475 Abs. 1 Satz 2 BGB auch dann Anwendung, wenn sie durch anderweitige Gestaltung als der in § 475 Abs. 1 Satz 1 BGB genannten umgangen werden.

Ein solches (ausdrückliches) Verbot der Gesetzesumgehung findet sich zwar auch in den §§ 306 a, 312f., 487 Satz 2, 506 Abs. 1 Satz 2, 655 e Abs. 1 Satz 2 BGB. Streng genommen macht die Tatsache, dass bei der Auslegung von Vorschriften grundsätzlich über ihren bloßen Wortlaut hinaus auch Sinn und Zweck der Vorschrift berücksichtigt werden muss[443], eine ausdrückliche Bezugnahme in § 475 Abs. 1 BGB auf anderweitige Gestaltungen überflüssig.[444] Bereits nach dem in § 133 BGB verankerten Rechtsgedanken ist grundsätzlich nicht an dem buchstäblichen Ausdruck zu haften, sondern der objektive Wille zu erforschen.[445] Ergibt die Auslegung einen Widerspruch zur gesetzlichen Regelung, so liegt darin gleichsam ein Verstoß gegen § 475 Abs. 1 Satz 1 BGB vor. Die *ratio legis* des § 475 Abs. 1 Satz 1 BGB erfasst auch anderweitige Gestaltungen i.S.d. § 475 Abs. 1 Satz 2 BGB, sodass die Vorschrift des § 475 Abs. 1 Satz 2 BGB der Klarstellung dient, was im Sinne eines umfassenden Verbraucherschutzes sehr zu begrüßen ist.[446] Es gibt praktisch keine Möglichkeiten des Verkäufers von den gesetzlichen Regelungen abzuweichen.[447] Ein Verkäufer kann sich wegen § 475 Abs. 1 Satz 1 BGB nicht darauf berufen, eine Sache z.B. als „Bastlerfahrzeug" verkauft zu haben, um sich so von Gewährleistungsansprüchen zu verwahren.[448]

Vor Umsetzung der VerbrGK-RL war ein individualvertraglicher Gewährleistungsausschluss, abgesehen von den Fällen der Arglist, die gemäß § 476 BGB a.F. die Nichtigkeit der Vereinbarung zur Folge hatte, wirksam. Aber auch ein Haftungsausschluss in Allgemeinen Geschäftsbedingungen war grundsätzlich mit § 9 AGBG a.F. vereinbar und damit wirksam.[449] Allein bei Lieferung neu hergestellter Waren war eine Beschränkung der Gewährleistungsrechte gemäß § 11 Nr.

---

442 *Pfeiffer*, NJW 1999, 169 (174).
443 Palandt-*Heinrichs*, 64. Aufl., Einl. vor § 1 Rn. 46.
444 *Müller*, NJW 2003, 1175.
445 Palandt-*Heinrichs*, 64. Aufl., Einl. vor § 1 Rn. 40.
446 *Müller*, NJW 2003, 1175.
447 *Hassemer*, ZGS 2002, 95; *Hoeren*, ZGS 2002, 10; *Schulte-Nölke/Behren* ZGS 2002, 33 (34).
448 OLG Oldenburg, ZGS 2004, 75.
449 BGHZ 74, 383.

10 AGBG a.F.[450] in Allgemeinen Geschäftsbedingungen ausgeschlossen, wobei einzuräumen ist, dass die Rechtsprechung dem Verbraucher entweder über eine extensive Auslegung[451] des Begriffs der zugesicherten Eigenschaft i.S.d. § 459 Abs. 2 BGB a.F. regelmäßig dennoch zu seinem Recht verholfen hat, da die Haftung des Verkäufers in diesen Fällen gemäß § 11 Nr. 11 AGBG a.F. nicht ausgeschlossen werden konnte oder sogar ein Recht zur Anfechtung wegen arglistiger Täuschung nach § 123 BGB wegen unterlassener Untersuchungs- oder Offenbarungspflichten angenommen und so trotz Haftungsausschluss die Haftung des Verkäufers über die Hintertür des Anfechtungsrechts begründet hat.

Mit der Neuschaffung des § 475 BGB wurde das im Wesentlichen durch die Vorschriften über Allgemeine Geschäftsbedingungen bedingte Ausgleichssystem bei Verbraucherverträgen wieder in das BGB verlagert.[452] Für die Anwendung von § 309 Nr. 8 b) BGB, der § 11 Nr. 10 AGBGB a.F. entspricht, bleibt damit für den Bereich des Verbrauchsgüterkaufes kaum noch Raum.[453] Der Klauselkatalog des § 309 BGB ist nach seinem ausdrücklichen Wortlaut anwendbar, wenn eine Abweichung von den gesetzlichen Vorschriften grundsätzlich zulässig ist. § 475 Abs. 1 BGB ist demgegenüber spezieller und damit die vorrangig anzuwendende Vorschrift. § 309 BGB kann für den Nacherfüllungsanspruch, das Recht auf Minderung und für das Rücktrittsrecht im Rahmen eines Verbrauchsgüterkaufverträge, welche die Lieferung neu hergestellter Sachen zum Inhalt haben, keine Wirkung einfalten.[454] Die in § 309 BGB genannten Klauselverbote sind vielmehr in § 475 BGB mitenthalten. Der Anwendungsbereich des § 309 BGB und damit der dem Verkäufer verbleibende Spielraum sind auf die von § 475 BGB gemäß § 475 Abs. 3 BGB nicht erfasste Schadensersatzansprüche und auf die Verjährung beschränkt.[455] Diese Auffassung bestätigt der ausdrückliche Hinweis in § 475 Abs. 3 BGB, wonach sich die Grenze von so genannten Freizeichnungsklauseln nach wie vor im Recht der Allgemeinen Geschäftsbedingungen findet. Ein Haftungsausschluss für grobes Verschulden und bei Körperverletzung dürfte insoweit an § 309 Nr. 7a BGB scheitern.

Darüber hinaus kann gemäß § 475 Abs. 2 BGB auch die Verjährung der in § 437 BGB genannten Ansprüche im Rahmen eines Verbrauchsgüterkaufes nicht durch Rechtsgeschäft vor Mitteilung des Mangels erleichtert werden. Im Rahmen des § 475 Abs. 2 BGB gilt ebenfalls, dass sowohl individualvertragliche Absprachen als auch Vereinbarungen in Allgemeinen Geschäftsbedingungen vor Mitteilung des Mangels unzulässig sind.

---

450 Nunmehr § 309 Nr. 8 b) BGB.

451 BGH, NJW 1993, 765 (766).

452 *Schmidt*-Räntsch, ZIP 1998, 849 (850).

453 *Hassemer*, ZGS 2002, 95 (96).

454 So auch schon *Tonner*, VuR 2001, 87 (94), zum Verhältnis der § 212 und § 313 des Diskussionsentwurfs, die der jetzigen Regelung entsprechen.

455 § 475 Abs. 3 BGB ist darauf zurückzuführen, dass die Richtlinie keine Vorgaben für nationale Vorschriften über Schadensersatzansprüche enthält.

Diese Regelung stellt ebenfalls ein echtes Novum für das deutsche Recht dar. Nach altem Recht war nur eine Verkürzung der Gewährleistungsfristen in Allgemeinen Geschäftsbedingungen gemäß § 11 Nr. 10 AGBG a.F.[456] ausgeschlossen, durch Individualvereinbarung hingegen gemäß § 225 Satz 2 BGB a.F. grundsätzlich zulässig. Um eine Verjährungserleichterung handelt es sich sowohl dann, wenn die Frist ausdrücklich verkürzt als auch dann, wenn der Verjährungsbeginn vorverlegt wird.[457] Abweichungen von der gesetzlichen Verjährungsfrist außerhalb des Verbrauchsgüterkaufvertrages im Rahmen des § 202 BGB und unter Berücksichtigung der Schranken des allgemeinen Schuldrechts sind indessen zulässig. Die grundsätzlich dispositiv ausgestalteten Regelungen des § 438 BGB sind daher für den Bereich des Verbrauchsgüterkaufes hinsichtlich vorweg-genommener Verjährungserleichterungen zwingend.[458]

Gemäß § 475 Abs. 2 BGB sind nur beim Kauf gebrauchter Güter Vereinbarungen über eine Verkürzung der Verjährungsfrist bei Verbrauchsgüterkäufen bis zu einem Jahr zulässig. Der deutsche Gesetzgeber hat damit von der den Mitgliedstaaten in Art. 7 Abs. 1 Satz 2 VerbrGK-RL eingeräumten Option Gebrauch gemacht. Gebraucht ist eine Sache dann, wenn sie in Benutzung genommen wurde.[459] Wird ein Gebrauchtwagenhändler nur als Vermittler eingeschaltet und ist der eigentliche Verkäufer eine Privatperson, so kann eine Vereinbarung auch zu einer Verjährung von weniger als einem Jahr führen. § 475 BGB gelangt in diesem Fall nämlich nicht zur Anwendung, da es sich nicht um einen Verbrauchsgüterkauf i.S.d. § 474 BGB handelt, sodass nicht einmal eine mittelbare Umgehung des § 475 BGB vorliegt.

Die Interessen der Vertragspartner stehen nicht gleichrangig nebeneinander,[460] sondern den Interessen des Verbrauchers kommt ein weitaus größeres Gewicht zu.[461] Weiß aber der Verbraucher, dass es sich nur um eine Vermittlung handelt, so bedarf es keines besonderen Schutzes. Der Schwerpunkt liegt hier nicht im Sachmängelgewährleistungsrecht. Fehlt es an einem Vermittlungsvertrag, so entsteht wegen § 311 Abs. 3 BGB ein Schuldverhältnis mit Pflichten nach § 241 Abs. 2 BGB zwischen dem Vermittler und Käufer. Aus diesem Schuldverhältnis ergibt sich die Pflicht des Vermittlers, den Käufer darüber aufzuklären, dass ihm der Schutz des § 475 BGB nicht zu Teil wird, da er nur als Vermittler agiert. Unterlässt er einen solchen Hinweis, so macht er sich nach § 280 Abs. 1 BGB schadensersatzpflichtig.

---

456 Nunmehr § 309 Nr. 8 b) BGB.

457 Palandt-*Putzo*, 64. Aufl., § 475 Rn. 12; MüKo-*Lorenz*, 4. Aufl, BGB § 475 Rn. 17; Staudinger-*Matusche/Beckmann*, Neubearb., § 475 Rn. 92.

458 Wann eine solche Mitteilung vorliegt richtet sich nach denselben Voraussetzungen wie bei § 475 Abs. 1 BGB.

459 Palandt-*Putzo*, 64. Aufl., § 475 Rn. 11; MüKo-*Lorenz*, 4. Aufl, BGB § 475 Rn. 20; Staudinger-*Matusche/Beckmann*, Neubearb., § 475 Rn. 79.

460 So aber *Haas* in: *Haas/Medicus/Rolland/Schäfer/Wendtland*, Das neue Schuldrecht, Kap. 5 Rn. 455.

461 *Müller*, NJW 2003, 1975 (1978).

Gemäß § 475 Abs. 1 BGB kann der Verkäufer sich auf einen Haftungsausschluss „nicht berufen". Daraus folgt, dass die Vereinbarung, nicht aber der ganze Vertrag, unwirksam ist.[462] Die Formulierung dient dazu klarzustellen, dass § 139 BGB, wonach grundsätzlich die Teilnichtigkeit eines Vertrages seine Gesamtnichtigkeit zur Folge hat, in den Fällen des § 475 BGB nicht zur Anwendung gelangt. Auch bei Abweichungen von der Verjährungsfrist des § 438 BGB bestimmt § 475 Abs. 2 BGB, dass es bei der gesetzlichen Verjährung bleibt. § 139 BGB findet keine Anwendung.[463]

Art. 7 Abs. 2 VerbrGK-RL hat in Deutschland seine Umsetzung in Art. 29a EGBGB erfahren. Nach Art. 29 a Abs. 1 EGBGB sind die Vorschriften zur Umsetzung von Verbraucherschutzrichtlinien auch dann anzuwenden, wenn der Vertrag aufgrund einer Rechtswahl nicht dem Recht eines Mitgliedstaates der EU oder des EWR unterliegt. Die erst am 30. Juni 2000 in das EGBGB neu aufgenommene Vorschrift diente der Umsetzung der kollisionsrechtlichen Vorgaben der AGB-Richtlinie[464], der Timesharing-Richtlinie[465] und der Fernabsatz-Richtlinie[466], die in Abs. 4 Nr. 1 bis 3 des Art. 29 a EGBGB als maßgebliche Verbraucherschutzrichtlinien aufgezählt wurden. In diesen Katalog, namentlich in Nr. 4, ist mit dem Schuldrechtsmodernisierungsgesetz die VerbrGK-RL aufgenommen worden.

Teilweise wurde in der Literatur vertreten, dass eine Umsetzung von Art. 7 Abs. 2 VerbrGK-RL im deutschen Recht entbehrlich ist.[467] Weder Art. 29 EGBGB noch Art. 34 EGBGB aber reichen zur Umsetzung des Art. 7 Abs. 2 VerbrGK-RL aus.[468] Art. 29 EGBGB bestimmt, dass durch eine Rechtswahl dem Verbraucher nicht der Schutz entzogen werden darf, der ihm durch das zwingende Recht des Staates, in dem er seinen gewöhnlichen Aufenthalt hat, gebührt, wenn eine Anbahnung des Vertrages in Deutschland erfolgt ist. Art. 7 Abs. 2 VerbrGK-RL hingegen erfordert lediglich einen engen Zusammenhang mit dem Gebiet der Mitgliedstaaten und ist damit weiter gefasst. Art. 34 EGBGB spricht nur von „zwingenden Normen" des deutschen Rechts, die nicht umgangen werden dürfen. Hierunter aber versteht die herrschende Meinung nur so genannte „Eingriffsnormen", die das öffentliche Interesse schützen und nicht allein der Durchsetzung

---

462 Palandt-*Putzo*, 64. Aufl., § 475 Rn. 5; MüKo-*Lorenz*, 4. Aufl, BGB § 475 Rn. 35; Staudinger-*Matusche/Beckmann*, Neubearb., § 475 Rn. 95.

463 Palandt-*Putzo*, 64. Aufl., § 475 Rn. 13.

464 Richtlinie 93/13/EWG des Rates vom 5. April 1993 über missbräuchliche Klauseln in Verbraucherverträgen, (ABl. EG Nr. L 95 vom 21.04.1993, S. 29f.).

465 Richtlinie 94/47/EG des Europäischen Parlaments und des Rates vom 26. Oktober 1994 zum Schutz der Erwerber im Hinblick auf bestimmte Aspekte von Verträgen über den Erwerb von Teilzeitnutzungsrechten an Immobilien (ABl. EG Nr. L 280 vom 29.10.1994, S. 83f.).

466 Richtlinie 97/7/EG des Europäischen Parlaments und des Rates vom 20. Mai 1997 über den Verbraucherschutz bei Vertragsabschlüssen im Fernabsatz (ABl. EG Nr. L 144 vom 04.06.1997, S. 19f.).

467 *Ehmann/Rust*, JZ 1999, 853 (861).

468 *Rieger*, VuR 1999, 287 (292); *Wagner*, IPrax 2000, 249 (251).

der privaten Vertragsgerechtigkeit zwischen den Parteien dienen.[469] Wollte man auch verbraucherschützende Normen unter Art. 34 EGBGB subsumieren[470], so würde Art. 34 EGBGB das Anknüpfungssystem der Art. 29 und Art. 29 a EGBGB, die beide einen gewissen Inlandsbezug erfordern, aushebeln.[471] Gleiches dürfte auch für einen Rückgriff auf die Generalklausel des Art. 6 EGBGB gelten.[472] Der deutsche *ordre public* schützt das Verbraucherschutzrecht und den Grundsatz *pacta sunt servanda* gleichermaßen, weswegen ein Verstoß gegen den *ordre public* nicht schon angenommen werden kann, wenn Verbraucherschutzvorschriften nicht zur Anwendung gelangen, sodass der Vertrag bestehen bleibt. Eine in der Literatur favorisierte analoge Anwendung der Art. 27 Abs. 3 und 29 EGBGB dürften seit dem In-Kraft-Treten des Art. 29 a EGBGB gesetzessystematische Bedenken entgegenstehen, da mit Art. 29 a EGBGB nunmehr eine Spezialregelung für die kollisionsrechtliche Absicherung von Verbraucherschutzvorschriften geschaffen wurde, die keinen Raum für einen Analogieschluss lässt.[473] Die Aufnahme von Art. 29 a Abs. 4 Nr. 4 EGBGB war damit durch Art. 7 Abs. 2 VerbrGK-RL geboten.

Ein enger Zusammenhang mit dem Gebiet eines EU-Mitgliedstaates bzw. eines Mitgliedstaates des EWR ist gemäß Art. 29 a Abs. 2 EGBGB insbesondere dann anzunehmen, wenn der Vertrag aufgrund eines öffentlichen Angebots, einer öffentlichen Werbung oder einer ähnlich geschäftlichen Tätigkeit in einem Mitgliedstaat zustande kommt und der Verbraucher beim Abschluss des Vertrages seinen gewöhnlichen Aufenthalt in einem der Mitgliedstaaten hat. Eine Legaldefinition enthält die Vorschrift indessen nicht. Ob die Vorschrift deswegen auch diejenigen Fälle von Art. 29 a EGBGB erfasst, in denen die Anbahnung des Vertrages außerhalb des Gebietes eines der Mitgliedstaaten erfolgt, erscheint fragwürdig. Dagegen dürfte der vom EuGH auf Grundlage der EU-Grundfreiheiten entwickelte Verhältnismäßigkeitsgrundsatz sprechen.[474] Beschränkungen der Rechtswahlfreiheit bedürfen danach einer Rechtfertigung durch zwingende Allgemeininteressen und müssen im Hinblick auf das Prinzip der Parteiautonomie verhältnismäßig sein.[475]

Der Verbraucherschutz stellt regelmäßig ein solches Interesse dar. Verbraucherschützende Richtlinien dienen aber nur der Schaffung eines einheitlichen Verbraucherschutzniveaus innerhalb der Mitgliedstaaten, da dem europäischen Gesetzgeber außerhalb der EU die Kompetenz fehlt. Hat sich der Verbraucher aus eigener Initiative aus dem Schutzbereich der Mitgliedstaaten begeben, so kann die Tatsache, dass der Verbraucher seinen gewöhnlichen Aufenthalt in einem EU-Mitgliedstaat hat, für sich allein die Kompetenz des EU-Gesetzgebers nicht erweitern. Erforderlich ist, dass der Vertrag selbst einen Bezug

---

469 *Kropholler*, Internationales Privatrecht, S. 17f.

470 *Jayme*, IPrax 2001, 190 (191); *Kindler*, BB 2001, 11 (12); *Martiny*, ZEuP 2001, 308 (331f.).

471 *Paefgen*, ZEuP 2003, 266 (287).

472 *Paefgen*, ZEuP 2003, 266 (288).

473 *Paefgen*, ZEuP 2003, 266 (290).

474 *Paefgen*, ZEuP 2003, 266 (276).

475 EuGH, Urt. v. 20.2.1979, Rs. 120/78, Slg. 1974, 837 - *Cassis de Dijon*.

zu einem Mitgliedstaat der EU aufweist, was regelmäßig nur dann gegeben ist, wenn zumindest die Vertragsanbahnung innerhalb des Gemeinschaftsgebietes erfolgt ist.[476]

Fallen aber der gewöhnliche Aufenthaltsort des Verbrauchers und der Ort der Vertragsanbahnung auseinander, vorausgesetzt natürlich, dass es sich bei beiden um einen Ort innerhalb des Gemeinschaftsgebietes handelt, so sagt Art. 29 a EGBGB nichts darüber, welches Recht zur Anwendung gelangt. Während Art. 29 Abs. 1 EGBGB ausdrücklich bestimmt, dass dem Verbraucher nicht der Schutz entzogen werden darf, der ihm nach den zwingenden Bestimmungen des Rechts des Staates zukommt, an dem er seinen gewöhnlichen Aufenthalt hat, findet sich eine solche Einschränkung in Art. 29 a EGBGB nicht. Der im Anwendungsbereich von Art. 29 EGBGB regelmäßig geführte Günstigkeitsvergleich zwischen dem Recht des gewöhnlichen Aufenthalts und dem Recht des von den Parteien gewählten Vertragsstatuts[477], findet keine Berücksichtigung. Wie bereits gezeigt, reicht aber der gewöhnliche Ort als Anknüpfungsmerkmal für die Anwendung von Art. 29 a EGBGB nicht aus, vielmehr ist die Vertragsanbahnung im Gemeinschaftsgebiet maßgeblich.

Es liegt daher auf der Hand, dass unter Berücksichtigung der Legitimationsanforderungen, die der EuGH an die Beschränkung der Parteiautonomie gestellt hat[478], auch hier das Recht des Mitgliedstaates Anwendung finden muss, in dem die Vertragsanbahnung erfolgt ist.[479] Art. 29 a Abs. 1 i.V.m. Art. 29 a Abs. 4 Nr. 4 EGBGB führt dazu, dass die Vorschriften der §§ 474 ff. BGB nur dann Anwendung finden, wenn die Parteien das Recht eines Nichtmitgliedstaates der EU gewählt haben, die Vertragsanbahnung in Deutschland erfolgt ist und der Verbraucher seinen gewöhnlichen Aufenthalt in dem Gebiet eines der EU-Mitgliedstaaten bzw. des EWR hat.

3. Mindestschutzklausel

Die Mindestschutzklausel des Art. 8 VerbrGK-RL hat im deutschen Recht keine gesonderte Normierung gefunden. Weiter gehende Rechte des Verbrauchers bleiben aber auch im deutschen Recht von den Umsetzungsvorschriften unberührt. Da der deutsche Gesetzgeber die Richtlinienvorgaben zur Grundlage des gesamten Kaufrechts gemacht hat, stellt sich das Problem der Geltendmachung weitergehender Rechte nur gegenüber denjenigen Vorschriften, die außerhalb des speziellen kaufrechtlichen Gewährleistungsrechts angesiedelt sind.

Nach altem Recht sollte das Sachmängelgewährleistungsrecht bei einfachen Mängeln abschließend sein.[480] Ein Rückgriff auf die Regeln des allgemeinen Leistungsstörungsrechts mit der Regelverjährung nach § 195 BGB a.F. verbot sich wegen des Grundsatzes „lex specialis derogat legi generali“. Allein bei der

---

476 *Paefgen*, ZEuP 2003, 266 (277).

477 *Kropholler*, Internationales Privatrecht, S. 462f.

478 EuGH, Urt. v. 20.2.1979, Rs. 120/78, Slg. 1974, 837 - *Cassis de Dijon*.

479 *Paefgen*, ZEuP 2003, 266 (279f.).

480 Palandt-*Heinrichs*, 61. Aufl., § 463 Rn 25.

Geltendmachung von Schadensersatzansprüchen stellte sich die Frage einer quasivertraglichen Haftung und der Übertragung der kurzen Verjährung von § 477 BGB a.F.. Dies waren insbesondere in den Fällen von Mangelfolgeschäden der Anspruch aus positiver Vertragsverletzung (PVV)[481] und bei Verletzung vorvertraglicher Pflichten, die nach gefestigter Rechtsprechung einen Anspruch aus *culpa in contrahendo*[482] auslösen konnten. Die durch Richterrecht entwickelten Rechtsinstitute sind mit der Schuldrechtsreform nunmehr in § 280 Abs. 1 BGB und § 280 Abs. 1 i.V.m. § 311 BGB normiert. Liegt ein Rechts- oder Sachmangel vor, so verweist zwar § 437 Nr. 3 BGB auf die §§ 280 ff. BGB, verzichtet aber nicht auf die vorrangige Geltendmachung des Nacherfüllungsanspruchs und auf die Verjährung des § 438 BGB einschließlich der Regelungen über den Fristbeginn.

Es fragt sich, wann § 280 Abs. 1 BGB bei Verletzung einer Vertragspflicht i.S.d. § 241 BGB direkt anwendbar ist und wann die Vorschrift des § 437 BGB zwischengeschaltet werden muss. Die Auffassung, wonach die allgemeinen Regeln der §§ 280 ff. BGB neben den kaufrechtlichen Gewährleistungsregeln Bestand haben sollen, kann nicht überzeugen.[483] Ist dem Verkäufer eine Nebenpflichtverletzung – sei es eine Leistungs- oder Sorgfaltspflicht - vorzuwerfen, hat er etwa die Kaufsache nicht richtig verpackt, ist grundsätzlich ein Anspruch aus § 280 Abs.1 BGB neben einem Anspruch aus § 437 BGB wegen Schlechtleistung, der Übergabe und Übereignung einer mangelhaften Sache denkbar, sodass der Käufer sofort Schadensersatz verlangen kann, ohne dass er auf die Nacherfüllung verwiesen wird. Voraussetzung ist, dass die Pflichtverletzung kausal für den Schaden war. Liegt der kausale Schaden nun in dem Mangel der Kaufsache, so muss aber wegen des Vorrangs der Sonderregelungen des Gewährleistungsrechts die Vorschrift des § 437 BGB zwischengeschaltet werden. Anders hingegen verhält es sich dann, wenn zwar ein Mangel vorliegt, die Pflichtverletzung des Verkäufers aber nicht kausal für den Mangel war. Dies wird wohl regelmäßig nur dann der Fall sein, wenn es sich um die Verletzung einer leistungsunabhängigen Pflicht i.S.d. § 241 Abs. 2 BGB handelt. Liegt also ein Rechts- oder Sachmangel vor, so muss § 437 BGB immer beachtet werden. Seine Anwendbarkeit richtet sich danach, ob die Pflichtverletzung letztlich kausal für den Mangel war.[484]

Das Bereicherungsrecht ist bereits tatbestandlich nicht anwendbar, da bei Vorliegen eines Sachmangels der Vertrag wirksam bleibt und damit ein Rechtsgrund vorliegt. Allein bei der Falschlieferung ist ein Rückforderungsrecht des Verkäufers aus § 812 Abs., 1. Alt. BGB denkbar, da es in diesem Fall durchaus an einem Kaufvertrag über die gelieferte Sache fehlt.[485] Aus der Gleichstellung einer Falsch- mit der einer Schlechtlieferung in § 434 Abs. 3 BGB folgt nicht, dass auch

---

[481] Auch „positive Forderungsverletzung" genannt.

[482] Haftung wegen „Verschuldens bei Vertragsverhandlungen".

[483] So *Huber/Faust*, Schuldrechtsmodernisierung, § 14 Rn. 20.

[484] Ebenso *Brors*, WM 2002, 1780 (1783).

[485] Zu durchaus berechtigten dogmatischen Bedenken vgl. *Canaris*, Schuldrechtsmodernisierung 2002, Einführung S. XXIII.

ein Vertrag über die „falsche“ Sache vorliegt.[486] Auch bei der Falschlieferung aber muss der Vorrang des Sachmängelgewährleistungsrechts gelten. Der durch das Sachmängelgewährleistungsrecht dem Käufer gewährte Schutz würde ausgehöhlt, wenn dem Verkäufer ein Rückforderungsrecht nach § 812 Abs. 1, 1. Alt BGB zustünde. § 812 BGB ist nur dann anzuwenden, wenn die Rechte des Käufers aus § 437 BGB nicht beeinträchtigt werden. Dies könnte etwa dann der Fall sein, wenn der Käufer seine Rechte aus § 437 BGB gar nicht erst geltend macht, da dann keine gewährleistungsrechtlichen Verpflichtungen des Verkäufers bestehen, denen er sich durch die Geltendmachung eines Herausgabeanspruchs entziehen könnte.[487]

Allerdings bleibt auch in diesen Fällen eine Benachteiligung des Verbrauchers. Die Ansprüche des Käufers verjähren gemäß § 438 BGB erst in zwei Jahren nach Übergabe der Sache. Der Käufer kann sich also zwei Jahre lang entscheiden, ob er Sachmängelgewährleistungsansprüche geltend macht. Dieses Wahlrecht aber würde ihm durch die Gewährung eines Herausgabeanspruchs zugunsten des Verbrauchers aus § 812 Abs. 1, 1. Alt. BGB genommen. Denkbar ist, dass der Käufer die Falschlieferung an Erfüllung statt i.S.d. § 364 BGB annimmt, sodass das Schuldverhältnis ohnehin mit der Annahme der Sache erloschen ist. Wieso es aber dann wieder aufleben soll, wenn der Verkäufer einen Herausgabeanspruch geltend macht, kann nicht überzeugen. Gegen die Gewährung eines Herausgabeanspruchs spricht die Regelung des § 439 Abs. 4 BGB, wonach der Verkäufer für den Fall, dass er zum Zwecke der Nacherfüllung eine mangelfreie Sache liefert, Rückgewähr der mangelhaften Sache nach Maßgabe der §§ 346 bis 348 BGB verlangen kann. Die Rückgewähr der mangelhaften Sache und damit auch der Falschlieferung ist abschließend geregelt. Ein Rückforderungsrecht besteht nur, wenn er seinerseits eine mangelfreie Sache liefert.

Auch für die Fälle, in denen eine Fristsetzung entbehrlich ist, käme es zu einem erheblichen Widerspruch. In diesen Fällen kann der Käufer sofort zurücktreten und zwar auch, nachdem der Verkäufer von seinem vermeintlichen Herausgabeanspruch Gebrauch gemacht hat. Dann aber finden die Vorschriften über Rückabwicklungsschuldverhältnisse der §§ 346 ff. BGB Anwendung, wonach die bereicherungsrechtlichen Vorschriften verdrängt werden. Eine dogmatische Begründung lässt sich aber wohl kaum finden, warum dann der Herausgabeanspruch ausgeschlossen sein soll. Aus den genannten Gründen kann auch die Auffassung nicht überzeugen, die bei Entbehrlichkeit der Fristsetzung einen Herausgabeanspruch aus § 812 Abs. 1, 1. Alt. BGB für zulässig hält, wenn es sich bei der Falschlieferung um eine „erheblich wertvollere“[488] Sache handelt als die vereinbarte Sache.[489] Die Begründung hierfür, § 434 Abs. 3 BGB stelle lediglich eine Falschlieferung dem Sachmangel gleich, nicht aber eine Zuviellieferung, kann nicht überzeugen. Auch nach Auffassung der Gegenansicht steht dem Käufer kein

---

[486] *Lettl*, JuS 2002, 866 (869).
[487] *Lettl*, JuS 2002, 866 (869).
[488] *Lorenz/Riehm*, Lehrbuch zum neuen Schuldrecht, S. 263 Rn. 493.
[489] So aber *Lettle*, JuS 2002, 866 (870).

Rückzahlungsanspruch hinsichtlich des Kaufpreises aus § 812 BGB zu.[490] Der Rückgriff auf § 812 BGB durch den Verkäufer würde die in den Vorschriften über das Sachmängelgewährleistungsrecht getroffene Risikoverteilung unterlaufen. Der Hinweis darauf, dass im Ergebnis oftmals bei Anwendung der §§ 812 ff. BGB keine andere Rechtsfolge eintritt als bei Anwendung des Sachmängelgewährleistungsrecht, kann nur verwundern.[491] Deliktische Schadensersatzansprüche hingegen bleiben von den in § 437 BGB genannten Rechten des Verbrauchers unberührt, da sie wesentlich strengere Voraussetzungen vorsehen.

III. Italien

In Italien sind ohne Rücksicht auf die Existenz des Titels „Verbraucherverträge" innerhalb des *Codice civile* alle verbraucherschützenden Richtlinien in Sonderkodifikationen umgesetzt worden.[492] Eine Ausnahme bildet lediglich die AGB-Richtlinie[493], die ihre Umsetzung in den Art. 1469 ff. *Cc* gefunden hat. Der Grund war, dass es sich bei Allgemeinen Geschäftsbedingungen traditionellerweise um eine innerhalb des *Codice civile* geregelte Materie handelt.[494] Zur Umsetzung aller übrigen Richtlinien hat der italienische Gesetzgeber regelmäßig Verordnungen oder Gesetze geschaffen, wie etwa die Produkthaftungsverordnung[495], die Verordnung über Haustürgeschäfte[496], die Verordnung über irreführende und vergleichende Werbung[497], die Pauschalreiseverordnung [498], die Produktsicherheitsverordnung[499],

---

490 *Lettle*, JuS 2002, 866 (871).

491 *Lettle*, JuS 2002, 866 (870).

492 Zur Umsetzung der VerbrGK-RL vorangegangener Richtlinien in Italien vgl.: *Gebauer*, Diss., S. 241f. und *Canaris/Zaccaria* (Hrsg.), Die Umsetzung von zivilrechtlichen Richtlinien der EG in Italien und Deutschland.

493 Richtlinie 93/13/EWG des Rates vom 5. April 1993 über missbräuchliche Klauseln in Verbraucherverträgen (ABl. EG Nr. L 95 vom 21.04.1993, S. 29f.).

494 Vgl. hierzu *Zaccaria*, in: *Grundmann/Rolland/Medicus*, S. 181 (182).

495 Decreto del Presidente della Repubblica (Präsidialdekret) Nr. 224 vom 24.5.1988 (Attuazione della direttiva CEE n. 85/374 relativa al riavvicinamento delle disposizioni legislative, regolamentari ed amministrative degli stati membri in materia di responsabilità per danno da prodotti difettosi, ai sensi dell'art.15 della legge 16 Aprile 1987, n.183), Gazzetta Ufficiale Nr. 146 vom 23.6.1988.

496 Decreto legislativo (Gesetzesverordnung) Nr. 50 vom 15.1.1992 (*Attuazione della direttiva n. 85/577/CEE in materia di contratti negoziati fuori dei locali commerciali*), Gazzetta Ufficiale Nr.27 vom 3.2.1992.

497 Decreto legislativo (Gesetzesverordnung) Nr. 74 vom 25.1.1992 (*Attuazione della Direttiva 84/450/CEE in materia di pubblicità ingannevole*), Gazzetta Ufficiale Nr.36 vom 13.2.1992.

498 Decreto legislativo (Gesetzesverordnung) Nr. 111 vom 17.3.1995 (*Attuazione della direttiva n. 90/314/cee concernente i viaggi, le vacanze ed i circuiti "tutto compreso"*), Gazzetta Ufficiale Nr. 88 vom 14.4.1995.

499 Decreto legislativo (Gesetzesverordnung) Nr. 115 vom 17.3.1995 (*Attuazione della direttiva 92/59/CEE relativa alla sicurezza generale dei prodotti*), Gazzetta Ufficiale Nr. 92 vom 20.4.1995.

das Gesetz über die Rechte des Verbrauchers[500] und die Verordnung zum Fernabsatz[501]. Auch wenn bei der Umsetzung der AGB-Richtlinie[502] eine umfassende Novellierung des *Codice civile* vielfach diskutiert wurde, so blieben bei der Umsetzung der übrigen Verbraucherschutzrichtlinien die Vorschriften des *Codice civile* bislang unberührt. Durch die VerbrGK-RL wurde nunmehr angesichts ihrer Bedeutung für das Kaufrecht als zentrale Materie des *Codice civile* die seit 1996 unterbrochene Diskussion über eine umfassende Novellierung des *Codice civile* wieder belebt. Bereits seit zwei Jahrzehnten wurde nicht nur die dogmatische Einordnung der Gewährleistung sondern darüber hinaus auch die Unzulänglichkeit der die Gewährleistung für versteckte Sachmängel und das Fehlen von Eigenschaften regelnden Art. 1490 bis 1497 *Cc* beklagt.[503] Im Mittelpunkt der Diskussion stand der durch die als „alt, überholt und verworrenen“[504] bezeichneten Vorschriften der Art. 1490 ff. *Cc* nur unzureichend gewährleistete Schutz des Käufers.[505] Eine Auffassung[506] in der italienischen Literatur sprach sich daher dafür aus, die Artt. 1490 ff. *Cc* durch die Vorgaben der VerbrGK-RL in vollem Umfang zu ersetzen. Andere hingegen favorisierten die Schaffung eines eigenständigen Verbrauchergesetzbuches.[507]

Der italienische Gesetzgeber hat sich für eine Umsetzung der Richtlinienvorgaben innerhalb des *Codice civile* in einem eigens hierzu neu eingefügten Abschnitt entschieden.[508] Erst über zwei Monate nach Ablauf der Umsetzungsfrist zum 1. Januar 2002 gemäß Art. 11 Abs. 1 VerbrGK-RL wurde das *Decreto Legislativo* (gesetzesvertretendes Dekret)[509] Nr. 24 vom 2. Februar 2002 [510] zur Umsetzung der VerbrGK-RL am 8. März 2002 bekannt gegeben. Es ist am 23.

---

500 Legge (Gesetz) Nr. 281 vom 30.7.1998 (*Disciplina dei diritti dei consumatori e degli utenti*), Gazzetta Ufficiale Nr. 189 vom 14.8.1998.

501 Decreto legislativo (Gesetzesverordnung) Nr. 185 vom 22.5.1999 (*Attuazione della direttiva 97/7/CE relativa alla protezione dei consumatori in materia di contratti a distanza*)„ Gazzetta Ufficiale Nr. 143 vom 21.6.1999.

502 Richtlinie 93/13/EWG des Rates vom 5. April 1993 über missbräuchliche Klauseln in Verbraucherverträgen (ABl. EG Nr. L 95 vom 21.04.1993, S. 29f.).

503 Einen Überlick gibt: *Luminoso*, La compravendita, S. 217f. und 263f.

504 *Bin*, Contr. e Impr./Europa 200, 403.

505 *Luminoso*, La compravendita, S. 267

506 So *De Christofaro*, Difetto di conformità, S. 268 ff; *Luminoso*, Contr. e Impr./Europa 2001, 96f.; *Luminoso*, Contr. e Impr./Europa 2001, 133f.; *Bin/Calvo/Ciatti/Delogu*, Contr. e Impr./Europa 2001, 156f.

507 *Bin*, Contr. e Impr./Europa 2/2002, S. 403f.; *Calvo*, Contr. e Impr./Europa 2/2002, S. 463f.; *ders.*, Contr. e Impr./Europa 2000, 410f.; *Fadda*, Contr. e Impr./Europa 2/2002, S. 410f.; *Schlesinger*, Corr. Giur. Nr. 5/2002, S. 561f.

508 Vgl. hierzu *Alpa/De Nova*, L'aquisto dei beni di consumo, S. 2f.; *Bocchini*, Riv. Dir. civ. 2002/II, 2f.; *Di Paola*, in: Le nuove leggi civili commentate, S. 309f.

509 Bei einem gesetzesvertretenem Dekret handelt es sich um eine Gesetzesverordnung. Vgl. *Kindler*, Italienisches Handels- und Wirtschaftsrecht, § 5 Rn 131.

510 Dekret Nr. 24 vom 2.2.2002, in: Gazetta Ufficiale della Republica Italiana vom 8.3.2002 Nr. 57, Suppl. Ordinario n. 40.

März 2002 in Kraft getreten.[511] Art. 1 des Dekrets enthält die Vorschriften zur Umsetzung der VerbrGK-RL und fügt sie in den *Codice civile* ein. Art. 2 des Dekrets enthält Übergangsvorschriften. Damit hat der italienische Gesetzgeber ein zweigleisiges System bei der Umsetzung der VerbrGK-RL gewählt.[512] Durch Art. 1 des Dekrets wurden die darin enthaltenen Umsetzungsvorschriften in den 2. Abschnitt (*sezione II*) im 1. Kapitel (*capo I*) des 3. Titels (*titolo III*) im vierten Buch (*Delle obbligazioni*) des *Codice civile* der § 1-*bis* „Über den Verkauf von Verbrauchsgütern" (*Della vendita dei beni di consumo*) bestehend aus den Art. 1519-*bis* bis Art. 1519-*nonies* in die Sonderbestimmungen „Über den Kauf beweglicher Sachen" (*Della vendita di cose mobili*) der Art. 1510 bis 1536 *Cc* im Anschluss an die allgemeinen Kaufrechtsvorschriften neu eingefügt. Rechtsgrundlage für die Umsetzung der VerbrGK-RL in Italien war das so genannte EU-Gesetz 2000 (*legge comunitaria* 2000)[513]. Nach Art. 1 Abs. 1 i.V.m. Anhang B dieses Gesetzes ist die italienische Regierung dazu ermächtigt innerhalb eines Jahres ab seinem In-Kraft-Treten ein gesetzesvertretendes Dekret zu erlassen.

Die Umsetzungsarbeiten in Italien erfolgten daher in formaler Hinsicht nicht durch das Parlament oder die Kommission, sondern durch die Regierung. Gemäß Art. 1 Abs. 2 des EU-Gesetzes i.V.m. Art. 14 des Gesetzes Nr. 14 vom 23. August 1988 war es Aufgabe des Ministerpräsidenten oder des Ministers für Europäische Angelegenheiten, in Zusammenarbeit mit den zuständigen Fachministern einen Entwurf des zum Zwecke der Umsetzung der VerbrGK-RL zu erlassenden Dekrets auszuarbeiten, der dem Abgeordnetenhaus und dem Senat weiterzuleiten ist, die innerhalb einer Frist von 40 Tagen die Möglichkeit zur Stellungnahme hatten. Der Entwurf des Dekrets zur Umsetzung der VerbrGK-RL wurde daher dem Ministerrat am 21. November 2001 vorgelegt, der es an die zuständigen Ausschüsse des Abgeordnetenhauses und des Senats weiterleitete, die ihre Gutachten am 13. Dezember 2001 abgaben. Die tatsächliche Umsetzungsarbeit wurde von einer Kommission geleistet, die aus Rechtswissenschaftlern und Interessenvertretern sowohl von Verbraucher- als auch Unternehmerseite bestand.[514] Bemerkenswert ist, dass die Regierung nach Art. 1 Abs. 4 des EU-Gesetzes 2000 dazu ermächtigt war, innerhalb eines Jahres ab In-Kraft-Treten des Dekrets Nachbesserungen und Änderungen der Vorschriften des Dekrets vorzunehmen, sodass das Gesetzgebungsverfahren erst am 23. März 2003 als beendet angesehen werden konnte. Die neuen Vorschriften regeln nur die von der VerbrGK-RL vorgesehenen Sonderregelungen für Verbrauchsgüterkaufverträge. Die Vorschriften des allgemeinen Kaufrechts bleiben neben diesen speziellen, teilweise stark divergierenden Regelungen des Verbrauchsgüterkaufs bestehen.

---

[511] Gemäß Art. 73 Abs. 3 i.V.m. Art. 10 Abs. 1 Costituzione (Italienische Verfassung) treten Gesetze und Verordnungen erst 15 Tage nach ihrer Bekanntmachung in Kraft.

[512] *Gravante*, ELF 2002, S. 356.

[513] Gesetz Nr. 422 vom 29.12.2000, "Disposizioni per l'adempimento di obblighi derivanti dall'appartenza dell'Italia alle Cominità europee – legge comunitaria 2000" in: Gazetta Ufficiale vom 20.1.2001 Nr. 16.

[514] Vgl hierzu *Eccher/Schurr*, ZEuP 2003, 65 (66).

Im Bereich des kaufvertraglichen Gewährleistungsrecht finden daher die Vorschriften über die Gewährleistung für versteckte Sachmängel der Art. 1490 bis 1495 *Cc* und die Vorschriften über das Fehlen von Eigenschaften in Art. 1497 *Cc* sowie die Vorschriften über die Garantie hinsichtlich der Funktionstüchtigkeit in Art. 1512 *Cc* neben den neu eingefügten Vorschriften der Art. 1519-*bis* bis Art. 1519-*nonies Cc* ergänzende Anwendung.[515] Dadurch dürften erhebliche Koordinierungsschwierigkeiten für den Rechtsanwender verbunden sein, weswegen das Nebeneinander beider Vorschriftenkomplexe in der italienischen Literatur erhebliche Kritik erfahren hat.[516] Der italienische Gesetzgeber hat sich darauf beschränkt, die Vorschriften der VerbrGK-RL fast unverändert, oftmals sogar wörtlich, wiederzugeben. Für den *Cc* sind damit die neu eingefügten Vorschriften teilweise Fremdkörper geblieben, was bei ihrer Anwendung und Auslegung ein erweitertes europäisches Verständnis in der Praxis erforderlich macht.

Zu berücksichtigen ist in diesem Zusammenhang, dass dem italienischen Gesetzgeber anders als dem deutschen Gesetzgeber bei der Richtlinienumsetzung materielle Grenzen gesetzt waren. So sind Änderungen der Vorschriften des *Codice civile* gemäß Art. 2 Abs. 1 b) des die Regierung ermächtigenden EU-Gesetzes nur zulässig, um durch neu aufgenommenen Vorschriften bedingte Widersprüche zu vermeiden.

Es wäre denkbar gewesen, dass die Regierung unter Berücksichtigung der vorgenannten formellen Voraussetzungen das Dekret in einen *testo unico* (Einheitstext) integriert und so auch wie bisher dem Rechtsanwender bei Fernabsatz- und Haustürgeschäften die Lösung der Koordinationsprobleme überlassen hätte.[517] Die italienische Regierung hat sich im Rahmen der Umsetzung der VerbrGK-RL abermals gegen eine Vereinheitlichung des gesamten Kaufrechts[518] entschieden, wenn auch - entsprechend der Umsetzung der AGB-Richtlinie[519] - innerhalb des *Codice civile.* Während die Aufnahme der Umsetzungsvorschriften innerhalb des Titels „Verbraucherverträge" deswegen abzulehnen war, weil sie nur den speziellen Vertragstyp des Kaufvertrages betraf, waren gegen die Aufnahme eines gesonderten Regelungskomplexes im Kaufrecht auch keine gravierenden Einwände erhoben worden. Die vom italienischen Gesetzgeber gewählte Umsetzungsmethode hat auch noch nach In-Kraft-Treten des Dekrets erhebliche Kritik in der italienischen Literatur erfahren, da letztlich die Verbrauchsgüterkaufverträge aus

---

515 *Eccher/Schurr*, ZEuP 2003, 65.

516 *Calvo*, Contr. e Impr./Europa 2000, 476f.; *ders.*, Contr. e Impr./Europa 2001, 420f.; *De Cristofaro*, Difetto di conformità, S. 270; *Fadda*, Contr. e Impr./Europa 2000, 414 (427); *Zaccaria*, Stud. Iur. 2000, 269; *Gallo*, Contr. e Impr./Europa 20001, 80f.; *Luminoso*, Contr. e Impr./Europa 2001, 96.

517 Vgl. hierzu *Zaccaria*, in: *Grundmann/Medicus/Rolland* (Hrsg.), Europäisches Kaufgewährleistungsrecht, S. 181 (184 f.).

518 Dafür *Zaccaria*, in: *Grundmann/Medicus/Rolland* (Hrsg.), Europäisches Kaufgewährleistungsrecht, S. 184f.

519 Richtlinie 93/13/EWG des Rates vom 5. April 1993 über missbräuchliche Klauseln in Verbraucherverträgen (ABl. EG Nr. L 95 vom 21.04.1993, S. 29f.).

der Perspektive des *Codice civile* als „besondere Kaufverträge“ einzustufen sind, obwohl sie vermutlich die größte Zahl der in der Praxis geschlossenen Kaufverträge umfassen werden und damit die Gefahr einer weiteren Zersplitterung der auf die Mehrzahl der Kaufverträge anwendbaren Vorschriften hervorrufen.[520]

Art. 1519-*bis Cc* regelt den Anwendungsbereich der nachfolgenden Sonderbestimmungen über den Verbrauchsgüterkauf, indem er in seinem Abs. 1 den Anwendungsbereich zunächst abstrakt festlegt und sodann durch den in seinem Abs. 2 enthaltenen Begriffskatalog konkretisiert. Das Unabdingbarkeitspostulat und das Umgehungsverbot des Art. 7 VerbrGK-RL hat in Italien seine Umsetzung durch Art. 1519-*octies Cc* erfahren. Art. 1519-*nonies Cc* übernimmt die Regelung des Art. 8 Abs. 1 VerbrGK-RL.

1. Anwendungsbereich

Art. 1519-*bis Cc* regelt, wie bereits die Überschrift erkennen lässt, den Anwendungsbereich des § 1-*bis Cc* und Definitionen i.S.v. Begriffsbestimmungen (*ambito di applicazione e definizioni*). Art. 1519-*bis* Abs. 1 *Cc* legt zunächst fest, dass die nachfolgenden Vorschriften nur auf Verbrauchsgüterkäufe Anwendung finden. Entsprechend Art 1 Abs. 2 VerbrGK-RL enthält Art 1519-*bis* Abs. 2 *Cc* einen den nachfolgenden Vorschriften vorangestellten Begriffskatalog, der eine Definition für den Verbrauchsgüterkaufes und der zur Definition des Verbrauchsgüterkaufes verwendeten Begriffe enthält und damit zur Konkretisierung des Anwendungsbereichs heranzuziehen ist. Der Anwendungsbereich der Umsetzungsvorschriften ergibt sich aus einem Zusammenspiel der Art 1519-*bis* Abs. 1 *Cc* und Art 1519-*bis* Abs. 2 *Cc*. Daneben aber enthält Art 1519-*bis* Abs. 2 *Cc* auch Begriffsbestimmungen aller übrigen von den Art. 1519-*bis* ff. *Cc* verwendeten Rechtsbegriffe, die auf die VerbrGK-RL zurückgehen. Die Aufnahme eines solchen Begriffskataloges ist für den *Cc* neu. Mag sie auch praktikabel sein, so handelt es sich doch um einen Fremdkörper im System des *Codice civile*, der bislang Begriffsbestimmungen jeweils in diejenigen Vorschriften eingebettet hat, in denen die Begriffe auch verwendet werden.

a) Sachlicher Anwendungsbereich

Die Umsetzungsvorschriften sind gemäß Art. 1519-*bis* Abs. 1 *Cc* zunächst uneingeschränkt auf jeden Kaufvertrag (*compravendita*)[521] i.S.d. Art. 1470 *Cc* anwendbar, sei es auf Kaufverträge mit dinglicher[522], lediglich schuldrechtlicher oder mit zeitlich gestufter dinglicher Wirkung.[523] Nach Art. 1470 *Cc* kommt nämlich dem Spezieskauf in der Regel dingliche Wirkung (*vendita ad effetti reali*) zu. Das Eigentum an der Sache geht dem Konsensualprinzip folgend gemäß Art.

[520] *Ferrante*, VuR 2003, 165 f.

[521] Geregelt in den Artt. 1470f. *Cc*.

[522] Anders als im deutschen Recht folgt das italienische Recht dem Konsensualprinzip. Verträge, die die Übertragung des Eigentums zum Gegenstand haben, wie der Kaufvertrag gemäß Art. 1470 *Cc*, haben dingliche Wirkung.

[523] *Zaccaria/De Cristofaro*, La vendita dei beni di consumo, S. 8.

1326 Abs. 1 *Cc* im Zeitpunkt der Einigung über. Auch das italienische Recht kennt den schuldrechtlichen Kauf (*vendita obbligatoria*) in Art. 1476 Abs. 2 *Cc*. Hauptanwendungsfall ist der Gattungskauf (*trasferimento di cosa determinata solo nel genere*) i.S.d. Art. 1378 *Cc*. Hier geht das Eigentum erst mit der Konkretisierung (*individuazione*) über. Daneben kommt aber auch dem Kauf künftiger Sachen (*vendita dei cose future*) i.S.d. Art. 1472 Abs. 1 *Cc*, dem Kauf unter Eigentumsvorbehalt (*vendita con riserva della proprietà*), geregelt in Art. 1523 bis 1526 *Cc*, dem Verkauf einer fremden Sache (*vendita die cose altrui*) gemäß Art. 1478 *Cc* und beim Wahlkauf (*vendita alternativa*), der den Vorschriften über die Wahlschuld in Art. 1285 bis 1291 *Cc* unterfällt[524], nur schuldrechtliche Wirkung zu. Auch durch Vereinbarung können die Parteien die dingliche Wirkung ausschließen.

Ausdrücklich geregelt ist dies in Art. 1465 Abs. 2 und 4 *Cc*. Danach können die Parteien die dingliche Wirkung vom Ablauf einer Frist oder vom Eintritt einer Bedingung abhängig machen. Die Sachmängelgewährleistungsrechte im allgemeinen Kaufrecht richten sich unabhängig davon, ob es sich um einen dinglichen oder schuldrechtlichen Kaufvertrag handelt, nach den Art. 1490 ff. *Cc*. Diese Einheitlichkeit der Rechtsfolgen bei Mangelhaftigkeit der Sache wird auch nach der Umsetzung der VerbrGK-RL beibehalten. Vom Anwendungsbereich der Art. 1519-*bis* ff. *Cc* sind alle Kaufvertragsmodalitäten ausgenommen und zwar auch dann, wenn in Allgemeinen Geschäftsbedingungen ein Rückkaufsrecht vereinbart wurde.

In Satz 2 der Vorschrift wird der Anwendungsbereich der nachfolgenden Vorschriften über den Kaufvertrag hinaus auf Tauschverträge (*contratti di permuta)* geregelt in den Art. 1552 bis 1555 *Cc*, Bezugverträge oder Dauerlieferungsverträge (*contratti di somministrazione)* geregelt in den Art. 1559 bis 1570 Cc, die sich im wesentlichen durch die Dauerhaftigkeit der Leistungen vom Kaufvertrag unterscheiden[525], sowie auf Unternehmerwerkverträge (*contratti di appalto*) geregelt in den Art. 1655 bis 1677 *Cc*[526], einfache Werkverträge *(contratti di opera)* geregelt in den Art. 2222 bis 2228 *Cc*[527] und entsprechend Art. 1 VerbrGK-RL und Art. 3 Abs. 1 CISG auf sonstige Verträge über die Lieferung anzufertigender (*da fabbricare*) oder herzustellender (*da produrre*) Verbrauchsgüter, wie etwa Sukzessivlieferungsverträge (*vendita a consegne ripartite*). Für Tauschverträge ergibt sich zwar bereits aus Art. 1555 *Cc* und für Dauerlieferungsverträge aus Art. 1570 *Cc* die Anwendbarkeit der Vorschriften über Kaufverträge. Auch die Vorschriften über Werkverträge verweisen teilweise auf die Vorschriften über Kaufverträge. Da nur die allgemeine Vorschrift des Art. 1470

---

[524] *Cian/Trabbucchi*, Commentario breve, Art. 1285 Rn. II.

[525] Vgl. *Paggi in Rescigno* (Hrsg.), Commentario al Codice Civile, Art. 1559, Nr. 5.

[526] Beim Unternehmerwerkvertrag verpflichtet sich der Hersteller ein Werk oder eine Dienstleistung mit der „Organisation der eigenen erforderlichen Hilfsmittel" auf eigenes Risiko zu erbringen.

[527] Beim „normalen Werkvertrag" wird eine erfolgreich zu beendende und unabhängig zu erbringende Tätigkeit geschuldet. Vgl. *Cian/Trabucchi*, Commentario breve, Art. 2222, I, 1.

Cc genannt wird, ist insoweit nicht eindeutig, ob die Verweisung auch für die Vorschriften der Art. 1519-*bis* ff. *Cc* gilt.[528] Die Nennung der Einzelnen vom Anwendungsbereich der Umsetzungsvorschriften erfassten Vertragstypen ist geeignet, alle in diesem Zusammenhang bestehenden Zweifel zu beseitigen.[529]

Der italienische Gesetzgeber macht in Art. 1519-*bis* *Cc* deutlich, dass er nicht einen konkreten Vertragstyp, sondern eine Gruppe regeln wollte.[530] Durch die nicht abschließende Aufzählung der Vertragstypen wollte der italienische Gesetzgeber die Schaffung eines *numerus clausus* der Verbrauchsgüterverträge vermeiden[531]. So können die Vorschriften der Art. 1519-*bis* ff. *Cc* auch auf ungeregelte und unter Umständen erst nach Erlass der Umsetzungsvorschriften neu geschaffene Vertragstypen angewandt werden, sofern sie grundsätzlich dieselben Charakteristika aufweisen wie die genannten Vertragstypen.[532] Auch auf gemischte Verträge finden die Umsetzungsvorschriften Anwendung. Es kommt weder darauf an, ob die Vertragsparteien den Vertrag vorrangig im Hinblick auf die Leistungshandlung oder auf den Leistungsgegenstand abgeschlossen haben, noch ist entscheidend, ob etwa die Lieferung Bestandteil der gewöhnlich zu erbringenden Leistung des Unternehmers ist.[533] Art. 1519-*bis* Abs. 1 *Cc* begrenzt zum einen in seinem Satz 1 den Anwendungsbereich der nachfolgenden Vorschriften des § 1-*bis* *Cc* auf einige Aspekte betreffend Kaufverträge und Garantien über Verbrauchsgüter, erweitert aber zum anderen in Satz 2 ihre Anwendbarkeit auf weitere Vertragstypen.

Voraussetzung für die Anwendbarkeit der Art. 1519-*bis* ff. *Cc* ist, dass es sich um einen Vertrag handelt, der die Übergabe eines Verbrauchsgutes zum Zwecke der Übereignung zum Gegenstand hat.[534] Nicht anwendbar sind die Vorschriften der Art. 1519-*bis* *Cc* auf solche Verträge, durch die der Verbraucher der Nutzen an einem Verbrauchsgut gebührt, wenn das Eigentum beim Unternehmer verbleibt.[535] Gebrauchsüberlassungsverträge wie etwa Pachtverträge (*contratto di locazione*) i.S.d. Art. 1571 *Cc* fallen damit aus dem Anwendungsbereich der Umsetzungsvorschriften grundsätzlich heraus,[536] da sie nicht die dauerhafte Überlassung des Verbrauchsgutes zum Gegenstand haben.[537] Auch wenn nach der Legaldefinition in Art. 1655 *Cc* ein *contratto di appalto* vorliegt, wenn sich der Hersteller verpflichtet, ein Werk oder eine Dienstleistung mit der „Organisation der eigenen erforderlichen Hilfsmittel“ auf eigenes Risiko zu

---

528 *Bonfante/Cagnasso*, Contr. e Impr./Europa 2001, 23 (24).
529 Vgl. zur Diskussion *De Cristofaro*, Difetto die conformità, S. 27.
530 *De Nova*, L'acquisto di beni di consumo, S. 17.
531 *Eccher/Schurr*, ZEuP 2003, 65 (70).
532 *Eccher/Schurr*, ZEuP 2003, 65 (70).
533 *Zaccaria/De Cristofaro*, La vendita dei beni di consumo, S. 12.
534 *Zaccaria/De Cristofaro*, La vendita dei beni di consumo, S. 8.
535 *Zaccaria/De Cristofaro*, La vendita dei beni di consumo, S. 14.
536 Es kann daher nur erstaunen, dass bei *Schermaier* (Hrsg.), Verbraucherkauf in Europa, S. 445 (456) für den Begriff „*contratti di opera*“ die Übersetzung „Pachtverträge“ zu finden ist.
537 *De Nova*, L'acquisto di beni di consumo, S. 18.

erbringen und beim *contratto di opera* gemäß Art. 2222 *Cc* eine erfolgreich zu beendende und unabhängig zu erbringende Tätigkeit geschuldet wird,[538] sodass durch die Verweisung in Art. 1519-*bis Cc* auf diese Vertragstypen zunächst der Eindruck entsteht, dass auch Dienstleistungsverträge vom Anwendungsbereich der Sondervorschriften über den Verbrauchsgüterkauf erfasst werden sollen, so kann doch die Verweisung auf die genannten Vertragstypen nur so verstanden werden, dass sie dann erfasst werden sollen, wenn sie auf die Lieferung eines Gutes zum Zweck der Übereignung gerichtet sind. Dienstverträge im Sinne des deutschen Rechts (§ 611 BGB) sind daher nicht vom Anwendungsbereich der Umsetzungsvorschriften erfasst.[539]

Denkbar ist, die Vorschriften auf das Finanzierungsleasing (*leasing finanziario* oder *leasing traslativo*) anzuwenden. Während das *Operate*-Leasing (*leasing di godimento*) tatsächlich nur die bloße Geberauchsüberlassung zum Gegenstand hat und damit unzweifelhaft nicht in den Anwendungsbereich der Art. 1519-*bis* ff. *Cc* einbezogen ist obliegt beim Finanzierungsleasing die Wartungs- und Instandhaltung dem Leasingnehmer. Auch amortisieren sich die Gesamtkosteninvestitionen des Leasinggebers in der Regel vollständig, sodass das Eigentum letztlich nur formal im Sinne einer „Finanzierungssicherheit" (*garanzia del finanziamento*) beim Leasinggeber verbleibt, und damit dem Kaufvertrag näher ist als sonstige Verträge, die allein die Nutzungsüberlassung zum Inhalt haben.[540]

Hält man die Vorschriften der Art. 1519-*bis* ff. *Cc* für anwendbar[541], so ist es hinsichtlich der Frage, wer im Rahmen des Gewährleistungsanspruchs des Leasingnehmers Anspruchsgegner ist, von erheblicher Bedeutung ob es sich beim Leasingvertrag um einen trilateralen Vertrag zwischen Lieferant, Leasinggeber und Leasingnehmer oder um zwei voneinander unabhängige Verträge zwischen Lieferant und Leasinggeber sowie zwischen Leasinggeber und Leasingnehmer handelt.[542] Hier könnte die Vorschrift des Art. 1705 Abs. 2 *Cc* weiterhelfen, wonach der im eigenen Namen handelnde Vertreter selbst aus dem Schuldverhältnis verpflichtet wird. Überträgt man diesen Rechtsgedanken auf das Verhältnis von Leasingnehmer und Leasinggeber, so ist der Lieferant im Ergebnis von jeder Haftung gegenüber dem Verbraucher nach den Vorschriften der Art. 1519-*bis* ff. *Cc* befreit.[543] Notwendig ist, dass nach dem Vertrag zumindest der

---

538 Vgl. *Cian/Trabucchi*, Commentario breve, Art. 2222, I, 1.

539 Es ist daher falsch, dass in der Übersetzung der italienischen Umsetzungsvorschriften bei *Ferrante*, VuR 2003, 165 (166) der Begriff „*contratti di opera*" mit „Dienstvertrag" übersetzt wird.

540 *Zaccaria/De Cristofaro*, La vendita dei beni di consumo, S. 15, im Ergebnis auch *Ciatti*, Contr. e Impr./Europa 2000, 433 (439ss), *De Nova*, Riv. Dir. Priv. 2001, 759 (764), *Eccher/Schurr*, ZEuP 2003, 65 (70); *Hazan*, I contr. 2002, 391 (396), a.A. *De Nova*, L'acquisto di beni di consumo, Art. 1519-bis, S. 17.

541 So *Eccher/Schurr*, ZEuP 2003, 65 (71).

542 Zu dieser Problematik vgl. *Zaccaria/De Cristofaro*, La vendita dei beni di consumo, S. 15.

543 *Zaccaria/De Cristofaro*, La vendita dei beni di consumo, S. 15.

Wert des Verbrauchsgutes endgültig beim Verbraucher verbleibt, damit der Anwendungsbereich der Art. 1519-*bis* ff. *Cc* eröffnet ist.

Die Aufnahme des Tauschs in die von den Art. 1519-*bis* ff. *Cc* erfasste Vertragsgruppe macht deutlich, dass es anders als noch im Gesetzesentwurf *bozza Alpa/De Nova*[544], wonach sich der Anwendungsbereich der Umsetzungsvorschriften auf „jeden Vertrag, der die Übereignung eines Verbrauchsgutes gegen Entgelt zum Gegenstand hat" erstrecken sollte. Auf die Zahlung eines Entgelts sollte es nicht ankommen. Zwar wird der Tausch aus diesem Grund gerade aus dem Anwendungsbereich der VerbrGK-RL herausfallen, seine Aufnahme in den Anwendungsbereich der italienischen Umsetzungsvorschriften kann aber wohl kaum einen Verstoß gegen die Richtlinienvorgaben bedeuten. Neben der Eigentumsübertragung bleibt als Gegenstand des Tauschs als weiteres mit den im Übrigen genannten Vertragstypen gemeinsames Merkmal, dass es sich auch beim Tausch um einen gegenseitig verpflichtenden Vertrag handelt. Hieraus folgt gleichzeitig, dass die Schenkung i.S.d. Art. 1989 *Cc* als lediglich einseitig verpflichtendes Rechtsgeschäft aus dem Anwendungsbereich der Umsetzungsvorschriften ausgenommen ist.[545] Problematisch ist daher die Anwendbarkeit der Vorschriften der Art. 1519-*bis* ff. *Cc* auf Kaufverträge, die eine Prämie als Zugabe i.S.v. Vorspannangeboten für den Erwerb der Kaufsache vorsehen.

Wird die Prämie gleichzeitig mit der Kaufsache erworbenen, so handelt es sich nach herrschender Auffassung in der italienischen Literatur um zwei Vertragsabschlüsse. Der Vertrag über die Prämie ist wegen der Kaufpreiszahlung als Voraussetzung für den Erwerb der Prämie akzessorisch und damit entgeltlich, sodass die Vorschriften über Kaufverträge und damit auch die in den *Codice civile* neu eingefügten Vorschriften Anwendung finden müssen.[546] Erhält der Käufer die Prämie erst nach Erwerb der Kaufsache, wie dies bei so genannten „Treueprämien"[547] für in der Regel durch „Marken" nachgewiesene Käufe im Rahmen von Bonussystemen der Fall ist, so wird bei Abschluss des Kaufvertrages über die eigentliche Kaufsache lediglich die Chance, eine Prämie zu erhalten, erworben. Der Erwerb der Prämie stellt sich in diesem Fall als Schenkung i.S.d. Art. 1989 *Cc* dar[548] und fällt daher nicht in den Anwendungsbereich der Art. 1519-*bis* ff. *Cc.*[549]

Voraussetzung ist, dass die von Art. 1519-*bis* ff. *Cc* erfassten Verträge ein „Verbrauchsgut" zum Gegenstand haben. In Art. 1519-*bis* Abs. 2 b) *Cc* findet sich hierfür eine mit Art. 1 Abs. 2 b) VerbrGK-RL nahezu wortgleiche Definition.

---

[544] Gesetzesentwurf von Guido *Alpa* und Giorgio *De Nova*, veröffentlicht im Anhang von *De Nova*, L'acquisto di beni di consumo, S.233f.

[545] *Zaccaria/De Cristofaro*, La vendita dei beni di consumo, S. 10.

[546] Vgl. zu diesem Problemkreis *Cian/Trabucchi*, Commentario breve, Einf. zu Tit. II, VII.

[547] Hier werden dem Kunden für den nachgewiesenen Erwerb mehrer bestimmter Produkte Zugaben gewährt.

[548] *Cian/Trabucchi*, Commentario breve, sub Art. 1989 VI; *Ciatti*, Europa e Impr. 2000, 433 (436), *Greco/Cottino*, in: *Scialoja/Branca*, Commentario del Codice civile, 104f., *Manzini*, Contr. e Impr. 1986, 909 (932).

[549] *Zaccaria/De Cristofaro*, La vendita dei beni di consumo, S. 10.

Danach ist ein Verbrauchsgut jede bewegliche Sache mit Ausnahme von den in den Nummern 1 bis 3 genannten Gütern. Beweglich ist eine Sache gemäß Art. 812 Abs. 3 *Cc*, wenn sie nicht gemäß Art. 812 Abs. 1 und 2 *Cc* auf natürliche Weise oder künstlich mit dem Boden verbunden sind oder sofern es sich um schwimmende Bauwerke handelt, die nicht am Ufer befestigt sind. Es kommt nicht darauf an, ob es sich um eine vertretbare, zum Verzehr geeignete, nur allgemein oder konkret bestimmbare Sache handelt.[550] Verträge über Immobilien fallen indessen, auch wenn sie serienmäßig produziert werden, aus dem Anwendungsbereich der Umsetzungsvorschriften heraus.[551] Tiere, vorbehaltlich besondere Tierschutzbestimmungen als auch noch nicht existierende Sachen hingegen kommen durchaus als Vertragsgegenstand eines vom Anwendungsbereich erfassten Vertrages in Betracht.[552]

Der italienische Gesetzgeber stellt in Art. 1519-*bis* Abs. 2 b) *Cc* sogar klar, dass neben Verträgen über fertige Sachen ebenso Verträge über zusammenzusetzende Sachen (*mobili da assemblare*) vom Anwendungsbereich der Umsetzungsvorschriften erfasst werden. Insbesondere wird die Anwendbarkeit der Umsetzungsvorschriften nicht etwa dadurch ausgeschlossen, dass die Kaufsache gemäß Art. 815 *Cc* in einem öffentlichen Register eingetragen wurde.[553] Abweichend von Art. 818 *Cc* behält das Zubehör von unbeweglichen Sachen seine Eigenständigkeit, sodass Verträge über Zubehör ebenfalls vom Anwendungsbereich der Umsetzungsvorschriften erfasst werden.[554] Dem Begriff „Verbrauchsgut" (*bene di consumo*) im Rahmen der Art. 1516-*bis* ff. *Cc* soll hinsichtlich der Eigenschaften der Kaufsache keine einschränkende Bedeutung zukommen. Erforderlich ist, dass es sich im Zeitpunkt der Lieferung[555] um eine bewegliche Sache handelt. Auch Verträge über gebrauchte Sachen werden vom Anwendungsbereich der Umsetzungsvorschriften erfasst, was Art. 1519-*bis* Abs. 3 *Cc* klarstellt.

Gemäß Art. 1519-*bis* Abs. 2 b) Nr. 1 *Cc* sind in Übereinstimmung mit der VerbrGK-RL nur bewegliche Sachen dann nicht als Verbrauchsgüter zu qualifizieren, wenn sie aufgrund von Zwangsvollstreckungsmaßnahmen oder anderen gerichtlichen Maßnahmen verkauft werden. Die Vorschrift enthält darüber hinaus den gegenüber dem Richtlinientext erweiternden Zusatz: „auch dann, wenn sie durch einen Notar erfolgt". Dieser Formulierung kommt nur eine Klarstellungsfunktion zu, da der Richtlinientext vom Wortlaut her Güter ausschließt, die aufgrund von Zwangsvollstreckungsmaßnahmen oder anderen gerichtlichen Maßnahmen verkauft werden, unabhängig davon ob sich das Gericht oder die für

[550] *De Cristofaro*, Difetto di conformità, S. 25.
[551] *De Nova*, L'acquisto di beni di consumo, S. 18.
[552] *De Nova*, L'acquisto di beni di consumo, S. 18.
[553] *Zaccaria/De Cristofaro*, La vendita dei beni di consumo, S. 18.
[554] *Zaccaria/De Cristofaro*, La vendita dei beni di consumo, S. 24; *Ciatti*, Europa e Impr. 2000, 433 (446).
[555] *Zaccaria/De Cristofaro*, La vendita dei beni di consumo, S. 18; *Ciatti*, Europa e Impr. 2000, 433 (444).

Zwangsvollstreckungen zuständige Behörde anderer Personen beim Verkauf der Sache bedienen.

Befindet sich der Gläubiger in Annahmeverzug, kann der Schuldner bei verderblichen und auch bei solchen Sachen, deren Verwahrung besonders kostspielig ist, nach Art. 1211 *Cc* von einem Gericht dazu ermächtigt werden, die Sachen nach den Vorschriften über gepfändete Sachen zu veräußern. Auch auf diese Veräußerungsverträge sind die Umsetzungsvorschriften nicht anwendbar, was auch mit den Richtlinienvorgaben zu vereinbaren ist. In Abweichung von Art. 814 *Cc*, wonach auch natürliche Energien grundsätzlich als bewegliche Sachen gelten, wenn sie einen wirtschaftlichen Wert haben, bestimmt Art. 1519-*bis* Abs. 2 b) Nr. 2 *Cc* wortlautidentisch mit Art. 1 Abs. 2 b) Spiegelstrich 1 VerbrGK-RL, dass Wasser und Gas, wenn sie nicht in einem begrenzten Volumen oder in einer bestimmten Menge abgefüllt sind und gemäß Nr. 3 der Vorschrift entsprechend der Regelung in Art. 1 Abs. 2 b) Spiegelstrich 2 und 3 VerbrGK-RL auch Strom vom Anwendungsbereich der Umsetzungsvorschriften ausgenommen sind.

Anders als die VerbrGK-RL findet sich in Art. 1519-*bis* Abs. 2 Buchstab b) *Cc* keine Einschränkung auf körperliche Güter etwa i.S.d. Art. 810 *Cc*. Vom Anwendungsbereich des § 1-bis *Cc* werden daher auch Verträge über Softwareprodukte erfasst[556], was letztlich wohl der Grund dafür gewesen sein dürfte, von der einschränkenden Übernahme des Attributs „körperlich" (*materiale*) abzusehen.[557] Damit ist der Begriff des Verbrauchsgutes nach italienischem Recht weiter als nach der VerbrGK-RL.

b) Persönlicher Anwendungsbereich

Auch der persönliche Anwendungsbereich der Art. 1519-*bis* ff. *Cc* enthält Einschränkungen. Grundsätzlich ist nach Art. 1519-*bis* Abs. 1 *Cc* erforderlich, dass es sich um einen Verbrauchsgüterkaufvertrag handelt. Vertragsparteien eines Verbrauchsgüterkaufvertrages können nur ein Verbraucher und ein Verkäufer sein. Vom persönlichen Anwendungsbereich der Umsetzungsvorschriften erfasst sind insoweit zunächst nur Verbraucher und Verkäufer. Der Verbraucherbegriff ist in Art. 1519-*bis* Abs. 2 a) *Cc* durch eine Negativabgrenzung definiert.[558] Verbraucher ist danach jede natürliche Person, die bei Verträgen nach Absatz 1 der Vorschrift zu einem Zweck tätig wird, der nicht einer beruflichen oder unternehmerischen Tätigkeit zugerechnet werden kann. Die Vorschrift ist nahezu wortlautidentisch mit Art. 1469-*bis* Abs. 2 *Cc*, der den Verbraucherbegriff zur Bestimmung des

---

[556] *Zaccaria/De Cristofaro*, La vendita dei beni di consumo, S. 20; *Eccher/Schurr*, ZEuP 2003, 65 (68).

[557] *De Cristofaro*, Difetto di conformità, S. 42; *De Nova*, L'acquisto di beni di cosumo, S. 18.

[558] *Eccher/Schurr*, ZEuP 2003, 65 (67).

Anwendungsbereichs der zur Umsetzung der AGB-Richtlinie[559] 1996 neu eingefügten Vorschriften in den Art. 1469-*bis* bis 1469-*sexties Cc* [560] definiert.

Trotz der insoweit eindeutigen Formulierung „natürliche Personen" ist vielfach diskutiert worden, ob auch juristische Personen, wie etwa Kapital- oder Personengesellschaften, unter den Begriff des Verbrauchers subsumiert werden können.[561] Die Kontroverse geht im Wesentlichen auf die von vielen als ungerecht empfundene Anknüpfung der Inhaltskontrolle von Allgemeinen Geschäftsbedingungen an den „Status"[562] des Verbrauchers zurück, da sich auch juristische Personen unter Umständen in einer schwächeren Position gegenüber ihren Vertragspartnern befinden und daher gleichermaßen schutzwürdig sein können. Zu denken ist in diesem Zusammenhang insbesondere an Kleingewerbetreibende und gemeinnützige Vereine.[563] Aus diesem Grund – so eine nicht unbedeutende Anzahl an Stimmen in der italienischen Literatur – verstoße die Begrenzung der Inhaltskontrolle auf Verbraucher i.e.S. gegen den Gleichheitssatz in Art. 3 der italienischen Verfassung.[564]

Die italienische Rechtsprechung hat die Anwendung der Art. 1469-*bis* ff. *Cc* auf juristische Personen abgelehnt.[565] Damit ist sie der auf Vorlage einer Rechtssache durch ein italienisches Gericht durch den EuGH[566] ergangenen Entscheidung zur Auslegung des Verbraucherbegriffs im Anwendungsbereich der AGB-Richtlinie gefolgt. In der Entscheidung des italienischen Verfassungsgerichts zur Frage, ob die Beschränkung des Verbraucherbegriffs auf natürliche Personen gegen Art. 3 der italienischen Verfassung verstößt, wurde zur Begründung darauf hingewiesen, dass nur natürliche Personen typischerweise schutzwürdig seien.[567] Zur weiteren Begründung hat das Gericht ausgeführt, dass juristische Personen

---

559 Richtlinie 93/13/EWG des Rates vom 5.4.1993 über missbräuchliche Klauseln in Verbraucherverträgen (ABl. EG Nr. L 95 vom 21.04.1993, S. 29f.).

560 Gesetz Nr. 52 (*Disposizioni per l'adempimento di obblighi derivanti dall'appartenenza dell'Italia alle Comunità europee vom 6.2.1996*), Gazzetta Ufficiale della Repubblica Italiana vom 10.2.1996, Nr. 34, Supplemento ordinario, Nr. 24. Einen Überblick über das Gesetz bieten *Alpa*, The implementation of the EC Directive on unfair contract terms in Italy, 181f.; *Cian*, JbItalR 10 (1997), 55f.; *Micklitz/d'Usseaux*, ZEuP 1998, 104f.

561 Vgl. hierzu, *Baier*, Diss., S. 92f; *Rausch*, Diss., S. 96f.

562 Unter dem Schlagwort „*legislazione per status*" beschreibt die Lehre die Verschiebung der Systematik des italienischen Vertragsrechts. Differenzierte das italienische Vertragsrecht ursprünglich nach verschiedenen Vertragstypen und ging von einer Gleichheit der Parteien aus, so ist nunmehr verstärkt eine Ordnung nach dem „Status" der Vertragsparteien (Verbraucher, Unternehmer etc.) festzustellen, die unterschiedlich schutzwürdig sind.

563 Vgl. insbesondere *Roppo*, Riv. Dir. Civ. 1994, I, 277 (282).

564 So *Bin*, Contr. e Impr./Europa, 1996, 431 (437); *Griffi*, Rass. Dir. Civ. 1995, 345 (357), der von ungerechtfertigter Diskriminierung spricht. Zweifel an der Verfassungsmäßigkeit äußert auch *di Marzio*, Guist. Civ., 2001, I, 2125 (2157).

565 Vgl. nur Tribunale Firenze, Urt. v. 4.4.2001, Gius 2001, 2137.

566 EuGH, 22.11.2001, verb. Rs. C-541/99 und C-542/99 (Cape/Idealservice), Slg. 2001, I-9049f., dazu P. Mengozzi, La nozione di consumatore, la direttiva CEE 93/13 ed il diritto italiano, Contr. e Impr./Europa, 2002, 54f.

567 Corte costituzionale, 22.11.2002, n. 469, Giust. Civ. 2003, 290 (292).

regelmäßig durchaus in der Lage sind Verträge als gleichberechtigte Verhandlungspartner abzuschließen, da sie aufgrund ihrer wirtschaftlichen Tätigkeit über einen gegenüber natürlichen Personen erheblichen Erfahrungsvorsprung verfügen, weswegen auch eine Ungleichbehandlung von natürlichen und juristischen Personen gerechtfertigt ist.[568]

Es ist zu erwarten, dass diese Rechtsprechung ohne weiteres auf Art. 1519-*bis* Abs. 2 a) *Cc* übertragen wird, sodass auch hier ein engerer Verbraucherbegriff der Vorrang gebührt. Juristische Personen fallen demnach nicht in den Anwendungsbereich der Art. 1519-*bis* ff. *Cc*. Dies entspricht auch den Richtlinienvorgaben. Auch wenn aufgrund der Mindestschutzklausel in Art. 7 VerbrGK-RL eine Einbeziehung von juristischen Personen durchaus mit den Vorgaben der VerbrGK-RL zu vereinbaren ist, so kann doch die hier favorisierte Auslegung des Verbraucherbegriffs im Hinblick auf die mit der VerbrGK-RL angestrebte Rechtsvereinheitlichung als die in diesem Sinne effektivste betrachtet werden.

Anders als die VerbrGK-RL scheidet auch eine natürliche Person aus dem Anwendungsbereich der Umsetzungsvorschriften nicht nur dann aus, wenn sie den Vertrag nicht nur im Rahmen einer eigenen unternehmerischen oder beruflichen Tätigkeit abschließt. Vom Wortlaut her werden vielmehr solche Verträge über Verbrauchsgüter vom Anwendungsbereich des § 1-*bis Cc* ausgeschlossen, die irgendeiner unternehmerischen oder beruflichen Tätigkeit dienen. Auch Geschäfte, die zwar nicht der eigenen wohl aber der unternehmerischen Tätigkeit eines anderen dienen, werden scheinbar nicht erfasst. Gleiches gilt für Erwerbsgeschäfte, die einer künftigen unternehmerischen Tätigkeit dienen.[569] Die Vorschrift ist damit - vorausgesetzt eine solche am Wortlaut der Vorschrift orientierte Auslegung setzt sich durch - restriktiver gegenüber den Vorschriften der VerbrGK-RL.[570]

In der italienischen Literatur findet sich für den Verbraucherbegriff des Art. 1519-*bis* Abs. 2 a) *Cc* bereits eine erweiternde Auslegung. Nach dieser Auffassung ist ein Verbraucher eine Person die letztendlich zu einem persönlichen Nutzen oder aus persönlichem Interesse handelt und dabei nicht an seine unternehmerische oder berufliche Tätigkeit gebunden ist.[571] Der Schutz der Art. 1519-*bis* ff. *Cc* soll dem Verbraucher auch dann zu Gute kommen, wenn der Verbraucher den Vertrag zu persönlichen Zwecken abschließt, daneben aber auch berufliche oder unternehmerische Zwecke bei Vertragsabschluss von Bedeutung sind.[572] Es ist daher zu hoffen, dass sich die italienischen Gerichte dieser Auslegung, die sich bereits im

---

[568] Corte costituzionale, 22.11.2002, n. 469, Giust. Civ. 2003, 290 (292).

[569] *Eccher/Schurr*, ZEuP 2003, 65 (68).

[570] *Eccher/Schurr*, ZEuP 2003, 65 (68).

[571] *Zaccaria/De Cristofaro*, La vendita dei beni di consumo, S. 16.

[572] vgl. zu diesem Problemkreis *Fadda*, Contr. e Impr./Europa 2000, 410 (411s); für die Definition des Verbrauchers in Art. 1469-*bis* Cc, der das Recht der Allgemeinen Geschäftsbedingungen regelt; zustimmend *Cian/Trabucchi- Zaccaria*, Commentario breve, sub art. 1496-*bis*, I.

Rahmen der Auslegung von Art. 1469-*bis* Abs. 2 *Cc* angedeutet hat[573], anschließen und nur solche Verbrauchsgüterkäufe vom Anwendungsbereich der VerbrGK-RL ausnehmen, die nur der eigenen beruflichen oder unternehmerischen Tätigkeit des Verbrauchers dienen.

Ein weiterer Unterschied findet sich in der Formulierung hinsichtlich der Art der ausgeübten Tätigkeit bei Vertragsschluss. Die italienische Fassung der VerbrGK-RL verwendet die Formulierung „gewerbliche oder berufliche Tätigkeit" (*attività commerciale o professionale*), während sich der italienische Gesetzgeber für die Formulierung „unternehmerische oder berufliche Tätigkeit" (*attività imprenditoriale o professionale*) entschieden hat.[574] Die Wahl einer von der VerbrGK-RL abweichenden Formulierung wird man auf das auch bei der Formulierung der übrigen Umsetzungsvorschriften offensichtliche Bestreben des italienischen Gesetzgebers zurückführen können innerhalb des *Codice civile* einheitliche Begrifflichkeiten zu verwenden. Die Terminologie „beruflich oder unternehmerisch" wird bereits in Art. 1469-bis Abs. 2 Satz 2 *Cc* verwendet, der der Umsetzung von Art. 2 b) der AGB-Richtlinie dient und auch hier die Formulierung „beruflich oder gewerblich" ersetzen soll. Eine inhaltlich von den Richtlinienvorgaben abweichende Auslegung ist damit bislang nicht verbundenen gewesen.

Zu erörtern bleibt ob der Begriff der beruflichen Tätigkeit nur die Tätigkeit von Freiberuflern und Selbstständigen oder aber auch die Tätigkeit von Arbeitnehmern meint. Hier ist eine restriktive Auslegung vorzugswürdig. Der Schutzzweck der Art. 1519-*bis* ff. *Cc* entfaltet letztlich nur dann seine Wirkung im vollem Umfang, wenn alle Verträge über bewegliche Sachen eines Arbeitnehmers vom Anwendungsbereich der Umsetzungsvorschriften erfasst werden, es sei denn dass im Einzelfall nachgewiesen werden kann, dass der Vertrag zu unternehmerischen oder beruflichen Zwecken abgeschlossen wurde.[575]

Verkäufer ist nach Art. 1519-*bis* Abs. 2 c) *Cc* jede natürliche Person oder juristische Person des öffentlichen oder privaten Rechts, die zum Zwecke ihrer beruflichen oder unternehmerischen Tätigkeit Verträge im Sinne des Abs. 1 der Vorschrift abschließt also Verträge über Verbrauchsgüter. Diese Formulierung entspricht der Definition für „Unternehmer" im Sinne des den Anwendungsbereich der Vorschriften über Allgemeine Geschäftsbedingungen regelnden Art. 1469-*bis* Abs. 2 Satz 2 *Cc* und stimmt insoweit mit der Definition in Art. 1 Abs. 2 c) VerbrGK-RL überein.[576] Der Zusatz „des öffentlichen oder privaten Rechts" (*pubblica o privata*) zur Konkretisierung der vom Anwendungsbereich der Umsetzungsvorschriften erfassten juristischen Personen, der sich auch in Art. 1469-

573 Giudice di pace Civitanova Marche, 4.12.2001, Giust. Civ. 2002, 1188.

574 Die Übersetzung bei *Eccher/Schurr*, ZEuP 2003, 65 (68) und *Ferrante*, VuR 2003, 165 (166) ist insoweit ungenau, da sie den Begriff „imprenditoriale" ebenfalls mit „gewerblich" übersetzt.

575 *Zaccaria/De Cristofaro*, La vendita dei beni di consumo, S. 17.

576 *Zaccaria/De Cristofaro*, La vendita dei beni di consumo, S. 25.

bis Cc findet, dient nur der Klarstellung.[577] Eine zweite Abweichung findet sich bei der Konkretisierung der vom Verkäufer ausgeübten Tätigkeit, was ebenfalls inhaltlich keine Abweichung zu den Richtlinienvorgaben bedeuten kann. Art. 1519-bis Abs. 2 c) *Cc* verwendet die Terminologie „unternehmerische oder berufliche Tätigkeit“ (*attività imprenditoriale o professionale*) statt der Formulierung des italienischen Richtlinientextes „gewerbliche oder berufliche Tätigkeit“ (*attività commerciale o professionale*). Letztlich soll hierdurch wohl nur eine Verwechslung mit dem handelsrechtlichen Kaufmannsbegriff vermieden werden, sodass es durchaus sinnvoll ist, begrifflich von der VerbrGK-RL abzuweichen.[578]

In Anlehnung an Art. 1469-*bis Cc* wird man auch im Rahmen des Art. 1519-bis Abs. 2 c) *Cc* den Vertragspartner des Verbrauchers bereits dann als Verkäufer qualifizieren, wenn der Vertrag eine irgendwie geartete Verbindung zu seiner unternehmerischen oder beruflichen Tätigkeit aufweist.[579] Diese Auslegung entspricht auch den Richtlinienvorgaben. Gleichzeitig zwingt der italienische Gesetzgeber mit der Aufnahme des an der unternehmerischen oder beruflichen Tätigkeit ausgerichteten Verkäuferbegriffs dazu, die dem allgemeinem Kaufrecht zugrunde gelegten Vorstellungen über die am Vertrag beteiligten Personen für den Bereich des Verbrauchsgüterkaufes zu überdenken.[580] Während dem allgemeinen Kaufrecht des *Codice civile* die Vermutung zugrunde lag, bei dem Verkäufer handle es sich um einen Einzelhandelskaufmann, basiert der Kaufvertrag im Rahmen der Art. 1519-*bis* ff. *Cc* auf der Vorstellung, der Verkäufer sei ein professioneller Händler, der in eine Veräußerungskette eingebettet ist, wodurch für Abwägungsfragen hinsichtlich des Käufer- und Verkäuferinteresses eine neue Richtung vorgegeben wird.

c) Zeitlicher Anwendungsbereich

Der zeitliche Anwendungsbereich der Vorschriften wird durch Art. 2 des Dekrets festgesetzt. Nach Art. 2 Abs. 1 des Dekrets gelten die neuen Vorschriften nicht für Verträge, aufgrund welcher die Übergabe eines Verbrauchsgutes bereits vor In-Kraft-Treten des Dekrets am 23. März 2002 erfolgt ist. Der Vertragschluss als solcher reicht nicht aus um den Anwendungsbereich der neu eingefügten Vorschriften einzuschränken, da im Rahmen der Sachmängelgewährleistung auf den Zeitpunkt der Übergabe Bezug genommen wird.[581] Auch die Neuregelung der vertraglichen Garantie in Art. 1519-*septies* sind gemäß Art. 2 Abs. 2 des Dekrets bis Ende Juni 2002 nicht anwendbar, wenn die betroffenen Verbrauchsgüter bereits vor In-Kraft-Treten des Dekrets auf den Markt gebracht wurden. Zwar lässt die VerbrGK-RL den Mitgliedstaaten keine Art. 2 des Dekrets entsprechende Option

---

[577] Es ist nicht nachzuvollziehen, dass sich in der Literatur die Übersetzung findet: Öffentliche oder private Personen, die Formulierung „öffentlich oder privat“ bezieht sich vielmehr nur auf die juristische Person, a.A. aber *Eccher/Schurr*, ZEuP 2003, 65 (69).

[578] Buonpensiere in Rescigno (N. 76) Art. 1469-bis, Nr. 3.

[579] *Zaccaria/De Cristofaro*, La vendita dei beni di consumo, S. 25.

[580] *De Nova*, L'acquisto di beni di consumo, S. 18.

[581] *Gravante*, ELF 2002, S. 356 (357).

offen, da aber andere Mitgliedsstaaten obwohl mittlerweile nunmehr fast zwei Jahre seit Ablauf der Umsetzungsfrist vergangen sind, immer noch keine Vorschriften zur Umsetzung der VerbrGK-RL erlassen haben, ist wohl davon auszugehen, dass die EU die Vorschrift des Art. 2 des Dekrets dauerhaft toleriert.

2. Unabdingbarkeitspostulat und Umgehungsverbot

Art. 7 Abs. 1 VerbrGK-RL hat in Italien seine Umsetzung durch Art. 1519-*octies* *Cc* erfahren. Nach Art. 1519-*octies* Abs. 1 Satz 1 *Cc*, der den Titel „zwingender Charakter der Vorschriften" (*Carattere imperativo delle disposizioni*) trägt, ist jede Vereinbarung vor Mitteilung der Vertragswidrigkeit an den Verkäufer, die darauf gerichtet ist die in den Art. 1519-*bis* ff. *Cc* vorgesehenen Rechte - sei es auch nur indirekt - einzuschränken oder auszuschließen, nichtig. Von Art. 1519-*octies* Abs. 1 Satz 1 *Cc* sind neben einem Haftungsausschluss auch alle Vereinbarungen erfasst, welche die Durchführung und Durchsetzung der Rechte des Verbrauchers betreffen, wie etwa eine von Art. 1519-*sexies* *Cc* zulasten des Verbrauchers abweichende Verjährungs- oder Beweislastabrede.[582]

Während der Titel der Vorschrift der italienischen Sprachfassung des Art. 7 VerbrGK-RL wortgleich entnommen ist, hat der italienische Gesetzgeber in Art. 1519-*octies* Abs. 1 Satz 1 *Cc* für die von der Regelung erfassten „Vereinbarungen" nicht den Begriff *accordi* aus der italienischen Sprachfassung des Art. 7 VerbrGK-RL übernommen sondern sich für den Begriff *patti* entschieden und darauf verzichtet auch auf Vertragsklauseln Bezug zu nehmen. Der Grund für diese Abweichung dürfte wohl darin zu sehen sein, dass der Begriff *accordi* bereits im Rahmen des Art. 1321 *Cc* verwendet wird. Hier aber meint der Begriff *accordi* die für den Vertragsschluss erforderliche Einigung, die gemäß Art. 1326 *Cc* durch Angebot und Annahme zustande kommt. Ohne eine ausdrückliche Bezugnahme auf Vertragsklauseln bliebe daher die Übernahme des Begriffs *accordi* unter Zugrundelegung seiner einheitlichen Auslegung innerhalb des *Codice civile* hinter den Richtlinienvorgaben zurück. Anders hingegen der Begriff *patti*, der sich in Art. 1229 und Art. 1490 Abs. 2 *Cc* findet. Nach Art. 1229 *Cc* ist „jede Vereinbarung" (*qualsiasi patto*) nichtig, wonach die Haftung des Schuldners für Vorsatz und grobe Fahrlässigkeit im Voraus ausgeschlossen oder beschränkt wird. Der Begriff *patti* umfasst auch Vertragsklauseln. Die von der VerbrGK-RL abweichende Formulierung in Art. 1519-*octies* Abs. 1 Satz 1 *Cc* erfasst damit sowohl Individualvereinbarungen als auch Bestimmungen in Allgemeinen Geschäftsbedingungen, ohne dass es einer ausdrücklichen Bezugnahme auf Vertragsklauseln bedurfte.[583]

In Art. 1519-*octies* Abs. 1 Satz 1 *Cc* heißt es „Jede Vereinbarung vor Mitteilung (der Vertragswidrigkeit) an den Verkäufer ist nichtig (...)", während Art. 7 Abs. 1 VerbrGK-RL formuliert „(...) Vereinbarungen mit dem Verkäufer, bevor ihm der Mangel bekannt gegeben wurde (*prima che gli sta notificato*), binden den Verbraucher nicht.". Bei einer *comunicazione* handelt es sich um irgendeine

582 *Zaccaria/De Cristofaro*, La vendita dei beni di consumo, S. 139.
583 *De Nova-Putti*, L'aquisto di beni di consumo, Art. 1519-*octies* 10.2.1.

Mitteilung, während an die Voraussetzungen einer *notificazione* nach juristischem Sprachverständnis erhöhte Anforderungen zu stellen sind.[584] Um zu vermeiden, dass die Mitteilung eine eigenständige Bedeutung erhält, sondern nur als zeitliches Kriterium für die Nichtigkeit einer Vereinbarung dient, ist daher die Wahl des italienischen Gesetzgebers des Begriffs *comunicazione* durchaus sachgerecht.

Eine Ausnahme vom Unabdingbarkeitspostulat des Art. 1519-*octies* Abs. 1 *Cc* findet sich in Abs. 2 des Art. 1519-*octies Cc* für die Verjährungsfrist. Der italienische Gesetzgeber hat damit von der ihm durch Art. 7 Abs. 1 Satz 2 VerbrGK-RL eingeräumten Option Gebrauch gemacht die Verjährungsfrist – wenn auch nur begrenzt - zur Disposition der Parteien zu stellen. Nach dem Wortlaut der Vorschrift kann die Verjährungsfrist für die Ansprüche des Verbrauchers nach Art. 1519-*sexies Cc* bei Vertragswidrigkeit gebrauchter Güter bis auf ein Jahr reduziert werden. Art. 1519-*octies* Abs. 2 *Cc* normiert eine Ausnahme vom zwingenden Charakter der Vorschriften für die Verjährung von Ansprüchen bei Verträgen über gebrauchte Güter. Damit ist Art. 1519-*sexies* Abs. 1 *Cc* bei Verträgen über gebrauchte Güter dispositiv. Eine Vereinbarung über die Verjährungsfrist kann sowohl durch Individualvereinbarung als auch durch Allgemeine Geschäftsbedingungen erfolgen. Selbst wenn aber eine Verkürzung der Verjährungsfrist in Allgemeinen Geschäftsbedingungen vereinbart wird, so gelangen dadurch nicht die Vorschriften über missbräuchliche Vertragsklauseln der Art. 1469-*bis* ff. *Cc* zur Anwendung. Machen die Parteien von Art. 1519-*octies* Abs. 2 *Cc* Gebrauch, so stellt dies - wie gezeigt - keine Abweichung vom Gesetzesrecht dar. In diesem Fall aber ist der Anwendungsbereich der Art. 1469-*bis* ff. *Cc* nicht gegeben.[585] Eine Ausnahme zu Art. 1469-*quinquies* Abs. 3 Nr. 2 *Cc* bedeutet Art. 1519-*octies* Abs. 2 *Cc* nicht.[586]

Auch hinsichtlich der Rechtsfolge weicht die italienische Fassung von Art. 7 VerbrGK-RL ab. Rechtsfolge eines Verstoßes gegen Art. 1519-*octies* Abs. 1 Satz 1 *Cc* ist die Nichtigkeit der Vereinbarung (*è nullo*), während eine Vereinbarung bei Verstoß gegen Art. 7 VerbrGK-RL „nicht bindend“ ist. Der italienische Gesetzgeber hat in der Gesetzesbegründung zum Umsetzungsgesetz darauf hingewiesen, dass der Begriff „Nichtigkeit“ (*nullità*) genauso auszulegen ist wie der Begriff „Unwirksamkeit“ (*inefficacia*) im Rahmen von Art. 1469-*quinquies Cc*. Er hat hierzu ausgeführt, dass die Unwirksamkeit nur die unmittelbare Folge eines Verstoßes gegen zwingende Normen sei, die Nichtigkeit lediglich die durch das Gesetz angeordnete qualifizierte Rechtsfolge.[587] Eine inhaltliche Abweichung zu den Vorgaben der VerbrGK-RL dürfte daher mit der Wahl der Nichtigkeit als Rechtsfolge einer im Widerspruch zu Art. 1519-*octies* Abs. 1 Satz 1 *Cc* stehenden Vereinbarung nicht verbunden sein.[588]

---

584 *De Nova-Putti*, L'aquisto di beni di consumo, Art. 1519-*octies* 10.2.1.

585 Vgl. hierzu *Micklitz/ d'Usseaux*, in ZEuP 1998, 104 (109).

586 So aber *Zaccaria/De Cristofaro*, La vendita dei beni di consumo, S. 137.

587 *De Nova-Putti*, L'aquisto di beni di consumo, Art. 1519-*octies* 10.1

588 Vgl. zur Richtlinienkonformität der Nichtigkeit als Rechtsfolge oben.

Der italienische Gesetzgeber wollte vielmehr sicherstellen, dass die Vereinbarung überhaupt keine Wirkung entfaltet und nicht etwa im Wege der geltungserhaltenden Reduktion im Umfang des noch im Einklang mit Art. 1519-*octies* Abs. 1 Satz 1 *Cc* stehenden Teils der Vereinbarung aufrecht erhalten wird.[589] Dies bedeutet nicht, dass der Vertrag im Übrigen nichtig ist. Art. 1418 Abs. 1 *Cc* bestimmt nämlich, dass der Vertrag bei einem Verstoß gegen zwingende Normen nur dann in vollem Umfang nichtig ist, wenn das Gesetz nichts Anderes bestimmt. Gerade eine solche Bestimmung aber enthält Art. 1419 *Cc*. Nach Abs. 1 der Vorschrift tritt nur eine Teilnichtigkeit oder die Nichtigkeit einzelner Vertragsbestimmungen ein, wenn die Parteien den Vertrag auch ohne den nichtigen Teil abgeschlossen hätten. Darüber hinaus führt die Nichtigkeit einzelner Vertragsbestimmungen gemäß Abs. 2 der Vorschrift auch dann nicht zur Nichtigkeit des ganzen Vertrages, wenn sie durch zwingende Vorschriften ersetzt werden können, wie es im Rahmen eines Verbrauchsgüterkaufes der Fall ist.

Diese Auffassung wird durch die Vorschrift des Art. 1339 *Cc* gestützt. Danach werden zwingende Bestimmungen automatisch Vertragsinhalt und zwar auch dann, wenn sich ihr Regelungsbereich mit den Vertragsbedingungen der Parteien überschneiden. Der Vertrag als solcher bleibt von der Nichtigkeit einer vor Mitteilung der Vertragswidrigkeit getroffenen Vereinbarung unberührt und wird durch die zwingenden Bestimmungen der Art. 1519-*bis* ff. *Cc* ergänzt.[590] Es handelt sich insoweit um eine „begrenzte" Nichtigkeit.[591]

Gemäß Art. 1519-*octies* Abs. 1 Satz 2 *Cc* kann die Nichtigkeit einer Vereinbarung „nur vom Verbraucher geltend gemacht werden" (*La nullità può essere valere solo dal consumatore*) und „von Amts wegen festgestellt werden" (*può essere rilevata d'ufficio dal giudice*). Die ausdrückliche Nennung des Verbrauchers als Berechtigten war deswegen erforderlich, weil gemäß Art. 1421 *Cc* vorbehaltlich anderer gesetzlicher Regelungen grundsätzlich jeder, der ein Interesse daran hat, eine Klage auf Feststellung der Nichtigkeit geltend machen kann. Die Bedeutung der zweiten Einschränkung scheint indessen vom Wortlaut her zunächst unklar. Will man Satz 2 als Ausdruck des Prinzips sehen, dass nur der Verbraucher die Unwirksamkeit solcher Vereinbarungen geltend machen kann, so wäre dies mit der in Satz 2 ebenfalls verankerten Regel der Feststellung von Amts wegen unvereinbar. Dieses Problem ist dem italienischen Recht nicht unbekannt. So bestimmt auch Art. 1421 *Cc*, dass die Nichtigkeit vorbehaltlich anderer gesetzlicher Regelungen von Amts wegen festgestellt werden kann.

Die Rechtsprechung hat in diesem Zusammenhang darauf hingewiesen, dass die in Art. 1421 *Cc* vorgesehene Feststellung von Amts wegen mit den allgemeinen Verfahrensgrundsätzen der Zivilprozessordnung zu koordinieren sei. So müsse Art. 1421 *Cc* mit dem in Art. 99 *Codice di procedura civile* verankerten Antragsgrundsatz, mit der Dispositionsmaxime, dem Verhandlungsgrundsatz nach Art. 112

[589] *De Nova-Putti*, L'aquisto di beni di consumo, Art. 1519-*octies* 10.1.

[590] *De Nova-Putti*, L'aquisto di beni di consumo, Art. 1519-*octies* 10.2.2.

[591] *De Nova-Putti*, L'aquisto di beni di consumo, Art. 1519-*octies* 10.2.2.

Abs. 1 *Codice di procedura civile* und dem in Art. 115 *Codice di procedura civile* normierten Beibringungsgrundsatz dergestalt in Einklang gebracht werden, dass nur dann die Feststellung der Nichtigkeit von Amts wegen zulässig ist, wenn die Parteien sich auch tatsächlich auf die Anwendbarkeit eines nichtigen Vertrages oder Vertragsteils berufen.[592] Überträgt man diesen Grundsatz auf die Vorschrift des Art. 1519-*octies* Abs. 1 Satz 2 *Cc*, so kann eine Feststellung von Amts wegen nur erfolgen, wenn sich der Verkäufer auf die Vereinbarung beruft.

Dass überhaupt eine Feststellung der Nichtigkeit von Amts wegen vom Gesetzgeber vorgesehen ist, ergibt sich wiederum aus Art. 115 Abs. 2 *Codice di procedura civile*, wonach der Richter seinem Urteil die Tatsachen zugrunde legen kann, die nach allgemeiner Lebenserfahrung zu erwarten sind. Diese Regelung umfasst auch die Kenntnis von der Nichtigkeit einer Vereinbarung. Letztlich steht die Feststellung der Nichtigkeit von Amts wegen auch im Dienste des Verbrauchers. Verkennt der Verbraucher etwa die Nichtigkeit einer Vereinbarung, so kann sie zumindest durch den Richter festgestellt werden. Durch Satz 2 der Vorschrift soll nur sichergestellt werden, dass nicht etwa der Verkäufer die Nichtigkeit der Vereinbarung geltend machen kann und sich damit rechtsmissbräuchlich verhält. Dies entspricht auch den Vorgaben des Art. 7 Abs. 1 VerbrGK-RL, wonach Vertragsklauseln und Vereinbarungen nur für den Verbraucher nicht bindend sind.

Aus einem Umkehrschluss zu Art. 1519-*octies* Abs. 1 Satz 1 *Cc* folgt, dass nach Mitteilung der Vertragswidrigkeit an den Verkäufer getroffene Vereinbarungen, wodurch die Rechte des Verbrauchers eingeschränkt oder ausgeschlossen werden, grundsätzlich zulässig sind.[593] Sie unterliegen den allgemeinen Vorschriften. Hervorzuheben ist hier die Vorschrift des Art. 1490 *Cc*, wonach eine Vereinbarung keine Wirkung entfaltet, wenn der Verkäufer den Mangel der Kaufsache arglistig verschwiegen hat. Zweifelhaft könnte sein, ob auch Art. 1469-*quinquies* Abs. 2 Nr. 2 *Cc* Anwendung findet. Danach sind Bestimmungen in Allgemeinen Geschäftsbedingungen, wodurch die Ansprüche des Verbrauchers wegen Nicht- oder Schlechterfüllung gegen den Unternehmer ausgeschlossen oder eingeschränkt werden, auch dann unwirksam, wenn sie zwischen den Parteien ausgehandelt wurden.

In diesem Zusammenhang muss zunächst Art. 1469-*bis* Abs. 3 Nr. 2 *Cc* Berücksichtigung finden. Nach dieser Vorschrift wird vermutet, dass eine Bestimmung in Allgemeinen Geschäftsbedingungen, wonach die Rechte des Verbrauchers bei teilweiser oder vollständiger Nichterfüllung oder bei einer Schlechtleistung eingeschränkt oder ausgeschlossen werden, unwirksam ist. Auch Vereinbarungen über die Rechte des Verbrauchers aus Art. 1519-*quarter* Abs. 2 *Cc* werden erfasst. Die Formulierung „es wird vermutet“ (*si presumono*) zeigt, dass es sich im Rahmen des Art. 1469-*bis* Abs. 3 Nr. 2 *Cc* nicht um eine zwingend angeordnete Rechtsfolge

---

592 Corte Cass., Urt. v. 10.10.1997, Nr. 9877, in: Foro it. Rep. 1997, Stichwort „Contratto in genere“, Nr. 480.

593 *Zaccaria/De Cristofaro*, La vendita dei beni di consumo, S. 135.

handelt. Kann der Verkäufer etwa nachweisen, dass es sich um eine Individualvereinbarung handelt oder dass der Verbraucher zum Ausgleich andere Vorteile erhalten hat, so greift die Vermutungswirkung nicht. Art. 1469-*quinquies* Abs. 3 Nr. 2 *Cc* aber legt die Unwirksamkeit der Vertragsklauseln in denselben Fällen zwingend fest.[594] Diese Koordinationsprobleme mit Art. 1469-*bis* Abs. 3 Nr. 2 *Cc* sind in der italienischen Literatur zugunsten von Art. 1469-*quinquies* Abs. 2 Nr. 2 *Cc* gelöst worden, sodass für Art. 1469-*bis* Abs. 3 Nr. 2 *Cc* nur ein sehr kleiner Anwendungsbereich bleibt.[595]

Vereinbarungen in Allgemeinen Geschäftsbedingungen, wonach die Ansprüche des Verbrauchers wegen Nicht- oder Schlechterfüllung gegen den Unternehmer ausgeschlossen oder eingeschränkt werden, sind nach italienischem Recht immer unwirksam. Ob Art. 1519-*octies* Abs. 1 Satz 1 *Cc* hiervon eine Ausnahme macht, muss wohl letztlich durch die Rechtsprechung entschieden werden. Nach dem bloßen Wortlaut der Vorschriften verhalten sich beide Vorschriften komplementär zueinander.[596] Zu berücksichtigen ist, dass der italienische Gesetzgeber sich für den Begriff *patti* statt *accordi* entscheiden hat, um Vereinbarungen in Allgemeinen Geschäftsbedingungen entsprechend den Vorgaben des Art. 7 VerbrGK-RL der Vorschrift des Art. 1519-*octies* Abs. 1 *Cc* zu unterwerfen. Eine richtlinienkonforme Auslegung spricht daher für die Anwendung von Art. 1519-*octies* Abs. 1 Satz 1 *Cc*.

Um eine Umgehung des Unabdingbarkeitspostulats durch einen Rückgriff auf Rechtsordnungen, die keinen entsprechenden Schutz des Verbrauchers vorsehen, zu vermeiden und damit den Vorgaben von Art. 7 Abs. 2 VerbrGK-RL nachzukommen findet sich in Art. 1519-*octies* Abs. 3 *Cc* eine die Regelung in Abs. 1 der Vorschrift ergänzende IPR-Klausel. Danach ist die in einer Vertragsklausel enthaltene Wahl des rechts eines Nicht-EU-Staates nichtig, wenn dadurch dem Verbraucher der durch die Art. 1519-*bis* ff. *Cc* gewährte Schutz entzogen wird. Voraussetzung ist, dass der Vertrag einen engen Zusammenhang mit dem Gebiet einer der Mitgliedstaaten der Europäischen Union aufweist. Die Vorschrift erfasst nicht nur Rechtswahlklauseln im eigentlichen Sinn, sondern auch solche Klauseln, durch die dem Vertrag ein anderes Verständnis als nach Art. 1519-*octies* Abs. 3 *Cc* über die Frage, wann ein enger Zusammenhang mit dem Gebiet einer der Mitgliedstaaten der Europäischen Union vorliegt, zugrunde gelegt werden soll.[597] Unter Berücksichtigung des hier geltenden Grundsatzes der richtlinienkonformen Auslegung muss hier auf die Auslegung zu Art. 7 Abs. 2 VerbrGK-RL zurückgegriffen werden.

---

594 *Cian/Trabucchi-Zaccaria*, Commentario breve, Art. 1496-*quinquies* II.
595 *Cian*, in: JbItalR, Band 10, S. 55 (63).
596 *Zaccaria/De Cristofaro*, La vendita dei beni di consumo, S. 135.
597 *De Nova-Putti*, L'aquisto di beni di consumo, Art. 1519-*octies* Rn. 10.4.

3. Mindestschutzklausel

Art. 1519-*nonies Cc* übernimmt die Regelung des Art. 8 Abs. 1 VerbrGK-RL. Danach sind nur solche Vorschriften anzuwenden, die keine zu den Vorschriften der Art. 1519-*bis* ff. *Cc* abweichende Regelung vorsehen.[598] Art. 1492 *Cc* wird ohnehin hinsichtlich des Minderungs- und Vertragsauflösungsrechts im Wege der Spezialität verdrängt. Gleiches gilt für Schadensersatzansprüche des Auftraggebers im Rahmen eines Geschäftsbesorgungsvertrages (Art. 1668 Abs. 1 *Cc*) und des Bestellers im Rahmen eines Werkvertrages (Art. 2224 *Cc*). Relevant wird Art. 1519-*nonies Cc* in Bezug auf die nicht in den Art. 1519-*bis* ff. *Cc* geregelten Schadensersatzansprüche, insbesondere aus Art. 1494 *Cc*.[599] Die Tatsache, dass der Verkäufer im Rahmen eines Verbrauchsgüterkaufvertrages gemäß Art. 1519-*ter* Abs. 1 *Cc* zur Lieferung vertragsgemäßer Güter verpflichtet ist, steht dem Schadensersatzanspruch nicht entgegen.[600] Zumal ein Anspruch auf Schadensersatz geltend gemacht werden kann, wenn der Verbraucher die in Art. 1519-*quarter Cc* genannten Rechte, Nacherfüllung, Minderung und Vertragsauflösung, nicht geltend machen kann.[601]

Anders als die Geltendmachung der Rechte nach Art. 1519-*quarter Cc* reicht die Vertragswidrigkeit für Schadensersatzansprüche nicht aus. Art. 1494 *Cc* erfordert ein Verschulden (*culpa*) des Verkäufers hinsichtlich der Kenntnis der Mangelhaftigkeit und Art. 1668 *Cc* ein Verschulden des Werkunternehmers. Nach den allgemeinen Regeln für die Nichterfüllung ist die Beweislast hinsichtlich des Verschuldens gemäß Art. 1218 *Cc* zugunsten des Käufers bzw. Bestellers umgekehrt. Der Anspruch auf Schadensersatz ist damit denselben Begünstigungen wie das Nacherfüllungs-, Rücktritts- und Minderungsrecht des Verbrauchers unterstellt, sodass insoweit ein Gleichlauf der Neuregelung mit den allgemeinen Vorschriften besteht.

Nicht nur die Frist für die Mängelanzeige von 8 Tagen nach Art. 1495 *Cc* sondern auch die auf den Schadensersatzanspruch aus Art. 1494 *Cc* anzuwendende Verwirkungs- und Verjährungsfrist des Art. 1495 *Cc* ist erheblich kürzer. Sachgerecht ist dies nicht.[602] Letztlich ist es nicht zwingend der Verkäufer, der von dieser Ungleichbehandlung hinsichtlich der Verwirkung- und Verjährungszeit profitiert. Ein Rücktritt etwa kurz vor Ablauf der Zweijahresfrist nach Art. 1519-*sexies Cc* kann den Verkäufer, etwa bei Saisonware, stärker belasten als ein Schadensersatzanspruch. Es wäre daher durchaus im Interesse beider Parteien im Rahmen eines Verbrauchsgüterkaufes einheitliche Verjährungs- und Verwirkungsfristen zu schaffen selbst wenn dies von der VerbrGK-RL nicht gefordert wird.

---

598 *Zaccaria/De Cristofaro*, La vendita dei beni di consumo, S. 140.

599 *Luminoso*, Contr. e Impr./Europa 2001, 83 (93f); *Ruscello*, Stud. Iur. 2001, 832 (843); *Lodolini*, Europa e dir. priv. 1999, 1275 (1294).

600 *Zaccaria/De Cristofaro*, La vendita dei beni di consumo, S. 143.

601 *Zaccaria/De Cristofaro*, La vendita dei beni di consumo, S. 142.

602 *Zaccaria/De Cristofaro*, La vendita dei beni di consumo, S. 146.

Teilweise wird in der italienischen Literatur bereits jetzt schon die ausschließliche Anwendbarkeit des Art. 1519-*sexies Cc* im Rahmen von Verbrauchsgüterkaufverträgen hinsichtlich der Verjährung aller also auch der Schadensersatzansprüche, vertreten.[603] Gleiches müsste dann im Rahmen von Verbrauchsgüterkaufverträgen auch für die Verjährung von Schadensersatzansprüchen nach Art. 1668 und Art. 2224 *Cc* gelten. Ein Verstoß gegen die VerbrGK-RL würde die Beibehaltung einer kürzeren Anzeige- und Verjährungsfrist indessen nicht bedeuten.

Mit den Vorgaben der VerbrGK-RL nicht zu vereinbaren ist hingegen die Tatsache, dass der Schadensersatzanspruch des Verbrauchers grundsätzlich neben dem Nacherfüllungsanspruch geltend gemacht werden kann. Den Inhalt von vertraglichen Schadensersatzansprüchen regeln die Vorschriften der Art. 1223, 1226 und 1227 *Cc*. Art. 1223 *Cc* bestimmt, dass der Anspruch anders als nach der im Deliktsrecht geltenden Vorschrift des Art. 2058 *Cc*, wonach der Geschädigte ausschließlich Naturalrestitution (*risarcimento in forma specifica*) verlangen kann, sowohl den erlittenen Verlust (*danno emergente*) als auch den entgangenen Gewinn (*lucro cessante* oder *mancato guadagno*) umfasst.[604]

Durch die Möglichkeit des Verbrauchers, den Schadensersatzanspruch aus Art. 1494 *Cc* unabhängig von sonstigen Gewährleistungsrechten geltend zu machen, kann er das mit dem vorrangig geltend zu machenden Nacherfüllungsanspruch korrespondierende Nacherfüllungsrecht des Verkäufers unterlaufen. Nach der Rechtsprechung des Kassationsgerichtshofes[605] kann die Mangelhaftigkeit einer Sache selbst als Schaden qualifiziert werden, was das Risiko einer Umgehung des Vorrangs der Nacherfüllung noch verstärkt. Zwar liegt hierin durchaus eine im Rahmen des Art. 8 Abs. 2 VerbrGK-RL zulässige Besserstellung des Verbrauchers.

Das von der VerbrGK-RL zur Rechtfertigung der Verbraucherrechte vorgesehene Ausgleichssystem durch die Einschränkungen des Stufenverhältnisses der Gewährleistungsrechte wird dadurch weitestgehend ausgehöhlt. Die in der Literatur[606] zur Lösung dieses Problems teilweise vertretene Auffassung, der Schadensersatzanspruch müsse sich im Rahmen eines Verbrauchsgüterkaufs analog Art. 2058 *Cc* auf einen Anspruch auf Naturalrestitution reduzieren, verdient keinen Beifall. Ziel der Art. 1519-*bis* ff. *Cc* ist nicht, die Käuferrechte nach allgemeinem Kaufrecht im Rahmen eines Verbrauchsgüterkaufes zu beschränken. Art. 1519-*nonies Cc* macht deutlich, dass eine Beschränkung nur dann gewollt ist, wenn die Rechte des Verbrauchers mit einer Regelung in Konflikt gerät. Denkbar ist, dass Art. 1495 *Cc* künftig so auszulegen, dass es an einem haftungsbegründenden Schaden fehlt, wenn dem Verbraucher ein Nacherfüllungsrecht zur Seite steht.[607] Auch nach italienischem Recht liegt ein Schaden erst dann vor, wenn es sich um

---

603 *Ruscello*, Stud. Iur. 2001, 832 (843); a.A. *Hazan*, I contr. 2002, 391 (404).

604 Vgl. zum italienischen Schadensersatzrecht: *Magnus/ Wurmnest*, Casebook, S. 275f und 337f.

605 Cass. civ., Urt. v. 25.10.1974, Giust. civ. 1974, 1388f.

606 *Eccher/Schurr*, ZEuP 2003, 65 (72).

607 *Zaccaria/De Cristofaro*, La vendita dei beni di consumo, S. 145; *Di Majo*, Europa e dir. priv. 2002, 1 (13f).

eine endgültige Vermögenseinbuße handelt, die aber solange zu verneinen sein wird, wie dem Verbraucher ein Nacherfüllungsanspruch zur Seite steht.[608]

Der verschuldensabhängige Anspruch auf Vertragsaufhebung aus Art. 1453 *Cc* wegen Nichterfüllung kann nur eingeschränkt geltend gemacht werden. Besteht die Nichterfüllung in einer Schlechtleistung, so haben die Art. 1519-*quarter Cc* Vorrang. Gleiches gilt für den Anspruch des Verbrauchers im Rahmen eines Kaufes auf Probe (*vendita su campione*) nach Art. 1522 *Cc*, auf den die allgemeinen Vorschriften der Art. 1495 *Cc* Anwendung findet. Zu Berücksichtigen bleiben im übrigen die Einrede der Nichterfüllung nach Art. 1460 *Cc*, die auch im Rahmen eines Verbrauchsgüterkaufvertrages erhoben werden kann[609], und das Recht, die Erfüllung gemäß Art. 1461 *Cc* unter bestimmten Voraussetzungen zu unterbrechen. Bei einem Werkvertrag steht dem Besteller für den Fall, dass der Werkunternehmer verspätet leistet, ein Rücktrittsrecht nach Art. 2224 *Cc* zur Seite. Dem Verbraucher stehen neben den Rechten aus Art. 1519-*quarter Cc* auch außervertragliche Schadensersatzansprüche zur Seite. Das Deliktsrecht ist nach ganz überwiegender Auffassung grundsätzlich immer als ein vom Vertragsrecht unabhängiges Rechtsgebiet zu behandeln.[610]

IV. Rechtsvergleich

Zur Umsetzung der VerbrGK-RL haben sich sowohl Deutschland als auch Italien für eine Integration der Richtlinienvorgaben in ihre Zivilgesetzbücher, das BGB und den *Codice civile*, entschieden. Während sich Deutschland für eine umfassende Neugestaltung des Gewährleistungsrechts und damit für die so genannte „große Lösung“ entschieden hat, sodass die Regelungen der VerbrGK-RL zum Vorbild auch für das allgemeine Kaufrecht erhoben worden sind, und nur einige wenige Sondervorschriften über den Verbrauchsgüterkauf vorgesehen hat, hat der italienische Gesetzgeber die Vorschriften der Richtlinie in einem eigenen Normenkomplex nahezu wortlautidentisch in den *Codice civile* eingefügt und damit allen Umsetzungsvorschriften den Charakter von Sonderbestimmungen verliehen. Gegen eine solche sondergesetzliche Umsetzung der Verbrauchsgüterrichtlinie in Deutschland sprach, dass sie das Nebeneinander von vier unterschiedliche Kaufrechten zur Folge gehabt hätte: Ein Verbrauchsgüterkaufrecht, dessen Anwendungsbereich auf Verträge zwischen Verbrauchern und Gewerbetreibenden beschränkt wäre, das auf Verträge zwischen Gewerbetreibenden im internationalen Handelsverkehr anwendbare CISG, das für den inländischen Handelskauf geltende HGB (in Verbindung mit dem BGB) und das BGB einschließlich seiner zahlreichen Nebengesetze.[611]

Der deutsche Gesetzgeber hat daher nur die Art. 4 (Regress), Art. 5 Abs. 3 (Beweislast), Art. 6 Abs. 2 bis 5 (formelle Anforderungen an Garantien) und Art. 7 VerbrGK-RL (Unabdingbarkeitsklausel) in Sondervorschriften umgesetzt. Die

---

608 *Di Majo*, Europa e dir. priv. 2002, 1 (13f).

609 *Amadio*, Riv. dir. civ. 2001, I, 863 (905).

610 *Bianca*, La vendita e la permuta, S. 984f.

611 *Schlechtriem*, JZ 1997, 441; *Schäfer/Pfeiffer*, ZIP 1999, 1829 (1831); *Ehmann/Rust*, JZ 1999, 853 (854).

Richtlinienvorgaben des Art. 2 VerbrGK-RL zur Bestimmung der Vertragsmäßigkeit, welche die Rechtsbehelfe des Verbrauchers regelnde Vorschrift des Art. 3 VerbrGK-RL und die Vorgaben des Art. 5 Abs. 1 VerbrGK-RL, der die Verjährung regelt, finden sich hingegen im allgemeinem Kaufrecht des BGB.

In Italien stellte sich indessen das umgekehrte Problem. Seit In-Kraft-Treten des *Codice civile* von 1942 gibt es in Italien kein Handelsrecht im Sinne eines Sonderprivatrechts des Handels mehr. Die bis dahin im *Codice di commercio* von 1882 enthaltenen Sondervorschriften für Handelsgeschäfte wurden mit der Aufnahme in den *Codice civile* Grundlage der allgemeinen kaufrechtlichen Vorschriften. Während in Deutschland das HGB und das BGB zusammenwirken müssen, gilt dies in Italien für die Vorschriften des allgemeinen Kaufrechts und der neu geschaffenen Vorschriften über den Verbrauchsgüterkauf. Daher war es dem italienischen Gesetzgeber auch möglich die von der VerbrGK-RL vorgesehenen Rahmenbedingungen in Art. 1, 7 und 8 VerbrGK-RL nahezu wortlautgleich in den *Codice civile* zu übernehmen. Der deutsche Gesetzgeber war indessen aufgrund der von ihm gewählten Systematik vom Allgemeinen zum Besonderen gezwungen, die Rahmenbedingungen der VerbrGK-RL an passender Stelle und damit auch an verschiedenen Stellen im BGB umzusetzen.

Der Anwendungsbereich der Umsetzungsvorschriften ist im deutschen Recht in § 474 BGB und im italienischen Recht in Art. 1519-*bis* Abs. 1 *Cc* geregelt. Den von der VerbrGK-RL vorgesehenen zwingenden Charakter für den Bereich des Verbrauchsgüterkaufes haben beide Gesetzgeber gesondert in § 475 BGB bzw. Art. 1519-*octies Cc* angeordnet. Das Umgehungsverbot hingegen findet sich im deutschen Recht in Art. 29 EGBGB. Eine Art. 1519-*nonies Cc* entsprechende Vorschrift, der die Regelung des Art. 8 Abs. 1 VerbrGK-RL übernimmt, fehlt hingegen im deutschen Recht.

1. Anwendungsbereich

Beide Gesetzgeber haben den Anwendungsbereich der Umsetzungsvorschriften über den Verbrauchsgüterkauf gleichermaßen in einer Vorschrift festgelegt, nämlich in Art. 1519-*bis* Abs. 1 *Cc* und § 474 BGB. Im Unterschied zu Italien, musste der deutsche Gesetzgeber sich hierzu jedoch eines Kunstgriffes bedienen. § 474 BGB bestimmt zwar ebenso wie Art. 1519-*bis* Abs. 1 *Cc*, dass die nachfolgenden Vorschriften der §§ 474 bis 479 BGB ausschließlich im Rahmen eines Verbrauchsgüterkaufes Anwendung finden. Diese Vorschriften enthalten jedoch – wie gezeigt - nicht alle Umsetzungsvorschriften, weswegen er in § 475 Abs. 1 BGB festgelegt hat, dass die zur Umsetzung der Richtlinienvorgaben geschaffenen Vorschriften im allgemeinen Kaufrecht für den Bereich des Verbrauchsgüterkaufes zwingend sind, mit der Folge, dass § 474 BGB letztlich auch für diese Vorschriften den Anwendungsbereich festlegt und zwar sofern sie dem Unabdingbarkeitspostulat des § 475 BGB unterfallen. Die Begriffsbestimmungen zur Konkretisierung des Anwendungsbereichs finden sich im deutschen Recht daher anders als in Italien nicht einem in der den Anwendungsbereich regelnden Vorschrift enthaltenen Begriffskatalog, sondern im Allgemeinem Teil des BGB.

a) Sachlicher Anwendungsbereich

Der Anwendungsbereich der Umsetzungsvorschriften ist sowohl in Italien als auch in Deutschland zunächst für alle Kaufverträge über Verbrauchsgüter eröffnet. Ein Kaufvertrag ist in beiden Rechtsordnungen ein gegenseitiger Vertrag, der die Übergabe und Übereignung einer Sache gegen Kaufpreiszahlung zum Gegenstand hat. Während aber nach Art. 1470 *Cc* dem Kaufvertrag beim Spezieskauf dingliche Wirkung (*vendita ad effetti reali*) zukommt, handelt es sich im deutschen Recht beim Kaufvertrag i.S.d. § 433 BGB um ein reines Verpflichtungsgeschäft. Anders als im italienischen Recht, wonach das Eigentum an der Sache dem Konsensualprinzip folgend gemäß Art. 1326 Abs. 1 *Cc* im Zeitpunkt der Einigung übergeht, erfolgt die Übereignung der Sache im deutschen Recht durch ein davon zu trennendes Verfügungsgeschäft nach § 929 BGB. Auch das italienische Recht kennt aber den bloßen schuldrechtlichen Kauf in Art. 1476 Abs. 2 *Cc*, der jedoch vereinbart werden muss und nicht die Regel ist. Die Art. 1519-*bis* ff. *Cc* sind jedoch unabhängig davon anzuwenden, ob es sich um Kaufverträge mit dinglicher[612], lediglich schuldrechtlicher oder mit zeitlich gestufter dinglicher Wirkung handelt.[613]

Darüber hinaus wird im italienischen Recht der Anwendungsbereich der Umsetzungsvorschriften über den Kaufvertrag hinaus ausdrücklich in Abs. 2 des Art. 1519-*bis Cc* auf Tauschverträge (*contratti di permuta)*, Bezugverträge oder Dauerlieferungsverträge (*contratti di somministrazione)* Unternehmerwerkverträge (*contratti di appalto*) und einfache Werkverträge *(contratti di opera)* sowie auf alle sonstigen Verträge über die Lieferung anzufertigender (*da fabbricare*) oder herzustellender (*da produrre*) Verbrauchsgüter erweitert. Die deutschen Umsetzungsvorschriften regeln zunächst allein den Kaufvertrag. Für den Tausch findet sich in § 480 BGB ebenso wie für einen Vertrag, der die Lieferung herzustellender oder zu erzeugender beweglicher Sachen zum Gegenstand hat, in § 651 BGB aber eine Verweisung auf die Vorschriften über den Kauf, worin die Vorschriften der §§ 474 ff BGB eingeschlossen sind. Für alle übrigen Verträge fehlt es an einer ausdrücklichen Verweisung. Dennoch sind auch im deutschen Recht Bezugs- und Dauerlieferungsverträge gleichermaßen in den Anwendungsbereich der Umsetzungsvorschriften einbezogen. Der deutsche Gesetzgeber konnte insoweit auf eine spezielle Verweisungsvorschrift verzichten, da das deutsche Recht eine besondere Regelung für Bezugs- oder Dauerlieferungsverträge mit Ausnahme des § 314 BGB, der das außerordentliche Kündigungsrecht bei Dauerschuldverhältnissen regelt, nicht enthält. Es handelt sich hierbei jedoch entweder um besondere Erscheinungsformen des Kaufvertrages oder aber um Verträge i.S.d. § 651 BGB, sodass sich die Anwendbarkeit der §§ 474 ff. BGB auf Bezugs- und Dauerschuldverhältnisse ebenfalls ohne weiteres aus dem Gesetz ergibt.

---

612 Anders als im deutschen Recht folgt das italienische Recht dem Konsensualprinzip. Verträge, die die Übertragung des Eigentums zum Gegenstand haben, wie der Kaufvertrag gemäß Art. 1470 *Cc*, haben dingliche Wirkung.

613 *Zaccaria/De Cristofaro*, La vendita dei beni di consumo, S. 8.

Voraussetzung für die Anwendbarkeit der Umsetzungsvorschriften ist in beiden Rechtsordnungen, dass es sich um einen Vertrag handelt, der die Übergabe eines Verbrauchsgutes zum Zwecke der endgültigen Gebrauchsüberlassung zum Gegenstand hat.[614] Daher unterfallen auch die in beiden Rechtsordnungen nicht ausdrücklich geregelten Sukzessivlieferungsverträge sowohl nach deutschem als auch nach italienischem Recht dem Anwendungsbereich der Umsetzungsvorschriften. Zeitlich begrenzte Gebrauchsüberlassungsverträge, wie etwa Miet- und Pachtverträge unterfallen weder nach deutschem noch nach italienischem Recht dem Anwendungsbereich der Umsetzungsvorschriften, da sie nicht die dauerhafte Überlassung des Verbrauchsgutes zum Gegenstand haben. Als weiteres gemeinsames Merkmal der genannten Vertragstypen lässt sich auch die Gegenseitigkeit der Vertragsbeziehungen hervorheben, sodass die Schenkung i.S.d. Art. 1989 *Cc* bzw. i.S.d. § 516 BGB als lediglich einseitig verpflichtendes Rechtsgeschäft aus dem Anwendungsbereich der Umsetzungsvorschriften beider Rechtsordnungen ausgenommen ist.[615]

Auch im Übrigen ist der Anwendungsbereich der Umsetzungsvorschriften in Italien und Deutschland aber nahezu identisch. Art. 1519-*bis* Abs. 2 *Cc* erweckt zwar zunächst den Eindruck, der Anwendungsbereich der Umsetzungsvorschriften erstrecke sich auch auf Werkverträge die dem Werkverträge i.S.d. § 631 BGB entsprechen, der jedoch vom Anwendungsbereich der deutschen Umsetzungsvorschriften ausgenommen ist. Art. 1519-*bis* Abs. 2 *Cc* a.E. macht jedoch deutlich, dass sich die Anwendbarkeit der Vorschriften über den Verbrauchsgüterkauf nicht auf einen konkreten Vertragstyp, sondern auf eine Gruppe von Vertragstypen beschränkt.[616] Entscheidendes Kriterium für die Anwendbarkeit der Art. 1519-*bis* ff. *Cc* ist danach, dass der Vertrag auf die Lieferung eines Gutes gerichtet ist. Dies sind aber nur solche Verträge, die auch dem Anwendungsbereich des § 651 BGB unterfallen. Die Verweisung in Art. 1519-bis Abs. 2 *Cc* ist daher einschränkend auszulegen. Die deutschen und italienischen Anwendungsvoraussetzungen weisen mithin eine weitaus größere Übereinstimmung auf als ein erster Blick auf die Umsetzungsvorschrift zu Art. 1 Abs. 1 VerbrGK-RL bzw. ein Vergleich des Art. 1519-*bis Cc* mit § 474 BGB, zunächst vermuten lässt.

Der sachliche Anwendungsbereich der Umsetzungsvorschriften ist in beiden Rechtsordnungen gleichermaßen immer dann eröffnet, wenn es sich um einen Vertrag handelt, der die Übergabe und Übereignung einer beweglichen Sache zum Gegenstand hat. Dies ergibt sich für das deutsche Recht unmittelbar aus § 474 Abs. 1 BGB, der einen Verbrauchsgüterkauf als einen Vertrag über eine bewegliche Sache definiert. Im italienischen Recht folgt dies indessen mittelbar aus Art. 1519-*bis* Abs. 1 *Cc*, der das Verbrauchsgut als maßgebliches Charakteristikum der vom Anwendungsbereich der Umsetzungsvorschriften erfassten Verträge nennt. Gemäß Art. 1519-*bis* Abs. 2 b) *Cc* handelt es sich hierbei um eine bewegliche Sache.

---

[614] *Zaccaria/De Cristofaro*, La vendita dei beni di consumo, S. 8.

[615] *Zaccaria/De Cristofaro*, La vendita dei beni di consumo, S. 10.

[616] *De Nova-De Nova*, L'acquisto di beni di consumo, Art. 1519-bis, S. 17.

Gleiches gilt im deutschen Recht. Hier allerdings werden Sachen gemäß § 90 BGB nicht nur als bewegliche sondern auch als körperliche Gegenstände bezeichnet, sodass die Vorschriften über den Verbrauchsgüterkauf in § 474 ff. BGB und die in § 475 Abs. 1 BGB genannten Vorschriften in modifizierter Form nur auf Verträge anzuwenden sind, die räumlich abgrenzbar sind. Eine solche Einschränkung findet sich in Art. 1519-*bis* Abs. 2 Buchstab b) *Cc* nicht. Vom Anwendungsbereich der italienischen Umsetzungsvorschriften werden daher auch Verträge über Softwareprodukte erfasst.[617] Damit ist der Begriff des Verbrauchsgutes im italienischen Recht weiter als gemäß § 474 BGB.[618]

Übereinstimmung besteht indessen hinsichtlich des Erfordernisses der „Beweglichkeit" der Sache. Beweglich ist eine Sache gemäß Art. 812 Abs. 3 *Cc*, wenn sie nicht gemäß Art. 812 Abs. 1 und 2 *Cc* naturgemäß oder künstlich mit dem Boden verbunden oder sofern es sich um schwimmende Bauwerke handelt, die am Ufer befestigt sind. Das deutsche Recht enthält zwar keine Definition für die Formulierung „bewegliche Sachen". Nach ständiger Rechtsprechung handelt es sich hierbei regelmäßig um Sachen, die fortgeschafft werden können.[619] Verträge über Immobilien fallen damit auch im italienischen Recht aus dem Anwendungsbereich der Umsetzungsvorschriften heraus.[620]

Im Übrigen kommt es weder im deutschen noch im italienischen Recht für den Anwendungsbereich der Umsetzungsvorschriften darauf an ob es sich um vertretbare, zum Verzehr geeignete, nur allgemein oder konkret bestimmbare Sache handelt.[621] Der italienische Gesetzgeber stellt in Art. 1519-*bis* Abs. 2 b) *Cc* sogar klar, dass neben Verträgen über fertige Sachen ebenso Verträge über zusammenzusetzende Sachen (*mobili da assemblare*) vom Anwendungsbereich der Umsetzungsvorschriften erfasst werden. Auch Kaufverträge über Tiere werden in beiden Rechtsordnungen vom Anwendungsbereich der Umsetzungsvorschriften erfasst. Im deutschen Recht ergibt sich dies aus § 90 a BGB, wonach Tiere in ihrer rechtlichen Behandlung unter Berücksichtigung besonderer Gesetze Sachen gleichgestellt werden. Auch gebrauchte Sachen werden vom Anwendungsbereich der Umsetzungsvorschriften erfasst. Im italienischen Recht wird dies in Art. 1519-*bis* Abs. 3 *Cc* ausdrücklich klarstellt. Im deutschen Recht folgt dies aus einem Umkehrschluss zu § 475 Abs. 2 BGB, der nur für die Verjährung von Ansprüchen aus Verträgen über gebrauchte Sachen eine Ausnahme macht.

Hinsichtlich der vom Anwendungsbereich der Umsetzungsvorschriften zur Umsetzung von Art. 1 Abs. 2 b) VerbrGK-RL ausgenommenen Tatbestände

---

[617] *Zaccaria/De Cristofaro*, La vendita dei beni di consumo, S. 20; *Eccher/Schurr*, ZEuP 2003, 65 (68).

[618] Im deutschen Recht ist hingegen die Einordnung von Verträgen über Computersoftware, die nicht auf einem Datenträger verkörpert ist, problematisch. Gleiches gilt für den Vertrieb von Musik, Filmen oder E-Books über das Internet.

[619] vgl. Nachweise bei Palandt-*Heinrichs*, 64. Aufl., Überl v § 90 Rn. 3.

[620] *De Nova-De Nova*, L'acquisto di beni di consumo, Art. 1519-bis, S. 18.

[621] *De Cristofaro*, Difetto di conformità, S. 25; *Graf von Westphalen*, in: *Henssler/Graf von Westphalen* (Hrsg.), Praxis der Schuldrechtsreform, § 474 Rn. 6.

unterscheiden sich die italienische und deutsche Umsetzung nur geringfügig. Während der italienische Gesetzgeber die Bestimmungen Art. 1 Abs. 2 b) VerbrGK-RL nahezu wortlautidentisch übernommen hat, finden sich diese Ausnahmeregelungen im deutschen Recht an unterschiedlichster Stelle wieder. Der italienische Gesetzgeber hat in Art. 1519-*bis* Abs. 2 b) Nr. 1 *Cc* bestimmt, dass bewegliche Sachen dann nicht als Verbrauchsgüter i.S.d. Art. 1519-*bis* Abs. 2 b) *Cc* zu qualifizieren sind, wenn sie aufgrund von Zwangsvollstreckungsmaßnahmen, anderer gerichtlicher oder solcher einem Notar übertragener Maßnahmen verkauft werden. Im deutschen Recht sind hingegen nach § 474 Abs. 1 Satz 2 BGB die Vorschriften über den Verbrauchsgüterkauf nur dann auf gebrauchte Güter unanwendbar, wenn sie in öffentlichen Versteigerungen, an denen der Verbraucher persönlich teilnehmen kann, verkauft werden. Wird hingegen ein Gegenstand aufgrund einer Pfändung veräußert, so folgt erst aus § 806 ZPO, dass Gewährleistungsansprüche des Erwerbers ausgeschlossen sind. Die deutsche und italienische Rechtslage stimmt insoweit übereinstimmen. Die italienische Rechtsordnung aber dürfte die verbraucherfreundlichere sein, da der Verbraucher regelmäßig mit den Vorschriften der Zivilprozessordnungen noch weniger vertraut sein dürfte als mit dem materiellen Recht.

Für das italienische Recht hat die Regelung des Art. 1519-*bis* Abs. 2 b) Nr. 1 *Cc* eine weitere Konsequenz. Befindet sich der Gläubiger in Annahmeverzug, so kann der Schuldner bei verderblichen und auch bei solchen Sachen, deren Verwahrung besonders kostspielig ist, nach Art. 1211 *Cc* von einem Gericht dazu ermächtigt werden, die Sachen nach den Vorschriften über gepfändete Sachen zu veräußern. Wegen Art. 1519-*bis* Abs. 2 b) Nr. 1 *Cc* aber sind auf diese Verträge die Vorschriften der Art. 1519-*bis* ff. *Cc* nicht anwendbar. Eine solche Regelung kennt das deutsche Recht nicht.

Art. 1519-*bis* Abs. 2 b) Nr. 2 *Cc* bestimmt zudem wortlautidentische mit Art. 1 Abs. 2 b) Spiegelstrich 1 VerbrGK-RL, dass Wasser und Gas, wenn sie nicht in einem begrenzten Volumen oder in einer bestimmten Menge abgefüllt sind, und gemäß Nr. 3 der Vorschrift entsprechend der Regelung in Art. 1 Abs. 2 b) Spiegelstrich 2 und 3 VerbrGK-RL auch Strom vom Anwendungsbereich der Umsetzungsvorschriften ausgenommen sind. Der deutsche Gesetzgeber geht hingegen davon aus, dass sich diese Regelung bereits aus der Einschränkung in § 474 Abs. 1 BGB ergibt, wonach es sich um körperliche Gegenstände handeln muss, damit der Anwendungsbereich der Umsetzungsvorschriften eröffnet ist. Es handelt sich nur dann um körperliche Gegenstände, wenn sie räumlich abgrenzbar sind. Vom Anwendungsbereich der §§ 474 ff. BGB indessen ausgenommen sind Verträge über Immobilien, Rechte und sonstige Gegenstände einschließlich der Strom- und Fernwärmelieferungsverträge.[622]

---

[622] Anwaltskommentar- *Büdenbender*, § 474 Rn. 3.

b) Persönlicher Anwendungsbereich

Im deutschen Recht ergibt sich aus der Legaldefinition des Verbrauchsgüterkaufes in § 474 Abs. 1 BGB gleichzeitig der persönliche Anwendungsbereich der Umsetzungsvorschriften, da ein Verbrauchsgüterkaufvertrag nur dann vorliegt, wenn ein Verbraucher eine Sache von einem Unternehmer kauft. Die Umsetzungsvorschriften gelten nur für Verbraucher als Käufer und Unternehmer als Verkäufer. In den italienischen Umsetzungsvorschriften fehlt es an einer ausdrücklichen Festlegung des persönlichen Anwendungsbereichs. Allein aus dem Regelungszweck der Umsetzungsvorschriften und dem Inhalt der Art. 1519-*ter* ff. *Cc* ergibt sich, dass auch im italienischen Recht nur der Verbraucher und der Verkäufer unmittelbare Adressaten der Umsetzungsvorschriften sind. Der Verbraucherbegriff wird in beiden Rechtsordnungen durch eine Negativabgrenzung definiert. Gemäß § 13 BGB ist ein Verbraucher jede natürliche Person, die ein Rechtsgeschäft zu einem Zwecke abschließt, der weder ihrer gewerblichen noch ihrer selbstständigen beruflichen Tätigkeit zugerechnet werden kann. Ähnlich formuliert es Art. 1519-*bis* Abs. 2 a) *Cc*. Danach ist ein Verbraucher jede natürliche Person, die bei Verträgen nach Absatz 1 der Vorschrift zu einem Zweck tätig wird, der nicht einer beruflichen oder unternehmerischen Tätigkeit zugerechnet werden kann. Der Verbraucher muss nach beiden Rechtsordnungen ein Rechtsgeschäft zu privaten Zwecken vorgenommen haben, wobei es nicht auf seinen inneren Willen, sondern auf den anhand objektiver Umstände des Einzelfalls zu ermittelnden tatsächlich realisierten Zweck des Rechtsgeschäfts ankommt.[623]

Auffällig ist, dass vom Wortlaut der italienischen Definition des Verbraucherbegriffs solche Verträge, die zwar nicht der eigenen wohl aber der unternehmerischen Tätigkeit eines anderen dienen, scheinbar nicht erfasst werden. In der italienischen Literatur[624] wird darauf hingewiesen, dass eine solche Auslegung mit dem Schutzzweck der Art. 1519-*bis* ff. *Cc* nicht zu vereinbaren ist, da dem Verbraucher der Schutz der Umsetzungsbestimmungen auch dann zu Gute kommen muss, wenn der Verbraucher den Vertrag zu persönlichen Zwecken abschließt, daneben aber auch berufliche oder unternehmerische Zwecke bei Vertragsabschluss von Bedeutung sind.[625] Es ist daher zu hoffen, dass sich die italienischen Gerichte dieser Auslegung, die sich bereits im Rahmen der Auslegung von Art. 1469-*bis* Abs. 2 *Cc* angedeutet hat[626], anschließen und nur solche Verbrauchsgüterkäufe vom Anwendungsbereich der VerbrGK-RL ausnehmen, die allein der eigenen beruflichen oder unternehmerischen Tätigkeit des Verbrauchers dienen. § 13 BGB erfasst indessen bereits vom Wortlaut her auch solche Personen, die einen Vertrag

---

[623] Palandt-*Heinrichs*, 64. Aufl., § 13 Rn. 3 m.w.N.

[624] *Zaccaria/De Cristofaro*, La vendita dei beni di consumo, S. 16.

[625] Vgl. zu diesem Problemkreis *Fadda*, Contr. e Impr./Europa 2000, 410 (411s). Für die Definition des Verbrauchers in Art. 1469-*bis* Cc, der das Recht der Allgemeinen Geschäftsbedingungen regelt, zustimmend *Cian/Trabucchi- Zaccaria*, Commentario breve, sub art. 1496-*bis*, I.

[626] Vgl. Giudice di pace Civitanova Marche, Urt. v. 4.12.2001, Giust. Civ. 2002, 1188.

abschließen, der einer beruflichen Tätigkeit zugerechnet werden kann, sofern sie nicht als selbstständige berufliche Tätigkeit zu qualifizieren ist. Tritt der Verbraucher als Erfüllungsgehilfe i.S.d. § 278 BGB z.B. seines Arbeitgebers auf, so gilt dies nicht, da er in diesem Fall nicht einmal Vertragspartner des Verkäufers wird.

Trotz der insoweit eindeutigen Formulierung der Begriffsdefinitionen in beiden Mitgliedstaaten ist sowohl in der deutschen als auch in der italienischen rechtswissenschaftlichen Literatur vielfach diskutiert worden, ob auch juristische Personen unter den Begriff des Verbrauchers subsumiert werden können.[627]

Die italienische Rechtsprechung hat die Anwendung der Art. 1469-*bis* ff. *Cc* auf juristische Personen unter Hinweis auf die vom EuGH ergangenen Entscheidung zur Auslegung des Verbraucherbegriffs im Anwendungsbereich der AGB-Richtlinie[628] abgelehnt.[629] Der BGH hat indessen in einer jüngeren Entscheidung die BGB-Gesellschaft ohne gewerbliche Tätigkeit als Verbraucher im Sinne des nunmehr in die §§ 491 ff. BGB integrierten § 1 Abs. 1 Verbraucherkreditgesetz a.F. qualifiziert.[630] Diese Entscheidung lässt sich nicht für die Auslegung von § 13 BGB fruchtbar machen, da § 13 BGB der Umsetzung aller verbraucherschützenden Richtlinien dient und damit auch dazu, den Verbraucherbegriff zu vereinheitlichen und zwar nach europäischem Verständnis.[631] Juristische Personen fallen demnach nicht in den Anwendungsbereich der Umsetzungsvorschriften beider Länder.

Anders als die Art. 1519-*bis* ff. *Cc* nennt § 474 BGB nicht den Verkäufer als Adressat der Umsetzungsvorschriften sondern den Unternehmer. Gemäß § 14 BGB ist ein Unternehmer eine natürliche oder juristische Person oder eine rechtsfähige Personengesellschaft, die bei Abschluss eines Rechtsgeschäfts in Ausübung ihrer gewerblichen oder selbstständigen beruflichen Tätigkeit handelt. Ähnlich aber lautet die Formulierung des Art. 1519-*bis* Abs. 2 c) *Cc*, der den Begriff des Verkäufers i.S.d. Art. 1519-*bis* ff. *Cc* definiert. Danach ist ein Verkäufer jede natürliche Person und jede juristische Person des öffentlichen oder privaten Rechts, die zum Zwecke ihrer beruflichen oder unternehmerischen Tätigkeit Verträge über Verbrauchsgüter abschließt. Auch ein Verkäufer i.S.d. Art. 1 Abs. 2 c) VerbrGK-RL fällt unter den Unternehmerbegriff des § 14 BGB, sodass insoweit keine Unterschiede zum italienischen Recht zu erkennen sind.

Art. 1519-bis Abs. 2 c) *Cc* verwendet die Terminologie „unternehmerische oder berufliche Tätigkeit" (*attività imprenditoriale o professionale*) statt der Formulierung „gewerbliche oder selbstständige berufliche Tätigkeit" wie in § 14

---

627 Zu den verschiedenen Auslegungen des Verbraucherbegriffs, s. *Alpa*, Gli usi del termine "consumatore" nella giurisprudenza, NGCC 1999, Parte seconda, 4f.

628 EuGH, Urt. v. 22.11.2001, verb. Rs. C-541/99 und C-542/99, Slg. 2001, I-9049f. - *Cape/Idealservice*, dazu *Mengozzi*, Contr. e Impr./Europa, 2002, 54f.

629 Corte costituzionale, Urt. v. 22.11.2002, n. 469, Giust. Civ. 2003, 290 (292); Tribunale Firenze, Urt. v. 4.4.2001, Giust. Civ. 2001, 2137.

630 BGH DB 2001, S. 2708f.

631 *Krebs*, DB 2002, 517 (519).

BGB. Die Formulierung des Art. 1519-bis Abs. 2 c) *Cc* dürfte darauf zurückzuführen sein, dass andernfalls eine Verwechslung mit dem handelsrechtlichen Kaufmannsbegriff zu befürchten wäre. Inhaltliche Abweichungen zum deutschen Recht ergeben sich daraus nicht. Auch im italienischen Recht wird man den Vertragspartner des Verbrauchers bereits dann als Verkäufer i.S.d. Art. 1519-bis Abs. 2 c) *Cc* qualifizieren, wenn der Vertrag eine irgendwie geartete Verbindung zu einer gewerblichen oder beruflichen Tätigkeit aufweist.[632]

c) Zeitlicher Anwendungsbereich

Die Umsetzungsvorschriften sind im deutschen Recht grundsätzlich mit In-Kraft-Treten des Schuldrechtsmodernisierungsgesetzes am 1. Januar 2002 geltendes Recht und finden insoweit auf alle Verträge uneingeschränkt Anwendung, die dem Anwendungsbereich der Umsetzungsvorschriften unterfallen. Art. 229 § 5 Satz 1 EGBGB macht hiervon für Verträge, die vor dem 1. Januar 2002 geschlossen wurden eine Ausnahme. Das In-Kraft-Treten der italienischen Umsetzungsvorschriften ist auf den 23. März 2002 datiert, sodass die Umsetzungsvorschriften erst seit diesem Tag geltendes Recht sind. Auch das italienische Recht enthält eine intertemporale Kollisionsnorm. Gemäß Art. 2 Abs. 1 des italienischen Umsetzungsdekrets sind die Vorschriften der Art. 1519-*bis* ff. *Cc* nicht auf Verträge anwendbar, aufgrund welcher die Übergabe eines Verbrauchsgutes bereits vor In-Kraft-Treten des Dekrets am 23. März 2002 erfolgt ist. Anders als im deutschen Recht reicht der Vertragschluss als solcher nicht aus um den Anwendungsbereich der Umsetzungsvorschriften in zeitlicher Hinsicht einzuschränken. Sowohl bei Art. 229 § 5 EGBGB als auch bei Art. 2 Abs. 1 des italienischen Umsetzungsdekrets handelt es sich um eine dispositive Vorschrift. Die Parteien können die Anwendbarkeit der Umsetzungsvorschriften auch auf Verträge, die vor dem 1. Januar 2002 bzw. 23. März 2002 wirksam zustande gekommen sind, vereinbaren.[633]

Sowohl das italienische als auch das deutsche Recht enthalten noch weiter gehende Einschränkungen. So sieht das deutsche Recht in Art. 229 § 5 Satz 2 EGBGB vor, dass das BGB in seiner neuen Fassung auf Dauerschuldverhältnisse erst ab dem 1. Januar 2003 anzuwenden ist und enthält in Art. 229 § 6 EGBGB ausdifferenzierte Übergangsvorschriften zur Verjährung. Gemäß Art. 2 Abs. 2 des italienischen Umsetzungsdekrets findet die Neuregelung über Garantien in Art. 1519-*septies Cc* bis Ende Juni 2002 dann keine Anwendung, wenn die betroffenen Verbrauchsgüter bereits vor In-Kraft-Treten des Dekrets auf den Markt gebracht wurden.

2. Unabdingbarkeitspostulat und Umgehungsverbot

Italien und Deutschland haben beide zur Umsetzung von Art. 7 Abs. 1 VerbrGK-RL den zwingenden Charakter der Umsetzungsvorschriften, in Deutschland freilich nur sofern ein Verbrauchsgüterkauf vorliegt, in einer eigenen Vorschrift normiert.

---

[632] *Zaccaria/De Cristofaro*, La vendita dei beni di consumo, S. 25.

[633] *Mansel*, in: *Dauner-Lieb/Heidel/Lepa/Ring* (Hrsg.), Das neue Schuldrecht, § 14 Rn. 4.

Deutschland hat hierzu in § 475 Abs. 1 BGB festgelegt, dass die allgemeinen Sachmängelgewährleistungsvorschriften mit Ausnahme der §§ 436, 438 und 444 BGB im Rahmen eines Verbrauchsgüterkaufes und die allein für Verbrauchs-güterkäufe geltenden Vorschriften der §§ 474 ff. BGB zwingend sind. Nur für Schadensersatzansprüche gilt das Unabdingbarkeitspostulat gemäß § 475 Abs. 3 BGB nicht. In Italien wurde hierzu Art. 1519-*octies* Abs. 1 Satz 1 *Cc* geschaffen, der die Unabdingbarkeit der Art. 1519 ff. *Cc* festlegt. Da die Art. 1519 ff. *Cc* ohnehin keine Regelungen über Schadensersatzansprüche enthalten, bedurfte es im italienischen Recht keiner Ausnahmeregelung i.S.d. § 475 Abs. 3 BGB. Schadensersatzansprüche sind in Italien und Deutschland gleichermaßen dispositiv ausgestaltet.

§ 475 Abs. 1 BGB und Art. 1519-*octies* Abs. 1 Satz 1 *Cc* unterscheiden sich in ihrer Wirkung. § 475 BGB führt zu einer Änderung des an sich umfassend dispositiven Charakters der allgemeinen kaufrechtlichen Vorschriften und kennzeichnet damit ihre Zweispurigkeit.[634] Nur hinsichtlich der §§ 474ff. BGB kommt § 475 Abs. 1 BGB eine absolute Wirkung wie der des Art. 1519-*octies* Abs. 1 Satz 1 *Cc* zu. Während hinsichtlich der Art. 1519-*bis* ff. *Cc* der Grundsatz richtlinienkonformer Auslegung in vollem Umfang gilt, bleibt bei den §§ 433 ff. BGB die Gefahr einer gespaltenen Auslegung, wenn sich das Gericht nicht der hier vertretenen Auffassung anschließt, wonach bei einer überschießenden Umsetzung auch der ausschließlich nationale Teil der Vorschrift gemeinschaftskonform auszulegen ist. Auch wenn die Art und Weise der zwingende Ausgestaltung der Umsetzungsvorschriften auf den ersten Blick identisch zu sein scheint, so verdeutlicht doch gerade die unterschiedliche Funktion der § 475 Abs. 1 BGB und Art. 1519-*octies* Abs. 1 Satz 1 *Cc* den entscheidenden Unterschied der von beiden nationalen Gesetzgebern gewählten Umsetzungsmodelle.

Sowohl nach § 475 Abs. 1 BGB als auch nach Art. 1519-*octies* Abs. 1 Satz 1 *Cc* sind Vereinbarungen, wonach die Rechte des Verbrauchers eingeschränkt oder ausgeschlossen werden, vor Mitteilung eines Mangels bzw. der Vertragswidrigkeit an den Verkäufer unzulässig. Beide Vorschriften weichen in gleichem Maße vom Wortlaut der VerbrGK-RL ab, da sie auf eine ausdrückliche Nennung der Vereinbarung von Allgemeinen Geschäftsbedingungen mit haftungsbeschränkender Wirkung verzichten. Sowohl der Begriff *patti* in Art. 1519-*octies* Abs. 1 Satz 1 *Cc* als auch der Begriff „Vereinbarungen“ in § 475 BGB umfasst neben individualvertraglichen Abreden aber auch Vereinbarungen in Allgemeinen Geschäftsbedingungen. In beiden Rechtsordnungen dürfte sich damit der Anwendungsbereich des Rechts der Allgemeinen Geschäftsbedingungen der §§ 305 ff. BGB bzw. Art. 1469 ff. *Cc* im Rahmen eines Verbrauchsgüterkaufes auf die vom Unabdingbarkeitspostulat nicht betroffenen Schadensersatzansprüche reduzieren.

Während der italienische Gesetzgeber ausdrücklich normiert hat, dass sowohl Vereinbarungen, die eine direkte als auch solche die eine indirekte Haftungsbeschränkung beinhalten, nichtig sind, hat der deutsche Gesetzgeber in §

[634] Kompaktkommentar-*Tonner*, § 475 Rn. 1.

475 Abs. 1 Satz 1 BGB zunächst auf eine solche Klarstellung verzichtet. In § 475 Abs. 1 Satz 2 BGB findet sich indessen nur der Hinweis, dass auch anderweitige Gestaltungen unzulässig sind. Letztlich ist dies jedoch ohne Bedeutung. Beide Gesetzgeber haben im Sinne eines umfassenden Verbraucherschutzes und damit unter Zugrundelegung desselben rechtspolitischen Verständnisses jeden Zweifel über die Unzulässigkeit mittelbarer Haftungseinschränkungen bzw. -ausschlüsse ausgeräumt.

Maßgeblicher Zeitpunkt ist nach § 475 Abs. 1 BGB und nach Art. 1519-*octies* Abs. 1 Satz 1 *Cc* die Mitteilung des Mangels bzw. der Vertragswidrigkeit an den Unternehmer bzw. an den Verkäufer. Die Bezugnahme auf die Begriffe „Mangel" und „Unternehmer" in § 475 Abs. 1 BGB statt auf die Begriffe der „Vertragswidrigkeit" und „Verkäufer", wie es Art. 1519-*octies* Abs. 1 Satz 1 *Cc* wortgleich aus Art. 7 Abs. 1 VerbrGK-RL übernommen hat, hat keine inhaltlichen Unterschiede zur Folge, da beide Formulierungen dasselbe meinen.

Auch hinsichtlich der Unabdingbarkeit der Verjährungsfristen bestehen keine Unterschiede. Während Deutschland die Unabdingbarkeit der Verjährungsfrist des § 438 BGB im Rahmen eines Verbrauchsgüterkaufes ausdrücklich in § 475 Abs. 2 BGB bestimmt hat, wird der die Verjährung regelnde Art. 1519-sexies *Cc* von Art. 1519-*octies* Abs. 1 Satz 1 *Cc* ohne ausdrückliche Nennung mit umfasst. Beide Gesetzgeber haben von der optional vorgesehenen Ausnahmeregelung hinsichtlich der Gewährleistungsfrist für gebrauchte Güter Gebrauch gemacht. Sowohl nach § 475 Abs. 2 BGB als auch nach Art. 1519-*octies* Abs. 2 *Cc* kann die Verjährungsfrist für gebrauchte Güter auf ein Jahr reduziert werden.

Die Rechtsfolgen im italienischen und deutschem Recht einer gegen das Unabdingbarkeitspostulat verstoßenden Vereinbarung scheinen auf den ersten Blick unterschiedlich ausgestaltet zu sein. Gemäß § 475 Abs. 1 BGB kann sich ein Unternehmer nicht auf eine gegen das Unabdingbarkeitspostulat verstoßende Vereinbarung berufen. Nach Art. 1519-*octies* Abs. 1 *Cc* hingegen ist eine gegen das Unabdingbarkeitspostulat verstoßende Vereinbarung nichtig, wobei der Vertrag im Übrigen wirksam bleibt. Aber auch die Rechtsfolge des § 475 Abs. 1 BGB ist im wirtschaftlichen Ergebnis nichts Anderes als eine partielle Nichtigkeitsregelung unter Aufrechterhaltung des Vertrages im Übrigen und dient insoweit nur der Abgrenzung zu § 139 BGB.[635] § 139 BGB ordnet an sich für den Fall der Teilnichtigkeit die Gesamtnichtigkeit an, wenn nicht anzunehmen ist, dass es auch ohne den nichtigen Teil vorgenommen worden wäre.

Letztlich ist es bei Teilnichtigkeit demnach eine Frage der Auslegung, ob der Vertrag im Übrigen wirksam ist. Art. 1418 *Cc* hingegen bestimmt, dass die Teilnichtigkeit die Gesamtnichtigkeit des Vertrages nur vorbehaltlich anderer Regelungen nach sich zieht. Allein das Fehlen einer derartigen Einschränkung im deutschen Recht, das auf den Parteiwillen abstellt, dürfte der Grund sein, warum der deutsche Gesetzgeber auf die Nichtigkeit als Rechtsfolge verzichtet hat. Beide Vorschriften zielen letztlich darauf ab, dem Verkäufer eine Berufung auf eine

[635] Anwaltskommentar-*Büdenbender*, Art. 475 Rn. 2.

gegen das Unabdingbarkeitspostulat verstoßende Vereinbarung kraft Gesetzes zu versagen und nicht etwa nur eine Einrede des Verbrauchers, sodass auch insoweit keine Unterschiede zu verzeichnen sein dürften.

Im Unterschied zum deutschen Recht bestimmt Art. 1519-*octies* Abs. 1 *Cc* ausdrücklich, dass die Nichtigkeit auch von Amts wegen festgestellt werden kann. Folgt man der hier vertretenen Auffassung, so handelt es sich bei der Rechtsfolge des § 475 Abs. 1 BGB um einer der Nichtigkeit i.S.d. § 134 BGB bei Verstößen gegen ein Verbotsgesetz gleichgestellte Rechtsfolge. Auch wenn es sich bei § 475 Abs. 1 BGB um kein Verbotsgesetz i.S.d. § 134 BGB handelt, da es sich hierbei um allgemeine Beschränkungen der rechtsgeschäftlichen Gestaltungsfreiheit durch die Festlegung zwingenden Recht handelt[636], so beinhaltet § 475 Abs. 1 BGB dennoch ein Verbot[637], was eine Analogie zu § 134 BGB erlaubt.[638] Da die Nichtigkeit einer Vereinbarung aber nach deutschem Recht ebenfalls von Amts wegen festzustellen ist,[639] hat die unterschiedliche Formulierung der Rechtsfolge auch in ihrer Durchsetzung keine anderen Voraussetzungen.

Um eine Umgehung des Unabdingbarkeitspostulats durch einen Rückgriff auf Rechtsordnungen, die keinen entsprechenden Schutz des Verbrauchers vorsehen, entsprechend den Vorgaben in Art. 7 Abs. 2 VerbrGK-RL zu vermeiden haben sich die Gesetzgeber in Deutschland und Italien zwar einer sehr unterschiedlichen Gesetzgebungstechnik bedient, beide Gesetzgeber gelangen aber zu gleichen Ergebnissen.

So hat der italienische Gesetzgeber in Art. 1519-*octies* Abs. 3 *Cc* und damit in den Vorschriften über den Verbrauchsgüterkauf eine entsprechende „IPR-Klausel" verankert und der deutsche Gesetzgeber die VerbrGK-RL in den Richtlinienkatalog des Art. 29 a Abs. 4 EGBGB und damit in das deutsche das Kollisionsrecht regelnde Gesetz aufgenommen. Gemäß Art. 1519-*octies* Abs. 3 *Cc* ist eine Vertragsklausel nichtig, wonach auf den Vertrag das Recht eines Nicht-EU-Staates Anwendung findet, wenn dadurch dem Verbraucher der durch die Art. 1519-*bis* ff. *Cc* gewährte Schutz entzogen wird, sofern der Vertrag einen engen Zusammenhang mit dem Gebiet einer der Mitgliedstaaten der Europäischen Union aufweist. Art. 29 a Abs. 1 EGBGB bestimmt hingegen, dass die Vorschriften zur Umsetzung von Verbraucherschutzrichtlinien auch dann anzuwenden sind, wenn der Vertrag aufgrund einer Rechtswahl nicht dem Recht eines Mitgliedstaates der Europäischen Union oder des EWR unterliegt, welche Richtlinie gemeint sind ergibt sich aus Abs. 4 der Vorschrift, der nunmehr auch die VerbrGK-RL nennt. Für den deutschen Rechtsanwender ergibt sich die Schwierigkeit zunächst herauszufinden, welche Vorschriften überhaupt auf die VerbrGK-RL zurückgehen, schließlich handelt es sich bei den Umsetzungsvorschriften mit Ausnahme der §§

---

636 In diesen Fällen greift § 134 BGB nach ständiger Rechtsprechung nicht ein. Vgl. Palandt-*Heinrichs*, 64. Aufl., § 134 Rn. 5 m.w.N.

637 Palandt-*Heinrichs*, 64. Aufl., § 475 Rn. 14.

638 Anwaltskommentar-*Büdenbender*, § 475 Rn. 10.

639 Palandt-*Heinrichs*, 64. Aufl., Überbl v § 104 Rn. 27.

474 ff. BGB um Vorschriften, die auch auf sonstige Kaufverträge anwendbar sind. Auch wenn sich zwar in der Fußnote zu Abschnitt 8 Titel 1 „Kauf, Tausch“ der Hinweis findet, dass dieser Titel der Umsetzung der VerbrGK-RL dient, so sind doch nur die Vorschriften der §§ 474 ff. BGB und die durch § 475 BGB zwingend ausgestalteten Vorschriften der §§ 433 ff. BGB tatsächlich auf die VerbrGK-RL zurückzuführen.

3. Mindestschutzklausel

Während der italienische Gesetzgeber in Art. 1519-*nonies Cc* die Regelung des Art. 8 Abs. 1 VerbrGK-RL übernommen hat, fehlt es in Deutschland an einer entsprechenden Mindestschutzklausel. Gemäß Art. 1519-*nonies Cc* werden die Rechte des Verbrauchers aufgrund anderer Vorschriften der italienischen Rechtsordnung durch die Regelungen des § 1-*bis Cc* weder ausgeschlossen noch eingeschränkt, sofern es sich um Vorschriften handelt, denen die Art. 1519-*bis* ff. *Cc* nicht entgegenstehen.[640] Weiter gehende Rechte des Verbrauchers bleiben aber auch im deutschen Recht von den Umsetzungsvorschriften unberührt. Die Vorrangigkeit der Sonderbestimmungen über den Verbrauchsgüterkauf und der in § 475 BGB genannten Vorschriften ergibt sich bereits aus der zwingenden Ausgestaltung der Umsetzungsvorschriften. Auch Art. 1519-*nonies Cc* dient hinsichtlich der Abhilfe, Minderung und Vertragsauflösung nur der Klarstellung und ist insoweit überflüssig, da sich die vorrangige Anwendbarkeit der Art. 1519-*bis* ff. *Cc* bereits aus der Unabdingbarkeit der Verbraucherrechte gemäß Art. 1519-*octies* Abs. 1 *Cc* ergibt. Relevant wird Art. 1519-*nonies Cc* daher nur in Bezug auf die nicht in den Art. 1519-*bis* ff. *Cc* geregelten Schadensersatzansprüche.

[640] *Zaccaria/De Cristofaro*, La vendita dei beni di consumo, S. 140.

Kapitel 2 - Vertragsmäßigkeit

I. Richtlinienvorgaben

Art. 2 VerbrGK-RL legt das als gemeinsames Element aller mitgliedstaatlichen Rechtstraditionen nach Erwägungsgrund 7 zu betrachtende Prinzip der Vertragsmäßigkeit[641] als Grundlage der Gewährleistungshaftung des Verkäufers nach Art. 3 VerbrGK-RL fest[642] und bildet damit den Regelungskern der VerbrGK-RL.[643] Dabei orientiert sich die Vorschrift in ihrer Systematik an der Vorschrift des Art. 35 CISG.[644] Zunächst bestimmt Art. 2 Abs. 1 VerbrGK-RL entsprechend Art. 35 Abs. 1 CISG, dass der Verkäufer zur Lieferung vertragsgemäßer Sachen verpflichtet ist. In Art. 2 Abs. 2 VerbrGK-RL hat der Gesetzgeber sodann den Begriff der Vertragsmäßigkeit durch vier Vermutungsregelungen in den Buchstaben a) bis d) im Sinne eines hohen Verbraucherschutzniveaus näher ausdifferenziert, wobei er sich an Art. 35 Abs. 2 CISG orientiert hat.[645] Zu Art. 2 Abs. 2 d) VerbrGK-RL enthält Abs. 4 Einschränkungen. Abs. 3 und Abs. 5 befassen sich hingegen mit der Vertragswidrigkeit. So bestimmt Abs. 3, unter welchen Voraussetzungen die Vertragswidrigkeit ausgeschlossen ist und Abs. 5 stellt die Fälle einer unsachgemäßen Montage und einer fehlerhaften Monatageanleitung der Vertragswidrigkeit gleich.

1. Vertragsmäßigkeit als Verkäuferpflicht

Aus Art. 2 Abs. 1 VerbrGK-RL folgt die Verpflichtung des Verkäufers zur Lieferung vertragsgemäßer Güter. Die Vorschrift schafft folglich die konzeptionelle Grundlage für die Haftung des Verkäufers.[646] Liefert nämlich der Verkäufer Güter, die vertragswidrig sind, so verletzt er nach dem eindeutigen Wortlaut des Art. 2 Abs. 1 VerbrGK-RL nicht nur eine Nebenpflicht sondern eine zentrale Leistungspflicht.[647] Es wird nicht verlangt, dass die nationalen Gesetzgeber die Vertragsmäßigkeit als Hauptpflicht des Verkäufers statuieren, sondern nur, dass dem Käufer mindestens die in der VerbrKG-RL bestimmten Mindestrechte zustehen, wenn der Verkäufer nicht vertragsgemäß liefert. Die Pflicht zur Lieferung vertragsgemäßer Güter muss daher nicht im Sinne einer Erfüllungspflicht ausgestaltet werden. Erforderlich ist aber, dass sie im Pflichtenkatalog des

---

641 *Medicus*, ZIP 1996, 1925 (1926); *Micklitz*, EuZW 1997, 229 (231); *Repgen*, Kein Abschied von der Privatautonomie, S. 48; *Wolf*, RIW 1997, 899 (900).

642 *Ehemann/Rust*, JZ 1999, 853 (856); *Hänlein*, DB 1999, 1641 (1642); *Reich*, NJW 1999, 2397 (2399); *Staudenmayer*, NJW 1999, 2393; *Weisner*, JuS 2001, 759 (760).

643 *Lehr/Wendel*, EWS 1999, 321 (322); *Weisner*, JuS 2001, 759 (760).

644 Kommissionsbegründung Dok. KOM (95) 520 endg., S. 12f; *Hänlein* DB 1999, 1641 (1642); *Kircher*, ZRP 1997, 290 (291); *Schlechtriem*, JZ 1997, 441 (444); *Pfeiffer*, ZGS 2002, 138 (139).

645 *Ehmann/Rust*, JZ 1999, 853 (856).

646 *Vorsmann*, Diss., S. 36.

647 *Ehmann/Rust*, JZ 1999, 853 (855).

Verkäufers in den nationalen Rechtsordnungen als Leistungspflicht wieder zu finden ist.

2. Bestimmung der Vertragsmäßigkeit

Sowohl Abs. 1 als auch Abs. 2 des Art. 2 VerbrGK-RL haben die Vertragsmäßigkeit und nicht die Vertragswidrigkeit des Verbrauchsgutes zum Gegenstand. Art. 2 Abs. 1 VerbrGK-RL bestimmt zunächst, dass der Verkäufer „dem Kaufvertrag gemäße Güter" liefern muss. Die Vertragsmäßigkeit eines Verbrauchsgutes bestimmt sich folglich zunächst nach dem Inhalt des Kaufvertrages und damit nach der Parteivereinbarung. Art. 2 Abs. 2 VerbrGK-RL konkretisiert das Prinzip der Vertragsmäßigkeit für den Fall fehlender Parteivereinbarung durch vier Vermutungsregelungen. Sind die darin genannten Kriterien erfüllt, so wird vermutet, dass das vom Käufer erworbene Verbrauchsgut vertragsgemäß ist. Kritisiert man die Formulierung der Vermutungsregelung als „weitschweifig" oder etwa „stilistisch mangelhaft"[648], so verkennt man mithin, die Funktion des Art. 2 Abs. 2 VerbrGK-RL. Schließlich enthalten die Vermutungsregelungen des Art. 2 Abs. 2 VerbrGK-RL entgegen dem der VerbrGK-RL zugrunde gelegtem Zweck keine den Verbraucher begünstigende Regelung, sondern vielmehr eine Beweiserleichterung zugunsten des Verkäufers.[649] Die Vermutungswirkung greift gemäß Erwägungsgrund 8 VerbrGK-RL nur ein, wenn die genannten Kriterien kumulativ vorliegen.[650] Ist nur ein Kriterium nicht erfüllt, so tritt die Vermutungswirkung in der Regel nicht ein, es sei denn - wie sich aus Erwägungsgrund 8 Satz 6 VerbrGK-RL ergibt - ein Kriterium zur Bestimmung der Vertragsmäßigkeit ist im Einzelfall offenkundig unanwendbar.[651] Diesen Beweis muss der Verkäufer führen.

Es handelt sich sowohl um subjektive als auch um objektive Kriterien.[652] Subjektiv müssen die Güter nach Art. 2 Abs. 2 a) mit der vom Verkäufer gegebenen Beschreibung übereinstimmen und die Eigenschaften des Gutes besitzen, die der Verkäufer dem Verbraucher als Probe oder Muster vorgelegt hat und sich gemäß Art. 2 Abs. 2 b) zu dem vom Verbraucher angestrebten Zweck eigenen, den der Verbraucher dem Verkäufer bei Vertragsschluss zur Kenntnis gebracht hat und dem der Verkäufer zugestimmt hat. Einseitige Erwartungen

---

648 So *Honsell*, JZ 2001, 278 (279).

649 *Flessner*, in: *Grundmann/Medicus/Rolland* (Hrsg.), Europäisches Kaufgewährleistungsrecht, S. 238; *Staudenmayer*, NJW 1999, 2393 (2394); *Schwartze* ZEuP 2000, 544 (556).

650 *Ernst/Gsell*, ZIP 2000, 1410 (1414); *Flessner*, in: *Grundmann/Medicus/Rolland* (Hrsg.), Europäisches Kaufgewährleistungsrecht, S. 238; *Schlechtriem*, in: Zivilrechtswissenschaft und Schuldrechtsreform, S. 214; *Medicus*, ZIP 1996, 1925 (1926).

651 *Höffe*, Diss., S. 27.

652 *Micklitz*, EuZW 1999, 485 (486); *Rieger*, VuR 1999, 287 (288); *Staudenmayer*, NJW 19999, 2393 (2394); *Schwartze*, ZEuP 2000, 544 (554f.); *Tonner/Crellwitz/Echtmeyer*, in: *Micklitz/Pfeiffer/Tonner/Willingmann* (Hrsg.) Schuldrechtsreform und Verbraucherschutz, S. 293 (312).

reichen hingegen nicht aus.[653] Man wird keine ausdrückliche Vereinbarung fordern dürfen, konkludente Vereinbarungen müssten grundsätzlich ausreichen.

Objektiv müssen sich die Güter gemäß Art. 2 Abs. 2 c) für die Zwecke eignen, für die Güter der gleichen Art gewöhnlich gebraucht werden. Nach Art. 2 Abs. 2 d) VerbrGK-RL muss das Verbrauchsgut eine Qualität und Leistung aufweisen, die bei Gütern der gleichen Art üblich sind und die ein Verbraucher vernünftigerweise erwarten kann. Bei der Prüfung des Tatbestandsmerkmals „vernünftige Erwartungen" sollen auch die in der Werbung oder bei der Etikettierung gemachten öffentlichen Äußerungen des Verkäufers, des Herstellers oder seines Vertreters herangezogen werden. Der Verkäufer soll danach grund-sätzlich für die Herstellerwerbung haften, ohne dass er sich diese etwa durch Übergabe des Prospekts zu eignen macht. Die objektiven Kriterien gelten un-abhängig davon ob sie nach dem jeweiligen Recht der zur Umsetzung der VerbrGK-RL verpflichten Staaten von den Parteien vereinbart wurden. Insoweit wird vermutet, dass die Parteien die betreffenden Anforderungen an das Verbrauchsgut vereinbart haben.[654] Die Vermutungen des Art. 2 Abs. 2 VerbrGK-RL sind folglich keine zwingenden Bedingungen sondern im Einzelfall widerlegbare.[655]

Angesichts der Mindestschutzklausel des Art. 8 VerbrGK-RL bleibt es selbstverständlich den Mitgliedstaaten vorbehalten eine Vorschrift zu schaffen wonach vermutet wird, dass die Ware vertragwidrig ist, wenn sie nicht den Anforderungen des Art. 2 Abs. 2 VerbrGK-RL entspricht, da es sich in soweit um eine für den Verbraucher günstigere Vorschrift handeln würde.[656] Der Gesetzgebungsauftrag der Mitgliedstaaten beschränkt sich folglich darauf eine Vorschrift zu schaffen, wonach die Ware bei fehlender Parteivereinbarung in jedem Fall vertragsgemäß ist, wenn die Kriterien des Art. 2 Abs. 2 VerbrGK-RL vorliegen.[657] Die nationalen Gesetzgeber sind insoweit frei festzulegen, dass die in Art. 2 Abs. 2 VerbrGK-RL aufgestellten Anforderungen als von den Parteien vertraglich vereinbart anzusehen sind und insoweit im Interesse des Verbrauchers eine Harmonisierung bewirken, die über den eigentlichen Regelungsbereich der VerbrGK-RL hinausgeht.[658] Er hat mithin die Wahl zwischen der Übernahme der von der VerbrGK-RL vorgesehenen Kriterien zur Bestimmung der Vertragsmäßigkeit als widerlegbare Vermutungsregelungen bzw. als Auslegungsregeln zur Bestimmung der Parteivereinbarung oder aber sie können die betreffenden Anforderungen objektiv formulieren, wobei der Parteivereinbarung der Vorrang einräumen ist.[659]

---

653 *Micklitz*, EuZW 1999, 485 (486).

654 *Jorden/Lehmann* JZ 2001, 952 (953); *Ernst/Gsell*, ZIP 2000, 1410 (1414); unzutreffend zur Bedeutung der Vermutung *Honsell* JZ 2001, 278 (279).

655 Vgl. Erwägungsgrund 8 VerbrGK-RL; *Staudenmayer* NJW 1999, 2393 (2394).

656 *Schwartze*, ZEuP 2000, 544 (554) sich anschließend *Höffe*, Diss., S. 28.

657 *Schwartze*, ZEuP 2000, 544 (554).

658 *Lehmann*, JZ 2000, 280 (282).

659 *Jorden/Lehmann*, JZ 2001, 952 (954).

Während im Grünbuch[660] in Anlehnung an die Produkthaftungslinie[661] noch das Prinzip der berechtigten Erwartungen diskutiert wurde, wonach zur Feststellung der Vertragsmäßigkeit nur legitime Erwartungen eines durchschnittlichen Verbrauchers nach einem objektiven Beurteilungsmaßstab herangezogen werden durften, hat sich der Richtliniengesetzgeber nunmehr für die vorrangige Anwendung eines subjektiven Maßstabes zur Bestimmung der Vertragsmäßigkeit entschieden.[662] Die Richtungsänderung der Kommission beruhte darauf, dass ein rein am Verbraucherinteresse orientierter Maßstab im Ergebnis zu einer erheblichen Benachteiligung des Verkäufers geführt hätte.[663] Grundsätzlich gilt daher gemäß Art. 2 Abs. 1 VerbrGK-RL, dass der tatsächlichen Parteivereinbarung gegenüber den Vermutungskriterien des Art. 2 Abs. 2 VerbrGK-RL der Vorrang gebührt.[664] Dies ergibt sich zum einen aus der Formulierung „die Vertragsmäßigkeit wird vermutet" in Art. 2 Abs. 2 VerbrGK-RL, was unzweifelhaft voraussetzt, dass die Vertragsmäßigkeit nicht bereits feststeht. Zum anderen spricht auch der Hinweis in Erwägungsgrund 8 Satz 2 VerbrGK-RL für eine solche Auslegung.[665] Danach stellt die Vermutung keine Einschränkung des Grundsatzes der Vertragsfreiheit dar, wonach es im Rahmen eines Vertragsverhältnisses immer vorrangig auf die Parteivereinbarung ankommt. Ausschlaggebend für den Qualitätsmaßstab sind keine objektiven Standards, sondern die im Vertrag festgelegten Eigenschaften des Verbrauchsgutes. Die Parteien können mithin selbst festlegen, welche Anforderungen an die Qualität der Sache zu stellen sind.[666] Liegt die vereinbarte Qualität vor, so ist das Verbrauchsgut vertragsgemäß. Das bedeutet, dass es unter Umständen an der für die Geltendmachung der Rechte aus Art. 3 VerbrGK-RL vorausgesetzten Vertragswidrigkeit nach der Parteivereinbarung fehlt, die nach den Vermutungsregeln des Art. 2 Abs. 2 VerbrGK-RL gegeben wäre.

Durch das Nebeneinander der Parteivereinbarung als vorrangig anzuwendender Maßstab zur Bestimmung der Vertragsmäßigkeit und der Normierung zwingender Verbraucherrechte für den Fall der Vertragswidrigkeit entsteht folglich ein erhebliches Spannungsverhältnis, weswegen in der Literatur befürchtet wurde, dass die VerbrGK-RL entgegen den Verbraucherinteressen einen allzu weit

---

660 Grünbuch über Verbrauchsgütergarantien und Kundendienst vom 15.11.1993 (KOM (1993) 509 endg.).

661 Richtlinie 85/374/EWG des Rates vom 25. Juli 1985 zur Angleichung der Rechts- und Verwaltungsvorschriften der Mitgliedstaaten über die Haftung für fehlerhafte Produkte (ABl. EG Nr. L 210 vom 07.08.1985, S. 29f.).

662 *Gsell*, JZ 2001, 65 (66); *Grundmann*, in: *Grundmann/Medicus/Rolland* (Hrsg.), Europäisches Kaufgewährleistungsrecht, S. 296; *Ehmann/Rust*, JZ 1999, 853 (860); *Rieger*, VuR 19999, 287 (288).

663 Begründung der Europäischen Kommission zum Erstvorschlag, KOM (95) 520 endg. S. 12; vgl. auch *Amtenbrink/Schneider*, VuR 1996, 367 (370).

664 *Jorden/Lehmann*, JZ 2001, 952 (953); *Ehmann/Rust*, JZ 1999, 853 (855); *Weisner*, JuS 2001, 759 (760); *Anders*, in: ZRP 2000, 293 (294).

665 *Schwartze* ZEuP 2000, 544 (554).

666 *Welser/Jud*, Zur Reform des Gewährleistungsrechts, S. 60.

reichenden Eingriff in die Privatautonomie darstellt.[667] Folge der Umsetzung der Richtlinienvorgaben, so die Kritiker, könnte etwa die Erhöhung der Produktkosten sein.[668] Wenn auch nicht vertiefenden auf die wirtschaftlichen Folgen der Umsetzung der VerbrGK-RL eingegangen werden soll, so muss angesichts dessen, dass sich die Regelungen der VerbrGK-RL überwiegend an die Vorschriften des CISG anlehnen und sich im internationalen Warenverkehr bewährt haben, dennoch bezweifelt werden, dass es tatsächlich zu einer Kostenverschiebung kommt. Nicht zuletzt war auch vor Umsetzung der VerbrGK-RL zu beobachten, dass Verkäufer sogar Garantieerklärungen mit weiter reichenden Rechten als es die VerbrGK-RL vorsieht, abgegeben haben. Schließlich ist bereits fraglich ob überhaupt von einer Einschränkung der Privatautonomie gesprochen werden kann. Schließlich richtet sich die Vertragsmäßigkeit eines Verbrauchsgutes gemäß Art. 2 VerbrGK-RL nach der Parteivereinbarung, sodass die Vertragsfreiheit Grundlage der Haftung bleibt.[669] Die VerbrGK-RL schränkt die Vertragsfreiheit nur hinsichtlich der Haftungsgrenzen ein. Zu berücksichtigen ist hierbei, dass bei den von den EU-Gesetzgebern bei der Schaffung der VerbrGK-RL ins Auge gefassten Massengeschäften Vertragsbedingungen hinsichtlich der Gewährleistung in der Regel nicht ausgehandelt, sondern vielmehr durch Allgemeine Geschäftsbedingungen des Verkäufers vorgegeben werden, sodass der Verbraucher sein durch den Grundsatz der Privatautonomie vermeintlich gewährleistetes Selbstbestimmungsrecht regelmäßig nicht ausüben kann. Nur eine zwingende Ausgestaltung der Gewährleistungsrechte kann daher das an sich dem der Privatautonomie zugrunde liegende Interessengleichgewicht der Parteien und damit die Vertragsfreiheit wiederherstellen.[670]

a) Parteivereinbarung

Wie eine Parteivereinbarung zustande kommt, bleibt grundsätzlich der Gesetzgebungshoheit der Mitgliedstaaten überlassen. Grundsätzlich sind auch Vereinbarungen, die von den Vermutungskriterien des Art. 2 Abs. 2 VerbrGK-RL abweichen, zulässig. Grundsätzlich sind daher auch solche Vereinbarungen zwischen Verbraucher und Unternehmer zulässig, wonach der Verbraucher die Kaufsache mit einer von der üblichen Qualität abweichenden Qualität erwirbt. Unzulässig sind hingegen solche Vereinbarungen, wonach der Verkäufer bestimmen kann ob Vertragsmäßigkeit anzunehmen ist oder nicht.

b) Beschreibung, Probe und Muster

Gemäß Art. 2 Abs. 2 a) VerbrGK-RL wird vermutet, dass das Verbrauchsgut vertragsgemäß ist, wenn es mit der vom Verkäufer gegebenen Beschreibung übereinstimmt und die Eigenschaften des Gutes besitzen, die der Verkäufer dem Verbraucher als Probe oder Muster vorgelegt hat. Anders als Art. 35 Abs. 2 CISG

---

[667] *Ernst/Gsell*, ZIP 2000, 1410; *Gass*, in: FS *Rolland* S. 129 (132).
[668] *Weisner*, JuS 2001, 759 (763).
[669] *Reich*, NJW 1999, 2397 (2399).
[670] *Repgen*, Kein Abschied von der Privatautonomie, S. 85.

bezieht der Richtlinientext auch die Beschreibungen des Verkäufers in die Vermutungsregelung mit ein. Der Wortlaut der Vorschrift spricht dafür Beschreibungen im Sinne dieser Vorschrift als bloße Wissensbekundungen des Verkäufers zu behandeln, ohne das ein entsprechender Rechtsbindungswillen vorgelegen haben muss.[671] Teilweise wird vertreten die Vorschrift des Art. 2 Abs. 2 a) VerbrGK-RL wolle das erfassen, was in anderen Rechtskreisen als so genannte „implied terms" verstanden werde, sodass eine Beschreibung nur dann anzunehmen ist, wenn ihr Inhalt dem entspricht, was die Parteien vereinbart hätten, wenn sie alle Eventualitäten in Betracht gezogen hätten.[672] Andere wiederum wollen nur solche Beschreibungen ausreichen lassen, die tatsächlich Vertragsinhalt geworden sind.[673] Nach der letztgenannten Auffassung erschöpft sich die Funktion des Art. 2 Abs. 2 a) VerbrGK-RL darin, deutlich zu machen, dass auch konkludente Parteivereinbarungen zur Bestimmung der Vertragsmäßigkeit herangezogen werden können.[674] Zur Begründung wird darauf verwiesen, dass die Haftung des Verkäufers nur für solche Beschreibungen zulässig sein kann, die Vertragsinhalt geworden sind.[675] Die Vertreter dieser Auffassung übersehen, dass es im Rahmen des Art. 2 Abs. 2 VerbrGK-RL um die Vermutung für die Vertragsmäßigkeit geht und damit um eine prinzipiell verkäuferbegünstigende Vorschrift. Die Haftung des Verkäufers selbst richtet sich vielmehr nach Art. 3 VerbrGK-RL, die an die Vertragswidrigkeit des Verbrauchsgutes anknüpft. Im Übrigen würde es verwundern, wenn Art. 2 Abs. 2 VerbrGK-RL nur eine Klarstellungsfunktion in dem Sinne zukäme, dass eine Parteivereinbarung i.S.d. Art. 2 Abs. 1 VerbrGK-RL auch konkludent erfolgen kann. Eine Beschreibung i.S.d. Vorschrift liegt daher immer dann vor, wenn ihr Inhalt grundsätzlich vereinbarungsfähig ist, ohne dass der Verkäufer mit Rechtsbindungswillen gehandelt haben muss.

Ein anderes Problem stellt sich hinsichtlich der durch die Formulierung „und" bedingten Verbindung der Beschreibung des Verkäufers und des als Muster oder Probe vorgelegten Gutes. Der Wortlaut könnte für eine Kumulation beider Voraussetzungen sprechen, mit der Folge, dass die Vermutungswirkung nach Art. 2 Abs. 2 a) VerbrGK-RL trotz Übereinstimmung des Verbrauchsgutes mit der vom Verkäufer gegebenen Beschreibung nicht eintritt, wenn dem Verbraucher weder eine Probe noch ein Muster vorgelegt worden ist bzw. trotz Übereinstimmung des Verbrauchsgutes mit der dem Verbraucher vorgelegtem Muster oder vorgelegten Probe nicht eintritt, wenn der Verkäufer keine Beschreibung abgegeben hat.[676] Die Beschreibung des Verkäufers würde mithin nur dann die Vermutungswirkung

---

671 *Amtenbrink/Schneider*, VuR 1996, 367 (372); *Faber*, JBl 1999, 413 (420).

672 *Schlechtriem*, in: *Ernst/Zimmermann* (Hrsg.), Zivilrechtswissenschaft und Schuldrechtsreform, S. 205 (214).

673 *Kircher*, Diss., S. 903; *ders.*, ZRP 1997, 290 (291); *Faber*, JBl 1999, 413 (420).

674 *Grundmann*, in: *Grundmann/Medicus/Rolland* (Hrsg.), Europäisches Kaufgewährleistungsrecht, S. 298; *Jud*, ÖJZ 1997, 441 (443).

675 *Kircher*, Diss., S. 903.

676 *Schurr*, ZfRV 1999, 222 (225); ausführlich zu dieser Problematik siehe *Schlechtriem*, in: GS *Lüderitz*, S. 682 und *Faber*, JBl 1999, 413 (422).

auslösen können, wenn sie im Zusammenhang mit einer Probe oder einem Muster erfolgt. Umgekehrt, könnte eine Probe oder ein Muster bei einer solchen Auslegung nur dann die Vermutung auslösen, wenn ihre Vorlage im Zusammenhang mit einer Beschreibung erfolgt wäre. Letztlich käme der Vorschrift unter Zugrundelegung einer rein am Wortlaut orientierten Auslegung nur ein sehr beschränkter Anwendungsbereich zu.[677] Die Vorschrift wird daher überwiegend so interpretiert, dass nur für den Fall, dass neben der Beschreibung tatsächlich dem Verbraucher eine Probe oder ein Muster vorgelegt wurde, das Verbrauchsgut beidem entsprechen muss.[678] Entspricht das Verbrauchsgut der vom Verkäufer gemachten Beschreibung ohne dass dem Verbraucher eine Probe oder ein Muster vorgelegt wurde, so soll dies allein bereits die Vermutung nach Art. 2 Abs. 2 a) VerbrGK-RL rechtfertigen, das Verbrauchsgut sei vertragsgemäß.[679] Teilweise wird sogar vertreten, bei der Formulierung „Beschreibung, Probe oder Muster" handle es sich lediglich um Regelbeispiele dafür, wie eine Parteivereinbarung nach Art. 2 Abs. 1 VerbrGK-RL erfolgen kann.[680]

Weder die Materialien zur VerbrGK-RL noch Art. 35 CISG helfen hier weiter. Der letztgenannten Auffassung kann bereits aus dogmatischen Gründen nicht gefolgt werden. Schließlich stellt eine Beschreibung, eine Probe oder ein Muster allenfalls eine einseitige Erklärung des Verkäufers dar und keine Vereinbarung zwischen Verkäufer und Verbraucher. Im Rahmen von Art. 2 bs. 2 VerbrGK-RL können Beschreibungen mithin nur dann von Bedeutung sein, wenn es sich um einen einseitige Erklärung handelt, da Parteivereinbarungen in den Anwendungsbereich von Art. 2 Abs. 1 VerbrGK-RL fallen.[681] Aber auch die Auffassung, wonach es sich bei den Voraussetzungen des Art. 2 Abs. 2 a) VerbrGK-RL um Einzeltatbestände handeln soll, die jeweils alternativ vorliegen müssen, überzeugt nicht. Neben dem Wortlaut spricht gegen eine solche Auslegung, dass es sich bei Art. 2 Abs. 2 VerbrGK-RL um eine Beweiserleichterung zugunsten des Verkäufers handelt, die nur in speziellen Einzelfällen Anwendung finden soll. Da es sich insgesamt um eine verbraucherschützende Richtlinie handelt, ist es unzweifelhaft nahe liegend die dem Verbraucher günstigere Auslegung zu wählen. Dies könnte zunächst dafür sprechen, dass die Vermutungswirkung hinsichtlich der Vertragsmäßigkeit nur eingreift, wenn der Verkäufer sowohl eine Beschreibung abgegeben als auch eine Probe oder ein Muster vorgelegt hat und beides dem Verbrauchsgut entspricht. Dann würde es für den Fall, dass es an einer Beschreibung oder an der Vorlage einer Probe oder eines

677 *Schlechtriem*, in: GS *Lüderitz*, S. 682; *ders.*, in: *Ernst/Zimmermann* (Hrsg.) Zivilrechtswissenschaft und Schuldrechtsreform S. 205 (214).

678 *Amtenbrink/Schneider*, VuR 1996, 367 (372); *Rieger*, VuR 1999, 287 (288); *Kircher*, Diss., S. 272; *Welser*, in: FS *Hempel*, S. 326.

679 *Honsell*, JZ 2001, 278 (279); *Schlechtriem*, ZRS 118 (1999), 335 (346); *ders.*, in: GS *Lüderitz*, S. 675 (682).

680 *Grundmann*, in: *Grundmann/Medicus/Rolland* (Hrsg.), Europäisches Kaufgewährleistungsrecht, S. 298.

681 *Hoffmann*, ZRP 2001, 347 (348).

Musters fehlt, bei der üblichen Darlegungs- und Beweislast nach Art. 5 Abs. 3 VerbrGK-RL bleiben. Andererseits bestimmt Erwägungsgrund 8 VerbrGK-RL ausdrücklich, dass für den Fall, dass eine der Vermutungskriterien offenkundig nicht anwendbar ist, die übrigen Vermutungswirkungen ihre Gültigkeit behalten. Würde man in Art. 2 Abs. 2 a) VerbrGK-RL die Kumulation beider Kriterien als Voraussetzung eines Tatbestand sehen, so würde sich die Vermutungswirkung allein durch das Vorliegen der in Art. 2 Abs. 2 b) bis d) VerbrGK-RL genannten Kriterien beurteilen. Dies wiederum würde eine Schlechterstellung des Verbrauchers gegenüber der in der Literatur favorisierten Auslegung bedeuten, da dann die Vertragsmäßigkeit nach Art. 2 Abs. 2 b) bis d) VerbrGK-RL vermutet wird, auch wenn sie nicht mit der dem Verbraucher vorgelegten Probe bzw. dem Muster übereinstimmt. Es liegt daher nahe, die Einschränkung von Erwägungsgrund 8 Satz 6 VerbrGK-RL nicht nur auf das Kumulationserfordernis hinsichtlich der Buchstaben a) bis d) sondern auch innerhalb der einzelnen Kriterien anzuwenden.[682] Die Vermutungswirkung greift darüber hinaus selbstverständlich nur dann ein, wenn der Verkäufer die Muster oder Proben dem Verbraucher nicht nur als unverbindliche Vorlage zur Ansicht übergeben hat.[683]

c) Eignung zum angestrebten Zweck

Art. 2 Abs. 2 b) VerbrGK-RL erfordert, dass sich das Verbrauchsgut für den vom Verbraucher angestrebten Zweck bzw. die angestrebte Verwendung[684] eignet, den der Verbraucher dem Verkäufer bei Vertragsschluss zur Kenntnis gebracht hat und dem der Verkäufer auch zugestimmt hat. Eine einseitige Kenntnisgabe des Käufers etwa, wie sie noch die früheren Fassungen der VerbrGK-RL[685] in Anlehnung an Art. 35 Abs. 2 b) CISG vorgesehen war, reicht demnach nicht aus. Erforderlich ist vielmehr, dass die Zweckbestimmung Vertragsinhalt geworden ist.[686] Erstaunlicherweise findet sich dennoch in der Literatur der Hinweis, dass eine Parteivereinbarung über den vom Verbraucher angestrebten Zweck gerade nicht erforderlich sein könne, da dieser Fall bereits von Art. 2 Abs. 1 VerbrGK-RL erfasst sei.[687] Die Funktion des Art. 2 Abs. 2 VerbrGK-RL besteht gerade darin, für den Fall, dass es an einer Parteivereinbarung über die Vertragsmäßigkeit fehlt, festzulegen unter welchen Voraussetzungen ein entsprechender Wille der Parteien

---

682 *Höffe*, Diss., S. 34.

683 *Lehr/Wendel*, EWS 1999, 321 (322).

684 Die deutsche Fassung der VerbrGK-RL verwendet hier den Begriff „Zweck“, während die italienische Richtlinienfassung von *„uso“* spricht, was in die deutsche Sprache mit dem „Verwendung bzw. Gebrauch“ zu übersetzten ist.

685 Gemeinsamer Standpunkt Nr. 51/98 vom Rat festgelegt am 24. September 1998 im Hinblick auf den Erlass der Richtlinie 98/.../EU des Europäischen Parlaments und des Rates zu bestimmten Aspekten des Verbrauchsgüterkaufs und der Garantien für Verbrauchsgüter (ABl. EG Nr. C 333 vom 30.10.1998, S. 46f.).

686 *Staudenmayer*, NJW 1999, 2393 (2394); *Schlechtriem*, ZSR 118 (1999), 335 (347); *ders.*, in: GS *Lüderitz*, S. 675 (682); *Welser/Jud*, Zur Reform des Gewährleistungsrechts, S. 46.

687 *Lehr/Wendel*, EWS 1999, 321 (322).

vermutetet werden kann. Auch in diesem Zusammenhang gilt zu berücksichtigen, dass im Rahmen des Art. 2 Abs. 2 VerbrGK-RL nicht die Vertragswidrigkeit sondern die Vertragsmäßigkeit vermutet wird.

Fraglich ist, welche Anforderungen an die Kenntnisgabe durch den Verbraucher vorliegen müssen, damit die Vermutungswirkung eingreift. Der Richtlinientext gibt hierzu keine Anhaltspunkte. Art. 35 Abs. 2 CISG, dessen Systematik als Modell bei der Schaffung des Art. 2 Abs. 2 VerbrGK-RL zugrunde gelegt wurde verlangt in b), dass der Verwendungszweck dem Verkäufer ausdrücklich oder auf andere Weise zur Kenntnis gebracht wurde. Nach überwiegender Ansicht reicht es danach aus, wenn ein vernünftiger Verkäufer nach den konkreten Umständen des Einzelfalls den vom Käufer angestrebten Verwendungszweck hätte erkennen können.[688] Überträgt man diese Auslegung auf Art. 2 Abs. 2 b) VerbrGK-RL, so folgt daraus, dass der Verbraucher diejenigen Anstrengungen unternommen haben muss, die im Einzelfall erforderlich sind, damit ein vernünftiger Verkäufer in der Situation des konkreten Verkäufers vom Verwendungszweck Kenntnis erlangen kann. Art. 35 Abs. 2 b) CISG sieht außerdem vor, dass für den Fall, dass der Verkäufer mangels ausreichender Sachkunde nicht erkennen kann, welche Eigenschaften die Kaufsache aufweisen muss, damit sie den vom Verbraucher angestrebten Verwendungszweck auch erfüllen kann, es darüber hinaus darauf ankommt ob der Verbraucher auf die Sachkunde des Verkäufers vernünftigerweise vertrauen durfte.[689] Eine solche Einschränkung kennt die VerbrGK-RL nicht, sodass nach Art. 2 Abs. 2 b) VerbrGK-RL, die Vertragsmäßigkeit nicht vermutet wird, wenn der Verkäufer mangels Sachkenntnis keine Kenntnis vom Verwendungszweck erlangen konnte, auch wenn das vom Verbraucher erworbene Verbrauchsgut die Voraussetzungen zur Gewährleistung des üblichen Verwendungszwecks erfüllt. Die mangelnde Sachkenntnis des Verkäufers gereicht damit nach der VerbrGK-RL ausschließlich zum Nachteil des Verkäufers, was in Anbetracht des verbraucherschützenden Charakters der VerbrGK-RL auch sachgerecht ist. Da die Zustimmungserklärung des Verkäufers selbstverständlich auch konkludent[690] erfolgen kann, greift die Vermutungsregelung des Art. 2 Abs. 2 b) VerbrGK-RL bei kumulativen Vorliegen der übrigen in Art. 2 Abs. 2 VerbrGK-RL genannten Kriterien im Regelfall bereits dann ein, wenn der Verkäufer in Kenntnis der Zweckbestimmung mit dem Verbraucher den Vertrag abgeschlossen hat und damit unabhängig davon ob der Verkäufer über die entsprechende Sachkunde bei Vertragsschluss verfügt hat.

d) Eignung zum gewöhnlichen Zweck

Nach Art. 2 Abs. 2 c) VerbrGK-RL muss sich das Verbrauchsgut für die Zwecke eigenen, für die Güter der gleichen Art gebraucht werden. Das vom Verbraucher

---

688 Staudinger-*Magnus*, CISG, Art. 35 Rn. 28.

689 *Schlechtriem*, in: *Ernst/Zimmermann* (Hrsg.), Zivilrechtswissenschaft und Schuldrechtsreform, S. 205 (215).

690 *Micklitz*, EuZW 1999, 485 (486); *Grundmann*, in: *Grundmann/Medicus/Rolland* (Hrsg.), Europäisches Kaufgewährleistungsrecht, S. 298; *Lehr/Wendel*, EWS 1999, 321 (322).

erworbene Verbrauchsgut muss sich mithin für diejenigen Verwendungszwecke eignen, für die gleichartige Konkurrenzprodukte üblicherweise verwendet werden. Erforderlich ist dabei selbstverständlich, dass das Verbrauchsgut mit denen zum Vergleich herangezogenen Produkten auch im Preiswettbewerb steht, da nur für diesen Fall auch die Qualitätsanforderungen die Gleichen sind.[691] Die Vorschrift stimmt nahezu wortgleich mit Art. 35 Abs. 2 a) CISG überein, sodass in Zweifelsfragen auf die hierzu ergangene gefestigte Rechtsprechung zurückgegriffen werden kann. Als problematisch könnte sich das Zusammenspiel mit der Vorschrift des Art. 2 Abs. 2 b) VerbrGK-RL erweisen. Haben die Parteien danach einen besonderen Zweck vereinbart, so fragt sich angesichts des Kumulationserfordernisses ob das Verbrauchsgut daneben auch dem gewöhnlichen Zweck gemäß Art. 2 Abs. 2 c) VerbrGK-RL entsprechen muss, um die Vermutungswirkung des Art. 2 Abs. 2 VerbrGK-RL auszulösen.[692] Schließlich ist durchaus denkbar, dass die Parteien eine Zweckeignung vereinbart haben, die von gewöhnlichen Standards abweicht. Denkbar ist folglich, dass die Vermutungswirkung in diesem Fall nicht eingreift. Die Lösung dieses Problems ist in der VerbrGK-RL selbst verankert. Die Einschränkung des Kumulationserfordernisses in Erwägungsgrund 8 Satz 6 VerbrGK-RL dürfte dazu führen, dass die Vereinbarung eines besonderen Verwendungszwecks regelmäßig zum Ausschluss der Vermutungsregel des Art. 2 Abs. 2 c) VerbrGK-RL, da sie offensichtlich unanwendbar ist.[693] Im Ergebnis stellt Art. 2 Abs. 2 i.V.m. Erwägungsgrund 8 VerbrGK-RL entsprechend Art. 2 Abs. 1 VerbrGK-RL damit klar, dass sich die Sollbeschaffenheit vorrangig nach der Parteivereinbarung richtet.[694] In Zweifelsfällen muss es sowohl auf den vereinbarten als auch auf den gewöhnlichen Zweck ankommen.[695]

e) Übliche und erwartete Beschaffenheit

Gemäß Art. 2 Abs. 2 d) VerbrGK-RL wird die Vertragsmäßigkeit bei Vorliegen aller übrigen Voraussetzungen vermutet, sofern das Verbrauchsgut die bei Gütern der gleichen Art übliche Qualität und Leistungen aufweist und der Verbraucher dies auch erwarten durfte, wenn die Beschaffenheit des Gutes und gegebenenfalls die insbesondere in der Werbung oder bei der Etikettierung gemachten öffentlichen Äußerungen des Verkäufers, des Herstellers oder dessen Vertreters über die konkreten Eigenschaften des Gutes in Betracht gezogen werden. Insbesondere die französischen Sprachfassung des Richtlinientextes[696] macht deutlich, dass es sich hierbei um einen einheitlichen Tatbestand handelt, der das kumulative Vorliegen beider Kriterien, das der üblichen Beschaffenheit und das der Erwartungen des

---

691 *Lehr/Wendel*, EWS 1999, 321 (323).

692 *Kircher*, ZRP 1997, 290 (292).

693 *Schmidt-Räntsch*, ZIP 1998, 849 (850).

694 *Staudenmayer*, NJW 1999, 2393 (2394).

695 *Grundmann*, in: *Grundmann/Medicus/Rolland* (Hrsg.), Europäisches Kaufgewährleistungsrecht, S. 296.

696 Hier werden beide Kriterien durch das Relativpronomen „auxquelles" verbunden.

Käufers, erfordert.[697] Schließlich würde es dem ersten Teil der Vorschrift „übliche Qualität und Leistungen" andernfalls an einer Existenzberechtigung fehlen, da bereits Art. 2 Abs. 2 c) VerbrGK-RL die Eignung zu dem gewöhnlichen Zweck erfordert, was regelmäßig eine übliche Qualität und Leistungen voraussetzt.[698] Allein durch die Einbeziehung der berechtigten Erwartungen des Verbrauchers als Tatbestandsvoraussetzungen des Art. 2 Abs. 2 d) VerbrGK-RL erhält die Vorschrift mithin einen eigenen Regelungsinhalt.[699] Mit Art. 2 Abs. 2 d) VerbrGK-RL wird der Werbung ein in den meisten Rechtsordnungen der Mitgliedstaaten in diesem Umfang unbekannter Stellenwert im Rahmen der Verkäuferhaftung eingeräumt.[700]

Ihre Einbeziehung ist daher in der Literatur heftig kritisiert worden. Allen voran *Kircher*[701], der in der Vorschrift nicht nur eine Vermengung von Willenserklärung und Anpreisungen in der Werbung sieht, sondern darüber hinaus einen Wider-spruch zum Prinzip der Privatautonomie, da letztlich Aussagen insbesondere die der nicht am Vertragsverhältnis beteiligten Dritten zur Bestimmung der Vertrags-mäßigkeit herangezogen würden, obwohl sie nicht Vertragsinhalt geworden sind. Dritte erhielten so die Möglichkeit ein Vertragsverhältnis einseitig zu gestalten, an dem Sie gänzlich unbeteiligt sind. Auch würde der in Art. 2 Abs. 1 VerbrGK-RL festgelegte Grundsatz, wonach sich die Vertragsmäßigkeit vorrangig nach der Parteivereinbarung richtet, durch die Einbeziehung der Werbung durchbrochen. Schließlich wurde sogar die Befürchtung geäußert, die in Art. 2 Abs. 2 d) VerbrGK-RL festgelegte Erwartungshaltung würde zu einem verschuldensunabhängigen Gewährleistungsanspruch bei irreführender Werbung führen.[702] Richtig ist, dass die Werbung durch die Regelung in Art. 2 Abs. 2 d) VerbrGK-RL auch dann berücksichtigt werden muss, wenn sie nach dem Recht eines Mitgliedstaates nicht Vertragsinhalt geworden ist.[703] Nach überwiegender Auffassung ist nicht einmal eine Bezugnahme des Kaufvertrages oder der Parteien im Rahmen der Vertragsverhandlungen auf die Werbung erforderlich.[704] Die Kritiker der Vorschrift übersehen, dass Art. 2 Abs. 2 d) VerbrGK-RL nur eine Vermutung für die Vertragsmäßigkeit des

---

697 *Faber*, JBl 1999, 413 (422); *Magnus*, in: *Grundmann/Medicus/Rolland* (Hrsg.), Europäisches Kaufgewährleistungsrecht, S. 87.

698 *Magnus*, in: *Grundmann/Medicus/Rolland* (Hrsg.), Europäisches Kaufgewährleistungsrecht, S. 87.

699 *Ehemann/Rust*, JZ 1999, 853 (856).

700 Hinsichtlich der Prüfung ob das vom Verbraucher erworbene Verbrauchsgut die bei Gütern der gleichen Art „übliche Qualität und Leistungen" aufweist, kann auf die Auslegung zu c) der Vorshrift verwiesen werden.

701 *Kircher*, ZRP 1997, 290 (292).

702 *Wolf*, RIW 1997, 899 (900).

703 *Lehmann*, JZ 2000, 280 (283); a.A. *Schwartze*, Europäische Sachmängelgewährleistung, S. 95; im Ergebnis auch *Welser/Jud*, Zur Reform des Gewährleistungsrechts, S. 49, die zumindest eine konkludente Vereinbarung über die Einbeziehung der entsprechenden Werbeaussagen fordern.

704 *Westermann*, in: *Grundmann/Medicus/Rolland* (Hrsg.), Europäisches Kaufgewährleistungsrecht, S. 255; *Tonner*, BB 1999, 1769 (1771).

Verbrauchsgutes enthält. Eine Beweiserleichterung zugunsten des Verkäufers stellt keinesfalls einen Gewährleistungsanspruch des Verbrauchers dar. Liegen die Voraussetzungen des Art. 2 Abs. 2 VerbrGK-RL nicht vor, so verbleibt es bei der üblichen Beweislastregelung. Konnte also der Verbraucher vernünftigerweise aufgrund der öffentlichen Äußerungen des Verkäufers, Herstellers oder seines Vertreters eine Qualität und Leistungen erwarten, die nicht der tatsächlichen Qualität und Leistungen entspricht, so verbleibt es bei der Beweislastregelung des Art. 5 Abs. 3 VerbrGK-RL. Selbstverständlich ist der Umstand, dass die Vertragsmäßigkeit aufgrund der Werbung nicht vermutet wird, ein Indiz dafür, dass das Verbrauchsgut vertragswidrig ist, sodass eine mittelbare Bindung des Verkäufers an die Werbung, auch die des Dritten, besteht. Sind aber die in der Werbung gemachten Äußerungen dem Verkäufer zurechenbar, so kann nicht einleuchten, warum er durch Art. 2 Abs. 2 d) VerbrGK-RL unangemessen belastet sein soll. Von einem Eingriff in die Privatautonomie der Vertragsparteien durch Art. 2 Abs. 2 VerbrGK-RL kann nicht die Rede sein. Zwar verbleibt ein Restrisiko für den Verkäufer, da er auch für eine unrichtige Werbung haftet, sofern kein Ausnahmetatbestand des Art. 2 Abs. 4 VerbrGK-RL eingreift.[705] Dies bedeutet aber nichts Anderes als dass dem Verkäufer durch die Vorschrift des Art. 2 Abs. 2 d) VerbrGK-RL im Ergebnis eine Informationspflicht hinsichtlich der Werbung des Herstellers bzw. dessen Vertreters aufgebürdet wird.[706] Dies aber kann dem Verkäufer durchaus zugemutet werden, da er näher am Hersteller ist als der Verbraucher.[707] Die durch Art. 2 Abs. 2 d) VerbrGK-RL festgelegte Risikoverteilung in Bezug auf die Werbung ist damit durchaus sachgerecht.

Bei der Auslegung der Vorschrift ist besondere Sorgfalt geboten. Zumal ein Rückgriff auf die Vorschriften des CISG nicht ohne weiteres zulässig ist, da die VerbrGK-RL mit der Einbeziehung von Werbeaussagen zur Bestimmung der Vertragsmäßigkeit von der im Übrigen als Vorlage für Art. 2 Abs. 2 VerbrGK-RL dienenden Vorschrift des Art. 35 Abs. 2 CISG abweicht.[708] Im Anwendungsbereich des CISG können Werbeaussagen nur im Rahmen der Beschaffenheitsvereinbarung nach Art. 35 Abs. 1 CISG Berücksichtigung finden. Die Auslegung zu Art. 35 CISG kann daher bei der Auslegung von Art. 2 Abs. 2 d) VerbrGK-RL nur bedingt herangezogen werden.

(1) Vernünftige Erwartungen

Bereits in der Diskussion um den Richtlinienentwurf wurde im Hinblick auf die Frage, welche Erwartungen der Verbraucher an das Verbrauchsgut stellen können soll, darüber gestritten ob es dabei um ein subjektiv oder vielmehr um objektiv

---

705 *Lehmann* JZ 2000, 180 (285).

706 *Micklitz*, EuZW 1999, 485 (487).

707 *Grundmann*, in: *Grundmann/Medicus/Rolland* (Hrsg.), Europäisches Kaufgewährleistungsrecht, S. 299.

708 *Magnus*, in: *Basedow/Meier/Schnyder/Einhotn/Girsberger* (Hrsg.), Private Law in the International Arena, S. 429 (436); *Junker*, DZWir 1997, 271 (273).

festzustellendes Kriterium handelt.[709] So hatte die Kommission im Grünbuch[710] noch das Prinzip der „berechtigten Erwartungen" als Maßstab zur Bestimmung der Vertragswidrigkeit eines Verbrauchsgutes vorgesehen. Anders als der Wortlaut zunächst vermuten ließ, sollte sich aus der Wahl des Begriffs „berechtigte" ergeben, dass zur Feststellung der Vertragswidrigkeit ausschließlich legitime Erwartungen eines durchschnittlichen Verbrauchers nach einem objektiven Beurteilungsmaßstab herangezogen werden dürfen.[711] Ob eine Erwartung des Verbrauchers berechtigt ist, sollte mithin allein an den Umständen des Vertragsschlusses, insbesondere der Vertragsbestimmungen, Art, Marke, Verwendungszweck, Preis und Darstellung des Verbrauchsgutes in der Werbung gemessen werden.[712] Letztlich hat sich daher die Formulierung „vernünftigerweise" durchgesetzt, da so der objektive Charakter des anzuwendenden Prüfungsmaßstabes klarer herausgestellt werden konnte. Hinter dem Maßstab, was der Verbraucher erwarten darf, steht folglich das Verbraucherleitbild der Gemeinschaft und nicht etwa die subjektiven Vorstellungen des Verbrauchers.[713] Maßgeblich ist danach der Verständnishorizont eines Durchschnittsverbrauchers und nicht etwa der eines naiven, leichtgläubigen und unvernünftigen Verbrauchers.[714]

Gemäß Art. 2 Abs. 2 d) VerbrGK-RL greift die Vermutungswirkung nur ein, „wenn die Beschaffenheit des Gutes und gegebenenfalls die insbesondere in der Werbung oder bei der Etikettierung gemachten öffentlichen Äußerungen des Verkäufers, des Herstellers oder dessen Vertreters über die konkreten Eigenschaften des Gutes in Betracht gezogen werden". Die deutsche Fassung des Richtlinientextes mag zunächst verwirren, da sie den Schluss zuließe, nach Art. 2 Abs. 2 d) VerbrGK-RL käme es nur auf die vom Verbraucher vernünftigerweise erwartete Qualität und Leistungen an, wenn die Beschaffenheit des Gutes bzw. die öffentliche Äußerungen ohnehin in Betracht gezogen werden. Die französische und die englische Fassung sind hier eindeutiger. So lautet die Formulierung der englischen Fassung: „*... given the nature of the goods and taking into account any public statement ...*"[715].

[709] Für die Annahme als objektives Kriterium: *Schlechtriem*, JZ 1997, 441 (444); *Micklitz*, EuZW 1997, 229 (231); für die Annahme, es handle sich um subjektive Kriterien: *Hänlein*, DB 1999, 1641 (1643); *Medicus*, ZIP 1996, 1925 (1926); *Schmidt-Räntsch*, ZIP 1998, 849 (851).

[710] Grünbuch über Verbrauchsgütergarantien und Kundendienst vom 15.11.1993 (KOM (1993) 509endg.).

[711] *Micklitz*, EuZW 1997, 229 (231); *Grundmann*, in: *Grundmann/Medicus/Rolland* (Hrsg.), Europäisches Kaufgewährleistungsrecht, S. 296.

[712] Grünbuch über Verbrauchsgütergarantien und Kundendienst vom 15.11.1993 (KOM (1993) 509endg.).

[713] *Lehmann*, JZ 2000, 280 (284).

[714] *Lehmann*, JZ 2000, 280 (284).

[715] Was sinngemäß übersetzt bedeutet: „Es wird vermutet, dass Verbrauchsgüter vertragsgemäß sind, wenn sie eine Qualität und Leistung aufweisen, die (...) der Verbraucher vernünftigerweise erwarten kann, in Anbetracht der Natur des Gutes und unter Berücksichtigung der öffentlichen Äußerungen.".

Ähnlich lautet die Formulierung der französischen Fassung: „.. *eu égard à la nature de bien et, le cas échéant, compte tenu des déclarations publique* ...“[716]. Die englische und französische Fassung lassen eindeutig erkennen, dass es sich bei dem angehängten Nebensatz um eine Konkretisierung dessen handelt, was unter dem Begriff der vernünftigen Erwartungen zu verstehen ist. Was der Verbraucher erwarten kann bzw. darf, richtet sich folglich nach der Beschaffen-heit des Gutes und der in der Werbung oder bei der Etikettierung gemachten öffent-lichen Äußerungen.

(2) Beschaffenheit

Nicht ganz eindeutig ist, was unter dem Begriff „Beschaffenheit eines Gutes“ zu verstehen ist. Zu berücksichtigen ist zunächst, dass der Verbraucher, sofern nichts Anderes vereinbart wurde, wohl immer die bei Gütern der gleichen Art übliche Qualität und Leistungen wird vernünftigerweise erwarten darf. Bei der Frage was der Verbraucher vernünftigerweise erwarten darf, kann mithin nicht die übliche Beschaffenheit, die schließlich Voraussetzung der üblichen Qualität und Leistungen ist, gemeint sein. Ginge man nämlich davon aus, bei der Prüfung ob eine vernünftige Erwartung des Verbrauchers hinsichtlich der Qualität und Leistungen vorliegt, käme es auf die übliche Beschaffenheit an, so liefe die Voraussetzung „und vernünftige erwarten kann“ in den meisten Fällen leer.[717] Denkbar ist, dass im Rahmen des Art. 2 Abs. 2 d) VerbrGK-RL auf die tatsächliche Beschaffenheit bei der Prüfung, was der Verbraucher vernünftigerweise erwarten kann, abzustellen ist.

Dann könnte der Verbraucher nur das Erwarten, was in Anbetracht der tatsächlichen Beschaffenheit des erworbenen Gutes vernünftigerweise zu erwarten ist. Wird aber ein anderes als das vereinbarte Verbrauchsgut geliefert, so weist es im Regelfall eine Qualität und Leistungen auf, die bei Gütern der gleichen Art üblich sind. Käme es dann aber auf die tatsächliche Beschaffenheit an, so dürfte der Verbraucher mithin nur dass erwarten, was bei Gütern dieser Art vernünftigerweise zu erwarten ist. Legt man der Vorschrift eine derartige Auslegung zu Grunde, so würde im Ergebnis die Vertragsmäßigkeit eines Verbrauchsgutes vermutet, die nicht Gegenstand der gemeinsamen Vorstellungen der Parteien bei Vertragsschluss war. Richtig ist zwar, dass für den Fall, dass eine Parteivereinbarung vorliegt, für die Anwendung der Vermutungsregeln des Art. 2 Abs. 2 VerbrGK-RL kein Raum bleibt. Zu berücksichtigen ist, dass das Vorliegen der Parteivereinbarung regelmäßig vom Verbraucher darzulegen und zu beweisen ist. Gelingt ihm dieser Nachweis nicht, so steht der Rückgriff auf die Vermutungsregelungen des Art. 2 Abs. 2 VerbrGK-RL offen. Wird also die Beschaffenheit des Gutes herangezogen, so kann es folglich nicht etwa auf die tatsächliche oder übliche Beschaffenheit ankommen, sondern darauf, welche Beschaffenheit das Gut nach den gemeinsamen Vorstel-

---

716 Was sinngemäß übersetzt bedeutet: „Es wird vermutet, dass Verbrauchsgüter vertragsgemäß sind, wenn sie eine Qualität und Leistung aufweisen, die (...) der Verbraucher vernünftigerweise erwarten kann, mit Rücksicht auf die Natur des Gutes und gegebenenfalls unter Berücksichtigung der öffentlichen Äußerungen.“.

717 Weswegen *Honsell*, JZ 2001, 278 (279) das Adjektiv „vernünftigerweise“ für überflüssig hält.

lungen haben soll.[718] Entscheidend sind damit die konkreten Umstände des Vertragsschlusses. Hierfür spricht auch Erwägungsgrund 8 VerbrGK-RL. Danach hängen die Qualität und Leistungen, die der Verbraucher vernünftigerweise erwarten darf, unter anderem davon ab ob die Güter neu oder gebraucht sind. Die Frage, ob gebrauchte oder neue Güter Gegenstand des Vertrages sind, richtet sich nach der Parteivereinbarung.

(3) Öffentliche Äußerungen

Unter dem Begriff „öffentliche Äußerungen" ist jede Äußerung zu verstehen, die an eine Vielzahl von Personen gerichtet und damit auch von am Vertragsverhältnis unbeteiligten Dritten wahrnehmbar ist.[719] Entscheidend ist, dass ein Medium verwendet wird, dass dem Verbraucher auch zugänglich ist.[720]

Art. 2 Abs. 2 d) VerbrGK-RL erfasst nur öffentliche Äußerungen über konkrete Eigenschaften. Erforderlich sind hinreichend konkrete Angeben hinsichtlich bestimmter Produkteigenschaften, die sich auf die Qualität und Leistung des Verbrauchsgutes beziehen, wobei sie quantifizierbar und messbar sein müssen.[721] Willenserklärung und Anpreisungen bleiben somit auch nach der VerbrGK-RL voneinander abgrenzbar.[722] Sind nämlich öffentliche Äußerungen so konkret, dass ein Durchschnittsverbraucher sie als Grundlage des Vertragsschlusses betrachten kann, so kann sie auch nach allgemeinen Grundsätzen dem Verkäufer zugerechnet werden. Dabei kann der Tatsachengehalt der öffentlichen Äußerung auch suggeriert werden[723], etwa wenn bei einer in der Werbung über Diätprodukte vorgenommenen „Vorher-Nachher-Gegenüberstellung", der dazwischen liegende Zeitraum nicht offenbart wird, sodass der Eindruck entsteht, das Produkt würde in kürzester Zeit zu dem angestrebten Erfolg führen, obwohl tatsächlich ein wesentlicher Zeitraum erforderlich ist. Schließlich profitiert der Verkäufer davon, dass die Kaufentscheidung des Verbrauchers regelmäßig bereits aufgrund der Werbung erfolgt und zwar noch bevor er überhaupt mit dem Verkäufer in Kontakt getreten ist, sodass eine Zurechnung auch gerechtfertigt ist.[724] Relevant sind im Rahmen der Vorschrift nicht nur Äußerungen des Verkäufers sondern auch des Herstellers und dessen Vertreters. Mittelbar vom persönlichen Anwendungsbereich der VerbrGK-RL erfasst, ist mithin auch der Hersteller. In Anlehnung an die Produkthaftungs-

---

718 *Rieger*, VuR 1999, 287 (289).

719 *Lehmann*, JZ 2000, 280 (283); Palandt-*Heinrichs*, 64. Aufl., § 434 Rn 34; MüKo-*Westermann*, 4. Aufl, BGB § 434 Rn. 20; Staudinger-*Matusche/Beckmann*, Neuberab., § 434 Rn. 81.

720 *Grundmann*, in: *Grundmann/Bianca*, EU-Kaufrechts-Richtlinie, Art. 2 Rn. 36.

721 *Gass*, FS *Rolland*, S. 129 (136); *Magnus*, Der Regressanspruch des Letztverkäufers, S. 429 (436); *Schmidt-Räntsch*, ZIP 1998, 849 (851); *Wolf*, RIW 1997, 899 (900).

722 *De Cristofaro*, Difetto di conformità, S. 107; *Grundmann*, in: *Grundmann/Bianca*, EU-Kaufrechts-Richtlinie, Art. 2 Rn. 37; *Ehmann/Rust*, JZ 1999, 853 (856); *Lehr/Wendel*, EWS 1999, 321 (323); *Schmidt-Räntsch*, ZIP 1998, 849 (851).

723 *Grundmann*, in: *Grundmann/Bianca*, EU-Kaufrechts-Richtlinie, Art. 2 Rn. 37.

724 *Grundmann*, in: *Grundmann/Medicus/Rolland* (Hrsg.), Europäisches Kaufgewährleistungsrecht, S. 299; *Staudenmayer*, in: *Grundmann/Medicus/Rolland* (Hrsg.), Europäisches Kaufgewährleistungsrecht, S. 35; *Wolf*, RIW 1997, 899 (900); *Rieger*, VuR 1999, 287 (289).

richtlinie[725] bezeichnet der Begriff des Herstellers nach Art. 1 Abs. 2 d) VerbrGK-RL den Hersteller von Verbrauchsgütern, deren Importeur für das Gebiet der Mitgliedstaaten oder jede andere Person, die sich als Hersteller bezeichnet indem sie ihren Namen, ihre Marke oder ein anderes Kennzeichen an das vom zwischen dem Verbraucher und Letztverkäufer geschlossenen Kaufvertrag erfassten Verbrauchsgut anbringt. Dem Verkäufer werden folglich auch fremde Äußerungen zugerechnet. Darauf ob er sich die betreffenden Äußerungen zu Eigen gemacht hat, kommt es nicht an.[726] Im Sinne der VerbrGK-RL bezeichnet der Begriff des Herstellers gemäß der Legaldefinition in Art. 1 Abs. 2 d) VerbrGK-RL nicht nur den Hersteller des Verbrauchsgutes selbst, sondern darüber hinaus auch „deren Importeur (...) oder jede andere Person, die sich dadurch, dass sie ihren Namen, ihre Marke oder ein anderes Kennzeichen an den Verbrauchsgütern anbringt als Hersteller bezeichnet". Der Begriff des Vertreters ist hingegen nicht in der VerbrGK-RL definiert. Hier wird man aber wohl auf die Fassung des Richt-linien-vorschlages vom 31. März 1998[727] zurückgreifen dürfen. Danach ist ein „Vertreter des Herstellers jede natürliche oder juristische Person, die als autorisierter Fach-händler des Herstellers auftritt und/oder jedes autorisierte Kundendienstzentrum mit Ausnahme der unabhängigen Verkäufer, die aus-schließlich als Einzelhändler tätig sind".[728]

Die Einbeziehung öffentlicher Aussagen besteht nicht schrankenlos. Zum einen kann sie durch Parteivereinbarung ausgeschlossen werden.[729] Zum anderen erlaubt die Vorschrift des Art. 2 Abs. 4 VerbrGK-RL dem Verkäufer die Haftung für die Vertragswidrigkeit in drei Fällen situativ zurückzuweisen.[730] Der Verkäufer ist nicht durch die in Abs. 2 d) VerbrGK-RL genannten öffentlichen Äußerungen gebunden, wenn er nachweist, dass er die betreffenden Äußerungen nicht kannte und vernünftigerweise nicht davon Kenntnis haben konnte, dass die betreffende Äußerung zum Zeitpunkt berichtigt war oder drittens, dass die Kaufentscheidung nicht durch die betreffende Äußerung beeinflusst sein konnte. Diese Vorschrift rechtfertigt sich dadurch, dass der Rechtsbindungswille des Verkäufers im Rahmen des Art. 2 Abs. 2 VerbrGK-RL als Abgrenzungskriterium entfällt, sodass ein Korrektiv für diejenigen Fälle angemessen ist, in denen der Verkäufer überhaupt keine Möglichkeit hatte einen entsprechenden Willen zu äußern, da er die öffentliche Äußerung nicht kannte, einen entgegenstehenden Willen äußerte, indem er die öffentliche Äußerung berichtigt hat, oder auch beim Verbraucher ein ent-

[725] Richtlinie 85/374/EWG des Rates vom 25. Juli 1985 zur Angleichung der Rechts- und Verwaltungsvorschriften der Mitgliedstaaten über die Haftung für fehlerhafte Produkte (ABl. EG Nr. L 210 vom 07.08.1985, S. 29f.).

[726] *De Cristofaro*, Difetto di conformità, 124; *Tonner*, BB 1999, 1769 (1771).

[727] Geänderter Vorschlag für eine Richtlinie des Europäischen Parlaments und des Rates über den Verbrauchsgüterkauf und -garantien [KOM (1998) 0217endg.] (ABl. EG Nr. C 148 vom 14.5.1998, S. 12f.).

[728] *Lehmann* JZ 2000, 280 (285).

[729] *Rieger*, VuR 1999, 287 (289).

[730] *Micklitz*, EuZW 1999, 485 (487).

sprechender Wille bei Vertragsabschluss fehlte, dieser also nicht durch die öffentliche Äußerung bei seiner Kaufentscheidung beeinflusst war.[731] Art. 2 Abs. 4 VerbrGK-RL schränkt damit die Haftung des Verkäufers ein.[732] Der tatsächliche Wert der Vorschrift für den Verkäufer ist in der Literatur stark bezweifelt worden.[733] Schließlich muss der Verkäufer die Voraussetzungen des Art. 2 Abs. 4 VerbrGK-RL bewiesen, wie sich aus dem Wortlaut der Vorschrift ergibt.[734] Angesichts der Tatsache, dass das Ziel von Werbeaussagen und die Rechtfertigung für die hohen Kosten regelmäßig darin besteht, dass der Käufer bei seiner Kaufentscheidung durch sie beeinflusst wird, ist zu erwarten, dass erhebliche Beweisschwierigkeiten mit der Vorschrift verbunden sein werden.[735] Die Objektivierung des Begriffs der „vernünftigen Erwartungen" relativiert sich dadurch erheblich.[736] Wegen Art. 2 Abs. 4 VerbrGK-RL gilt letztlich auch nach Art. 2 Abs. 2 d) VerbrGK-RL nichts Anderes als nach allgemeinen Auslegungs-regeln zur Bestimmung der vereinbarten Beschaffenheit ohnehin gelten würde.[737] In diesem Zusammenhang sei nochmals daraufhin gewiesen, dass Art. 2 Abs. 2 d) VerbrGK-RL der Konkretisierung des Art. 2 Abs. 1 VerbrGK-RL dient und nicht Ausnahmetatbestände schaffen will, sodass für eine andere als der hier gewählten Auslegung der Vorschrift des Art. 2 Abs. 4 VerbrGK-RL kein Platz bleibt.

(a) Unkenntnis des Verkäufers

Keine Bindungswirkung der öffentlichen Äußerungen besteht, nach Spiegelstrich 1 des Art. 2 Abs. 4 VerbrGK-RL, wenn der Verkäufer die Äußerung nicht kannte und auch nicht kennen musste. Dabei bezieht sich die Kenntnis auf den Inhalt der öffentlichen Äußerungen und nicht etwa auf seine Unrichtigkeit.[738] Bei der Prüfung dessen ob der Verkäufer die öffentliche Äußerung hätte kennen müssen, ist zu berücksichtigen, dass den Verkäufer regelmäßig eine gewisse Informationspflicht trifft, sich über die das veräußerte Produkt betreffende Werbung zu erkundigen.[739] Dabei darf nicht außer Betracht bleiben, dass Art. 2 Abs. 2 d) VerbrGK-RL gerade keine Garantiehaftung des Verkäufers normiert, sondern wegen Art. 2 Abs. 4 VerbrGK-RL eine Entlastung grundsätzlich möglich bliebt, sodass nicht gefordert werden kann, dass dem Verkäufer die Kenntnis der Werbung objektiv unmöglich

[731] *Grundmann*, in: *Grundmann/Bianca*, EU-Kaufrechts-Richtlinie, Art. 2 Rn. 21.
[732] *Schlechtriem*, GS *Lüderitz*, S. 675 (683); Staudinger, NJW 1999, 2393 (2394).
[733] *Jorden*, Diss., S. 123; *Lehmann*, JZ 2000, 280 (286); *von Sachsen Gessaphe*, RIW 2001, 721 (725).
[734] *De Cristofaro*, Difetto di conformità, 121; *Tonner*, BB 1999, 1769 (1771).
[735] *Micklitz*, EuZW 1999, 485 (487).
[736] *Lehmann* JZ 2000, 280 (283); *Wolf* RIW 1997, 899 (900); *Ernst/Gsell*, ZIP 2000, 1410 (1415); *Rieger*, VuR 1999, 287 (289).
[737] *Schlechtriem*, in: *Ernst/Zimmermann* (Hrsg.), Zivilrechtswissenschaft und Schuldrechtsreform, S. 216;
[738] Anwaltskommentar-*Pfeiffer*, Kauf-RL, Art. 2 Rn. 22.
[739] *Micklitz*, EuZW 1999, 485 (487).

war.[740] Es ist daher im Einzelfall zu prüfen ob der Verkäufer bei Anwendung der im Verkehr erforderlichen Sorgfalt von der maßgeblichen Werbung hätte Kenntnis haben können.

(b) Berichtigung der Äußerung

Anders als nach der Pauschalreiserichtlinie[741], nach der vorvertragliche Informationen nicht berichtigt werden können, entfaltet die öffentliche Äußerung gemäß Art. 2 Abs. 4 Spiegelstrich 2 VerbrGK-RL keine Bindungswirkung, wenn sie im Zeitpunkt des Vertragsschlusses bereits berichtigt worden ist.[742] Die bloße Abstandnahme von der Äußerung reicht hierzu nicht aus.[743] Die Berichtigung muss für den Verbraucher wahrnehmbar sein.[744]

(c) Fehlende Beeinflussung der Kaufentscheidung

Kann der Verkäufer nachweisen, dass die Kaufentscheidung des Verbrauchers nicht durch die betreffende Äußerung beeinflusst sein konnte, so entfällt ihre Bindungswirkung für den Verkäufer gemäß Art. 2 Abs. 4 Spiegelstrich 3 VerbrGK-RL. Der Verkäufer kann hierzu entweder nachweisen, dass der Verbraucher die öffentliche Äußerung nicht kannte oder er dass die Kaufentscheidung durch andere Motive des Verbrauchers geleitet wurde.[745]

f) Montage und Montageanleitung

Art. 2 Abs. 5 VerbrGK-RL regelt die Fälle der fehlerhaften Montage und Montageanleitung.[746] Nach Art. 2 Abs. 5 Satz 1 VerbrGK-RL wird ein Mangel, der infolge unsachgemäßer Montage entstanden ist der Vertragswidrigkeit gleichgestellt, wenn die Montage Bestandteil des Vertrages war und vom Verkäufer oder unter dessen Verantwortung vorgenommen wurde. Dasselbe gilt nach Art. 2 Abs. 5 Satz 2 VerbrGK-RL, wenn eine unsachgemäße Montage des Verbrauchers auf einem Mangel in der Montageanleitung zurückzuführen ist. Vertragsgemäß ist ein Verbrauchsgut mithin nur, wenn auch kein Mangel infolge unsachgemäßer Montage bzw. infolge eines Mangels in der Montageanleitung entstanden ist, wenn die Montage Bestandteil der Parteivereinbarung war. Auffällig ist, dass Art. 2 Abs. 5 VerbrGK-RL statt des Begriffs „Vertragswidrigkeit" den Begriff „Mangel" verwendet. Ein Blick in die französische und englische Fassung des Richtlinientextes, die beide sowohl in Art. 2 Abs. 5 als auch in Art. 3 Abs. 1 VerbrGK-RL die

---

[740] *Delogu*, Contr. e Impr./Europa 1998, 1039 (1051); *Grundmann*, in: *Grundmann/Bianca*, EU-Kaufrechts-Richtlinie, Art. 2 Rn. 41; a.A. *De Cristofaro*, Difetto die conformità, 124f.

[741] Richtlinie 90/314/EWG des Rates vom 13. Juni 1990 über Pauschalreisen (ABl. EG Nr. L 158 vom 23.06.1990, S. 59-64).

[742] *Grundmann*, in: *Grundmann/Bianca*, EU-Kaufrechts-Richtlinie, Art. 2 Rn. 42.

[743] Anwaltskommentar-*Pfeiffer*, Kauf-RL, Art. 2 Rn. 22.

[744] *Grundmann*, in: *Grundmann/Bianca*, EU-Kaufrechts-Richtlinie, Art. 2 Rn. 42.

[745] Anwaltskommentar-*Pfeiffer*, Kauf-RL, Art. 2 Rn. 22.

[746] Die Vorschrift wird in der Literatur als „IKEA-Klausel" bezeichnet. Vgl. *Micklitz*, EuZW 1999, 485 (486); *Schlechtriem*, in: GS *Lüderitz*, S. 675 (684); *Staudenmeyer*, NJW 1999, 2393; *Welser/Jud*, Zur Reform des Gewährleistungsrechts, S. 69.

Formulierung *„lack of conformity"* bzw. *„défaut de conformité"* also den Begriff „Vertragswidrigkeit" verwenden, zeigt, dass damit keine inhaltliche Differenzierung zur Vertragswidrigkeit i.S.d. Art. 3 Abs. 1 VerbrGK-RL verbunden ist.[747]

(1) Unsachgemäße Montage

Nach überwiegender Auffassung erfasst Art. 2 Abs. 5 Satz 1 VerbrGK-RL nicht nur Mängel am Verbrauchsgut, sondern auch die mangelhafte Montage selbst und zwar unabhängig davon ob letztlich dadurch ein Mangel an dem Verbrauchsgut entstanden ist.[748] Dem ist zuzustimmen. Eine einheitliche Behandlung beider Fallgruppen vermeidet nicht nur Abgrenzungsschwierigkeiten zwischen Mängeln an dem Verbrauchsgut selbst und Montagemängeln, sondern gewährleistet die Haftung des Verkäufers, der ja die Monatage vertraglich schuldet und auch der richtige Haftungsadressat ist.[749] Die Haftung des Verkäufers kann schließlich nur dann erreicht werden, wenn die mangelhafte Montage als Vertragswidrigkeit im Rahmen des Vertragsverhältnisses zwischen Verbraucher und Verkäufer ein-zuordnen ist.[750] Ein Mangel i.S.d. Art. 2 Abs. 5 Satz 1 VerbrGK-RL liegt aber auch dann vor, wenn an sonstigen Gütern infolge einer unsachgemäßen Montage ein Mangel entstanden ist. Die Formulierung „oder unter dessen Verantwortung" in Art. 2 Abs. 5 Satz 1 VerbrGK-RL macht darüber hinaus deutlich, dass der Verkäufer die Montage nicht selbst vorgenommen haben muss. Er haftet vielmehr auch für solche Personen, deren Tätigwerden auf seinen Willen zurückzuführen ist.[751] Die Mitgliedstaaten müssen folglich zur Umsetzung des Art. 2 Abs. 5 Satz 1 VerbrGK-RL eine Vorschrift schaffen, wonach der Verkäufer unabhängig von weiteren Voraussetzungen für das Handeln eines Dritten haften, wenn dieser von ihm zur Vertragsdurchführung eingeschaltet wurde.[752]

(2) Mangelhafte Montageanleitung

Nach Art. 2 Abs. 5 Satz 2 VerbrGK-RL, der Satz 1 der Vorschrift erst in dem von der Kommission am 1. April 1998 vorgelegten Änderungsvorschlag[753] angehängt wurde, liegt darüber hinaus auch dann ein Sachmangel vor, wenn zwar der

---

747 *Anders*, ZRP 2000, 293 (294).

748 *Welser*, FS *Hempel*, S. 326; *Micklitz*, EuZW 1997, 229 (232); *Jud*, ÖJZ 1997, 441 (442); so auch die Begründung zum Vorschlag für eine Richtlinie des Europäischen Parlaments und des Rates über den Verbrauchsgüterkauf und –garantien [KOM (1995) 520endg.] (ABl. EG Nr. C 307 vom 16.10.1997, S. 8 (13)); a.A. *Schurr*, ZfRV 1999, 222 (225).

749 Begründung zum Vorschlag für eine Richtlinie des Europäischen Parlaments und des Rates über den Verbrauchsgüterkauf und –garantien [KOM (1995) 520endg.] (ABl. EG Nr. C 307 vom 16.10.1997, S. 8 (13)).

750 *Micklitz* EuZW 1997, 229 (232).

751 *Grundmann*, in: *Grundmann/Bianca*, EU-Kaufrechts-Richtlinie, Art. 2 Rn. 44.

752 *Grundmann*, in: *Grundmann/Bianca*, EU-Kaufrechts-Richtlinie, Art. 2 Rn. 44; *Nocerino*, Diritto comunitario e degli scambi internazionali 2000, 315 (325).

753 Geänderter Vorschlag für eine Richtlinie des Europäischen Parlaments und des Rates über den Verbrauchsgüterkauf und -garantien [KOM (1998) 0217endg.] (ABl. EG Nr. C 148 vom 14.5.1998, S. 12f.).

Verbraucher die Sache selbst montiert hat, die unsachgemäße Montage jedoch auf einen Mangel in der Montageanleitung zurückzuführen ist. Ziel dieser Vorschrift, die auch als „Ikea-Klausel“ bezeichnet[754] wird, ist es die in allen Rechtsordnungen der Mitgliedstaaten nicht ausdrücklich geregelten Fälle zu erfassen in denen der Ingebrauchnahme einer Sache bereits die mangelhafte Montageanleitung entgegensteht, und zwar auch dann wenn die Sache selbst keinen Fehler aufweist. Die Vorschrift entspricht Erwägungsgrund 4 der Resolution des Rates über Gebrauchsanleitungen für technische Konsumgüter[755]. Vertragswidrigkeit liegt auch hier sowohl dann vor, wenn durch die unsachgemäße Montage aufgrund einer fehlerhaften Montageanleitung ein Mangel an dem Verbrauchsgut entstanden ist als auch dann, wenn kein Mangel an dem Verbrauchsgut entstanden ist. Voraussetzung ist allein, dass die Montage auch tatsächlich und aufgrund der fehlerhaften Montageanleitung unsachgemäß erfolgt ist. Ein Mangel in der Montageanleitung vor der tatsächlichen Montage hingegen kann allenfalls nach Art. 2 Abs. 1 VerbrGK-RL als vertragswidrig angesehen werden. Art. 2 Abs. 5 Satz 2 VerbrGK-RL regelt mithin nur diejenigen Fälle, in denen ein so genannter weiterfressender Mangel vorliegt.[756] Hieraus folgt keineswegs, dass ein über die bloße Kausalität hinausgehender Zurechnungszusammenhang zwischen der unsachgemäßen Montage und der mangelhaften Montageanleitung bestehen muss.[757] Auch wenn der Verbraucher in Kenntnis der mangelhaften Montageanleitung die Sache montiert hat, kann er wegen Vertragswidrigkeit i.S.v. Art. 2 Abs. 5 Satz 2 VerbrGK-RL seine Rechte nach Art. 3 VerbrGK-RL gelten machen.[758] Art. 2 Abs. 5 Satz 2 VerbrGK-RL bestimmt ausdrücklich, dass die Sache zur Montage durch den Verbraucher und nicht etwa durch einen Fachmann bestimmt sein muss, da andernfalls der Schutzzweck der Norm entfiele.[759]

Es kommt nicht darauf an, ob die Montageanleitung auch als solche bezeichnet wurde.[760] Um eine Montageanleitung handelt es sich vielmehr immer dann, wenn sie der Vorbereitung der Ingebrauchnahme der Sache dient. Sonstige Nebenpflichten zur Qualitätserhaltung der Ware, die anders als in Art. 35 Abs. 2 d) CISG nicht in der VerbrGK-RL geregelt sind, wie etwa die Verpackung der Ware oder die Lieferung einer Wartungs- und Bedienungsanleitung fallen damit nicht in

---

[754] *Staudenmayer*, NJW 1999, 2393 (2395).

[755] Entschliessung des Rates vom 17.12.1998 über Gebrauchsanleitungen für technische Konsumgüter (ABl. EG Nr. C 411 vom 31.12.1998, S. 1-4).

[756] *Vorsmann*, Diss., S. 71.

[757] *Vorsmann*, Diss., S. 72 f.

[758] A.A. *Grundmann/Bianca-Grundmann*, EU-Kaufrechts-Richtlinie, Art. 2 Rn. 44, der dann ein mitwirkendes Verschulden des Verbrauchers quotal anrechnen will.

[759] Anwaltskommentar-*Pfeiffer*, Kauf-RL, Art. 2 Rn. 27; vgl. so auch im Gemeinsamen Standpunkt Nr. 51/98 vom Rat festgelegt am 24. September 1998 im Hinblick auf den Erlass der Richtlinie 98/.../EU des Europäischen Parlaments und des Rates zu bestimmten Aspekten des Verbrauchsgüterkaufs und der Garantien für Verbrauchsgüter (ABl. EG Nr. C 333 vom 30.10.1998, S. 46 (53)).

[760] *Haustein*, Diss., S. 66.

den Anwendungsbereich von Art. 2 Abs. 5 Satz 2 VerbrGK-RL, sondern allenfalls in den Anwendungsbereich von Art. 2 Abs. 1 oder 2 VerbrGK-RL.[761] Art. 2 Abs. 5 Satz 2 VerbrGK-RL enthält zwar anders als Art. 2 Abs. 2 d) VerbrGK-RL trotz übereinstimmender Interessenlage keinen dem für Werbeangaben dort enthaltenen entsprechenden Hinweis darauf, von wem die Montageanleitung herrührt, aus dem Schutzzweck der Norm ist zu entnehmen, dass es sich dabei nicht um eine Montageanleitung des Verkäufers handeln muss.[762] Auch dann, wenn die Montageanleitung vom Hersteller oder einer anderen an der Veräußerungskette beteiligten Person stammt, hat der Verbraucher nach Art. 3 VerbrGK-RL einen Anspruch gegen den Verkäufer, zumal dem Verkäufer ein Rückgriffsrecht aus Art. 4 VerbrGK-RL zur Seite steht.

g) Falschlieferung und Mengenabweichungen

Fraglich ist, ob die VerbrGK-RL auch die Falschlieferung und die mengenmäßig abweichende Lieferung erfasst. Die VerbrGK-RL erwähnt zwar weder das Eine noch das Andere, ihr Wortlaut ist offen und ermöglicht einen weiten Anwendungsbereich.[763] Nach Art. 3 Abs. 1 VerbrGK-RL haftet der Verkäufer für jede Vertragswidrigkeit. In Art. 2 Abs. 5 VerbrGK-RL wird zwar auf den Begriff des Mangels als Synonym für den Begriff er Vertragswidrigkeit abgestellt. Dies bedeutet nicht, dass nur die Schlechterfüllung unter den Begriff der Vertragswidrigkeit fällt. Art. 2 Abs. 5 VerbrGK-RL regelt schließlich die durch eine unsachgemäße Montage oder Montageanleitung verursachte Vertragswidrig-keit, was regelmäßig eine Schlechterfüllung bedeutet und nicht etwa eine (teilweise) Nichterfüllung oder mengenmäßige Abweichung zur Folge haben kann. Damit hat sich die VerbrGK-RL grundsätzlich für eine Gleichstellung der Nichterfüllung und der Schlechterfüllung entscheiden.[764] Die Falschlieferung wird folglich ebenfalls als Vertragswidrigkeit i.S.d. Art. 2 Abs. 1 VerbrGK-RL an-erkannt.[765] Ob aber der Begriff der Vertragswidrigkeit die Zuviel- und Zuwenig-lieferung ebenfalls erfasst, erscheit fraglich. Hier könnten die Vorschriften des CISG helfen, da sich Art. 2 VerbrGK-RL sich im Wesentlichen an der Vorschrift des Art. 35 CISG orientiert, sogar teilweise die dort

---

761 *Grundmann/Bianca-Grundmann*, EU-Kaufrechts-Richtlinie, Art. 2 Rn. 45.

762 *Haustein*, Diss., S. 67

763 *Faber*, Aliud- und Minderlieferung, S. 85 (89).

764 *Pfeiffer*, ZGS 2002, 23 (27); *Westermann* NJW 2002, 241 (246).

765 *Amtenbrink/Schneider*, VuR 1996, 367 (372); *Faber*, Aliud- und Minderlieferung, S. 85 (95); *Jorden/Lehmann*, JZ 2001, 952; *Kircher*, ZRP 1997, 290 (291); *Lehr/Wendel*, EWS 1999, 321 (323); *Reich*, NJW 199, 2397 (2400); *Roth*, in: *Grundmann/Medicus/Rolland* (Hrsg.), Europäisches Kaufgewährleistungsrecht, S. 113 (137); *Schwartze*, ZEuP 2000, 544 (555); *Staudenmayer*, NJW 1999, 2393; *ders.* in: *Grundmann/Medicus/Rolland* (Hrsg.), Europäisches Kaufgewährleistungsrecht, S. 27 (35); *Welser/Jud*, Zur Reform des Gewährleistungsrechts, S. 53; *Dauner-Lieb/Arnold*, JuS 2002, 1176; *Grundmann*, in: *Grundmann/Bianca* (Hrsg.), EU-Kaufrechts-Richtlinie, Art. 2 Rn. 12; a.A. *Ehmann/Rust*, JZ 1999, 853 (856); *Schäfer/Pfeiffer*, ZIP 1999, 1829 (1832); *Schlechtriem*, in: *Ernst/Zimmermann* (Hrsg.), Zivilrechtswissenschaft und Schuldrechtsreform, S. 205 (213); *Brors*, JR 2002, 133.

enthaltenen Formulierungen übernimmt.[766] Der Begriff der Vertragsmäßigkeit wird in Art. 35 Abs. 1 CISG durch die Formulierung „Menge, Qualität und Art" ersetzt. Die Funktion dieser Aufzählung besteht darin, aufzuzeigen, was Gegenstand der Parteivereinbarung über die Vertragsmäßigkeit ist. Jede Mengenabweichung, sei es eine Zuviel- oder Zuwenigliefervng, führt mithin zur Vertragswidrigkeit der Ware.[767] Überträgt man diese Grundsätze auf Art. 2 VerbrGK-RL, so muss auch hier gelten, dass die Lieferung eines in der Menge von der Parteivereinbarung abweichenden Verbrauchsgutes als vertragswidrig zu betrachten ist. Zu diesem Ergebnis würde man auch bei der vom EuGH favorisierten autonomen Auslegung des Begriffs der Vertragswidrigkeit gelangen. Danach sind bei der Auslegung von Gemeinschafts-normen die in den meisten Mitgliedstaaten anerkannten Lösungen zu berück-sichtigen.[768]

Hierbei sind insbesondere die Lösungen derjenigen Mitgliedstaaten zu berücksichtigen, die eine der Gemeinschaftsnorm entsprechende Regelung vorsehen. Die Länder aber, die nicht zwischen Schlecht- und Nichterfüllung unterscheiden, subsumieren die Zuwenig- und Zuviellieferung regelmäßig unter den Begriff der Vertragswidrigkeit.[769] Grundsätzlich lässt aber die VerbrGK-RL gemäß ihrem Art. 8 Abs. 2 strengere Bestimmungen zu um ein höheres Verbraucherschutzniveau zu erreichen. Es ist denkbar, dass eine Unterscheidung zwischen Falsch- und Schlechtlieferung den Verbraucher besser stellen würde, sodass ihre Abschaffung EU-rechtlich nicht zwingend geboten.[770] Da sich die Rechtsfolgen einer vertragswidrigen Lieferung einheitlich nach Art. 3 Abs. 2 VerbrGK-RL richten, müssen dem Verbraucher auch im Falle der Falsch- oder Zuwenigliefervng zumindest die dort vorgesehenen Rechte zustehen.[771]

3. Haftungsausschluss

Nach Art. 2 Abs. 3 VerbrGK-RL liegt keine Vertragswidrigkeit vor, wenn der Verbraucher bei Vertragsschluss Kenntnis von der Vertragswidrigkeit hatte, wenn er vernünftigerweise nicht in Unkenntnis darüber sein konnte oder wenn die Vertragswidrigkeit auf den vom Verbraucher gelieferten Stoff zurückzuführen ist. Hinsichtlich der Kenntnis bzw. Unkenntnis des Verbrauchers kommt lediglich eine Klarstellungsfunktion zu.[772] Schließlich entspricht das Gut für den Fall, dass der

---

766 Begründung zum Vorschlag für eine Richtlinie des Europäischen Parlaments und des Rates über den Verbrauchsgüterkauf und –garantien [KOM (1995) 520endg.] (ABl. EG Nr. C 307 vom 16.10.1997, S. 8 (12)); *Hänlein* DB 1999, 1641 (1642); *Kircher*, ZRP 1997, 290 (291); *Schlechtriem*, JZ 1997, 441 (444).

767 Staudinger-*Magnus*, CISG, Art. 35 Rn. 9.

768 So zum EuGVÜ, EuGH, Urt. v. 30. 11. 1976, Rs 21/76, Slg. 1976 II, 1735 – *Bier/Mines de Potasse d'Alsace*.

769 Überblick bei *Schwartze*, Europäische Sachmängelgewährleistung, S. 119.

770 *Brors*, JR 2002, 133 (133).

771 *Roth*, in: *Ernst/Zimmermann* (Hrsg.), Zivilrechtswissenschaft und Schuldrechtsreform, 2001, S. 225 (240).

772 *Hänlein*, DB 1999, 1641 (1643).

Verbraucher im Zeitpunkt des Vertragsschlusses Kenntnis von der Vertrags-widrigkeit hatte bzw. vernünftigerweise nicht in Unkenntnis darüber sein konnte, sofern es in dem Zustand auch angenommen wurde, der (konkludenten) Parteivereinbarung und damit dem vertragsgemäßen Zustand.[773] Allein der Formulierung „vernünftigerweise nicht in Unkenntnis sein" kommt ein eigenständiger Regelungsgehalt zu. Sie legt fest, welcher Maßstab bei der Feststellung dessen, was nach der Parteivereinbarung als vertragswidrig oder vertragsgemäß gelten soll, anzuwenden ist. Die Meinungen ob die Formulierung „vernünftigerweise nicht in Unkenntnis" als grobe Fahrlässigkeit[774] zu qualifizieren ist, darüber hinausgeht[775] oder ob bereits eine leichte Fahrlässigkeit ausreicht[776], gehen weit auseinander.

Die Formulierung entspricht Art. 35 Abs. 3 CISG. Auch hier ist umstritten ob sie über grobe Fahrlässigkeit hinausgeht.[777] Wenn aber bereits im Handelsverkehr leicht fahr-lässige Unkenntnis nicht ausreichen soll, so kann für den Verbrauchsgüterkauf nichts Anderes gelten. Schließlich soll Art. 2 Abs. 3 VerbrGK-RL keinesfalls eine Untersuchungs- oder etwa Rügepflicht normieren.[778] Berücksichtigt man nämlich hierbei die Formulierung in Art. 5 Abs. 1 VerbrGK-RL, wonach der Verkäufer haftet, wenn die Vertragswidrigkeit binnen zwei Jahren nach Lieferung „offenbar" wird, so ergibt sich, dass an den Grad der Aufmerksamkeit des Verbrauchers anzuknüpfen ist.[779] Eine Untersuchungspflicht wird dem Verbraucher folglich auch hier nicht unterstellt. Nichts anders aber kann im Rahmen der Prüfung des Art. 2 Abs. 3 VerbrGK-RL gelten, wenn man vermeiden will, dass unterschiedliche Haftungsmaßstäbe angesetzt werden. Erst dann, wenn die Vertragswidrigkeit evident wird[780], kann folglich die Prüfung darüber erfolgen ob der Verbraucher vernünftigerweise nicht in Unkenntnis sein konnte. Aus der Begründung zum Richtlinienvorschlag[781] geht hervor, dass nur offenkundige Mängel keine Haftung begründen sollen.[782] In diesem Fall nämlich wird das mit einem Mangel behaftete Verbrauchsgut als vertragsgemäß vereinbart,

---

[773] *Medicus* ZIP 1996, 1925 (1930); *Schmidt-Räntsch*, ZIP 1998, 849 (851).

[774] So *Amtenbrink/Schneider*, VuR 1996, 367 (374); *Dauner-Lieb/ Arnold/ Dötsch/ Kitz*, Anmerkungen und Fragen zur konsolidierten Fassung des Diskussionsentwurfs, S. 78; *Schlechtriem*, in: *Ernst/Zimmermann* (Hrsg.), Schuldrechtsreform und Zivilrechtswissenschaft, S. 205 (217).

[775] *Staudenmayer*, NJW 1999, 2393.

[776] *Rieger*, VuR 1999 Heft 9, *Tonner*, VuR 2001, 87 (92 Fn. 34); *Honsell*, JZ 2001, 278 (279); *Ehmann/Rust*, JZ 1999, 853 (857).

[777] Vgl. hierzu *Reich* NJW 1999, 2393 (2394).

[778] *Staudenmayer* NJW 1999, 2393 (2394); *Micklitz* 485 (486); *Westermann*, in: *Grundmann/ Medicus/Rolland* (Hrsg.), Europäisches Kaufgewährleistungsrecht, S. 261; *Reich* NJW 1999, 2397 (2402).

[779] *Micklitz*, EuZW 1999, 485 (486).

[780] *Micklitz*, EuZW 1999, 485 (486); *Medicus*, ZIP 1996, 1925 (1928).

[781] Begründung zum Vorschlag für eine Richtlinie des Europäischen Parlaments und des Rates über den Verbrauchsgüterkauf und –garantien [KOM (1995) 520endg.] (ABl. EG Nr. C 307 vom 16.10.1997, S. 8 (13)).

[782] *Amtenbrink/Schneider*, VuR 1996, 367 (374); *Rieger* VuR 1999, 287 (289).

da der Parteivereinbarung schließlich die gemeinsamen Vorstellungen zugrunde liegen, die in diesem Fall den Mangel mit umfassen.[783] Art. 2 Abs. 3 VerbrGK-RL ist folglich so auszulegen, dass nur bei grob fahrlässiger Unkenntnis von dem Mangel die Vertragswidrigkeit ausge-schlossen sein soll. Zu berücksichtigen ist, dass Art. 2 Abs. 3 VerbrGK-RL darauf abzielt, gegenseitige Rechte und Pflichten möglichst derart differenziert zu regeln, dass auf beiden Seiten die Konflikt- und Schadensvermeidungspotenziale möglichst optimal genutzt werden.[784] Die Zielsetzung der Norm spricht folglich dafür, dass vom Verbraucher nur Maßnahmen verlangt werden dürfen, die einen geringeren Aufwand erfordern als für den Verkäufer.[785] Es liegt daher nahe, dass für die Feststellung ob grobe Fahrlässigkeit vorliegt, auf einen Durchschnitts-verbraucher abzustellen ist. Besondere Kenntnisse und Fähigkeiten des Verbrauchers müssen indessen außer Betracht bleiben, da andernfalls die Gefahr besteht, dass die an ihn zu stellenden Sorgfaltsanforderungen über die an den Verkäufer zu stellenden Anforderungen hinaus gehen.[786]

Die Regelung des 3. Alternative des Art. 2 Abs. 3 VerbrGK-RL, wonach die Rechte des Verbrauchers wegen Vertragswidrigkeit der Sache dann ausgeschlossen sind, wenn die Vertragswidrigkeit auf einen vom Verbraucher gelieferten Stoff zurückzuführen ist, mag auf den ersten Blick erstaunen, da sie regelmäßig nur beim Werkvertrag eingreift, obwohl nach dem Titel der VerbrGK-RL allein Aspekte des Verbrauchsgüter*kaufes* geregelt werden sollen. Der dieser Regelung zugrunde liegende Rechtsgedanke des *venire kontra factum proprium* lässt sich auch für den Bereich des Kaufrechts fruchtbar machen. Im Ergebnis bestimmt Art. 2 Abs. 3, 3. Alternative damit nichts Anderes als das für den Fall, dass die Vertragswidrigkeit in der Sphäre des Käufers liegt, der Verkäufer nicht dafür haften soll.[787]

II. Umsetzung in Deutschland

Art. 2 VerbrGK-RL findet seine Entsprechung im deutschen Recht in den §§ 433 bis 435 BGB. Die Pflicht des Verkäufers zur Lieferung vertragsgemäßer Güter gemäß Art. 2 Abs. 1 VerbrGK-RL hat der deutsche Gesetzgeber in § 433 Abs. 1 Satz 2 BGB normiert. Wann ein Verbrauchsgut i.S.d. Art. 2 Abs. 1 und 2 VerbrGK-RL vertragsgemäß ist, regeln die §§ 434 - 435 BGB. Auch hier ist der deutsche Gesetzgeber weit über die Vorgaben der VerbrGK-RL hinausgegangen, indem er die Anwendung der Umsetzungsvorschriften über den Anwendungsbereich der VerbrGK-RL hinaus auf alle Kaufverträge erstreckt hat. Anders als die VerbrGK-RL stellt das deutsche Recht nicht auf den alle Mängel umfassenden einheitlichen Begriff der Vertragswidrigkeit bzw. Vertragsmäßigkeit ab, sondern differenziert in Übereinstimmung mit dem bis zum 31. Dezember 2001 geltenden

783 *Hänlein*, DB 1999, 1641 (1643).

784 *Grundmann*, in: *Grundmann/Bianca* (Hrsg.), EU-Kaufrechts-Richtlinie, Art. 2 Rn. 51.

785 *Grundmann*, in: *Grundmann/Bianca* (Hrsg.), EU-Kaufrechts-Richtlinie, Art. 2 Rn. 52.

786 So im Ergebnis auch *Grundmann*, in: *Grundmann/Bianca* (Hrsg.), EU-Kaufrechts-Richtlinie, Art. 2 Rn. 52.

787 *Grundmann*, in: *Grundmann/Bianca* (Hrsg.), EU-Kaufrechts-Richtlinie, Art. 2 Rn. 56.

Recht zwischen Sach- und Rechtsmängeln. § 434 BGB behandelt die Sachmangelfreiheit, § 435 die Rechtsmangelfreiheit.

1. Mangelfreiheit als Leistungspflicht

Gemäß § 433 Abs. 1 Satz 2 BGB hat der Verkäufer dem Käufer die Sache „frei von Sach- und Rechtsmängeln" zu verschaffen. Anders als die VerbrGK-RL ist die „Vertragsmäßigkeit" in der deutschen Umsetzungsvorschrift zwar negativ formuliert, eine inhaltliche Abweichung von den Richtlinienvorgaben dürfte damit nicht verbunden sein, eine wesentliche Neuerung für das deutsche Recht indessen schon. Während der Verkäufer nach § 243 Abs. 1 BGB vor und nach der Schuldrechtsreform bei Gattungsschulden zur Erfüllung i.S.d. § 362 BGB eine Sache von mittlerer Art und Güte leisten muss, war unter Geltung der alten Rechtslage äußerst umstritten ob der Verkäufer bei einer Stückschuld zur Erfüllung i.S.d. § 362 BGB eine mangelfreie Ware liefern muss, so die Vertreter der Erfüllungstheorie[788] oder ob der Verkäufer der von der herrschenden Meinung vertretenen Gewährleistungstheorie[789] folgend auch bei Lieferung einer mangelhaften Sache seiner Erfüllungspflicht Genüge getan hat. Relevant wurde der Meinungsstreit allein für die Frage, welche Rechte der Verkäufer vor Gefahren-übergang[790] geltend machen kann.[791] Während nämlich die Nichtleistung und die Leistungsverzögerung durch das allgemeine Leistungsstörungsrecht der §§ 320 ff BGB a.F. geregelt wurden, wonach der Erfüllungsanspruch grundsätzlich bestehen blieb, kam in den Fällen der Schlechtleistung ausschließlich das spezielle kaufrechtliche Gewährleistungsrecht der §§ 459 ff BGB a.F. zur Anwendung, wonach dem Käufer allein ein verschuldensunabhängiger Anspruch gemäß §§ 462, 465, 467 BGB a.F. auf Rückgängigmachung bzw. Wandlung oder gemäß §§ 463, 465, 472 BGB a.F. auf Minderung des Kaufpreises zustand.

Mit der Neufassung des § 433 Abs. 1 Satz 2 BGB ist die Mangelfreiheit der Kaufsache nunmehr zur Erfüllungspflicht des Verkäufers avanciert. Damit vollzieht sich - gemessen am bisher herrschenden Verständnis der §§ 433 ff. BGB – folglich ein Systemwechsel, durch den der Streit zwischen Gewährleistungs- und Erfüllungstheorie zugunsten Letzterer entschieden wurde.[792] Mit der Lieferung einer mangelhaften Kaufsache bleibt der Verkäufer nicht nur hinter seinen Leistungspflichten zurück, sondern erfüllt bei Verschulden gleichzeitig den Tatbestand des § 280 Abs. 1 BGB, wonach der Schuldner bei Vorliegen einer Pflichtverletzung ein

[788] RGRK-*Mezger*, BGB, § 459 Rn. 3.

[789] *Reinicke/Tiedtke*, Kaufrecht, Rn. 259f.; MüKo-*Westermann*, 3. Aufl., § 459 Rdnrn. 1 und 2; *Foerste*, JuS 1994, 202 (203); Staudinger-*Honsell*, 13. Aufl., Vorb. zu § 459 ff Rn. 7; *Erman-Grunewald*, 10. Aufl., Vorb. § 459 Rn. 7f.

[790] Nach Gefahrenübergang stand die Anwendung der §§ 459f. BGB a.F. auch für die Vertreter der Erfüllungstheorie außer Frage.

[791] *Grigoleit/Herresthal*, JZ 2003, 118 (119).

[792] *Westermann*, in: *Schulze/Schulte-Nölke* (Hrsg.), Die Schuldrechtsreform vor dem Hintergrund des Gemeinschaftsrechts, S. 109 (111, 123); *Canaris*, Schuldrechtsmodernisierung 2002, S. XXI.

verschuldensabhängiger Schadensersatzanspruch zusteht. Mit der Ausweitung der Erfüllungspflicht auf die Sachmängelfreiheit wird folglich gleichzeitig die Einbeziehung der Haftung für Sachmängel in das System des allgemeinen Leistungsstörungsrecht vollzogen, so das damit auch die Schwierig-keiten bei der Abgrenzung des allgemeinen Leistungsstörungsrechts vom kauf-rechtlichen Gewährleistungsrecht beseitigt werden konnten.[793] Wie sich auch bei der Erörterung der Gewährleistungsrechte des Käufers noch zeigen wird, fokussiert die Vorschrift des § 433 Abs. 1 Satz 2 BGB folglich die mit der Schuldrechts-reform verbundenen tief greifenden konzeptionellen Umbrüche im System des deutschen Kaufrechts.[794]

2. Bestimmung der Mangelfreiheit

Nach § 434 Abs. 1 Satz 1 BGB ist eine Sache frei von Mängeln, wenn sie der Beschaffenheitsvereinbarung entspricht. Maßstab für die Soll-Beschaffenheit der verkauften Güter ist folglich die Parteivereinbarung und damit entsprechend Art. 2 Abs. 1 VerbrGK-RL der Kaufvertrag.[795] Auf eine Übernahme der Vermutungskonstruktion des Art. 2 Abs. 2 VerbrGK-RL für den Fall, dass es an einer ausdrücklichen Parteivereinbarung fehlt, hat der deutsche Gesetzgeber indessen verzichtet. Die Vermutungskriterien stellen ohnehin nur eine technische Erleichterung für den Verkäufer dar, sodass eine wörtliche Übernahme der Vorschrift in das deutsche Recht nicht erforderlich war. Der Verzicht hierauf im deutschen Recht ist sogar eher käufergünstig und wegen Art. 8 VerbrGK-RL daher auch zulässig.[796] Letztlich hätte sich die dem deutschen Recht fremde Vermutungswirkung bestimmter Umstände ohnehin nur schwer in das deutsche Kaufrecht einfügen lassen. Fehlt es an einer ausdrücklichen Parteivereinbarung, so kann vielmehr nach den allgemeinen Regeln der §§ 133, 157 BGB aus dem Parteiverhalten auf eine konkludente Beschaffenheitsvereinbarung geschlossen werden. Eine Vereinbarung kann selbstverständlich auch den Zweck umfassen, was § 434 Abs. 1 Satz 2 Nr. 1 BGB klarstellt. § 434 Abs. 1 Satz 2 Nr. 1 BGB stellt folglich einen gesetzlich typisierten Fall einer konkludenten Beschaffenheitsvereinbarung dar.[797] Nach § 434 Abs. 1 Satz 2 Nr. 2 BGB ist eine Sache auch dann frei von Sachmängeln, wenn sie sich für die gewöhnliche Verwendung eignet und eine Beschaffenheit aufweist, die bei Sachen der gleichen Art üblich ist und die der Käufer auch erwarten kann. Diese Vorschrift dient insoweit als Auslegungshilfe, indem sie ebenfalls eine gesetzliche Typisierung konkludenter Beschaffenheitsvereinbarungen für den Fall

---

793 *Ehmann/Rust*, JZ 1999, 83, 856; *Westermann*, in: *Schulze/Schulte-Nölke* (Hrsg.), Die Schuldrechtsreform vor dem Hintergrund des Gemeinschaftsrechts, S. 109 (115); *Ernst/Gesell*, ZIP 2000, 1410 (1414), *Grigoleit/Herresthal*, JZ 2003, 118 (119).

794 *Schubel*, JuS 2002, 313 (315).

795 *Gsell*, JZ 2001, 65 (65).

796 Regierungsbegründung zum SchuldRModG, BT-Drucks. 14/6040, S. 212.

797 *Grigoleit/Herresthal*, JZ 2003, 233 (234).

enthält, dass nichts Anderes vereinbart wurde.[798] § 434 Abs. 1 Satz 3 BGB enthält darüber hinaus für den Fall öffentlicher Äußerungen solche die Kriterien des § 434 Abs. 1 Satz 2 BGB erweiternde Auslegungskriterien. Für die Fälle, in denen eine Sache zur Montage bestimmt ist, enthält indessen § 434 Abs. 2 BGB eine § 434 Abs. 1 Satz 2 Nr. 2 BGB ergänzende Auslegungshilfe. § 434 Abs. 1 Satz 2 ff. BGB enthalten insoweit eine gesetzliche Konkretisierung der §§ 133, 157 BGB.[799]

Teilweise wird in der Literatur angenommen, es handle sich bei den in § 434 Abs. 1 Satz 2 Nr. 2 BGB genannten Kriterien aufgrund der einschränkenden Formulierung „sonst" in § 434 Abs. 1 Satz 2 Nr. 1 BGB a.E. um objektive Kriterien, deren Vorliegen eine Parteivereinbarung ersetzt.[800] Richtig ist, dass der Gesetzgeber die dogmatische Handhabung des § 434 BGB offen gelassen hat.[801] Zu berücksichtigen ist, dass § 434 Abs. 1 Satz 2 Nr. 1 BGB gleichzeitig der Umsetzung von Art. 2 Abs. 2 b) VerbrGK-RL dient. Hätte aber der Gesetzgeber der Anwendung von § 434 Abs. 1 Satz 2 Nr. 1 BGB gegenüber § 434 Abs. 1 Satz 2 Nr. 2 BGB den Vorrang eingeräumt, wäre damit eine den in Art. 2 Abs. 2 VerbrGK-RL genannten Vermutungskriterien unbekannte Anwendungshierarchie verbunden.[802]

In Erwägungsgrund 8 VerbrGK-RL wird ausdrücklich darauf hingewiesen, dass die Vermutungskriterien der Buchstaben a) bis d) nur kumulativ anzuwenden sind. Ohne diese Einschränkung käme es neben der Parteiverein-barung immer auch auf das Vorliegen der in § 434 Abs. 1 Satz 2 Nr. 2 BGB genannten Kriterien an, was unzweifelhaft im Widerspruch zur Entscheidung des europäischen Gesetzgebers für den subjektiven Fehlerbegriff stünde. Nicht zuletzt macht auch das Kriterium der berechtigten Erwartungen in § 434 Abs. 1 Satz 2 Nr. 2 BGB deutlich, dass auch ein subsidiärer objektiver Fehlerbegriff vom Gesetz-geber nicht gewollt war. Die einschränkende Formulierung „sonst" in § 434 Abs. 1 Satz 2 Nr. 1 BGB a.E. kann daher nur so verstanden werden, dass zur Ermittlung der Sachmangelfreiheit dann auf die in § 434 Abs. 1 Satz 2 Nr. 1 BGB genannten Auslegungskriterien zurückgegriffen werden darf, wenn die konkret-individuelle Bestimmung der Beschaffenheit oder des Verwendungszwecks nichts Anderes ergibt. Die in der Literatur vielfach genannte Doktrin des „Vorrangs der Parteivereinbarung" ist damit zu kurz gegriffen. Die Sachmangelfreiheit hat sich vielmehr ausschließlich an der Parteivereinbarung zu orientieren, wobei ihr Inhalt - soweit nichts Anderes vereinbart wurde - anhand der in § 434 Abs. 1 Satz 2 Nr. 1 und 2, § 434 Abs. 1 Satz 3 und § 434 Abs. 2 BGB genannten Kriterien zu ermitteln

798 *Grigoleit/Herresthal*, JZ 2003, 233 (235); für die Richtlinie so auch *Ernst/Gsell*, ZIP 2000, 1410 (1414); *Schlechtriem*, in: *Ernst/Zimmermann* (Hrsg.), Zivilrechtswissenschaft und Schuldrechtsreform, S. 205 (215).

799 *Grigoleit/Herresthal*, JZ 2003, 233 (234).

800 *Büdenbender*, in: *Dauner-Lieb/Heidel/Lepa/Ring* (Hrsg.), Das Neue Schuldrecht, § 8 E 1 Rn 29; *Haas*, BB 2002, 1313 (1314); *Oetker/Maultzsch*, Vertragliche Schuldverhältnisse, S. 42; *Zimmer/Eckhold*, Jura 2002, 145 (147); *Boerner*, ZIP 2001, 2264 (2266); *Huber/Faust*, Schuldrechtsmodernisierung, Kap. 12 Rn. 31f.

801 Regierungsbegründung zum SchuldRModG, BT-Drucks. 14/6040, S. 213.

802 *Pfeiffer*, ZGS 2002, S. 94 f.

ist.[803] Hierfür spricht auch ein Blick auf Art. 35 Abs. 2 CISG, der insoweit als Vorbild für Art. 2 Abs. 2 VerbrGK-RL und damit auch für § 434 BGB gedient hat. Danach darf auf die dort genannten Kriterien erst zurückgegriffen werden, wenn die Parteien „nichts Anderes vereinbart" haben.[804]

a) Beschaffenheitsvereinbarung

Wann eine Beschaffenheitsvereinbarung i.S.d. § 434 Abs. 1 Satz 1 BGB vorliegt, wird vom Gesetz nicht näher bestimmt. Vor der Reform bereitete die Bestimmung des Beschaffenheitsbegriffs große Schwierigkeiten. Problematisch waren die Fälle, in denen nicht die physische Beschaffenheit der Sache betroffen war, sondern deren tatsächliche, wirtschaftliche, soziale oder rechtliche Beziehung zur Umwelt. Zwar konnten diese zum Gegenstand sowohl einer bloßen Beschaffenheitsvereinbarung im Sinne des § 459 Abs.1 BGB a.F. als auch einer Zusicherung im Sinne des § 459 Abs. 2 BGB a.F. gemacht werden. Die Rechtsprechung schränkte die Zulässigkeit einer Beschaffenheitsvereinbarung auf solche Umstände ein, die der Kaufsache „unmittelbar innewohnten", „von ihr ausgehen" oder ihr „anhaften" also eine gewisse Nähebeziehung zur Kaufsache aufweisen.[805]

Das gesetzliche Haftungskonzept der Neuregelung spricht hingegen für eine Ausweitung des Beschaffen-heitsbegriffs.[806] Berücksichtigt man, dass § 463 BGB a.F., der die Ansprüche bei Fehlen einer zugesicherten Eigenschaft regelte, mit der Schuldrechtsreform weggefallen ist und die nunmehr einzige Anspruchsgrundlage, § 437 BGB, an § 434 Abs. 1 BGB anknüpft, der nur noch einen Begriff, nämlich den der „Beschaffenheit" kennt, während das Merkmal der zugesicherten Eigenschaft aufgehoben wurde, so muss der Begriff der Beschaffenheit auch alle diejenigen Fälle erfassen, die bislang unter den Begriff der „zusicherungsfähigen Eigenschaften" zu subsumieren waren um überhaupt zu einer Haftung des Verkäufers bei Fehlen einer zugesicherten Eigenschaft zu gelangen.[807] Auch die Vorgaben der VerbrGK-RL, die zur Auslegung des § 434 BGB zumindest im Anwendungs-bereich der § 474 ff. BGB heranzuziehen sind[808], sprechen für eine

---

803 *Grigoleit/Herresthal*, JZ 2003, 233 (234).

804 *Grigoleit/Herresthal*, JZ 2003, 233 (234).

805 Vgl. z.B. BGH NJW 1970, 653 (654); NJW 1984, 2289 (2289); NJW 1985, 2472 (2473); NJW 1986, 2824 (2824).

806 *Häublein*, NJW 2003, 388 (390); a.A. *Westermann*, NJW 2002, 241; *ders.*, JZ 2001, 530; Anwaltskommentar-*Büdenbender*, § 434 Rn. 6f.; *Lorenz/Riehm*, Lehrbuch zum neuen Schuldrecht, Rn. 482, dieselben anders aber in Rn. 578.

807 *Häublein*, NJW 2003, 388 (390); *Gronstedt/Jörgens*, ZIP 2002, 52 (54); *Huber/Faust*, Schuldrechtsmodernisierung, Kap. 12 Rn. 23; Palandt-*Heinrichs*, 64. Aufl., § 434 Rn. 12; MüKo-*Westermann*, 4. Aufl, BGB § 434 Rn. 8; Staudinger-*Matusche/Beckmann*, Neuberab., § 434 Rn. 35, 44.

808 Ob überhaupt ein gespaltener Beschaffenheitsbegriff zulässig ist, ist zweifelhaft, da der Gesetzgeber durch die Vereinheitlichung des Verbraucherkaufrechts und des allgemeinen Kaufrechts einen einheitlichen Sachmängelbegriff schaffen wollte. Vgl. Regierungsbegründung zum SchuldRModG, BT-Drucks. 14/6040, S. 211.

weite Auslegung des Beschaffenheitsbegriffs.[809] In Art. 2 Abs. 1 VerbrGK-RL heißt es, dass der Verkäufer zur Lieferung der vertragsgemäßen Leistung verpflichtet ist, ohne dass der Begriff auf Beschaffenheitsvereinbarungen i.S.d. § 459 BGB a.F. beschränkt wäre. Zur Beschaffenheit der Sache gehören damit auch Angaben, die der Verkäufer in Bezug auf die Sache macht. Der Begriff der Beschaffenheit umfasst folglich jede Eigenschaft und jeden der Sache anhaftenden tatsächlichen, wirtschaftlichen, sozialen oder rechtlichen Umstand.[810]

Als vereinbart gilt die Beschaffenheit dann, wenn der Inhalt des Vertrages von vornherein oder nachträglich die Pflicht des Verkäufers bestimmt die gekaufte Sache in dem Zustand zu übereignen und zu übergeben, wie ihre Beschaffenheit im Vertrag festgelegt ist.[811] Ein besonderer Einstandswille des Verkäufers, wie er für die Zusicherung nach altem Recht verlangt wurde, ist hingegen nicht mehr erforderlich.[812] Dennoch muss die Beschaffenheitsvereinbarung von der bloßen Wissenserklärung abgegrenzt werden.[813] Eine Beschaffenheitsvereinbarung kann nur dann angenommen werden, wenn der Verkäufer eine Erklärung abgegeben hat, der vom objektiven Empfängerhorizont einen Rechtsbindungswillen erkennen lässt.[814] Die Beschaffenheitsvereinbarung muss auch nicht die Art der Verwendung betreffen, da § 434 Abs. 1 Satz 2 Nr. 1 BGB festlegt, dass es nur dann auf die „nach dem Vertrag vorausgesetzte Verwendung" ankommt, wenn es an einer Beschaffenheitsvereinbarung fehlt.[815]

Unzweifelhaft kann eine Beschaffenheits-vereinbarung hinter den üblichen Qualitätsstandards zurückbleiben, was dem Verkäufer insbesondere bei gebrauchten Sachen einen gewissen Spielraum bei der Bestimmung seines Haftungsumfanges eröffnet.[816]. Beim Kauf gebrauchter Waren etwa wird man keine Haftung des Verkäufers für die Neuwertigkeit der Sache annehmen dürfen. Der Verkäufer einer gebrauchten Sache schuldet selbst-verständlich die Sache nur in gebrauchtem Zustand, Mängel die sich aus dem Umstand ergeben, dass die Sache gebraucht ist, stellen nur dann einen Mangel dar, wenn dies im Kaufvertrag

---

[809] *Häublein*, NJW 2003, 388 (390); a.A. OLG Hamm, ZGS 2003, 394f. hat entschieden, dass die Herkunft eines Fahrzeuges als Re-Import keine Beschaffenheit i.S.d. § 434 BGB darstellt, da sich dieser Umstand auf die Beschaffneheit des Autos nicht unmittelbar auswirke. Vgl. auch *Reinking/Eggert*, Der Autokauf, Rn. 1767.

[810] *Huber/Faust*, Schuldrechtsmodernisierung, Kap. 12 Rn. 24; Palandt-*Putzo*, 64. Aufl., § 434 Rn. 14 f.; MüKo-*Westermann*, 4. Aufl, BGB § 434 Rn. 8; Staudinger-*Matusche/Beckmann*, Neuberab., § 434 Rn. 48f.

[811] Palandt-*Putzo*, 64. Aufl., § 434 Rn. 15; MüKo-*Westermann*, 4. Aufl, BGB § 434 Rn. 12; Staudinger-*Matusche/Beckmann*, Neuberab., § 434 Rn. 55.

[812] *Huber/Faust*, Schuldrechtsmodernisierung, Kap. 12 Rn. 25.

[813] LG Hanau, Urt. v. 27.3.2003 – 1 O 1510/02, www.lrz-muenchen.de/~Lorenz/urteile/hanau 1o1501_02. htm.

[814] LG Hanau, Urt. v. 27.3.2003 – 1 O 1510/02, www.lrz-muenchen.de/~Lorenz/urteile/hanau 1o1501_02. htm.

[815] *Westermann*, NJW 2002, 241 (243).

[816] *Gsell*, JZ 2001, 65 (66); *Westermann*, NJW 2002, 241 (243); *ders.*, in: *Grundmann/Medicus/Rolland* (Hrsg.), Europäisches Kaufgewährleistungsrecht, S. 251 (260).

vereinbart wurde, sei es konkludent oder ausdrücklich.[817] Grundsätzlich hat der Verkäufer nur für die Mangelfreiheit bei Gefahrenübergang einzustehen und nicht etwa dafür, dass der Käufer die Sache bis zum Ablauf der Gewährleistungsfrist auch nutzen kann.[818] Bei kurzlebigen Verbrauchsgütern wie etwa Lebensmitteln, die in der Regel bestimmten Verfallsdaten unterliegen, hat der Käufer ein Interesse, dass die Verwendung zumindest für den angegebenen Zeitraum gewährleistet ist. In diesen Fällen wird die Parteivereinbarung wohl so auszulegen sein, dass dem Vertrag eine bestimmte Laufzeitvereinbarung zugrunde liegt. Umgekehrt hat aber auch der Verkäufer ein gewisses Interesse daran, dass seine Haftungsrisiken begrenzt bleiben, was über den Weg der Eigenschafts-vereinbarung auch grundsätzlich möglich ist.[819] Bei einer solchen Laufzeit-vereinbarung ist immer das Umgehungsverbot des § 475 Abs. 1 Satz 2 BGB im Blick zu behalten.[820]

b) Beschreibung, Probe oder Muster

In § 434 BGB fehlt eine ausdrückliche Umsetzung der Vermutungsregel des Art. 2 Abs. 2 a) VerbrGK-RL. Der Begriff der Beschaffenheitsvereinbarung i.S.d. § 434 Abs. 1 BGB soll nach Ansicht des Gesetzgebers auch die Fälle des Art. 2 Abs. 2 a) VerbrGK-RL erfassen.[821] Während Art. 2 Abs. 2 a) bestimmt, dass die Verbrauchsgüter vertragsgemäß sind, wenn sie mit der vom Verkäufer gegebenen Beschreibung übereinstimmt, spricht das BGB allein von einer Vereinbarung. Die VerbrGK-RL lässt zumindest offen ob sie auch einseitige Willenserklärungen erfassen will.[822] Als vereinbart i.S.d. § 434 Abs. 1 BGB gilt eine Beschaffenheit aber nur dann, wenn zwei übereinstimmende Willenserklärungen vorliegen. Teilweise wird vertreten, dass die VerbrGK-RL daher so ausgelegt werden muss, dass vermutet wird, dass die Beschreibung Gegenstand der Parteivereinbarung geworden ist.[823] Schließlich nenne auch die VerbrGK-RL die Parteivereinbarung als vorrangig anzuwendenden Maßstab zur Bestimmung der Sollbeschaffenheit der verkauften Güter.[824] Da es sich bei Art. 2 Abs. 2 a) VerbrGK-RL nur um ein Vermutungskriterium zugunsten des Verkäufers handelt, ist der Verzicht des deutschen Gesetzgebers auf eine wörtlich Übernahme der Vorschrift durchaus richtlinienkonform, da dadurch ein höheres Schutzniveau für den Verbraucher erzielt wird.

---

[817] Vgl. hierzu *Kesseler*, ZRP 2001, 70 (71).

[818] *Schubel*, JuS 2002, 313 (315).

[819] Vgl. zur gesteigerten Bedeutung einer Laufzeitvereinbarung: *Westermann*, JZ 2001, 530 (536); *ders.*, NJW 2002, 241 (243); *Ziegler/Rieder*, ZIP 2001, 1789 (1794).

[820] *Schubel*, JuS 2002, 313 (315).

[821] Regierungsbegründung zum SchuldRModG, BT-Drucks. 14/6040, S. 212.

[822] Vgl. FS *Henrich*, S. 297 (300); *Westermann*, JZ 2001, 530 (532); *Amtenbrink/Schneider*, VuR 1996, 262 (267); *Schlechtriem*, in: *Ernst/Zimmermann* (Hrsg.), Zivilrechtswissenschaft und Schuldrechtsreform, S. 205 (214); *Westermann*, NJW 2002, 241 (243).

[823] *Schlechtriem*, in: *Ernst/Zimmermann* (Hrsg.), Zivilrechtswissenschaft und Schuldrechtsreform, S. 205 (214).

[824] *Gsell*, JZ 2001, 65 (65).

Gleiches gilt für die fehlende Übernahme der Vermutungsregel des Art. 2 Abs. 2 a) VerbrGK-RL hinsichtlich der Vertragsmäßigkeit bei Vorlage eines Musters oder einer Probe durch den Verkäufer. Während nach dem nunmehr ersatzlos gestrichenem § 494 BGB a.F. bei einem Kauf nach Probe oder nach Muster die Eigenschaften der Probe oder des Musters als zugesichert anzusehen waren, bleibt nunmehr die Frage offen ob beim Kauf nach Probe bzw. Muster von einer Zusicherung und damit von einer Garantieübernahme i.S.d. § 276 BGB mit der Folge einer verschuldensunabhängigen Haftung des Verkäufers ausgegangen werden kann, sodass die Vorlage eines Musters bzw. einer Probe immer zum Inhalt der Parteivereinbarung wird. Die Nichtumsetzung erscheint nur konsequent, da mit der Streichung der Haftung für zugesicherte Eigenschaften, Bestimmungen über den Inhalt einer zugesicherten Eigenschaft obsolet werden. Auch wird in der Praxis das Muster bzw. die Probe gerade zu dem Zweck vorgelegt die Eigenschaften der Kaufsache näher zu bestimmen sodass die Eigenschaften des Musters oder der Probe oftmals als vereinbarte Eigenschaften der Kaufsache selbst gelten.[825] Stellt man auf die Funktion der Vermutungskriterien als Auslegungshilfe ab, so scheint die deutsche Vorschrift den Verkäufer gegenüber der VerbrGK-RL unangemessen zu benachteiligen. Es sind durchaus Fälle denkbar, in denen der Verkäufer sich darauf beruft, dass es sich lediglich um ein unverbindliches Muster bzw. um eine unverbindliche Probe gehandelt hat.

Um eine Übereinstimmung mit der VerbrGK-RL zu erzielen, ist in diesem Zusammenhang die Vorschrift des § 442 BGB heranzuziehen, wonach die Rechte des Käufers ausgeschlossen sind, wenn er von dem Mangel Kenntnis hat. Überträgt man den Rechtsgedanken des § 442 BGB auf die Kenntnis des Käufers bezüglich der Verbindlichkeit der Kaufsache, so gilt, dass nur für den Fall, dass der Käufer von der Unverbindlichkeit wusste, seine Rechte abgeschnitten sind. Es ist daher Sache des Verkäufers, den Käufer daraufhin zu weisen, dass die Vorlage des Musters oder der Probe lediglich unverbindlich erfolgt ist.[826] Im Ergebnis ist die Begründung des Gesetzgebers im Hinblick auf seine Entscheidung zugunsten eines einheitlichen subjektiven Fehlerbegriffs für alle Kaufverträge nur konsequent. Auch wenn eine Klarstellung wünschenswert gewesen wäre, wird man sagen müssen, dass die Vorschrift des § 434 Abs. 1 BGB zur Umsetzung des Art. 2 Abs. 2 a) VerbrGK-RL ausreichend ist.[827]

c) Eignung zur angestrebten Verwendung

Die Fälle, in denen es den Parteien auf die Tauglichkeit der Sache für einen bestimmten Verwendungszweck ankommt, ohne dass eine konkrete Beschaffenheitsvereinbarung vorliegt, regelt § 434 Abs. 1 Satz 2 Nr. 1 BGB, der auch der Um-

---

825 *Gsell*, JZ 2001, 65 (66).

826 *Gsell*, JZ 2001, 65 (66).

827 Im Ergebnis so auch *Tonner/Crellwitz/Echtermeyer*, in: *Micklitz/Pfeiffer/Tonner/Willingmann* (Hrsg.), Schuldrechtsreform und Verbraucherschutz, S. 293 (312); a.A. *Schwartze*, ZEuP 2000, 544 (556); *Westermann*, JZ 2001, 530 (532); *Amtenbrink/Schneider*, VuR 1999, 293 (296).

setzung von Art. 2 Abs. 2 b) VerbrGK-RL dient. Die Vorschrift stellt somit eine Art Auffangtatbestand dar.[828] Danach ist die Sache frei von Mängeln, wenn sie sich für die nach dem Vertrag vorausgesetzte Verwendung eignet. Entscheidend ist, dass der Käufer bei Vertragsschluss den Zweck des Kaufes der Sache dem Verkäufer zur Kenntnis gebracht und der Verkäufer diesem zugestimmt hat.[829] Einseitige Vorstellungen des Käufers genügen nicht. Dies ergibt sich auch aus der Formulierung „nach dem Vertrag".[830] Liegen diese Voraussetzungen vor und ist die Eignung der Sache für die vertraglich bestimmte Verwendung gemindert oder aufgehoben, so liegt nach § 434 Abs. 1 Satz 2 Nr. 1 BGB zwingend ein Sachmangel vor. Der Kaufvertrag selbst gilt folglich auch hier als Maßstab für die Soll-Beschaffenheit der verkauften Güter.[831]

Der Unterschied zu § 434 Abs. 1 Satz 1 BGB besteht darin, dass dort konkrete Beschaffenheitsmerkmale vereinbart werden, während hier gewissermaßen das „Ergebnis" vereinbart wird, nämlich die Zweckeignung.[832] Die stillschweigende Abrede, dass die Kaufsache zur gewöhnlichen Verwendung tauglich ist, fällt indessen nicht unter § 434 Abs. 1 Satz 2 Nr. 1 BGB, sondern unter § 434 Abs. 1 Satz 2 Nr. 2 BGB.[833] § 434 Abs. 1 Satz 2 Nr. 1 BGB erfasst insoweit ähnlich wie § 434 Abs. 1 Satz 1 BGB nur konkret-individuelle Vereinbarungen, wobei die Verwendungsvereinbarung der Ermittlung der Beschaffenheitsvereinbarung dient. Dies ist auch sachgerecht, da nicht etwa eine bestimmte „Verwendung" Gegenstand des Vertrages sein kann, sondern nur eine bestimmte Beschaffenheit.[834] Der Verkäufer schuldet nur eine Beschaffenheit, die zu einer bestimmten Verwendung tauglich ist und nicht etwa eine taugliche Verwendung.

d) Eignung zur gewöhnlichen Verwendung

Die in § 434 Abs. 1 Satz 2 Nr. 2 BGB genannten Kriterien zur Ermittlung der konkludenten Beschaffenheitsvereinbarung orientieren sich weitestgehend am Wortlaut des Art. 2 Abs. 2 c) und d) VerbrGK-RL.[835] Danach ist die Sache frei von Mängeln, wenn sie die Eignung der für die Sache gewöhnlichen Verwendung aufweist, was Art. 2 Abs. 2 c) VerbrGK-RL entspricht und, entsprechend dem ersten Teil des Art. 2 Abs. 2 d) VerbrGK-RL, die bei Sachen der gleichen Art übliche und vom Käufer nach der Art der Sache zu erwartende Beschaffenheit innehat. Auch

---

828 *Büdenbender*, in: *Dauner-Lieb/Heidel/Lepa/Ring* (Hrsg.) Das neue Schuldrecht, § 8 E 1 Rn. 29.

829 Palandt-*Putzo*, 64. Aufl., § 434 Rn. 22; MüKo-*Westermann*, 4. Aufl, BGB § 434 Rn. 18; Staudinger-*Matusche/Beckmann*, Neuberab., § 434 Rn. 61.

830 *Huber/Faust*, Schuldrechtsmodernisierung, Kap. 12 Rn. 30.

831 *Gsell*, JZ 2001, 65; *Schlechtriem*, ZEuP 2000, 544 (554f.); *Tonner/Crellwitz/Echtmeyer*, in: *Micklitz/Pfeiffer/Tonner/Willingmann* (Hrsg.), Schuldrechtsreform und Verbraucherschutz, S. 293 (312).

832 *Huber/Faust*, Schuldrechtsmodernisierung, Kap. 12 Rn. 29.

833 *Grigoleit/Herresthal*, JZ 2003, 233 (235).

834 *Grigoleit/Herresthal*, JZ 2003, 233 (235).

835 Dies wird von *Schwarze*, ZEuP 2000, 544 (556) auch europarechtlich auch für erforderlich gehalten.

die VerbrGK-RL setzt das kumulative Vorliegen beider Kriterien voraus, sodass die Vorschrift mit der VerbrGK-RL insoweit übereinstimmt als dass die bloße Eignung zur gewöhnlichen Verwendung noch nicht bewirkt, dass die Vertragsmäßigkeit der Sache zu bejahen ist.

e) Übliche und erwartete Beschaffenheit

Die Vorgaben des Art. 2 Abs. 2 d) VerbrGK-RL hat der deutsche Gesetzgeber in § 434 Abs. 1 Satz 2 Nr. 2 BGB und § 434 Abs. 1 Satz 3 BGB umgesetzt. Gemäß § 434 Abs. 1 Satz 2 Nr. 2 BGB ist eine Sache frei von Mängeln, wenn sie sich für die gewöhnliche Verwendung eignet und eine Beschaffenheit aufweist, die bei Sachen der gleichen Art üblich ist und die der Käufer nach der Art der Sache auch erwarten durfte. Die von der VerbrGK-RL verwendeten Begriffe „Qualität und Leistungen" in Art. 2 Abs. 2 d) VerbrGK-RL werden in § 434 Abs. 1 Satz 2 Nr. 2 BGB mit dem Begriff „Beschaffenheit" zusammen erfasst.[836] Nach § 434 Abs. 1 Satz 3 BGB, der den 2. Teil des Art. 2 Abs. 2 d) VerbrGK-RL umsetzt, gehören zu den Beschaffenheitsanforderungen i.S.d. § 434 Abs. 1 Satz 2 Nr. 2 BGB auch Eigenschaften, die der Käufer nach den öffentlichen Äußerungen, insbesondere Werbeaussagen über konkrete Eigenschaften der Sache durch den Verkäufer, den Hersteller oder seinen Gehilfen, erwarten kann. Aus systematischer Sicht konkretisiert § 434 Abs. 1 Satz 3 BGB den in § 434 Abs. 1 Satz 2 Nr. 2 BGB verankerten Maßstab der Normalbeschaffenheit, der als konkludente Beschaffenheitsvereinbarung zum Gegenstand des Vertrages wird. Unabhängig von einer konkreten Bezugnahme der Parteien, werden folglich die öffentlichen Äußerungen des Verkäufers, des Herstellers oder seines Gehilfen durch § 434 Abs. 1 Satz 3 BGB in die konkludente Beschaffenheitsvereinbarung integriert.[837]

Die Werbung enthält dadurch entsprechend den Richtlinienvorgaben einen Stellenwert, den es in dieser Form in Deutschland bisher nicht gab.[838] Nach altem Recht konnten Werbeaussagen des Herstellers nur zu einer Haftung des Verkäufers führen, wenn der Verkäufer die in einem Prospekt enthaltenen Herstellerangaben in die Vertragsverhandlungen miteinbezogen und so zum Gegenstand der Parteivereinbarung gemacht hat.[839] Auch wenn die Rechtsprechung Werbeangaben zur Bestimmung der Fehlerhaftigkeit i.S.d. § 459 Abs. 1 BGB a.F. oder des Fehlens zugesicherter Eigenschaften i.S.d. § 459 Abs. 2 BGB a.F. herangezogen. hatte, so fehlte es doch an einer positiv-rechtlich Normierung im BGB.[840] Auch im AGBG fand sich– bedingt durch die Novelle von 1996 zur Umsetzung der AGB-

[836] Regierungsbegründung zum SchuldRModG, BT-Drucks. 14/6040, S. 213; Palandt-*Putzo*, 64. Aufl., § 434 Rn. 26.

[837] *Schlechtriem*, in *Ernst/Zimmermann* (Hrsg.), Zivilrechtswissenschaft und Schuldrechtsreform, S. 205 (216); *Lehmann*, DB 2002, 1090; *Grigoleit/Herresthal*, JZ 2003, 233 (236).

[838] *Tonner*, BB 1999, 1769 (1771).

[839] MüKo-*Westermann*, 3. Aufl., § 459 Rn. 63.

[840] *Weiler*, WM 2002, 1784 (1784).

Richtlinie[841] - in § 24a Nr. 3 AGBG, der nunmehr in § 310 Abs. 3 Nr. 3 BGB übernommen wurde, für Verbraucherverträge nur der Hinweis, dass auch begleitende Umstände des Vertragsschlusses bei der Inhaltskontrolle zu berücksichtigen sind. Einzig § 13a Abs. 1 Satz 1 UWG gewährt dem Abnehmer ein Rücktrittsrecht nach §§ 312 f, 357 Abs. 1 und 2 BGB, wenn dieser durch unwahre und zur Irreführung geeignete Werbeangaben i.S.d. § 14 UWG zur Abnahme bestimmt worden ist. § 434 Abs. 1 Satz 3 BGB erhöht demgegenüber das Haftungsrisiko des Verkäufers bereits dadurch, dass zum einen auch wahre Werbeangaben den Bestand des Vertrages beeinflussen können und zum anderen die Beweislast den Verkäufer trifft.[842]

Entspricht die Kaufsache nicht den Erwartungen des Käufers aufgrund der öffentlichen Äußerungen insbesondere in der Werbung, so bedeutet dies nicht etwa, dass es sich ohne weiteres um einen Sachmangel i.S.d. § 459 BGB a.F. handelt. § 434 BGB enthält entsprechend den Vorgaben der VerbrGK-RL eine Bestimmung über die Sachmangelfreiheit und nicht über die Sachmangelhaftigkeit. Voraussetzung ist zunächst, dass es an einer konkret-individuellen Parteivereinbarung fehlt und auch kein vertraglich vereinbarter Zweck auszumachen ist, nur dann kommt § 434 Abs. 1 Satz 2 Nr. 2 BGB zum Tragen. Es gilt insoweit der Grundsatz der Subsidiarität von Werbeangaben bei der Bestimmung der Sachmangelfreiheit.[843] Sachmangelfreiheit liegt hiernach vor, wenn sich die Sache für die gewöhnliche Verwendung eignet und eine bei Sachen der gleichen Art übliche Beschaffenheit aufweist, die der Käufer nach der Art der Sache auch erwarten darf. Nur bei der Beantwortung der Frage, was der Käufer erwarten kann, werden öffentliche Äußerungen und damit Werbeangaben entsprechend der Regelung in Art. 2 Abs. 2 d) VerbrGK-RL relevant. Anders als die VerbrGK-RL beschränkt sich der Anwendungsbereich des § 434 BGB nicht auf den Verbrauchsgüterkauf, sondern beansprucht vielmehr allgemeine Geltung für Kaufverträge, was rechtspolitisch sehr umstrittenen war.[844]

In der überwiegend arbeitsteiligen Wirtschaft, wie sie sich in den letzten Jahrzehnten entwickelt hat, beeinflussen Werbeangaben die Kaufentscheidung auch außerhalb von Verbrauchergeschäften immer mehr.[845] Individuelle Vertragsverhandlungen hingegen verlieren an Bedeutung. Aus diesem Grund hielt der

---

841 Richtlinie 93/13/EWG des Rates vom 5. April 1993 über missbräuchliche Klauseln in Verbraucherverträgen (ABl. EG Nr. L 95 vom 21.04.1993, S. 29f.).

842 *Weiler*, WM 2002, 1784 (1793).

843 *Lehmann*, DB 2002, 1090 (1091).

844 Vgl. hierzu *Ernst/Gsell*, ZIP 2000, 1410 (1415); *Krebs*, BB 2000, Beilage 14, S. 17; *Matthiesen/Lindner*, NJW 1999, 617 (621); *Flessner*, in: *Grundmann/Medicus/Rolland* (Hrsg.), Europäisches Kaufgewährleistungsrecht, S. 239; *Grundmann*, in: *Grundmann/Medicus/Rolland* (Hrsg.), Europäisches Kaufgewährleistungsrecht, S. 299; *Medicus*, in: *Grundmann/Medicus/Rolland* (Hrsg.), Europäisches Kaufgewährleistungsrecht, S. 226; *Peiffer*, JR 2001, 265 (270); *Schwartze*, ZEuP 2000, 545 (557); *von Westphalen*, in: *Henssler/von Westphalen*, Praxis der Schuldrechtsreform, § 434 Rn. 32.

845 *Weiler*, WM 1784 (1785).

deutsche Gesetzgeber die Vorschrift auch außerhalb des Bereichs des Verbrauchsgüterkaufes für sachgerecht.[846] Die Haftung des Verkäufers wird schließlich nicht bereits deswegen ausgelöst, weil die in der Werbung gemachten Angaben über bestimmte Eigenschaften der Sache nicht vorliegen. Nach § 434 Abs. 1 Satz 3 BGB muss es sich vielmehr um solche Eigenschaften handeln, die der Käufer erwarten kann. Hintergrund dieser Regelung ist, dass Werbeaussagen häufig auf eine psychologische Beeinflussung abzielen.[847] Das BGB lässt ebenso wie die VerbrGK-RL offen, wie die Begrifflichkeiten der Umsetzungsvorschrift zu Art. 2 Abs. 2 d) VerbrGK-RL im Einzelnen auszulegen sind.

(1) Berechtigte Erwartungen

Anders als die VerbrGK-RL verzichtet der deutsche Gesetzestext auf den Zusatz „vernünftigerweise", da schließlich immer der „vernünftige" Käufer maßgeblich sei.[848] Dieser Umstand lässt noch nicht eindeutig erkennen ob es auf die subjektiven Erwartungen des konkreten Käufers oder diejenigen eines Durchschnittskäufers ankommt. Auch wenn die Formulierung „die der Käufer (...) erwarten kann" und nicht etwa „die der Käufer (...) erwartet" heißt, was dafür spricht auf den durchschnittlichen Käufer abzustellen[849], so gibt es doch zahlreiche Vertreter in der deutschen Literatur, die hier auf die subjektiven Erwartungen des konkreten Käufers im Einzelfall abstellen wollen.[850] Dies wäre aber nur dann der Fall, wenn § 434 BGB bzw. Art. 2 Abs. 2 d) VerbrGK-RL entsprechend der Produkthaftungsrichtlinie[851] und der Richtlinie über die Produktsicherheit[852] das Konzept der berechtigten Erwartungen zugrunde liegen würde.[853] Das im Grünbuch besonders hervorgehobene Konzept der berechtigten Erwartungen wurde von der VerbrGK-RL nicht übernommen.[854]

Die Regelung in Art. 2 Abs. 2 VerbrGK-RL geht auf das CISG zurück, auch wenn d) dort keine Entsprechung findet.[855] Es handelt sich um Vermutungskriterien, die nur zugunsten des Verkäufers wirken. Bei richtlinienkonformer

---

846 Regierungsbegründung zum SchuldRModG, BT-Drucks. 14/6040, S. 214.

847 *Grigoleit/Herresthal*, JZ 2003, 233 (237).

848 Regierungsbegründung zum SchuldRModG, BT-Drucks. 14/6040, S. 214.

849 *Huber/Faust*, Schuldrechtsmodernisierung, Kap. 12 Rn. 40; Palandt-*Putzo*, 64. Aufl., § 434 Rn. 37; MüKo-*Westermann*, 4. Aufl, BGB § 434 Rn. 23; Staudinger-*Matusche/Beckmann*, Neuberab., § 434 Rn. 79.

850 *Lehmann*, JZ 2000, 280 (283); *Reich*, NJW 1999, 2397 (2400).

851 Richtlinie 85/374/EWG des Rates vom 25. Juli 1985 zur Angleichung der Rechts- und Verwaltungsvorschriften der Mitgliedstaaten über die Haftung für fehlerhafte Produkte (ABl. EG Nr. L 210 vom 07.08.1985, S. 29f.).

852 Richtlinie 92/59/EWG des Rates vom 29.6.1992 über die Allgemeine Produktsicherheit (ABl. EG Nr. L 228 vom 29.6.1992, S. 24f.).

853 *Weiler*, WM 2002, 1784 (1790).

854 *Staudenmayer*, in: *Grundmann/Medicus/Rolland*, Europäisches Kaufgewährleistungsrecht, S. 35.

855 *Staudenmayer*, in: *Grundmann/Medicus/Rolland*, Europäisches Kaufgewährleistungsrecht, S. 35.

Auslegung gelangt man daher zu dem Ergebnis, dass auch bei § 434 Abs. 1 Satz 3 BGB kein extensives Verbraucherschutzkonzept verwirklicht werden sollte, sondern bei seiner Auslegung vielmehr das Verbraucherleitbild des EuGH zugrunde zulegen ist.[856] Wann es sich um berechtigte Erwartungen i.S.d. § 434 Abs. 1 Satz 3 BGB handelt, richtet sich mithin danach, was ein vernünftiger Durchschnittsverbraucher erwarten kann.[857] Letztlich muss bei der Auslegung der Vorschrift aber berücksichtigt werden, dass die Haftung des Verkäufers im Rahmen des § 434 Abs. 1 Satz 3 BGB auf Werbeaussagen Dritter erweitert wird.[858] Es erscheint mithin durchaus gerechtfertigt, dass die hierdurch erweiterte Marktbeobachtungsobliegenheit des Verkäufers durch eine zurückhaltende Auslegung der berechtigten Erwartungen gerechtfertigt ist.[859] Damit aber stellt sich gleichzeitig die Frage, welche Erwartungen der Verbraucher haben darf, wenn die Werbeangaben etwa des Herstellers mit der konkret zwischen Verbraucher und Verkäufer vereinbarten Beschaffenheit in Konflikt geraten. Grundsätzlich hat die konkret-individuelle Beschaffenheitsvereinbarung nach § 434 Abs. 1 Satz 1 BGB Vorrang bei der Bestimmung der Sachmangelfreiheit. Nach § 434 Abs. 1 Satz 3 BGB haftet der Verkäufer auch für die Werbeangaben des Herstellers, weswegen ihm wie bereits gezeigt eine gewisse Marktbeobachtungsobliegenheit trifft. Es ist daher seine Aufgabe, dass Verbrauchervertrauen in eine bestimmte informative Werbung nicht entgegen den Grundsätzen von Treu und Glauben zu missbrauchen. Eine solche Informationsverantwortung ist auch im Hinblick auf die Möglichkeit des Verkäufers den Hersteller über die Lieferkette nach § 478 BGB in Regress zu nehmen, durchaus gerechtfertigt.[860]

Schließlich macht auch die abschließende Aufzählung der Ausschlussgründe in § 434 Abs. 1 Satz 3 a.E. BGB deutlich, dass der Verkäufer nur dann aus seiner Haftung entlassen wird, wenn er die Äußerung nicht kannte und auch nicht kennen musste, die Äußerung berichtigt war oder die Kaufentscheidung des Verbrauchers nicht beeinflusst hat. Der 2. Ausschlussgrund spricht dafür, dass es Sache des Verkäufers ist den Verbraucher auf konfligierende Werbeaussagen hinzuweisen. Unterlässt er aber einen solchen Hinweis, so kann der Verbraucher berechtigter Weise erwarten, dass die Sache auch die Beschaffenheit entsprechend den Werbeangaben des Herstellers besitzt.[861]

Anders als die VerbrGK-RL, die lediglich voraussetzt, dass sich die übliche Beschaffenheit *nach der Art der Sache* bestimmt, knüpft der deutsche Gesetzgeber die im Rahmen des § 434 Abs. 1 Nr. 2 BGB maßgeblichen berechtigten Erwartungen des Käufers an die *Art der Sache* an. Zwar enthält auch die VerbrGK-RL eine zusätzliche Beschränkung auf solche Beschaffenheitsmerkmale die der

---

856 *Lehmann*, JZ 2000, 280 (284).
857 *Weiler*, WM 2002, 1784 (1790).
858 *Lehmann*, JZ 2000, 280 (284).
859 *Weiler*, WM 2002, 1784 (1791).
860 *Lehmann*, DB 2002, 1090 (1092).
861 Ähnlich *Lehmann*, DB 2002, 1090 (1092).

Käufer „vernünftigerweise" erwarten kann, sodass der Grund für die abweichende Formulierung wohl darin liegt, dass der Begriff „vernünftigerweise" dem BGB fremd ist.[862] Ob es aber noch den Vorgaben der VerbrGK-RL entspricht *Sachen der gleichen Art* als Vergleichsobjekt heranzuziehen erscheint zweifelhaft, da unter der Art einer Sache sowohl ihre Zugehörigkeit zu einer bestimmten Klasse oder Gruppe verstanden werden kann als auch ihre Beschaffenheit also alle ihr anhaftenden und sie kennzeichnenden Merkmale wie die Qualität und Leistung.[863] Die Aufnahme bestimmter gruppen- oder klassenspezifischer Merkmale einer Sache als Anknüpfungspunkt der berechtigten Erwartung könnte eine echte Einschränkung darstellen, weil der Käufer bei Vertragsschluss allein die konkrete Kaufsache selbst betrachtet und seine Erwartungen in der Regel an dieser ausrichten wird. Art. 2 Abs. 2 d) VerbrGK-RL bestimmt, dass die Vertragsgüter vertragsgemäß sind, wenn sie eine Qualität und Leistung aufweisen, die bei Gütern der gleichen Art üblich sind und die der Verbraucher vernünftigerweise erwarten kann. Hier wird nicht hinsichtlich der berechtigten Erwartungen auf die Art der Sache abgestellt. Nur im sich daran anschließendem Nebensatz heißt es „wenn die Beschaffenheit des Gutes und gegebenenfalls die (...) öffentlichen Äußerungen (...) in Betracht gezogen werden".

Es kommt auf die übliche und vernünftigerweise zu erwartende Qualität und Leistung also dann an, wenn die Beschaffenheit des Gutes oder die öffentlichen Äußerungen in Betracht gezogen werden. Auch in der englischen Fassung ließt man „*given the nature of the goods and taking into account any public statements* (...)", was soviel heißt wie „bestimmt durch die Art der Sachen und unter Berücksichtigung aller öffentlichen Äußerungen (...)". Der Nebensatz „wenn die Beschaffenheit des Gutes oder die öffentlichen Äußerungen (...) in Betracht gezogen werden" meint mithin nicht etwa die Beschaffenheit des konkreten Gutes sondern vielmehr die Beschaffenheit nach der Art des Gutes. § 434 Abs. 1 Nr. 2 BGB ist somit durchaus richtlinienkonform.

Die Einschränkung der berechtigten Erwartungen an die *Art der Sache* macht auch im Hinblick auf die von den EU-Gesetzgebern vorgenommene Einordnung der in Art. 2 Abs. 2 d) VerbrGK-RL genannten Merkmale auch Sinn. Schließlich kann es nicht darauf ankommen, welche besonderen Erwartungen der konkrete Käufer an die Kaufsache stellt, da Erwartungen die über die in § 434 Abs. 1 Nr. 2 BGB genannte Erwartung hinausgehen, zum einen keiner objektiven Nachprüfung zugänglich sind und zum anderen bereits von § 434 Abs. 1 Satz 1 BGB erfasst werden, nämlich dann, wenn sie konkret vereinbart sind.

Welche Beschaffenheit erwartet werden kann, bestimmt sich nach deutschem Recht folglich in Übereinstimmung mit der VerbrGK-RL nach dem Erwartungshorizont eines Durchschnittskäufers in der Situation des

[862] Regierungsbegründung zum SchuldRModG, BT-Drucks. 14/6040, S. 213.
[863] *Jorden/Lehmann*, JZ 2001, 952 (954).

Verbrauchers.[864] Mangelfreiheit bedeutet insoweit Übereinstimmung mit den allgemeinen Standards und Gepflogenheiten, wobei es jeweils auf die konkreten Umstände des Einzelfalls ankommt.[865] Bei der Prüfung dessen, was der Käufer erwarten kann, ist daher regelmäßig zu berücksichtigen ob es sich um neue oder gebrauchte Sachen, Luxus- oder Gebrauchgegenstände oder um Sachen handelt die unter normalen oder extremen Bedingungen eingesetzt werden.[866] Das Kriterium der berechtigten Erwartungen ist folglich nur als deklaratorischer Hinweis darauf zu verstehen, dass ein rein objektiver Maßstab nicht gewollt war und untermauert so die Funktion des § 434 Abs. 1 Satz 2 Nr. 2 BGB als Auslegungshilfe.[867]

(2) Beschaffenheit

Gemäß § 434 Abs. 1 Satz 3 BGB gehören zu der Beschaffenheit nach Satz 2 der Vorschrift nur Eigenschaften, die der Käufer aufgrund öffentlicher Äußerungen über bestimmte Eigenschaften erwarten kann. Das bedeutet, dass der Verkäufer nicht für jedwede öffentliche Äußerung haftet, sondern nur für solche über bestimmte Eigenschaften der Kaufsache. Fraglich ist zunächst, wie der Begriff „Eigenschaften" auszulegen ist. Vor der Schuldrechtsreform wurden nach ständiger Rechtsprechung sowohl psychische Merkmale als auch alle tatsächlichen und wirtschaftlichen Verhältnisse der Kaufsache, welche ihre Beziehung zur Umwelt betrafen und die wegen ihrer Art und Dauer die Brauchbarkeit oder den Wert der Kaufsache beeinflussen zur Bestimmung der Eigenschaften einer Kaufsache herangezogen.[868] Damit war der Eigenschaftsbegriff weiter als der Fehlerbegriff i.S.d. § 459 Abs. 1 BGB a.F., da auch subjektive Elemente herangezogen wurden.[869] § 434 Abs. 1 Satz 3 BGB nimmt hingegen Bezug auf § 434 Satz 2 Nr. 2 BGB und stellt damit auf objektive Kriterien ab.[870] Gleichzeitig wird hierdurch deutlich, dass der Begriff der Eigenschaften zur Definition des Beschaffenheitsbegriffs herangezogen wird. Hieraus folgt, dass der Eigenschaftsbegriff durch den Begriff der „Beschaffenheit" begrenzt wird.[871]

Der Gesetzgeber hat ausdrücklich offen gelassen ob zur Beschaffenheit einer Kaufsache nur solche Umstände gehören, die der Kaufsache unmittelbar anhaften

---

[864] Regierungsbegründung zum SchuldRModG, BT-Drucks. 14/6040, S. 213; *Tonner/Crellwitz/Echtmeyer*, in: *Micklitz/Pfeiffer/Tonner/Willingmann* (Hrsg.) Schuldrechtsreform und Verbraucherschutz, S. 293 (311); *Huber/Faust*, Schuldrechtsmodernisierung, Kap. 12 Rn. 36; *Grigoleit/Herresthal*, JZ 2003, 233 (235).

[865] *Büdenbender*, in: *Dauner-Lieb/Heidel/Lepa/Ring* (Hrsg.) Das Neue Schuldrecht, § 8 E 1 Rn 30.

[866] *Büdenbender*, in: *Dauner-Lieb/Heidel/Lepa/Ring* (Hrsg.) Das Neue Schuldrecht, § 8 E 1 Rn 30.

[867] *Grigoleit/Herresthal*, JZ 2003, 233 (235).

[868] Vgl. etwa BGHZ 34, 32 (41); BGHZ 79, 183 (185).

[869] *Weiler*, WM 2002, 1784 (1787).

[870] *Ernst/Gsell*, ZIP 2000, 1410 (1415); *Pfeiffer*, JR 2001, 265 (269); *Schäfer/Pfeiffer*, ZIP 1999, 1829 (1834); *Schlechtriem*, JT 1997, 441 (444); *Schurr*, ZfRV 1999, 222 (225); *Weiler*, WM 2002, 1784 (1787); *Tonner*, BB 1999, 1769 (1771).

[871] *Weiler*, WM 2002, 1784 (1787).

oder auch solche, die außerhalb liegen.[872] Von Bedeutung ist hingegen ob es sich um öffentliche Äußerungen über bestimmte Eigenschaften handelt, nur sie können eine Haftung des Verkäufers auslösen. Es fallen mithin nur solche Äußerungen unter die Vorschrift des § 434 Abs. 1 Satz 3 BGB, die nicht ausschließlich das Renommee des Herstellers oder der Ware betreffen.[873] Gleiches gilt für reißerische Anpreisungen allgemeiner Art.[874] Entscheidendes Kriterium dafür ob es sich um eine bestimmte Eigenschaft handelt, ist damit die Nachprüfbarkeit der Äußerung.[875] Werbeangaben müssen folglich konkret die Sollbeschaffenheit der Sache näher bestimmen, welche mit der Istbeschaffenheit in Relation zu setzen ist um das Vorliegen eines Sachmangels festzustellen.[876] Werbeangaben müssen folglich geeignet sein eine Beschaffenheitsvereinbarung ersetzen zu können.[877]

Nicht nur solche vom Zeitpunkt der Äußerung an unrichtige Behauptungen können eine Haftung des Verkäufers auslösen, sondern auch solche Äußerungen, die erst nachdem die Äußerung gemacht wurde, unrichtig geworden sind. Dies ist etwa dann der Fall, wenn es sich um einen Kauf über gebrauchte Sachen handelt. Neuwaren und Gebrauchtwaren stellen zwar regelmäßige keine Sachen gleicher Art dar. Dies wäre gemäß § 434 Abs. 1 Satz 2 Nr. 2 BGB Voraussetzung dafür, dass der Käufer aufgrund von Werbeangaben über Eigenschaften einer neuen Sache selbige auch bei gebrauchten Sachen erwarten kann. Entfalten aber Werbeangaben ihre Wirkung auch auf den Käufer einer gebrauchten Sache und beeinflussen damit seine Kaufentscheidung, so handelt es sich in Bezug auf diese Werbeangaben bei einer gebrauchten Sache und einer neuen Sache durchaus um eine Sache gleicher Art. Auch bei Kaufverträgen über gebrauchte Sachen können daher Werbeangaben die Haftung des Verkäufers auslösen. Dies ist insbesondere dann der Fall, wenn sie die Langlebigkeit bzw. die Haltbarkeit der Sache zum Inhalt haben.[878]

Bei Kaufverträgen über gebrauchte Sachen muss daher immer eine Einzelfallbetrachtung vorgenommen werden, auch wenn sie auf Kosten der Rechtsicherheit geht.[879] Stellt sich dabei heraus, dass die Werbeangaben in Bezug auf eine neue Sache zwar hinsichtlich dieser Sache richtig sind, auf die gebrauchte Sache hingegen nicht mehr zutreffen, so muss jeweils im Einzelfall geprüft werden ob die Werbeangaben gerade auch die gebrauchte Sache erfassen sollte um eine Haftung des Verkäufers realisieren zu können. Relevant wird diese Problematik künftig wohl nur im Rahmen von Verbrauchsgüterkaufverträgen, da nur hier die Haftung für Werbeangaben wegen § 475 BGB nicht ausgeschlossen werden kann.

---

[872] Regierungsbegründung zum SchuldRModG, BT-Drucks. 14/6040, S. 213.
[873] *Weiler*, WM 2002, 1784 (1788).
[874] Regierungsbegründung zum SchuldRModG, BT-Drucks. 14/6040, S. 213.
[875] *Lehr/Wendel*, EWS 1999, 321 (323); *Pfeiffer*, JR 2001, 265 (268); *Schurr*, ZfRV 1999, 222 (225); *Staudenmayer*, NJW 1999, 2393 (2394).
[876] *Lehmann*, DB 2002, 1090 (1092).
[877] *Lehmann*, DB 2002, 1090 (1092).
[878] *Reinking*, DAR 2001, 8 (11).
[879] *Weiler*, WM 2002, 1784 (1788); *Westermann*, JZ 2001, 530 (535); *ders.*, NJW 2002, 241 (244).

Handelt es sich aber um eine gebrauchte Sache, die im Rahmen eines Verbrauchsgüterkaufvertrages erworben wurde, so ist hierbei selbstverständlich, auf die Sicht eines vernünftigen Verbrauchers, dessen Erwartungshorizont Maßstab der Haftung ist, abzustellen.

(3) Öffentliche Äußerungen

Der Begriff der öffentlichen Äußerungen wird im deutschen Recht nicht näher definiert. Als öffentlich muss eine Äußerung zumindest dann betrachtet werden, wenn sie auch durch unbeteiligte Dritte wahrnehmbar ist.[880] Auszuschließen sind damit wohl solche Äußerungen, die nur im individuellen Gespräch mit dem Käufer gemacht wurden.[881] Dies macht auch die Formulierung „insbesondere in der Werbung oder bei der Kennzeichnung über bestimmte Eigenschaften der Sache" deutlich. Werbeangaben, die in die Vertragsverhandlungen miteinbezogen werden, können eine konkret-individuelle Beschaffenheitsvereinbarung i.S.d. § 434 Abs. 1 Satz 1 BGB darstellen.[882] Wettbewerbsrechtlich scheiden darüber hinaus aber auch solche öffentlichen Äußerungen aus, die sich nur an einen geschlossenen Personenkreis richtet. Entscheidend ist, dass die Äußerung durch einen nicht individuell umgrenzten Adressatenkreis wahrgenommen werden kann.[883]

Damit stellt sich, die Frage, ob nach § 434 Abs. 1 Satz 3 BGB anders als im Wettbewerbsrecht jede öffentlich kundgegebene Äußerung erfasst wird oder nur solche die im Einzugsbereich des Käufers abgegeben werden, von der Vorschrift erfasst werden.[884] Teilweise wird vertreten, dass es für die Feststellung ob im konkreten Einzelfall eine öffentliche Äußerung vorliegt, auf die Zielrichtung dieser Äußerung ankommt.[885] Hierbei wird übersehen, dass bei der Auslegung des § 434 BGB der richtlinienkonformen Auslegung der Vorrang einzuräumen ist. Wenn aber die VerbrGK-RL diesbezüglich keine Einschränkung vorsieht, so kann für das deutsche Recht nichts Anderes gelten. Die „öffentliche Äußerung" ist insoweit von der bloß „veröffentlichten Äußerung" abzugrenzen.[886] Erforderlich ist insoweit, dass die Äußerung dem Verkäufer, Hersteller oder dessen Gehilfen auch zugerechnet werden kann. Angesichts der rechtsgeschäftlichen Wirkung der Werbeangaben finden insoweit die Vorschriften über abhanden gekommene Willenserklärungen Anwendung.[887]

---

[880] Palandt-*Putzo*, 64 Aufl., § 434 Rn. 34; MüKo-*Westermann*, 4. Aufl, BGB § 434 Rn. 20; Staudinger-*Matusche/Beckmann*, Neuberab., § 434 Rn. 81.

[881] Kritisch *Krebs* BB 2000, Beilage 14, S. 17.

[882] *Huber/Faust*, Schuldrechtsmodernisierung, Kap. 12 Rn. 38.

[883] Anwaltskommentar-*Büdenbender*, § 434 Rn. 13 („Zugänglichkeit für den Markt"); Palandt-*Putzo*, 64 Aufl., § 434 Rn. 34 und MüKo-*Westermann*, 4. Aufl, BGB § 434 Rn. 20; Staudinger-*Matusche/Beckmann*, Neuberab., § 434 Rn. 81 („Wahrnehmbarkeit für unbeteiligte Dritte"); *Oetker/Maultzsch*, Vertragliche Schuldverhältnisse, S. 43 („im einzelenen nicht bestimmter Adressatenkreis").

[884] *Huber/Faust*, Schuldrechtsmodernisierung, Kap. 12 Rn. 44.

[885] *Weiler*, Wm 2002, 1784 (1787).

[886] *Grigoleit/Herresthal*, JZ 2003, 233 (237).

[887] *Grigoleit/Herresthal*, JZ 2003, 233 (237).

Die in diesem Zusammenhang ebenfalls problematisierte Frage, ob eine Haftung des Verkäufers auch dann gerechtfertigt ist, wenn es sich um Werbeangaben handelt, die von einem Käufer unterschiedlich verstanden werden kann, ist indessen verortet. Richtig ist, dass es durchaus zweifelhaft sein kann ob der Gesetzgeber dem Verkäufer das Informationsrisiko auch hinsichtlich solcher Angaben aufbürden sollte, die von einem Fachmann, der über einen weitaus höheren Kenntnisstand verfügt, so verstanden werden, dass sie im Ergebnis keine Haftung des Verkäufers auslösen, unter Zugrundelegung des Verständnisses eines durchschnittlichen Verbrauchers hingegen schon.[888] Die Lösung dieses Problems muss aber bei der Auslegung der Formulierung „erwarten kann" gesucht werden und nicht etwa durch eine Einschränkung des Begriffs „öffentlichen Äußerungen".

Nach § 434 Abs. 1 Satz 3 BGB können sowohl öffentliche Äußerungen des Verkäufers selbst, des Herstellers und dessen Gehilfen haftungsbegründend sein. Für die Definition des Herstellerbegriffs verweist das Gesetz auf § 4 Abs. 1 und 2 des Produkthaftungsgesetzes. Hersteller ist danach zunächst, wer das Endprodukt, einen Grundstoff oder ein Teilprodukt hergestellt hat oder sich durch das Anbringen seines Namens, seiner Marke oder eines anderen unterscheidungskräftigen Kennzeichens als Hersteller ausgibt (§ 4 Abs. 1 Produkthaftungsgesetz). Ferner gilt derjenige als Hersteller, der ein Produkt zum Zweck des Vertriebs mit wirtschaftlichem Zweck im Rahmen seiner geschäftlichen Tätigkeit im Geltungsbereich des Abkommens über den Europäischen Wirtschaftsraum einführt oder verbringt (§ 4 Abs. 2 Produkthaftungsgesetz). Nicht erfasst sind hingegen Lieferanten, die dann als Hersteller gelten, wenn der Hersteller des Produkts nicht festgestellt werden kann (§ 4 Abs. 3 Produkthaftungsgesetz). Damit ist der Herstellerbegriff im Rahmen des § 434 Abs. 1 Satz 3 BGB weiter als nach der VerbrGK-RL in ihrem Art. 1 Abs. 2 d).

Die Vorgaben der VerbrGK-RL beschränken sich darauf, nur öffentliche Äußerungen des Herstellers, der das Endprodukt hergestellt hat als haftungsbegründend heranzuziehen, nicht aber den Hersteller von Grundstoffen und Teilproduktionen.[889] Die Vorschrift erweitert die Informationspflicht bzw. Marktbeobachtungsobliegenheit[890] des Verkäufers in Bezug auf Werbeangaben gegenüber der VerbrGK-RL erheblich.[891] Der Verkäufer haftet gemäß § 434 Abs. 1 Satz 3 BGB nämlich auch für öffentliche Äußerungen des Gehilfen eines Herstellers. § 434 BGB statuiert damit eine Verantwortlichkeit des Verkäufers für ein Drittverhalten, dass - wenn auch strikt von ihnen zu trennen - dogmatisch mit der Haftung für den Vertreter nach §§ 164 ff BGB und für den Erfüllungsgehilfen nach § 278 BGB vergleichbar ist.[892] Anders als die VerbrGK-RL verwendet das

---

888 *Weiler*, WM 2002, 1784 (1787).
889 *Weiler*, WM 20002, 1784 (1788).
890 *Weiler*, WM 20002, 1784 (1788).
891 *Westermann*, NJW 2002, 241 (244).
892 *Büdenbender*, in: *Dauner-Lieb/Heidel/Lepa/Ring* (Hrsg.), Das Neue Schuldrecht, § 8 E 1 Rn 31.

deutsche Recht daher nicht den Begriff des "Vertreters" sondern den des "Gehilfen". Hierdurch soll einer Verwechslung mit dem Stellvertreter i.S.d. § 164 BGB vorgebeugt werden, der nur im Rahmen rechtsgeschäftlicher Willenserklärungen tätig wird.[893] Öffentliche Äußerungen, insbesondere solche in der Werbung stellen schließlich gerade kein bindendes Angebot dar. Der Gesetzgeber hat aber auch davon abgesehen den Begriff des Erfüllungsgehilfen zu verwenden. § 278 BGB erfordert, dass die Person des Erfüllungsgehilfen bei einer Verbindlichkeit des Haftenden tätig geworden ist. Öffentliche Äußerungen insbesondere solche in der Werbung sind aber regelmäßig keine Verbindlichkeiten.[894] Gehilfen i.S.d. § 434 Abs. 1 Satz 2 BGB sollen nach der Gesetzesbegründung vielmehr alle Hilfspersonen sein, und zwar unabhängig davon ob sie im Rahmen einer Verbindlichkeit tätig werden und mit Vertretungsmacht gehandelt haben.[895] Voraussetzung aller Zurechnungsnormen ist, dass die Hilfeperson bewusst eingeschaltet wurde.[896] Nichts Anderes aber soll nach der Gesetzesbegründung im Rahmen von § 434 Abs. 1 Satz 3 BGB gelten.[897]

Damit weicht der deutsche Gesetzgeber von der in Art. 1 Abs. 2 f) der Kommission am 1. April 1998 vorgelegte Richtlinienvorschlag enthaltenen gemeinschaftsrechtlichen Definition des „Herstellervertreters" ab.[898] Vertreter des Herstellers ist danach „jede natürliche oder juristische Person, die als autorisierter Fachhändler des Herstellers auftritt und/oder jedes autorisierte Kundendienstzentrum mit Ausnahme der unabhängigen Verkäufer, die ausschließlich als Einzelhändler tätig sind". Die Definition der Kommission war insofern weiter als das sie nicht verlangt, dass die betreffende Person vom Hersteller bei der Äußerung über die Kaufsache eingeschaltet worden ist.[899] Die Nichtübernahme der Definition in die endgültige Richtlinienfassung macht aber deutlich, dass der Richtliniengesetzgeber nicht daran festhalten wollte.[900]

(a) Unkenntnis des Verkäufers

§ 434 Abs. 1 Satz 3 BGB sieht nahezu wortlautidentisch mit Art. 2 Abs. 4 VerbrGK-RL drei Ausschlussgründe vor. Der Verkäufer haftet nicht, wenn er die Äußerung nicht kannte und auch nicht kennen musste. Auch hier verzichtet der Gesetzgeber auf den dem BGB fremden Begriff „vernünftigerweise". Nach der hier

---

893 Regierungsbegründung zum SchuldRModG, BT-Drucks. 14/6040, S. 213.
894 *Westermann*, NJW 2002, 241 (245)
895 Regierungsbegründung zum SchuldRModG, BT-Drucks. 14/6040, S. 213.
896 *Grigoleit/Herresthal*, JZ 2003, 233 (237); *Weiler*, WM 2002, 1784 (1787).
897 Regierungsbegründung zum SchuldRModG, BT-Drucks. 14/6040, S. 214.
898 Geänderter Vorschlag für eine Richtlinie des Europäischen Parlaments und des Rates über den Verbrauchsgüterkauf und -garantien [KOM (1998) 0217endg.] (ABl. EG Nr. C 148 vom 14.5.1998, S. 12f.).
899 *Jorden/Lehmann* JZ 2001, 952 (954).
900 *Staudenmayer*, in *Grundmann/Medicus/Rolland*, Europäisches Kaufgewährleistungsrecht, S. 31; *Weiler*, WM 2002, 1784 (1789), a.A. *Jorden*, Diss., S. 121; *Jorden/Lehmann*, JZ 2001, 952 (954); *Lehmann*, JZ 2000, 280 (285).

heranzuziehenden Legaldefinition für den Begriff „Kennenmüssen" in § 122 Abs. 2 BGB darf die Unkenntnis auch nicht auf leichter Fahrlässigkeit beruhen. Von einer Beschränkung auf den Haftungsausschluss auf grobe Fahrlässigkeit hat der Gesetzgeber abgesehen. In diesem Zusammenhang stellt sich die Frage, in welchem Umfang den Verkäufer eine Marktbeobachtungsobliegenheit trifft. In der Literatur findet sich etwa der Hinweis, dass der Verkäufer in dem er Werbebotschaften des Herstellers ignoriert, so seiner Haftung entgehen kann.[901] Der Umstand, dass hier auch leichte Fahrlässigkeit ausreicht, macht deutlich, dass jedwede Bemühungen des Verkäufers keine Kenntnis von Werbeaussagen zu erlangen, keine Haftungsfreizeichnung des Verkäufers zur Folge haben kann.[902] Teilweise wird vertreten, dass der Verkäufer nicht jede Äußerung seiner Lieferanten und Produzenten verfolgen muss, sondern nur solche die in einschlägigen Berichten der allgemein zugänglichen Massenmedien veröffentlicht werden, sodass dem Verkäufer lediglich eine begrenzte Beobachtungs- und Marktinformationspflicht obliegt.[903] Dem ist nicht zuzustimmen. Bei richtlinienkonformer Auslegung wird man vielmehr zu dem Ergebnis gelangen müssen, dass der Verkäufer grundsätzlich alle allgemeinen Quellen, wie Fernsehen-, Rundfunk-, Zeitschriften- oder Plakatwerbung, berücksichtigen muss, die auch einem potenziellen Käufer offen stehen.[904]

(b) Berichtigung der Äußerung

Der zweite Ausschlussgrund des § 434 Abs. 1 Satz 3 BGB liegt vor, wenn die Äußerungen im Zeitpunkt des Vertragsschlusses in gleichwertiger Weise berichtigt waren. Diese Regelung wurde erst auf Empfehlung des Rechtsausschusses aufgenommen.[905] Die Regierungsbegründung hatte darauf verwiesen, dass dieser Bestimmung in der VerbrGK-RL allein eine Klarstellungsfunktion zukommt, sodass eine Umsetzung dieser in der VerbrGK-RL enthaltenen Regelung ins deutsche Recht entbehrlich wäre.[906] Der Gesetzgeber hatte ursprünglich die Auffassung vertreten, die entsprechende Regelung in Art. 2 Abs. 4 VerbrGK-RL diene nur dem Zweck festzustellen ob eine ursprünglich unzutreffende Werbeaussage so berichtigt wurde, dass sie keinen Einfluss auf die Entscheidung des konkreten Käufers mehr hat. Dieser Fall aber werde bereits von Art. 2 Abs. 4 Spiegelstrich 3 VerbrGK-RL geregelt, der seine Entsprechung im dritten Ausschlussgrund des § 434 Abs. 1 Satz 3 BGB hat, wonach der Verkäufer nicht haftet, wenn die Äußerung die Kaufentscheidung nicht beeinflusst hat.[907] Dabei hat der Gesetzgeber ursprüng-

---

901 *Schäfer/Pfeiffer*, ZIP 1999, 1829 (1837).

902 *Brüggemeier/Reich*, BB 2001, 213 (219).

903 *Büdenbender*, in: *Dauner-Lieb/Heidel/Lepa/Ring* (Hrsg.) Das Neue Schuldrecht, § 8 E 1 Rn 32.

904 *Grigoleit/Herresthal*, JZ 2003, 233 (238); *Tonner*, BB 1999, 1769 (1771); *Westermann*, JZ 2001, 530 (533).

905 Vgl. Beschlussempfehlung des Rechtsausschuss, BT-Drucks. 14/7052, S. 196.

906 Regierungsbegründung zum SchuldRModG, BT-Drucks. 14/6040, S. 214.

907 Regierungsbegründung zum SchuldRModG, BT-Drucks. 14/6040, S. 215.

lich übersehen, dass nicht die subjektiven Erwartungen des konkreten Käufers im Einzelfall entscheidend sind, sondern nur die normativ bestimmten Erwartungen eines Durchschnittkäufers.[908]

Mit der Formulierung „in gleichwertiger Weise" verlangt das Gesetz nur, dass die Berichtigung mit demselben Wirkungsgrad erfolgt.[909] Es kommt mithin auf die „Öffentlichwirksamkeit"[910] der Berichtigung an. Erforderlich ist hierzu, dass auf die der Berichtigung vorausgegangene Falschangabe inhaltlich Bezug genommen wird.[911] Eine neue nunmehr zutreffende Werbung reicht folglich nur dann aus, wenn darin auf die Unrichtigkeit der vorangegangenen Werbung hingewiesen wird. Zu berücksichtigen ist, dass Maßnahmen von großer öffentlicher Publizität, wie sie teilweise gefordert werden[912], zu erheblichen Imageschäden führen können. Eine Werbung muss mithin bereits dann als berichtigt gelten, wenn ein Durchschnittskäufer die Berichtigung als solche wahrnehmen konnte. Die tatsächliche Kenntnis des Verbrauchers von der Berichtigung ist indessen nicht erforderlich.[913]

(c) Fehlende Beeinflussung der Kaufentscheidung

Der dritte Ausschlussgrund des § 434 Abs. 1 Satz 3 BGB liegt vor, wenn die Äußerungen die Kaufentscheidung nicht beeinflussen konnten. Hierbei ist auf den inneren Vorgang beim konkreten Käufer abzustellen sein.[914] Eine rein abstrakte Betrachtungsweise wäre mit der Systematik des § 434 BGB nicht zu vereinbaren. Letztlich handelt es sich auch bei § 434 Abs. 1 Satz 3 BGB um eine Auslegungshilfe zur Ermittlung der konkludenten Beschaffenheitsvereinbarung. Kannte aber der Verbraucher die Werbung bei Abschluss des Vertrages nicht, so kann zweifelsohne mangels Rechtsgeschäftswillens keine Vereinbarung über die Aufnahme der Werbeangaben in den Vertrag vorliegen.[915] Die Legitimität seiner Begünstigung durch § 434 Abs. 1 Satz 3 BGB entfällt.[916] Maßgeblich ist folglich ob die Äußerung die Willensbildung des konkreten Käufers beeinflusst hat, auf einen Durchschnittskäufer kommt es hingegen nicht an.[917]

Dies ist vom Verkäufer zu beweisen, was ihm regelmäßig wohl kaum gelingen wird. Während der Richtlinientext ausdrücklich bestimmt, dass der Verkäufer das Vorliegen der Ausschlussgründe zu beweisen hat, ergibt sich die

---

908 *Weiler*, WM 2002, 1784 (1792).

909 Palandt-*Putzo*, 64. Aufl., § 434 Rn. 39; MüKo-*Westermann*, 4. Aufl, BGB § 434 Rn. 28; Staudinger-*Matusche/Beckmann*, Neuberab., § 434 Rn. 90; *von Westphalen*, in: *Henssler/von Westphalen*, Praxis der Schuldrechtsreform, § 434 Rn. 43.

910 *Grigoleit/Herresthal*, JZ 2003, 233 (238).

911 *Grigoleit/Herresthal*, JZ 2003, 233 (238), a.A. *Weiler*, WM 2002, 1784 (1792).

912 *Westermann*, NJW 2002, 241 (245).

913 *Grigoleit/Herresthal*, JZ 2003, 233 (238).

914 Palandt-*Putzo*, 64. Aufl., § 434 Rn. 39; MüKo-*Westermann*, 4. Aufl, BGB § 434 Rn. 29; Staudinger-*Matusche/Beckmann*, Neuberab., § 434 Rn. 91.

915 *Micklitz*, EuZW 1997, 229 (232).

916 *Grigoleit/Herresthal*, JZ 2003, 233 (238).

917 A.A. *Huber/Faust*, Schuldrechtsmodernisierung, Kap. 12 Rn. 50.

Darlegungs- und Beweislast des Verkäufers im deutschen Recht aus der Formulierung als Ausnahme („es sei denn“).[918] Dies bringt für den Verkäufer die Schwierigkeit mit sich zum ein Nichtwissen im Rahmen es ersten Ausnahmetatbestandes und zum anderen innere Tatsachen aufseiten des Käufers beweisen zu müssen.[919] Entgegen der in der deutschen Literatur vielfach vertretenen Auffassung, die Berücksichtigung der öffentlichen Äußerungen führe wegen der Ausschlusstatbestände zu keiner wesentlichen Haftungserweiterung[920], zeigt die nur eingeschränkte Exkulpationsmöglichkeit des Verkäufers, dass durch § 434 Abs. 1 Satz 3 BGB eine durchaus erhebliche Haftungserweiterung des Verkäufers erfolgt ist.

f) Montage und Montageanleitung

Neben dem Kriterium der gewöhnlichen Verwendungseignung und der üblichen Beschaffenheit stellt § 434 Abs. 2 BGB in Umsetzung von Art. 2 Abs. 5 VerbrGK-RL zwei weitere objektiv zu beurteilende Merkmale zur Bestimmung der Vertragsmäßigkeit bzw. der Mangelfreiheit auf. Nach § 434 Abs. 2 Satz 1 BGB liegt ein Sachmangel vor, wenn die vereinbarte Montage durch den Verkäufer oder dessen Erfüllungsgehilfen unsachgemäß durchgeführt worden ist. § 434 Abs. 2 Satz 2 BGB dehnt den Gedanken des § 434 Abs. 2 Satz 1 BGB entsprechend Art. 2 Abs. 5 VerbrGK-RL auf die Fälle einer mangelhaften Montageleistung aus.

(1) Unsachgemäße Montage

Während nach bisherigem Recht die Anwendbarkeit des kaufrechtlichen Gewährleistungsrechts im Falle einer mangelhaften Montage regelmäßig voraussetzte, dass die Montageverpflichtung nicht den Schwerpunkt der vertraglich geschuldeten Leistung bildet[921], da andernfalls das Werkvertragsrecht zur Anwendung gelangte[922], richten sich die Rechtsfolgen einer unsachgemäßen Montage, sofern vertraglich vereinbart, nunmehr immer nach dem kaufrechtlichen Sachmängelgewährleistungsrecht.[923] Voraussetzung ist selbstverständlich, dass zwischen den Vertragsparteien überhaupt ein Kaufvertrag über die zur Montage bestimmte Sache geschlossen wurde. Nicht anwendbar ist das Kaufvertragsrecht hingegen, wenn ein selbstständiger Montagevertrag vorliegt. In diesem Fall gilt das Werkvertragsrecht.

---

[918] *Haas*, BB 2001, 1313 (1314); Regierungsbegründung zum SchuldRModG, BT-Drucks. 14/6040, S. 214.

[919] *Weiler*, WM 2002, 1784 (1791).

[920] *Hänlein*, DB 1999, 1614 (1643); *Junker*, DZWiR 1997, 271 (279); *Medicus*, ZIP 1996, 1925 (1926); *Micklitz*, EuZW 1997, 229 (232).

[921] In diesen Fällen wurden unter Geltung des alten Rechts die Regelungen des Werklieferungsvertrages i.S.d. § 651 BGB a.F. herangezogen, der auf die Vorschriften des Kaufrechts verwieß.

[922] BGH NJW 1998, 3197 (3198).

[923] *Huber/Faust*, Schuldrechtsmodernisierung, Kap. 12 Rn. 52; a.A. *Westermann*, NJW 2002, 241 (244).

Lässt sich ein Verbrauchsgüterkaufverträgen formell in einen Kauf- und einen selbstständigen Montagevertrag aufteilen so muss aber immer die Vorschrift des § 475 Abs. 1 Satz 2 BGB berücksichtiget werden, wonach die Umgehung des § 475 Abs. 1 Satz 1 BGB zur Unwirksamkeit einer Aufspaltung führen kann.[924] Damit werden die nach altem Recht bestehenden Schwierigkeiten bei der Abgrenzung der Vertragstypen endgültig beseitigt. Aus diesem Grund wurde auch die Vorschrift des § 651 BGB an die VerbrGK-RL angepassten, der nunmehr gegenüber seiner bisherigen Fassung in erheblich erweitertem Umfang auf das Kaufrecht verweist.[925] Der in der Begründung zum Regierungsentwurf enthaltene Hinweis auf die Rechtsprechung des BGH spricht dafür, für den Fall, dass die Montageleistung nicht nur Hauptleistungspflicht sondern darüber hinaus auch den Schwerpunkt der Leistungspflicht bildet, ausnahmsweise das Werkvertragsrecht anzuwenden.[926]

Voraussetzung für das Vorliegen eines Sachmangels i.S.d. § 434 Abs. 2 Satz 1 BGB ist allein, dass die Montage vereinbart und durchgeführt wurde. Der Begriff der Montage umfasst dabei alle zum vertraglich vorausgesetzten Gebrauch der Sache notwendigen Handlungen und damit sowohl den Zusammenbau der Kaufsache als auch das Anbringen, Anschließen und Verbinden der Sache mit oder an anderen Gegenständen.[927] Entscheidend ist, dass der Verkäufer die Montage nach dem Inhalt des Vertrages schuldet.[928] Sie gilt als durchgeführt, wenn sie vom Verkäufer oder seinem dessen Erfüllungsgehilfen vorgenommen und beendet wurde.[929] Der Verkäufer kann die Montage folglich selbst vornehmen oder sich eines Dritten bedienen. Die Regelung entspricht Art. 2 Abs. 5 VerbrGK-RL, wonach eine Montage „unter Verantwortung" des Verkäufers der Montage durch den Verkäufer selbst gleichgestellt wird. In die Terminologie des BGB übersetzt, handelt es sich dabei zweifelsohne um den Erfüllungsgehilfen i.S.d. § 278 BGB, dessen besondere Erwähnung deswegen erforderlich war, weil § 278 BGB an sich nur im Rahmen des Vertretenmüssens die Zurechnung fremden Verschuldens betrifft und nicht die Zurechnung fremden Verhaltens wie in § 434 Abs. 2 Satz 1 BGB.[930] Zu prüfen ist daher regelmäßig ob der Verkäufer sich des Dritten zur Erfüllung seiner Verbindlichkeiten bedient hat. Nicht Voraussetzung des Sach-

---

924 *Gruber*, VuR 2002, 120 (121).

925 *Huber/Faust*, Schuldrechtsmodernisierung, Kap. 12 Rn. 52.

926 Regierungsbegründung zum SchuldRModG, BT-Drucks. 14/6040, S. 215.

927 Palandt-*Putzo*, 64. Aufl., § 434 Rn. 42; MüKo-*Westermann*, 4. Aufl, BGB § 434 Rn. 31; Staudinger-*Matusche/Beckmann*, Neuberab., § 434 Rn. 101; *Huber/Faust*, Schuldrechtsmodernisierung, Kap. 12 Rn. 53 Fn. 57; *Gruber*, VuR 2002, 120 (120).

928 Regierungsbegründung zum SchuldRModG, BT-Drucks. 14/6040, S. 215; MüKo-*Westermann*, 4. Aufl, BGB § 434 Rn. 31; Staudinger-*Matusche/Beckmann*, Neuberab., § 434 Rn. 93.

929 Palandt-*Putzo*, 64. Aufl., § 434 Rn. 43; MüKo-*Westermann*, 4. Aufl, BGB § 434 Rn. 35; Staudinger-*Matusche/Beckmann*, Neuberab., § 434 Rn. 108 („montiert").

930 Regierungsbegründung zum SchuldRModG, BT-Drucks. 14/6040, S. 215; *Huber/Faust*, Schuldrechtsmodernisierung, Kap. 12 Rn. 54.

mangels ist nach dem insoweit eindeutigen Wortlaut der Vorschrift, dass die Beschaffenheit der Sache durch die Montage beeinträchtigt wurde.[931] § 434 Abs. 2 Satz 1 BGB erfasst alle Fälle einer unsachgemäßen Montage unabhängig davon, ob die unsachgemäßen Montage zu einem Mangel an der Sache selbst geführt hat.[932] Wann eine Montage als unsachgemäß einzustufen ist, hat sich an den allgemeinen, in § 434 Abs. 1 BGB enthaltenen Definitionen des Sachmangels zu orientieren.[933] Eine Montage gilt danach als unsachgemäß, wenn sie nicht der vertraglichen Vereinbarung entspricht. Hilfsweise ist darauf abzustellen ob sie die nach dem Vertrag vorausgesetzten Verwendung gewährleistet und schließlich ob sie in der erfolgten Form bei Sachen der gleichen Art üblich ist und vom Käufer erwartet werden kann. Ferner ist eine Montage gemäß § 434 Abs. 2 Satz 1 BGB auch dann als unsachgemäß zu qualifizieren, wenn sie zu Schäden an der Sache selbst führt.[934]

(2) Mangelhafte Montageanleitung

Gemäß § 434 Abs. 2 Satz 2 BGB liegt ein Sachmangel ferner vor, wenn die Montageanleitung mangelhaft war. Die Vorschrift ist in Hinblick auf den Abschluss zahlreicher Verträge, die eine Selbstmontage des Käufers vorsehen, von besonders großer Bedeutung.[935] Eine Montageanleitung ist eine Beschreibung aller zum bestimmungsgemäßen Gebrauch der Kaufsache notwendigen Handlungen.[936] Sie dient nur der Vorbereitung der bestimmungsgemäßen Ingebrauchnahme und nicht deren Durchführung wie etwa eine Betriebs- oder Gebrauchsanleitung und ist daher nicht mit ihr gleichzusetzen.[937] Denkbar ist, die fehlerhafte Gebrauchsanleitung gemäß § 434 Abs. 1 BGB als Sachmangel zu qualifizieren, da die Sache in diesem Fall nicht die vereinbarte Beschaffenheit aufweist.[938]

Für eine Analogie zu § 434 Abs. 2 Satz 2 BGB bei einer fehlerhaften Betriebs- oder Gebrauchsanleitung bleibt hingegen kein Raum. Auch eine fehlerhafte Betriebs- oder Gebrauchsanleitung muss Gegenstand der Parteivereinbarung

---

931 Regierungsbegründung zum SchuldRModG, BT-Drucks. 14/6040, S. 215.

932 *Huber/Faust*, Schuldrechtsmodernisierung, Kap. 12 Rn. 53.

933 *Gruber*, VuR 2002, 120 (121).

934 *Gruber*, VuR 2002, 120 (121).

935 *Büdenbender*, in: *Dauner-Lieb/Heidel/Lepa/Ring* (Hrsg.) Das Neue Schuldrecht, § 8 E 1 Rn 34.

936 Palandt-*Putzo*, 64. Aufl., § 434 Rn. 42; Staudinger-*Matusche/Beckmann*, Neuberab., § 434 Rn. 106.

937 Anwaltskommentar-*Büdenbender*, § 434 Rn. 19; *Brüggemeier*, WM 2002, 1376 (1378); *Haas*, in: *Haas/Medicus/Walter/Schäfer/Wendtland*, Das neue Schuldrecht, Kap. 5 Rn. 150; *Gruber*, VuR 2002, 120 (122); *Stoppel*, VuR 2003, 176 (177); kritisch hierzu *Honsell*, JZ 2001, 278 (280); a.A. *Boerner*, JZ 2001, 2264 (2267); *Brox/Walker*, Besonderes Schuldrecht, Rn. 25; Palandt-*Putzo*, 64. Aufl., § 434 Rn. 48f.; MüKo-*Westermann*, 4. Aufl, BGB § 434 Rn. 36.

938 Vgl. hierzu *Magnus*, in: *Grundmann/Medicus/Rolland* (Hrsg.), Europäisches Kaufgewährleistungsrecht, S. 79 (88); *Stoppel*, VuR 2003, 176 (177); *Brand*, ZGS 2003, 96 (97); a.A. *Brox/Walker*, Besonderes Schuldrecht, Rn. 30, der den Verkäufers nur wegen einer Schutzpflichtverletzung i.S.d. § 241 Abs. 2 BGB auf Schadensersatz neben der Leistung aus § 280 I BGB haften lassen will.

gewesen sein, da der Verbraucher andernfalls sogar besser gestellt würde als bei einer fehlerhaften Montageanleitung.[939]

Die Mangelhaftigkeit der Montageanleitung hat sich ebenso wie die Mangelhaftigkeit der Montage an den Regeln des § 434 Abs. 1 BGB zu orientieren. Sie ist dabei aus dem Erwartungshorizont eines Durchschnittskäufers abzuleiten.[940] Grundsätzlich kann daher eine Montageanleitung nicht nur für den Fall, dass sie als solche unsachgemäß bzw. inhaltlich unzureichend ist als mangelhaft gelten, sondern auch dann mangelhaft sein, wenn sie in einer für den Verkäufer unverständlichen Sprache abgefasst[941], missverständlich[942] oder veraltet[943] ist oder wenn sie falsch übersetzt wurde[944]. Darüber hinaus ist sie auch dann mangelhaft, wenn sie sich auf eine andere als die gelieferte Sache bezieht.[945] Die Lieferung einer mangelfreien Montageanleitung gehört bei Sachen, die zur Montage bestimmt sind, zu den Hauptleistungspflichten des Verkäufers.[946] Auch dann, wenn sie von einem Dritten stammt, verletzt der Verkäufer folglich seine Pflicht zur Lieferung einer mangelfreien Montageanleitung, wenn die Montageanleitung mangelhaft ist.[947] Letztlich haftet der Letztverkäufer daher verschuldensunabhängig für die Mangelfreiheit der Montageanleitung.[948] Nicht ausdrücklich geregelt ist der Fall, in dem die Montageanleitung ganz fehlt. Hier muss aber § 434 Abs. 1 BGB zur Anwendung kommen, da für den Fall, dass die Montageanleitung vereinbart wurde, die Montageanleitung auch zur vereinbarten Beschaffenheit der Sache zählt.[949]

---

939 So aber Anwaltskommentar-*Büdenbender*, § 434 Rn. 19; *Büdenbender*, DStR 2002, 361 (362); *Haas*, in: *Haas/Medicus/Walter/Schäfer/Wendtland*, Das neue Schuldrecht, Kap. 5 Rn. 120; *Oetker/Maultzsch*, Vertragliche Schuldverhältnisse, S. 48; *Buck*, in: *Westermann*, Schuldrecht 2002, S. 105 (117).

940 Palandt-*Putzo*, 64. Aufl., § 434 Rn. 49; MüKo-*Westermann*, 4. Aufl, BGB § 434 Rn. 36; Staudinger-*Matusche/Beckmann*, Neuberab., § 434 Rn. 103; *Buck*, in: *Westermann*, Schuldrecht 2002, S. 105 (117).

941 *Huber/Faust*, Schuldrechtsmodernisierung, Kap. 12 Rn. 56; *Oetker/Maultzsch*, Vertragliche Schuldverhältnisse, 2002, S. 47; *Westermann*, JZ 2001, 530 (534); Staudinger-*Matusche/Beckmann*, Neuberab., § 434 Rn. 105.

942 *Gruber*, VuR 2002, 120 (123).

943 Palandt-*Putzo*, 64. Aufl., § 434 Rn. 49.

944 *Haas*, in: *Haas/Medicus/Walter/Schäfer/Wendtland*, Das neue Schuldrecht, Kap. 5 Rn. 119 Fn. 8.

945 *Stoppel*, VuR 2003, 176 (177).

946 *Brand*, ZGS 2003, 96.

947 *Brox/Walker*, Besonderes Schuldrecht, Rn. 30; *Henssler/von Westphalen*, Praxis der Schuldrechtsreform, § 434 Rn. 49; *Haas*, in: *Haas/Medicus/Walter/Schäfer/Wendtland*, Das neue Schuldrecht, Kap. 5 Rn. 119; *Ernst/Gsell*, ZIP 2000, 1410 (1415).

948 *Brand*, ZGS 2003, 96.

949 Palandt-*Putzo*, 64. Aufl., § 434 Rn. 48; Staudinger-*Matusche/Beckmann*, Neuberab., § 434 Rn. 107; *Haas*, in: *Haas/Medicus/Walter/Schäfer/Wendtland*, Das neue Schuldrecht, Kap. 5 Rn. 121; *Brand*, ZGS 2003, 96 (97).

Eine fehlerhafte Montage soll aber dann keinen Sachmangel begründen, wenn sie nicht „fehlerfrei montiert" worden ist.[950] Anders als die VerbrGK-RL bestimmt das deutsche Recht die unsachgemäß Montage nicht als Voraussetzung, sondern, wie sich aus der Formulierung „es sei denn" ergibt als vom Verkäufer darzulegenden und zu beweisenden Ausschlussgrund.[951] Die Aufnahme des Haftungsausschlusses in § 434 Abs. 2 Satz 2, 2. HS. BGB ist auf die Überlegung zurückzuführen, dass eine fehlerfreie Montage das Vorliegen eines Sachmangels wirtschaftlich voll beseitigt[952] und damit im juristischen Sinne heilt[953]. Dieser konzeptionelle Unterschied hat weit reichendere Folgen als seine erste Lektüre auf den ersten Blick vermuten lässt. Nach § 434 Abs. 2 Satz 2 BGB stellt nämlich eine mangelhafte Montageanleitung anders als nach der VerbrGK-RL auch vor der Montage einen Sachmangel dar, sodass der Käufer nicht gezwungen ist zunächst die Sache zu montieren.

Zu berücksichtigen bleibt im außerdem, dass durch die einmalige fehlfreie Montage noch nicht die fehlerhaften Montageanleitung geheilt wird, da sich der Haftungsausschluss in § 434 Abs. 2 Satz 2, 2. HS BGB nach der hier vertretenen Auffassung nicht auf die erstmalige Montage beschränkt.[954] Daher kann auch eine fehlerhafte Betriebs- oder Gebrauchsanleitung nicht durch die einmalige fehlerfreie Inbetrieb- bzw. Ingebrauchnahme geheilt werden. Letztlich handelt es sich daher bei § 434 Abs. 2 BGB um eine nach Art. 8 Abs. 2 VerbrGK-RL zulässige Besserstellung des Verbrauchers.

Die endgültige Fassung des BGB – in Abweichung von Art. 2 Abs. 5 VerbrGK-RL und des Diskussionsentwurfs[955] - enthält auch keine Einschränkung auf die Fälle in denen die Montage „durch den Käufer" selbst erfolgt ist. Die Streichung dieses Passus erfolgte auf Empfehlung des Rechtsausschuss[956] und dient neben dem Ziel der Schaffung eines einheitlichen Mängelbegriffs insbesondere auch dem Schutz des Zwischenhändlers, der die Sache regelmäßig nicht selbst zusammenbaut und daher nach der VerbrGK-RL schutzlos bleibt.[957] Es wird in der Regierungsbegründung darauf verwiesen, dass ein effektiver Rückgriff des vom Verbraucher in Anspruch genommenen Letztverkäufers gegen den Hersteller in den

---

950 Regierungsbegründung zum SchuldRModG, BT-Drucks. 14/6040, S. 216, mit dem Hinweis, dass diese Ausnahme vom Verkäufer zu beweisen ist.

951 Regierungsbegründung zum SchuldRModG, BT-Drucks. 14/6040, S. 215; *Huber/Faust*, Schuldrechtsmodernisierung, Kap. 12 Rn. 57; Palandt-*Putzo*, 64. Aufl., § 434 Rn. 51; MüKo-*Westermann*, 4. Aufl, BGB § 434 Rn. 37; Staudinger-*Matusche/Beckmann*, Neuberab., § 434 Rn. 111.

952 *Malzer*, in: *Hoeren/Martinek*, Systematischer Kommentar zum Kaufrecht, § 434 Rn. 90; *Westermann*, NJW 2002, 241 (244).

953 So die Formulierung bei *Stoppel*, VuR 2003, 176 (177).

954 so aber *Stoppel*, VuR 2003, 176 (177); *Brand*, ZGS 2003, 96 (97); a.A. *Haas*, in: *Haas/Medicus/Walter/Schäfer/Wendtland*, Das neue Schuldrecht, Kap. 5 Rn. 150.

955 Regierungsbegründung zum SchuldRModG, BT-Drucks. 14/6040, S. 216.

956 Beschlussempfehlung des Rechtsausschuss, BT-Drucks. 14/7052, S. 196.

957 *Huber/Faust*, Schuldrechtsmodernisierung, Kap. 12 Rn. 58; *von Sachsen/Gessaphe*, RIW 2001, 721 (725); *Zerres*, VuR 2002, 3 (6).

Fällen, in denen die Montage durch den Letztkäufer erfolgt ist, nicht gewährleistet wäre, wenn nur die Montage durch den Käufer maßgeblich sein sollte.[958] Es muss – so heißt es in der Regierungsbegründung - dem Verkäufer möglich sein allein aufgrund von Kundenbeschwerden, ohne dass es auf eine Montage durch ihn selbst ankommt seine Mängelrechte gegenüber seinem Lieferanten geltend zu machen.[959] Auch in Bezug auf den Verbraucher beinhaltet das deutsche Recht im Vergleich zur VerbrGK-RL einen erweiterten Schutzrahmen. Die Vorschrift ist nach ihrem Wortlaut nämlich auch dann anwendbar, wenn die Montage nach dem Inhalt des Vertrages dem Käufer übertragen ist und der Verkäufer trotzdem die Sache mit der Anleitung des Herstellers oder Vorlieferanten selbst montiert.[960] Entscheidend ist allein, dass die einer zur Montage bestimmten Sache beigefügte mangelhaft Montageanleitung zu einer unsachgemäßen Montage geführt hat. §§ 434 Abs. 1 und 2 BGB entsprechen mithin der VerbrGK-RL. Auch hier hat der deutsche Gesetzgeber davon abgesehen die Vorschriften als reine Vermutungsregelung auszugestalten. Diese Abweichung ist – weil für den Verbraucher günstiger – gemäß Art. 8 Abs. 2 VerbrGK-RL durchaus zulässig.

g) Falschlieferung und Mengenabweichungen

Gemäß § 434 Abs. 3 BGB steht es einem Sachmangel gleich, wenn der Verkäufer eine andere Sache oder eine zu geringe Menge liefert. Gleiches gilt nach § 633 Abs. 2 Satz 3 auch für den Werkvertrag. Vor der Schuldrechtsreform wurde allein beim Handelskauf die Falschlieferung beim Gattungskauf gemäß dem nunmehr gestrichene § 378 BGB a.F. dem Sachmangel gleichgestellt, vorausgesetzt, es handelte sich um eine genehmigungsfähige Falschlieferung.[961] Die Rechtsfolgen der Falsch- und Zuweniglieferung beim Stückkauf und auch beim Gattungskauf außerhalb des HGB unterlagen nach überwiegender Ansicht in Rechtsprechung und Lehre hingegen dem allgemeinen Leistungsstörungsrecht.[962] Der Rechtsprechung war es nicht gelungen überzeugende Abgrenzungskriterien zu entwickeln.[963] Nach ständiger Rechtsprechung des BGH war von einer Falschlieferung auszugehen, wenn die gelieferte Sache nicht der vereinbarten Gattung angehörte. Dabei wurde in erster Linie auf den vereinbarten oder zumindest auf den dem Verkäufer bekannten Vertragszweck abgestellt, im Übrigen auf die Verkehrsanschauung.[964] Teile in der Literatur wollten hingegen erst dann eine Falschlieferung annehmen, wenn in entsprechender Anwendung des § 378 HGB a.F. die Lieferung unter keinen Umständen genehmigt würde.[965]

---

958 Regierungsbegründung zum SchuldRModG, BT-Drucks. 14/6040, S. 216.

959 Regierungsbegründung zum SchuldRModG, BT-Drucks. 14/6040, S. 216.

960 Regierungsbegründung zum SchuldRModG, BT-Drucks. 14/6040, S. 215; *Westermann* NJW 2002, 441 (444); *Huber/Faust*, Schuldrechtsmodernisierung, Kap. 12 Rn. 55.

961 BGHZ 115, 286f.

962 Vgl. Nachweise bei Palandt-*Putzo*, 61. Aufl., § 459 Rn. 2 und § 480 Rn. 1.

963 *Lorenz/Riehm*, Lehrbuch zum neuen Schuldrecht, Kap. 8 Rn. 490.

964 BGH NJW 1989, 218 (219); NJW 1997, 1914 (1915).

965 Vgl. statt vieler nur *Medicus*, Bürgerliches Recht, Rn. 336, 338 m.w.N.

Diese insbesondere im Hinblick auf die unterschiedliche Verjährungsdauer relevante Problematik ist zugunsten eines extensiven Verständnisses des Mangelbegriffs durch die Aufnahme des § 434 Abs. 3 BGB nunmehr beseitigt worden. Schließlich kann es keinen Unterschied machen ob die aus einer Gattung erfolgte Lieferung von minderer Qualität ist oder ob aus einer anderen Gattung geliefert wurde.[966] Dies entspricht auch der ständigen Rechtsprechung des BGH zum Handelskauf.[967]

Während über die Zweckmäßigkeit der Gleichstellung von Schlecht- und Falschlieferung Einigkeit besteht[968], gehen die Ansichten über die Gleichstellung hinsichtlich der Zuweniglieferung auseinander.[969] Die Erweiterung des Sachmängelbegriffs auf die Zuweniglieferung und damit auf solche Fälle, die eigentlich dem Bereich der (teilweisen) Nichterfüllung i.S.d. § 281 Abs. 1 Satz 2 BGB und § 323 Abs. 5 Satz 1 und 2 BGB zuzuordnen sind, führt zu einem Spannungsverhältnis von allgemeinem Leistungsstörungsrecht und dem besonderem kauf- bzw. werkvertragrechtlichen Gewährleistungsrecht.[970] Die Regeln über die Nichterfüllung in § 323 Abs. 5 Satz 1 BGB für den Rücktritt vom ganzen Vertrag und § 281 Abs. 1 Satz 2 BGB für den Schadensersatzanspruch statt der Leistung, die über § 437 Nr. 2 bzw. 3 BGB auch im Rahmen eines Kaufvertrages Anwendung finden, erfordern, dass der Gläubiger an der Teilleistung „kein Interesse" mehr hat, die Vorschriften über die Schlechterfüllung der §§ 437 Nr. 2 und 3 i.V.m. § 323 Abs. 5 Satz 1 bzw. 281 Abs. 2 Satz 3 BGB hingegen setzen lediglich voraus, dass die Pflichtverletzung „nicht unerheblich" ist.

Fraglich ist daher, welche Regelungen hier vorrangig gelten sollen. Die Gesetzesmaterialien helfen hier nicht weiter. Während in der Regierungsbegründung zu § 434 Abs. 3 BGB die Gleichstellung der Minderlieferung mit einem Sachmangel damit begründet wird, dass eine Abgrenzung der teilweisen Schlechtleitung von der vollständigen Schlechtleitung in der Praxis nur schwerlich gelingen wird[971], was für eine vorrangige Anwendbarkeit der § 323 Abs. 5 Satz 1 BGB und § 281 Abs. 1 Satz 2 BGB jeweils i.V.m. § 437 Nr. 2 bzw. 3 BGB spricht, findet sich in der Begründung des Rechtsausschusses der Hinweis, die Anwendbarkeit des § 434 Abs. 3 BGB im Rahmen der §§ 323 Abs. 5 und § 281 Abs. 1 Satz 2 und 3 BGB sei nicht zwingend,

---

966 *Ehemann/Rust*, JZ 1999, 853 (856).

967 BGHZ 115, 286; BGH NJW 1994, 2230 m.w.N.

968 *Schlechtriem*, in: *Ernst/Zimmermann* (Hrsg.), Zivilrechtswissenschaft und Schuldrechtsreform, S. 191 (213); *Gsell*, JZ 2001, 65 (67); *Brüggemeier*, JZ 2000, 529 (531); *Jorden/Lehmann*, JZ 2001, 952 (957); *Westermann*, JZ 2001, 530 (534); *ders.*, NJW 2002, 241 (245); *ders.*, in: *Grundmann/Medicus/Rolland* (Hrsg.), Europäisches Kaufgewährleistungsrecht, S. 251 (257); *Boerner*, ZIP 2001, 2264 (2267); *Ehemann/Rust*, JZ 1999, 853 (856).

969 Ablehnend: *Honsell*, JZ 2001, 278 (280); *Schlechtriem*, in: *Ernst/Zimmermann* (Hrsg.), Zivilrechtswissenschaft und Schuldrechtsreform, S. 191 (213); OLG Celle, ZGS 2004, 74.

970 *Grigoleit/Riehm*, ZGS 2002, 115.

971 Beschlussempfehlung des Rechtsausschuss zurück BT-Drucks. 14/7052, S. 186 f.

es sei insoweit Aufgabe der Rechtsprechung diese Frage zu klären[972]. Der Wortlaut der Vorschrift lässt durchaus die Auslegung zu, wonach nur die besonderen kaufrechtlichen Gewährleistungsvorschriften der §§ 437 bis 442 BGB auf die Minderlieferung Anwendung finden sollen, im Übrigen aber die Regeln über die Teilleistung des allgemeinen Leistungsstörungsrecht anwendbar bleiben.[973] Der *lex-specialis*-Grundsatz kann auch nicht weiterhelfen, da die §§ 323 Abs. 5 Satz 1 und 281 Abs. 1 Satz 2 i.V.m. § 437 Nr. 2 und 3 BGB ihrerseits ebenso als Sondervorschriften gegenüber den §§ 323 Abs. 1 und 281 Abs. 2 i.V.m. § 437 Nr. 2 und 3 BGB angesehen werden können wie umgekehrt.[974] Als Argument für eine vorrangige Anwendbarkeit der §§ 323 Abs. 5 Satz 1 und 281 Abs. 1 Satz 2 i.V.m. § 437 Nr. 2 und 3 BGB, könnte allein die Überlegung dienen, dass diese Vorschriften andernfalls in der Praxis nahezu funktionslos würden, da die Teilleistung überwiegend eine für den Kauf- bzw. Werkvertrag typische Leistungsstörung ist. In der Literatur wird in diesem Zusammenhang auf das im Rahmen einer teleologischen Betrachtung zu berücksichtigende Kostenargument verwiesen.[975]

Tritt der Verbraucher vom Vertrag zurück, so hat er nach § 347 Abs. 1 Satz 1 BGB nur die schuldhaft nicht gezogenen Nutzungen herauszugeben. Einen etwaigen Wertverlust muss er nicht erstatten. Diese Regelung beim Rücktritt sei aber nur deswegen gerechtfertigt, weil der Gläubiger schutzwürdige Vorteile aus der Vertragsabwicklung gezogen hätte, die ihm nunmehr aufgrund der Pflichtverletzung vorenthalten werden, andernfalls würden ohne Rechtfertigung durch das Leistungsinteresse des Gläubigers nutzlose Kosten verursacht werden. Nur dann also, wenn an der gesamten Leistung kein Interesse mehr besteht, wie es bei der Schlechtleistung bei unterbliebener erfolgreicher Nacherfüllung und Fristsetzung der Fall ist, sei daher ein Mehrkostenaufwand des Schuldners durch die Rücknahme der Sache gerechtfertigt. Gerade bei der Teilleistung aber sei ein solcher Nachteil nicht gegeben, da er auch durch Einbehalt der bereits gelieferten Menge und der Beschaffung der fehlenden Menge am Markt befriedigt werden könne. Zumal er etwaige Mehrkosten schließlich über § 280 Abs. 1 Satz 1 BGB auf den Schuldner abwälzen könne. Das Leistungsinteresse des Gläubiger sei insoweit teilbar, weswegen die Einschränkung „nur wenn der Gläubiger an der ganzen Leistung kein Interesse mehr hat" zwingend erforderlich sei um einen angemessenen Interessenausgleich zwischen Schuldner und Gläubiger herzustellen. Schließlich wird darauf verwiesen, dass nach der vor der Schuldrechtsreform geltenden, die dem Rücktritt gleichgestellte kaufrechtliche Wandelung regelnde Vorschrift des § 469 BGB a.F. eine solche nur hinsichtlich des mangelhaften Teils zuließ. Für die Wandelung des gesamten Vertrages war insoweit erforderlich, dass die Sache als zusammengehörig verkauft wurde.[976] Im Ergebnis sei daher § 323 Abs. 5 und § 281

[972] Beschlussempfehlung des Rechtsausschuss zurück BT-Drucks. 14/7052, S. 185.
[973] *Grigoleit/Riehm*, ZGS 2002, 115 (117).
[974] *Grigoleit/Riehm*, ZGS 2002, 115 (117).
[975] *Grigoleit/Riehm*, ZGS 2002, 115 (117f.).
[976] Vgl. Nachw. bei Palandt-*Putzo*, 61. Aufl., § 469 Rn. 2 f.

Abs. 1 Satz 2 BGB auf die Minderlieferung anwendbar.[977] Richtig ist, dass § 469 BGB a.F. deswegen aufgehoben wurde, weil sie durch die Anwendung des Rücktrittsrechts entbehrlich wurde.[978]

Hieraus folgt nicht, dass der Gesetzgeber zwingend die Regelungen des alten Rechts beibehalten wollte. Auch der Hinweis, dass bei der Minderlieferung anders als bei der Falschlieferung typischerweise keine Abgrenzungsschwierigkeiten entstehen, weswegen eine Andersbehandlung der Minderlieferung gerechtfertigt sei[979], kann nicht überzeugen. Vorrangiges Ziel der Neufassung der kaufrechtlichen Gewährleistungsvorschriften war anders als die Neufassung der §§ 280 ff. BGB nicht die Schuldrechtsmodernisierung sondern die Umsetzung der VerbrGK-RL. Nach der hier vertretenen Auffassung aber stellt die Minderlieferung durchaus eine vertragswidrige Leistung i.S.d. Art. 2 VerbrGK-RL dar, weswegen auch die in Art. 3 VerbrGK-RL vorgesehenen Rechtsfolgen bei der Minderlieferung zum Zuge kommen müssen.[980] Schließlich mach t es keinen Unterschied ob der Verbraucher bei einer teilbaren Leistung einen mangelfreien und einen mangelhaften Teil der Leistung oder ob er von Anfang an nur den einen Teil der Leistung erhält.

Die Vorgaben der VerbrGK-RL erfordern mithin, dass der Verbraucher bei einer Minderlieferung dieselben Rechte geltend machen kann, die er im Übrigen bei Vertragswidrigkeit der Leistung geltend machen kann. Dies aber spricht für eine Anwendung der §§ 323 Abs. 1 und 281 Abs. 2 i.V.m. § 437 Nr. 2 und 3 BGB, die entsprechend der VerbrGK-RL, die nur bei geringfügiger Vertragswidrigkeit die Vertragsauflösung ausschließt, voraussetzt, dass die Pflichtverletzung nicht unerheblich war, nicht aber dass das Leistungsinteresse an der ganzen Leistung weggefallen ist. Mag die Gleichstellung der Zuweniglieferung mit einem Sachmangel einschließlich seiner Rechtsfolgen auch befremdlich erscheinen, sie entspricht der Entscheidung des Richtliniengesetzgebers für eine Gleichstellung von Nicht- und Schlechterfüllung und trägt darüber hinaus zur Rechtsklarheit bei.[981]

Für den Fall der nicht in § 434 Abs. 3 BGB erwähnten Zuviellieferung wäre denkbar, auf die Vorschriften über die ungerechtfertigte Bereicherung in den §§ 812 ff BGB[982] oder auf die Regelung über unbestellte Waren des § 241 a BGB[983] zurückzugreifen. Die Zuviellieferung unterfällt nach der VerbrGK-RL ebenfalls unter den Begriff der Vertragswidrigkeit, sodass vom Umsetzungsgesetzgeber auch hier dieselben Rechtsfolgen gelten müssen, wie bei der Schlechterfüllung. Es sind auch keine Argumente erkennbar, die einer Durchführung der Rechtsbehelfe

---

977 *Grigoleit/Riehm*, ZGS 2002, 115 (122).

978 Regierungsbegründung zum SchuldRModG, BT-Drucks. 14/6040, S. 205.

979 *Grigoleit/Riehm*, ZGS 2002, 115 (119).

980 A.A. *Grigoleit/Riehm*, ZGS 2002, 115 (121); *Ehemann/Rust*, JZ 1999, 853 (854f.).

981 *Pfeiffer*, ZGS 2002, 23 (27); *Westermann* NJW 2002, 241 (246); *Jorden/Lehmann*, JZ 2001, 952 (953)

982 *Brors*, JR 2002, 133 (136), die insbesondere hinsichtlich der Rechtsfolgen die Regelung des § 434 Abs. 3 BGB für bedenklich hält.

983 *Schwartze*, Europäische Sachmängelgewährleistung, S. 119.

entgegenstehen könnten. Insbesondere die Vorrangig geltend zu machende Nacherfüllung kann hier helfen, da der Verkäufer im Rahmen der hier wohl kostengünstigeren und daher dem Verbraucher allein zustehendem Recht auf Nachbesserung letztlich nur verpflichtet ist die zu viel gelieferte Menge wieder abzuholen.[984] Aus Klarstellungsgründen wäre es daher zu begrüßen, die Zuviellieferung in die Vorschrift des § 434 Abs. 3 BGB mit aufzunehmen. Zumindest aber muss die Zuviellieferung als Vertragswidrigkeit i.S.d. § 434 Abs. 1 BGB behandelt werden.

3. Haftungsausschluss

Einen Ausschlusstatbestand hinsichtlich der Vertragswidrigkeit entsprechend Art. 2 Abs. 3 VerbrGK-RL hat der deutsche Gesetzgeber nicht geschaffen. Die Umsetzung dieser Bestimmung findet sich vielmehr auf Rechtsfolgenebene in § 442 BGB wieder. § 442 Abs. 1 Satz 1 BGB bestimmt, dass die dem Käufer zustehenden Rechte wegen eines Mangels bei Kenntnis des Mangels ausgeschlossen sind. Gleiches gilt gemäß § 442 Abs. 1 Satz 2 BGB für den Fall, das der Käufer infolge grober Fahrlässigkeit in Unkenntnis über den Mangel der Sache geblieben ist. Der zweite Fall wird in § 442 Abs. 1 Satz 2 BGB auf diejenigen Fälle beschränkt, in denen der Verkäufer den Mangel weder arglistig verschwiegen noch eine Garantie für die Beschaffenheit der Sache übernommen hat. § 442 BGB ist insoweit eine insbesondere gegenüber der das Mitverschulden regelnden Vorschrift des § 254 BGB abschließende Sonderregel.[985] Dogmatisch einwandfrei ist die Umsetzung dieser Vorschrift nicht, da sie Probleme des Haftungstatbestandes auf die Rechtsfolgenseitenseite verlagert.

Hatte nämlich etwa der Verbraucher Kenntnis von der Mangelhaftigkeit einer Sache, so ist auch nach deutschem Recht wegen § 123 BGB nicht von einer wirksamen Parteivereinbarung der üblichen Vertragsmäßigkeit auszugehen. In diesem Fall fehlt es bereits an der Vertragswidrigkeit. Ein Ausschluss auf der Rechtsfolgenseite fingiert mithin die an sich nach der Parteivereinbarung nicht gegebene Vertragsmäßigkeit der Kaufsache und schließt nur die sich daran anknüpfenden Rechtsfolgen aus. Die Vorschrift entspricht weitgehend der Gesetzessystematik des BGB vor der Schuldrechtsreform. So fasst § 442 Abs. 1 Satz 1 BGB inhaltlich im Wesentlichen den in § 439 BGB a.F. enthaltenen Haftungsausschluss für Rechtsmängel und den in 460 BGB a.F. normierten Haftungsausschluss für Sachmängel zusammen und bestimmt nunmehr einen einheitlichen Haftungsmaßstab für Rechts- und Sachmängel.[986] Grundsätzlich können die zu den §§ 439 und 460 BGB a.F. entwickelten Grundsätze herangezogen werden, wobei nicht außer Betracht bleiben kann, dass auch hier die richtlinienkonforme Auslegung vorrangig anzuwenden ist.

---

[984] *Pfeiffer*, ZGS 2002, 138 (140).

[985] Palandt-*Putzo*, 64. Aufl., § 442 Rn. 5; Staudinger-*Matusche/Beckmann*, Neuberab., § 442 Rn. 45.

[986] Regierungsbegründung zum SchuldRModG, BT-Drucks. 14/6040, S. 236; Palandt-*Putzo*, 64. Aufl., § 442 Rn. 1; MüKo-*Westermann*, 4. Aufl, BGB § 442 Rn. 3.

Unter Geltung des alten Rechts setzte die Kenntnis positives Wissen derjenigen Tatsachen voraus, die in ihrer Gesamtheit den Mangel begründen, sowie das Wissen über die rechtliche Bedeutung und den Umfang des Mangels.[987] Ein dringender Verdacht genügt insofern nicht.[988] Dies entspricht auch dem der Regelung in Art. 2 Abs. 3 1.Fall VerbrGK-RL zugrunde gelegtem Verständnis und ist daher auf § 442 Abs. 1 Satz 1 BGB zu übertragen.[989] Auch der nach § 442 BGB für die Kenntnis maßgebliche Zeitpunkt des Vertragsschlusses entspricht den Vorgaben der VerbrGK-RL. Dies ist regelmäßig der Zeitpunkt, in dem der Vertrag nach den §§ 145 ff BGB zustande kommt, wobei bei Grundstücken gemäß § 311 b Abs. 1 Satz 2 BGB die Beurkundung und bei Schriftform die letzte Unterschrift maßgeblich ist.[990] Auf den Zeitpunkt des dinglichen Erfüllungsgeschäfts oder des Gefahrenübergangs kommt es indessen nicht an. Denkbar ist, dass der Käufer, insbesondere bei geringfügigen Mängeln, mit der Annahme der Sache einen konkludenten Verzicht auf seine Rechte aus § 437 BGB erklärt.[991] Handelt es sich um einen unter einer aufschiebenden Bedingung im Sinne des § 158 Abs. 1 BGB geschlossenen Vertrag, so kommt es auf den Eintritt der Bedingung an, sofern dieser nicht vom Willen des Käufers abhängt.[992]

Für die Feststellung, unter welchen Voraussetzungen auch die Unkenntnis zu einem Haftungsausschluss führt, hat der deutsche Gesetzgeber die dem § 460 Satz 2 BGB a.F. zugrunde liegende Wertung nahezu wortgleich übernommen und sie auf den Rechtsmangel erweitert.[993] Einfache Fahrlässigkeit reicht insoweit nicht aus.

Anders als die VerbrGK-RL enthält das BGB nicht die Formulierung „vernünftigerweise nicht in Unkenntnis“, sondern stellt auf die „Unkenntnis infolge grober Fahrlässigkeit“ ab. Die aus Gründen der Begriffseinheitlichkeit innerhalb des BGB gewählte Terminologie soll nach Ansicht des Gesetzgebers denselben Inhalt haben, wie die von der VerbrGK-RL gewählte Formulierung.[994] Wie bereits im Rahmen von § 434 Abs. 1 Satz 2 Nr. 2 BGB wollte der Gesetzgeber das dem BGB fremde Merkmal „vernünftigerweise“ nicht ins BGB übernehmen.[995] Dies wurde in der deutschen Literatur zum Teil stark kritisiert.[996] Nach dieser Ansicht eröffnet die Formulierung „grobe Fahrlässigkeit“ einen weiteren Anwendungs-

---

987 Palandt-*Putzo*, 61. Aufl., § 460 Rn. 6 und § 439 Rn. 4.

988 Palandt-*Putzo*, 61. Aufl., § 460 Rn. 6.

989 Regierungsbegründung zum SchuldRModG, BT-Drucks. 14/6040, S. 236.

990 Palandt-*Putzo*, 64. Aufl., § 442 Rn. 8; Palandt-*Putzo*, 64. Aufl., § 442 Rn. 1; MüKo-*Westermann*, 4. Aufl, BGB § 442 Rn. 6; Staudinger-*Matusche/Beckmann*, Neuberab., § 442 Rn. 15.

991 Anwaltskommentar- *Büdenbender*, § 442 Rn. 9.

992 Palandt-*Putzo*, 64. Aufl., § 442 Rn. 8; Staudinger-*Matusche/Beckmann*, Neuberab., § 442 Rn. 17.

993 *Huber/Faust*, Schuldrechtsmodernisierung, Kap. 13 Rn. 159.

994 Regierungsbegründung zum SchuldRModG, BT-Drucks. 14/6040, S. 236.

995 Regierungsbegründung zum SchuldRModG, BT-Drucks. 14/6040, S. 236.

996 *Reich*, NJW 1999, 2397 (2403); *Micklitz*, EuZW 1999, 485 (492); *Schwartze*, ZEuP 2000, 544 (561).

bereich für den Haftungsausschluss als von der VerbrGK-RL vorgegeben. Grobe Fahrlässigkeit liegt nach allgemeinem Verständnis in der deutschen Rechtswissenschaft vor, wenn die verkehrserforderliche Sorgfalt in besonders schwerem Maße verletzt wird, schon ganz einfache und nahe liegende Überlegungen nicht angestellt werden und das nicht beachtet wird, was im gegebenem Fall jedem einleuchten muss.[997] Dabei sind nicht nur objektive sondern darüber hinaus auch subjektive, in der Individualität des Handelnden begründete Umstände heranzuziehen.[998] So sind etwa an einen Sachkundigen höhere Anforderungen zu stellen als an einen Laien. Die Formulierung „vernünftigerweise" der VerbrGK-RL weist hingegen auf einen ausschließlich objektiven Maßstab hin. Während sich nach der VerbrGK-RL auf alle Käufer einheitlich anzuwendende Merkmale entwickelt werden müssen, können im Rahmen des § 442 BGB durchaus unterschiedliche Maßstäbe Anwendung finden und im Einzelfall einen Haftungsausschluss begründen, der nach der VerbrGK-RL nicht gegeben wäre. Die Vorschrift des § 442 BGB beinhaltet mithin eine Schlechterstellung des Käufers gegenüber der Richtlinienbestimmung und ist daher für den Bereich des Verbrauchsgüterkaufes richtlinienkonform auszulegen.

Der deutsche Gesetzgeber ist über die Vorgaben der VerbrGK-RL in einem anderen Punkt teilweise hinausgegangen. So greift der Haftungsausschluss gemäß § 442 ABS. 1 BGB nicht ein, wenn der Verkäufer den Mangel arglistig verschwiegen oder eine Garantie für die Beschaffenheit der Sache übernommen hat, während gemäß Art. 3 VerbrGK-RL in den in Abs. 3 der Vorschrift genannten Fällen unabhängig vom Verkäuferverhalten keine Vertragsmäßigkeit vorliegt. Hinsichtlich der Einschränkung des Haftungsausschlusses bei Übernahme einer Garantie enthält § 442 BGB nur eine Klarstellung, da sich die Bindung des Garantiegebers an seine Garantie bereits entsprechend Art. 6 VerbrGK-RL aus § 443 BGB ergibt. Auch für den Fall des arglistigen Verschweigens, ist die durch § 442 Abs. 1 Satz 2 BGB bedingte Besserstellung des Käufers angesichts der Mindeststandardklausel in Art. 8 Abs. 2 VerbrGK-RL nicht zu beanstanden. Eine weitere Einschränkung des Haftungsausschluss findet sich in § 442 Abs. 2 BGB. Auch diese Vorschrift ist nicht vom Anwendungsbereich der VerbrGK-RL erfasst. Danach hat der Verkäufer unabhängig von der Kenntnis des Käufers ein im Grundbuch eingetragenes Recht zu beseitigen. Die Bestimmung in Art. 2 Abs. 3 VerbrGK-RL, wonach keine Vertragswidrigkeit vorliegt, wenn diese auf den vom Verbraucher gelieferten Stoff zurückzuführen ist, ist nicht in § 442 BGB umgesetzt worden, da es sich nach deutschem Verständnis um eine Frage des Werkvertragsrechts handelt. Sie findet sich daher in der allein auf Werkverträge anzuwendenden Vorschrift des § 644 BGB wieder. Danach ist der Unternehmer für eine zufällige Verschlechterung des von dem Besteller gelieferten Stoffes nicht verantwortlich.

---

[997] Palandt-*Heinrichs*, 64. Aufl., § 277 Rn. 2.
[998] Palandt-*Heinrichs*, 64. Aufl., § 277 Rn. 3.

Grundsätzlich sind im BGB auch vertragliche Haftungsausschlüsse möglich. Hierfür enthalten die §§ 444[999], 445 und 475 BGB gewisse Einschränkungen. Gemäß § 444 BGB ist es dem Verkäufer verwehrt, sich auf eine vertragliche Haftungsbeschränkung zu berufen, wenn er den Mangel arglistig verschwiegen oder eine Garantie für die Beschaffenheit der Sache übernommen hat. Die Regelung erweitert das bereits nach altem Recht in § 443 und § 476 BGB a.F. enthaltene Nichtigkeitspostulat bei Arglist des Verkäufers.[1000] Im Wesentlichen führt § 444 BGB mithin zu einer besonderen Absicherung des § 442 BGB.

Gleichzeitig nimmt § 444 BGB den bisherigen § 11 Nr. 11 AGBG a.F. in sich auf.[1001] Nach dieser Vorschrift konnte der Gläubiger sich für den Fall, dass der Käufer Schadensersatzansprüche geltend macht, nicht auf einen in Allgemeinen Geschäftsbedingungen enthaltenen Haftungsausschluss für das Fehlen von zugesicherten Eigenschaften berufen. Die Vorschrift des § 444 BGB wird nicht in § 475 BGB genannt, sodass zunächst anzunehmen ist, die Vorschrift sei auch im Rahmen eines Verbrauchsgüterkaufes abdingbar. Da gemäß § 475 Abs. 1 BGB bei einem Verbrauchsgüterkauf Abweichung zulasten des Verbrauchers von den §§ 433 bis 435, 437, 439 bis 443 BGB sowie von den Vorschriften des Untertitels über Verbrauchsgüterkäufe unzulässig sind, gilt, dass für den Bereich des Verbrauchsgüterkaufvertrages ohnehin Haftungsausschlüsse bzw. -einschränkungen unzulässig sind. Dies gilt auch für Verkäufer gebrauchter Sachen. Will sich also ein Gebrauchtwarenverkäufer sein Gewährleistungsrisiko kontrollieren, so verbleibt ihm nur die Möglichkeit die Kaufsachen umfassend zu untersuchen und etwaige Mängel dem Käufer genau mitzuteilen. Nur so kann der Verkäufer die Mängel zum Gegenstand des Vertrages machen, was seine Haftung wegen Kenntnis des Käufers von der Mangelhaftigkeit nach § 441 BGB ausschließt.[1002]

Die unter Geltung des alten Rechts gängigen Haftungsausschlüsse bei Kaufverträgen über gebrauchte Sachen, insbesondere beim Gebrauchtwagenkauf, sind regelmäßig nach neuem Recht für den Bereich des Verbrauchsgüterkaufs unzulässig. Eine vor Mitteilung des Mangels getroffene Haftungsbeschränkung ist gemäß § 475 BGB im Rahmen eines Verbrauchsgüterkaufes ohnehin nicht möglich, sodass § 444 BGB für den Nacherfüllungsanspruch, Rücktritt und die Minderung im Rahmen eines Verbrauchsgüterkaufes nur der Klarstellung dient. Allein für die von der VerbrGK-RL nicht erfassten Schadensersatzansprüche und für Verträge, die nicht in den Anwendungsbereich von § 474 ff. BGB fallen, ist §

[999] Im Werkvertragsrecht gilt insoweit die Vorschrift des § 639 BGB.
[1000] *Faust*, ZGS 2002, 271.
[1001] *Faust*, ZGS 2002, 271.
[1002] *Kessler*, ZRP 2001, 70 (71).

444 BGB relevant. Der in der Literatur[1003] bestehende Streit um die Auslegung von § 444 BGB braucht daher nicht entschieden zu werden.[1004]

III. Umsetzung in Italien

Der italienische Gesetzgeber hat bei der Umsetzung des Art. 2 VerbrGK-RL im Wesentlichen den Wortlaut des Richtlinientextes mit nur geringfügigen sprachlichen Abweichungen übernommen. Er findet sich in der Vorschrift des Art. 1519-*ter Cc*, die gemäß Art. 1519-*bis Cc* nur auf Verbrauchsgüterkaufverträge anwendbar ist.

1. Vertragsmäßigkeit als Leistungspflicht

Die Pflicht des Verkäufers zur Lieferung vertragsgemäßer Güter gemäß Art. 2 Abs. 1 VerbrGK-RL ist vom italienischen Gesetzgeber in Art. 1519-*ter* Abs. 1 *Cc* normiert worden. Während die Fassung des italienischen Richtlinientext lautet: „Der Verkäufer ist verpflichtet (...)“ („*Il venditore deve* (...)“), bestimmt Art. 1519-*ter* Abs. 1 *Cc* hingegen “Der Verkäufer hat die Pflicht (...)” („*Il venditore ha l'obbligo* (...)“). Der Grund hierfür dürfte wohl darin liegen, dass der italienische Gesetzgeber die Pflicht zur Lieferung vertragsgemäßer Güter als Erfüllungspflicht i.S.e. Hauptleistungspflicht und nicht nur als Nebenpflicht ausgestalten wollte, was durch die Änderung des Wortlauts klargestellt wird.[1005] Eine andere Auffassung unterscheidet zwischen Mängeln, die im Zeitpunkt der Eigentumsübertragung vorlagen und solchen die erst nach diesem Zeitpunkt entstehen und will nur bei Ersterem eine Haftung des Verkäufers annehmen.[1006]

Im italienischen Recht fallen der Zeitpunkt der Lieferung und der des Eigentumsübergangs in der Regel immer auseinander, da das Eigentum gemäß Art. 1376 *Cc* bereits mit Abschluss des Kaufvertrages auf den Käufer übergeht, die von der letztgenannten Auffassung vertretene Differenzierung steht daher im Widerspruch zur richtlinienkonformen Auslegung, da danach eindeutig nicht der Eigentumsübergang, sondern der Lieferzeitpunkt maßgeblich ist.[1007] Schließlich würde es andernfalls an einer dogmatischen Grundlage für den verschuldensunabhängigen Nachlieferungsanspruch des Verbrauchers gemäß Art. 1519-*quater*

[1003] Teilweise wird in der Litertur gefordert, § 444 BGB so auszulegen, dass der Verbraucher sich bei einer Grantie nur insoweit auf die Gewährleistungsschranken berufen kann, soweit diese von der Garantie erfasst werde, da letztlich die zugesicherte Eigenschaft substituiert werden sollte und nicht etwa weitergehnde Einschränkungen geschaffen werden sollten.

[1004] Vgl. hierzu *Pfeiffer*, ZGS 2002, 23f.; *Faust*, ZGS 2002, 271f.; *Dauner-Lieb/Thiessen*, ZIP 2002, 108f.; *Hilgard/Kraayvanger*, MDR 2002, 678f.; *Jaques*, BB 2002, 417f.; *Seibt/Raschke/Reiche*, NGZ 2002, 256f.; *Triebel/Hölzle*, BB 2002, 521f.; *Hermanns*, ZIP 2002, 696f.; *Gronstedt/Jörgens*, ZIP 2002, 52f.; *Müller*, NJW 2002, 1026f.

[1005] *Garofalo*, in: *Schermaier* (Hrsg), Verbraucherkauf in Europa, S. 237 (251); *De Cristofaro*, Difetto di conformità, S. 53; *Amadio*, Contr. e Impr./Europa 2001, 5.

[1006] *Luminoso*, Riv. dir. civ. 2001, 842.

[1007] *Alpa/De Nova*, L'aquisto di beni di consumo, S. 25; *Zaccaria/De Cristofaro*, La vendita dei beni di consumo, S. 34; *Schlesinger*, Corr. Giur. 2002, 562.

Abs. 2 *Cc* fehlen.[1008] Art. 1519-*ter* Abs. 1 *Cc* erweitert damit den Pflichtenkatalog des Art. 1476 *Cc*. Nach Art. 1476 *Cc*, der die Hauptpflichten (*obbligazioni principali*) des Verkäufers bei sonstigen Kaufverträgen festlegt, hat der Verkäufer nämlich nur die Pflicht zur Übergabe der Sache (Nr.1), bei Kaufverträgen, denen ausnahmsweise keine dingliche Wirkung zukommt zur Eigentumsverschaffung (Nr. 2) und die Pflicht für Mängel der Kaufsache zu haften (Nr. 3). Die Formulierung in Nr. 3 lässt eindeutig erkennen, dass nach allgemeinem Kaufrecht die Lieferung einer mangelhaften Sache ausschließlich Gewährleistungsrechte des Käufers auslöst, die grundsätzlich eine Verschulden des Verkäufers voraussetzen und nicht etwa eine Nichterfüllung (*inadempimento*) i.S.d. Art. 1218 *Cc*.[1009] Die Pflicht zur Übergabe der Sache umfasst gemäß Art. 1477 Abs. 2 *Cc* auch die Übergabe von Nebensachen, Zubehör und Früchten. Sie beschränkt sich gemäß Art. 1477 Abs. 1 *Cc* dabei auf die Besitzübertragung der Sache in dem Zustand, in dem sie sich bei Abschluss des Kaufvertrages befand. Hierin besteht der entscheidende Unterschied zu Art. 1519-*ter* Abs. 1 *Cc*.[1010] Gleiches gilt auch für den Gattungskauf. Hier hat der Verkäufer nach der allgemeinen Vorschrift des Art. 1178 *Cc* Sachen nicht unterdurchschnittlicher Qualität (*cose di qualità non inferiore alla media*) zu leisten. Auch hier fehlt es an der Normierung der Sachmängelfreiheit als Erfüllungspflicht des Verkäufers. Zu berücksichtigen ist außerdem, dass nach dem im italienischen Kaufvertragsrecht vorherrschenden Eviktionsprinzip die Eigentumsübertragung nach Art. 1376 *Cc* grundsätzlich bereits mit dem Vertragsschluss herbeigeführt wird.[1011] Das Eigentum muss daher gemäß Art. 1477 Abs. 1 *Cc* auch nur in dem Zustand übertragen werden, in dem es sich bei Vertragsschluss befindet. Auch hieraus folgt, dass der Verkäufer im Anwendungsbereich des allgemeinem Kaufrechts auch mit der Lieferung einer mangelhaften Kaufsache die Erfüllung des Kaufvertrages bewirken kann, sodass die Normierung der Mangelfreiheit als Erfüllungspflicht des Verkäufers eine Ausnahme für den Bereich des Verbrauchsgüterkaufes statuiert.[1012] Gleichzeitig folgt aus Art. 1519-*ter* Abs. 1 *Cc* die Unanwendbarkeit des Art. 1477 Abs. 1 *Cc*.[1013]

2. Bestimmung der Vertragsmäßigkeit

Aus Art. 1519-*ter* Abs. 1 *Cc* folgt, dass sich die Vertragsmäßigkeit des Verbrauchsgutes entsprechend Art. 2 Abs. 1 VerbrGK-RL nach der Parteivereinbarung richtet, sodass auch dem italienischem Recht für den Bereich des

---

1008 *Alpa/De Nova*, L'aquisto di beni di consumo, S. 25; *Zaccaria/De Cristofaro*, La vendita dei beni di consumo, S. 34; *Schlesinger*, Corr. Giur. 2002, 562; *De Matteis*, Contr. e Impr./Europa 2001, 46 (51); *Di Majo*, Europa e dir. Priv. 2002, 1 (6).

1009 *Gravante*, ELF 2002, 356 (357).

1010 *Alpa/De Nova*. L'aquisto dei beni di consumo, S. 25.

1011 *Kindler*, Italienisches Handels- und Wirtschaftsrecht, § 5 Rn. 71.

1012 *Zaccaria/De Cristofaro*, La vendita dei beni di consumo, Commento, S. 35; *Amadio*, Contr. e Impr./Europa 2001, 2 (10).

1013 *Zaccaria/De Cristofaro*, La vendita dei beni di consumo, Commento, S. 37.

Verbrauchsgüterkaufes ein subjektiver Fehlerbegriff zugrunde liegt.[1014] Damit aber ergibt sich gegenüber dem allgemeinen Sachmängelgewährleistungsrecht ein erheblicher Unterschied. Ein Fehler im Sinne des Art. 1490 *Cc*[1015] wird als Abweichung des tatsächlichen Zustandes der Sache vom geschuldeten Vertragsziel verstanden.[1016] Der Kassationshof hat aber entschieden, dass der Verkäufer nur für die artgemäße Verwendungsfähigkeit der Sache haftet. Auf einen vereinbarten Verwendungszweck kommt es nicht an. Dem allgemeinen Sachmängelgewährleistungsrecht liegt mithin ein objektiver Fehlerbegriff zugrunde.[1017] Erforderlich ist nach Art. 1490 *Cc*, dass die Sache eine körperliche Abweichung aufweist.[1018] Umweltbeziehungen fallen mithin nicht unter den Fehlerbegriff des Art. 1490 *Cc*.[1019] Art. 1419-*ter* Abs. 2 d) *Cc* enthält keine solche Einschränkung. Der Fehlerbegriff der Neuregelung ist damit erheblich weiter als der des allgemeinen Sachmängelgewährleistungsrechts.

Fehlt es an einer ausdrücklichen Parteivereinbarung, so enthält Art. 1519-ter Abs. 2 *Cc* entsprechend Art. 2 Abs. 2 VerbrGK-RL eine Reihe von Vermutungskriterien. Voraussetzung für ihr Eingreifen ist, dass keine bestimmten Beschaffenheitsmerkmale Gegenstand der Vertragsverhandlungen waren, Beschaffenheitsmerkmale in den Allgemeinen Geschäftsbedingungen des Verkäufers ungeregelt geblieben sind oder nur unzureichend konkretisiert wurden.[1020] In Art. 1519-*ter* Abs. 2 *Cc* hat der italienische Gesetzgeber folglich das zweistufiges System zur Bestimmung der Vertragsmäßigkeit der VerbrGK-RL übernommen. Die Vermutungsregelungen greifen nur ein, wenn sie kumulativ (*coesistono*) vorliegen. Während die VerbrGK-RL nur in ihrem Erwägungsgrund 8 bestimmt, dass die in der Vermutung genannten Elemente kumulativ gelten[1021], ergibt sich diese Voraussetzung für das Eingreifen der Vermutungswirkung im italienischen Recht aus dem Gesetzestext selbst, sodass insoweit keiner Unklarheiten bestehen, die erst durch richtlinienkonforme Auslegung beseitigt werden können.

Um die Vermutungswirkung der nachfolgenden Kriterien zur Bestimmung der Vertragswidrigkeit zu unterstreichen, weist der Gesetzgeber in Art. 1519-*ter* Abs. 2 *Cc* ausdrücklich darauf hin, dass die Vermutungswirkung nur gilt, wenn sie

---

[1014] *Eccher/Schurr*, ZEuP 2003, 65 (74).

[1015] Art. 1490 Abs. 1 *Cc* lautet: (Gewährleistung wegen Mängel der Kaufsache) „Der Verkäufer muss garantieren, dass die Kaufsache frei von Fehlern ist, die sie zum bestimmungsgemäßen Gebrauch ungeeignet machen oder ihren Wert erheblich vermindern.".

[1016] *Bianca*, in: *Vasalli*, Trattato di Diritto Civile Italiano, S. 803; *Rubino*, in: *Cicu/Messineo* (Hrsg.), Trattato di Diritto Civile, S. 633.

[1017] *Valcárcel Schnüll*, Diss., S. 98.

[1018] Cass., Urt. v. 9.5.1977, n. 1796, Rep. Giur. It. 1977, 82; *Rubino*, in: *Cicu/Messineo* (Hrsg.), Trattato di Diritto Civile, S. 772.

[1019] *Kramer*, Diss., S. 49.

[1020] *Zaccaria/De Cristofaro*, La vendita dei beni di consumo, S. 43.

[1021] *Amadio*, Riv. Dir. Civ. 2001/I, 863 (873); *De Cristofaro*, Difetto die conformità, S. 73; *Macario*, Contr. e Impr./Europa 2001, 143 (146f.); *Ruscello*, Stud. Iur. 2001, 832 (836).

auf das Verbrauchsgut anwendbar ist (*ove pertinenti*)[1022]. Dies gilt auch dann, wenn ein Kriterium durch Parteivereinbarung ausgeschlossen wird, was sich bereits aus dem Vorrang der Parteivereinbarung ergibt.[1023] Schließlich ist es durchaus möglich, dass die Parteien eine gegenüber der üblichen Beschaffenheit und Qualität geringere Beschaffenheits- und Qualitätsmerkmale vereinbaren[1024] oder festlegen, dass der Verwendungszweck von dem gewöhnlichen Verwendungszweck abweicht.[1025] Umgekehrt soll es nach Auffassung der italienischen Literatur den Parteien ebenso möglich sein, die Vermutungskriterien durch die vertragliche Aufnahme in Art. 1519-*ter* Abs. 2 *Cc* nicht genannter Kriterien zu erweitern.[1026] Selbstverständlich kann eine solche Vereinbarung ebenfalls nur kumulativ zu den in der Vorschrift aufgeführten Kriterien zur Anwendung kommen, sodass sich die Zulässigkeit einer derartigen Vereinbarung bereits daraus ergibt, dass der Verbraucher durch sie besser gestellt wird, da ihm der Nachweis der Vertragswidrigkeit gegenüber den Richtlinienvorgaben dadurch erleichtert wird.[1027]

Bei der Formulierung der Vermutungskriterien hat sich der italienische Gesetzgeber überwiegend an den Wortlaut der italienischen Sprachfassung der VerbrGK-RL orientiert und weicht nur in der textlichen Reihenfolge der aufgeführten Vermutungskriterien von der VerbrGK-RL ab. Da die Kriterien sowohl nach der VerbrGK-RL als auch nach italienischem Recht kumulativ vorliegen müssen, es sich gerade nicht um hierarchisch abgestufte Kriterien handelt, kann hierin kein inhaltlicher Unterschied zu den Richtlinienvorgaben gesehen werden.[1028] Angesichts der analytischen und erschöpfenden Natur der die Auslegung von Verträgen regelnden Artt. 1362 bis 1371 *Cc* stellt sich die Frage, welche Bedeutung den Vermutungskriterien dabei zukommt.[1029] Nach Art. 1362 Abs. 1 *Cc* ist bei der Auslegung von Verträgen der gemeinsame Wille der Parteien zu ermitteln und man darf sich nicht auf bloßen Wortlaut beschränken. Nach Abs. 2 dieser Vorschrift ist dabei das gesamte Verhalten der Parteien auch nach Vertragsschluss (*anche posteriore alla conclusione del contratto*) maßgeblich. Demgegenüber handelt es sich bei Art. 1519-*ter* Abs. 2 *Cc* um eine *iuris tatum*-Vermutung, sodass der Verbraucher auch dann die Vertragswidrigkeit des Verbrauchsgutes beweisen kann, wenn allein unter Berücksichtigung der Vermutungskriterien von ihrer Vertragsmäßigkeit auszugehen wäre.[1030] Es gilt daher, dass die Vermutungskriterien erst eingreifen, wenn die Auslegung der

1022 Was übersetzt bedeutet "soweit infrage kommend".
1023 *Zaccaria/De Cristofaro*, La vendita dei beni di consumo, S. 44.
1024 *Amadio*, Riv. Dir. Civ. 2001/I, 863 (872).
1025 *De Nova*, Riv. Dir. Priv. 2001, 759 (766).
1026 *Delugo*, Contr. e Impr./Europa 2000, 489 (501).
1027 *Zaccaria/De Cristofaro*, La vendita dei beni di consumo, S. 45.
1028 *Eccher/Schurr*, ZEuP 2003, 65 (75).
1029 *Gravante*, ELF 2002, 356 (358 Fn. 13).
1030 *Fadda*, Contr. e Impr./Europa 2000, 410 (418); *Lodolini*, Europa e dir. Priv. 1999, 1275 (1284); *Ruscello*, Stud. Iur. 2001, 832 (835f.).

Parteivereinbarung nach den auch bei der Bestimmung der Vertragsmäßigkeit heranzuziehenden Auslegungsregeln der Art. 1362 bis 1371 *Cc* nicht weiterhilft.

a) Parteivereinbarung

Wann eine für die Vertragsmäßigkeit maßgebliche Parteivereinbarung vorliegt, wird vom Gesetz nicht näher bestimmt. Mit dem Begriff der Vertragsmäßigkeit wollte der italienische Gesetzgeber unzweifelhaft mit einem einzigen Begriff eine Mehrheit von Eigenschaften einer Kaufsache erfassen.[1031] Gegenstand einer Parteivereinbarung kann folglich jede Eigenschaft im weiteren Sinne einer Sache sein. Das Zustandekommen einer solchen Vereinbarung richtet sich nach den allgemeinen Vorschriften. Art. 1326 *Cc* geht erkennbar davon aus, dass für den Abschluss eines Vertrages Angebot und Annahme konstituierend sind.[1032] Weiter gehende inhaltliche Anforderungen an das Zustandekommen einer Vereinbarung enthält das italienische Recht indessen nicht. Eine Beschaffenheitsvereinbarung kann daher durchaus hinter den üblichen Qualitätsstandards zurückbleiben, sodass dem Verkäufer, insbesondere bei gebrauchten Sachen, ein gewisser Spielraum bei der Festlegung seines Haftungsumfanges bleibt.

b) Beschreibung, Muster oder Probe

Gemäß b) des Art. 1519-*ter* Abs. 2 *Cc*, der Umsetzung von a) des Art. 2 Abs. 2 VerbrGK-RL dient, greift die Vermutungswirkung ein, wenn ein Verbrauchsgut mit der vom Verkäufer gegebenen Beschreibung übereinstimmt und die Eigenschaften des Gutes besitzt, das der Verkäufer dem Verbraucher als Probe (*campione*) oder Muster (*modello*) vorgelegt hat. Voraussetzung ist allein, dass die Beschreibung bzw. die Vorlage der Probe oder des Musters durch den Verkäufer erfolgt ist (*fatta dal venditore*). Diese Formulierung macht in Übereinstimmung mit der VerbrGK-RL deutlich, dass keine ausdrückliche oder konkludente Vereinbarung zwischen den Parteien und nicht einmal ein Versprechen oder eine Verpflichtung vorliegen muss, damit die Vermutungswirkung eingreift.[1033] Unter Berücksichtigung allein des Wortlauts der Vorschrift scheint es als werde die Vermutungswirkung für den Fall, dass das Verbrauchsgut mit der vom Verkäufer gegebenen Beschreibung übereinstimmt, nur ausgelöst, wenn dem Verbraucher auch eine Probe oder ein Muster vorgelegt wurde, die ihrerseits bzw. das seinerseits mit dem erworbenen Verbrauchsgut übereinstimmt oder aber für den Fall, dass dem Verbraucher eine Probe oder ein Muster vorgelegt wurde, die bzw. das mit dem erworbenen Verbrauchsgut übereinstimmt, gleichsam nur ausgelöst, wenn der Verkäufer zusätzlich eine Beschreibung abgegeben hat, die ihrerseits mit dem tatsächlichen Bestand des erworbenen Verbrauchsgut übereinstimmt. Bei

---

1031 *Gravante*, ELF 2002, 356 (358).

1032 Im Unterschied zum deutschen Recht ist das Angebot gemäß Art. 1328 Abs. 1 Satz 1 *Cc* bis zum Vertragsschluss widerruflich.

1033 *Zaccaria/De Cristofaro*, La vendita di beni di consumo, S. 48; *De Cristofaro*, Difetto di conformità, S. 87f.

richtlinienkonformer Auslegung gilt, dass die beiden Vermutungskriterien des Art. 1519-*ter* Abs. 2 b) *Cc* in einem Alternativverhältnis stehen.[1034]

Fraglich ist, in welchem Verhältnis die Regelung hinsichtlich der durch die Vorlage einer Probe ausgelösten Vermutungswirkung in Art. 1519-*ter* Abs. 2 b) *Cc* zum „Kauf nach Probe und nach Art der Probe" (*vendita su campione e su tipo di campione*) gemäß Art. 1522 *Cc* steht. Gemäß Art. 1522 Abs. 1 *Cc* kann der Käufer bei einem Kauf nach Probe, wobei nach dem 1. Halbsatz der Vorschrift die Probe selbst als einziger Maßstab zur Bestimmung der Marktqualität heranzuziehen ist, bei Abweichungen der Kaufsache von der Probe Vertragsauflösung verlangen, bei einem Kauf nach Art der Probe gemäß Abs. 2 der Vorschrift nur dann, wenn die Abweichung von wesentlicher Bedeutung (*sia notevole*) ist. Wendet man Art. 1519-*ter* Abs. 2 b) *Cc* als Auslegungsregel an, so folgt daraus, dass für den Fall, dass das Verbrauchsgut von einer vom Verkäufer vorgelegten Probe abweicht im Rahmen eines Verbrauchsgüterkaufes unabhängig davon zwingend anzunehmen ob die Kaufsache dem Käufer zunächst als Probe vorgelegt wurde und die er dann erworben hat, wie in Art. 1522 Abs. 1 *Cc* geregelt oder aber ob er eine mit dem Gegenstand der vorgelegten Probe stofflich identischen Kaufsache im Sinne des Art. 1522 Abs. 2 *Cc* erworben hat. Bei Vertragswidrigkeit im Rahmen eines Verbrauchsgüterkaufes aber steht dem Verbraucher das Rechtsbehelfssystem des Art. 1519-*quarter Cc* zur Seite, dem der Vorrang gegenüber anderen Vorschriften des Codice civile gebührt. Für den Bereich des Verbrauchsgüterkaufes ist daher die Anwendbarkeit des Art. 1522 *Cc* ausgeschlossen.

c) Eignung zur angestrebten Verwendung

Art. 2 Abs. 2 b) VerbrGK-RL wurde im italienischen Recht in d) des Art. 1519-*ter* Abs. 2 *Cc* umgesetzt. Danach greift die Vermutungswirkung nur ein, wenn sich das Verbrauchsgut ferner für eine bestimmten vom Verbraucher angestrebten Verwendung (*all'uso particolare voluto dal consumatore*) eignet, den der Verbraucher dem Verkäufer bei Vertragsschluss zur Kenntnis gebracht hat und dem der Verkäufer zugestimmt hat, was auch konkludent möglich ist. Hier hat der italienische Gesetzgeber zunächst den Wortlaut gegenüber der VerbrGK-RL um den Begriff „ferner" (*altresì*) ergänzt. Da es sich im italienischen Recht, anders als nach der VerbrGK-RL, um das Letzte der Vermutungskriterien handelt, wird hierdurch nochmals verdeutlich, dass die Vermutungswirkung des Art. 1519-*ter* Abs. 2 *Cc* nur dann eingreift, wenn auch die in den Buchstaben a) bis c) der Vorschrift genannten Kriterien vorliegen. Darüber hinaus findet sich in Art. 1519-*ter* Abs. 2 d) *Cc* eine sprachliche Abweichung zur italienischen Richtlinienfassung. Anders als in der VerbrGK-RL heißt es nicht „*ad ogni uso speziale*" sondern „*all'uso particolare*". Dies dürfte keine inhaltliche Abweichung bedeuten. Vielmehr dürfte die Formulierungen in Art. 1519-*ter Cc*, die sprachgebräuchlichere sein.

[1034] *Zaccaria/De Cristofaro*, La vendita di beni di consumo, S. 47.

Ein durchaus zu beachtender Zusatz gegenüber dem Richtlinientext bringt die Formulierung „auch konkludent" (*anche per fatti concludenti*). Hierdurch wird klargestellt, dass es sich nicht um eine ausdrückliche Zustimmung handeln muss.[1035] Die Umsetzung von Art. 2 Abs. 2 b) VerbrGK-RL war auch erforderlich. Nach Art. 1490 *Cc* haftete der Verkäufer schließlich gerade nicht für die Eignung der Sache zu dem vereinbarten Verwendungszweck und zwar selbst dann nicht, wenn er den Verwendungszweck kannte.[1036] Anders im Rahmen des Art. 1497 *Cc*, der die Abwesendheit von wesentlichen oder zugesicherten Eigenschaften regelt. Zusicherungsfähige Eigenschaften in diesem Sinne sind Merkmale, die ihre Zweckdienlichkeit, Nutzbarkeit und ihren Wert und die Art der Gattung, der die Sache angehört bestimmen.[1037] Als zugesichert gelten Eigenschaften dann, wenn die Sache diese nach der Parteivereinbarung haben soll.[1038] Um Eigenschaften, die i.S.d. Art. 1497 *Cc* für den bestimmungsgemäßen Gebrauch wesentlich sind, handelt es sich dann, wenn sie die für die Sache charakteristische Funktion bestimmen.[1039] Auch hier gilt mithin, dass der Verkäufer für artfremde Zweckvereinbarungen nicht haftet. Art. 1519-*ter* Abs. 2 d) *Cc* konsumiert mithin die Vorschrift des Art. 1497 *Cc*.

d) Eignung zur gewöhnlichen Verwendung

Nach a) des Art. 1519-*ter* Abs. 2 *Cc*, was der Umsetzung von c) des Art. 2 Abs. 2 VerbrGK-RL dient, wird die Vertragsmäßigkeit eines Verbrauchsgutes vermutet, wenn es sich für Zwecke eignet, für die Güter der gleichen Art gewöhnlich gebraucht werden. Da auch Art. 1490 *Cc*, der auf alle sonstigen Kaufverträge Anwendung findet, bei fehlender Parteivereinbarung auf den gewöhnlichen Verwendungszweck abstellt, bringt Art. 1419-*ter* Abs. 2 a) *Cc* insoweit keine Neuerung für das italienische Recht. Art. 1490 *Cc* erfordert immer eine körperliche Abweichung der Sache, sodass die Sache in den Fällen, in denen kein Materialfehler vorliegt, nach allgemeinen Gewährleistungsrecht unter Umständen als vertragsgemäß behandelt wird, obwohl sie sich nicht für Zwecke eignet, für die Güter der gleichen Art gewöhnlich gebraucht werden. Ob darin eine Abweichung zu Art. 2 Abs. 2 a) VerbrGK-RL zu sehen gewesen wäre, kann dahinstehen, da es sich auch bei der Richtlinienvorschrift nur um eine Vermutungsregelung hinsichtlich der Vertragsmäßigkeit handelt, sodass der Verbraucher auch bei Geltung des Art. 1490 *Cc* nicht benachteiligt gewesen wäre.

Wann sich ein Verbrauchsgut für die Zwecke eignet, für die Güter gleicher Art gewöhnlich gebraucht werden, muss letztlich unter Berücksichtigung der konkreten Umstände des Einzelfalls ermittelt werden. Eine allgemein gültige Formel lässt hat auch der italienische Gesetzgeber nicht vorgesehen. Zumal er die Formulierung „Güter der gleichen Art" (*beni dello stesso tipo*) aus der VerbrGK-

1035 *Zaccaria/De Cristofaro*, La vendita di beni di consumo, S. 52.
1036 *Valcárcel Schnüll*, Diss., S. 98.
1037 *Rescigno*, Commentario al Codice Civile, Art. 1497 Rn. 1.
1038 *Rubino*, in: *Cicu/Messineo* (Hrsg.), Trattato di Diritto Civile, S. 768.
1039 *Rescigno*, Commentario al Codice Civile, Art. 1497 Rn. 1.

RL übernommen und damit den Vergleichsmaßstab nicht etwa auf Güter der gleichen „Gattung“ (*genus*) beschränkt hat.[1040]

Die Vermutung nach Art. 1519-*ter* Abs. 2 a) *Cc* greift nur dann, wenn das Verbrauchsgut auch den Sicherheitsbestimmungen - insbesondere bezüglich der Produktsicherheit – für ein Verbrauchsgut der gleichen Art gerecht wird, denn nur dann „eignet“ es sich auch im rechtlichen Sinne für die Zwecke für die Güter der gleichen Art gewöhnlich gebraucht werden.[1041] Gleiches gilt hinsichtlich etwaig erforderlicher Urkunden und anderer Legitimationspapiere.[1042]

e) Übliche und erwartete Beschaffenheit

Nach c) des Art. 1519-*ter* Abs. 2 *Cc*, der nahezu wortlautidentisch mit Art. 2 Abs. 2 d) VerbrGK-RL ist, wird die Vertragsmäßigkeit bei Vorliegen der übrigen Vermutungskriterien vermutet, wenn das Verbrauchsgut eine bei Gütern der gleichen Art übliche Qualität und Leistung aufweist, die der Verbraucher auch vernünftigerweise erwarten kann, wenn die Beschaffenheit des Gutes und gegebenenfalls die insbesondere in der Werbung oder bei der Etikettierung gemachten öffentlichen Äußerungen des Verkäufers, des Herstellers oder dessen Agenten bzw. Makler (*agente*) oder Vertreter über die konkreten Eigenschaften des Gutes in Betracht gezogen werden. In Anlehnung an die Auslegung der VerbrGK-RL gilt, dass die Voraussetzungen der Vorschrift kumulativ vorliegen müssen. Der Vermutungswirkung allein für den Fall, dass das Verbrauchsgut eine bei Gütern der gleichen Art übliche Qualität und Leistung aufweist, würde für sich gesehen die Existenzberechtigung fehlen, da bereits Art. 1519-*ter* Abs. 2 d) *Cc*, der auf die Eignung zu dem gewöhnlichem Zweck abstellt, was regelmäßig eine übliche Qualität und Leistungen voraussetzt, diesen Fall erfassen würde. Das italienische Recht enthält ebenso wie Art. 2 Abs. 2 d) VerbrGK-RL keine Art. 1519-*ter* Abs. 2 c) *Cc* ergänzenden Begriffsbestimmungen. Da die Vorschrift nahezu wortlautidentisch übernommen wurde, kann hier auf die Ausführungen zu Art. 2 Abs. 2 d) VerbrGK-RL verwiesen werden.

(1) Vernünftige Erwartungen

Bei der Prüfung, was der Verbraucher „vernünftigerweise“ erwarten kann (*ragionevolmente aspettarsi*), sind in Übereinstimmung mit der Auslegung der Richtlinienvorgaben in Art. Art. 2 Abs. 2 d) VerbrGK-RL sowohl objektive als auch subjektive Umstände wie etwa Fachkenntnisse und persönliche Eigenschaften des Käufers, zu berücksichtigen.[1043] Dies ergibt sich insbesondere auch daraus, dass das Verbrauchsgut gemäß Art. 1519-*ter* Abs. 2 c) *Cc* ohnehin eine bei Gütern der gleichen Art übliche Qualität und Leistung aufweisen muss, was sich unzweifelhaft allein nach objektiven Maßstäben beurteilen lässt, da andernfalls die ergänzende

---

[1040] *Zaccaria/De Cristofaro*, La vendita dei beni di consumo, S. 47.

[1041] *De Cristofaro*, Difetto di conformità, S. 94f.

[1042] *Zaccaria/De Cristofaro*, La vendita dei beni di consumo, S. 46.

[1043] *Zaccaria*, Stud. Iur. 2000, 260 (265); *Ruscello*, Stud. Iur. 2001, 832 (837 und 846); a.A. *De Cristofaro*, Difetto di conformità, S. 71f., der allein auf einen subjektiven Maßstab abstellt.

Formulierung „die der Verbraucher vernünftigerweise erwarten kann“ überflüssig gewesen wäre.[1044] Auszugehen ist dabei immer vom Verbraucherleitbild des EuGH.

(2) Beschaffenheit

Die Vorschrift des Art. 1519-*ter* Abs. 2 c) *Cc* lässt ebenso wie die VerbrGK-RL einen weiten überwiegend an subjektiven Maßstäben angelehnten Auslegungsspielraum. So meint die Formulierung „Beschaffenheit des Gutes“ (*natura del bene*) nicht etwa nur typische Charakteristika des Gutes sondern erfasst ebenso die Besonderheiten des konkret erworbenen Verbrauchsgutes.[1045]

(3) Öffentliche Äußerungen

Unter den Begriff der „öffentlichen Äußerungen“ (*dichiarazioni pubbliche*) fallen uneingeschränkt jedwede Äußerungen über die konkreten Eigenschaften der Sache und damit durchaus auch ein so genannter *dolus bonus* (rechtlich erlaubte Täuschung).[1046] Entscheidend ist allein, das es sich um eine Äußerung über „konkrete Eigenschaften“ (*caratteristiche specifiche*) und damit um Äußerungen, die in der Formulierung eindeutig, im Inhalt genau und nachprüfbar sind.[1047] Dabei kann es sich sowohl um Äußerungen im eigentlichen Sinne als auch um ein Verhalten handeln, dass geeignet ist konkrete Vorstellungen über die Qualität und Leistung hervorzurufen.[1048] Die Formulierung „insbesondere in der Werbung oder bei der Etikettierung“ (*in particolare nella pubblicità o sull'etichettatura*) macht deutlich, dass Äußerungen in der Werbung oder bei der Etikettierung nur als Beispiele für öffentliche Äußerungen dienen und sind insoweit nicht abschließend. Insoweit stimmt die Umsetzungsvorschrift nahezu wortlautidentisch mit Art. 2 Abs. 2 d) VerbrGK-RL überein. Erfasst werden sowohl öffentliche Äußerungen des Verkäufers als auch des Herstellers und seiner Gehilfen.

Gemäß Art. 1519-*bis* Abs. 2 d) *Cc* bezeichnet der Begriff „Hersteller“ (*produttore*) im Sinne der VerbrGK-RL neben dem Fabrikanten (*fabbricante*) von Verbrauchsgütern auch dessen Importeur (*importatore*) für das Gebiet der Europäischen Union und jede andere Person, die sich als Hersteller bezeichnet indem sie ihren Namen, ihre Marke oder ein anderes Kennzeichen (*altro segno distintivo*) an das Verbrauchsgut anbringt. Auffällig ist zunächst, dass der italienische Gesetzgeber sich für den Begriff „Fabrikant“ zur Definition des Herstellerbegriffs entscheiden hat, während er in Art. 1519-*bis* Abs. 1 Satz 2 *Cc*, der die vom Anwendungsbereich der nachfolgenden Vorschriften erfassten

---

1044 *Zaccaria/De Cristofaro*, La vendita di beni di consumo, S. 51; *De Matteis*, Contr. e Impr./Europa 2001, 46 (49f.).

1045 *De Cristofaro*, Difetto di conformità, S. 118.

1046 *Zaccaria/De Cristofaro*, La vendita di beni di consumo, S. 50; *Ruscello*, Stud. Iur. 2001, 832 (846).

1047 *De Cristofaro*, Difetto di conformità, S. 120.

1048 *De Cristofaro*, Difetto di conformità, S. 118; *Zaccaria/De Cristofaro*, La vendita di beni di consumo, S. 50.

Vertragstypen bestimmt, klarstellt, dass die Formulierung „herstellen“ sowohl im Sinne von „anfertigen“ (*da fabbricare*) als auch im Sinne von „erzeugen“ (*da produrre*) auszulegen ist. Die Definition des Herstellerbegriffs in Art. 1519-*bis* Abs. 2 d) *Cc* enthält eine solche Konkretisierung nicht. Sie beschränkt sich vom Wortlaut vielmehr ausschließlich auf Personen, die Verbrauchsgüter „anfertigen“. Das Herstellen i.S.v. „Anfertigen“ erfordert regelmäßig, dass der Hersteller irgendeine Arbeitskraft entfaltet[1049], sodass grundsätzlich der Hersteller reiner Naturprodukte, insbesondere landwirtschaftlicher Erzeugnisse, vom Wortlaut des Art. 1519-*bis* Abs. 2 d) *Cc* nicht als Hersteller i.S.d. Vorschrift gelten dürfte.

Die Wahl des Begriffs „Fabrikant“ zur Definition des Herstellerbegriffs ist der Formulierung in der italienischen Sprachfassung des Art. 1 Abs. 2 d) VerbrGK-RL entnommen, die sich ebenfalls in der englischen[1050] und französischen[1051] Sprachfassung der VerbrGK-RL wieder findet. Als Vorbild dürfte wohl die Produkthaftungsrichtlinie[1052] gedient haben, die in der englischen[1053], französischen[1054] und italienischen[1055] Sprachfassung des Art. 3 Nr. 1 gleichsam jeweils den Begriff „Produzent“ zur Definition des Herstellers verwendet. Die Vorschrift in Art. 3 des italienischen Umsetzungsgesetzes[1056] hierzu lautete aber: „Hersteller ist der Fabrikant des Endprodukts oder einer seiner Bestandteile, der Hersteller des Grundstoffes, sowohl von Agrarprodukten als auch von Produkten aus der Zucht, der Fischerei, der Jagd, insbesondere der Bauer, Züchter, Fischer und Jäger.“[1057] Warum der italienische Gesetzgeber von dieser Definition im Rahmen von Art. 1519-*bis* Abs. 2 d) *Cc* hätte abweichen sollen, lässt sich nicht erklären. Die Definition muss vielmehr so verstanden werden, dass als Hersteller im Sinne der Vorschrift neben dem üblicherweise als Hersteller bezeichneten

---

1049 *Zaccaria/De Cristofaro*, La vendita dei beni di consumo, S. 26.

1050 Die englische Textfassung der VerbrKG-RL definiert den „producer“ als „manifacturer of consumer goods“.

1051 Die französische Textfassung der VerbrKG-RL definiert den „producteur“ als „fabricant d'un bien de consommation“.

1052 Richtlinie 85/374/EWG des Rates vom 25. Juli 1985 zur Angleichung der Rechts- und Verwaltungsvorschriften der Mitgliedstaaten über die Haftung für fehlerhafte Produkte (ABl. EG Nr. L 210 vom 7.8.1985 S. 29-33).

1053 Die Formulierung lautet in der englischen Fassung: „'Producer' means the manufacturer of a finished product, the producer of any raw material or the manufacturer of a component part (...)“.

1054 Die Formulierung lautet in der französischen Fassung: „Le terme « producteur » désigne le fabricant d'un produit fini, le producteur d'une matière première ou le fabricant d'une partie composante, (...)“.

1055 Die Formulierung lautet in der italienischen Fassung: „Il termine « produttore » designa il fabbricante di un prodotto finito, il produttore di una materia prima o il fabbricante di una parte componente, (...)“.

1056 Decreto del Presidente della Repubblica vom 24.05.1988, Nr. 224 geändert durch Art. 1 des Decreto Legislativo vom 02.02. 2001, Nr. 25.

1057 “Produttore è il fabbricante del prodotto finito o di una sua componente, il produttore della materia prima, nonché, per i prodotti agricoli del suolo e per quelli dell'allevamento, della pesca e della caccia, rispettivamente l'agricoltore, l'allevatore, il pescatore ed il cacciatore.”.

Personen auch der Hersteller von reinen Naturprodukten, wie etwa der Bauer, Züchter, Fischer und Jäger gelten soll.

Diese Auslegung wird dadurch unterstützt, dass nach dieser Vorschrift auch der Importeur und solche Personen, die sich lediglich als Hersteller bezeichnen gemäß Art. 1519-*bis* Abs. 2 d) *Cc* als Hersteller bezeichnet werden, diese aber im allgemeinen Sprachgebrauch nicht unter den Begriff „Hersteller" subsumiert werden. Vor diesem Hintergrund erscheint es daher angemessen, dass sowohl der „Fabrikant" als auch der „Produzent" als Hersteller i.S.d. Vorschrift gelten.[1058] Im Übrigen ist die Formulierung in Art. 1519-*bis* Abs. 2 d) *Cc* mit dem Wortlaut des Art. 1 Abs. 2 d) VerbrGK-RL mit insoweit unerheblicher Ausnahme der Formulierung „für das Gebiet der Europäischen Union"[1059] wortgleich.

Auch die Ergänzung des Art. 2 Abs. 2 d) VerbrGK-RL um die Formulierung „Agenten oder Vertreter" (*agente o rappresentante)* ändert hieran nichts. Sie dient dem Zweck den Anwendungsbereich der Umsetzungsvorschrift nicht etwa dadurch richtlinienwidrig zu beschränken, dass bei der Auslegung der Vorschrift auf eine nationale Begriffsbestimmung zurückgegriffen wird. Während der Begriff *„rappresentante"* dem *Cc* bereits in Art. 1388 *Cc* bekannt ist und dort allein den Vertreter mit Vertretungsmacht entsprechend § 164 BGB meint, erfasst der Begriff des *„agente"* auch solche ohne Vertretungsmacht handelnde Hilfspersonen des Herstellers. Die Vorschrift des Art. 1519-*ter* Abs. 4 *Cc* erlaubt dem Verkäufer entsprechend Art. 2 Abs. 4 VerbrGK-RL die Haftung für die Vertragswidrigkeit in den in den Buchstaben a) bis c) genannten Fällen situativ zurückzuweisen wobei ihn die Beweislast hinsichtlich der in den Buchstaben a) bis c) genannten Voraussetzungen trifft. Auch wenn eine Streichung der Beweislastumkehr durchaus gefordert wurde[1060] um die prozessuale Stellung des Verkäufers nicht übermäßig zu erschweren ist der Gesetzgeber mit Hinweis auf die Vorgaben der VerbrGK-RL bei dieser Regelung geblieben. Deutlicher als es der Text der VerbrGK-RL zeigt, macht der italienische Gesetzgeber durch die Formulierung „auch alternativ" (*in via anche alternativa*) klar, dass nur einer der in den Buchstaben a) bis c) genannten Umstände vorliegen muss, damit der Verkäufer die Vertragswidrigkeit zurückweisen kann.

(a) Unkenntnis des Verkäufers

Der Verkäufer ist nach a) der Vorschrift nicht durch die in Abs. 2 VerbrGK-RL genannten öffentlichen Äußerungen gebunden, wenn er nachweist, dass er die betreffenden Äußerungen nicht kannte und bei Anwendung der gewöhnlichen Sorgfalt auch keine Kenntnis davon haben konnte. Auch hier fällt auf, dass der italienische Gesetzgebers abermals auch die Formulierung „vernünftigerweise nicht

---

1058 So auch *Zaccaria/De Cristofaro*, La vendita dei beni di consumo, S. 27.

1059 Der Richtlinientext formuliert „für das Gebiet der Europäischen Gemeinschaften". Eine inhaltliche Änderung kann dies wohl kaum nach sich ziehen.

1060 Etwa von der 10. Kommission der Abgeordnetenkammer.

in Unkenntnis sein" verzichtet hat und die „gewöhnlichen Sorgfalt" als Verschuldensmaßstab festgelegt hat.

(b) Berichtigung der Äußerung

Nach b) der Vorschrift ist der Verkäufer dann nicht gebunden, wenn er nachweist, dass die betreffende Äußerung in angemessener Weise berichtigt war. Der italienische Gesetzgeber stellt in b) anders als die VerbrGK-RL klar, wie die Berichtigung der öffentlichen Äußerung zu erfolgen hat, damit der Verkäufer die Vertragswidrigkeit zurückweisen kann. Nach Art. 1519-*ter* Abs. 4 b) *Cc* muss der Verkäufer nachweisen, dass die Äußerung zum Zeitpunkt des Vertragsschlusses derart berichtigt war, dass der Verbraucher davon Kenntnis haben konnte (*in modo da essere conoscibile al consumatore*). Damit dürfte gemeint sein, dass die Berichtigung zumindest nach Form und Verbreitung der ursprünglichen Äußerung gleichkommen muss.[1061]

(c) Fehlende Beeinflussung der Kaufentscheidung

Drittens entfällt die Bindungswirkung von öffentlichen Äußerungen nach c) der Vorschrift, wenn der Verkäufer nachweist, dass die Kaufentscheidung nicht durch die betreffende Äußerung beeinflusst wurde. Hier fällt eine Abweichung zum Richtlinientext auf. Nach der VerbrGK-RL muss der Verkäufer nur nachweisen, dass die Kaufentscheidung nicht durch die betreffende Äußerung beeinflusst werden konnte nicht aber wie nach Art. 1519-*ter Cc* „beeinflusst wurde" (*é stata influenzata*). Muss aber der Verkäufer nachweisen, dass die öffentlichen Äußerungen nicht die Kaufentscheidung des Verbrauchers beeinflusst hat, so bedeutet dies im Ergebnis, dass er die Vertragswidrigkeit beweisen muss. Damit aber ist die Beweislast hinsichtlich der Vertragswidrigkeit, die auch nach der VerbrGK-RL immer vom Verbraucher zu beweisen ist, umgekehrt, was zu einer Besserstellung des Verbrauchers im italienischen Recht gegenüber der Stellung des Verbrauchers nach der VerbrGK-RL führt.[1062]

Schließlich löst Art. 1519-*ter* Abs. 4 *Cc* die Bindungswirkung öffentlicher Äußerungen und hebt damit im Einzelfall eine an sich bestehende Vertragswidrigkeit wieder auf. Wenn die Vorschrift aber dem Verkäufer nur ein situatives Zurückweisungsrecht im Einzelfall gewährt, so ist es im Sinne eines hohen Verbraucherschutzniveaus nur sinnvoll, wenn auf die tatsächliche Wirkung der Öffentlichen Äußerungen und nicht auf eine abstrakte Möglichkeit der Beeinflussung abgestellt wird. Wegen Art. 8 Abs. 2 VerbrGK-RL ist die Schaffung eines höheren Verbraucherschutzniveaus nach der VerbrGK-RL durchaus zulässig. Das in diesem Zusammenhang ins Feld geführte Argument, dem Verkäufer verbleibe schließlich ein Rückgriffsrecht[1063], kann hingegen auch hier nicht überzeugen, da schließlich die Frage der Verteilung des Insolvenzrisikos nicht aus

---

[1061] *Eccher/Schurr*, ZEuP 2003, 65 (75); *Zaccaria/De Cristofaro*, La vendita di beni di consumo, S. 52.

[1062] *Gravante*, ELF 2002, 356 (358).

[1063] *Gravante*, ELF 2002, 356 (358).

den Augen verloren werden darf, auch wenn sie in diesem Zusammenhang im Ergebnis zu keinem anderen Ergebnis führt.

f) Montage und Montageanleitung

Nach Art. 1519-*ter* Abs. 5 Satz 1 *Cc* wird entsprechend Art. 2 Abs. 5 Satz 1 VerbrGK-RL ein Mangel infolge unsachgemäßer Montage (*installazione*) des Verbrauchsgutes der Vertragswidrigkeit gleichgestellt, wenn die Montage Bestandteil des Kaufvertrages über das Verbrauchsgut war und vom Verkäufer oder unter dessen Verantwortung vorgenommen wurde. Das Gleiche gilt gemäß Art. 1519-*ter* Abs. 5 Satz 2 *Cc*, der der Umsetzung von Art. 2 Abs. 5 Satz 2 VerbrGK-RL dient, wenn das zur Montage durch den Verbraucher bestimmte Erzeugnis vom Verbraucher montiert worden ist und dessen unsachgemäße Montage auf einen Mangel in der Montageanleitung zurückzuführen ist. Letztlich handelt es sich in beiden Fällen um eine verschuldensunabhängige Haftung des Verkäufers wegen Verletzung einer zu den Hauptleistungspflichten akzessorischen Nebenleistungspflicht.[1064]

(1) Unsachgemäße Montage

Art. 1519-*ter* Abs. 5 Satz 1 *Cc* weicht nur in einem Punkt sprachlich von der italienischen Textfassung des Art. 2 Abs. 5 VerbrGK-RL ab, ohne das damit eine inhaltliche Abweichung verbunden wäre. Während es in Satz 1 der italienischen Fassung der Richtlinienvorschrift heißt „wenn die Montage Teil des Verbrauchsgüterkaufvertrages ist" (*quando l'installazione fa parte del contratto di vendita del bene*), formuliert der italienische Gesetzestext hingegen „wenn die Montage in den Kaufvertrag miteinbezogen ist" (*quando l'installazione é compresa nel contratto di vendita)*.

Die Fassung des Art. 1519-*ter* Abs. 5 *Cc* erfasst nach italienischen Sprachverständnis unzweifelhaft auch eine in Allgemeinen Geschäftsbedingungen oder lediglich als Nebenpflicht vereinbarte Montageleistungen des Verkäufers, die italienische Textfassung der VerbrGK-RL hingegen könnte unter Umständen vom Rechtsanwender ohne weitere Kenntnisse so ausgelegt werden als würde die Vorschrift entgegen ihrem Sinn und Zweck nur dann zum Tragen kommen, wenn die Montage im Sinne einer Hauptleistungspflicht durch Individualvereinbarung Gegenstand des Vertrages geworden ist. Angesichts der Tatsache, dass durch diese sprachliche Abänderung des Wortlauts der Umsetzungsvorschrift gegenüber dem der italienischen Richtlinienfassung Missverständnissen bei der Auslegung vorgebeugt werden kann, ist daher die Entscheidung des italienischen Gesetzgebers vom Wortlaut der VerbrGK-RL abzuweichen durchaus zu begrüßen. Voraussetzung ist danach, dass die Montage Bestandteil des Vertrages geworden ist, wobei sich dies auch aus den konkreten Umständen des Einzelfalls nach Treu und Glauben i.S.d. Art. 1175 *Cc* ergeben kann.[1065] Der Begriff der Montage umfasst

---

[1064] *Zaccaria/De Cristofaro*, La vendita dei beni di consumo, Commento, S. 41.

[1065] *Cian/Trabucchi-Zaccaria*, Commentario breve, Art. 1175 III.

dabei jedes Tätigwerden des Verkäufers oder anderer Personen unter seiner Verantwortung die dazu dienen den vertraglich vorausgesetzten Gebrauch der Sache zu ermöglichen. Der Begriff Montage meint dabei sowohl den Einbau als auch den Zusammenbau der Kaufsache.[1066]

(2) Mangelhafte Montageanleitung

In Art. 1519-*ter* Abs. 5 Satz 2 *Cc* der italienischen Vorschrift wird statt der Formulierung in der italienischen Textfassung der VerbrGK-RL „unsachgemäße Montage des Verbrauchers" (*installato dal consumatore*) die Formulierung „dessen unsachgemäße Montage" (*da questo installato*) verwendet, wobei sich das Genitivpronomen selbstverständlich auf den im ersten Halbsatz genannten Verbraucher bezieht.[1067] Eine inhaltliche Abweichung von den Vorgaben der VerbrGK-RL lässt sich nicht erkennen. Art. 1519-*ter* Abs. 5 *Cc* statuiert vielmehr entsprechend der Richtlinienvorgaben eine zu den Hauptleistungspflichten akzessorische Pflicht des Verkäufers zur Lieferung einer mangelfreien Montageanleitung.[1068] Insoweit entspricht die italienische Umsetzungsvorschrift den Richtlinienvorgaben. Teilweise wird in der Literatur sogar so weit gegangen aus Art. 1519-*ter* Abs. 5 *Cc* ein allgemeines Haftungsprinzip herauszulesen, wonach der Verkäufer für jedwede Mängel haftet, die auf die Nichterfüllung Vertragspflichten - sofern sie zur Hauptleistungspflicht akzessorisch sind - zurückzuführen sind.[1069] Insbesondere im Hinblick auf Mängel, die auf mangelhafte Verwendungs- und Nutzungsanleitungen oder auf fehlerhaften Hinweisen zur Instandhaltung und Wartung beruhen, ist eine weite Auslegung der Vorschrift im dargelegten Sinne geboten um zu vermeiden, dass an sich gleiche Sachverhalte von der Rechtsordnung unterschiedlich behandelt werden.[1070]

g) Falschlieferung und Mengenabweichungen

Das allgemeine italienische Kaufrecht kennt nicht nur Fehler und die Abwesenheit von Eigenschaften sondern auch die Falschlieferung (*vendita aliud pro alio*). Es ist allgemein anerkannt, dass aus Art. 1490 *Cc* folgt, dass die Sache der vereinbarten Gattung angehören muss also kein *Aliud* sein darf.[1071] Nach bisheriger ständiger Rechtsprechung wird die Falschlieferung nicht nach Gewährleistungsrecht sondern nach den allgemeinen Regeln über die Nichterfüllung (*inadempimento*), namentlich den Art. 1453, 1218 *Cc*, behandelt.[1072] Durch die Anwendung der Regeln über die

---

1066 *Zaccaria/De Cristofaro*, La vendita dei beni di consumo, S. 42.

1067 Die deutsche Textfassung der VerbrGK-RL verzichtet im zweiten Halbsatz seines Art. 2 Abs. 5 Satz 2 ganz auf eine Bezugnahme auf den Verbraucher, da Satz 2 der Vorschrift ohnehin nur die Fälle der Montage durch den Verbraucher erfasst, wie der 1. Halbsatz erkennen lässt.

1068 *De Cristofaro*, Difetto di conformità, S. 134f.

1069 *De Cristofaro*, Difetto di conformità, S. 137 f.

1070 *Zaccaria/De Cristofaro*, La vendita dei beni di consumo, Commento, S. 42 f.

1071 Cass., Urt. v. 25.6.1980, n. 3992; Giur. It. 1981/I, 1097 (1098).

1072 Cass., Urt. v. 5.7.1983, n. 4515, Rep. Foro it. 1983, vendita, 95; Cass., Urt. v. 29.1.1983, n. 829, Rep Foro it. 1983, vendita, 92, Giust civ. 1983/I, 2898.

Nichterfüllung sollte vermieden werden, dass die Anzeigeobliegenheit und die kurzen Verjährungsfristen des Art. 1495 *Cc* bei Fehlern, die über den Verweis in Art. 1497 Abs. 2 *Cc* auch für die Abwesendheit von Eigenschaften gelten, zu einer für den Fall einer Falschlieferung als unangemessen betrachteten Präklusion der Käuferrechte führen.[1073] Für die Falschlieferung gilt daher die zehnjährige Verjährungsfrist des Art. 2946 *Cc*. Dem Käufer steht nach den allgemeinen Regeln über die Nichterfüllung neben Schadensersatzansprüchen bei Verschulden des Verkäufers nur das Recht auf Vertragsauflösung zur Seite. Art. 1455 *Cc* findet ebenfalls auf diese Fälle unbestritten Anwendung. Danach ist das Recht auf Vertragsauflösung bei nur geringfügiger Bedeutung der Nichterfüllung ausgeschlossen ist.

Während die Rechtsprechung zur Abgrenzung der Falschlieferung von einem Fehler i.S.d. Art. 1492 *Cc* oder der Abweichung von wesentlichen oder zugesicherten Eigenschaften nach Art. 1497 *Cc* regelmäßig nur dann von einer Falschlieferung ausging, wenn eine Sache „einer ganz anderen als der vereinbarten Gattung angehörte“[1074], hat sich mittlerweile die Auffassung durchgesetzt, wonach auch dann von einer Falschlieferung auszugehen ist, wenn „der gelieferten Sache die nötigen Eigenschaften fehlen, um ihre natürliche oder von den Parteien vorgesehne wirtschaftlich-sozialen Aufgaben zu erfüllen“[1075] oder „sich als zum von den Parteien vorgesehenen Zweck völlig ungeeignet erweist“[1076].[1077] Nach einer Auffassung in der Literatur ist hingegen nur auf die „wirtschaftlich-soziale Funktion“ der Sache abzustellen.[1078] Die unklare Rechtslage wurde in der Literatur vielfach kritisiert.[1079]

Auch in den Vorschriften der Art. 1519-*bis* *Cc* ff. hat der italienische Gesetzgeber auf eine ausdrückliche Regelung der Falschlieferung verzichtet. Das überwiegende Schrifttum will die Falschlieferung ebenso wie Mengenabweichungen jeder Art unter den Vertragswidrigkeitsbegriff des Art. 1519-*ter* *Cc* subsumieren.[1080] Teilweise wird in der Literatur vertreten, dass aufgrund der

---

[1073] *Bianca*, in: *Vassali* (Hrsg.), Trattato di diritto civile, S. 901 f.; *Greco/Cottino*, in: *Scialoja/Branca*, Commentario del Codice civile, S. 187 f.; *Luminoso*, in: *Iudica/Zatti* (Hrsg.), Trattato di diritto privato, 146; *Rubino*, in: *Cicu/Messineo* (Hrsg.), Trattato di diritto civile e commerciale, S. 695f.

[1074] Cass., Urt. v. 28.4.1971, n. 1257, Foro it. 1971/I, 1915; Cass., Urt. v. 13.12.1949, n. 2585, Rep. Foro it. 1949, vendita, 107.

[1075] Cass., Urt. v. 5.7.1983, n. 4515, Rep. Foro it. 1983, vendita, 95; Cass., Urt. v. 29.1.1983, n. 829, Rep. Foro it. 1983, vendita, 92.

[1076] Cass. Urt. v. 15.2.1992, n. 1866, Rep. Foro it. 1992, vendita, 66; *Rescigno*, Commentario al Codice Civile, Art. 1490 Rn. 1.

[1077] Vgl. hierzu *Kramer*, Diss., S. 87.

[1078] *Bianca*, in: *Vassali* (Hrsg.), Trattato di diritto civile, S. 809.

[1079] *Greco/Cottino*, in: *Scialoja/Branca*, Commentario del Codice civile, S. 238.

[1080] *Bin*, Contr. e Impr./Europa 2000, 403 (405); *Calvo*, Contr. e Impr./Europa 2000, 463 (466); *De Cristofaro*, Difetto di conformità, S. 63 und 129; *Amadio*, Riv. dir. civ. 2001/I, 870 (871); *Bianca*, Contr. e Impr./Europa 2001, 16; *Macario*, Contr. e Impr./Europa 2001, 146; *Garofalo*, in: *Schermaier* (Hrsg.), Verbraucherkauf in Europa, S. 237 (254).

fehlenden Anzeigeobliegenheit und der längeren Fristen des allgemeinen Leistungsstörungsrechts eine Einbeziehung der Falschlieferung in Art. 1519-*ter Cc* vom italienischen Gesetzgeber nicht gewollt gewesen sein kann, da der Verbraucher letztlich dadurch schlechter gestellt würde.[1081] Diese Auffassung übersieht, dass dem Verbraucher nach der VerbrGK-RL bei jeder Vertragswidrigkeit die Rechtsbehelfe Nacherfüllung, Minderung und Vertragsauflösung unter den genannten Voraussetzungen zustehen. Der Verbraucher wäre mithin gegenüber der VerbrGK-RL benachteiligt, wenn er nach italienischem Recht bei einer Falschlieferung im Rahmen eines Verbrauchsgüterkaufes ausschließlich auf das Recht zur Vertragsauflösung verwiesen wäre. Eine solche Benachteiligung aber würde ein Umsetzungsdefizit bedeutet, dass ein Vertragsverletzungsverfahren nach dem EGV nach sich ziehen könnte.[1082] Auch die Auffassung in der Literatur[1083], die davon ausgeht, dass die Minderung ein Rechtsbehelf generellen Charakters für den Fall vertragswidriger Leistung im Gegenseitigkeitsverhältnis sei, sodass dem Käufer auch bei der Falschlieferung die Minderung zusteht, hilft hier nicht weiter. Fehlt es auch dann noch am Nacherfüllungsrecht, dem gemäß Art. 3 Abs. 3 VerbrGK-RL gegenüber den übrigen Rechtsbehelfen sogar eine Vorrangstellung eingeräumt wird. Schließlich werden die Fälle, in denen „der gelieferten Sache die nötigen Eigenschaften fehlen, um ihre natürliche oder von den Parteien vorgesehne wirtschaftlich-sozialen Aufgaben zu erfüllen" und die Fälle in denen die Sache „sich als zum von den Parteien vorgesehnen Zweck völlig ungeeignet erweist"[1084] beim Verbrauchsgüterkauf nunmehr ohnehin von Art. 1519-*ter* Abs. 2 d) *Cc*, der der Umsetzung von Art. 2 Abs. 2 b) VerbrGK-RL dient, erfasst, sodass diese Fälle aus dem Anwendungsbereich der Art. 1453 und 1218 *Cc* herausfallen. Bei richtlinienkonformer Auslegung muss man zu dem Ergebnis gelangen, dass der Verkäufer bei einer Falschlieferung seine Pflicht zur Lieferung vertragsgemäßer Güter nach Art. 1519-*ter* Abs. 1 *Cc* verletzt hat.[1085]

Der Begriff der Vertragswidrigkeit erfasst daher nach allgemeiner Auffassung in der italienischen Literatur neben Fehlern und der Abwesendheit von zugesicherten oder wesentlichen Eigenschaften im oben genannten Sinne auch die

---

1081 Vgl. hierzu *De Nova*, L'acquisto di beni di consumo, S. 24.

1082 *De Nova*, L'acquisto di beni di consumo, S. 24.

1083 *Bianca*, in: *Vassalli* (Begr.), Trattato di diritto civile, 953f.

1084 Cass., Urt. v. 15.2.1992, n. 1866, Rep.Foro it.1992, vendita, 66.

1085 *Eccher/Schurr*, ZEuP 2003, 65 (76).

Fälle der Falschlieferung.[1086] Gleiches muss selbstverständlich auch für Mengenabweichungen (*deficienza quantitativa*) gelten.[1087]

3. Haftungssausschluss

Nach Art. 1519-*ter* Abs. 3 *Cc* liegt keine Vertragswidrigkeit vor, wenn der Verbraucher im Zeitpunkt des Vertragsschlusses Kenntnis des Mangels hatte oder bei Anwendung gewöhnlicher Sorgfalt nicht in Unkenntnis darüber sein konnte, oder wenn die Vertragswidrigkeit auf den Anweisungen oder gelieferten Stoffen des Verbraucher beruht. Die Vorschrift dient der Umsetzung von Art. 2 Abs. 3 VerbrGK-RL. Die nahezu wörtliche Übernahme der italienischen Sprachfassung der Richtlinienvorschrift ist in der italienischen heftig kritisiert worden. Bereits die Richtlinienfassung, so die Kritik, sei ungenau formuliert, da es sich schließlich bei der Vertragswidrigkeit um ein objektiven Umstand handle, der unabhängig davon besteht ob der Verbraucher davon Kenntnis hat bzw. bei Anwendung gewöhnlicher Sorgfalt nicht in Unkenntnis darüber sein durfte.[1088] Letztlich ist eindeutig, dass Art. 1519-*ter* Abs. 3 *Cc* ebenso wie Art. 2 Abs. 3 VerbrGK-RL die an sich bestehenden Rechtsbehelfe des Verbrauchers bei Vertragswidrigkeit in den umschriebenen Fällen ausschließen soll, sodass es hierauf nicht ankommen kann.

Im Rahmen von Art. 1491 *Cc*, der die Haftung des Verkäufers in denjenigen Fällen ausschließt, in denen der Käufer den Fehler kannte, kommt es nur darauf an, dass der Käufer den Fehler kannte, nicht aber, dass er Kenntnis der Umstände hatte, die den Fehler begründen, mithin ihre Ursache.[1089] Die Haftung des Verkäufers ist folglich bei Kenntnis auch dann ausgeschlossen, wenn es sich um „versteckte Mängel“ (*vizi occulti*) handelt. Diese Interpretation lässt sich ohne weiteres auf Art. 1519-*ter* Abs. 3 *Cc* übertragen. Ein dringender Verdacht genügt daher nicht. Auffällig ist, dass auch der italienische Gesetzgeber auf die Übernahme der Formulierung „vernünftigerweise nicht in Unkenntnis sein“ (*non poteva ragionevolmente ignorarlo*) des Richtlinientextes verzichtet hat und stattdessen auf die „gewöhnliche Sorgfalt“ (*ordinaria diligenza*) abstellt. Nach Art. 1491 *Cc* ist die Haftung des Verkäufers ausgeschlossen, wenn der Käufer den Fehler kannte oder wenn der Fehler „leicht zu erkennen“ (*facilmente riconoscibili*) war. Die Haftung des Käufers wird mithin im allgemeinen Kaufrecht bei Unkenntnis des Käufers bereits dann ausgeschlossen, wenn er geringe Sorgfaltsanstrengungen (*un minimo*

[1086] *Amadio*, Riv. Dir. Civ. 2001/I, 863 (871); *Bianca*, Contr. e Impr./Europa 2001, 16; *Bin*, Contr. e Impr./Europa 2000, 403 (405); *Bonfante/ Cagnasso*, Contr. e Impr./Europa 2001, 23 (28); *De Cristofaro*, Difetto di conformità, S. 130f.; *De Matteis*, Contr. e Impr./Europa 2001, 46 (48); *Fadda*, Contr. e Impr./Europa 2000, 410 (415 und 422f.); *Falzone Calvisi*, Contr. e Impr./Europa 2000, 455 (455f.); *Gallo*, Contr. e Impr./Europa 2001, 78 (78); *Luminoso*, Contr. e Impr./Europa 2001, 83 (86 und 115); *ders.*, Riv. Dir. Civ. 2001/I, 837 (841); *Macario*, Contr. e Impr./Europa 2001, 143 (146); *Zaccaria*, Stud. Iur. 2000, 260 (264).

[1087] *De Cristofaro*, Difetto di conformità, S. 131f.

[1088] *Zaccaria*, Stud. Iur. 2000, 260 (265); *Luminoso*, Contr. e imr./Europa 2001, 83 (117).

[1089] *Cian/Trabucchi*, Commentario breve, Art. 1491, Rn. I/5.

sfarzoso diligente)[1090] nicht unternommen hat[1091], wobei auch auf persönliche Fähigkeiten[1092] abzustellen ist.[1093]

Da es kaum vorstellbar ist, dass der italienische Gesetzgeber im Rahmen von Verbrauchsgüterkaufen den Haftungsausschluss des Verkäufers erleichtern wollte, sodass die Haftung entsprechend Art. 1491 *Cc* nur dann gemäß Art. 1519-*ter* Abs. 3 *Cc* ausgeschlossen ist, wenn der Verbraucher über leicht erkennbare Fehler in Unkenntnis war. Die Nichtanwendung der gewöhnlichen Sorgfalt liegt folglich nur vor, wenn der Verbraucher geringfügigen Sorgfaltsanforderungen nicht nachgekommen ist, ein erhöhtes Maß an Aufmerksamkeit ist nicht erforderlich.[1094] Ob es im Rahmen von Art. 1519-*ter* Abs. 3 *Cc* auch auf die persönlichen Fähigkeiten des Verbrauchers ankommen muss, erscheint zweifelhaft. In der italienischen Literatur ist darauf hingewiesen worden, dass Art. 1519-*ter* Abs. 3 *Cc* letztlich nur ein Korrektiv für die Fälle beinhalten soll, in denen sich der Verbraucher im Widerspruch zu seinem Verhalten bei Vertragsabschluss setzt, was aber nur dann zu bejahen ist, wenn die Vertragswidrigkeit derart offensichtlich ist, dass der Verbraucher bei Anwendung der gewöhnlichen Sorgfalt den Mangel nicht ignorieren konnte.[1095] Anders als im Rahmen von Art. 1491 *Cc* ist aber die Kenntnis des Verbrauchers immer abhängig von dem, was ihm der ihm regelmäßig überlegene Verkäufer offenbart, sodass hier die Sicht des Verkäufers maßgeblich sein muss. Dieser aber kann regelmäßig nur davon ausgehen, dass sein Vertragspartner von denjenigen Umständen Kenntnis erlangen kann, die ein Durchschnittsverbraucher nicht ignorieren kann.[1096] Auf die persönlichen Fähigkeiten des konkreten Verbrauchers kann es daher nicht ankommen. Die Haftung des Verkäufers ist mithin gemäß Art. 1519-*ter* Abs. 3 *Cc* nur dann ausgeschlossen, wenn auch ein durchschnittlicher Verbraucher nicht in Unkenntnis über den Mangel sein durfte.[1097]

Da als maßgeblicher Zeitpunkt der Vertragsschluss gilt, greift Art. 1519-*ter* Abs. 3 *Cc* nur dann ein wenn der Verbraucher überhaupt die Möglichkeit hatte das Verbrauchsgut vor bzw. bei Vertragsschluss zu prüfen. Verallgemeinernd lässt sich insoweit zusammenfassen, dass für den Fall, in dem ein Vertrag Verbrauchsgüter zum Gegenstand hat, die der Verbraucher vor oder bei Austausch der Leistungen zur Durchführung des Vertrages nicht prüfen konnte, der in der Konsequenz durch Art. 1519-*ter* Abs. 3 *Cc* bedingte Haftungsausschluss zugunsten des Verkäufers auch dann nicht eingreift, wenn die Mangelhaftigkeit des Verbrauchsgutes bei Lieferung ohne Schwierigkeiten festgestellt werden kann. Auch wenn bei der

1090 *Bianca*, in: *Vasalli*, Trattato di Diritto Civile Italiano, S. 913.

1091 *Kramer*, Diss., S. 52.

1092 *Greco/Cottino*, in: *Scialoja/Branca*, Commentario del Codice civile, S. 253; *Cian/Trabucchi-Zaccaria*, Commentario al Codice civile, Art. 1491 I.

1093 *Schwartze*, Europäische Sachmängelgewährleistung, S. 126.

1094 *Garofalo*, in: *Schermeier* (Hrsg.), Verbraucherkauf in Europa, S. 237 (254f).

1095 *Alpa/De Nova*, L'aquisto di beni di consumo, Art. 1519-*ter* Rn. 34.

1096 *Hazan*, I contratti 2002, 394 (401).

1097 *Garofalo*, in: *Schermeier* (Hrsg.), Verbraucherkauf in Europa, S. 237 (255).

Lieferung die Mangelhaftigkeit des Verbrauchsgutes offensichtlich ist, verliert der Verbraucher durch seine Annahme nicht seine Rechte aus Art. 1519-*quarter Cc*. Die Vorschrift des Art. 1519-*ter* Abs. 3 *Codice* stellt die Rechte des Verbrauchers gerade nicht unter den Vorbehalt die Mangelhaftigkeit des Verbrauchsgutes bei Lieferung anzuzeigen.[1098] Auch die Kenntnis von der Mangelhaftigkeit des Verbrauchsgutes nach Vertragsschluss im Zeitpunkt der Konkretisierung bei einem Gattungskauf schadet daher nicht.[1099] Der Verkäufer haftet selbst dann, wenn er sich mit dem Verbraucher bei der Konkretisierung über die Aussonderung des konkreten Gegenstand geeinigt hat bzw. der Käufer dieses selbst ausgewählt hat.[1100]

Fraglich ist, ob auch bei Fernabsatzverträgen und Haustürgeschäften der Zeitpunkt des Vertragsschlusses der für den Zeitpunkt des die Haftung ausschließenden Moments als maßgeblich anzusehen ist, da dem Verbraucher in diesem Fall regelmäßig ein Widerrufsrecht[1101] zur Seite steht. In diesen Fällen wäre es durchaus denkbar, dass auch die Kenntnis bzw. Unkenntnis i.S.v. Art. 1519-*ter* Abs. 3 *Cc* im Zeitpunkt des Erlöschens des Widerrufsrechts also mit Ablauf der Widerrufsfrist, zum Ausschluss der Vertragswidrigkeit führt, da der Vertragsschluss erst ab diesem Zeitpunkt als „endgültig“ wirksam betrachtet werden kann.[1102] Im Ergebnis würde dann aber eine an sich zum Schutz des Verbrauchers dienende Regelung, wie das Widerrufsrecht, letztlich zu dessen Nachteil gereichen. Die Tatsache, dass es sich unter Umständen um ein Fernabsatz oder Haustürgeschäft handelt, kann die Auslegung von Art 1519-*ter* Abs. 3 *Cc* mithin nicht beeinflussen.

Von wesentlicher Bedeutung dürfte die Vorschrift des Art. 1519-*ter* Abs. 3 *Cc* hingegen für Werk- und Werklieferungsverträge sein. Nach allgemeinem Werkvertragsrecht, ist die Haftung des Werkunternehmers nach Art. 1668 *Cc* bei Mangelhaftigkeit des Werkes gemäß Art. 1667 bzw. 2226 *Cc* ausgeschlossen, wenn der Besteller das Werk angenommen hat obwohl er von der Mangelhaftigkeit des Werkes Kenntnis hatte oder wenn die Mangelhaftigkeit erkennbar war, sofern der Werkunternehmer die Mangelhaftigkeit des Werkes nicht arglistig verschwiegen hat. Während nach allgemeinem Kaufrecht und bisher auch im Rahmen von Werkverträgen über Verbrauchsgüter die vorbehaltslose Annahme des Werkes bei Kenntnis bzw. Erkennbarkeit seiner Mangelhaftigkeit zum Ausschluss der Haftung des Werkunternehmers führten, haftet der Werkunternehmer nunmehr im Rahmen von Werkverträgen über Verbrauchsgüter trotz Annahme. Mit Art. 1519-*ter* Abs. 3

[1098] *Zaccaria/De Cristofaro*, La vendita di beni di consumo, S. 56.

[1099] So aber im Rahmen von Art. 1491 *Cc*. Vgl. *Rubino*, in: *Cicu/Messineo* (Hrsg.), Trattato di diritto civile e commerciale, S. 782.

[1100] *Zaccaria/De Cristofaro*, La vendita di beni di consumo, S. 56.

[1101] Für Fernabsatzverträge nach Art. 5 des *Decreto legislativo* vom 22. Mai 1999, Nr. 185 zur Umsetzung der Richtlinie 97/7/EU (*Gazzetta Ufficiale* Nr. 143 vom 21 Juni 1999) und für Haustürgeschäfte nach Art. 4 des *Decreto legislativo* vom 15. Januar 1992, Nr. 50 zur Umsetzung der Richtlinie 85/577/EU (*Gazzetta Ufficiale* Nr. 27 vom 3 Februar 1992).

[1102] Vgl. hierzu *Zaccaria/De Cristofaro*, La vendita di beni di consumo, S. 57.

Cc ist das Haftungsrisiko des Werkunternehmers im Rahmen von Verbrauchsgüterverträgen erheblich erweitert worden.

Ebenfalls ausgeschlossen ist die Vertragswidrigkeit entsprechend den Richtlinienvorgaben, wenn die Vertragswidrigkeit auf einem vom Verbraucher gelieferten Stoff zurückzuführen ist. Anders als der Richtlinientext liegt gemäß Art. 1519-*ter* Abs. 3 a.E. *Cc* auch dann keine Vertragswidrigkeit vorliegt, wenn die Vertragswidrigkeit auf eine Anweisung des Verbrauchers zurückzuführen ist. Berücksichtigt man, dass sich die Vertragsmäßigkeit der Sache sowohl nach der VerbrGK-RL als auch nach Art. 1519-*ter* Abs. 1 *Cc* vorrangig nach der Parteivereinbarung richtet, so wäre zunächst denkbar, dass bereits deswegen ein auf einer Anweisung beruhender Mangel selbstverständlich nie als Vertragswidrigkeit behandelt werden kann. Dann müsste es sich aber die Anweisung Gegenstand der Parteivereinbarung sein. Dass eine Anweisung grundsätzlich auch nach Vertragsschluss möglich ist stört nicht, da Parteiabreden nach Vertragsschluss durchaus Gegenstand der Parteivereinbarung werden können. Eine Anweisung beinhaltet gerade keine gegenseitig übereinstimmenden Willenserklärungen sondern eine einseitige Willenserklärung und damit nicht Gegenstand einer Parteivereinbarung. Die VerbrGK-RL bestimmt in ihrem Art. 2 Abs. 3, dass keine Vertragswidrigkeit vorliegt, wenn der Verbraucher Kenntnis des Mangels hatte oder darüber vernünftigerweise nicht in Unkenntnis sein durfte. Gibt der Verbraucher dem Verkäufer eine Anweisung und führt diese Anweisung zu einem Mangel, so hätte der Verbraucher vernünftigerweise nicht in Unkenntnis über den Mangel sein dürfen. Die Regelung in Art. 1519-*ter* Abs. 3 a.E. *Cc* führt demnach nicht zu einer mit den Richtlinienvorgaben kollidierenden Haftungserleichterung zugunsten des Verkäufers.[1103] Die Aufnahme dieser Bestimmung in den Gesetzestext dient zwar nicht der Schaffung eines höheren Verbraucherschutzniveaus als dasjenige der VerbrGK-RL, sie ist jedoch nicht zu beanstanden, da der Verbraucher mit der Abgabe von Anweisungen konkludent die Risikoübernahe erklärt. Schließlich bleibt der Nachweis der Anweisung durch den Verbraucher und dessen Ursächlichkeit für den Mangel Sache des Verkäufers.

Im Übrigen ist in diesem Zusammenhang zu berücksichtigen, dass der Werkunternehmer im Rahmen eines Werklieferungsvertrages gemäß Art. 1663 *Cc* den Besteller unverzüglich über die Mangelhaftigkeit der von ihm gelieferten Stoffe zu unterrichten hat, wenn sich diese im Laufe der Werkleistung zeigt und seine ordnungsgemäße Durchführung gefährdet. Da eine den Inhalt dieser Regelung betreffende Vorschrift in den Art. 1519-*bis* ff. *Cc* fehlt, muss Art. 1663 *Cc* auch im Rahmen von Verbrauchsgüterkäufen Anwendung finden. Dies steht auch nicht im Widerspruch zu den Vorgaben der VerbrGK-RL, da der Verbraucher durch sie besser gestellt wird. Es bleibt darüber hinaus abzuwarten ob die

1103 A.A. *Zaccaria/De Cristofaro*, La vendita di beni di consumo, S. 59, die hierin einen Verstoß gegen die Mindestschutzklausel i.S.d. Art. 8 der Richtlinie sehen.

italienischen Gerichte die Regelung des Art. 1663 *Cc* auf Kaufverträge erweitern.[1104]

IV. Rechtsvergleich

Art. 2 VerbrGK-RL findet seine Entsprechung im deutschen Recht in den §§ 433 bis 435 BGB, im italienischen Recht in Art. 1519-*ter Cc*. Anders als das italienische Recht, das in Übereinstimmung mit der VerbrGK-RL auf den alle Mängel umfassenden, einheitlichen Begriff der Vertragswidrigkeit bzw. Vertragsmäßigkeit abstellt, differenziert das deutsche Recht zwischen Sach- und Rechtsmangelfreiheit. § 434 BGB behandelt die Sachmangelfreiheit, § 435 die Rechtsmangelfreiheit. In der Struktur hingegen unterscheiden sich die Umsetzungsvorschriften nur geringfügig. Beide Gesetzgeber haben die Pflicht des Verkäufers zur Lieferung vertragsgemäßer Güter gemäß Art. 2 Abs. 1 VerbrGK-RL getrennt von der Definition der Vertragsmäßigkeit normiert.

1. Mangelfreiheit/ Vertragsmäßigkeit als Leistungspflicht

Die Pflicht des Verkäufers zur Lieferung vertragsgemäßer Güter gemäß Art. 2 Abs. 1 VerbrGK-RL findet sich im italienischen Recht in Art. 1519-*ter* Abs. 1 *Cc*, der inhaltlich mit § 433 Abs. 1 Satz 2 BGB umfassend übereinstimmt. Der italienische Gesetzgeber verwendet ebenso wie die VerbrGK-RL den Begriff der Vertragsmäßigkeit, während der deutsche Gesetzgeber auf die Sach- und Rechtsmangelfreiheit abstellt. Die unterschiedlichen Begrifflichkeiten lassen sich darauf zurückführen, dass der deutsche Gesetzgeber die Differenzierung zwischen Sach- und Rechtsmängel beibehalten wollte. Die Vorschriften zur Bestimmung der Sachmangelfreiheit, die gemäß § 453 BGB zur Bestimmung der Rechtmangelfreiheit heranzuziehen sind, gehen ebenso wie die Bestimmung der Vertragsmäßigkeit im italienischen Recht auf die VerbrGK-RL zurück, sodass die Sach- und Rechtsmangelfreiheit als Synonym für den Begriff der Vertragsmäßigkeit gelten kann.[1105]

Mit der Neufassung des § 433 Abs. 1 Satz 2 BGB bzw. der Aufnahme des Art. 1519-*ter* Abs. 1 *Cc* in das italienische Zivilgesetzbuch ist die Vertragsmäßigkeit in beiden Rechtsordnungen zur Erfüllungspflicht i.S.e. Hauptleistungspflicht des Verkäufers avanciert, im italienischen Recht freilich soweit es sich um einen Verbrauchsgüterkauf handelt.[1106] Sowohl in Deutschland als auch in Italien vollzieht sich damit ein Systemwechsel. Nach Art. 1476 *Cc*, der die Hauptpflichten (*obbligazioni principali*) des Verkäufers bei sonstigen Kaufverträgen im italienischen Recht regelt, hat der Verkäufer nämlich nur die Pflicht zur Übergabe der Sache (Nr.1), Eigentumsverschaffung (Nr. 2) und Haftung für Mängel der

---

1104 Gefordert von *De Cristofaro*, Difetto di conformità, S. 179.

1105 Ein weiterer Unterschied besteht darin, dass der Verkäufer nach deutschem Recht dem Käufer die Sache frei von Sach- und Rechtsmängel „zu verschaffen" hat, während er nach italienischem Recht dazu verpflichtet ist, eine vertragsgemäße Sache „zu liefern".

1106 *Garofalo*, in: *Schermaier* (Hrsg), Verbraucherkauf in Europa, S. 237 (251); *De Cristofaro*, Difetto, S. 53; *Amadio*, Contr. e Impr./Europa 2001, 5.

Kaufsache (Nr. 3). Die Formulierung in Nr. 3 der Vorschrift lässt erkennen, dass Erfüllung nach allgemeinem Kaufrecht auch bei Lieferung einer mangelhaften Sache eintritt. Art. 1519-*ter* Abs. 1 *Cc* aber führt nunmehr zur Unanwendbarkeit des Art. 1477 Abs. 1 *Cc*, wonach die Kaufsache in dem Zustand übertragen werden, in dem es sich bei Vertragsschluss befindet. Die Normierung der Mangelfreiheit als Erfüllungspflicht des Verkäufers statuiert in Italien folglich eine Ausnahme für den Bereich des Verbrauchsgüterkaufes.[1107] Die Umsetzung der VerbrGK-RL hat daher in beiden Rechtsordnungen zu einer Erweiterung des Käuferschutzes geführt, wobei er im italienischen Recht auf den Bereich des Verbrauchsgüterkaufes beschränkt bleibt.

2. Bestimmung der Mangelfreiheit/ Vertragsmäßigkeit

Während sich im deutschen Recht aus § 433 Abs. 1 Satz 2 BGB nur die Pflicht ergibt, dem Käufer eine mangelfreie Sache zu verschaffen, und offen bleibt, wann die Sache mangelfrei ist, folgt aus Art. 1519-*ter* Abs. 1 *Cc*, dass die „Güter dem Kaufvertrag gemäß" (*beni conformi al contratto*) sein müssen. Maßgeblich zur Bestimmung der Vertragsmäßigkeit ist folglich die Parteivereinbarung. Dasselbe ergibt sich für das deutsche Recht aus der zur Bestimmung der Mangelfreiheit eigens neu geschaffenen Vorschrift des § 434 BGB. Danach ist eine Sache frei von Mängeln, wenn sie der Beschaffenheitsvereinbarung entspricht. Maßstab für die Soll-Beschaffenheit der verkauften Güter ist folglich auch hier die Parteivereinbarung.[1108] Für das deutsche Recht ergibt sich dadurch zunächst noch keine Abweichung zum alten Recht. Die herrschende Auffassung hatte auch vor der Schuldrechtsreform regelmäßig dem subjektiven Fehlerbegriff den Vorrang eingeräumt und auf die Parteivereinbarung abgestellt. Art. 1490 ff. *Cc* liegt hingegen ein objektiver Fehlerbegriff zugrunde. Ein Fehler im Sinne des Art. 1490 *Cc* wird zwar auch als Abweichung des tatsächlichen Zustandes der Sache vom geschuldeten Vertragsziel verstanden, der italienische Kassationshof hat jedoch entschieden, dass der Verkäufer nur für die artgemäße Verwendungsfähigkeit der Sache haftet. Auf einen vereinbarten Verwendungszweck kommt es nicht an.[1109] Art. 1519-*ter* Abs. 1 *Cc* stellt folglich eine erhebliche Abweichung zu den Vorschriften des allgemeinen italienischen Gewährleistungsrechts dar.

Fehlt es an einer ausdrücklichen Parteivereinbarung, so enthalten die Vorschriften des § 434 Abs. 1 Satz 2 und 3 BGB gesetzlich typisierte Fälle einer konkludenten Beschaffenheitsvereinbarung für den Fall, dass nichts anderes vereinbart wurde, und damit eine gesetzliche Konkretisierung der §§ 133, 157 BGB.[1110] Danach ist eine Sache frei von Mängeln, wenn sie sich für die nach dem Vertrag vorausgesetzte Verwendung eignet (§ 434 Abs. 1 Satz 2 Nr. 1 BGB); sonst, wenn sie sich für die gewöhnliche Verwendung eignet und eine Beschaffenheit

[1107] *Zaccaria/De Cristofaro*, La vendita dei beni di consumo, Commento, S. 35; *Amadio*, Contr. e Impr./Europa 2001, 2 (10).
[1108] *Gsell*, JZ 2001, 65 (65).
[1109] *Valcárcel Schnüll*, Diss., S. 98.
[1110] *Grigoleit/Herresthal*, JZ 2003, 233 (234ff).

aufweist, die bei Sachen der gleichen Art üblich ist und die der Käufer auch erwarten kann (§ 434 Abs. 1 Satz 2 Nr. 2 BGB). § 434 Abs. 1 Satz 3 BGB enthält für den Fall öffentlicher Äußerungen zur Bestimmung der Mangelfreiheit weitere Auslegungskriterien. Für die Fälle, in denen eine Sache zur Montage bestimmt ist, enthält indessen § 434 Abs. 2 BGB eine § 434 Abs. 1 Satz 2 Nr. 2 BGB ergänzende Auslegungshilfe.

Das italienische Recht hat hingegen für den Fall, dass es an einer ausdrücklichen Parteivereinbarung fehlt, die Vermutungskonstruktion des Art. 2 Abs. 2 a) bis d) VerbrGK-RL nahezu wortgleich in Art. 1519-*ter* Abs. 2 a) bis d) *Cc* übernommen. Voraussetzung für ihr Eingreifen ist, dass keine bestimmten Beschaffenheitsmerkmale Gegenstand der Vertragsverhandlungen waren, Beschaffenheitsmerkmale in den Allgemeinen Geschäftsbedingungen des Verkäufers ungeregelt geblieben sind oder nur unzureichend konkretisiert wurden.[1111] Während nach deutschem Recht die in § 434 Abs. 2 BGB genannten Merkmale als vereinbart gelten, sofern keine ausdrückliche Parteivereinbarung vorliegt, führt das Vorliegen der in Art. 1519-*ter* Abs. 2 *Cc* genannten Umstände zunächst nur zu einer technischen Beweiserleichterung für den Verkäufer. Sie greift nach dem Wortlaut der Vorschrift nur ein, wenn die Vermutungskriterien auf das Verbrauchsgut anwendbar sind (*ove pertinenti*) und wenn sie kumulativ (*coesistono*) vorliegen.

Angesichts der analytischen und erschöpfenden Natur der die Auslegung von Verträgen regelnden Art. 1362 bis 1371 *Cc* gilt zwar, dass die Vermutungskriterien als Auslegungskriterien erst eingreifen können, wenn die Auslegung der Parteivereinbarung nach den auch bei der Bestimmung der Vertragsmäßigkeit heranzuziehenden Auslegungsregeln nicht weiterhilft[1112], letztlich kommt aber den in den Buchstaben a) bis d) genannten Vermutungskriterien bei richtlinienkonformer Auslegung die gleiche Wirkung zu, wie § 434 Abs. 2 BGB. Die unterschiedliche konstruktive Ausgestaltung der deutschen und italienischen Vorschrift dürfte daher in der Praxis kaum einen Unterschied machen. In beiden Rechtsordnungen kommen die Vorschriften zur Bestimmung der Mangelfreiheit bzw. Vertragsmäßigkeit der Art. 1519-*ter* Abs. 2 *Cc* bzw. des § 434 Abs. 2 BGB nicht zur Anwendung, sofern eine ausdrückliche Parteivereinbarung vorliegt.

a) Beschaffenheits-/bzw. Parteivereinbarung

Nach beiden Rechtsordnungen kommt es – wie gezeigt - zunächst zur Bestimmung der Vertragsmäßigkeit gleichermaßen auf die bei Abschluss des Vertrages getroffene Abrede der Parteien über alle der Sache anhaftenden Merkmale an. Der deutsche Gesetzgeber hat sich zwar für den Begriff der Beschaffenheitsvereinbarung statt wie der italienische Gesetzgeber für den Begriff der Parteivereinbarung entschieden, inhaltliche Abweichungen zum italienischen

---

1111 *Zaccaria/De Cristofaro*, La vendita dei beni di consumo, S. 43.

1112 *Fadda*, Contr. e Impr./Europa 2000, 410 (418); *Lodolini*, Europa e dir. Priv. 1999, 1275 (1284); *Ruscello*, Stud. Iur. 2001, 832 (835f.).

Recht sind damit aber nicht verbunden. Der Begriff der Beschaffenheit erfasst jede Eigenschaft und jeden der Sache anhaftenden tatsächlichen, wirtschaftlichen, sozialen oder rechtlichen Umstand und damit alle einer Parteivereinbarung zugänglichen Merkmale.

Wann eine für die Vertragsmäßigkeit maßgebliche Parteivereinbarung i.S.d. Art. 1519-*bis* Art. 1 *Cc* bzw. für die Mangelfreiheit der Sache maßgebliche Beschaffenheitsvereinbarung i.S.d. § 434 Abs. 1 Satz 1 BGB vorliegt, wird weder in den kaufrechtlichen Sondervorschriften des *Codice civile* noch des BGB näher bestimmt. Hier ist in beiden Rechtsordnungen auf die allgemeinen Regeln zurückzugreifen. Als vereinbart gilt die Beschaffenheit im deutschen Recht gemäß §§ 145 ff. BGB dann, wenn zwei übereinstimmende Willenserklärungen i.S.v. Angebot und Annahme vorliegen, wonach die gekaufte Sache in dem Zustand zu übereignen und zu übergeben ist, wie ihre Beschaffenheit im Vertrag festgelegt ist.[1113] Gleiches gilt im italienischen Recht. Art. 1326 *Cc* geht erkennbar davon aus, dass für den Abschluss eines Vertrages Angebot und Annahme konstituierend sind.[1114] Weitergehende Anforderungen an das Zustandekommen einer Vereinbarung enthalten beide Rechtsordnungen nicht. Eine Beschaffenheitsvereinbarung kann vielmehr sowohl in Italien als auch in Deutschland hinter den üblichen Qualitätsstandards zurückbleiben. Auch gilt in beiden Rechtsordnungen gleichermaßen, dass der Verkäufer nur für die Mangelfreiheit bei Gefahrenübergang einzustehen hat und nicht etwa dafür, dass der Käufer die Sache bis zum Ablauf der Gewährleistungsfrist auch nutzen kann.

b) Beschreibung, Muster oder Probe

Während der italienische Gesetzgeber Art. 2 Abs. 2 a) VerbrGK-RL in Art. 1519-*ter* Abs. 2 b) *Cc* nahezu wortlautidentisch übernommen hat, fehlt es im deutschen Recht an einer Vorschrift, die bestimmt, dass die Kaufsache vertragsgemäß ist, wenn sie mit der vom Verkäufer gegebenen Beschreibung übereinstimmt und die Eigenschaften des Gutes besitzt, die der Verkäufer dem Verbraucher als Muster oder Probe vorgelegt hat. Anders als nach italienischem Recht, wonach keine ausdrückliche oder konkludente Vereinbarung zwischen den Parteien und nicht einmal ein Versprechen oder eine Verpflichtung vorliegen muss, damit die Vermutungswirkung des Art 1519-*ter* Abs. 2 b) *Cc* eingreift[1115], müssen die Beschreibung, das vorgelegte Muster oder die vorgelegte Probe Gegenstand der Parteivereinbarung, also zwei übereinstimmender Willenserklärungen, gewesen sein, damit sie als Auslegungshilfe herangezogen werden können. Die deutsche Regelung scheint daher für den Verbraucher zunächst günstiger, da sich der Verkäufer nur dann auf die Beschreibung, Probe oder das Muster berufen kann, wenn sie zuvor Gegenstand der Parteivereinbarung war.

1113 Palandt-*Putzo*, 64. Aufl., § 434 Rn. 15.

1114 Im Unterschied zum deutschen Recht ist das Angebot gemäß Art. 1328 Abs. 1 Satz 1 *Cc* grundsätzlich bis zum Vertragsschluss widerruflich.

1115 *Zaccaria/De Cristofaro*, La vendita di beni di consumo, S. 48; *De Cristofaro*, Difetto di conformità, S. 87f.

Andererseits kann in der deutschen Vorschrift auch eine Benachteiligung liegen und zwar für den Fall, dass die Beschreibung, Probe oder das Muster nicht mit der Kaufsache übereinstimmen und der Verkäufer sich auf die Unverbindlichkeit ihrer Abgabe bzw. Vorlage beruft. Man wird in Übereinstimmung mit der Rechtsprechung zu dem nunmehr ersatzlos gestrichenen § 494 BGB a.F. die Eigenschaften des Musters oder der Probe als vereinbarte Eigenschaften der Kaufsache ansehen müssen.[1116] Zum Schutz des Verkäufers wird man indessen auf § 442 BGB abstellen müssen, wonach die Rechte des Käufers ausgeschlossen sind, wenn er von dem Mangel Kenntnis hat. Überträgt man den Rechtsgedanken des § 442 BGB auf die Kenntnis des Käufers bezüglich der Verbindlichkeit der Kaufsache, so gilt, dass nur für den Fall, dass der Käufer von der Unverbindlichkeit wusste, seine Rechte abgeschnitten sind.[1117] Letztlich wird daher ein Gleichlauf der deutschen mit der italienischen Regelung trotz fehlender ausdrücklicher Umsetzung des Art. 2 Abs. 2 a) VerbrGK-RL im deutschen Recht bejahen können. Hat der Verkäufer eine Beschreibung abgegeben, ein Muster oder eine Probe vorgelegt, so ist für den Fall, dass die Kaufsache mit den beschriebenen Eigenschaften bzw. den Eigenschaften der Probe oder des Musters übereinstimmt, von der Vertragsmäßigkeit bzw. Mangelfreiheit der Sache auszugehen. Ein kumulatives Vorliegen einer Beschreibung und eines Musters bzw. einer Probe ist, trotz zunächst verwirrenden Wortlauts der italienischen Umsetzungsvorschrift[1118], indessen nach beiden Rechtsordnungen nicht erforderlich.

c) Eignung zur angestrebten Verwendung

Die Fälle, in denen es an einer konkreten Beschaffenheitsvereinbarung fehlt, es den Parteien aber auf die Tauglichkeit der Sache für einen bestimmten Verwendungszweck ankommt, regelt im deutschen Recht die Vorschrift des § 434 Abs. 1 Satz 2 Nr. 1 BGB, im italienischen Recht Art. 1519-*ter* Abs. 2 d) *Cc*. Gemäß § 434 Abs. 1 Satz 2 Nr. 1 BGB ist die Sache frei von Mängeln, wenn sie sich für die nach dem Vertrag vorausgesetzte Verwendung eignet. Ähnlich formuliert es das italienische Recht. Gemäß Art. 1519-*ter* Abs. 2 d) *Cc* wird die Vertragsmäßigkeit der Sache vermutet, wenn sie sich für einen bestimmten, vom Verbraucher angestrebten Zweck eignet, den der Verbraucher dem Verkäufer bei Vertragsschluss zur Kenntnis gebracht hat und dem der Verkäufer zumindest konkludent (*per fatti concludenti*) zugestimmt hat. Der den Wortlaut der Richtlinienvorgaben ergänzende Zusatz im italienischen Recht „zumindest konkludent" gilt selbstverständlich auch im deutschen Recht, da alle Willenserklärungen konkludent abgegeben werden können.[1119]

Es kommt folglich in beiden Rechtsordnungen maßgeblich darauf an, dass der Käufer bei Vertragsschluss die angestrebte Verwendung der Kaufsache dem

---

1116 *Gsell*, JZ 2001, 65 (66).
1117 *Gsell*, JZ 2001, 65 (66).
1118 *Zaccaria/De Cristofaro*, La vendita di beni di consumo, S. 47.
1119 Palandt-*Heinrichs*, 64. Aufl., Einf. vor § 116 Rn. 6.

Verkäufer zur Kenntnis gebracht und der Verkäufer dieser zugestimmt hat, damit sie zur Beurteilung der Vertragsmäßigkeit bzw. Mangelhaftigkeit herangezogen werden kann.[1120] Einseitige Vorstellungen des Käufers genügen nicht. Auch hier ist der Kaufvertrag Maßstab für die Bestimmung der Soll-Beschaffenheit der verkauften Güter.[1121] Im Unterschied zu § 434 Abs. 1 Satz 1 BGB bzw. Art. 1519-*ter* Abs. 1 *Cc* wird zwar das „Ergebnis" und keine konkreten Merkmale der Sache vereinbart, dies hat jedoch keine Auswirkung in der Praxis.[1122]

d) Eignung zur gewöhnlichen Verwendung

Gemäß Art. 1519-*ter* Abs. 2 a) *Cc* wird die Vertragsmäßigkeit eines Verbrauchsgutes vermutet, wenn es sich für Zwecke eignet, für die Güter der gleichen Art gewöhnlich gebraucht werden. Wann sich ein Verbrauchsgut für die Zwecke eignet, für die Güter gleicher Art gewöhnlich gebraucht werden, muss unter Berücksichtigung der Umständen des Einzelfalls ermittelt werden, wobei regelmäßig die Sicherheitsbestimmungen - insbesondere solche betreffend die Produktsicherheit – für ein Verbrauchsgut der gleichen Art zu berücksichtigen sind.[1123] Nach § 434 Abs. 1 Satz 2 Nr. 2 BGB ist die Sache indessen frei von Mängeln, wenn sie die Eignung der für die Sache gewöhnlichen Verwendung aufweist *und* wenn sie die bei Sachen der gleichen Art übliche und vom Käufer nach der Art der Sache zu erwartende Beschaffenheit innehat. Der deutsche Gesetzgeber hat folglich die in Art. 2 Abs. 2 c) und d) VerbrGK-RL genannten Kriterien zusammengefasst. Auch im italienischen Recht entfaltet das Vorliegen des in Art. 1519-*ter* Abs. 2 a) *Cc* für sich allein noch keine Vermutungswirkung, da Art. 1519-*ter* Abs. 2 *Cc* bestimmt, dass die nachfolgenden Umstände gleichzeitig vorliegen (*coesistono*) müssen. Auch insoweit stimmen die Umsetzungsvorschriften in Italien und Deutschland überein.

e) Übliche und erwartete Beschaffenheit

Die Vorgaben des Art. 2 Abs. 2 d) VerbrGK-RL sind sowohl im italienischem als auch im deutschen Recht lückenlos umgesetzt worden. Während der italienische Gesetzgeber die Vorschrift sogar wörtlich mit nur einer Abweichung in Art. 1519-*ter* Abs. 2 c) *Cc* übernommen hat, hat der deutsche Gesetzgeber die Vorgaben des Art. 2 Abs. 2 d) VerbrGK-RL auf zwei Vorschriften aufgesplittet. Gemäß Art. 1519-*ter* Abs. 2 c) *Cc* wird die Vertragsmäßigkeit vermutet, wenn das Verbrauchsgut eine bei Gütern der gleichen Art übliche Qualität und Leistung aufweist, die der Verbraucher auch vernünftigerweise erwarten kann, wenn die Beschaffenheit des Gutes und gegebenenfalls die insbesondere in der Werbung

---

1120 Palandt-*Putzo*, 64. Aufl., § 434 Rn. 22.

1121 *Gsell*, JZ 2001, 65; *Schlechtriem*, Das geplante Gewährleistungsrecht im Lichte der europäischen Richtlinie *Schwartze*, ZEuP 2000, 544 (554f.); *Tonner/Crellwitz/Echtmeyer*, in: *Micklitz/Pfeiffer/Tonner/Willingmann* (Hrsg.) Schuldrechtsreform und Verbraucherschutz, S. 293 (312).

1122 *Huber/Faust*, Schuldrechtsmodernisierung, Kap. 12 Rn. 29.

1123 *De Cristofaro*, Difetto di conformità, S. 94f.

oder bei der Etikettierung gemachten öffentlichen Äußerungen des Verkäufers, des Herstellers oder dessen Makler bzw. Agenten oder Vertreter über die konkreten Eigenschaften des Gutes in Betracht gezogen werden. In § 434 Abs. 1 Satz 2 Nr. 2 BGB heißt es indessen, dass eine Sache frei von Mängeln ist, wenn sie sich für die gewöhnliche Verwendung eignet und eine Beschaffenheit aufweist, die bei Sachen der gleichen Art üblich ist und die der Käufer nach der Art der Sache auch erwarten durfte. Nach § 434 Abs. 1 Satz 3 BGB, der den 2. Teil des Art. 2 Abs. 2 d) VerbrGK-RL umsetzt, gehören zu den Beschaffenheitsanforderungen i.S.d. § 434 Abs. 1 Satz 2 Nr. 2 BGB auch Eigenschaften, die der Käufer nach den öffentlichen Äußerungen, insbesondere Werbeaussagen über konkrete Eigenschaften der Sache durch den Verkäufer, den Hersteller oder seinen Gehilfen, erwarten kann. Aus systematischer Sicht konkretisiert § 434 Abs. 1 Satz 3 BGB den in § 434 Abs. 1 Satz 2 Nr. 2 BGB verankerten Maßstab der Normalbeschaffenheit, der als konkludente Beschaffenheitsvereinbarung zum Gegenstand des Vertrages wird.

Die deutsche Vorschrift unterscheidet sich folglich von der italienischen Umsetzungsvorschrift in demselben Punkt wie von der VerbrGK-RL. Statt der Formulierung „Qualität und Leistungen" hat der deutsche Gesetzgeber in § 434 Abs. 1 Satz 2 Nr. 2 BGB den Begriff „Beschaffenheit" gewählt. Dies ist wohl darauf zurückzuführen, dass der Begriff „Leistungen" im juristischen Sprachgebrauch in Deutschland regelmäßig im Zusammenhang mit den vertraglichen Leistungspflichten verwendet wird. Anhaltspunkte dafür, warum der Begriff der „Beschaffenheit" anders ausgelegt werden soll als die Formulierung „Qualität und Leistungen" gibt das deutsche Recht keine.

Nach deutschem Recht werden die öffentlichen Äußerungen des Verkäufers, des Herstellers oder seines Gehilfen durch § 434 Abs. 1 Satz 3 BGB in die konkludente Beschaffenheitsvereinbarung integriert.[1124] Art. 1519-*ter* Abs. 2 c) *Cc* führt indessen nur dazu, dass für den Fall, dass seine Voraussetzungen vorliegen, die Vertragsmäßigkeit der Sache vermutet wird. Gleichzeit kann auch Art. 1519-*ter* Abs. 2 c) *Cc* zur Bestimmung der Vertragswidrigkeit herangezogen werden, sodass letztlich ihr Inhalt ebenso wie bei § 434 Abs. 1 Satz 3 BGB in die Parteivereinbarung einfließt. Die Werbung enthält dadurch entsprechend den Richtlinienvorgaben einen Stellenwert, den es bisher in dieser Form weder in Deutschland noch in Italien gab.[1125] Sowohl der *Codice civile* als auch das BGB enthalten keine Definitionen für die Begriffe der berechtigten bzw. vernünftigen Erwartungen, der Beschaffenheit und der öffentlichen Äußerungen.

(1) Berechtigte Erwartungen

Der deutsche Gesetzgeber stellt zudem anders als der *Codice civile* nicht auf die „vernünftigen Erwartungen" sondern auf die „berechtigen Erwartungen" des

[1124] *Schlechtriem*, in *Ernst/Zimmermann* (Hrsg.), Zivilrechtswissenschaft und Schuldrechtsreform, S. 205 (216); *Lehmann*, DB 2002, 1090; *Grigoleit/Herresthal*, JZ 2003, 233 (236).

[1125] *Tonner*, BB 1999, 1769 (1771).

Käufers ab und knüpft diese im Rahmen des § 434 an die *Art der Sache* an. Inhaltliche Unterschiede sind damit nicht verbunden. Sowohl bei der Auslegung des § 434 Abs. 1 Satz 3 BGB als auch der des Art. 1519-*ter* Abs. 2 c) *Cc* ist jedoch das Verbraucherleitbild des EuGH zugrunde zulegen.[1126] Wann es sich um berechtigte bzw. vernünftige Erwartungen handelt, richtet sich mithin danach, was ein vernünftiger Durchschnittsverbraucher erwarten kann.

Nach beiden Vorschriften haftet der Verkäufer zudem für die Werbeangaben des Herstellers. Im Unterschied zum italienischem Recht knüpft der deutsche Gesetzgeber die im Rahmen des § 434 Abs. 1 Nr. 2 BGB maßgeblichen Erwartungen des Käufers an die *Art der Sache* an. Nichts anderes aber gilt im italienischen Recht. Der Nebensatz in Art. 1519-*ter* Abs. 2 c) *Cc* „wenn die Beschaffenheit des Gutes oder die öffentlichen Äußerungen (...) in Betracht gezogen werden (*tenuto conto della natura del bene*)“ meint die Beschaffenheit nach der Art des Gutes.

(2) Beschaffenheit

Sowohl nach § 434 Abs. 1 Satz 3 BGB als auch nach Art. 1519-*ter* Abs. 2 c) *Cc* gehören zu der Beschaffenheit nur Eigenschaften, die der Käufer aufgrund öffentlicher Äußerungen über konkrete Eigenschaften erwarten kann. Hieraus folgt, dass der Eigenschaftsbegriff durch den Begriff der „Beschaffenheit“ begrenzt wird.[1127] Beide Gesetzgeber haben offen gelassen, ob zur Beschaffenheit einer Kaufsache nur solche Umstände gehören, die der Kaufsache unmittelbar anhaften oder auch solche, die außerhalb der Kaufsache liegen.

(3) Öffentlichen Äußerungen

Der Begriff der öffentlichen Äußerungen wird weder im deutschen noch im italienischen Recht näher definiert. Entscheidend ist aber nach beiden Vorschriften, dass es sich um eine Äußerung über „konkrete Eigenschaften“ handelt und damit um Äußerungen, die in der Formulierung eindeutig, im Inhalt genau und nachprüfbar sind. Die Formulierung in Art. 1519-*ter* Abs. 2 c) *Cc* „insbesondere in der Werbung oder bei der Etikettierung“ (*in particolare nella publicità o sull'etichettatura*) und die Formulierung in § 434 Abs. 1 Satz 3 BGB „insbesondere in der Werbung oder bei der Kennzeichnung“ machen deutlich, dass es sich sowohl in Italien als auch in Deutschland bei denen den Begriff der öffentliche Äußerung konkretisierenden Kriterien nur um Beispiele für öffentliche Äußerungen handelt. Es können folglich in beiden Rechtsordnungen sowohl Äußerungen im eigentlichen Sinne als auch ein Verhalten des Verkäufers in Betracht gezogen werden, dass geeignet ist, konkrete Vorstellungen über die Beschaffenheit des Gutes hervorzurufen. Gleichzeitig zeigen beide Formulierungen, dass eine Äußerung dann als öffentlich betrachtet werden muss, wenn sie auch durch unbeteiligte Dritte wahrnehmbar ist.[1128] Nicht in den Anwendungsbereich beider Vorschriften fallen

---

[1126] *Lehmann*, JZ 2000, 280 (284).
[1127] *Weiler*, WM 2002, 1784 (1787).
[1128] Palandt-*Putzo*, 64. Aufl., § 434 Rn. 34.

mithin alle solche Äußerungen, die Gegenstand der Vertragsverhandlungen waren. Weder im deutschem noch im italienischen Recht ist der Begriff der öffentlichen Äußerungen daher auf wahre Aussagen über die Beschaffenheit der Sache beschränkt.

§ 434 Abs. 1 Satz 3 BGB erfasst alle Äußerungen des Verkäufers, des Herstellers oder seines Gehilfen. Für die Definition des Herstellerbegriffs verweist das Gesetz auf § 4 Abs. 1 und 2 des Produkthaftungsgesetzes. Hersteller ist danach zunächst, wer das Endprodukt, einen Grundstoff oder ein Teilprodukt hergestellt hat oder sich durch das Anbringen seines Namens, seiner Marke oder eines anderen unterscheidungskräftigen Kennzeichens als Hersteller ausgibt (§ 4 Abs. 1 Produkthaftungsgesetz). Ferner gilt derjenige als Hersteller, der ein Produkt zum Zweck des Vertriebs mit wirtschaftlichem Zweck im Rahmen seiner geschäftlichen Tätigkeit in den Geltungsbereich des Abkommens über den Europäischen Wirtschaftsraum einführt oder verbringt (§ 4 Abs. 2 Produkthaftungsgesetz). Nicht erfasst sind hingegen Lieferanten, die dann als Hersteller gelten, wenn der Hersteller des Produkts nicht festgestellt werden kann (§ 4 Abs. 3 Produkthaftungsgesetz). Ähnlich formuliert es Art. 1519-*ter* Abs. 2 d) *Cc*. Danach bezeichnet der Begriff „Hersteller" (*produttore*) im Sinne der VerbrGK-RL neben dem Fabrikanten (*fabbricante*) von Verbrauchsgütern auch dessen Importeur (*importatore*) für das Gebiet der Europäischen Union und jede andere Person, die sich als Hersteller bezeichnet, indem sie ihren Namen, ihre Marke oder ein anderes Unterscheidungsmerkmal (*altro segno distintivo*) an das Verbrauchsgut anbringt. Hersteller sind bei richtlinienkonformer Auslegung neben den üblicherweise als Hersteller bezeichneten Personen auch Hersteller von reinen Naturprodukten, wie etwa der Bauer, Züchter, Fischer und Jäger. Insoweit stimmen die deutsche und italienische Definition für den Begriff des Herstellers überein.

Beide Gesetzgeber hielten zudem den Begriff des Vertreters für ungeeignet. Art. 1519-*ter* Abs. 2 c) *Cc* konkretisiert den Begriff des Vertreters i.S.d. Art. 2 Abs. 2 d) VerbrGK-RL daher durch die Formulierung „Agenten oder Vertreter" (*agente o rappresentante)*. Der deutsche Gesetzgeber ersetzt hingegen den Begriff des Vertreters durch den des Gehilfen. Während der Begriff „*rappresentante*" dem *Cc* bereits in Art. 1388 *Cc* bekannt ist und dort allein den Vertreter mit Vertretungsmacht meint, erfasst der Begriff des „*agente*" auch solche ohne Vertretungsmacht handelnde Hilfspersonen des Herstellers. Gleiches gilt im deutschen Recht für die Person des „Gehilfen" i.S.d. § 434 Abs. 1 Satz 3 BGB. Auch im deutschen Recht hat der Begriff des Vertreters bereits in §§ 164 ff. BGB eine eigenständige Begriffsbestimmung erfahren. Ebenso wie im italienischen Recht erfasst er nur solche Personen, die mit Vertretungsmacht handeln bzw. vorgeben mit Vertretungsmacht zu handeln. Durch die von der VerbrGK-RL in beiden Umsetzungsvorschriften abweichende Formulierung soll folglich einer Verwechslung mit dem Stellvertreter vorgebeugt werden, der nur im Rahmen rechtsgeschäftlicher Willenserklärungen tätig wird. Neben Äußerungen des Herstellers werden dem Verkäufer in beiden Rechtsordnungen Äußerungen aller

Hilfspersonen zugerechnet, und zwar unabhängig davon, ob sie im Rahmen einer Verbindlichkeit tätig werden und mit Vertretungsmacht gehandelt haben.

Art. 1519-*ter* Abs. 4 a) bis c) *Cc* und § 434 Abs. 1 Satz 3 a.E. BGB bestimmen in Übereinstimmung mit Art. 2 Abs. 4 VerbrGK-RL gleichermaßen drei Umstände, die die Relevanz von öffentlichen Äußerungen zur Bestimmung der Vertragsmäßigkeit ausschließen. Entsprechend der unterschiedlichen Konstruktion der zur Bestimmung der Vertragsmäßigkeit geschaffenen Vorschriften als Vermutungsregel und als Auslegungsregel, normiert Art. 1519-*ter* Abs. 4 *Cc* für diese Fälle ein Zurückweisungsrecht des Verkäufers und § 434 Abs. 1 Satz 3 BGB einen Ausschlusstatbestand, mit der Folge, dass § 434 Abs. 1 Satz 3 BGB keine Anwendung findet. Beide Formulierungen zeigen zudem noch deutlicher als der Richtlinientext, dass nur einer der genannten Umstände vorliegen muss, um die Voraussetzungen der Vorschriften zu erfüllen. Hierzu heißt es in Art. 1519-*ter* Abs. 4 *Cc*, der Verkäufer sei nicht durch die öffentlichen Äußerungen gebunden, wenn die nachfolgenden Umstände „auch alternativ" (*in via anche alternativa*) vorliegen.

Der deutsche Gesetzgeber hat dieselbe Wirkung erzielt, indem er ausdrücklich bestimmt, dass entweder der erste, zweite *oder* dritte Ausschlussgrund vorliegen muss, um die Anwendung von § 434 Abs. 1 Satz 3 BGB auszuschließen. Nach beiden Vorschriften trägt der Verkäufer die Beweislast hinsichtlich der in den Vorschriften genannten Umstände. Während Art. 1519-*ter* Abs. 4 *Cc* ausdrücklich bestimmt, dass der Verkäufer nicht an die öffentlichen Äußerungen gebunden ist, wenn er nachweist (*quando dimostra*), dass einer der Ausschlussgründe vorliegt, ergibt sich die Darlegungs- und Beweislast des Verkäufers im deutschen Recht aus der Formulierung als Ausnahme („es sei denn"). Die maßgeblichen Ausschlussgründe bzw. Zurückweisungsgründe sind in beiden Rechtsordnungen: die Unkenntnis des Verkäufers, die Berichtigung der Aussage oder die fehlende Beeinflussung.

(a) Unkenntnis des Verkäufers

Der Verkäufer haftet gemäß § 434 Abs. 1 Satz 3 a.E. 1. Alternative BGB nicht, wenn er die Äußerung nicht kannte und auch nicht kennen musste. Nach der Legaldefinition für den Begriff „Kennenmüssen" in § 122 Abs. 2 BGB darf der Käufer auch nicht leicht fahrlässig in Unkenntnis gewesen sein. Fahrlässig handelt nach § 276 Abs. 2 BGB, wer die im Verkehr erforderliche Sorgfalt außer Acht lässt. Hat der Verkäufer trotz Anwendung der im Verkehr erforderlichen Sorgfalt keine positive Kenntnis von der öffentlichen Äußerung, so ist ihm diese auch nicht zuzurechnen, sodass die öffentliche Äußerung nicht in die Parteivereinbarung einbezogen werden kann und er nicht für seinen Inhalt haftet. Zu demselben Ergebnis gelangt auch das italienische Recht.

Gemäß Art. 1519-*ter* Abs. 4 a) *Cc* hat der Verkäufer ein Zurückweisungsrecht, wenn der Verkäufer die Äußerung nicht kannte und bei Anwendung der gewöhnlichen Sorgfalt (*ordinaria diligenza*) keine Kenntnis haben konnte. Beide Gesetzgeber haben folglich auf den Zusatz „vernünftigerweise" in Art. 2 Abs. 4 VerbrGK-RL verzichtet, die „im Verkehr erforderliche" bzw.

„gewöhnliche" Sorgfalt als Verschuldensmaßstab festgelegt und an diejenige Sorgfalt, die von einem Durchschnittsverkäufer nach Treu und Glauben erwartet werden kann, angeknüpft. Der Umstand, dass auch leichte Fahrlässigkeit ausreicht, macht deutlich, dass nach beiden Rechtsordnungen jedwede Bemühungen des Verkäufers, keine Kenntnis zu erlangen, keine Haftungsfreizeichnung des Verkäufers zur Folge haben kann. Der Verkäufer muss folglich sowohl in Italien als auch in Deutschland alle allgemeinen Quellen, wie Fernsehen-, Rundfunk-, Zeitschriften- oder Plakatwerbung, berücksichtigen, die auch einem potenziellen Käufer offen stehen.[1129]

(b) Berichtigung der Äußerung

Nach Art. 1519-*ter* Abs. 4 b) *Cc* ist der Verkäufer dann nicht an die öffentlichen Aussagen gebunden, wenn er nachweist, dass die betreffende Äußerung zum Zeitpunkt ihrer Abgabe in angemessener Weise berichtigt war, sodass der Verbraucher davon Kenntnis haben konnte. Ähnlich formuliert es das deutsche Recht. Der zweite Ausschlussgrund des § 434 Abs. 1 Satz 3 BGB liegt vor, wenn die Äußerungen im Zeitpunkt des Vertragsschlusses in gleichwertiger Weise berichtigt waren. Die Berichtigung muss folglich nach beiden Rechtsordnungen mit demselben Wirkungsgrad erfolgen, wie die ursprüngliche Äußerung.[1130] Inhaltlich muss auf die der Berichtigung vorausgegangene Falschangabe in der berichtigenden Äußerung nach beiden Rechtsordnungen kein Bezug genommen werden. Auch ist nach beiden Umsetzungsvorschriften die tatsächliche Kenntnis des Verbrauchers von der Berichtigung nicht erforderlich. Das italienische Recht macht dies sogar noch deutlicher als das deutsche Recht, dass diesen Umstand unerwähnt lässt. So heißt es ausdrücklich in Art. 1519-*ter* Abs. 4 b) *Cc* „in der Weise, dass der Verbraucher davon Kenntnis *haben konnte*" (*in modo da essere conoscibile al consumatore*).

(c) Fehlende Beeinflussung der Kaufentscheidung

Beide Rechtsordnungen sehen vor, dass bei fehlender Beeinflussung der Kaufentscheidung durch eine öffentliche Äußerung keine Haftung des Verkäufers für diese eintritt. Die Bindungswirkung von öffentlichen Äußerungen entfällt gemäß Art. 1519-*ter* Abs. 4 c) *Cc*, wenn der Verkäufer nachweist, dass die Kaufentscheidung nicht durch die betreffende Äußerung beeinflusst wurde, bzw. die Zurechnung gemäß § 434 Abs. 1 Satz 3 a.E. 3. Alternative BGB, wenn sie die Kaufentscheidung nicht beeinflussen konnte. Ausnahmsweise weicht hier die italienische und nicht die deutsche Umsetzungsvorschrift vom Wortlaut der VerbrGK-RL ab, da sie darauf abstellt, ob die Kaufentscheidung durch die

---

1129 *Grigoleit/Herresthal*, JZ 2003, 233 (238); *Tonner*, BB 1999, 1769 (1771); *Westermann*, JZ 2001, 530 (533).

1130 Zum itlaienischem Recht vgl. *Eccher/Schurr*, ZEuP 2003, 65 (75); *Zaccaria/De Cristofaro*, La vendita di beni di consumo, S. 52; zum deutschen Recht vgl. Palandt-*Putzo*, 64 Aufl., § 434 Rn. 39; *von Westphalen*, in: *Henssler/von Westfaphalen*, Praxis der Schuldrechtsreform, § 434 Rn. 43.

öffentliche Äußerung tatsächlich beeinflusst wurde. Da der Verkäufer die Beweislast für das Vorliegen der Ausschlusstatbestände trägt, dürfte die in Art. 1519-*ter* Abs. 4 c) *Cc* enthaltene Einschränkung die Position des Verbrauchers im italienischen Recht gegenüber derjenigen nach deutschem Recht zunächst vom Wortlaut her verbessern.[1131] Bei § 434 Abs. 1 Satz 3 BGB handelt es sich um eine Auslegungshilfe zur Ermittlung der konkludenten Beschaffenheitsvereinbarung. Kannte aber der Verbraucher die Werbung bei Abschluss des Vertrages nicht, so kann auch im deutschen Recht mangels Rechtsgeschäftswillens keine Vereinbarung über die Aufnahme der Werbeangaben in den Vertrag vorliegen, sodass die Legitimität seiner Begünstigung durch § 434 Abs. 1 Satz 3 BGB entfällt.[1132] Auch im deutschen Recht ist daher auf den inneren Vorgang beim konkreten Käufer abzustellen.[1133] Eine rein abstrakte Betrachtungsweise wäre mit der Systematik des § 434 BGB nicht zu vereinbaren. Maßgeblich ist folglich in beiden Rechtsordnungen, ob die Äußerung die Willensbildung des konkreten Käufers beeinflusst hat und nicht etwa darauf, ob sie geeignet war, einen Durchschnittskäufer zu beeinflussen.

f) Montage und Montageanleitung

Art. 2 Abs. 5 VerbrGK-RL ist in Deutschland in § 434 Abs. 2 BGB und vom italienischem Gesetzgeber in Art. 1519-*ter* Abs. 5 *Cc* umgesetzt worden. Sowohl nach § 434 Abs. 2 Satz 1 BGB als auch nach Art. 1519-*ter* Abs. 5 Satz 1 *Cc* liegt entsprechend Art. 2 Abs. 5 Satz 1 VerbrGK-RL ein Sachmangel vor, wenn die vereinbarte Montage durch den Verkäufer oder unter dessen Verantwortung bzw. von dessen Erfüllungsgehilfen unsachgemäß durchgeführt worden ist. Allein hinsichtlich der Umsetzung von Art. 2 Abs. 5 Satz 2 VerbrGK-RL unterscheiden sich die deutsche und italienische Vorschrift. Nach § 434 Abs. 2 Satz 2 BGB liegt ein Sachmangel ferner auch dann vor, wenn die Montageanleitung mangelhaft war, es sei denn, die Sache ist fehlerfrei montiert worden. Gemäß Art. 1519-*ter* Abs. 5 Satz 2 *Cc* liegt indessen ein Sachmangel vor, wenn das zur Montage durch den Verbraucher bestimmte Erzeugnis vom Verbraucher montiert worden ist und dessen unsachgemäße Montage auf einen Mangel in der Montageanleitung zurückzuführen ist.

(1) Unsachgemäße Montage

Voraussetzung für das Vorliegen eines Sachmangels gemäß § 434 Abs. 2 Satz 1 BGB und Art. 1519-*ter* Abs. 5 Satz 1 *Cc* ist gleichermaßen, dass die Montage sowohl in Allgemeinen Geschäftsbedingungen als auch durch Individualvereinbarung vereinbart und durchgeführt wurde. § 434 Abs. 2 Satz 1 BGB nennt ausdrücklich die „vereinbarte Montage" als Anknüpfungspunkt für die Haftung des Verkäufers. Als vereinbart gelten nicht nur solche zwischen den Parteien ausgehandelte Vertragsbedingungen, sondern gemäß § 305 BGB auch Allgemeine

---

[1131] *Gravante*, ELF 2002, 356 (358).
[1132] *Micklitz*, EuZW 1997, 229 (232); *Grigoleit/Herresthal*, JZ 2003, 233 (238).
[1133] Palandt-*Putzo*, 64. Aufl., § 434 Rn. 39.

Geschäftsbedingungen, wenn sie wirksam in den Vertrag miteinbezogen wurden, nicht überraschend i.S.d. § 305 c BGB sind und der Inhaltskontrolle nach den §§ 307 ff. BGB standhalten. Gemäß Art. 1519-*ter* Abs. 5 Satz 1 *Cc* liegt ein Sachmangel vor, „wenn die Montage in den Kaufvertrag miteinbezogen ist" (*quando l'instalazzione é compresa nel contratto di vendita)*. In einen Vertrag einbezogen sind neben Individualvereinbarungen gemäß Art. 1341 Abs. 1 *Cc* auch Allgemeine Geschäftsbedingungen, wenn sie den Voraussetzungen der Art. 1469-*bis* ff. *Cc* entsprechen.

Damit sind beide Umsetzungsvorschriften genauer als die VerbrGK-RL, die in ihrem Art. 2 Abs. 5 nur bestimmt, dass die Montage „Teil des Verbrauchsgüterkaufvertrages" gewesen sein muss und damit offen lässt, ob die unsachgemäße Montage nur dann einen Sachmangel begründet, wenn sie im Sinne einer Hauptleistungspflicht durch Individualvereinbarung Gegenstand des Vertrages geworden ist. Der Begriff der Montage umfasst in beiden Rechtsordnungen sowohl den Einbau als auch den Zusammenbau der Kaufsache und damit das Anbringen, Anschließen und Verbinden der Sache mit oder an anderen Gegenständen.[1134]

Der Verkäufer haftet in Italien und Deutschland gleichermaßen sowohl dann, wenn er die Montage selbst vornimmt als auch dann, wenn er sie durch einen Dritten vornehmen lässt. Entscheidend ist, dass die Handlungen des Dritten dem Verkäufer zuzurechnen sind. Während der italienische Gesetzgeber dies durch die wörtliche Übernahme der Richtlinienformulierung „unter Verantwortung des Verkäufers" deutlich gemacht hat, hat der deutsche Gesetzgeber diese Formulierung in die Terminologie des BGB übersetzt und auf den Erfüllungsgehilfen abgestellt. Erfüllungsgehilfe ist gemäß § 278 BGB jede Person, die sich der Schuldner zur Erfüllung seiner Verbindlichkeiten bedient und damit jede Person, die unter der Verantwortung des Schuldners handelt. Nicht Voraussetzung des Sachmangels ist nach dem Wortlaut beider Umsetzungsvorschriften, dass die Beschaffenheit der Sache durch die Montage beeinträchtigt wurde. Wann eine Montage als unsachgemäß einzustufen ist, regelt weder § 434 Abs. 2 BGB noch Art. 1519-*ter* Abs. 5 Satz 1 *Cc*, sodass sowohl im italienischen Recht als auch im deutschen Recht auf die allgemeinen Bestimmungen des § 434 Abs. 1 BGB bzw. des Art. 1519-*ter* Abs. 1, 2 und 4 *Cc* zurückzugreifen ist. Eine Montage gilt demnach unter Zugrundelegung beider Rechtsordnungen als unsachgemäß, wenn sie nicht der vertraglichen Vereinbarung entspricht.

(2) Mangelhafte Montageanleitung

Art. 1519-*ter* Abs. 5 Satz 2 *Cc* und § 434 Abs. 2 Satz 2 BGB regeln die Fälle, in denen eine mangelhafte Montageanleitung geliefert wurde. Während der italienische Gesetzgeber die Vorschrift des Art. 2 Abs. 5 VerbrGK-RL nahezu

---

[1134] Palandt-*Putzo*, 64. Aufl., § 434 Rn. 42; *Huber/Faust*, Schuldrechtsmodernisierung, Kap. 12 Rn. 53 Fn. 57; *Gruber*, VuR 2002, 120 (120); *Zaccaria/De Cristofaro*, La vendita dei beni di consumo, Commento, S. 42.

wörtlich übernommen und festgelegt hat, dass eine auf einen Mangel in der Montageanleitung zurückzuführende, unsachgemäße Montage die Vertragswidrigkeit des Gutes begründet, knüpft die deutsche Umsetzungsvorschrift allein daran an, dass die Montageanleitung fehlerhaft war.

Anders als nach Art. 1519-*ter* Abs. 5 Satz 2 *Cc* ist die unsachgemäße Montage im deutschen Recht nicht Voraussetzung für die Prüfung der Mangelhaftigkeit der Sache. Wie sich aus der Formulierung „es sei denn" in § 434 Abs. 2 Satz 2 BGB ergibt, hat vielmehr der Verkäufer darzulegenden und zu beweisen, dass eine fehlerfreie Montage erfolgt ist, um sich von seiner Haftung zu befreien. Der Käufer steht damit besser gemäß § 434 Abs. 2 Satz 2 BGB als der Verbraucher nach Art. 1519-*ter* Abs. 5 Satz 2 *Cc*. Während in der italienischen Literatur[1135] eine Ausweitung des Anwendungsbereiches der Umsetzungsvorschrift auf mangelhafte Verwendungs- und Nutzungsanleitungen oder auf fehlerhafte Hinweise zur Instandhaltung und Wartung favorisiert wird, hat sich in der deutschen Literatur[1136] die Auffassung durchgesetzt, dass solche Anleitungen allenfalls unter den Begriff der Beschaffenheit i.S.d. § 434 Abs. 1 BGB bzw. unter § 434 Abs. 1 Satz 2 Nr. 2 BGB zu subsumieren sind. Eine Montageanleitung ist im deutschen Recht folglich - anders als im italienischen Recht - nur eine Beschreibung, die der Vorbereitung der bestimmungsgemäßen Ingebrauchnahme und nicht deren Durchführung dient. Sowohl im Rahmen des § 434 Abs. 2 BGB als auch des Art. 1519-*ter* Abs. 5 Satz 1 *Cc* fehlt es an einer Konkretisierung des Begriffs der mangelhaften Montageanleitung, sodass auch hier auf die allgemeinen Bestimmungen des § 434 Abs. 1 BGB bzw. des Art. 1519-*ter* Abs. 1, 2 und 4 *Cc* zurückzugreifen ist.

Während im deutschen Recht durch eine einmalige fehlfreie Montage noch nicht die fehlerhafte Montageanleitung geheilt wird, führt dies im italienischen Recht indessen zum Ausschluss der Verkäuferhaftung. Von erheblicher Bedeutung für die Rechtsanwendungspraxis dürfte die Tatsache sein, dass gemäß § 434 Abs. 2 Satz 2 BGB nach seinem Wortlaut auch dann anwendbar ist, wenn die Montage zwar nach dem Inhalt des Vertrages dem Käufer übertragen ist, ein am Vertragsverhältnis nicht beteiligter Dritter oder der Verkäufer selbst die Sache mit oder ohne Anleitung des Herstellers oder Vorlieferanten montiert. Art. 1519-*ter* Abs. 5 Satz 2 *Cc* bestimmt hingegen, dass nur eine durch den Verbraucher aufgrund einer mangelhaften Montageanleitung erfolgte unsachgemäße Montage einen Sachmangel darstellt. Die deutsche Umsetzungsvorschrift ist daher für den Verbraucher günstiger.

1135 *Zaccaria/De Cristofaro*, La vendita dei beni di consumo, Commento, S. 42.

1136 Anwaltskommentar-*Büdenbender*, § 434 Rn. 19; *Brüggemeier* WM 2002, 1376 (1378); *Haas*, in: *Haas/Medicus/Walter/Schäfer/Wendtland*, Das neue Schuldrecht, Kap. 5 Rn. 150; *Gruber*, VuR 2002, 120 (122); *Stoppel* VuR 2003, 176 (177); *Magnus*, in: Europäisches Kaufgewährleistungsrecht (2001), S. 79 (88); *Brand*, ZGS 2003, 96 (97); kritisch hierzu *Honsell*, JZ 2001, 278 (280); *Boerner*, JZ 2001, 2264 (2267).

g) Falschlieferung und Mengenabweichungen

Gemäß § 434 Abs. 3 BGB steht es einem Sachmangel gleich, wenn der Verkäufer eine andere Sache oder eine zu geringe Menge liefert. Eine entsprechende Regelung kennt der *Codice civile* nicht. Nach überwiegender Auffassung in der italienischen Literatur sind aber die Falschlieferung (*aliud pro alio datum*) und die Mengenabweichung (*deficienza quantitatività*) unter den Vertragswidrigkeitsbegriff des Art. 1519-*ter Cc* zu subsumieren, da bei richtlinienkonformer Auslegung der Verkäufer bei einer Falschlieferung seine Pflicht zur Lieferung vertragsgemäßer Güter nach Art. 1519-*ter* Abs. 1 *Cc* verletzt.[1137] Allerdings gilt dies gleichermaßen auch für die Zuviellieferung, die im deutschen Recht indessen nicht in § 434 Abs. 3 BGB einem Sachmangel gleichgestellt wird.

3. Haftungssausschluss

Während der italienische Gesetzgeber in Art. 1519-*ter* Abs. 3 *Cc* nahezu wortlautidentisch mit Art. 2 Abs. 3 VerbrGK-RL eine Vorschrift geschaffen hat, wonach die Voraussetzung der die Rechte des Verbraucher aus Art. 3 VerbrGK-RL begründenden Vertragswidrigkeit nicht vorliegen, findet sich im deutschen Recht die Umsetzung dieser Bestimmung auf Rechtsfolgenebene in § 442 BGB. Gemäß Art. 1519-*ter* Abs. 3 *Cc* liegt keine Vertragswidrigkeit vor, wenn der Verbraucher im Zeitpunkt des Vertragsschlusses Kenntnis des Mangels hatte oder bei Anwendung gewöhnlicher Sorgfalt nicht in Unkenntnis darüber sein konnte oder wenn die Vertragswidrigkeit auf den Anweisungen oder gelieferten Stoffen des Verbraucher beruht. Gemäß § 442 Abs. 1 BGB hingegen sind die Rechte des Verbrauchers wegen eines Mangels *ausgeschlossen*, wenn der Käufer von dem Mangel Kenntnis hatte oder infolge grober Fahrlässigkeit in Unkenntnis über den Mangel der Sache geblieben ist. Nach deutschem Recht wird folglich die an sich nach der Parteivereinbarung nicht gegebene Vertragsmäßigkeit der Kaufsache zunächst fingiert. Auch das italienische Recht ist nicht dogmatisch einwandfrei, da es sich bei der Vertragswidrigkeit um einen objektiven Umstand handelt, der unabhängig davon besteht, ob der Verbraucher Kenntnis hat bzw. bei Anwendung gewöhnlicher Sorgfalt nicht in Unkenntnis darüber sein durfte.[1138] Nach beiden Rechtsordnungen führt die Kenntnis bzw. unter bestimmten Voraussetzungen auch die Unkenntnis des Verbrauchers gleichermaßen zu einem Haftungsausschluss des Verkäufers, sodass dogmatische Bedenken nicht allzu sehr Berücksichtigung finden sollten.

In beiden Rechtsordnungen fehlt es gleichermaßen an einer Definition der Kenntnis, sodass hier ein Rückgriff auf die Rechtsprechung in Deutschland zum alten Recht und in Italien zum allgemeinem Kaufrecht angezeigt ist. Im Rahmen von Art. 1491 *Cc*, der die Haftung des Verkäufers in denjenigen Fällen ausschließt, in denen der Käufer den Fehler kannte, kommt es nur darauf an, dass der Käufer den Fehler kannte, nicht aber, dass er Kenntnis der Umstände hatte, die den Fehler

---

1137 *Eccher/Schurr*, ZEuP 2003, 65 (76).

1138 *Zaccaria*, Stud. Iur. 2000, 260 (265); *Luminoso*, Contr. e Impr./Europa 2001, 83 (117).

begründen. Im Rahmen des § 460 BGB a.F. setzte die Kenntnis positives Wissen derjenigen Tatsachen voraus, die in ihrer Gesamtheit den Mangel begründen, sowie das Wissen über die rechtliche Bedeutung und den Umfang des Mangels. Auffällig ist, dass weder der deutsche noch der italienische Gesetzgeber die Formulierung „vernünftigerweise nicht in Unkenntnis sein" des Richtlinientextes übernommen haben. Während der italienische Gesetzgeber stattdessen auf die „gewöhnliche Sorgfalt" (*ordinaria diligenza*) abgestellt hat, ist die Haftung des Verkäufers im deutschen Recht gemäß § 442 Abs. 2 BGB ausgeschlossen, wenn der Käufer den Mangel infolge grober Fahrlässigkeit nicht kannte.

Nach allgemeinem Verständnis in der deutschen Rechtswissenschaft handelt grob fahrlässig, wer die im Verkehr erforderliche Sorgfalt in besonders schwerem Maße verletzt, indem er schon ganz einfache und nahe liegende Überlegungen nicht anstellt und das nicht beachtet wird, was im gegebenen Fall jedem einleuchten muss.[1139] Ähnlich formuliert es Art. 1491 *Cc*, der die Haftung des Verkäufers im allgemeinen Kaufrecht dann ausschließt, wenn der Fehler „leicht zu erkennen" (*facilmente riconoscibili*) war, was im Allgemeinen dann zu bejahen ist, wenn er geringe Sorgfaltsanstrengungen (*un minimo sforzoso diligente*) nicht unternommen hat. Nach Auffassung der italienischen Literatur lässt sich diese Interpretation ohne weiteres auf Art. 1519-*ter* Abs. 3 *Cc* übertragen, mit der Folge, dass die Haftung des Verkäufers ausgeschlossen ist, wenn der Verbraucher geringen Sorgfaltsanforderungen nicht gerecht geworden ist. Der bei der Prüfung der „gewöhnlichen Sorgfalt" anzuwendende Maßstab im Rahmen des Art. 1519-*ter* Abs. 3 *Cc* stimmt insoweit mit dem bei der Prüfung des § 442 Abs. 2 BGB zu berücksichtigenden Maßstab überein. Sowohl im Rahmen des Art. 1491 *Cc* als auch bei der Auslegung des Begriffs der „groben Fahrlässigkeit" im deutschen Recht, sind nicht nur objektive sondern darüber hinaus auch subjektive Umstände und damit die persönlichen Fähigkeiten des Käufers bei der Prüfung, ob er hätte Kenntnis haben müssen, heranzuziehen.

Würde man aber auch beim Verbrauchsgüterkauf auf einen subjektiven Maßstab abstellen, so wäre damit eine Schlechterstellung des Käufers gegenüber der Richtlinienbestimmung verbunden. Sowohl die italienische als auch die deutsche Vorschrift sind daher richtlinienkonform auszulegen. Die Haftung des Verkäufers ist sowohl gemäß Art. 1519-*ter* Abs. 3 *Cc* als auch gemäß § 442 Abs. 2 BGB dann ausgeschlossen, wenn ein durchschnittlicher Verbraucher nicht in Unkenntnis über den Mangel sein durfte.[1140] Da hier bei beiden Umsetzungsvorschriften im Wege der richtlinienkonformen Auslegung eine Korrektur des bisherigen Verständnisses hinsichtlich des bei der Prüfung der Unkenntnis anzuwendenden Maßstabes angezeigt ist, kann von einer Übereinstimmung der deutschen und der italienischen Umsetzungsvorschrift ausgegangen werden.

[1139] Palandt-*Heinrichs*, 64. Aufl., § 277 Rn. 2.

[1140] *Garofalo*, in: *Schermeier* (Hrsg.), Verbraucherkauf in Europa, S. 237 (255).

Der deutsche Gesetzgeber hat in § 442 Abs. 1 BGB darüber hinaus bestimmt, dass der Haftungsausschluss dann nicht eingreift, wenn der Verkäufer den Mangel arglistig verschwiegen oder eine Garantie für die Beschaffenheit der Sache übernommen hat. Eine ähnliche Regelung enthält Art. 1491 *Cc*. Nach Abs. 1 dieser Vorschrift bleibt die Haftung des Verkäufers auch bei Vorliegen eines Ausschlusstatbestandes bestehen, wenn der Verkäufer erklärt hat, dass die Sache frei von Mängeln ist und so eine Beschaffenheitsgarantie übernommen hat. Die Regelung ist auf den Verbrauchsgüterkauf zu übertragen, wenn man eine Schlechterstellung des Verbrauchers gegenüber sonstigen Käufern vermeiden will.[1141] Die Haftung des Verkäufers bleibt damit analog Art. 1491 *Cc* auch im italienischen Recht bei Übernahme eines Garantie bestehen, sodass im Ergebnis dieselbe Rechtslage hergestellt wird, wie sie im deutschen Recht besteht. Für den Fall, dass der Verkäufer den Mangel arglistig verschwiegen hat, ist auf Art. 1490 Abs. 2 *Cc* zurückzugreifen. Danach ist eine Vereinbarung, wodurch die Haftung des Verkäufers ausgeschlossen oder begrenzt wird, nicht bindend, wenn der Verkäufer einen Mangel an der Sache böswillig verschwiegen hat (*ha in mala fede taciuto*). Eine Vereinbarung über die Vertragsmäßigkeit der Sache nach Art. 1519-*ter* Abs. 1 *Cc*, wonach ein vom Verkäufer böswillig verschwiegener Mangel der Sache als vertragsgemäß gilt, ist daher auch nach italienischem Recht nicht bindend.

Im Übrigen hat die Umsetzung des Art. 2 Abs. 3 VerbrGK-RL zu einer umfassenden Rechtsangleichung des deutschen und des italienischen Rechts geführt. Die Bestimmung in Art. 2 Abs. 3 VerbrGK-RL, wonach keine Vertragswidrigkeit vorliegt, wenn diese auf den vom Verbraucher gelieferten Stoff zurückzuführen ist, findet sich in Italien in Art. 1519-*ter* Abs. 3 *Cc*. Im deutschen Recht indessen enthalten die kaufrechtlichen Sondervorschriften keine entsprechende Umsetzungsvorschrift. Hier aber gilt die allein auf Werkverträge anzuwendende Vorschrift des § 644 BGB, da es sich nach deutschem Verständnis um eine Frage des Werkvertragsrechts handelt. Letztlich hat die Umsetzung der Vorschrift im italienischen Recht in Art. 1519-*ter* Abs. 3 *Cc*, der gemäß Art. 1519-*bis* Abs. 1 *Cc* auf Werkverträge Anwendung findet, jedoch ebenfalls ausschließlich Auswirkungen auf das Werkvertragesrecht, sofern es sich um einen Mangel handelt, der auf einen vom Verbraucher gelieferten Stoff zurückzuführen ist. Schließlich handelt es sich auch nach italienischem Recht um einen Werkvertrag i.S.d. Art. 1655 *Cc*, wenn der Vertragsinhalt überwiegend durch die Erbringung einer Tätigkeit gekennzeichnet ist, was regelmäßig dann der Fall ist, wenn der Verbraucher dem Unternehmer einen „Stoff" liefert, den zu bearbeiten es gilt.

Das italienische Recht sieht in Art. 1663 *Cc* allerdings vor, dass der Besteller vom Unternehmer unverzüglich über die Mangelhaftigkeit der von ihm gelieferten Stoffe zu unterrichten ist, wenn sich diese im Laufe der Werkleistung zeigt und seine ordnungsgemäße Durchführung gefährdet. Da eine den Inhalt dieser

[1141] *Garofalo*, in: *Schermeier* (Hrsg.), Verbraucherkauf in Europa, S. 237 (254); *Alpa/De Nova*, L'aquisto di beni di consumo, Art. 1519-*ter* Rn. 34.

Regelung betreffende Vorschrift in den Art. 1519-*bis* ff. *Cc* fehlt, muss Art. 1663 *Cc* auch im Rahmen von Verbrauchsgüterkäufen Anwendung finden. Im italienischen Recht ist - anders als im deutschen Recht - die Haftung des Unternehmers für den Fall, dass der Mangel auf einem vom Verbraucher gelieferten Stoff beruht, nur dann ausgeschlossen, wenn er den Verbraucher unverzüglich über die Mangelhaftigkeit des Stoffes unterrichtet. Damit ist das italienische Recht verbrauchergünstiger. Art. 1519-*ter* Abs. 3 a.E. *Cc* sieht vor, dass auch dann keine Vertragswidrigkeit vorliegt, wenn die Vertragswidrigkeit auf eine Anweisung des Verbrauchers zurückzuführen ist. Dies gilt auch im deutschen Recht. Gibt nämlich der Verbraucher dem Verkäufer eine Anweisung und führt diese Anweisung zu einem Mangel, so ist davon auszugehen, dass der Käufer gemäß § 442 Abs. 2 BGB nicht in Unkenntnis über den Mangel sein durfte. Die Regelung in Art. 1519-*ter* Abs. 3 a.E. *Cc* führt demnach nicht zu einer mit den deutschen Vorschriften kollidierenden Haftungserleichterung zugunsten des Verkäufers.

Kapitel 3 - Rechtsbehelfe

I. Richtlinienvorgaben

Art. 3 VerbrGK-RL regelt Voraussetzungen und Inhalt der Gewährleistungshaftung. Gemäß Art. 3 Abs. 1 VerbrGK-RL haftet der Verkäufer für jede Vertragswidrigkeit, die zum Zeitpunkt der Lieferung besteht. Der Hersteller haftet nur dann, wenn er gleichzeitig als Verkäufer auftritt, wie dies etwa bei Direktverkäufern „ab Werk" der Fall ist.[1142] Art. 3 Abs. 1 VerbrGK-RL ist Ausdruck des in allen nationalen Rechtsordnungen der EU-Mitgliedstaaten geltenden Grundsatzes der Relativität von Schuldverhältnissen[1143]: Durch ein Schuldverhältnis werden grundsätzlich nur die an ihm Beteiligten verpflichtet. Eine Direkthaftung gegenüber Dritten muss hingegen besonders legitimiert werden.

Welches Recht der Verbraucher geltend machen kann bestimmt Art. 3 Abs. 2 VerbrGK-RL. Danach kann der Verbraucher die unentgeltliche Herstellung des vertragsgemäßen Zustands durch Nachbesserung oder Ersatzlieferung nach Maßgabe des Art. 3 Abs. 3 VerbrGK-RL verlangen. Nur unter den zusätzlichen Voraussetzungen des Art. 3 Abs. 5 und 6 VerbrGK-RL kann er Minderung des Kaufpreises oder Vertragsauflösung geltend machen. Art. 3 Abs. 4 VerbrGK-RL definiert in Ergänzung zu Art. 3 Abs. 2 und 3 VerbrGK-RL den Begriff „unentgeltlich". Die genannten Rechte sind unter einander nicht kompatibel.[1144] Bei erfolgreicher Durchführung einer Gewährleistungsart ist dem Verbraucher daher ein Rückgriff auf eine andere Art verwehrt.[1145]

1. Allgemeine Haftungsvoraussetzungen und Rechtsbehelfssystem

Haftungsbegründende Voraussetzung der Gewährleistung ist gemäß Art. 3 Abs. 1 VerbrGK-RL zunächst die Vertragswidrigkeit des Verbrauchsgutes im Zeitpunkt der Lieferung. Hieran knüpfen die dem Verbraucher in Art. 3 Abs. 2 VerbrGK-RL katalogartig genannten Rechte an. Für die Ausübung des Rechts auf Abhilfe legt Art. 3 Abs. 3 VerbrGK-RL nur fest, wann das Recht auf Abhilfe ausgeschlossen ist. Art. 3 Abs. 5 und 6 VerbrGK-RL sehen für die Minderung und Vertragsauflösung hingegen spezielle Voraussetzungen vor.

a) Vertragswidrigkeit

Aus der Formulierung „jede" Vertragswidrigkeit in Art. 3 Abs. 1 VerbrGK-RL folgt, dass als Rechtsgrund für die Haftung des Verkäufers alle Abweichungen von der Vertragsmäßigkeit in Betracht kommen.[1146] Bei der Kodifikation der

---

1142 *Morgenroth*, Diss., S. 71; a.A. *Lehr/Wendel*, EWS 1999, 321 (324), der auch dann von einer Haftung des Herstellers ausgeht, wenn sich der Hersteller in Anlehnung an Art. 1 Abs. 2 d) VerbrGK-RL als Verkäufer bezeichnet, obwohl er die Sache nicht selbst verkauft hat.

1143 Kompaktkommentar-*Willingmann/Hirse*, § 241 Rn. 1.

1144 *Bianca*, in: *Grundmann/Bianca*, EU-Kaufrechts-Richtlinie, Art. 3 Rn. 64.

1145 Schadensersatzansprüche sind hiervon ausgenommen.

1146 *Höffe*, Diss., S. 53.

Rechtsbehelfe des Verbrauchers ist der europäische Gesetzgeber von einem einheitlichen Vertragsbruchtatbestand ausgegangen.[1147]

(1) Sachmangel

Art. 3 VerbrGK-RL erfasst jede Art von Sachmängeln. Es kommt weder auf eine erhebliche noch auf eine unerhebliche Minderung des Wertes oder der Tauglichkeit des Verbrauchsgutes an.[1148] Eine Definition für die Vertragswidrigkeit enthält die VerbrGK-RL nicht.[1149] Art. 2 VerbrGK-RL lässt sich nur bedingt heranziehen. Die Vorschrift regelt nur die Vertragsmäßigkeit. Gemäß Art. 2 Abs. 1 VerbrGK-RL richtet sie sich vorrangig nach der Parteivereinbarung. Fehlt es an einer Parteivereinbarung so sind die Vermutungskriterien des Art. 2 Abs. 2 VerbrGK-RL zur Bestimmung der Vertragsmäßigkeit heranzuziehen.

Berücksichtigt man, dass die Funktion der Gewährleistung darin besteht, die durch die Vertragswidrigkeit der Sache bedingte Äquivalenzverschiebung hinsichtlich der Geld- und der Sachleistung zu beseitigen, so ist grundsätzlich von der Gleichwertigkeit der Leistungen des Verbrauchers und der des Verkäufers auszugehen.[1150] Der Inhalt der Leistungen richtet sich ausschließlich nach der Parteivereinbarung, sodass der Vertrag als einziger Maßstab zur Beurteilung der Vertragswidrigkeit in Frage kommt. Die Vertragswidrigkeit der Sache stellt sich als Defizit dar, das die tatsächlich gelieferte Sache gegenüber der vereinbarten Sache hat. Bei der Prüfung der Vertragswidrigkeit ist daher zunächst zu ermitteln, welche Beschaffenheit vereinbart wurde. Dann ist die tatsächliche Beschaffenheit der Sache festzustellen. Erst danach kann die Differenz zwischen der Ist- und der Sollbeschaffenheit auf dieser Grundlage ermittelt und die Vertragswidrigkeit der Sache bejaht werden.

Fehlt es an einer ausdrücklichen Parteivereinbarung, so ist ein Umkehrschluss zu Art. 2 Abs. 2 VerbrGK-RL nicht ohne weiteres gerechtfertigt, da es sich dort lediglich um Vermutungskriterien handelt. Anders als etwa die Formulierung in Art. 35 Abs. 2 CISG, wonach die Ware nur vertragsgemäß ist, wenn sie den dort genannten Anforderungen entspricht, fehlt in Art. 2 Abs. 2 VerbrGK-RL die einschränkende Formulierung „nur".[1151] Der Wortlaut der Vorschrift spricht vielmehr dafür, dass es für den Fall, dass die Vermutungsregelungen nicht eingreifen, die regelmäßige Darlegungs- und Beweislast eintritt und nicht etwa *per se* Vertragswidrigkeit anzunehmen ist.[1152] Diese Auslegung steht auch im Einklang mit der Beweislastumkehr in Art. 5 Abs. 3 VerbrGK-RL, wonach das Vorliegen der

---

1147 *Bianca*, in: *Grundmann/Bianca*, EU-Kaufrechts-Richtlinie, Art. 3 Rn. 3.

1148 *Hänlein*, DB 1999, 1641 (1643).

1149 Die Richtlinie bestimmt in ihrem Art. 2 Abs. 3 wann die Vertragswidrigkeit ausgeschlossen ist und in Art. 2 Abs. 5, dass die fehlerhafte Montage bzw. Montageanleitung unter bestimmten Voraussetzungen der Vertragswidrigkeit gleichgestellt werden muss.

1150 *Schwartze*, Europäische Sachmängelgewährleistung, S. 74.

1151 In der Literatur wird in Frage gestellt, ob eine inhaltliche Abweichung von Art. 35 Abs. 2 CISG überhaupt gewollt war. So *Faber*, JBl 1999, 413 (418).

1152 *Höffe*, Diss., S. 28.

Vertragswidrigkeit zum Zeitpunkt der Lieferung in den ersten sechs Monaten nach Lieferung vermutet wird, nicht aber etwa die Vertragswidrigkeit selbst. Würde man nämlich in Art. 2 Abs. 2 VerbrGK-RL eine gesetzliche Beweiserleichterung zugunsten des Verbrauchers sehen wollen, so würde dies eine Aufspaltung der Beweislastregelung zugunsten des Verbrauchers in zwei verschiedene Vorschriften bedeuten. Daher bestimmt auch Erwägungsgrund 8 Satz 2, 3. Alternative VerbrGK-RL, dass die Vermutungen des Art. 2 Abs. 2 VerbrGK-RL bei fehlender Parteivereinbarung oder im Falle der Anwendung der Mindestschutzklausel auch zur Bestimmung der Vertragswidrigkeit herangezogen werden können aber nicht müssen.

Andererseits bestimmt Art. 2 Abs. 3 VerbrGK-RL, dass unter den dort genannten Voraussetzungen keine „Vertrags*widrigkeit* im Sinne dieses Artikels" vorliegt, was wiederum dafür sprechen würde, dass ein Umkehrschluss durchaus zulässig ist. Dies würde bedeuten, dass bei Nichteingreifen der Vermutungsregeln über die Vertragsmäßigkeit zugunsten des Verkäufers automatisch die Vertragswidrigkeit zulasten des Verkäufers vermutet würde. Hiergegen sprechen neben gesetzestechnischen Bedenken materiellrechtliche Argumente. Der Verkäufer würde nicht nur die Darlegungs- und Beweislast dafür tragen, dass die Ware im Zeitpunkt der Lieferung nicht vertragswidrig war, sondern darüber hinaus auch dafür, dass die Ware auch nach Vertragsschluss nicht vertragswidrig geworden ist. Damit wäre die Beweislast zulasten des Verkäufers in vollem Umfang umgekehrt. Der Verkäufer wäre gezwungen alle Anspruchsvoraussetzungen zu beweisen, obwohl er der Anspruchsgegner ist. Damit stünde die VerbrGK-RL im Widerspruch zur Rechtstradition aller Mitgliedstaaten. Art. 2 Abs. 2 VerbrGK-RL würde eine bestehende Rechtsübereinkunft der Mitgliedstaaten durch eine andere ersetzen, wozu der EU aber die Regelungskompetenz fehlt.

Maßgeblich für das Vorliegen der Voraussetzungen des Art. 95 EGV ist, ob unterschiedliche nationale Vorschriften zu Hindernissen für den Handel führen. Fehlt es aber bereits an voneinander abweichenden nationalen Vorschriften, so bleibt dem EU-Gesetzgeber die Regelungsbefugnis verwehrt. Die Formulierung in Art. 2 Abs. 3 VerbrGK-RL muss so verstanden werden, dass Art. 2 Abs. 2 VerbrGK-RL zwar durchaus Kriterien zur Bestimmung der Vertragswidrigkeit enthält nicht aber eine Vermutungsregelung im prozessrechtlichen Sinne zugunsten des Verbrauchers. Gleichzeitig sind sie mehr als eine bloße Beweiserleichterung.[1153] Sie können sowohl zur Ausfüllung lückenhafter Parteivereinbarungen als Auslegungsregel dienen als auch die Bestimmung der Parteivereinbarung vereinfachen.[1154]

[1153] *Staudenmeyer*, NJW 1999, 2393 (2394).

[1154] *Amtenbrink/Schneider*, VuR 1996, 367 (372); *Staudenmeyer*, NJW 1999, 2393 (2394); vgl. auch Erwägungsgrund 8 Satz 1 VerbrGK-RL und die Begründung zum ursprünglichen Richtlinienvorschlag 1996, KOM (95) 520 endg., S. 13; ferner *Lehmann*, JZ 2000, 280 (282); *Micklitz*, EuZW 1997, 229 (231); *Schmidt-Räntsch*, ZIP 1998, 849 (851).

(2) Rechtsmangel

Fraglich ist, ob der Begriff der Vertragswidrigkeit zwingend auch Rechtsmängel erfasst. Während das CISG ausdrücklich zwischen den in Art. 35 CISG geregelten Sachmängeln und den in Art. 41 CISG geregelten Rechtsmängeln differenziert, fehlt es in der VerbrGK-RL an einer solchen Unterscheidung. Sie orientiert sich vielmehr ausschließlich an seinen Vorschriften über Sachmängel. Daher hat sich ein großer Teil der Literatur gegen eine durch die VerbrGK-RL bedingte zwingende Gleichstellung von Rechts- und Sachmängeln ausgesprochen.[1155] Nach dieser Auffassung soll die Regelung von Rechtsmängeln den Mitgliedstaaten überlassen bleiben.[1156] Es wird darauf hingewiesen, dass die Verjährungsfrist des Art. 5 VerbrGK-RL von zwei Jahren für Rechtsmängel zu kurz bemessen sei.[1157] Die Vertreter der genannten Auffassung übersehen, dass Art. 2 VerbrGK-RL von einem einheitlichen Tatbestand der Vertragsmäßigkeit ausgeht, sodass sich auch die Rechtsmangelfreiheit primär nach der Parteivereinbarung richten muss.[1158] Zu berücksichtigen ist, dass die Vermutungskriterien zur Bestimmung der Rechtsmangelfreiheit vom Sinn her nicht passen, sodass hier den Mitgliedstaaten ein gewisser Umsetzungsspielraum verbleibt.

(3) Zeitpunkt der Vertragswidrigkeit

Art. 3 Abs. 1 VerbrGK-RL bestimmt weiterhin, dass die Vertragswidrigkeit zum Zeitpunkt der Lieferung bestehen muss. Auf ein Offenbarwerden, wie es etwa nach Art. 5 VerbrGK-RL für den Ausschluss der Rechte des Verbrauchers maßgeblich ist, kommt es nicht an. Erforderlich ist, dass die Vertragswidrigkeit im Zeitpunkt der Lieferung zumindest „im Keim" vorhanden gewesen sein muss. Zu Tage getreten sein muss sie hingegen nicht.[1159] Auffällig ist, dass Art. 3 Abs. 1 VerbrGK-RL anders als Art. 36 Abs. 1 CISG nicht auf den Zeitpunkt des Gefahrenübergangs abstellt. Entgegen einer im Schrifttum vertretenen Auffassung[1160] stellt die Formulierung „Zeitpunkt der Lieferung" auch nicht ein Synonym für den „Zeitpunkt des Gefahrenübergangs" dar.[1161] Der EU-Gesetzgeber knüpft zwar sowohl den Zeitpunkt, ab dem der Verkäufer für die Vertragswidrigkeit gemäß Art. 3 Abs. 1 VerbrGK-RL haftet, als auch den Zeitpunkt der Beweislast-

---

[1155] *Ernst*, ZRP 2001, 1 (2); *ders.*, in: *Ernst/Zimmermann* (Hrsg.), Zivilrechtswissenschaft und Schuldrechtsreform, 2001, S. 559 (561); *Ernst/Gsell*, ZIP 2000, 1410 (1411); *Jud*, ÖJZ 1997, 441 (442); *Schlechtriem*, in: GS *Lüderitz*, S. 675 (685).

[1156] *Brüggemeier*, JZ 2000, 529 (530).

[1157] *Schlechtriem*, in: GS *Lüderitz*, S. 675 (685).

[1158] *Bianca*, in: *Grundmann/Bianca*, EU-Kaufrechts-Richtlinie, Art. 3 Rn. 4; *Brüggemeier*, JZ 2000, 529 (530); *De Cristofaro*, Difetto di Conformità, S. 143; *Schmidt-Räntsch*, ZEuP 1999, 294 (301); *Rieger*, VuR 1999, 287.

[1159] *Lehr/Wendel*, EWS 1999, 321 (323 Fn. 23).

[1160] *Tonner/Crellwitz/Echtmeyer*, in: *Micklitz/Pfeiffer/Tonner/Willingmann* (Hrsg.) Schuldrechtsreform und Verbraucherschutz, S. 293 (308).

[1161] *Tonner/Crellwitz/Echtmeyer*, in: *Micklitz/Pfeiffer/Tonner/Willingmann* (Hrsg.) Schuldrechtsreform und Verbraucherschutz, S. 293 (308).

umkehr in Art. 5 Abs. 3 VerbrGK-RL an den Zeitpunkt der Lieferung des Verbrauchsgutes an.

Die Gesetzgebungsgeschichte zeigt deutlich, dass der Gesetzgeber im Hinblick auf den Subsidiaritätsgrundsatz bewusst davon abgesehen hat, die Gefahrtragung zu regeln.[1162] So wird in der Begründung zum geänderten Richtlinienvorschlag von 1998 ausdrücklich darauf hingewiesen, dass der Begriff der Lieferung den Mitgliedstaaten ausreichend Spielraum lassen will, um die Gefahrtragung selbstständig zu regeln.[1163] Aus diesem Grund definiert die VerbrGK-RL auch den Begriff der Lieferung nicht[1164], sodass die VerbrGK-RL, soweit sie auf den Zeitpunkt der Lieferung Bezug nimmt, nur einen deklaratorischen Charakter hat.[1165] Die VerbrGK-RL kennt sehr wohl den Begriff des Gefahrenübergangs, wie sich aus Erwägungsgrund 14 ergibt, der seinerseits klarstellt, dass die Bezugnahme auf den Zeitpunkt der Lieferung in den Vorschriften der VerbrGK-RL nicht bedeutet, dass die Mitgliedstaaten ihre Vorschriften über den Gefahrenübergang ändern müssen.[1166]

Will man der ausschließlich am Wortlaut der Vorschrift ausgerichteten Auffassung[1167] folgen und die Lieferung als tatsächliche Übergabe des Verbrauchsguts an den Verbraucher durch den Verkäufer verstehen, so würde die VerbrGK-RL abweichend von Art. 36 CISG auch dann zu einer Haftung des Verkäufers führen, wenn etwaige nationale Entlastungsregeln den Verkäufer bei Annahmeverzug von seiner Haftung befreit hätten.[1168] Dies aber würde bedeuten, dass der Verbraucher die Haftung des Verkäufers durch Nichtabnahme des Verbrauchsgutes in der Hand hätte. Geht etwa ein Verbrauchsgut unter oder verschlechtert sich, nachdem der Verkäufer es dem Verbraucher ordnungsgemäß angeboten hat, so haftet der Verkäufer auch in diesem Fall verschuldensunabhängig[1169] und würde stets das Transportrisiko tragen.[1170]

Im Ergebnis wäre unter Zugrundelegung einer ausschließlich am Wortlaut orientierten Auslegung entgegen dem insoweit eindeutigen Erwägungsgrund 14

1162 *Staudenmeyer*, in: *Grundmann/Medicus/Rolland* (Hrsg.), Europäisches Kaufgewährleistungsrecht, S. 27 (37).

1163 Geänderter Vorschlag für eine Richtlinie des Europäischen Parlaments und des Rates über den Verbrauchsgüterkauf und -garantien [KOM (1998) 0217endg.] (ABl. EG Nr. C 148 vom 14.5.1998, S. 12f.).

1164 *Ernst/Gsell*, ZIP 2000, 1410 (1415).

1165 *Amtenbrink/Schneider*, VuR 1999, 293 (297).

1166 A.A. *Schwartze*, ZEuP 2000, 544 (559).

1167 So *Lehr/Wendel*, EWS 1999, 321 (323); *Micklitz*, EuZW 1999, 485 (486); *Schneider/Straub*, ZEuP 1996, 8 (69); *Schiller*, PHI 1999, 118 (124).

1168 Diese Abweichung war tatsächlich ursprünglich vom EU-Gesetzgeber geplant. Vgl. Begründung zum Vorschlag für eine Richtlinie des Europäischen Parlaments und des Rates über den Verbrauchsgüterkauf und –garantien [KOM (1995) 520endg.] (ABl. EG Nr. C 307 vom 16.10.1997, S. 8 (13)).

1169 *Amtenbrink/Schneider*, VuR 1996, 367 (374).

1170 *Ehmann/Rust*, JZ 1999, 853 (857); *Westermann*, in: *Grundmann/Medicus/Rolland* (Hrsg.), Europäisches Kaufgewährleistungsrecht, S. 251 (262).

VerbrGK-RL mittelbar durch die VerbrGK-RL der Gefahrenübergang vorgegeben. Aus Art. 3 Abs. 1 VerbrGK-RL folgt indessen nur, dass die Haftung des Verkäufers voraussetzt, dass die Vertragswidrigkeit zumindest[1171] im Zeitpunkt der Lieferung bestand. Im Sinne einer einheitlichen Auslegung der VerbrGK-RL dürfte unter Lieferung der Akt zu verstehen sein, mit dem die Sache dem Verbraucher ordnungsgemäß angeboten wird.[1172] Darauf ob der Käufer die Sache auch tatsächlich annimmt oder ob die Sache vom Verkäufer selbst übergeben wurde, muss es nicht zwingend ankommen.

Problematisch ist in diesem Zusammenhang Art. 2 Abs. 5 VerbrGK-RL. Satz 1 der Vorschrift bestimmt, dass für den Fall, dass eine Montageverpflichtung des Verkäufers besteht, die unsachgemäße Montage einen Mangel darstellt. Gleiches gilt gemäß Satz 2 der Vorschrift auch für den Fall, dass der Verbraucher die Sache aufgrund einer mangelhaften Montageanleitung unsachgemäß montiert. Der an sich für die Vertragswidrigkeit maßgebliche Zeitpunkt nach Art. 2 Abs. 1 VerbrGK-RL, der Zeitpunkt der Lieferung, liegt aber zeitlich vor der Montage. Um dennoch zu einem sachgerechten Ergebnis zu gelangen, ist daher der Lieferzeitpunkt in diesen Fällen auf den Zeitpunkt der Beendigung der Montage zu terminieren.[1173]

b) Stufenverhältnis der Rechtsbehelfe

Entgegen des im Richtlinienvorschlag der EU-Kommission vom 18. Juni 1996[1174] vorgesehenen vierfachen uneingeschränkten Wahlrechts des Verbrauchers zwischen Nachbesserung, Ersatzlieferung, Minderung und Vertragsauflösung stehen die in Art. 3 Abs. 2 VerbrGK-RL genannten Rechte des Verbrauchers in einem „Stufenverhältnis"[1175] zueinander. Minderung und Vertragsauflösung erfordern, dass beide Abhilfemöglichkeiten unmöglich oder unverhältnismäßig sind, der Verkäufer nicht innerhalb einer angemessenen Frist Abhilfe geschaffen hat oder diese nicht ohne erhebliche Unannehmlichkeiten für den Verbraucher hätte erfolgen können. Minderung und Vertragsauflösung setzten grundsätzlich voraus, dass der Verbraucher vorrangig die Nachbesserung oder Ersatzlieferung verlangt. Sie sind nur sekundäre Rechtsbehelfe des Verbrauchers. Aus der Vorrangigkeit der Abhilfe folgt, dass mit dem Abhilfeanspruch des Verbrauchers ein Recht zur Abhilfe des Verkäufers korrespondiert.

Damit steht die Regelung des Art. 3 Abs. 2 VerbrGK-RL dem CISG nahe, der in seinem Art. 50 dem Verkäufer bei grundsätzlich uneingeschränktem Wahlrecht des Käufers hinsichtlich der vier Rechtsbehelfe die Möglichkeit

---

1171 Dies gilt wegen Art. 8 VerbrGK-RL, wonach die Richtlinie nur Mindeststandards setzt.

1172 *Bianca*, in: *Bianca/Grundmann*, EU-Kaufrechts-Richtlinie, Art. 3 Rn. 12.

1173 *Vorsmann*, Diss., S. 71.

1174 Begründung zum Vorschlag für eine Richtlinie des Europäischen Parlaments und des Rates über den Verbrauchsgüterkauf und –garantien [KOM (1995) 520endg.] (ABl. EG Nr. C 307 vom 16.10.1997, S. 8 (13)).

1175 *Staudenmeyer*, NJW 1999 2393 (2395), der von einer „Stufenlösung" spricht.

zugesteht, die Minderung durch Nachbesserung abzuwenden, sodass im Ergebnis auch im CISG ein gestuftes Anspruchssystem regiert.[1176] Mit der zweistufigen Ausgestaltung der Rechtsbehelfe des Verbrauchers erreicht der europäische Gesetzgeber somit einen Gleichlauf mit dem Rechtsbehelfssystem des CISG, dem auch die *Principles of European Contract Law*[1177] der Lando-Kommission und die *UNCITRAL*-Prinzipien[1178] folgen.[1179]

c) Abnahmeverweigerungsrecht

Ob dem Verbraucher neben seinem Anspruch auf Abhilfe ein Abnahmeverweigerungsrecht zur Seite steht, lässt die VerbrGK-RL offen.[1180] Nach Art. 53 CISG ist der Käufer verpflichtet die Ware abzunehmen, sodass die Nichtabnahme der Ware im Anwendungsbereich des CISG nichts anderes ist als eine Verletzung der vertraglich geschuldeten Leistungspflicht.[1181] Der Verkäufer kann in diesem Fall seine Rechte aus Art. 62 ff. CISG geltend machen. Gemäß Art. 64 b) CISG kann er sogar die Aufhebung des Vertrages erklären, wenn der Käufer nicht innerhalb der vom Verkäufer nach Artikel 63 Abs. 1 CISG gesetzten Nachfrist seine Pflicht zur Abnahme der Ware erfüllt oder wenn er erklärt, dass er dies nicht innerhalb der so gesetzten Frist tun wird.

Eine solche Abnahmepflicht des Verbrauchers kennt die VerbrGK-RL nicht. Art. 52 CISG bestimmt, dass der Käufer eine zu viel gelieferte Menge abnehmen oder ihre Abnahme verweigern kann. Zumindest für den Fall, dass mehr als vereinbart geliefert wird, muss daher dem Verbraucher auch im Rahmen eines Verbrauchsgüterkaufes ein Abnahmeverweigerungsrecht eingeräumt werden, will man ihn nicht gegenüber dem Käufer eines Handelskaufes benachteiligen. Berücksichtigt man, dass auch eine mengenmäßige Abweichung unter den Begriff der Vertragswidrigkeit i.S.d. Art. 3 Abs. 3 VerbrGK-RL fällt und die VerbrGK-RL die Verbraucherrechte unabhängig von der Art der Vertragswidrigkeit gleich behandelt, sofern nicht nur eine geringfügige Vertragswidrigkeit vorliegt, so liegt es nahe, dass dem Verbraucher auch bei Sach- und Rechtsmängeln i.e.S. ein Abnahmeverweigerungsrecht zustehen muss, um das durch die VerbrGK-RL vorgegebene Postulat eines einheitlichen Gewährleistungssystems nicht zu vernachlässigen.

Denkbar wäre bei geringfügiger Vertragswidrigkeit eine Ausnahme zu machen, da der Verkäufer für den Fall, dass die Abhilfe unmöglich oder unverhältnismäßig ist, nur die Vertragsauflösung bliebe, die wiederum nach Art. 3 Abs. 6 VerbrGK-RL ausgeschlossen ist. Handelt es sich um eine geringfügige Vertragswidrigkeit, so kann der Verbraucher letztlich bei Unverhältnismäßigkeit

---

[1176] *Schnyder/Straub*, ZEUP 1996, 8 (59); *Magnus*, in: *Grundmann/Medicus/Rolland* (Hrsg.), Europäisches Kaufgewährleistungsrecht, S. 79 (89).

[1177] *Lando/Beale* (Hrsg.) The Principles of European Contract Law, Part I and Part II.

[1178] UNIDROIT (Hrsg.) Principles of International Commercial Contracts, 2nd ed., Rom 1997.

[1179] *Schlechtriem*, ZSR 118 [1999], 335 (343).

[1180] *Bianca*, in: *Bianca/Grundmann*, EU-Kaufrechts-Richtlinie, Art. 3 Rn. 83.

[1181] Staudinger-*Magnus*, CISG, Art. 60 Rn. 17.

oder Unmöglichkeit beider Abhilfealternativen nur die Minderung verlangen. Diese aber setzt voraus, dass der Austausch der Leistungen vollzogen wird. Bedenken könnten zwar bestehen, weil der Verbraucher durch die Abnahmeverweigerung dem Verkäufer sein Recht zur zweiten Andienung nehmen würde. Wegen der in Art. 8 VerbrGK-RL verankerten Mindestschutzklausel, die zugunsten des Verbrauchers wirkt, ist aber davon auszugehen, dass ein Annahmeverweigerungsrecht des Verbrauchers bei Vertragswidrigkeit grundsätzlich mit den Vorgaben der VerbrGK-RL zu vereinbaren ist. Nicht zuletzt findet das Recht zur zweiten Andienung seine Berechtigung nur deswegen, weil zunächst alle Möglichkeiten zur Aufrechterhaltung des Vertrages ausgeschöpft werden sollen. Die Verweigerung der Abnahme dient letztlich genau diesem Ziel.

2. Primäre Rechtsbehelfe: Nachbesserung und Ersatzlieferung

Aus der Formulierung „oder" in Art. 3 Abs. 2 und 3 VerbrGK-RL folgt, dass beide Formen der Abhilfe nur alternativ geltend gemacht werden können, auch wenn es sich bei dem Anspruch auf Nachbesserung oder Ersatzlieferung um einen einheitlichen Abhilfeanspruch handelt.[1182] Nachbesserung oder Ersatzlieferung sind nicht kompatibel.[1183] Über die Rechtsnatur und konkrete Ausgestaltung der primären Gewährleistungsrechte enthält die VerbrGK-RL nahezu keine Aussagen. Sie legt insoweit nur fest, dass die Durchführung der Abhilfealternativen unentgeltlich zu erfolgen hat und die Wahl zwischen den Abhilfealternativen dem Verbraucher gebührt, wobei ihre Ausübung den Schranken des Art. 3 Abs. 3 VerbrGK-RL unterliegt. Ob dem Verbraucher daneben weiter gehende Rechte zustehen können, bleibt indessen der Gesetzgebung der Mitgliedstaaten vorbehalten.

Festzuhalten ist, dass der bei der Umsetzung der Richtlinienvorgaben zwingend sicherzustellende *effet utile* das Recht des Verbrauchers vom Verkäufer Nachbesserung oder Ersatzlieferung zu verlangen, nur dann in vollem Umfang gewährleistet sein dürfte, wenn er als einklagbarer Anspruch ausgestaltet wird.[1184] Ob er an die Stelle des ursprünglichen Erfüllungsanspruchs tritt, können die Mitgliedstaaten frei entscheiden. Insbesondere bei der Falschlieferung, die gemäß Art. 2 VerbrGK-RL als Vertragswidrigkeit zu behandeln ist, kann die konkrete Ausgestaltung des Abhilfeanspruchs von erheblicher Bedeutung sein. Liefert der Verkäufer eine wertvollere Sache als die geschuldete, so muss dem Verbraucher nach der VerbrGK-RL zwingend die Ersatzlieferung zustehen.[1185] Ob dem Verbraucher aber die Möglichkeit zusteht, die Sache zu behalten und erneut Erfüllung zu verlangen oder ob er die Sache zurückgeben muss und auf sein Recht zur Ersatzlieferung verwiesen ist, sagt die VerbrGK-RL nicht. Dies kann zu erheblichen Unterschieden in den nationalen Rechtsordnungen führen.

1182 *Amtenbrink/Schneider*, VuR 1996, 374 (375).
1183 *Bianca*, in: *Bianca/Grundmann*, EU-Kaufrechts-Richtlinie, Art. 3 Rn. 64.
1184 *Haustein*, Diss., S. 83.
1185 Die Nachbesserung dürfte regelmäßig wegen Unmöglichkeit ausscheiden.

a) Wahlrecht

Das Wahlrecht gebührt nach dem Wortlaut der Vorschrift dem Verbraucher. Mit dieser Regelung weicht die VerbrGK-RL ausnahmsweise von den Vorschriften des CISG ab.[1186] Gemäß Art. 46 Abs. 2 CISG kann der Käufer Ersatzlieferung nur bei erheblicher Vertragswidrigkeit verlangen. Mag diese Regelung auch im Handelsverkehr sachgerecht sein, würde sie im Rahmen eines Verbrauchsgüterkaufvertrages den regelmäßig stärkeren vertragsbrüchigen Vertragspartner privilegieren und fände daher keine Rechtfertigung.[1187] Aus Verbraucherschutzgesichtspunkten ist daher ein Wahlrecht des Verbrauchers äußerst begrüßenswert. Nach Erwägungsgrund 12 ist es dem Verkäufer unbenommen, dem Verbraucher jede zur Verfügung stehende Abhilfemöglichkeit anzubieten. Teilweise wird vertreten, dass das Wahlrecht des Verbrauchers eine kaum zu rechtfertigende Belastung des Verkäufers darstellt[1188], da es dem Verbraucher ein rechtsmissbräuchliches Verhalten ermöglicht. Hierfür hat Art. 3 Abs. 3 VerbrGK-RL einen Ausgleich geschaffen.

(1) Ausübung

Art. 3 Abs. 3 VerbrGK-RL bestimmt, dass der Verkäufer die Nachbesserung oder Ersatzlieferung „verlangen" kann. Hieraus folgt, dass die Ausübung des Wahlrechts ein Tätigwerden des Verbrauchers, nicht aber eine prozessuale Geltendmachung erfordert. Auch das CISG zwingt den Käufer nicht, seine Wahl im Wege eines Gestaltungsurteils zu treffen.[1189] In Ermanglung besonderer Form- und Fristerfordernisse muss daher eine Erklärung gegenüber dem Verkäufer oder dessen Vertreter ausreichen, wonach der Verkäufer erkennen kann, für welche der Abhilfealternativen sich der Verbraucher bei Vertragswidrigkeit der Sache entschieden hat.[1190] In der Literatur findet sich der Hinweis, dass die Erklärung nicht darauf gerichtet ist, den Vertrag zu modifizieren, sondern den Primärleistungsanspruch geltend zu machen und durchzusetzen.[1191] Diese Formulierung ist missverständlich.

Richtig ist, dass es sich bei der Nacherfüllung nicht um eine Modifikation des Vertrages handelt, sondern um eine Modifikation des Erfüllungsanspruchs, da die Nacherfüllung, auch wenn sie die Fortsetzung des Erfüllungsanspruchs auf der Gewährleistungsebene ist, anderen Regelungen unterliegt als der ursprüngliche Erfüllungsanspruch. Besteht der Verbraucher daher auf Erfüllung, so ist damit keine Wahl getroffen, die etwa durch Auslegung zu ermitteln wäre. Der

---

1186 *Zaccaria/De Cristofaro*, La vendita dei beni di consumo, S. 75.

1187 So wohl *Lehr/Wendel*, EWS 1999, 321 (324); *Staudenmeyer*, in: *Grundmann/Medicus/Rolland* (Hrsg.), Europäisches Kaufgewährleistungsrecht, S. 27 (64); *Schurr*, ZfRV 1999, 222, (226).

1188 *Kircher*, Diss., S. 281; *Medicus*, ZIP 1996, 1925 (1927); *Repgen*, Kein Abschied von der Privatautonomie, S. 55; *Schlechtriem*, ZSR 118 (1999), 335 (352).

1189 *Bianca*, in: *Grundmann/Bianca*, EU-Kaufrechts-Richtlinie, Art. 3 Rn. 67.

1190 *Bianca*, in: *Grundmann/Bianca*, EU-Kaufrechts-Richtlinie, Art. 3 Rn. 65.

1191 *Bianca*, in: *Grundmann/Bianca*, EU-Kaufrechts-Richtlinie, Art. 3 Rn. 65.

Verbraucher muss vielmehr erkennen lassen, dass er seine Gewährleistungsrechte aus Art. 3 Abs. 2 VerbrGK-RL geltend machen will. Art. 3 Abs. 3 VerbrGK-RL bestimmt darüber hinaus, dass die Nachbesserung oder Ersatzlieferung innerhalb einer angemessenen Frist erfolgen muss. Der Verbraucher muss dem Verkäufer genügend Zeit lassen, um der Erfüllung der gewählten Abhilfealternative nachzukommen. Hieraus folgt zugleich, dass der Verbraucher von seiner Wahl vor Ablauf einer angemessenen Abhilfefrist nicht abrücken kann. Die Erklärung zur Ausübung des Wahlrechts ist für diesen Zeitraum daher unwiderruflich. Schlägt die gewählte Abhilfealternative fehl oder verweigert der Verkäufer ihre Durchführung, so lässt die VerbrGK-RL die Möglichkeit einer Neuwahl offen. Ausgeschlossen ist eine Abhilfe nur, wenn sie unmöglich oder unverhältnismäßig ist. Den Mitgliedstaaten verbleibt damit ein gewisser Spielraum bei der Ausgestaltung des Wahlrechts.

(2) Schranken

Der Abhilfeanspruch des Verbrauchers unterliegt gemäß Art. 3 Abs. 3 VerbrGK-RL zwei Einschränkungen.[1192] Ist einer der beiden Abhilfeformen unmöglich oder unverhältnismäßig, was oftmals in der Praxis der Fall sein wird[1193], so kann der Verbraucher gemäß Art. 3 Abs. 3 VerbrGK-RL jeweils nur die andere Form der Abhilfe geltend machen. Der in der Literatur befürchtete Rechtsmissbrauch bei Übernahme des Wahlrechts in die nationalen Rechtsordnungen besteht daher nicht.[1194] Die Formulierung in Art. 3 Abs. 3 VerbrGK-RL *„(...), sofern dies nicht unmöglich oder unverhältnismäßig ist."* lässt nicht eindeutig erkennen, ob für den Fall, dass eine Abhilfealternative unmöglich oder unverhältnismäßig ist, der Anspruch des Verbrauchers von Gesetzes wegen auf die andere Abhilfealternative beschränkt ist oder ob der Verkäufer ihr Vorliegen geltend machen muss.

Enthielte Art. 3 Abs. 3 VerbrGK-RL einen gesetzlichen Ausschluss einer Abhilfealternative oder eine von Gesetzes wegen zu berücksichtigende Einschränkung des Wahlrechts, so müsste der Verbraucher regelmäßig darlegen, dass die von ihm gewählte Abhilfealternative möglich und verhältnismäßig ist. Für eine solche Auslegung spricht auch der Wortlaut des Erwägungsgrundes 11 VerbrGK-RL, der statt der Formulierung *„sofern"* die einschränkende Formulierung *„es sei denn"* enthält, was zunächst einen gesetzlichen Ausschluss der unmöglichen oder unverhältnismäßigen Abhilfealternative vermuten lässt.

Bei genauerem Lesen fällt auf, dass die verlangte Abhilfealternative ausgeschlossen ist. Dies ergibt sich aus der Formulierung *„(...) diese Abhilfe unmöglich oder unverhältnismäßig ist."*. Erwägungsgrund 11 VerbrGK-RL geht davon aus, dass der Verbraucher bereits sein Wahlrecht geltend gemacht hat, bevor der Einwand der Unmöglichkeit bzw. Unverhältnismäßigkeit zum Tragen kommt. Der

1192 Vgl. *Staudenmeyer*, in: *Grundmann/Medicus/Rolland* (Hrsg.), Europäisches Kaufgewährleistungsrecht, S. 27 (38), der davon spricht, dass das Wahlrecht „stark" eingeschränkt ist.
1193 *Schmidt-Räntsch*, ZIP 1998, 849 (851f).
1194 *Schurr*, ZfRV 1999, 222 (226).

Verbraucher braucht bei der Ausübung seines Wahlrechts zunächst nur die Vertragswidrigkeit der Sache geltend zu machen. Er ist nicht dazu verpflichtet nachzuweisen, dass die von ihm geltend gemachte Abhilfealternative auch möglich und verhältnismäßig ist. Art. 3 Abs. 3 VerbrGK-RL räumt dem Verkäufer ein Zurückweisungsrecht ein. Diese Auslegung ist auch sachgerecht. Zum einen dürfte der Nachweis der Unverhältnismäßigkeit regelmäßig leichter vom Verkäufer zu führen sein, da nur er regelmäßig dank seiner Fachkenntnisse die Kosten der gewählten Abhilfe überblicken kann und zum anderen soll Art. 3 Abs. 3 VerbrGK-RL den Verkäufer schützen. Warum aber der Verbraucher gezwungen sein soll für den Verkäufer günstige Umstände zu beweisen kann nicht überzeugen.

(a) Unmöglichkeit

Wann eine Abhilfeform unmöglich ist, lässt sich der VerbrGK-RL nicht ohne weiteres entnehmen. Aus der vom europäischen Gesetzgeber vorgenommenen Differenzierung zwischen Unmöglichkeit und Unverhältnismäßigkeit ergibt sich, dass der Begriff der Unmöglichkeit alle diejenigen Fälle erfassen soll, in denen es nicht um die Verhältnismäßigkeit einer Abhilfe geht. Nach Art. 3 Abs. 3 Satz 2 VerbrGK-RL ist die Unverhältnismäßigkeit anhand von Zumutbarkeitskriterien festzustellen. Aus einem Umkehrschluss hierzu folgt, dass die Unmöglichkeit keine Frage der Zumutbarkeit ist, sondern der Durchführbarkeit. Dass aber ein unterschiedlicher Maßstab bei der Prüfung der Unmöglichkeit als bei der Prüfung der Unverhältnismäßigkeit heranzuziehen ist, lässt sich dem nicht entnehmen.

Grundsätzlich ist bei der Unmöglichkeit derselbe Maßstab anzuwenden wie bei der Unverhältnismäßigkeit. Da Erwägungsgrund 11 Satz 2 VerbrGK-RL bestimmt, dass die Unverhältnismäßigkeit objektiv festzustellen ist, so gilt dies auch hinsichtlich der Unmöglichkeit. Unmöglichkeit in Person des Verkäufers reicht demnach nicht aus, um das Wahlrecht des Verbrauchers zu beschränken. Erforderlich ist vielmehr, dass die vertragswidrige Sache irreparabel oder die Lieferung eines Ersatzes jedermann unmöglich ist. Handelt es sich bei dem vereinbarten Verbrauchsgut um ein nur der Gattung nach bestimmtes Gut, so wird regelmäßig die Unmöglichkeit der Ersatzlieferung ausscheiden.[1195]

Etwas anderes kann nur beim Stückkauf gelten. So kommt etwa bei gebrauchten Gütern gemäß Erwägungsgrund 16 eine Ersatzlieferung in der Regel nicht in Betracht.[1196] Handelt es sich indessen um einen Rechtsmangel, so ist Unmöglichkeit der Nachbesserung immer dann schon anzunehmen, wenn die Beseitigung der rechtlichen Belastung vom Willen desjenigen abhängt, dem das belastende Recht an der Sache zusteht oder aber die Sache mit Rechten behaftet ist, die im öffentlichen Interesse stehen.[1197]

[1195] *Lehr/Wendel*, EWS 1999, 321 (324).

[1196] *Amtenbrink/Schneider*, VuR 1996, 374; *Ehmann/Rust*, JZ 1999, 853 (858); *Micklitz*, EuZW 1999, 485 (487); *Schlechtriem*, JZ 1997, 441 (445).

[1197] *Bianca*, in: *Bianca/Grundmann*, EU-Kaufrechts-Richtlinie, Art. 3 Rn. 31.

(b) Unverhältnismäßigkeit

Eine Abhilfe gilt gemäß Art. 3 Abs. 3 Satz 2 VerbrGK-RL als unverhältnismäßig, wenn sie dem Verkäufer Kosten verursachen würde, die verglichen mit der anderen Abhilfealternative unzumutbar sind. Maßgeblicher Gesichtpunkt bei der Prüfung, ob die gewählte Abhilfealternative unzumutbar ist, sind insoweit die Kosten der Abhilfe und damit die wirtschaftliche Zumutbarkeit.[1198] Die Kriterien, zu denen die Kosten in Verhältnis zu setzen sind, sind in den Spiegelstrichen 1 bis 3 des Art. 3 Abs. 3 Satz 2 VerbrGK-RL genannt.[1199] Unverhältnismäßig ist eine Abhilfe, wenn die Kosten im Verhältnis zum Wert der Sache in vertragsgemäßem Zustand zur Bedeutung der Vertragswidrigkeit und zu der Frage, ob auf andere Gewährleistungsrechte ohne erhebliche Unannehmlichkeiten für den Verbraucher zurückgegriffen werden kann, unzumutbar sind.[1200]

Klare Vorgaben, wie die nationalen Vorschriften zur Feststellung der Unverhältnismäßigkeit auszugestalten sind, enthält die VerbrGK-RL nicht.[1201] Hier hilft Erwägungsgrund 11 Satz 2 VerbrGK-RL weiter, wonach die Unverhältnismäßigkeit der Abhilfealternative objektiv vorliegen muss. Es muss nach den Umsetzungsvorschriften darauf ankommen, ob aus der Sicht eines Dritten die Kosten der Abhilfe im Verhältnis zum Wert der Sache angesichts der Bedeutung der Vertragswidrigkeit und unter Berücksichtigung der Frage, ob ein Rückgriff auf die andere Abhilfealternative für den Verbraucher ohne erhebliche Unannehmlichkeiten möglich ist, im Vergleich zur anderen Abhilfealternative als unzumutbar für den Verkäufer gelten müssen. Es ist regelmäßig ein Günstigkeitsvergleich der beiden Abhilfealternativen vorzunehmen.

Die Unverhältnismäßigkeit einer Abhilfealternative ist für den Fall, dass die Kosten dieser Abhilfe die Kosten der anderen Abhilfe übersteigen, nur dann anzunehmen, wenn ihre Annahme darüber hinaus auch unter Berücksichtigung der in den Spiegelstrichen 1 bis 3 genannten Kriterien gerechtfertigt ist. Ergibt der Kostenvergleich, dass die Nachbesserung günstiger ist, so gilt die Ersatzlieferung nur dann als unverhältnismäßig, wenn sie den Wert der Sache übersteigt, angesichts der Bedeutung der Vertragswidrigkeit aus Sicht eines Dritten nicht gerechtfertigt ist und ohne erhebliche Unannehmlichkeiten für den Verbraucher auf die Nachbesserung zurückgegriffen werden kann. Übersteigt etwa der Kostenaufwand der Ersatzlieferung nicht nur die Kosten der Nachbesserung, sondern auch den Wert der Sache in vertragsgemäßem Zustand, so ist die Ersatzlieferung unverhältnismäßig, wenn aus Sicht eines Dritten die Bedeutung der Vertragswidrigkeit nur geringfügig ist und auf die andere Nachbesserung ohne erhebliche Unannehmlichkeiten für den Verbraucher zurückgegriffen werden kann. Da bei hochwertigen Gütern die Nachbesserung regelmäßig kostengünstiger sein wird als die Ersatz-

---

[1198] *Lehr/Wendel*, EWS 1999, 321 (324).

[1199] *Staudenmeyer*, in: *Grundmann/Medicus/Rolland* (Hrsg.), Europäisches Kaufgewährleistungsrecht, S. 27 (38).

[1200] *Höffe*, Diss., S. 65.

[1201] *Schwartze*, ZEuP 2000, 544 (565).

lieferung, spricht dieser Umstand für einen Ausschluss der Ersatzlieferung.[1202] Dies reicht aber für eine Annahme der Unverhältnismäßigkeit nicht aus. Gleiches gilt etwa auch dann, wenn die Reparaturkosten höher als die Produktionskosten ausfallen würden.[1203]

Macht der Verbraucher die Ersatzlieferung geltend, obwohl der Defekt kurzfristig mit geringem Aufwand durch Nachbesserung beseitigt werden könnte, so dürfte in der Regel die Ersatzlieferung unverhältnismäßig sein, wenn die Produktionskosten höher sind als die Kosten der Reparatur und wenn auf die jeweils andere Abhilfealternative zurückgegriffen werden kann, ohne dass dies für den Verbraucher erhebliche Unannehmlichkeiten bedeuten. Bei den in den Spiegelstrichen 1 bis 3 des Art. 3 Abs. 3 Satz 2 VerbrGK-RL genannten Kriterien handelt es sich insoweit um gleichwertige Abwägungskriterien. Handelt es sich um eine Vertragswidrigkeit von nicht nur geringfügiger Bedeutung, so führt dies in der Regel nur dazu, dass dem Verkäufer höhere Kosten zuzumuten sind als etwa bei einer nur geringfügigen Bedeutung der Vertragswidrigkeit.[1204]

Anders als Art. 46 Abs. 2 CISG bestimmt die VerbrGK-RL nicht, dass das Recht auf Ersatzlieferung auf diejenigen Fälle beschränkt sein soll, denen ein erheblicher Vertragsbruch zugrunde liegt. Ein derartiges Stufenverhältnis auf der Stufe der primären Gewährleistungsrechte kennt die VerbrGK-RL nicht. Spiegelstrich 2 des Art. 3 Abs. 3 Satz 2 VerbrGK-RL ist daher so zu verstehen, dass eine Vertragswidrigkeit von nur geringfügiger Bedeutung durchaus auch zur Geltendmachung der Ersatzlieferung berechtigen muss.[1205]

Es stellt sich die Frage, wie der Fall zu beurteilen ist, in dem die nicht gewählte Form der Abhilfe unmöglich ist. Die Frage der Unverhältnismäßigkeit einer Abhilfeform beurteilt sich immer im Vergleich zu der anderen Abhilfeform. Ist aber eine Abhilfeform unmöglich, so fehlt auf den ersten Blick der Vergleichsmaßstab. Man könnte daher zu der Auslegung gelangen, dass dann die andere Form der Abhilfe immer verhältnismäßig ist. Erwägungsgrund 11 VerbrGK-RL stellt klar, dass der Übergang auf die zweite Stufe möglich ist, wenn beide Abhilfeformen unmöglich sind, eine der Abhilfeformen unmöglich, die andere unverhältnismäßig ist oder wenn beide Abhilfeformen unverhältnismäßig sind. Hieraus folgt, dass sich die Unverhältnismäßigkeit einer Abhilfeform für den Fall, dass die andere Abhilfeform unmöglich oder unverhältnismäßig gegenüber dieser Abhilfeform ist, im Verhältnis zu den Rechtsbehelfen der zweiten Stufe zu beurteilen hat.[1206]

1202 Allein auf den Kostenvergleich abstellend: *Schmidt-Räntsch*, ZEuP 1999, 294 (295).

1203 *Bianca*, in: *Bianca/Grundmann*, EU-Kaufrechts-Richtlinie, Art. 3 Rn. 33.

1204 *Staudenmeyer*, in: *Grundmann/Medicus/Rolland* (Hrsg.), Europäisches Kaufgewährleistungsrecht, S. 27 (38).

1205 A.A. *Bianca*, in: *Bianca/Grundmann*, EU-Kaufrechts-Richtlinie, Art. 3 Rn. 35, der unter Verweis auf den Grundsatz von Treu und Glauben in den Fällen einer nur geringfügigen Vertragswidrigkeit allein die Nachbesserung für statthaft hält.

1206 *Rieger*, VuR 1999, 287 (291).

(3) Abdingbarkeit

Ein Ausschluss des Wahlrechts durch Parteivereinbarung ist aufgrund der Unabdingbarkeitsklausel des Art. 7 VerbrGK-RL, die die Rechte des Verbrauchers in vollem Umfang erfasst, für den Zeitpunkt vor Unterrichtung des Verkäufers über die Mangelhaftigkeit der Kaufsache nicht zulässig. Art. 3 Abs. 3 VerbrGK-RL räumt dem Verkäufer ein Recht zur zweiten Andienung nicht aber die Option der Nachbesserung und Ersatzlieferung ein. Hierbei handelt es sich um Rechte des Verbrauchers.[1207] Gemäß Erwägungsgrund 12 VerbrGK-RL kann der Verkäufer dem Verbraucher jederzeit eine der in der VerbrGK-RL genannten Abhilfemöglichkeiten anbieten, was der Verbraucher annehmen oder ablehnen kann.

Damit weicht die VerbrGK-RL von den Bestimmungen des CISG ab. Art. 37 Satz 1 CISG räumt dem Verkäufer bei vorzeitiger Lieferung das Recht ein, die mangelhafte Ware bis zu dem für die Lieferung festgesetzten Zeitpunkt zu reparieren, zu ergänzen oder zu ersetzen. Selbst nach dem Liefertermin kann der Verkäufer gemäß Art. 48 Abs. 1 CISG einen Mangel auf eigene Kosten beheben, sofern damit keine unzumutbare Verzögerung oder Unannehmlichkeit für den Käufer verbunden ist. Nach der VerbrGK-RL geht mit der Lieferung, auch wenn sie vorzeitig erfolgt, das Recht des Verkäufers, die Art der Mängelbeseitigung zu bestimmen, auf den Verbraucher über. Dies gilt auch dann, wenn der Verkäufer nur eine Teilmenge geliefert hat, da die Lieferung einer Mindermenge gemäß Art. 2 VerbrGK-RL die Vertragswidrigkeit der Ware bedeutet.

Befindet sich der Verkäufer gleichzeitig in Verzug, so kann der Verbraucher auf die sekundäre Stufe der Gewährleistungsrechte übergehen und Minderung oder Vertragsauflösung verlangen. Dieses wegen Art. 7 VerbrGK-RL unabdingbar ausgestaltete Recht würde dem Verbraucher genommen, wenn der Verkäufer die Möglichkeit hätte, durch Lieferung der fehlenden Menge die Vertragsmäßigkeit der Ware herzustellen.[1208] Hat der Verkäufer nach Lieferung einer mangelhaften Sache bereits Nachbesserung vorgenommen, bevor er sich in Verzug befand, so verstößt eine auf Ersatzlieferung gerichtete Wahl des Verbrauchers gegen Treu und Glauben und ist damit unverhältnismäßig, wenn die Nachbesserung keine erheblichen Unannehmlichkeiten für den Verbraucher mit sich gebracht hat.[1209]

b) Anspruchsinhalt

Der Verbraucher kann gemäß Art. 3 Abs. 3 Satz 1 VerbrGK-RL die unentgeltliche Herstellung des vertragsgemäßen Zustands des Verbrauchsgutes durch Nachbesserung oder Ersatzlieferung verlangen. Dabei hat der Passus „Herstellung des vertragsgemäßen Zustands des Verbrauchsgutes" für den Anspruch auf Nachbesserung lediglich Klarstellungsfunktion, da Art. 1 Abs. 2 f) VerbrGK-RL bereits

---

1207 *Bianca*, in: *Bianca/Grundmann*, EU-Kaufrechts-Richtlinie, Art. 3 Rn. 57.

1208 *Bianca*, in: *Bianca/Grundmann*, EU-Kaufrechts-Richtlinie, Art. 3 Rn. 60.

1209 *Bianca*, in: *Bianca/Grundmann*, EU-Kaufrechts-Richtlinie, Art. 3 Rn. 61; *Calvo*, Contr. e Impr./Europa 2000, 463 (466); *Grundmann*, in: *Grundmann/Medicus/Rolland* (Hrsg.), Europäisches Kaufgewährleistungsrecht, S. 281 (305).

eine wortidentische Definition für den Begriff der Nachbesserung enthält, was in der deutschen Umgangssprache etwa dem Begriff „Reparatur" entspricht.[1210] Die Nachbesserung dürfte insoweit die optimale Gewährleistung sein, da sie ein umfassendes Festhalten am Vertrag ermöglicht und das Interesse des Verbrauchers an der Vertragsmäßigkeit der Sache in gleichem Maße schützt wie das Vergütungsinteresse des Verkäufers.[1211] Handelt es sich um einen Rechtsmangel so besteht die Nachbesserung in der Befreiung der Ware von Rechten und Ansprüchen Dritter.

Für den Begriff der Ersatzlieferung enthält die VerbrGK-RL keine Definition. Diesbezüglich hat der Zusatz „Herstellung des vertragsgemäßen Zustands des Verbrauchsgutes" daher eine eigenständige Bedeutung. Bei der Ersatzlieferung ist die vertragswidrige Sache durch eine der Parteivereinbarung bei Vertragsschluss entsprechende Sache zu ersetzen.[1212] Die Lieferung einer Sache, die lediglich in ihrer Funktion als Ersatz dienen kann, scheidet damit als Gegenstand der Ersatzlieferung i.S.d. Art. 3 Abs. 2 und 3 VerbrGK-RL aus.

Während bei der Falschlieferung unzweifelhaft die vereinbarte Lieferung Gegenstand der Ersatzlieferung ist, fragt sich, was bei der Lieferung eines fehlerhaften Verbrauchsgutes Gegenstand der Ersatzlieferung sein soll. Denkbar ist, dass auch die Auswechslung von Einzelteilen als Ersatzlieferung zu betrachten ist, wenn sich die Vertragswidrigkeit nur auf das ausgewechselte von den übrigen Teilen der Sache abtrennbar und separat lieferbare Teil bezogen hat, die Sache im Übrigen aber funktionsfähig ist.[1213] Dieser Auffassung kann nicht gefolgt werden. Der Wirtschafts- und Sozialausschuss hat unter dem Begriff der „Ersatzlieferung" entsprechend Art. 45 I a i.V.m. Art. 46 I, II CISG[1214] den Austausch der vertragswidrigen gegen eine vertragsgemäße Sache verstanden.[1215] Diese Definition wird man wohl übernehmen können. Eine Ersatzlieferung liegt nur dann vor, wenn die Sache in ihrer Gesamtheit ausgetauscht wird. Der bloße Austausch von Einzelteilen stellt hingegen eine Nachbesserung dar. Die Frage, ob dem Verkäufer bei der Ersatzlieferung Rückgewähransprüche hinsichtlich der zur Erfüllung gelieferten Sache zustehen, regelt die VerbrGK-RL nicht.

(1) Unentgeltlichkeit der Abhilfe

Aus Art. 3 Abs. 2 und 3 VerbrGK-RL ergibt sich, dass sowohl die Nachbesserung als auch die Ersatzlieferung unentgeltlich zu erfolgen haben. Unentgeltlich bedeutet, dass der Verkäufer die ihm bei der Nachbesserung bzw. Ersatzlieferung

---

1210 Wohl auch *Staudenmeyer*, in: *Grundmann/Medicus/Rolland* (Hrsg.), Europäisches Kaufgewährleistungsrecht, S. 27 (38).

1211 *Bianca*, in: *Bianca/Grundmann*, EU-Kaufrechts-Richtlinie, Art. 3 Rn. 23.

1212 *Bianca*, in: *Bianca/Grundmann*, EU-Kaufrechts-Richtlinie, Art. 3 Rn. 27.

1213 *Bianca*, in: *Bianca/Grundmann*, EU-Kaufrechts-Richtlinie, Art. 3 Rn. 24 und 28.

1214 Vgl. zum CISG: Staudinger-*Magnus*, CISG, Art. 46 Rn. 31f.

1215 Stellungnahme des Wirtschafts- und Sozialausschusses zu dem "Vorschlag für eine Richtlinie des Europäischen Parlaments und des Rates über den Verbrauchsgüterkauf und -garantien" vom 27./28.11.1996 (ABl. EG Nr. C 66 vom 3.3.1997, S. 5 (9)).

entstandenen Kosten nicht vom Verbraucher ersetzt verlangen kann.[1216] Dass der Verkäufer bereits bei der Kaufpreiskalkulation die Kosten einer etwaigen Nacherfüllung berücksichtigt hat spielt hingegen keine Rolle.[1217] Gemäß Art. 3 Abs. 4 VerbrGK-RL sind vielmehr alle die für die Herstellung des vertragsgemäßen Zustands des Verbrauchsgutes notwendigen und tatsächlich entstandenen Kosten gemeint. Erfasst sind nach dem Wortlaut der Vorschrift insbesondere Versand-, Arbeits- und Materialkosten. Hierdurch wird gleichzeitig klargestellt, welche Arbeiten vom Nachbesserungsrecht erfasst sein sollen.[1218] Im Einzelfall können auch solche Kosten hinzukommen, die dem Verbraucher im Rahmen der Wahrnehmung seiner Rechte entstehen, wie etwa Fahrt- und Portokosten.[1219]

(2) Abhilfe innerhalb einer angemessenen Frist

Art. 3 Abs. 3 Satz 3 VerbrGK-RL bestimmt, dass die Abhilfe innerhalb einer angemessenen Frist erfolgen muss. Als angemessen wird man etwa eine Frist von ein bis maximal zwei Wochen, abhängig von der Art der Ware, betrachten können.[1220] Einer Fristsetzung bedarf es indessen nicht. Es ist daher nahe liegend, den Fristbeginn an die Ausübung der Wahl zu koppeln. Abweichende Vereinbarungen nach Ausübung der Wahl sind zulässig. Eine Rechtsfolge für den Fall, dass der Verkäufer diese Frist verstreichen lässt, findet sich in Art. 3 Abs. 5 Spiegelstrich 2 VerbrGK-RL. Nichterfüllung des Abhilfeverlangens durch den Verkäufer bewirkt danach den Übergang auf die sekundäre Gewährleistungsebene.

(3) Keine Unannehmlichkeiten bei der Abhilfe

Art. 3 Abs. 3 Satz 3 VerbrGK-RL bestimmt, dass die Abhilfe ohne erhebliche Unannehmlichkeiten für den Verbraucher erfolgen muss. Aus dieser Bestimmung folgt zunächst, dass die Ersatzlieferung nicht nur die bloße Lieferung eines vertragsgemäßen Verbrauchsgutes erfasst, sondern dass der Verkäufer auch alle zusätzlich anfallenden Arbeiten ausführen muss, die durch die Ersatzlieferung entstehen wie die Demontage und der Abtransport des vertragswidrigen Verbrauchsgutes.[1221] Würde man indessen dem Verbraucher die Demontage und den Abtransport des vertragswidrigen Verbrauchsgutes aufbürden, so wäre damit unzweifelhaft eine erhebliche Unannehmlichkeit verbunden. Erhebliche Unannehmlichkeiten bereitet die Abhilfe auch dann, wenn sie gänzlich fehlschlägt.[1222]

Fraglich ist, wie die Fälle zu behandeln sind, in denen die Abhilfe fehlschlägt und der Verkäufer seine Bereitschaft zur erneuten Abhilfe bekundet. Eine Begrenzung auf eine bestimmte Zahl der Abhilfeversuche enthält die VerbrGK-RL

[1216] *Höffe*, Diss., S. 62.

[1217] *Staudenmeyer*, in: *Grundmann/Medicus/Rolland* (Hrsg.), Europäisches Kaufgewährleistungsrecht, S. 27 (38).

[1218] *Höffe*, Diss., S. 62.

[1219] *Micklitz*, EuZW 1999, 485 (488).

[1220] *Lehr/Wendel*, EWS 1999, 321 (325).

[1221] *Höffe*, Diss., S. 62.

[1222] *Micklitz*, EuZW 1999, 485 (488); *Welser/Jud*, Zur Reform des Gewährleistungsrechts, S. 86.

nicht.[1223] Bei der Lösung dieser Frage kann Art. 3 Abs. 5 Spiegelstrich 3 VerbrGK-RL weiterhelfen. Ist nämlich die Abhilfe nicht ohne erhebliche Unannehmlichkeiten für den Verbraucher bewirkt worden, so kann der Verbraucher Minderung oder Vertragsauflösung verlangen. Folgt man der teilweise in der Literatur vertretenen Auffassung, wonach sich die Gewährleistungsrechte der ersten und zweiten Stufe ausschließen, so müssen Minderung oder Vertragsauflösung für den Fall einer erfolgreichen Abhilfe ausscheiden.[1224] Zur Begründung wird auf Erwägungsrund 10 VerbrGK-RL verwiesen, der anordnet, dass dem Verbraucher bei Vertragswidrigkeit der Sache die Rechtsbehelfe der Nachbesserung und Ersatzlieferung und nur „andernfalls" die Minderung und Vertragsauflösung zustehen müssen.[1225] In der Konsequenz kann nach dieser Auffassung eine erfolgreiche Abhilfe niemals eine erhebliche Unannehmlichkeit für den Verbraucher bedeuten.[1226]

Bereits die Gesetzgebungsgeschichte zeigt, dass es Ziel der VerbrGK-RL war, das Recht des Verbrauchers auf Vertragserfüllung zu stärken, die VerbrGK-RL also vorrangig dem Schutz des Erfüllungsinteresses dienen soll. So regte der Wirtschafts- und Sozialausschuss an, die Vertragsauflösung nur zuzulassen, wenn dem Verkäufer die Abhilfe unmöglich war oder sie endgültig verweigert hat.[1227] Ähnlich der Richtlinienvorschlag von 1998, der den Übergang auf die zweite Gewährleistungsstufe nur dann ermöglichen wollte, wenn entweder beide Abhilfeformen unmöglich waren oder wenn die Vertragswidrigkeit auch durch einen erneuten Abhilfeversuch nicht behoben werden konnte.[1228] Hieraus folgt nicht, dass die Gewährleistungsrechte der ersten Stufe und die der zweiten Stufe in einem Exklusivitätsverhältnis zueinander stehen. Auch Erwägungsgrund 10 VerbrGK-RL sagt nichts anders, als dass der Verbraucher Minderung und Vertragsauflösung geltend machen können „muss", wenn Nachbesserung und Ersatzlieferung ausscheiden, nicht aber, dass der Verbraucher Minderung und Vertragsauflösung nur „statt" Nachbesserung und Ersatzlieferung geltend machen kann. Der Verbraucher kann nach dem Wortlaut des Art. 3 Abs. 5 Spiegelstrich 3

1223 *Faber*, Aliud- und Minderlieferung, S. 85 (97).

1224 *Schlechtriem*, in: *Ernst/Zimmermann* (Hrsg.), Zivilrechtswissenschaft und Schuldrechtsreform, S. 219.

1225 *Höffe*, Diss., S. 71.

1226 *Schlechtriem*, in: *Ernst/Zimmermann* (Hrsg.), Zivilrechtswissenschaft und Schuldrechtsreform, S. 219; *Tonner/Crellwitz/Echtermeyer*, in: *Micklitz/Pfeiffer/Tonner/Willingmann*, Schuldrechtsreform und Verbraucherschutz, S. 293 (324).

1227 Vgl. Stellungnahme des Wirtschafts- und Sozialausschusses zu dem "Vorschlag für eine Richtlinie des Europäischen Parlaments und des Rates über den Verbrauchsgüterkauf und -garantien" vom 27./28.11.1996 (ABl. EG Nr. C 66 vom 3.3.1997, S. 5).

1228 Begründung zum Vorschlag für eine Richtlinie des Europäischen Parlaments und des Rates über den Verbrauchsgüterkauf und –garantien [KOM (1995) 520endg.] (ABl. EG Nr. C 307 vom 16.10.1997, S. 8 (13)).

VerbrGK-RL auf die sekundäre Gewährleistungsebene übergehen, wenn der Verkäufer Abhilfe „geschaffen hat", also auch nach Durchführung der Abhilfe.[1229]

Um eine nicht geglückte Sprachfassung des deutschen Richtlinientextes kann es sich nicht handeln.[1230] Sowohl der französische[1231] als auch der englische[1232] und italienische[1233] Richtlinientext verwenden die Vergangenheitsform (Perfekt). So heißt es in allen vier Sprachen „wenn der Verkäufer (...) Abhilfe *geschaffen hat*" und nicht etwa „wenn der Verkäufer (...) Abhilfe *schafft*". Aus der Wahl des Tempus folgt, dass der Käufer nach der VerbrGK-RL trotz erfolgter Abhilfe Minderung und Vertragsauflösung verlangen kann.[1234]

Damit ist freilich noch nichts darüber gesagt, wie viele Abhilfeversuche dem Verkäufer zustehen sollen. Berücksichtigt man, dass Art. 3 Abs. 5 VerbrGK-RL eine Sanktionsmöglichkeit des Käufers für den Fall darstellt, dass der Verkäufer seiner Pflicht zur Abhilfe nicht vertragsgemäß nachgekommen ist, so hängt die Frage, ob der Verbraucher Minderung oder Vertragsauflösung verlangen kann, von der Parteivereinbarung ab.[1235] Die Parteivereinbarung wird aber regelmäßig eine zügige, zumindest aber innerhalb einer angemessenen Frist zu erfolgende Abhilfe erfassen. Der Verbraucher braucht sich eine erneute Abhilfe daher dann nicht aufdrängen zu lassen, wenn das Interesse an einer rechtzeitigen Abhilfe Gegenstand der Parteivereinbarung war. Er ist gezwungen sein Recht auf Abhilfe geltend zu machen, was gegenüber den Regelungen des CISG, wonach dem Käufer eines internationalen Handelskaufes ein vierfaches Wahlrecht zu Seite steht, eine Benachteiligung darstellt.

Auch aus Art. 3 Abs. 3 Satz 3 VerbrGK-RL, wonach die Abhilfe innerhalb einer angemessenen Frist zu erfolgen hat, folgt, dass ein zweiter Abhilfeversuch innerhalb der Frist, die für den ersten Versuch vorgesehen wurde, zu erfolgen hat.[1236] Ein erneuter Abhilfeversuch stellt dann eine erhebliche Unannehmlichkeit dar, wenn sie nicht innerhalb der Frist erfolgt, die mit dem Abhilfeverlangen in Gang gesetzt wurde. Letztlich bliebe die Verletzung der Pflicht zur Abhilfe innerhalb einer angemessenen Frist ohne Sanktion, wenn man dem Verbraucher für

---

1229 *Ernst/Gsell*, ZIP 2000, 1812 (1813); *Gsell*, JZ 2001, 65 (70); *Roth*, in: *Ernst/Zimmermann* (Hrsg.), Zivilrechtswissenschaft und Schuldrechtsreform, S. 244.

1230 *Roth*, in: *Ernst/Zimmermann* (Hrsg.), Zivilrechtswissenschaft und Schuldrechtsreform, S. 225 (244); so aber *Welser/Jud*, Zur Reform des Gewährleistungsrechts, S. 49 (86); *Micklitz*, EuZW 1999, 485 (488); *Tonner/Crellwitz/Echtermeyer*, in: *Micklitz/Pfeiffer/Tonner/Willingmann*, Schuldrechtsreform und Verbraucherschutz, S. 293 (324).

1231 „Si le vendeur n'a pas mis en œuvre le mode de dédommagement sans inconvénient majeur pour le consommateur".

1232 „If the seller has not completed the remedy without significant inconvenience to the consumer".

1233 „Se il venditore non ha esperito il rimedio senza notevoli inconvenienti per il consumatore".

1234 *Gsell*, JZ 2001, 65 (70); *Ernst/Gsell*, ZIP 2000, 1410 (1417f.); *Huber*, FS *Heldrich*, S. 297 (307); Anwaltskommentar-*Pfeiffer*, Art. 3 Rn. 16; *Staudenmayer*, ERPL 2000, 547 (555).

1235 *Hoffmann*, ZRP 2001, 347 (350).

1236 *Micklitz*, EuZW 1999, 485 (488); *Tonner*, BB 1999, 1769 (1773); *Welser/Jud*, Zur Reform des Gewährleistungsrechts, S. 86.

den Fall, dass der Verkäufer nach Ablauf der Frist Abhilfe geschaffen hat, sein Recht zur Minderung und Vertragsauflösung nimmt.[1237] Der Hinweis, das Äquivalenzinteresse des Verbrauchers sei nicht mehr durch die Vertragswidrigkeit der Sache i.S.d. Art. 2 VerbrGK-RL, sondern durch die Verspätung der Leistung gestört, weswegen die Vertragsauflösung in diesen Fällen unverhältnismäßig sei,[1238] überzeugt nicht.

Art. 3 Abs. 6 VerbrGK-RL schreibt vor, dass die Vertragsauflösung nur bei geringfügiger Vertragswidrigkeit ausgeschlossen ist. Die Vertragswidrigkeit der Sache ist im Zeitpunkt der Lieferung festzustellen, weswegen eine erfolgreiche Abhilfe niemals dazu führt, dass sich die Qualität der Vertragswidrigkeit nachträglich ändert. Wenn aber bei Lieferung der Sache keine nur geringfügige Vertragswidrigkeit vorlag, so ist die Vertragsauflösung grundsätzlich zuzulassen, sofern ihre Voraussetzungen vorliegen. Umgekehrt kann der Verkäufer sich gegen eine rechtsmissbräuchliche Geltendmachung der sekundären Gewährleistungsrechte durch den Verbraucher schützen, wenn dieser lediglich eine Möglichkeit sucht, sich vom Vertrag zu lösen, obwohl eine Abhilfe auch nach Ablauf einer angemessenen Frist noch seinem ursprünglichen Erfüllungsinteresse und damit der Parteivereinbarung entspricht. Im Übrigen ist sich die Frage, wann eine erhebliche Unannehmlichkeit vorliegt, nach den konkreten Umständen des Einzelfalls zu beurteilen.[1239]

c) Erfüllungsort

Die VerbrGK-RL überlässt es den Mitgliedstaaten, den Erfüllungsort festzulegen. Art. 3 Abs. 3 Spiegelstrich 3 VerbrGK-RL legt nur fest, dass die Abhilfe ohne erhebliche Unannehmlichkeiten für den Verbraucher zu erfolgen hat. Erfüllungsort der Abhilfe muss nicht zwingend der Wohnsitz des Verbrauchers sein. Art. 3 Abs. 2 und 3 VerbrGK-RL weist die Kosten der Abhilfe ohnehin dem Verkäufer zu. Auch die Transportkosten sind hiervon erfasst. Nimmt der Verkäufer die Nachbesserung an einem anderen Ort als dem Wohnsitz des Verbrauchers vor, so muss aber der Verkäufer nicht zwingend den Transport übernehmen.

Dennoch darf die Abholung der Sache keine erhebliche Unannehmlichkeit für den Verbraucher bedeuten. Dies ist etwa dann der Fall, wenn für die Erfüllung der Hauptleistungspflichten des Verkäufers ein anderer Ort als der Wohnsitz des Verbrauchers vereinbart würde. Da es sich bei der Abhilfe letztlich um eine Fortsetzung des ursprünglichen Erfüllungsanspruchs handelt, gilt daher die Vereinbarung über den Erfüllungsort hinsichtlich der Erfüllung der Leistungspflichten gleichfalls für die Erfüllung des Abhilfeanspruchs, sodass in diesen Fällen die Abholung der Sache keine erhebliche Unannehmlichkeit für den Verbraucher bedeutet. Anders ist es hingegen, wenn als Erfüllungsort der Wohnsitz des

---

[1237] *Roth*, in: *Ernst/Zimmermann* (Hrsg.), Zivilrechtswissenschaft und Schuldrechtsreform, S. 245.

[1238] so *Schmidt-Räntsch*, Das neue Schuldrecht, Rn. 782; *Schlechtriem*, in: *Ernst/Zimmermann* (Hrsg.), Zivilrechtswissenschaft und Schuldrechtsreform, S. 205 (219).

[1239] *Morgenroth*, Diss., S. 80.

Verbrauchers vereinbart wurde. In diesem Fall hat der Verkäufer nicht nur die Transportkosten gemäß Art. 3 Abs. 2 und 3 VerbrGK-RL zu tragen, sondern darüber hinaus auch den Transport zu besorgen.

3. Sekundäre Rechtsbehelfe: Minderung und Vertragsauflösung

Nur unter bestimmten Voraussetzungen kann der Verbraucher gemäß Art. 3 Abs. 5 Minderung oder Vertragsauflösung verlangen, wobei das Recht auf Vertragsauflösung nach Art. 2 Abs. 6 bei geringfügiger Vertragswidrigkeit ebenso wie nach Art. 51 CISG ausgeschlossen ist. Art. 3 Abs. 5 VerbrGK-RL nennt drei Fälle, in denen der Verbraucher seine sekundären Gewährleistungsrechte geltend machen kann bzw. nur machen darf.[1240] Diese Übergangstatbestände von der Ersten auf die zweite Gewährleistungsstufe sind alternativ.[1241] Erst wenn entweder der Verbraucher weder einen Anspruch auf Nachbesserung noch auf Ersatzlieferung hat, die Frist zur Abhilfe abgelaufen oder die Abhilfe nicht ohne erhebliche Unannehmlichkeiten für den Verbraucher möglich ist, kann der Verbraucher seine sekundären Gewährleistungsrecht der Vertragsauflösung und Minderung geltend machen.

Die Regelungen über die Modalitäten der Durchführung der Vertragsauflösung bzw. Minderung einschließlich etwaiger Ansprüche des Verkäufers auf Nutzungsersatz bleiben nach Erwägungsgrund 15 den Mitgliedstaaten vorbehalten. Auch über die Rechtsnatur der Minderung und Vertragsauflösung enthält die VerbrGK-RL keine Vorgaben. Ob daher die Rückgewähr der Sache beim Rücktritt gesondert geltend gemacht werden muss oder ob sich der Anspruch darauf als unmittelbare Folge der Rücktrittserklärung von Gesetzes wegen ergibt, lässt die VerbrGK-RL ausdrücklich in Erwägungsgrund 15 Satz 2 VerbrGK-RL offen. Danach können die Modalitäten der Durchführung der Vertragsauflösung durch das innerstaatliche Recht festgelegt werden. Während die Minderung gänzlich ungeregelt bleibt,[1242] findet sich für das Recht auf Vertragsauflösung eine Einschränkung in Art. 3 Abs. 6 VerbrGK-RL für den Fall, dass nur eine geringfügige Vertragswidrigkeit vorliegt. Bedenken an dem weiten Umsetzungsspielraum bestehen insbesondere deswegen, weil es dadurch zu einer Ungleichbehandlung bei der Rückabwicklung von Fernabsatzverträgen und den von der VerbrGK-RL erfassten Kaufverträgen kommen kann.[1243]

1240 *Hänlein*, DB 1999, 1641 (1644).

1241 *Staudenmayer*, in: *Grundmann/Medicus/Rolland* (Hrsg.), Europäisches Kaufgewährleistungsrecht, S. 39; *Hänlein*, DB 1999, 1641 (1644).

1242 Insbesondere die Berechnungsart für die Minderung bleibt dem nationalen Recht vorbehalten. Teilweise wird hier ein Rückgriff auf Art. 50 CISG favorisiert, jedoch nicht zwingend für notwendig gehalten. Vgl. *Magnus*, in: *Grundmann/Medicus/Rolland* (Hrsg.), Europäisches Kaufgewährleistungsrecht, S. 90.

1243 *Micklitz*, EuZW 1999, 485 (488).

a) Allgemeine Voraussetzungen

Für den Übergang von der ersten Stufe zur zweiten Stufe der Gewährleistungsrechte findet sich eine dezidierte Kodifikation der Voraussetzungen in Art. 3 Abs. 5 VerbrGK-RL. Da sie den Mitgliedstaaten nur wenig Spielraum bei der Umsetzung lässt, war sie politisch stark umstritten.[1244] Letztlich hat sich die EU-Kommission auf drei Übergangstatbestände geeinigt. Gemäß Art. 3 Abs. 5 Spiegelstrich 1 VerbrGK-RL kann der Verbraucher Minderung oder Vertragsauflösung verlangen, wenn der Verbraucher weder einen Anspruch auf Nachbesserung noch auf Ersatzlieferung hat. Wann der Anspruch auf Nachbesserung und Ersatzlieferung ausgeschlossen ist, regelt der hier bereits erörterte Art. 3 Abs. 3 Satz 1 i.V.m. Satz 2 BGB.[1245] Danach sind beide Formen der Abhilfe ausgeschlossen, wenn sie entweder beide unmöglich oder unverhältnismäßig sind oder die eine unmöglich und die andere unverhältnismäßig ist. Dies wird auch in Erwägungsgrund 11 VerbrGK-RL klargestellt.

Der zweite Übergangstatbestand, geregelt in Art. 3 Abs. 5 Spiegelstrich 2 VerbrGK-RL erfordert, dass der Verkäufer nicht innerhalb einer angemessenen Frist Abhilfe geschaffen hat. Anders als Art. 47 CISG erfordert er keine ausdrückliche Nachfristsetzung, sodass die Frist nach der VerbrGK-RL ohne weiteres mit dem Abhilfeverlangen des Verbrauchers in Gang gesetzt wird.[1246] Ist eine angemessene Frist abgelaufen, so kann er Minderung oder Vertragsauflösung verlangen, muss es aber nicht. Der Verbraucher hat vielmehr nach Ablauf einer angemessenen Frist ein vierfaches Wahlrecht.[1247] Schließlich ordnet die VerbrGK-RL nur den Vorrang von Nachbesserung und Ersatzlieferung an. Das Recht jedes dieser Rechte zu wählen, wird indessen nur durch den Umstand begrenzt, dass das gewählte Recht unverhältnismäßig oder unmöglich ist.[1248]

Bei dem 3. Übergangstatbestand muss zur Gewährleistung einheitlicher Begriffsdefinitionen innerhalb der VerbrGK-RL dasselbe gelten wie bereits zu Art. 3 Abs. 3 Satz 3 VerbrGK-RL ausgeführt. Bereits das Scheitern eines ersten Abhilfeversuchs stellt eine „erhebliche Unannehmlichkeit" für den Verbraucher dar, wenn ein erfolgreicher zweiter Abhilfeversuch nicht innerhalb einer angemessenen bewirkt werden kann.[1249] Eine Interpretation der Vorschrift, wonach nur solche Fälle erfasst werden sollen, in denen die Abhilfe möglich war aber nicht durchgeführt wurde, da sie zu lange dauern würde, ist indessen mit dem Wortlaut

---

1244 *Staudenmayer*, NJW 1999, 2393.

1245 *Rieger*, VuR 1999, 287 (291).

1246 *Rieger*, VuR 1999, 287 (291); kritisch zum Fehlen einer ausdrücklichen Nachfristsetzung: *Schlechtriem*, JZ 1997, 441 (445); *Tonner*, BB 1999, 1769 (1773).

1247 *Rieger*, VuR 1999, 287 (291).

1248 *Bianca*, in: *Bianca/Grundmann* (Hrsg.), EU-Kaufrechts-Richtlinie, Art. 3 Rn. 75.

1249 So *Micklitz*, EuZW 1999, 485 (488); *Tonner*, BB 1999, 1769 (1773).

der Vorschrift nicht zu vereinbaren.[1250] Gegen eine solche Interpretation spricht auch die Entstehungsgeschichte der Vorschrift.[1251]

Während Art. 3 Abs. 4 im ursprünglichen Entwurf vom 18. Juni 1996[1252] noch die Abhilfe, Minderung und Vertragsauflösung als gleichrangige Rechtsbehelfe des Verbrauchers vorsah, war bereits in der Richtlinienfassung im gemeinsamen Standpunkt des Rates vom 24. September 1998[1253] die Regelung des Art. 3 Abs. 5 Spiegelstrich 3 VerbrGK-RL enthalten und dies obwohl das Europäische Parlament in seiner Stellungnahme vom 10. März 1998[1254] und auch die Kommission in ihrem geändertem Vorschlag vom 1. April 1998[1255] die Rechtsbehelfe Rücktritt und Minderung dem Verbraucher nur bei Unmöglichkeit oder Scheitern eines Abhilfeversuchs zur Seite stellen wollten. Bei Letzterem fand sich zwar noch in der englischen und deutschen Sprachfassung der VerbrGK-RL eine Kumulation der nunmehr in den Spiegelstrichen 1 bis 3 des Art. 3 Abs. 5 VerbrGK-RL genannten Übergangstatbestände. Die französische Sprachfassung hingegen sah bereits eine alternative Anknüpfung vor. Nach der vom Parlament geforderten umfassenden sprachjuristischen Überprüfung[1256] wurde schließlich die französische Sprachversion als maßgeblich angesehen und auch die deutsche und englische Sprachfassung entsprechend angepasst.[1257]

1250 So aber *Schmidt-Räntsch*, Diskussionsbeitrag – referiert von *Jansen*, in: *Ernst/Zimmermann* (Hrsg.), Schuldrechtsreform und Zivilrechtswissenschaft, S. 257.

1251 A.A. *Schmidt-Räntsch*, Diskussionsbeitrag – referiert von *Jansen*, in: *Ernst/Zimmermann* (Hrsg.), Schuldrechtsreform und Zivilrechtswissenschaft, S. 257, der die Entstehungsgeschichte gerade als Beleg für eine solche Interpretation anführt. Die Vorschrift soll nach seiner Auffassung letztlich ein Produkt des sprachjuristischen Dienstes der EU sein, wobei dieser jedoch von der ursprünglichen Auffassung, wonach der Rücktritt nur bei erfolgloser Abhilfe möglich sein soll, nicht hätte abweichen wollen, sondern nur den Fall der Verzögerung der Abhilfe hätte erfassen wollen.

1252 Begründung zum Vorschlag für eine Richtlinie des Europäischen Parlaments und des Rates über den Verbrauchsgüterkauf und –garantien [KOM (1995) 520endg.] (ABl. EG Nr. C 307 vom 16.10.1997, S. 8f.).

1253 Gemeinsamen Standpunkt Nr. 51/98 vom Rat festgelegt am 24. September 1998 im Hinblick auf den Erlass der Richtlinie 98/ /EU des Europäischen Parlaments und des Rates zu bestimmten Aspekten des Verbrauchsgüterkaufs und der Garantien für Verbrauchsgüter (ABl. EG Nr. C 333 vom 30.10.1998, S. 46 (53)).

1254 Legislative Entschließung mit der Stellungnahme des Europäischen Parlaments zu dem Vorschlag für eine Richtlinie des Europäischen Parlaments und des Rates über den Verbrauchsgüterkauf und -garantien [KOM (1995) 520] (ABl. EG Nr. C 104 vom 6.4.1998, S. 30f.).

1255 Geänderter Vorschlag für eine Richtlinie des Europäischen Parlaments und des Rates über den Verbrauchsgüterkauf und -garantien [KOM (1998) 0217endg.] (ABl. EG Nr. C 148 vom 14.5.1998, S. 12f.).

1256 Vgl. Fn. 1 zur Erläuterung von Art. 3 Abs. 4 des Gemeinsamen Standpunktes Nr. 51/98 vom Rat festgelegt am 24. September 1998 im Hinblick auf den Erlass der Richtlinie 98/../EU des Europäischen Parlaments und des Rates zu bestimmten Aspekten des Verbrauchsgüterkaufs und der Garantien für Verbrauchsgüter (ABl. EG Nr. C 333 vom 30.10.1998, S. 46 (53)).

1257 Vgl. zur Entstehungsgeschichte *Pfeiffer*, ZGS 2002. 390 (391).

b) Minderung

Nach Art. 3 Abs. 2 i.V.m. Abs. 5 VerbrGK-RL kann der Verbraucher bei Vertragswidrigkeit Minderung des Kaufpreises verlangen. Es handelt sich hierbei um eine Gewährleistung für unvollständige Vertragserfüllung bei teilweiser Erhaltung des Vertrages.[1258] Letztlich führt die Minderung zu einer Abänderung des Vertrages, da der Verbraucher nicht das erhält, was ursprünglich zwischen ihm und dem Verkäufer vereinbart war.[1259] Die Voraussetzungen der Minderung entsprechen dem Übergangstatbestand von der Ersten auf die zweite Gewährleistungsstufe und sind mit einer Ausnahme identisch mit denen der Vertragsauflösung. Wie die Minderung auszuüben und durchzuführen ist, sagt die VerbrGK-RL nicht. Ihre Rechtsfolge kann sowohl in der Herabsetzung des Kaufpreises *ex lege* liegen, sodass der Verbraucher nur zur Zahlung eines geminderten Kaufpreises oder der Verkäufer bei bereits gezahltem Kaufpreis zur Rückzahlung des zu viel Gezahlten verpflichtet ist, als einen Anspruch auf Rückzahlung des Verbrauchers begründen, der zunächst geltend gemacht werden muss.

(1) Berechnung des Minderungsbetrages

Auch hinsichtlich der Berechnung des Minderungsbetrages enthält die VerbrGK-RL nur die Vorgabe, dass die Minderung angemessen sein muss.[1260] Den Mitgliedstaaten steht ein erheblicher Ermessenspielraum zur Verfügung.[1261] Diese Regelung erstaunt, da die Minderung nach allgemeinem Verständnis in nahezu allen Mitgliedstaaten als relative Herabsetzung des Kaufpreises wegen des durch die Vertragswidrigkeit gestörten Äquivalenzverhältnisses angesehen wird.[1262] Hinsichtlich des Zeitpunktes, auf den es für den Vergleich der Werteverhältnisse ankommt, ist es zur effektiven Rechtsangleichung[1263] und im Sinne der Rechtssicherheit sinnvoll, auf Art. 50 CISG abzustellen und den Zeitpunkt der Lieferung als maßgeblich anzusehen, da auch die VerbrGK-RL für die Vertragswidrigkeit auf den Zeitpunkt der Lieferung abstellt.[1264]

(2) Ausschluss des Minderungsrechts

Anders als bei der Vertragsauflösung, ist die Minderung bei nur geringfügiger Vertragswidrigkeit nicht ausgeschlossen. Diese Regelung entspricht Art. 50 CISG, der für die Ausübung des Minderungsrechts nicht wie bei der Vertragsauflösung

---

1258 *Bianca*, in: *Grundmann/Bianca* (Hrsg.), EU-Kaufrechts-Richtlinie, Art. 3 Rn. 36.

1259 *Bianca*, in: *Grundmann/Bianca* (Hrsg.), EU-Kaufrechts-Richtlinie, Art. 3 Rn. 36.

1260 *Ernst/Gsell*, ZIP 2000, 1418; *Schwartze*, ZEuP 2000, 544 (566).

1261 Anwaltskommentar-*Pfeifer*, Art. 3 Rn. 19.

1262 So für das deutsche Recht: *Schlechtriem*, in: *Ernst/Zimmermann* (Hrsg.), Zivilrechtswissenschaft und Schuldrechtsreform, S. 205 (221); zur Minderung in anderen EU-Ländern: *Basedow*, Kaufrechtsrefom, S. 72, *Schwartze*, Europäische Sachmängelgewährleistung, S. 220f.

1263 *Vorsmann*, Diss., S. 117.

1264 Anwaltskommentar-*Pfeiffer*, Art. 3 Rn. 19.

verlangt, dass der Mangel eine wesentliche Vertragsverletzung darstellt.[1265] Hierfür spricht auch der durch die Ausgestaltung der Gewährleistung als zweistufiges System festgeschriebene Grundsatz, dass der Vertrag aufrecht zu erhalten ist.[1266] Bei der Minderung aber bleibt das Äquivalenzverhältnis zwischen Preis und Wert der Kaufsache gestört, weswegen der Verkäufer nicht schutzwürdig ist.[1267] Die Minderung ist bei jeder Vertragswidrigkeit möglich.

Erforderlich ist, dass die Minderung überhaupt Auswirkungen auf den Wert des Verbrauchsgutes hat, da die Berechnungsgrundlage für die Minderung stets dessen Wert zur Grundlage nimmt. Die Minderung unterliegt nach der VerbrGK-RL keinen Schranken. Sie ist gemäß Art. 3 Abs. 5 Spiegelstrich 3 VerbrGK-RL auch dann zuzulassen, wenn die Abhilfe erfolgreich war, sofern mit der Abhilfe erhebliche Unannehmlichkeiten für den Verbraucher verbunden waren. In diesem Fall wäre allerdings ein Wertevergleich unsinnig, da der Wert der Sache letztlich dem vereinbarten Wert entspricht.

Die Minderung zielt auf einen Ausgleich des Äquivalenzinteresses ab, sodass bei erfolgreicher Abhilfe letztlich ein Ausgleichsanspruch für die mit der Abhilfe verbundenen Unannehmlichkeiten gewährt werden muss. Diese Überlegung zeigt, dass sich die Minderung nicht am Marktwert orientieren darf, sondern an dem durch die Parteivereinbarung festgelegten Wert. Nur dieser Wert kann durch erhebliche Unannehmlichkeiten beeinflusst werden. Verschuldensabhängige Schadensersatzansprüche dürften regelmäßig zur Umsetzung nicht ausreichen, da sie eine unfreiwillige Vermögenseinbuße voraussetzen, erhebliche Unannehmlichkeiten aber nicht zwingend das Vermögen des Verbrauchers mindern.

c) Vertragsauflösung

Der von der VerbrGK-RL vorgesehene weitgehenste Rechtsbehelf ist die Vertragsauflösung. Nach Art. 3 Abs. 2 i.V.m. Abs. 5 und 6 VerbrGK-RL kann der Verbraucher bei Vertragswidrigkeit des Verbrauchsgutes unter den dort genannten Voraussetzungen Vertragsauflösung verlangen. Die rechtstechnische Ausgestaltung der Vertragsauflösung als Gestaltungsrecht oder Anspruch[1268] ist ebenso wie die Festlegung der Durchführungsmodalitäten den Mitgliedsstaaten überlassen.[1269] Dies schreibt auch Erwägungsgrund 15 Satz 2 ausdrücklich fest. Nach Art. 3 Abs. 2 VerbrGK-RL kann die Vertragsauflösung nur „in Bezug auf das betreffende Verbrauchsgut" verlangt werden. Sind mehrer Verbrauchsgüter durch einen einheitlichen Vertrag verkauft worden, so muss sich das von den Mitgliedstaaten vorzusehende Recht zur Vertragsauflösung auf das vertragswidrige Verbrauchsgut beziehen.[1270]

1265 *Herber/Czerwenka*, CISG, Art. 50, Rn. 3; Staudinger-*Magnus*, CISG, Art. 50 Rn. 13.
1266 *Bianca*, in: *Grundmann/Bianca* (Hrsg.), EU-Kaufrechts-Richtlinie, Art. 3 Rn. 36.
1267 *Zimmer*, in: *Ernst/Zimmermann* (Hrsg.), Zivilrechtswissenschaft und Schuldrechtsreform, S. 191 (200).
1268 Vgl. hierzu *Staudenmayer*, NJW 1999, 2393 (2395).
1269 Anwaltskommentar-*Pfeiffer*, Kauf-RL, Art. 3 Rn. 17.
1270 Anwaltskommentar-*Pfeiffer*, Kauf-RL, Art. 3 Rn. 18.

(1) Rückgewähr-, Nutzungs- und Verwendungsersatz

Unmittelbare Wirkung der Vertragsauflösung ist die Beendigung der vertraglichen Beziehung. Die Parteien werden von ihren vertraglichen Pflichten befreit und müssen die bereits erbrachten Leistungen zurückgewähren.[1271] Vergleichbare Rechtsinstitute sind in allen Mitgliedstaaten vorhanden und werden regelmäßig als Rückgängigmachung des Vertrages qualifiziert.[1272] Ob eine Nutzungsentschädigung oder Verwendungsersatzansprüche zu gewähren sind, bleibt den Mitgliedstaaten vorbehalten. Erwägungsgrund 15 Satz 1 VerbrGK-RL bestimmt nur, dass eine dem Verbraucher zu leistende Erstattung gemindert werden kann, um der Abnutzung der Ware seit ihrer Lieferung Rechnung zu tragen.

Über eine etwaige Verzinsungspflicht des Verkäufers schweigt die VerbrGK-RL. Berücksichtigt man, dass nach Erwägungsgrund 15 VerbrGK-RL nur die Aufnahme einer Vorschrift bezüglich einer vom Verbraucher zu leistenden Nutzungsentschädigung und die Modalitäten der Durchführung optional den Mitgliedstaaten überlassen bleibt, so wird man wohl hinsichtlich der Pflichten des Verkäufers auf die Vorschriften des CISG zurückgreifen müssen, um den Verbraucher gegenüber einem Käufer i.S.d. CISG nicht unangemessen zu benachteiligen. Zumindest in Bezug auf die Rechte des Verbrauchers ist daher der vom CISG vorgesehene Mindeststandart bei der Rückabwicklung zu berücksichtigen. Gemäß Art. 81 Abs. 2 CISG aber müssen die Parteien das Empfangene zurückgewähren. Hiervon werden gemäß Art. 84 CISG neben dem Leistungsgegenstand i.e.S. auch alle sonstigen aus der Leistung gezogenen Vorteile erfasst. Nicht nur der Kaufpreis muss erstattet werden, sondern er muss auch für den Zeitraum zwischen Zahlung und Erstattung verzinst werden.[1273]

(2) Wertersatz

Während Art. 82 CISG bestimmt, dass die Rückgabe des vertragswidrigen Verbrauchsgutes noch möglich sein muss, sagt die VerbrGK-RL nicht, wie die Fälle zu behandeln sind, in denen sich die Sache nach ihrer Lieferung verschlechtert hat oder in denen die Sache nach ihrer Lieferung untergegangen ist. Grundsätzlich gilt, dass das CISG als Auslegungshilfe bei der Auslegung der Richtlinienbestimmungen heranzuziehen ist. Enthält die VerbrGK-RL jedoch hinsichtlich einer Rechtsfrage überhaupt keine Regelung, so kann diese Lücke nicht ohne weiteres durch die Vorschriften des CISG geschlossen werden. Zu berücksichtigen sind immer die von der VerbrGK-RL vorgegebenen Mindeststandards zum Schutze des Verbrauchers.

Die Voraussetzungen der Vertragsauflösung sind ebenso wie seine Einschränkungen abschließend in Art. 3 Abs. 5 und 6 VerbrGK-RL geregelt. Die Verschlechterung oder der Untergang der Sache nach Lieferung können nicht zu einem Ausschluss des Rücktrittsrechts führen. Auch dann, wenn dem Verbraucher

---

[1271] *Bianca*, in: *Bianca/Grundmann*, EU-Kaufrechts-Richtlinie, Art. 3 Rn. 40.
[1272] *Schwartze*, Europäische Sachmängelgewährleistung, S. 174f.
[1273] *Bianca*, in: *Bianca/Grundmann*, EU-Kaufrechts-Richtlinie, Art. 3 Rn. 50.

der Untergang des vertragswidrigen Verbrauchsgutes zuzurechnen ist, muss daher das Recht auf Vertragsauflösung Bestand haben.[1274] Gleiches gilt selbst im Hinblick auf das in allen Rechtsordnungen der EU-Mitgliedstaaten gültigen Verbots des *venire contra factum proprium*, wenn der Verbraucher die Sache verbraucht oder verarbeitet hat.[1275] Es verbietet sich insoweit ein Rückgriff auf Art. 82 Abs. 1 CISG, wonach der Käufer sein Recht zur Aufhebung des Vertrages verliert, wenn es ihm nicht möglich ist die Ware im Wesentlichen in dem Zustand zurückzugeben, in dem er sie erhalten hat.

Denkbar ist, dass der Verbraucher in diesen Fällen Wertersatzansprüchen ausgesetzt wird. Ein Anspruch auf Wertersatz kann nur angenommen werden, wenn eine Pflicht des Verbrauchers zur schonenden Aufbewahrung besteht.[1276] Gegen eine solche Aufbewahrungspflicht spricht zunächst, dass die Abhilfe in Art. 3 Abs. 2 VerbrGK-RL unentgeltlich zu erfolgen hat. Dem Verbraucher dürfen keine Nachteile durch die Lieferung eines vertragswidrigen Verbrauchsgutes entstehen.

Andererseits sind nur die Voraussetzungen der Vertragsauflösung in Art. 3 Abs. 5 und 6 VerbrGK-RL abschließend geregelt, nicht aber ihre Modalitäten. Die VerbrGK-RL bestimmt nur, dass das Recht zur Vertragsauflösung nicht an derartige Verbraucherpflichten gekoppelt werden darf, nicht aber, dass der Verbraucher für den Fall der Verschlechterung oder des Untergangs der Sache mit einer Aufbewahrungspflicht belastet werden darf.

Der in Art. 3 Abs. 2 VerbrGK-RL verankerte Grundsatz der Unentgeltlichkeit der Abhilfe zwingt nur dazu, den Verbraucher vor einer zusätzlichen Belastung zu schützen, die infolge einer bereits bei Lieferung bestehenden Vertragswidrigkeit der Sache entsteht. Die Mitgliedstaaten können regeln, wie sich etwaige Rückabwicklungshindernisse auswirken, solange die Effektivität des Vertragsauflösungsrechts nicht beeinträchtigt wird.[1277] Es steht daher den Mitgliedstaaten offen, Wertersatzansprüche vorzusehen. Aus dem Schutzzweck der VerbrGK-RL folgt, dass bei der Aufnahme von Wertersatzansprüchen grundsätzlich nicht außer Acht gelassen werden darf, wem die Verschlechterung oder der Untergang des Verbrauchsgutes anzulasten ist.[1278] Handelt es sich etwa bei der Verschlechterung oder dem Untergang der Sache um eine Folge der Vertragswidrigkeit, so müssen Wertersatzansprüche ausscheiden. Gleiches gilt für den Fall, dass sich die Vertragswidrigkeit erst bei der Verarbeitung oder beim Verbrauch der Sache zeigt.

1274 *Zaccaria*, Stud. Iur. 2000, 260 (266); *Bianca*, in: *Bianca/Grundmann*, EU-Kaufrechts-Richtlinie, Art. 3 Rn. 45.

1275 So aber *Bianca*, in: *Bianca/Grundmann*, EU-Kaufrechts-Richtlinie, Art. 3 Rn. 49.

1276 *Bianca*, in: *Bianca/Grundmann*, EU-Kaufrechts-Richtlinie, Art. 3 Rn. 50.

1277 Anwaltskommentar-*Pfeiffer*, Kauf-RL, Art. 3 Rn. 17.

1278 Dies dürfte auch der Grund sein, warum der EU-Gesetzgeber auf eine entsprechende Regelung verzichtet hat, da Verschuldensfragen regelmäßig der Gesetzgebungsautonomie der Mitgliedstaaten unterliegen. Dennoch kritisiert *Schlechtriem*, in: GS *Lüderitz*, S. 675 (688 und 690), dass die VerbrGK-RL eine Regelung hinsichtlich der Verwendungen und Gebrauchsvorteile hätte treffen müssen.

(3) Ausschluss

Art. 3 Abs. 6 VerbrGK-RL bestimmt, dass bei geringfügiger Vertragswidrigkeit das Recht auf Vertragsauflösung des Verbrauchers ausgeschlossen ist. In Abweichung zu den Vorüberlegungen der EU-Kommission im Grünbuch[1279], wonach bei geringfügiger Vertragswidrigkeit nur die Minderung als einziger Rechtbehelf in Betracht kommen sollte, bleiben dem Verbraucher in Fällen nur geringfügiger Vertragswidrigkeit auch die Rechtsbehelfe der Nachbesserung und Ersatzlieferung. Wann eine geringfügige Vertragswidrigkeit anzunehmen ist lässt sich nicht ohne weiteres bestimmen. Art. 49 Abs. 1 CISG, der die Vertragsauflösung für internationale Kaufverträge regelt, bestimmt, dass die Vertragsauflösung ausgeschlossen ist, wenn es sich um einen wesentlichen Vertragsbruch handelt. Nach der Definition in Art. 25 CISG ist ein Vertragsbruch wesentlich, wenn er für die andere Seite einen solchen Nachteil zur Folge hat, dass ihr im Wesentlichen entgeht, was sie nach dem Vertrag hätte erwarten dürfen. Denkbar ist, dass es sich nur dann um einen wesentlichen Vertragsbruch handelt, wenn der Käufer die Ware überhaupt nicht nutzen kann.

Dem ist entgegenzuhalten, dass irgendeine Nutzungsmöglichkeit nahezu immer zu finden sein wird. Berücksichtigt man, dass es sich bei der Einschränkung in Art. 49 Abs. 1 CISG um eine Konkretisierung des Grundsatzes von Treu und Glauben handelt, so liegt es auf der Hand, dass die Beschränkung der Vertragsauflösung auf einen wesentlichen Vertragsbruch verhindern soll, dass der Käufer sich vom Vertrag lösen kann, obwohl seine Interessen an sich befriedigt wurden.[1280] Es muss darauf ankommen, ob die legitimen Erwartungen des Käufers in einem nicht mehr tolerierbaren Maß enttäuscht wurden.[1281] Nur dann steht dem Käufer das Recht auf Vertragsauflösung zu.[1282] Überträgt man die Auslegung von Art. 49 Abs. 1 CISG auf Art. 3 Abs. 6 VerbrGK-RL, so handelt es sich dann um eine geringfügige Vertragswidrigkeit, wenn der Mangel nur von geringer Bedeutung für den Verbraucher ist.[1283]

II. Umsetzung in Deutschland

Die Vorschrift des Art. 3 VerbrGK-RL zu Voraussetzungen und Inhalt der Gewährleistungshaftung wurde in Deutschland in den §§ 437 ff. BGB umgesetzt. Die Umsetzungsvorschriften gelten sowohl für Sach- als auch für Rechtsmängel.[1284] Sie treten bei Sachmängeln an die Stelle der §§ 462, 463 und 480 BGB

1279 Grünbuch über Verbrauchsgütergarantien und Kundendienst vom 15.11.1993 [KOM (1993) 509endg.].

1280 Staudinger-*Magnus*, CISG, Art. 25 Rn. 9 und 11.

1281 Staudinger-*Magnus*, CISG , Art. 25 Rn. 9 und 11; *Herber/Czerwenka*, CISG, Art. 25 Rn. 6 und 8.

1282 *Flessner*, in: *Grundmann/Medicus/Rolland* (Hrsg.), Europäisches Kaufgewährleistungsrecht, S. 233 (243).

1283 *Bianca*, in: *Bianca/Grundmann*, EU-Kaufrechts-Richtlinie, Art. 3 Rn. 45.

1284 Kompaktkommentar-*Tonner/Echtermeyer*, § 437 Rn. 2.

a.F. und bei Rechtsmängeln an die Stelle der §§ 440 und 441 BGB a.F..[1285] Eine dem Art. 3 Abs. 1 VerbrGK-RL entsprechende Vorschrift, die ausdrücklich bestimmt, dass der Verkäufer gegenüber dem Verbraucher für jedweden Mangel an der Kaufsache haftet, enthalten die deutschen Umsetzungsvorschriften nicht. Die Haftung des Verkäufers ergibt sich vielmehr aus dem Zusammenspiel des § 433 Abs. 1 Satz 2 BGB mit den §§ 437 ff. BGB. Nach § 433 Abs. 1 Satz 2 BGB gehört die Lieferung einer mangelfreien Sache zu den Hauptleistungspflichten des Verkäufers, deren Verletzung die Vertragswidrigkeit der Sache bewirkt.[1286]

Leistet der Verkäufer eine mangelhafte Sache, erfüllt er damit seine vertraglichen Pflichten nicht vollständig.[1287] Dies hat zur Konsequenz, dass nur eine Teilleistung vorliegt, zu der der Käufer wegen § 266 BGB nicht berechtigt ist, der Verbraucher die Annahme der Sache gemäß § 294 BGB verweigern kann, ohne in Annahmeverzug zu geraten und vor Gefahrenübergang sein Leistungsverweigerungsrecht aus § 320 BGB geltend machen kann. Nach Gefahrenübergang stehen ihm indessen die Rechte aus §§ 437 ff. BGB zu. Gewährleistungsschuldner ist auch hier der Verkäufer. Dies folgt aus dem in § 241 BGB verankertem Grundsatz der Relativität der Schuldverhältnisse, wonach eine Dritthaftung einer ausdrücklichen Legitimation durch das Gesetz bedarf.[1288] Eines besonderen Hinweises, dass es sich bei den in § 437 BGB genannten Rechten um solche Rechte handelt, die dem Verbraucher gegenüber dem Verkäufer zustehen, bedurfte es daher nicht.

Die Grundnorm des § 437 BGB bestimmt katalogartig, dass der Käufer im Falle der Lieferung einer mangelhaften Sache Nacherfüllung, Minderung, Rücktritt, Schadens- und Aufwendungsersatz[1289] unter den Voraussetzungen der jeweils im Zusammenhang mit der Nennung eines Rechtsbehelfs in Bezug genommenen Vorschriften verlangen kann.[1290] Dabei entspricht die Nacherfüllung der Abhilfe und der Rücktritt dem Recht zur Vertragsauflösung i.S.d. Art. 3 Abs. 2 VerbrGK-RL. Im Unterschied zu den Entwürfen des SchuldRModG[1291], worin sich noch die Überschrift „Ansprüche und Rechte des Käufers bei Mängeln“ für § 437 BGB fand, ist in der endgültigen Fassung nur noch von „Rechten“ des Käufers die Rede, da der Begriff „Rechte“ sowohl Rechte im engeren Sinn als auch Ansprüche i.S.v. § 194 BGB erfasst.[1292]

1285 Palandt-*Putzo*, 64. Aufl., § 437 Rn. 1.

1286 Palandt-*Putzo*, 64. Aufl., § 433 Rn. 21; MüKo-*Westermann*, 4. Aufl, BGB § 433 Rn. 59f.; Staudinger-*Beckmann*, Neuberab., § 433 Rn. 89.

1287 *Büdenbender*, in: *Dauner-Lieb/Heidel/Lepa/Ring* (Hrsg.), Das neue Schuldrecht, S. 232.

1288 Kompaktkommentar-*Willingmann/Hirse*, § 241 Rn. 1.

1289 Schadens- und Aufwendungsersatzansprüche werden hier nicht behandelt, da sie nicht auf die Vorgaben der VerbrGK-RL zurückgehen.

1290 *Huber/Faust*, Schuldrechtsmodernisierung, Kap. 13 Rn. 4.

1291 Gesetzentwurf der Regierungsfraktionen v. 14.5.2001, BT-Drucks. 14/6040; Gesetzentwurf der Bundesregierung v. 31.8.2001, BT-Drucks. 14/6857.

1292 Dies geht auf die Beschlussempfehlung und den Bericht des Rechtsausschusses vom 9.10.2001 zurück, BT-Drucks. 14/7052.

1. Allgemeine Haftungsvoraussetzungen und Rechtsbehelfssystem

Allgemeinen Voraussetzung der Haftung des Verkäufers ist gemäß § 437 BGB die Mangelhaftigkeit der Sache im Zeitpunkt des Gefahrenübergangs. Die nähere Ausgestaltung der Rechtsbehelfe der Nacherfüllung, Minderung und des Rücktrittsrechts erfolgt durch die in den Nr. 1 und 2 des § 437 BGB genannten Vorschriften. Während § 437 Nr. 1 BGB für die Nacherfüllung auf § 439 BGB und für die Minderung auf § 441 BGB und damit auf Vorschriften des besonderen kaufrechtlichen Gewährleistungsrechts verweist, enthält sie in § 437 Nr. 2 BGB für den Rücktritt Verweisungen auf das allgemeine Leistungsstörungsrecht, wobei die in § 437 BGB enthaltene Formulierung „soweit nicht ein anderes bestimmt ist“, deutlich macht, dass neben den in § 437 BGB genannten Vorschriften auch andere kaufrechtliche Besonderheiten zu berücksichtigen sind, womit insbesondere die §§ 438 bis 440 BGB gemeint sind. Wie sich aus der Formulierung „unter den Voraussetzungen“ ergibt, sind alle Verweisungen ausschließlich deklaratorischer Natur.[1293]

Die Vorschrift stellt keine eigene Anspruchsgrundlage dar, sondern dient in praktischer Hinsicht als Übersicht[1294], dogmatisch gesehen als „Drehscheibe“ für das kaufrechtliche Gewährleistungsrecht.[1295] Darüber hinaus kommt in ihr gleichzeitig der Leitgedanke einer weit reichenden Integration des kaufrechtlichen Gewährleistungsrechts in das allgemeine Leistungsstörungsrecht und damit eines der wesentlichen systematischen Ziele der Schuldrechtsreform auf der Linie der europäischen Entwicklung[1296] zum Ausdruck.[1297] Gleichzeitig beinhaltet sie eine Rechtsgrundverweisung auf die in Bezug genommenen Vorschriften.[1298] Damit hat die Vorschrift eine doppelte dogmatische Funktion.[1299] § 437 BGB nennt zunächst entsprechend Art. 3 Abs. 2 VerbrGK-RL als Voraussetzung der Gewährleistungshaftung des Verkäufers die Mangelhaftigkeit der Sache.

Der Begriff der Mangelhaftigkeit ersetzt den Begriff der Vertragswidrigkeit i.S.d. VerbrGK-RL. Die begriffliche Abweichung von der VerbrGK-RL ist darauf zurückzuführen, dass dem deutschen Gewährleistungsrecht der Begriff der Vertragswidrigkeit unbekannt ist. Um Rechtsunsicherheiten zu vermeiden hat der

---

1293 *Lorenz/Riehm*, Lehrbuch zum neuen Schuldrecht, 8. Kapitel § 5 Rn. 499; *Huber/Faust*, Schuldrechtsmodernisierung, Kap. 13 Rn. 7.

1294 *Tonner/Crellwitz/Echtmeyer*, in: *Micklitz/Pfeiffer/Tonner/Willingmann* (Hrsg.) Schuldrechtsreform und Verbraucherschutz, S. 293 (320).

1295 *Huber/Faust*, Schuldrechtsmodernisierung, Kap. 13 Rn. 7.

1296 *Westermann*, in: *Schulze/Schulte-Nölke* (Hrsg.), Die Schuldrechtsreform vor dem Hintergrund des Gemeinschaftsrechts, S. 109 (111); *Schnyder/Straub*, ZEuP 1996, 8 (16); *Lando/Beale*, Principles of European Contract Law, S. 125f.

1297 *Huber/Faust*, Schuldrechtsmodernisierung, Kap. 13 Rn. 1; *Westermann*, NJW 2002, 241 (243).

1298 *Tonner/Crellwitz/Echtmeyer*, in: *Micklitz/Pfeiffer/Tonner/Willingmann* (Hrsg.) Schuldrechtsreform und Verbraucherschutz, S. 293 (320).

1299 *Huber/Faust*, Schuldrechtsmodernisierung, Kap. 13 Rn. 7.

deutsche Gesetzgeber daher an dem Begriff des Mangels festgehalten.[1300] Ein Verschulden aufseiten des Verkäufers ist indessen auch nach deutschem Recht nicht erforderlich. Es handelt sich demnach um eine in der deutschen Literatur auch als Garantiehaftung[1301] bezeichnete verschuldensunabhängige Haftung.

a) Mangelhaftigkeit

Sowohl Sach- als auch Rechtsmängel begründen die Mangelhaftigkeit der Sache i.S.d. § 437 BGB.[1302] Dies ergibt sich aus der fehlenden Differenzierung in § 437 BGB zwischen Sach- und Rechtsmängeln.[1303] Während nach altem Recht bei Vorliegen eines Rechtsmangels nach § 440 Abs. 1 BGB a.F. die Regeln über die Nichterfüllung der §§ 320 bis 327 BGB zur Anwendung kamen und nur Rechtsmängel die besonderen kaufrechtlichen Gewährleistungsrechte auszulösen vermochten, unterliegen Sach- und Rechtsmängel nunmehr denselben Rechtsfolgen.

(1) Sachmangel

Der Begriff des Sachmangels ist nunmehr durch die Schuldrechtsreform einheitlich gefasst worden. In § 459 BGB a.F. war die Beschreibung des Sachmangels indessen noch durch eine Zweiteilung gekennzeichnet. Der alte Sachmängelbegriff unterschied zwischen „Fehlern", die den Wert oder die Tauglichkeit zu dem gewöhnlichen Gebrauch aufheben oder mindern, und „zugesicherten Eigenschaften", die zur Zeit des Gefahrenübergangs bei der verkauften Sache vorliegen müssen. Eine zugesicherte Eigenschaft sollte nach ganz überwiegender Auffassung dann vorliegen, wenn der Verkäufer den erkennbaren Vertragswillen hatte, für das Vorhandensein einer bestimmten Eigenschaft die Gewähr zu übernehmen und für die Folgen ihres Fehlens einstehen zu wollen.[1304]

Während beim Merkmal der zugesicherten Eigenschaft somit unzweifelhaft nur die Parteivereinbarung und damit ein subjektiver Maßstab maßgeblich sein konnte, ließ der Wortlaut des § 459 BGB a.F. nicht erkennen, welcher Maßstab der Begriff des „Fehlers" erfordert. Es war höchst umstritten, ob immer dann von einem Fehler ausgegangen werden muss, wenn die Sache nicht die vertragsgemäße Beschaffenheit hat, also die Ist- von der Soll-Beschaffenheit abweicht (subjektiver Fehlerbegriff[1305]), ob ein Fehler nur dann vorliegt, wenn die Sache von der normalen Beschaffenheit der betreffenden Art oder Gattung für den Käufer

---

[1300] Im Gegenentwurf zum SchuldRModG haben *Kirchner* und *Richter* hingegen den Begriff der Vertragswidrigkeit übernommen, um so die Herkunft der Umsetzungsvorschriften deutlicher herauszustellen und Auslegungsfragen der Umsetzungsvorschriften der Auslegung der VerbrGK-RL zuzuweisen. Vgl. Vorschlag für ein „Gesetz zur Änderung des Kaufrechts und des Fernabsatzgesetzes". Zu finden im Internet unter: www.jura.uni-passau.de.

[1301] So *Amtenbrink/Schneider*, VuR 1996, 374.

[1302] Kompaktkommentar-*Tonner/Echtermeyer*, § 434 Rn. 3; Palandt-*Putzo*, 64. Aufl., § 437 Rn. 1.

[1303] Palandt-*Putzo*, 64. Aufl., § 437 Rn. 1.

[1304] MüKo-*Westermann*, 3. Aufl., § 459 Rn. 56 Fn. 245; *Reinicke/Tiedke*, Kaufrecht, Rn. 285f.

[1305] BGHZ 90, 198 (202).

nachteilig abweicht (objektiver Fehlerbegriff[1306]) oder aber ob bei Anwendung eines objektiven Maßstabes grundsätzlich konkrete Zweckvereinbarungen bzw. bei Anwendung eines subjektiven Maßstabes typische Eigenschaften der Sache bei Bestimmung der Soll-Beschaffenheit herangezogen werden müssen (gemischt subjektiv-objektiver Fehlerbegriff[1307]).

Auch wenn nach der Rechtsprechung in Übereinstimmung mit der ganz herrschenden Lehre vom Vorrang der Parteivereinbarung und nur bei Fehlen einer Beschaffenheitsvereinbarung objektive Kriterien zur Bestimmung der Mangelhaftigkeit einer Sache herangezogen werden sollten und damit die Rechtslage diesbezüglich weitgehend als geklärt betrachtet werden konnte, so zeigten die immer wiederkehrenden Probleme bei der Abgrenzung einer Beschaffenheitsvereinbarung von einer zugesicherten Eigenschaft einen erheblichen Reformbedarf auf. Während nämlich bei einem Fehler gemäß § 462 BGB a.F. nur das Recht auf Minderung und Wandelung als Rechtsfolge vorgesehen war, konnte der Käufer bei Fehlen einer zugesicherten Eigenschaft gemäß § 463 Satz 1 BGB a.F. Schadensersatz verlangen. Gemäß § 11 Nr. 11 AGBG war ein in Allgemeinen Geschäftsbedingungen enthaltener Gewährleistungsausschluss für zugesicherte Eigenschaften unwirksam. Eine weitere Unterscheidung enthielt die nunmehr weggefallene Bagatellgrenze in § 459 Abs. 2 Satz 2 BGB a.F., wonach ein Fehler, der den Wert oder die Tauglichkeit nur unerheblich minderte, nicht zum Anspruch auf Minderung oder Wandlung führte, bei Fehlen einer zugesicherten Eigenschaft hingegen uneingeschränkt auch bei unerheblichen Tauglichkeitsminderungen die Rechte des Käufers unberührt blieben.

Mit § 434 BGB hat der deutsche Gesetzgeber sich nunmehr für den subjektiven Fehlerbegriff entschieden.[1308] Dadurch wurden die Sonderbestimmungen für zugesicherte Eigenschaften in den durch das Schuldrechtsreformgesetz gestrichenen §§ 463 Satz 1 und 480 Abs. 2, 1. Alt. BGB a.F. entbehrlich. Das Fehlen einer Garantieübernahme auf Tatbestandsseite kann auf der Rechtsfolgenseite durch konkludente Garantieübernahmen ausgeglichen werden.[1309] Dies ergibt sich aus § 276 Abs. 1 BGB, wonach der Schuldner auch gemäß einer von ihm übernommenen Garantie haftet.[1310] Die Zusicherungshaftung des Verkäufers lebt insoweit an gesetzessystematisch passenderer Stelle fort.[1311] Die alte Kontroverse zur Bestimmung des Sachmangels konnte insoweit geklärt werden.

[1306] *Knöpfle*, AcP 180 (1980), 462; *ders.*, NJW 1987, 801.

[1307] MüKo-*Westermann*, 3. Aufl., § 459 Rn. 9.

[1308] *Grigoleit/Herresthal*, JZ 2003, 233 (234) ; MüKo-*Westermann*, 4. Aufl, BGB § 434 Rn. 5; Staudinger-*Matusche/Beckmann*, Neuberab., § 434 Rn. 29.

[1309] Die zusätzliche Möglichkeit einer selbstständigen - die gesetzlichen Rechte nicht berührenden - Beschaffenheits- und Haltbarkeitsgarantie erwähnt § 443 BGB.

[1310] *Müller*, ZIP 2002, 1178 (1178).

[1311] *Boerner*, ZIP 2001, 2264 (2272); *Westermann*, JZ 2001, 530 (534); *Dauner-Lieb/Thiessen*, ZIP 2002, 108f.; *Jaques*, BB 2002, 417 (418); *Triebel/Hölzle*, BB 2002, 521 (530).

Es scheint zunächst, als enthalte § 434 Abs. 1 BGB nur eine Definition der Sachmangelfreiheit, auch wenn § 434 BGB die Überschrift „Sachmangel" trägt. Die gesetzliche Definition dürfte darauf zurückzuführen sein, dass § 433 Abs. 1 Satz 2 BGB hinsichtlich der Erfüllungspflicht des Verkäufers ebenfalls auf die Sachmangelfreiheit abstellt.[1312] Ist eine Sache nicht sachmangelfrei i.S.d. § 434 BGB so liegt unzweifelhaft ein Sachmangel vor. Ob ein Sachmangel vorliegt hat sich daher vorrangig nach der ausdrücklichen Vereinbarung über die Beschaffenheit der Sache zu beurteilen. Fehlt es an einer solchen Vereinbarung, so ist anhand der Auslegungskriterien der § 434 Abs. 1 Satz 2 ff. BGB die konkludente Beschaffenheitsvereinbarung zu ermitteln. Insgesamt kennt das deutsche Recht damit sieben Arten von Sachmängeln: die Abweichungen von der Beschaffenheit (§ 434 Abs. 1 Satz 1 BGB), die Nichteignung zur vorausgesetzten Verwendung der Sache (§ 434 Abs. 1 Satz 2 Nr. 1 BGB), die Nichteignung zur gewöhnlichen Verwendung der Sache (§ 434 Abs. 1 Satz 2 Nr. 2 und 3 BGB), die unsachgemäße Montage (§ 434 Abs. 2 Satz 1 BGB), die mangelhafte Montageanleitung (§ 434 Abs. 2 Satz 2 BGB), die Lieferung einer anderen Sache (§ 434 Abs. 3, 1. Alt. BGB) und die Mindermenge (§ 434 Abs. 3, 2. Alt. BGB).[1313]

(2) Rechtsmangel

Bezüglich der Definition des Rechtsmangels in § 435 BGB hat sich im Wesentlichen nichts geändert. Die Neufassung fast die Vorschriften der §§ 434, 435 BGB a.F. zusammen, wobei die Formulierung der Definition des Sachmangels sprachlich angepasst wurde.[1314] Gemäß § 435 Satz 1 BGB ist die Sache frei von Rechtsmängeln, wenn Dritte in Bezug auf die Sache keine oder nur die im Kaufvertrag übernommenen Rechte gegen den Käufer geltend machen können. Die Reform bringt insofern keine Klärung der bestehenden Abgrenzungsfragen zum Sachmangel.[1315]

Die Unterscheidung von Sach- und Rechtsmängeln ist mit der VerbrGK-RL konform. Da die VerbrGK-RL von einem einheitlichen Tatbestand der Vertragsmäßigkeit ausgeht, wurde in der Literatur teilweise vertreten, dass der deutsche Gesetzgeber nunmehr gezwungen ist, die Unterscheidung von Sach- und Rechtsmängeln gänzlich aufzugeben.[1316] Auch hier gilt, dass die VerbrGK-RL lediglich Mindeststandards setzt, hinsichtlich der konkreten Ausgestaltung der Umsetzungsvorgaben dem nationalen Gesetzgeber aber einen gewissen Spielraum überlässt. Der deutsche Gesetzgeber durfte insofern die Rechtsmängelhaftung nicht unter den Standard der Sachmängelhaftung stellen. Angesichts der Gleichstellung von Sach- und Rechtsmangel hinsichtlich der Rechtsfolgen, ist die Unterscheidung von Rechts- und Sachmängeln durchaus richtlinienkonform.

1312 Palandt-*Putzo*, 64. Aufl., § 434 Rn. 1; MüKo-*Westermann*, 4. Aufl, BGB § 434 Rn. 1.

1313 Palandt-*Putzo*, 64. Aufl., § 434 Rn. 7; Staudinger-*Matusche/Beckmann*, Neuberab., § 434 Rn. 29.

1314 Regierungsbegründung zum SchuldRModG BT-Drucks. 14/6040, S. 217.

1315 *Huber/Faust*, Schuldrechtsmodernisierung, Kap. 12 Rn. 69.

1316 *Schmidt-Räntsch*, ZEuP 1999, 294 (301); *Brüggemeier* JZ 2000, 529 (530).

(3) Zeitpunkt der Mangelhaftigkeit

Ist eine Sache mangelhaft, so haftet der Verkäufer dem Käufer gemäß § 437 BGB. Maßgeblicher Zeitpunkt für die Beurteilung der Mangelhaftigkeit ist der Gefahrenübergang. Dies ergibt sich bereits aus einem Umkehrschluss zu § 434 Abs. 1 BGB. Danach ist die Sache frei von Sachmängeln, wenn sie bei Gefahrenübergang die vereinbarte Beschaffenheit hat. Hat sie bei Gefahrenübergang nicht die vereinbarte Beschaffenheit, so liegt ein Sachmangel vor, der wiederum die Haftung des Verkäufers nach § 437 BGB auslöst.

Gefahrenübergang bedeutet, dass der Verkäufer ab diesem Zeitpunkt nicht mehr Gefahr läuft, bei zufälligem Untergang der Sache oder bei zufälliger Verschlechterung seinen Gegenleistungsanspruch in Form des Kaufpreisanspruches zu verlieren.[1317] Die Gefahr des zufälligen Untergangs und der Verschlechterung der Kaufsache geht gemäß § 446 BGB mit der Übergabe der Kaufsache auf den Käufer über. Diese Norm gilt uneingeschränkt auch für den Verbrauchsgüterkauf, wie § 474 Abs. 2 BGB zeigt, der nur die Gefahrtragungsregel des § 447 BGB für den Versendungskauf aus der Geltung für den Verbrauchsgüterkauf ausnimmt.[1318] Bis zum Zeitpunkt der Übergabe der Kaufsache an den Verbraucher haftet der Verkäufer verschuldensunabhängig für jeden Mangel an der Kaufsache.

Maßgeblicher Zeitpunkt für die Umwandlung des Erfüllungsanspruchs in einen Nacherfüllungsanspruch, die Entstehung des Minderungs- und Rücktrittsrecht sowie die Entstehung von Schadensersatzansprüchen ist somit in der Regel die Übergabe der Sache an den Verbraucher. Vor Gefahrenübergang hat der Käufer indessen bei behebbaren Mängeln einen Anspruch auf mangelfreie Erfüllung, bei unbehebbaren Mängeln Ansprüche wegen Nichterfüllung.

Gemäß § 446 Satz 2 BGB ist der Annahmeverzug der Übergabe gleichgestellt. Der Verkäufer haftet damit nur für solche Mängel, die im Zeitpunkt der Übergabe oder des Annahmeverzuges vorliegen. Nach § 293 BGB kommt der Verkäufer in Annahmeverzug, wenn er die ihm angebotene fällige Leistung nicht annimmt. Für Mängel der Sache, die erst nach dem Zeitpunkt der Nichtabnahme durch den Verbraucher entstehen, haftet der Verkäufer nicht. Auch die VerbrGK-RL stellt auf die zur Besitzverschaffung erforderliche Handlung ab und meint nicht die tatsächliche Besitzerlangung durch den Verbraucher. § 446 Abs. 2 i.V.m. § 434 Abs. 1 BGB ist daher insoweit richtlinienkonform.

Problematisch können die Fälle sein, in denen ein wörtliches Angebot gemäß § 295 BGB ausreicht. Hat der Verbraucher erklärt, dass er die Leistung nicht annehmen werde oder ist zur Bewirkung der Leistung eine Handlung des Verbrauchers erforderlich, insbesondere dann, wenn eine Holschuld vereinbart wurde, so gerät der Verbraucher gemäß § 295 BGB allein durch ein wörtliches Angebot in Annahmeverzug, bevor der Verkäufer die zur Besitzerlangung erforderliche Handlung vorgenommen hat. § 295 BGB ist Ausdruck des Grundsatzes *venire contra factum proprium*. Danach ist ein widersprüchliches Verhalten

---

[1317] Kompaktkommentar-*Tonner/Echtermeyer*, § 446 Rn. 2.
[1318] Anwaltskommentar-*Büdenbender*, § 446 Rn. 4.

rechtsmissbräuchlich, wenn für den anderen Teil ein Vertrauenstatbestand geschaffen wurde und der andere Teil im Hinblick hierauf Dispositionen getroffen hat.[1319] Es wäre dann dem Verbraucher möglich durch die Annahmeverweigerung den Haftungszeitpunkt beliebig hinaus zu zögern. Ist aber die Sache vertragsgemäß, so liegt darin ein Verstoß gegen Treu und Glauben, weswegen die Regelung des § 295 BGB durchaus gerechtfertigt erscheint.

Die VerbrGK-RL steht dem nicht entgegen. Erwägungsgrund 5 VerbrGK-RL bestimmt, dass das Vertrauen des Verbrauchers gestärkt werden soll. Fehlt es aber an einem entsprechenden Vertrauen, so soll auch der Verbraucher nicht geschützt werden, wie etwa der Haftungsausschluss bei Kenntnis der Vertragswidrigkeit in Art. 2 Abs. 3 VerbrGK-RL deutlich macht. Für die in § 295 BGB genannten Fälle kann daher nicht gefordert werden, dass der Verkäufer die Lieferung der Sache bewirkt.

Weitaus problematischer ist die Regelung des § 296 BGB. Danach ist ein Angebot entbehrlich, wenn für die Mitwirkungshandlung des Verbrauchers eine Zeit nach dem Kalender bestimmt ist oder wenn der Handlung ein Ereignis vorauszugehen hat und eine angemessene Zeit für die Handlung in der Weise bestimmt ist, dass sie sich von dem Ereignis an nach dem Kalender berechnen lässt und wenn der Verbraucher diese Handlung unterlässt. Diese Regelung hat zur Folge, dass der Verkäufer nur für die Mangelhaftigkeit in dem Zeitpunkt haftet, der durch das Gesetz oder eine entsprechende Parteivereinbarung bestimmt ist. Dieser Zeitpunkt dürfte regelmäßig vor dem Zeitpunkt der Lieferung i.S.d. Art. 2 Abs. 1 VerbrGK-RL liegen, weswegen § 446 BGB insoweit richtlinienwidrig ist.

Mit dem Zeitpunkt der Lieferung hat der EU-Gesetzgeber einen Zeitpunkt gewählt, der die Interessen beider Parteien angemessen berücksichtigt. Richtig ist, dass die VerbrGK-RL den Annahmeverzug nicht regelt und auch die von den nationalen Rechtsordnungen vorgesehene Risikoverteilung unbeeinflusst bleiben sollte, weswegen auch der Gefahrenübergang gemäß Erwägungsgrund 14 VerbrGK-RL der Gesetzgebung der Mitgliedstaaten vorbehalten ist. Dies bedeutet aber nicht, dass die Mitgliedstaaten in ihren Regelungen beliebig von dem für die Vertragswidrigkeit nach der VerbrGK-RL maßgeblichen Zeitpunkt der Lieferung abweichen dürfen. Haben aber die Vertragsparteien durch Vereinbarung einen anderen als den Zeitpunkt der Lieferung zur Bestimmung der Vertragswidrigkeit maßgeblichen Zeitpunkt vereinbart, so führt dies letztlich zu einer Beschränkung der dem Verbraucher nach Art. 3 Abs. 2 VerbrGK-RL zustehenden Rechte und ist daher wegen Art. 8 Abs. 2 VerbrGK-RL unzulässig. Der Vornahme der zur Besitzverschaffung erforderlichen Handlung kommt eine gewisse Warnfunktion zu. § 295 BGB kann daher im Rahmen eines Verbrauchsgüterkaufes keine Anwendung finden.

Problematisch ist außerdem, dass § 446 BGB dispositiv ausgestaltet ist, da die Vorschrift nicht von der Unabdingbarkeitsklausel des § 475 Abs. 1 BGB erfasst

---

[1319] Vgl. Nachweise bei Palandt-*Heinrichs*, 64. Aufl., § 242 Rn. 55f.

ist.[1320] Es ist denkbar, dass die Parteien den Zeitpunkt des Gefahrenübergangs vorverlegen und damit auch den Zeitpunkt, der für die Haftung des Verkäufers maßgeblich ist. § 446 BGB kann zwar nicht im Wege der Parteivereinbarung durch eine § 447 BGB entsprechende Regelung modifiziert werden, da § 474 Abs. 2 BGB dessen Anwendbarkeit zwingend ausschließt. Die Parteien können aber vereinbaren, dass die Gefahr bereits bei Abschluss des Kaufvertrages übergehen soll, sodass für die Bestimmung der Mangelhaftigkeit und damit für die Haftung des Verkäufers der Zeitpunkt des Kaufvertrages maßgeblich wäre.

§ 433 Abs. 1 Satz 2 BGB, der wiederum vom Anwendungsbereich des § 475 Abs. 1 BGB erfasst ist, bestimmt jedoch, dass der Verkäufer dem Verbraucher die Sache frei von Sachmängel zu verschaffen hat. Bei richtlinienkonformer Auslegung ist § 433 Abs. 1 Satz 2 BGB so zu interpretieren, dass der Verkäufer dem Käufer die Sache frei von Mängeln liefern muss. Wird aber nun eine von § 446 BGB abweichende Vereinbarung zwischen den Parteien getroffen, indem sie den Gefahrenübergang auf den Zeitpunkt des Vertragsschlusses vorverlegen, so würde der Verbraucher bereits für den zufälligen Untergang der Sache haften, bevor der Verkäufer mit der Lieferhandlung begonnen hat. Dies wäre jedoch nicht mit der VerbrGK-RL zu vereinbaren, weil die Lieferung des Gutes wegen Art. 3 Abs. 1 VerbrGK-RL zwingend den für die Haftung des Verkäufers maßgeblichen Zeitpunkt bestimmen muss. Es ist anzunehmen, dass der Gesetzgeber bei der Ausgestaltung der Verkäuferhaftung übersehen hat, dass mit der Abdingbarkeit des Gefahrenübergangs die Abdingbarkeit des Haftungszeitpunktes des Verkäufers einhergeht, weswegen im Wege der richtlinienkonformen Auslegung die Abdingbarkeit des § 446 BGB für den Bereich des Verbrauchsgüterkaufes eingeschränkt werden muss.

b) Stufenverhältnis der Rechtsbehelfe

Die Rechtsbehelfe des Verbrauchers stehen auch nach deutschem Recht in einem Stufenverhältnis zueinander. Während der Käufer bei Lieferung einer mangelhaften Sache gemäß § 437 Nr. 1 i.V.m. § 439 BGB ohne weiteres Nacherfüllung verlangen kann, setzen die in § 437 Nr. 2 und 3 in Bezug genommenen Vorschriften des allgemeinen Schuldrechts für den Rücktritt und Schadensersatz ergänzt durch die kaufrechtliche Sonderregelung für die Minderung einheitlich den erfolglosen Ablauf einer vom Käufer gesetzten Frist voraus. Daraus ergibt sich, dass dem Verkäufer zumindest für den Zeitraum bis zum Ablauf der vom Verbraucher gesetzten Frist ein so genanntes „Recht zur zweiten Andienung“[1321]

1320 Palandt-*Putzo*, 64. Aufl., § 446 Rn. 3; ; MüKo-*Westermann*, 4. Aufl, BGB § 446 Rn. 14; Staudinger-*Matusche/Beckmann*, Neuberab., § 446 Rn. 30; Anwaltskommentar-*Büdenbender*, § 446 Rn. 4; *Haas*, BB 2001, 1313 (1319).

1321 *Büdenbender*, in: *Dauner-Lieb/Heidel/Lepa/Ring* (Hrsg.) Das Neue Schuldrecht, § 8 F 1 Rn. 48; *Huber/Faust*, Schuldrechtsmodernisierung, Kap. 13 Rn. 8; *Hoffmann*, ZRP 2001, 347 (349); Palandt-*Putzo*, 64. Aufl., § 439 Rn. 1; *Lorenz*, JZ 2001, 742 (743); *Petersen*, Jura 2002, 461 (462); *Westermann*, NJW 2002, 241 (248); MüKo-*Westermann*, 4. Aufl, BGB § 439 Rn. 1; Staudinger-*Matusche/Beckmann*, Neuberab., § 439 Rn. 4.

zusteht, sodass die Nacherfüllung Vorrang hat.[1322] Rücktritt, Minderung, Schadens- und Aufwendungsersatz sind damit nur sekundäre Rechtsbehelfe des Käufers. Dies entspricht den Vorgaben des Art. 3 Abs. 3 VerbrGK-RL, wonach der Verbraucher „zunächst" nur Nachbesserung oder Ersatzlieferung und nur unter den Voraussetzungen des Art. 3 Abs. 5 und 6 VerbrGK-RL Minderung oder Vertragsauflösung verlangen kann. Obwohl die durch die VerbrGK-RL vorgegebene „Hierarchisierung"[1323] der Gewährleistungsrechte durch ihre Aufspaltung in primäre und sekundäre Rechte auf ein Drängen der Bundesrepublik Deutschland zurückgeht[1324], ist die Einführung eines zweistufigen Gewährleistungssystems für das deutsche Kaufrecht des BGB neu.[1325]

Es wurde zwar oftmals in der Rechtspraxis bei Massengeschäften ein Vorrang geltend zu machender Nachbesserungsanspruch des Käufers vorgesehen, der die gesetzlichen, bislang dispositiv ausgestalteten Gewährleistungsrechte zunächst verdrängte.[1326] Nur im Werkvertragsrecht war der Besteller von Gesetzes wegen zunächst gemäß § 633 BGB a.F. auf die Geltendmachung eines Nachbesserungsanspruchs verwiesen und konnte erst bei Weigerung oder Fehlschlagen weitere Rechte unter den Voraussetzungen der §§ 634, 635 BGB a.F. geltend machen. Die systematische Neuregelung des Gewährleistungsrechts führt mithin zu einer Angleichung des Kaufrechts an das Werkvertragsrecht. Zu berücksichtigen ist, dass die Aufnahme eines vorrangig geltend zu machenden Nacherfüllungsanspruchs dem Käufer das Recht nimmt, bei einem Mangel sofort Wandlung oder Minderung zu verlangen und damit hinter den gesetzlichen Standard des alten Rechts zurückbleibt.[1327] Das sofortige Rücktritts- und Minderungsrecht war ein wichtiges Druckmittel für den Verbraucher, eine umgehende Nacherfüllung zu erhalten.[1328]

Zu bedenken ist weiterhin, dass die Übernahme der Hierarchisierung der Rechtsbehelfe nicht geboten war, da die VerbrGK-RL lediglich Mindeststandards setzt, sodass eine gleichstufige Ausgestaltung der Rechtsbehelfe des Verbrauchers durchaus richtlinienkonform gewesen wäre. Zwar sind nunmehr für den Bereich des Verbrauchsgüterkaufes abweichende Vereinbarungen zulasten des Verbrauchers gemäß § 475 BGB unzulässig, sodass teilweise in der Literatur

---

1322 *Lorenz/Riehm*, Lehrbuch zum neuen Schuldrecht, 8. Kapitel § 5 Rn. 505; Palandt-*Putzo*, 64. Aufl., § 437 Rn. 4; Staudinger-*Matusche/Beckmann*, Neuberab., § 442 Rn. 15; *Westermann*, in: *Schulze/Schulte-Nölke* (Hrsg.), 2001, S. 109 (123); Regierungsbegründung zum SchuldRModG, BT-Drucks. 14/6040, S. 81.

1323 Vgl. *Gass*, FS *Rolland*, S. 129 (130) und *Weisner*, JuS 2001, 759 (761), der von einem „hierarchischem Stufenverhältnis" spricht.

1324 So *Schmidt-Räntsch*, ZIP 1998, 849 (851).

1325 *Ehemann/Rust*, JZ 1999, 853 (854).

1326 Einzige Schranke vertraglicher Absprachen war § 11 Nr. 10 AGBG, wonach die gesetzlichen Gewährleistungsrechte wiederauflebten, wenn die Nachbesserung fehlschlug.

1327 *Tonner*, VuR 2001, 87 (90); *Tonner/Crellwitz/Echtermeyer*, in: *Micklitz/Pfeiffer/Tonner/Willingmann*, Schuldrechtsreform und Verbraucherschutz, S. 293 (326).

1328 *Tonner*, VuR 2001, 87 (90); *Dauner-Lieb*, JZ 2001, 13 befürwortend dagegen *Zimmer*, in *Ernst/Zimmermann* (Hrsg.), Zivilrechtswissenschaft und Schuldrechtsreform, S. 195 (200).

angenommen wird, ein Verzicht auf die Übernahme des abgestuften Rechtsbehelfssystems hätte zur Folge gehabt, dass bei Massenproduktionen die Gewährleistungskosten in die Höhe getrieben und im Ergebnis auf den Verbraucher umgelegt worden wären.[1329] Diese Auffassung übersieht, dass es gerade bei Massenproduktionen regelmäßig keinen Unterschied macht, welche Rechtsbehelfe der Verbraucher geltend macht, da auch das Nacherfüllungsrecht den Verkäufer zwingt, erhebliche Rücklagen zu bilden.

Einzuräumen ist, dass die Neuregelung eine Angleichung auch an andere internationale Regelungswerke darstellt, die, wie beispielsweise im CISG (Art. 46 Abs. 2 und 3 CISG), in den *Principles of European Contract Law* der Lando-Kommission und den UNIDROIT-*Principles*, ähnliche Abstufungen vorsehen, weswegen die Hierarchisierung der Rechtsbehelfe aus Gründen der Rechtsangleichung wiederum gerechtfertigt ist.[1330] Auch das Recht des Verkäufers zur zweiten Andienung verstärkt den Grundsatz „pacta sunt servanda".[1331] Der Vorrang der Nacherfüllung einschließlich das damit korrespondierende Recht zur zweiten Andienung nimmt dem Verbraucher die Möglichkeit zur Selbstvornahme.[1332]

c) Abnahmeverweigerungsrecht

Ob dem Käufer ein Abnahmeverweigerungsrecht bei Lieferung einer mangelhaften Sache zusteht oder ob er die Sache zunächst abnehmen muss und auf seine Rechtsbehelfe aus § 437 BGB verwiesen ist, ist in der deutschen Literatur umstritten.[1333] Die Vorteile des Abnahmeverweigerungsrechts für den Verbraucher liegen auf der Hand. Es wäre für den Käufer bereits deswegen von erheblichem Wert, weil er dadurch die Möglichkeit hätte, auf ordnungsgemäßer Erfüllung zu beharren und nicht gezwungen wäre, zunächst seine Nacherfüllungsansprüche durchzusetzen.[1334] Der Rücktritt hingegen bedeutet eine Schlechterstellung gegenüber einem Abnahmeverweigerungsrecht, da der Käufer dann selbst Rückgewähransprüchen, die die Herausgabe von Nutzen regelmäßig mit einschließen, ausgesetzt ist.[1335]

Zudem bereitet die Abgrenzung der Abnahme einer Sache von der Annahme an Erfüllung statt i.S.d. § 364 BGB in der Praxis erhebliche Schwierigkeiten, da die Entgegennahme einer Sache regelmäßig als konkludente Annahme ausgelegt

---

1329 *Schmidt-Räntsch*, ZIP 1998, 849 (851); *Flessner*, in: *Grundmann/Medicus/Rolland* (Hrsg.), Europäisches Kaufgewährleistungsrecht, S. 233 (242).

1330 *Huber/Faust*, Schuldrechtsmodernisierung, Kap. 13 Rn. 8; *Basedow*, Reform des deutschen Kaufrechts 63-69; *Schwartze*, Europäische Sachmängelgewährleistung, 134f.

1331 *Krebs*, DB 2000 Beilage Nr. 14, S. 19, *Lorenz*, JZ 2001, 742 (743); *Zimmer*, in: *Ernst/Zimmermann* (Hrsg.), Zivilrechtswissenschaft und Schuldrechtsreform, S. 200; *Westermann*, JZ 2001, 530 (537); *Zimmer/Eckhold*, Jura 2002, 145 (149), *Lorenz/Riehm*, Lehrbuch zum neuen Schuldrecht, 8. Kapitel § 5 Rn. 504.

1332 AG Daun, ZGS 2003, 398 mit Anm. *Lorenz*.

1333 Vgl. hierzu die öffentliche geführte Diskussion von *Jansen*, ZIP 2002, 877 ff und 1794 ff und *Lamprecht*, ZIP 2002, 1790f.

1334 *Lamprecht*, ZIP 2002, 1790 (1790).

1335 *Lamprecht*, ZIP 2002, 1790 (1790).

wird.[1336] Durch die Annahme als Erfüllung einer dem Käufer als Erfüllung angebotenen Sache geht, wenn er die Leistung nicht als Erfüllung gelten lassen will, nach § 363 BGB die Beweislast dafür auf ihn über, dass sie eine andere als die geschuldete Leistung darstellt oder unvollständig gewesen ist. Kann der Käufer diesen Nachweis nicht führen, so geht mit der Übergabe dieser Sache gemäß § 446 BGB die Gefahr des zufälligen Untergangs und der zufälligen Verschlechterung auf ihn über, ohne dass er sich dagegen wehren könnte.

Auch der Reformgesetzgeber hat auf eine ausdrückliche Klärung der Frage, ob dem Käufer ein Abnahmeverweigerungsrecht zusteht, verzichtet. Der nach der Schuldrechtsreform unverändert gebliebenen § 433 Abs. 2 BGB verpflichtet den Käufer zwar zur Abnahme der gekauften Sache. Nach überwiegender Ansicht in der Literatur bestand vor der Schuldrechtsreform die Pflicht zur Abnahme in Anlehnung an § 640 Abs. 1 BGB aber nur dann, wenn die Sache auch vertragsgemäß war.[1337] Zur Begründung wurde darauf hingewiesen, dass der Einwand des *dolo-petit* eingreifen würde, wenn der Käufer zur Abnahme der Sache verpflichtet wäre, obwohl ihm mit § 462 BGB a.F. ein sofortiges Wandlungsrecht zur Seite stand, bei dessen Geltendmachung der Käufer zur Herausgabe der Sache verpflichtet gewesen wäre. Eine Ausnahme sollte nur dann bestehen, wenn dem Käufer kein Rücktritts- bzw. Wandlungsrecht zur Seite stand, etwa weil es vertraglich oder wegen § 468 Satz 2 BGB a.F. oder § 242 BGB bei Unerheblichkeit des Mangels ausgeschlossen war, da dann dem Interesse auf eine teilweise Durchführung des Kaufvertrages durch Leistung einer mangelhaften Sache der Vorrang vor dem Interesse auf vollständige Erfüllung einzuräumen sei.[1338] Diese Wertungen lassen sich auf die neue Rechtslage übertragen, zumal der Käufer bei Unerheblichkeit des Mangels wegen § 323 Abs. 5 Satz 2 i.V.m. § 441 Abs. 1 Satz 2 BGB nach wie vor nicht vom Vertrag zurücktreten, sondern nur Minderung verlangen kann.[1339]

Dieser Auffassung wird inzwischen entgegengehalten, dass der Käufer nach der Schuldrechtsreform zunächst auf die Nacherfüllung verwiesen ist, weswegen ihm grundsätzlich kein sofortiges Rücktrittsrecht mehr zusteht, sodass auch die Rechtfertigung für ein Abnahmeverweigerungsrecht weggefallen sei, soweit nicht ausnahmsweise doch ein sofortiges Rücktrittsrecht gegeben ist.[1340] Es ist bereits äußert zweifelhaft, ob man den nunmehr in der Regel durch die Nacherfüllung lediglich aufgeschobenen Rücktritt einer endgültigen Versagung des Rücktritts überhaupt gleichstellen kann.[1341] Für ein Abnahmeverweigerungsrecht spricht das Fehlen einer Norm, die den Käufer zur Abnahme einer mangelhaften Sache

---

1336 Palandt-*Heinrichs*, 64. Aufl., § 363 Rn. 2.
1337 Palandt-*Putzo*, 61. Aufl., § 433 Rn. 35.
1338 Staudinger-*Köhler*, 13. Aufl., § 433 Rn. 191; Soergel-*Huber*, 12. Aufl., § 433 Rn. 261; *Ernst*, NJW 1997, 896 (901).
1339 *Lamprecht*, ZIP 2002, 1790 (1790).
1340 *Jansen*, ZIP 2002, 877 (878); *ders.*, ZIP 2002, 1794.
1341 *Lamprecht*, ZIP 2002, 1790 (1791).

verpflichtet.[1342] Das Bestehen eines sofortigen Rücktrittsrechts ist ausreichend aber nicht zwingend erforderlich zur Begründung eines Abnahmeverweigerungsrechts.[1343] Die Funktion des Abnahmeverweigerungsrechts besteht darin, unter Aufrechterhaltung des Vertrages die Rechte des Käufers zu stärken, während der Rücktritt das ursprüngliche Schuldverhältnis gemäß § 346 Abs. 1 BGB in ein Rückabwicklungsschuldverhältnis umwandelt und damit die Auflösung des Vertrages zur Folge hat.

Ebenso wenig kann das Argument der Gegenauffassung überzeugen, der Verkäufer hätte aufgrund des mit dem Nacherfüllungsrecht einhergehenden Rechts zur „zweiten Andienung" seinerseits ein Recht auf Nacherfüllung, welches den Käufer verpflichtet, die Sache zunächst abzunehmen, da der Käufer zur Duldung der Nacherfüllung am eigenen Ort verpflichtet ist, wenn die mangelhafte Sache genutzt werden kann.[1344] Im Ergebnis würde unter Zugrundelegung dieser Auffassung der Käufer für den Fall, dass er die Abnahme verweigert, in Annahmeverzug geraten und nach § 326 Abs. 5 und 6, 2. Alt. BGB zur Zahlung des Kaufpreises verpflichtet, wenn die Sache im Annahmeverzug untergeht. Hiermit wäre zunächst das Problem verbunden, dass die Sache bei ihrem Untergang, sofern sie mangelhaft war, letztlich einen Minderwert gegenüber dem bei der Vereinbarung des Kaufpreises zugrunde gelegten Wert aufweisen würde.

Diese Differenz ließe sich zwar durchaus im Wege einer teleologischen Reduktion des § 441 Abs. 1 Satz 1 BGB vom Kaufpreis absetzen. Voraussetzung hierfür wäre, dass der Beweis zunächst überhaupt erbracht werden kann. Nach § 446 Satz 3 BGB geht aber die Beweislast hinsichtlich der Mangelhaftigkeit bei Annahmeverzug auf den Käufer über, der in der Praxis wohl kaum in der Lage sein wird, ihn entsprechend zu führen. Es gibt aber noch ein weiteres Problem. Die Mangelhaftigkeit der Sache und damit auch der Inhalt des Nacherfüllungsanspruchs beurteilen sich nach der Parteivereinbarung. Es stünde daher im offenen Widerspruch zur Wertung des § 434 BGB, wenn ausschließlich auf objektive Kriterien, wie etwa die Nutzung der Sache abzustellen wäre. Von einer Pflicht zur Duldung der Nacherfüllung am eigenen Ort kann daher kaum die Rede sein.

Nach Art. 3 Abs. 3 VerbrGK-RL, auf der die Aufnahme des Nacherfüllungsrechts in das BGB beruht, muss die Nacherfüllung vielmehr ohne Unannehmlichkeiten für den Verbraucher erfolgen. Die für den Verbraucher bzw. Käufer am wenigsten unangenehme Form der Nacherfüllung ist aber regelmäßig in den Fällen anzunehmen, in denen der Verkäufer die mangelhafte Sache einbehält, um umgehend eine Ersatzlieferung oder Nachbesserung vorzunehmen. Zumindest für den Bereich des Verbrauchsgüterkaufes kann nicht überzeugen, dass der Käufer zunächst die Sache abnehmen muss, um sie dann, wenn die Nachbesserung am Sitz des Verkäufers erfolgen soll, an den Verkäufer wieder herauszugeben ist, wozu er bei einer Ersatzlieferung gemäß § 439 Abs. 4 BGB sogar verpflichtet wäre.

1342 *Lamprecht*, ZIP 2002, 1790 Fn. 2.

1343 *Lamprecht*, ZIP 2002, 1790 (1791 Fn. 13).

1344 *Lamprecht*, ZIP 2002, 1790 (1791); so aber *Jansen*, ZIP 2002, 877 (878).

Um die Beweislastumkehr nach § 363 BGB zu vermeiden, müsste der Käufer bei der Abnahme einer mangelhaften Sache sicherheitshalber darauf hinweisen, dass die Abnahme nicht als Annahme als Erfüllung erfolgt.[1345] Andernfalls würde der Käufer faktisch das Risiko der Beweislastumkehr tragen. Es erscheint sachgerecht, dem Verkäufer das Risiko einer etwaigen zusätzlichen wirtschaftlichen Belastung bei Nichtabnahme der Sache aufzubürden. Schließlich ist es der Verkäufer, der hinter seinen Vertragspflichten zurückbleibt.[1346] Hier kann auch die gesetzgeberische Wertung des § 266 BGB herangezogen werden, wonach der Schuldner nicht zu einer Teilleistung berechtigt ist. Das der Verkäufer etwa das Recht haben soll, erst bei „nächster passender Gelegenheit“[1347] die Nacherfüllung durchzuführen, ist daher von der Hand zu weisen.

Eine Einschränkungen des Abnahmeverweigerungsrechts kann sich aus vertraglicher Vereinbarung und bei Handelskäufen aus handelsrechtlichen Konventionen aber auch aus den Besonderheiten des Kaufgegenstandes i.V.m. § 242 BGB ergeben. Für den Fall, dass kein Ersatzlieferungsanspruch besteht, kann eine solche Einschränkung aus § 241 Abs. 2 i.V.m. § 242 BGB folgen.[1348] Die Einschränkungen des Abnahmeverweigerungsrechts sind nur mit äußerster Zurückhaltung heranzuziehen. Dieser Grundsatz gilt auch im Werkvertragsrecht, dem eine ähnliche Interessenlage zu Grunde liegt wie dem Kaufvertragsrecht. Nach § 640 Abs. 1 Satz 2 BGB ist der Besteller beim Werkvertrag nur bei unwesentlichen Mängeln zur Abnahme verpflichtet.

Auch Art. 86 Abs. 2 CISG kennt eine Abnahmepflicht nur unter eingeschränkten Voraussetzungen und nur beim internationalen Deckungskauf. Auch dann, wenn die Abnahmeverweigerung aus den soeben genannten Gründen unberechtigt war, liegt nicht etwa per se Annahmeverzug mit der Folge des Übergangs der Preisgefahr vor.[1349] Zu berücksichtigen ist, dass die bloße Nichtabnahme zur Begründung des Annahmeverzuges nicht ausreicht. Der Käufer muss die Mangelhaftigkeit der Sache gerügt haben.[1350] Nur in diesem Fall ist die Anwendbarkeit des § 446 Satz 1 BGB ausgeschlossen.[1351] Es wäre aber dem im Rahmen des Vertragsrechts geltendem Grundsatz der Privatautonomie fremd, dem Käufer zu unterstellen, er hätte die Sache bei Abnahme nicht gerügt. Da die Abnahme der Sache eine nicht einklagbare Obliegenheit und damit eine Nebenpflicht i.S.d. § 241 Abs. 2 BGB ist und nur ausnahmsweise im

---

[1345] Was *Jansen* in ZIP 2002, 1794, unter Käufer- und Verbraucherschutzgesichtspunkten kaum nachvollziehbar als ein eine Abnahmeobliegenheit rechtfertigendes „Rügerecht“ des Käufers qualifiziert, indem er formuliert: „Der Käufer *darf* die Mangelhaftigkeit selbstverständlich rügen und sich seine Gewährleistungsrecht vorbehalten.“.

[1346] *Lamprecht*, ZIP 2002, 1790 (1791).

[1347] *Jansen*, ZIP 2002, 877 (879).

[1348] *Lamprecht*, ZIP 2002, 1790 (1792).

[1349] *Lamprecht*, ZIP 2002, 1790 (1792); a.A. *Jansen*, ZIP 2002, 877 (879).

[1350] *Lamprecht*, ZIP 2002, 1790 (1792).

[1351] Soergel-*Huber*, § 446 Rn. 16.

Gegenseitigkeitsverhältnis steht[1352], kommt vielmehr ein Schadensersatzanspruch aus § 280 Abs. 1 BGB in Betracht.[1353]

Ersatzfähig ist danach nur das Integritätsinteresse. Hierzu zählen insbesondere die erhöhten Kosten der Nacherfüllung selbst sowie die in § 439 Abs. 2 BGB genannten Kosten, sofern sie bei Abnahme der Sache nicht oder in geringerem Umfang entstanden wären. Nur ausnahmsweise bei Unzumutbarkeit der Vertragserfüllung ist auch ein Anspruch auf Schadensersatz statt der Leistung aus § 280 Abs. 1 i.V.m. § 282 BGB denkbar. Für den Fall, dass die Sache nach unberechtigter Nichtabnahme untergeht, richten sich die Rechtsfolgen nach § 326 BGB.[1354] Gemäß § 326 Abs. 2 Satz 1 Halbsatz 1 BGB bleibt er dem Verkäufer zur Zahlung des Kaufpreises nur dann verpflichtet, wenn ihn ein Verschulden hinsichtlich der unberechtigten Nichtabnahme trotz Mangelhaftigkeit der Sache trifft. Der Verkäufer muss sich dann nach § 326 Abs. 2 Satz 2 BGB das anrechnen lassen, was er infolge der Befreiung von der Gegenleistung erspart hat.

2. Primäre Rechtsbehelfe: Nachbesserung und Ersatzlieferung

In Umsetzung zu dem die primären Gewährleistungsrechte des Verbrauchers regelnden Art. 3 Abs. 2 und 3 VerbrGK-RL hat der deutsche Gesetzgeber die Vorschriften der § 437 Nr. 1 und § 439 BGB geschaffen. Er hat dabei den Begriff der Abhilfe durch den Begriff der Nacherfüllung ersetzt, der eine mit dem Abhilfeanspruch des Verbrauchers nach der VerbrGK-RL identische zweigeteilte Ausprägung erfahren hat. Der Käufer kann gemäß § 437 Nr. 1 i.V.m. § 439 Abs. 1 BGB entweder „Beseitigung des Mangels" oder die „Lieferung einer mangelfreien Sache" verlangen, womit Nachbesserung und Ersatzlieferung umschrieben werden. Die Einführung eines solchen Nacherfüllungsanspruchs ist für das Kaufrecht des BGB neu.

Bei Sachmängeln sah das alte Recht zwar für den Kauf einer der Gattung nach bestimmten Sache in § 480 BGB a.F. einen Anspruch auf Lieferung einer Sache mittlerer Art und Güte gemäß § 243 Abs. 1 BGB vor, sodass der Anspruch auf Erfüllung bei Lieferung der Sache, die nicht von mittlerer Art und Güte war, fortbestand, wenn der Käufer sich bei der Annahme der Sache seine Ansprüche vorbehalten hatte.[1355] Anders als der Nacherfüllungsanspruch des § 439 i.V.m. § 437 Nr. 1 BGB konkurrierte der Erfüllungsanspruch mit dem Wandlungs- und Minderungsanspruch bzw. mit einem Anspruch auf Ersatz des Verzögerungsschadens nach § 286 BGB a.F..[1356] Nur das Werkvertragsrecht sah einen Anspruch auf Nachbesserung in §§ 631 i.V.m. 633 Abs. 3 BGB a.F. vor.

1352 Palandt-*Putzo*, 64. Aufl., § 433 Rn. 36; MüKo-*Westermann*, 4. Aufl, BGB § 433 Rn. 78; Staudinger-*Beckmann*, Neuberab., § 433 Rn. 163.

1353 *Lamprecht*, ZIP 2002, 1790 (1792).

1354 § 437 BGB behandelt nur die Rechtsfolgen für Sachmängel, bei Unmöglichkeit der Leistungspflicht finden die Vorschriften des allgemeinen Leistungsstörungsrechts Anwendung.

1355 Palandt-*Putzo*, 61. Aufl., § 480 Rn. 2

1356 BGH NJW 1999, 2884 (2885).

Inhaber des Nacherfüllungsanspruchs ist der Verbraucher. Nur er ihn kann nach den allgemeinen Regelungen über den Forderungsübergang der §§ 398 ff. BGB auf einen Dritten übertragen. Die Fälligkeit des Nacherfüllungsanspruchs richtet nach der Fälligkeit des Erfüllungsanspruchs im Sinne des § 271 BGB. Liefert der Verkäufer vor Fälligkeit des Erfüllungsanspruchs, so kann der Käufer den Nacherfüllungsanspruch erst bei Fälligkeit des Erfüllungsanspruchs verlangen.[1357] In den Fällen der Lieferung nach Fälligkeit wird der Nacherfüllungsanspruch mit dem Verlangen des Käufers fällig. Eine Fristsetzung ist nicht erforderlich.[1358]

Die Notwendigkeit der Aufnahme des Nacherfüllungsanspruchs ergab sich zwangsläufig aus der Erweiterung der Erfüllungspflicht des Verkäufers auf die Lieferung einer mangelfreien Sache in § 433 Abs. 1 Satz 2 BGB, da es nicht ohne Auswirkungen auf den Inhalt des Leistungsanspruchs bleiben kann, wenn der Verkäufer bereits einen ersten Erfüllungsversuch unternommen hat.[1359] Die Einführung eines Nacherfüllungsanspruchs war nicht nur durch die Vorgaben der VerbrGK-RL EU-rechtlich geboten, sondern darüber hinaus auch eine Konsequenz der Erweiterung der Erfüllungspflicht. Dogmatisch ist der Nacherfüllungsanspruch damit die modifizierte Fortsetzung als wesensgleiches Minus[1360] des Erfüllungsanspruchs aus § 433 Abs. 1 Satz 2 BGB.[1361] Die Schnittstelle zwischen Erfüllung und Nacherfüllung wird dabei durch den Gefahrenübergang gekennzeichnet.[1362] Ab diesem Zeitpunkt steht dem Verbraucher nur noch das Recht zur Nacherfüllung zur Seite. Es ersetzt den ursprünglichen Erfüllungsanspruch.[1363]

Dies gilt auch für den Fall der Falschlieferung. Liefert der Verkäufer eine wertvollere als die geschuldete Sache, so bliebe das Interesse des Verkäufers gänzlich unberücksichtigt, wenn der Käufer den ursprünglichen Erfüllungsanspruch geltend machen könnte. In der Literatur wird vorgeschlagen, dem Verkäufer für den Fall, dass es sich bei der Falschlieferung um eine wertvollere Sache handelt, einen Herausgabeanspruch aus § 812 Abs. 1 Satz 1, 1. Alt. BGB zuzugestehen, der nach § 818 Abs. 1 BGB auch die gezogenen Nutzungen erfasst. Für den Fall, dass es sich um eine minderwertige Falschlieferung handelt, soll er indessen einen

---

1357 *Huber/Faust*, Schuldrechtsmodernisierung, Kap. 13 Rn. 13 Fn. 5.

1358 Regierungsbegründung zum SchuldRModG, BT-Drucks. 14/6040, S. 230; *Gsell*, JZ 2001, 65 (67); *Westermann*, NJW 2002, 241 (248); *Schubel*, JuS 2002, 313 (316); Anwaltskommentar-*Büdenbender*, BGB, § 439 Rn. 11.

1359 *Zimmer/Eckhold*, Jura 2002, 145 (148); *Brambring*, DNotZ 2001, 590 (595); *Jorden/Lehmann*, JZ 2001, 952 (957).

1360 *Hass*, in: *Hass/Medicus/Rolland/Wendtland*, Das neue Schuldrecht, S. 199 Rn. 145.

1361 *Schubel*, JuS 2002, 313 (316); *Huber/Faust*, Schuldrechtsmodernisierung, Kap. 13 Rn. 11, *Haas*, BB 2001, 1313 (1315); *Petersen*, Jura 2002, 461 (461); *Canaris*, Schuldrechtsmodernisierung, 2002, S. XXV; *Büdenbender*, in: *Dauner-Lieb/Heidel/Lepa/Ring* (Hrsg.), Das neue Schuldrecht, § 8 Rn. 47; *Huber*, NJW 2002, 1004 (1005).

1362 *Reinking*, ZFS 2003, 57.

1363 Da es sich bei der Lieferung einer mangelhaften Sache nunmehr auch um eine (teilweise) Nichterfüllung handelt, steht dem Verbraucher darüber hinaus die Einrede des nicht erfüllten Vertrages nach § 320 BGB zu.

Nacherfüllungsanspruch haber..[1364] Dies kann nicht überzeugen. § 439 Abs. 4 BGB macht deutlich, dass sich die Rückgewähransprüche des Verkäufers nach dem Rücktrittsrecht richten müssen. Bei einer Falschlieferung ließe sich noch annehmen, dass keine Konkretisierung i.S.d. § 243 Abs. 2 BGB eingetreten ist, sodass die Behauptung, ein rechtlicher Grund für eben diese Falschlieferung fehle, nachzuvollziehen wäre. Bei bewusster Falschlieferung würde aber die Kondiktionssperre des § 814 BGB eingreifen.[1365] Da sich eine Sache, die nur der Gattung nach bestimmt ist, nach der Wahl des Erfüllungsanspruchs konkretisiert hat, dürfte auch in diesen Fällen bereits deswegen ein Anspruch aus § 812 BGB scheitern.[1366] Eine bereicherungsrechtliche Lösung ist nur wenig Erfolg versprechend.

Der Gesetzgeber hingegen differenziert zwischen einem *Identitäts-* und einem *Qualifikations-Aliud*.[1367] So soll der ursprüngliche Erfüllungsanspruch aus § 433 Abs. 1 Satz 1 BGB bei einem *Identitäts-Aliud* fortbestehen, bei einem *Qualifikations-Aliud* indessen auch ein Anspruch auf Lieferung einer der geschuldeten Gattung angehörenden Sache und damit ein Nacherfüllungsanspruch in Form des Ersatzlieferungsanspruchs bestehen. In der Literatur ist dies teilweise so verstanden worden, dass der Nacherfüllungsanspruch bei einem *Identitäts-Aliud* ausscheidet.[1368] Dabei wird übersehen, dass die Falschlieferung, und zwar ohne dass hier eine Unterteilung in *Identitäts-* oder *Qualitäts-Aliud* vorgenommen wurde, gemäß § 434 Abs. 3 BGB immer einem Sachmangel gleichsteht. Ist die Sache aber mangelhaft, so bestimmt § 437 BGB, dass der Käufer nur die in den Nr. 1 bis 3 dieser Vorschrift abschließend aufgeführten Rechte gelten machen kann.[1369] Der Rechtsanwender soll nach dem Wortlaut der Vorschrift gerade nicht gezwungen sein, sich zunächst schwierigen Abgrenzungsproblemen zu stellen oder sich gar mit unzähligen Ausnahmetatbeständen auseinander zu setzen, bevor er seine Rechte geltend machen kann.

Der Gesetzgeber weist in seiner Begründung zu § 434 Abs. 3 BGB daraufhin, dass die durch die Gleichstellung sich ergebenden Rechtsfolgen durchaus sachgerecht erscheinen.[1370] Die oben angesprochene Gesetzesbegründung ist daher so zu verstehen, dass der Gesetzgeber klarstellen wollte, dass bei einem *Identitäts-Aliud* der Erfüllungs- und der Nacherfüllungsanspruch identisch sind.[1371] Daraus ergibt sich, dass im Gegensatz zum alten Recht, wo in diesem Fall eine Nichterfüllung vorlag, die den Erfüllungsanspruch unberührt ließ, auch die

---

1364 *Lorenz/Riehm*, Lehrbuch zum neuen Schuldrecht, Rn. 493; für Extremfälle so auch *Medicus*, Bürgerliches Recht, Rn. 288.

1365 *Thier*, AcP 203 (2003), 399 (418).

1366 *Thier*, AcP 203 (2003), 399 (416 und 418f.).

1367 Regierungsbegründung zum SchuldRModG, BT-Drucks. 14/6040, S. 216.

1368 *Schellhammer*, MDR 2002, 301 (302), der in § 433 Abs. 1 Satz 2 BGB sogar einen Anspruch auf Sachmängelbeseitigung sehen will; *Schulze*, NJW 2003, 1022f.; *Thier*, AcP 203 (2003), 399f.

1369 *Musielak*, NJW 2003, 89 (92).

1370 Regierungsbegründung zum SchuldRModG, BT-Drucks. 14/6040, S. 216.

1371 *Dauner-Lieb/Arnold*, JuS 2002, 1175.

Falschlieferung den Anspruch des Käufers auf die Sekundärebene verlagert. Der ursprüngliche Erfüllungsanspruch wandelt sich, da gegenüber den übrigen Rechtsbehelfen vorrangig, somit zunächst in einen Nacherfüllungsanspruch.[1372]

Wie bereits dargestellt ist der für die Umwandlung maßgebliche Zeitpunkt die Übergabe der mangelhaften Sache. Sobald also die Gefahr übergegangen ist, besteht der ursprüngliche Erfüllungsanspruch entgegen der Regierungsbegründung nicht fort. Dies ist im Hinblick auf die unterschiedliche Verjährung von erheblicher Bedeutung. Während der Nacherfüllungsanspruch gemäß § 438 Abs. 1 Nr. 3 BGB in zwei Jahren verjährt, findet auf den ursprünglichen Erfüllungsanspruch die regelmäßige Verjährungsfrist des § 195 BGB von drei Jahren Anwendung.[1373] Auch die Gesetzesbegründung zum SchuldRModG hinsichtlich der rechtlichen Behandlung des *Qualifikations-Aliuds* führt zu Verwirrungen. Wird nämlich eine Sache der Gattung nach vereinbart und liefert der Verkäufer stattdessen eine Sache, die einer anderen Gattung angehört, so wird es hier regelmäßig an der Konkretisierung fehlen. Eine Konkretisierung durch Lieferung einer mangelhaften Sache nach § 243 Abs. 2 BGB, wonach der Schuldner das zur Leistung seinerseits Erforderliche getan haben muss, scheidet nach wie vor aus. Nach herrschender Ansicht trat die Konkretisierung unter Geltung des alten Rechts bei Lieferung einer mangelhaften Sache nämlich nur dann ein, wenn der Käufer Wandlung oder Minderung verlangte.[1374]

Nichts anderes kann im neuen Recht gelten. Eine mangelhafte Lieferung führt nur dann zur Konkretisierung, wenn der Käufer Nacherfüllung, Nachbesserung, Minderung oder Schadensersatz verlangt.[1375] Fehlt es aber an einer Konkretisierung, so liegt kein Fall der Falschlieferung vor. Es handelt dann vielmehr um eine Nichterfüllung. Vor Konkretisierung besteht daher beim *Qualifikations-Aliud* der ursprüngliche Erfüllungsanspruch. Der Anspruch auf Nacherfüllung wird dadurch nicht ausgeschlossen, seine Geltendmachung führt vielmehr zur Konkretisierung und damit zum Ausschluss des Erfüllungsanspruchs.

a) Wahlrecht

Gemäß § 439 Abs. 1 BGB kann der Käufer[1376] grundsätzlich zwischen beiden Formen der Nacherfüllung frei wählen und zwar unabhängig davon, ob er von sich

---

[1372] *Lorenz/Riehm*, Lehrbuch zum neuen Schuldrecht, 8. Kapitel § 5 Rn. 508; *Huber/Faust*, Schuldrechtsmodernisierung, Kap. 13 Rn. 45; *Brors*, JR 2002, 133 (135).

[1373] Das Verhältnis von Erfüllungsanspruch zum Nacherfüllungsanspruch insbesondere im Hinblick auf die unterschiedlichen Verjährungsfristen macht damit die von *Schellhammer*, MDR 2002, 301 (302) vertretene Auffassung, der Nacherfüllungsanspruch sei als ganzes entbehrlich, da bereits im Erfüllungsanspruch enthalten, unhaltbar.

[1374] MüKo-*Westermann*, 3. Aufl., § 480 Rn. 1; *Reinike/Tiedtke*, Kaufrecht, Rn. 515f.

[1375] *Huber/Faust*, Schuldrechtsmodernisierung, Kap. 13 Rn. 53; a.A. *Brors*, JR 2002, 133 (135), die nur dann von einer Konkretisierung ausgehen will, wenn der Käufer die Minderung oder den Rücktritt erklärt hat.

[1376] Damit weicht § 439 Abs. 1 BGB von der allgemeinen Regelung des § 262 BGB ab, wonach für den Fall, dass mehrere Leistungen geschuldet sind, im Zweifel grundsätzlich dem Schuldner das Wahlrecht zusteht.

aus Nacherfüllung verlangt oder ob der Verkäufer ihn darauf verweist.[1377] Die Schuldrechtskommission hatte noch ein Wahlrecht des Verkäufers vorgesehen. Aufgrund des Art. 3 Abs. 3 Satz 1 VerbrGK-RL, wonach das Wahlrecht ausdrücklich dem Verbraucher zugewiesen ist, wurde die Regelung über den Nacherfüllungsanspruch zugunsten eines Käuferwahlrechts geändert. Der Verkäufer schuldet nur den Erfolg, sodass der Verbraucher dem Verkäufer keine konkreten Maßnahmen vorschreiben kann.[1378] Voraussetzung ist, dass beide Arten der Nacherfüllung möglich und gleichwertig sind. Das Wahlrecht des Verbrauchers bezieht sich gemäß § 439 Abs. 1 BGB grundsätzlich auf die mangelhafte Sache als Ganzes. Ein punktuelles Wahlrecht beschränkt auf die Ersatzlieferung oder Nachbesserung von Einzelteilen oder Einzelstücken ist daher abzulehnen.[1379] Bei Sachgesamtheiten indessen kann aus einem Umkehrschluss *a majore ad minus* zu § 323 Abs. 5 Satz 1 BGB, der den Teilrücktritt in diesen Fällen für zulässig erklärt, das Wahlrecht bejaht werden.

(1) Ausübung

Die Ausübung des Wahlrechts erfolgt nach § 263 Abs. 1 BGB durch Erklärung gegenüber dem Verkäufer mit der Folge, dass die gewählte Art der Nacherfüllung geschuldet ist.[1380] Das Verlangen muss nicht mit einer Fristsetzung verbunden sein. Nicht auszuschließen ist, dass der Verkäufer die vom Käufer gewählte Form oder alle Formen der Nacherfüllung unberechtigt verweigert. Teilweise ist in der Literatur zumindest für den Fall, dass der Verkäufer nur die gewählte Art der Nacherfüllung verweigert, vertreten worden, dass keine sachlichen Gründe dafür ersichtlich sind, dass der Käufer nicht dann auf die andere Nacherfüllungsalternative zurückgreifen können soll.[1381] Der Wortlaut der die Ausübung eines Wahlrechts regelnden Vorschrift des § 263 Abs. 2 BGB lässt jedoch deutlich erkennen, dass durch Erklärung der Wahl eine rückwirkende Konzentration des Schuldverhältnisses auf die gewählte Leistung eintritt[1382] und die Wahl damit unwiderruflich ist.[1383]

Die verzögerte Wahl ist in § 264 BGB geregelt. Gemäß § 264 Abs. 2 Satz 2 BGB kann der Verkäufer das Wahlrecht auf sich überleiten, wenn der Käufer die Wahl nicht rechtzeitig vornimmt. Dies ist etwa dann der Fall, wenn der Verkäufer dem Käufer eine Art der Nacherfüllung anbietet und ihm eine angemessene Frist zur Ausübung des Wahlrechts setzt und der Käufer nicht innerhalb dieser Frist der angebotenen Nacherfüllungsart zustimmt oder sie ablehnt.[1384]

[1377] vgl. auch Regierungsbegründung zum SchuldRModG, BT-Drucks. 14/6040, S. 231.
[1378] *Huber*, NJW 2002, 1004 (1006).
[1379] *Reinking*, ZFS 2003, 57 (59).
[1380] *Schellhammer*, MDR 2002, 301 (301).
[1381] *Reinking*, ZfS 2003, 57 (59).
[1382] Palandt-*Heinrichs*, 64. Aufl., § 263 Rn. 3.
[1383] MüKo-*Westermann*, 4. Aufl, BGB § 439 Rn. 4.
[1384] *Reinking*, ZfS 2003, 57 (59).

(2) Schranken

Das Wahlrecht des Verbrauchers besteht nicht schrankenlos. § 439 Abs. 3 Satz 1 BGB bestimmt, dass der Verkäufer die vom Käufer gewählte Art der Nacherfüllung unbeschadet der §§ 275 Abs. 2 und 3 BGB verweigern kann, wenn sie nur mit unverhältnismäßigen Kosten möglich ist. Die Aufnahme der Formulierung „unbeschadet" macht deutlich, dass § 439 Abs. 3 BGB eine besondere Ausprägung der Leistungsverweigerungsrechte des allgemeinen Kaufrechts darstellt und diese ergänzt.[1385] Daher stellt auch § 439 Abs. 3 Satz 1 BGB anders als Art. 3 Abs. 3 VerbrGK-RL auf die Unverhältnismäßigkeit ab.[1386]

Im Falle der Unmöglichkeit kommt das allgemeine Schuldrecht zum Tragen. Neben § 275 Abs. 2 und 3 BGB kommen im Rahmen eines Verbrauchsgüterkaufes nach dem Grundsatz *a maiore ad minus*[1387] die Vorschrift des § 275 Abs. 1 BGB zur Anwendung.[1388] Danach entfällt der Anspruch auf eine Leistung *de lege lata*, wenn sie rechtlich oder tatsächlich unmöglich ist. Die Anwendbarkeit des § 275 Abs. 1 bis 3 BGB ist auch EU-rechtlich geboten, da Art. 3 Abs. 3 VerbrGK-RL sowohl bei Unmöglichkeit als auch bei Unverhältnismäßigkeit ein Abhilferechte des Verbrauchers vorsieht, § 439 Abs. 3 BGB aber nur die Unverhältnismäßigkeit regelt. Letztlich bleibt § 275 Abs. 1 BGB in § 439 Abs. 3 BGB wohl nur deswegen unerwähnt, weil die Vorschrift eine von Amts wegen zu berücksichtigende Einwendung darstellt[1389], die den Anspruch erlöschen lässt, während die Abs. 2 und 3 des § 275 BGB lediglich Leistungsverweigerungsrechte[1390] und damit vom Verkäufer zu erhebende Einreden vorsehen.

§ 439 Abs. 3 BGB dient nur dazu, den Anwendungsbereich des § 275 Abs. 2 und 3 BGB zugunsten des Verkäufers zu erweitern, nicht aber einzuschränken,[1391] zumal sich bereits aus der allgemeinen Vorschrift des § 265 Satz 1 BGB ergibt, dass sich bei einer Wahlschuld das Schuldverhältnis im Falle der Unmöglichkeit einer Leistung auf die jeweils andere Leistung beschränkt. Dabei werden alle Fälle der Unmöglichkeit i.S.d. § 275 Abs. 1 bis 3 BGB erfasst. Warum der Gesetzgeber für den Bereich des Verbrauchsgüterkaufes hiervon hätte eine Ausnahme machen wollen, ist nicht ersichtlich, zumal auch die VerbrGK-RL den Begriff der Unmöglichkeit, die gemäß Art. 3 Abs. 3 VerbrGK-RL zum Ausschluss der gewählten Abhilfe führt, nicht weiter eingeschränkt hat.

Ist die gewählte Art der Nacherfüllung gemäß § 275 Abs. 1 oder 2 BGB unmöglich, so ergibt sich aus der sowohl in § 275 Abs. 1 BGB als auch in § 275 Abs. 2 BGB enthaltenen Einschränkung „soweit", dass der Anspruch des Käufers dann

1385 Kompaktkommentar-*Tonner/Echtermeyer*, § 439 Rn. 9.

1386 Regierungsbegründung zum SchuldRModG, BT-Drucks. 14/6040, S. 232.

1387 So *Pfeiffer*, ZGS 2002, 217.

1388 *von Westphalen*, in: *Henssler/von Westphalen*, Praxis der Schuldrechtsreform, § 439 BGB Rn. 21.

1389 Palandt-*Heinrichs*, 64. Aufl., § 275 Rn. 31.

1390 Palandt-*Heinrichs*, 64. Aufl., § 275 Rn. 32.

1391 Regierungsbegründung zum SchuldRModG, BT-Drucks. 14/6040, S. 232.

auf die andere Nacherfüllungsart gerichtet ist.[1392] Die Vorschrift des § 439 Abs. 3 BGB ist insoweit mehrstufig.[1393] Nur wenn beide Nacherfüllungsarten im vollen Umfang unmöglich sind, ist der Anspruch auf Nacherfüllung gänzlich ausgeschlossen. Gleiches gilt nach § 439 Abs. 3 Satz 3, 2. Halbsatz BGB für den Fall, dass die gewählte Art der Nacherfüllung unverhältnismäßig ist. Eine solche Regelung sieht die VerbrGK-RL nicht explizit vor. Auch nach der VerbrGK-RL bleibt aber für den Fall, dass „eine" Abhilfealternative unmöglich oder unverhältnismäßig ist, der vorrangig geltend zu machende Anspruch auf die andere Abhilfealternative bestehen.[1394] Der Verkäufer kann beide Nacherfüllungsarten nur dann verweigern, wenn beide Nacherfüllungsalternativen unmöglich oder beide unverhältnismäßig oder aber die eine unmöglich, die andere unverhältnismäßig ist.[1395]

In der Literatur wurde darauf hingewiesen, dass sich nach der VerbrGK-RL die Unzumutbarkeit einer Abhilfealternative aus einem Vergleich zur anderen Abhilfealternative ergebe, sodass sich die Unzumutbarkeit niemals aus einer isolierten Betrachtung einer Abhilfealternative ergeben kann.[1396] Nicht die Abhilfealternativen selbst sondern die durch sie entstehenden Kosten sind als Vergleichsmaßstab heranzuziehen. Der Wortlaut des Art. 3 Abs. 3 VerbrGK-RL ist insoweit eindeutig. Danach gilt eine Abhilfe als unverhältnismäßig, wenn die Kosten unter Berücksichtigung der in den Spiegelstrichen 1 bis 3 des Art. 3 Abs. 3 Satz 2 VerbrGK-RL genannten Umstände im Vergleich zur anderen Abhilfealternative unzumutbar sind. Während bei der Bestimmung der Unzumutbarkeit subjektive Kriterien heranzuziehen sind, ist die Unverhältnismäßigkeit gemäß Erwägungsgrund 11 VerbrGK-RL objektiv zu bestimmen.

Damit fällt eine Abhilfealternative nicht etwa als Vergleichsmaßstab weg, weil sie ihrerseits als unverhältnismäßig gilt. Die Kosten der alternativen Abhilfe bleiben als Vergleichsmaßstab erhalten. Auch nach der VerbrGK-RL können daher beide Abhilfealternativen gleichzeitig wegen Unverhältnismäßigkeit ein Leistungsverweigerungsrecht begründen. Die in § 439 Abs. 3 Satz 3, 2. Halbsatz BGB enthaltene Einschränkung der Käuferrechte steht daher durchaus im Einklang mit den Vorgaben der VerbrGK-RL. Ein konzeptioneller Unterschied der Vorschrift des § 439 Abs. 3 BGB zur VerbrGK-RL besteht insoweit nicht.[1397]

Teile der Literatur wollen das Wahlrecht des Käufers beim Stückkauf generell auf die Nachbesserung beschränken.[1398] Obwohl es in der

1392 *Huber*, NJW 2002, 1004 (1006).
1393 *Reinking*, ZfS 2003, 57 (62).
1394 Im Ergebnis so auch *Pfeiffer*, ZGS 2002, 217 (218).
1395 *Bitter/Meidt*, ZIP 2001, 2114 (2120); *Huber/Faust*, Schuldrechtsmodernisierung, Kap. 13 Rn. 42; Palandt-*Putzo*, 64. Aufl., § 439 Rn. 19.
1396 *Pfeiffer*, ZGS 2002, 217f.; Anwaltskommentar-*Pfeiffer*, Art. 3 Rn. 12.
1397 So aber *Pfeiffer*, ZGS 2002, 217 (218).
1398 *Lorenz*, JZ 2001, 742 (743 Fn. 12 und 744); *Huber*, NJW 2002, 1004 (1006); *Ackermann*, JZ 2002, 378 (379).

Regierungsbegründung zu § 433 BGB n.F.[1399] heißt, dass nunmehr die Unterscheidung zwischen Stück- und Gattungsschulden obsolet geworden ist, wird vertreten, dass der Nacherfüllungsanspruch bei Mangelhaftigkeit der Sache im Rahmen eines Stückkaufs bereits deswegen nicht auf eine Ersatzlieferung gerichtet sein kann, weil der Erfüllungsanspruch durch Parteivereinbarung auf eine konkret individualisierte Sache beschränkt ist.[1400] Da der Nacherfüllungsanspruch nur die Fortsetzung des Erfüllungsanspruchs sei, könne das, was nicht Vertragsinhalt ist auch nicht Gegenstand eines Erfüllungsanspruchs sein.[1401] Gegenstand der Ersatzlieferung aber sei gerade eine andere als die vereinbarte Sache, sodass allein die Nachbesserung als mögliche Form der Nacherfüllung infrage käme. Die Formulierung „Lieferung einer mangelfreien Sache" in § 439 Abs. 1, 2. Variante BGB müsse daher so verstanden werden, dass sie sich nur auf die konkret geschuldete Sache bezieht.[1402] Diese Auffassung wird mit dem Argument untermauert, dass der Verkäufer andernfalls mit einem gattungsschuldähnlichen Beschaffungsrisiko belastet würde.[1403] Weiterhin wird darauf hingewiesen, dass nach bisheriger Rechtsprechung selbst bei der Gattungsschuld der Nacherfüllungsanspruch des Käufer auf die Sache selbst beschränkt gewesen sei, wenn die gesamte Gattung untergegangen oder bei einer beschränkten Gattungsschuld der gesamte Vorrat mangelhaft war.[1404]

Der Gesetzgeber hat indessen unter Aufgabe der scharfen Trennung von Stück- und Gattungsschulden grundsätzlich einen Anspruch auf Ersatzlieferung beim Stückkauf bejaht.[1405] Bei gebrauchten Sachen soll hingegen der Anspruch auf Ersatzlieferung bereits wegen Unmöglichkeit nach § 275 Abs. 1 BGB ausscheiden.[1406] Dieser Ansicht ist zu folgen.[1407] Es darf nicht über die

---

1399 Regierungsbegründung zum SchuldRModG, BT-Drucks. 14/6040, S. 203.

1400 *Petersen*, Jura 2002, 461 (462); *Ackermann*, JZ 2002, 378 (379f.); Anwaltskommentar-*Pfeiffer*, Kauf-RL Art. 3 Rn. 8; *Pfeiffer*, ZGS 2002, 23 (29); *Gruber*, in: *Helms/Neumann/Casper/Sailer/Schmidt-Kessel* (Hrsg.), JbJgZivilRW, S. 187 (196); *Haas*, BB 2001, 1313 (1315); *Huber/Faust*, Schuldrechtsmodernisierung, Kap. 13 Rn. 13 und 20f.; *Laws*, MDR 2002, 320 (323); *Lorenz*, JZ 2001, 742 (744); *Lorenz/Riehm*, Lehrbuch zum neuen Schuldrecht, 8. Kapitel § 5 Rn. 505; *Petersen*, Jura 2002, 461f; *Pfeiffer*, ZGS 2002, 23 (29); *Schellhammer*, MDR 2002, 301 (301); *Schwab*, JuS 2002, 1(6); für den Grundstückskauf ebenso *Brambring*, DNotZ 2001, 590 (596); *Westermann*, NJW 2002, 241 (244); *Wieser*, NJW 2001, 121 (123); *Wieser*, JR 2002, 269 (269); *Zimmer/Eckhold*, Jura 2002, 145 (149 Fn. 59).

1401 *Lorenz*, JZ 2001, 742 (743 Fn. 12 und 744); *Huber*, NJW 2002, 1004 (1006); *Ackermann*, JZ 2002, 378 (379).

1402 *Ackermann*, JZ 2002, 378 (379).

1403 *Lorenz*, JZ 2001, 742 (744); *Huber*, NJW 2002, 1004 (1006).

1404 So *Ackermann*, JZ 2002, 378 (379); Zur Unmöglichkeit bei Gattungsschulden s. *Soergel-Huber*, 12. Aufl. § 480 Rn. 17; Palandt-*Putzo*, 61. Aufl., § 480 Rn. 1.

1405 Regierungsbegründung zum SchuldRModG, BT-Drucks. 14/6040, S. 232.

1406 Regierungsbegründung zum SchuldRModG, BT-Drucks. 14/6040, S. 209, 232.

1407 So auch *Bitter/Meidt*, ZIP 2001, 2114 (2119); *Canaris*, Schuldrechtsmodernisierung 2002, S. XXIV; *Westermann*, NJW 2002, 241 (244).

gesetzgeberische Intention einer „weitestgehenden“ Aufhebung der Unterscheidung von Stück- und Gattungsschulden hinweggegangen werden.[1408] Die Neuregelung des kaufrechtlichen Gewährleistungsrechts dient in erster Linie der europäischen Rechtsangleichung. Dieses Ziel darf bei der Auslegung der neuen Vorschriften nicht aus den Augen gelassen werden.

Eine solche dem deutschen Recht zwar traditionell zugrunde liegende, anderen Rechtsordnungen aber unbekannte Differenzierung, würde im Ergebnis dazu führen, dass nur das deutsche Recht beim Stückkauf die Rechte des Käufers auf den Nachbesserungsanspruch beschränken würde. Art. 3 VerbrGK-RL, der hier zur Auslegung heranzuziehen ist, sieht in seinem Abs. 3 Satz 2 ausdrücklich vor, dass das Wahlrecht nur dann eingeschränkt sein soll, wenn die gewählte Art der Abhilfe nicht unmöglich oder unverhältnismäßig ist. Die Funktion dieser Einschränkung besteht nach dem Konzept der VerbrGK-RL aber in erster Linie darin, die Auswahl des oftmals sachunkundigen Käufers zu korrigieren, wenn dies offensichtlich zu unangemessenen Ergebnissen führt, damit dass Risiko des Verkäufers insoweit beschränkt bleibt.[1409] Es wird nicht das Anliegen verfolgt, dass der Nacherfüllungsanspruch nach Belieben der nationalen Gesetzgeber abgeschwächt werden kann.[1410]

Nicht überzeugen kann hingegen der von *Canaris*[1411] vorgenommene Rückschluss aus § 249 Abs. 1 BGB, wonach im Rahmen eines Schadensersatzanspruchs eine andere Sache als die ursprünglich konkret vereinbarte Sache verlangt werden kann, was auf den Nacherfüllungsanspruch wegen seiner Ähnlichkeit zu übertragen sei. Die in § 249 Abs. 1 BGB geregelte Naturalrestitution setzt nämlich einen verschuldensabhängigen Schadensersatzanspruch voraus, während die Gewährleistungsrechte nach § 439 BGB verschuldensunabhängig ausgestaltet sind und regelt damit einen völlig anders gearteten Sachverhalt.[1412] Das aber aus diesem Grund, wie in der Literatur[1413] vertreten wird, der Käufer mit einem „gattungsschuldähnlichen Beschaffungsrisiko“ gerade nicht zu belasten ist, kann ebenso wenig überzeugen.[1414]

Es muss vielmehr darauf ankommen ob der Verkäufer durch die Nacherfüllungspflicht Risiken ausgesetzt ist, die mit Sinn und Zweck des § 439 Abs. 1, 2. Alt BGB nicht zu vereinbaren sind.[1415] Kann der Verkäufer etwa durch die Lieferung einer gleichartigen und gleichwertigen Sache nacherfüllen, so besteht kein Grund, warum hier der Ersatzlieferungsanspruch ausgeschlossen sein soll.[1416]

1408 LG Ellwangen, NJW 2003, 517; *Bitter/Meidt*, ZIP 2001, 2114 (2119); *Haas*, in: *Haas/Medicus/Rolland*, Das neue Schuldrecht, Kap. 5 Rn. 84.

1409 *Schubel*, JuS 2002, 313 (316); *Pammler*, NJW 2003, 1992.

1410 *Schubel*, JuS 2002, 313 (316).

1411 So aber *Canaris*, Schuldrechtsmodernisierung 2002, S. XXIV.

1412 *Ackermann*, JZ 2002, 378 (380).

1413 *Huber*, NJW 2002, 1004 (1006).

1414 *Heinemann*, ZGS 2003, 149 (151).

1415 *Heinemann*, ZGS 2003, 149 (151).

1416 *Heinemann*, ZGS 2003, 149 (152).

Dies ist bei vertretbaren Sachen, die gemäß § 91 BGB im Verkehr nach Zahl, Maß und Gewicht bestimmt werden, regelmäßig der Fall. Ist nämlich die Kaufsache nur durch die Auswahl der Parteien individualisiert, dann weist sie auch keine anderen Individualisierungsmerkmale auf und ist damit grundsätzlich austauschbar.[1417]

In § 439 Abs. 1 BGB heißt es nicht, dass der Verkäufer das Leistungsinteresse des Käufers mit „der", sondern mit „einer" mangelfreien Sache zu erfüllen hat.[1418] Maßgeblich ist daher ob es sich um vertretbare Sachen[1419] handelt und ob die Ersatzsache der geschuldeten Sache wirtschaftlich entspricht und das Leistungsinteresse des Gläubigers befriedigen kann.[1420] Gerade bei typischen Alltagsgeschäften, die die Mehrzahl der in den Anwendungsbereich der Umsetzungsvorschriften fallenden Fälle ausmachen wird, wird bei Kaufverträgen über vertretbare Sachen das Leistungsinteresse des Käufers und das Interesse des Verkäufers regelmäßig mit der Lieferung einer Ersatzsache zu befriedigen sein.[1421] Bei einem Stückkauf über vertretbare Sachen ist daher ein Ersatzlieferungsanspruch sachgerecht. Dieser Auffassung hat sich das OLG Braunschweig angeschlossen.[1422]

Bei gebrauchten Sachen, die als unvertretbare Sachen zu qualifizieren sind[1423], scheidet indessen ein Anspruch auf Ersatzlieferung aus. Auch Erwägungsgrund 16 VerbrGK-RL weist daraufhin, dass die Ersatzlieferung bei gebrauchten Gütern in der Regel auszuscheiden hat. Eine Erweiterung auf im wirtschaftlichen Sinne „gleiche" Sachen als Gegenstand des Ersatzlieferungsanspruchs kann nicht überzeugen.[1424] In der Literatur und Rechtsprechung findet sich das Beispiel eines Gebrauchtwagenkaufes bei dem das Fahrzeug nicht individualisiert, sondern nur durch allgemeine Merkmale gekennzeichnet ist, sodass das Leistungsinteresse auch durch eine Ersatzlieferung erfüllt werden könne.[1425]

1417 *Pammler*, NJW 2003, 1992 (1993).

1418 OLG Braunschweig, NJW 2003, 1053.

1419 Bei unvertretbaren Sachen scheidet eine Ersatzlieferung zweifelsohne immer aus. Vgl. Staudinger-*Matusche/Beckmann*, Neuberab., § 439 Rn. 31; MüKo-*Westermann*, 4. Aufl, BGB § 439 Rn. 11; *Boerner*, ZIP 2001, 2264 (2269); *Schubel*, JuS 2002, 313 (316); *Ernst/Gsell*, ZIP 2000, 1410 (1417).

1420 *Bitter/Meidt*, ZIP 2001, 211; Palandt-*Putzo*, 64. Aufl., § 439 Rn. 15; so auch die Rechtsprechung: LG Ellwangen, NJW 2003, 517; OLG Braunschweig, NJW 2003, 1053.

1421 *Bitter/Meidt*, ZIP 2001, 2114 (2119); *Boerner*, ZIP 2001, 2264 (2269 Fn. 58); *Brox/Walker*, Besonderes Schuldrecht, Rn. 44; *Canaris*, Schuldrechtsmodernisierung 2002, S. XXIV; *Jorden/Lehmann*, JZ 2001, 952 (957); *Haas*, in: *Haas/Medicus/Rolland*, Das neue Schuldrecht, Kap. 5 Rn. 84 und 144; *Oetker/Maultzsch*, Vertragliche Schuldverhältnisse, S. 83; Palandt-*Putzo*, 64. Aufl., § 439 Rn. 15; *Schubel*, JuS 2002, 313 (316).

1422 OLG Braunschweig NJW 2003, 1053.

1423 Palandt-*Heinrichs*, 64. Aufl., § 91 Rn. 1.

1424 *Pammler*, NJW 2003, 1992 (1993); Staudinger-*Matusche/Beckmann*, Neuberab., § 439 Rn. 31; MüKo-*Westermann*, 4. Aufl, BGB § 439 Rn. 11.

1425 LG Ellwangen, NJW 2003, 517; Palandt-*Putzo*, 64. Aufl., § 439 Rn. 15. Der sich ebenso wie das Gericht auf *Bitter/Meidt*, ZIP 2001, 2114 (2119) beruft, diese aber befürworten die Ersatzlieferung ebenfalls nur bei vertretbaren Sachen.

Diese Auffassung übersieht, dass es sich dann aber regelmäßig um eine vertretbare Sache handelt, da die Sache noch nicht ausreichend individualisiert ist, sodass bereits aus diesem Grund die Ersatzlieferung grundsätzlich zulässig sein muss.[1426] Ein Anspruch auf Ersatzlieferung ist aber auch dann nicht ausgeschlossen, wenn der Käufer aus den Umständen des Vertragsschlusses, wie etwa einer Reduzierung des Kaufpreises, darauf schließen kann, dass der Verkäufer im Falle eines Mangels zur Ersatzlieferung nicht bereit wäre.[1427] Damit würde letztlich das Wahlrecht des Verbrauchers zur Disposition des Verkäufers gestellt. Eine Umgehung von § 437 Nr. 1 i.V.m. § 439 BGB verstößt gegen das Unabdingbarkeitspostulat des § 475 BGB und steht damit im krassen Widerspruch zu den Zielen der VerbrGK-RL.

(a) Unmöglichkeit

Voraussetzung dafür, dass Unmöglichkeit der Nacherfüllung nach § 275 Abs. 1 BGB vorliegt, ist es, dass die Mangelfreiheit der Sache aus rechtlichen oder tatsächlichen Gründen nicht mehr erreicht werden kann und nicht etwa, dass die Vornahme der Nacherfüllung als solche unmöglich ist, da § 275 Abs. 1 BGB mit dem Begriff der Leistung nach ganz herrschender Auffassung den Leistungserfolg und nicht die Leistungshandlung meint.[1428] Rechtsfolge ist zunächst, dass der Anspruch des Käufers auf die gewählte Art der Nacherfüllung von Gesetzes wegen ausgeschlossen ist. Bei der Falschlieferung etwa wird die Nachbesserung wegen Unmöglichkeit nach § 275 Abs. 1 BGB in der Regel ausscheiden und der Käufer auf seinen Ersatzlieferungsanspruch verwiesen sein.[1429]

Ein besonderer Fall stellt sich, wenn der Verbraucher den Mangel eigenmächtig beseitigt hat, sodass dem Verkäufer die Nacherfüllung gemäß § 275 Abs. 1 BGB unmöglich ist. In diesen Fällen stellt sich nicht die Frage, ob dem Verbraucher ein Anspruch auf Ersatzlieferung bleibt, sondern, ob er die ihm bei der Mängelbeseitigung entstandenen Kosten vom Verkäufer ersetzt verlangen kann. Der Gesetzgeber hat ausdrücklich darauf verzichtet im Kaufrecht eine Parallelvorschrift zu § 637 BGB zu schaffen, wonach der Besteller vom Werkunternehmer Ersatz der Kosten der Selbstvornahme verlangen kann.[1430]

[1426] *Ackermann*, JZ 2002, 378 (382).

[1427] So aber: *Heinrich*, ZGS 2003, 253 (256).

[1428] Palandt-*Heinrichs*, 64. Aufl., § 275 Rn. 18.

[1429] Regierungsbegründung zum SchuldRModG, BT-Drucks. 14/6040, S. 216; wobei der Gesetzgeber den Nachbesserungsanspruch etwa dann für denkbar hält, wenn eine Maschine durch Einbau eines zusätzlichen Aggregates zu einer Sache umgerüstet werden kann, die einer anderen Gattung angehört.

[1430] Regierungsbegründung zum SchuldRModG, BT-Drucks. 14/6040, S. 229. Teilweise ist dennoch in der Literatur erwogen worden, das im Werkvertragsrecht geregelte Selbstvornahmerecht des Bestellers auch ins Kaufrecht einzufügen. Vgl. hierzu *Tonner*, VuR 2001, 87 (90); *Schubel*, ZIP 1994. 1330 (1339); *Kircher*, Diss., S. 267; *Anders*, Diss., S. 373; *Gruber*, VuR 2002, 120 (122).

Auch in der Literatur wird überwiegend eine analoge Anwendung von § 637 BGB im Anwendungsbereich der §§ 433 ff. BGB nach ganz überwiegender Auffassung ausgeschlossen.[1431] Es fehlt insoweit an einer für eine Analogiebildung planwidrigen Regelungslücke. § 437 BGB sieht einen ab-schließenden Katalog der Gewährleistungsrechte vor.[1432] In der Literatur ist erwogen worden, dem Verbraucher dennoch einen Kostenerstattungsanspruch zuzubilligen.

In der Literatur wird teilweise die Auffassung vertreten, dem Verbraucher stehe jedenfalls ein Schadensersatzanspruch aus § 280 Abs. 1, Abs. 3 i.V.m. § 281 BGB auf Ersatz der Nachbesserungskosten zu.[1433] Fraglich ist dann allerdings, wie das Fristsetzungserfordernis des § 281 BGB umgangen werden soll, wenn der Verbraucher vor Ablauf einer angemessenen Frist den Mangel selbst beseitigt hat. Diese Auffassung kann aber bereits deswegen nicht überzeugen, weil bei Unmöglichkeit vorrangig die Vorschrift des § 283 BGB als maßgebliche Anspruchsgrundlage zum Zuge kommt.[1434] Ein Anspruch auf Schadensersatz „statt der Leistung" dürfte aber am fehlenden Vertretenmüssen scheitern. Die den Anspruch auslösende Unmöglichkeit knüpft nämlich an die bereits erfolgte Nachbesserung an und nicht an die Mangelhaftigkeit der Sache, sodass letztlich der Verbraucher die Unmöglichkeit zu vertreten hat.

Denkbar wäre auch dem Verbraucher einen Anspruch auf Ersatz der Nachbesserungskosten über die Rechtsfigur der Geschäftsführung ohne Auftrag zuzugestehen. Während ein Anspruch aus §§ 683, 677, 670 BGB regelmäßig an der mangelnden Berechtigung scheitern dürfte, da nicht angenommen werden kann, dass die Übernahme der Beseitigung durch den Verbraucher im objektiven Interesse und Willen des Verkäufers gestanden hat, sind die Voraussetzungen eines Aufwendungsersatzanspruchs gemäß §§ 684 Satz 1, 812 ff. BGB durchaus gegeben. Allerdings bleibt dann die Frage zu klären, ob die Vorschriften über die Geschäftsführung ohne Auftrag überhaupt zur Anwendung gelangen kann, wenn zwischen den Parteien ein Vertragsverhältnis besteht. Das mit dem Nacherfüllungsanspruch des Verbrauchers korrespondierende Recht des Verkäufers zur zweiten Andienung ginge schließlich damit ins Leere.

Lorenz vertritt daher die Auffassung, der Verkäufer müsse sich in direkter Anwendung von § 326 Abs. 2 Satz 2 BGB die infolge von der Nacherfüllungspflicht ersparten Aufwendungen anrechnen lassen, da die Kaufpreisforderung nach § 326 Abs. 1 Satz 2 BGB schließlich bestehen bliebe.[1435] Wurde der Kaufpreis bereits entrichtet wurde, so soll dem Käufer sogar einen Erstattungsanspruch

1431 *Faust*, in: *Bamberger/Roth*, Kommentar zum BGB, § 439 Rn. 4; Anwaltskommentar-*Büdenbender*, § 439 Rn. 14; *Schubel*, in: *Schwab/Witt*, Einführung in das neue Schuldrecht, S. 146f. Eine Ausnahme ergibt sich nur für den Fall, dass eine mangelhafte Montage bzw. Montageanleitung vorliegt. Handelt es sich um einen selbstständigen Montagevertrag, so findet das Werkvertragsrecht mit dem dort vorgesehenen Selbstvornahmerecht Anwendung.

1432 So *Gruber*, VuR 2002, 120 (122).

1433 Anwaltskommentar-*Dauner-Lieb*, BGB, § 280 Rn. 50; *dies.*, ZGS 2003, 250 (251).

1434 *Lorenz*, ZGS 2003, 399.

1435 *Lorenz*, ZGS 2003, 399.

analog § 326 Abs. 4 BGB in Höhe der getätigten Aufwendung zustehen.[1436] Anrechnungs- bzw. erstattungsfähig seinen insoweit diejenigen Aufwendungen, die der Verkäufer gemäß § 439 Abs. 2 BGB hätte tragen müssen, wenn er die Beseitigung des Mangels selbst vorgenommen hätte.[1437] Diese Auffassung übersieht allerdings, dass § 326 Abs. 2 Satz 2 BGB voraussetzt, dass der Verkäufer Aufwendungen erspart haben muss. Hiervon kann aber nur dann die Rede sein, wenn der Verkäufer zu solchen Aufwendungen überhaupt verpflichtet gewesen ist. Die Pflicht zur Nacherfüllung und die daraus resultierende Pflicht zur Kostentragung entstehen jedoch erst bei einer entsprechenden Aufforderung des Verbrauchers zur Nacherfüllung, also mit Ausübung des Wahlrechts. Wenn aber der Verbraucher auf die Ausübung seines Nacherfüllungsrechts verzichtet, so entsteht auch keine Pflicht zur Nacherfüllung. Ist der Verkäufer mit der Nacherfüllung in Verzug, was regelmäßig eine Aufforderung zur Nacherfüllung voraussetzt, so bestehen daher auch keine Bedenken dem Verbraucher einen Anspruch auf Ersatz der Nacherfüllungskosten aus §§ 280 Abs. 1 i.V.m. § 286 BGB einzuräumen.

In diesen Fällen handelt es sich zweifelsohne bei den Nacherfüllungskosten um einen dem Verbraucher entstandenen Verzögerungsschaden. Darüber hinaus wäre ein Anspruch auf Ersatz der Nacherfüllungskosten allein in den Fällen denkbar, in denen dem Verbraucher mit der Nacherfüllung nicht geholfen wäre. Dies wäre allenfalls dann der Fall, wenn die Nacherfüllung mit einer für den Verbraucher nicht hinnehmbaren Zeitverzögerung erfolgen würde. In solchen „dringenden Fällen“ kann sich ein Anspruch aus § 280 Abs. 1 BGB ergeben. Ein solcher dringender fall ist etwa dann anzunehmen, wenn aufgrund der besonderen Eilbedürftigkeit der Mängelbeseitigung ein besonders hoher Schaden zu erwarten ist. Ist daher für den Verkäufer erkennbar, dass die Nacherfüllung durch ihn dem Interesse des Verbrauchers nicht mehr gerecht werden würde, so kann die nach § 280 Abs. 1 BGB erforderliche Pflichtverletzung in der in zeitlicher Hinsicht zu erwartenden unzureichenden Nacherfüllung liegen. Der Anspruch auf Schadensersatz entsteht dann bereits bei Entdeckung des Mangels. Das Vertretenmüssen ergibt sich aus der Kenntnis des Verkäufers hinsichtlich der Eilbedürftigkeit.

Bei praktischer Unmöglichkeit i.S.d. § 275 Abs. 2 BGB und bei persönlicher Unmöglichkeit i.S.d. § 275 Abs. 3 BGB erhält der Verkäufer nur ein Leistungsverweigerungsrecht. Voraussetzung der praktischen Unmöglichkeit ist, dass die zu erbringende Leistung einen Aufwand erfordert, der in einem groben Missverhältnis zu dem Leistungsinteresse des Käufers steht. § 275 Abs. 3 BGB bestimmt, dass der Verkäufer bei persönlich zu erbringenden Leistung lediglich dann die Leistung verweigern kann, wenn die Leistung ihm unter Abwägung des seiner Leistung entgegenstehenden Hindernisses mit dem Leistungsinteresse des Gläubigers nicht zugemutet werden kann. In beiden Fällen ist das Gläubigerinteresse Bezugspunkt

[1436] *Lorenz*, NJW 2003, 1417 (1418).
[1437] *Lorenz*, ZGS 2003, 399.

für die Verhältnismäßigkeitsprüfung.[1438] Nur wenn das Käuferinteresse hinter dem Verkäuferinteresse ausnahmsweise zurücktritt, steht dem Verkäufer ein Leistungsverweigerungsrecht zu.

(b) Unverhältnismäßigkeit

Gemäß § 439 Abs. 3 Satz 1 BGB kann der Verkäufer die gewählte Art der Nacherfüllung verweigern, wenn sie nur mit unverhältnismäßigen Kosten möglich ist. Aus der Norm folgt kein gesetzlicher Ausschlussgrund für einen Nacherfüllungsanspruch.[1439] Die Vorschrift räumt damit dem Verkäufer vielmehr ein Leistungsverweigerungsrecht ein.[1440] Es wird durch eine formlose empfangsbedürftige Willenerklärung ausgeübt und ist als Gestaltungsrecht bedingungsfeindlich und unwiderruflich. Bei der Prüfung, ob die gewählte Art der Nacherfüllung unverhältnismäßige Kosten verursacht, sind die in § 439 Abs. 3 Satz 2 BGB genannten Kriterien zu berücksichtigen. Dies sind insbesondere der Wert der Sache in mangelfreiem Zustand, die Bedeutung des Mangels und die Frage, ob auf eine andere Art der Nacherfüllung ohne erhebliche Nachteile für den Käufer zurückgegriffen werden könnte.

Ein weiterer formaler Unterschied zu den Vorgaben der VerbrGK-RL besteht darin, dass die deutsche Umsetzungsvorschrift keine dem Art. 3 Abs. 3 Satz 2 VerbrGK-RL entsprechende ausdrückliche Festlegung darüber enthält, dass die gewählte Nacherfüllung *im Vergleich zur anderen Nacherfüllungsalternative* unzumutbar sein muss, um ihre Unverhältnismäßigkeit zu begründen.[1441] Erwägungsrund 11 VerbrGK-RL bestimmt sogar, dass bei der Beantwortung der Frage, ob es sich um unzumutbare Kosten handelt, entscheidend sein sollte, ob die Kosten der gewählten Abhilfealternative deutlich höher sind als die Kosten der anderen Abhilfealternative. An einer solchen Klarstellung fehlt es in § 439 Abs. 3 BGB. Dennoch wird die Unverhältnismäßigkeit der Kosten der gewählten Abhilfealternative i.S.d. § 439 Abs. 3 BGB anhand einer Gegenüberstellung der Kosten beider Abhilfealternativen ermittelt.[1442] An einer dogmatischen Begründung hierfür fehlt es.

Die meisten Stimmen beziehen sich auf § 439 Abs. 3 Satz 2 a.E. BGB, wonach bei der Prüfung, ob die gewählte Nacherfüllungsart unverhältnismäßig ist, die Frage berücksichtigt werden muss, ob auf die andere Art der Nacherfüllung

---

1438 Palandt-*Heinrichs*, 64. Aufl., § 275 Rn. 27, 30.

1439 *Büdenbender*, in: *Dauner-Lieb/Heidel/Lepa/Ring* (Hrsg.), Das neue Schuldrecht, § 439 Rn. 6.

1440 Palandt-*Putzo*, 64. Aufl., § 439 Rn. 16; Staudinger-*Matusche/Beckmann*, Neuberab., § 439 Rn. 39; MüKo-*Westermann*, 4. Aufl, BGB § 439 Rn. 19.

1441 *Lehmann*, JZ 2001, 952 (958).

1442 Vgl. etwa *Büdenbender*, in: *Dauner-Lieb/Heidel/Lepa/Ring* (Hrsg.), Das neue Schuldrecht, § 439 Rn. 8; *Faust*, in: *Bamberger/Roth*, Kommentar zum BGB, § 439 Rn. 46; *Bitter/Meidt*, ZIP 2001, 2114 (2122); *Haas*, in: *Haas/Medicus/Rolland*, Das neue Schuldrecht, Kap. 5 Rn. 161; *Huber*, NJW 2002, 1004 (1008); *Huber/Faust*, Schuldrechtsmodernisierung, Kap. 13 Rn. 41; *von Westphalen*, in: *Henssler/von Westphalen* (Hrsg.), Praxis der Schuldrechtsreform, § 439 Rn. 27.

ohne erhebliche Nachteile für den Käufer zurückgegriffen werden kann. Hieraus folgt nicht, dass bei der Prüfung der Verhältnismäßigkeit die Kosten beider Nacherfüllungsarten zu vergleichen sind. § 439 Abs. 3 Satz 2 BGB legt insoweit nur fest, dass die Zumutbarkeit der anderen Abhilfealternative bei der Prüfung der Unverhältnismäßigkeit zu berücksichtigen ist, nicht aber, dass Unverhältnismäßigkeit anzunehmen ist, wenn die Kosten der gewählten Nacherfüllungsart die Kosten der anderen übersteigen. Die Begründung für die Einbeziehung der anderen Nacherfüllungsart als Vergleichsparameter ist vielmehr in Satz 1 der Vorschrift angelegt.

Der Begriff der Verhältnismäßigkeit umschreibt die Relation von Zweck bzw. Ziel und Mittel. Zweck der Nacherfüllung ist die Herstellung der Sachmangelfreiheit. Die Mittel hierzu sind die Nachbesserung und Ersatzlieferung. Bei der Feststellung der Verhältnismäßigkeit i.R.d. § 439 Abs. 3 BGB muss daher geprüft werden, ob die gewählte Form der Nacherfüllung hinsichtlich ihrer Kosten nicht außer Verhältnis zu dem mit ihr angestrebten Ziel, der Herstellung der Sachmangelfreiheit, steht. Das Käuferinteresse an einer vertragsgemäßen Leitung darf nicht hinter dem Verkäuferinteresse, durch die Kosten der Nacherfüllung nicht übermäßig belastet zu werden, zurücktreten. Um feststellen, ob der Verkäufer überhaupt übermäßig belastet wird, bedarf es eines Vergleichsmaßstabes. Bei der Prüfung der Verhältnismäßigkeit der Kosten der gewählten Nacherfüllungsalternative kommt dabei nur die andere Nacherfüllungsalternative in Betracht. § 439 Abs. 3 BGB hätte daher aus Klarstellungsgründen den Passus *„im Vergleich zur anderen Nacherfüllungsart"* aufnehmen sollen. Richtlinienwidrig ist sein Fehlen indessen nicht.

Darüber hinaus fehlt es in § 439 Abs. 3 BGB an dem in Art. 3 Abs. 3 Satz 2 VerbrGK-RL enthaltenen Zumutbarkeitskriterium. § 439 Abs. 3 Satz 1 BGB normiert insoweit sogar eine geringere Schwelle der Unverhältnismäßigkeit als § 275 Abs. 2 BGB, der darauf abstellt, ob dem Schuldner die Anstrengungen zuzumuten sind.[1443] Anders als bei § 275 Abs. 2 und 3 BGB fehlt bei § 439 Abs. 3 BGB die gesetzliche Weichenstellung in Richtung auf das Gläubigerinteresse.[1444]

§ 439 Abs. 3 BGB könnte daher so verstanden werden, dass die Unverhältnismäßigkeit der gewählten Nacherfüllungsart bereits dann anzunehmen ist, wenn sich die Nacherfüllung – vorausgesetzt sie übersteigt die Kosten der anderen Nacherfüllungsart - im Verhältnis zu dem vereinbarten Kaufpreis für den Verkäufer als unrentabel erweist, auch wenn sie ihm zuzumuten ist.[1445] In der deutschen Literatur ist die Befürchtung geäußert worden, dass das eigentlich dem Käufer zugewiesene Wahlrecht faktisch in ein Wahlrecht des Verkäufers umschlagen könnte.[1446] Dieses Problem hat auch der Gesetzgeber gesehen. Während nach dem Diskussionsentwurf der Verkäufer die Nacherfüllung noch verweigern konnte,

---

1443 Regierungsbegründung zum SchuldRModG, BT-Drucks. 14/6040, S. 232.
1444 *Huber/Faust*, Schuldrechtsmodernisierung, Kap. 13 Rn. 40.
1445 Ausführlich hierzu *Huber/Faust*, Schuldrechtsmodernisierung, Kap. 13 Rn. 40.
1446 *Tonner*, VuR 2001, 87 (90).

wenn sie nur mit unverhältnismäßigen „Aufwendungen" möglich ist, wurde bereits im Gesetzesentwurf vom 14. Mai 2001 mit Blick auf die Formulierung in Art. 3 Abs. 3 Satz 2 VerbrGK-RL das Wort „Aufwendungen" durch die Bezeichnung „Kosten" ersetzt, um so eine nähere Anbindung an die VerbrGK-RL zu schaffen, die ebenfalls den Begriff „Kosten" verwendet.[1447]

In § 439 Abs. 3 Satz 2 BGB sind als maßgebliche Kriterien zur Beurteilung der Verhältnismäßigkeit nur der Wert der Sache, die Bedeutung des Mangels und die Nachteile der gewählten Nacherfüllungsalternative gegenüber der anderen Alternative genannt, nicht aber der Kaufpreis.[1448] Diejenigen[1449], die den Kaufpreis als Obergrenze der Kosten ansehen wollen, übersehen insoweit, dass aus der Formulierung „insbesondere" zwar folgt, dass es sich bei den genannten Wertungskriterien nicht um eine abschließende Regelung handelt, sondern vielmehr um Beispiele ohne Vorgabe einer Wertungshierarchie.[1450] § 439 Abs. 3 BGB lässt aber erkennen, dass es für die Verhältnismäßigkeit auf die Wertrelation zwischen Aufwand und Ertrag der Nacherfüllung ankommt und damit ebenfalls auf die Zumutbarkeit der Nacherfüllungsalternative.[1451]

Diese Auffassung wird durch die Rechtsprechung zu § 633 Abs. 2 Satz 3 BGB a.F. unterstützt, wonach das Verhältnis der Aufwendungen der Nacherfüllung zum vereinbarten Werklohn außer Acht bleiben muss.[1452] Dem Verkäufer sind nur solche Anstrengungen nicht abzuverlangen, die über den Wert nicht aber zwingend auch über den Kaufpreis der Sache hinausgehen.[1453] In der Literatur ist hierzu vorgeschlagen worden, die Grenze bei 150 % des Wertes des Kaufgegenstandes, höchstens aber bei 200 % des Mangelwertes zu setzen.[1454] In der Rechtspraxis wird die Vorschrift wohl dazu führen, dass bei geringwertigen Sachen nur die Ersatzlieferung und bei hochwertigen Sachen nur die Nachbesserung verhältnismäßig ist.[1455]

Hinsichtlich des Kriteriums „Bedeutung des Mangels" wird wohl ebenfalls die Rechtsprechung zu § 633 Abs. 2 Satz 3 BGB a.F. heranzuziehen sein.[1456] Danach hat sich die Verhältnismäßigkeit der Verkäuferanstrengungen am errechenbaren Erfolg zu messen. Dabei gilt je bedeutsamer der Mangel ist, desto

---

1447 *Tonner*, VuR 2001, 87 (90).

1448 OLG Braunschweig, NJW 2003, 1053.

1449 *Ackermann*, JZ 2002, 378 (383), ihm zustimmend *Reinking*, ZfS 2003, 57 (62).

1450 Regierungsbegründung zum SchuldRModG, BT-Drucks. 14/6040, S. 232; *Zimmer/Eckhold*, Jura 2002, 145 (149); *Haas*, BB 2001, 1313 (1316), *Huber/Faust*, Schuldrechtsmodernisierung, Kap. 13 Rn. 37; kritisch zur Richtlinienvereinbarkeit *Jorden/Lehmann*, JZ 2001, 952 (958).

1451 *Gruber*, in: in: *Helms/Neumann/Casper/Sailer/Schmidt-Kessel* (Hrsg.), JbJgZivilRW, S. 187 (195).

1452 OLG Düsseldorf, NJW-RR 1997, 1450 (1451).

1453 *Huber/Faust*, Schuldrechtsmodernisierung, Kap. 13 Rn. 41.

1454 *Bitter/Meidt*, ZIP 2001, 2114 (2115).

1455 Regierungsbegründung zum SchuldRModG, BT-Drucks. 14/6040, S. 232; *Huber*, NJW 2002, 1004 (1007); *Schäfer/Pfeiffer*, JZ 1999, 1829 (1834).

1456 BGH NJW 1986, 711 (712); NJW 1995, 1837 (1836)

eher sind auch hohe Kosten als verhältnismäßig zu betrachten, da auch der durch die Nacherfüllung errechenbare Erfolg größer ist.[1457] Nicht anwendbar ist in diesem Zusammenhang hingegen die Regel des Art. 46 Abs. 2 CISG, wonach die Ersatzlieferung eine wesentliche Pflichtverletzung voraussetzt.[1458] Auch wenn die Ersatzlieferung bei unwesentlichen Mängeln in der Regel zu unverhältnismäßigen Kosten führen wird, so kann daraus keine Grundregel hergeleitet werden.[1459]

Bei der Prüfung, ob die Nacherfüllung verhältnismäßig ist, ist vielmehr die individuelle Situation des Verkäufers zu berücksichtigen.[1460] Teilweise wird daher in der Literatur vertreten, eine Nachbesserung bei gebrauchten Sachen käme nur in Betracht, wenn der Verkäufer eine eigene Werkstatt hat.[1461] Die Bundesregierung hat klargestellt, dass dieser Umstand noch nicht ausreicht, die Unverhältnismäßigkeit zu begründen, sondern lediglich ein Indiz dafür sein kann.[1462] Es kommt nicht darauf an, ob der Verkäufer selbst in der Lage ist, die Nachbesserung vorzunehmen oder zu welchen Bedingungen ihm eine Ersatzlieferung möglich ist. Entscheidend ist, ob er ausreichende Vorsorgemaßnahmen getroffen hat.[1463] Die Nachbesserung in der Werkstatt eines Fremdunternehmens muss betriebswirtschaftlich nicht belastender sein als in einer eigenen Werkstatt.[1464] Welche Vorkehrungen der Verkäufer im Hinblick auf eine etwaige Nacherfüllung treffen muss hat sich grundsätzlich an der nach Treu und Glauben unter Berücksichtigung der Verkehrsitte auszulegenden Parteivereinbarung auszurichten.[1465]

Erst wenn die gewählte Art der Nacherfüllung weder angesichts des Wertes der Kaufsache in mangelfreiem Zustand noch unter Berücksichtigung der Bedeutung des Mangels als unverhältnismäßig gelten kann, kommt es darauf an, ob die gewählte Art der Nacherfüllung gegenüber der anderen Art der Nacherfüllung verhältnismäßig ist. Hinsichtlich der Grenze der Unverhältnismäßigkeit gehen einige dann von einer Unverhältnismäßigkeit aus, wenn die eine Art einen um 5 bis 25 % höheren Kostenaufwand verlangt als die andere.[1466] Für den Fall, dass der

---

1457 *Zimmer/Eckhold*, Jura 2002, 145 (147); *Gruber*, in: *Helms/Neumann/Casper/Sailer/Schmidt-Kessel* (Hrsg.), JbJgZivilRW, S. 187 (189); *Jud*, in: *Helms/Neumann/Casper/Sailer/Schmidt-Kessel* (Hrsg.), JbJgZivilRW, S. 205 (212).

1458 Staudinger-*Magnus*, CISG, Art. 46 Rn. 31.

1459 *Jud*, in: *Helms/Neumann/Casper/Sailer/Schmidt-Kessel* (Hrsg.), JbJgZivilRW, S. 205 (213).

1460 Regierungsbegründung zum SchuldRModG, BT-Drucks. 14/6040, S. 232.

1461 So *Westermann*, NJW 2002, 241 (244); *Brüggemeier*, JZ 2000, 532.

1462 Regierungsbegründung zum SchuldRModG, BT-Drucks. 14/6040, S. 232; vgl. hierzu auch die Stellungsnahme des Bundesrates, BT-Drucks. 14/6857, S. 27 und die Gegenäußerung der Bundesregierung, BT-Drucks. 14/6857, S. 61.

1463 *Bitter/Meidt*, ZIP 2001, 2114 (2122).

1464 *Haas*, BB 2001, 1313 (1316).

1465 *Huber/Faust*, Schuldrechtsmodernisierung, Kap. 13 Rn. 38.

1466 5%: *Faust*, in: *Bamberger/Roth*, Kommentar zum BGB, § 439 Rn. 46, wenn kein Verschulden vorliegt; 10%: *Bitter/Meidt*, ZIP 2001, 2114 (2122); *Haas*, in: *Haas/Medicus/Rolland*, Das neue Schuldrecht, Kap. 5 Rn. 161; *Huber*, NJW 2002, 1004 (1008); *Huber/Faust*, Schuldrechtsmodernisierung, Kap. 13 Rn. 41; 25%: *von Westphalen*, in: *Henssler/von Westphalen* (Hrsg.), Praxis der Schuldrechtsreform, § 439 Rn. 27.

Verkäufer den Mangel zu vertreten hat, wird gefordert, die Grenzen des Verbraucherwahlrechts weiter zu stecken.[1467]

In einer der ersten gerichtlichen Entscheidung, die § 439 BGB zum Gegenstand hatte, wurde unter Hinweis auf § 251 Abs. 2 BGB die Ansicht vertreten, dass zumindest dann, wenn der Kostenaufwand für die Nachlieferung den für die Nachbesserung den Kostenaufwand um 30 % übersteigt, Unverhältnismäßigkeit der Kosten anzunehmen ist.[1468] Es wurde darauf hingewiesen, dass darin auch das Affektionsinteresse des Eigentümers berücksichtigt ist, sodass für den Fall, dass der Verbraucher die Sache nicht behalten wolle, in Anlehnung an die Rechtsprechung zu § 633 Abs. 2 Satz 3 BGB a.F. für den internen Vergleich eine Grenze von 20 % anzusetzen sei.[1469] Derartig unflexible Kostengrenzen können mitunter zu einer größeren Belastung des Verkäufers führen als eine konkrete Verhältnismäßigkeitsprüfung im Einzelfall. Für die Unverhältnismäßigkeit ist daher vielmehr eine Kosten-Nutzen-Betrachtung durchzuführen.[1470]

Fraglich ist, ob bei der Verhältnismäßigkeitsprüfung ein etwaiges Vertretenmüssen des Verkäufers zu berücksichtigen ist. Nach einer Auffassung sollen für den Fall, dass der Verkäufer den Mangel an der Kaufsache nicht zu vertreten hat, lediglich Nacherfüllungskosten bis zu 100 % des Wertes, den die Sache in mangelfreiem Zustand hat, bei Vertretenmüssen hingegen in Anlehnung an § 251 Abs. 2 Satz 1 BGB[1471] 130 % zumutbar sein.[1472] Als Ausgangspunkt für die Überlegungen zur Unzumutbarkeit wurde darauf verwiesen, dass § 251 II BGB von „unverhältnismäßigen Aufwendungen" spricht und § 439 III BGB von „unverhältnismäßigen Kosten", sodass bereits aus diesem Grund davon auszugehen ist, dass grundsätzlich der gleiche Maßstab anzuwenden ist.[1473]

Die im Rahmen von § 251 II BGB a.F. von der Rechtsprechung[1474] - vorbehaltlich der Besonderheiten des Einzelfalls – entwickelte „Faustformel" von 30 % sei im Hinblick darauf, dass insoweit keine Änderung des Schuldrechts erfolgen sollte, auch im Rahmen von § 439 Abs. 3 BGB anzuwenden.[1475] Es wird eingeräumt, dass es bei der Bestimmung dieser Faustformel um unfallbedingt beschädigte Kraftfahrzeuge ging und man deshalb das „Affektionsinteresse" des

---

1467 *Heinemann*, ZGS 2003, 149 (154), der zwar auch noch einen um 20 % höheren Kostenaufwand für unangemessen hält, jedoch offen lässt, welche Grenze hier anzusetzen ist.

1468 LG Ellwangen, NJW 2003, 513, irrigerweise in Anlehnung an *Bitter/Meidt*, ZIP 2001, 2114 (2120); *Schubel*, JZ 2001, 1113 (1116).

1469 LG Ellwangen, NJW 2003, 513.

1470 Anwaltskommentar-*Büdenbender*, § 439 Rn. 8.

1471 Darauf Bezug nehmend und die Berücksichtigung eines Verschuldens befürwortend LG Ellwangen, NJW 2003, 513.

1472 *Huber*, NJW 2002, 1004 (1008), *Huber/Faust*, Schuldrechtsmodernisierung, Kap. 13 Rn. 41; *Westermann*, in: *Schulze/Schulte-Nölke*, Die Schuldrechtsreform vor dem Hintergrund des Gemeinschaftsrechts, S. 109 (125); *Zimmer/Eckhold*, Jura 2002, 145 (149).

1473 LG Ellwangen, NJW 2003, 513.

1474 BGH NJW 1993, 3321 (3322f.); NJW 1992, 305 (306); NJW 1992, 302 (304); NJW 1985, 2469 (2470).

1475 LG Ellwangen, NJW 2003, 513.

Eigentümers der verunfallten Pkws berücksichtigt hat.[1476] Ist ein solches Affektionsinteresse nicht gegeben, so soll daher für den Fall einer völligen Beseitigung der Sachmängel durch Nachbesserung eine Grenze von 20 % anzusetzen sein.[1477]

Diese Auffassung[1478] zieht ein Verschulden des Verkäufers bei der Beurteilung der Verhältnismäßigkeit heran. Dem ist zuzustimmen, weil die von § 439 Abs. 3 BGB als allgemeiner Rechtsgrundsatz in Bezug genommene Vorschrift des § 275 Abs. 2 BGB in Satz 2 ausdrücklich bestimmt, dass ein Verschulden des Schuldners als beachtliches Kriterium herangezogen werden muss.[1479]

Voraussetzung des Nacherfüllungsanspruchs ist das Vorliegen eines Mangels, und zwar unabhängig von einem Verschulden des Verkäufers.[1480] Wenn aber die Anspruchsentstehung verschuldensunabhängig ausgestaltet ist, so kann dies nicht bei der Durchsetzung relevant werden.[1481] Gemäß § 439 Abs. 3 Satz 2 BGB kommt es darauf an, ob auf die andere Art der Nacherfüllung ohne erhebliche Nachteile für den Käufer zurückgegriffen werden kann. Um einen erheblichen Nachteil im Sinne des § 439 Abs. 3 Satz 2 BGB handelt es sich immer schon dann, wenn der Käufer im Ergebnis keine völlig mangelfreie Sache erhält.[1482] Der Käufer muss insofern niemals verbleibende Mängel in Kauf nehmen.[1483] Diese Einschränkung kann nicht etwa dadurch ausgehebelt werden, dass der Käufer für den Fall, dass der Verkäufer den Mangel nicht zu vertreten hat, mehr Nachteile hinnehmen muss als für den Fall, dass der Verkäufer den Mangel zu vertreten hat. Darauf, dass der Verkäufer den Mangel zu vertreten hat, kommt es nicht an.[1484]

(3) Abdingbarkeit

Eine Einschränkung des Wahlrechts durch Parteivereinbarung bei Vertragsschluss ist wegen § 475 Abs. 1 BGB regelmäßig nicht möglich. Nach Gefahrenübergang gemäß § 446 BGB steht dem Verbraucher das Bestimmungsrecht hinsichtlich der Gewährleistungsart zu, wobei regelmäßig der Vorrang der Nacherfüllung zu berücksichtigen ist. Der Verkäufer kann daher nach Gefahrenübergang die Mangelhaftigkeit der Sache nicht auf eigene Faust beheben, sondern muss abwarten, für welche Art der Gewährleistung sich der Verbraucher entscheidet. Dies gilt auch dann, wenn eine Teillieferung vorliegt, die gemäß § 434 Abs. 3 BGB

1476 LG Ellwangen, NJW 2003, 513.

1477 LG Ellwangen, NJW 2003, 513.

1478 *Heinemann*, ZGS 2003, 149 (153f.); *Huber*, NJW 2002, 1004 (1007); *Huber/Faust*, Schuldrechtsmodernisierung, Kap. 13 Rn. Rn. 40; *Gruber*, in: *Helms/Neumann/Caspers/ Sailer/Schmidt-Kessel* (Hrsg.), JbJgZivilRW, S. 187 (197); *Zimmer/Eckhold*, Jura 2002, 145 (149); vgl. auch LG Ellwangen, NJW 2003, 513.

1479 So auch *Petersen*, Jura 2002, 461 (464).

1480 *Huber/Faust*, Schuldrechtsmodernisierung, Kap. 13 Rn. 14.

1481 *Petersen*, Jura 2002, 461 (464).

1482 *Haas*, BB 2001, 1313 (1316).

1483 *Huber/Faust*, Schuldrechtsmodernisierung, Kap. 13 Rn. 37; *Huber*, NJW 2002, 1004 (1007).

1484 *Petersen*, Jura 2002, 461 (464); *Schubel*, JuS 2002, 313 (316); Regierungsbegründung zum SchuldRModG, BT-Drucks. 14/60, S. 231.

einem Sachmangel gleichsteht. Auch dann kann der Verkäufer sich von seiner Haftung nicht durch die Lieferung der Restmenge befreien. In der Regel dürfte ein Fall des § 439 Abs. 3 BGB vorliegen, wenn der Verbraucher eine erfolgreiche Nacherfüllung zurückweist, weil er sich für die andere Art der Nacherfüllung entscheiden wollte.[1485]

Aus dem Grundsatz der Parteiautonomie folgt, dass der Verkäufer weiterhin das Recht hat, dem Verbraucher eine Gewährleistungsart anzubieten. In Anlehnung an Erwägungsgrund 12 VerbrGK-RL liegt es in der Hand des Verbrauchers, die ihm angebotene Gewährleistungsart abzulehnen oder anzunehmen. Bietet der Verkäufer dem Verbraucher ein sofortiges Rücktrittsrecht an, so kann der Verbraucher, wenn er dies ablehnt, gleichwohl nur Nachbesserung oder Ersatzlieferung verlangen. Die Minderung kann er indessen nur unter den zusätzlichen Voraussetzungen des § 440 BGB verlangen. Der Vorrang der Nacherfüllung wird durch das Angebot des Verkäufers nicht in vollem Umfang ausgehebelt, sondern nur in dem vom Verkäufer angebotenem Umfang. Liegt aber eine nach Mitteilung des Mangels erfolgte Parteivereinbarung vor, so ist auch der Verbraucher daran gebunden. Er kann dann nicht mehr unter Berufung auf § 475 Abs. 1 BGB die vereinbarte Nacherfüllungsart zurückweisen.

Nach Mitteilung des Mangels ist es den Parteien freigestellt, andere als die in § 439 BGB genannten Nacherfüllungsalternativen zu vereinbaren bzw. die Nacherfüllung gänzlich auszuschließen. § 475 Abs. 1 BGB bestimmt nur, dass abweichende Vereinbarungen vor Mitteilung des Mangels unzulässig sind. Bei der Mängelanzeige handelt es sich um eine empfangsbedürftige Willenserklärung, sodass eine von § 439 i.V.m. § 437 Nr. 1 BGB abweichende Vereinbarung erst nach Zugang der Mängelanzeige gemäß § 130 BGB zulässig ist. Bei richtlinienkonformer Auslegung des § 475 Abs. 1 BGB ist es darüber hinaus erforderlich, dass die Mitteilung die Tatsachen bezeichnet, die den angezeigten Mangel begründen und erkennen lassen, dass der Verbraucher die Mangelhaftigkeit der Sache geltend macht.[1486] Der bloße Hinweis, das Verbrauchsgut sei möglicherweise mit irgendeinem Mangel behaftet, reicht nicht aus. Art. 7 Abs. 1 VerbrGK-RL enthält nämlich anders als § 475 Abs. 1 BGB die Formulierung „vor Unterrichtung". Dies verlangt eine genaue Bezeichnung der Mangelhaftigkeit. Der Verbraucher muss, sofern er im Wege der Parteivereinbarung auf seine Rechte verzichtet, genau wissen, wie schwerwiegend die Mangelhaftigkeit der Sache ist.

b) Anspruchsinhalt

Schuldner des Nacherfüllungsanspruchs ist der Verkäufer. Es steht ihm jedoch frei sich bei der Durchführung der Nacherfüllung anderer Personen zu bedienen. Während die Nachbesserung die nachhaltige Beseitigung des Mangels an dem

---

[1485] So für die Richtlinie: *Bianca*, in: *Bianca/Grundmann*, EU-Kaufrechts-Richtlinie, Art. 3 Rn. 61.

[1486] Palandt-*Putzo*, 64. Aufl., § 475 Rn. 3; Staudinger-*Matusche/Beckmann*, Neuberab., § 475 Rn. 36.

Gegenstand, der zur Erfüllung der Verkäuferpflicht geliefert wurde, bedeutet, beinhaltet die Ersatzlieferung die Lieferung einer anderen als der zur Erfüllung der Verkäuferpflicht gelieferten Kaufsache. Wie die Nachbesserung und die Ersatzlieferung im Einzelnen durchzuführen ist, richtet sich grundsätzlich nach der Parteivereinbarung. § 439 Abs. 2 BGB bestimmt insoweit nur, dass die Nacherfüllung unentgeltlich zu erfolgen hat.

Für die Ersatzlieferung enthält § 439 Abs. 4 BGB allerdings eine Besonderheit. Danach kann der Verkäufer vom Käufer die Rückgewähr der mangelhaften Sache nach Maßgabe der §§ 346 bis 348 BGB verlangen, wenn er zum Zwecke der Nacherfüllung eine mangelfreie Sache geliefert hat. Dies entspricht der bisherigen Regelung der Ersatzlieferung beim Gattungskauf in § 480 Abs. 1 Satz 2 i.V.m. § 467 BGB a.F., wobei das Nacherfüllungsverlangen gemäß § 439 BGB nicht der Zustimmung des Verkäufers unterliegt.[1487] Der Käufer hat somit die mangelhafte Sache im Austausch gegen die mangelfreie Sache zurückzugeben. Darüber hinaus sind nach § 346 Abs. 1 BGB auch die vom Käufer gezogenen Nutzungen herauszugeben. Ist die Herausgabe nach der Natur der Sache nicht möglich, so wird nach § 346 Abs. 2 Satz 1 Nr. 1 BGB ein Wertersatz geschuldet. Darüber hinaus ist nach § 347 Abs. 1 BGB sogar der Wert solcher Nutzungen herauszugeben, deren Ziehung entgegen den Regeln einer ordnungsgemäßen Wirtschaft unterblieben ist. Zu den Nutzungen einer Sache gehören nach § 100 BGB auch Gebrauchsvorteile, sodass der Verbraucher bei der Rückgabe der Sache im Rahmen der Durchführung einer Ersatzlieferung regelmäßig eine Nutzungsentschädigung schuldet.[1488]

Eine solche Regelung kennt die VerbrGK-RL nicht. Art. 3 Abs. 3 VerbrGK-RL bestimmt ausdrücklich, dass die Ersatzlieferung unentgeltlich zu erfolgen hat. In Erwägungsgrund 15 wird den Mitgliedstaaten zwar die Möglichkeit eröffnet, eine Bestimmung zu erlassen, wonach der Verkäufer eine dem Verbraucher zu leistende Erstattung mindern kann, um der Abnutzung der Ware seit Lieferung Rechnung zu tragen. Dieser vom Richtliniengesetzgeber den Mitgliedstaaten eingeräumte Regelungsspielraum betrifft nur die Fälle des Rücktritts.[1489] Dies ergibt sich unzweifelhaft aus dem dort verwendeten Begriff der „Erstattung“. Bei der Nacherfüllung durch Ersatzlieferung handelt es sich aber gerade nicht um eine Erstattung, sondern um eine Fortsetzung des Erfüllungsanspruchs. Erwägungsgrund 15 VerbrGK-RL kann zumindest für den Bereich des Verbrauchsgüterkaufes daher nicht zur Rechtfertigung des uneingeschränkten Verweises auf die Rücktrittsvorschriften herangezogen werden.[1490]

Das Recht des Verkäufers, für den Fall der Ersatzlieferung ein Nutzungsentgelt zu verlangen, steht damit im offenen Widerspruch zur VerbrGK-RL, zumal der Verbraucher bei uneingeschränkter Anwendung der Rücktrittsregeln seinen

---

1487 *Graf von Westphalen*, ZGS 2002, 19 (21).

1488 *Gsell*, NJW 2003, 1969.

1489 *Hoffmann*, ZRP 2001, 347 (349).

1490 So aber der Gesetzgeber. Vgl. Regierungsbegründung zum SchuldRModG, BT-Drucks. 14/6040, S. 233.

Anspruch auf Ersatzlieferung nur um den Preis der Zahlung eines Nutzungsentgelts ausüben kann, was im Ergebnis sein Wahlrecht aus § 439 Abs. 1 BGB beeinträchtigt.[1491] Zu berücksichtigen ist weiterhin, dass die Nutzungsberechtigung bei der Ersatzlieferung anders als beim Rücktritt nicht nachträglich entfällt.[1492] Gerade aber die fehlende Nutzungsberechtigung beim Rücktritt bildet den Rechtsgrund für den Nutzungsersatzanspruch des Verkäufers. Bei der Ersatzlieferung hingegen bedeutet die Anwendung der §§ 346 ff. BGB eine zeitlich begrenzte Rückabwicklung des Kaufvertrages trotz Fälligkeit der Leistung.[1493]

Obwohl der Käufer an sich erwarten darf, dass ihm die Gebrauchsvorteile ab dem Fälligkeitszeitpunkt zustehen, werden ihm diese nachträglich verwehrt. Trotz Fälligkeit verliert der Verbraucher die Gebrauchsvorteile der Sache, wenn ihm nachträglich ein Nutzungsentgelt aufgebürdet wird. Es fehlt dann an einem entsprechendem Ausgleich, da er hinsichtlich der Ersatzsache für den Zeitraum ab Fälligkeit bis zur ihrer Lieferung keine Gebrauchsvorteile hat, obwohl sie ihm nach dem Vertrag zustehen.[1494] Der Käufer kann bei der Nichtleistung trotz Fälligkeit sogar gemäß § 281 BGB Schadensersatz statt der Leistung oder gemäß § 323 BGB die Rückabwicklung des Vertrages verlangen. Der zeitlichen Bindung des Verkäufers durch die Festlegung eines Fälligkeitstermins kommt eine für die Vertragsdurchführung fundamentale Bedeutung zu. Warum sollte der Verbraucher für den Fall, dass er eine mangelhafte Sache erhält, womit immer eine Verspätung der Leistung verbunden ist, durch ein Nutzungsentgelt zusätzlich belastet werden.[1495] Die Erfüllung beginnt bereits mit der Lieferung der mangelhaften Sache, auch wenn der Leistungserfolg erst mit der Lieferung der Ersatzsache eintritt.

Der Gesetzgeber hält die Regelung dennoch für sachgerecht.[1496] In der Gesetzesbegründung wird dazu ausgeführt, „dass der Käufer mit der Nachlieferung eine neue Sache erhält und nicht einzusehen ist, dass er die zurückzugebende Sache in dem Zeitraum davor unentgeltlich nutzen und Vorteile aus der Mangelhaftigkeit der Sache ziehen soll“.[1497] Es handle sich bei der Nutzungsentschädigung nicht um Kosten, die gemäß Art. 3 Abs. 2 und 3 i.V.m. Abs. 4 VerbrGK-RL grundsätzlich der Verkäufer zu tragen habe, sondern um Kosten, die sich aus dem Gebrauch der Sache ergeben.[1498]

1491 *Roth*, JZ 2001, 475 (489).
1492 *Hoffmann*, ZRP 2001, 347 (349).
1493 *Gsell*, NJW 2003, 1969 (1970).
1494 *Gsell*, NJW 2003, 1969 (1970).
1495 *Gsell*, NJW 2003, 1969 (1970f.).
1496 Regierungsbegründung zum SchuldRModG, BT-Drucks. 14/6040, S. 232.
1497 Regierungsbegründung zum SchuldRModG, BT-Drucks. 14/6040, S. 232 f.
1498 Regierungsbegründung zum SchuldRModG, BT-Drucks. 14/6040, S. 233.

Auch in der Literatur haben sich zahlreiche Stimmen für eine Nutzungsentschädigung ausgesprochen.[1499] Fraglich ist aber dann, wie die zu ersetzenden Nutzungen, die gemäß § 100 BGB Früchte und Gebrauchsvorteile der Sache umfassen, zu berechnen sind. Der zu ersetzende Gebrauchsvorteil, dessen Ersatz nach bisherigem Recht nur beim Rücktritt möglich war, berechnet sich nach ständiger Rechtsprechung nach der zeitanteiligen linearen Wertminderung im Vergleich zwischen tatsächlichem Gebrauch und voraussichtlicher Gesamtnutzungsdauer.[1500] Bei der Rückabwicklung eines Vertrages gelten die §§ 346, 347 BGB für beide Seiten gleichermaßen. Auch der Verkäufer ist zum Nutzungsersatz verpflichtet. Beim Rücktritt wegen eines Mangels der Sache ist daher ein geminderter Gebrauchswert durch den Ansatz eines entsprechend geminderten Kaufpreises zu berücksichtigen.[1501]

Bei der Ersatzlieferung bleibt der Kaufpreis aber in voller Höhe bestehen, was auch sachgerecht ist, da durch die Ersatzlieferung der vertragsgemäße Zustand hergestellt wird. Bei der Berechnung des Nutzungsersatzanspruchs wäre der Kaufpreis in vollem Umfang zugrunde zu legen, sodass der Käufer hinsichtlich des zu erstattenden Nutzungsentgelts schlechter gestellt würde als beim Rücktritt. Der Verkäufer erhält bei der Nacherfüllung dadurch einen Vorteil, dass ihm der Kaufpreis bereits vor Erfüllung seiner Pflicht zur Ersatzlieferung erhalten bleibt, ohne dass er diesen Betrag verzinsen muss.[1502] Hat nämlich der Käufer den Kaufpreis gezahlt und kommt es zum Rücktritt, so muss auch der Verkäufer nach § 346 Abs. 1 bzw. nach § 347 Abs. 1 BGB Nutzungsersatz leisten. Er muss also Zinsen, die er aus der Kaufsumme gezogen hat, herausgeben. Es stellt sich daher die Frage, wie es sich auswirkt, dass der Verkäufer den Kaufpreis behalten und für den Zeitraum bis zur Erfüllung unentgeltlich nutzen kann. Denkbar ist es die Verweisung in § 346 Abs. 4 BGB insoweit zu ergänzen, dass im Ergebnis auch der Verkäufer zum Nutzungsersatz verpflichtet ist.[1503]

Auch der Ablauf der Gewährleistungsfrist, die durch die Ersatzlieferung nicht erneut in Lauf gesetzt wird, kann nicht unberücksichtigt bleiben. Bei konsequenter Anwendung des § 346 Abs. 1 BGB wäre der Käufer zum Nutzungsersatz verpflichtet, obwohl sich die Frist, innerhalb derer er den Mangel geltend machen kann, verkürzt. Gleiches gilt für den Bereich des Verbrauchsgüterkaufes hinsichtlich der Beweislastumkehr für die ersten 6 Monate seit Gefahrübergang gemäß § 476 BGB. Es kann auch nicht überzeugen, dass der Gesetzgeber in seiner Begründung zum Gesetzesentwurf darauf hinweist, dass der Käufer ohne die

[1499] *Brox/Walker*, Besonderes Schuldrecht, 42; *Huber/Faust*, Schuldrechtsmodernisierung, § 13 Rn. 55f.; Palandt-*Putzo*, 64. Aufl., § 439 Rn. 25; MüKo-*Westermann*, 4. Aufl, BGB § 439 Rn. 17; *Westermann*, JZ 2001, 530 (537); *ders.*, NJW 2002, 241 (249); *Westermann/Buck*, Das neue Schuldrecht 2002, S. 138f.

[1500] BGH NJW 1996, 250 (252).

[1501] OLG Köln NJW-RR 1999, 774 (775).

[1502] *Roth*, JZ 2001, 475 (489).

[1503] *Gsell*, NJW 2003, 1969 (1970).

Mangelhaftigkeit die Sache auch nicht hätte unentgeltlich nutzen können.[1504] Entscheidend ist vielmehr, dass der Käufer die Sache ohne die Mangelhaftigkeit überhaupt hätte nutzen können. Dass dieses Recht für den Fall nicht vertragsgemäßer Lieferung eingeschränkt wird, ist nicht anzunehmen.

Der durch die Schuldrechtsmodernisierung angestrebten Verbesserung des Verbraucherschutz ist durch den Nutzungsersatzanspruch des Verkäufers bei Ersatzlieferung, ohne dass dabei die genannten Kriterien Berücksichtigung finden, kein Dienst erwiesen worden. Bei der Nutzung einer mangelhaften Sache liegt keine rechtsgrundlose unentgeltliche Nutzung vor, die durch eine entsprechende Nutzungsentschädigung ausgeglichen werden muss.[1505] Die Nutzungsentschädigung stellt vielmehr *de facto* ein Entgelt für die Ersatzsache dar. Dies aber verbietet die VerbrGK-RL in ihrem Art. 3 Abs. 2 und 3. Die in § 439 Abs. 4 BGB enthaltene Verweisung auf die §§ 346 ff. BGB ist daher im Wege der richtlinienkonformen Auslegung entsprechend einzuschränken. Eine Nutzungsentschädigung für die Nutzung einer mangelhaften Sache ist daher zumindest im Rahmen eines Verbrauchsgüterkaufes für den Fall der Ersatzlieferung abzulehnen.[1506]

Bei verborgenen Mängeln, die erst nach erheblich längerer Zeit auftreten, wird in der Literatur dennoch die Frage erörtert, ob der Verbraucher nicht zumindest künftige Gebrauchsvorteile, die er durch die Ersatzlieferung erhält, die er aber nach dem Vertrag nicht gehabt hätte, ersetzen muss. Bei Verbrauchsgütern, deren Haltbarkeit nur etwas über 2 Jahre liegt, ist einzuräumen, dass der Verbraucher hinsichtlich der Nutzungsdauer einen erheblichen Vorteil durch die Lieferung einer neuen Sache im Rahmen der Ersatzlieferung erhält. Diese Problematik ist bereits aus dem Schadensersatzrecht bekannt. Die Rechtsprechung und Literatur hat hier regelmäßig einen Abzug „alt für neu“ anerkannt und den Schadensersatzanspruch des Geschädigten entsprechend gekürzt.[1507] Der Nutzungsvorteil war regelmäßig subjektiv zu bestimmen, da dem Geschädigten keine Bereicherung aufgedrängt werden sollte, wenn er überhaupt kein Interesse an dem Vorteil einer längeren Haltbarkeit der Kaufsache hatte.[1508]

Auf die Gebrauchsmöglichkeit als solche ist nicht abzustellen, da sie im Ergebnis auf eine Veräußerungsobliegenheit hinauslaufen würde, wenn der Verbraucher vermeiden möchte, dass ihm durch die erweiterte Nutzungsdauer Nachteile entstehen.[1509] Letztlich stellt aber auch ein „Abzug alt für neu“ ein Entgelt für die Ersatzsache dar, sodass sie zumindest für den Bereich des Verbrauchsgüterkaufes abzulehnen ist.

[1504] Regierungsbegründung zum SchuldRModG, BT-Drucks. 14/6040, S. 233.

[1505] *Gsell*, NJW 2003, 1969 (1973).

[1506] *Roth*, JZ 2001, 475 (489); *Hoffmann*, ZRP 2001, 347 (349); generell ablehnend: Anwaltskommentar-*Büdenbender*, § 439 Rn. 16.

[1507] BGH NJW 1996, 584 (585); Staudinger-*Schiemann*, 13. Aufl., § 249 Rn. 175; MüKo-*Oetker*, BGB, § 249 Rn. 333.

[1508] Vgl. hierzu *Gsell*, NJW 2003, 1969 (1972f.).

[1509] *Gsell*, NJW 2003, 1969 (1973).

Versuche einen entsprechenden Ausgleich durch die Nacherfüllung mit einer gebrauchten Sache für eine mangelhafte neue Sache zu schaffen, können ebenfalls nicht überzeugen.[1510] Die Erfüllungswirkung bei der Leistung einer gebrauchten Sache im Rahmen der Ersatzlieferung, bei der die Lieferung einer neuen Sache vereinbart war, dürfte regelmäßig an § 362 BGB scheitern.

Das Gesetz bestimmt zwar, dass dem Käufer das Wahlrecht hinsichtlich der beiden Arten des Nacherfüllungsanspruchs, nicht aber, *wem* das Wahlrecht innerhalb der Nachbesserung zusteht. Dennoch wird vorgeschlagen, die Vorschriften des § 439 Abs. 1 und 3 BGB analog anzuwenden. Dem Käufer stünde dann grundsätzlich das Wahlrecht zu und dem Verkäufer nur ein Verweigerungsrecht für den Fall, dass die gewählte Nachbesserung nur mit unverhältnismäßigen Kosten möglich ist. Andererseits wäre es auch denkbar, dem Verkäufer das Wahlrecht zuzugestehen, da der Verkäufer der sachnähere Vertragsteil ist.[1511]

Problematisch sind in diesem Zusammenhang insbesondere die Fälle einer fehlerhaften Montage oder Montageanleitung. Ist die Montageanleitung mangelhaft, so stellt sich die Frage, ob der Verkäufer im Rahmen der Nachbesserung dazu verpflichtet ist, selbst die Montageanleitung zu korrigieren, durch einen Sachverständigen zu „übersetzen“ lassen, eine neue Sache einschließlich mangelfreier Montageanleitung zuzusenden oder sogar die Sache neu zu montieren.[1512] In der Literatur wird dieses Problem überwiegend auf die Frage reduziert, wer im Falle derartiger Nachbesserungsalternativen wählen darf.[1513] Festzuhalten ist zunächst, dass die Lieferung einer neuen mangelfreien Montageanleitung einen Fall der Nachbesserung darstellt, die Lieferung einer mangelfreien Montageanleitung einschließlich der zur Montage bestimmten Sache eine Ersatzlieferung. Die neue Montageanleitung ist nur ein Teil der gekauften Sache, die so behandelt werden muss, wie andere Ersatzteile, die zur Nachbesserung geliefert werden. Berücksichtigt man, dass der Nachbesserungsanspruch des Käufers grundsätzlich zwei Schutzrichtungen hat: Einmal soll der Verkäufer die Möglichkeit zur zweiten Andienung erhalten und zum anderen soll das Interesse des Verbrauchers am Erhalt einer mangelfreien Sache geschützt werden,[1514] so muss die Nachbesserung in der Art und Weise erfolgen, dass der Käufer im Ergebnis eine mangelfreie Sache erhält und zwar so wie sie nach dem Vertrag geschuldet ist.

Ist allein die Montageanleitung mangelhaft, ohne dass es zu einem Montageversuch gekommen ist, so kann der Verbraucher im Wege des Nachbesserungsanspruchs die Zusendung einer mangelfreien Montageanleitung verlangen. Die Korrektur der Montageanleitung, sei es durch Lieferung einer die

---

1510 So aber die Überlegung bei *Gsell*, NJW 2003, 1969 (1974).

1511 So *Huber/Faust*, Schuldrechtsmodernisierung, Kap. 13 Rn. 24; *Huber*, NJW 2002, 1004 (1006).

1512 Siehe zu den Beispielsfällen: *Huber/Faust*, Schuldrechtsmodernisierung, Kap. 13 Rn. 21.

1513 *Westermann*, JZ 2001, 530 (533); *Huber/Faust*, Schuldrechtsmodernisierung, Kap. 13 Rn. 21.

1514 Anders bei der Minderung und beim kleinen Schadensersatz. Hier erhält der Käufer eine mangelhafte Sache.

Montageanleitung ergänzende Anleitung oder durch eine schriftliche Ausbesserung der Montageanleitung, zum Inhalt eines Nacherfüllungsanspruches in Form des Nachbesserungsanspruchs zu machen, erscheint ohnehin bei Massengeschäften nicht sachgemäß.[1515] Hat der Verkäufer eine mangelhafte Montageanleitung geliefert, ohne dass es zu einem Montageversuch gekommen ist, so kann der Verbraucher gemäß § 439 Abs. 1 BGB nur zwischen einem Nachbesserungsanspruch auf Lieferung einer mangelfreien Montageanleitung und einem Ersatzlieferungsanspruch auf Lieferung einer neuen Sache einschließlich mangelfreier Montageanleitung wählen, wobei Letzteres regelmäßig an § 434 Abs. 3 BGB scheitern wird.

Ist die Montage bereits erfolgt und aufgrund der mangelhaften Montageanleitung fehlerhaft, so ist die Rechtslage nicht eindeutig. In der deutschen Literatur wird teilweise ein Anspruch auf Neumontage durch den Verkäufer befürwortet.[1516] Gegen eine Verpflichtung zur Neumontage durch den Verkäufer spricht, dass die Montage durch den Verkäufer gerade nicht Gegenstand des Vertrages war. Zwar stellt § 434 Abs. 2 BGB die einer aufgrund mangelhafter Montageanleitung erfolgten unsachgemäßen Montage durch den Käufer mit den Rechtsfolgen der unsachgemäßen Montage durch den Verkäufer oder dessen Erfüllungsgehilfen gleich. Dies muss aber keinen Neumontageanspruch des Käufers bei fehlerhafter Montageanleitung ohne Montageverpflichtung des Käufers auslösen.[1517]

Der deutsche Gesetzgeber hat beabsichtigt, die beiden Sätze des § 434 Abs. 2 BGB gleich zu behandeln.[1518] Die Gleichbehandlung beschränkt sich aber darauf, die mangelhafte Montageanleitung ebenso wie die mangelhafte Montage als Sachmangel zu qualifizieren.[1519] Die durch einen Sachmangel ausgelösten Rechtsfolgen sind dagegen an die Voraussetzungen der §§ 437 ff. BGB gebunden. Nach § 439 Abs. 1 BGB kann der Verbraucher lediglich die Nach*erfüllung* verlangen. Der Nacherfüllungsanspruch aber ist nur die Fortsetzung des ursprünglichen Erfüllungsanspruchs, sodass durch seine Geltendmachung nicht etwa die Hauptleistungspflichten des Verkäufers erweitert werden.[1520] Auch § 439 Abs. 2 BGB kann nicht zur Begründung eines Anspruchs auf Neumontage durch den Verkäufer herangezogen werden.[1521] Zwar hat der Verkäufer nach § 439 Abs. 2 BGB die Kosten des Transports zu tragen, sodass sich eine ursprünglich vereinbarte Holschuld in eine Schickschuld verwandeln kann.[1522] Bei der

---

1515 A.A. *Brand*, ZGS 2003, 96 (98), der die Korrektur der Anleitung als Nachbesserung und die Zusendung einer mangelfreien Anleitung als Ersatzlieferung qualifiziert.

1516 *Gruber*, VuR 2002, 120 (123).

1517 So aber *Gruber*, VuR 2002, 120 (123).

1518 Vgl. Regierungsbegründung zum SchuldRModG, BT-Drucks. 14/6040, S. 215.

1519 *Brand*, ZGS 2003, 96 (98).

1520 *Huber/Faust*, Schuldrechtsmodernisierung, Kap. 13 Rn. 21.

1521 So *Stoppel*, VuR 2003, 176 (178).

1522 A.A. *Stoppel*, VuR 2003, 176 (178), der davon ausgeht, dass sich die ursprüngliche Holschuld zur Bringschuld erweitert.

Umwandlung einer Hol- in eine Schickschuld bleibt es jedoch bei der ursprünglichen Risikoverteilung. Im Übrigen ist zu berücksichtigen, dass mit dem Nacherfüllungsanspruch des Verbrauchers das „Recht zur zweiten Andienung“ des Verkäufers korrespondiert, was ebenfalls dafür spricht, dass der Umfang des Nacherfüllungsanspruchs mit dem ursprünglichen Erfüllungsanspruch des Verbrauchers denkungsgleich sein muss.[1523]

Mehrkosten einer wiederholten Montage kann der Verbraucher gemäß § 439 Abs. 2 BGB liquidieren.[1524] Ein selbstständiges Tätigwerden des Verkäufers bzw. seiner Gehilfen ist für den Fall denkbar, dass die Sache selbst infolge der mangelhaften Montage beschädigt wurde. In diesem Fall nämlich hat sich der durch die mangelhafte Montageanleitung ausgelöste Sachmangel letztlich in der Mangelhaftigkeit der Sache selbst manifestiert, was die Nacherfüllung unter Umständen in Form einer Neumontage erfordert.[1525] Dann nämlich bezieht sich der Nachfüllungsanspruch des Verbrauchers auf die gesamte Kaufsache. Wählt der Verbraucher die Nachbesserung, so ist es Sache des Verkäufers, den Mangel der Kaufsache zu beheben. Wählt der Verbraucher die Ersatzlieferung, so bleibt der Verkäufer lediglich dazu verpflichtet, eine neue Sache einschließlich mangelfreier Montageanleitung zu liefern.[1526] Zur Montage selbst kann er in diesem Fall nicht verpflichtet sein. Mehrkosten, die durch die Notwendigkeit einer Neumontage entstehen könnten, werden von § 439 Abs. 2 BGB erfasst, sodass dem Käufer durch die hier favorisierte Lösung keine Nachteile entstehen dürften.[1527]

Es bleibt das Problem, wie diejenigen Fälle zu behandeln sind, in denen die Sache zunächst trotz mangelhafter Montageanleitung fehlerfrei und erst nach ihrer Demontage bei der zweiten Montage fehlerhaft montiert wurde. Nach dem Wortlaut der Vorschrift gilt eine mangelhafte Montageanleitung nur dann als Sachmangel, wenn die Sache fehlerhaft montiert wurde. Aus der Formulierung „es sei denn“ folgt, dass der Verkäufer die Voraussetzungen der Ausnahmeregel beweisen muss. Ob immer die erstmalige oder die aufgrund der mangelhaften Montageanleitung tatsächlich fehlerhafte Montage maßgeblich ist, lässt sich dem Wortlaut der Vorschrift nicht ohne weitere entnehmen. Die Vorschrift könnte daher so ausgelegt werden, dass für den Fall, dass die Sache einmal fehlerfrei montiert worden ist, ein Anspruch aus §§ 437 ff BGB wegen fehlerhafter Montageanleitung ausscheidet.[1528]

Hiergegen kann nicht eingewandt werden, dass dadurch die Sache „mal mangelhaft mal nicht“ wird, womit ein erhöhtes Maß an Rechtsunsicherheit

---

[1523] *Brand*, ZGS 2003, 96 (99).

[1524] *Brand*, ZGS 2003, 96 (99).

[1525] *Stoppel*, VuR 2003, 176 (178).

[1526] So auch *Gruber*, VuR 2002, 120 (123); *Huber/Faust*, Schuldrechtmodernisierung, Kap. 13 Rn. 21.

[1527] Anders *Gruber*, VuR 2002, 120 (123), der die Mehrkosten als Schaden einstuft, der nur nach Maßgabe der §§ 437 Nr. 3 i.V.m. 280 Abs. 1 BGB für ersatzfähig wäre, was jedoch grundsätzlich ein Vertretenmüssen des Verkäufers voraussetzen würde.

[1528] So *Stoppel*, VuR 2003, 176 (179) und *Brand*, ZGS 2003, 96 (99).

verbunden sein soll.[1529] Will man aus diesem Grund nur die erstmalige Montage als haftungsauslösende Tatsache in Betracht ziehen, so hätte dies zur Folge, dass der Verbraucher seine Ansprüche verliert, wenn er zuvor sei es auch nur zufällig oder bedingt durch die Hilfe eines Dritten trotz mangelhafter Montage die Sache zunächst mangelfrei montiert hat, die erneute Montage aber fehlerhaft ist. Nach Art. 2 Abs. 5 VerbrGK-RL aber gilt die Montage immer als mangelhaft, wenn sie auf eine mangelhafte Montageanleitung zurückzuführen ist. Die VerbrGK-RL unterscheidet insoweit nicht zwischen einer erstmaligen und einer wiederholten Montage. Teilweise wird daher in der deutschen Literatur gefordert, den 2. Halbsatz von § 434 Abs. 2 Satz 2 BGB zu streichen.[1530] Derart weit reichende Konsequenzen sind nach der hier vertretenen Auffassung nicht erforderlich. Der vom deutschen Gesetzgeber zur Umsetzung von Art. 2 Abs. 5 VerbrGK-RL geschaffene § 476 BGB soll schließlich keine von der VerbrGK-RL abweichende Risikoverteilung bewirken.[1531]

Gemäß § 476 BGB wird vermutet, dass die Sache bereits bei Gefahrenübergang mangelhaft war, wenn sich der Mangel innerhalb der ersten sechs Monate nach Gefahrenübergang zeigt. Lässt man die Vorschrift des § 434 Abs. 2 Satz 2, 2. HS BGB unberücksichtigt, so würde die Sache unabhängig davon, ob die Erste oder eine ihr nachfolgende Montage bei mangelhafter Montageanleitung fehlerhaft ist, innerhalb der ersten sechs Monate als mangelhaft gelten, sofern der Verkäufer nicht das Gegenteil beweist. Eine Ausnahme hierzu aber ist wegen § 476 BGB nicht möglich. § 434 Abs. 2 Satz 2, 2. HS BGB muss daher als Konkretisierung des Inhalts des vom Verkäufer zu führenden Entlastungsbeweises für den Fall einer mangelhaften Montageanleitung verstanden werden. § 434 Abs. 2 Satz 2, 2. HS BGB ist daher so auszulegen, dass der Nachweis hinsichtlich der Mangelfreiheit der Montageanleitung zur Entlastung des Verkäufers nicht geführt werden muss.

Der Nachweis der Fehlerfreiheit der erstmaligen Montage reicht aber nicht. Der Verkäufer muss zu seiner Entlastung vielmehr beweisen, dass die Montage immer fehlerfrei erfolgt ist. Es ist durchaus sachgerecht, den Verkäufer mit dem Haftungsrisiko für eine mangelhafte Montageanleitung zu belasten, wenn die Montage zwischenzeitlich fehlerfrei montiert wurde. Dieser Fall ist einem versteckten Mangel gleichzustellen, der ebenfalls mit den Einschränkungen des § 442 BGB als Sachmangel zu qualifizieren ist. Bei richtlinienkonformer Auslegung kommt man zu dem Schluss, dass auch die auf einer mangelhaften Montage-

---

1529 *Brand*, ZGS 2003, 96 (100), der aus diesem Grund wegen der scheinbaren Rechtsunsicherheit mit dem Argument der *ratio legis* nur die erstmalige mangelhafte Montage bei mangelhafter Montageanleitung als Sachmangel qualifizieren will.

1530 *Stoppel*, VuR 2003, 176 (179).

1531 Regierungsbegründung zum SchuldRModG, BT-Drucks. 14/60, S. 216; Anwaltskommentar-*Büdenbender*, § 434 Rn. 17; *Hoeren/Martinek-Malzer*, § 434 Rn. 90; Palandt-*Putzo*, 64. Aufl., § 434 Rn. 51; Staudinger-*Matusche/Beckmann*, Neuberab., § 476 Rn. 1; *Brox/Walker*, Besonderes Schuldrecht, Rn. 35; *Huber/Faust*, Schuldrechtsmodernisierung, Kap. 12 Rn. 57; *Oetker/Maultzsch*, Vertragliche Schuldverhältnisse, S. 47.

anleitung beruhende fehlerhafte der Erstmontage nachfolgende Montage der Sache einen Sachmangel darstellt.[1532]

(1) Unentgeltlichkeit der Nacherfüllung

Die für die Nacherfüllung erforderlichen Aufwendungen hat der Verkäufer gemäß § 439 Abs. 2 BGB zu tragen. Das entspricht dem bisherigen § 476 a BGB a.F., wurde aber auf die Ersatzlieferung ausgedehnt und verzichtet auf die komplizierte Regelung, dass die Sache an einen anderen Ort verbracht wurde.[1533] § 439 Abs. 2 BGB nennt beispielhaft Transport-, Wege-, Arbeits- und Materialkosten.[1534] Dass es sich hierbei um keine abschließende Aufzählung handelt, ergibt die Formulierung „insbesondere“, sodass zusätzlich auch alle übrigen Kosten, die sich den genannten Aufwendungen nicht zuordnen lassen, vom Verkäufer zu tragen sind, wenn sie erforderlich sind.[1535] In Anlehnung an die Rechtsprechung zum Werkvertragsrecht[1536] wird man wohl hierzu auch die Kosten erforderlicher Vor- und Nacharbeiten zählen müssen.[1537] Dies können etwa die Kosten der Feststellung eines vom Käufer berechtigterweise geltend gemachten Mangels sowie zusätzliche Wartungskosten sein.[1538] Insbesondere auch die Anfahrtskosten des Verkäufers und seiner Hilfspersonen.[1539] Insoweit stimmt die deutsche Umsetzungsvorschrift mit den Vorgaben der VerbrGK-RL überein. Das deutsche Recht weicht jedoch in der systematischen Anordnung von der VerbrGK-RL ab. Art. 2 Abs. 1 bis 3 VerbrGK-RL bestimmt, dass sowohl die Nachbesserung als auch die Ersatzlieferung „unentgeltlich“ zu erfolgen hat. Erst Abs. 4 enthält eine nähere Bestimmung der Unentgeltlichkeit.

(2) Nacherfüllung innerhalb einer angemessenen Frist

Anders als Art. 3 Abs. 3 Satz 3 VerbrGK-RL hat der deutsche Gesetzgeber darauf verzichtet, eine Frist für die Erfüllung des Nacherfüllungsanspruchs festzulegen. Gemäß § 437 Nr. 2 i.V.m. § 323 Abs. 1 BGB ist Voraussetzung des Rücktritts der Ablauf einer vom Verbraucher gesetzten Frist. Gleiches gilt gemäß § 441 BGB für die Minderung. Es bedarf nach dem Wortlaut der Vorschrift regelmäßig einer Fristsetzung durch den Verbraucher, um weitergehende Rechtsbehelfe geltend zu machen. Wird eine zu kurze Frist vom Käufer gesetzt, so schließt dies die Rechte des Verbrauchers nicht aus, sondern setzt nach der Gesetzesbegründung eine angemessene Frist in Gang.[1540] Hieraus ist zu entnehmen, dass die Nacherfüllung

---

[1532] Hierbei ist insbesondere an diejenigen Fälle zu denken, in denen die Sache zur mehrmaligen Montage bestimmt ist, wie etwa bei einem Zelt etc.

[1533] *Haas*, BB 2001, 1313 (1316).

[1534] *Huber/Faust*, Schuldrechtsmodernisierung, Kap. 13 Rn. 25.

[1535] *von Westphalen*, in: *Henssler/von Westphalen*, Praxis der Schuldrechtsreform, § 439 Rn. 11.

[1536] Zu § 633 Abs. 2 BGB a.F.: BGH NJW 1986, 922 (923); NJW 1963, 805 (806); NJW 1979, 2095 (2096); BGHZ 58, 332 (339).

[1537] *Schellhammer*, MDR 2002, 301 (301).

[1538] *Reinking*, ZfS 2003, 57 (61).

[1539] Regierungsbegründung zum SchuldRModG, BT-Drucks. 14/6040, S. 231.

[1540] Regierungsbegründung zum SchuldRModG, BT-Drucks. 14/6040, S. 184, 138.

auch nach deutschem Recht innerhalb einer angemessenen Frist zu erfolgen hat. Ob eine Frist angemessen ist, soll sich nach Auffassung des Gesetzgebers vorrangig nach den Interessen des Käufers richten.[1541] Sie soll dem Verkäufer lediglich eine letzte Gelegenheit zur Erfüllung seiner Vertragspflichten geben und muss daher in Anlehnung an die wohl in diesem Zusammenhang heranzuziehende Rechtsprechung zum alten Recht nicht so bemessen sein, dass der Verkäufer die noch gar nicht begonnene Leistungshandlung erst anfangen und fertig stellen kann.[1542] Welche Zeitspanne hingegen angemessen ist, hat sich nach den Umständen des Einzelfalles zu bestimmten.

Nach Ablauf dieser Frist lebt zunächst das Wahlrecht des Verbrauchers bezüglich der Nacherfüllungsart auf. Es wäre unangemessen, wenn der Verbraucher an seine Wahl gemäß § 263 BGB gebunden bliebe, obwohl der Verkäufer die Nacherfüllung nicht innerhalb einer angemessenen Frist bewirkt hat. Entsteht dem Käufer durch die Nichtvornahme der Nacherfüllung innerhalb einer angemessenen Frist ein Schaden, so stehen ihm Schadensersatzansprüche zu, da es sich unzweifelhaft um eine Pflichtverletzung i.S.d. § 280 Abs. 1 BGB handelt. Ob auch der Übergang auf die sekundäre Gewährleistungsebene möglich ist, kann an dieser Stelle noch offen bleiben.

(3) Keine Unzumutbarkeit bei der Nacherfüllung

Ebenfalls verzichtet hat der Gesetzgeber auf eine Art. 3 Abs. 3 Satz 3 VerbrGK-RL entsprechende Norm, wonach die Nacherfüllung ohne Unannehmlichkeiten für den Verbraucher erfolgen muss. In § 440 BGB hat er festgelegt, dass der Käufer auf die sekundäre Gewährleistungsebene ohne Fristsetzung übergehen kann, wenn die Nacherfüllung fehlgeschlagen oder unzumutbar ist. Aus einem Umkehrschluss hierzu folgt, dass die Nacherfüllung für den Verbraucher zumutbar sein muss. Von der Zumutbarkeit einer Nacherfüllung ist bei richtlinienkonformer nur dann auszugehen, wenn sie keine Unannehmlichkeiten für den Verbraucher bedeutet. Fraglich ist daher zunächst ob eine Nacherfüllung auch dann unzumutbar sein kann, wenn sie erfolgreich war. In der deutschen Literatur wird darauf hingewiesen, dass das Rücktrittsrecht wegen Unzumutbarkeit der Nacherfüllung nach § 440 BGB an die Entbehrlichkeit der Fristsetzung anknüpft, also nach der Gesetzessystematik voraussetzt, dass eine erfolgreiche Nacherfüllung noch nicht vorliegt.[1543]

Auch die Formulierung der Vorschrift scheint diese Auslegung zu unterstützen, da nach dem Wortlaut ein Recht zum sofortigen Rücktritt bestehen soll, wenn die Nacherfüllung mit erheblichen Unannehmlichkeiten verbunden „ist", was, so wird in der Literatur vertreten, im Sinne eines „sein wird" zu lesen sei.[1544]

[1541] Regierungsbegründung zum SchuldRModG BT-Drucks. 14/6040, S. 234.

[1542] RGZ 89, 123 (125); BGH NJW 1984, 48, (49); BGH WM 1973, 1020 (1021); BGH NJW 1982, 1279 (1280).

[1543] *Gsell*, JZ 2001, 65 (70).

[1544] *Roth*, in: *Ernst/Zimmermann* (Hrsg.), Zivilrechtswissenschaft und Schuldrechtsreform, S. 225 (243).

Bei einer derartigen Auslegung würde die Vorschrift nur den Fall künftig zu erwartender Unannehmlichkeiten erfassen.[1545] Dies wird von Teilen in der deutschen Literatur auch für sachgerecht gehalten, da dem Käufer in diesem Fall Schadensersatzansprüche zur Seite stünden.[1546] Andere wiederum sehen gerade darin einen Verstoß gegen die Richtlinienvorgaben.[1547] Wie bereits gezeigt, erfordert die VerbrGK-RL, dass die Mitgliedstaaten zumindest für den Fall, dass die Abhilfe nicht innerhalb einer angemessenen Frist erfolgt ist, ein Recht zur Minderung und zur Vertragserfüllung trotz erfolgreicher Abhilfe vorzusehen haben. Der *effet utile* der Vorschrift spricht daher für eine weite Auslegung.[1548]

Müsste der Käufer eine Nacherfüllung hinnehmen, die erhebliche Unannehmlichkeiten mit sich bringt, so läge es in der Hand des Verkäufers den für ihn bequemsten Weg zu wählen, was im Ergebnis zu einer Umgehung des Wahlrechts des Käufers aus § 437 BGB führen würde.[1549] Die Streitfrage, ob der Käufer bei einer mit erheblichen Unannehmlichkeiten verbundenen Nacherfüllung zum Rücktritt berechtigt sein soll, wenn sie erfolgreich war, wird vom deutschen Gesetzgeber nicht eindeutig gelöst. Nach der VerbrGK-RL muss der Käufer auch bei erfolgreicher Nacherfüllung vom Vertrag zurücktreten können. Diese Auslegung lässt sich auch ohne weiteres mit den Vorschriften des BGB vereinbaren. Der Verbraucher kann für den Fall, dass der Verkäufer im Rahmen der Nacherfüllung andere Rechtsgüter des Verbrauchers als die veräußerte Sache beschädigt, nach § 437 Nr. 3 i.V.m. § 324 i.V.m. § 241 II BGB vom Vertrag wegen Verletzung einer Rücksichtnamepflicht bei Unzumutbarkeit zurücktreten.

Unzumutbarkeit der Vertragsdurchführung wird man bei richtlinienkonformer Auslegung insbesondere dann annehmen können, wenn die Nacherfüllung mit erheblichen Unannehmlichkeiten verbunden war.[1550] Nicht zuletzt bestimmt § 440 Satz 1 BGB, dass der Käufer auch bei Fehlschlagen der Nacherfüllung sofort vom Vertrag zurücktreten oder den Kaufpreis mindern kann. Als Fehlgeschlagen gilt die Nacherfüllung gemäß § 440 Satz 2 BGB dann, wenn auch ihr zweiter Versuch erfolglos war, sofern sich nicht aus der Art der Sache oder des Mangels oder den sonstigen Umständen etwas anderes ergibt. Eine dritte erfolgreiche Nacherfüllung berechtigt daher zur Vertragsauflösung und Minderung.

1545 *Roth*, in: *Ernst/Zimmermann* (Hrsg.), Zivilrechtswissenschaft und Schuldrechtsreform, S. 225 (243).

1546 *Tonner/Crellwitz/Echtermeyer*, in: *Micklitz/Pfeiffer/Tonner/Willingmann*, Schuldrechtsreform und Verbraucherschutz, S. 293 (324).

1547 *Roth*, in: *Ernst/Zimmermann* (Hrsg.), Zivilrechtswissenschaft und Schuldrechtsreform, S. 225 (243f.).

1548 *Roth*, in: *Ernst/Zimmermann* (Hrsg.), Zivilrechtswissenschaft und Schuldrechtsreform, S. 225 (245); die Richtlinie in diesem Sinne interpretierend: *Ernst/Gsell*, ZIP 2000, 1410 (1417f.); *Huber*, FS *Heldrich*, S. 297 (307); Anwaltskommentar-*Pfeiffer*, Art. 3 Rn. 16; *Staudenmayer*, ERPL 2000, 547 (555).

1549 *Hoffmann*, ZRP 2001, 347 (350).

1550 *Pfeiffer*, ZGS 2002, 390 (392)

Fraglich ist somit, ob § 440 Satz 2 BGB überhaupt richtlinienkonform ist. Im Regierungsentwurf zum SchuldRModG fand sich noch die Formulierung „Verhalten des Verkäufers". Da es auch auf das Verhalten des Käufers ankommen kann, wurde dieser Passus durch die Worte „sonstige Umstände" ersetzt.[1551] Es kommt jeweils auf die Umstände des Einzelfalls an, wie viele Nacherfüllungsversuche der Verkäufer hat.[1552] Teilweise ist in der Literatur vertreten worden, dass die Anzahl der Nacherfüllungsversuche vom Aufwand der Mängelbeseitigung abhängen soll. Bei einfach zu behebenden Mängeln soll dem Verkäufer daher nur ein Erfüllungsversuch zustehen, bei komplexen Mängeln indessen sollen hingegen sogar mehr als zwei Versuche für den Verbraucher noch zumutbar sein.[1553] Für Kaufverträge zwischen Geschäftsleuten, die nicht in den Anwendungsbereich der VerbrGK-RL fallen, mag dies zwar eine angemessene Lösung darstellen. Bei einem Verbrauchsgüterkauf überzeugt eine derartige Auslegung indessen nicht. Es muss vielmehr darauf ankommen, ob der zweite Nacherfüllungsversuch noch innerhalb einer angemessenen Zeit erfolgt.

Ist eine angemessene Frist bereits verstrichen, so lebt auch hier das Wahlrecht des Verbrauchers wieder auf. Es wäre unangemessen, wenn der Verbraucher an seine Wahl gemäß § 263 BGB gebunden bliebe, obwohl die Nacherfüllung bereits fehlgeschlagen ist. Nur wenn die Tatsache, dass nicht innerhalb einer angemessenen Zeit eine zweite erfolgreiche Nacherfüllung erfolgt, als ein „sonstiger Umstand" angesehen wird, ist § 440 Satz 2 BGB richtlinienkonform.

c) Erfüllungsort

In Ermanglung einer spezialgesetzlichen Regelung ist zur Bestimmung des Erfüllungsorts die allgemeine Regelung des § 269 BGB heranzuziehen. Erfüllungsort ist danach grundsätzlich der Wohnsitz des Schuldners im Zeitpunkt der Entstehung des Schuldverhältnisses, wenn weder etwas anderes bestimmt ist noch die Umstände, insbesondere die Natur des Schuldverhältnisses, für einen anderen Ort sprechen. Berücksichtigt man, dass der Nacherfüllungsanspruch die Fortsetzung des Erfüllungsanspruchs ist, so spricht dies zunächst dafür, dass die für die Erfüllung getroffene Parteivereinbarung gleichermaßen für die Nacherfüllung gilt, sofern keine davon abweichende Vereinbarung getroffen wurde. Insbesondere dann, wenn der Verkäufer eine eigene Werkstatt hat, dürfte eine konkludente Vereinbarung mit dem Inhalt anzunehmen sein, dass Reparaturarbeiten in der Werkstatt durchzuführen sind. Damit dürfte der Erfüllungsort für die Nacherfüllung mit dem Erfüllungsort des ursprünglichen Erfüllungsanspruchs wiederum regelmäßig identisch sein.[1554]

Fehlt es an einer Parteivereinbarung, so ist bei einem Verbrauchsgüterkauf wegen der Natur des Schuldverhältnisses unter Umständen etwas anderes i.S.d. §

1551 Regierungsbegründung zum SchuldRModG BT-Drucks. 14/6040, S. 233.

1552 Anwaltskommentar-*Büdenbender*, § 440 Rn. 6; H.P. *Westermann*, NJW 2002, 241 (249).

1553 Kompaktkommentar-*Tonner/Crellwitz*, § 440 Rn. 13; Anwaltskommentar-*Büdenbender*, § 440 Rn. 6.

1554 *Reinking*, ZfS 2003, 57 (60).

269 BGB bestimmt. In der Literatur ist in diesem Zusammenhang vertreten worden, dass insoweit Art. 3 Abs. 3 Satz 3 BGB heranzuziehen sei, wonach die Abhilfe ohne erhebliche Unannehmlichkeiten für den Verbraucher zu erfolgen hat, weswegen die Nacherfüllung dort zu erfolgen habe, wo sich die mangelhafte Sache im Zeitpunkt der Geltendmachung der Ansprüche befindet.[1555] Art. 3 Abs. 3 Satz 3 BGB betrifft nur die Zuweisung der Kosten.[1556] Auch der Umkehrschluss aus § 440 Satz 1 BGB, wonach die Nacherfüllung dem Verbraucher zumutbar sein muss, spricht für eine einschränkende Anwendung des § 269 BGB. Die Überlegungen zeigen, dass von der Grundregel des Erfüllungsorts am Wohnsitz des Verkäufers auszugehen ist und nur für den Fall, dass dies für den Käufer unzumutbar ist, der Erfüllungsort an den Wohnsitz des Käufers zu verlegen. Bei zur Montage bestimmten Sachen wird sich dies bereits aus der Parteivereinbarung ergeben.

3. Sekundäre Rechtsbehelfe: Minderung und Rücktritt

Rücktritt und Minderung sind, neben den hier nicht behandelten Schadensersatzansprüchen, die sekundären Rechtsbehelfe des Verbrauchers. Gemäß § 437 Nr. 2 i.V.m. § 441 BGB[1557] kann der Käufer bei Lieferung einer mangelhaften Sache „statt" des Rücktritts die Minderung des Kaufpreises verlangen. Das Rücktrittsrecht ist normativer Anknüpfungspunkt für das Minderungsrecht.[1558] Diese Konstruktion ist aus Gründen der Gesetzgebungsökonomie auch sinnvoll, um gleichlautende Vorschriften zu vermeiden, da das Minderungsrecht anders als die übrigen Rechtsbehelfe des Käufers im deutschen Recht keine Entsprechung im allgemeinen Leistungsstörungsrecht findet, sondern ein spezielles kaufrechtliches Gewährleistungsrecht ist.[1559]

Sowohl die Rechtsfolgen der Minderung als auch die des Rücktritts werden durch eine entsprechende Erklärung des Käufers ausgelöst.[1560] Dies ergibt sich aus der Formulierung „durch Erklärung" in § 441 BGB für die Minderung und in § 349 BGB für den Rücktritt. Es handelt sich dabei um eine einseitig empfangbedürftige Erklärung gegenüber dem Verkäufer, die den Willen erkennen lässt, dass sich der Rücktrittsberechtigte vom Vertrag lösen will.[1561] Sie bedarf keiner Form und ist auch konkludent möglich. Anders als nach altem Recht handelt es sich sowohl beim Rücktritt als auch bei der Minderung damit nicht mehr um Ansprüche, sondern um Gestaltungsrechte. Das Rücktrittsrecht tritt an die Stelle der Wandlung

---

1555 *Haas*, in: *Haas/Medicus/Rolland/Schäfer/Wendtland*, Das neue Schuldrecht, S. 201 Rn. 154.

1556 So auch *Büdenbender* für § 439 Abs. 2 BGB, der der Umsetzung von Art. 3 Abs. 3 Satz 3 VerbrGK-RL dient, vgl. Anwaltskommentar-*Büdenbender*, § 439 Rn. 12.

1557 Für das Werkvertragsrecht findet sich eine entsprechende Regelung in § 638 BGB.

1558 Siehe hierzu *Lorenz/Riehm*, Lehrbuch zum neuen Schuldrecht, S. 284, der von einer „Ankopplung an das Rücktrittsrecht" spricht.

1559 *Huber/Faust*, Schuldrechtsmodernisierung, Kap. 13 Rn. 86.

1560 *Canaris*, Schuldrechtsmodernisierung 2002, S. XXVI.

1561 Palandt-*Heinrichs*, 64. Aufl., § 349 Rn. 1.

nach § 462 BGB a.F., dessen Vollzug und Durchführung in den nunmehr gestrichenen §§ 465 und 467 BGB a.F. geregelt waren.[1562]

§ 467 BGB a.F. verwies für die Wirkungen der Wandlung auf die allgemeinen Vorschriften für den Rücktritt in §§ 346 ff. BGB a.F., sparte dabei allerdings die Vorschrift des § 349 BGB aus, wonach die Wirkungen des Rücktritts mit seiner Erklärung eintreten. Gemäß § 465 BGB konnte der Käufer einen Anspruch aus Wandlung erst geltend machen, wenn der Verkäufer sein Einverständnis mit der Wandlung erklärte.[1563] Einen derartigen kaufrechtsspezifischen Aufhebungsmechanismus kennt die Neuregelung nicht.[1564] Die „Vertragsaufhebung" ist erheblich vereinfacht worden.[1565] Gemäß § 441 BGB steht das Wahlrecht zwischen Minderung und Rücktritt dem Käufer zu. Während der Käufer nach altem Recht grundsätzlich wegen § 465 BGB a.F. die Möglichkeit hatte, auch nach Abgabe einer Wandlungserklärung bis zur Erklärung des Einverständnisses durch den Verkäufer oder bis zur Verurteilung zur Rückzahlung des Kaufpreises auf andere Rechtsbehelfe überzuwechseln[1566], wird nunmehr in der Literatur aus

[1562] Auch wenn bereits die deutsche Fassung der Richtlinie auf den Begriff der Wandlung verzichtete waren weder die Umwandlung des Anspruchs auf Wandlung in ein Gestaltungsrecht noch die Aufgabe des Begriffs der „Wandlung" durch die Richtlinie geboten. Vgl. hierzu *Jorden/Lehmann*, JZ 2001, 952 (959); *Micklitz*, EuZW 1999, 485 (487); *Staudenmayer*, NJW 1999, 2393.

[1563] Wie die Fälle eines fehlenden Einverständnisses durch den Verkäufer zu behandeln waren, hing davon ab, ob man der Vertragstheorie, der Herstellungstheorie oder der Theorie vom richterlichen Gestaltungsakt folgte. Nach der Vertragstheorie hatte der Käufer einen Anspruch auf Abschluss eines Vertrages durch den die Wandlung oder Minderung erst vollzogen wird. Kam dieser Vertrag nicht freiwillig zustande, so sollte der Käufer nach dieser Theorie nur die Möglichkeit haben, auf die Abgabe einer entsprechenden Willenserklärung des Verkäufers zu klagen und sofern der Verkäufer die Durchführung der Wandelung oder Minderung verweigerte, auf die Rechtsfolgen des jeweiligen Rechtsbehelfs. Nach der Herstellungstheorie stand dem Käufer hingegen ein direkter Anspruch auf Herstellung des Zustandes zu, der infolge der Minderung oder Wandlung entsteht, sodass der Käufer auf Rückgabe des Kaufpreises oder auf Befreiung von seiner Zahlungspflicht aus § 433 Abs. 2 BGB klagen konnte. Nach der Theorie vom richterlichen Gestaltungsakt wurde die Wandlung oder Minderung ebenso wie bei der Vertragstheorie durch einen Vertrag vollzogen, der Käufer konnte jedoch direkt auf die Rechtsfolgen klagen, wobei das Urteil den zur Durchführung des jeweiligen Rechtsbehelfs erforderlichen Vertrag ersetzte. Der Bundesgerichtshof hingegen gestattete dem Käufer die sofortige Klage auf die Rechtsfolgen der Wandlung oder Minderung, hielt aber einen Vertrag für erforderlich und genügend. Zu den Theorien siehe MüKo-*Westermann*, 3. Aufl. § 462 Rn. 3 ff m.w.N.; Palandt-*Putzo*, 61. Aufl., § 465 Rn. 3f. m.w.N.

[1564] *Huber/Faust*, Schuldrechtsmodernisierung, Kap. 13 Rn. 59.

[1565] *Zimmer/Eckhold*, Jura 2002, 145 (151); *Haas*, BB 2001, 1313 (1317).

[1566] Vgl. hierzu Erman-*Grunewald*, BGB, 10. Aufl. 2000, § 462 Rn. 5; MüKo-*Westermann*, 3. Aufl., § 462 Rn. 3; Palandt-*Putzo*, 61. Aufl., § 465 Rn. 2; Soergel-*Huber*, 12. Aufl., § 462 Rn. 48; Staudinger-*Honsell*, 13. Aufl., § 465 Rn. 2.

der Gestaltungswirkung des Rücktritts eine Bindung des Käufers an seine Rücktrittserklärung gefolgert.[1567]

Auch der Gesetzgeber hat ausdrücklich darauf hingewiesen, dass der Käufer nicht vom Rücktritt auf die Minderung überwechseln kann und insoweit an seine Rücktrittserklärung gebunden sei.[1568] Mit der Schuldrechtsreform hat der Käufer sein *ius variandi* verloren. Die Schlechterstellung des Käufers gegenüber dem alten Recht wird damit gerechtfertigt, dass der Käufer durch das Nachfristsetzungserfordernis und die Möglichkeit, gemäß § 325 BGB auch im Falle des Rücktritts Schadensersatz zu verlangen[1569], ausreichend geschützt sei.[1570] Die Nachfristsetzung dient nicht dem Zweck, den Käufer vor einer Übereilung zu schützen, sondern sie soll dem Verkäufer ermöglichen, sein „Recht zur zweiten Andienung" wahrzunehmen.[1571]

Gegen eine Bindungswirkung spricht, dass eine konsensuale „Rücknahme" als Änderungsvertrag immer möglich ist. Eine solche Vereinbarung liegt nahe, wenn die Mangelhaftigkeit der Sache, nachdem der Käufer den Rücktritt erklärt hat, vom Verkäufer behoben worden ist. Hat aber der Käufer den Anspruch auf Rückzahlung des Kaufpreises gerichtlich geltend gemacht, so ist er gezwungen die Kaufsache solange bereitzuhalten, bis die richterliche Entscheidung ergangen bzw. das Urteil rechtskräftig geworden ist und kann sie daher nicht, ohne zur Zahlung einer Nutzungsentschädigung verpflichtet zu sein, nutzen.[1572]

Ließe man hingegen einen Übergang auf die Minderung zu, so wäre beiden Parteien geholfen. Der Vorteil für den Verkäufer bei der Minderung besteht darin, dass der Vertrag durchgeführt werden kann und er nicht auf einer nunmehr nicht mehr als neu veräußerbaren Sache sitzen bleibt. Das Prozesskostenrisiko ist bei einer Minderung erheblich geringer, da hier nur der Minderungswert und nicht der volle Kaufpreis eingeklagt wird, sodass beide Vertragsparteien ein Interesse am Wechsel des Rechtsbehelfs durch den Käufer haben könnten, schließlich lässt sich in der Praxis oftmals nicht genau vorhersagen, wer im Prozess obsiegen wird.[1573] Richtlinienwidrig ist die Unwiderruflichkeit der Rücktrittserklärung indessen nicht.

Nach Art. 3 Abs. 3 und 5 VerbrGK-RL erscheint zwar ein Übergang zur Minderung bis zur Erfüllung des Anspruchs grundsätzlich ermöglich. Dies ist auch der Grund, warum in der Literatur Bedenken an der Richtlinienvereinbarkeit der

---

1567 *Boerner*, ZIP 2001, 2264 (2270); *Gaier*, WM 2002, 2; Palandt-*Putzo*, 64. Aufl., § 437 Rn. 27; MüKo-*Westermann*, 4. Aufl, BGB § 437 Rn. 10; Palandt-*Heinrichs*, 64. Aufl., § 349 Rn. 2; *Westermann*, in: *Schulze/Schulte-Nölke*, Die Schuldrechtsreform vor dem Hintergrund des Gemeinschaftsrechts, S. 109 (127).

1568 Regierungsbegründung zum SchuldRModG, BT-Drucks. 14/6040, S. 221.

1569 So *Boerner*, ZIP 201, 2264 (2270); zum Übergang vom Rücktritt zum Schadensersatzrecht vgl. *Derleder*, NJW 2003, 998f.

1570 Regierungsbegründung zum SchuldRModG, BT-Drucks. 14/6040, S. 221.

1571 Anwaltskommentar-*Büdenbender*, § 441 Rn. 1; *Huber/Faust*, Schuldrechtsmodernisierung, S. 318; *Wertenbruch*, JZ 2002, 862 (864).

1572 So das Beispiel bei *Wertenbruch*, JZ 2002, 862 (864).

1573 *Wertenbruch*, JZ 2002, 862 (864).

Ausgestaltung des Rücktrittsrechts als Gestaltungsrecht geäußert wurden.[1574] Es lässt sich hieraus aber nicht entnehmen, dass dem Verbraucher ein Anspruch auf Abgabe einer Willenserklärung mit der Folge eines *ius variandi* bis zur Erfüllung dieses Anspruchs eingeräumt werden muss.[1575] Art. 3 Abs. 5 VerbrGK-RL bestimmt nur, dass der Verbraucher eine angemessene Minderung des Kaufpreises *oder* eine Vertragsauflösung verlangen kann. Der Richtliniegesetzgeber hat keine Vorgaben bezüglich der Bindungswirkung von Minderung und Vertragsauflösung gemacht. Hat sich aber der deutsche Gesetzgeber für die Ausgestaltung des Rücktrittsrechts als Gestaltungsrecht entschieden, so ist die Gestaltungswirkung *de lege lata* grundsätzlich zu respektieren, auch wenn dies nicht sachgerecht erscheint.[1576]

Diese Problematik kennt auch das CISG. Nach Art. 49 Abs. 1 CISG kann der Verkäufer bei wesentlicher Vertragsverletzung die Vertragsaufhebung erklären. Hieraus ergibt sich, dass auch das CISG das Recht auf Vertragsaufhebung als Gestaltungsrecht qualifiziert, sodass der Käufer an seine Erklärung grundsätzlich gebunden ist.[1577] Verweigert der Verkäufer zunächst die Durchführung der Vertragsaufhebung, beruft sich aber auf die Bindungswirkung der Vertragsaufhebung, wenn der Käufer auf die Minderung überwechseln will, so stellt dies einen Verstoß gegen den Grundsatz von Treu und Glauben nach Art. 7 Abs. 1 CISG dar und führt zur Aufhebung der Bindungswirkung.[1578] In der Literatur wird daher die Lösung der genannten Problemfälle über die Rechtsfigur des *venire contra factum proprium* als Fall des Verstoßes gegen Treu und Glauben gesucht.[1579]

Verweigert der Verkäufer die Rückabwicklung, so entfällt sein Interesse an der Bindungswirkung. Sinn und Zweck der Bindungswirkung ist es, die Dispositionsfreiheit des Verkäufers bezüglich der Kaufsache zu schützen.[1580] Verlangt er aber, dass der Käufer seinen Rückzahlungsanspruch gerichtlich geltend macht und verwehrt ihm den Übergang auf die Minderung[1581], so setzt er sich zu seinem früheren Verhalten in Widerspruch. Es gibt zwar keinen allgemeinen Ausspruch, wonach ein widersprüchliches Verhalten grundsätzlich unzulässig ist, da die Parteien ihre Rechtsansichten ändern dürfen. Ist durch das Verhalten des Berechtigten ein Vertrauenstatbestand begründet worden oder hat der Berechtigte

---

1574 So *Schlechtriem*, in: *Ernst/Zimmermann* (Hrsg.), Zivilrechtswissenschaft und Schuldrechtsreform, 205 (211); *Westermann*, in: *Schulze/Schulte-Nölke*, S. 109 (127).

1575 *Wertenbruch*, JZ 2002, 862 (865); *Roth*, in: *Ernst/Zimmermann* (Hrsg.), Zivilrechtswissenschaft und Schuldrechtsreform, S. 225 (235).

1576 *Wertenbruch*, JZ 2002, 862 (865).

1577 Staudinger-*Magnus*, CISG, Art. 49 Rn. 26.

1578 Zum Verbot widersprüchlichen Verhaltens unter Geltung des CISG, vgl. Staudinger-*Magnus*, CISG, Art. 7 Rn. 43.

1579 *Wertenbruch*, JZ 2002, 862 (865).

1580 *Wertenbruch*, JZ 2002, 862 (865).

1581 Was selbstverständlich beim Verbrauchsgüterkauf wegen § 475 BGB unerheblich wäre, da der Übergang auf die Minderung bereits von Gesetzes wegen ausgeschlossen ist.

aus seinem früheren Verhalten Vorteile gezogen und verhält sich damit treuwidrig, was insbesondere bei einem unlösbaren Selbstwiderspruch der Fall ist, so ist ein solches widersprüchliches Verhalten[1582] rechtsmissbräuchlich.[1583]

Weist daher der Verkäufer eine Rücktrittserklärung zurück, will aber später zum Zwecke der Abwehr einer Minderung an der Rücktrittserklärung festhalten, so stellt dies einen unlösbaren Selbstwiderspruch dar, der die Bindungswirkung gemäß § 242 BGB wegen des Verbots eines widersprüchlichen Verhaltens auch noch im Prozess wieder aufhebt.[1584] Mit der Ausübung eines Gestaltungsrechts wird die Rechtslage unwiderruflich umgestaltet, sodass der Käufer mit der Geltendmachung des Rücktritts oder der Minderung sein Wahlrecht verliert.[1585] Während die Ausgestaltung des Rücktritts als Gestaltungsrecht dem deutschen Rechtswissenschaftler nicht fremd ist, da sie bereits von der 1. BGB-Kommission[1586] vorgeschlagen und daher vielfach diskutiert wurde, stellt sie hinsichtlich der Minderung ein echtes Novum dar.

a) Allgemeine Voraussetzungen

Der Käufer kann gemäß § 437 Satz 1 Nr. 2 BGB bei Mangelhaftigkeit der Kaufsache unter den zusätzlichen Voraussetzungen der §§ 440, 323 und 326 Abs. 5 BGB vom Vertrag zurücktreten oder nach § 441 BGB den Kaufpreis mindern. Aus der Formulierung in § 441 Abs. 1 BGB „statt zurückzutreten" ergibt sich, dass auch bei der Minderung die Voraussetzungen für einen Rücktritt vorliegen müssen, sodass die Übergangsregelungen von der Nacherfüllung auf die sekundären Rechtsbehelfe ebenso wie in der VerbrGK-RL einheitlich ausgestaltet sind. Nur der Ausschlussgrund des § 323 Abs. 5 BGB, der nach § 437 Satz 1 Nr. 2 BGB auch für den Rücktritt gilt, ist von der Verweisung in § 441 Abs. 1 BGB durch dessen Abs. 2 ausgenommen. Voraussetzung für Rücktritt und Minderung ist gemäß § 323 Abs. 1 BGB, dass der Gläubiger (Verbraucher) dem Schuldner (Verkäufer) eine angemessene Frist setzt und diese Frist erfolglos abgelaufen ist.

Nicht haltbar ist die Auffassung des OLG Köln, wonach neben dem mit einer Frist verbundenen Nacherfüllungsverlangen der Käufer auch noch erkennen lassen muss, "dass Konsequenzen im Hinblick auf die weitere Vertragsdurchführung im Raume stehen".[1587] Angesichts der Tatsache, dass der Gesetzgeber bewusst auf die Übernahme der Ablehnungsandrohung aus § 326 BGB a.F. verzichtet hat, kann wohl von einer Fristsetzung nicht verlangt werden, dass sie derartigen inhaltlichen Anforderungen entspricht. Das ergibt sich auch daraus, dass die noch im Regierungsentwurf zum SchuldRModG vorgesehene sog. "weiche Ablehnungsandrohung", wonach der Rücktritt trotz Fristablauf nicht zulässig war, wenn "der Schuldner trotz der Fristsetzung nicht mit dem Rücktritt rechnen musste", im

---

1582 In diesem Fall liegt ein „*vernire contra factum proprium*" vor.

1583 Vgl Nachweise bei Palandt-*Heinrichs*, 64. Aufl., § 242 Rn. 55 f.

1584 *Wertenbruch*, JZ 2002, 862 (865).

1585 *Zimmer/Eckhold*, Jura 2002, 145 (151); *Haas*, BB 2001, 1313 (1317).

1586 Vgl. hierzu *Wertenbruch*, JZ 2002, 862 (863).

1587 OLG Köln, ZGS 2003, 392 (393).

weiteren Gesetzgebungsverfahren ausdrücklich fallen gelassen wurde. Der Rechtsausschuss hatte hierzu bemerkt, dass es einer solchen Regelung nicht bedürfe, "weil eine Fristsetzung dem Schuldner in aller Regel deutlich macht, dass weiteres Nichtleisten Folgen haben wird".[1588]

Angesichts der Tatsache, dass Art. 3 Abs. 5 VerbrGK-RL, dessen Umsetzung § 323 BGB unter anderem dient, dem Verbraucher das mit dem deutschen Rücktrittsrecht korrespondierende Recht zur Vertragsauflösung ohne Nachfristsetzung einräumt,[1589] dürfte das im deutschen Recht im Falle eines behebbaren Mangels bestehende Erfordernis einer Frist*setzung* sowohl für den Rücktritt als auch für die Minderung entgegen der im Gesetzgebungsverfahren zum Ausdruck gekommenen Ansicht des Gesetzgebers eindeutig richtlinienwidrig sein.[1590] Der Gesetzgeber vertritt die Ansicht, dass die Regelung in § 323 BGB sogar günstiger für den Käufer ist, weil er selbst bestimmen kann, wann die Frist beginnt und endet, während der Verbraucher nach Art. 3 Abs. 5 Spiegelstrich 2 VerbrGK-RL erst Vertragsauflösung verlangen kann, wenn der Verkäufer nicht innerhalb einer angemessenen Frist Abhilfe geschaffen hat, wobei der maßgeblicher Zeitpunkt für den Beginn der Frist nach der VerbrGK-RL das Nacherfüllungsverlangen des Käufers ist.[1591] Auch Teile der Literatur halten die deutsche Regelung für vorzugswürdig, da sie das Interesse des Käufers an Klarheit und Vorhersehbarkeit der Rechtslage angemessen berücksichtigt.[1592]

Nach ständiger Rechtsprechung wird bei einer vom Käufer zu knapp bemessenen Frist eine angemessene Frist in Lauf gesetzt.[1593] Von einer Besserstellung kann nicht die Rede sein. Es fragt sich, welchen Vorteil das deutsche Recht dem Käufer gegenüber der Regelung in der VerbrGK-RL haben soll, wenn er neben dem Nacherfüllungsverlangen noch eine Frist setzen muss. So wird auch vom Gesetzgeber eingeräumt, dass eine zunächst fristlos erfolgte Aufforderung zur Nacherfüllung nicht unberücksichtigt bleiben kann.[1594] Wenn aber bei unangemessener Fristsetzung ohnehin eine angemessene Frist in Gang gesetzt wird und bei unterbliebener Fristsetzung der seit dem Nacherfüllungsverlangen verstrichene Zeitraum mit zu berücksichtigen ist, so läuft das Nachfristsetzungserfordernis auf eine den Käufer gegenüber der VerbrGK-RL belastende reine Förmelei hinaus.

Dies wird auch kaum mit dem Argument beseitigt werden können, dass § 440 BGB für den Fall, dass die Nacherfüllung fehlgeschlagen oder unmöglich ist,

---

1588 Bericht des Rechtsausschusses vom 9.10.2001, BT-Drucks. 14/7052, S. 185.

1589 *Reich*, NJW 1999, 2397 (2402); *Micklitz*, EuZW 1999, 485 (488); *Gsell*, JZ 2001, 65 (67).

1590 *Dauner-Lieb/Arnold/Dötsch/Kitz*, Anmerkungen und Fragen zur konsolidierten Fassung des Diskussionsentwurfs, S. 84; *Hoffmann* ZRP 2001, 347 (349).

1591 Regierungsbegründung zum SchuldRModG, BT-Drucks. 14/6040, S. 222; a.A. *Ernst/Gsell*, ZIP 2000, 1410 (1418).

1592 *Huber/Faust*, Schuldrechtsmodernisierung, Kap. 13 Rn. 60; *Jud*, in: *Helms/Neumann/Casper/Sailer/Schmidt-Kessel* (Hrsg.), JbJgZivilRW, S. 205 (215).

1593 Palandt-*Heinrichs*, 64. Aufl., § 323 Rn. 14; so zum alten Recht st. Rspr., vgl. etwa BGH NJW 1985, 2640; BGH NJW 1982, 1279 (1280).

1594 Regierungsbegründung zum SchuldRModG, BT-Drucks. 14/6040, S. 222.

eine Ausnahme von dem Fristsetzungserfordernis macht.[1595] So muss der Käufer für den Fall, dass nur eine Art der Nacherfüllung unmöglich ist oder der Verkäufer nur eine Art der Nachbesserung berechtigterweise verweigert hat, zunächst zur Erfüllung der anderen Art der Nacherfüllung eine Frist setzen, wenn er zurücktreten will.[1596] Auch hier wird deutlich, dass das Erfordernis der Nachfristsetzung den Käufer gegenüber der Regelung der VerbrGK-RL schlechter stellt. Nach den Vorgaben der VerbrGK-RL kann nämlich der Verkäufer Vertragsauflösung verlangen, wenn nur einer der Abhilfealternativen ausgeschlossen ist und der Verkäufer nicht innerhalb einer angemessene Frist mit der jeweils anderen Form der Abhilfe tatsächlich Abhilfe geschaffen hat.

Grundsätzlich ist denkbar, dass der Ausschluss der einen Abhilfealternative mit dem Ablauf der Frist für die andere Abhilfealternative zusammenfällt. Nach deutschem Recht hingegen ist der Käufer gehalten, sofern sich sein Verlangen auf eine Form der Nacherfüllung beschränkt hat, eine Frist für die andere Form der Nacherfüllung zu setzen. Es liegt also in der Hand des Verkäufers, den Rücktritt des Käufers zu verzögern, zumal § 440 BGB voraussetzt, dass der Verkäufer seine Einrede tatsächlich geltend gemacht hat.[1597] In der Literatur wird die Berechtigung der Nachfristsetzung teilweise indessen darin gesehen, dass das Wahlrecht hinsichtlich der beiden Formen der Nacherfüllung gemäß § 439 Abs. 1 BGB grundsätzlich dem Käufer zugewiesen ist, sodass die bei Ausschluss des gewählten Nacherfüllungsanspruchs erforderliche Nachfristsetzung einen gerechten Interessenausgleich zugunsten des Verkäufers darstellt.[1598] Nur so sei der Schutz des Verkäufers durch die ihm zustehenden Verweigerungsrechte ausreichend gewährleistet.[1599]

Diese Ansicht kann nicht darüber hinwegtäuschen, dass das Erfordernis der Nachfristsetzung an sich nicht mit der VerbrGK-RL zu vereinbaren ist. Auch die VerbrGK-RL sieht in Art. 3 Abs. 5 Spiegelstrich 3 vor, dass der Verbraucher für den Fall, dass die Abhilfe nicht ohne erhebliche Unannehmlichkeiten für den Verbraucher geschaffen wurde, ohne Ablauf einer angemessenen Frist Vertragsauflösung verlangen kann.[1600] Die fehlgeschlagene Nacherfüllung wird regelmäßig mit erheblichen Unannehmlichkeiten für den Verbraucher verbunden sein, sodass die Vorschrift des § 440 BGB eine ohnehin von der VerbrGK-RL zwingend vorgegebene Regelung enthält und nicht etwa einen Ausgleich für die Vorschrift des § 323 BGB darstellt.

Die vom Gesetzgeber vorgeschlagene erweiterte Auslegung des § 440 BGB in dem Sinne, dass ein Fehlschlagen bereits dann vorliegen soll, wenn die

---

1595 So aber der Gesetzgeber. Vgl. Regierungsbegründung zum SchuldRModG, BT-Drucks. 14/6040, S. 222.

1596 Regierungsbegründung zum SchuldRModG, BT-Drucks. 14/6040, S. 234.

1597 Regierungsbegründung zum SchuldRModG, BT-Drucks. 14/6040, S. 234.

1598 *Jorden/Lehmann*, JZ 2001, 952 (960).

1599 *Jorden/Lehmann*, JZ 2001, 952 (961).

1600 *Ernst/Gsell*, ZIP 2000, 1410 (1417f.); *Huber*, FS *Heldrich*, S. 297 (307); Anwaltskommentar-*Pfeiffer*, Art. 3 Rn. 16; *Staudenmayer*, ERPL 2000, 547 (555).

Nacherfüllung nicht in angemessener Frist vorgenommen wurde, vermag kaum zu überzeugen. Eine derart weite Auslegung ist zwar mit dem Wortlaut der Vorschrift zu vereinbaren.[1601] Der uneingeschränkte Verweis des § 437 Satz 1 Nr. 2 BGB auf § 323 BGB ist zumindest in Hinblick auf seine Geltung auch für den Bereich des Verbrauchsgüterkaufs EU-widrig. Es kann daher nur Erstaunen, dass der deutsche Gesetzgeber das Fristsetzungserfordernis für den Rücktritt bei Lieferung einer mangelhaften Sache übernommen hat, mag es auch für Pflichtverletzungen außerhalb des kaufrechtlichen Gewährleistungsrechts durchaus zu einem angemessenen Interessenausgleich zwischen Schuldner- und Gläubigerinteresse erforderlich sein. Auch nach altem Recht war für die Wandlung gerade keine Nachfristsetzung erforderlich.

Das Ziel des Gesetzgebers, durch die Reform den Gleichlauf von allgemeinem Leistungsstörungsrecht mit dem kaufrechtlichen Gewährleistungsrecht herzustellen, kann zur Rechtfertigung des Fristsetzungserfordernisses nicht ausreichen. Im Wege richtlinienkonformer Auslegung der Regelung ist damit anzunehmen, dass der Verbraucher, der den Verkäufer zwar zur Nacherfüllung aufgefordert hat, ihm aber keine Frist gesetzt hat, ohne erneute Fristsetzung vom Kaufvertrag zurücktreten bzw. den Kaufpreis nach § 441 Abs. 1 mindern kann, wenn die Nacherfüllung nicht innerhalb angemessener Frist erfolgt. Spielraum für diese Auslegung bietet die Ausnahmeregelung des § 323 Abs. 2 Nr. 3: Ist trotz eines Nacherfüllungsverlangens des Verbrauchers die Nacherfüllung innerhalb einer Frist nicht erfolgt, ist eine nunmehrige Fristsetzung nach § 323 Abs. 2 Nr. 3 entbehrlich, weil es dem Verbraucher *in dieser Situation* nicht zumutbar ist, erneut eine Frist zu setzen.

Damit wird im Ergebnis weder ein Nacherfüllungsverlangen seitens des Verbrauchers noch der Ablauf einer angemessenen Frist sondern lediglich die Frist*setzung* durch den Verbraucher entbehrlich. Andernfalls bliebe nur die Möglichkeit, das Nacherfüllungsverlangen eines Verbrauchers regelmäßig im Sinne eines sofortigen Nacherfüllungsverlangens auszulegen, sodass automatisch eine angemessene Frist in Gang gesetzt wird. Hierbei aber dürfte das Gericht regelmäßig Schwierigkeiten haben, wenn anzunehmen ist, dass der Verbraucher nach den Umständen des Einzelfalls auch mit einer längeren Frist einverstanden wäre.

Nur wenn der Verkäufer ernsthaft und endgültig die Leistung verweigert, kann der Käufer gemäß § 323 Abs. 2 Nr. 1 BGB bei Vorliegen eines Sachmangels ohne Fristsetzung sofort zurücktreten. Diese Regelung stellt einen Unterfall von Art. 3 Abs. 5 Spiegelstrich 2 VerbrGK-RL dar, wonach der Verbraucher auf die sekundäre Gewährleistungsebene übergehen kann, wenn der Verkäufer nicht innerhalb einer angemessenen Frist Abhilfe schafft. Auch nach dem neuem Schuldrecht bedarf es für den Rücktritt vom Vertrag keiner Nacherfüllungsfrist, wenn dies von vornherein sinnlos erscheint, weil der Schuldner bereits zuvor

[1601] Vgl. *Hoffmann*, ZRP 2001, 347 (349), der darauf hinweist, dass nicht mit Bestimmtheit gesagt werden kann ob der EuGH eine solche Auslegung teilen wird.

fehlende Erfüllungsbereitschaft zum Ausdruck gebracht hat.[1602] Um eine ernsthafte und endgültige Leistungsverweigerung handelt es sich nur dann, wenn die Erklärung des Verkäufers als sein „letztes Wort“ aufzufassen ist, sodass eine Änderung des Entschlusses ausgeschlossen erscheint.[1603] Eine Erfüllungsverweigerung liegt nicht vor, wenn der Verkäufer die vom Verbraucher geforderte Durchführung des Rücktritts oder der Minderung verweigert, sofern dieser nur zur Nacherfüllung berechtigt war.[1604]

Ebenfalls zum sofortigem Rücktritt und zur sofortigen Minderung berechtigt ist der Käufer gemäß § 323 Abs. 2 Nr. 2 BGB, wenn ein Fixgeschäft vereinbart wurde oder gemäß § 323 Abs. 2 Nr. 3 BGB, wenn besondere Umstände vorliegen, die unter Abwägung der beiderseitigen Interessen einen sofortigen Rücktritt rechtfertigen. Daneben ist der sofortige Rücktritt gemäß § 326 Abs. 5 BGB zulässig, wenn die Nacherfüllung gemäß § 275 Abs. 1 BGB unmöglich ist oder vom Verkäufer gemäß § 275 Abs. 2 oder 3 BGB berechtigt verweigert wird. § 440 Satz 1 BGB bestimmt darüber hinaus, dass der Käufer abgesehen von den sich aus dem allgemeinen Leistungsstörungsrecht ergebenen Ausnahmen sofort zurücktreten kann, soweit der Verkäufer beide Arten der Nacherfüllung nach § 439 Abs. 3 BGB verweigert (1. Alternative), die dem Käufer zustehende Art der Nacherfüllung fehlgeschlagen (2. Alternative) oder ihm unzumutbar (3. Alternative) ist. Durch § 440 Satz 1 BGB soll Art. 3 Abs. 5 VerbrGK-RL im Rahmen einer für das gesamte Kaufrecht einheitlich geltenden Regelung umgesetzt werden.[1605] Da der Anwendungsbereich des § 326 BGB nur die Fälle des § 275 Abs. 1 bis 3 BGB erfasst, war die Aufnahme des § 440 Satz 1, 1. Alt. BGB zwingend erforderlich, um die Vorgaben der VerbrGK-RL zu erfüllen, wonach der Übergang auf die sekundäre Gewährleistungsebene nicht nur bei Unmöglichkeit, sondern auch bei Unverhältnismäßigkeit beider Abhilfeformen möglich ist.[1606]

Auch der Fall des Fehlschlagens der gewählten Nacherfüllung bedurfte einer besonderen Regelung in § 440 Satz 1, 2. Alternative BGB, weil dieser Fall nicht ausreichend von der allgemeinen Vorschrift des § 323 Abs. 2 BGB erfasst wird.[1607] § 323 Abs. 2 Nr. 3 BGB, der bei Vorliegen besonderer Umstände ein sofortiges Rücktrittsrecht des Käufers vorsieht, setzt voraus, dass unter Abwägung der beiderseitigen Interessen, also auch des Verkäuferinteresses, der sofortige Rücktritt gerechtfertigt ist. Nach der Gesetzesbegründung soll es aber bei einem Fehlschlagen der Nacherfüllung auf das mögliche Interesse des Verkäufers am Vertrag festzuhalten nicht ankommen.[1608] Daher hat der Gesetzgeber die Entbehrlichkeit

---

1602 OLG Naumburg, NJW 2004, 2022.

1603 LG Hanau, Urt. v. 27.3.2003 – 1 O 1510/02, www.lrz-muenchen.de/~*Lorenz*/urteile/hanau 1o1501_02. htm.

1604 LG Hanau, Urt. v. 27.3.2003 – 1 O 1510/02, www.lrz-muenchen.de/~*Lorenz*/urteile/hanau 1o1501_02. htm.

1605 *Jorden/Lehmann*, JZ 2001, 952 (959).

1606 *Zimmer/Eckhold*, Jura 2002, 145 (150).

1607 *Huber/Faust*, Schuldrechtsmodernisierung, Kap. 13 Rn. 68.

1608 Regierungsbegründung zum SchuldRModG, BT-Drucks. 14/6040, S. 233.

der Nachfristsetzung für diesen Fall gesondert angeordnet. Anders als bei der 1. Alternative des § 440 Satz 1 BGB kommt es bei der 2. Alternative nur darauf an, dass die „dem Käufer zustehende“ Art der Nacherfüllung fehlgeschlagen ist.

Ist also die vom Käufer gewählte und nicht vom Verkäufer verweigerte Nacherfüllung fehlgeschlagen, so kann der Käufer ohne erneute Fristsetzung vom Vertrag zurücktreten.[1609] Dies entspricht auch Art. 3 Abs. 5, 2. Spiegelstrich VerbrGK-RL. Für die Reichweite des Fehlschlagens verweist die Gesetzesbegründung auf die bisherige Rechtsprechung zu § 11 Nr. 10 b) AGBG a.F. (nunmehr § 309 Nr. 8 b) BGB).[1610] Danach war ein Fehlschlagen im Wesentlichen bei Unmöglichkeit, Unzulänglichkeit, unberechtigter Verweigerung, ungebührlicher Verzögerung und bei einem misslungenem Nacherfüllungsversuch anzunehmen.[1611] Sofern die Nacherfüllung nicht nur innerhalb angemessener Frist, sondern dauerhaft unmöglich ist, folgt schon aus § 326 Abs. 5 Satz 3 i.V.m. § 275 Abs. 1 BGB, auf den § 437 Nr. 2 BGB verweist, dass der Käufer ohne Nachfristsetzung sein Rücktrittsrecht geltend machen kann.[1612]

Für die unberechtigte Verweigerung ergibt sich das Rücktrittsrecht des Käufers ebenfalls bereits aus dem allgemeinem Leistungsstörungsrecht, namentlich dem § 323 Abs. 2 Nr. 1 BGB. Die Bedeutung der Vorschrift des § 440 Satz 1 BGB beschränkt sich daher auf die Fälle der Unzulänglichkeit und der verspäteten oder misslungenen Nacherfüllung. Die dritte Alternative in § 440 Satz 1 BGB, wonach die Nachfristsetzung entbehrlich ist, wenn die dem Käufer zustehende Art der Nacherfüllung für diesen unzumutbar ist, dient der Umsetzung von Art. 3 Abs. 5 Spiegelstrich 3 VerbrGK-RL, wonach der Verbraucher Vertragsauflösung verlangen kann, wenn der Verkäufer nicht ohne erhebliche Unannehmlichkeiten für den Verbraucher Abhilfe geschaffen hat.[1613] Es kann sich daher nur um ein Versehen halten, wenn man aus der Formulierung in § 440 Satz 1 BGB „ihm unzumutbar“ herauslesen möchte, dass Voraussetzung für die Entbehrlichkeit die Unzumutbarkeit der Nacherfüllung für den Verkäufer sei.[1614] Die Anordnung und Struktur der in § 437 Nr. 2 BGB genannten Übergangstatbestände unterscheidet sich damit ganz erheblich von denen des Art. 3 Abs. 5 VerbrGK-RL. Während die VerbrGK-RL bei dem Übergang auf die sekundäre Ebene der Gewährleistungsrechte drei gleichrangige Übergangsregelungen vorsicht, normiert das deutsche Recht als Regelfall den erfolglosen Ablauf einer vom Verbraucher dem Verkäufer zur Nacherfüllung gesetzten Frist. Die in Art. 3 Abs. 5 VerbrGK-RL geregelten Übergangstatbestände stellen hingegen Ausnahmeregelungen dar.

1609 Regierungsbegründung zum SchuldRModG, BT-Drucks. 14/6040, S. 233.
1610 Vgl. BGH NJW 1994, 1004 (1005); BGHZ 93, 29 (62).
1611 *Zimmer/Eckhold*, Jura 2002, 145 (150).
1612 *Jorden/Lehmann*, JZ 2001, 952 (960).
1613 Regierungsbegründung zum SchuldRModG, BT-Drucks. 14/6040, S. 233.
1614 So aber *Huber/Faust*, Schuldrechtsmodernisierung, Kap. 13 Rn. 71.

b) Minderung

Die Minderung erfolgt gemäß § 441 Abs. 1 Satz 1 BGB durch die Erklärung des Käufers. Eine unmittelbare Folge der Ausformung der Minderung als Gestaltungsrecht findet sich in § 441 Abs. 2 BGB.[1615] Abweichend von der bisherigen Regelung des § 474 BGB a.F., wonach bei Beteiligung mehrer am Vertrag von jedem und gegen jeden Minderung verlangt werden konnte, kann die Minderung, da als Gestaltungsrecht unteilbar, nur einheitlich ausgeübt werden. Voraussetzung ist daher, wie auch die Formulierung in § 441 Abs. 1 BGB „durch Erklärung" zeigt, dass die Minderung vom Käufer gegenüber allen Verkäufern erklärt wird. Daraus ergibt sich zugleich, dass die Minderung nicht kraft Gesetzes eintritt.[1616] § 326 Abs. 1 Satz 1 BGB, der im Ergebnis auf eine Minderung kraft Gesetzes hinauslaufen würde, ist gemäß § 326 Abs. 1 Satz 3 BGB auf den Fall der Schlechtleistung nicht anwendbar.[1617]

Neu gegenüber dem alten Recht ist, dass die Minderung nunmehr auch bei Rechtsmängeln geltend gemacht werden kann. Dies wird etwa dann relevant, wenn es dem Verkäufer beim Grundstückkauf nicht gelingt, ein Wegerecht zu beseitigen.[1618] Aus § 441 Abs. 1 Satz 1 BGB folgt, dass der Käufer nach Erklärung der Minderung nur verpflichtet ist, den Kaufpreis abzüglich des Minderungsbetrages zu zahlen. Soweit der Käufer bereits mehr als den geminderten Kaufpreis gezahlt hat, ist der Mehrbetrag gemäß § 441 Abs. 4 BGB vom Verkäufer zu erstatten. Auch nach altem Recht wurde der Verkäufer aus der vollzogenen Minderung gemäß § 465 BGB a.F. für verpflichtet gehalten, einen bereits gezahlten Kaufpreis in Höhe des Minderungsbetrages zurückzuzahlen.[1619] § 441 Abs. 4 Satz 2 BGB bestimmt, dass die § 346 Abs. 1 und § 347 Abs. 1 BGB entsprechende Anwendung finden.[1620] Hierbei handelt es sich nur um eine ergänzende Verweisung auf das Rücktrittsrecht. § 441 Abs. 4 Satz 1 BGB ist eine eigene Anspruchsgrundlage.[1621] Aus § 346 Abs. 1 BGB folgt, dass der Rückzahlungsbetrag zu verzinsen ist.[1622]

(1) Berechnung des Minderungsbetrages

Gemäß § 441 Abs. 3 BGB ist der Kaufpreis bei der Minderung „in dem Verhältnis herabzusetzen, in welchem zurzeit des Vertragsschlusses der Wert der Sache in mangelfreiem Zustand zu dem wirklichen Wert gestanden haben würde". Entgegen dem ursprünglich geplanten Systemwechsel zur Vereinfachung der Rechtsanwendung im Sinne einer linearen Kürzung[1623] hat der Gesetzgeber an der bereits

---

1615 *Zimmer/Eckhold*, Jura 2002, 145 (151).

1616 *Huber/Faust*, Schuldrechtsmodernisierung, Kap. 13 Rn. 88.

1617 Regierungsbegründung zum SchuldRModG, BT-Drucks. 14/6040, S. 224.

1618 *Boerner*, ZIP 2001, 2264 (2270); *Haas*, BB 2001, 1313 (1317).

1619 Soergel-*Huber*, 12. Aufl., § 465 Rn. 17; Palandt-*Putzo*, 61. Aufl., § 462 Rn. 13.

1620 Gleiches gilt gemäß § 638 Abs. 4 Satz 2 BGB für die Minderung im Werkvertragsrecht.

1621 *Huber/Faust*, Schuldrechtsmodernisierung, Kap. 13 Rn. 93.

1622 *Lorenz/Riehm*, Lehrbuch zum neuen Schuldrecht, S. 285.

1623 Vgl. Diskussionsentwurf vom Regierungsentwurf vom 9.5.2001, BR-Drucks. 338/01, S. 551.

unter Geltung des alten Rechts anwendbaren proportionalen Berechnungsmethode festgehalten.[1624]

Während nach der Fassung des Gesetzgebungsentwurfes der Kaufpreis bei der Minderung um den Betrag herabzusetzen war, um den der Mangel den Wert der Sache, gemessen am Kaufpreis, mindert, der Gesetzgeber zunächst eine absolute Berechnungsmethode favorisierte, greift die endgültige Fassung des § 441 Abs. 3 BGB die Regelung des § 472 BGB a.F. zur Berechnung der Minderung wieder auf.[1625] Daher gilt auch nach neuem Recht die Formel: Der geminderter Kaufpreis ist gleich der tatsächlicher Wert der Sache multipliziert mit dem vereinbarten Kaufpreis geteilt durch den hypothetischen Wert der mangelfreien Sache. Der Nachteil eines ungünstigen Kaufvertrages, etwa für den Fall, dass ein über dem Wert der Kaufsache liegender Kaufpreis vereinbart wurde, setzt sich damit bei der Minderung fort.[1626] Nur wenn sich Kaufpreis und Marktwert decken kann der Minderwert der Kaufsache ohne weiteres vom Kaufpreis abgezogen werden.[1627] Letztlich bleibt es dem Käufer überlassen vom Vertrag zurückzutreten, sodass ein besonderes Schutzinteresse des Käufers an einer absoluten Berechnungsmethode nicht besteht.

Bei der Bemessung des Wertes ist immer ein objektiver Maßstab heranzuziehen und nicht etwa auf die subjektive Sicht des Käufers abzustellen.[1628] Ein Liebhaberwert kann nur dann berücksichtigt werden, wenn dieser auch dem Marktwert entspricht[1629], wie dies etwa bei Fan-Artikeln der Fall ist. Maßgeblich ist der Wert der Kaufsache im Zeitpunkt des Vertragsschlusses. Nach § 441 Abs. 3 Satz 2 BGB kann der Minderungsbetrag darüber hinaus, soweit erforderlich, auch geschätzt werden.

(2) Ausschluss des Minderungsrechts

Gemäß § 441 Abs. 1 Satz 2 BGB ist von der Verweisung auf das Rücktrittsrecht die Vorschrift des § 323 Abs. 5 Satz 2 BGB ausgenommen. Danach ist der Rücktritt bei nur unerheblichen Pflichtverletzungen ausgeschlossen. Anders als nach § 459 Abs. 1 Satz 2 BGB a.F. ist daher die Minderung auch dann zulässig, wenn ein Mangel vorliegt, der den Wert der Sache nur unerheblich mindert. Anders als beim Rücktritt bleibt das Minderungsrecht bei geringfügigen Mängeln möglich. Es besteht kein Grund, dem schlecht leistenden Verkäufer einen besonderen Schutz vor Herabsetzung des Kaufpreises zukommen zu lassen.[1630] Anders als die Vertragsauflösung ist die Minderung bei geringfügigen Mängeln nicht unverhältnismäßig, was auch die VerbrGK-RL so vorgibt. Art. 3 Abs. 6 VerbrGK-RL

1624 Kritik gegen die ursprünglich geplante Berechnungsmethode: *Canaris*, ZRP 2001, 329 (335); *Gaier*, ZRP 2001, 336 (338).

1625 Beschlussempfehlung des Rechtsausschusses vom 9.10.2001, BT-Drucks. 14/7052, S. 197.

1626 *Morgenroth*, Diss., S. 361.

1627 *Schwartze*, Europäische Sachmängelgewährleistung, S. 229f.

1628 MüKo-*Westermann*, 3. Aufl., § 472 Rn. 8.

1629 OLG Oldenburg, BB 1982, 1754.

1630 *Zimmer/Eckhold*, Jura 2002, 145 (151); *Jorden/Lehmann*, JZ 2001, 952 (957).

sieht nämlich nur für den Anspruch auf Vertragsauflösung einen Ausschluss bei geringfügiger Vertragswidrigkeit vor. Auch bei äußerst schwer wiegenden Mängeln bleibt das Minderungsrecht grundsätzlich bestehen. Erreicht der Minderungsbetrag den Kaufpreis, so ist bislang unter Geltung des alten Rechts der Käufer gemäß § 242 BGB verpflichtet gewesen, die Kaufsache zurückzugeben.[1631] Die Übernahme dieser Rechtsfolge in das Kaufrecht nach der Schuldrechtsreform ist nicht unproblematisch, da die VerbrGK-RL mit der Minderung nur eine Anpassung des Vertrages anstrebt, nicht aber die Auflösung, die letztlich durch die Pflicht zur Rückgabe der Sache erfolgt.

Für die Fälle, in denen der Käufer für den Mangel mitverantwortlich ist, hält das Gesetz keine Regelung bereit. In der Gesetzesbegründung wird darauf verwiesen, dass insofern die allgemeinen Regeln, insbesondere der in § 323 Abs. 6 BGB verankerte Rechtsgedanke des § 254 BGB, anwendbar sind.[1632] Grundsätzlich gilt daher, dass die Fälle, in denen der Käufer weit überwiegend für den Mangel verantwortlich ist, sein Minderungsrecht nach §§ 441 Abs. 1 Satz 1 i.V.m. § 323 Abs. 6 BGB ausgeschlossen ist. Liegt hingegen der Mitverantwortungsanteil unterhalb der Schwelle der „weit überwiegenden Verantwortlichkeit", so mindert sich der Minderungsbetrag entsprechend seines Verantwortungsanteils.[1633] Die VerbrGK-RL sagt hierzu nichts. Verschuldensfragen sind vielmehr der Gesetzgebungsautonomie der Mitgliedsstaaten überlassen. Gegen die Anwendung des § 323 Abs. 6 BGB auf die Minderung ist daher nichts einzuwenden.

Dennoch verbleiben für die Minderung Divergenzen des deutschen Rechts zur VerbrGK-RL. Nach Art. 3 Abs. 5 Spiegelstrich 3 VerbrGK-RL soll bei einer Abhilfe, die erhebliche Unannehmlichkeiten für den Verbraucher mit sich gebracht hat, auch eine angemessene Minderung des Kaufpreises geltend gemacht werden können. Bei der Minderung nach deutschem Recht aber ist gemäß § 441 Abs. 3 BGB der Kaufpreis entsprechend der Differenz des Wertes der Sache im mangelfreien und dem tatsächlichem Wert im Zeitpunkt des Vertragsschlusses herabzusetzen. Die Vorschrift passt nicht auf die Fälle, in denen der Verbraucher letztlich eine mangelfreie Sache erhält.

Das deutsche Recht kennt zum Ausgleich der im Rahmen der Nacherfüllung entstandener Beeinträchtigungen nur den Schadensersatzanspruch nach § 280 Abs. 1 BGB.[1634] Danach etwa kann der Verbraucher Ersatz für einen etwaigen Ausfall der Sachnutzungsmöglichkeit verlangen.[1635] Gemäß § 280 Abs. 1 Satz 2 BGB ist dieser Anspruch verschuldensabhängig ausgestaltet. Sieht aber das nationale Umsetzungsgesetz nur eine verschuldensabhängige Haftung vor, obwohl die Richtlinienvorgaben eine verschuldensunabhängige Haftung beinhalten, so kann das an sich gegebene Umsetzungsdefizit nach der Rechtsprechung des EuGH

1631 MüKo-*Westermann*, 3. Aufl., § 472 Rn. 2; a.A. Soergel-*Huber*, 12. Aufl., § 472 Rn. 14.

1632 Regierungsbegründung zum SchuldRModG, BT-Drucks. 14/6040, S. 187.

1633 *Huber/Faust*, Schuldrechtsmodernisierung, Kap. 13 Rn. 92.

1634 *Pfeiffer*, ZGS 2002, 390 (392).

1635 *Pfeiffer*, ZGS 2002, 23 (25).

dadurch behoben werden, dass man die Haftungsnorm ohne dass darin enthaltene Verschuldenserfordernis anwendet.[1636] Überträgt man die Rechtsprechung des EuGH auf die in Rede stehende Problematik, so wäre es denkbar, dem Verbraucher in den Fällen der erfolgreichen Nacherfüllung einen verschuldensunabhängigen Anspruch aus § 280 Abs. 1 BGB zuzubilligen. Dies aber führt letztlich zu erheblichen dogmatischen Brüchen mit der deutschen Zivilrechtsordnung, weshalb in der Literatur vorgeschlagen wurde, dem Verbraucher nach der Generalklausel des § 242 BGB ein eigenständiges (richtlinienkonformes) „Minderungsrecht" zuzugestehen.[1637] Die über eine bloße Auslegung hinausgehende inhaltliche Ausgestaltung bleibt dann freilich dem Richter vorbehalten, sodass eine Überschneidung der Aufgabenbereiche von Judikatur und Legislative und damit ein Verstoß gegen das in Art. 1 Abs. 3 und Art. 20 Abs. 2 GG verankerte Gewaltenteilungsprinzip die Folge wären.

Eine bessere Lösung bietet die Überlegung, den Verschuldensmaßstab im Rahmen des § 280 Abs. 1 BGB für diese Fälle auf Null zu reduzieren, statt das Verschuldenserfordernis als Ganzes auszulassen. Nach § 276 BGB hat der Schuldner Vorsatz und Fahrlässigkeit nur zu vertreten, sofern nichts anderes bestimmt ist. Als Beispiel hierfür wird die Übernahme eines Beschaffungsrisikos genannt. Verlangt der Verbraucher Ersatzlieferung, so ließe sich problemlos ein Vertretenmüssen des Verkäufers für die Fälle, in denen eine Ersatzlieferung mit erheblichen Unannehmlichkeiten verbunden war, annehmen. Bringt die Nachbesserung erhebliche Unannehmlichkeiten mit sich, so begegnet eine solche Lösung freilich konstruktiven Bedenken.

c) Rücktritt

Das Rücktrittsrecht des Käufers richtet sich gemäß § 437 Satz 1 Nr. 2 BGB nach den entsprechenden Vorschriften des allgemeinen Leistungsstörungsrechts. Eine Ausnahme bildet die Sonderregelung in § 440 BGB und der Hinweis in § 437 BGB „soweit nicht ein anderes bestimmt" ist, womit insbesondere die §§ 438 und 442 BGB gemeint sind (§ 437 Satz 1 BGB). Diese Vorschriften regeln ausschließlich Voraussetzungen und Ausschluss des Rücktrittsrechts. Die Rechtsfolgen des Rücktritts richten sich mangels einer spezialgesetzlichen kaufrechtlichen Regelung nach den §§ 346 ff BGB. Die Rückabwicklung des Vertrages nach den §§ 346 ff. BGB folgt einem dreistufigen System. Grundsätzlich haben die Vertragsparteien die empfangenen Leistungen gemäß § 346 Abs. 1 BGB zurückzugewähren. Nur unter bestimmten Umständen sind sie gemäß § 346 Abs. 2 BGB zum Wertersatz verpflichtet, wobei der Anspruch auf Wertersatz wiederum gemäß § 346 Abs. 3 BGB in den dort genannten drei Fällen entfällt. Die Pflicht zur Rückgabe oder zum Wertersatz hat dabei gemäß § 348 BGB grundsätzlich Zug-um-Zug gegen Rückzahlung des Kaufpreises zu erfolgen.

1636 EuGH, Urt. v. 8.11.1990, Rs. 177/88, Slg. 1990, I-3941 – *Dekker*.
1637 *Pfeiffer*, ZGS 2002, 23 (26).

(1) Rückgewähr-, Nutzungs- und Verwendungsersatz

Die Ausübung des Rücktrittsrechts gemäß § 349 BGB führt zu den §§ 346 ff. BGB. Nach § 346 Abs. 1 BGB wandelt der Rücktritt das Schuldverhältnis in ein Rückgewährschuldverhältnis um und hat daher gestaltende Wirkung.[1638] Neben der Rückgewähr der empfangenen Leistungen sind auch die gezogenen Nutzungen herauszugeben. Nutzungen sind Früchte i.S.d. § 99 BGB, Gebrauchsvorteile i.S.d. § 100 und die durch die Geldleistung des anderen Teils ersparten Schuldzinsen. Hinsichtlich der aus § 346 Abs. 1 BGB resultierenden Pflicht des Käufers zu einem Nutzungsentgelt für eine mangelhafte Sache ist in der Literatur eingewandt worden, dies stehe mit der Intention des Art. 3 Abs. 3 VerbrGK-RL in Widerspruch.[1639]

Richtig ist, dass dem Verbraucher grundsätzlich ein unentgeltliches Rücktrittsrecht nach der VerbrGK-RL zusteht. Gemäß Erwägungsgrund 15 VerbrGK-RL ist es den Mitgliedstaaten aber ausdrücklich gestattet, dass eine dem Verbraucher zu leistende Erstattung gemindert werden kann, um der Benutzung der Ware Rechnung zu tragen, die durch den Verbraucher seit ihrer Lieferung erfolgt ist.[1640] Gemäß § 347 Abs. 1 BGB hat der Verkäufer neben dem Anspruch aus § 346 Abs. 1 BGB auf Ersatz der tatsächlich gezogenen Nutzungen auch einen Anspruch auf Ersatz von Nutzungen, die der Käufer entgegen den Regeln einer ordnungsgemäßen Wirtschaft – obwohl es ihm möglich war - nicht gezogen hat. Es muss objektiv ein Verstoß gegen die Regeln der ordnungsgemäßen Wirtschaft vorliegen.[1641] Zu ersetzten ist dabei der objektive Wert, sodass der Verkäufer auch dann einen Ersatzanspruch aus § 347 Abs. 1 BGB hat, wenn der Verkäufer die Nutzungen nicht hätte ziehen können.[1642] Er haftet nach § 347 Abs. 1 Satz 2 BGB nur auf die eigenübliche Sorgfalt und muss Nutzungen auch dann nicht ersetzen, wenn er die Sorgfalt, die er in eigenen Angelegenheiten anzuwenden pflegt, nicht vernachlässigt hat.[1643]

Gleichzeitig gibt § 347 Abs. 1 BGB dem Käufer einen Anspruch auf Wertersatz in Höhe der Zinsen, die dem Verkäufer nach den Regeln einer ordnungsgemäßen Wirtschaft als Nutzung zu erzielen möglich gewesen wäre.[1644] Mit dem Anspruch auf Nutzungsersatz des Verkäufers aus § 347 Abs. 1 BGB korrespondiert der Anspruch des Käufers aus § 347 Abs. 2 BGB auf Ersatz der notwendigen Verwendungen i.S.d. § 994 BGB. Der Ersatzanspruch besteht nach dem eindeutigen Wortlaut der Vorschrift unabhängig davon, ob der Käufer die Sache zurückgegeben hat oder zum Wertersatz verpflichtet ist. Selbst wenn er von der Wertersatzpflicht nach § 346 Abs. 3 Satz 1 Nr. 1 und 2 BGB befreit ist, bleibt

---

1638 Palandt-*Heinrichs*, 64. Aufl., § 346 Rn. 4.

1639 *Roth*, JZ 2001, 475 (489).

1640 *Tonner/Crellwitz/Echtermeyer*, in: *Micklitz/Pfeiffer/Tonner/Willingmann*, Schuldrechtsreform und Verbraucherschutz, S. 293 (325).

1641 Palandt-*Heinrichs*, 64. Aufl., § 347 Rn. 3.

1642 Palandt-*Heinrichs*, 64. Aufl., § 347 Rn. 3.

1643 *Lorenz/Riehm*, Lehrbuch zum neuen Schuldrecht, 7. Kapitel § 1 Rn. 435.

1644 Regierungsbegründung zum SchuldRModG, BT-Drucks. 14/6040, S. 197.

ihm sein Verwendungsersatzanspruch erhalten. Dem Käufer steht mithin ein Anspruch auf Ersatz der objektiv zur Erhaltung oder ordnungsgemäßen Bewirtschaftung erforderlichen Vermögensaufwendungen zur Wiederherstellung, Erhaltung oder Verbesserung der Sache zu.[1645]

Ersatzfähige Verwendungen erstrecken sich entgegen dem altem Recht auch auf gewöhnliche Erhaltungskosten[1646], nicht aber auf sachändernde Aufwendungen.[1647] Sind die Verwendungen bereits als Minderungsposten bei der Berechnung der Nutzungsentschädigung, die gemäß § 346 BGB an den Verkäufer zu leisten ist, berücksichtigt worden, so entfällt ein eigenständiger Anspruch des Käufers auf Verwendungsersatz.[1648] Andere Aufwendungen sind dem Käufer gemäß § 347 Abs. 2 Satz 2 BGB nur zu ersetzen, soweit der Verkäufer durch sie bereichert ist. Der Begriff der Aufwendungen ist nach der Gesetzesbegründung[1649] weiter als der Verwendungsbegriff, sodass wohl auch solche Maßnahmen erfasst sind, die die Sache ihrem Wesen nach verändern.[1650] Auf Rechtshängigkeit oder Bösgläubigkeit des Anspruchsgegners kommt es nicht an.[1651]

(2) Wertersatz

Der Untergang der Sache oder die anderweitige Unmöglichkeit der Herausgabe der Sache aufseiten des Rückgewährschuldners führen gemäß § 346 Abs. 2 BGB grundsätzlich zu einer Wertersatzpflicht. Sie schließen den Rücktritt nie aus.[1652] Übertragen auf das Kaufrecht bedeutet dies, dass der Käufer in diesen Fällen anstelle der Rückgewähr *in natura* Wertersatz zu leisten hat.[1653] Gemäß § 346 Abs. 2 Satz 1 Nr. 1 BGB, der den § 346 Satz 2 BGB a.F. ersetzt, ist Wertersatz zu leisten, wenn die Herausgabe der Sache nach der Natur des Erlangten ausgeschlossen ist, womit insbesondere die Fälle gemeint sein dürften, in denen es sich um eine unkörperliche Leistung handelt. Im Kaufrecht sind wohl keine Fälle denkbar, die in den Anwendungsbereich der Vorschrift fallen dürften. Nach § 346 Abs. 2 Satz 1 Nr. 2 BGB ist anstelle der Rückerstattung der Ware Wertersatz zu leisten, wenn der zur Erfüllung der Vertragspflichten empfangene Gegenstand verbraucht, veräußert, belastet, verarbeitet oder umgestaltet wurde. Diese Vorschrift ersetzt die bisherigen Ausschlusstatbestände der §§ 352 und 353 BGB.

[1645] Palandt-*Heinrichs*, 64. Aufl., § 347 Rn. 4; Kompaktkommentar-*Willingmann/Hirse*, § 347 Rn. 9; MüKo-*Janßen*, 3. Aufl., § 347 Rn. 29; vgl. auch BGHZ 64, 333 (339) und BGHZ 131, 220 (223).

[1646] Kompaktkommentar-*Willingmann/Hirse*, § 347 Rn. 7.

[1647] Anwaltskommentar-*Hager*, § 347 Rn. 7.

[1648] Palandt-*Heinrichs*, 64. Aufl., § 347 Rn. 4.

[1649] Regierungsbegründung zum SchuldRModG, BT-Drucks. 14/6040, S. 196.

[1650] Anwaltskommentar-*Hager*, § 347 Rn. 10.

[1651] Anwaltskommentar-*Hager*, § 347 Rn. 10.

[1652] Verletzt der Käufer seine Pflicht zur Rückgabe der Sache aus § 346 Abs. 1 BGB, so kann der Verkäufer gemäß § 346 Abs. 4 nach dem §§ 280f. BGB Schadensersatz verlangen.

[1653] *Lorenz/Riehm*, Lehrbuch zum neuen Schuldrecht, 7. Kapitel § 1 Rn. 421.

Gemäß § 346 Abs. 2 Satz 1 Nr. 3 BGB, der die nunmehr gestrichenen §§ 347, 350 und 351 BGB a.F. ersetzt, ist der Käufer darüber hinaus auch dann zum Wertersatz verpflichtet, wenn der empfangene Gegenstand sich verschlechtert hat oder untergegangen ist. Dabei bleibt die durch die bestimmungsgemäße Ingebrauchnahme bedingte Verschlechterung außer Betracht. Die Höhe des Wertersatzanspruchs richtet sich nach dem objektiven Verkehrswert der Sache im Zeitpunkt der Leistung. Ist wie beim Kaufvertrag eine Gegenleistung vertraglich vereinbart, so ist diese gemäß § 346 Abs. 2 Satz 2 BGB bei der Berechung des Wertersatzes zu Grunde zu legen. Für Kaufverträge ergibt sich, dass der Wertersatzanspruch den Kaufpreis nicht übersteigen darf. Haben die Parteien einen über den Wert der Sache liegenden Kaufpreis vereinbart, so kann der Käufer durch die Rückabwicklung des Vertrages nicht benachteiligt werden. Für den Fall, dass die Sache mangelhaft war, ergibt sich eine nur geminderte Wertersatzpflicht.

Nach § 346 Abs. 3 BGB ist der Käufer sogar in bestimmten Fällen auch von der Wertersatzpflicht befreit. Die Vorschrift stellt bei gegenseitigen Verträgen einen erheblichen Einbruch in das Synallagma von Leistung und Gegenleistung dar.[1654] Dies ist dann der Fall, wenn sich der zum Rücktritt berechtigende Mangel erst während der Verarbeitung oder Umbildung zeigt (§ 346 Abs. 3 Satz 1 Nr. 1 BGB[1655]), die Verschlechterung oder der Untergang vom Verkäufer zu vertreten sind (§ 346 Abs. 3 Satz 1 Nr. 2 BGB) oder wenn der Rücktrittsberechtigte also der Käufer trotz Verschlechterung oder Untergangs die eigenübliche Sorgfalt gewahrt hat (§ 346 Abs. 3 Satz 1 Nr. 3 BGB). Der letztgenannte Ausschlussgrund war rechtspolitisch äußerst umstritten.[1656] Der deutsche Gesetzgeber hat sich mit dem Argument durchgesetzt, dass bei schuldlosem Handeln beider am Vertragsverhältnis Beteiligten derjenige, der zum Rücktritt berechtigt ist, nicht benachteiligt werden dürfe, da der Rücktritt auf einer objektiven Pflichtverletzung des Rücktrittsgegners beruhe. Auch dann, wenn die Wertersatzpflicht nach § 346 Abs. 3 BGB entfällt, bleibt der befreite Rückgewährschuldner nach § 346 Abs. 3 Satz 2 BGB zur Herausgabe einer verbleibenden Bereicherung nach Maßgabe der bereicherungsrechtlichen Vorschriften der §§ 818 ff. BGB verpflichtet.

Zugleich entfällt der Verwendungsersatzanspruch des Käufers aus § 347 Abs. 2 BGB, wenn der Käufer gemäß § 346 Abs. 3 Satz 1 Nr. 3 BGB keinen Wertersatz schuldet, da es insoweit unbillig wäre, den Verkäufer, der aufgrund eines außerhalb seines Risikobereiches liegenden Umstandes keinen Wertersatzanspruch hat, der Käufer aber den Ersatz notwendiger Verwendungen verlangen kann.[1657] Daher ist § 346 Abs. 3 Satz 1 Nr. 3 BGB auch aus der Verweisung in § 347 Abs. 2 Satz 1 BGB ausgenommen. Nur in den Fällen, in denen der Käufer nach § 346 Abs. 3 Satz 1 Nr. 1 und 2 BGB keinen Wertersatz schuldet, kann er trotzdem Ersatz der Verwendungen verlangen.

[1654] *Lorenz/Riehm*, Lehrbuch zum neuen Schuldrecht, 7. Kapitel § 1 Rn. 426 (S. 220)

[1655] Die Vorschrift ersetzt insoweit § 467 Satz 1 Halbsatz 2 BGB a.F.

[1656] Vgl. *Kaiser*, JZ 2001, 1057 (1063).

[1657] Palandt-*Heinrichs*, 64. Aufl., § 347 Rn. 4.

(3) Ausschluss

Im deutschen Recht ist der Ausschluss des Rücktrittsrechts in den Vorschriften des allgemeinen Leistungsstörungsrechts der § 323 Abs. 5 BGB und § 323 Abs. 6 BGB geregelt. Gemäß § 323 Abs. 5 Satz 1 BGB kann der Rücktritt bei einer Teilleistung nur geltend gemacht werden, wenn der Gläubiger an der ganzen Leistung kein Interesse mehr hat. Eine solche Regelung kennt die VerbrGK-RL nicht. Fraglich ist daher, wie sich diese Vorschrift auf das Kaufrecht auswirkt. Um eine Teilleistung handelt es sich immer dann, wenn der Verkäufer weniger liefert als vereinbart. Die Zuweniglieferung ist gemäß § 434 Abs. 3 BGB einem Sachmangel gleichgestellt, sodass auch hinsichtlich der Rechtsfolgen dasselbe gelten muss, wie bei allen übrigen Sachmangelarten. Eine Zuweniglieferung berechtigt daher unter denselben Voraussetzungen wie bei einer mangelhaften Lieferung zum Rücktritt. Für die einschränkende Regelung in § 323 Abs. 5 Satz 1 BGB bleibt daher kein Raum.[1658] Die Vorschrift tritt im Wege der Subsidiarität für den Fall der Zuweniglieferung hinter die kaufrechtlichen Vorschriften zurück. Hat allerdings der Verbraucher die mangelhafte Sache gemäß § 266 BGB zurückgewiesen, so kommt es ohnehin nicht auf § 323 Abs. 5 BGB an, da ein Fall vollständiger Nichtleistung vorliegt.[1659] Das Rücktrittsrecht erstreckt sich in diesem Fall ohnehin auf den gesamten Vertrag.[1660]

Etwas anderes gilt hingegen bei einem Sukzessivlieferungsvertrages, wenn nur eine Rate mangelhaft ist. Verlangt der Verbraucher die Nacherfüllung gemäß § 437 Nr. 1 i.V.m. § 439 BGB hinsichtlich der dritten Rate und bleibt diese aus, so kann er nach Fristsetzung grundsätzlich gemäß § 437 Nr. 2 i.V.m. § 323 Abs. 1 BGB zurücktreten. Wegen § 323 Abs. 5 Satz 1 BGB gilt der Rücktritt allerdings nur hinsichtlich der mangelhaften Rate.[1661] Ein Rücktritt vom ganzen Vertrag wegen Mangelhaftigkeit nur einer Rate könnte sich aber aus § 324 ergeben. Das allgemeine Leistungsstörungsrecht findet immer dann Anwendung, wenn es zu keinem Übergang der Sache gekommen ist.[1662] Dies ist bei der erfolglosen Nacherfüllung der Fall. Liefert der Verkäufer erneut eine mangelhafte Sache oder ist die Nachbesserung unzureichend, so fehlt es weiterhin am Gefahrenübergang nach § 446 BGB. Damit aber verletzt der Verkäufer gleichzeitig seine Pflicht i.S.d. § 241 II BGB.

Beim Sukzessivlieferungsvertrag besteht aufgrund der längerfristigen Vertragsbeziehung ein besonderes Vertrauen des Vertragspartners in die Zuverlässigkeit des Verkäufers. Dieses Vertrauen wird dann, wenn noch weitere

---

[1658] Regierungsbegründung zum SchuldRModG, BT-Drucks. 14/6040, S. 223,

[1659] LG Rottweil, NJW 2003, 3139.

[1660] Palandt-*Heinrichs*, 64. Aufl., § 323 Rn. 24.

[1661] *Schwab*, ZGS 2003, 73 (78).

[1662] Palandt-*Putzo*, 64. Aufl., § 437 Rn. 49; Staudinger-*Matusche/Beckmann*, Neuberab., § 437 Rn. 19.

Raten ausstehen, durch die erfolglose Nacherfüllung erheblich beeinträchtigt, da die Durchführung des gesamten Vertrages nicht nur verzögert, sondern gänzlich infrage gestellt wird. Die für den Rücktritt gemäß § 324 BGB erforderliche Verletzung einer Rücksichtnamepflicht i.S.d. § 241 II BGB ist damit gegeben. Der Verbraucher kann auch wegen nur einer mangelhaften Rate vom ganzen Vertrag zurücktreten.[1663] Dieses Ergebnis ist auch angesichts des Unzumutbarkeitskriteriums in § 324 BGB sachgerecht. § 324 BGB erfordert insoweit, dass ein Festhalten am ganzen Vertrag für den Gläubiger, hier den Verbraucher, unzumutbar ist. Sprechen die konkreten Umstände des Einzelfalls dafür, dass der Verkäufer künftig seiner Leistungspflicht nachkommen wird, so scheidet auch ein Rücktritt nach § 324 BGB aus. Bei einem Dauerschuldverhältnis, bei dem anders als beim Sukzessivlieferungsvertrag die Liefermenge nicht bereits bei Vertragsschluss feststeht, kommt man zu einem ähnlichen Ergebnis. Auch wenn nur eine Teillieferung des Verkäufers mangelhaft ist, so steht dem Gläubiger nach § 314 BGB ein außerordentliches Kündigungsrecht aus wichtigem Grund zu, wenn nachhaltige Zweifel an seiner Zuverlässigkeit bestehen.[1664] Damit wird auch beim Sukzessivlieferungsvertrag ein den Richtlinienvorgaben entsprechendes Ergebnis erreicht.

Nach § 323 Abs. 5 Satz 2 BGB ist das Recht zum Rücktritt dann ausgeschlossen, wenn nur eine unerhebliche Pflichtverletzung des Verkäufers vorliegt. Wie auch nach altem Recht soll der Ausschluss dann nicht gelten, wenn der Verkäufer die Eigenschaft zugesichert hat.[1665] Die Regelung dient unter anderem der Umsetzung von Art. 3 Abs. 6 VerbrGK-RL. In den Fällen, die dem nunmehr gestrichenen § 459 Abs. Satz 2 BGB a.F. unterfielen, soll das Rücktrittsrecht nach der Gesetzesbegründung ausgeschlossen sein.[1666] Danach war das Recht des Käufers zum Rücktritt ausgeschlossen, wenn der Wert oder die Tauglichkeit der Sache nur unerheblich gemindert ist. Gemäß Art. 3 Abs. 6 VerbrGK-RL soll es nicht auf eine unerhebliche Minderung des Wertes, sondern auf eine geringfügige Vertragswidrigkeit ankommen. Die Vertragsauflösung ist nach der VerbrGK-RL auf wesentliche Vertragsverletzungen beschränkt. Es kommt in Anlehnung an Art. 25 und 49 Abs. 1 CISG darauf an, ob die berechtigten Erwartungen des Käufers durch den Pflichtverstoß in objektiver Hinsicht erheblich beeinträchtigt wurden.[1667]

Das deutsche Recht lässt den Rücktritt auch bei unwesentlichen Vertragsverletzungen zu, also auch dann, wenn die berechtigten Erwartungen nicht erheblich beeinträchtigt wurden. Entscheidend ist nach deutschem Recht nur, ob eine unerhebliche Wertminderung oder unerhebliche Minderung der Tauglichkeit

---

1663 *Schwab*, ZGS 2003, 73 (79).

1664 So bereits vor der Schuldrechtsreform: BGH, NJW 1981, 679 (680); MüKo-*Emmerich*, 3. Aufl., vor § 275 Rn. 342; Soergel-*Wiedemann-Oetker*, 12.Aufl., vor § 323 Rn. 81.

1665 Regierungsbegründung zum SchuldRModG, BT-Drucks. 14/6040, S. 223.

1666 Regierungsbegründung zum SchuldRModG, BT-Drucks. 14/6040, S. 222; *Haas*, BB 2001, 1313 (1316); *Huber/Faust*, Schuldrechtsmodernisierung, Kap. 13 Rn. 75.

1667 Zum CISG: Staudinger-*Magnus*, CISG, Art. 25 Rn. 9 und 11; *Herber/Czerwenka*, CISG, Art. 25 Rn. 6 und 8.

vorliegt. Damit ist die deutsche Vorschrift gegenüber den Richtlinienvorgaben für den Verbraucher günstiger, da eine erhebliche Minderung des Wertes oder der Tauglichkeit immer einen wesentlichen Vertragsbruch darstellt.[1668], während Art. 8 Abs. 2 VerbrGK-RL auch die Aufnahme des § 323 Abs. 5 Satz 2 BGB ermöglicht.

Gemäß § 323 Abs. 6 BGB ist der Rücktritt des Käufers dann ausgeschlossen, wenn der Käufer allein oder weit überwiegend für den Umstand verantwortlich ist, der ihn zum Rücktritt berechtigen würde, oder wenn er in dem Zeitpunkt, in dem die Sache mangelhaft wird, sich in Annahmeverzug befindet. Nimmt der Verbraucher etwa vor Ablauf der Nacherfüllungsfrist die Nacherfüllung selbst vor, so verursacht er damit die Unmöglichkeit der Nacherfüllung und verliert dadurch seine Mängelrechte.[1669] Auch ein Anspruch auf Ersatz der Selbstvornahmekosten aus § 280 Abs. 1 BGB dürfte an § 326 Abs. 5 i.V.m. § 323 Abs. 6 BGB scheitern.[1670] Eine solche Einschränkung kennt die VerbrGK-RL nicht. Die VerbrGK-RL sieht in ihrem Art. 2 Abs. 3 lediglich vor, dass die Güter nicht vertragsmäßig sind, wenn der Verbraucher zum Zeitpunkt des Vertragsschlusses Kenntnis von der Vertragswidrigkeit hatte oder aber nicht in Unkenntnis sein konnte oder wenn die Vertragswidrigkeit auf den vom Verbraucher gelieferten Stoff zurückzuführen sind. Im Ergebnis ist die Vertragsauflösung nach der VerbrGK-RL nur dann ausgeschlossen, wenn der Verbraucher bei Lieferung Kenntnis von der Vertragswidrigkeit hatte oder hätte haben müssen.

In der Literatur sind erhebliche Bedenken an der Richtlinienvereinbarkeit der Vorschrift geäußert worden.[1671] In den Fällen, in denen der Käufer bei Vertragsschluss keine Kenntnis hatte und auch nicht vernünftigerweise hätte haben müssen und dennoch die Mangelhaftigkeit der Sache zu verantworten hat, etwa weil er die Sache bei ihrer Besichtigung vor Übergabe beschädigt hat, soll § 326 Abs. 6 BGB so auszulegen sein, dass der Rücktritt nur ausgeschlossen ist, wenn die Mangelhaftigkeit der Sache auf einen vom Käufer zu liefernden Stoff zurückzuführen ist.[1672] Für eine solche Auslegung besteht kein Bedarf. Hat der Käufer die Sache vor Gefahrenübergang beschädigt, so ist regelmäßig davon auszugehen, dass er von der Vertragswidrigkeit der Sache hätte Kenntnis haben müssen, sodass bereits ein Ausschluss nach § 326 Abs. 5 BGB durchaus richtlinienkonform ist.

1668 *Morgenroth*, Diss., S. 354.
1669 AG Kempen, Urt. v. 18.8.2003 – 11 C 225/02, www.lrz-muenchen.de/~*Lorenz*/urteile.
1670 AG Daun, ZGS 2003, 398 mit Anm. *Lorenz*.
1671 *Gsell*, JZ 2001, 65 (70).
1672 *Gsell*, JZ 2001, 65 (70).

III. Umsetzung in Italien

In Italien findet sich die Vorschrift des Art. 3 VerbrGK-RL in Art. 1519-*quater Cc* wieder. Nach Art. 1519-*quater* Abs. 1 *Cc* haftet der Verkäufer gegenüber dem Verbraucher entsprechend Art. 3 Abs. 1 VerbrGK-RL für jede Vertragswidrigkeit im Zeitpunkt der Lieferung des Gutes. Das die Formulierung des italienischen Gesetzestextes „Der Verkäufer haftet gegenüber dem Verbraucher..." („*Il venditore é responsabile nei confronti del consumatore...*") von der Formulierung der italienischen Richtlinienfassung, wo es heißt: „Der Verkäufer haftet dem Verbraucher..." („*Il venditore risponde al consumatore...*") abweicht, hat keine inhaltliche Bedeutung, sondern entspricht der unterschiedlichen sprachlichen Gesetzgebungstechnik des italienischen Gesetzgebers und des EU-Gesetzgebers. Gewährleistungsschuldner des Verbrauchers ist kraft ausdrücklicher Nennung in Art. 1519-*quater* Abs. 1 *Cc* auch nach italienischem Recht nur der Verkäufer. Wie der Verkäufer haftet, regeln die Art. 1519-*quater* Abs. 2 ff. *Cc*. Art. 1519-*quater* Abs. 2 *Cc* bestimmt zunächst, dass dem Verbraucher bei Vertragswidrigkeit das Recht auf Herstellung des vertragsgemäßen Zustandes durch Nachbesserung oder Ersatzlieferung (*diritto al ripristino della conformità del bene mediante riparazione o sostituzione*) nach Maßgabe der Abs. 3 bis 6, das Recht auf angemessene Kaufpreisminderung (*diritto ad una riduzione adeguata del prezzo*) und das Recht auf Vertragsauflösung (*diritto alla risoluzione*) nach Maßgabe der Art. 1519-*quarter* Abs. 7 bis 9 *Cc* zustehen.

1. Allgemeine Haftungsvoraussetzungen und Rechtsbehelfssystem

Voraussetzungen der Gewährleistungshaftung des Verkäufers ist gemäß Art. 1519-*quater* Abs. 1 *Cc* zunächst die Vertragswidrigkeit der Sache im Zeitpunkt der Lieferung. Der Verkäufer haftet für das Vorhandensein der Vertragswidrigkeit entsprechend der VerbrGK-RL unabhängig davon, ob die Umstände, die zur Vertragswidrigkeit des Verbrauchsgutes geführt haben, zufällig, vom Verkäufer oder einem Dritten bewusst oder fahrlässig verschuldet worden sind.[1673] Eine mangelhafte Montage bzw. Montageanleitung etwa, die gemäß Art. 1519-*ter* Abs. 5 *Cc* die Vertragswidrigkeit begründet, muss nicht auf einem Verschulden des Verkäufers beruhen.[1674] Das bedeutet aber nicht, dass der Verkäufer auch dann haftet, wenn die Mangelhaftigkeit des Verbrauchsgutes auf einem Verschulden des Verbrauchers beruht. Beruht die Mangelhaftigkeit etwa auf einem vom Verbraucher geliefertem Stoff oder dessen Anweisungen, so fehlt es gemäß Art. 1519-*ter* Abs. 3 *Cc* bereits an der die Haftung des Verkäufers auslösenden Vertragswidrigkeit.

Im Rahmen der Ausgestaltung der Rechtsbehelfe hat sich der italienische Gesetzgeber derselben Gesetzgebungstechnik bedient wie der europäische Gesetzgeber. Die Vorschrift des Art. 1519-*quater* Abs. 2 *Cc* nennt zunächst nur die

[1673] *De Cristofaro*; Difetto di conformità, S. 186; *Di Majo*, Europa e dir. priv. 2002, 1 (2).
[1674] *Zaccaria/De Cristofaro*, La vendita dei beni di consumo, S. 70.

dem Verbraucher zustehenden Rechte und dient damit zunächst als Übersicht. Sie stellt selbst keine Anspruchsgrundlage dar, wie sich aus der Formulierung „nach Maßgabe" (*a norma*) und den nachfolgend in Bezug genommenen Vorschriften ergibt. Während das Recht auf Abhilfe an keine weiteren Voraussetzungen geknüpft ist, unterliegen die Minderung und die Vertragsauflösung auch nach italienischem Recht zusätzlichen Voraussetzungen.

a) Vertragswidrigkeit

Der italienische Gesetzgeber hat in Art. 1519-*quater* Abs. 2 *Cc* weitestgehend den Wortlaut des Art. 3 Abs. 1 übernommen. Ausreichend für die Gewährleistungshaftung des Verkäufers ist damit im italienischen Recht ebenfalls jede Vertragswidrigkeit. Es kommt weder auf eine erhebliche Minderung des Wertes der Kaufsache noch auf eine qualifizierte Pflichtverletzung an.

(1) Sachmangel

Während das allgemeine Sachmängelgewährleistungsrecht des *Codice civile* zwischen den in Art. 1490 *Cc* geregelten Fehlern (*vizi*), die gemäß Art. 1492 *Cc* sowohl zur Minderung als auch zur Vertragsauflösung berechtigen und der Abwesendheit von zugesicherten[1675] oder wesentlichen Eigenschaften (*mancanza di qualità promesse ovvero quelle essenziali*), die gemäß Art. 1497 *Cc* nur zur Vertragsauflösung berechtigt, unterscheidet, hat sich der italienische Gesetzgeber für den Bereich des Verbrauchsgüterkaufes mit dem Beifall eines großen Teils der Literatur[1676] für einen einheitlichen Mängelbegriff entschieden.[1677] So bestimmt Art. 1519-*ter* Abs. 1 *Cc*, dass das Verbrauchsgut vertragsgemäß sein muss, der Verkäufer also wegen der Vertragswidrigkeit haftet. Der Begriff der Vertragsmäßigkeit (*conformità*) ist dem *Cc* zwar nicht fremd, da er bereits in Art. 1469-*bis* Abs. 3 Nr. 14 *Cc*[1678] verwendet wurde. Eine Definition hierfür fehlt aber. Aus Art. 1519-*ter* Abs. 1 *Cc* ergibt sich, dass sich die Vertragsmäßigkeit der Sache nach der Parteivereinbarung richtet. Weicht die Sache von der Parteivereinbarung ab, so ist demnach entsprechend den Vorgaben der VerbrGK-RL von der Vertragswidrigkeit der Sache auszugehen.

Ein Umkehrschluss aus Art. 1519-*ter* Abs. 2 *Cc* zur Bestimmung der Vertragswidrigkeit ist indessen nicht ohne weiteres zulässig. Fehlt es an einer ausdrücklichen Parteivereinbarung, so wird zwar gemäß Art. 1519-*ter* Abs. 2 *Cc*

[1675] Hier ist die Formulierung „zugesicherte Eigenschaften" statt „versprochener Eigenschaften" gewählt worden obwohl letzteres die wörtliche Übersetzung darstellt. Nach Empfehlung *Kindlers* sollen die Begriffe, bei der Übersetzung italienischer Fachtermini durch solche Begriffe ersetzt, die sich in der deutschen Rechtswissenschaft eingebürgert haben. Vgl. *Kindler*, Einführung in das italienische Recht, S. 9 und *Kramer*, Diss., S. 75 Fn. 1.

[1676] *Amadio*, Riv. Dir. Civ. 2001 I, 863 (870); *Bianca*, Contr. e Impr./Europa 2001, 16 (17); *Fadda*, Contr. e Impr./Europa 2000, 410 (416f).

[1677] *Eccher/Schurr*, ZEuP 2003, 65 (74); *De Nova*, L'acquisto di beni di consumo, S. 22.

[1678] Diese Vorschrift regelt die Unwirksamkeit von Allgemeinen Geschäftbedingungen, in denen sich der Unternehmer das Recht vorbehalten hat, zu bestimmen ob die Kaufsache oder erbrachte Dienstleistung vertragsgemäß ist (.).

vermutet, dass die Sache vertragsgemäß ist, wenn die dort genannten Kriterien vorliegen. Entspricht die Beschaffenheit der Sache nicht den Vermutungskriterien, so folgt aus einem Umkehrschluss zu Art. 1519-*ter* Abs. 2 *Cc* nur, dass die Vermutungswirkung nicht zum Tragen kommt. Eine von den in Art. 1519-*ter* Abs. 2 *Cc* genannten Kriterien abweichende Beschaffenheit führt noch nicht *per se* zur Vertragswidrigkeit der Sache. Entscheidend ist, dass die in Art. 1519-*ter* Abs. 2 *Cc* genannten Kriterien auch Vertragsinhalt geworden sind, da die Vermutungswirkung der Kriterien nur in Ansehung der Vertragsmäßigkeit gilt. Es bleibt insoweit abzuwarten, wie der italienische Gesetzgeber entscheiden wird. Denkbar ist es, die Vermutungskriterien bei der Bestimmung der Vertragswidrigkeit als Auslegungskriterien zu behandeln, sodass ihre Einbeziehung in die Prüfung der Vertragswidrigkeit problemlos möglich wird.

Gemäß Art. 1519-*bis* Abs. 3 *Cc* gelten die neu eingefügten Vorschriften grundsätzlich auch für Verträge über gebrauchte Sachen, wobei die vorangegangene Gebrauchszeit zu berücksichtigen ist und sich ihre Anwendbarkeit auf Mängel beschränkt, die nicht auf den gewöhnlichen Gebrauch der Sache zurückzuführen sind. Daraus folgt, dass zwar Mängel bei gebrauchten Gütern grundsätzlich wie bei neuen Güter behandelt werden, der Verkäufer aber nur dann haftet, wenn es sich nicht um solche Mängel handelt, die bei gewöhnlichem Gebrauch üblicherweise entstehen, wobei bei der Prüfung, ob es sich um Mängel bedingt durch den gewöhnlichen Gebrauch handelt, die Gebrauchsdauer Berücksichtigung finden muss.[1679] Die Einbeziehung gebrauchter Güter war nach den Vorgaben der VerbrGK-RL zwingend geboten.

Fraglich ist, ob die Umsetzungsvorschrift trotz ihrer Einschränkung noch richtlinienkonform ist. Die Einschränkung in Art. 1519-*bis* Abs. 3 *Cc* ist auf das allgemeine Kaufrecht zurückzuführen. Hier gilt, dass bei gebrauchten Gütern von einem stillschweigenden Ausschluss der Gewährleistung i.S.d. Art. 1487 *Cc* für solche Mängel auszugehen ist, die auf den gewöhnlichen Gebrauch der Sache zurückzuführen sind.[1680] Letztlich beinhaltet auch Art. 1519-*bis* Abs. 3 *Cc* nichts anders als einen Haftungsausschluss für solche Mängel, von denen der Käufer im Zeitpunkt des Vertragsschlusses bei Anwendung der im Rechtsverkehr gebotenen Sorgfalt hätte Kenntnis haben können. Diese Regelung aber findet sich auch in der VerbrGK-RL wieder. Nach Art. 2 Abs. 3 VerbrGK-RL liegt keine Vertragswidrigkeit im Sinne der VerbrGK-RL vor, wenn der Verbraucher zum Zeitpunkt des Vertragsschlusses vernünftigerweise nicht in Unkenntnis über die Vertragswidrigkeit sein konnte. Unterstützung gewinnt diese Auffassung durch Erwägungsgrund 8 VerbrGK-RL, wonach die Qualität und die Leistung, die der Verbraucher vernünftigerweise erwarten kann, unter anderem davon abhängen, ob die Güter neu oder gebraucht sind.[1681] Nur „grundsätzlich" sind neue und gebrauchte Güter nach der VerbrGK-RL vom nationalen Gesetzgeber gleich zu

[1679] *Zaccaria/De Cristofaro*, La vendita dei beni di consumo, S. 23.
[1680] *Zaccaria/De Cristofaro*, La vendita dei beni di consumo, S. 23.
[1681] Vgl. Erwägungsgrund 8 VerbrGK-RL.

behandeln. Auch in der italienischen Literatur ist aber darauf hingewiesen worden, dass die Formulierung in Art. 1519-*bis* Abs. 3 *Cc* mehr zur Verwirrung als zur Klarstellung beiträgt.[1682]

(2) Rechtsmangel

Ob auch Rechtsmängel (*vizi giuridici*) unter den Begriff der Vertragswidrigkeit nach Art. 1519-*ter* Abs. 2 *Cc* fallen ist in der italienischen Literatur umstritten. Teilweise wird vertreten, dass der *Codice civile* spezielle Vorschriften für den Kauf von Gütern, die mit Rechten Dritter belastet sind, enthält, die den Käufer besser schützen als die auf Sachmängel zugeschnitten Vorschriften der Art. 1519-*bis* ff. *Cc.*[1683] So regelt Art. 1482 Abs. 1 *Cc* den Kauf von Gütern, die mit dinglichen Sicherheiten (*garanzie reali*), einem Pfandrecht (*vincoli derivanti da pignoramento*) oder einem Recht zur Beschlagnahme (*vincoli derivanti da sequestro)* belastet sind, wenn dies bei Vertragschluss vom Verkäufer nicht angezeigt wurde und dem Käufer unbekannt war. Art. 1489 *Cc* enthält Vorschriften für den Kauf von Gütern, die mit Nutzungslasten oder –rechten Dritter belastetet (*cosa gravata da oneri o da diritti di godimento di terzi*) sind.

Diese Vorschriften sind insoweit für den Verbraucher günstiger als die Richtlinienvorgaben, da die danach dem Käufer zustehenden Rechte ausschließlich zu seiner Disposition stehen und seine Ansprüche gemäß Art. 2946 *Cc* erst in zehn Jahren verjähren. Eine Auffassung in der italienischen Literatur weist hingegen darauf hin, dass die VerbrGK-RL und damit auch die italienischen Umsetzungsvorschriften auf dass CISG zurückgehen, wonach grundsätzlich Sach- und Rechtsmängel gleichstellt sind, sodass davon auszugehen ist, dass auch der italienische Gesetzgeber nicht etwa die Vorschriften über die Rechtsmängel des allgemeinen Kaufrechts habe uneingeschränkt bestehen lassen wollen, sondern vielmehr von einer Gleichstellung der Rechts- und Sachmängeln für den Bereich des Verbrauchsgüterkaufes ausgegangen ist, was die Wahl des Begriffs „Vertragswidrigkeit" als Oberbegriff verdeutliche.[1684] Andere wiederum vertreten die Auffassung, dass bereits die Art der von den Art. 1519-*bis* ff. *Cc* vorgesehenen Rechtsbehelfe des Verbrauchers bei Vertragswidrigkeit, insbesondere die Nacherfüllung gemäß Art. 1519-*quarter Cc*, ebenso wie die überwiegend materiell ausgerichteten Vermutungskriterien zur Bestimmung der Vertragswidrigkeit in Art. 1519-*ter Cc* nur auf Sachmängel zugeschnitten seien und kaum auf Rechtsmängel übertragen werden könnten.[1685] Andere hingegen halten die Vermutungskriterien des Art. 1519-*ter* Abs. 2 *Cc* durchaus zur Bestimmung der Rechtsmangelfreiheit für

---

[1682] *De Nova*, Riv. Dir. Priv. 2001, 759 (761).

[1683] *Luminoso*, Contr. e Impr./Europa 2001, 83 (115).

[1684] *Bin*, Contr. e Impr./Europa 2000, 403 (406); a.A. *Di Majo*, Europa e dir. Priv. 2002, 1 (20), der davon ausgeht, dass bereits die Richtlinie Rechtsmängel von ihrem Anwendungsbereich ausschließt.

[1685] *De Cristofaro*, Difetto di conformità, S. 141f., *De Nova*, L'acquisto di beni di consumo, S. 22, implizit wohl auch *Amadio*, Riv. Dir. Civ. 2001 I, 863 (871); *Cabella Pisu*, Contr. e Impr./Europa 2001, 34 (37); *De Matteis*, Contr. e Impr./Europa 2001, 46 (51).

handhabbar.[1686] In der Konsequenz bedeutet der Ausschluss von Rechtsmängeln aus dem Anwendungsbereich der Umsetzungsvorschriften, dass im Rahmen eines Verbrauchsgüterkaufes bei Rechtsmängeln weiterhin das Eviktionsprinzip und bei Sachmängeln das Beschaffungsprinzip zum Tragen kommt. Der Verbrauchsgüterkauf unterläge damit „absurder Weise"[1687] zwei in systematischer Hinsicht sich gegenseitig ausschließenden Grundprinzipien. Selbst wenn man dennoch Rechtsmängel aus dem Anwendungsbereich der Art. 1519-*bis* ff. *Cc* ausnehmen will, so sollen die Vorschriften über den Verbrauchsgüterkauf nach der letztgenannten Auffassung zumindest für solche Rechtsmängel gelten, die auf förmliches Gesetzesrecht zurückzuführen sind, wie etwa Marktzulassungs- und Qualitätssicherungsvorschriften.[1688] Letztlich bleibt abzuwarten, wie die italienischen Gerichte entscheiden werden.

(3) Zeitpunkt der Vertragswidrigkeit

Nach Art. 1519-*quater* Abs. 1 *Cc* haftet der Verkäufer gegenüber dem Verbraucher entsprechend Art. 3 Abs. 1 VerbrGK-RL für jede Vertragswidrigkeit im Zeitpunkt der Lieferung (*al momento della consegna*) des Gutes. Der Verkäufer haftet nicht nur für Mängel bei Vertragsschluss, sondern auch für alle Mängel, die nach Abschluss des Kaufvertrages bzw. im Zeitraum zwischen Abschluss des Kaufvertrages und dem Zeitpunkt der Lieferung bestehen.[1689] Nach überwiegender Auffassung in der italienischen Literatur gilt, dass die Vertragswidrigkeit im Zeitpunkt der Lieferung lediglich dem Grunde nach angelegt sein muss. Die Vertragswidrigkeit selbst muss noch nicht zu Tage getreten sein.[1690] Dies ergibt sich im Übrigen auch aus der Vorschrift des Art. 1519-*sexies Cc*. Danach wird vermutet, dass eine Vertragswidrigkeit, die innerhalb der ersten sechs Monate nach Lieferung offenbar wird, bereits zum Zeitpunkt der Lieferung bestanden hat. Der Verkäufer haftet für alle Mängel, die im Zeitpunkt der Lieferung angelegt sind. Dies stellt eine erhebliche Abweichung zum allgemeinen Kaufrecht dar.[1691]

Aus der Erfüllungswirkung der Übereignung und dem Prinzip *„casum senit dominus"* folgt, dass die Leistungsgefahr bereits bei Eigentumsübergang übergeht.[1692] Nach dem im italienischen Recht vorherrschenden Konsensualprinzip aber geht das Eigentum gemäß Art. 1376 *Cc* mit der für den Vertragsschluss erforderlichen Einigung der Parteien über. Eines gesonderten Erfüllungsgeschäfts, wie etwa einer dinglicher Einigung i.S.d. §§ 929 ff. BGB, bedarf es nicht, da Verträge, die die Übertragung des Eigentums zum Gegenstand haben, dingliche Wirkung

[1686] *Bin*, Contr. e Impr./Europa 2000, 403 (406), *Delogu*, Contr. e Impr./Europa 2000, 489 (494f.); *Zaccaria/De Cristofaro*, La vendita di beni di consumo, S. 40.

[1687] *Zaccaria/De Cristofaro*, La vendita di beni di consumo, S. 40.

[1688] *Zaccaria/De Cristofaro*, La vendita dei beni di consumo, S. 40.

[1689] *Zaccaria/De Cristofaro*, La vendita dei beni di consumo, S. 62; *Garofalo*, in: *Schermaier* (Hrsg.), Verbraucherkauf in Europa, S. 237 (255).

[1690] Vgl. hierzu statt vieler: *De Matteis*, Contr. e Impr./Europa 2001, 46 (51).

[1691] *Kindler*, Italienisches Handels- und Wirtschaftsrecht, § 5 Rn. 49.

[1692] *Kindler*, Einführung in das italienische Recht, S. 198.

zukommt, wenn die Parteien sie nicht abbedungen haben.[1693] Grundsätzlich gilt daher, dass der Verkäufer nach allgemeinem Kaufrecht nur für solche Mängel haftet, die bereits im Zeitpunkt des Vertragsschlusses vorlagen. Da die für den Vertragsschluss erforderliche Einigung gemäß Art. 1326 Abs. 1 *Cc* bereits zum Zeitpunkt der Kenntniserlangung hinsichtlich der Annahme des Angebots vorliegt, geht die Leistungsgefahr im allgemeinem Kaufrecht sogar schon im Zeitpunkt der Kenntniserlangung von der Annahme des Angebots unabhängig von der Übergabe der Sache über.[1694]

Eine Ausnahme zum Gleichlauf von Eigentums- und Gefahrenübergang kann sich im allgemeinen Kaufrecht nur für die Fälle ergeben, in denen ein Eigentumsvorbehalt vereinbart wurde, der Verkäufer die Verwahrung der Sache übernommen hat oder in denen der Verkäufer sich in Schuldnerverzug befand. Beim Eigentumsvorbehalt geht die Leistungsgefahr gemäß Art. 1523 *Cc* erst bei der Übergabe der Sache an den Käufer über. Für den Fall, dass der Verkäufer seine Pflicht zur Verwahrung der Sache nach Art. 1170 *Cc* schuldhaft verletzt, die von der Pflicht zur Lieferung der Sache gemäß Art. 1477 Abs. 1 *Cc* erfasst wird, haftet der Verkäufer nach Art. 1495 *Cc* auch für solche Mängel, die erst nach Vertragsschluss aufgetreten sind, wenn die schuldhafte Verletzung der Verwahrungspflicht hierfür kausal war.[1695] Befand sich der Verkäufer in Verzug, so wird er gemäß Art. 1221 *Cc* durch den zufälligen Untergang der Kaufsache nur dann von seiner Leistungspflicht befreit, wenn er nachweist, dass die Sache beim Gläubiger in gleicher Weise untergegangen wäre. Daneben haftet er nach allgemeinem Kaufrecht auch dann, wenn er nicht rechtzeitig liefert, auf Ersatz des Verzögerungsschadens.[1696] In allen übrigen Fällen ist der Vertragsschluss der die Haftung des Verkäufers auslösende Zeitpunkt.

Auch von der Sonderregelung für den Versendungskauf des allgemeinen Kaufrechts weicht Art. 1519-*quater* Abs. 1 *Cc* ab. Gemäß Art. 1510 Abs. 2 *Cc* wird der Verkäufer bei einer zum Transport bestimmten Kaufsache von seiner Pflicht zur Lieferung aus Art. 1477 *Cc* durch die Übergabe der Sache an eine Transportperson befreit.

Anders als in Art. 1519-*ter* Abs. 1 *Cc*, wonach der Verkäufer zur Lieferung vertragsgemäßer Güter an den Verbraucher verpflichtet ist, fehlt im Zusammenhang mit der Lieferung die Bezugnahme auf den Verbraucher. Die Formulierung „die Pflicht zu liefern an den Verbraucher" (*l'obbligo di consegnare al consumatore*) in Art. 1519-*ter* Abs. 1 *Cc* lässt erkennen, dass der Verkäufer seiner Leistungspflicht nicht etwa dann schon genüge getan hat, wenn er die Sache an einen Dritten übergibt. Erforderlich ist vielmehr, dass die Sache an den

---

1693 *Jayme*, FS-*Mühl*, S. 339 (342), der sich auf zwei Urteile des italienischen Kassationsgerichtshofes beruft (Cass., Urt. v. 4.3.1969; Giur it. 1969, I1, S. 2162; Cass., Urteil, vom 24.1.1980, N. 593, RIW 1981, 559 f.).

1694 *Bianca*, La vendita, S. 805.

1695 Vgl. hierzu *Zaccaria/De Cristofaro*, La vendita dei beni di consumo, S. 63.

1696 *Zaccaria/De Cristofaro*, La vendita dei beni di consumo, S. 62.

Verbraucher geliefert wird. Um eine „systemwidrige Disharmonie“[1697] innerhalb des Verbrauchsgüterkaufrechts zu vermeiden, ist diese Auslegung auf die Vorschrift des Art. 1519-*quater* Abs. 1 *Cc* zu übertragen. Mit der Formulierung „Zeitpunkt der Lieferung“ in Art. 1519-*quater* Abs. 1 *Cc* kann der italienische Gesetzgeber nur den Zeitpunkt der Lieferung an den Verbraucher gemeint haben. Als speziellere Regelung geht sie der Regelung in Art. 1510 Abs. 2 *Cc* vor. Die Übergabe an eine Transportperson führt damit im Rahmen eines Verbrauchsgüterkaufes nicht zum Übergang der Sachmängelgefahr. Dieser tritt erst im Zeitpunkt der Lieferung an den Verbraucher ein.

Gleiches gilt hinsichtlich der Regelungen über den Gattungskauf. Schuldet der Verkäufer eine Sache, die i.S.v. Art. 1378 Satz 1 *Cc* nur der Art nach bestimmt ist (*cosa determinata solo nel genere*), so handelt es sich nach italienischem Recht um einen Verpflichtungskauf (*vendita obbligatoria*).[1698] Das Eigentum und damit die Leistungsgefahr gehen gemäß Art. 1378 Satz 1 *Cc* erst mit der „Individualisierung“ (*individuazione*)[1699] der Sache über. Die Modalitäten der Individualisierung richten sich aber gemäß Art. 1378 Satz 1 *Cc* nach der Parteivereinbarung oder den üblichen Gepflogenheiten. Der Übergang der Leistungsgefahr hängt auch bei der Gattungsschuld von der Parteivereinbarung und nicht von der Übergabe der Sache ab, auch wenn der Zeitpunkt der Individualisierung oftmals mit der Übergabe der Sache zusammenfällt.

Handelt es sich um einen Versendungskauf, so erfolgt die Individualisierung gemäß Art. 1378 Satz 2 *Cc* mit der Übergabe an die Transportperson. Gleichzeitig entfällt gemäß Art. 1510 Abs. 2 *Cc* mit Übergabe der Sache an die Transportperson beim Versendungskauf die Pflicht zur Übergabe nach Art. 1476 Nr. 1 *Cc*, sodass im Zeitpunkt der Übergabe der Sache an die Transportperson die Leistungsgefahr übergeht. Nach allgemeinem kaufrechtlichem Gewährleistungsrecht stellen folglich alle nach Vertragsschluss aufgetretenen Mängel in der Regel ein vom Käufer zu tragendes Risiko dar. Art. 1519-*quarter* Abs. 1 *Cc* macht hingegen keinen Unterschied zwischen Gattungs- und Stückschuld, sodass der Verkäufer auch beim Gattungskauf im Rahmen eines Verbrauchsgüterkaufes für die Vertragswidrigkeit im Zeitpunkt der Lieferung haftet. Die Vorschrift erweitert damit den Schutz des Verbrauchers gegenüber sonstigen Käufern ganz erheblich.[1700]

Was unter dem Begriff der Lieferung zu verstehen ist, sagt Art. 1519-*quater* Abs. 1 *Cc* nicht. Teilweise ist in der italienischen Literatur vertreten worden maßgeblicher Zeitpunkt für die die Haftung des Verkäufers auslösende Vertragswidrigkeit sei der Zeitpunkt der Besitzverschaffung und damit der Zeitpunkt, in dem der Verbraucher die tatsächliche Verfügungsgewalt über das Verbrauchsgut

---

[1697] *Zaccaria/De Cristofaro*, La vendita dei beni di consumo S. 62.

[1698] *Trimarchi*, Diritto privato, S. 465.

[1699] Die Individualisierung ist kein Rechtsgeschäft, sodass auch beim Gattungskauf das Konsensualprinzip gilt.

[1700] *Gravante*, ELF 2002, 356 (358); *Cabella Pisu*, Contr. e Impr./Europa 2001, 34 (39).

erhält.[1701] Begründet wird diese Auffassung damit, dass auch das CISG, das zur Auslegung der VerbrGK-RL heranzuziehen ist, in seinem Art. 39 Abs. 2 bestimmt, dass der Verkäufer nur zwei Jahre ab dem Zeitpunkt haftet, in dem die Sache an den Käufer tatsächlich übergeben wird.[1702]

Die Vertreter dieser Auffassung übersehen, dass Art. 39 Abs. 2 CISG die Verjährungsfrist nicht aber den für die Vertragswidrigkeit maßgeblichen Zeitpunkt regelt. Dieser ist vielmehr in Art. 36 Abs. 1 CISG geregelt, der hierfür ausdrücklich auf den Zeitpunkt des Gefahrenübergangs abstellt. Gemäß Art. 66 CISG geht die Gefahr des zufälligen Untergangs und der zufälligen Verschlechterung nicht nur mit der Übernahme der Sache, sondern auch bei Nichtabnahme auf den Käufer über, wenn eine Abnahmeverpflichtung bestand und eine formell ordnungsgemäße Andienung i.S.d. Art. 69 CISG erfolgt ist. Maßgeblicher Zeitpunkt für das Vorliegen der Vertragswidrigkeit ist die tatsächliche Übergabe der Sache oder aber der Zeitpunkt, in dem der Verkäufer dem Käufer die Sache ordnungsgemäß angeboten hat. Durch diese Regelung soll verhindert werden, dass der Käufer durch die pflichtwidrige Nichtabnahme der Sache die Haftung des Verkäufers beeinflussen kann.

Überträgt man diesen Rechtsgedanken auf Art. 1519-*quater* Abs. 1 *Cc*, so muss der Begriff der Lieferung weit ausgelegt werden. Er kann daher nur so interpretiert werden, dass damit der Zeitpunkt gemeint ist, in dem der Verkäufer dem Verbraucher die Sache ordnungsgemäß also zur vereinbarten Zeit, am vereinbarten Ort und in der vereinbarten Art und Weise anbietet. Würde man den Zeitpunkt der tatsächlichen Übergabe als maßgeblich angesehen, so läge es in der Hand des Verbrauchers, durch die Nichtabnahme der Sache die Haftung des Verkäufers hinauszuzögern. Diesen Effekt aber wollte auch die VerbrGK-RL nicht bewirken, was die Auslegung zu Art. 3 Abs. 1 VerbrGK-RL zeigt. Selbst wenn eine solche Auslegung wegen der Mindestschutzklausel des Art. 8 VerbrGK-RL mit den Richtlinienvorgaben durchaus zu vereinbaren wäre, so ist doch eine an der VerbrGK-RL orientierte Auslegung des Begriffs der Lieferung im Sinne einer umfassenden Rechtsvereinheitlichung vorzugswürdig.

Da eine Änderung des Gefahrenübergangs nach Erwägungsgrund 14 VerbrGK-RL nicht erforderlich war, bleibt es auch im Rahmen eines Verbrauchsgüterkaufes, insbesondere für den Fall der Spät- und Nichtleistung, bei den allgemeinen Regelungen über den Gefahrenübergang. Das italienische Recht aber spaltet den Gefahrenübergang auf. Während die Sach- und Rechtsmängelgefahr erst mit der Lieferung der Sache übergeht, geht die Leistungsgefahr im Übrigen bei Vertragsschluss über. Die Preisgefahr[1703] geht gemäß Art. 1495 Abs. 1 *Cc* mit der Leistungsgefahr über. Bei unverschuldeter nachträglicher Unmöglichkeit vor Lieferung des Verbrauchsgutes bleibt der Verbraucher gemäß Art. 1465 Cc zur Kaufpreiszahlung verpflichtet. Bei Lieferung mangelhafter Güter hingegen kann er

[1701] *Zaccaria/De Cristofaro*, La vendita dei beni di consumo, S. 61.
[1702] *De Cristofaro*, Difetto di conformità, S. 162f.
[1703] Das Risiko den Kaufpreis trotz Untergangs der Sache zu entrichten.

sich unter Umständen nach Art. 1519-*quarter Cc* vom Vertrag auch dann lösen, wenn die Vertragswidrigkeit unabhängig von einem Verschulden des Verkäufers nach Vertragsschluss eingetreten ist.

b) Stufenverhältnis der Rechtsbehelfe

Der italienische Gesetzgeber hat die Rechtsbehelfe des Verbrauchers entsprechend den Richtlinienvorgaben in primäre und sekundäre Rechtsbehelfe aufgegliedert. So ist der Verbraucher vorrangig auf Geltendmachung des Anspruchs auf Nachbesserung oder Ersatzlieferung verwiesen und kann erst unter besonderen Voraussetzungen Minderung oder Vertragsauflösung verlangen. Die Ausgestaltung der Minderung und der Vertragsauflösung als sekundäre Gewährleistungsrechte ergibt sich anders als nach der VerbrGK-RL nicht aus einer ausdrücklichen Klarstellung, wie es in Art. 3 Abs. 3 VerbrGK-RL durch die Formulierung „zunächst" (*in primo luogo*) geschehen ist. Die Pflicht zur vorrangigen Geltendmachung des Nacherfüllungsanspruchs ergibt sich vielmehr aus den für die Geltendmachung der Minderung und Vertragsauflösung in Art. 1519-*quarter* Abs. 7 ff *Cc* genannten Voraussetzungen.

Die Hierarchisierung der Gewährleistungsrecht für den Bereich des Verbrauchsgüterkaufes stellt eine erhebliche Abweichung zum allgemeinen kaufrechtlichen Gewährleistungsrecht dar, wonach dem Käufer gemäß Art. 1492 Abs. 1 *Cc* bei Fehlern i.S.d. Art. 1490 *Cc* neben seinem Anspruch auf Schadensersatz aus Art. 1494 *Cc* das sofortige Recht auf Vertragsauflösung und Minderung, beim Fehlen von Eigenschaften nach dem Wortlaut des Art. 1497 Abs. 1 *Cc* nur das Recht auf sofortige Vertragsauflösung zusteht. Für den Bereich des Verbrauchsgüterkaufes tritt das dem Käufer nach allgemeinem Kaufrecht gebührende sofortige Recht zur Vertragsauflösung nunmehr hinter dem Anspruch auf Abhilfe zurücktritt. Im italienischen Recht bringt die Umsetzung der VerbrGK-RL folglich einen Nachteil gegenüber der früheren Rechtslage, weswegen die Übernahme des Stufenverhältnisses der Rechtsbehelfe in die italienische Rechtsordnung in der Literatur auf erhebliche Kritik gestoßen ist.[1704]

Zumindest für den Fall, dass die Vertragswidrigkeit vom Verkäufer verschuldet wurde und das Vertrauen des Verbrauchers in seinen Vertragpartner dadurch nachhaltig gestört ist, wurde gefordert, die Neuregelung für den Verbrauchsgüterkauf nicht anzuwenden, da sie insoweit einen Rückschritt im Vergleich zum traditionellen Gewährleistungssystem bedeutet und im Widerspruch zum Schutz der schwächeren Vertragspartei, der auf der Grundlage ädilizischer Rechtsbehelfe bislang bestand, steht.[1705] Wegen der Ungleichbehandlung des

---

1704 *Calvo*, Contr. e Impr./Europa 2000, 463 (467), *Bonfante/Cagnasso*, Contr. e Impr./Europa 2001, 23 (29).

1705 *Amadio*, Contr. e Impr./Europa 2001, 2 (3); *Cabella Pisu*, Contr. e Impr./Europa 2001, 34 (43); *Calvo*, Contr. e Impr./Europa 2000, 463 (467); *Delogu*, Contr. e Impr./Europa 2000, 489 (511); *Fadda*, Contr. e Impr./Europa 2000, 410 (425): *Falzone/Calvisi*, Contr. e Impr./Europa 2000, 455 (451f.); *Luminoso*, Riv. Dir. civ. 2001/I, 837 (860f.); *ders.*, Contr. e Impr./Europa 2001, 83 (119); *Macario*, Contr. e Impr./Europa 2001, 143 (151).

Verbrauchers gegenüber einem sonstigen Käufer ist sogar die Verfassungsmäßigkeit der Vorschrift bezweifelt worden, da es an einer Rechtfertigung für einen Eingriff in das Gleichbehandlungsgebot aus Art. 3 der italienischen Verfassung[1706] fehle.[1707] Hiergegen wird man einwenden können, dass die Subsidiarität der ädilizischen Rechtsbehelfe nach Art. 1519-*quarter Cc* nicht uneingeschränkt gilt, sondern gemäß Art. 1519-*quarter* Abs. 4 *Cc* für die Fälle nicht gilt, in denen die Abhilfe unmöglich oder übermäßig belastend ist, was regelmäßig dann zu bejahen sein wird, wenn das Vertrauen des Verbrauchers nachhaltig gestört ist.[1708]

c) Abnahmeverweigerungsrecht

Mit der Aufnahme eines Nacherfüllungsanspruchs stellt sich die Frage, ob der Verbraucher die Abnahme der mangelhaften Sache verweigern darf. Ausdrücklich hat der italienische Gesetzgeber ein Abnahmeverweigerungsrecht nicht geregelt. Ein Abnahmeverweigerungsrecht ist für den Käufer von erheblichem Wert, da er dadurch die Möglichkeit hat, auf ordnungsgemäßer Erfüllung zu beharren und nicht gezwungen wird, seine Gewährleistungsansprüche mit oftmals nur schwer zu führenden Beweisen durchzusetzen.[1709] Es wäre daher durchaus im Sinne eines hohen Verbraucherschutzniveaus zumindest den Käufer eines Verbrauchsgüterkaufes ein solches Abnahmeverweigerungsrecht zuzubilligen Schließlich kennt der *Codice civile* im Kaufrecht keine Abnahmepflicht im Sinne einer vertraglichen Haupt(leistungs-)pflicht. Eine entsprechende Vorschrift fehlt in den insoweit abschließenden Vorschriften über die Pflichten des Käufers, wie etwa die Pflicht zur Kaufpreiszahlung in Art. 1498 *Cc* oder die Verzinsungspflicht nach Art. 1499 *Cc*.

Der Gläubiger gerät gemäß Art. 1206 *Cc* in Verzug, wenn er die Handlung nicht vornimmt, die notwendig ist, damit der Schuldner seine Leistungspflichten erfüllen kann. Der Schuldner hat in diesem Fall lediglich die Möglichkeit sich durch Hinterlegung gemäß Art. 1209 *Cc* ff. von seiner Schuld zu befreien, wobei das Verfahren einer schuldbefreienden Hinterlegung äußerst umständlich ist. Handelt es sich um einen Kaufvertrag, so erleichtert Art. 1514 *Cc* dieses Verfahren erheblich. Hiernach reicht es aus, wenn der Verkäufer die Sache bei einer zur Hinterlegung bestimmten öffentlichen Stelle oder einer von dieser hierzu befugten Stelle hinterlegt und den Käufer davon in Kenntnis setzt, damit er gemäß Art. 1210

1706 Verfassung der Republik Italien vom 22.12.1947. Art. 3 lautet: „Alle Bürger haben die gleichen sozialen Rechte und sind vor dem Gesetz gleich zu behandeln, unabhängig von ihrem Geschlecht, ihrer Rasse, Sprache, Religion, politischen Auffassung und ihrem persönlichen und sozialen Zustand." (*Tutti i cittadini hanno pari dignità sociale e sono eguali davanti alla legge, senza distinzione di sesso, di razza, di lingua, di religione, di opinioni politiche, di condizioni personali e sociali.*), veröffentlicht in: Die Verfassungen der EU-Mitgliedstaaten, 2. Aufl. (1990), Nr. 7.

1707 Vgl. hierzu *Calvo*, Contr. e Impr./Europa 2000, 463 (487f.).

1708 *Zaccaria/De Cristofaro*, La vendita dei beni di consumo, S. 75.

1709 *Lamprecht*, ZIP 2002, 1790 (1790).

Abs. 2 *Cc* von seiner Pflicht zur Übergabe befreit wird. Weitergehende Rechte des Schuldners werden hingegen durch die Verweigerung der Abnahme nicht ausgelöst. Der Schuldner hat nur eine Abnahmeobliegenheit, sodass eine Abnahmeverweigerung grundsätzlich zulässig ist. Um die Abnahmeverweigerung des Käufers auch mit zu seinen Gunsten wirkenden Rechtsfolgen auszugestalten, müsste ein entsprechendes Abnahmeverweigerungsrecht etwa aus Treu und Glauben gewonnen werden.

2. Primäre Rechtsbehelfe: Nachbesserung und Ersatzlieferung

Nach Art. 1519-*quater* Abs. 3 *Cc*, der der Umsetzung von Art. 3 Abs. 3 Satz 1 VerbrGK-RL dient, kann der Verbraucher nach seiner Wahl vom Verkäufer unentgeltliche Nachbesserung des Gutes (*riparazione del bene*) oder unentgeltliche Ersatzlieferung des Gutes (*sostituzione del bene)* verlangen, sofern die geltend gemachte Abhilfe nicht objektiv unmöglich (*oggettivamente impossibile*) oder übermäßig belastend gegenüber der anderen Abhilfeform (*eccessivamente oneroso rispetto all'altro*) ist. Ein Anspruch auf Ersatzlieferung bzw. Nachbesserung, der gewöhnlich als „Handlung zur richtigen Erfüllung" (*azione di esatto adempimento*) bezeichnet wird, ist nach allgemeinem Sachmängelgewährleistungsrecht regelmäßig nur dann anerkannt, wenn der Verkäufer eine Garantie übernommen hatte.[1710] Nur im Werkvertragsrecht steht dem Besteller gegenüber dem Unternehmer ein Anspruch auf Mängelbeseitigung nach Abnahme des Werkes gemäß Art. 1668 Abs. 1 *Cc* zu, der insoweit als modifizierter Erfüllungsanspruch qualifiziert wird.[1711]

Dem Käufer standen im Kaufrecht bei einer Schlechtleistung indessen nur die Ansprüche auf Vertragsauflösung und Minderung nach Art. 1491 *Cc* und bei Verschulden der Anspruch auf Schadensersatz gemäß Art. 1494 *Cc* zu. Eine Ersatzlieferung stellte bislang nach allgemeiner Ansicht nicht die Erfüllung der geschuldeten Leistung gemäß Art. 1476 *Cc*, sondern die Lieferung einer nicht geschuldeten Sache dar. Im Übrigen wurde für den Fall, dass der Verkäufer zugleich Hersteller ist oder schuldhaft gehandelt hat, zwar ein Anspruch auf Naturalrestitution nach Art. 2058 *Cc* anerkannt, was inhaltlich dem Abhilfeanspruch i.S.d. Art. 1519-*quarter* Abs. 2 ff. *Cc* im Ergebnis gleichkommt.[1712] Ein gewährleistungsrechtlicher Nacherfüllungsanspruch hingegen war dem italienischen Kaufrecht bislang fremd. Nur eine Minderansicht in der Literatur befürwortet ein Recht des Verkäufers auf Nachbesserung oder Ersatzlieferung aus dem Gesichtspunkt des redlichen Verhaltens innerhalb eines Schuldverhältnisses gemäß Art. 1175 *Cc*.[1713]

Die herrschende Ansicht in der Literatur verwies regelmäßig darauf, dass der Verkäufer nur zu einem „Geben" (*dare*) und nicht zu einem „Tun" (*facere*)

1710 *Rescigno*, Commentario al Codice Civile, Art. 1492, Nr. 6; Cass., Urt. v. 5.9.1997, Nr. 8587, Giur. It. 1998, 888.
1711 *Resch*, Das italienische Privatrecht, S. 330.
1712 *Eccher/Schurr*, ZEuP 2003, 65 (72).
1713 *Bianca*, Diritto civile, S. 1015 f (n. 440).

verpflichtet ist, sodass ein Nacherfüllungsanspruch des Käufers bereits an dogmatischen Bedenken scheitern müsse.[1714] Die Aufnahme eines verschuldensunabhängigen Nacherfüllungsanspruchs in den Katalog der Rechtsbehelfe des Verbrauchers einschließlich des damit korrespondierenden Abhilferechts des Verkäufers im Rahmen eines Verbrauchsgüterkaufes stellt die wohl bedeutsamste Abweichung vom allgemeinem Sachmängelgewährleistungsrecht dar.[1715] Da die Vertragsmäßigkeit des Verbrauchsgutes nach italienischem Recht, namentlich nach Art. 1519-*ter* Abs. 1 *Cc*, beim Verbrauchsgüterkauf zu den Hauptleistungspflichten des Verkäufers zählt, stellt die Abhilfe aus dogmatischer Sicht die Fortsetzung des ursprünglichen Erfüllungsanspruchs dar.

a) Wahlrecht

Mit der Schaffung des Art. 1519-*quarter* Abs. 3 *Cc* hat der Gesetzgeber über den Wortlaut des Art. 3 Abs. 3 VerbrGK-RL hinaus mit der Formulierung „nach seiner (des Käufers) Wahl“ klargestellt, was die VerbrGK-RL lediglich in ihren Erwägungsgründen 10 und 11 festlegt: Die Wahl der Abhilfealternative gebührt grundsätzlich dem Verbraucher. Angesichts der divergierenden Auslegungsmöglichkeiten hinsichtlich der Person des Wahlberechtigten ist die hier ausdrücklich erfolgte Klarstellung sehr zu begrüßen.

(1) Ausübung

Wie das Wahlrecht auszuüben ist oder unter welchen Voraussetzungen der Verbraucher seine Wahl ändern kann, sagt die italienische Umsetzungsvorschrift nicht. Nach allgemeinem Kaufrecht ist die Wahl des Verkäufers zwischen Minderung und Vertragsauflösung nach Art. 1492 Abs. 1 *Cc* gemäß Art. 1492 Abs. 2 *Cc* unwiderruflich, wenn sie auf eine gerichtliche Aufforderung hin erfolgt. Erst mit Klage- bzw. Widerklageerhebung erlischt nach allgemeinem Kaufrecht das Wahlrecht des Käufers.[1716] Diese Regelung lässt sich nicht auf das Wahlrecht des Verbrauchers im Rahmen von Art. 1519-*quarter* Abs. 3 *Cc* übertragen, da die Nacherfüllung gemäß Art. 1519-*quarter* Abs. 5 *Cc* innerhalb eines angemessenen Zeitraumes zu erfolgen hat, wobei die Formulierung „*dalla richiesta*“ klarstellt, dass als Beginn der Nacherfüllungsfrist der Zeitpunkt anzusehen ist, in dem der Verbraucher seinen Abhilfeanspruch geltend macht, was in der Regel außergerichtlich erfolgt.

Der Umstand, dass die Abhilfe innerhalb eines angemessenen Zeitraumes zu erfolgen hat, macht deutlich, dass auch das Recht zur Abhilfe des Verkäufers innerhalb eines angemessenen Zeitraumes besteht, sodass die Wahl mit ihrer Ausübung unwiderruflich sein muss.[1717] Schlägt die vom Verbraucher gewählte

---

1714 Vgl. hierzu ausführlich *De Cristofaro*, Difetto di conformità, 193f.

1715 *Zaccaria/De Cristofaro*, La vendita dei beni di consumo, S. 187; *Kindler*, Italienisches Handels- und Wirtschaftsrecht, § 5 Rn. 136.

1716 *Cian/Trabucchi*, Commentario breve, Art. 1492 III (S. 1120).

1717 *Luminoso*, Contr. e Impr./Europa 2001, 83 (125).

Abhilfe fehl, so kann er Abhilfe durch die andere Abhilfeart verlangen.[1718] Nach Art. 1519-*quarter* Abs. 5 *Cc* muss die Nacherbesserung oder Ersatzlieferung innerhalb eines angemessenen Zeitraumes ab Geltendmachung des Abhilfeanspruchs erfolgen, wobei die Art des Verbrauchsgutes und der Zweck, für den der Verbraucher das Verbrauchsgut gekauft hat, zu berücksichtigen sind. Damit hat der italienische Gesetzgeber die Vorschrift des Art. 3 Abs. 3 Satz 3 VerbrGK-RL umgesetzt und die Fälle, in denen der Verkäufer nicht zur Erfüllung des geltend gemachten Abhilfeanspruchs innerhalb einer angemessenen Frist in der Lage ist, den Fällen der Unmöglichkeit bzw. übermäßigen Belastung gleichgestellt.[1719]

Ergänzend zu den Vorgaben der VerbrGK-RL bestimmt Art. 1519-*quarter* Abs. 5 *Cc* den Beginn der Frist. Danach läuft die Frist ab dem Zeitpunkt der Geltendmachung eines Abhilfeanspruchs. Nach Geltendmachung des Abhilfeanspruchs durch den Verbraucher bleibt es den Parteien überlassen, eine längere Frist zu vereinbaren als diejenige, die sich unter Zugrundelegung objektiver Kriterien ergeben würde.[1720] Auffällig ist, dass es anders als in der italienischen Sprachfassung des Richtlinientextes nicht heißt „innerhalb einer vernünftigen Zeitspanne/Frist" (*entro un lasso di tempo ragionevole*). Da es sich bei dieser Formulierung um keine in der italienischen Rechtssprache übliche Formulierung handelt, ist durchaus nachvollziehbar, dass ein solches Redaktionsversehen bei der Übersetzung des Richtlinientextes in die italienische Sprache - wenn auch ohne inhaltliche Folgen – vom Umsetzungsgesetzgeber im *Cc* durch den juristischen Fachterminus „innerhalb eines angemessenen Zeitraumes" (*entro un congruo termine*) ersetzt wird.

Teilweise ist zwar in der italienischen Literatur darauf hingewiesen worden, die von der VerbrGK-RL gewählte Formulierung lasse dem Richter einen größeren Spielraum bei der Bestimmung, ob der zur Abhilfe vorgesehene Zeitraum abgelaufen ist. Andere vertreten die Auffassung, dass der *Codice civile* die Formulierung „innerhalb eines angemessenen Zeitraumes" (*entro un congruo termine*) bereits in Art. 1454 *Cc* verwendet und dort bestimmt, dass dieser Zeitraum, vorbehaltlich einer von der gesetzlichen Vorschrift abweichenden Parteivereinbarung und wenn die Natur des Vertrages nichts anderes ergibt, nicht kürzer als fünfzehn Tage sein darf, was im Rahmen eines Verbrauchsgüterkaufes bereits unzumutbar für den Verbraucher sein kann.[1721]

Würde man diese Regelung auch im Rahmen eines Verbrauchsgüterkaufes uneingeschränkt anwenden, so stünde sie dem Grundsatz richtlinienkonformer Auslegung entgegen. Im Rahmen von Art. 1519-*quarter* Abs. 5 *Cc* gilt daher, dass die Umstände des Einzelfalls über die Angemessenheit des Abhilfezeitraumes entscheiden. Fraglich ist, wie es sich auswirkt, wenn der Verbraucher zunächst eine Abhilfealternative gewählt hat, die der Verkäufer berechtigterweise oder sogar

---

1718 *Luminoso*, Contr. e Impr./Europa 2001, 83 (125).

1719 *Zaccaria/De Cristofaro*, La vendita dei beni di consumo, S. 78.

1720 *Zaccaria/De Cristofaro*, La vendita dei beni di consumo, S. 78.

1721 *Zaccaria/De Cristofaro*, La vendita dei beni di consumo, S. 80.

unberechtigterweise zurückgewiesen hat. In der italienischen Literatur finden sich hierzu noch keine Lösungsansätze. Da der deutsche Gesetzgeber diese Frage ebenfalls nicht ausdrücklich geklärt hat, kann insoweit auf die in der deutschen Literatur vertretenen Auffassungen verwiesen werden kann.

(2) Schranken

Der Abhilfeanspruch ist auch nach italienischem Recht bestimmten Grenzen unterworfen. Nach Art. 1519-*quarter* Abs. 3 *Cc* ist das Wahlrecht des Verbrauchers ausgeschlossen, wenn die von ihm gewählte Abhilfealternative objektiv unmöglich (*oggettivamente impossibile*) oder im Vergleich zur anderen Abhilfealternative übermäßig belastend (*eccessivamente oneroso*) ist. Art. 1519-*quarter* Abs. 3 *Cc* schließt damit das Wahlrecht des Verbrauchers von Gesetzes wegen in den Fällen der Unmöglichkeit und der übermäßigen Belastung des Verkäufers durch die gewählte Abhilfealternative aus. Der Anspruch des Verbrauchers beschränkt sich dann auf die jeweils andere Abhilfealternative. In Anlehnung an die VerbrGK-RL, die zur Auslegung der Umsetzungsvorschrift heranzuziehen ist, handelt es sich bei Art. 1519-*quarter* Abs. 3 *Cc* um ein Zurückweisungsrecht des Verkäufers und nicht um eine vom Verbraucher zu beweisende Anspruchsvoraussetzung mit dem Inhalt, dass die gewählte Abhilfealternative möglich und verhältnismäßig ist.

(a) Unmöglichkeit

Anders als die VerbrGK-RL nennt Art. 1519-*quarter* Abs. 3 *Cc* als Ausschlussgrund nur die objektive Unmöglichkeit der Abhilfe. Ist die Abhilfe dem Verkäufer subjektiv unmöglich, so reicht dies noch nicht aus. Macht etwa der Verbraucher einen Anspruch auf Nachbesserung geltend, so schließt der Umstand, dass der Verkäufer keine eigene Werkstatt hat, das Wahlrecht nicht aus. Hieraus folgt gleichzeitig, dass der Verkäufer durchaus berechtigt ist, die Nachbesserung durch Dritte vornehmen zu lassen.[1722] Eine solche Regelung begünstigt den Verbraucher gegenüber der Regelung der VerbrGK-RL, da der Ausschluss des ihm eingeräumten Wahlrechts an strengere Voraussetzungen geknüpft ist, was wegen Art. 8 VerbrGK-RL eine im Rahmen der von der VerbrGK-RL angestrebten Mindestharmonisierung zulässige Besserstellung des Verbrauchers darstellt. Die Unmöglichkeit der Nachbesserung ist daher erst gegeben, wenn die Nachbesserung auch durch Dritte nicht erbracht werden kann. Die Unmöglichkeit der Ersatzlieferung hingegen ist regelmäßig nur bei unvertretbaren Sachen anzunehmen, wie etwa bei gebrauchten Sachen.[1723] Bei vertretbaren Sachen hingegen bleibt die Ersatzlieferung auch dann möglich, wenn das erworbene Verbrauchsgut im Vertrag als „besondere“ Sache bezeichnet wurde.[1724]

[1722] *Zaccaria/De Cristofaro*, La vendita dei beni di consumo, S. 76.

[1723] *Zaccaria/De Cristofaro*, La vendita dei beni di consumo, S. 77.

[1724] *Zaccaria/De Cristofaro*, La vendita dei beni di consumo, S. 77.

(b) Übermäßige Belastung

Während das Käuferwahlrecht nach der VerbrGK-RL ausgeschlossen ist, wenn die Abhilfe „unverhältnismäßig" (*sproporzionato*) ist, schließt Art. 1519-*quarter* Abs. 3 *Cc* das Wahlrecht für den Fall aus, dass die Abhilfe „übermäßig belastend" (*eccessivamente oneroso*) gegenüber der anderen Abhilfeform ist. Zugleich hat der italienische Gesetzgeber darauf verzichtet, bei der Definition der Unverhältnismäßigkeit der Abhilfe in Art. 1519-*quarter* Abs. 3 *Cc* entsprechend Art. 3 Abs. 4 VerbrGK-RL darauf abzustellen, dass die Kosten unzumutbar sein müssen.

Das Zumutbarkeitskriterium ist in der Formulierung „übermäßig belastend" enthalten. Dafür, dass der italienische Gesetzgeber hinsichtlich des Verhältnismäßigkeitsmaßstabes inhaltlich von den Richtlinienvorgaben abweichen wollte, sind überdies auch keine Anhaltspunkte ersichtlich. So gilt auch nach Art. 1519-*quarter* Abs. 4 *Cc* eine der beiden Abhilfealternativen entsprechend Art. 3 Abs. 3 VerbrGK-RL als übermäßig belastend, wenn durch sie unvernünftige (*irragionevoli*) Kosten für den Verkäufer entstehen, wobei der italienische Gesetzgeber die bei der Bestimmung zu berücksichtigenden Kriterien aus Art. 3 Abs. 3 Satz 2 VerbrGK-RL, ob unvernünftige Kosten vorliegen, nahezu wortgleich übernommen hat. Dies sind gemäß a) der Wert, den das Verbrauchsgut ohne die Vertragswidrigkeit hätte, gemäß b) die Bedeutung der Vertragswidrigkeit und gemäß c) die Möglichkeit auf die andere Abhilfealternative ohne erhebliche Unannehmlichkeiten für den Verbraucher zurückzugreifen.

Der bei der Bestimmung der Verhältnismäßigkeit maßgebliche Wert des Verbrauchsgutes im vertragsgemäßen Zustand i.S.v. a) schließt nach Ansicht der Literatur auch den Fall ein, dass das Verbrauchsgut nach Übergabe einem Preisverfall am Markt ausgesetzt war.[1725] Es ist daher entsprechend der VerbrGK-RL durchaus denkbar, dass bereits nur ein geringer Kostenunterschied zur Begründung der Unzumutbarkeit ausreicht bzw. trotz erheblicher Kostendifferenz zwischen den Abhilfealternativen keine Unzumutbarkeit vorliegt.

Art. 1519-*quater* Abs. 3 *Cc* stellt als Vergleichsmaßstab zur Bestimmung der übermäßigen Belastung einer Abhilfeform auf die jeweils andere Abhilfeform ab. Nach Art. 1519-*quarter* Abs. 4 *Cc* gilt eine Abhilfe dann als übermäßig belastend i.S.d. Art. 1519-*quarter* Abs. 3 *Cc*, wenn sie dem Verkäufer im Vergleich zu der anderen Abhilfe unvernünftige Kosten verursacht. Anknüpfungsmerkmal zur Bestimmung der übermäßigen Belastung sind damit ebenfalls die Kosten der Abhilfe. Mit der Formulierung „übermäßige Belastung" ist daher nur ein Begriff gewählt, der Unverhältnismäßigkeit und Unzumutbarkeit vereint. Inhaltliche Abweichungen von den Richtlinienvorgaben sind damit nicht verbunden.

Anders als die VerbrGK-RL hat der italienische Gesetzgeber in Art. 1519-*quarter* Abs. 4 *Cc* formuliert, dass eine übermäßige Belastung „einer der beiden Abhilfen" (*uno dei due rimedi*) unter Berücksichtigung der nachfolgend in den Buchstaben a) bis c) genannten Umstände dann vorliegt, wenn die Abhilfe für den

---

[1725] *Eccher/Schurr*, ZEuP 2003, 65 (77).

Verkäufer unvernünftige Kosten begründet. Die Formulierung in Art. 1519-*quarter* Abs. 4 *Cc* spricht dafür, dass nur eine der beiden Abhilfealternativen eine übermäßige Belastung für den Verkäufers darstellen kann. Die VerbrGK-RL bestimmt hingegen lediglich, dass „eine" Abhilfe für den Fall als unverhältnismäßig gilt, dass sie verglichen mit der anderen Abhilfealternative unzumutbare Kosten verursacht. Letztlich führt der Umstand, dass nur eine der beiden Abhilfealternativen eine übermäßige Belastung sein kann, zu keiner Schlechterstellung des Verbrauchers, da ihm sein Abhilfeanspruch erhalten bleibt, sodass die Vorschrift durchaus wegen der Mindestschutzklausel des Art. 8 VerbrGK-RL mit den Richtlinienvorgaben zu vereinbaren ist.

(3) Abdingbarkeit

Ein Ausschluss des Wahlrechts ist wegen Art. 1519-*octies* Abs. 1 *Cc* ausgeschlossen. Nach Anzeige der mangelnden Vertragsmäßigkeit durch den Verbraucher kann der Verkäufer gemäß Art. 1519-*quarter* Abs. 9 *Cc* dem Verbraucher eine andere verfügbare Abhilfe mit den in den Buchstaben a) und b) genannten Wirkungen anbieten. Mit Art. 1519-*quarter* Abs. 9 *Cc* wollte der italienische Gesetzgeber offenbar die strenge Vorrangregelung des Abhilfeanspruchs nach der VerbrGK-RL etwas aufweichen und damit die Möglichkeit einer außergerichtlichen Einigung der Parteien verstärken.[1726] Aus den Buchstaben a) und b) der Vorschrift ergibt sich, dass immer eine Einigung der Parteien durch Angebot und Annahme i.S.v. zwei übereinstimmenden Willenserklärungen erforderlich ist.[1727]

Nach a) der Vorschrift bleibt der Verkäufer für den Fall, dass sich der Verbraucher mit der anderen ihm vorgeschlagenen Form der Abhilfe nicht einverstanden erklärt, dennoch dazu verpflichtet, eine vom Verbraucher bereits gewählte (spezifische) Abhilfe innerhalb einer angemessenen Frist i.S.v. Abs. 6 der Vorschrift vorzunehmen. Bei der Bezugnahme auf Abs. 6 kann es sich nur um ein Redaktionsversehen handeln, da die Frist in Abs. 5 geregelt ist. Richtigerweise müsste daher in a) des Art. 1519-*quarter* Abs. 9 *Cc* auf Abs. 5 der Vorschrift verwiesen werden. Hinsichtlich der Vereinbarkeit von a) mit den Richtlinienvorgaben bestehen auch keine Zweifel.[1728] Er beschränkt weder mittelbar noch unmittelbar die Rechte des Verbrauchers, sondern räumt dem Verbraucher vielmehr die Möglichkeit ein, von seinem spezifischem Abhilfeverlangen Abstand zu nehmen und sich für die vom Verkäufer vorgeschlagene Form der Abhilfe zu entscheiden.

Denkbar ist, dass der Verbraucher durch die Aufnahme einer solchen Vorschrift der Gefahr ausgesetzt ist, vom Verkäufer zu einer ursprünglich nicht gewollten Form der Abhilfe „überredet" zu werden. Dies reicht aber nicht aus, um die Vereinbarkeit der Vorschrift mit den Vorgaben der VerbrGK-RL in Frage zu

1726 *Eccher/Schurr*, ZEuP 2003, 65 (78).
1727 *Zaccaria/De Cristofaro*, La vendita dei beni di consumo, S. 101.
1728 *Zaccaria/De Cristofaro*, La vendita dei beni di consumo, S. 101.

stellen. Die Vorschrift begünstigt vielmehr den Verbraucher, in dem sie ihm die Möglichkeit einräumt, diejenige vom Verkäufer angebotene Form der Abhilfe anzunehmen, die unter Umständen auch für ihn die günstigere ist, weil sie etwa in kürzerer Zeit erfolgen kann oder weil der Verkäufer ihm eine Entschädigung anbietet, auf die der Verbraucher bei der Geltendmachung der anderen Abhilfeform keinen Anspruch hätte. Auch Art. 7 VerbrGK-RL spricht nicht gegen die Aufnahme des Art. 1519-*quarter* Abs. 9 a) *Cc*. Nach Art. 7 Abs. 1 VerbrGK-RL sind grundsätzlich Vereinbarungen, durch welche die mit der VerbrGK-RL gewährten Rechte mittelbar oder unmittelbar beschränkt oder ausgeschlossen werden, vor Unterrichtung des Verkäufers über die Vertragswidrigkeit für den Verbraucher nicht bindend. Da Art. 1519-*quarter* Abs. 9 a) *Cc* die Situation nach Anzeige der Vertragswidrigkeit betrifft, bleibt Art. 7 VerbrGK-RL von ihr unberührt.

Hat der Verbraucher noch keine spezifische Form der Abhilfe gewählt, so muss er gemäß Art. 1519-*quarter* Abs. 9 b) *Cc* das Angebot des Verkäufers annehmen oder zurückweisen. Weist er die angebotene Abhilfeform zurück, so muss er sich für eine der in Art. 1519-*quarter Cc* genannten Abhilfen und damit für die Nachbesserung oder Ersatzlieferung entscheiden. b) enthält keine Regelung darüber, innerhalb welchen Zeitraumes der Verbraucher der angebotenen Abhilfe zustimmen oder sie ablehnen muss. Hier wird man wohl die allgemeine Regelung über den Vertragsschluss des Art. 1326 Abs. 2 *Cc* fruchtbar machen können.[1729] Danach muss die Annahme innerhalb einer vom Anbietenden gesetzten Frist oder innerhalb einer im Hinblick auf die Natur des Vertrages angemessenen Frist erfolgen.

Die Frist darf nicht vor Ablauf der Anzeigefrist nach Art. 1519-*sexies* Abs. 2 *Cc* von zwei Monaten ab Lieferung enden. Aus Art. 1519-*sexies* Abs. 2 *Cc* folgt, dass der Verbraucher zumindest zwei Monate ab Kenntnis der Vertragswidrigkeit Zeit hat, den Mangel anzuzeigen und damit zwei Monate, um sich für eine der Abhilfealternativen zu entscheiden. Art. 1519-*quarter* Abs. 9 b) *Cc* aber zwingt den Verbraucher, sich auf Verlangen des Verkäufers für eine Abhilfealternative zu entscheiden. Bei richtlinienkonformer Auslegung muss man daher zu dem Schluss gelangen, dass der Verbraucher sich bis zum Ablauf der Zwei-Monats-Frist entscheiden kann. Andernfalls wäre das Wahlrecht hinsichtlich der beiden Abhilfealternativen gemäß Art. 1519-quater Abs. 3 *Cc* bzw. Art. 3 Abs. 3 VerbrGK-RL und damit letztlich das Abhilferecht des Verbrauchers vor Anzeige des Mangels eingeschränkt.

Fraglich ist, welche Rechtsfolgen eintreten, wenn der Verbraucher diese Frist ungenutzt verstreichen lässt oder aber die angebotene Abhilfeform ablehnt, ohne eine ihm nach Art. 1519-*quarter* Abs. 2 *Cc* zustehende Abhilfeform zu wählen. Es steht außer Frage, dass die genannten Umstände nicht zum Verlust der dem Verbraucher nach der VerbrGK-RL zustehenden Rechtsbehelfe führen können.[1730] Andernfalls hätte der Verkäufer die Möglichkeit sich seiner Haftung dadurch zu

[1729] *Zaccaria/De Cristofaro*, La vendita dei beni di consumo, S. 102.
[1730] *Zaccaria/De Cristofaro*, La vendita dei beni di consumo, S. 103.

entziehen, dass er eine – u.U. sogar völlig abwegige - Form der Abhilfe anbietet, die von Art. 1519-*quarter* Abs. 2 *Cc* nicht als regulärer Rechtsbehelf vorgesehen wurde. Denkbar ist daher nur, dass das Wahlrecht auf den Verkäufer übergeht. Zu berücksichtigen ist, dass die Ansprüche des Verbrauchers nach Art. 5 Abs. 1 VerbrGK-RL grundsätzlich erst in zwei Jahren ab Lieferung des Gutes verjähren dürfen. Der Verbraucher muss die Möglichkeit haben, seine Rechte für einen Zeitraum von mindestens zwei Jahren ab Lieferung des Gutes geltend zu machen.[1731] Eine Überleitung des Wahlrechts verstößt damit gegen die VerbrGK-RL. Selbst wenn sich der Verbraucher durch eine nach Ablauf der Frist geltend gemachte Abhilfeform schadensersatzpflichtig machen würde, wäre damit eine zumindest mittelbare Einschränkung der ihm nach der VerbrGK-RL zwingend einzuräumenden Rechtsbehelfe und damit ein Verstoß gegen Art. 8 VerbrGK-RL verbunden. Art. 1519-*quarter* Abs. 2 *Cc* ist daher nicht mit der VerbrGK-RL zu vereinbaren.

b) Anspruchsinhalt

Während der Anspruch auf Nachbesserung regelmäßig die Pflicht zu einem „Tun“ (*facere*) des Verkäufers begründet, zwingt der Anspruch auf Ersatzlieferung zu einem „Geben“ (*dare*) des Verkäufers.[1732] Der Abhilfeanspruch ist bei der Nachbesserung nicht darauf beschränkt, die Kaufsache als solche in Stand zu setzen bzw. bei der Ersatzlieferung ein gleichwertiges mangelfreies Verbrauchsgut zu liefern, sondern er richtet sich nach der Art der Vertragswidrigkeit.[1733] Beruht die Vertragswidrigkeit beispielsweise auf einer mangelhaften Montage, so kann der Abhilfeanspruch gemäß Art. 1519-*quarter* Abs. 3 *Cc* auf eine erneute Montage gerichtet sein, wenn durch sie die Vertragswidrigkeit behoben wird. Gleiches gilt etwa für die Vertragswidrigkeit, die auf einer mangelhaften Montageanleitung beruht. In diesem Fall ist der Abhilfeanspruch auf die Lieferung einer mangelfreien Montageanleitung gerichtet, vorausgesetzt, dass dadurch die Vertragsmäßigkeit der Ware hergestellt werden kann. Für den Fall, dass es sich um die Lieferung einer geringeren als der vertraglich vereinbarten Menge handelt, was gemäß Art. 1519-*ter Cc* ebenfalls als Vertragswidrigkeit anzusehen ist, kann der Anspruch auf Lieferung der fehlenden Menge gerichtet sein.

Bei der Ersatzlieferung ist die vertragswidrige Sache bei Erhalt der im Rahmen der Ersatzlieferung gelieferten Sache an den Verkäufer zurückzugewähren. Dies ergibt sich aus einer analogen Anwendung des Art. 1458 *Cc*, der für die Rückabwicklung beim Rücktritt auf die bereicherungsrechtliche Vorschrift des Art. 1519 *Cc* verweist. Bei richtlinienkonformer Auslegung muss sich die Rückgewähr auf die bloße Rückgabe der mangelhaften Sache beschränken. Ein darüber hinausgehender Nutzungsersatz verstößt gegen Art. 3 Abs. 3 i.V.m. Abs. 4 VerbrGK-RL, wonach die Abhilfe unentgeltlich zu erfolgen hat.

1731 *Zaccaria/De Cristofaro*, La vendita dei beni di consumo, S. 103.
1732 *Zaccaria/De Cristofaro*, La vendita dei beni di consumo, S. 71.
1733 *Zaccaria/De Cristofaro*, La vendita dei beni di consumo, S. 71.

(1) Unentgeltlichkeit der Abhilfe

Die Kosten der Abhilfe hat der Verkäufer zu tragen. Dies ergibt sich bereits aus Art. 1519-*quarter* Abs. 2 *Cc*, wonach der Verbraucher bei Vertragswidrigkeit die Herstellung des vertragsgemäßen Zustandes entsprechend der Formulierung der italienischen Richtlinienfassung „ohne Kosten" (*senza spese*) also unentgeltlich, wie es in der deutschen Fassung des Art. 3 Abs. 2 und 3 VerbrGK-RL übersetzt heißt, verlangen kann. Auch in Art. 1519-*quarter* Abs. 3 *Cc* hat der italienische Gesetzgeber nochmals normiert, dass der Verbraucher die Nachbesserung oder die Ersatzlieferung in beiden Fällen ohne Kosten (*senza spese in entrambi i casi*) verlangen kann. Gemäß Art. 1519-*quarter* Abs. 6 *Cc*, der der Umsetzung von Art. 3 Abs. 4 VerbrGK-RL dient, umfassen die Kosten (*spese*) im Sinne von Abs. 2 und 3 der Vorschrift die notwendigen Kosten (*costi indispensabili*) zur Herstellung der Vertragsmäßigkeit des Verbrauchsgutes, insbesondere die für den Versand bewirkten Kosten, die Arbeits- und die Materialkosten. Die italienische Fassung des Richtlinientextes verwendet zwar hier die Formulierung, die die deutsche Fassung des Richtlinientextes mit „notwendige Kosten" (*costi necessari*) übersetzt, während die Formulierung in Art. 1519-*quarter* Abs. 6 *Cc* „*costi indispensabili*" lautet, was ebenfalls mit „notwendige Kosten" übersetzt werden kann und daher wohl kaum eine inhaltliche Abweichung von der VerbrGK-RL bedeuten dürfte.

(2) Abhilfe innerhalb einer angemessenen Frist

Gemäß Art. 1519-*quarter* Abs. 5 *Cc* hat die Abhilfe innerhalb einer angemessenen Frist zu erfolgen.

(3) Keine Unannehmlichkeiten bei der Abhilfe

Nach Art. 1519-*quarter* Abs. 5 *Cc* darf die Nacherbesserung oder Ersatzlieferung keine erheblichen Unannehmlichkeiten für den Verbraucher mit sich bringen, wobei auch hier die Art des Verbrauchsgutes und der Zweck, für den der Verbraucher das Verbrauchsgut gekauft hat, zu berücksichtigen sind. Auch diese Regelung dient der Umsetzung von Art. 3 Abs. 3 Satz 3 VerbrGK-RL und stellt die Fälle, in denen der Verkäufer zur Erfüllung des geltend gemachten Abhilfeanspruchs ohne erhebliche Unannehmlichkeiten für den Verbraucher nicht in der Lage ist, den Fällen der Unmöglichkeit bzw. übermäßigen Belastung gleich.[1734] Eine weitere Abweichung vom Wortlaut der italienischen Richtlinienfassung findet sich am Ende der Vorschrift des Art. 1519-*quarter* Abs. 5 *Cc*. Während es nach der VerbrGK-RL bei der Beurteilung, ob die Abhilfe ohne Unannehmlichkeiten für den Verbraucher erfolgt, auf den Zweck ankommt, für den der Verbraucher das Verbrauchsgut benötigt (*per il quale il consumatore ha acquistato il bene*), kommt es nach Art. 1519-*quarter* Abs. 5 *Cc* auf den Zweck an, für den der Verbraucher das Verbrauchsgut gekauft hat (*per il quale il consumatore ha voluto il bene*). Eine inhaltliche Änderung gegenüber der VerbrGK-RL ist damit nicht verbunden.

[1734] *Zaccaria/De Cristofaro*, La vendita dei beni di consumo, S. 78.

Ziel der Nachbesserung bzw. Ersatzlieferung ist es, den vertragsgemäßen Zustand herzustellen, sodass auch die Nachbesserung bzw. Ersatzlieferung selbst bzw. ihre Durchführung vertragsgemäß sein muss, da der Verkäufer einen Erfolg und keine Handlung schuldet. Schlägt die Ersatzlieferung fehl, so bleibt der Anspruch auf die Ersatzlieferung bestehen.[1735] Dies ergibt sich für die Ersatzlieferung bereits aus Art. 1519-*ter* Abs. 1 *Cc*, der insoweit auf die Ersatzlieferung als modifizierten Primäranspruch anzuwenden ist. Danach aber führt erst die Lieferung einer vertragsgemäßen Sache zum Erlöschen der Leistungspflicht durch Erfüllung. Nicht erforderlich ist hingegen, dass der Verbraucher bei Fehlschlagen einer Abhilfealternative die andere Form der Abhilfe geltend macht. Eine solche Regelung kennt das Gesetz nicht. Im Falle des Fehlschlagens wird man vielmehr davon ausgehen müssen, dass die Frist zur Abhilfe i.S.d. Art. 1519-*quarter* Abs. 7 b) *Cc* abgelaufen bzw. die erneute Abhilfe wegen des Zeitablaufs mit erheblichen Unannehmlichkeiten für den Verbraucher Art. 1519-*quarter* Abs. 7 c) *Cc* verbunden ist, sodass der Verbraucher die Rechtsbehelfe auf der zweiten Gewährleistungsstufe zustehen.

Um eine Benachteiligung des Verbrauchers für den Fall einer fehlgeschlagenen Abhilfe und damit eine Privilegierung des Verkäufers, der nur eine unzureichende Abhilfe vorgenommen hat, zu vermeiden, muss man dem Verbraucher in diesem Fall ein vierfaches Wahlrecht zugestehen, nämlich zwischen Nachbesserung, Ersatzlieferung, Minderung und Vertragsauflösung unter den jeweiligen Voraussetzungen.[1736] Gleiches muss auch für die Nachbesserung gelten, da sowohl der EU-Gesetzgeber als auch der italienische Gesetzgeber von einer grundsätzlichen Gleichwertigkeit der Abhilfealternativen ausgehen.[1737] Ist die Nachbesserung fehlgeschlagen, so muss immer geprüft werden ob dem Verkäufer unter Umständen ein Zurückweisungsrecht wegen Unmöglichkeit bzw. unangemessener Benachteiligung aus Art. 1519-*quarter* Abs. 3 *Cc* zur Seite steht.

c) Erfüllungsort

Eine den Erfüllungsort für die Nachbesserung und Ersatzlieferung ausdrücklich regelnde Vorschrift enthalten die Art. 1519-*bis* ff. *Cc* nicht. Grundsätzlich richtet sich der Erfüllungsort nach der im Zweifel durch Auslegung zu ermittelnden Parteivereinbarung. Der Erfüllungsort der Hauptleistungspflicht gemäß Art. 1510 Abs. 1 *Cc* richtet sich ebenfalls vorrangig nach der Parteivereinbarung. Handelt es sich etwa bei der mangelhaften Sache um eine zur Montage bestimmte Sache, so ergibt die Parteivereinbarung regelmäßig, dass die Demontage der Sache vom Abhilfeanspruch miterfasst wird. Dann ist aber auch die Neumontage im Abhilfeanspruch inbegriffen ist. Fehlt es an einer Parteivereinbarung, so ist ein Rückgriff auf Art. 1510 Abs. 1 *Cc*, der den Leistungsort für die Erfüllung der Pflicht zur Übergabe der Sache aus Art. 1476 Nr. 1 *Cc* regelt, nicht ohne weiteres möglich.

[1735] *Calvo*, Contr. e Impr./Europa 2000, 463 (473).
[1736] *Zaccaria/De Cristofaro*, La vendita dei beni di consumo, S. 81.
[1737] *Zaccaria/De Cristofaro*, La vendita dei beni di consumo, S. 83f.

Nach allgemeinem Kaufrecht hat die Übergabe der Sache gemäß Art. 1510 Abs. 1 *Cc* bei fehlender Parteivereinbarung an dem Ort zu erfolgen, an dem sie sich zum Zeitpunkt des Kaufes befindet, sofern beide Parteien davon Kenntnis haben, wo sich die Sache befindet, andernfalls am Wohnsitz oder der gewerblichen Niederlassung des Verkäufers. Da der Abhilfeanspruch letztlich die Fortsetzung des Erfüllungsanspruchs ist, muss der Erfüllungsort der Hauptleistungspflicht mit dem der Abhilfe identisch sein. Art. 1510 Abs. 1 *Cc* liegt zugrunde, dass das Eigentum an der Sache gemäß Art. 1376 *Cc* und damit auch die Befugnis mit der Sache nach Belieben zu verfahren gemäß Art. 832 *Cc* im Zeitpunkt des Vertragsschlusses auf den Käufer übergeht, sodass es nur konsequent ist, das die Übergabe an dem Ort zu erfolgen hat, an dem sich die Sache im Zeitpunkt des Vertragsschlusses befindet.

Bei der Nachbesserung und Ersatzlieferung ist die Sache regelmäßig bereits in das Eigentum des Käufers übergegangen, sodass es an einer Rechtfertigung der Erfüllungsortregelung des Art. 1510 Abs. 1 *Cc* fehlt, zumal Art. 1519-*quarter* Abs. 5 *Cc* bestimmt, dass die Herstellung des vertragsgemäßen Zustandes durch Nachbesserung oder Ersatzlieferung ohne erhebliche Unannehmlichkeiten für den Verbraucher erfolgen muss. Ist aber der Verbraucher gezwungen, die Sache an dem Ort abzuholen, an dem sie sich im Zeitpunkt des Kaufes befand, so können damit erhebliche Unannehmlichkeiten für den Verbraucher verbunden sein. Aus Art. 1519-*quarter* Abs. 2 und 3 i.V.m. Art. 1519-*quarter* Abs. 4 *Cc* ergibt sich, dass die Versandkosten vom Verkäufer zu tragen sind.

Stellt man zur Bestimmung des Erfüllungsorts für die Nachbesserung und Ersatzlieferung auf den Ort ab, an dem sich die Sache im Zeitpunkt der Geltendmachung der Abhilfe befand, was regelmäßig der Wohnsitz des Verbrauchers sein dürfte, da die Sache bereits an den Verbraucher übergeben ist, so gelangt man zu einem aus ökonomischer Sicht zumindest in den Fällen, in denen es sich um eine Sache von geringem Wert handelt, zu kaum noch vertretbaren Ergebnissen. Letztlich erfordert Art. 1519-*quarter* Abs. 5 *Cc* nur, dass keine *erheblichen* Unannehmlichkeiten für den Verbraucher mit der Abhilfe verbunden sind, nicht aber, dass der Verbraucher, der auch ein Interesse an der Vertragsdurchführung hat, überhaupt keine Anstrengungen unternehmen muss, um die erfolgreiche Durchführung der Nachbesserung bzw. Ersatzlieferung zu gewährleisten. Fehlt es an einer ausdrücklichen Parteivereinbarung über den Leistungsort für die Nachbesserung und Ersatzlieferung, so ist daher unter Berücksichtigung der besonderen Umstände des Einzelfalls zu prüfen, welcher Leistungsort für den Verbraucher zumutbar ist.

Es ist im Rahmen eines Verbrauchsgüterkaufes anhand der Umstände des Einzelfalls zu ermitteln, ob die zum Zwecke der Ersatzlieferung zu liefernde Sache vom Verkäufer an den Wohnsitz des Verbrauchers zu verbringen ist. Dass die Vornahme der zur Nachbesserung erforderlichen Reparatur der Sache nicht am Wohnsitz des Verbrauchers zu erfolgen hat, ergibt sich bereits daraus, dass es dem Verkäufer grundsätzlich freigestellt ist, die Reparatur durch Dritte durchführen zu lassen. Es handelt sich nur dann um eine erfolgreiche Nachbesserung, wenn der

Verbraucher die nunmehr mangelfreie Sache auch erhält. Von der Nachbesserung erfasst sein kann daher, sofern die Umstände des Einzelfalls nicht dagegen sprechen, auch der Transport der Sache zum Wohnsitz des Verbrauchers.

3. Sekundäre Rechtsbehelfe: Minderung und Vertragsaufhebung

Gemäß Art. 1519-*quarter* Abs. 2 *Cc* hat der Verbraucher neben dem Abhilfeanspruch einen Anspruch auf Minderung und Vertragsauflösung. Auch wenn der italienische Gesetzgeber auf die in der VerbrGK-RL enthaltene klarstellende Formulierung „Vertragsauflösung in Bezug auf das betreffende Verbrauchsgut" (*risoluzione del contratto relativo a tale bene*) in Art. 3 Abs. 2 VerbrGK-RL verzichtet und es bei der einfachen Formulierung „Vertragsauflösung" belassen hat, handelt es sich um einen Anspruch auf Vertragsauflösung in Bezug auf das betreffende Verbrauchsgut.[1738]

An anderer Stelle ist der italienische Gesetzgeber sogar genauer gewesen als der europäische Gesetzgeber. So hat er durch die Formulierung „nach seiner Wahl" (*a sua scelta*) in Art. 1519-*quarter* Abs. 7 *Cc* ausdrücklich klargestellt, dass die Wahl zwischen Minderung und Vertragsauflösung dem Verbraucher gebührt. Gleiches gilt im allgemeinen Kaufrecht. Hier ist der Käufer gemäß Art. 1492 *Cc* ebenfalls „nach seiner Wahl" (*a sua scelta*) zur Minderung und Vertrausaufhebung berechtigt.[1739] Minderung und Vertragsauflösung stehen folglich in einem Alternativverhältnis zueinander, sodass nach der Wahl eines Rechtsbehelfs nicht mehr auf den anderen zurückgegriffen werden kann.[1740] Die Rechtsbehelfe der Minderung und Vertragsauflösung sind damit sowohl im Rahmen eines Verbrauchsgüterkaufs als auch bei sonstigen Kaufverträgen fakultativ[1741] und gleichrangig[1742].[1743]

Während sich für die Geltendmachung der Minderung auch im allgemeinen kaufrechtlichem Teil des *Codice civile* keine Vorschrift findet, erfolgt die Vertragsaufhebung gemäß Art. 1453 Abs. 1 *Cc* durch richterliches Gestaltungsurteil auf Klage des Käufers. Eine Ausnahme hierzu bildet Art. 1454 Abs. 1 *Cc*, der die Beendigung des Vertragsverhältnis durch den Käufer regelt. Dafür muss der Käufer dem Verkäufer eine Frist zur Vertragserfüllung setzten und ihm gegenüber erklären, dass nach Ablauf der Frist der Vertrag beendet ist. Nach Art. 1454 Abs. 2 *Cc* muss die Frist unbeschadet abweichender Parteivereinbarungen mindestens 15

1738 *Eccher/Schurr*, ZEuP 2003, 65 (73).

1739 Fehlt es an einer zugesicherten Eigenschaft, so kann der Käufer nach dem Wortlaut des Art. 1497 *Cc* bei sonstigen Kaufverträgen nur die Vertragsaufhebung verlangen. In der Rechtsprechung und Literatur hat sich jedoch durchgesetzt, dass der Käufer in diesen Fällen im Rahmen der Geltendmachung eines Schadensersatzanspruchs gemäß Art. 1494 *Cc* eine Herabsetzung des Kaufpreises verlangen kann.

1740 App. Milano, Urt. v. 2.2.1971, Foro pad. 1971, 401 (403).

1741 *Zaccaria/De Cristofaro*, La vendita dei beni di consumo, S. 90.

1742 *Di Majo*, Europa e dir. priv. 2002, 1 (10).

1743 Eine Kombination mit Schadensersatzansprüchen ist indessen gemäß Art. 1494 *Cc* grundsätzlich möglich.

Tage betragen, sofern durch die Natur des Vertrages oder das Gewohnheitsrecht nichts anderes bestimmt ist. Mit Ablauf der Frist endet das Vertragsverhältnis *ipso iure* gemäß Art. 1454 Abs. 3 *Cc*.

In der italienischen Literatur ist darauf hingewiesen worden, dass Art. 1454 *Cc* nicht mit den Art. 1519-*bis* ff. *Cc* kompatibel ist, da die Umsetzungsvorschriften ein solches Nachfristsetzungserfordernis nicht kennen.[1744] Dem ist zuzustimmen, wie bereits die Diskussion über das Nachfristsetzungserfordernis im deutschen Recht gezeigt hat. Aber auch die Anwendbarkeit von Art. 1453 Abs. 1 *Cc* ist äußerst zweifelhaft.[1745] Art. 1453 Abs. 1 *Cc* legt durch die Nennung derjenigen Vorschriften, die auf Art. 1453 *Cc* verweisen, fest, in welchen Fällen die Vorschrift zur Anwendung kommen soll. In den Art. 1519-*bis* ff. *Cc* findet sich eine solche Verweisung nicht.

Der italienische Gesetzgeber hat in Art. 1519-*quarter* Abs. 7 *Cc* die Formulierung „*puo richiedere (...)"* verwendet, während es in Art. 1453 Abs. 1 *Cc* heißt: „*puo (...) chiedere (...)*". Sowohl das Verb „*richiedere*" als auch das Verb "*chiedere*" lassen sich mit "verlangen" übersetzten. Richtig ist es das Verb „*richiedere*" mit "fordern" und das Verb "*chiedere*" mit "fragen" zu übersetzen. Auch in Art. 1492 *Cc*, der insoweit formuliert, dass der Käufer die Vertragsauflösung "erfragen" kann (*il compratore può domandare a sua scelta la risoluzione*) spricht dafür, dass dem Käufer nach allgemeinem Kaufrecht nur das Recht zusteht, die Vertragsauflösung zu verlangen, nicht aber ihre Rechtsfolgen durch Erklärung auszulösen, da es sich bei der Minderung und Vertragsauflösung um zwei gleichrangige Rechte handelt. Für die Minderung enthält der *Codice civile* keine Art. 1453 *Cc* entsprechende Regelung, weswegen die Minderung grundsätzlich außergerichtlich geltend gemacht werden kann. Auch die Abhilfe nach Art. 1519-*quarter* Abs. 2 und 3 *Cc* kann außergerichtlich geltend gemacht werden. Wenn aber die Ausübung der Rechtsbehelfe gleichermaßen mit dem Begriff "verlangen" (*richiedere*) umschrieben wird, so kann nicht überzeugen, warum bei der Nachbesserung, Ersatzlieferung und Minderung eine außergerichtliche Durchführung möglich, bei der Vertragsaufhebung indessen ein Gestaltungsurteil erforderlich sein soll. Die Geltendmachung von Minderung oder Vertragsauflösung im Rahmen eines Verbrauchsgüterkaufes kann somit mangels ausdrücklicher Bestimmung in den Sondervorschriften der Art. 1519-*bis* ff. *Cc* sowohl im Klagewege als auch außergerichtlich erfolgen. Damit ist auch die Vertragsaufhebung im Rahmen eines Verbrauchsgüterkaufes als Gestaltungsrecht des Verbrauchers ausgestaltet. Gleiches gilt für die Minderung.

a) Allgemeine Voraussetzungen

Den Übergang von der primären auf die sekundäre Gewährleistungsebene und damit die Voraussetzungen der Minderung und Vertragsauflösung regeln die a) bis c) des Art. 1519-*quarter* Abs. 7 *Cc*. Die Vorschrift dient der Umsetzung von Art. 3

[1744] *De Cristofaro*, Stud. Iur. 2002, 1314 (1325 Fn. 43).

[1745] *De Cristofaro*, Stud. Iur. 2002, 1314 (1325).

Abs. 5 VerbrGK-RL. Anders als in Art. 3 Abs. 5 Spiegelstrich 1 VerbrGK-RL hat der italienische Gesetzgeber nicht bestimmt, dass der Verbraucher die Vertragsauflösung oder die Minderung verlangen kann, wenn der Verbraucher weder einen Anspruch auf Nachbesserung noch auf Ersatzlieferung hat, sondern benennt ausdrücklich die den Ausschluss des Abhilfeanspruchs begründenden Umstände. Nach a) setzen die Minderung und die Vertragsauflösung vielmehr wahlweise voraus, dass sowohl die Nachbesserung als auch die Ersatzlieferung unmöglich oder übermäßig belastend für den Verkäufer ist.[1746]

Art. 1519-*quarter* Abs. 7 a) *Cc* scheint strenger zu sein. Art. 3 Abs. 5 Spiegelstrich 1 VerbrGK-RL meint nur die Fälle, in denen die Abhilfe von Anfang an ausgeschlossen ist und bezieht sich dabei auf Art. 3 Abs. 3 VerbrGK-RL, der bei Unmöglichkeit und Unverhältnismäßigkeit das Wahlrecht des Verbrauchers einschränkt bzw. ausschließt. Art. 1519-*quarter* Abs. 7 a) *Cc* stimmt daher inhaltlich mit Art. 3 Abs. 5 Spiegelstrich 1 VerbrGK-RL überein. Ein Verweis auf Art. 1519-*quarter* Abs. 3 *Cc*, der zur Umsetzung von Art. 3 Abs. 3 VerbrGK-RL geschaffen wurde, wäre für sich allein unzureichend gewesen, da nach Art. 1519-*quarter* Abs. 3 *Cc* das Wahlrecht nur bei objektiver Unmöglichkeit eingeschränkt ist. Eine Beschränkung auf die Fälle der objektiven Unmöglichkeit stellt nur dann eine Besserstellung für den Verbraucher dar, wenn seine Rechte erweitert werden. Hätte der italienische Gesetzgeber den Übergang auf die sekundäre Gewährleistungsebene nur bei objektiver Unmöglichkeit ermöglicht, so wäre damit aber eine Schlechterstellung des Verbrauchers gegenüber den Richtlinienvorgaben verbunden gewesen, die einen Übergang sowohl bei objektiver als auch bei subjektiver Unmöglichkeit ermöglichen.

Nach b) des Art. 1519-*quarter* Abs. 7 *Cc* kann der Verbraucher auch dann Minderung oder Vertragsauflösung verlangen, wenn der Verkäufer nicht innerhalb einer angemessenen Frist im Sinne von Abs. 6 für die Nachbesserung oder Ersatzlieferung des Verbrauchsgutes gesorgt hat. b) der Vorschrift entspricht, wenn auch im Wortlaut leicht modifiziert, Art. 3 Abs. 5 Spiegelstrich 2 VerbrGK-RL. Verweigert der Verkäufer die Nachbesserung oder Ersatzlieferung innerhalb einer angemessenen Frist, so kommt der in Art. 1186 *Cc* normierte Rechtsgedanke zum Tragen. Nach dieser Vorschrift kann der Gläubiger trotz Fristsetzung sofort die Leistung verlangen, wenn der Schuldner zahlungsunfähig geworden ist, seine Sicherheiten verringert hat oder die versprochenen Sicherheiten nicht geleistet hat, was nach allgemeiner Ansicht in der italienischen Literatur einer Leistungsverweigerung gleichkommt.[1747]

Zu berücksichtigen ist, dass gemäß Art. 1219 Abs. 2 Nr. 2 *Cc* die verzugsauslösende schriftliche Leistungsaufforderung nur dann entbehrlich ist, wenn der Schuldner schriftlich die Leistung verweigert hat. Fraglich ist, ob das Schriftform-

---

1746 Bei *Ferrante*, VuR 2003, 165 (169) findet sich für die Formulierung „*la riparazione e la sostituzione*" in Art. 1519-*quarter* Abs. 7 a) *Cc* fälschlicherweise die Übersetzung „Nachbesserung *oder* Ersatzlieferung".

1747 *Zaccaria*, Stud. Iur. 2000, 790 (791f); *Bianca*, Diritto civile, S. 223f.

erfordernis auch im Rahmen des Art. 1186 Cc Anwendung finden muss[1748], sodass der Übergang auf die Rechtsbehelfe der zweiten Gewährleistungsstufe nur bei schriftlicher Leistungsverweigerung zulässig ist. Der Verzug des Schuldners ist für den Anspruch des Schuldners auf Ersatz des Verzögerungsschadens anspruchsbegründende Voraussetzung, während die Leistungsverweigerung lediglich den Übergang auf die sekundäre Gewährleistungsebene ermöglicht. Anspruchsbegründende Voraussetzung ist allein die Vertragswidrigkeit, sodass für die Leistungsverweigerung als Übergangsvoraussetzung keine Schriftform erforderlich ist. Verweigert der Verkäufer die Nachbesserung oder Ersatzlieferung, so kann der Verbraucher schon vor Ablauf einer angemessenen Frist unabhängig von der Form der Leistungsverweigerung Vertragsauflösung oder Minderung verlangen.[1749]

Gemäß Art. 1519-*quarter* Abs. 7 c) *Cc* kann der Verbraucher die Minderung oder Vertragsauflösung verlangen, wenn die zuvor vorgenommene Ersatzlieferung oder Nachbesserung der Sache mit erheblichen Nachteilen für den Verbraucher verbunden waren. Bei c) des Art. 1519-*quarter* Abs. 7 *Cc* hat der italienische Gesetzgeber klargestellt, dass auch dann der Übergang auf die sekundären Rechtsbehelfe zulässig ist, wenn Maßnahmen zur Abhilfe tatsächlich vorgenommen wurden und sich erst dann herausgestellt hat, dass sie für den Verbraucher erhebliche Nachteile mit sich gebracht haben. Der Verbraucher kann trotz erfolgreicher Nacherfüllung Minderung und Vertragsauflösung verlangen. Art. 1519-*quarter* Abs. 7 c) *Cc* entspricht nicht nur Art. 3 Abs. 5 Spiegelstrich 3 VerbrGK-RL sondern ist sogar deutlicher in der Formulierung.[1750]

In der VerbrGK-RL heißt es: „wenn der Verkäufer nicht ohne erhebliche Unannehmlichkeiten für den Verbraucher Abhilfe geschaffen hat". Dies kann ohne weiteres im Sinne einer Prognose über die mit der Abhilfe verbundenen Unannehmlichkeiten ausgelegt werden. c) erfasst alle Unregelmäßigkeiten und Unrichtigkeiten bei der Durchführung der gewählten Abhilfealternative. Nicht in den Anwendungsbereich der Vorschrift fällt die Spätleistung, die bereits von Art. 1519-*quarter* Abs. 7 b) *Cc* erfasst wird. Mit erheblichen Nachteilen für den Verbraucher ist die Abhilfe hingegen immer auch dann verbunden, wenn der erste Abhilfeversuch fehlgeschlagen ist, da ein wiederholter Abhilfeversuch regelmäßig als erheblicher Nachteil für den Verbraucher zu werten ist. Bei einer fehlschlagen Nachbesserung steht dem Verbraucher daneben auch das Recht aus Art. 2931 *Cc* zu. Danach kann der Anspruchsberechtigte für den Fall, dass der Anspruchsgegner seine „Pflicht zu einem Handeln" (*obbligo di fare*) nicht erfüllt hat, die Vornahme der Handlung durch einen Dritten auf Kosten des Anspruchsgegners verlangen.

b) Minderung

Das Recht zur Minderung ergibt sich aus Art. 1519-*quarter* Abs. 7, 1. Alternative *Cc*. Hinsichtlich der Durchführung und Rechtsfolgen der Minderung enthalten die

---

[1748] So etwa *Bianca*, Diritto civile, S. 223f.

[1749] *Zaccaria/De Cristofaro*, La vendita dei beni di consumo, S. 87.

[1750] *Pfeiffer*, ZGS 2002, 390 Fn. 4.

Art. 1519-*bis* ff. *Cc* wenige Sonderbestimmungen. So bestimmt Art. 1519-*quarter* Abs. 8 *Cc* nur, dass bei der Bestimmung des Minderungsbetrages (*importo della riduzione*) oder der Rückzahlungssumme (*somma da restituire*) die Nutzung des Verbrauchsgutes zu berücksichtigen ist. Hieraus ergibt sich zunächst, dass das Recht zur Minderung zum einem auf die Reduktion der vom Verbraucher geschuldeten Leistung, zum anderen aber auch auf die Rückzahlung eines bestimmten Geldbetrages gerichtet sein kann.[1751] Die Ausübung des Minderungsrechts durch den Verbraucher kann zum partiellen Erlöschen der Gegenforderung des Verkäufers führen, was insbesondere bei entgeltlichen Verträgen in der Regel der Fall sein wird. Es kann sogar einen Zahlungsanspruch begründen.[1752] Dies entspricht der Rechtslage im allgemeinen Kaufrecht. Gemäß Art. 1492 Abs. 1 *Cc* kann der Käufer Herabsetzung des Kaufpreises (*riduzione del prezzo*) verlangen, sodass entweder der Anspruch des Verkäufers auf Kaufpreiszahlung gemindert sein kann oder aber ein Anspruch des Verbrauchers auf Rückzahlung des bereist gezahlten Kaufpreises in Höhe des Minderungsbetrages Rechtsfolge der Minderung sein kann.[1753]

Fraglich ist, welche Rechtsfolge sich bei dem gemäß Art. 1519-*bis* Abs. 1 *Cc* in den Anwendungsbereich der Umsetzungsvorschriften miteinbezogen Tausch bei Ausübung des Minderungsrechts ergibt. Hier kann sich das Minderungsrecht zwangsläufig wegen der Natur des Vertrages nicht in der Herabsetzung der als Gegenleistung vom Vertragspartner des Verbrauchers geforderten Geldsumme erschöpfen, sondern kann im Einzelfall nur in der Herabsetzung der als Gegenleistung geschuldeten Menge bestehen.[1754] Handelt es sich um vertretbare Sachen, so ist denkbar, dass der Verbraucher im Rahmen der Minderung eine geringere Anzahl der Güter als ursprünglich geschuldet leistet. Handelt es sich bei den als Gegenleitung geschuldeten Gütern um unvertretbare oder unteilbare Güter, so kann die Minderung nach Auffassung in der italienischen Literatur nur dadurch erfolgen, dass der Vertragspartner des Verbrauchers den Geldbetrag an den Verbraucher zahlt, der der Wertminderung durch die Vertragswidrigkeit entspricht.[1755] Dies ist ein Fall der in Abs. 8 der Vorschrift erwähnten Rückzahlung. Der Verbraucher kann durch die Minderung weder Ersatz für einen ihm entstanden Schaden, der ihm aufgrund des geringeren Wertes der Sache entstanden ist, noch die Kosten für die Beseitigung der Vertragswidrigkeit verlangen.[1756]

(1) Berechnung des Minderungsbetrages

Zur Berechnung der Minderung legt Art. 1519-*quarter* Abs. 7 *Cc* fest, dass die Minderung angemessen (*congrua*) sein muss. Sowohl die Interessen des Verbrauchers als auch die des Verkäufers müssen bei der Berechnung der

---

1751 *De Cristofaro*, Difetto di conformità, S. 198.
1752 *De Cristofaro*, Difetto di conformità, S. 198.
1753 *Schwartze*, Europäische Sachmängelgewährleistung, S. 223.
1754 *Zaccaria/De Cristofaro*, La vendita dei beni di consumo, S. 91.
1755 *Zaccaria/De Cristofaro*, La vendita dei beni di consumo, S. 92.
1756 *Di Majo*, Europa e dir. priv. 2002, 1 (12).

Minderung Berücksichtigung finden.[1757] Es ist jeweils im Einzelfall zu prüfen, ob der festgestellte Minderungsbetrag auch angemessen ist.[1758] Darüber, wie die Minderung konkret zu berechnen ist, enthalten weder die Sonderbestimmungen über den Verbrauchsgüterkauf der Art. 1519-*bis* ff. *Cc* noch die Vorschriften des allgemeinen kaufrechtlichen Gewährleistungsrechts eine Regelung.[1759] Der Wortlaut des Art. 1490 Abs. 1 *Cc* bestimmt, dass für die Herabsetzung des Preises nach Art. 1492 Abs. 1, 2. Alt. *Cc* die Wertminderung durch den Mangel heranzuziehen ist. In der italienischen Literatur[1760] und Rechtsprechung[1761] hat sich letztlich die Auffassung durchgesetzt, wonach der verhältnismäßigen Berechnungsmethode der Vorrang einzuräumen ist.

Zur Berechnung der Minderung wird danach zunächst festgestellt, in welchem prozentualen Ausmaß sich der Mangel auf den Wert der Sache ausgewirkt hat, um dann den Kaufpreis entsprechend diesem Prozentsatz zu mindern.[1762] Berechnungsgrundlage ist demnach die im Zeitpunkt des Vertragsschlusses von den Parteien zugrunde gelegte Werterelation.[1763] Art. 1519-*quarter* Abs. 8 *Cc* bestimmt, dass bei der Berechnung der Minderung die Nutzungen zu berücksichtigen. Maßgeblich ist demnach nicht nur die Differenz zwischen dem tatsächlichem und dem vereinbarten Wert des Gutes, sondern ebenso die Nutzung des Gutes durch den Verbraucher.[1764] Diese Regelung mag zunächst verwirren, wenn man die Vorschrift so lesen möchte, dass als Berechnungsgrundlage nur der durch die Nutzung geminderte Wert in Ansatz zu bringen ist, sodass der dem Verbraucher zustehende Minderungsbetrag entsprechend seiner Nutzung zu kürzen wäre.[1765] Ziel des Art. 1519-*quarter* Abs. 8 *Cc* kann nur sein, den Verkäufer vor einer Haftung für eine durch die Nutzung des Verbrauchers bedingte Mangelhaftigkeit zu bewahren.[1766] Bei der Feststellung des tatsächlichen Wertes ist daher auf den Mangelunwert bei der Lieferung abzustellen und nicht etwa auf den Wert, den die Sache im Zeitpunkt der Geltendmachung der Minderung hat. Kann weder der Mangelunwert noch der Marktwert festgestellt werden, so muss der Richter eine Bewertung des Minderungsbetrages nach Billigkeitsgesichtspunkten gemäß Art. 1226 BGB vornehmen.

1757 *De Cristofaro*, Difetto di conformità, S. 199.
1758 *De Cristofaro*, Stud. Iur. 2002, 1314 (1325 Fn. 42).
1759 *De Cristofaro*, Stud. Iur. 2002, 1314 (1325).
1760 *Bianca*, Vendita, S. 954; *Rubino*, in: *Cicu/Messineo* (Hrsg.), Trattato di Diritto Civile, S. 812.
1761 Cass., Urt. v. 4.10.1994, Mass. Giust. civ. 1994, 1184; Cass., Urt. v. 21.7.1984 n. 4278, Mass. Giust. civ. 1984, 7.
1762 *Rumi*, Dir. e for. 2002/2, 213 (224 Fn. 37).
1763 *Cian/Trabbucchi*, Commentario breve, Art. 1492 III 1.
1764 *Zaccaria/De Cristofaro*, La vendita dei beni di consumo, S. 92f.
1765 So aber *Zaccaria/De Cristofaro*, La vendita dei beni di consumo, S. 92f.
1766 *De Nova* (Hrsg.), L'aquisto di beni di consumo, S. 45.

(2) Ausschluss des Minderungsrechts

Anders als nach allgemeinem kaufrechtlichem Gewährleistungsrecht kennen die Vorschriften über den Verbrauchsgüterkauf keine das Recht auf Minderung einschränkende Regelung. Während der Käufer nach Art. 1490 Abs. 1 *Cc* seine Rechtsbehelfe nur geltend machen kann, wenn der Sachmangel eine erhebliche Wertminderung hervorgerufen hat (*diminuiscano in modo apprezzabile il valore*), kann der Verbraucher nach Art. 1519-*quarter* Abs. 7 *Cc* unabhängig von der Bedeutung des Mangels Minderung des Kaufpreises verlangen. Eine Einschränkung der Minderung würde eine mit den Richtlinienvorgaben unvereinbare Benachteiligung des Verbrauchers bedeuten. Nach Art. 3 Abs. 5 VerbrGK-RL steht das Recht zur Minderung nur unter dem Vorbehalt der in den Spiegelstrichen 1 bis 3 genannten Vorraussetzungen zu.

c) Vertragsauflösung

Die Wirkungen des Rücktritts werden nicht in den Art. 1519-*quarter* Abs. 7 und 10 *Cc* geregelt, sodass für die Durchführung und Rechtsfolgen auf die allgemeinen Vorschriften zurückzugreifen ist. Die Folgen der Vertragsaufhebung regelt Art. 1493 *Cc*. Danach sind die empfangenen Leistungen grundsätzlich zurückzugewähren. Wertersatzansprüche ergeben sich hingegen aus dem Bereicherungsrecht.

(1) Rückgewähr-, Nutzungs- und Verwendungsersatz

Nach Art. 1493 Abs. 1 *Cc* hat der Verkäufer im Falle der Vertragsauflösung den Kaufpreis zurückzugeben und die Kosten und Zahlungen zu ersetzen, die den Käufer bei der Durchführung des Kaufes legitimer Weise belasten konnten.[1767] Hierzu zählen gemäß Art. 1479 Abs. 3 *Cc*, der nach überwiegender Auffassung in der italienischen Literatur im Rahmen des Art. 1493 *Cc* entsprechend anwendbar ist[1768], erforderliche und nützliche Verwendungen (*spese necessarie e utili fatte per la cosa*) auf die Sache und wenn der Verkäufer bösgläubig war, auch sonstige Verwendungen (*spese voluttuarie*)[1769].

Der Käufer ist gemäß Art. 1493 Abs. 2 *Cc* verpflichtet die mangelhafte Sache an den Verkäufer herauszugeben, sofern diese nicht infolge der Mangelhaftigkeit untergegangen ist. Da die Vertragsauflösung nach Art. 1458 Abs. 1 *Cc* rückwirkende Kraft (*effetto retroattivo*) hat, Erfüllungsansprüche also ausgeschlossen sind, handelt es sich bei Art. 1493 *Cc* nicht etwa um einen Entschädigungsanspruch des Käufers, sondern nur um die Konsequenz aus dem Wegfall des Leistungsanspruchs und damit faktisch um einen Anspruch auf Bereicherungsausgleich, sodass auch die Art. 2033 ff. *Cc* zur Anwendung

---

[1767] In Art. 1493 *Cc* heißt es: *„(..) il venditore deve restituire il prezzo e rimborsare al compratore le spese e i pagamenti legittimamente fatti per la vendita.“*.

[1768] *Bianca*, Vendita, S. 871; *Cian/Trabucchi*, Commentario breve, Art. 1493 Rn. I/1; *Rubino*, in: *Cicu/Messineo* (Hrsg.), Trattato di Diritto Civile, S. 816.

[1769] So genannte „Luxusaufwendungen“, vgl. *Valcàrcel Schnüll*, Diss., S. 103.

gelangen.[1770] Die grundsätzliche Anwendbarkeit des Bereicherungsrechts im Leistungsstörungsrecht folgt aus Art. 1463 *Cc*, der für den Fall der Leistungsbefreiung wegen Unmöglichkeit die Anwendung des Bereicherungsrechts explizit anordnet.

Anders als die Formulierung „*pagamento*" (Bezahlung) zunächst vermuten lässt, sind die Vorschriften der Art. 2033 ff. *Cc* nicht nur auf Geldleistungen anwendbar, sondern allgemein auf Leistungen jeder Art, die Gegenstand eines Schuldverhältnisses sein können und damit auch auf Sachen.[1771] Voraussetzung des Art. 2033 *Cc* ist, dass objektiv keine Verpflichtung zur Leistung (*indebito oggettivo*) besteht. Dies ist nach ständiger Rechtsprechung nicht nur dann der Fall, wenn eine Verpflichtung zur Leistung von Anfang an nicht besteht, sondern auch dann, wenn die Vertragsbindung rückwirkend entfällt.[1772] Nach Art. 2033 *Cc* aber sind auch die Früchte der Sache herauszugeben und Zinsen ab dem Zeitpunkt, in dem er den Geldbetrag erlangt hat, zu zahlen. Der Verkäufer schuldet gemäß Art. 2033 *Cc* bei der Rückabwicklung des Kaufvertrages auch die Verzinsung des Kaufpreises. Da der Verkäufer gemäß Art. 1499 *Cc* diese schon vor Fälligkeit des Kaufpreises ab Übergabe verlangen kann, wenn die Kaufsache dem Käufer Früchte oder andere Erträge bringt, umfasst der Anspruch auf Rückgabe des Kaufpreises des Käufers auch die Zahlung dieser Zinsen. Er kann sie entweder als Verzugszinsen ab Vertragsauflösung verlangen oder aber entsprechend Art. 2033 *Cc* ab dem Zeitpunkt der Kaufpreiszahlung.[1773]

Aus Art. 2033 *Cc* folgt ebenfalls, dass der Verkäufer dem Käufer eine etwaige Nutzung in Rechnung stellen kann. „Früchte" (*frutti*), die nach Art. 2033 *Cc* herauszugeben sind, umfassen nach der Legaldefinition des Art. 820 *Cc* sowohl „natürliche Früchte" (*frutti naturali*) als auch „Zivilfrüchte" (*frutti civili*). „Natürliche Früchte" sind gemäß Art. 820 Abs. 1 *Cc* alle solche Früchte die unmittelbar aus der Sache stammen, sei es mit oder ohne Mitwirkung eines Menschen, wie etwa Agrarprodukte, Holz, Tierprodukte und Produkte eines Bergwerks, eines Steinbruchs oder einer Torfgrube. „Zivilfrüchte" sind indessen gemäß Art. 820 Abs. 3 *Cc* solche, die sich aus der Nutznießung eines Gegenstandes ergeben, wie etwa Vermögenswerte, Erträge aus einer Erbpacht oder Leibrente, Mieterträge sowie alle übrigen Erträge in diesem Sinne. Ersatzfähig sind alle dem Käufer tatsächlich entstandenen Vorteile.

Der Anspruch auf die Früchte erfasst gemäß der das Eigentümer-Besitzer-Verhältnis regelnden Vorschrift des Art. 1148 *Cc*, auf den Art. 2033 *Cc* verweist, nicht nur die tatsächlich gezogenen Nutzungen, sondern auch die Nutzungen, die der Besitzer mit der Umsicht eines guten Familienvaters (*usando la diligenza di un buon padre di famiglia*) bei Anwendung der im Verkehr erforderlichen Sorgfalt hätte ziehen können. Der Verkäufer kann nach Art. 2033 *Cc* Herausgabe der

---

[1770] *Bianca*, vendita, S. 674; *Cian/Trabbuchi*, Commentario breve, Art. 1458 III 1.

[1771] Cass., Urt. v. 2.4.1982, n. 2029, Rep. Giur. It. 1982, Stichw. „indebito" Nr. 1 und 2.

[1772] *Cian/Trabbucchi*, Commentario breve, Art. 2033 I.

[1773] *Bianca*, Vendita, S. 674.

tatsächlich gezogenen Nutzungen ebenso wie derjenigen Nutzungen, die der Käufer hätte ziehen müssen, verlangen. Verkäufer und Käufer müssen bei der Vertragsauflösung die zur Erfüllung erlangten Leistungen einschließlich der daraus resultierenden Vorteile an den anderen herausgeben.

(2) Wertersatz

Die Art. 1519-*bis* ff. *Cc* halten für den Fall, dass das Verbrauchsgut vor seiner Rückgabe an den Verkäufer untergegangen ist, keine Regelung bereit. Geht eine Kaufsache infolge des den Käufer zur Vertragsauflösung berechtigenden Mangels (*in conseguenza dei vizi*) unter, so bestimmt Art. 1492 Abs. 3, 1. Halbsatz *Cc* nur, dass der Käufer gleichwohl Vertragsauflösung verlangen kann. Der Anspruch des Verkäufers auf Rückgabe der Sache ist hingegen gemäß Art. 1493 Abs. 2 *Cc* ausgeschlossen. Geht die Sache zufällig unter, ist der Untergang vom Käufer zu vertreten oder hat dieser die Sache veräußert oder verändert, so folgt aus Art. 1492 Abs. 3, 2. Halbsatz *Cc*, dass der Käufer sein Recht zur Vertragsauflösung verliert und auf die Minderung verwiesen bleibt.[1774]

Fraglich ist, ob die im Rahmen des allgemeinen Kaufrechts für die Vertragsauflösung geltenden Ausschlussgründe auch auf den Verbrauchsgüterkauf übertragen werden können. Dafür spricht, dass die Regelung einen angemessenen Interessenausgleich und damit eine durchaus befriedigende Risikoverteilung vornimmt. Dagegen spricht Art. 8 Abs. 2 VerbrGK-RL, wonach das von der VerbrGK-RL vorgegebene Mindestschutzniveau des Verbrauchers nicht unterschritten werden darf. Dies gilt auch dann, wenn dem nationalen Gesetzgeber ein derart weiter Gesetzgebungsspielraum zugestanden wurde, wie dies hinsichtlich der Durchführung der Vertragsauflösung geschehen ist.[1775] Die VerbrGK-RL aber schränkt das Recht auf Vertragsauflösung nur bei geringfügiger Vertragswidrigkeit ein. Im Übrigen gewährt sie dem Verbraucher ein Recht auf Vertragsauflösung uneingeschränkt bei Vorliegen nur einer einzigen Voraussetzung: der Vertragswidrigkeit des Verbrauchsgutes i.S.d. Art. 1519-*ter Cc*.

Die von einigen Vertretern in der italienischen Literatur vertretene Auffassung, durch die fehlende Regulierung der Fälle des nicht vom Verkäufer verschuldeten Untergangs werde ein Ungleichgewicht der Parteiinteressen geschaffen, so das nach Treu und Glauben eine Angleichung des Verbrauchsgüterkaufrechts an das allgemeine kaufrechtliche Gewährleistungsrecht unumgänglich sei, kann daher nicht überzeugen.[1776] Teilweise wird auch vertreten, dass ein allgemeines Prinzip bestehe, wonach die Vertragsauflösung immer dann ausgeschlossen ist, wenn der Käufer nicht in der Lage ist, die Sache im Wesentlichen in dem Zustand wieder zurückzugewähren, in dem er sie erhalten hat, es sei denn, dass die Unmöglichkeit, die Ware zurückzugeben oder sie im Wesentlichen in dem

---

1774 *Zaccaria*, Stud. Iur. 2000, 260 (265).
1775 *Zaccaria/De Cristofaro*, La vendita dei beni di consumo, S. 97.
1776 So aber *Ruscello*, Stud. Iur. 2001, 832 (838).

Zustand zurückzugeben in dem der Käufer sie erhalten hat, nicht auf einer Handlung oder einem Unterlassen des Käufers beruht.[1777]

Diese Regelung entspricht zwar Art. 82 Abs. 1 CISG kann jedoch nicht als allgemeines Prinzip gelten, wenn man sich die unterschiedliche Systematik der Gewährleistungssysteme vor Augen führt, da nach dem CISG dem Käufer ein vierfaches uneingeschränktes Wahlrecht zur Seite steht. Nach den Art. 1519-*bis* ff. *Cc* hingegen stehen die Rechtsbehelfe des Verbraucher-Käufers in einem Stufenverhältnis zueinander. Nach Art. 1519-*quarter* Abs. 3 *Cc* kann der Verbraucher sein Recht zur Vertragsauflösung nur subsidiär geltend machen, sodass ihm für den Fall, dass das Recht auf Vertragsauflösung ausgeschlossen wäre, der Rechtsbehelf der Minderung zur Seite steht. Dies stellt eine Benachteiligung des Verbrauchers gegenüber dem Käufer in einem Vertrag, der sich nach den Vorschriften des CISG beurteilt, dar.

Berücksichtigt man, dass die VerbrGK-RL einen Wertersatzanspruch des Verkäufers für diese Fälle zulässt, so bietet sich folgende Lösung an.[1778] Danach ist dem Verbraucher ein Recht zur Vertragsauflösung einzuräumen und dem Verkäufer ein Ausgleich für das untergegangene Verbrauchsgutes nach dem Grundsatz *tantum eiusdem generis et qualitatis* (gleichwertige Menge der [untergegangenen] Sache derselben Art) zu gewähren.[1779] Dies bedeutet, dass der Verkäufer Ersatz des Wertes des Verbrauchsgutes nach bereicherungsrechtlichen Grundsätzen verlangen kann, wenn der Verbraucher die Vertragsauflösung verlangt. Hat der Bereicherungsschuldner eine Sache erlangt, so ist zwar nach Art. 2037 Abs. 1 *Cc* grundsätzlich auch die Sache herauszugeben. Ist die Sache aber untergegangen, so kann der Bereicherungsgläubiger nach Art. 2037 Abs. 2 und 3 *Cc* Wertersatz, Rückgabe und Ersatz des geminderten Wertes der Sache oder bei Veräußerung Herausgabe des Erlöses verlangen, wenn der Bereicherungsschuldner bei Erhalt der Sache bösgläubig (*mala fede*) war. War der Bereicherungsschuldner gutgläubig, so steht ihm ein solcher Anspruch nicht zu. Es bleibt abzuwarten, ob die Rechtsprechung hier entsprechend korrigieren wird.

Nach allgemeinem Kaufrecht ist die Vertragsauflösung auch dann gemäß Art. 1492 Abs. 3, 2. Halbsatz *Cc* ausgeschlossen, wenn der Käufer die Sache verarbeitet (*alienata*) oder umgestaltet (*trasformata*) hat. Die Anwendung dieser Vorschrift im Rahmen von Verbrauchsgüterkaufverträgen würde ebenfalls den durch die VerbrGK-RL zwingend vorgegebenen und in Art. 1519-*quarter Cc* verankerten Schutz des Verbrauchers einschränken, sodass auch hier gelten muss, dass das Recht zur Vertragsauflösung des Verbrauchers hiervon unberührt bleiben muss. Fraglich ist, wie ein gerechter Interessenausgleich hergestellt werden kann. Für den von Art. Art. 1492 Abs. 3 *Cc* nicht erfassten Fall der zufälligen oder vom Käufer verursachten Beschädigung der zur Rückgabe bestimmten Sache bei

---

1777 *Di Majo*, Europa e dir. priv. 2002, 1 (11).

1778 *Zaccaria/De Cristofaro*, La vendita dei beni di consumo, S. 98.

1779 *Zaccaria/De Cristofaro*, La vendita dei beni di consumo, S. 98.

Vertragsauflösung ist die Lösung ebenfalls in den Regeln über die ungerechtfertigte Bereicherung (*pagamento dell' indebito*) der Art. 2033 ff. *Cc* zu suchen.[1780]

Diese Regelung wird sich wohl ohne weiteres auf die Verarbeitung oder Umgestaltung der nach Vertragsauflösung im Rahmen eines Verbrauchergüterkaufes zurückzugewährenden Sache übertragen lassen. Der Verbraucher würde bei zufälliger oder von ihm verursachter Beschädigung Wertersatz leisten müssen. Der Wertersatzanspruch, der bei Gutgläubigkeit des Bereicherungsschuldners an sich ausgeschlossen ist, soll nach Auffassung der herrschenden italienischen Literatur entsprechend der Wertung in Art. 1492 Abs. 3 *Cc* bestehen bleiben, da der Fall der Beschädigung der Sache durch den Käufer den Fällen der Verarbeitung oder Umgestaltung gleichgestellt werden kann. Dies hat zur Folge, dass die Vertragsauflösung nicht ausgeschlossen ist und der Wertersatzanspruch auch bei Gutgläubigkeit des Käufers besteht.[1781] Für den Fall, dass die Herausgabe des Verbrauchsgutes nach der Natur der Sache unmöglich ist oder das empfange Verbrauchsgut verbraucht, veräußert, belastet, verarbeitet, umgestaltet oder untergegangen ist oder sich verschlechtert hat, wird man daher im italienischen Recht einen Wertersatzanspruch nach bereicherungsrechtlichen Grundsätzen annehmen müssen.[1782]

(3) Ausschluss

Nach Art. 1519-*quarter* Abs. 10 *Cc* ist das Recht des Verbrauchers zur Vertragsauflösung entsprechend Art. 3 Abs. 6 VerbrGK-RL ausgeschlossen, wenn die Vertragswidrigkeit nur geringfügig ist (*difetto di conformità di lieve entità*). Sie ist sogar klarer als die italienische Sprachfassung des Richtlinientextes, der allein auf die „geringfügige Vertragswidrigkeit“ (*difetto di conformità minore*) als Ausschlussgrund abstellt. Die Formulierung „geringfügige Bedeutung der Vertragswidrigkeit“ macht deutlich, dass hier grundsätzlich ein subjektiver Maßstab anzuwenden ist. Bei der Frage, wann nur eine geringfügige Vertragswidrigkeit im Sinne des Art. 1519-*quarter* Abs. 10 *Cc* zu bejahen ist, kommt es nicht nur entsprechend Art. 1455 *Cc* auf die Natur des Verbrauchsgutes und damit auch die Frage an, ob es sich um ein neues oder gebrauchtes Gut handelt[1783], sondern darauf, ob die legitimen Erwartungen des Käufers in einem nicht mehr tolerierbaren Maß enttäuscht wurden.

Ist die objektive Wertminderung nur geringfügig, führt dies nicht ohne weiteres zum Ausschluss des Rücktrittsrechts. Damit weicht die Umsetzungsvorschrift in erheblichem Maße vom allgemeinen Kaufrecht ab. Außerhalb des Anwendungsbereiches der Art. 1519-*bis* ff. *Cc* ist die Vertragsauflösung gemäß Art. 1490 Abs. 1 *Cc* nur zulässig, wenn eine erhebliche Wertminderung aufgrund

---

1780 *Zaccaria/De Cristofaro*, La vendita dei beni di consumo, S. 98.

1781 *Bianca*, Vendita, S. 972f.; *Cian/Trabbucchi*, Commentario breve, Art. 1492 VIII; a.A. *Rubino*, in: *Cicu/Messineo* (Hrsg.), Trattato di Diritto Civile, S. 633, der die Vertragsauflösung analog Art. 1492 Abs. 3 *Cc* für den Fall der Beschädigung ausschließt.

1782 Dafür *Ruscello*, Stud. Iur. 2001, 832 (839).

1783 *Zaccaria/De Cristofaro*, La vendita dei beni di consumo, S. 95.

des Sachmangels vorliegt. Dies soll insbesondere dann der Fall sein, wenn der Marktwert in nicht nur unerheblichem Umfang herabgesetzt wird.[1784] Eine erhebliche Minderung des Wertes i.S.d. Art. 1490 *Cc* soll dabei unabhängig von einer Beeinträchtigung der Gebrauchsmöglichkeit der Sache vorliegen.[1785] Die mangelnde Eignung zum vereinbarten Zweck stellt mithin keine erhebliche Wertminderung dar, sofern die Sache zum gewöhnlichen Zweck verwendet werden kann.[1786] Die Wertminderung hat sich nach einem objektiven Maßstab zu beurteilen. Eine nicht nur geringfügige Bedeutung der Vertragswidrigkeit i.S.d. Art. 1519-*quarter* Abs. 10 *Cc* hingegen ist auch dann anzunehmen, wenn sich die Sache nicht zum vereinbarten Zweck eignet. Die Vorschrift des Art. 1519-*quarter* Abs. 10 *Cc* ist damit für den Verbraucher günstiger, da sie auch dann, wenn keine objektive Wertminderung vorliegt, den Verbraucher zur Vertragsauflösung berechtigt.

Anders als nach Art. 3 Abs. 6 VerbrGK-RL erfasst Art. 1519-*quarter* Abs. 10 *Cc* nur diejenigen Fälle, in denen das Recht auf Vertragsauflösung dem Verbraucher wegen Unmöglichkeit oder übermäßiger Belastung der Abhilfe-alternative zusteht. Für den Fall, dass sowohl die Nacherfüllung als auch die Ersatzlieferung unmöglich oder übermäßig belastend sind, kann der Verbraucher nach Art. 1519-*quarter* Abs. 3 *Cc* sofort Minderung und Vertragsauflösung verlangen. Ohne dass die Voraussetzungen des Art. 1519-*quarter* Abs. 7 *Cc* vorliegen wird der Verbraucher nach italienischen Recht folglich auch bei Vorliegen einer nur geringfügigen Vertragswidrigkeit Vertragsauflösung verlangen können, während nach der VerbrGK-RL dem Verbraucher in diesem Fall die Minderung zusteht.[1787] Damit ist die italienische Umsetzungsvorschrift gegenüber den Richtlinienvorgaben verbraucherfreundlicher und m.E. auch sachgerecht. Der Verkäufer könnte andernfalls bei geringfügigen Mängeln die Nacherfüllung verweigern, sodass der dem Verbraucher zustehende Anspruch auf Vertrags-auflösung bei Fristablauf wegen geringfügiger Vertragswidrigkeit entfällt und einem Missbrauch der Subsidiaritätsregelung in Art. 1519-*quarter* Abs. 3 *Cc* die Türen geöffnet wären.

Daneben ist die Vertragsauflösung gemäß Art. 1492 Abs. 1 *Cc* bei Mangelhaftigkeit der Kaufsache ausgeschlossen, wenn sich dies in bestimmten Fällen aus dem Gebrauch ergibt (*salvo che, per determinati vizi, gli usi escludano la risoluzione*). Bei Fehlen von Eigenschaften gemäß Art. 1497 Abs. 1 *Cc* ist dies nur unter der Voraussetzung zulässig, dass die Mangelhaftigkeit die durch die Gebräuche gefestigte Mindesttoleranz(grenze) überschreitet (*purché il difetto di qualità ecceda i limiti di tolleranza stabiliti dagli usi*). Hierbei ist weniger auf die tatsächliche materielle Beschaffenheit der Sache als auf den Vertragszweck abzustellen. Einen speziellen gewährleistungsrechtlichen Haftungsausschluss für

---

[1784] *Rubino*, in: *Cicu/Messineo* (Hrsg.), Trattato di Diritto Civile, S. 76.
[1785] *Rubino*, in: *Cicu/Messineo* (Hrsg.), Trattato di Diritto Civile, S. 76.
[1786] *Bianca*, Vendita, S. 797.
[1787] *Zaccaria/De Cristofaro*, La vendita dei beni di consumo, S. 95.

Fehler bzw. das Fehlen von zugesicherten oder wesentlichen Eigenschaften von geringer Bedeutung kennt das allgemeine Sachmängelgewährleistungsrecht nicht.

Ob auch im allgemeinen kaufrechtlichen Gewährleistungsrecht die Vertragsauflösung bei unerheblichen Sachmängeln ausgeschlossen wird, hängt vielmehr von der äußerst umstrittenen Frage ab, ob Art. 1455 *Cc* auf die Schlechtlieferung anwendbar ist.[1788] Nach dieser Vorschrift ist das Recht auf Vertragsauflösung gemäß Art. 1453 *Cc* wegen Nichterfüllung bei geringfügiger Bedeutung (*scarza importanza*) der Nichterfüllung ausgeschlossen. Die herrschende Meinung in Literatur und Rechtsprechung bejaht die Anwendbarkeit des Art. 1455 *Cc* mit Hinweis darauf, dass die Schlechterfüllung letztlich nur ein Unterfall der Nichterfüllung sei.[1789] Insbesondere dann, wenn es in den Fällen des Fehlens einer zugesicherten oder wesentlichen Eigenschaft an „Gebräuchen" i.S.d. Art. 1497 *Cc* fehlt, sei die Anwendbarkeit des Art. 1455 *Cc* zu befürworten.[1790] Lehnt man die Anwendbarkeit des Art. 1455 *Cc* auf die Schlechtlieferung im Übrigen ab, so schließen nunmehr Mängel von geringfügiger Bedeutung die Vertragsauflösung selbst dann aus, wenn durch sie eine erhebliche Wertminderung verursacht wurde. Dies bedeutet eine Schlechterstellung des an einem Verbrauchsgüterkauf beteiligten Verbrauchers gegenüber einem sonstigen Käufer. Art. 1455 *Cc* ist daher zur Gewährleistung eines erhöhten Verbraucherschutzniveaus im Rahmen eines Verbrauchsgüterkaufvertrages anzuwenden.

Problematisch ist die Anwendung von Art. 1493 Abs. 3 *Cc*. Diese Vorschrift regelt den von der VerbrGK-RL nicht ausdrücklich erwähnten Fall des Untergangs der Sache aufgrund eines Mangels und ist an sich die speziellere Norm gegenüber Art. 1519-*quarter Cc*. Danach kann der Käufer in diesem Fall nur Vertragsauflösung verlangen, wenn das Verbrauchsgut nicht zufällig oder durch ein Verschulden des Käufers untergegangen ist, was den Käufer lediglich zur Minderung des Kaufpreises berechtigt. Auch der Untergang der Kaufsache nach Geltendmachung der Vertragsauflösung wegen Mangelhaftigkeit der Sache berechtigt den Käufer zur Vertragsauflösung, wenn ihm der Untergang nicht zugerechnet werden kann. Andernfalls bleibt ihm lediglich ein Anspruch auf Minderung. Nach der VerbrGK-RL haftet der Verkäufer hingegen für jede Vertragswidrigkeit also auch für den Untergang aufgrund eines Mangels vorrangig auf Abhilfe und nachrangig auf Vertragsauflösung und Minderung und zwar unabhängig von einem Verschulden des Verkäufers. Der weite Begriff der Vertragswidrigkeit gilt bei richtlinienkonformer Auslegung auch im Rahmen der Art. 1519-bis ff. *Cc*, sodass Art. 1492 Abs. 3 *Cc* für den Fall des Untergangs

---

[1788] Vgl. hierzu *Valcàrcel Schnüll*, Diss., S. 104.

[1789] *Bianca*, Vendita, S. 950 (n. 422); *Rubino*, in: *Cicu/Messineo* (Hrsg.), Trattato di Diritto Civile, S. 802; ablehnend hingegen die Urteile bei *Cian/Trabucchi*, Commentario breve, Anm. I 1, I 2 zu Art. 1492, da das in Art. 1492 *Cc* ausdrücklich vorgesehene Wahlrecht des Käufers durch Art. 1455 *Cc* eingeschränkt würde.

[1790] Cass., Urt. v. 25.6.1980, n. 3992, Giur. it. 1981, I, 1097 (1098f); *Rescigno*, Commentario al Codice Civile, Art. 1497, 2.

aufgrund eines Mangel im Rahmen eines Verbrauchsgüterkaufs von Art. 1519-*quarter Cc* verdrängt wird.

IV. Rechtsvergleich

Die Vorschrift des Art. 3 Abs. 1 VerbrGK-RL, der die Haftung des Verkäufers für jedwede Vertragswidrigkeit festlegt, wurde in Italien nahezu wortgleich in Art. 1519-*quater* Abs. 1 *Cc* übernommen. Danach haftet der Verkäufer dem Verbraucher für jede Vertragswidrigkeit, die zum Zeitpunkt der Lieferung des Verbrauchsgutes besteht. Der deutsche Gesetzgeber hat indessen auf eine formelle Übernahme des Art. 3 Abs. 1 VerbrGK-RL verzichtet. Für das deutsche Recht ergibt sich die Haftung des Verkäufers indessen erst aus der Dogmatik der Gewährleistungshaftung. Die die Rechtsbehelfe näher ausgestaltenden Vorschriften der §§ 439 ff. BGB benennen ohne Ausnahme den Verkäufer als Schuldner. In beiden Rechtsordnungen ist demnach - dem Grundsatz der Relativität von Schuldverhältnissen folgend - der Verkäufer alleiniger Gewährleistungsschuldner des Verbrauchers.

1. Allgemeine Haftungsvoraussetzungen und Rechtsbehelfssystem

Hinsichtlich der Rechtsbehelfssystematik haben sich beide Gesetzgeber gleichermaßen am Vorbild der VerbrGK-RL orientiert. Sowohl Art. 1519-*quater* Abs. 2 *Cc* als auch § 437 BGB geben zunächst entsprechend Art. 3 Abs. 2 VerbrGK-RL eine Übersicht über die dem Verbraucher zustehenden Rechte und nehmen dabei die die Rechtsbehelfe jeweils ausgestaltenden Vorschriften in Bezug. Das deutsche Recht verweist dabei auch auf Vorschriften des allgemeinen Teils und bringt so die Verzahnung von allgemeinem Leistungsstörungsrecht mit dem besonderen, kaufrechtlichen Gewährleistungsrecht zum Ausdruck, die es in diesem Ausmaß im *Codice civile* nicht gibt. So verweist § 437 Nr. 1 BGB für die Nacherfüllung auf die ihre Voraussetzung regelnde Vorschrift des § 439 BGB und § 437 Nr. 2 BGB, für den Rücktritt auf die §§ 440, 323 und 326 Abs. 5 und für die Minderung auf § 441 BGB.[1791] Ähnlich ist auch der italienische Gesetzgeber verfahren, indem er in Art. 1519-*quater* Abs. 2 *Cc* bestimmt, dass dem Verbraucher im Falle der Vertragswidrigkeit das Recht auf Herstellung des vertragsgemäßen Zustandes durch Nachbesserung oder Ersatzlieferung nach Maßgabe der Abs. 3 bis 6 des Art. 1519-*quater Cc* und das Recht auf Minderung und Vertragsauflösung nach Maßgabe der Abs. 7 bis 9 des Art. 1519-*quater Cc* zusteht. Beide Vorschriften stellen selbst keine selbstständigen Anspruchsgrundlagen dar. Es sind Rechtsgrundverweisungen, die als „Drehscheibe“ [1792] für das kaufrechtliche Gewährleistungsrecht dienen.

Der italienische Gesetzgeber hat allerdings in Art. 1519-*quater* Abs. 2 *Cc* nicht den in Abs. 3 der Vorschrift verwendeten Oberbegriff „Abhilfe“ (*rimedio*)

[1791] Die Vorschrift des § 437 Nr. 3 BGB, die den Schadens- und Aufwendungsersatzanspruch des Käufers bei sonstigen Kaufverträgen regelt, muss außer Betracht bleiben, da sie nicht auf die Vorgaben der VerbrGK-RL zurückgeht.

[1792] So für das deutsche Recht: *Huber/Faust*, Schuldrechtsmodernisierung, Kap. 13 Rn. 1.

verwendet, sondern die Formulierung „Herstellung des vertragsgemäßen Zustandes durch Nachbesserung oder Ersatzlieferung" (*diritto al ripristino della conformità del bene mediante riparazione o sostituzione*). Dies ist darauf zurückzuführen, dass auch die VerbrGK-RL zunächst die Nachbesserung und Ersatzlieferung in ihrem Art. 3 Abs. 2 einzeln aufführt und den beide Rechtsbehelfe zusammenfassenden Oberbegriff „Abhilfe" erstmalig in ihrem Art. 3 Abs. 3 verwendet. Der deutsche Gesetzgeber hat sich indessen des Oberbegriffs der „Nacherfüllung" bedient. Der Vorteil der italienischen Formulierung ist, dass die Übersichtsfunktion der Umsetzungsvorschriften in Art. 1519-*quater* Abs. 2 *Cc* vollständig zum Tragen kommt, während § 437 Nr. 1 BGB zunächst den Eindruck erweckt, der Anspruch auf Nacherfüllung sei ein eigenständiger Anspruch, obwohl er auch nach deutschem Recht zwei Ausprägungen erfährt. Andererseits macht die deutsche Formulierung deutlicher, dass nicht die Handlung, sondern der Erfolg geschuldet ist. Auch im Übrigen hat sich der italienische Gesetzgeber bei der Umsetzung der VerbrGK-RL streng an die vom europäischen Gesetzgeber gewählten Begrifflichkeiten zur Bennennung der einzelnen Rechtsbehelfe gehalten. Anders der deutsche Gesetzgeber. Er hat statt des Begriffs „Vertragsauflösung" den Begriff „Rücktritt" gewählt, was jedoch auf die jeweilige Tradition der Rechtsprache beider Länder zurückzuführen ist.

a) Vertragswidrigkeit/ Mangelhaftigkeit

Voraussetzung der Gewährleistungshaftung ist gemäß § 437 BGB die Mangelhaftigkeit der Sache und gemäß Art. 1519-*quarter* Abs. 1 *Cc* ihre Vertragswidrigkeit, wobei Mangelhaftigkeit und Vertragswidrigkeit dasselbe meinen. Auch insoweit weichen die Umsetzungsvorschriften begrifflich voneinander ab. Während der deutsche Gesetzgeber den Begriff des Sachmangels mit der Schuldrechtsreform einer einheitlichen Definition in § 434 BGB unterworfen hat, an die die Haftung des Verkäufers anknüpft, weswegen auch die Entscheidung für den Begriff der Mangelhaftigkeit aus demselben Grund sachgerecht ist, war der italienische Gesetzgeber gezwungen, einen dem *Codice civile* bisher fremden Rechtsbegriff zu wählen. Ein „Mangel" bzw. „Fehler" (*vizi*) einer Kaufsache liegt gemäß Art. 1490 Abs. 1 *Cc* vor, wenn der physische Zustand der Sache derart vom Vertrag abweicht, dass sie zum bestimmungsgemäßen Gebrauch ungeeignet ist oder ihren Wert wesentlich mindert. Der Fehlerbegriff ist damit enger als der der Richtlinie. Um eine unterschiedliche Auslegung ein und desselben Rechtsbegriffs innerhalb des *Codice civile* zu vermeiden, war es daher angebracht, den Begriff der Vertragswidrigkeit aus der VerbrGK-RL zu übernehmen. Darüber hinaus hat dies den Effekt, dass die gebotene richtlinienkonforme Auslegung des Begriffs der Vertragswidrigkeit bereits durch seine Übernahme erleichtert wird.

Art. 1519-*quarter* Abs. 1 *Cc* erfasst sowohl Fehler i.S.d. Art. 1490 *Cc* als auch die Abwesenheit von zugesicherten oder wesentlichen Eigenschaften (*mancanza di qualità promesse ovvero quelle essenziali*) i.S.v. Art. 1497 *Cc*. Gleichzeitig werden hierdurch auch die Schwächen der italienischen Umsetzungsmethode offensichtlich. Der italienische Gesetzgeber hat für den Bereich des allgemeinen Kaufrechts an der Zweiteilung des Mängelbegriffs festgehalten und nur für den Bereich des Verbrauchsgüterkaufes einen einheitlichen Mängelbegriff geschaffen, sodass die Gefahr besteht, dass eine Sache nach allgemeinem Kaufrecht vertragsgemäß, nach den Vorschriften über den Verbrauchsgüterkauf indessen vertragswidrig ist. Von der Mangelhaftigkeit bzw. Vertragswidrigkeit der Sache ist jedoch in beiden Rechtsordnungen gleichermaßen auszugehen, wenn ein Sachmangel oder ein Rechtsmangel vorliegt.

(1) Sachmangel

Eine Positivabgrenzung der Mangelhaftigkeit von der Mangelfreiheit bzw. der Vertragswidrigkeit von der Vertragsmäßigkeit der Sache beim Verbrauchsgüterkauf kennen weder das deutsche noch das italienische Recht. Sowohl aus § 434 Abs. 1 Satz 1 BGB als auch aus Art. 1519-*ter* Abs. 1 *Cc* ergibt sich, dass sich die Vertragswidrigkeit bzw. Mangelhaftigkeit vorrangig nach der Parteivereinbarung richtet. Jede Abweichung der Ist- von der vereinbarten Sollbeschaffenheit stellt damit in beiden Rechtsordnungen gleichermaßen einen Sachmangel dar. Für den Fall, dass es an einer ausdrücklichen Parteivereinbarung fehlt, haben der deutsche und der italienische Gesetzgeber allerdings unterschiedliche Lösungen gefunden. Nach deutschem Recht ist für den Fall, dass es an einer ausdrücklichen Parteivereinbarung über die geltend gemachte Mangelhaftigkeit der Sache fehlt, nach § 133 BGB und § 157 BGB der wirkliche Wille der Parteien zu erforschen, die durch die Vorschrift des § 434 BGB ergänzt werden. § 434 BGB enthält eine Reihe von Vermutungsregeln, wonach die dort genannten Kriterien als vereinbart gelten. Macht beispielsweise der Käufer geltend, dass sich die Sache nicht für die gewöhnliche Verwendung eignet und von der üblichen Beschaffenheit der Sache abweicht, die der Käufer nach der Art der Sache erwarten kann, so spricht § 434 Abs. 1 Satz 2 Nr. 2 BGB dafür, dass der Wille bei Vertragsschluss dahin ging, dass in diesem Fall Vertragswidrigkeit vorliegen soll. Es handelt sich folglich um eine Vermutungsregelung zugunsten des Käufers.

Auch nach italienischem Recht ist bei Fehlen einer ausdrücklichen die konkludente Parteivereinbarung zu ermitteln. Hier helfen die in Art. 1519-*ter* Abs. 2 *Cc* genannten Kriterien jedoch nicht. Wie gezeigt[1793], führt danach das kumulative Vorliegen der dort genannten Kriterien nur dazu, dass die Sache als vertragsgemäß gilt. Sie stellt insoweit eine Beweiserleichterung zugunsten des Verkäufers in Bezug auf die Vertragsmäßigkeit dar. Gelingt dem Verkäufer der Nachweis, dass die Sache den in Art. 1519-*ter* Abs. 2 *Cc* genannten Kriterien entspricht, so ist Sache als vertragsgemäß anzusehen. Für den Fall, dass eines der Kriterien nicht vorliegt, gilt nur, dass die Vermutungswirkung zugunsten des Verkäufers nicht eingreift. Dass dadurch gleichzeitig die Vertragswidrigkeit der Sache begründet wird, bestimmt Art. 1519-*ter* Abs. 2 *Cc* indessen nicht. Diese ist vielmehr anhand der Auslegung der Parteivereinbarung nach den allgemeinen Vorschriften der Artt.

[1793] Siehe hierzu Kapitel 2, Untertitel B. III. 1 a).

1362 bis 1371 *Cc* zu ermitteln. Nach Art. 1362 Abs. 1 *Cc* ist bei der Auslegung von Verträgen der gemeinsame Wille der Parteien zu ermitteln und man darf sich nicht auf den bloßen Wortlaut beschränken. Nach Abs. 2 dieser Vorschrift ist dabei das gesamte Verhalten der Parteien auch nach Vertragsschluss (*anche posteriore alla conclusione del contratto*) maßgeblich. Durch die deutsche Umsetzung des Art. 2 Abs. 2 VerbrGK-RL wird dem Rechtsanwender demnach die Auslegung der Parteivereinbarung hinsichtlich der Vertragswidrigkeit erleichtert, während mit der italienischen Umsetzung nur eine Beweiserleichterung zugunsten des Verkäufers hinsichtlich der Vertragsmäßigkeit geschaffen wurde.

(2) Rechtsmangel

Das BGB unterscheidet seit jeher Sach- und Rechtsmängel. Der Begriff des Rechtsmangels wird in § 435 BGB definiert. Gemäß § 435 Satz 1 BGB ist die Sache frei von Rechtsmängeln, wenn Dritte in Bezug auf die Sache keine oder nur die im Kaufvertrag übernommenen Rechte gegen den Käufer geltend machen können. Der den Vorschriften des *Codice civile* zugrunde liegende Begriff des Rechtsmangels hingegen wird nicht durch eine einheitliche Definition beschrieben. Gemäß Art. 1482 Abs. 1 *Cc* liegt ein Rechtsmangel beim Kauf von Gütern vor, wenn diese mit dinglichen Sicherheiten (*garanzie reali*), einem Pfandrecht (*vincoli derivanti da pignoramento*) oder einem Recht zur Beschlagnahme (*vincoli derivanti da sequestro)* belastet sind, dies bei Vertragschluss vom Verkäufer nicht angezeigt wurde und dem Käufer unbekannt war. Gleiches gilt gemäß Art. 1489 *Cc* für Güter, die mit Nutzungslasten oder –rechten Dritter belastetet (*cosa gravata da oneri o da diritti di godimento di terzi*) sind. Im Ergebnis handelt es sich aber auch nach italienischem Recht immer dann um einen Rechtsmangel, wenn die Sache mit Rechten Dritter belastet ist.

Während der im deutschen Recht in § 435 BGB geregelte Rechtsmangel dieselben Rechtsfolgen auslöst wie das Vorliegen eines Sachmangels, kann für das italienische Recht nicht ohne weiteres gesagt werden, ob auch Rechtsmängel (*vizi giuridici*) unter den Begriff der Vertragswidrigkeit nach Art. 1519-*ter* Abs. 2 *Cc* fallen. Die Vorschriften des allgemeinen Teils sind für den Verbraucher günstiger als die Richtlinienvorgaben, da die dem Käufer danach zustehenden Rechte ausschließlich zu seiner Disposition stehen und seine Ansprüche gemäß Art. 2946 *Cc* erst in zehn Jahren verjähren, sodass eine Subsumtion des Rechtsmangels unter den Begriff der Vertragswidrigkeit wegen der Mindestschutzklausel des Art. 8 VerbrGK-RL EU-rechtlich nicht geboten war. Zu berücksichtigen ist außerdem, dass die Vorschrift des Art. 1519-*ter Cc* zur Bestimmung der Rechtsmangelfreiheit von ihrem Wortlaut her nicht passt.[1794]

[1794] *Di Majo*, Europa e dir. Priv. 2002, 1 (20); *De Cristofaro*, Difetto di conformità, S. 141f., *De Nova*, L'acquisto di beni di consumo, S. 22, implizit wohl auch *Amadio*, Riv. Dir. Civ. 2001 I, 863 (871); *Cabella Pisu*, Contr. e Impr./Europa 2001, 34 (37); *De Matteis*, Contr. e Impr./Europa 2001, 46 (51).

In der Konsequenz würde der Ausschluss von Rechtsmängeln aus dem Anwendungsbereich der italienischen Umsetzungsvorschriften bedeuten, dass im Rahmen eines Verbrauchsgüterkaufes bei Rechtsmängeln weiterhin das Eviktionsprinzip und bei Sachmängeln das Beschaffungsprinzip zum Tragen kommt. Der Verbrauchsgüterkauf unterläge damit im italienischen Recht zwei in systematischer Hinsicht sich gegenseitig ausschließenden Grundprinzipien.[1795] Es bleibt insoweit abzuwarten, wie die italienische Gerichte entscheiden. Bleibt es bei einer Anwendung der allgemeinen kaufrechtlichen Vorschriften auf den Rechtsmangel, so dürften damit die weitreichensten Unterschiede zum deutschen Recht begründet sein.

(3) Zeitpunkt der Vertragswidrigkeit

Während der italienische Gesetzgeber in Art. 1519-*quater* Abs. 1 *Cc* ausdrücklich bestimmt hat, dass der Verkäufer gegenüber dem Verbraucher entsprechend Art. 3 Abs. 1 VerbrGK-RL für jede Vertragswidrigkeit im Zeitpunkt der Lieferung (*al momento della consegna*) des Gutes haftet, hat der deutsche Gesetzgeber auf eine ausdrückliche Normierung verzichtet. Beide Rechtsordnungen kommen jedoch zu demselben Ergebnis. § 433 Abs. 1 Satz 2 BGB verpflichtet den Verkäufer, nur dem Käufer eine mangelfreie Sache zu verschaffen. Auch § 437 BGB legt nur fest, dass dem Käufer bei Mangelhaftigkeit der Sache die nachfolgenden Rechte zustehen, ohne den für die Mangelfreiheit maßgeblichen Zeitpunkt zu nennen. § 434 Abs. 1 BGB aber bestimmt, dass die Sache frei von Sachmängeln ist, wenn sie bei Gefahrenübergang die vereinbarte Beschaffenheit hat.

Erst aus einem Zusammenspiel der genannten Vorschriften ergibt sich der für die Haftung des Verkäufers maßgebliche Zeitpunkt: der Gefahrenübergang. Gemäß § 446 BGB geht die Gefahr des zufälligen Untergangs und der zufälligen Verschlechterung mit der Übergabe der Sache oder bei Annahmeverzug auf den Käufer über. Annahmeverzug ist gemäß § 293 BGB gegeben, wenn der Käufer eine ihm angebotene Sache nicht annimmt. Ein Angebot i.S.d. § 293 BGB liegt gemäß § 294 BGB in der Regel dann vor, wenn der Verkäufer dem Käufer die Sache, so wie sie zu bewirken ist, tatsächlich angeboten hat. Nur ausnahmsweise ist ein wörtliches Angebot unter den Voraussetzungen des § 295 BGB ausreichend. Das bedeutet, dass der Verkäufer nach deutschem Recht grundsätzlich für die Mangelhaftigkeit im Zeitpunkt des vereinbarungsgemäß erfolgten Angebots haftet, sofern er die Annahme nicht ohnehin verweigert hat.

Auf den ersten Blick scheint damit das deutsche Recht für den Verbraucher ungünstiger, da Art. 1519-*quater* Abs. 1 *Cc* auf den Zeitpunkt der Lieferung abstellt, der wörtlich genommen zunächst nur die tatsächliche Übergabe zu beschreiben scheint. Der Begriff der Lieferung ist bei richtlinienkonformer Auslegung jedoch weit zu interpretieren und meint die vereinbarungsgemäße Vornahme der Lieferhandlung durch den Verkäufer. Die vom italienischen Gesetzgeber gewählte Umsetzung des Art. 3 Abs. 1 VerbrGK-RL ist damit zum

[1795] *Zaccaria/De Cristofaro*, La vendita di beni di consumo, S. 40.

einen im Sinne eines umfassenden Verbraucherschutzes zwar klarer, da sie auf den Zeitpunkt der Lieferung abstellt, zum anderen aber wiederum missverständlich, da der Begriff der Lieferung zunächst richtlinienkonform ausgelegt werden muss.

Trotz unterschiedlicher Konstruktionen ist sowohl nach italienischem als auch nach deutschem Recht der Zeitpunkt, in dem der Verkäufer dem Verbraucher die Sache vereinbarungsgemäß anbietet, der für die Vertragswidrigkeit bzw. Mangelhaftigkeit maßgebliche Zeitpunkt. Zudem schließen beide Rechtsordnungen im Rahmen eines Verbrauchsgüterkaufes die Geltung der Regelungen über die Gefahrtragung beim Versendungskauf aus. Sowohl nach Art. 1510 Abs. 2 *Cc* als auch nach § 447 BGB kommt es für den Gefahrenübergang beim Versendungskauf grundsätzlich auf die Auslieferung an die Transportperson an. Während Art. 1510 Abs. 2 *Cc* im Wege der Spezialität hinter der Sonderregelung des Art. 1519-*quater* Abs. 1 *Cc* zurücktritt, findet § 447 BGB hingegen auf Verbrauchsgüterkaufverträge kraft gesetzlichen Ausschlusses in § 474 Abs. 2 BGB keine Anwendung. § 446 BGB und Art. 1519-*quater* Abs. 1 *Cc* können daher nicht durch eine dem § 447 BGB bzw. Art. 1510 Abs. 2 *Cc* entsprechende Regelung modifiziert werden.

Während Art. 1519-*quater* Abs. 1 *Cc* wegen Art. 1519-*octies* Abs. 1 *Cc* in vollem Umfang zwingend ist, ist die Vorschrift des § 446 BGB grundsätzlich dispositiv ausgestaltet. § 474 Abs. 2 BGB legt nur fest, dass § 447 BGB keine Anwendung findet. Bei richtlinienkonformer Auslegung des § 446 BGB muss man zu dem Ergebnis gelangen, dass die Parteien keinen Zeitpunkt vereinbaren dürfen, der vor dem Zeitpunkt der Lieferung i.S.d. Art. 3 Abs. 1 VerbrGK-RL liegt.

Von entscheidender Bedeutung für die Rechtsvergleichung ist, dass die italienische Umsetzungsvorschrift zu Art. 3 Abs. 1 VerbrGK-RL ganz erheblich vom allgemeinen italienischen Kaufrecht abweicht. Gemäß Art. 1376 *Cc* geht nämlich die Preis- und Leistungsgefahr bereits bei Vertragsschluss über. Gefahrenübergang und der für die Sachmängelhaftung maßgebliche Zeitpunkt fallen damit im italienischen Recht auseinander. Im Rahmen eines Verbrauchsgüterkaufes haftet daher der Verkäufer nach italienischem Recht nicht für den Untergang der Sache nach Vertragsschluss, wohl aber für Sachmängel. Die Umsetzung von Art. 3 Abs. 3 VerbrGK-RL in Italien macht einmal mehr deutlich, dass die nationalen Regelungen des Gefahrenübergangs nach der VerbrGK-RL tatsächlich nicht geändert werden mussten, um eine Rechtsangleichung in den Mitgliedstaaten zu gewährleisten.

Gleichzeitig zeigt diese Vorschrift, dass die Vorgaben der VerbrGK-RL gerade deswegen weit reichende Auswirkungen auf die Einheitlichkeit der nationalen Rechtsordnungen haben können. Während im deutschen Recht mit der Schuldrechtsreform eine Angleichung des allgemeinen Leistungsstörungsrechts an das kaufrechtliche Gewährleistungsrecht erfolgt ist, wurde durch die Umsetzung der VerbrGK-RL in Italien der hierzu entgegengesetzte Effekt erzielt. Hinsichtlich des für die Haftung des Verkäufers maßgeblichen Zeitpunktes ist dies die notwendige Konsequenz des im italienischen Kaufrecht vorherrschenden Konsensualprinzips. Gemäß Art. 1376 *Cc* geht nämlich das Eigentum und damit die Gefahr des zufälligen Untergangs und der zufälligen Verschlechterung mit der für den Vertragsschluss erforderlichen Einigung der Parteien über. Die einzige Möglichkeit aber für den italienischen Gesetzgeber, den Gefahrenübergang an den Zeitpunkt der Übergabe anzukoppeln, wäre nur eine Abstandnahme vom Konsensualprinzip gewesen, da andernfalls der Verkäufer für den zufälligen Untergang der Sache haften würde, obwohl er seine Eigentümerrechte aus Art. 832 *Cc*, die Sache uneingeschränkt und unter Ausschluss Dritter zu nutzen und darüber zu verfügen, bereits verloren hätte.

Zweck der Regelungen über den Gefahrenübergang ist zwar auch im deutschen Recht, dass der Eigentümer einer Sache die Gefahr des zufälligen Untergangs und der zufälligen Verschlechterung trägt, da allein dem Eigentümer die absolute Herrschaftsgewalt über die Sache zusteht, auch wenn der deutsche Gesetzgeber den Zeitpunkt des Gefahrenübergangs auf die tatsächliche Übergabe vorverlegt hat.[1796] Während aber im deutschen Recht die Verteilung des Sachmangelrisikos in zeitlicher Hinsicht durch eine Ankopplung des Gefahrenübergangs an den Zeitpunkt der Übergabe grundsätzlich ein interessengerechtes Prinzip der Risikoverteilung ist, da der Verkäufer regelmäßig bis zu diesem Zeitpunkt wegen § 929 BGB auch noch Eigentümer der Sache ist, würde eine solche Regelung den Verkäufer nach italienischem Recht übermäßig belasten, da es an einem dem deutschen Recht entsprechenden Interessenausgleich fehlen würde. Nur für den Bereich des Verbrauchsgüterkaufrechts der Art. 1519-*bis* ff. *Cc* ist die Anknüpfung der Vertragswidrigkeit an den Zeitpunkt der Lieferung aufgrund des überwiegenden Verbraucherinteresses gerechtfertigt. Hier zeigt sich, dass eine umfassende Rechtsangleichung nur durch eine Angleichung der Rechtsstrukturen möglich ist, wozu dem EU-Gesetzgeber bislang die Kompetenz fehlt.

b) Stufenverhältnis der Rechtsbehelfe

Sowohl nach italienischem als auch nach deutschem Recht stehen die Rechtsbehelfe des Verbrauchers in einem Stufenverhältnis zueinander. Beide Gesetzgeber haben auf eine ausdrückliche Klarstellung, wie es in Art. 3 Abs. 3 VerbrGK-RL durch die Formulierung „zunächst" geschehen ist, verzichtet. Die Pflicht zur vorrangigen Geltendmachung des Nacherfüllungsanspruchs ergibt sich vielmehr aus den für die Geltendmachung der Minderung und Vertragsauflösung in § 437 Nr. 2 BGB i.V.m. §§ 440, 323, 326 Abs. 5 und 441 BGB bzw. aus den in Art. 1519-*quarter* Abs. 7 bis 9 *Cc* genannten Voraussetzungen. Minderung und Rücktritt bzw. Vertragsauflösung setzen einheitlich voraus, dass eine vom Verbraucher dem Verkäufer gesetzte Frist abgelaufen ist. Daraus ergibt sich, dass der Verkäufer bis zu diesem Zeitpunkt ein so genanntes „Recht zur zweiten Andienung" hat, der Verbraucher also vorrangig auf das Recht zur Abhilfe bzw. Nacherfüllung verwiesen ist.

Die Einführung eines solchen zweistufigen Rechtsbehelfssystems ist für das Kaufrecht des BGB und des *Codice civile* gleichermaßen neu. In beiden Ländern ist

---

[1796] Palandt-*Putzo*, 64. Aufl., § 446 Rn. 1.

damit eine Schlechterstellung des Verbrauchers gegenüber der Rechtslage vor Umsetzung der VerbrGK-RL verbunden, da dem Verbraucher sowohl in Deutschland als auch in Italien ursprünglich ein sofortiges Minderungs- und Rücktrittsrecht zur Seite stand. Da in Italien das allgemeine Kaufrecht neben den Art. 1519-*bis* ff. *Cc* weiterhin zur Anwendung kommt, ist die mit der durch die Umsetzung der VerbrGK-RL bedingte Rechtsänderung verbundene Diskrepanz zu dem Ziel der VerbrGK-RL einer Erhöhung des Verbraucherschutzes noch gravierender als im deutschen Recht. Nach italienischem Recht ist der Verbraucher schlechter gestellt als ein sonstiger Käufer. Dieser hat gemäß Art. 1492 Abs. 1 *Cc* bei Fehlern i.S.d. Art. 1490 *Cc* neben seinem Anspruch auf Schadensersatz aus Art. 1494 *Cc* das sofortige Recht auf Vertragsauflösung und Minderung und bei Fehlen von Eigenschaften das Recht auf sofortige Vertragsauflösung gemäß Art. 1497 Abs. 1 *Cc*.

c) Abnahmeverweigerungsrecht

Weder der deutsche noch der italienische Gesetzgeber hat die Frage, ob dem Verbraucher neben den zur Umsetzung der Richtlinienvorgaben normierten Rechten ein Abnahmeverweigerungsrecht zusteht, ausdrücklich geregelt. Insoweit bleibt in beiden Ländern die Rechtsprechung abzuwarten. Der deutsche Gesetzgeber hat zwar in § 433 Abs. 2 BGB festgelegt, dass der Käufer zur Abnahme verpflichtet ist. Nach ganz überwiegender Auffassung aber gilt dies in Anlehnung an § 640 Abs. 1 BGB nur dann, wenn die Sache auch mangelfrei ist.[1797] Bei der Annahmepflicht handelt es sich jedenfalls im deutschen Recht nur um eine Nebenpflicht des Käufers.[1798] Verweigert der Käufer die Annahme einer Sache, obwohl ihm die Sache so angeboten wird, wie sie zu bewirken ist, die also mangelfrei ist, so gerät er gemäß § 293 BGB in Annahmeverzug. Dies verbessert die Rechtsstellung des Verkäufers, ohne dass dadurch Sanktionen für den Käufer im engeren Sinne verbunden sind. So haftet der Verkäufer gemäß § 300 Abs. 1 BGB nur noch für grobe Fahrlässigkeit und Vorsatz und behält gemäß § 326 Abs. 2 BGB auch bei leicht fahrlässig verschuldetem Untergang der Ware seinen Vergütungsanspruch.

Ähnlich ist es im italienischen Recht. Die Abnahme der Sache wird nicht ausdrücklich als Nebenpflicht bezeichnet. Art. 1206 *Cc* bestimmt, dass der Gläubiger in Verzug gerät, wenn er die Handlung nicht vornimmt, die notwendig ist, damit der Schuldner seine Leistungspflichten erfüllen kann. Voraussetzung hierfür ist zugleich, dass die Sache mangelfrei ist. Der Verkäufer kann gemäß Art. 1514 *Cc* zur Erfüllung die Sache bei einer hierzu bestimmten öffentlichen Stelle hinterlegen. Sofern er den Käufer davon in Kenntnis setzt, wird er gemäß Art. 1210 Abs. 2 *Cc* von seiner Pflicht zur Übergabe befreit. Weiter gehende Rechte des

---

[1797] Palandt-*Putzo*, 64. Aufl., § 433 Rn. 35; *Lamprecht*, ZIP 2002, 1790 (1790); a.A. *Jansen*, ZIP 2002, 877 (878); *ders.*, ZIP 2002, 1794.

[1798] Palandt-*Putzo*, 64. Aufl., § 433 Rn. 44.

Schuldners werden hingegen durch die Verweigerung der Abnahme auch im italienischen Recht nicht ausgelöst.

Wird dem Käufer indessen eine mangelhafte Sache geliefert, so gerät er weder nach italienischem Recht noch nach deutschem Recht in Gläubiger- bzw. Annahmeverzug. Es fehlt vielmehr in beiden Rechtsordnungen eine Norm, die den Käufer zur Abnahme einer solchen Sache verpflichtet. Die Diskussion in der Literatur beider Länder hat gezeigt, dass im Sinne eines erhöhten Verbraucherschutzniveaus ein Abnahmeverweigerungsrecht für den Fall der Mangelhaftigkeit bzw. Vertragswidrigkeit der Sache sachgerecht ist.

2. Primäre Rechtsbehelfe: Nachbesserung und Ersatzlieferung

Dem Verbraucher stehen die Ansprüche auf Nachbesserung und Ersatzlieferung in beiden Rechtsordnungen und zwar gemäß § 437 Nr. 1 i.V.m. § 439 BGB und gemäß Art. 1519-*quarter* Abs. 2 i.V.m. Abs. 3 bis 5 *Cc* gleichermaßen auf der primären Rechtsbehelfsebene zu. Der deutsche Gesetzgeber hat die Nachbesserung und Ersatzlieferung unter dem Oberbegriff „Nacherfüllung" zusammengefasst, der italienische Gesetzgeber hat hingegen den Begriff „Abhilfe" als Oberbegriff gewählt. Inhaltliche Unterschiede sind damit nicht verbunden. Bei dem Begriff der „Nacherfüllung" handelt es sich um eine der deutschen Rechtssprache bereits bekannte Begrifflichkeit, die auch nach altem Recht durch die Nachbesserung und Ersatzlieferung ausgefüllt wurde, sodass ein Festhalten des deutschen Gesetzgebers an dem Begriff der Nacherfüllung im Sinne der Rechtsklarheit sachgerecht ist. Die Formulierung des italienischen Gesetzgebers ist indessen auf Art. 3 Abs. 3 VerbrGK-RL zurückzuführen, der von „Abhilfe" spricht. Für beide Rechtsordnungen ist die Einführung eines Nachbesserungs- und Ersatzlieferungsanspruchs in das *Kauf*recht ihrer Zivilrechtsbücher jedoch neu.

Die Notwendigkeit der Aufnahme des Nacherfüllungs- bzw. Abhilfeanspruchs war sowohl in Deutschland als auch in Italien nicht nur EU-rechtlich geboten. Sie ergab sich zwangsläufig auch aus der Erweiterung der Erfüllungspflicht des Verkäufers auf die Lieferung einer mangelfreien Sache in § 433 Abs. 1 Satz 2 BGB und Art. 1519-*ter* Abs. 1 *Cc*. Beide Gesetzgeber hatten sich insoweit für die Ausgestaltung der in Art. 2 Abs. 1 VerbrGK-RL normierten Pflicht zur Lieferung einer vertragsgemäßen Sache als Hauptleistungspflicht entschieden. Vor Umsetzung der VerbrGK-RL löste die Lieferung einer mangelhaften Sache in beiden Rechtsordnungen ausschließlich Gewährleistungsrechte auf der sekundären Gewährleistungsebene aus. Einen dem Nacherfüllungsanspruch entsprechenden zweiten Erfüllungsanspruch wie in § 633 Abs. 2 Satz 1 BGB a.F. und Art. 1668 Abs. 1 *Cc* gab es in beiden Ländern nicht. Die dogmatische Qualifikation als modifizierter Erfüllungsanspruch gilt nunmehr gleichermaßen für den Nacherfüllungs- bzw. Abhilfeanspruch.

a) Wahlrecht

Art. 3 Abs. 3 Satz 1 VerbrGK-RL, der das Wahlrecht zwischen den beiden Formen der Abhilfe dem Käufer zuweist, wurde in Deutschland in § 439 Abs. 1 BGB und in Italien in Art. 1519-*quarter* Abs. 3 *Cc* umgesetzt. Beide Vorschriften sind inhaltlich identisch.

(1) Ausübung

Weder in den italienischen noch in den deutschen Umsetzungsbestimmungen findet sich eine Regelung darüber, wie das Wahlrecht auszuüben ist. Während in Deutschland auf die allgemeine Vorschrift des § 263 BGB zurückgegriffen werden kann, fehlt es in Italien an einer entsprechenden Regelung. Gemäß § 263 Abs. 1 BGB erfolgt die Ausübung des Wahlrechts durch Erklärung gegenüber dem anderen Teil, also dem Verkäufer. Rechtsfolge ist gemäß § 263 Abs. 2 BGB, dass mit der Erklärung gegenüber dem Verkäufer nur die gewählte Art der Nacherfüllung geschuldet ist. Die einmal ausgeübte Wahl ist damit unwiderruflich. Im italienischen Recht wird indessen die Unwiderruflichkeit der Wahl aus Art. 1519-*quarter* Abs. 5 *Cc* hergeleitet. Gemäß Art. 1519-*quarter* Abs. 5 *Cc* hat die Abhilfe innerhalb eines angemessenen Zeitraumes zu erfolgen, wobei die Formulierung „*dalla richiesta*" („vom Zeitpunkt des Begehren ab") klarstellt, dass als Fristbeginn der Zeitpunkt anzusehen ist, in dem der Verbraucher seinen Abhilfeanspruch geltend macht. Könnte aber der Verbraucher innerhalb dieses Zeitraumes seine Wahl beliebig ändern, so würde damit die Frist verkürzt werden. Hieraus aber folgt, dass auch im italienischen Recht die erklärte Wahl zumindest innerhalb dieses Zeitraumes unwiderruflich ist.

Schlägt die vom Verbraucher gewählte Abhilfe fehl oder verweigert der Verkäufer die Abhilfe, so soll der Verbraucher nach Auffassung der italienischen Literatur auf die andere Abhilfeart jedoch nach Ablauf der Frist übergehen können. Auch in Deutschland wird zwar in der Literatur vertreten, dass ein Übergang auf die andere Form der Nacherfüllung möglich sein soll. Der Wortlaut der die Ausübung eines Wahlrechts regelnden Vorschrift des § 263 Abs. 2 BGB lässt jedoch deutlich erkennen, dass durch Erklärung der Wahl eine rückwirkende Konzentration des Schuldverhältnisses auf die gewählte Leistung eintritt.[1799]

(2) Schranken

Die zur Umsetzung von Art. 3 Abs. 3 VerbrGK-RL, der die Schranken der Abhilfe regelt, in Deutschland und Italien neu geschaffenen Vorschriften, Art. 1519-*quarter* Abs. 3 *Cc* und § 439 Abs. 3 BGB, haben in konzeptioneller und konstruktiver Hinsicht eine unterschiedliche Ausgestaltung erfahren. Anders als Art. 1519-*quarter* Abs. 3 *Cc* stellt § 439 Abs. 3 Satz 1 BGB allein auf die Unverhältnismäßigkeit ab, da im Falle der Unmöglichkeit bereits das allgemeine Schuldrecht zum Tragen kommt, wie der ausdrückliche Hinweis auf die Anwendbarkeit des § 275 Abs. 2 und 3 BGB in § 439 Abs. 3 BGB deutlich macht. § 439 Abs. 3 BGB ist damit Ausdruck des der deutschen Schuldrechtsreform zugrunde liegende Konzepts einer weit reichenden Verzahnung von allgemeinem Leistungsstörungsrecht mit den besonderen kaufrechtlichen Vorschriften. Art. 1519-*quarter* Abs. 3 *Cc* ist

[1799] Palandt-*Heinrichs*, 64. Aufl., § 263 Rn. 3.

indessen Ausdruck einer gegenüber den übrigen die Mängelgewährleistung betreffenden Vorschriften des *Codice civile* überwiegend autonomen Regelung des Verbrauchsgüterkaufs. Inhaltliche Differenzen zwischen der italienischen und der deutschen Umsetzungsvorschrift sind damit nicht verbunden.

Anders verhält es sich hinsichtlich der konstruktiven Abweichungen. Während nach Art. 1519-*quarter* Abs. 3 *Cc* das Wahlrecht des Verbrauchers ausgeschlossen ist, wenn die von ihm gewählte Abhilfealternative objektiv unmöglich (*oggettivamente impossibile*) oder übermäßig belastend (*eccessivamente oneroso*) ist, gibt das deutsche Recht dem Verkäufer in den Fällen der Unmöglichkeit nach § 275 Abs. 2 und 3 BGB und der Unverhältnismäßigkeit nach § 439 Abs. 3 BGB nur ein Leistungsverweigerungsrecht. Nur bei rechtlicher oder tatsächlicher Unmöglichkeit einer Abhilfealternative i.S.d. § 275 Abs. 1 BGB ist diese *ipso iure* ausgeschlossen. Sowohl ein Leistungsverweigerungsrecht als auch der Einwendungstatbestand führen im Ergebnis dazu, dass der Verkäufer von seiner Leistungspflicht befreit wird. Prozessual aber ist der Verkäufer bei Vorliegen eines bloßen Leistungsverweigerungsrechts schlechter gestellt, da er zunächst eine Einrede erheben muss.

Die rechtlichen Konsequenzen der Unmöglichkeit bzw. Unverhältnismäßigkeit einer Abhilfe- bzw. Nacherfüllungsalternative sind in beiden Rechtsordnungen jedoch identisch: Der Anspruch des Käufers ist auf die jeweils andere Nacherfüllungsart beschränkt. Dies ergibt sich im deutschen Recht für die Unmöglichkeit nur aus der in § 275 Abs. 1 und 2 BGB enthaltenen Einschränkung „soweit". Für die Fälle der Unverhältnismäßigkeit indessen bestimmt § 439 Abs. 3 Satz 3, 2. Halbsatz BGB explizit, dass der Anspruch sich auf die andere Art der Nacherfüllung beschränkt. Im italienischen Recht ergibt sich dies aus der Formulierung des Art. 1519-*quarter* Abs. 3 *Cc*, wonach der Verbraucher vom Verkäufer „nach seiner Wahl" (*a sua scelta*) Abhilfe verlangen kann, sofern die gewählte Abhilfe nicht objektiv unmöglich oder übermäßig belastend ist, mit der Folge, dass sich der Anspruch des Verbrauchers auf die jeweils mögliche und verhältnismäßige Abhilfealternative beschränkt.

Sowohl die Vorschrift des § 439 Abs. 3 BGB als auch die des Art. 1519-*quarter* Abs. 3 *Cc* sind demzufolge mehrstufig.[1800] Der Verkäufer kann die Nacherfüllung bzw. Abhilfe nur dann vollumfänglich verweigern, wenn beide Nacherfüllungsalternativen unmöglich oder unverhältnismäßig bzw. die eine unmöglich, die andere unverhältnismäßig ist.

(a) Unmöglichkeit

Unmöglichkeit der Nacherfüllung bzw. Abhilfe liegt nach beiden Rechtsordnungen vor, wenn der geschuldete Leistungserfolg nicht eintreten kann, also die Herstellung des vertragsgemäßen Zustandes durch Nachbesserung oder Ersatzlieferung ausgeschlossen ist. Nach Auffassung der Literatur in beiden Ländern ist die Ersatzlieferung nur bei vertretbaren Sachen möglich. Ist eine unvertretbare Sache

---

[1800] *Reinking*, ZfS 2003, 57 (62).

vertragswidrig bzw. mangelhaft, so scheidet mithin unter Zugrundelegung beider Rechtsordnungen die Ersatzlieferung stets wegen Unmöglichkeit aus. Anders als das deutsche Recht führt nach Art. 1519-*quarter* Abs. 3 *Cc* aber nur die objektive Unmöglichkeit der Abhilfe zum Ausschluss des gewählten Abhilfe- bzw. Nacherfüllungsanspruchs. Ist die Abhilfe nur dem Verkäufer (subjektiv) unmöglich, so reicht dies nach italienischem Recht nicht aus. Nach italienischem Recht kann der Anspruch auf Nachbesserung nicht ausgeschlossen werden, wenn allein der Verkäufer hierzu nicht in der Lage ist.

Auch der Anspruch auf Ersatzlieferung ist nicht wegen Unmöglichkeit ausgeschlossen, wenn der Verkäufer keine Ersatzsache vorrätig hat, solange ein Dritter in der Lage ist zu leisten. § 439 BGB indessen verweist auf § 275 Abs. 1 BGB, der sowohl die objektive als auch die subjektive Unmöglichkeit erfasst. Kann nur ein Dritter die Ersatzsache beschaffen, so ist nach § 275 Abs. 1 BGB der Anspruch auf Ersatzlieferung ausgeschlossen. Die italienische Regelung ist damit die für den Verbraucher günstiger als die deutsche, da der Ausschluss des ihm eingeräumten Wahlrechts an strengere Voraussetzungen geknüpft ist. Allerdings folgt aus § 276 BGB, dass das Beschaffungsrisiko vom Verkäufer zu tragen ist, sodass in Deutschland nur dann von subjektiver Unmöglichkeit auszugehen ist, wenn sich der Verkäufer die Sache nicht von einem Dritten beschaffen kann. In der Praxis dürfte daher die unterschiedliche Ausgestaltung der Vorschriften kaum zu relevanten Abweichungen führen.

(b) Unverhältnismäßigkeit

Die Vorschrift des Art. 3 Abs. 3 VerbrGK-RL, wonach sich bei Unverhältnismäßigkeit einer Abhilfealternative der Abhilfeanspruch des Verbrauchers auf die jeweils andere Abhilfealternative beschränkt, hat der deutsche Gesetzgeber mit § 439 Abs. 3 Satz 1 BGB und der italienische Gesetzgeber mit Art. 1519-*quater* Abs. 3 *Cc* umgesetzt. Die Vorschriften unterscheiden sich erheblich in ihrer Formulierung. § 439 Abs. 3 BGB gibt dem Verkäufer ein Leistungsverweigerungsrecht, wenn die Nacherfüllung nur mit unverhältnismäßigen Kosten möglich ist. Art. 1519-*quater* Abs. 3 *Cc* hingegen bestimmt, dass der Verbraucher nur Abhilfe verlangen kann, *„sofern die gewählte Abhilfe gegenüber der anderen Abhilfealternative nicht (...) übermäßig belastend ist"*. Nach Art. 1519-*quarter* Abs. 4 *Cc* gilt eine Abhilfe dann als übermäßig belastend i.S.d. Art. 1519-*quarter* Abs. 3 *Cc*, wenn sie dem Verkäufer im Vergleich zu der anderen Abhilfe unvernünftige Kosten verursacht. Festzuhalten ist zunächst, dass das Anknüpfungsmerkmal zur Bestimmung der übermäßigen Belastung in beiden Rechtsordnungen die Kosten der Abhilfe sind. Sie entscheiden darüber, ob der Verkäufer die gewählte Abhilfe- bzw. Nacherfüllungsalternative verweigern kann.

Während aber der italienische Gesetzgeber das Kriterium der Zumutbarkeit zur Definition der Unverhältnismäßigkeit in Art. 3 Abs. 3 Satz 2 VerbrGK-RL durch die Formulierung „übermäßige Belastung" in Art. 1519-*quarter* Abs. 3 *Cc* aufgenommen hat, fehlt es in § 439 Abs. 3 BGB diesbezüglich an einer ausdrücklichen Bezugnahme auf die Zumutbarkeit der gewählten Nacherfüllung. Dennoch stimmen die Vorschriften inhaltlich überein. Berücksichtigt man nämlich, dass gemäß Erwägungsgrund 11 VerbrGK-RL die Unverhältnismäßigkeit objektiv festzustellen ist, so muss dies auch für die Zumutbarkeit i.S.d. Art. 1519-*quarter* Abs. 3 *Cc* gelten.

Ein formaler Unterschied besteht zudem darin, dass die deutsche Umsetzungsvorschrift keine dem Art. 3 Abs. 3 Satz 2 VerbrGK-RL entsprechende ausdrückliche Festlegung dazu enthält, dass die gewählte Nacherfüllung *im Vergleich zur anderen Nacherfüllungsalternative* unzumutbar sein muss, um ihre Unverhältnismäßigkeit zu begründen. Dass auch im deutschen Recht bei der Verhältnismäßigkeitsprüfung die Kosten der Nacherfüllungsarten in Relation zu setzen sind, ergibt sich aber bereits aus dem Begriff der Verhältnismäßigkeit, sodass der deutsche Gesetzgeber auf einen entsprechenden Zusatz verzichten konnte.

Da sich der italienische Gesetzgeber für die Formulierung „übermäßig belastend" entschieden hat und den Begriff der Verhältnismäßigkeit bzw. Unverhältnismäßigkeit in Art. 1519-*quarter Cc* überhaupt nicht verwendet, wäre ein Verzicht auf diesen Zusatz in Art. 1519-*quarter* Abs. 3 *Cc* indessen richtlinienwidrig gewesen. Dennoch kann nicht verhehlt werden, dass der Verzicht des deutschen Gesetzgebers hieraus mitunter Auslegungsschwierigkeiten mit sich bringen könnte.

Die bei der Prüfung zu berücksichtigenden Umstände, ob die gewählte Art der Nacherfüllung unverhältnismäßige Kosten verursacht, sind zur Umsetzung von Art. 3 Abs. 3 Satz 2 VerbrGK-RL in § 439 Abs. 3 Satz 2 BGB und Art. 1519-*quarter* Abs. 4 *Cc* nahezu wortlautidentisch aufgeführt. Dies sind der Wert der Sache in mangelfreiem Zustand, die Bedeutung des Mangels und die Frage, ob auf eine andere Art der Nacherfüllung ohne erhebliche Nachteile für den Käufer zurückgegriffen werden kann. Anders als das deutsche Recht enthält die italienische Vorschrift jedoch nicht die einleitende Formulierung „insbesondere", womit deutlich gemacht wird, dass es sich bei den genannten Wertungskriterien nicht um eine abschließende Regelung handelt, sondern vielmehr um Beispiele ohne Vorgabe einer Wertungshierarchie.[1801] Gleiches muss aber unter Berücksichtigung der gebotenen richtlinienkonformen Auslegung auch für die italienische Umsetzungsvorschrift gelten.

Der Kaufpreis indessen stellt weder nach italienischem noch nach deutschem Recht eine Obergrenze der zumutbaren Kosten dar, da er ausschließlich dem Verkäuferinteresse dient. Art. 1519-*quarter* Abs. 4 *Cc* lässt insoweit eindeutig erkennen, dass es ebenso wie bei § 439 Abs. 3 Satz 2 BGB für die Verhältnismäßigkeit auf die Wertrelation zwischen Aufwand und Ertrag der Nacherfüllung

---

[1801] Regierungsbegründung zum SchuldRModG, BT-Drucks. 14/6040, S. 232; *Zimmer/Eckhold*, Jura 2002, 145 (149); *Haas*, BB 2001, 1313 (1316), *Huber/Faust*, Schuldrechtsmodernisierung, Kap. 13 Rn. 37.

ankommt.[1802] Dem Verkäufer sind nur solche Anstrengungen nicht abzuverlangen, die über den Wert, nicht aber zwingend auch über den Kaufpreis, der Sache hinausgehen.[1803] In der Rechtspraxis werden die zur Umsetzung von Art. 3 Abs. 3 Satz 2 VerbrGK-RL geschaffenen Vorschriften in beiden Ländern gleichsam dazu führen, dass bei geringwertigen Sachen in der Regel nur die Ersatzlieferung und bei hochwertigen Sachen nur die Nachbesserung verhältnismäßig ist.

Während sich in der deutschen Literatur bereits zahlreiche Vorschläge zur Obergrenze der Kosten einer zulässigen Nacherfüllung finden und auch die Rechtsprechung erste Versuche zu seiner Bestimmung unternommen hat, war die italienische Literatur bislang zurückhaltend. Einige Vertreter in der deutschen Literatur gehen von einer Unverhältnismäßigkeit dann aus, wenn die eine Art einen um 5 bis 25 % höheren Kostenaufwand verlangt als die andere. In einer der ersten Entscheidungen durch ein deutsches Gericht wurde die Ansicht vertreten, dass zumindest dann, wenn der Kostenaufwand für die Nachlieferung den für die Nachbesserung um 30 % übersteigt, Unverhältnismäßigkeit der Kosten anzunehmen ist.[1804] Letztlich muss im Rahmen der Unverhältnismäßigkeitsprüfung in beiden Rechtsordnungen eine konkrete Kosten-Nutzen-Betrachtung im Einzelfall durchgeführt werden.

§ 439 Abs. 3 Satz 3 BGB bestimmt darüber hinaus ausdrücklich, dass beide Arten der Nacherfüllung unverhältnismäßig sein können. Dies entspricht auch den Richtlinienvorgaben. Der Wortlaut der italienischen Vorschrift spricht hingegen dafür, dass es ausreicht, dass nur eine der beiden Abhilfealternativen unverhältnismäßig sein kann, da Art. 1519-*quarter* Abs. 4 *Cc* formuliert, dass eine übermäßige Belastung „einer der beiden Abhilfen" (*uno dei due rimedi*) dann vorliegt, wenn die Abhilfe für den Verkäufer unvernünftige Kosten begründet. In der Tat ist einzuräumen, dass letztlich bei der Prüfung der Verhältnismäßigkeit nach Art. 1519-*quarter* Abs. 4 *Cc* grundsätzlich die andere Abhilfealternative als Maßstab heranzuziehen ist, sodass die Durchführung einer Verhältnismäßigkeitsprüfung beider Abhilfealternativen auf den ersten Blick kaum möglich erscheint. Hier stellt sich dasselbe Problem wie für den Fall, dass eine Abhilfeform unmöglich ist. Man könnte daher zu der Auslegung gelangen, dass dann die andere Form der Abhilfe immer verhältnismäßig ist und damit der sofortige Übergang auf die Gewährleistungsrechte der zweiten Stufe stets ausgeschlossen ist.

Erwägungsgrund 11 VerbrGK-RL stellt klar, dass der Übergang auf die zweite Stufe möglich ist, wenn beide Abhilfeformen unmöglich sind, eine der Abhilfeformen unmöglich, die andere unverhältnismäßig ist oder wenn beide Abhilfeformen unverhältnismäßig sind. Hieraus folgt, dass sich die Unverhältnismäßigkeit einer Abhilfeform für den Fall, dass die andere Abhilfeform unmöglich oder unverhältnismäßig gegenüber dieser Abhilfeform ist, im Verhältnis zu den

---

1802 Für das deutsche Recht vgl. *Gruber*, in: *Helms/Neumann/Caspers/Sailer/Schmidt-Kessel* (Hrsg.), JbJgZivilRW, S. 187 (195).

1803 *Huber/Faust*, Schuldrechtsmodernisierung, Kap. 13 Rn. 41.

1804 LG Ellwangen, NJW 2003, 513.

Rechtsbehelfen der zweiten Stufe zu beurteilen hat.[1805] Es bleibt insoweit abzuwarten, ob die italienischen Gerichte sich trotz des einschränkenden Wortlauts des Art. 1519-*quarter* Abs. 4 *Cc* dieser Auslegung anschließen. Geboten ist dies nicht.

(3) Abdingbarkeit

Die Gewährleistungsrechte sind sowohl nach deutschem als auch nach italienischem Recht ausschließlich Rechte des Verbrauchers und keine Optionen des Verkäufers, da sie allein den Erfüllungsanspruch des Verbrauchers ersetzen. Der Verkäufer kann daher nicht von sich aus Abhilfe schaffen, sondern muss gemäß § 439 Abs. 1 BGB bzw. Art 1519-*quarter* Abs. 3 *Cc* regelmäßig die Wahl des Verbrauchers zwischen den Abhilfealternativen bzw. Nacherfüllungsarten bzw. zwischen den sekundären Gewährleistungsrechten abwarten. Selbst dann, wenn eine Abhilfealternative bzw. Nacherfüllungsart unmöglich oder unverhältnismäßig ist, steht ihm nur ein Zurückweisungsrecht nach § 439 Abs. 3 BGB und Art. 1519-*quarter* Abs. 3 *Cc* nicht aber das Recht zu, durch die jeweils andere Abhilfealternative bzw. Nacherfüllungsart die Vertragsmäßigkeit der Sache herzustellen.

In beiden Rechtsordnungen handelt es sich hierbei um eine Regelung, die bis zur Anzeige der Mangelhaftigkeit bzw. Vertragswidrigkeit zwingend ist. § 475 Abs. 1 BGB und Art. 1519-*octies* Abs. 1 *Cc* legen in Umsetzung von Art. 7 VerbrGK-RL fest, dass eine vor Anzeige der Mangelhaftigkeit bzw. Vertragswidrigkeit getroffene Vereinbarung, wodurch die Rechte des Verbrauchers eingeschränkt oder ausgeschlossen werden, nicht bindend ist. Eine vor Anzeige der Mangelhaftigkeit bzw. Vertragswidrigkeit getroffene Vereinbarung, die eine Einschränkung oder einen Ausschluss des dem Verbraucher gemäß § 439 Abs. 1 BGB bzw. Art 1519-*quarter* Abs. 3 *Cc* zugewiesenen Wahlrechts zum Inhalt hat, ist damit unzulässig.

Eine nach Anzeige der Mangelhaftigkeit bzw. Vertragswidrigkeit getroffene Vereinbarung ist hingegen für beide Parteien bindend, wenn sie auch im Übrigen den Voraussetzungen einer wirksamen Parteivereinbarung entspricht. Es bleibt demzufolge nach beiden Rechtsordnungen dem Verkäufer nach Anzeige der Mangelhaftigkeit bzw. Vertragswidrigkeit unbenommen, dem Verbraucher eine Art der Abhilfe bzw. Nacherfüllung anzubieten. Während sich dies für das deutsche Recht aus einem Umkehrschluss zu § 475 Abs. 1 BGB ergibt, hat der italienische Gesetzgeber diesen Fall in Art. 1519-*quarter* Abs. 9 *Cc* ausdrücklich geregelt. Danach kann der Verkäufer dem Verbraucher nach Anzeige der mangelnden Vertragsmäßigkeit durch den Verbraucher eine andere verfügbare Abhilfe mit den in den Buchstaben a) und b) genannten Wirkungen anbieten.

Nach a) der Vorschrift bleibt der Verkäufer für den Fall, dass sich der Verbraucher mit der anderen ihm vorgeschlagenen Form der Abhilfe nicht einverstanden erklärt, dazu verpflichtet, die vom Verbraucher bereits gewählte

[1805] *Rieger*, VuR 1999, 287 (291).

(spezifische) Abhilfe innerhalb einer angemessenen Frist i.S.v. Abs. 6[1806] der Vorschrift vorzunehmen. Hat der Verbraucher noch keine spezifische Form der Abhilfe gewählt, so muss er gemäß Art. 1519-*quarter* Abs. 9 b) *Cc* das Angebot des Verkäufers annehmen oder zurückweisen. Weist er die angebotene Abhilfeform zurück, zwingt ihn Art. 1519-*quarter Cc* dazu, sich für eine der Abhilfealternativen zu entscheiden. Nach der mangels sondergesetzlicher Regelung in den Art. 1519-*bis* ff. *Cc* anzuwendenden allgemeinen Regelung über den Vertragsschluss des Art. 1326 Abs. 2 *Cc* muss die Annahme innerhalb einer vom Verkäufer gesetzten Frist oder innerhalb einer im Hinblick auf die Natur des Vertrages angemessenen Frist erfolgen, die, um die Regelung des Art. 1519-*sexies* Abs. 2 *Cc* nicht zu unterlaufen, nicht vor Ablauf der Anzeigefrist von zwei Monaten ab Kenntnis der Vertragswidrigkeit enden darf.

Die italienische Vorschrift scheint damit auf den ersten Blick eine für den Verbraucher gegenüber dem deutschen Recht ungünstigere Regelung zu enthalten, da sie die Entscheidungshoheit des Verbrauchers einschränkt. Auch nach deutschem Recht aber kann der Verkäufer das Wahlrecht gemäß § 264 Abs. 2 Satz 2 BGB auf sich überleiten, wenn der Käufer die Wahl nicht rechtzeitig vornimmt. Dies ist etwa dann der Fall, wenn der Verkäufer dem Käufer eine Art der Nacherfüllung anbietet und ihm eine angemessene Frist zur Ausübung des Wahlrechts setzt und der Käufer nicht innerhalb dieser Frist der angebotenen Nacherfüllungsart zustimmt oder sie ablehnt.[1807] Im Unterschied zum italienischen Recht kennt das deutsche Recht eine Art 1519-*sexies* Abs. 2 *Cc* entsprechende Anzeigeobliegenheit des Verbrauchers nicht. Dennoch muss auch für das deutsche Recht eine Mindestfrist von zwei Monaten ab Kenntnis der Vertragswidrigkeit gelten, da Art. 5 Abs. 2 VerbrGK-RL bestimmt, dass dem Verbraucher grundsätzlich zwei Monate ab Kenntnis der Vertragswidrigkeit zur Verfügung stehen müssen, um die Vertragswidrigkeit anzuzeigen und seine Rechte auszuüben.

b) Anspruchsinhalt

Der italienische und der deutsche Gesetzgeber haben sich bei der inhaltlichen Ausgestaltung der die primären Gewährleistungsrechte regelnden Vorschriften gleichermaßen an die Vorgaben der VerbrGK-RL gehalten und auf eine Konkretisierung dessen, wie die Nachbesserung und Ersatzlieferung im einzelnen durchzuführen sind, weitestgehend verzichtet. Beide Gesetzgeber legen nur fest, dass entsprechend Art. 3 VerbrGK-RL durch die Nachbesserung und Ersatzlieferung die Herstellung des vertragsgemäßen Zustands des Verbrauchsgutes vom Verkäufer zu bewirken ist. Dies folgt für das deutsche Recht aus der Formulierung in § 439 Abs. 1 BGB, wonach die Beseitigung des Mangels oder die Lieferung einer mangelfreien Sache geschuldet ist.

1806 Bei der Bezugnahme auf Abs. 6 kann es sich nur um ein Redaktionsversehen handeln da die Frist in Abs. 5 geregelt ist.

1807 *Reinking*, ZfS 2003, 57 (59).

Der italienische Gesetzgeber hat sogar den Passus „Herstellung des vertragsgemäßen Zustands des Verbrauchsgutes" in Art. 1519-*quarter* Abs. 2 und 3 *Cc* wortgleich aus Art. 3 Abs. 2 und 3 VerbrGK-RL übernommen. Bei der Ersatzlieferung ist folglich die vertragswidrige bzw. mangelhafte Sache durch eine der Parteivereinbarung bei Vertragsschluss entsprechende Sache zu ersetzen. Die Lieferung einer Sache, die lediglich in ihrer Funktion als Ersatz dienen kann, scheidet damit als Gegenstand der Ersatzlieferung nach beiden Rechtsordnungen in Übereinstimmung mit Art. 3 Abs. 2 und 3 VerbrGK-RL aus. Bei Rechtsmängeln besteht die Nachbesserung in beiden Rechtsordnungen indessen gleichermaßen in der Befreiung der Ware von Rechten und Ansprüchen Dritter, die Ersatzlieferung in der Lieferung einer von Rechten Dritter unbelasteten anderen als der bereits gelieferten Sache.

In Bezug auf Sachmängel ist die deutsche Umsetzungsvorschrift für die Abgrenzung von Nachbesserung und Ersatzlieferung allerdings gegenüber der italienischen eindeutiger, da der Wortlaut des § 439 Abs. 1 BGB für die Nachbesserung ausdrücklich auf die nachhaltige Beseitigung des Mangels an dem Gegenstand, der zur Erfüllung der Verkäuferpflicht geliefert wurde, abstellt. Eine Ersatzlieferung liegt hingegen dann vor, wenn eine andere als die zur Erfüllung der Verkäuferpflicht bestimmte Kaufsache geliefert wird. § 439 Abs. 4 BGB bestimmt, dass der Verbraucher bei der Ersatzlieferung zur Rückgabe der mangelhaften Sache verpflichtet ist.

In der italienischen Literatur ist zur Abgrenzung von Nachbesserung und Ersatzlieferung drauf hingewiesen worden, dass der Anspruch auf Nachbesserung regelmäßig die Pflicht zu einem „Tun" (*facere*) des Verkäufers begründet, der Anspruch auf Ersatzlieferung hingegen zu einem „Geben" (*dare*) des Verkäufers zwingt.[1808] Allerdings besteht beim Austausch und Einbau von Einzelteilen die Leistungshandlung sowohl in einem „Tun" als auch in einem „Geben". Denkbar ist daher im italienischen Recht die Nachbesserung von der Ersatzlieferung in diesen Fällen nach dem Schwerpunkt der Leistung voneinander abzugrenzen. Erfolgt der Einbau durch eine im technischen Sinne simple Handlung des Verkäufers oder handelt es sich um einen für die Beschaffenheit der Sache wesentlichen Teil, der im Wege der Abhilfe ausgetauscht wird, so wäre von einer Ersatzlieferung auszugehen. Relevant wird dies vor allem für die Frage, ob der Verkäufer lediglich Einzelteile austauschen darf, wenn der Verbraucher die Ersatzlieferung geltend macht, was in der italienischen Literatur bejaht wird. Zwingend ist dieser Schluss allerdings nicht. Im deutschen Recht ist dies abzulehnen.

Weder nach deutschem noch nach italienischem Recht ist es erforderlich, dass der Verbraucher bei Fehlschlagen der einen Abhilfealternative die andere Form der Abhilfe geltend macht. Im deutschen Recht kann der Verbraucher gemäß § 440 Abs. 1 BGB bei Fehlschlagen der Nacherfüllung Rücktritt bzw. gemäß § 441 BGB i.V.m. § 440 BGB Minderung des Kaufpreises verlangen. Die Nacherfüllung gilt gemäß § 440 Abs. 2 BGB aber erst dann als Fehlgeschlagen, wenn auch der

1808 *Zaccaria/De Cristofaro*, La vendita dei beni di consumo, S. 71.

zweite Versuch erfolglos war. Im italienischen Recht wird man schon im Falle des bereits erstmaligen Fehlschlagens davon ausgehen müssen, dass die Frist zur Abhilfe i.S.d. Art. 1519-*quarter* Abs. 7 b) *Cc* abgelaufen bzw. eine erneute Abhilfe wegen des Zeitablaufs mit erheblichen Unannehmlichkeiten für den Verbraucher i.S.v. Art. 1519-*quarter* Abs. 7 c) *Cc* verbunden sein muss, sodass der Verbraucher bereits bei erstmaligem erfolglosen Abhilfeversuch Vertragsauflösung oder Minderung verlangen kann. Um eine Privilegierung des Verkäufers, der nur eine unzureichende Abhilfe vorgenommen hat, zu vermeiden, wird in der italienischen Literatur dem Verbraucher dann ein vierfaches Wahlrecht zwischen Nachbesserung, Ersatzlieferung, Minderung und Vertragsauflösung zugestanden, wenn dem Verkäufer kein Zurückweisungsrecht wegen Unmöglichkeit bzw. unangemessener Benachteiligung aus Art. 1519-*quarter* Abs. 3 *Cc* zur Seite steht.[1809]

Soweit es um die Rückgabepflicht hinsichtlich der ursprünglich zur Erfüllung geleisteten erhaltenen Sache bei Ersatzlieferung geht, stimmt das deutsche mit dem italienischen Recht überein. Nach § 439 Abs. 4 BGB kann der Verkäufer vom Käufer die Rückgewähr der mangelhaften Sache nach Maßgabe der §§ 346 bis 348 BGB verlangen, wenn er zum Zwecke der Nacherfüllung eine mangelfreie Sache geliefert hat. Der Käufer hat danach allerdings nicht nur die mangelhafte Sache im Austausch gegen die mangelfreie Sache zurückzugeben, sondern auch die von ihm gezogenen Nutzungen. Die in § 439 Abs. 4 BGB enthaltene Verweisung auf die §§ 346 ff. BGB ist jedoch im Wege der richtlinienkonformen Auslegung entsprechend einzuschränken. Eine Nutzungsentschädigung für die Nutzung einer mangelhaften Sache ist zumindest im Rahmen eines Verbrauchsgüterkaufes für den Fall der Ersatzlieferung abzulehnen.[1810] Im italienischen Recht gelangt man über die analoge Anwendung des Art. 1458 *Cc*, der auf die bereicherungsrechtliche Vorschrift des Art. 1519 *Cc* verweist, ebenfalls zu einer Rückgewährpflicht des Verbrauchers, die sich auf die bloße Rückgabe der mangelhaften Sache beschränkt.

(1) Unentgeltlichkeit

Die gemäß Art. 3 Abs. 2 und 3 VerbrGK-RL von den nationalen Gesetzgebern zwingend vorzusehende Unentgeltlichkeit der Abhilfe bzw. Nacherfüllung ist in Deutschland in § 439 Abs. 2 BGB und in Italien in Art. 1519-*quarter* Abs. 2 und 3 *Cc* normiert worden. Das deutsche Recht weicht in der Systematik von der VerbrGK-RL ab, die in ihrem Art. 2 bestimmt, dass sowohl die Nachbesserung als auch die Ersatzlieferung „unentgeltlich" zu erfolgen hat und erst in ihrem Abs. 4 eine nähere Bestimmung für den Begriff der Unentgeltlichkeit enthält. Der deutsche Gesetzgeber hat indessen Voraussetzung und Definition in § 439 Abs. 2 BGB anders als der italienische Gesetzgeber, der sich an die Zweiteilung der VerbrGK-RL gehalten hat, zusammengefasst.

[1809] *Zaccaria/De Cristofaro*, La vendita dei beni di consumo, S. 81.

[1810] *Roth*, JZ 2001, 475 (489); *Hoffmann*, ZRP 2001, 347 (349); generell ablehnend: Anwaltskommentar-*Büdenbender*, § 439 Rn. 16.

Während Art. 1519-*quarter* Abs. 2 und 3 *Cc* festlegen, dass der Verbraucher bei Vertragswidrigkeit die Herstellung des vertragsgemäßen Zustandes „ohne Kosten" (*senza spese*) bzw., dass der Verbraucher die Nachbesserung oder die Ersatzlieferung „ohne Kosten in beiden Fällen" (*senza spese in entrambi i casi*) verlangen kann, bestimmt § 439 Abs. 2 BGB, dass der Verkäufer die zum Zwecke der Nacherfüllung erforderlichen „Aufwendungen" zu tragen hat. § 439 Abs. 2 BGB bestimmt in Umsetzung zu Art. 3 Abs. 4 VerbrGK-RL, dass es sich hierbei insbesondere um Transport-, Wege-, Arbeits- und Materialkosten handelt. Eine ähnliche Bestimmung findet sich auch im italienischen Recht. Der italienische Gesetzgeber hat in Art. 1519-*quarter* Abs. 6 *Cc* wortlautidentisch mit Art. 3 Abs. 4 VerbrGK-RL bestimmt, dass die Kosten i.S.d. Abs. 2 und 3 der Vorschrift die notwendigen Kosten (*costi indispensabili*) zur Herstellung der Vertragsmäßigkeit des Verbrauchsgutes, insbesondere Versand-, Arbeits- und Materialkosten umfassen.

Der Begriff „Aufwendungen" i.S.d. § 439 Abs. 2 BGB ist allerdings mit dem Begriff „Kosten" i.S.d. Art. 1519-*quarter* Abs. 2 *Cc* identisch. Dass der deutsche Gesetzgeber den Begriff „Versandkosten" i.S.d. Art. 3 Abs. 4 VerbrGK-RL in Transport- und Wegekosten unterteilt hat, dient insoweit nur der Klarstellung und ist letztlich auf § 476 a BGB a.F. zurückzuführen, der vor der Schuldrechtsreform für den Fall, dass eine Nachbesserung vereinbart wurde, eine mit § 439 Abs. 2 BGB identische Regelung enthielt. Es handelt sich weder bei § 439 Abs. 2 BGB noch bei Art. 1519-*quarter* Abs. 6 *Cc* um eine abschließende Aufzählung, was die in beiden Vorschriften enthaltene Formulierung „insbesondere" verdeutlicht.

(2) Abhilfe innerhalb einer angemessenen Frist

Sowohl nach deutschem als auch nach italienischem Recht muss die Nacherfüllung bzw. Abhilfe innerhalb einer angemessenen Frist erfolgen. Während sich dies für das italienische Recht aus dem Wortlaut des Art. 1519-*quarter* Abs. 5 *Cc* ergibt, folgt dies für das deutsche Recht aus dem Nachfristsetzungserfordernis gemäß § 323 Abs. 1 BGB für den Rücktritt und gemäß § 441 i.V.m. § 323 Abs. 1 BGB für die Minderung. So löst eine vom Käufer zu kurz bemessene Frist nach der Gesetzesbegründung zum SchuldRModG[1811] eine angemessene Frist aus. Der deutsche Gesetzgeber ist davon ausgegangen, dass die Nacherfüllung immer innerhalb einer angemessenen Frist erfolgen muss, auch wenn der Wortlaut des die Nacherfüllung regelnden § 439 BGB diese Voraussetzung selbst nicht explizit nennt. Eine andere Auslegung ließe sich nicht mit den zwingenden Vorgaben des Art. 3 Abs. 3 Satz 3 VerbrGK-RL vereinbaren, wonach die Nacherfüllung innerhalb einer angemessenen Frist zu erfolgen hat.

(3) Keine Unannehmlichkeiten

Nach Art. 1519-*quarter* Abs. 5 *Cc* darf die Nachbesserung oder Ersatzlieferung keine erheblichen Unannehmlichkeiten für den Verbraucher mit sich bringen,

[1811] Regierungsbegründung zum SchuldRModG, BT-Drucks. 14/6040, S. 184.

wobei auch hier die Art des Verbrauchsgutes und der Zweck, für den der Verbraucher das Verbrauchsgut gekauft hat, zu berücksichtigen sind. Auch diese Regelung dient der Umsetzung von Art. 3 Abs. 3 Satz 3 VerbrGK-RL und stellt die Fälle, in denen der Verkäufer zur Erfüllung des geltend gemachten Abhilfeanspruchs ohne erhebliche Unannehmlichkeiten für den Verbraucher nicht in der Lage ist, den Fällen der Unmöglichkeit bzw. übermäßigen Belastung gleich.[1812] Im deutschen Recht findet sich indessen nur in § 439 Abs. 3 BGB die Regelung, dass bei der Prüfung, ob der Verkäufer die vom Verbraucher gewählte Abhilfealternative zurückweisen kann, zu berücksichtigen ist, ob auf die andere Form der Nacherfüllung ohne erhebliche Nachteile für den Verbraucher zurückgegriffen werden kann. Aus einem Schluss *a majore ad minus* aber ergibt sich, dass auch im deutschen Recht die gewählte Art der Nacherfüllung keine Nachteile für den Verbraucher mit sich bringen darf.

c) Erfüllungsort

Beide Rechtsordnungen haben auf eine Vorschrift verzichtet, die den Erfüllungsort der Nachbesserung und Ersatzlieferung festlegt. Die den Erfüllungsort der vertraglichen Hauptleistungspflichten regelnden Vorschriften des § 269 BGB und des Art. 1510 Abs. 1 *Cc* bestimmten zunächst, dass sich der Erfüllungsort nach der Parteivereinbarung richtet. Da auch die VerbrGK-RL hinsichtlich des Erfüllungsorts keine ausdrückliche Regelung enthält, dürfte in beiden Rechtsordnungen die Parteivereinbarung zur Bestimmung des Erfüllungsorts für die Nachbesserung und Ersatzlieferung vorrangig heranzuziehen sein.

Fehlt es an einer Parteivereinbarung, so lässt sich weder die Vorschrift des § 269 BGB noch die des Art. 1510 Abs. 1 *Cc* ohne weiteres auf die Nachbesserung und Ersatzlieferung übertragen. Während nach § 269 BGB der Erfüllungsort grundsätzlich der Wohnsitz des Schuldners, also derjenige des Verkäufers, im Zeitpunkt der Entstehung des Schuldverhältnisses ist, hat die Übergabe der Sache gemäß Art. 1510 Abs. 1 *Cc* bei fehlender Parteivereinbarung an dem Ort zu erfolgen, an dem sie sich zum Zeitpunkt des Kaufes befindet, sofern beide Parteien davon Kenntnis haben, wo sich die Sache befindet, im übrigen am Wohnsitz oder der gewerblichen Niederlassung des Verkäufers. Da es sich bei der Nacherfüllung bzw. Abhilfe um eine Fortsetzung des Erfüllungsanspruchs handelt, wäre es nahe liegend anzunehmen, dass auch der Erfüllungsort der Hauptleistungspflichten mit denen der Gewährleistungspflichten identisch ist. § 269 BGB weist aber darauf hin, dass der Erfüllungsort nur dann am Wohnsitz des Schuldners ist, wenn weder etwas anderes bestimmt ist noch die Umstände, insbesondere die Natur des Schuldverhältnisses, für einen anderen Ort sprechen.

Aus einem Umkehrschluss zu § 440 Satz 1 BGB folgt, dass die Nacherfüllung dem Verbraucher zumutbar sein muss. Daher kommt der Wohnsitz des Verkäufers dann nicht als Erfüllungsort in Betracht, wenn etwa die Abholung der Sache für den Käufer unzumutbar ist. Zu diesem Ergebnis gelangt man auch im

---

[1812] *Zaccaria/De Cristofaro*, La vendita dei beni di consumo, S. 78.

italienischen Recht, da nach Art. 1519-*quarter* Abs. 5 *Cc* die Herstellung des vertragsgemäßen Zustandes durch Nachbesserung oder Ersatzlieferung ohne erhebliche Unannehmlichkeiten für den Verbraucher erfolgen muss. Die Grundregel der den Erfüllungsort regelnden Vorschriften des Art. 1510 Abs. 1 *Cc* und des § 269 BGB kommt nur dann zur Anwendung, wenn dies dem Verbraucher zuzumuten ist. Während im deutschen Recht dann regelmäßig der Wohnsitz des Verkäufers Erfüllungsort für die Nachbesserung und Ersatzlieferung ist, hat der Verkäufer im italienischen Recht die Sache nach erfolgreicher Nachbesserung und Ersatzlieferung an dem Ort zu übergeben, an dem die Sache sich im Zeitpunkt des Vertragsabschlusses befand.

3. Sekundäre Rechtsbehelfe: Minderung und Vertragsaufhebung/ Rücktritt

Beide Rechtsordnungen haben die Minderung und Vertragsauflösung i.S.d. Art. 3 Abs. 2 VerbrGK-RL in Art. 1519-*quarter* Abs. 2 *Cc* bzw. § 437 Nr. 2 BGB als sekundäre Gewährleistungsrechte ausgestaltet. Ihre Voraussetzungen finden sich im deutschen Recht aufgrund der Verweisung in § 437 Nr. 2 BGB sowohl im allgemeinen Leistungsstörungsrecht, namentlich in den §§ 323 und 326 Abs. 5 BGB, als auch im besonderen kaufrechtlichen Gewährleistungsrecht, insbesondere in §§ 440 und 441 BGB. Im italienischen Recht sind die Voraussetzungen der Vertragsaufhebung und Minderung indessen in Art. 1519-*quarter* Abs. 7 *Cc* umfassend geregelt. Die Wahl zwischen Minderung und Vertragsaufhebung bzw. Rücktritt gebührt sowohl nach italienischem Recht als auch nach deutschem Recht dem Verbraucher. So heißt es in § 441 Abs. 1 Satz 1 BGB „Statt zurückzutreten, kann der *Käufer* (...) mindern." und in Art. 1519-*quarter* Abs. 7 *Cc*: „Der Verbraucher kann nach seiner Wahl (*a sua scelta*) Minderung oder Vertragsauflösung verlangen". Die Rechtsbehelfe der Minderung und Vertragsaufhebung bzw. des Rücktritts sind zudem in beiden Rechtsordnungen fakultativ und gleichrangig.

In Abweichung zum deutschen Recht vor der Schuldrechtsreform und zum allgemeinen italienischen Kaufrecht werden die Rechtsfolgen der Minderung und Vertragsauflösung durch eine entsprechende Erklärung des Verbrauchers ausgelöst und sind damit Gestaltungsrechte des Verbrauchers. Eines richterlichen Gestaltungsaktes oder eines Gestaltungsurteils bedarf es nicht. Während sich die Rechtsnatur der Rechtsbehelfe als Gestaltungsrechte im deutschen Recht für den Rücktritt aus dem Wortlaut der allgemeinen Vorschrift des § 349 BGB und für die Minderung aus dem Wortlaut des § 441 BGB ergibt, wonach Rücktritt und Minderung durch die Erklärung des Rücktritts- bzw. Minderungsberechtigen erfolgt, folgt dies für das italienische Recht aus dem Fehlen einer dem Art. 1453 Abs. 1 *Cc* entsprechenden gesetzlichen Anordnung in den Sondervorschriften der Art. 1519-*bis* ff. *Cc*, wonach die Vertragsaufhebung nur durch richterlichen Gestaltungsakt auf eine Klage des Käufers hin erfolgen kann.

Damit stellt sich die Frage der Revisibilität der Rücktrittserklärung. Der deutsche Gesetzgeber hat ausdrücklich darauf hingewiesen, dass der Käufer nicht vom Rücktritt auf die Minderung überwechseln kann und insoweit an seine Rücktrittserklärung gebunden ist.[1813] Eine Ausnahme hiervon ist nur dann zu machen, wenn der Verkäufer die sich aus einem Rücktritt ergebenen Ansprüche nicht nach kommt und den Verbraucher auf den Rechtsweg verweist, gleichzeitig aber auch die Minderung mit dem Hinweis auf die Bindungswirkung der Rücktrittserklärung zurückweist. Anders nach italienischem Recht. Dort ist die Vertragsauflösung gemäß Art. 1942 Abs. 2 *Cc* nur unwiderruflich, wenn sie im Wege der Klage geltend gemacht wurde. Das daraufhin ergangene Urteil entfaltet insoweit konstitutive Wirkung, sodass erst mit Rechtskraft des Urteils die Wirkungen der Vertragsauflösung eintreten. Bis zu diesem Zeitpunkt kann der Verbraucher beliebig von der Vertragsauflösung auf die Minderung wechseln.

a) Allgemeine Voraussetzungen

Bei der Umsetzung von Art. 3 Abs. 5 VerbrGK-RL, der den Übergang von der ersten Stufe zur zweiten Stufe der Gewährleistungsrechte regelt, hat der italienische Gesetzgeber die Vorschrift des Art. 1519-*quarter* Abs. 7 *Cc* geschaffen und den Übergang auf die sekundäre Gewährleistungsebene denselben Voraussetzungen unterworfen. Danach kann der Verbraucher Minderung und Vertragsauflösung verlangen, erstens wenn gemäß Art. 1519-*quarter* Abs. 7 a) *Cc* die Nachbesserung und die Ersatzlieferung unmöglich oder für den Verkäufer übermäßig belastend sind, zweitens gemäß Art. 1519-*quarter* Abs. 7 b) *Cc*, wenn der Verkäufer nicht innerhalb einer angemessenen Frist im Sinne von Abs. 6 für die Nachbesserung oder Ersatzlieferung des Verbrauchsgutes gesorgt hat und drittens gemäß Art. 1519-*quarter* Abs. 7 c) *Cc*, wenn die vom Verkäufer erbrachte Nachbesserung oder Ersatzlieferung erhebliche Unannehmlichkeiten für den Verbraucher mit sich gebracht hat.

Der deutsche Gesetzgeber ist indessen von der Übergangssystematik der VerbrGK-RL ganz erheblich abgewichen. Statt gleichrangige Übergangstatbestände zu schaffen, hat der deutsche Gesetzgeber ein Regel-Ausnahme-Prinzip für den Übergang auf die sekundäre Gewährleistungsebene normiert. So ermöglicht der deutsche Gesetzgeber dem Verbraucher den Übergang auf die sekundäre Gewährleistungsebene gemäß § 437 Nr. 2 i.V.m. § 323 Abs. 1 BGB grundsätzlich erst, wenn eine von ihm gesetzte Frist erfolglos abgelaufen ist. Nach der hier vertretenen Auffassung ist allerdings das Nacherfüllungsverlangen des Verbrauchers bei einem Verbrauchsgüterkauf im Sinne eines sofortigen Rechts zu interpretieren, sodass damit automatisch eine angemessene Frist in Gang gesetzt wird. Ein explizites Fristsetzungserfordernis besteht folglich auch im deutschen Recht für den Übergang auf die sekundäre Gewährleistungsebene im Rahmen eines Verbrauchsgüterkaufes nicht.

Im Übrigen unterscheiden sich die Übergangstatbestände hinsichtlich ihrer Voraussetzungen im deutschen und italienischen Recht nicht. Die Vorschriften des § 326 Abs. 5 i.V.m. § 437 Nr. 2 BGB und des § 440 Satz 1 i.V.m. § 437 Nr. 2 BGB

[1813] Regierungsbegründung zum SchuldRModG, BT-Drucks. 14/6040, S. 221.

entsprechen den Vorschriften der Buchstaben a) und c) des Art. 1519-*quarter* Abs. 7 *Cc*. Der Inhalt der Vorschrift des Art. 1519-*quarter* Abs. 7 a) *Cc* ist folglich im deutschen Recht in zwei verschiedenen Vorschriften geregelt. Der Grund dafür ist, dass der deutsche Gesetzgeber in den speziellen kaufrechtlichen Vorschriften nur diejenigen Fälle regelt, die nicht bereits durch das allgemeine Leistungsstörungsrecht geregelt werden.

Der Übergang auf die sekundäre Gewährleistungsebene wegen Unmöglichkeit beider Abhilfealternativen nach Art. 1519-*quarter* Abs. 7 a) *Cc* ist dabei in § 326 Abs. 5 BGB geregelt, der gemäß § 437 Nr. 2 BGB auf den Rücktritt wegen Mangelhaftigkeit der Sache Anwendung findet. Gemäß § 326 Abs. 5 i.V.m. § 437 Nr. 2 BGB ist der Verbraucher auch ohne Fristsetzung zum Rücktritt und gemäß § 441 BGB i.V.m. § 326 Abs. 5 i.V.m. § 437 Nr. 2 BGB zur Minderung berechtigt, wenn die Nachbesserung und die Ersatzlieferung unmöglich sind.

Der Übergang auf die sekundäre Gewährleistungsebene für den Fall, dass beide Abhilfealternativen eine übermäßige Belastung i.S.v. Art. 1519-*quarter* Abs. 7 a) *Cc* darstellen, ist in § 440 Satz 1 i.V.m. § 439 Abs. 3 BGB geregelt. Gemäß § 440 Satz 1 BGB kann der Verbraucher zunächst sofort vom Vertrag zurücktreten bzw. i.V.m. § 441 BGB den Kaufpreis mindern, wenn der Verkäufer beide Nacherfüllungsarten gemäß § 439 Abs. 3 BGB verweigern kann. Zur Leistungsverweigerung gemäß § 439 Abs. 3 BGB ist der Verkäufer berechtigt, wenn die Nacherfüllung nur mit unverhältnismäßigen Kosten möglich ist. Der Verbraucher hingegen kann zurücktreten oder Minderung verlangen, wenn beide Arten der Nacherfüllung nur mit unverhältnismäßigen Kosten möglich sind. Dies entspricht dem Passus in Art. 1519-*quarter* Abs. 7 a) *Cc*. Gemäß Art. 1519-*quarter* Abs. 3 *Cc* ist eine Abhilfe übermäßig belastend, wenn sie nur mit unvernünftigen Kosten möglich ist, was sich nach den gleichen Maßstäben beurteilt wie die Unverhältnismäßigkeit der Kosten im Sinne von § 439 Abs. 3 BGB.

Art. 1519-*quarter* Abs. 7 c) *Cc* hingegen findet sich in vollem Umfang in § 440 Satz 1 BGB wieder. Neben dem Fall, dass der Verkäufer die Nacherfüllung nach § 439 Abs. 3 BGB verweigert, ermöglicht § 440 Satz 1 BGB den Übergang auf die sekundäre Gewährleistungsebene auch dann, wenn die dem Käufer zustehende Art der Nacherfüllung fehlgeschlagen oder ihm nicht zumutbar ist. Unzumutbar ist die Nacherfüllung immer dann, wenn sie erhebliche Unannehmlichkeiten für den Verbraucher i.S.v. Art. 1519-*quarter* Abs. 7 c) *Cc* verursacht. Für den Fall, dass die Nacherfüllung fehlgeschlagen ist, enthält das italienische Recht indessen keine ausdrückliche Regelung. Hier aber ist auf die Auslegung der VerbrGK-RL zurückzugreifen, wonach bei einem zweiten Abhilfeversuch, der nicht innerhalb einer angemessenen Frist erfolgreich durchgeführt wurde, der Übergang auf die sekundäre Gewährleistungsebene möglich ist, da der Verkäufer dann nicht innerhalb einer angemessenen Frist Abhilfe geschaffen hat, sodass die erneute Abhilfe erhebliche Unannehmlichkeiten für den Verbraucher bedeutet.

Bei fehlgeschlagener Nachbesserung kann der Verbraucher gemäß Art. 2931 *Cc* die Vornahme der Handlung durch einen Dritten auf Kosten des Verkäufers verlangen. Dieses Recht stellt im Ergebnis nichts anderes dar als das Recht, den

Kaufpreis zu mindern, sodass der Übergang auf die sekundäre Gewährleistungsebene bei Fehlschlagen der Abhilfe auch im italienischen Recht durchaus gerechtfertigt ist. Die Rechtslage in Italien und Deutschland, bei Unmöglichkeit oder Unverhältnismäßigkeit beider Nacherfüllungsalternativen bzw. Abhilfearten und bei Unzumutbarkeit der gewählten Nacherfüllungsalternative bzw. Abhilfeart ist folglich identisch.

Anders als im deutschen Recht hat der italienische Gesetzgeber bei c) des Art. 1519-*quarter* Abs. 7 *Cc* klargestellt, dass auch dann der Übergang auf die sekundären Rechtsbehelfe zulässig ist, wenn Maßnahmen zur Abhilfe tatsächlich vorgenommen wurden und sich erst danach herausgestellt hat, dass sie für den Verbraucher erhebliche Nachteile mit sich gebracht haben. Gleiches gilt im deutschen Recht erst bei richtlinienkonformer Auslegung. Nur eine solche Auslegung entspricht Art. 3 Abs. 5 Spiegelstrich 3 VerbrGK-RL, der diesbezüglich formuliert: „wenn der Verkäufer nicht ohne erhebliche Unannehmlichkeiten für den Verbraucher Abhilfe geschaffen *hat*".

Eine dem Art. 1519-*quarter* Abs. 7 b) *Cc* entsprechende Übergangsregelung findet sich im BGB nicht. Schließlich ist nach § 323 Abs. 1 BGB für die Minderung und für den Rücktritt zunächst eine Nachfristsetzung erforderlich, sodass es nur konsequent ist, wenn der Ablauf einer angemessenen Frist noch nicht zum Übergang auf die sekundäre Gewährleistungsebene führt. Nach der hier vertretenen Auffassung aber ist das Nacherfüllungsverlangen des Verbrauchers im Rahmen eines Verbrauchsgüterkaufes im Sinne eines sofortigen Nacherfüllungsverlangens zu interpretieren, sodass mit dem Nacherfüllungsverlangen automatisch eine angemessene Frist in Gang gesetzt wird, ein explizites Fristsetzungserfordernis damit entfällt. Im deutschen Recht gelangt man daher bei Ablauf einer angemessenen Frist erst durch richtlinienkonforme Auslegung des § 323 Abs. 1 i.V.m. § 437 Nr. 2 BGB zum Übergang auf die sekundäre Gewährleistungsebene, wie es Art. 1519-*quarter* Abs. 7 b) *Cc* vorsieht.

Die Regelung in § 323 Abs. 2 BGB ist zwar nicht richtlinienbedingt, findet ihre Entsprechung aber dennoch im italienischen Recht. Gemäß § 323 Abs. 2 i.V.m. § 437 Nr. 2 BGB kann der Verbraucher sofort vom Vertrag zurücktreten bzw. Minderung verlangen, wenn der Schuldner die Leistung ernsthaft und endgültig verweigert (Nr. 1), ein Fixgeschäft vereinbart wurde (Nr. 2) oder wenn besondere Umstände vorliegen, die unter Abwägung der beiderseitigen Interessen einen sofortigen Rücktritt rechtfertigen (Nr. 3). Verweigert der Verkäufer die Leistung, so kommt im italienischen Recht der in Art. 1186 *Cc* normierte Rechtsgedanke zum Tragen. Nach dieser Vorschrift kann der Gläubiger trotz Fristsetzung sofort die Leistung verlangen, wenn der Schuldner die Leistung verweigert, wobei das im Übrigen für die Leistungsverweigerung geltende Schriftformerfordernis gemäß Art. 1219 Abs. 2 Nr. 2 *Cc* im Rahmen eines Verbrauchsgüterkaufes keine Berücksichtigung findet.[1814] Verweigert der Verkäufer die Leistung, so kann der Verbraucher sowohl nach deutschem als auch

---

1814 *Zaccaria*, Stud. Iur. 2000, 790 (791f); *Bianca*, Diritto civile, S. 223f.

nach italienischem Recht schon vor Ablauf einer angemessenen Frist Vertragsauflösung oder Minderung verlangen.

b) Minderung

Während der deutsche Gesetzgeber für die Minderung mit § 441 BGB eine eigenständige Vorschrift geschaffen hat, regelt der italienische Gesetzgeber Minderung und Vertragsauflösung allein in Art. 1519-*quarter* Abs. 7 *Cc* und unterstellt sie so denselben Voraussetzungen. Nur für die Berechnung der Minderung enthält Art. 1519-*quarter* Abs. 8 *Cc* eine Ergänzung. Danach ist bei der Bestimmung des Minderungsbetrages (*importo della riduzione*) oder der Rückzahlungssumme (*somma da restituire*) die Nutzung des Verbrauchsgutes zu berücksichtigen.

§ 441 Abs. 1 BGB verweist hinsichtlich der Voraussetzungen der Minderung auf die Regelungen des Rücktrittsrechts. Gemäß § 441 Abs. 1 BGB kann der Käufer bei Lieferung einer mangelhaften Sache nämlich „statt" des Rücktritts die Minderung des Kaufpreises verlangen. Die Berechnung und Durchführung der Minderung enthält eine eigenständige Regelung in § 441 BGB. Während nach deutschem Recht die Minderung auch bei Rechtsmängeln geltend gemacht werden kann, ist diese Frage für das italienische Recht noch nicht geklärt. Hier bleibt abzuwarten, ob die Art. 1519-bis ff. Cc überhaupt auf Rechtsmängel angewendet werden können.

Wie bereits gezeigt, werden die Rechtsfolgen der Minderung als Gestaltungsrecht sowohl nach deutschem als auch nach italienischem Recht gemäß § 441 Abs. 1 Satz 1 BGB bzw. Art. 1519-*quarter* Abs. 7 *Cc* durch die Erklärung des Käufers ausgelöst. Die Minderung tritt folglich in beiden Rechtsordnungen nicht kraft Gesetzes ein. § 441 Abs. 2 BGB bestimmt zudem für den Fall, dass mehrere Verkäufer am Vertrag beteiligt sind, dass die Minderung vom Käufer gegenüber allen Verkäufern erklärt werden muss. Eine solche Regelung enthält das italienische Recht nicht. Nach italienischem Recht ist daher auch bei Beteiligung mehrer Verkäufer die Minderungserklärung nur gegenüber einem Verkäufer ausreichend.

Die Rechtsfolgen sind hingegen identisch. Gemäß Art. 1519-*quarter* Abs. 8 *Cc* kann das Recht zur Minderung zum einem auf die Reduktion der vom Verbraucher geschuldeten Leistung, zum anderen aber auch auf die Rückzahlung eines bestimmten Geldbetrages gerichtet sein, sodass die Ausübung des Minderungsrechts durch den Verbraucher zum partiellen Erlöschen der Gegenforderung des Verkäufers führen oder einen Zahlungsanspruch begründen kann.[1815] Gleiches gilt gemäß § 441 Abs. 1 Satz 1 BGB im deutschen Recht. Danach ist der Käufer nach Erklärung der Minderung nur verpflichtet, den Kaufpreis abzüglich des Minderungsbetrages zu zahlen. Für den Rückzahlungsanspruch enthält das deutsche Recht in § 441 Abs. 4 BGB eine eigenständige Anspruchsgrundlage.

[1815] *De Cristofaro*, Difetto di conformità, S. 198.

Soweit der Käufer bereits mehr als den geminderten Kaufpreis gezahlt hat, ist der Mehrbetrag gemäß § 441 Abs. 4 BGB unter Berücksichtigung von § 346 Abs. 1 und § 347 Abs. 1 BGB vom Verkäufer zu erstatten. Der deutsche Gesetzgeber hat damit ausdrücklich festgelegt, dass der zurückzuerstattende Betrag zu verzinsen ist. Nach italienischem Recht dürfte sich hingegen ein Anspruch auf Herausgabe der Zinsen nur aus einem Schadensersatzanspruch ergeben. Die deutsche Regelung ist daher für den Käufer günstiger, wenn auch nicht zwingend zur Umsetzung der VerbrGK-RL erforderlich gewesen, da der Anspruch auf Rückzahlung und damit auch der Anspruch auf Herausgabe der Nutzungen etwa in Form von Zinsen verschuldensunabhängig ist.

Die in der italienischen Literatur diskutierte Problematik, wie die Minderung beim Tausch, der wegen Art. 1519-*bis* Abs. 1 *Cc* in den Anwendungsbereich der Umsetzungsvorschriften miteinbezogen ist, zu vollziehen ist, wurde von der deutschen Literatur nicht aufgegriffen, da auch schon vor der Schuldrechtsreform die Vorschriften über den Kauf auf den Tausch gemäß § 515 BGB a.F., nunmehr § 480 BGB, Anwendung fanden. Festzuhalten ist, dass sich beim Tausch das Minderungsrecht zwangsläufig wegen der Natur des Vertrages nicht in der Herabsetzung der als Gegenleistung vom Vertragspartner des Verbrauchers geforderten Geldsumme erschöpfen kann.

Handelt es sich bei den als Gegenleistung geschuldeten Gütern um unvertretbare oder unteilbare Güter, so kann die Minderung in beiden Rechtsordnungen nur dadurch erfolgen, dass der Vertragspartner des Verbrauchers einen Geldbetrag an den Verbraucher zahlt, der dem durch die Vertragswidrigkeit bedingten gegenüber dem Wert eines vertragsgemäßem Gutes geringeren Wert der Sache entspricht. Der Differenzbetrag von objektivem Wert der Gegenleistung und dem Betrag des entsprechenden Gegenwertes ist dann der Minderungsbetrag.

(1) Berechnung des Minderungsbetrages

Zur Berechnung der Minderung haben beide Gesetzgeber an der auch schon vor Umsetzung der VerbrGK-RL in beiden Ländern maßgeblichen proportionalen Berechnungsmethode festgehalten. Berechnungsgrundlage ist sowohl nach italienischem als auch nach deutschem Recht die im Zeitpunkt des Vertragsschlusses von den Parteien zugrunde gelegte Werterelation.[1816] So hat der deutsche Gesetzgeber nahezu wortlautidentisch mit § 472 BGB a.F. in § 441 Abs. 3 BGB festgelegt, dass der Kaufpreis bei der Minderung „in dem Verhältnis herabzusetzen, in welchem zurzeit des Vertragsschlusses der Wert der Sache in mangelfreiem Zustand zu dem wirklichen Wert gestanden haben würde“. Es hat sich daher folgende Formel durchgesetzt: Der geminderter Kaufpreis ist gleich der tatsächliche Wert der Sache multipliziert mit dem vereinbarten Kaufpreis geteilt durch den hypothetischen Wert der mangelfreien Sache im Zeitpunkt des Vertragsschlusses.

Beträgt der tatsächliche Wert der Sache 800 €, der Kaufpreis 900 € und der hypothetische Wert der Sache in mangelfreiem Zustand 1000 €, so beträgt der vom

[1816] *Cian/Trabbucchi*, Commentario breve, Art. 1492 III 1.

Käufer zu zahlende geminderte Kaufpreis: 800 € (tatsächlicher Wert) x 900 € (Kaufpreis) ./. 1000 € (hypothetischer Wert) = 720 €.

Im italienischen Recht hingegen fehlt in den Sonderbestimmungen über den Verbrauchsgüterkauf an einer Regelung zur Berechnung des Minderungsbetrages. Bei der Berechnung der Minderung legt Art. 1519-*quarter* Abs. 7 *Cc* nur fest, dass die Minderung angemessen (*congrua*) sein muss. Auch in den allgemeinen kaufrechtlichen Vorschriften findet sich keine dem § 441 Abs. 3 BGB entsprechende Regelung. Art. 1490 Abs. 1 *Cc* legt nur fest, dass bei der Herabsetzung des Preises nach Art. 1492 Abs. 1, 2. Alt. *Cc* die Wertminderung durch den Mangel zu berücksichtigen ist. In Italien wird zur Berechnung der Minderung zunächst festgestellt, in welchem prozentualen Ausmaß sich der Mangel auf den Wert der Sache ausgewirkt hat, um dann den Kaufpreis entsprechend diesem Prozentsatz zu mindern.[1817]

Geht man wie in dem genannten Beispiel davon aus, dass der tatsächliche Wert der Sache 800 € und der hypothetische Wert der Sache in mangelfreiem Zustand 1000 € beträgt, so hat die mangelhafte Sache einen Minderwert von 20 %. Abschließend ist zu errechnen, wie viel 20 % vom Kaufpreis sind. Beträgt der Kaufpreis wie oben 900 €, so ergibt dies einen Minderungsbetrag von 180 €, der vom Kaufpreis abzuziehen ist. Der geminderte Kaufpreis beträgt 900 € - 180 € = 720 €. Das italienische und deutsche Recht kommen zu demselben Ergebnis.

Kann der Minderungsbetrag nicht festgestellt werden, so muss der Richter in Italien eine Bewertung nach Billigkeit gemäß Art. 1226 BGB vornehmen. Ähnlich ist die Rechtslage in Deutschland. Hier kann der Richter gemäß § 441 Abs. 3 Satz 2 BGB den Minderungsbetrag schätzen.

(2) Ausschluss des Minderungsrechts

Ist der Verbraucher weit überwiegend für den Mangel verantwortlich, so ist sein Minderungsrecht im deutschen Recht gemäß §§ 441 Abs. 1 Satz 1 i.V.m. § 323 Abs. 6 BGB ausgeschlossen. Liegt hingegen der Mitverantwortungsanteil unterhalb der Schwelle der „weit überwiegenden Verantwortlichkeit", so mindert sich der Minderungsbetrag entsprechend seines Verantwortungsanteils.[1818] Für diese Fälle hält das italienische Recht indessen keine Regelung bereit. Denkbar ist es, insoweit Art. 1519-quarter Abs. 8 Cc heranzuziehen, wonach eine etwaige Nutzung des Verbrauchsgutes bei der Berechnung der Minderung zu berücksichtigen ist, sodass man letztlich über diese Vorschrift zu demselben Ergebnis gelangen kann, wenn man die Nutzung der Verantwortlichkeit gleichstellt.

Problematisch dürften sowohl im italienischen als auch im deutschen Recht diejenigen Fälle sein, in denen der Verbraucher trotz erfolgreicher Abhilfe bzw. Nacherfüllung Minderung verlangt, weil etwa die Nachbesserung oder Ersatzlieferung nicht fristgerecht oder mit erheblichen Unannehmlichkeiten für den Verbraucher verbunden bzw. ihm unzumutbar war. Bei der Minderung ist wie

---

1817 *Cian/Trabbucchi*, Commentario breve, Art. 1492 III 1.

1818 *Huber/Faust*, Schuldrechtsmodernisierung, Kap. 13 Rn. 92.

bereits gezeigt der Kaufpreis entsprechend der Differenz des Wertes der Sache im mangelfreien und dem tatsächlichen Wert im Zeitpunkt des Vertragsschlusses herabzusetzen. Erhält der Verbraucher aber im Wege der Nachbesserung oder Ersatzlieferung eine mangelfreie Sache, so ist letztlich die Äquivalenz hinsichtlich der Mangelfreiheit der Sache wieder gegeben. Es kommen insoweit Schadensersatzansprüche in Betracht, die in Italien und Deutschland gleichermaßen verschuldensabhängig ausgestaltet sind.

c) Vertragsauflösung/ Rücktritt

Die Modalitäten der Durchführung des Rücktritts sind im deutschen Recht in den allgemeinen Vorschriften über den Rücktritt der §§ 346 ff BGB geregelt, die mangels spezieller Regelungen im kaufrechtlichen Mangelgewährleistungsrecht auch beim Rücktritt wegen einer mangelhaften Sache ohne weiteres Anwendung finden. Der italienische Gesetzgeber hat ebenfalls darauf verzichtet, in den ausschließlich auf Verbrauchsgüterkaufverträge anwendbaren Vorschriften der Art. 1519-*bis* ff. *Cc* den Rücktritt spezialgesetzlich zu regeln, sodass auch nach italienischem Recht auf die allgemeinen Vorschriften, insbesondere auf die allgemeine kaufrechtliche Vorschrift des Art. 1493 *Cc*, zurückzugreifen ist. Nach beiden Rechtssystemen wandelt sich gemäß § 346 Abs. 1 BGB bzw. Art. 1493 *Cc* das ursprüngliche Schuldverhältnis in ein Rückgewährschuldverhältnis um. Während allerdings die die Rückabwicklung des Vertrages in Italien regelnde Vorschrift des Art. 1493 *Cc* ausschließlich auf den Kaufvertrag zugeschnitten ist, handelt es sich bei den §§ 346 ff. BGB um allgemeine Vorschriften, die alle Vertragstypen erfassen.

(1) Rückgewähr-, Nutzungs- und Verwendungsersatz

Art. 1493 *Cc* bestimmt, dass der Verkäufer im Falle der Vertragsauflösung den Kaufpreis zurückzugewähren und der Käufer die mangelhafte Sache an den Verkäufer herauszugeben hat. Ähnlich formuliert es § 346 Abs. 1 BGB, wonach zunächst im Falle des Rücktritts die empfangenen Leistungen zurückzugewähren sind. Wendet man diese Vorschrift auf die Rückabwicklung eines Kaufvertrages an, so muss nach deutschem Recht ebenso wie nach Art. 1493 *Cc* der Verkäufer den Kaufpreis zurückzahlen und der Käufer die Kaufsache an den Verkäufer zurückgewähren. Insoweit stimmen die deutsche und italienische Vorschrift überein.

Der deutsche Gesetzgeber hat allerdings in den §§ 346 ff. BGB für die Rückabwicklung ein dreistufiges System vorgesehen. In der Regel haben die Parteien gemäß § 346 Abs. 1 BGB die empfangenen Leistungen zurückzugewähren. Nur wenn sich die Sache nicht mehr in ihrem ursprünglichen Zustand befindet, enthält § 346 Abs. 2 BGB hierzu eine Ausnahme. Ist die Sache untergegangen, so schuldet der Käufer statt der Rückgewähr der Sache grundsätzlich Wertersatz nach § 346 Abs. 2 Satz 1 Nr. 3 BGB. Eine Ausnahme von der Ausnahme findet sich in § 346 Abs. 3 BGB. Hat der Verkäufer den Untergang der Sache zu vertreten oder wäre der Schaden auch bei ihm eingetreten, was regelmäßig dann der Fall ist, wenn die Sache infolge ihrer Mangelhaftigkeit untergeht, so entfällt die Wertersatzpflicht gemäß § 346 Abs. 3 Satz 1 Nr. 2 BGB. Im italienischen Recht normiert bereits Art. 1493 Abs. 2 *Cc*, dass die Rückgabepflicht nur besteht, soweit die Sache nicht infolge der Mangelhaftigkeit untergegangen ist. Das deutsche und das italienische Recht sind daher auch insoweit konform.

Art. 1493 Abs. 1 *Cc* bestimmt darüber hinaus, dass der Verkäufer im Falle der Vertragsauflösung dem Käufer auch die Kosten und Zahlungen zu ersetzen hat, die diesem bei der Durchführung des Kaufes legitimer Weise entstanden sind. Hierzu zählen analog Art. 1479 Abs. 3 *Cc* alle erforderlichen und nützlichen Aufwendungen auf die Sache und wenn der Verkäufer bösgläubig war, auch Luxusaufwendungen.[1819] Eine entsprechende Regelung findet sich im deutschen Recht in § 347 Abs. 2 BGB. Danach hat der Käufer einen Anspruch auf Ersatz der notwendigen Verwendungen i.S.d. § 994 BGB. Dieser Anspruch erfasst alle objektiv zur Erhaltung oder ordnungsgemäßen Bewirtschaftung erforderlichen Vermögensaufwendungen zur Wiederherstellung, Erhaltung oder Verbesserung der Sache.[1820] Auch insoweit stimmen beide Rechtsordnungen überein.

Gemäß § 346 Abs. 1 BGB sind zudem alle Nutzungen herauszugeben. Nutzungen sind gemäß § 100 BGB Früchte i.S.d. § 99 BGB und Gebrauchsvorteile. Eine äquivalente Regelung für den Nutzungsersatzanspruch der Vertragsparteien enthält Art. 1493 *Cc* indessen nicht. Im italienischen Recht finden sich jedoch Nutzungsersatzansprüche in den bereicherungsrechtlichen Vorschriften des *Codice civile*, die im Kaufrecht entsprechend anzuwenden sind. Die grundsätzliche Anwendbarkeit des Bereicherungsrechts im Leistungsstörungsrecht folgt zunächst aus Art. 1463 *Cc*, der für den Fall der Leistungsbefreiung des Schuldners wegen Unmöglichkeit die Anwendung des Bereicherungsrechts explizit anordnet. Voraussetzung des Art. 2033 *Cc* ist, dass eine objektive Nichtschuld (*indebito oggettivo*) besteht. Da die Vertragsauflösung nach Art. 1458 Abs. 1 *Cc* rückwirkende Kraft (*effetto retroattivo*) hat, ist Art. 2033 *Cc* auch auf die Rückabwicklung des Vertrages nach Art. 1493 *Cc* anwendbar. Anders als die Formulierung „*pagamento*" (Bezahlung) zunächst vermuten lässt, sind die Vorschriften der Art. 2033 ff. *Cc* zudem nicht nur auf Geldleistungen anwendbar, sondern allgemein auf Leistungen jeder Art, die Gegenstand eines Schuldverhältnisses sein können. Gemäß Art. 2033 *Cc* sind bei einem Anspruch auf Bereicherungsausgleich auch die Früchte herauszugeben. Früchte sind nach der Legaldefinition in Art. 820 *Cc* alle Sachfrüchte, Rechtsfrüchte und Gebrauchsvorteile, mithin Nutzungen.

Der Anspruch auf Herausgabe der Früchte erfasst gemäß der das Eigentümer-Besitzer-Verhältnis regelnden Vorschrift des Art. 1148 *Cc*, auf den Art. 2033 *Cc* verweist, nicht nur die tatsächlich gezogenen Nutzungen, sondern auch die Nutzungen, die der Besitzer mit der Umsicht eines guten Familienvaters

---

[1819] *Bianca*, Vendita, S. 871; *Cian/Trabucchi*, Commentario breve, Art. 1493 Rn. I/1; *Rubino*, in: *Cicu/Messineo* (Hrsg.), Trattato di Diritto Civile, S. 816.

[1820] Palandt-*Heinrichs*, 64. Aufl., § 347 Rn. 4.

(*usando la diligenza di un buon padre di famiglia*) also bei Anwendung der im Verkehr erforderlichen Sorgfalt hätte ziehen müssen. Diese Regelung findet sich im deutschen Recht in § 347 Abs. 1 BGB. Gemäß § 347 Abs. 1 BGB hat der Verkäufer neben dem Anspruch aus § 346 Abs. 1 BGB auf Ersatz der tatsächlich gezogenen Nutzungen auch einen Anspruch auf Ersatz von Nutzungen, die der Käufer entgegen den Regeln einer ordnungsgemäßen Wirtschaft – obwohl es ihm möglich war - nicht gezogen hat. Dabei haftet der Käufer gemäß § 347 Abs. 1 Satz 2 BGB nur auf die eigenübliche Sorgfalt. Er muss Nutzungen nur dann ersetzten, wenn er die Sorgfalt, die er in eigenen Angelegenheiten anzuwenden pflegt, vernachlässigt hat.[1821] Dieser Haftungsmaßstab dürfte dem in Art. 1148 *Cc* in etwa entsprechen, sodass auch in diesen Fällen das deutsche und das italienische Recht übereinstimmen.

Gemäß Art. 2033 *Cc* kann der Verbraucher zudem die Zinsen des Kaufpreises verlangen. Danben kann der Verbraucher die Rückzahlung der vom Verkäufer gemäß Art. 1499 *Cc* schon vor Fälligkeit des Kaufpreises verlangte Verzinsung des Kaufpreises ab Übergabe verlangen. Dies lässt sich ohne weiteres auf den Verbrauchsgüterkauf übertragen, will man eine Schlechterstellung des Verbrauchers gegenüber sonstigen Käufern vermeiden. Eine solche Regelung kennt das deutsche Recht freilich nicht, da auch ein Zinsanspruch des Verkäufers vor Zahlung des Kaufpreises dem deutschen Recht unbekannt ist.

Ein weiterer Unterschied besteht hinsichtlich des Ersatzes sonstiger Aufwendungen. Während der Käufer nach § 347 Abs. 2 Satz 2 BGB sonstige Aufwendungen unabhängig von der Rechtshängigkeit oder einer etwaigen Bösgläubigkeit des Verkäufers nach Bereicherungsrecht herausverlangen kann, gewährt das italienische Recht dem Käufer nur dann gemäß Art. 1479 Abs. 3 *Cc* einen Anspruch auf hier als willkürliche Verwendungen (*spese volluntarie*) bezeichneten Aufwendungen, wenn der Verkäufer bösgläubig war.

(2) Wertersatz

Nach deutschem Recht ist der Käufer statt der Rückgewähr der Sache *in natura* zum Wertersatzverpflichtet, wenn die Herausgabe der Sache nach der Natur des Erlangten ausgeschlossen ist (§ 346 Abs. 2 Satz 1 Nr. 1 BGB), der zur Erfüllung der Vertragspflichten empfangene Gegenstand verbraucht, veräußert, belastet, verarbeitet oder umgestaltet wurde (§346 Abs. 2 Satz 1 Nr. 2 BGB) oder wenn der empfangene Gegenstand sich verschlechtert hat oder untergegangen ist (§ 346 Abs. 2 Satz 1 Nr. 3 BGB). Ist wie beim Kaufvertrag eine Gegenleistung vertraglich vereinbart, so ist diese gemäß § 346 Abs. 2 Satz 2 BGB bei der Berechung des Wertersatzes zu Grunde zu legen.

Für Kaufverträge ergibt sich, dass der Wertersatzanspruch den Kaufpreis nicht übersteigen darf. Hat sich der zum Rücktritt berechtigende Mangel erst während der Verarbeitung oder Umbildung gezeigt (§ 346 Abs. 3 Satz 1 Nr. 1 BGB), ist die Verschlechterung oder der Untergang vom Verkäufer zu vertreten (§

[1821] *Lorenz/Riehm*, Lehrbuch zum neuen Schuldrecht, 7. Kapitel § 1 Rn. 435 (S. 225).

346 Abs. 3 Satz 1 Nr. 2 BGB) oder hat der Käufer trotz Verschlechterung oder Untergang die eigenübliche Sorgfalt gewahrt (§ 346 Abs. 3 Satz 1 Nr. 3 BGB), so ist der Käufer von der Wertersatzpflicht befreit. Auch dann, wenn die Wertersatzpflicht nach § 346 Abs. 3 BGB entfällt, bleibt der befreite Rückgewährschuldner nach § 346 Abs. 3 Satz 2 BGB zur Herausgabe einer verbleibenden Bereicherung nach Maßgabe der bereicherungsrechtlichen Vorschriften der §§ 818 ff. BGB verpflichtet.

Eine solche dezidierte Regelung für die in § 346 Abs. 2 und 3 BGB genannten Fälle enthalten die Vorschriften des *Codice civile* weder in den in den Art. 1519-*bis* ff. *Cc* noch in den allgemeinen kaufrechtlichen Vorschriften. Art. 1492 Abs. 3, 1. Halbsatz *Cc* bestimmt nur, dass der Käufer für den Fall, dass die Kaufsache infolge des den Käufer zur Vertragsauflösung berechtigenden Mangels untergeht, gleichwohl Vertragsauflösung verlangen kann. Geht also die Sache infolge des den Käufer zur die Vertragsauflösung berechtigenden Mangels unter, so bleiben die Ansprüche des Käufers aus dem Rückgewährschuldverhältnis bestehen, der Anspruch des Verkäufers auf Rückgabe der Sache ist hingegen gemäß Art. 1493 Abs. 2 *Cc* ausgeschlossen. Auch nach deutschem Recht schließt der Untergang der Sache den Rücktritt nicht aus, sondern verpflichtet den Käufer gemäß § 346 Abs. 2 Satz 1 Nr. 3 BGB grundsätzlich zum Wertersatz. Er ist gemäß § 346 Abs. 3 Satz 1 Nr. 2 BGB nur für den Fall, dass der Verkäufer den Untergang zu vertreten hat, wenn also der Untergang eine Folge der Mangelhaftigkeit des Gutes ist, ausgeschlossen.

Sowohl nach deutschem als auch nach italienischem Recht bleibt der Anspruch des Käufers auf Rückzahlung des Kaufpreises in den Fällen, in denen der Untergang auf der Mangelhaftigkeit des Gutes beruht, bestehen. Der Anspruch des Verkäufers auf Rückgabe hingegen ist in diesem Fall ausgeschlossen. Geht die Sache zufällig unter, hat der Käufer den Untergang zu vertreten oder die Sache veräußert oder verändert, so verliert er nach italienischem Recht gemäß Art. 1492 Abs. 3, 2. Halbsatz *Cc* sein Recht zur Vertragsauflösung, während er nach deutschem Recht zum Rücktritt berechtigt bleibt. Während der Interessenausgleich im deutschen Recht durch einen Wertersatzanspruch des Verkäufers in diesen Fällen hergestellt wird, bleibt dem Käufer nach italienischem Recht nur die Minderung.

Die Minderung aber berechtigt den Käufer nur dazu, den Betrag des Mangelunwertes zurückzufordern, während der Käufer nach deutschem Recht den Kaufpreis abzüglich des objektiven Wertes bei Untergang oder Veräußerung der Sache bzw. abzüglich des durch die Veränderung der Sache bedingten objektiven Minderwertes zurückverlangen kann. Haben die Parteien einen über dem Verkehrswert der Sache liegenden Kaufpreis vereinbart, so ist der Käufer nach italienischem Recht schlechter gestellt, wenn er überhaupt kein Interesse an der Sache mehr hat. Aus diesem Grund ist auch die Anwendbarkeit des Art. 1492 Abs. 3, 2. Halbsatz *Cc* auf den Verbrauchsgüterkauf richtlinienwidrig.[1822] Daher wird in

---

1822 *Zaccaria/De Cristofaro*, La vendita dei beni di consumo, S. 98.

der italienischen Literatur erwogen, das Recht zur Vertragsauflösung beim Verbrauchsgüterkauf nicht gemäß Art. 1492 Abs. 3 2. Halbsatz *Cc* auszuschließen, sondern dem Verkäufer einen Ausgleich für das untergegangene Verbrauchsgut nach dem Grundsatz *tantum eiusdem generis et qualitatis* (gleichwertige Menge der [untergegangenen] Sache der selben Art) zu gewähren. Der Verkäufer soll in den genannten Fällen Ersatz des Wertes des Verbrauchsgutes nach bereicherungsrechtlichen Grundsätzen verlangen können.[1823]

Hat der Bereicherungsschuldner eine Sache erlangt, so ist zwar nach Art. 2037 Abs. 1 *Cc* grundsätzlich auch die Sache herauszugeben. Ist die Sache aber untergegangen oder hat sich verschlechtert, so kann der Bereicherungsgläubiger nach Art. 2037 Abs. 2 und 3 *Cc* den vollen Wertersatz bzw. die Rückgabe und Ersatz des geminderten Wertes der Sache oder bei Veräußerung Herausgabe des Erlöses verlangen, wenn der Bereicherungsschuldner bei Erhalt der Sache bösgläubig (*mala fede*) war. War der Bereicherungsschuldner gutgläubig, so steht dem Bereicherungsgläubiger ein solcher Anspruch nicht zu. Er kann dann gemäß Art. 2037 Abs. 3 *Cc* nur eine beim Bereicherungsschuldner verbleibende Bereicherung herausverlangen. Überträgt man diese Grundsätze auf die Vertragsauflösung, so kann der Verkäufer vom Käufer, der bei Erhalt der Sache regelmäßig gutgläubig war, nur Herausgabe der verbliebenen Bereicherung verlangen. Zu berücksichtigen ist, dass für die von Art. Art. 1492 Abs. 3 *Cc* nicht erfassten Fälle der zufälligen oder vom Käufer verursachten Beschädigung der zur Rückgabe bestimmten Sache die Anwendung der Vorschriften über die ungerechtfertigte Bereicherung der Art. 2033 ff. *Cc* anerkannt ist.[1824]

Der Wertersatzanspruch, der bei Gutgläubigkeit des Bereicherungsschuldners an sich ausgeschlossen ist, soll nach herrschender Auffassung in der italienischen Literatur dennoch entsprechend der Wertung in Art. 1492 Abs. 3 *Cc* bestehen bleiben. Die Beschädigung der Sache durch den Käufer könne den Fällen der Verarbeitung oder Umgestaltung gleichgestellt werden, mit der Folge, dass die Vertragsauflösung nicht ausgeschlossen ist, der Wertersatzanspruch aber auch bei Gutgläubigkeit des Käufers besteht. Überträgt man diesen Rechtsgedanken auch auf die Fälle des Untergangs, der Veräußerung und der Verschlechterung, so ergibt sich in diesen Fällen dieselbe Rechtsfolge wie nach § 346 Abs. 2 Satz 1 Nr. 2 bzw. 3 BGB: Der Käufer ist zum Wertersatz verpflichtet.

Wenn die italienische Rechtsprechung der hier favorisierten Anwendung des Bereicherungsrechts folgt, wäre in den Fällen, in denen die Sache untergegangen ist, veräußert oder verändert wurde oder sich verschlechtert hat, ein Gleichlauf mit den deutschen Vorschriften hergestellt. Die Fälle, in denen die Sache verbraucht, belastet oder verarbeitet wurde, ließen sich unzweifelhaft unter die genannten Fälle subsumieren. Der Verkäufer kann unter Zugrundelegung der hier vertretenen Auffassung sowohl nach italienischem Recht gemäß Art. 2037 *Cc* Wertersatz verlangen, wenn er die Sache verbraucht, veräußert, belastet, verarbeitet oder

---

1823 *Zaccaria/De Cristofaro*, La vendita dei beni di consumo, S. 98.

1824 *Zaccaria/De Cristofaro*, La vendita dei beni di consumo, S. 98.

umgestaltet hat, wie dies § 346 Abs. 2 Satz 1 Nr. 2 BGB ausdrücklich bestimmt ist und, wenn die Sache sich verschlechtert hat oder untergegangen ist, nach § 346 Abs. 2 Satz 1 Nr. 3 BGB. Der von § 346 Abs. 2 Satz 1 Nr. 1 BGB geregelte Fall, wonach der Verkäufer Wertersatz verlangen kann, wenn die Herausgabe der Sache nach der Natur des Erlangten nicht möglich ist, dürfte insoweit nur einen Unterfall des Untergangs der Sache darstellen, sodass auch hier dieselben Rechtsfolgen gelten wie im deutschen Recht.

Fraglich ist, ob auch nach italienischem Recht eine Wertersatzpflicht entsprechend § 346 Abs. 3 BGB entfällt, wenn sich der Mangel während der Verarbeitung oder Umgestaltung gezeigt hat, der Verkäufer die Verschlechterung oder den Untergang zu vertreten hat oder sie auch bei ihm eingetreten wäre und wenn der Käufer die Sorgfalt in eigenen Angelegenheiten beachtet hat. In diesen Fällen ist nach deutschem Recht gemäß § 346 Abs. 3 Satz 2 BGB nur eine beim Käufer verbleibende Bereicherung herauszugeben. Einen Anspruch auf Herausgabe der verbleibenden Bereicherung kennt auch das italienische Recht in Art. 2037 Abs. 3 *Cc* für den Fall, dass der Bereicherungsschuldner bei Erhalt der Sache gutgläubig war. Überträgt man den dahinter stehenden Rechtsgedanken, dass der Bereicherungsschuldner nur dann auf Wertersatz haftet, wenn der Untergang oder die Verschlechterung der Sache in seinen Risikobereich fällt, so könnte man auch im italienischen Recht einen Ausschluss der Wertersatzpflicht für diese Fälle annehmen.

(3) Ausschluss

Der Ausschluss des Rechts auf Vertragsauflösung wegen geringfügiger Mängel nach Art. 1519-*quarter* Abs. 10 *Cc* besteht nur für den Fall, dass dem Verbraucher das Recht auf Vertragsauflösung wegen Unmöglichkeit oder Unverhältnismäßigkeit der Abhilfe zusteht. Im deutschen Recht ist der Rücktritt gemäß § 323 Abs. 5 BGB i.V.m. § 437 Nr. 2 BGB hingegen bei unerheblicher Pflichtverletzung unabhängig davon ausgeschlossen, unter welchen Voraussetzungen der Verbraucher andernfalls zum Rücktritt berechtigt wäre. Damit ist die deutsche Regelung identisch mit der Bestimmung in Art. 3 Abs. 6 VerbrGK-RL, wonach die Vertragsauflösung immer bei geringfügiger Vertragswidrigkeit ausgeschlossen ist. Die italienische Vorschrift ist günstiger für den Verbraucher und führt daher im Einzelfall zu einem andern Ergebnis als nach deutschem Recht.

Unterlässt etwa der Verkäufer die Durchführung der vom Verbraucher gewählten Abhilfe innerhalb einer angemessenen Frist und macht der Verbraucher daraufhin sein Recht auf Vertragsauflösung, sei es nach deutschen Recht gemäß § 323 i.V.m. § 437 Nr. 2 BGB oder nach italienischen Recht gemäß Art. 1419-*quarter* Abs. 7 *Cc*, geltend, so ist nur im deutschen Recht das Rücktrittsrecht des Verbrauchers ausgeschlossen, nach italienischem Recht bleibt das Recht auf Vertragsauflösung des Verbrauchers hingegen bestehen. Erstaunlicherweise bestand bei nur geringfügigen Mängeln vor Umsetzung der VerbrGK-RL kein Unterschied bei den Rechtsfolgen nach deutschem und italienischem Recht. Sowohl nach § 459 Abs. 1 Satz 2 BGB a.F. als auch nach Art. 1490 Abs. 1 *Cc* standen dem Käufer unabhängig von weiteren Voraussetzungen bei einer nur geringfügigen Wertminderung keine Rechtsbehelfe zur Seite.

Kapitel 4 - Rückgriff (Art. 4)

I. Richtlinienvorgaben

Während der Anwendungsbereich der VerbrGK-RL im Übrigen auf das Verhältnis zwischen Verbraucher und Letztverkäufer beschränkt ist, regelt Art. 4 VerbrGK-RL ausnahmsweise das Verhältnis zwischen Gewerbetreibenden.[1825] Beruht die vom Verbraucher geltend gemachte Vertragswidrigkeit auf einem Handeln oder Unterlassen des Herstellers, eines früheren Verkäufers innerhalb der Vertragskette oder einer anderen Zwischenperson, so kann der Letztverkäufer gemäß Art. 4 Satz 1 VerbrGK-RL den oder die Haftenden innerhalb der Vertragskette in Regress nehmen. Er erhält durch Art. 4 VerbrGK-RL die Möglichkeit, die ihm entstandenen Kosten aufgrund einer Vertragswidrigkeit, die einem Dritten zuzuschreiben ist, auf diesen abzuwälzen.[1826] Ohne die Regelung des Art. 4 VerbrGK-RL wäre der Letztverkäufer mit dem Haftungsrisiko belastet, obwohl die Vertragswidrigkeit der Sache nicht aus seiner Sphäre rührt.[1827] Art. 4 VerbrGK-RL vermeidet, dass der Letztverkäufer auf dem „Schaden", dessen Verursachung einem Dritten zuzuschreiben ist, sitzen bleibt.[1828]

Auch in Art. 3 VerbrGK-RL benennt die Richtlinie den Letztverkäufer als Gewährleistungsschuldner des Verbrauchers, dessen Haftung in den meisten EU-Mitgliedstaaten mit der Richtlinie erheblich verschärft wird.[1829] Zu nennen sind in diesem Zusammenhang sowohl die verschuldensunabhängige Ausgestaltung der Haftung des Letztverkäufers nach Art. 3 VerbrGK-RL, die Beweislastumkehr des Art. 5 Abs. 3 VerbrGK-RL, die langen Verjährungsfristen des Art. 5 Abs. 1 VerbrGK-RL wie auch die gemäß Art. 7 Abs. 1 VerbrGK-RL vorgesehene zwingende Ausgestaltung der Umsetzungsvorschriften. Der Letztverkäufer haftet wegen Art. 2 Abs. 2 d) VerbrGK-RL auch für Werbeaussagen des Herstellers oder eines Dritten und wegen Art. 2 Abs. 5 Satz 2 VerbrGK-RL für den Inhalt der regelmäßig vom Hersteller stammenden Montageanleitungen. Beide Vorschriften begründen eine Haftung für das Herstellerverhalten.[1830] Wird aber die Haftung des Letztverkäufers durch ein Verhalten des Herstellers verursacht, so muss auch dem

---

1825 *Lehmann*, JZ 2000, 280 (289); *Micklitz*, in: *Reich/Micklitz*, Europäisches Verbraucherrecht, S, 659.

1826 Siehe Begründung zu Art. 3 Abs. 5 des Richtlinienvorschlages vom 31.3.1998, KOM (95) 520 endg., S. 15.

1827 Angedeutet in Erwägungsgrund 9 VerbrGK-RL; so auch *von Sachsen Gessaphe*, RIW 2001, 721 (725); *Micklitz* EuZW 1999, 485 (490).

1828 *Micklitz*, in: *Reich/Micklitz*, Europäisches Verbraucherrecht, S.659.

1829 *Micklitz*, in: *Reich/Micklitz*, Europäisches Verbraucherrecht, S, 658; vgl. insoweit auch Erwägungsgrund 9 Satz 1; a.A. *Lehr/Wendel*, EWS 1999, 321 (323), die aus dem Umstand, dass auch der Hersteller grundsätzlich als Letztverkäufer in Erscheinung treten kann und deswegen nach Art. 3 Abs. 1 VerbrGK-RL unmittelbar gegenüber dem Verbraucher haftet, folgern, dass auch Importeure oder andere Personen einer unmittelbaren Haftung gegenüber dem Verbraucher ausgesetzt sein können.

1830 *Von Sachsen Gessaphe*, RIW 2001, 721 (725).

Hersteller die Verantwortung hierfür zugewiesen werden muss.[1831] Hat indessen ein anders Glied in der Vertragskette die Vertragswidrigkeit der Sache verursacht, so ist eine Haftungsweiterleitung an diesen gerechtfertigt. Andernfalls läuft der Letztverkäufer Gefahr, in eine Regressfalle zu geraten, wenn seine Gewährleistungsansprüche gegen seinen Vertragspartner nach Inhalt und Durchsetzbarkeit hinter den Rechten des Verbrauchers zurückbleiben.[1832] Art. 4 VerbrGK-RL findet demnach seine Berechtigung darin, die mit der VerbrGK-RL einhergehende verstärkte Belastung des Letztverkäufers auszugleichen.[1833]

Dennoch war Art. 4 VerbrGK-RL Gegenstand einer äußerst kontrovers geführten Diskussion. Zwar ist die endgültige Fassung der VerbrGK-RL bezüglich des Regressanspruchs mit dem Ersten von der Kommission angenommenen Richtlinienentwurf[1834] nahezu identisch. Wirft man aber einen Blick auf die Änderungsvorschläge des Europäischen Parlaments und des Rates im Verlauf des Gesetzgebungsverfahren, so zeigt sich, welche langwierige Auseinandersetzung der endgültigen Fassung vorausgegangen sind. So sah die legislative Entschließung[1835] des Europäischen Parlaments vom 10. März 1998 noch eine direkte Zugriffsmöglichkeit des Verbrauchers auf den Hersteller bzw. den Vorlieferanten entsprechend der französischen *action directe* vor.

Gegen die Aufnahme einer unmittelbaren Haftung des Herstellers oder Vorlieferanten gegenüber dem Verbraucher sprach, dass es sich bei der VerbrGK-RL um eine Verbraucherschutzrichtlinie handelt und sich bei Regelungen, die über den Bereich des Verbraucherschutzes hinausgehende im Hinblick auf die Subsidiarität gemeinschaftsrechtlicher Aktionen gemäß Art. 5 EGV Schwierigkeiten mit der Kompetenzgrundlage ergeben würden.[1836] Obwohl die Europäische Kommission im Grünbuch[1837] und in den unveröffentlichten Richtlinienentwürfen[1838] ebenfalls eine unmittelbare Haftung des Herstellers gegenüber dem Verbraucher vor-

---

1831 *Mankowski*, DB 2002, 2419f.

1832 *Magnus*, FS *Siehr*, S. 429 (436); *Tonner*, BB 1999, 1769 (1772); *von Westphalen*, DB 1999, 2553 (2557); *Schäfer/Pfeiffer*, ZIP 1999, 1829 (1835); *Micklitz*, EuZW 1999, 485 (490); *Faber*, JDL 1999, 413 (429), *Schmidt-Räntsch*, ZEuP 1999, 294 (298); *Lehmann*, JZ 2000, 280 (289); *Jud*, ÖJZ 2000, 661 (663); *Tonner/Crellwitz/Echtermeyer*, in: *Micklitz/Pfeiffer/Tonner/Willingmann* (Hrsg.), 293 (353); *von Sachsen Gessaphe*, RIW 2001, 721 (731).

1833 *Lehmann*, JZ 2000, 280 (289); *Magnus*, Der Regressanspruch des Letztverkäufers, S. 429 (431); *Jud*, ÖJZ 2000, 661 (662).

1834 Vgl. Art. 3 Abs. 5 des Richtlinienvorschlages vom 18.6.1996 (ABl. EG Nr. C 307 vom 16.10.1996, S. 8f.).

1835 Vgl. Art. 3 Abs. 1 a des Änderungsvorschlag des Europäisches Parlament vom 10.3.1998 (ABl. EG Nr. C 104 vom 6.4.1998, S. 30f.).

1836 *Tonner*, BB 19999, 1769 (1774); *Brüggemeier*, JZ 2000, 529 (533); *von Sachsen Gessaphe*, RIW 2001, 721 (726).

1837 Grünbuch zum Verbraucherschutz in der Europäischen Union vom 2.10.2001, KOM/2001/531 endg., S. 110.

1838 Vgl. Nachweise bei *Lehmann*, JZ 2000, 280 (291).

geschlagen hatte, wurde der Änderungsantrag von ihr nicht übernommen.[1839] Ein in eine andere Richtung zielender Änderungsvorschlag findet sich im vom Rat festgesetzten „Gemeinsamen Standpunkt".[1840] Er enthält in Art. 4 VerbrGK-RL den Zusatz „es sei denn, dass er (der Letztverkäufer) auf dieses Recht (den Regress) verzichtet hat". Dieser Zusatz wurde ebenfalls wieder gestrichen. In der endgültigen Fassung der VerbrGK-RL finden sich nur Reste dieser Änderungsvorschläge. Zum einen sieht Art. 12 VerbrGK-RL eine bis zum 7. Juli 2006 von der Kommission vorzunehmende Überprüfung über die Erforderlichkeit der Aufnahme einer unmittelbaren Haftung des Herstellers vor.[1841] Zum anderen greift Erwägungsgrund 9 den in Art. 4 gestrichenen Zusatz wieder auf.

Angesichts der kompromissorientierten Lösung und des durch Satz 2 des Art. 4 VerbrGK-RL gewährten weiten Umsetzungsspielraumes ist die Frage nach der Bedeutung und Tragweite des Art. 4 VerbrGK-RL besonders umstritten.[1842] Die ersten Stellungnahmen in der Literatur gingen davon aus, dass die Vorgaben der VerbrGK-RL nur die Aufnahme „überhaupt"[1843] bzw. eines „irgendwie gearteten"[1844] Rückgriffsanspruchs in die nationalen Rechtsvorschriften der Mitgliedstaaten erfordere. Nach dieser zunächst auch vom deutschen Bundesjustizminister[1845] geteilten Auffassung hätte in denjenigen Rechtsordnungen, die eine solche Regelung bereits vor Umsetzung der VerbrGK-RL enthielten, überhaupt kein Umsetzungsbedarf bestanden.[1846] Teilweise wurde vertreten, Art. 4 VerbrGK-RL erfordere zumindest eine Anpassung der Verjährungsregelung für Kaufverträge zwischen Unternehmern an die Zwei-Jahres-Frist des Art. 5 VerbrGK-RL.[1847] Zur Begründung wurde zum Teil auf den durch die sonstigen Richtliniebestimmungen zurückzuführenden rechtspolitisch wirkenden Zwang

---

1839 Vgl. Art. 3 Abs. 7 des Änderungsvorschlages der Kommission vom 31.3.1998 (ABl. EG Nr. C 148 vom 14.5.1998, S. 12f.).

1840 Vgl. Art. 4 des Gemeinsamen Standpunkt (EU) Nr. 51/98 vom 24.9.1998 (ABl. EG Nr. 333 vom 30.10.1998, S. 46f.).

1841 Erwägungsgrund 23 VerbrGK-RL.

1842 Zum Meinungsstand *Roth*, in: *Ernst/Zimmermann* (Hrsg.), Zivilrechtswissenschaft und Schuldrechtsreform, S. (248); *Ernst/Gsell*, ZIP 2001, 1410 (1422ff).

1843 *Schmidt-Räntsch* ZIP 1998, 849 (850).

1844 *Staudenmayer* NJW 1999, 2393 (2396).

1845 Diskussionsentwurf eines SchuldRModG vom 4.8.2000, S. 212. Online verfügbar unter http://www.lrz-muenchen.de/~Lorenz/schumod.

1846 *Staudenmayer*, NJW 1999, 2393 (2396); *ders.*, in: *Grundmann/Medicus/Rolland* (Hrsg.), Europäisches Kaufgewährleistungsrecht, S. 27 (42); im Ergebnis auch *Schmidt-Räntsch*, ZIP 1998, 849 (850); *ders.*, ZEuP 1999, 294 (298); *von Westphalen*, DB 1999, 2553, der davon ausgeht, dass sich aus den Vorschriften über die Geschäftsbesorgung ein Aufwendungsersatzanspruch ergebe. Mit Einschränkung hingegen: *Ehemann/Rust*, JZ 1999, 853 (862), die zum Schutz des Letztverkäufers eine Sonderregelung befürworten.

1847 *Schmidt-Räntsch*, ZIP 2000, 1639 (entgegen seiner früheren Ansicht); *Magnus*, FS *Siehr*, S. 429 (440); *Zaccaria*, in: *Grundmann/Medicus/Rolland* (Hrsg.), S. 181 (193); *Grundmann*, in: *Grundmann/Medicus/Rolland* (Hrsg.), Europäisches Kaufgewährleistungsrecht, S. 281 (310); *Medicus*, ZIP 1996, 1925 (1929); *Schäfer/Pfeiffer*, ZIP 1999, 1829 (1835); *Rieger*, VuR 1999, 287 (291).

verwiesen.[1848] Andere wiederum stellten auf das Gemeinschaftsrecht selbst ab.[1849] Eine dritte Ansicht hielt hingegen die Schaffung eines eigenen Tatbestandes, wonach dem Letztverkäufer die Regressmöglichkeit in demselben Umfang und so lang offen stehe, wie ihm selbst eine Inanspruchnahme durch den Verbraucher droht, für zwingend.[1850]

Der Wortlaut des Art. 4 VerbrGK-RL ist nicht eindeutig. In der deutschen Fassung des Richtlinientextes findet sich die Formulierung „...so *kann* der Letztverkäufer (...) in Regress nehmen.“. Die englische und französische Fassung scheinen hingegen strenger zu sein.[1851] So ist die englische Formulierung „... *the final seller shall be entitled to pursue remedies...*“ mit „...der Letztverkäufer soll berechtigt sein (...) in Regress zu nehmen...“ zu übersetzen. Die französische Fassung „... *le vendeur final a le droit de se retourner...*“ bedeutet „... der Letztverkäufer *hat das Recht* (...) in Regress zu nehmen...“. Die englische und französische Fassung sprechen dafür, dass der Letztverkäufer nach dem Gesetz immer dann Regressansprüche haben soll, wenn er gegenüber dem Verbraucher haftet. Diese Auslegung wird durch Erwägungsgrund 9 VerbrGK-RL unterstützt. Dort heißt es: „Der Verkäufer *muss* (...) den Hersteller, einen früheren Verkäufer innerhalb der selben Vertragskette oder eine andere Zwischenperson in Regress nehmen können (...)“. Aus einem Vergleich der unterschiedlichen Sprachfassungen folgt, dass die Mitgliedstaaten dazu aufgefordert sind, einen Rückgriffsanspruch in ihren Rechtsordnungen aufzunehmen, der gewährleistet, dass der Letztverkäufer im Falle seienr Inanspruchnahme tatsächlich Regress nehmen kann.[1852] Erforderlich ist allein die Schaffung eines „effektiven“ Rückgriffsrechts, dessen nähere Ausgestaltung den Mitgliedstaaten aber frei steht.[1853]

1848 *Schmidt-Räntsch*, ZIP 1998, 849 (850).

1849 *Medicus*, ZIP 1996, 1925 (1928); *Kircher*, ZRP 1997, 290 (294); *Reich*, NJW 1999, 2397 (2340).

1850 *Lehmann* JZ 2000, 280 (290); *Roth*, in: *Grundmann/Medicus/Rolland*, Europäisches Kaufgewährleistungsrecht, S. 113 (136).

1851 *Roth*, in: *Ernst/Zimmermann* (Hrsg.), Zivilrechtswissenschaft und Schuldrechtsreform, S. 225 (249).

1852 *Brüggemeier*, JZ 2000, 529 (533); *Jorden*, Verbrauchergarantien, S. 447; *Jud*, ÖJZ 2000, 661 (662); *Kircher*, ZRP 1997, 290 (294); *Lehmann*, JZ 2000, 280 (290); *Magnus*, Der Regressanspruch des Letztverkäufers, S. 429 (437); *Medicus*, ZIP 1996, 1925 (1928); *Micklitz*, EuZW 1999, 485 (490); *Rieger*, VuR 1999, 287 (291); *Schmidt-Kessel*, ÖJZ 2000, 68 (671); *Schmidt-Räntsch*, ZIP 1998, 849 (859); *Staudenmayer*, NJW 1999, 1393 (1396); *ders.*, in: *Grundmann/Medicus/Rolland* (Hrsg.), Europäisches Kaufgewährleistungsrecht, S. 27 (42); *Welser/Jud*, Zur Reform des Gewährleistungsrechts, S. 158.

1853 *Micklitz*, EuZW 1999, 485 (490); *Welser/Jud*, Reform des Gewährleistungsrechts, S. 157; *Schmidt-Kessel*, ÖJZ 2000, 661 (662); *Ernst/Gsell*, ZIP 2000, 1410 (1422); *dies.*, ZIP 2000, 1812 (1815); *Gsell*, JZ 2001, 65 (73); *Schlechtriem*, in: *Ernst/Zimmermann* (Hrsg.), S. 205 (211); *Westermann*, in: *Schulze/Schulte-Nölke*, Die Schuldrechtsreform vor dem Hintergrund des Gemeinschaftsrechts, S. 109 (128); *Reinking*, DAR 2001, 8 815); *Brüggemeier*, JZ 2000, 529 (533); *von Sachsen Gessaphe*, RIW 2001, 721 (726); *Roth*, in: *Ernst/Zimmermann* (Hrsg.), Zivilrechtswissenschaft und Schuldrechtsreform, S. 225 (247).

Für eine solche Auslegung spricht auch der vom EuGH entwickelte Grundsatz des „*effet utile*".[1854] Danach ist eine Gemeinschaftsnorm grundsätzlich so auszulegen, dass sie ihre volle Wirkung entfalten kann.[1855] Zweck des Art. 4 VerbrGK-RL ist es, die Kosten der Vertragswidrigkeit dort anzulasten, wo sie verursacht worden sind.[1856]

Bei der überwiegenden Anzahl an Sachmängeln handelt es sich sowohl um Fabrikations- oder Konstruktionsfehler als auch um solche Fehler, die bei der Entwicklung, Verpackung und im Marketing verursacht worden sind.[1857] Diese Bereiche sind regelmäßig der Einflusssphäre des Letztverkäufers entzogen und fallen in den Verantwortungsbereich des Herstellers oder einer anderen Zwischenperson in der Vertragskette. Adressat der Sachmängelgewährleistungsansprüche des Verbrauchers ist gemäß Art. 3 VerbrGK-RL hingegen ausschließlich der Letztverkäufer. Die Sachmängelhaftung und die Verantwortung für den Sachmangel würden daher oftmals auseinander fallen.[1858] Dies macht insbesondere die Bestimmung in Art. 2 Abs. 2 b) VerbrGK-RL deutlich. Nach dieser Vorschrift kann die Vertragswidrigkeit einer Sache, für die der Verkäufer haftet, auch auf Drittangaben beruhen, auf die der Letztverkäufer grundsätzlich keinen Einfluss hat.

Zu berücksichtigen ist, dass die Richtlinie der Erreichung eines hohen Verbraucherschutzniveaus dient.[1859] Auch bei Art. 4 VerbrGK-RL spielen Verbraucherschutzgesichtspunkte eine Rolle. Ohne eine Art. 4 VerbrGK-RL entsprechende Regelung würde die verschärfte Haftung des Letztverkäufers nach der VerbrGK-RL insbesondere für Einzelhändler erhebliche Mehrkosten verursachen.[1860] Steigende Preise wären die Folge. Auch wenn sich der Verbraucher nach der VerbrGK-RL nicht selbst an den Hersteller wenden kann und daher bei Zahlungsunfähigkeit des Letztverkäufers keine weitere Absicherung seines Anspruches erhält[1861], so beinhaltet der Rückgriffsanspruch doch zumindest eine wirtschaftliche Absicherung des Verbraucheranspruchs, da dieser unter Umständen die Zahlungsunfähigkeit des Letztverkäufers vermeiden kann.[1862] Art. 4 VerbrGK-RL kommt damit mittelbar dem Verbraucher zu Gute.[1863] Nicht zuletzt

---

1854 *Ernst/Gsell*, ZIP, 1410 (1423); *Roth*, in: *Ernst/Zimmermann* (Hrsg.), Zivilrechtswissenschaft und Schuldrechtsreform, S. 225 (250).

1855 EuGH, Urt. v. 19. 11.1991, Rs. C-6/90 und C-9/90, Slg. 1991, I-5357 - *Francovich*; EuGH, Urt. v. 8.10.1996, Rs. C-178/94 Slg. 1996, I-4845 – *Dillenkofer*.

1856 *Brüggemeier*, JZ 2000, 529 (532).

1857 *Brüggemeier*, JZ 2000, 529 (532), *Lehmann*, JZ 2000, 280 (290).

1858 *Lehmann*, JZ 2000, 280 (290).

1859 Erwägungsgrund 1 VerbrGK-RL.

1860 *Eberenz*, Hamburger Abendblatt vom 13./14.10.2001, S. 21, der von einem Kostenanstieg in Höhe von 3 % spricht.

1861 Vgl. das Beispiel bei *Brüggemeier*, JZ 2000, 529 (533).

1862 *Schurr*, ZfRV 1999, 221 (227).

1863 *Jud*, ZfRV 2001, 201 (203); *Jud*, ÖJZ 2000, 661 (662); *Schurr*, ZfRV 1999, 222 (227); *Roth*, in: *Ernst/Zimmermann* (Hrsg.), Zivilrechtswissenschaft und Schuldrechtsreform, S. 225 (250); *von Sachsen Gessaphe*, RIW 2001, 721 (726); *Micklitz*, EuZW 1997, 229 (233); *Schäfer/Pfeiffer*, ZIP 1999, 1829 (1837); *Weisner*, JuS 2001, 759 (762).

wird der Hersteller wegen der ihm gemäß Art. 4 VerbrGK-RL drohenden Regressansprüche zur Beachtung eines höheren Sorgfaltsniveau motiviert.[1864]

Um durch eine Verminderung des Liquiditätsrisikos des Letztverkäufers den Verbraucher zu begünstigen, muss sichergestellt werden, dass der Rückgriffsgläubiger gerade den durch die Inanspruchnahme des Verbrauchers bedingten Nachteil abwälzen kann. Der *effet utile* des Art. 4 VerbrGK-RL zwingt dazu den Regressanspruch mit der zwingenden Haftung gegenüber dem Verbraucher in Übereinstimmung zu bringen.[1865] Bereits vor Erlass der VerbrGK-RL hatte der Letztverkäufer sowohl nach den meisten nationalen Rechtsvorschriften als auch nach UN-Kaufrecht regelmäßig einen Anspruch gegen seinen Lieferanten, der nicht an die Inanspruchnahme durch den Verbraucher gekoppelt war, sodass Art. 4 VerbrGK-RL andernfalls überflüssig gewesen wäre.[1866]

1. Systematik

Die Richtlinie erfordert nicht, die Vorgaben des Art. 4 VerbrGK-RL durch eine zwingende Vorschrift umzusetzen.[1867] Zwar würde ein zwingend ausgestaltetes Rückgriffsrecht einen absoluten Gleichlauf zwischen den gemäß Art. 7 zwingenden Verbrauchervorschriften und den Rechten des Verkäufers schaffen.[1868] Dies widerspräche dem insoweit eindeutigen Wortlaut von Erwägungsgrund 9, wonach die Richtlinie „nicht den Grundsatz der Vertragsfreiheit in den Beziehungen zwischen dem Verkäufer, dem Hersteller, einem früheren Verkäufer oder einer anderen Zwischenperson“ berührt. Erwägungsgrund 9 stellt klar, dass die Privatautonomie innerhalb des Vertragsverhältnisses zwischen Letztverkäufer und seinem Lieferanten von der VerbrGK-RL nicht berührt werden soll.[1869] Es ist daher davon auszugehen, dass eine Haftungsfreizeichnung zumindest durch Individualvereinbarung grundsätzlich möglich sein muss.[1870] Andernfalls könnte Art. 4 VerbrGK-RL das gesamte Kaufrecht in den einzelnen Mitgliedstaaten beeinflussen.[1871]

[1864] Vgl. *Bridge*, in: *Grundmann/Bianca* (Hrsg.), EU-Kaufrechts-Richtlinie, Art. 4 Rn. 7.

[1865] *Ernst/Csell*, JZ 2000, 1410 (1423).

[1866] *Lehmann*, JZ 2000, 280 (290).

[1867] *Grundmann*, Europäisches Schuldvertragsrecht, S. 286 (299); *Roth*, in: *Ernst/Zimmermann* (Hrsg.), Zivilrechtswissenschaft und Schuldrechtsreform, S. 225 (250); *Jud*, ÖJZ 2000, 661 (662); *Magnus*, Der Regressanspruch des Letztverkäufers, S. 429 (432); *Hondius/Jeloschek*, in: *Grundmann/Medicus/Rolland* (Hrsg.), Europäisches Kaufgewährleistungsrecht, S. 197 (213); *Staudenmayer*, NJW 1999, 2393 (2396); *Welser/Jud*, Zur Reform des Gewährleistungsrechts, *S.* 158; a.A. *Ehmann/Rust*, JZ 1999, 853 (863).

[1868] *Kircher*, ZRP 1997, 290 (294 Fn. 39).

[1869] *Vorsmann*, Diss., S. 123

[1870] *Micklitz*, EuZW 1999, 485 (487); *von Sachsen Gessaphe*, RIW 2001, 721 (727).

[1871] *Kircher*, ZRP 1997, 290 (294); *Reich*, NJW 1999, 2397 (2398); *Magnus*, in: *Basedow/Meier/Schnyder/Einhorn/Girsberger* (Hrsg.), Private Law in the International Arena, S. 429 (430); *Schlechtriem*, in: *Ernst/Zimmermann* (Hrsg.), Zivilrechtswissenschaft und Schuldrechtsreform, S. 205 (211).

Teilweise wird in der Literatur vertreten, es sei nicht ausreichend, die Modalitäten der Haftung aneinander anzupassen, sondern man müsse vielmehr den Rückgriffsanspruch modifizieren oder einen eigenen Regresstatbestand schaffen, der speziell auf die Rückgriffsproblematik zugeschnitten ist, da andernfalls der Regressanspruch nicht effektiv wäre.[1872] Eine Verpflichtung zur Schaffung eines eigenen Regresstatbestands in formaler Hinsicht enthält die Richtlinie nicht. Die Form der Umsetzung von Richtlinien bleibt gemäß Art. 249 EGV den Mitgliedstaaten überlassen.

Auch hinsichtlich der konkreten Ausgestaltung sind die Mitgliedstaaten bei der Umsetzung nicht gezwungen, einen eigenen Regresstatbestand zu schaffen. Der Zweck des Art. 4 VerbrGK-RL besteht wie aufgezeigt in der Vermeidung von Haftungsinkongruenzen.[1873] Dies sind die Grenzen des Gesetzgebungsspielraums der Mitgliedstaaten. Wie das Ziel der Schaffung eines effektiven Rückgriffsanspruchs erreicht wird, bleibt den Mitgliedstaaten überlassen. Kann eine Anpassung der Haftungsmodalitäten dieses Ziel verwirklichen, so ist die Regelung auch dann richtlinienkonform, wenn kein eigener Regresstatbestand geschaffen würde. Die mögliche Anwendbarkeit des CISG bei internationalen Warenkäufen darf aber bei der Umsetzung von Art. 4 VerbrGK-RL nicht aus den Augen verloren werden.[1874]

2. Voraussetzungen und Inhalt

Voraussetzung des Regressanspruchs nach Art. 4 VerbrGK-RL ist zunächst, dass der Letztverkäufer dem Verbraucher gegenüber haftet. Dies erfordert eine tatsächlich realisierbare Einstandspflicht des Letztverkäufers.[1875] Ziel der Vorschrift ist es, die Kosten der Vertragswidrigkeit dort anzulasten, wo sie verursacht worden sind.[1876] Sind dem Letztverkäufer aber überhaupt keine Kosten entstanden, etwa weil seine Haftung wegen der Kenntnis des Käufers von der Vertragswidrigkeit gemäß Art. 2 Abs. 3 VerbrGK-RL ausgeschlossen ist, so fehlt es an einem überzeugenden Grund für einen Rückgriffsanspruch.[1877] Die Mitgliedstaaten sind nur gezwungen für den Fall, dass der Letztverkäufer dem Verbraucher gegenüber tatsächlich haftet, einen Regressanspruch vorzusehen.

Die Haftung des Letztverkäufers muss ferner auf ein Handeln oder Unterlassen des Herstellers, eines früheren Verkäufers innerhalb derselben Vertragskette oder auf eine sonstige Zwischenperson zurückzuführen sein. Der von den

---

1872 *Ernst/Gsell*, JZ 2000, 1410 (1423).

1873 *Magnus*, in: *Basedow/Meier/Schnyder/Einhorn/Girsberger* (Hrsg.), Private Law in the International Arena, S. 429 (435).

1874 *Gruber*, NJW 2002, 1180f.

1875 *Magnus*, in: *Basedow/Meier/Schnyder/Einhorn/Girsberger* (Hrsg.), Private Law in the International Arena, S. 429 (438).

1876 *Brüggemeier*, JZ 2000, 529 (532).

1877 *Magnus*, in: *Basedow/Meier/Schnyder/Einhorn/Girsberger* (Hrsg.), Private Law in the International Arena, S. 429 (438); *Roth*, in: *Ernst/Zimmermann* (Hrsg.), Zivilrechtswissenschaft und Schuldrechtsreform, S. 225 (249).

Mitgliedstaaten zu schaffende Regressanspruch des Verkäufers ist daher nur für die Fälle vorzusehen, dass seine Haftung gegenüber dem Verbraucher auf einer Drittverantwortlichkeit beruht. Durch diese Regelung soll ausgeschlossen werden, dass der Letztverkäufer sich schadlos halten kann, obwohl ihm die den Anspruch des Verbrauchers begründende Vertragswidrigkeit selbst zuzurechnen ist.

Gegen wen sich der Anspruch richtet bleibt gemäß Art. 4 Satz 2 VerbrGK-RL den innerstaatlichen Bestimmungen vorbehalten. Die für die Vertragswidrigkeit verantwortliche Person und der Rückgriffsschuldner müssen nach den Umsetzungsvorschriften der Mitgliedstaaten nicht identisch sein.[1878] Die Richtlinie eröffnet den Mitgliedstaaten insoweit drei Möglichkeiten den Rückgriffsanspruch auszugestalten.[1879] Sie können einen direkten Rückgriffsanspruch des Letztverkäufers gegen dasjenige Glied in der Vertragskette vorsehen, das die Vertragswidrigkeit zu verantworten hat. Denkbar ist auch die Schaffung eines Regressanspruchs des Letztverkäufers nur gegen seinen Vertragspartner, unabhängig davon, ob dieser die Vertragswidrigkeit zu verantworten hat. Drittens wäre auch eine solche Bestimmung mit den Vorgaben der VerbrGK-RL zu vereinbaren, die eine innerhalb der Vertragskette stufenweise Regressregelung enthält.

Der Umfang des Regressanspruchs wird weder in Art. 4 VerbrGK-RL noch in Erwägungsgrund 9 VerbrGK-RL ausdrücklich geregelt bzw. eindeutig zur Disposition des nationalen Gesetzgebers gestellt.[1880] Grundsätzlich ist zwar nach Art. 4 Satz 2 die nähere Ausgestaltung des Regressanspruchs den Mitgliedstaaten überlassen. Die Vorschrift bestimmt nur, dass sich die Person des Haftenden sowie das entsprechende Vorgehen und die Modalitäten nach den innerstaatlichen Rechtsvorschriften richten. Ähnlich formuliert es Erwägungsgrund 9 Satz 4 VerbrGK-RL, wonach die einzelstaatlichen Vorschriften nur festlegen, gegen wen und wie der Verkäufer Regress nehmen kann.

Welche Anforderungen die Richtlinie an den Umfang des Regressanspruchs nach den Umsetzungsvorschriften der Mitgliedstaaten stellt, muss sich nach dem *effet utile* des Art. 4 VerbrGK-RL richten. Sinn und Zweck des Art. 4 VerbrGK-RL ist es, eine übermäßige Belastung des Letztverkäufers zu vermeiden, indem die Kosten der Vertragswidrigkeit dort angelastet werden, wo sie verursacht worden sind.[1881] Die übermäßige Belastung des Letztverkäufers wird in den Materialien des EU-Gesetzgebers[1882] auf die üblichen Haftungsausschlüsse zurückgeführt und nicht etwa darauf, dass die vertragliche Haftung des Letztverkäufers nicht ausreicht.[1883] Insbesondere bleibt nach Erwägungsgrund 9 der Grundsatz der Vertragsfreiheit im

---

1878 *Vorsmann*, Diss., S. 124.

1879 *Schwab*, JuS 2002, 6f.

1880 *Jud*, ZfRV 2001, 201 (211).

1881 *Brüggemeier*, JZ 2000, 529 (532).

1882 Vorschlag für eine Richtlinie des Europäischen Parlaments und des Rates über den Verbrauchsgüterkauf und –garantien [KOM (1995) 520endg.] (ABl. EG Nr. C 307 vom 16.10.1997, S. 8 (15)).

1883 *Jud*, ZfRV 2001, 201 (212).

Verhältnis zwischen dem Letztverkäufer und dem Hersteller, einem früheren Verkäufer oder einer anderen Zwischenperson unberührt.

Denkbar wäre, dass ein am Vertragsverhältnis zwischen Letztverkäufer und dem ihm gegenüber Haftenden ausgerichteter Regressanspruch ausreicht.[1884] Dies würde bedeuten, dass der Letztverkäufer bei Rücktritt des Verbrauchers in der Höhe des zwischen ihm und seinem Vertragspartner vereinbarten Kaufpreises Regress nehmen kann und zwar auch hinsichtlich der ihm im übrigen entstandenen Kosten wie etwa der Arbeits-, Lieferungs- und Materialkosten für den Fall der Nachlieferung. Ein etwaiger Gewinn bei der Veräußerung der Sache an den Verbraucher ginge verloren. Fraglich ist daher, ob die Richtlinie darauf abzielt, dem Letztverkäufer die Möglichkeit einzuräumen, seinen gesamten wirtschaftlichen Nachteil, den er durch die Veräußerung einer vertragswidrigen Sache erleidet, auf seinen Lieferanten, den Hersteller oder eine andere Zwischenperson abwälzen kann.[1885]

Nach einer Auffassung in der Literatur soll bereits der *effet utile* für eine gemeinschaftsrechtliche Verpflichtung zur Schaffung eines den entgangenen Gewinn umfassenden Regressanspruchs sprechen.[1886] Ein effektiver Rückgriffsanspruch sei nach dieser Auffassung nur dann gewährleistet, wenn der Letztverkäufer in vollem Umfang die ihm durch die Mangelhaftigkeit der Sache entstandenen Kosten ersetzt verlangen kann.[1887] Andernfalls würde durch den Verlust der Handelsspanne eine Regressfalle entstehen, die gerade durch Art. 4 VerbrGK-RL vermieden werden soll.[1888]

Gegen einen vollen Regressanspruch wird in der Literatur eingewendet, dass in diesem Fall die Anspruchshöhe letztlich davon abhinge, zu welchem Preis der Letztverkäufer die mangelhafte Sache an den Verbraucher verkauft hat.[1889] Hat nämlich, so die Vertreter dieser Auffassung, der Letztverkäufer die Sache teurer verkauft als erworben, so würde ein voller Regressanspruch den ihm durch die Minderung anteilig oder durch den Rücktritt vollständig entgangenen Gewinn erfassen.[1890]

Ob dieses Argument tatsächlich fruchtbar gemacht werden kann, erscheint äußerst zweifelhaft. Der entgangene Gewinn ist seiner Rechtsnatur nach ein

---

1884 *Schmidt-Räntsch*, ZIP 1998, 849 (859).

1885 *Roth*, in: *Grundmann/Medicus/Rolland* (Hrsg.), Europäisches Kaufgewährleistungsrecht, S. 113 (136); *ders.*, in: *Ernst/Zimmermann* (Hrsg.), Zivilrechtswissenschaft und Schuldrechtsreform, S. 225 (253); *von Westphalen*, DB 1999, 1553f.

1886 *Ernst/Gsell*, ZIP 2000, 1410 (1422); *dies.*, ZIP 2000, 1812 (1815); *dies.*, ZIP 2001, 1389 (1395); *Gsell*, JZ 2001, 65 (73); *Lehmann*, JZ 2000, 280 (289); *Schmidt-Kessel*, ÖJZ 2000, 668 (671).

1887 *Lehmann*, JZ 2000, 280 (289).

1888 *Ernst/Gsell*, ZIP 2000, 1410 (1422).

1889 *Jud*, ZfRV 2001, 201 (212).

1890 *Jud*, ZfRV 2001, 201 (212).

Schadensposten.[1891] Schadensersatzansprüche, die üblicherweise in den Mitgliedstaaten verschuldensabhängig ausgestaltet sind, werden gemäß Art. 8 Abs. 1 VerbrGK-RL gerade vom Anwendungsbereich der VerbrGK-RL nicht erfasst. Ein effektiver Regressanspruch erfordert nach der hier vertretenen Auffassung, dass der Gleichlauf der Ansprüche des Verbrauchers gegen den Letztverkäufer mit dessen Ansprüchen gegen seinen Lieferanten sichergestellt wird.[1892] Zu beachten ist, dass die Vertragsfreiheit in den Beziehungen zwischen dem Verkäufer, dem Hersteller, einem früheren Verkäufer oder einer anderen Zwischenperson von den Vorgaben der VerbrGK-RL gemäß Erwägungsgrund 9 Satz 2 VerbrGK-RL gerade nicht berührt wird.

Demnach muss der Umfang des Regressanspruchs davon abhängen, welche Rechte der Verbraucher gegenüber dem Letztverkäufer geltend gemacht hat. Tritt aber der Verbraucher vom Vertrag zurück oder verlangt er die Minderung des Kaufpreises, so hat er für den Fall, dass er die Sache an einen anderen Verbraucher veräußert hat, seinerseits ebenfalls nach der VerbrGK-RL keinen Anspruch auf Ersatz des entgangenen Gewinns gegen den Letztverkäufer. Der *effet utile* des Art. 4 VerbrGK-RL zielt darauf ab, die Kosten dort anzulasten, wo sie entstanden sind. Kosten sind solche Vermögensopfer, die der Letztverkäufer in Erfüllung seiner Pflichten aus dem Kaufvertrag mit dem Verbraucher aufwenden muss. Der entgangene Gewinn stellt aber wirtschaftlich gesehen keine Kosten dar, sondern einen Vermögensvorteil, der realisiert werden kann. Er muss daher nicht vom Regressanspruch des Letztverkäufers erfasst werden.

Bei der Frage, ob ein vollständiger Regressanspruch nach der VerbrGK-RL erforderlich ist, geht es nicht darum, ob der entgangene Gewinn im Rahmen des Regressanspruchs ersatzfähig sein muss. Es geht darum, eine Lösung für diejenigen Fälle zu finden, in denen der Letztverkäufer dem Verbraucher die Sache etwa im Schlussverkauf zu einem geringeren Kaufpreis als er selbst aufgewendet hat veräußert hat. Fraglich ist, ob eine Vorschrift, wonach der Regressanspruch des Letztverkäufers bei Rücktritt oder Minderung des Verbrauchers nur auf den gegenüber dem Verbraucher erzielten Kaufpreis beschränkt ist, richtlinienkonform ist. Die Ziele der VerbrGK-RL können nur erreicht werden, wenn die Haftung des Letztverkäufers mit derjenigen des gegenüber ihm Haftenden auch im Umfang synchronisiert wird.[1893] Andernfalls wäre der Letztverkäufer bei Vertragswidrigkeit

---

1891 Auch *Jud*, ZfRV 2001, 201 (212) spricht davon, dass der Letztverkäufer sich bei einem nach ihrem Verständnis umfassenden Regressanspruch „schadlos" halten kann.

1892 *Roth*, in: *Ernst/Zimmermann* (Hrsg.), Zivilrechtswissenschaft und Schuldrechtsreform, S. 225 (250).

1893 *Micklitz*, EuZW 1999, 485 (490); *Welser/Jud*, Zur Reform des Gewährleistungsrechts, S. 157; *Ernst/Gsell*, ZIP 2000, 1410 (1422) und ZIP 2000, 1812 (1815); *Lehmann*, JZ 2000, 280 (290); *Gsell*, JZ 2001, 65 (73); *Roth*, in: *Grundmann/Medicus/Rolland* (Hrsg.), Europäisches Kaufgewährleistungsrecht, S. 113 (120); *ders.*, in: *Ernst/Zimmermann* (Hrsg.), Zivilrechtswissenschaft und Schuldrechtsreform, S. 205 (211); *Brüggemeier*, JZ 2000, 529 (533).

der Sache mit dem Kostenrisiko belastet. Bei Vertragswidrigkeit der Sache soll aber gerade der Verursacher die Kosten tragen.

3. Verjährung

Teilweise wird in der Literatur die Auffassung vertreten, die Richtlinie erfordere nicht die Aufnahme einer über den Zeitraum von Zwei-Jahren hinausgehende Frist, etwa für die vollständige Dauer der Inanspruchnahme durch den Verbraucher.[1894] Diese Auffassung übersieht die rechtspolitische Motivation insbesondere den Verbraucherschutzaspekt der VerbrGK-RL. Aus den Erwägungsgründen der VerbrGK-RL geht hervor, dass die Richtlinie dem Zweck dient, durch die Schaffung von Mindeststandards für den Verbraucher einen Beitrag zur Errichtung und zum Funktionieren des Binnenmarktes zu leisten. Verbraucherschutzgesichtspunkte müssen zumindest immer dann durchgreifen, wenn sie im Dienste der Förderung des Binnenmarktes stehen. Wenn sie den Binnenmarkt hemmen könnten, muss hingegen immer erst geprüft werden, ob ihre Berücksichtigung verhältnismäßig ist. Überträgt man diese Überlegungen auf Art. 4 VerbrGK-RL, so folgt daraus, dass der Rückgriffsanspruch sich grundsätzlich an Verbraucherschutzgesichtspunkten orientieren muss, seine Grenzen sich aber dort findet, wo er zu einer unbilligen Belastung des Rückgriffsschuldners führt. So können etwa unkalkulierbare Risiken für den Rückgriffsschuldner dem Funktionieren des Binnenmarktes entgegenstehen, da sie zur Zurückhaltung zwingen, sich am Binnenmarkt zu beteiligen.[1895]

Richtig ist, dass eine kürzere Verjährungsfrist insbesondere im Rahmen von Rückgriffsansprüchen, die aufgrund von Gewährleistungsansprüchen des Verbrauchers bei verborgenen Mängeln geltend gemacht werden, oftmals schon vor Inanspruchnahme des Letztverkäufers durch den Verbraucher zu einem Haftungsausschluss zugunsten des Lieferanten führen würden.[1896]

Der Rückgriffsanspruch muss daher so ausgestaltet werden, dass er in den Grenzen eines sachgerechten Interessenausgleichs der am Binnenmarkt Beteiligten

---

1894 *Roth*, in: *Ernst/Zimmermann* (Hrsg.), Zivilrechtswissenschaft und Schuldrechtsreform, S. 225 (251), der jedoch zur Begründung darauf verweist, dass Art. 4 Satz 1 VerbrGK-RL nur dann einen Regressanspruch vorsieht, wenn die Vertragswidrigkeit auf das Verhalten eines Dritten zurückzuführen ist, wie etwa eine über zwei Jahre hinausgehende Verzögerung der Geltendmachung des Regressanspruchs, weil dieser die Ware lange im Regal hat stehen lassen, regelmäßig vom Letztverkäufer zu verantworten ist. Diese Begründung ist dogmatisch so nicht richtig, da der Anspruch des Verbrauchers sich durchaus auf eine Vertragswidrigkeit bezieht, die von einem Dritten verursacht wurde und nicht etwa auf die Verzögerung des Letztverkäufers. Nur diese Voraussetzung aber spricht Art. 4 VerbrGK-RL an.

1895 Im Ergebnis wohl auch *von Sachsen Gessaphe*, RIW 721 (732) und *Jud*, ÖJZ 2000, 661 (667), die jedoch keine Verbindung zum Richtlinienzweck herstellen, sondern allein die unbillige Belastung des Regressschuldners als Rechtsfertigung für eine Beschränkung des Rückgriffs sehen.

1896 *Magnus*, in: *Basedow/Meier/Schnyder/Einhorn/Girsberger* (Hrsg.), Private Law in the International Arena, S. 429 (435).

einen effektiven Rückgriff gewährleistet. Zu berücksichtigen ist zunächst, dass die Verminderung des Liquiditätsrisikos des Letztverkäufers nur dann dem Verbraucher zu Gute kommt, wenn im Zeitpunkt der Inanspruchnahme der Rückgriff gewährleistet ist. Die Schranken der zeitlichen Inanspruchnahme finden sich aber aus den genannten Gründen dort, wo das betriebwirtschaftliche Risiko des Regressgläubigers der Binnenmarktverwirklichung entgegensteht. Der *effet utile* erfordert nach der hier vertretenen Auffassung, dass die Frist für die Geltendmachung des Rückgriffsanspruchs so weit hinausgeschoben wird, dass im Zeitpunkt der Inanspruchnahme ein Rückgriff grundsätzlich möglich ist. Dies bedeutet nicht, dass ein insbesondere in zeitlicher Hinsicht schrankenloser Rückgriff des Letztverkäufers sicherzustellen ist. Der Letztverkäufer ist nach der VerbrGK-RL in zeitlicher Hinsicht nur ein dem Verbraucher entsprechender[1897] nicht ein darüber hinausgehender Schutz zuzugestehen.

II. Umsetzung in Deutschland

Vor Umsetzung der VerbrGK-RL konnte der Letztverkäufer seinen unmittelbaren Vertragspartner nur nach den §§ 459 ff. BGB a.F. in Anspruch nehmen, wobei die Rügeobliegenheit des § 377, 378 HGB zu beachten war.[1898] Er hatte danach die Möglichkeit, Wandlung, Minderung oder bei Gattungsschulden Ersatzlieferung zu verlangen, wenn er die Sache rechtzeitig untersucht und einen Mangel unverzüglich angezeigt hatte. Voraussetzung war, dass die Sache im Zeitpunkt des Gefahrenübergangs mangelhaft war, was regelmäßig der Letztverkäufer zu beweisen hatte. Durch die Möglichkeit, den Rückgriff individualvertraglich oder in Allgemeinen Geschäftsbedingungen zu modifizieren, bestand nach altem Recht regelmäßig die Gefahr einer Regressfalle.

Nach der bis zum 31. Dezember 2001 geltenden Rechtslage lief der Letztverkäufer darüber hinaus aber auch deswegen Gefahr in eine Regressfalle zu geraten, weil seine Gewährleistungsansprüche gegen seinen Vertragspartner hinsichtlich der Durchsetzbarkeit hinter den Rechten des Verbrauchers zurückblieben.[1899] So war dem Letztverkäufer der Rückgriff regelmäßig dann verwehrt, wenn die für seine Ansprüche gegenüber dem Lieferanten kurze Verjährungsfrist gemäß § 477 BGB a.F. von 6 Monaten abgelaufen war, bevor der Letztverkäufer vom Verbraucher in Anspruch genommen wurde.[1900] Der Letztverkäufer konnte die zur Mängelbeseitigung gegenüber dem Verbraucher gemachten Aufwendungen nicht ohne weiteres verlangen. Teilweise wurde angenommen, dass zwischen Letztverkäufer und dessen Vertragspartner insbesondere bei Vorliegen eines Vertragshändlervertrages ein Geschäftsbesorgungsverhältnis i.S.d. § 675 BGB besteht, mit der Folge, dass der Letztverkäufer alle zur Durchführung der Geschäftsbesorgung in Form der Weiterveräußerung einschließlich der Mängel-

---

1897 *Magnus*, in: *Basedow/Meier/Schnyder/Einhorn/Girsberger* (Hrsg.), Private Law in the International Arena, S. 429 (432); *Micklitz*, EuZW 1997, 229 (233).

1898 Vgl. zum Regress vor der Schuldrechtsreform *von Westphalen*, DB 1999, 2553f.

1899 *Ernst/Gsell*, ZIP 2001, 1393; *von Sachsen Gessaphe*, RIW 2001, 721 (727f.).

1900 *Ehmann/Rust*, JZ 1999, 853 (862); *Westermann*, JZ 2001, 530 (540).

beseitigung erforderlichen Aufwendungen gemäß § 670 BGB von seinem Vertragspartner ersetzt verlangen können sollte bzw. einen Freistellungsanspruch aus § 257 BGB hatte.[1901] Die Reparatur, Wartung und Arbeitsleistung des Letztverkäufers wurden regelmäßig als werkvertragstypische Leistung i.S.d. § 631 ff. BGB a.F. betrachtet, sodass dem Letztverkäufer nur ein Vergütungsanspruch aus § 632 BGB zur Seite stand, der sich nach der Parteivereinbarung richtet und daher keine umfassende Weiterbelastung des Lieferanten mit den Kosten der Mängelbeseitigung zulässt.[1902]

Ein effektiver Rückgriff i.S.d. Art. 4 VerbrGK-RL setzt voraus, dass es dem Letztverkäufer grundsätzlich möglich sein muss, das Haftungsrisiko auf den für die Vertragswidrigkeit Verantwortlichen umfassend zu übertragen. Hierzu zählt auch die Weiterbelastung mit den Kosten der Mängelbeseitigung, die nicht zu den ersatzfähigen Aufwendungen i.S.d. § 670 BGB zählen.[1903] Die Frage, wie Art. 4 VerbrGK-RL in Deutschland umgesetzt werden sollte, hat eine breit angelegte Diskussion provoziert.

Eine in der Literatur vertretene Auffassung hielt sogar einen Direktanspruch des Verbrauchers gegen den für den Sachmangel verantwortlichen Hersteller für vorzugswürdig.[1904] Zur Begründung wurde darauf verwiesen, dass im Ergebnis derjenige haften solle, der für den Fehler auch verantwortlich ist.[1905] Dies aber sei, angesichts der Vielzahl an Konstruktions- und Fabrikationsfehlern ebenso wie bei Fehlern nach § 434 Satz 2 BGB, wonach ein Sachmangel auch dann vorliegt, wenn die Kaufsache nicht mit den öffentlichen Äußerungen des Herstellers oder seines Vertreters übereinstimmen, regelmäßig der Hersteller.[1906]

Eine andere Ansicht in der Literatur sprach sich in Anlehnung an die französische *action directe*[1907] für die Aufnahme eines Direktanspruch des Letztverkäufers gegen den für den Sachmangel Verantwortlichen oder gegen den Hersteller aus.[1908] Dieser Auffassung ist zunächst auch der Gesetzgeber zum Teil gefolgt und hat damit seine ursprüngliche Auffassung, wonach die Streichung der Rügeobliegenheit in § 378 HGB a.F. zur Umsetzung des Art. 4 VerbrGK-RL ausreichend sein sollte[1909], aufgegeben.[1910] Während nämlich die Streichung der Rügeobliegenheit zwar eine Angleichung der Voraussetzungen der Rechtbehelfe

---

1901 Staudinger-*Martinek*, 13. Aufl., § 675 Rn. 15f.

1902 *von Westphalen*, DB 1999, 2553 (2555).

1903 A.A. *von Westphalen*, DB 1999, 2553 (2557), der eine Umsetzung von Art. 4 VerbrGK-RL nicht für erforderlich hält.

1904 *Lehmann*, JZ 2000, 280 (291).

1905 *Lehmann*, JZ 2000, 280 (290).

1906 *Lehmann*, JZ 2000, 280 (290).

1907 Vgl. *Schulz*, Die französische action directe, S. 42.

1908 *Lehmann*, JZ 2000, 280 (290); *Ehemann/Rust*, JZ 1999, 853 (863).

1909 Diskussionsentwurf eines SchuldRModG vom 4.8.2000, Online verfügbar unter http://www.lrz-muenchen.de/~Lorenz/schumod.

1910 Konsolidierte Fassung des Diskussionsentwurfs vom 6.3.2001; vgl. hierzu *Westermann*, JZ 2001, 530 (541).

des Letztverkäufers gegen seinen Lieferanten an die Voraussetzungen der Rechtbehelfe des Verbraucher gegen den Letztverkäufer bedeutet hätte, nicht aber auch eine Angleichung hinsichtlich der Durchsetzbarkeit der Rechtsbehelfe, sodass er nach wie vor der Gefahr einer Regressfalle[1911] ausgesetzt worden wäre[1912], hätte mit der Aufnahme eines Direktanspruchs ein effektiver Rückgriff gewährleistet werden können.[1913] In § 476 Abs. 2 Satz 2 der konsolidierten Fassung des Diskussionsentwurfs war daher noch ein Direktanspruch des Letztverkäufers vorgesehen.

Die Einführung einer derartigen Direkthaftung hätte im deutschen Recht zu erheblichen Unstimmigkeiten und Wertungswidersprüchen innerhalb des BGB geführt, da er letztlich ins Schuldrecht eine außervertragliche Haftung für Vermögensschäden eingeführt hätte. Aber auch wirtschaftspolitische Argumente sprachen gegen die Aufnahme eines Direktanspruchs. Hersteller oder verantwortliche Zwischenhändler wären durch die Aufnahme eines Direktanspruchs mit nur schwer kalkulierbaren Haftungsrisiken belastet worden, da sie keine Möglichkeit haben auf das Vertragsverhältnis zwischen Letztverkäufer und Verbraucher Einfluss zu nehmen.[1914]

Gleichzeitig hätte die Aufnahme eines Direktanspruchs im Widerspruch zum Grundsatz der Privatautonomie gestanden, der gemäß Erwägungsgrund 9 VerbrGK-RL gerade nicht von der VerbrGK-RL beeinträchtigt werden soll.[1915] Um eine Durchbrechung des schuldrechtlichen Relativitätsprinzips und des deliktsrechtlichen Tatbestandsprinzips zu vermeiden, hat der deutsche Gesetzgeber daher zu Recht von diesem Vorhaben wieder abgesehen.[1916] Auch der in der Literatur[1917] gemachte Vorschlag, Art. 4 VerbrGK-RL durch eine gesetzliche Ausfallhaftung als kaufvertragliche Begleitpflicht umzusetzen, konnte sich nicht durchsetzten, da ein rechtsgeschäftlicher Bindungswille der an der Vertragskette Beteiligten zugunsten des Letztverkäufers nicht mehr als eine dem deutschen Recht grundsätzlich fremde Fiktion gewesen wäre.[1918] Gleiches gilt für den Vorschlag, eine Gesamtschuldnerhaftung aller in der Vertragskette Beteiligten nach Verschuldensanteilen

---

1911 So wäre dem Letztverkäufer der Rückgriff regelmäßig dann verwehrt, wenn die Ansprüche des Letztverkäufers bereits verjährt sind, bevor der Verbraucher seine Ansprüche geltend macht oder wenn anderweitige Parteivereinbarungen über die Haftung des Lieferanten getroffen werden.

1912 *Ernst/Gsell*, ZIP 2001, 1393; *von Sachsen Gessaphe*, RIW 2001, 721 (727f).

1913 *Roth*, in *Ernst/Zimmermann* (Hrsg.), Zivilrechtswissenschaft und Schuldrechtsreform, S. 225 (253); *Ernst/Gsell*, ZIP 2000, 1410 (1421f); *Westermann*, in: *Schulze/Schulte-Nölke* (Hrsg.), Die Schuldrechtsreform vor dem Hintergrund des Gemeinschaftsrechts, S. 115 (138); *ders.*, in: *Grundmann/Medicus/Rolland* (Hrsg.), Europäisches Kaufgewährleistungsrecht, S. 250 (277); *Reinking*, DAR 2001, 8 (15); *Schmidt-Kessel*, ÖJZ 2000, 668 (672).

1914 *Von Sachsen Gessaphe*, RIW 2001, 721 (730).

1915 *Von Sachsen Gessaphe*, RIW 2001, 721 (730); Regierungsbegründung zum SchuldRModG, BT-Drucks. 14/6040, S. 247.

1916 *Von Sachsen Gessaphe*, RIW 2001, 721 (730).

1917 *Brüggemeier*, JZ 2000, 529 (533).

1918 *Ernst/Gsell*, ZIP 2000, 1410 (1424).

entsprechend §§ 426, 254 BGB zu konstruieren.[1919] Nicht zuletzt wäre eine derartige Vorschrift unter Praktikabilitätsgesichtspunkten wohl kaum durchsetzbar gewesen.[1920] Der deutsche Gesetzgeber hat sich daher letztlich für einen Rückgriff entlang der Vertragskette entschieden.[1921]

1. Systematik

Der Regelungsinhalt des § 478 Abs. 1 BGB beschränkt sich darauf, gewisse Erleichterungen zugunsten des vom Verbraucher in Anspruch genommenen Letztverkäufers bei der Geltendmachung seiner Rechte gegenüber dem Lieferanten vorzusehen.[1922] Danach kann der Letztverkäufer die ihm aus § 437 BGB zustehenden Rechte gegenüber seinem Lieferanten ohne die sonst erforderliche Fristsetzung gemäß § 323 BGB gelten machen, wenn er eine an den Verbraucher verkaufte neu hergestellte Sache infolge eines Mangels von dem Verbraucher zurücknehmen musste oder der Verbraucher Minderung verlangte.[1923] § 478 Abs. 1 BGB stellt selbst keine Anspruchsgrundlage dar, sondern enthält nur eine Modifikation der Rechtsbehelfe des Regressgläubigers gegen seine Vertragspartner aus § 433 Abs. 1 Satz 2 i.V.m. § 437 BGB für den Fall, dass der Verbraucher den Kaufpreis mindert oder die mangelhafte Sache vom Verbraucher zurückerhält.[1924] Der Regressanspruch ergibt sich für den Fall, dass der Verbraucher die Sache zurückgibt oder den Kaufpreis mindert aus den allgemeinen kaufrechtlichen Gewährleistungsregelungen des § 437 BGB modifiziert durch § 478 Abs. 1 BGB.

Nach dem eindeutigem Wortlaut des § 478 Abs. 1 BGB werden nur die Rechte aus § 437 BGB von der Modifikationswirkung erfasst, andere, etwa vertraglich vereinbarte, bereicherungsrechtliche oder deliktsrechtliche Ansprüche hingegen nicht. Der von § 478 Abs. 1 BGB erfasste Regressanspruch kann somit in Form eines Nacherfüllungsanspruchs gemäß § 437 Nr. 1 i.V.m. § 439 BGB, eines Rücktrittsrechts nach § 437 Nr. 2 i.V.m. §§ 440, 323 und 326 Abs. 5 BGB, einem Recht zur Minderung nach § 437 Nr. 2 i.V.m. § 441 BGB oder nach § 437 Nr. 3 i.V.m. §§ 440, 280, 281, 283 und 311 a bzw. i.V.m. § 284 BGB in Form eines Schadens- oder Aufwendungsersatzanspruchs bestehen, wobei die jeweiligen Voraussetzungen abgesehen von einem etwaigen Fristsetzungserfordernis vollständig vorliegen und auch durchsetzbar sein müssen.[1925]

1919 *Ehmann/Rust*, JZ 853 (863).

1920 Der deutsche Gesetzgeber hat diese Problematik gesehen und dem vom Letztverkäufer in Anspruch genommenem Lieferanten seinerseits einen Anspruch in § 478 Abs. 5 BGB eingeräumt.

1921 Regierungsbegründung zum SchuldRModG, BT-Drucks. 14/6040, S. 247; *Schubel*, JZ 2001, 1113 (1118); *Ernst/Gsell*, ZIP 2001, 1389 (1394).

1922 Regierungsbegründung zum SchuldRModG, BT-Drucks. 14/6040, S. 247.

1923 Palandt-*Putzo*, 64. Aufl., § 478 Rn. 7; MüKo-*Lorenz*, 4. Aufl, BGB § 478 Rn. 4.

1924 Regierungsbegründung zum SchuldRModG, BT-Drucks. 14/6040, S. 248.

1925 Palandt-*Putzo*, 64. Aufl., § 478 Rn. 12; MüKo-*Lorenz*, 4. Aufl, BGB § 478 Rn. 23; Staudinger-*Matusche/Beckmann*, Neubearb., § 478 Rn. 7.

Daneben steht dem Regressgläubiger für den Fall, dass der Verbraucher Nacherfüllung verlangt, gemäß § 478 Abs. 2 BGB ein eigenständiger von den Voraussetzungen der Mängelgewährleistungsrechte des Verbrauchers unabhängiger Aufwendungsersatzanspruch beim Verkauf einer neu hergestellten Sache zu.[1926] Die Vorschrift regelt selbst die Voraussetzungen und Rechtsfolge eines Aufwendungsersatzanspruchs des Letztverkäufers gegen seinen Lieferanten. Im Unterschied zu § 478 Abs. 1 BGB sieht Abs. 2 der Vorschrift damit eine eigene Anspruchsgrundlage vor.[1927] Die verschuldensabhängigen Schadensersatzansprüche aus §§ 437 Nr. 3 i.V.m. 280 ff. BGB bleiben bestehen.[1928] Durch § 478 Abs. 3 BGB wird die an sich nur den Verbraucher begünstigende Beweisregel des § 476 BGB zugunsten des Letztverkäufers in den Fällen des § 478 Abs. 1 und 2 BGB auf das Verhältnis zu seinem Lieferanten erstreckt. § 478 Abs. 4 BGB sieht eine Beschränkung der Privatautonomie hinsichtlich solcher Vereinbarungen vor, die von den Regelungen in Abs. 1 und 2 abweichen. Gemäß § 478 BGB hat der Verkäufer einen Anspruch gegen seinen Lieferanten. Er hat keinen Anspruch gegen den Verantwortlichen oder den Hersteller der Sache. Es bleibt bei der Relativität der Schuldverhältnisse gemäß § 241 BGB. Dadurch wird der Grundsatz der Privatautonomie gewahrt.[1929]

§ 478 Abs. 5 BGB verlängert die Regelungen des Abs. 1 und 2 auf das Verhältnis des vom Letztverkäufer in Anspruch genommenen Lieferanten gegenüber dessen Lieferanten. Regressschuldner gemäß § 478 Abs. 1 BGB ist jeweils der Lieferant des Regressgläubigers. Nach der in § 478 Abs. 1 BGB enthaltenen

---

1926 Nach altem Recht bestand ein Aufwendungsersatzanspruch nur dann, wenn zwischen dem Letztverkäufer und seinem Vertragspartner ein Vertragshändlervertrag und damit ein Geschäftsbesorgungsvertrag i.S.d. § 675 BGB bestand, der die Anwendbarkeit des § 670 BGB auslöst, wonach der Beauftragte Ersatz der zur Durchführung des Vertrages erforderlichen Aufwendungen verlangen kann. Bezog der Letztverkäufer hingegen die Ware etwa von einem Großhändler, so stand ihm kein verschuldensunabhängiger Anspruch auf Ersatz der Aufwendungen zu, sondern nur verschuldensabhängige Schadensersatzansprüche zur Seite. Art. 4 Satz 1 VerbrGK-RL geht aber davon aus, dass der Letztverkäufer die ihm aus der Geltendmachung der Rechte des Verbrauchers resultierenden wirtschaftlichen Nachteile auf den Hersteller, einen früheren Verkäufer innerhalb der Vertragskette oder eine andere Zwischenperson abwälzen kann, weswegen die Schaffung des § 478 Abs. 2 BGB auch erforderlich war. Vgl. *Roth*, in *Ernst/Zimmermann* (Hrsg.), Zivilrechtswissenschaft und Schuldrechtsreform, S. 225 (253); *Ernst/Gsell*, ZIP 2000, 1410 (1421f); *Westermann*, in: *Schulze/Schulte-Nölke* (Hrsg.), Die Schuldrechtsreform vor dem Hintergrund des Gemeinschaftsrechts, S. 115, 138; *ders.*, in: *Grundmann/Medicus/Rolland* (Hrsg.), Europäisches Kaufgewährleistungsrecht, S. 250 (277); *Reinking*, DAR 2001, 8 (15); *Schmidt-Kessel*, ÖJZ 2000, 668 (672) a.A. *von Westphalen*, DB 1999, 2553 (2557), der insoweit die Instrumentarien der werkvertraglichen Geschäftsbesorgungstätigkeit i.S.d. §§ 675, 631 ff BGB a.F. für ausreichend hält.

1927 Regierungsbegründung zum SchuldRModG, BT-Drucks. 14/6040, S. 249.

1928 Zu Ansprüchen aus Geschäftsbesorgung bei Vorliegen einer Herstellergarantie oder eines Vertragshändlervertrages vgl. Regierungsbegründung zum SchuldRModG, BT-Drucks. 14/6040, S. 248; *von Westphalen*, DB 1999, 2553 (2555).

1929 *von Sachsen Gessaphe*, RIW 2001, 721 (730).

Legaldefinition für den Begriff des Lieferanten handelt es sich hierbei regelmäßig um den Verkäufer, der Vertragspartner des Regressschuldners ist, sodass sich die Definition des Lieferanten mit der Definition für den „Verkäufer" gemäß Art. 1 Abs. 2 c) VerbrGK-RL überschneidet. Durch § 478 Abs. 5 BGB wird letztlich bewirkt, dass im Ergebnis derjenige für die Mangelhaftigkeit der Sache haftet, dem sie zuzurechnen ist. § 478 Abs. 6 BGB bestimmt, dass die Bestimmung des § 377 HGB über die Rügeobliegenheit des Käufers unberührt bleibt. Zur Vermeidung von Regressfallen war es erforderlich einen Gleichlauf der Verjährungsfristen im Verhältnis Verbraucher-Letztverkäufer mit denen im Verhältnis Letztverkäufer zu seinem Lieferanten herzustellen. Hierzu hat der deutsche Gesetzgeber die Vorschrift des § 479 BGB geschaffen. § 479 Abs. 1 BGB regelt die sonst nicht geregelte Verjährung des Aufwendungsersatzanspruchs. § 479 Abs. 2 BGB passt durch eine Modifikation des § 438 BGB die Verjährung von Rückgriffsansprüchen der besonderen Situation des Regresses an.[1930]

a) Beweislastumkehr

Zeigt sich ein Mangel innerhalb der ersten sechs Monate ab Übergang der Gefahr auf den Verbraucher, so wird gemäß § 478 Abs. 3 i.V.m. § 476 BGB vermutet, dass die Sache bereits bei Gefahrenübergang mangelhaft war, sofern diese Vermutung mit der Art der Sache oder des Mangels zu vereinbaren ist. Diese Regelung ist in der Literatur auf erhebliche Kritik gestoßen. Es wurde darauf hingewiesen, dass die Anwendbarkeit des § 476 BGB einen Wertungswiderspruch innerhalb des BGB herbeiführe und aus diesem Grunde nicht zu rechtfertigen sei.[1931] Nach der Gesetzesbegründung[1932] sei die Anwendbarkeit der Vorschrift des § 476 BGB gerade wegen seines spezifischen verbraucherschützenden Charakters auf Verbrauchsgüterkaufverträge beschränkt.[1933] Zu berücksichtigen ist, dass der Unternehmer, der eine Sache zum Zwecke des Weiterverkaufs erwirbt, diese wohl regelmäßig nicht benutzen wird, sodass der Mangel mit aller Wahrscheinlichkeit erst dann zu Tage treten wird, wenn der Verbraucher die Sache nutzt. Der Letztverkäufer ist daher ebenso schutzwürdig wie der Verbraucher.

Dem Schutz des Rückgriffsschuldner hingegen genügt es, wenn seine Haftung sich im übrigen am Verhältnis zu seinem Gläubiger orientiert, da mit der Rügeobliegenheit des § 377 HGB, der wegen § 478 Abs. 6 BGB grundsätzlich auch dann anwendbar ist, wenn am Ende der Vertragskette ein Verbraucher steht, ein eigener Schutzmechanismus zugunsten des Rückgriffsschuldners besteht. Auch die Befürworter der Anwendbarkeit des § 476 BGB auf den Rückgriffsanspruch wollten die Regelung des § 478 Abs. 3 BGB nicht ohne weiteres gelten lassen, da der Fristbeginn in § 476 BGB bei Rückgriffsansprüchen erst mit dem Übergang der Gefahr auf den Verbraucher in dessen Verhältnis zum Letztverkäufer beginnt,

---

[1930] Anwaltskommentar-*Büdenbender*, § 479 Rn. 1.
[1931] *Jud*, ZfRV 2001, 201 (208).
[1932] Regierungsbegründung zum SchuldRModG, BT-Drucks. 14/6040, S. 245.
[1933] *Jud*, ZfRV 2001, 201 (208).

sodass für die Beweislastverteilung im Verhältnis zwischen dem Letztverkäufer und seinem Lieferanten letztlich eine Drittbeziehung maßgeblich ist: das Verhältnis zwischen Verbraucher und Letztverkäufer.[1934]

Die Modifikation des § 476 BGB hätte – nach dieser Auffassung - zur Folge, dass das Beweisrisiko des Rückgriffsgläubigers in der Hand des Letztverkäufers liegt, da nur dieser regelmäßig den Zeitpunkt des Weiterverkaufs steuern kann.[1935] Im Ergebnis könnte dadurch dem Regressschuldner ein erhöhter Rückstellungsbedarf entsteht, da er wegen § 478 Abs. 3 BGB eine durch einen ungewöhnlich verzögerten Weiterverkauf bedingte Verschlechterungsgefahr zu tragen habe.[1936] Nicht zuletzt würde § 478 Abs. 3 BGB aber auch deswegen zu einer ungerechtfertigten Belastung des Rückgriffsschuldners führen, weil dem Regressgläubiger danach auch dann die Beweislastumkehr zu Gute kommt, wenn er Schadensersatz nach § 437 Nr. 3 BGB verlangt, der regelmäßig den entgangenen Gewinn mitumfasst.[1937]

Diese Auffassung übersieht, dass der *effet utile* des Art. 4 Satz 1 VerbrGK-RL die Berücksichtigung der Beweislastumkehr auch für den Regressanspruch erfordert.[1938] Erst durch die Modifikation in § 478 Abs. 3 BGB hinsichtlich des Gefahrenübergangs wird über eine rein formale Synchronisierung der Rechte des Regressgläubigers mit denen des Verbrauchers gegenüber dem Letztverkäufer hinaus auch im wirtschaftlichen Ergebnis ein umfassender Gleichlauf der Rückgriffsrechte mit den Rechten des Verbrauchers sichergestellt.[1939]

Es ist aber bereits äußerst zweifelhaft, ob der Regressgläubiger tatsächlich den Zeitpunkt des Weiterverkaufs steuern kann.[1940] Nach der Gesetzesbegründung zum SchuldRModG soll § 478 BGB verhindern, dass der Letztverkäufer allein die Nachteile eines verbesserten Verbraucherschutzes zu tragen hat, wenn der Grund für seine Haftung nicht in seinen Bereich fällt.[1941] Eine Verbesserung der Position des Rückgriffsgläubigers ist daher durchaus gerechtfertigt. Ziel des § 478 Abs. 3 BGB ist es, auch dann noch einen effektiven Rückgriffsanspruch zu gewährleisten, wenn nicht sicher ist, wann die Sache mangelhaft war.[1942] Dies kann nur dann erreicht werden, wenn der Letztverkäufer nicht nur dieselben Rechte wie der

---

[1934] *Ernst/Gsell*, ZIP 2001, 1389 (1398); Anwaltskommentar-*Büdenbender*, § 478 Rn. 40.

[1935] *Westermann*, NJW 2002, 241 (252).

[1936] *Ernst/Gsell*, ZIP 2001, 1389 (1398).

[1937] *Ernst/Gsell*, ZIP 2001, 1389 (1398).

[1938] *Roth*, in: *Ernst/Zimmermann* (Hrsg.), Zivilrechtswissenschaft und Schuldrechtsreform, S. 225 (254).

[1939] *Westermann*, NJW 2002, 241 (252).

[1940] *Westermann*, NJW 2002, 241 (252).

[1941] Regierungsbegründung zum SchuldRModG, BT-Drucks. 14/6040, S. 247.

[1942] Regierungsbegründung zum SchuldRModG, BT-Drucks. 14/6040, S. 249.

Verbraucher erhält, sondern auch in der Durchsetzbarkeit seiner Rechte dem Verbraucher gleichgestellt wird.[1943]

b) Halbzwingende Ausgestaltung

Gemäß § 478 Abs. 4 Satz 1 BGB kann sich der Regressschuldner nicht auf eine zum Nachteil des Rückgriffsgläubigers von seinen Rechten abweichende Vereinbarung berufen, wenn diesem kein gleichwertiger Ausgleich eingeräumt wurde.[1944] Fehlt es an einem gleichwertigen Ausgleich, so soll gemäß § 478 Abs. 4 Satz 4 BGB trotz Vereinbarung oder anderweitige Gestaltungen das dispositive Recht zur Anwendung gelangen.[1945] Die Vorschrift des § 478 Abs. 4 BGB findet auf alle Rechte des Rückgriffsgläubigers aus §§ 433 bis 435, 437, 439 bis 443 BGB aus § 478 Abs. 1 bis 3 BGB und § 479 BGB Anwendung. Ausweislich des § 478 Abs. 4 Satz 2 BGB gilt Satz 1 unbeschadet des § 307 nicht für den Ausschluss oder die Beschränkung des Anspruchs auf Schadensersatz. Grundsätzlich gehören zu den Ansprüchen des Rückgriffsgläubiger auch solche auf Schadensersatz gemäß § 478 Abs. 1 i.V.m. § 437 Nr. 3 BGB. Nur von dieser Regelung kann abgewichen werden, ohne dass dem Rückgriffsgläubiger ein gleichwertiger Ausgleich eingeräumt werden muss.[1946]

Gleichzeitig zeigt Satz 2, dass sich die Vorschrift als Ergänzung zu § 307 BGB versteht.[1947] Daraus ergibt sich zunächst, dass abweichende Vereinbarungen grundsätzlich auch in Allgemeinen Geschäftsbedingungen möglich sind.[1948] § 478 Abs. 4 BGB wirkt in gewisser Weise wie ein zusätzliches Klauselverbot mit Wertungsmöglichkeit, der den Schutz des Vertragspartners erweitert.[1949] Auch dann, wenn eine von § 437 BGB abweichende Vertragsklausel den Letztverkäufer nicht unangemessen i.S.d. § 307 Abs. 1 BGB benachteiligt, ist sie unwirksam, wenn kein gleichwertiger Ausgleich gewährt wird. Man kann insoweit von einer „halbzwingenden“ Ausgestaltung der Rückgriffsrechte sprechen.[1950] Im Ergebnis

---

1943 Regierungsbegründung zum SchuldRModG, BT-Drucks. 14/6040, S. 248; *Roth*, in: *Ernst/Zimmermann* (Hrsg.), Zivilrechtswissenschaft und Schuldrechtsreform, S. 225 (254). A.A. *Jud*, ZfRV 2001, 201 (208); *Ernst/Gsell*, ZIP 2001, 1389 (1398).

1944 Da nur Ansprüche zwischen Unternehmern geregelt werden, wurde davon abgesehen die Rückgriffsansprüche in vollem Umfang zwingend auszugestalten. Vgl. Regierungsbegründung zum SchuldRModG, BT-Drucks. 14/6040, S. 249.

1945 Palandt-*Putzo*, 64. Aufl., § 478 Rn. 17.

1946 Dies ist sachgerecht. Zum einen erfasst auch die Richtlinie keine Schadensersatzansprüche, sodass der nationale Gesetzgeber nicht an EU-rechtliche Vorgaben gebunden ist. Zum anderen setzen Schadensersatzansprüche gemäß § 280 Abs. 1 Satz 2 BGB ein Vertretenmüssen des Rückgriffsschuldner voraus. Was aber der Schuldner zu vertreten hat, richtet sich gemäß § 276 BGB nach der Parteivereinbarung. Wenn aber diesbezüglich der Grundsatz der Privatautonomie im vollem Umfang gilt, so würde ihre Einschränkung über den Umweg des § 478 Abs. 4 Satz 1 BGB zu erheblichen Wertungswidersprüchen führen.

1947 Vgl. Regierungsbegründung zum SchuldRModG, BT-Drucks. 14/6040, S. 249.

1948 *Schubel*, JZ 2001, 1113 (1118).

1949 *Schubel*, JZ 2001, 1113 (1118).

1950 so *von Sachsen Gessaphe*, RIW 2001, 721 (733).

wird mit § 478 Abs. 4 BGB somit entgegen dem ersten Eindruck eine weit gehende, selbst individualvertragliche Unabdingbarkeit der Rückgriffsregelung angeordnet.[1951] Diese Einschränkung gilt nur für den Zeitraum vor Mitteilung des Mangels an den Rückgriffsschuldner. Hat der Rückgriffsgläubiger seinem Vertragspartner den Mangel mitgeteilt, so sind danach auch Vereinbarungen zu seinen Lasten zulässig, die keinen gleichwertigen Ausgleich beinhalten.

Mit § 478 Abs. 4 BGB ist der deutsche Gesetzgeber weit über die Vorgaben der VerbrGK-RL hinausgegangen.[1952] Aus der Entstehungsgeschichte des Art. 4 VerbrGK-RL ergibt sich sogar, dass der EU-Gesetzgeber bewusst von der zwingenden Ausgestaltung des Rückgriffsrechts abgesehen hat.[1953] In der Literatur sind daher erhebliche Zweifel an der Rechtfertigung eines so weit reichenden Eingriffs in die Privatautonomie von Unternehmern geäußerten worden.[1954] Ein Verstoß gegen das Gebot effizienter Richtlinienumsetzung stellt § 478 Abs. 4 BGB wegen Art. 8 Abs. 1 VerbrGK-RL nicht dar.[1955] Denkbar ist, dass die Vorschrift dem vordringlichen Zweck der VerbrGK-RL, einer Angleichung der nationalen Rechtsvorschriften, entgegensteht. Lässt sich nämlich kein die zwingende Ausgestaltung der Regressansprüche rechtfertigender Grund finden, so wird Deutschland mit dieser Regelung wohl allein stehen. In der Literatur wird sogar eingewendet, durch eine solche Regelung werde ein gesetzliches Leitbild geschaffen, welches keinen Ausgleich zwischen den Interessen der Vertragsparteien vorsehe und darüber hinaus einer Korrektur dieses Ungleichgewichts durch Parteivereinbarung selbst im Wege stehe.[1956]

Richtig ist zunächst, dass sich beim Unternehmerregress in der Theorie auf beiden Seiten zwei geschäftskundige Kontrahenten gegenüberstehen, sodass es an sich keiner zwingenden Ausgestaltung der Haftung bedarf.[1957] Berücksichtigt man, dass in der Praxis, insbesondere dann, wenn ein Einzelhändler einen Großhändler in Regress nehmen will, typischerweise gerade ein enormes Ungleichgewicht zwischen Regressgläubiger und Regressschuldner besteht, so entfällt dieses Argument.[1958] Hier helfen zwar bereits die §§ 307 BGB und § 138 BGB.[1959] Die Kritiker des § 478 Abs. 4 BGB übersehen, dass der Gesetzgeber durch die Synchronisierung der Regelung mit der im Verhältnis von Unternehmer und Verbraucher geltenden Regelung des § 475 BGB erreichen will, dass jedem Unternehmer gegenüber seinem Lieferanten potenziell dieselben Rechte zustehen, die dem Verbraucher im Verhältnis zum Unternehmer zustehen.[1960]

1951 *Ernst/Gsell*, ZIP 2001, 1389 (1401).
1952 *Ernst/Gsell*, ZIP 2001, 1389 (1401).
1953 *von Sachsen Gessaphe*, RIW 2001, 721 (727).
1954 *Ernst/Gsell*, ZIP 2001, 1389 (1401); *von Sachsen Gessaphe*, RIW 2001, 721 (733).
1955 So aber *von Sachsen Gessaphe*, RIW 2001, 721 (733); a.A. *Micklitz*, EuZW 1999, 485 (487).
1956 *Ernst/Gsell*, ZIP 2001, 1389 (1401).
1957 *Lorenz/Riehm*, Lehrbuch zum neuen Schuldrecht, 8. Kapitel Rn. 596 (S. 326).
1958 Regierungsbegründung zum SchuldRModG, BT-Drucks. 14/6040, S. 249.
1959 *Ernst/Gsell*, ZIP 2001, 1389 (1401); *von Sachsen Gessaphe*, RIW 2001, 721 (733).
1960 Beschlussempfehlung des Rechtsausschusses, BT-Drucks. 14/7052, S. 199.

Dabei hat der Gesetzgeber nicht übersehen, dass dem Unternehmer entsprechend Erwägungsgrund 9 VerbrGK-RL aufgrund seiner gegenüber dem Verbraucher größeren Sachkunde ein gewisser Spielraum eingeräumt werden soll. Er sieht keine umfassende Unabdingbarkeit der Rückgriffsansprüche vor, sondern beschränkt sich durch das Erfordernis eines „gleichwertigen Ausgleichs" darauf, den Unternehmer im wirtschaftlichen Ergebnis dem Verbraucher gleichzustellen.[1961] Die Aufnahme eines Direktanspruchs des Letztverkäufers gegen die für die Mangelhaftigkeit verantwortliche Person in der Vertragskette scheiterte an systematischen Bedenken und nicht etwa daran, dass eine übermäßige Belastung des Herstellers zu befürchten war. Ein solcher Direktanspruch aber wäre *per se* zwingend gewesen, da er insoweit eine außervertragliche Haftung begründet hätte.

Es ist nur sachgerecht, dass der deutsche Gesetzgeber, der sich für einen Rückgriff entlang der Vertragskette entschieden hat, diese Ansprüche ebenfalls zwingend ausgestaltet. Letztendlich wird auch nur so eine Rechtsangleichung mit denjenigen Mitgliedstaaten zu bewerkstelligen sein, die einen Direktanspruch des Herstellers bereits jetzt schon in ihren nationalen Rechtsvorschriften vorsehen. Von der Literatur wird darauf hingewiesen, dass auch in den Fällen, in denen nur möglicherweise am Ende der Vertragskette ein Verbraucher steht, die vertragsschließenden Unternehmer regelmäßig gezwungen sind, die Vorschrift des § 478 Abs. 4 BGB zu berücksichtigen, sodass § 478 Abs. 4 BGB aus diesem Grunde nicht zu überzeugen vermag.[1962] Die Rechtsfolge einer nach § 478 Abs. 4 BGB unzulässigen Vereinbarung ist gerade nicht ihre Unwirksamkeit. Dies entspricht der Ausgestaltung der §§ 444 und 475 Abs. 1 BGB und bedeutet im Ergebnis nichts anders als eine partielle Unwirksamkeitsregelung, die sicherstellen soll, dass der Vertrag im Übrigen entgegen § 139 BGB wirksam bleibt.[1963] § 478 Abs. 4 BGB berührt nicht die Vertragsfreiheit außerhalb des Bereiches des Verbrauchsgüterkaufes.

Wann ein gleichwertiger Ausgleich i.S.d. § 478 Abs. 4 BGB vorliegt, lässt sich dem Wortlaut der Vorschrift nicht entnehmen.[1964] Teilweise wird in der Literatur angenommen, dass eine Regelung etwa, die den Rückgriffsgläubiger vorrangig auf die Nacherfüllung verweist oder die Beweislastumkehr auf diejenigen Fälle beschränkt, in denen die Sache innerhalb von sechs Monaten ab Vertragsschluss weiterveräußert wurde oder eine Verkürzung der Verjährungsfristen vorsehen, nicht mit § 478 Abs. 4 BGB zu vereinbaren sei, weswegen nur schwerlich ein Ausgleich für eine Vereinbarung gefunden werden könne, der nicht selbst mit dem „Makel der Unausgewogenheit"[1965] behaftet wäre.[1966] Ein dergestalt

---

1961 *Lorenz/Riehm*, Lehrbuch zum neuen Schuldrecht, 8. Kapitel Rn. 596 (S. 326).

1962 *Ernst/Gsell*, ZIP 2001, 1389 (1402).

1963 Anwaltskommentar-*Büdenbender*, § 478 Rn. 43.

1964 *Jud*, ZfRV 2001, 201 (217); *Westermann*, JZ 2001, 530 (541); *von Sachsen Gessaphe*, RIW 2001, 721 (733).

1965 *Ernst/Gsell*, ZIP 2001, 1389 (1401).

1966 *Ernst/Gsell*, ZIP 2001, 1389 (1401); Palandt-*Putzo*, 64. Aufl., § 478 Rn. 16; ; MüKo-*Lorenz*, 4. Aufl, BGB § 478 Rn. 44.

allgemeines Verbot für Vereinbarungen über die Beweislast oder Verjährung kann § 478 Abs. 4 BGB nicht entnommen werden. Dies ergibt sich eindeutig aus der Gesetzesbegründung, wonach eine Verkürzung der Verjährungsfrist grundsätzlich zulässig sein soll.[1967]

Um der Vielgestaltigkeit der Vertragsbeziehungen Rechnung zu tragen, wollte der Gesetzgeber gerade keine ins Detail gehenden Vorgaben machen.[1968] Nach der Gesetzesbegründung ist es daher auch nicht erforderlich, dass einzelne Ansprüche geschaffen werden, die einen angemessenen Ausgleich für diejenige Regelung schaffen, von der abgewichen wird Pauschale Ausgleichsregelungen sind ausreichend.[1969] Ein gleichwertiger Ausgleich soll zum Beispiel etwa dann vorliegen, wenn zwischen den Vertragsparteien pauschale Abrechnungssysteme vereinbart werden, in denen zwar Einzelansprüche des Rückgriffsgläubigers aus § 478 Abs. 2 BGB ausgeschlossen werden, die aber insgesamt auch den berechtigten Interessen des Handels Rechnung tragen.[1970] Daraus ergibt sich, dass nicht etwa für jede Einzelne von der gesetzlichen Regelung abweichende Vereinbarung ein Ausgleich geschaffen werden muss, sondern für alle Abweichungen insgesamt.[1971]

Hierfür spricht bereits das Ziel des § 478 BGB, wonach verhindert werden soll, dass der Rückgriffsgläubiger die Kosten eines verbesserten Verbraucherschutzes trägt, obwohl der Mangel der Kaufsache nicht in seinem Bereich entstanden ist. Vereinbarungen zur Gestaltung der Rückgriffsrechte sollten daher grundsätzlich ausgeschlossen werden.[1972] Dem Rückgriffgläubiger muss nur in wirtschaftlicher Hinsicht ein gleichwertiger Ausgleich eingeräumt werden. Dieser kann etwa durch Preisermäßigungen im Rahmen einer pauschalen Abrechnung, weit reichende Stundungen des Kaufpreises oder durch naturale oder prozentuale Rabatte erfolgen.[1973] Denkbar sind insoweit auch allgemeine Rabattgewährungen gegen Verzicht auf Regressnahme oder pauschale Ersatzleistungen, die ohne Rücksicht auf den jeweils im Einzelfall vorliegenden Mangel gewährt werden.[1974] Maßstab für die Angemessenheit des Ausgleichs bildet das dispositive Recht, welches ohne die abweichende Vereinbarung gelten würde.[1975]

Bei der Prüfung, ob eine von den gesetzlichen Regelungen abweichende Vereinbarung nach § 478 Abs. 4 BGB zulässig ist, muss daher die wirtschaftliche Situation des Rückgriffsgläubiger nach Anwendung des dispositiven Rechts mit derjenigen verglichen werden, die bei Anwendung der abweichenden Vereinbarung

---

1967 Regierungsbegründung zum SchuldRModG, BT-Drucks. 14/6040, S. 249.

1968 Regierungsbegründung zum SchuldRModG, BT-Drucks. 14/6040, S. 249.

1969 *Haas*, BB 2001, 1313 (1320).

1970 Regierungsbegründung zum SchuldRModG, BT-Drucks. 14/6040, S. 249.

1971 *Schubel*, JZ 2001, 1113 (1118).

1972 Regierungsbegründung zum SchuldRModG, BT-Drucks. 14/6040, S. 247.

1973 Palandt-*Putzo*, 64. Aufl., § 478 Rn. 17; MüKo-*Lorenz*, 4. Aufl, BGB § 478 Rn. 43; Staudinger-*Matusche/Beckmann*, Neubearb., § 478 Rn. 114, 115.

1974 *Matthes*, NJW 2002, 2505 (2507)

1975 Palandt-*Putzo*, 64. Aufl., § 478 Rn. 17; MüKo-*Lorenz*, 4. Aufl, BGB § 478 Rn. 43; Staudinger-*Matusche/Beckmann*, Neubearb., § 478 Rn. 114, 115.

besteht. Ein gleichwertiger Ausgleich ist nur dann gegeben, wenn der durch eine abweichende Vereinbarung bedingte Rechtsverlust im Sinne einer kommerziellen Äquivalenz in Geld aufgewogen worden ist.[1976] Bei pauschalen Abrechnungssystemen ist einzuräumen, dass die Prüfung der Angemessenheit allein auf breiter Erfahrungsbasis ermittelbar und daher regelmäßig nur bei Massengeschäften möglich sein wird.[1977] Die Rechtsprechung ist daher gezwungen wie bei der Wirksamkeitsprüfung von Allgemeinen Geschäftsbedingungen nach den §§ 307 ff. BGB eine umfassende Prüfung des Einzelfalls vorzunehmen.

Bei einer Verkürzung der Beweislastumkehr für die Fälle, in denen der Regressgläubiger die Sache unverhältnismäßig lange lagert, könnte anzunehmen sein, es handele sich lediglich um eine konkrete Ausgestaltung der von Gesetzes wegen bereits bestehenden Einschränkung in § 476 BGB i.V.m. § 478 Abs. 3 BGB, die nicht dem Anwendungsbereich des § 478 Abs. 4 BGB unterfällt. Richtig ist zwar, dass nach § 476 BGB a.E. die Vermutung der Mangelhaftigkeit der Sache bei Gefahrenübergang nicht gilt, wenn diese nicht mit der Art der Sache oder des Mangels zu vereinbaren ist. Der Ausschluss der Beweislastumkehr nach Halbsatz 2 des § 476 BGB ist keine auf Tatsachen gestützte Widerlegung im Einzelfall, sondern eine gesetzliche Ausnahme von der Beweislastumkehr.[1978] Bei einer produkt- und branchenspezifischen Ausschlussfrist für die Beweislastumkehr etwa bei unverhältnismäßig langen Lagerzeiten handelt es sich hingegen um eine Abweichung von § 478 Abs. 3 BGB, die zu ihrer Wirksamkeit einen gleichwertigen Ausgleich voraussetzt.[1979]

Gleiches gilt für eine Vereinbarung, die den Aufwendungsersatzanspruch des Regressgläubigers auf vorhersehbare Aufwendungen oder im Umfang beschränkt. Vereinbarungen, die einen Ausschluss des Aufwendungsersatzanspruchs nach § 478 Abs. 2 BGB für solche Aufwendungen vorsehen, die bei hinreichender Vorsorge durch den Letztverkäufer nicht entstanden wären, sind indessen zulässig.[1980] Hat nämlich der Letztverkäufer seine Vorsorgepflichten nicht erfüllt, so waren die Aufwendungen i.S.d. § 439 Abs. 2 BGB nicht erforderlich, sodass auch kein Anspruch aus § 478 Abs. 2 BGB auf Ersatz der durch die mangelnde Vorsorge verursachten Mehrkosten bestehen kann. Eine entsprechende Vereinbarung beinhaltet daher keine Einschränkung des § 478 Abs. 2 BGB, sodass bereits § 478 Abs. 4 BGB keine Anwendung findet.

Denkbar ist, dass die Parteien vereinbaren, statt einer Barzahlung lediglich eine Warengutschrift als Aufwendungsersatz i.S.d. § 478 Abs. 2 BGB zu leisten, da sie regelmäßig nur nach Maßgabe des Verkaufspreises erfolgt und daher erhebliche betriebswirtschaftliche Vorteile für den Regressschuldner bringt. Der Regressgläubiger wird dadurch noch stärker an seinen Lieferanten gebunden. Eine

---

1976 *von Westphalen*, Praxis der Schuldrechtsreform, § 478 Rn. 24.

1977 *Matthes*, NJW 2002, 2505 (2507).

1978 So wohl auch Anwaltskommentar-*Büdenbender*, § 476 Rn. 15.

1979 A.A. *Matthes*, NJW 2002, 2505 (2510).

1980 *Matthes*, NJW 2002, 2505 (2509); *Westermann*, NJW 2002, 241 (252).

derartige Modifikation wäre aber nur dann zulässig, wenn der nach § 478 Abs. 4 BGB erforderliche gleichwertige Ausgleich im Sinne eines „Buchungsausgleichs" verstanden werden kann.[1981]

§ 478 Abs. 4 BGB setzt voraus, dass der Regressgläubiger im wirtschaftlichem Sinne einen gleichwertigen Ausgleich erhält. Berücksichtigt man, dass es sich bei den Aufwendungen im Sinne des § 478 Abs. 2 BGB nicht etwa um freiwillige Vermögensopfer wie bei §§ 256, 670 BGB sondern um Transport-, Wege-, Arbeits- und Materialkosten handelt, zu deren Übernahme der Regressgläubiger gemäß § 439 Abs. 2 BGB verpflichtet ist, so kann im Rahmen des § 478 Abs. 2 BGB nicht von einem reinen Buchungsausgleich gesprochen werden, da der Regressgläubiger bei einer Warengutschrift der konkrete organisatorische und betriebliche Aufwand nicht ersetzt bekommt.[1982] Der Gesetzgeber hat den Aufwendungsersatzanspruch eben gerade nicht durch die Höhe des Kaufpreises begrenzt. Eine Vereinbarung über eine am Verkaufspreis orientierte Warengutschrift statt Barzahlung kann daher im Einzelfall nach § 478 Abs. 4 BGB zulässig sein. Sie ist aber für diejenigen Fälle unwirksam, in denen keine umfassende Deckung der Nacherfüllungskosten des Letztverkäufers erfolgt. Denkbar ist, dass eine Warengutschrift statt Barzahlung als Modifikation des Anspruchs des Regressgläubigers aus § 437 i.V.m. § 478 Abs. 1 BGB zulässig ist. Vereinbaren die Vertragsparteien etwa, dass der Regressgläubiger für den Fall des Rücktritts durch den Verbraucher, der den Letztverkäufer seinerseits nach § 437 Nr. 2 i.V.m. § 478 Abs. 1 BGB zum Rücktritt vom Vertrag mit seinem Lieferanten berechtigt, statt der Rückzahlung des Kaufpreis eine Warengutschrift erhalten soll, so bestehen insoweit im Hinblick auf § 478 Abs. 4 BGB keine Bedenken an der Zulässigkeit einer solchen Vereinbarung. Der Aufwendungsersatzanspruch nach § 478 Abs. 2 BGB bleibt hiervon unberührt.

Teilweise wird in der Literatur vertreten, dass ein Ausschluss des § 478 BGB ohne Ausgleich dann zulässig sein soll, wenn die Parteien ursprünglich vereinbart haben, dass am Ende der Vertragskette kein Verbrauchsgüterkauf steht, da dann die Einrede aus § 242 BGB dem Anspruch aus § 478 BGB entgegenstünde.[1983] Diese Auffassung kann nicht überzeugen. § 478 BGB dient auch dem Schutz des Verbrauchers, der auf die Vereinbarung zwischen seinem Verkäufer und dessen Lieferanten gerade keinen Einfluss nehmen kann. Eine Umgehung des § 478 Abs. 4 BGB ist nur durch den Verkauf über eine ausländische Niederlassung denkbar.[1984] In diesem Fall kommt in der Regel das UN-Kaufrecht zur Anwendung, das keine dem § 478 BGB entsprechende Regressregelung vorsieht. Ähnliches gilt für den Fall einer Rechtswahl. Bestimmen die Vertragsparteien, dass eine ausländische Rechtsordnung für die Vertragsbeziehung maßgeblich sein soll, die keine oder eine andere Regressregelung vorsehen, so können sich durchaus Regelungen ergeben,

---

1981 So *Matthes*, NJW 2002, 2505 (2509).

1982 Anwaltskommentar-*Büdenbender*, § 478 Rn. 11.

1983 *Matthes*, NJW 2002, 2505 (2508).

1984 *Gruber*, NJW 2002, 1180 (1181).

die verkäuferfreundlicher sind. Insoweit gelten die Schranken des Art. 29 a EGBGB.

c) Geltung innerhalb der Lieferkette

§ 478 Abs. 5 BGB dehnt die Anwendbarkeit der § 478 Abs. 1 bis 4 BGB auf die Ansprüche des Lieferanten und der übrigen Käufer in der Lieferkette gegen die jeweiligen Verkäufer aus. Voraussetzung ist, dass die Schuldner Unternehmer sind. Über § 478 Abs. 5 BGB werden die Privilegierungen des Letztverkäufers im Verhältnis zu seinem Lieferanten auf die Gewährleistungsansprüche der übrigen Glieder in der Vertragskette erstreckt.[1985] Der Grund für diese Regelung ist, dass letztlich derjenige die Nachteile aus einer Mangelhaftigkeit der Sache tragen soll, der für den Mangel auch verantwortlich ist.[1986]

§ 478 BGB wurde anders als die übrigen auf Verbraucherschutzgesichtspunkten basierenden Vorschriften auf Betreiben des Handels aufgenommen, um die Vertragspartner des oftmals überlegeneren Herstellers zu schützen und so eine Verlagerung der zusätzlichen Gewährleistungskosten auf die letzte Handelsstufe zu erreichen. Damit dient die Vorschrift im Ergebnis dem von Art. 4 VerbrGK-RL anvisiertem Ziel, auch für die Übrigen an der Vertragskette Beteiligten eine Regressfalle zu verhindern.[1987]

Eine Erleichterung von Ansprüchen der Hersteller gegen deren Zulieferer war dagegen nicht bezweckt.[1988] Auch die Begründung zum Regierungsentwurf des SchuldRModG[1989] spricht von der „Vertriebs-„ bzw. „Lieferkette bis hin zum Hersteller". Der Regress in der Lieferkette geht nur bis zum Hersteller zurück und erfasst nicht etwa auch Ansprüche des Herstellers gegen seinen Zulieferer wegen mangelhafter Rohstoffe, Einzelteile oder ganzen Systemkomponenten.[1990] Dies ergibt sich nicht zuletzt auch aus dem eindeutigen Wortlaut des § 478 Abs. 1 BGB, der ausschließlich auf die neu hergestellte Sache also auf die Sache insgesamt - das Produkt[1991] - und dessen Lieferanten abstellt.[1992] Um eine neu hergestellte Sache handelt es sich im Hinblick auf die Rechtsprechung[1993] zu § 950 BGB, wenn eine Sache sich von ihrem Ausgangsstoff wesentlich unterscheidet und unter einer

---

1985 *Ernst/Gsell*, JZ 2001, 1389 (1399)

1986 Regierungsbegründung zum SchuldRModG, BT-Drucks. 14/6040, S. 249.

1987 *von Westphalen*, in: *Henssler/von Westphalen*, Praxis der Schuldrechtsreform, § 478 Rn. 31.

1988 *Ernst*, MDR 2003, 4 (5); *Westermann*, NJW 2002, 241 (252); *von Westphalen*, in: *Henssler/von Westphalen* (Hrsg.), Praxis der Schuldrechtsreform, § 478 Rn. 31; *Mankowski*, DB 2002, 2419; a.A. *Hess*, NJW 2002, 253 (259), *Ball*, ZGS 2002, 49 (52).

1989 Regierungsbegründung zum SchuldRModG, BT-Drucks. 14/6040, S. 247, 249.

1990 Palandt-*Putzo*, 64. Aufl., § 478 Rn. 13; Anwaltskommentar-*Büdenbender*, § 478 Rn. 46; MüKo-*Lorenz*, 4. Aufl, BGB § 478 Rn. 15. Zur Reichweite von § 478 BGB vgl. Staudinger-*Matusche/Beckmann*, Neubearb., § 478 Rn. 159f.

1991 So *Mankowski*, DB 2002, 2419, der das Zugelieferte in Abgrenzung zum Produkt als „Edukt" bezeichnet.

1992 *Matthes*, NJW 2002, 2505 (2506).

1993 Vgl. etwa OLG Köln, NJW 1997, 2187 (2187 f.).

anderen Bezeichnung als der Ausgangsstoff in den Verkehr gebracht wurde.[1994] Nur die an der Lieferkette bis zum Hersteller beteiligten Unternehmer aber sind Verkäufer einer neu hergestellten Sache.[1995] § 478 Abs. 5 BGB bezieht sich ausschließlich auf die Lieferkette der Käufer, die mit denjenigen in § 478 Abs. 1 BGB als Unternehmer bezeichneten Personen identisch sind, die von einem Unternehmer die Sache erworben haben.[1996] Das gesetzliche Rückgriffssystem soll nicht die Beschaffungskette zwischen dem Rohstoffproduzenten über den Zulieferer zum Hersteller sondern die Distributionskette zwischen Hersteller und Verbraucher erfassen.[1997]

Der Regress für fehlerhafte Teile ist sowohl in qualitativer als auch in quantitativer Hinsicht etwas anders als der Regress für eine fehlerhafte Gesamtsache. In der Literatur ist dennoch erwogen worden, die Vorschrift des § 478 Abs. 5 BGB im Wege der teleologischen Erweiterung bzw. der Analogie auf die Beschaffungskette zu erweitern.[1998] Die durch § 478 Abs. 5 BGB vom Wortlaut her angestrebte Risikozuweisung an den Hersteller aber lässt sich mit der Konstruktions- und Produktionshoheit über die Beschaffenheit des Endprodukts und seiner damit einhergehenden Qualitätsverantwortlichkeit begründen. Zulieferer des Herstellers trifft eine solche Gesamtverantwortlichkeit für das Endprodukt nicht, da sie keine Kontrollmöglichkeit über den Herstellungsprozess haben.[1999] Auch innerhalb der Beschaffungskette bestimmt vielmehr der Hersteller die Qualitätsmerkmale, da er sich den Zulieferer aussuchen kann.[2000] Eine Weiterleitung des Gewährleistungsrisikos für das gesamte Produkt aber entbehrt daher jeglicher Rechtfertigung. Der Regress soll nur die Handelsstufen entlasten, nicht aber den Hersteller gegenüber seinen Zulieferern privilegieren.[2001]

Ob die §§ 478, 479 BGB durch vertragliche Absprachen auch auf die Beschaffungskette erstreckt werden können, lässt sich nicht ohne weiteres feststellen. Teilweise wird in der Literatur vertreten, dass bereits die Tatsache, dass der Gesetzgeber sich für sie ausschließliche Anwendbarkeit der §§ 478, 479 BGB innerhalb der Distributionskette entschieden hat, folgt, dass im Übrigen gleichfalls ausschließlich das Verursacherprinzip gelten soll.[2002] Die Prüfung der Wirksamkeit einer vertraglichen Absprache zwischen Unternehmern hat sich an den allgemeinen Wirksamkeitsvoraussetzungen zu messen. Werden die Regelungen der §§ 478, 479 BGB durch Allgemeine Geschäftsbedingungen auf die jeweiligen Vertrags-

---

1994 *Wagner/Neuenhahn*, ZGS 2002, 395 (397).

1995 *Mankowski*, DB 2002, 2419 (2419), spricht in diesem Zusammenhang von einer Einheitlichkeit des Strangs, der sich ab dem Hersteller auffächert.

1996 *Wagner/Neuenhahn*, ZGS 2002, 395 (397).

1997 *Wagner/Neuenhahn*, ZGS 2003, 64; *Wagner/Neuenhahn*, ZGS 2002, 395 (400).

1998 Vgl. hierzu *Wagner/Neuenhahn* ZGS 2002, 395 (398f.), wenn auch im Ergebnis ablehnend.

1999 *Mankowski*, DB 2002, 2419.

2000 *Wagner/Neuenhahn*, ZGS 2002, 395 (399).

2001 *Mankowski*, DB 2002, 2419 (2420).

2002 *Mankowski*, DB 2002, 2419 (2421).

verhältnisse innerhalb der Beschaffungskette übertragen, so findet § 310 i.V.m. § 307 BGB Anwendung.[2003]

Voraussetzung für die Modifikationswirkungen des § 478 Abs. 1 BGB bzw. des Aufwendungsersatzanspruchs aus § 478 Abs. 2 BGB zugunsten des regressnehmenden Lieferanten in seiner Eigenschaft als Käufer oder einer anderen Person in der Lieferkette und damit auch des § 478 Abs. 5 BGB ist, dass der regressnehmende Käufer seinem Käufer gegenüber haftet und dass am Ende der Lieferkette ein Verbrauchsgüterkaufvertrag i.S.d. § 474 BGB steht.[2004] Dies ergibt sich bereits aus der systematischen Stellung des § 478 BGB in den Sondervorschriften über den Verbrauchsgüterkauf.[2005] Problematisch sind daher die Fälle, in denen die Mangelhaftigkeit der Sache entdeckt wird, bevor sie an einen Verbraucher veräußert wurde. Teilweise wird in der Literatur zur Vermeidung unbilliger Ergebnisse eine analoge Anwendung der Vorschriften des § 478 BGB befürwortet.[2006]

Begründet wird dies damit, dass § 478 Ausdruck einer „Regresslogik" sei, die die Konsequenzen aus einer Käuferentscheidung nach §§ 437 ff. BGB auf vorgelagerte Handelsstufen regele.[2007] Angesichts der durch § 478 Abs. 4 BGB weitgehend zwingenden Ausgestaltung des § 478 BGB und des damit verbundenen Eingriffs in die Privatautonomie der Vertragsparteien erfordert die Anwendbarkeit des § 478 BGB eine besondere Rechtfertigung. Die Wertung des Gesetzgebers ist insofern eindeutig, andernfalls hätte er die Vorschrift des § 478 BGB nicht in den ausschließlich für Verbrauchsgüterkaufverträge geltenden Unterabschnitt des BGB aufgenommen, sondern seine Anwendbarkeit auf alle Kaufverträge ausgedehnt. Auch wenn die Regelung in § 478 Abs. 5 BGB auf Betreiben des Handels angefügt wurde, so dient sie doch letztlich dem Verbraucherschutz. Durch die Rückgriffsmöglichkeit nach § 478 Abs. 1 und 2 BGB soll insbesondere vermieden werden, dass der Verbraucher der Insolvenzgefahr seines Verkäufers ausgesetzt ist. Um einen hinreichenden Schutz des Verbrauchers zu gewährleisten, war es erforderlich dem Letztverkäufer eine effektive Regressmöglichkeit einzuräumen. Dies rechtfertigt einen Eingriff in das Vertragsverhältnis zu seinem Lieferanten. Dieser Schutzgedanke kommt dann nicht zum Tragen, wenn am Ende der Vertragskette kein Verbraucher steht. Eine analoge Anwendung des § 478 BGB für die Fälle einer vor Gefahrenübergang auf einen Verbraucher zur Kenntnis eines Käufers gelangten Mangelhaftigkeit der Sache ist abzulehnen.

[2003] *Wagner/Neuenhahn*, ZGS 2003, 64 (65).

[2004] A.A. *Canaris*, Schuldrechtsreform 2002, S. XXXII; für eine analoge Anwendung auf Lieferketten an denen keine Verbrauchsgüterkauf am Ende steht, vgl. *Westermann*, NJW 2002, 241 (251).

[2005] *Wagner/Neuenhahn*, ZGS 2003, 64 Fn. 3.

[2006] Anwaltskommentar-*Büdenbender*, § 478, Rn. 49.

[2007] Anwaltskommentar-*Büdenbender*, § 478, Rn. 49.

2. Voraussetzungen und Inhalt

Die Modifikationswirkungen des § 478 Abs. 1 BGB und der Aufwendungsersatzanspruch aus § 478 Abs. 2 BGB setzen gleichermaßen voraus, dass am Ende der Vertragskette ein Verbrauchsgüterkauf über eine neu hergestellte Sache steht und dass der Rückgriffsgläubiger seiner Rügeobliegenheit nach § 377 HGB nachgekommen ist. Die Vorschriften der §§ 478 ff. BGB finden entsprechend den Vorgaben in Art. 4 VerbrGK-RL nur Anwendung, wenn am Ende der Absatzkette ein Verbrauchergeschäft steht und die Veräußerungskette zwischen den Unternehmern ununterbrochen bestanden hat..[2008] Ein privater Verkäufer in der Lieferkette schließt die Anwendbarkeit des § 478 BGB aus.[2009] Der Umstand eines Verbrauchsgüterkaufes kann nicht durch eine vertragliche Vereinbarung i.S.d. § 311 Abs. 1 BGB herbeigeführt werden. Erforderlich ist, dass die Veräußerung tatsächlich stattgefunden hat.[2010] Dies ergibt sich zum einen aus seiner Stellung im Gesetz, da gemäß § 474 Abs. 1 BGB die Vorschriften der §§ 475 und 479 BGB nur auf Verbrausgüterkaufverträge anwendbar sind und zum anderen aus § 478 BGB selbst.[2011] Beweispflichtig hierfür ist regelmäßig derjenige, der sich auf den Regressanspruch beruft.[2012]

Fraglich ist, ob § 478 BGB auch dann Anwendung findet, wenn die Sache zwar eindeutig zum Weiterverkauf an einen Verbraucher bestimmt ist, ihre Mangelhaftigkeit jedoch bereits vor dem Zeitpunkt der Weiterveräußerung zu Tage getreten ist und der Verkäufer Mängelrechte gegen seinen Lieferanten geltend macht.[2013] Zu berücksichtigen ist in diesem Zusammenhang zunächst, dass es auch dann, wenn der Anwendungsbereich der VerbrGK-RL nicht auf Verbraucherverträge beschränkt geblieben wäre, gleichsam zu dem von der VerbrGK-RL angestrebten Haftungsgleichklang gekommen wäre.[2014]

Teilweise wird in der Literatur vertreten, dass § 478 BGB in diesen Fällen analog anzuwenden ist, da die Vorschrift Ausdruck einer allgemeinen „Regresslogik" sei.[2015] Gegen eine ausschließlich den Letztverkäufer im Rahmen eines Verbrauchsgüterkaufvertrages begünstigende Regelung könnte sprechen, dass es mangels einer besonderen Belastung mit den Kosten der Nacherfüllung, Minderung

---

2008 *Jud*, ZfRV 2001, 201 (205); *Büdenbender* indessen plädiert für eine analoge Anwendung des § 478 BGB auch auf andere Kaufverträge (vgl. Anwaltskommentar-*Büdenbender*, § 478 Rn. 49)

2009 Palandt-*Putzo*, 64. Aufl, § 478, Rn. 3; MüKo-*Lorenz*, 4. Aufl, BGB § 478 Rn. 8.

2010 Palandt-*Putzo*, 64. Aufl, § 478 Rn. 3; MüKo-*Lorenz*, 4. Aufl, BGB § 478 Rn. 14; Staudinger-*Matusche/Beckmann*, Neubearb., § 478 Rn. 114, 115.

2011 *Matthes* NJW 2002, 2505 (2505).

2012 *Ernst*, MDR 2003, 4 (5).

2013 *Medicus*, in *Grundmann/Medicus/Rolland* (Hrsg.), Europäisches Kaufgewährleistungsrecht, S. 219 (223 und 228); *Ernst/Gsell*, ZIP 2000, 1410 (1422); *Magnus*, in: *Basedow/Meier/Schnyder/Einhorn/Girsberger* (Hrsg.), Private Law in the International Arena, S. 429 (432); *Canaris*, Schuldrechtsreform 2002, S. XXXII.

2014 *Tonner*, BB 1999, 1769 (1774).

2015 *Büdenbender*, in: *Dauner-Lieb/Heidel/Lepa/Ring* (Hrsg.), Das Neue Kaufrecht, § 8 Rn. 100.

oder Vertragsauflösung an einer sachlichen Rechtfertigung hierfür fehlt.[2016] Dem Verbraucher steht keine längere Verjährungsfrist zu als sonstigen Käufern, sodass das Problem der „Regressfalle“ auch dann auftreten kann, wenn der Käufer Unternehmer ist.[2017] Unterstützt wird diese Auffassung durch die vielfach zugunsten des Letztverkäufers ergangenen Entscheidungen, in denen gleich lautende Allgemeine Geschäftsbedingungen einen Regressanspruch des Verkäufers vorsahen,. Die Rechtsprechung hat § 11 Nr. 10 b) AGBG a.F., der gemäß § 24 AGBG ausschließlich auf Verbraucherverträge anwendbar war, über § 9 AGBG auch auf Käuferträge innerhalb des gewerblichen Bereichs angewendet.[2018]

Ob überhaupt eine analoge Anwendung möglich ist, richtet sich nach dem Gesetzeszweck.[2019] Nach der Gesetzesbegründung dient § 478 BGB neben dem Schutz des Einzelhändlers in erster Linie der Erreichung eines hohen Verbraucherschutzniveaus.[2020] Um dieses Ziel zu erreichen, bedarf es nicht nur einer formalen sondern darüber hinaus auch einer wirtschaftlichen Absicherung der Verbraucherrechte, was erst durch die Möglichkeit eines effektiven Rückgriffs gewährleistet ist. Wird aber die mangelhafte Sache nicht an einen Verbraucher weiterverkauft, so entfällt dieser Schutzzweck. Damit spricht bereits die Funktion des § 478 BGB gegen eine analoge Anwendung.[2021] Die Befürworter einer analogen Anwendung übersehen zudem, dass die Gewährleistungspflicht des Verkäufers im Rahmen von Verbrauchsgüterkaufverträgen gemäß § 475 Abs. 1 BGB anders als bei sonstigen Kaufverträgen zwingend ausgestaltet ist und innerhalb der ersten sechs Monate nach Gefahrenübergang abweichend von den Bestimmungen des allgemeinen Kaufrechts gemäß 476 BGB eine Beweislastumkehr zulasten des Verkäufers besteht.[2022] Dies aber stellt durchaus eine besondere Belastung dar, die eine unterschiedliche Behandlung beider Sachverhalte rechtfertigt.

§ 478 Abs. 1 und 2 BGB greifen nur dann ein, wenn es sich bei dem vom Verbraucher gegen den Letztverkäufer geltend gemachten Anspruch um einen Anspruch wegen der Mangelhaftigkeit einer neu hergestellten Sache handeln. Zur Begründung hat der deutsche Gesetzgeber darauf verwiesen, dass bei gebrauchten Sachen in aller Regel keine geschlossene Vertriebskette vorliegt, die eine Erleichterung des Rückgriffanspruchs rechtfertigt.[2023] Die Tatsache, dass die Sache in einer Lieferkette weiterveräußert worden ist, nimmt ihr nicht die Neuartigkeit. Die Einschränkung auf neu hergestellte Sachen dürfte kaum mit Art. 4 VerbrGK-RL zu

---

[2016] *Medicus*, in: *Grundmann/Medicus/Rolland* (Hrsg.), Europäisches Kaufgewährleistungsrecht, S. 219 (228).

[2017] *Canaris*, Schuldrechtsreform 2002, S. XXXII.

[2018] BGH NJW, 1501 (1502); NJW 1985, 623 (627); NJW 1994, 1004 (1005).

[2019] Palandt-*Heinrichs*, 64. Aufl., Einl. vor § 1 Rn. 48.

[2020] Regierungsbegründung zum SchuldRModG, BT-Drucks. 14/6040, S. 247.

[2021] *Matthes*, NJW 2002, 2505 (2505), der zwar dennoch bei Waren, die typischerweise an Verbraucher als Endabnehmer veräußert werden eine analoge Anwendung des § 478 BGB für denkbar hält, dies jedoch selbst aus Praktikabilitätsgründen im Ergebnis ablehnt.

[2022] *Jud*, ZfRV 2001, 201 (206); *Westermann*, NJW 2002, 241 (251).

[2023] Vgl. Regierungsbegründung zum SchuldRModG, BT-Drucks. 14/6040, S. 248.

vereinbaren sein. Unzweifelhaft soll die Regelung der VerbrGK-RL auch auf gebrauchte Sachen Anwendung.[2024] Dies ergibt sich bereits zum einen daraus, dass Art. 7 VerbrGK-RL bei gebrauchten Sachen nur die Verkürzung der Verjährungsfristen auf ein Jahr zulässt, ansonsten aber keine Unterscheidung zwischen neu hergestellten und gebrauchten Sachen macht. Art. 4 Abs. 2 VerbrGK-RL überlässt die nähere Ausgestaltung des Regressanspruchs den Mitgliedstaaten. Erforderlich ist, dass die Mitgliedstaaten eine effektive Rückgriffsregelung vorsehen.

Die Regelung des § 478 Abs. 1 BGB wäre nur dann richtlinienkonform, wenn bereits die allgemeinen Gewährleistungsvorschriften einen hinreichend effektiven Regress im Sinne der VerbrGK-RL ermöglichen würden.[2025] Gerade aber erst durch den Verzicht auf das Fristsetzungserfordernis wird der effektive Rückgriff des Letztverkäufers gewährleistet. Die Einschränkung auf neu hergestellte Sachen führt daher in der Konsequenz dazu, dass dem Letztverkäufer bei gebrauchten Sachen kein effektives Rückgriffsrecht zur Seite steht. Angesichts des insoweit eindeutigen Wortlauts der Vorschrift dürfte eine Korrektur des § 478 Abs. 1 und 2 BGB durch richtlinienkonforme Auslegung oder im Wege richterlicher Rechtsfortbildung wohl kaum zu erreichen sein, sodass hier ein Verstoß gegen die Umsetzungsverpflichtung seitens des deutschen Gesetzgebers vorliegt.

a) Rügeobliegenheit

Gemäß § 478 Abs. 6 BGB bleibt die Vorschrift des § 377 HGB unberührt. Für den Unternehmerregress der gleichzeitig ein kaufmännisches Handelsgeschäft ist hat § 478 Abs. 6 BGB nur eine Klarstellungsfunktion, da § 377 HGB bereits deswegen Anwendung findet, weil die Parteien Kaufleute i.S.d. § 1 HGB sind und ein beiderseitiges Handelsgeschäft i.S.d. §§ 343, 344 HGB vorliegt.[2026]

Für die Fälle, in denen ein nicht-kaufmännischer Unternehmer auf einer Vertragsseite tätig wird, stellt § 478 Abs. 6 BGB eine echte Verweisungsnorm auf § 377 HGB dar. Gemäß § 377 Abs. 1 HGB hat der Käufer, soweit dies nach ordnungsgemäßem Geschäftsgang tunlich ist, zunächst unverzüglich nach Ablieferung der Sache durch den Verkäufer die Sache zu untersuchen. Unverzüglich bedeutet nach der Legaldefinition in § 121 BGB „ohne schuldhaftes Zögern“. Von einer „Ablieferung“ in diesem Sinne ist auszugehen, wenn die Sache derart in den Machtbereich des Käufers verbracht wird, dass dieser sie untersuchen kann.[2027] Hinsichtlich der Rügeobliegenheit differenziert die Vorschrift des § 377 HGB zwischen offenen, d.h. erkennbaren, und versteckten, d.h. erst später erkennbaren Mängeln. Während der Käufer gemäß Abs. 1 dieser Vorschrift bei offenen Sachmängeln unverzüglich die Mangelhaftigkeit der Sache nach Ablieferung anzeigen muss, bestimmt § 377 Abs. 3 HGB, dass der Käufer bei versteckten

---

2024 *Ernst/Gsell*, ZIP 2000, 1389 (1402); *Jud*, ZfRV 2001, 201 (206); *Canaris*, Schuldrechtsreform 2002, S. XXXII.

2025 *Büdenbender*, in: *Dauner-Lieb//Heidel/Lepa/Ring* (Hrsg.), Das Neue Schuldrecht, S. 255 § 8 Rn. 86 Fn. 93.

2026 *Matthes*, NJW 2002, 2505 (2508).

2027 BGHZ 93, 338 (345).

Mängeln die Mangelhaftigkeit der Sache unverzüglich nach Entdeckung des Mangels rügen muss. Von einer Entdeckung des Mangels ist regelmäßig dann auszugehen, wenn der Verbraucher gegenüber dem Letztverkäufer Mängelrechte geltend macht.[2028] Der späteste Zeitpunkt in dem sich ein Mangel i.S.d. § 377 Abs. 3 HGB zeigt ist der Zeitpunkt, in dem der Verbraucher seine Rechte gegenüber dem Letztverkäufer geltend macht.

Die Rügeobliegenheit besteht gemäß § 377 Abs. 5 HGB lediglich für diejenigen Fälle nicht, in denen der Verkäufer den Mangel arglistig verschwiegen hat. Im Ergebnis verpflichtet § 377 Abs. 3 i.V.m. Abs. 1 HGB den Letztverkäufer seinem Lieferanten die Geltendmachung der Rechte des Verbrauchers unverzüglich anzuzeigen.[2029] Für ein solches Verständnis des § 377 HGB spricht auch die Gesetzgebungsgeschichte.[2030] Die in dem Regierungsentwurf[2031] enthaltene Vorgängerregelung des § 478 Abs. 4 BGB, welche auf einen ursprünglich modifizierten nunmehr ersatzlos gestrichenen § 378 HGB a.F. verwies, hätte so verstanden werden können, dass der Letztverkäufer auch dann noch ein Rückgriffsanspruch zur Seite steht, wenn er die unverzügliche Rüge der Mangelhaftigkeit unterlassen hat, obwohl er die Mangelhaftigkeit hätte feststellen können.[2032]

Nach der Regierungsbegründung sollte die kaufmännische Rügepflicht nur noch für den „Hinweg“ der Ware vom Hersteller bis zum Händler Wirkung entfalten und nicht mehr für den „Rückweg“, das heißt bei der Geltendmachung der Rückgriffsrechte.[2033] Diese Regelung ist in der Literatur vielfach kritisiert worden, da eine derartige Regelung eine Privilegierung des Letztverkäufers zulasten seines Lieferanten bedeutet hätte, die jeder sachlichen Rechtfertigung entbehrt.[2034] Auf Anregung des Bundesrates und des Rechtsausschusses wurde daraufhin die Vorschrift des § 378 HGB gestrichen.[2035] Nach dieser Vorschrift waren beim Handelskauf genehmigungsfähige Falschlieferungen und Mengenabweichungen einem Sachmangel gleichgestellt. Diese Vorschrift ist durch § 434 Abs. 3 BGB obsolet geworden, wonach die Falschlieferung und die Lieferung einer geringeren Menge unabhängig von ihrer Genehmigungsfähigkeit einem Sachmangel gleich stehen. Es ist daher im Bereich des Handelskaufes auch eine nicht genehmigungsfähige Falschlieferung und Mengenabweichung nach § 377 HGB zu rügen.[2036]

2028 *Matthes*, NJW 2002, 2505 (2508).

2029 *Matthes*, NJW 2002, 2505 (2508).

2030 *Matthes*, NJW 2002, 2505 (2508).

2031 Regierungsbegründung zum SchuldRModG, BT-Drucks. 14/6040, S. 24.

2032 *Büdenbender*, in: *Dauner-Lieb/Heidel/Lepa/Ring* (Hrsg.), Das Neue Schuldrecht, § 8 Rn. 93 S. 257.

2033 Regierungsbegründung zum SchuldRModG, BT-Drucks. 14/6040, S. 249.

2034 *Ernst/Gsell*, ZIP 2001, 1389 (1401); *Krebs*, DB 2000 Beilage Nr. 14, S. 17; *Roth*, in: *Ernst/Zimmermann* (Hrsg.); Zivilrechtswissenschaft und Schuldrechtsreform, S. 226 (252); *Knutel*, NJW 2001, 2519 (2521); *von Sachsen Gessaphe* RIW 2001, 721 (732).

2035 Stellungnahme des Bundesrates, BT-Drucks. 14/6857, S. 40f; Beschlussempfehlung des Rechtsausschusses, BT-Drucks. 14/7052, S. 199.

2036 *Müller*, ZIP 2002, 1178 (1180).

Der notwendige Schutz des Regressschuldners aber ergibt sich bereits aus § 377 HGB.[2037] Wenn aber der Gesetzgeber aus den genannten Gründen von einer § 378 HGB entsprechenden Regelung abgesehen hat, so liegt es nahe, dass § 377 HGB so auszulegen ist, wie die Vorschrift auch vor der Schuldrechtsreform ausgelegt wurde. Nach altem Recht galt aber, dass für den Fall, dass der Käufer die Untersuchung unterlassen und diese wenn auch nur stillschweigend auf seinen Käufer übertragen hat, ihn dies nicht etwa von seiner Rügeobliegenheit gegenüber seinem Verkäufer befreien kann.[2038] Es liegt daher auf der Hand, dass § 377 HGB nicht nur dazu zwingt, selbst entdeckte Mängel zu rügen, sondern darüber hinaus in gleicher Weise seinen Lieferanten über erst vom Endkäufer festgestellte Mängel in Kenntnis zu setzen.[2039] Die üblichen handelsrechtlichen Obliegenheiten müssen auch dann zur Anwendung kommen, wenn dem Handelskauf ein Verbrauchsgüterkaufvertrag nachfolgt.[2040]

Welche Anforderungen an die Bestimmtheit einer Mängelrüge zu stellen sind, kann letztlich nur unter Berücksichtigung der Umstände des jeweiligen Einzelfalles entschieden werden. Grundsätzlich ist keine Rüge erforderlich, die in alle Einzelheiten geht und genaue und fachlich richtige Bezeichnungen verwendet.[2041] Es genügt vielmehr, wenn ihr der Verkäufer aus seiner Sicht entnehmen kann, in welchem Punkt der Käufer mit der gelieferten Ware nicht einverstanden ist. Auf die Verständnismöglichkeit eines außenstehenden Dritten kommt es hingegen nicht an.[2042] Sinn und Zweck der Vorschrift ist es, dem Verkäufer angesichts der durch Zeitablauf sich steigernden Beweisnot die Möglichkeit einzuräumen, möglichst bald den Beanstandungen durch den Käufer nachzugehen und gegebenenfalls Beweise sicherzustellen. Gleichzeitig soll er gegen ein Nachschieben anderer Beanstandungen durch den Käufer geschützt werden. Darüber hinaus aber dient die Rügeobliegenheit auch dem Zweck, einen etwaigen Rechtsstreit zu vermeiden, indem sie dem Verkäufer ermöglicht, die Prüfung der als sicher oder möglicherweise berechtigt erkannten Beanstandungen vorzunehmen und umgehend zu beheben. Es bedarf nicht so sehr der Aufdeckung der Ursachen des Fehlers sondern seiner Beschreibung.[2043]

Kommt der Letztverkäufer bei erkennbaren Mängeln an der Kaufsache seiner grundsätzlich strengen Anforderungen[2044] unterliegenden Untersuchungs- und Rügeobliegenheit aus § 377 Abs. 1 HGB nicht nach, so greift die Ge-

---

2037 *Huber/Faust* (Hrsg.), Schuldrechtsmodernisierung, Kap. 15 Rn. 37.
2038 BGH NJW 1954, 1841.
2039 RG, RGZ 55, 210 (211); BGH NJW 1954, 1841; BGH NJW 1986, 3136 (3137).
2040 *Büdenbender*, in: *Dauner-Lieb/Heidel/Lepa/Ring* (Hrsg.), Das Neue Schuldrecht, § 8 Rn. 93 S. 257; a.A. *Reich*, NJW 1999, 2397.
2041 BGH NJW 1996, 2228 (2229).
2042 BGH NJW 1996, 2228 (2229).
2043 BGH NJW 1996, 2228 (2229).
2044 Baumbach-*Hopt*, HGB, § 377 Rn. 24f.

nehmigungsfiktion des § 377 Abs. 2 HGB ein.[2045] Danach gilt die Sache in Ansehung ihrer Mangelhaftigkeit, vorbehaltlich des § 377 Abs. 5 HGB, als genehmigt und muss als vertragsgemäße Lieferung angesehen werden. Bei § 377 BGB handelt sich demnach nicht etwa um eine einklagbare Pflicht des Käufers i.S.d. § 241 BGB, dessen Verletzung zu weiter gehenden Rechten des Verkäufers führt, sondern lediglich um eine Obliegenheit des Käufers. Die Rechtsfolgen einer unterlassen Rüge sind nur, dass im Falle des Unternehmerregresses sowohl die Gewährleistungsrechte aus § 437 BGB modifiziert durch § 478 Abs. 1 BGB und der Aufwendungsersatzanspruchs nach § 478 Abs. 2 BGB einschließlich der sowohl für Abs. 1 und 2 geltenden Beweislastumkehr nach § 478 Abs. 3 i.V.m. § 476 BGB ausgeschlossen sind.[2046]

Gleiches gilt für Ansprüche aus einer unselbstständigen Garantie wie die Beschaffenheits- und Haltbarkeitsgarantie nach § 443 BGB, da die Sachmängelhaftung durch diese Form der Garantieübernahme lediglich in einigen Punkten zugunsten des Käufers modifiziert wird, die Rechte des Käufers aber auf den gesetzlichen Sachmängelgewährleistungsvorschriften beruhen.[2047] Nicht erfasst werden hingegen deliktsrechtliche Ansprüche[2048], Ansprüche aus einem selbstständigen Garantievertrag[2049], Ansprüche wegen Verletzung einer Schutzpflicht i.S.d. § 241 Abs. 2 BGB oder wegen eines Verschuldens bei Vertragsschluss nach § 311 Abs. 2 BGB[2050].

Zu berücksichtigen ist, dass die Rechte des Käufers sowohl für den Fall, dass der Käufer selbst die Mangelhaftigkeit der Sache entdeckt hat und ihre Anzeige unterlassen hat als auch für den Fall, dass er die Anzeige durch den Verbraucher nicht weitergeleitet hat, ausgeschlossen sind. Wie bereits gezeigt, kann der Käufer nämlich auch nach der Schuldrechtsreform die ihm aufgrund der Mangelhaftigkeit der Sache entstandenen Nachteile nicht auf den Lieferanten oder Hersteller abwälzen, wenn er seinem Verkäufer bei versteckten erst nach Besitzübergabe an den Verbraucher aufgetretenen Mängeln nicht unverzüglich die Geltendmachung von Sachmängelgewährleistungsrechten durch den Verbraucher anzeigt.[2051] Hieraus ergibt sich aber gleichzeitig, dass eine unterlassene Rüge vor Weiterveräußerung an den Verbraucher nicht ohne weiteres zur Genehmigungsfiktion des § 377 Abs. 2 HGB führt.[2052] Die Rechtsfolge aus § 377 Abs. 2 HGB tritt nur dann ein, wenn es sich um offene bzw. erkennbare Mängeln handelt.[2053]

2045 Vgl. hierzu ausführlich *Roth*, in: *Ernst/Zimmermann* (Hrsg.), Zivilrechtswissenschaft und Schuldrechtsreform, S. 225 (251 und 252).

2046 *von Westphalen*, in: *Henssler/von Westphalen*, Praxis der Schuldrechtsreform, § 478 Rn. 32.

2047 *Müller*, ZIP 2002, 1178 (1181).

2048 BGH NJW 1988, 52 (55).

2049 *Müller*, ZIP 2002, 1178 (1181).

2050 *von Westphalen*, in: *Henssler/von Westphalen*, Praxis der Schuldrechtsreform, § 478 Rn. 32.

2051 *von Westphalen*, DB 1999, 2553 (2553).

2052 *Huber/Faust*, Schuldrechtsmodernisierung, Kap. 15 Rn. 37.

2053 Stellungnahme des Bundesrates zum SchuldRModG, BT-Drucks. 14/6857, S. 41.

Bereits vor der Schuldrechtsreform hat die Literatur zahlreiche Wege gesucht, um im Falle einer schuldhaften Schlechtlieferung durch den Verkäufer dem Käufer trotz unterlassener Rüge seine Recht zu erhalten.[2054] Es sei insoweit nicht einzusehen, warum das Haftungsrisiko des Verkäufers trotz schuldhafter Schlechtlieferung durch die Rügeobliegenheit eingeschränkt werden solle.[2055] Teilweise wurde daher sogar die gänzliche Streichung der Rügeobliegenheit gefordert.[2056] Im Widerspruch zur VerbrGK-RL steht sie indes nicht.[2057] Dies folgt zwar noch nicht aus einem Argument a *majore ad minus*, wonach die Richtlinie in ihrem Art. 5 Abs. 2 ausdrücklich eine Rügeobliegenheit des Verbrauchers zulasse.[2058] Ob eine Rügeobliegenheit zulasten des Rückgriffsgläubigers nach der VerbrGK-RL zulässig ist hat sich vielmehr an Art. 4 VerbrGK-RL zu orientieren. Erforderlich ist danach, dass die Mitgliedstaaten ein effektives Rückgriffsrecht schaffen. Dies bedeutet aber nicht, dass die nationalen Gesetzgeber, die von einer Rügeobliegenheit zulasten des Verbrauchers abgesehen haben, im Sinne eines effektiven Rückgriffsrechts auch von einer Rügeobliegenheit zulasten des Rückgriffsgläubigers absehen müssen.[2059] Es ist nicht Ziel der VerbrGK-RL, den Verbraucherschutz auf den Handelsverkehr zu übertragen.[2060] Der Zweck des § 377 HGB, dem Verkäufer eine schnelle Gewissheit über eventuelle Mängelrechte seines Käufers zu verschaffen[2061], steht einem effektiven Regressanspruch bereits deswegen nicht im Wege, weil der Ausschluss der Rechte nach § 377 Abs. 2 HGB in der Hand des Käufers liegt.

b) Rückgriff gemäß § 478 Abs. 1 i.V.m. § 437 BGB

Voraussetzung der Modifikationswirkung des § 478 Abs. 1 BGB ist zunächst, dass der Verbraucher den Kaufpreis mindert oder dass der Verkäufer die mangelhafte Sache vom Verbraucher zurücknehmen musste. Aus der Formulierung des § 478 Abs. 1 BGB ergibt sich, dass die „Zurücknahme" zum Einen aufgrund einer gesetzlicher Verpflichtung gemäß § 437 BGB und zum Anderen auch tatsächlich erfolgt sein muss.[2062] Die Rücknahme der Sache kann dabei entweder infolge der Nacherfüllung (§ 439 Abs. 4 BGB)[2063], nach Rücktritt des Verbrauchers oder nach Erfüllung des Anspruchs auf Schadensersatz statt der Leistung erfolgen.[2064] Unanwendbar ist § 478 BGB, wenn der Verkäufer die Sache aus anderen Gründen,

---

2054 Nachweise bei *Müller*, ZIP 2002, 1178 (1182 ff).
2055 *Müller*, ZIP 2002, 1178 (1186).
2056 *Reich*, NJW 1999, 2397.
2057 *Ernst/Gsell*, ZIP 2001, 1389 (1401).
2058 So aber *Schmidt-Kessel*, ÖJZ 2000, 672.
2059 *Ernst/Gsell*, ZIP 2001, 1389 (1401).
2060 *Ernst/Gsell*, ZIP 2001, 1389 (1401).
2061 BGHZ 93, 338 (345).
2062 Regierungsbegründung zum SchuldRModG, BT-Drucks. 14/6040, S. 247.
2063 A.A. *Büdenbender*, in: *Dauner-Lieb/Heidel/Lepa/Ring* (Hrsg.), Das Neue schuldrecht, S. 254 (§ 8 Rn. 87), nach der dort vertretenen Auffassung sollen sich Rechtsfolgen der Nachlieferung allein nach § 478 Abs. 2 BGB richten.
2064 Regierungsbegründung zum SchuldRModG, BT-Drucks. 14/6040, S. 247.

etwa aus Kulanz, einem vertraglich eingeräumten Rücktrittsrecht, einer unselbstständigen Garantie[2065] oder aufgrund eines Widerrufsrechts i.S.d. § 355 BGB zurückerhalten hat.[2066]

Der Mangel der Sache, der die Rechte des Verbrauchers ausgelöst hat, muss mit dem Mangel identisch sein, der die Rechte des Letztverkäufers gegenüber seinem Lieferanten auslöst.[2067] Beruht die Mangelhaftigkeit der Sache darauf, dass die Sache nach ihrer Veräußerung an den Letztverkäufer nicht mit denen vom Hersteller insbesondere in der Werbung gemachten Äußerungen übereinstimmt, so ist die Sache gemäß § 434 Abs. 1 Satz 3 BGB nur für den Verbraucher mangelhaft und nicht für den Letztverkäufer, da sie bei Gefahrenübergang noch mit den vom Lieferanten bzw. Hersteller zu diesem Zeitpunkt gemachten Äußerungen übereinstimmt.[2068] In diesem Fall haftet der Hersteller aus § 280 Abs. 1 BGB, da er nicht zulasten seiner Abnehmer nachträglich einen Sachmangel herbeiführen darf.[2069]

Für das Eingreifen der Modifikationswirkungen kommt es auf den Zeitpunkt des Vertragsschlusses zwischen Letztverkäufer und seinem Lieferanten an. Die Rücknahme oder die Minderungen müssen demnach auf einen Mangel zurückzuführen sein, der bereits in diesem Zeitpunkt vorlag. Der Rücknahme muss keine Verurteilung zugrunde liegen.[2070] Es reicht insoweit aus, wenn die Verpflichtung zur Rücknahme begründet und die ausfüllenden Tatsachen beweisbar erscheinen.[2071]

Problematisch ist in diesem Zusammenhang die Rücknahme infolge eines durch den Verbraucher geltend gemachten großen Schadensersatzanspruchs nach § 437 Nr. 3 BGB. Gemäß § 280 Abs. 1 Satz 2 BGB, auf den § 437 Nr. 3 BGB verweist, wird das für den Schadensersatzanspruch erforderliche Verschulden des Verkäufers vermutet. Der Regressanspruch des Letztverkäufers aus § 437 BGB setzt voraus, dass den Letztverkäufer gerade kein Verschulden trifft. Das Verschulden des Letztverkäufers gegenüber dem Verbraucher darf kein Verschulden gegenüber dem Lieferanten darstellen. Für die den Anspruch des Letztverkäufers gegen seinen Lieferanten auslösende Minderung des Verbrauchers

---

2065 *Lorenz/Riehm*, Lehrbuch zum neuen Schuldrecht, § 8 Rn. 589.

2066 *Huber/Faust*, Schuldrechtsmodernisierung, Kap. 15 Rn. 27; *von Westphalen*, in: *Henssler/von Westphalen* (Hrsg.), Praxis der Schuldrechtsreform, § 478 Rn. 5; *Ernst*, MDR 2003, 4 (5).

2067 *von Westphalen*, in: *Henssler/von Westphalen* (Hrsg.), Praxis der Schuldrechtsreform, § 478 Rn. 5.

2068 *Jud*, ZfRV 2001, 201 (207).

2069 Regierungsbegründung zum SchuldRModG, BT-Drucks. 14/6040, S. 248.

2070 Palandt-*Putzo*, 64. Aufl., § 478 Rn. 6; MüKo-*Lorenz*, 4. Aufl, BGB § 478 Rn. 18; Staudinger-*Matusche/Beckmann*, Neubearb., § 478 Rn. 15.

2071 Palandt-*Putzo*, 64. Aufl., § 478 Rn. 6; Staudinger-*Matusche/Beckmann*, Neubearb., § 478 Rn. 15. *Von Westphalen* weist daraufhin, dass die Parteien regelmäßig über den Zeitpunkt der Mangelhaftigkeit streiten werden, sodass in der Praxis nur durch ein rechtskräftiges Urteil die Anwendbarkeit des § 478 Abs. 1 BGB zu begründen vermag, in: *Henssler/von Westphalen* (Hrsg.), Praxis der Schuldrechtsreform, § 478 Rn. 7.

gilt im Wesentlichen das zum Rücktritt gesagte. Ein ohne Verpflichtung aus § 437 Nr. 2 BGB gewährter Preisnachlass löst die Anwendbarkeit des § 478 Abs. 1 BGB nicht aus.[2072] Zu beachten ist, dass der kleine Schadensersatzanspruch, wonach der Verkäufer verpflichtet ist, nur den Minderwert der mangelhaften Sache auszugleichen, aus Verkäufersicht mindestens einer Minderung gleichkommt, sodass § 478 Abs. 1 BGB hier wohl analog anzuwenden ist.[2073] Alle in § 437 BGB genannten Rechte setzen voraus, dass die Mangelhaftigkeit der Sache bereits im Zeitpunkt des Gefahrenübergangs auf den Käufer nach §§ 446, 447 BGB vorlag. Der Regressanspruch des Letztverkäufers aus § 478 Abs. 1 BGB ist dann ausgeschlossen, wenn die die Rechte des Verbrauchers auslösende Mangelhaftigkeit der Sache darauf beruht, dass die Sache nicht mit der Beschreibung übereinstimmt, die der Letztverkäufer ohne Zutun und Kenntnis des ihm gegenüber an sich Haftenden gegebenen hat.[2074]

Zu beachten ist hierbei auch die Vorschrift des § 442 BGB, wonach die Rechte nach § 437 BGB ausgeschlossen sind, wenn der Letztverkäufer in seiner Eigenschaft als Käufer den Mangel bei Vertragsschluss mit seinem Lieferanten kennt oder ihm der Mangel infolge grober Fahrlässigkeit unbekannt geblieben ist. Diese Haftungsbeschränkung steht auch mit den Vorgaben der VerbrGK-RL in Einklang. Aus der Formulierung „infolge eines Handelns oder Unterlassens" in Art. 4 VerbrGK-RL folgt, dass auch dort eine Drittverursachung vorausgesetzt wird, eine Eigenverursachung des Letztverkäufers hingegen den Anspruch ausschließt.[2075]

Mit dem Verzicht auf das Fristsetzungserfordernis wird im Sinne eines effektiven Regressrechts des Letztverkäufers sichergestellt, dass der Letztverkäufer die wirtschaftlichen Folgen aus der Geltendmachung des Rücktrittsrechts oder der Minderung durch den Verbraucher unmittelbar auf seinen Lieferanten überwälzen kann.[2076] Ohne diese Regelung bliebe der Letztverkäufer zunächst auf das Recht zur Nacherfüllung aus § 437 Nr. 1 i.V.m. § 439 BGB verwiesen. Der Letztverkäufer müsste im Falle des Rücktritts oder der Minderung den Kaufpreis anteilig oder vollständig zurückzahlen, hätte selbst aber nur einen Anspruch auf Ersatzlieferung oder Nachbesserung. Ein effektives Rückgriffsrecht wäre insbesondere dann nicht sichergestellt, wenn der Verbraucher gegenüber dem Letztverkäufer sein Recht zur Minderung geltend macht. In diesem Fall wäre der Letztverkäufer wohl kaum in der Lage, seine Pflicht aus § 439 Abs. 4 BGB zur Rückgewähr der Sache zu erfüllen, wenn sein Lieferant die Ersatzlieferung wählt.

Diese Erwägungen machen deutlich, dass nur der Verzicht auf das Fristsetzungserfordernis einen effektiven Rückgriff gewährleistet. Da es für den

---

2072 *Huber/Faust*, Schuldrechtsmodernisierung, Kap. 15 Rn. 27.

2073 *Büdenbender*, in: *Dauner-Lieb/Heidel/Lepa/Ring* (Hrsg.), Das Neue Schuldrecht, S. 254 (§ 8 Rn. 87).

2074 *Jud*, ZfRV 2001, 201 (207).

2075 *Magnus*, in: FS *Siehr*, S. 429 (438); *Jud*, ÖJZ 2000, 661 (663); *Schmidt-Kessel*, ÖJZ 2000, 668 (669).

2076 Regierungsbegründung zum SchuldRModG, BT-Drucks. 14/6040, S. 248.

Nacherfüllungsanspruch selbst eine solche Fristabhängigkeit nach § 439 Abs. 1 BGB nicht gibt, war es insofern mangels Bedürfnis für eine Erleichterung nicht erforderlich, diesen ebenfalls dem Anwendungsbereich des § 478 Abs. 1 BGB zuzuordnen.[2077] Insoweit hat der deutsche Gesetzgeber den Vorgaben der VerbrGK-RL für die Fälle der Minderung des Kaufpreises und der Rückgabe der Sache entsprochen.

Mit dem Verzicht auf das Fristsetzungserfordernis entfällt insoweit der Vorrang der Nacherfüllung.[2078] Gleichzeitig bedeutet dies, dass das Recht zur zweiten Andienung des Lieferanten gegenüber dem Letztverkäufer ausgeschlossen ist.[2079] Aus den §§ 323 und § 437 BGB ergibt sich, dass der Verkäufer grundsätzlich eine zweite Chance erhalten soll, den Vertrag ordnungsgemäß zu erfüllen. Das Erfordernis der Nachfristsetzung entfällt grundsätzlich nur dann gemäß § 323 Abs. 2 BGB, wenn der Verkäufer die Nachbesserung verweigert, ein Fixgeschäft oder besondere Umstände vorliegen. Es entfällt schließlich gemäß § 326 Abs. 1 Satz 3 BGB, wenn die Nacherfüllung unmöglich ist oder gemäß § 440 BGB fehlgeschlagen oder unzumutbar ist. Von diesem Grundsatz weicht die Regelung des § 478 Abs. 1 BGB ab.

Dieser (Neben-)Effekt des Fristsetzungsverzichts in § 478 BGB stieß in der Literatur auf heftige Kritik. Es sei durchaus möglich, dem Interesse des Letztverkäufers durch eine Nacherfüllung oder Ersatzlieferung seitens des Herstellers oder Zwischenhändlers gerecht zu werden, zumal eine Fristsetzung auch für den Letztverkäufer zumutbar sei.[2080] Diese Ansicht übersieht, dass der Umstand, dass der Letztverkäufer zwingend den Gewährleistungsansprüchen des Verbrauchers ausgesetzt ist, die Rechtsposition des Letztverkäufers verschlechtert, was wiederum eine Besserstellung gegenüber seinem Lieferanten rechtfertigt. Muss der Letztverkäufer die Sache zurücknehmen oder hat der Verbraucher den Kaufpreis gemindert, so wird dem Letztverkäufer nicht durch eine Nacherfüllung oder Ersatzlieferung geholfen sein. Ziel des § 478 Abs. 1 BGB ist es, dem Letztverkäufer die Möglichkeit zu gewähren, im Sinne des von der VerbrGK-RL geforderten effektiven Rückgriffs die Sache problemlos an seinen Lieferanten durchreichen zu können.[2081]

Es ist einzuräumen, dass dieses Argument dann nicht zum Tragen kommt, wenn der Verbraucher nur deswegen vom Vertrag zurücktritt, weil der Letztverkäufer versäumt hat, seiner Nacherfüllungspflicht nachzukommen. Denn davon, dass der Letztverkäufer die Sache als Folge ihrer Mangelhaftigkeit zurücknehmen oder sich die Minderung gefallen lassen musste, kann dann nicht die Rede sein, wenn er seiner Pflicht aus § 433 Abs. 1 Satz 2 BGB durch Nacherfüllung hätte

---

2077 Anwaltkommentar-*Büdenbender*, § 478 Rn. 21.

2078 *Lorenz/Riehm*, Lehrbuch zum neuen Schuldrecht, § 8 Rn. 590.

2079 Palandt-*Putzo*, 64. Aufl., § 478 Rn. 7; Staudinger-*Matusche/Beckmann*, Neubearb., § 478 Rn. 134.

2080 *Ernst/Gsell*, ZIP 2001, 1397 (1400).

2081 Regierungsbegründung zum SchuldRModG, BT-Drucks. 14/6040, S. 247.

nachkommen können. Für den Verzicht auf das Fristsetzungserfordernis besteht somit zumindest dann keine Veranlassung, wenn die Entstehung der Regresssituation in die Verantwortungssphäre des Letztverkäufers fällt.[2082] Es wird abzuwarten bleiben, wie die Rechtsprechung derartige Fälle behandelt. Da die Mindestbestimmungen der VerbrGK-RL hier nicht unterlaufen werden, ist dies keine Frage, ob die Regelung richtlinienkonform ist. Gleiches gilt für die von der Literatur aufgeworfene (Grundsatz-)Frage, wieso die Privilegierung des § 478 Abs. 1 BGB demjenigen Rückgriffsgläubiger versagt bleiben soll, der Nachbesserung geleistet hat oder der Geltendmachung eines Mangelfolgeschadens ausgesetzt war.[2083] Man wird in diesen Fällen davon ausgehen können, dass dem Letztverkäufer die von den Vorgaben der VerbrGK-RL nicht erfassten verschuldensabhängigen Schadensersatzansprüche zustehen.[2084] Einen Verstoß gegen die Richtlinienvorgaben stellt der Ausschluss des Rechts zur zweiten Andienung nicht dar.

c) Aufwendungsersatzanspruch gemäß § 478 Abs. 2 BGB

Die besonderen Voraussetzungen des § 478 Abs. 2 BGB dürfen nicht wörtlich aus der Vorschrift entnommen werden.[2085] „Beim Verkauf" bedeutet nicht etwa, dass der Letztverkäufer im Zeitpunkt des Kaufvertrages die Aufwendungen ersetzt verlangen kann. Aus der Formulierung „zu tragen hatte" ergibt sich vielmehr, dass der Letztverkäufer im Zeitpunkt, in dem er den Anspruch aus § 478 Abs. 2 BGB geltend macht, die Sache bereits an den Verbraucher verkauft haben muss und diesem ersatzpflichtig geworden ist.[2086] Ausgangsvoraussetzung ist, dass der Verbraucher gegen den Letztverkäufer einen Anspruch auf Nacherfüllung gemäß § 437 Nr. 1 i.V.m. § 439 BGB gelten gemacht hat, zu dessen Erfüllung der Letztverkäufer verpflichtet war.

Der Anspruch aus § 478 Abs. 2 BGB setzt weiterhin voraus, dass der den Anspruch des Verbrauchers gegen den Letztverkäufer begründende Mangel bereits bei Gefahrübergang auf den Letztverkäufer gemäß §§ 446, 447 BGB und damit im Zeitpunkt der Lieferung der Sache an den Letztverkäufer vorlag. Dies ergibt sich aus der Formulierung in § 478 Abs. 2 BGB „beim Übergang der Gefahr auf den Unternehmer". Dadurch soll vermieden werden, dass der Letztverkäufer Regress nimmt, obwohl die Mangelhaftigkeit der Sache auf einen Umstand zurückzuführen ist, der seiner Risikosphäre zuzurechnen ist, wie etwa einer falschen Lagerung der Sache.[2087] Die besondere Erwähnung dieser Einschränkung war im Unterschied zu Abs. 1 der Vorschrift deswegen erforderlich, weil es sich bei § 478 Abs. 2 BGB um

---

2082 Anwaltkommentar-*Büdenbender*, § 478 Rn. 33.
2083 *Ernst/Gsell*, ZIP 2001, 1398 (1400).
2084 Vgl. *Westermann*, NJW 2002, 253.
2085 Palandt-*Putzo*, 64. Aufl., § 478 Rn. 8.
2086 *Lorenz/Riehm*, Lehrbuch zum neuen Schuldrecht, § 8 Rn. 594.
2087 Regierungsbegründung zum SchuldRModG, BT-Drucks. 14/6040, S. 249.

eine eigene Anspruchsgrundlage handelt, die einen Rückgriff auf an anderer Stelle geregelte Ansprüche ausschließt.[2088]

Liegen die genannten Vorrausetzungen vor, so kann der Letztverkäufer nach § 478 Abs. 2 BGB die ihm durch die Nacherfüllung gegenüber dem Verbraucher entstandenen erforderlichen Aufwendungen, insbesondere Transport-, Wege-, Arbeits- und Materialkosten, ersetzt verlangen.[2089] Der Letztverkäufer kann demnach sowohl alle unmittelbar bei der Herstellung des vertragsgemäßen Zustandes anfallenden Kosten wie die Kosten für die Abholung, Untersuchung, Ersatzteile und den Aufwand des Handwerkers als auch die Kosten der Durchführung der Nacherfüllung, wie etwa die Bearbeitungskosten des Reklamationseingangs und die Kosten der Korrespondenz mit dem Kunden, ersetzt verlangen.[2090] Eine „unternehmerische Mitverantwortung des Letztverkäufers" gibt es insoweit nicht.[2091] Anders als bei §§ 256, 670 BGB handelt es sich bei den ersatzfähigen Aufwendungen nicht um freiwillige Vermögensopfer, da der Verkäufer gegenüber dem Verbraucher gemäß § 439 Abs. 2 BGB zur Kostentragung verpflichtet ist.[2092] Dies bedeutet nicht, dass der Letztverkäufer alle ihm im Rahmen der Nacherfüllung irgendwie entstandenen Kosten nach seiner freien Entscheidung von seinem Regressschuldner ersetzt verlangen kann.[2093] Aus § 439 Abs. 2 BGB, auf den § 478 Abs. 2 BGB verweist, ergibt sich vielmehr, dass der Letztverkäufer nur solche Aufwendungen ersetzt verlangen kann, die auch erforderlich waren. Bei Widerruf oder Anfechtung des Vertrages greift § 478 Abs. 2 BGB demnach nicht ein.[2094]

Auch die etwa zur Kundenpflege aus Kulanz übernommenen Kosten können nach ganz überwiegender Auffassung nicht im Rahmen von § 478 Abs. 2 BGB geltend gemacht werden.[2095] Überobligationsmäßige Aufwendungen kann der Regressgläubiger grundsätzlich nicht ersetzt verlangen kann.[2096] In diesen Fällen geht der Aufwand nicht auf den Mangel zurück, sondern beruht, wie bei einer Kulanzreparatur, auf einer freiwilligen Entscheidung des Letztverkäufers. Der Letztverkäufer trägt nicht das Prognoserisiko bezüglich der Nachbesserungskosten. War nämlich für einen objektiven Dritten nicht erkennbar, ob der Aufwand

---

2088 Regierungsbegründung zum SchuldRModG, BT-Drucks. 14/6040, S. 249.

2089 Regierungsbegründung zum SchuldRModG, BT-Drucks. 14/6040, S. 249.

2090 *Marx*, BB 2002, 2566 (2569); *Tröger*, ZGS 2003, 296 (297).

2091 *Marx*, BB 2002, 2566 (2569).

2092 Anwaltskommentar-*Büdenbender*, § 478 Rn. 11.

2093 *Ernst/Gsell*, ZIP 2001, 1389 (1395).

2094 *Ernst*, MDR 2003, 4 (5).

2095 Regierungsbegründung zum SchuldRModG, BT-Drucks. 14/6040, S. 249; *Buck*, in: *Westermann* (Hrsg.), Das Schuldrecht 2002, S. 105 (175); Anwaltskommentar-*Büdenbender*, § 478 Rn. 8, 32; *Haas*, in: *Haas/Medicus/Rolland/Schäfer/Wendtland* (Hrsg.), Das neue Schuldrecht, 5. Kap. Rn. 485; *Huber/Faust*, Schuldrechtsmodernisierung, Kap. 15 Rn. 27; *Lorenz/Riehm*, Lehrbuch zum neuen Schuldrecht, Rn. 589; Palandt-*Putzo*, 64. Aufl., § 478 Rn. 6; MüKo-*Lorenz*, 4. Aufl, BGB § 478 Rn. 27; Staudinger-*Matusche/Beckmann*, Neubearb., § 478 Rn. 43; Kompaktkommentar-*Tonner*, § 478 Rn. 11.

2096 *Tröger*, ZGS 2003, 296 (299).

erforderlich war, so handelt es sich auch dann um einen durch den Mangel verursachten Aufwand.[2097] Etwas Anderes gilt hingegen für die Rechtsverfolgungskosten des Verbrauchers, die bei einem für den Verbraucher positivem Urteil dem Letztverkäufer auferlegt werden.[2098] Gemäß §§ 91 ff. ZPO sind die Kosten des Rechtsstreits im Zivilprozess von der unterliegenden Partei zu tragen. Dabei handelt es sich nicht um Kosten der Nacherfüllung i.S.d. § 478 Abs. 2 BGB, da diese Aufwendungen bei einer berechtigten Mängelrüge nicht erforderlich waren. Vorhaltekosten können indessen dann anteilig geltend gemacht werden, wenn sie nicht auch ohne den Gewährleistungsfall angefallen wären.[2099] Die erworbenen Werkzeuge und Maschinen müssen also auch tatsächlich bei der Gewährleistungsabwicklung zum Einsatz gekommen sein, damit ihre Anschaffungskosten auf den Regressschuldner umgelegt werden können, andernfalls bleibt nur ein Ersatzanspruch hinsichtlich der Betriebskosten.[2100]

Verlangt der Verbraucher Nachbesserung, so stellt sich die Frage, ob der Letztverkäufer, wenn er die Reparatur durch eine eigene Werkstatt vorgenommen hat, seinem Lieferanten nur die tatsächlich angefallenen Selbstkosten oder ob er die hierfür üblichen Stundensätze inklusive einer Marge in Rechnung stellen kann. Festzuhalten ist zunächst, dass die Nacherfüllung keine Geschäftsbesorgung für den Regressschuldner darstellt.[2101] Es handelt sich vielmehr um ein eigenes Geschäft des Letztverkäufers.[2102] Die Vorschrift des § 478 Abs. 2 BGB dient in erster Linie dazu, bei fehlendem Verschulden des Letztverkäufer eine Weitergabe der Aufwendungen zu erreichen, die ihm tatsächlich entstanden sind.[2103] Die Berechnung der Arbeitskosten hat sich grundsätzlich an den Selbstkosten zu orientieren, wobei diese einen Deckungsbetrag zu den Lohnkosten enthalten können.

Problematisch ist, was der Letztverkäufer von seinem Lieferanten verlangen kann, wenn er gegenüber dem Verbraucher von seinem Leistungsverweigerungsanspruch aus § 439 Abs. 3 BGB keinen Gebrauch gemacht und trotz unverhältnismäßiger Kosten die Nacherfüllung vorgenommen hat. Denkbar ist, den Letztverkäufer in diesen Fällen so zu stellen, als hätte er die Unverhältnismäßigkeit eingewendet, sodass dem Verbraucher gegenüber dem Letztverkäufer lediglich das Recht zu Minderung und Rücktritt bzw. Schadensersatzansprüche nach § 437 Nr. 2 und 3 BGB geblieben wären.[2104] Diese Konstruktion kann nicht überzeugen, da sie

---

2097 *Tröger*, ZGS 2003, 296 (300).

2098 *Matthes*, NJW 2002, 2505 (2509); *Tröger*, ZGS 2003, 296 (298); *Huber/Faust*, Schuldrechtsmodernisierung, Kap. 15 Rn. 20.

2099 *Marx*, BB 2002, 2566 (2569).

2100 *Tröger*, ZGS 2003, 296 (297).

2101 Allein für den Fall, dass der Hersteller eine Garantierklärung i.S.d. § 443 BGB abgegeben hat, kann es sich bei der Nacherfüllung um ein auch fremdes Geschäft des Letztverkäufers handeln.

2102 *Tröger*, ZGS 2003, 296 (297).

2103 Regierungsbegründung zum SchuldRModG, BT-Drucks. 14/6040, S. 249.

2104 So wohl *Jud* ZfRV 2001, 201 (213).

keinen effektiven Rückgriff gewährleistet und eine einheitliche Handhabung ausschließt. Hat nämlich der Letztverkäufer Nachbesserung geleistet, so verbleibt die Sache regelmäßig beim Verbraucher, sodass ein Rücktritt des Letztverkäufers vom Vertrag mit dem Lieferanten ausscheidet. Leistet der Letztverkäufer die Nachlieferung, so ist zwar der Rücktritt vom Vertrag möglich, da er die mangelhafte Sache zurückerhält. In diesem Fall bliebe er jedoch auf den Kosten der Nachlieferung sitzen. Ein effektiver Rückgriffsanspruchs wäre nicht gegeben. Entgegen der Gesetzesbegründung[2105] muss dem Letztverkäufer auch für den Fall, dass er gegenüber dem Verbraucher von seinem Leistungsverweigerungsrecht gemäß § 439 Abs. 3 BGB keinen Gebrauch macht, ein Rückgriffsanspruch nach § 478 Abs. 2 BGB zustehen. Nur bei konsequenter Anwendung des § 478 Abs. 2 BGB ist die Vorschrift richtlinienkonform.

Das Leistungsverweigerungsrecht nach § 439 Abs. 3 BGB stellt eine Einrede dar, die der Durchsetzbarkeit des Anspruchs entgegen steht und nicht zum Erlöschen des Anspruchs kraft Gesetzes führt, sodass die Voraussetzungen des § 478 Abs. 2 BGB vorliegen würden. Um dennoch zu einem sachgerechten Ergebnis zu gelangen, bietet es sich an, den Anspruch nach dem Rechtsgedanken des § 254 BGB auf die Höhe der im Wege einer hypothetischen Betrachtung zu ermittelnden, verhältnismäßigen Aufwendungen zu begrenzen.[2106] Hatte der Letztverkäufer Kenntnis oder nur infolge grober Fahrlässigkeit Unkenntnis von der Unverhältnismäßigkeit der Nacherfüllung, so wäre eine Regelung, wonach der Aufwendungsersatzanspruch ausgeschlossen wäre, durchaus richtlinienkonform.

Fraglich ist, ob der Letztverkäufer die Kosten für eine Ersatzlieferung von einem Drittlieferanten ohne weiteres gegenüber dem ursprünglichen Lieferanten geltend machen kann. Teilweise wird in der Literatur vertreten, der Letztverkäufer müsse sich bei der Beschaffung eines Ersatzgegenstandes zunächst an seinen Vertragspartner, den Lieferanten, halten, dem gemäß § 439 BGB ein Recht zur zweiten Andienung zustünde, das im Rahmen des § 478 Abs. 2 BGB gerade nicht modifiziert wird.[2107] Bereits der Umstand, dass Haftungsausschlüsse nach § 442 BGB oder nach § 377 HGB einen Aufwendungsersatzanspruch ausschließen auch wenn dies nicht im Tatbestand des § 478 Abs. 2 BGB erwähnt wird, zeige, dass das Mängelgewährleistungssystem durch § 478 Abs. 2 BGB nicht völlig außer Kraft

---

2105 Regierungsbegründung zum SchuldRModG, BT-Drucks. 14/6040, S. 249.

2106 *Westermann*, NJW 2002, 241 (252); im Ergebnis wohl auch *Büdenbender*, in: *Dauner-Lieb/Heidel/Lepa/Ring* (Hrsg.), Das Neue Schuldrecht, S. 257 (§ 8 Rn. 91), der davon spricht, dass der Letztverkäufer in diesem Fall nur bis zu einer „Kappungsgrenze" den Ersatz der Aufwendungen verlangen kann; ähnlich auch *Matthes*, NJW 2002, 2505 (2507) der von einem anteiligen Aufwendungsersatz spricht ohne in diesem Zusammenhang die Vorschrift des § 254 BGB zu nennen. A.A. *Jud* ZfRV 2001, 201 (213), die eine hypothetische Ermittlung der verhältnismäßigen Nacherfüllungskosten für wenig praktikabel hält.

2107 Anwaltskommentar-*Büdenbender*, § 478 Rn. 13f.; *Faust*, in: *Bamberger/Roth*, Kommentar zum BGB, § 478 Rn. 20; *Büdenbender*, in: *Dauner-Lieb/Heidel/Lepa/Ring* (Hrsg.), Das Neue Schuldrecht, S. 256 (§ 8 Rn. 90); *Büdenbender* in: *Dauner-Lieb/Heidel/Lepa/Ring* (Hrsg.), Das Neue Schuldrecht, S. 256 (§ 8 Rn. 90).

gesetzt wird.[2108] Erst wenn der Regressschuldner nicht innerhalb einer angemessenen Frist leistet oder die Verpflichtung zur vorrangigen Inanspruchnahme des Lieferanten mit der Verpflichtung des Letztverkäufers gegenüber dem Verbraucher in Konflikt gerät, könne daher - nach dieser Auffassung - die Sache von einem Dritten beschafft werden.[2109]

Wie bereits dargestellt korrespondiert zwar das Recht zur Nacherfüllung des Letztverkäufer in seiner Funktion als Käufer gemäß § 437 Nr. 1 i.V.m. § 439 i.V.m. § 478 Abs. 2 BGB mit dem Recht zur zweiten Andienung seines Verkäufers. Macht der Letztverkäufer seinen Anspruch auf Aufwendungsersatz aus § 478 Abs. 2 BGB jedoch geltend, so findet sich kein solches zweites Andienungsrecht im Gesetz. Ob der Letztverkäufer dem Nacherfüllungsverlangen des Verbrauchers durch Ausschöpfen eigener Ressourcen oder die Einschaltung Dritter nachkommt bleibt vielmehr dem Letztverkäufer selbst überlassen. Die Lösung der hier angesprochenen Problematik findet sich vielmehr in § 478 Abs. 2 und § 439 Abs. 2 BGB selbst. § 478 Abs. 2 BGB dient nämlich lediglich dem Zweck, die Kosten i.S.d. § 439 Abs. 2 BGB weiterzubelasten.

Zu berücksichtigen ist, dass zu den Kosten i.S.d. § 478 Abs. 2 i.V.m. § 439 Abs. 2 BGB nur solche Aufwendungen gehören, die bei der Erfüllung der Nachbesserung oder Ersatzlieferung aufgewendet werden. Die Beschaffungskosten werden hingegen zum Erwerb der Ersatzlieferung bzw. der Sache selbst aufgewendet. Sie unterscheiden sich wesentlich von den in § 439 Abs. 2 BGB genannten Kosten. Der allein für die Nachbesserung geltende § 476 a BGB a.F., der nach der Gesetzesbegründung[2110] im Wesentlichen wenn auch ohne seine Einschränkungen von § 439 Abs. 2 BGB übernommen werden sollte, zeigt, dass der Gesetzgeber bei der Schaffung des § 439 Abs. 2 BGB nur solche Aufwendungen im Auge hatte, die zur Nachbesserung also zum Erhalt der Sache erforderlich sind. Es ist daher davon auszugehen, dass durch die richtlinienbedingte Erweiterung der Vorschrift auf die Ersatzlieferung nicht etwa nunmehr der Kaufpreis der Sache selbst als Aufwendung sondern nur die mit der Beschaffung der Sache verbundenen (Neben-)Kosten betrachtet werden sollen.

Darüber hinaus bestimmt § 439 Abs. 2 BGB ausdrücklich, dass nur die „erforderlichen" Aufwendungen ersatzfähig sind. Da § 478 Abs. 2 BGB auf die Vorschrift des § 439 Abs. 2 BGB verweist muss auch im Rahmen des Regressanspruchs gelten, dass nur solche Aufwendungen ersatzfähig sind, die auch erforderlich waren. Hätte aber der Letztverkäufer die Möglichkeit gehabt, die Sache vom Lieferanten zu einem niedrigeren Kaufpreis zu erwerben als von einem Drittlieferanten, so ist der dem Drittlieferanten gezahlte höhere Kaufpreis nicht erforderlich i.S.d. § 439 Abs. 2 BGB. Die Mehrkosten kann der Letztverkäufer nur im Wege eines verschuldensabhängigen Schadensersatzanspruchs geltend machen.

2108 Anwaltskommentar-*Büdenbender*, § 478 Rn. 12.

2109 Anwaltskommentar-*Büdenbender*, § 478 Rn. 14.

2110 Regierungsbegründung zum SchuldRModG, BT-Drucks. 14/6040, S. 231.

3. Verjährung

Grundsätzlich verjähren die Ansprüche des Rückgriffsgläubigers aus § 437 BGB modifiziert durch § 478 Abs. 1 BGB nach § 438 BGB und damit in der Regel in zwei Jahren ab Ablieferung der Sache an den Käufer bzw. den Rückgriffsgläubiger. Die Verjährung des von § 438 BGB nicht erfassten selbstständigen Aufwendungsersatzanspruch nach § 478 Abs. 2 BGB regelt hingegen § 479 Abs. 1 BGB, wonach die Ansprüche ebenfalls in zwei Jahren ab Ablieferung der Sache an den Käufer bzw. den Rückgriffsgläubiger verjähren. Damit hat der Gesetzgeber zunächst den durch die Richtlinie gebotenen Gleichlauf der Verjährungsfristen sichergestellt.[2111] Der bloße Gleichlauf genügt für eine effektive Umsetzung des Art. 4 VerbrGK-RL nicht.[2112] Bei unmodifizierter Anwendung des § 438 bzw. § 479 Abs. 1 BGB könnte dem Endverkäufer die Verjährung der eigenen Rückgriffsrechte drohen, obwohl er selbst noch den Ansprüchen des Käufers ausgesetzt wäre, da häufig aufgrund längerer Lagerzeiten beim Verkäufer die Sache nicht unmittelbar nach Erhalt der Lieferung an den Verbraucher weiterveräußert wird.[2113] Es ist EU-rechtlich geboten, den Ablauf der Frist so weit hinauszuschieben, dass der Regressschuldner im Zeitpunkt der Inanspruchnahme durch den Verbraucher die ihm dadurch entstandenen Nachteile auf seinen Rückgriffsschuldner abwälzen kann. Diesen Anforderungen hat der Gesetzgeber mit § 479 Abs. 2 BGB entsprochen.

Nach dieser Vorschrift unterliegen die Ansprüche des Rückgriffsgläubiger einer Ablaufhemmung von zwei Monaten nach dem Zeitpunkt, in dem der Rückgriffsgläubiger die Ansprüche des Verbrauchers erfüllt hat. Durch diese Regelung wird vermieden, dass die Verjährung der Ansprüche des Rückgriffsgläubigers bereits eingetreten ist, bevor dieser von der Mangelhaftigkeit der Sache überhaupt Kenntnis erlangt und so in eine Regressfalle gerät.[2114] Um zu vermeiden, dass durch die Neuregelung der Verjährung das Problem der Regressfalle vom Letztverkäufer auf seinen Lieferanten verlagert wird, hat der Gesetzgeber außerdem in § 479 Abs. 3 BGB bestimmt, dass die Regelungen des § 479 Abs. 1 und 2 BGB auch auf die Ansprüche des Lieferanten und der übrigen Käufer in der Vertragskette entsprechende Anwendung finden.[2115]

a) Rückgriff gemäß § 478 Abs. 1 i.V.m. § 437 BGB

Gemäß § 438 Abs. 1 Nr. 3 BGB verjähren die Ansprüche aus § 437 Nr. 1 und 3 BGB auf Nacherfüllung-, Schadens- und Aufwendungsersatz in zwei Jahren, sofern kein Fall des § 438 Abs. 1 Nr. 1 und 2 BGB vorliegt und kein Ausnahmetatbestand nach § 438 Abs. 2 und 3 BGB eingreift. Nach § 438 Abs. 4 i.V.m. § 218 BGB ist

---

2111 *Reich*, NJW 1999, 2397 (2400).

2112 *von Sachsen Gessaphe*, RIW 2001, 721 (731).

2113 *Schäfer/Pfeiffer*, ZIP 1999, 1829 (1835); *Ehmann/Rust*, JZ 1999, 853 (862); *Schmidt-Räntsch*, ZIP 1998, 849 (850); *Reich*, NJW 1999, 2397 (2403).

2114 *Mansel*, NJW 2002, 89 (95).

2115 *Jud*, ZfRV 2001, 201 (215).

der Rücktritt und gemäß § 438 Abs. 5 BGB die Minderung mit den Einschränkungen, die für die Verjährung der Ansprüche aus § 437 Nr. 1 und 3 BGB gelten, nach Ablauf von zwei Jahren nicht mehr möglich. Die Frist beginnt gemäß § 438 Abs. 2 BGB grundsätzlich mit der Ablieferung der Sache. Diese Regelungen gelten ohne weiteres auch für die in § 478 Abs. 1 BGB genannten Rückgriffsrechte des Regressgläubigers, da es sich bei § 487 Abs. 1 BGB lediglich um eine Modifikation der Rechte des Rückgriffsgläubigers handelt, die sich aus den allgemeinen kaufrechtlichen Gewährleistungsvorschriften ergeben.

b) Aufwendungsersatzanspruch gemäß § 478 Abs. 2 BGB

Für den Aufwendungsersatzanspruch des § 478 Abs. 2 BGB findet sich in § 479 Abs. 1 BGB eine besondere Regelung, da er nicht unter die Verjährungsregelung des § 438 BGB fällt.[2116] Danach verjährt der Aufwendungsersatzanspruch aus § 478 Abs. 2 BGB in zwei Jahren ab Ablieferung der Sache, so dass die Verjährung des Aufwendungsersatzanspruchs der zweijährigen Verjährungsfrist bzw. Ausschlussfrist des § 438 BGB für Ansprüche und Rechte aus § 437 BGB entspricht.[2117] Die Vorschrift gilt gleichfalls für solche Ansprüche, die von § 478 Abs. 2 BGB im Rahmen des § 478 Abs. 4 BGB abweichen. Entscheidend für den Verjährungsbeginn ist entsprechend § 438 Abs. 2 BGB die Ablieferung durch den Lieferanten an den Letztverkäufer bzw. an den Vordermann innerhalb der Vertragskette.[2118]

Ohne die Regelung in § 479 Abs. 1 BGB kämen die allgemeinen verjährungsrechtlichen Vorschriften der §§ 194 BGB ff. zur Anwendung, die auf die besonderen Umständen des Rückgriffs nicht passen.[2119] Bei Anwendbarkeit der regelmäßigen Verjährungsfrist gemäß § 195 BGB würde die Frist 3 Jahre betragen und gemäß § 199 BGB erst mit dem Schluss des Jahres beginnen, in dem der Anspruch beginnt oder der Gläubiger Kenntnis von den anspruchsbegründenden Umständen und der Person des Schuldners erlangt. Dadurch aber würde der Aufwendungsersatzanspruch hinsichtlich der übrigen Rechte des Regressgläubigers ohne sachlich gerechtfertigten Grund aufgewertet. Gleiches gilt, wenn zwar die Verjährungsfrist in § 479 Abs. 1 BGB festgelegt wäre nicht aber der Verjährungsbeginn. In diesem Fall käme § 200 BGB zu Anwendung, wonach die Verjährungsfrist erst mit der Entstehung des Anspruchs beginnt. Nur durch § 479 BGB wird der Gleichlauf der Verjährung sämtlicher Ansprüche, die aus der Lieferung einer mangelhaften Sache folgen, im Sinne eines effektiven Rückgriffsrechts erreicht.[2120]

2116 Regierungsbegründung zum SchuldRModG, BT-Drucks. 14/6040, S. 249.

2117 Palandt-*Putzo*, 64. Aufl., § 479 Rn. 1; MüKo-*Lorenz*, 4. Aufl, BGB § 479 Rn. 5; Staudinger-*Matusche/Beckmann*, Neubearb., § 479 Rn. 2.

2118 *Haas*, BB 2001, 1320.

2119 Palandt-*Putzo*, 64. Aufl., § 479 Rn. 4.

2120 Regierungsbegründung zum SchuldRModG, BT-Drucks. 14/6040, S. 250.

c) Ablaufhemmung

Um eine durch unterschiedliche Verjährungsfristen bedingte Regressfalle zu vermeiden, hat der Gesetzgeber in § 479 Abs. 2 BGB eine Sonderbestimmung für Verjährungsfristen bei Regressansprüchen aus § 478 Abs. 1 und 2 BGB vorgesehen.[2121] Sie ist nur anwendbar auf Ansprüche im Verhältnis des Letztverkäufers, Lieferanten, Vorlieferanten und Herstellers auf die jeweils zwischen ihnen bestehenden Verträge.[2122] Gemäß § 479 Abs. 2 BGB verjähren die Ansprüche des Rückgriffsgläubigers frühestens zwei Monate nach Erfüllung der Ansprüche des Verbrauchers. Fristbeginn ist damit der Zeitpunkt, in dem der Letztverkäufer die Gewährleistungsansprüche des Verbrauchers tatsächlich erfüllt hat.[2123]

Daneben gilt sie auch für Ansprüche aus § 443 BGB des Regressgläubiger gegen seinen Lieferanten.[2124] Auch hier muss eine Verpflichtung zur Erfüllung bestanden haben. Kulanzleistungen werden durch § 479 BGB nicht begünstigt. Gleiches gilt für den Fall, dass die Ansprüche des Verbrauchers bereits verjährt waren. Die verjährungsrechtliche Privilegierung des Rückgriffsgläubigers greift nur ein, solange der Rückgriffsgläubiger die Gewährleistungsansprüche des Käufers vor deren Verjährung erfüllt hat. Die Erfüllung der Ansprüche kann dabei sowohl freiwillig als auch aufgrund einer Verurteilung erfolgt sein.[2125] Voraussetzung ist, dass es sich um Verträge über neu hergestellte Sachen handelt. Diese Einschränkung ist nicht mit den zu vereinbaren, die zur Aufnahme eines effektiven Rückgriffsanspruchs auch bei Mangelhaftigkeit gebrauchter Sachen zwingt.[2126]

Aus der Formulierung „frühestens" ergibt sich darüber hinaus, dass eine zu diesem Zeitpunkt längere Verjährungsfrist nicht ausgeschlossen werden soll.[2127] § 479 Abs. 2 Satz 1 BGB kommt somit nur die Funktion zu, die Verjährung zu verhindern, nicht aber zu verkürzen.[2128] Es handelt sich insoweit um eine die Verjährungshemmung ergänzende Bestimmung für den besonderen Fall des Rückgriffs.[2129] Die Voraussetzungen und Rechtsfolgen der Ablaufhemmung ergeben sich demnach aus den §§ 203 BGB ff modifiziert durch § 479 Abs. 2 BGB. Hat der Verbraucher geklagt ist daher gemäß § 204 Nr. 6 BGB die Zustellung der

---

2121 *Däubler*, NJW 2001, 3734.

2122 Palandt-*Putzo*, 64. Aufl., § 479 Rn. 2; MüKo-*Lorenz*, 4. Aufl, BGB § 479 Rn. 5.

2123 *Jud*, ZfRV 2001, 201 (215) für das österreichische Recht.

2124 Palandt-*Putzo*, 64. Aufl., § 479 Rn. 5; Staudinger-*Matusche/Beckmann*, Neubearb., § 479 Rn. 9.

2125 *von Westphalen* in: *Henssler/von Westphalen* (Hrsg.), Praxis der Schuldrechtsreform, § 479, Rn. 3; Palandt-*Putzo*, 64. Aufl., § 479 Rn. 6;Staudinger-*Matusche/Beckmann*, Neubearb., § 479 Rn. 9.

2126 Auch insoweit könnte eine Unterscheidung zwischen gebrauchten und neu hergestellten Sachen nicht überzeugen.

2127 *Büdenbender*, in: *Dauner-Lieb/Heidel/Lepa/Ring* (Hrsg.), Das Neue Recht, § 8 Rn. 96 (S. 258).

2128 Anwaltskommentar-*Büdenbender*, § 479 Rn. 3.

2129 Anwaltskommentar-*Büdenbender*, § 479 Rn. 3.

Streitverkündung an den Regressschuldner erforderlich.[2130] Hat der Regressgläubiger hingegen seine gewährleistungsrechtliche Verpflichtung gegenüber dem Verbraucher erfüllt, so tritt zwar die Ablaufhemmung des § 479 Abs. 2 BGB ein, andere Hemmungsgründe nach den §§ 203 BGB ff. bleiben davon unberührt.

Ziel der Vorschrift ist es die Verjährung der Rückgriffsansprüche zu verhindern, bevor der Rückgriffsschuldner von dem Mangel Kenntnis erlangt hat.[2131] Hierzu hätte der deutsche Gesetzgeber auch die Möglichkeit gehabt, den Fristbeginn der Verjährung für die Ansprüche des Rückgriffsschuldners an den Zeitpunkt anzuknüpfen, in dem sich das Haftungsrisiko beim Rückgriffsgläubiger verwirklicht.[2132] Eine solche Regelung hätte aber im Ergebnis bedeutet, dass die Verjährungsfrist nach § 438 Abs. 1 Nr. 3 BGB oder § 479 Abs. 1 BGB von zwei Jahren für Rückgriffsansprüche mit der Inanspruchnahme des Letztverkäufers durch den Verbraucher zu Laufen beginnt. Dieser Zeitpunkt wird regelmäßig nur schwer zu bestimmen sein.[2133] Der Rückgriffsanspruch des Letztverkäufers gelangt erst dann zur Entstehung, wenn er die Ansprüche des Verbrauchers erfüllt hat. Den Beginn der Verjährung des Anspruchs an einen Zeitpunkt vor seiner Entstehung anzuknüpfen wäre insofern wenig zweckmäßig, da sie den Letztverkäufer, der die Verjährung seiner Ansprüche vermeiden will, zur gerichtlichen Geltendmachung der Rückgriffsansprüche zwingen würde, bevor der Anspruch überhaupt entstanden ist.[2134]

Mit § 479 BGB hat der deutsche Gesetzgeber dem Anliegen eines effektiven Rückgriffsanspruch umfassend entsprochen.[2135] Dass der Zeitraum der Verjährungsfrist demjenigen für Verbrauchsgüterkaufverträge entsprechen muss, bestimmt auch die Richtlinie nicht. Eine solche den Regressschuldner belastende Vorschrift wäre wohl auch kaum mit dem von der VerbrGK-RL angestrebten Ziel der Binnenmarktverwirklichung zu vereinbaren. Die Begrenzung auf zwei Monate dient dem Interesse des Regressschuldners, sein unternehmerisches Risiko durch Kalkulierbarkeit zu begrenzen.[2136] Hätte man es bei einer Zwei-Jahres-Frist ab Erfüllung der Gewährleistungsansprüche belassen, so hätte dies nur schwer kalkulierbare Regressrisiken für den Rückgriffsschuldner zur Folge gehabt, was mit

---

2130 Palandt-*Putzo*, 64. Aufl., § 479 Rn. 6; Staudinger-*Matusche/Beckmann*, Neubearb., § 479 Rn. 16.

2131 *Mansel*, NJW 2002, 89 (95).

2132 Hierfür *Ernst/Gsell*, ZIP 2000, 1410 (1423); *Roth*, in: *Ernst/Zimmermann* (Hrsg.), Zivilrechtswissenschaft und Schuldrechtsreform, S. 225 (251).

2133 Einem Nacherfüllungsverlangen durch den Verbraucher wird oftmals eine Prüfung der Mangelhaftigkeit der Sache bei der vorrangig geltend zu machenden Nacherfüllung gemäß § 437 Nr. 1 i.V.m. § 439 BGB im Hinblick auf die damit verbundenen Kosten nachfolgen, sodass insbesondere dann, wenn die vom Verbraucher gewählten Nacherfüllungsart den Letztverkäufer nach § 439 Abs. 3 BGB dazu berechtigt, die gewählte Nacherfüllungsart zu verweigern, für die „Inanspruchnahme" mehrere Zeitpunkte infrage kommen.

2134 So auch *Jud*, ZfRV 2001, 201 (215) für das österreichische Recht.

2135 *von Sachsen Gessaphe* RIW 2001, 721 (732); *Jud* ÖJZ 2000, 661 (667).

2136 Regierungsbegründung zum SchuldRModG, BT-Drucks. 14/6040, S. 250.

der im Handelsrecht erstrebten Schnelllebigkeit des Verkehrs nicht zu vereinbaren gewesen wäre.[2137]

Fraglich ist, wie es sich auswirkt, wenn der Letztverkäufer die Erfüllung der Gewährleistungsansprüche verzögert. Der Wortlaut bringt insoweit keine Klärung. Danach tritt die Verjährung zwei Monate, nachdem der Regressgläubiger seine Verpflichtung gegenüber dem Verbraucher erfüllt hat, ein. Teilweise wird daher in der Literatur befürchtet, der Letztverkäufer könne durch eine Verzögerung der Erfüllung seiner Pflichten gegenüber dem Verbraucher die Verjährung seiner Ansprüche gegen den Regressschuldner hinausschieben.[2138] Eine ungerechtfertigte Belastung des Rückgriffsschuldners stellt § 479 Abs. 2 BGB nicht dar. Zu berücksichtigen ist, dass eine schuldhafte Verzögerung zum einen Schadensersatzansprüche des Regressschuldners gegen den Letztverkäufer aus § 280 i.V.m. § 241 Abs. 2 BGB auslöst und zum anderen den Verbraucher berechtigt, entweder eine Gewährleistungsstufe weiter zu gehen, sodass er Ansprüche aus § 437 Nr. 2 und 3 BGB auf Minderung Rücktritt und Schadensersatz geltend machen kann oder ebenfalls nach § 280 BGB Schadensersatz zu verlangen. Auch für die Fälle einer nicht schuldhaften Verzögerung ist die Regelung des § 479 Abs. 2 BGB sachgerecht. Das Gewährleistungsrisiko wird dem Rückgriffsschuldner aufgebürdet, wenn den Rückgriffsgläubiger keine Verantwortung für die Mangelhaftigkeit der Sache trifft.

Um die Ablaufhemmung zu begrenzen hat der Gesetzgeber in § 479 Abs. 2 Satz 2 BGB eine Maximalfrist von fünf Jahren vorgesehen. Danach endet die Ablaufhemmung spätestens fünf Jahre nachdem der Rückgriffsschuldner die Sache bei seinem Gläubiger abgeliefert hat. Das bedeutet, dass über die Zwei-Jahres-Frist des § 483 Abs. 2 BGB hinaus längstens noch weitere drei Jahre für den Regress zur Verfügung stehen.[2139] Eine Hemmung aus anderen Gründen nach den §§ 203 BGB ff. wird hiervon nicht berührt.[2140] § 479 Abs. 2 Satz 2 BGB stellt eine Schranke gegen eine übermäßige Überbürdung des Verzögerungsrisikos auf den Rückgriffsschuldner dar. Eine solche Maximalfrist ist nach der VerbrGK-RL auch zulässig. Sie ist Ausdruck des auch im Rahmen der Umsetzung des Art. 4 VerbrGK-RL zu berücksichtigenden Interessenausgleichs der am Binnenmarkt Beteiligten.

In der Literatur wird teilweise die Obergrenze der Ablaufhemmung von fünf Jahren für zu hoch gehalten.[2141] Nur mit der fünfjährigen Maximalfrist mache die Ablaufhemmung die Dauer der Gewährleistungsfristen für den Regressschuldner verlässlich kalkulierbar. Weist eine Sache etwa aufgrund eines Produktionsfehlers durchgängig Mängel auf sei für den Unternehmer nicht ersichtlich, von wie vielen Verbrauchern seine Abnehmer in Anspruch genommen werden und wann die Verjährungsfristen der Verbraucheransprüche ablaufen. Der Regressschuldner

---

2137 *von Sachsen Gessaphe*, RIW 2001, 721 (732).
2138 *Ernst/Gsell*, ZIP 2001, 1389 (1400).
2139 Anwaltskommentar-*Büdenbender*, § 479 Rn. 4.
2140 *Jud*, ZfRV 2001, 201 (215).
2141 *von Sachsen Gessaphe*, RIW 2001, 721 (732).

müsse daher bis zum Ablauf der fünfjährigen Maximalfrist noch mit einer möglichen Inanspruchnahme durch seinen Käufer rechnen, da er regelmäßig nicht beurteilen könne, ob im Verhältnis zwischen seinem Käufer und den Verbrauchern noch Gewährleistungsfristen liefen. Dieses Problem stelle sich insbesondere bei verhältnismäßig langen Lagerzeiten und laufenden Rechtsstreitigkeiten aber auch dann, wenn die mangelhafte Sache sowohl gewerblich als auch privat genutzt werden können und daher die Behandlung des Kaufs als Verbrauchsgüterkauf für den Regressschuldner nicht ohne weiteres vorhersehbar sei. Die Maximalfrist bei einer durch eine Vereinbarung nach § 443 BGB bedingten Garantierückstellung beim Hersteller führe wohl in jedem Fall zu einer Verlängerung der Laufzeit, sodass das Rückgriffsrecht eine Erhöhung der Beiträge der Rückstellung bewirke.

Richtig ist, dass unter Umständen unkalkulierbare Risiken für den Regressschuldner entstehen können. Die Lösung des Problems ist nicht in einer Verkürzung der Maximalfrist zu suchen. Gerade im Handelsverkehr ist die Abnahme größerer Warenmengen die Regel, sodass längere Lagerzeiten durchaus im Rahmen der Wahrscheinlichkeit und Vorhersehbarkeit liegen, was eine Maximalfrist von fünf Jahren grundsätzlich rechtfertigt. Es ist daher vielmehr an eine Haftungsbegrenzung nach Zurechnungskriterien zu denken.[2142]

Hierfür spricht folgende Überlegung: Ergibt sich etwa aus dem nach Art. 12 VerbrGK-RL vorgesehnen Bericht des Europäischen Rates und des Europäischen Parlaments eine Verpflichtung der Mitgliedstaaten, eine Direkthaftung des Herstellers einzuführen, so würde die Umstellung für das deutsche Recht verjährungsrechtlich und damit in wirtschaftlicher Konsequenz keine große Umstellung bedeuten. Müsste nämlich der deutsche Gesetzgeber eine unmittelbare Haftung des Herstellers vorsehen, so wäre er auch gezwungen, die Verjährungsfristen dieses Anspruchs im Sinne des *effet utile* einer solchen Richtlinienvorschrift an die Verjährung der Ansprüche des Verbrauchers gegen seinen Verkäufer anzugleichen. Dies aber würde bedeuten, dass der deutsche Gesetzgeber sicherstellen müsste, dass der Anspruch des Verbrauchers gegen den Hersteller ebenfalls nicht in weniger als in zwei Jahre ab Ablieferung der Sache an den Verbraucher verjährt. Bei längeren Lagerzeiten sind daher durchaus Haftungszeiträume des Herstellers von fünf Jahren denkbar. Da es sich hierbei um Umstände außerhalb seines Einflussbereichs handelt, von denen er im Zweifel über Jahre hinweg noch nicht einmal Kenntnis erlangt, erscheint es insoweit sachgerechter, eine Begrenzung des zeitlichen Haftungsrisikos des Herstellers durch Zurechnungskriterien zu schaffen.

III. Umsetzung in Italien

Die Umsetzungsvorschrift zu Art. 4 VerbrGK-RL findet sich im italienischen Recht in Art. 1519-*quinquies Cc*. Die italienische Rechtsordnung kennt bereits in Art. 1299 *Cc* einen Regressanspruch zwischen Gesamtschuldnern und in Art. 1469-

[2142] *von Sachsen Gessaphe*, RIW 2001, 721 (732); *Roth*, in: *Ernst/Zimmermann* (Hrsg.), Zivilrechtswissenschaft und Schuldrechtsreform, S. 225 (251).

quinquies Abs. 4 *Cc* einen Regressanspruch des Verkäufers gegen seinen Lieferanten für erlittene Schäden, die beide die Folge der Unwirksamkeit missbräuchlicher Vertragsklauseln sind. Darüber hinaus enthält Art. 2055 *Cc* einen Regressanspruch für nach Deliktsrecht haftende Gesamtschuldner. Vor Umsetzung der VerbrGK-RL konnte der Letztverkäufer zudem aus dem zwischen ihm und seinem Vertragspartner bestehenden Vertragsverhältnis vorgehen und nach Art. 106 *Codice di procedura civile* einem Dritten den Streit verkünden, wenn er den Kontrahenten als von derselben Sache betroffen ansieht oder gegen ihn Gewährleistungsansprüche zu haben behauptet. Hier waren die Vorschriften der Art. 1476 ff *Cc* uneingeschränkt anzuwenden.

Art. 1495 *Cc* sieht keine Möglichkeit des Letztverkäufers vor, verschuldensunabhängig die im Rahmen der Nacherfüllung gegenüber dem Verbraucher gemachten Aufwendungen vom Lieferanten als Ersatz zu verlangen. Die vor Umsetzung der VerbrGK-RL bestehenden Vorschriften der italienischen Zivilrechtsordnung hätten den Vorgaben der VerbrGK-RL nicht genügt. Der *effet utile* des Art. 4 VerbrGK-RL erfordert nämlich nach der hier vertretenen Auffassung, dass der Letztverkäufer die Möglichkeit erhält, das Haftungsrisiko in vollem Umfang auf den für die Vertragswidrigkeit Verantwortlichen abzuwälzen, ohne das hierzu ein Verschulden nachzuweisen wäre.

1. Systematik

Gemäß Art. 1519-*quinquies* Abs. 1 *Cc* hat der Letztverkäufer ein Regressrecht (*diritto di regresso*), wenn er gegenüber dem Verbraucher wegen einer Vertragswidrigkeit haftet, die einem Handeln oder Unterlassen des Herstellers (*produttore*), einem früheren Verkäufer innerhalb derselben Veräußerungsvertragskette (*catena distributiva*) oder einer anderen Zwischenperson (*qualsiasi altro intermediario*) zuzurechnen ist. Der italienische Gesetzgeber hat damit nicht nur eine vertragliche Haftung Dritter geschaffen, sondern zugleich eine im *Cc* bisher nicht enthaltene Rechtgrundlage für eine vertragliche Pflicht der an einer Veräußerungsvertragskette Beteiligten dem Letztverkäufer ein mangelfreies Gutes zu verschaffen.[2143] Dabei tritt der Regressanspruch regelmäßig in Konkurrenz zu den Gewährleistungsrechten des Letztverkäufers gegenüber seinem Vertragspartner. Die herrschende Auffassung in der italienischen Literatur nimmt daher an, dass die Regressansprüche und Gewährleistungsrechte des Regressnehmers in einem Alternativ- bzw. Ausschlussverhältnis zueinander stehen.[2144]

Der Letztverkäufer muss sich entscheiden, ob er den Regressanspruch aus Art. 1519-*quinquies* Abs. 1 *Cc* oder Gewährleistungsansprüche geltend macht. Zu berücksichtigen ist, dass die Vorschriften über den Verbrauchsgüterkauf und die des allgemeinen Gewährleistungsrechts stark differierende Fristen für die Mängelanzeige und die Verjährung vorsehen. Beim Verbrauchsgüterkauf hat der Verbraucher gemäß Art. 1519-*sexies* Abs. 1 *Cc* zwei Monate ab Entdeckung der

2143 *Zaccaria/De Cristofaro*, La vendita dei beni di consumo, S. 105.

2144 *Cian/Trabucchi-Zaccaria*, Commentario breve, Art. 1173 III.

Vertragswidrigkeit Zeit die Vertragswidrigkeit dem Letztverkäufer anzuzeigen. Außerdem verjähren seine Ansprüche gemäß Art. 1519-*sexies* Abs. 4 *Cc* nach Ablauf einer Frist von 26 Monaten ab dem Zeitpunkt der Lieferung. Demgegenüber steht dem Käufer nach allgemeinem Gewährleistungsrecht gemäß Art. 1495 Abs. 1 *Cc* nur eine Frist von 8 Tagen nach Entdeckung des Mangels zur Anzeige der Mangelhaftigkeit der Kaufsache zur Verfügung und seine Ansprüche verjähren gemäß Art. 1495 Abs. 3 *Cc* bereits ein Jahr nach Lieferung. Die Gewährleistungsansprüche des Letztverkäufers gegen seinen Vertragspartner dürften daher in einer Vielzahl der Fälle bereits verjährt sein, wenn er die Gewährleistungsansprüche des Verbrauchers erfüllt hat, sodass ihm letztlich ohnehin nur der Regressanspruch aus Art. 1519-*quinquies* Abs. 1 *Cc* bleibt.

Die Rechtsnatur des Regressanspruchs nach Art. 1519-*quinquies* Abs. 1 *Cc* ist noch nicht abschließend geklärt. Denkbar ist den Anspruch gegen den Vertragspartner des Regressnehmers sowohl als vertraglichen Gewährleistungsanspruch als auch als deliktischen Schadensersatzanspruch zu qualifizieren.[2145] Da Verträge nur zwischen den Vertragsparteien Wirkungen entfalten können, was Art. 1372 Abs. 2 *Cc* sogar ausdrücklich regelt, muss es sich bei Art. 1519-*quinquies* Abs. 1 *Cc* um einen deliktischen Anspruch handeln. Es besteht Einigkeit darüber, dass der Regressanspruch den allgemeinen Beweisregeln des Art. 2697 *Cc* folgt und keine Beweislastumkehr entsprechend Art. 1519-*sexies* Abs. 3 *Cc* stattfindet, sodass Art. 1519-*quinquies* Abs. 1 *Cc* nicht etwa als Fortsetzung der vertraglichen Ansprüche des Verbrauchers gegen den Letztverkäufer verstanden werden darf.[2146] Eingeräumt wurde, dass die fehlende Beweiserleichterung in der Praxis zu erheblichen Beweisschwierigkeiten führen dürfte, da es dem Letztverkäufer oftmals nicht gelingen wird, nachzuweisen, wem der an der Veräußerungskette beteiligten Personen die Vertragswidrigkeit zuzurechnen ist.[2147] Anspruchsinhaber ist nur der Letztverkäufer im Rahmen eines Verbrauchsgüterkaufes.

Einem Verkäufer, der im Rahmen seiner beruflichen oder gewerblichen Tätigkeit eine bewegliche Sache zu eigenen Zwecken oder zur Veräußerung an einen ebenfalls gewerblich oder beruflich handelnden Käufer erworben hat, gibt Art. 1519-*quinquies* Abs. 1 *Cc* keinen Anspruch. Erforderlich ist aber nicht nur, dass der Letztverkäufer gegenüber einem Verbraucher haftet, sondern, dass der Letztverkäufer zu beruflichen oder gewerblichen Zwecken tätig geworden ist. Selbst einem Verbraucher, der die Sache ursprünglich von einem Verkäufer erworben hat, der ihm seinerseits die Sache im Rahmen seiner beruflichen oder gewerblichen Tätigkeit veräußert hat, steht ein Regressanspruch gegen seinen Verkäufer nicht zu und zwar unabhängig davon, ob er gegenüber einem Verbraucher oder einem sonstigen Käufer haftet.[2148]

2145 Vgl. hierzu *De Nova*, L'aquisto di beni di consumo, S. 51.

2146 *Zaccaria/De Cristofaro*, La vendita dei beni di consumo, S. 112; *Garofalo*, in: *Schermaier* (Hrsg), Verbraucherkauf in Europa, S. 237 (265).

2147 So die Kritik bei *Eccher/Schurr*, ZEuP 2003, 65 (80).

2148 *Zaccaria/De Cristofaro*, La vendita dei beni di consumo, S. 105.

Anspruchsgegner kann nach dem Wortlaut der Vorschrift sowohl der Hersteller, ein früherer Verkäufer innerhalb derselben Veräußerungskette oder eine andere Zwischenperson sein. Der Letztverkäufer ist nicht darauf beschränkt, sich an seinen Vertragspartner zu halten. In Betracht kommen vielmehr alle an der Veräußerungskette Beteiligten einschließlich desjenigen, der das Verbrauchsgut in Verkehr gebracht hat. Dieser „Hersteller" hat deswegen seine gesonderte Erwähnung in Art. 1519-*quinquies* Abs. 1 *Cc* gefunden.[2149] Nach Art. 1519-*bis* Abs. 2 d) *Cc* bezeichnet der Begriff „Hersteller" (*produttore*) im Sinne der VerbrGK-RL neben dem Fabrikanten (*fabbricante*) von Verbrauchsgütern auch dessen Importeur (*importatore*) für das Gebiet der Europäischen Union und jede andere Person, die sich als Hersteller bezeichnet, indem sie ihren Namen, ihre Marke oder ein anders Kennzeichen an das Verbrauchsgut anbringt.

„Frühere Verkäufer" (*precedente venditore*) innerhalb derselben Veräußerungskette können alle Personen sein, die das letztlich vom Verbraucher erworbene Verbrauchsgut ihrerseits im Rahmen ihrer beruflichen oder gewerblichen Tätigkeit zunächst erworben und anschließend weiterveräußert haben. Andere Zwischenpersonen sind nach Auffassung der italienischen Literatur solche Personen, die, ohne selbst Eigentümer der Sache gewesen zu sein oder eine sonstige rechtliche Verfügungsgewalt inne hatten, in irgendein „materielles Verhältnis" zu dem letztlich vom Verbraucher erworbenen Verbrauchsgut standen, wie etwa solche Personen, die die tatsächliche Sachherrschaft und damit den Besitz an der Sache hatten oder die in irgendeinem Vertragsverhältnis zu demjenigen standen, der den Besitz an der Sache hatte.[2150] Insbesondere Handelsvertreter, Frachtführer und Spediteure können Zwischenpersonen i.S.v. Art. 1519-*quinquies* Abs. 1 *Cc* sein.

Die Ausweitung des Personenkreises auf andere Zwischenpersonen, die als Regressschuldner in Betracht kommen, wird in der italienischen Literatur damit begründet, dass alleiniger Anknüpfungspunkt für die Haftung des Letztverkäufers die Vertragswidrigkeit ist. Weder ein Verschulden noch irgendeine andere Form der Zurechnung ist nach den Art. 1519-*bis* ff. *Cc* Voraussetzung für die Haftung des Letztverkäufers gegenüber dem Verbraucher.[2151] Aus der Formulierung in Art. 1519-*quinquies* Abs. 1 *Cc* folgt, dass auch die Zwischenperson an der Veräußerungskette beteiligt gewesen sein muss. Ist die Vertragswidrigkeit einem Handeln oder Unterlassen einer Person zuzurechnen, die nicht an der Veräußerungskette beteiligt gewesen ist, wie dies etwa bei Erfüllungsgehilfen der Fall ist, so haftet nur die Person, die für das Handeln oder Unterlassen dieser Person verantwortlich ist und, die selbst an der Veräußerungskette beteiligt war. Dadurch soll vermieden werden, dass durch Art. 1519-*quinquies* Abs. 1 *Cc* der Arbeitnehmer des Verkäufers belastet wird, dessen Regulierung die Richtlinie nicht vor Augen hatte.

[2149] *Zaccaria/De Cristofaro*, La vendita dei beni di consumo, S. 105.

[2150] *Zaccaria/De Cristofaro*, La vendita dei beni di consumo, S. 106.

[2151] *Zaccaria/De Cristofaro*, La vendita dei beni di consumo, S. 107.

Da die Umsetzungsvorschriften zur VerbrGK-RL gemäß Art. 1519-*bis* Abs. 1 *Cc* auch auf Werkverträge Anwendung finden, ist durchaus denkbar, dass i.S.d. Art. 1656 *Cc* auch Subunternehmer des Werkunternehmers (*subappaltatore*) Zwischenpersonen i.S.d. Art. 1519-*quinquies* Abs. 1 *Cc* sind. Für eine unmittelbare Haftung des Subunternehmers spricht zunächst, dass es sich bei einem Subunternehmer nicht um einen Erfüllungsgehilfen (*ausiliari*) i.S.d. Art. 1228 *Cc* handelt, dessen Pflichten im Werkvertragsrecht in Art. 1676 *Cc* gesondert geregelt sind, dessen Regelung sich nicht auf den Subunternehmer übertragen lässt.[2152] Dagegen spricht, dass der *Codice civile* einen eigenständigen Regressanspruch des Unternehmers gegen seinen Subunternehmer in Art. 1670 *Cc* normiert hat. Der Subunternehmer haftet nicht gegenüber den Vertragspartnern des Unternehmers.[2153] Hieraus folgt aber gleichzeitig, dass der Subunternehmer nicht an der Veräußerungskette beteiligt ist. Voraussetzung der Passivlegitimation ist gerade, dass die Zwischenperson „an der Veräußerungskette beteiligt" ist. Der Subunternehmer kann nicht Anspruchsgegner eines Regressanspruchs des Letztverkäufers sein.[2154] Welche Rechte der Letztverkäufer im Einzelnen geltend machen kann erwähnt Art. 1519-*quinquies Cc* indes nicht. Nahe liegend ist insoweit, dass sich das Regressrecht des Letztverkäufers nach dem Vertragsverhältnis des Verantwortlichen, also des Anspruchsgegners mit dessen Käufer, richtet.[2155]

Art. 1519-*quinquies* Abs. 1 *Cc* bestimmt insoweit, dass der Letztverkäufer den Regressschuldner nur in Anspruch nehmen kann, wenn keine gegenteilige Vereinbarungen (*patto contrario*) oder ein Verzicht (*rinuncia*) gegenüber den haftenden Personen, die an der oben genannten Veräußerungskette beteiligt sind, vorliegen. Der Vorbehalt macht deutlich, dass das Regressrecht des Letztverkäufers grundsätzlich abdingbar ist. Damit hat der italienische Gesetzgeber die in Erwägungsgrund 9 VerbrGK-RL enthaltene Verzichtsmöglichkeit des Regressnehmers präzisiert.[2156]

Eine gegenteilige Vereinbarung im Sinne dieser Vorschrift kann sowohl ein zwischen den Parteien vereinbarter Haftungsausschluss als auch eine Modifikation des Regressanspruchs enthalten.[2157] Erfolgt eine solche Parteivereinbarung durch allgemeine Vertragsbedingungen, so ist zu ihrer Wirksamkeit gemäß Art. 1341 Abs. 1 *Cc* die Schriftform erforderlich. Handelt es sich um einen Haftungsausschluss durch Allgemeine Geschäftsbedingungen so ist ihre Wirksamkeit an den Art. 1469-*bis* ff. *Cc* zu messen, wonach für ihre Einbeziehung eine doppelte Unterschrift erforderlich. Bei Zulieferverträgen ist darüber hinaus denkbar, dass der Vertrag nach Art. 9 des Gesetzes betreffend die „Regelung von Zulieferverträgen in

2152 *Cian/Trabucchi*, Commentario breve, Art. 1676 II.
2153 *Cian/Trabucchi*, Commentario breve, Art. 1670.
2154 *Zaccaria/De Cristofaro*, La vendita dei beni di consumo, S. 115.
2155 *Zaccaria/De Cristofaro*, La vendita dei beni di consumo, S. 194.
2156 *Eccher/Schurr*, ZEuP 2003, 65 (79).
2157 *Zaccaria/De Cristofaro*, La vendita dei beni di consumo, S. 116.

der Produktionstätigkeit“ *(Disciplina della subfornitura nelle attività produttive)*[2158] bei Missbrauch der wirtschaftlichen Abhängigkeit nichtig ist.

Neben einem Haftungssausschluss durch Parteivereinbarung kann ein Haftungsausschluss gemäß Art. 1519-*quinquies* Abs. 1 *Cc* auch durch Verzicht erfolgen. Ein Verzicht ist gemäß Art. 1236 *Cc* die Erklärung, eine mögliche oder künftige Schuld zu übernehmen. Aus seiner gesonderten Erwähnung folgt, dass hierzu keine Zustimmung des Vertragspartners erforderlich ist. Aus dem Wortlaut der Vorschrift ergibt sich nicht ohne weiteres, ob auch ein Verzicht des von einem Abnehmer in Regress Genommenen, der nicht mit dem Letztverkäufer identisch ist, für und gegen den Letztverkäufer wirkt. Wendet man hier die Vorschrift des Art. 1306 Abs. 2 *Cc* an, so würde die Verzichtserklärung eines Gesamtschuldners grundsätzlich für und gegen alle übrigen Gesamtschuldner wirken, sofern sich der Gläubiger das Recht gegen die übrigen Gesamtschuldner vorzugehen nicht vorbehalten hat.[2159] Berücksichtigt man Erwägungsgrund 9 VerbrGK-RL, der der Konkretisierung des in Art. 1519-*quinquies* Abs. 1 a.E. *Cc* enthaltenen Haftungsausschluss dient, wonach nur eine Verzichtserklärung des Letztverkäufers selbst zum Haftungsausschluss führt, so ist eine unmittelbare oder mittelbare Wirkung der Verzichtserklärung eines Dritten zulasten des Letztverkäufers abzulehnen. Bei mehreren Regressschuldnern wirkt sich eine Verzichtserklärung daher nur im Innenverhältnis der Regressschuldner aus.

Ob auch Abweichungen von der vorgesehenen Verjährung des Regressanspruchs zulässig sind, ergibt sich indessen nicht aus dem Wortlaut der Vorschrift. Einen Vorbehalt wie in Absatz 1 der Vorschrift enthält Absatz 2 der Vorschrift nicht. Denkbar ist insofern, dass für den Fall, dass ein Regressanspruch grundsätzlich besteht, die Regelung des Absatzes 2 zum Tragen kommt. Dies würde aber bedeuten, dass es zwar möglich ist, auf sein Regressrecht umfassend zu verzichten, nicht aber es in zeitlicher Hinsicht einzuschränken. Eine derart irreführende Regelung kann dem italienischen Gesetzgeber nicht unterstellt werden. Das Gesetz stellt in Art. 1519-*octies* *Cc* klar, dass die Unwirksamkeit solcher vor Mitteilung der Vertragswidrigkeit getroffenen Vereinbarungen nur vom Verbraucher geltend gemacht werden kann.[2160]

2. Voraussetzungen und Inhalt

Art. 1519-*quinquies* Abs. 1 *Cc* bestimmt als Voraussetzung für die Geltendmachung des Regressanspruchs, dass der Letztverkäufer gegenüber einem Verbraucher haftet. Ohne dass die Vorschrift dies ausdrücklich klarstellt, muss es sich um eine berechtigte Inanspruchnahme des Letztverkäufers durch den

---

2158 Gesetz vom 18 Juni 1998, Nr.192, *Gazzetta Ufficiale* vom 22 Juni 1998, Nr.143, modifiziert durch Art.11 Abs. 2 des Gesetzes über Regelungen betreffend die Öffnungszeiten und Vorschriften von Märkten (*Disposizioni in materia di apertura e regolazione dei mercati*) vom 5 März 2001, Nr. 57, *Gazzetta Ufficiale* vom 20 März 2001, Nr.66.

2159 Dafür *Zaccaria/De Cristofaro*, La vendita dei beni di consumo, S. 116.

2160 So auch *Kindler*, Italienisches Handels- und Wirtschaftsrecht, § 5 Rn. 142.

Verbraucher handeln.[2161] Hat etwa der Letztverkäufer, um sich das Vertrauen des Verbrauchers zu sichern, dessen Abhilfeanspruch entsprochen oder sich dazu verpflichtet, obwohl die gewählte Form der Abhilfe übermäßig belastend war bzw. ist, so soll der Letztverkäufer nicht die Möglichkeit haben, über Art. 1519-*quinquies* Abs. 1 *Cc* die damit verbundenen Kosten auf Dritte überwälzen zu können. Aus Abs. 2 der Vorschrift, der die zeitliche Begrenzung des Regressanspruchs regelt, folgt, dass der Letztverkäufer gegenüber dem Verbraucher sowohl die aus dem Abhilfeverlangen als auch aus einer geltend gemachten Minderung oder Vertragsauflösung ergebenden Verpflichtungen bereits erfüllt haben muss, um Regress nehmen zu können.[2162]

Die Formulierung lautet hier: „der Letztverkäufer, der die vom Verbraucher geltend gemachten Rechtsbehelfe erfüllt hat" (*Il venditore finale che abbia ottemperato ai rimedi esperiti dal consumatore*). Dies bezieht sich auf den regressnehmenden Letztverkäufer nach Abs. 1 der Vorschrift. Danach reicht die bloße Geltendmachung der Rechtsbehelfe durch den Verbraucher nicht aus. Auch wenn diese Regelung aus Verbraucherschutzgründen nicht geboten ist, da sie durchaus zum Nachteil des Verbrauchers gereichen kann, wenn etwa der Verkäufer wegen Insolvenz nicht erfüllen kann, bei Inanspruchnahme des Regressschuldners aber leisten könnte, so ist sie mit den Vorgaben des Art. 4 VerbrGK-RL zu vereinbaren, der die inhaltliche Ausgestaltung des Rückgriffsanspruchs im Wesentlichen den Mitgliedstaaten überlässt.

Erforderlich ist weiterhin, dass die vom Verbraucher geltend gemachte Vertragswidrigkeit des Letztverkäufers gemäß Art. 1519-*quinquies* Abs. 1 *Cc* dem in Anspruch Genommenen zuzurechnen ist. Damit folgt die italienische Umsetzungsvorschrift zu Art. 4 VerbrGK-RL dem Zurechnungsprinzip.[2163] Nicht erforderlich ist insoweit ein Verschulden oder etwa ein vorsätzliches Verhalten des gegenüber dem Letztverkäufer Haftenden. Diese Regelung ist auch sachgerecht. Andernfalls würde oftmals doch der Letztverkäufer haften, da ein schuldhaftes insbesondere ein vorsätzliches Verhalten die Ausnahme sein dürfte und bereits vom Deliktsrecht sanktioniert wird. Entscheidend ist daher zunächst, ob ein Handeln oder Unterlassen des Anspruchsgegners in irgendeiner Weise kausal für die die Haftung des Letztverkäufers auslösende Vertragswidrigkeit war. Zuzurechnen ist ihm die Vertragswidrigkeit nur dann, wenn er auch gegenüber seinem Vertragspartner für die Vertragswidrigkeit, die der Verbraucher gegenüber dem Letztverkäufer geltend gemacht hat, gehaftet hätte. Dies gilt insbesondere für die Fälle, in denen der Letztverkäufer die Nutzung zu einem bestimmten Zweck vereinbart hat oder etwa eine Probe oder ein Muster vorgelegt hat, das nicht von einem vom Letztverkäufer in Regress genommenen Beteiligtem in der Veräußerungskette stammt. Letztlich gilt auch hier der Vorrang der Parteivereinbarung.

2161 *Zaccaria/De Cristofaro*, La vendita dei beni di consumo, S. 106.
2162 *Zaccaria/De Cristofaro*, La vendita dei beni di consumo, S. 109.
2163 *Eccher/Schurr*, ZEuP 2003, 65 (79).

Fraglich ist, ob die Voraussetzungen unter denen der Letztverkäufer sein Regressrecht geltend machen kann, nicht dadurch ergänzt werden müssen, dass die Kenntnis des Letztverkäufers von der Vertragswidrigkeit oder ihre Erkennbarkeit ab dem Zeitpunkt des Vertragsschlusses mit seinem Vertragspartner bis zur Veräußerung an den Verbraucher das Recht zum Regress ausschließt. Auch wenn die Vorschrift des Art. 1519-*quinquies* Abs. 1 *Cc* hierzu schweigt, kann ein Haftungsausschluss bei Kenntnis der Vertragswidrigkeit bzw. bei seiner Erkennbarkeit als grundlegendes Prinzip der Gewährleistungshaftung betrachtet werden.[2164] Sowohl gemäß Art. 1519-*ter* Abs. 3 *Cc* als auch gemäß Art. 1491 *Cc* ist die Haftung des Käufers bei Kenntnis von der Mangelhaftigkeit der Sache ausgeschlossen.

Auch wenn Art. 1519-*quinquies* Abs. 1 *Cc* zunächst vermuten lässt, es handle sich um einen Rückgriffsanspruch, der seinem Inhalt nach auf Naturalrestitution gerichtet ist, so kann es sich nur um einen auf Geld gerichteten Ersatzanspruch handeln, was durch die Formulierung in Absatz 2 der Vorschrift bestätigt wird. Hier heißt es: „Der Letztverkäufer (...) kann handeln (...), um Ersatz in Höhe des Geleisteten zu erlangen.". Der Letztverkäufer kann vom Regressschuldner Ersatz der Kosten verlangen, die ihm im Rahmen der Erfüllung der Ansprüche des Verbrauchers entstanden sind.[2165] Nicht ersetzt verlangen kann der Letztverkäufer hingegen weiter gehende Schäden, die ihm durch die Vertragswidrigkeit des Verbrauchsgutes entstanden sind. Auch etwaige Schadensersatzanspruche des Verbrauchers bleiben unberücksichtigt. Nur die Kosten für die auf Verlangen des Verbrauchers durchgeführte Abhilfe, Minderung oder Vertragsauflösung lassen sich im Rahmen des Art. 1519-*quinquies* Abs. 1 *Cc* auf den Regressschuldner abwälzen. Die Vorschrift gewährt dem Letztverkäufer nur einen Aufwendungs- und keinen Schadensersatzanspruch, der vom Anwendungsbereich der VerbrGK-RL und damit auch von den Umsetzungsvorschriften nicht erfasst wird. Ist die Vertragswidrigkeit mehreren an der Veräußerungskette Beteiligten zuzurechnen, so haften sie nach der hier entsprechend anzuwendenden Vorschrift des Art. 2055 Abs. 1 *Cc*[2166] als Gesamtschuldner, wobei der vom Letztverkäufer tatsächlich in Regress Genommene nach Absatz 2 dieser Vorschrift seinerseits einen Regressanspruch gegen die übrigen Gesamtschuldner entsprechend ihrer Verschuldensanteile und des jeweils verursachten Schadensumfanges hat.

3. Verjährung

Art. 1519-*quinquies* Abs. 2 *Cc* bestimmt, dass der Letztverkäufer seine Ansprüche nur innerhalb eines Jahres ab dem Zeitpunkt der Erfüllung der Ansprüche des Verbrauchers geltend machen kann. Hieraus folgt zunächst, dass der Regress-

---

2164 *Zaccaria/De Cristofaro*, La vendita dei beni di consumo, S. 107.

2165 *Zaccaria/De Cristofaro*, La vendita dei beni di consumo, S. 112.

2166 Die Vorschrift findet nach überwiegender Auffassung auch im Schuldrecht Anwendung. Vgl. *Cian/Trabucchi*, Commentario breve, Art. 2055.

anspruch des Letztverkäufers nach Ablauf eines Jahres ab Erfüllung der Ansprüche des Verbrauchers verjährt. Da die Verjährungsfrist nicht etwa im Zeitpunkt, in dem der Verbraucher den Mangel entdeckt oder anzeigt, sondern im Zeitpunkt der Erfüllung der Ansprüche des Verbrauchers durch den Letztverkäufer selbst beginnt[2167], hat es letztlich der Letztverkäufer in der Hand den Zeitpunkt, in dem die Verjährung seiner Ansprüche gegen den Regressschuldner eintritt, zu bestimmen.

Durch diese in Art. 1519-*quinquies* Abs. 2 *Cc* enthaltene Regelung soll vermieden werden, dass der Letztverkäufer in die bereits mehrfach erwähnte „Regressfalle" gerät, da sie sicherstellt, dass der Regressanspruch des Letztverkäufers nicht bereits verjährt ist, wenn der Letztverkäufer vom Verbraucher in Anspruch genommen ist. Ohne die Regelung des Art. 1519-*quinquies* Abs. 2 *Cc* wäre durchaus denkbar, dass nach der auf Verträge zwischen dem Letztverkäufer und dessen Verkäufer anzuwendenden Verjährungsregel des Art. 1495 *Cc*, wonach die Ansprüche des Käufers innerhalb eines Jahres nach Übergabe der Sache verjähren, der Anspruch des Letztverkäufers zu dem Zeitpunkt bereits verjährt ist, in dem er seinerseits vom Verbraucher in Anspruch genommen wird. Erst mit der Festlegung des Verjährungsbeginns auf den Zeitpunkt der Erfüllung der Ansprüche des Verbrauchers wird die Vorschrift auch dem *effet utile* des Art. 4 VerbrGK-RL gerecht.

IV. Rechtsvergleich

Vor Umsetzung der VerbrGK-RL bestand weder in Deutschland noch in Italien ein effektiver Rückgriff i.S.d. Art. 4 VerbrGK-RL. In beiden Rechtsordnungen fehlte es an einem spezifischen, kaufrechtlichen Regressanspruch, der es dem Letztverkäufer ermöglichte, das Haftungsrisiko auf den für die Vertragswidrigkeit Verantwortlichen zu verlagern. Während sich der deutsche Gesetzgeber in § 478 BGB für einen Rückgriff entlang der Vertragskette entschieden hat, findet sich im italienischen Recht in Art. 1519-*quinquies Cc* ein Direktanspruch des Letztverkäufers gegen den für die Vertragswidrigkeit Verantwortlichen. Anspruchsinhaber ist in beiden Rechtsordnungen nur der Letztverkäufer. Von der Aufnahme eines Direktanspruchs des Verbrauchers haben beide Gesetzgeber abgesehen.

1. Systematik

§ 478 BGB enthält eine Kombination aus einer Modifikation des Sachmängelgewährleistungsrechts (§ 478 Abs. 1 BGB) und einem eigenständigen Rückgriffsanspruch in Form eines Aufwendungsersatzanspruchs (§ 478 Abs. 2 BGB).[2168] Art. 1519-*quinquies* Abs. 1 *Cc* statuiert indessen nur einen Aufwendungsersatzanspruch des Letztverkäufers. Die Sachmängelgewährleistungsrechte des Letztverkäufers richten sich nach den allgemeinen kaufrechtlichen Vorschriften der Art. 1490 ff *Cc*. Nach überwiegender Ansicht tritt der

[2167] *Calvo*, Contr. e impr./Europa 2000, 463 (464); *Luminoso*, Contr. e impr./Europa 2001, 83 (130).

[2168] *Ernst/Gsell*, ZIP 2001, 1389 (1394).

Regressanspruch aus Art. 1519-*quinquies* Abs. 1 *Cc* regelmäßig in Konkurrenz zu den Gewährleistungsrechten des Letztverkäufers gegenüber seinem Vertragspartner.[2169]

Der bedeutsamste Unterscheid beider Regelungen besteht in der unterschiedlichen Bestimmung der Person des Regressschuldners des Letztverkäufers. Dieser hat im deutschen Recht nur gegen seinen Lieferanten Rückgriffsansprüche. Nach der in § 478 Abs. 1 BGB enthaltenen Legaldefinition für den Begriff des Lieferanten handelt es sich hierbei regelmäßig um den Verkäufer, der Vertragspartner des Regressschuldners ist. Im italienischen Recht hingegen ist der Letztverkäufer nicht darauf beschränkt, sich an seinen Vertragspartner zu halten. Regressschuldner können gemäß Art. 1519-*quinquies* Abs. 1 *Cc* sowohl der Hersteller (*produttore*), ein früherer Verkäufer innerhalb derselben Veräußerungskette (*catena distributiva*) als auch eine andere Zwischenperson (*qualsiasi altro intermediario*) wie etwa Handelsvertreter, Frachtführer und Spediteure sein. Gemäß Art. 1519-*bis* Abs. 2 d) *Cc* kann Hersteller neben dem Fabrikanten (*fabbricante*) von Verbrauchsgütern auch dessen Importeur (*importatore*) für das Gebiet der Europäischen Union und jede andere Person sein, die sich als Hersteller bezeichnet, in dem sie ihren Namen, ihre Marke oder ein anders Kennzeichen an das Verbrauchsgut anbringt. Regressschuldner können mithin alle Personen der Vertragskette bis hin zum Hersteller sein.

Der Kreis der Regressschuldner ist gemäß Art. 1519-*quinquies* Abs. 1 *Cc* im italienischen Recht zunächst weiter. Durch § 478 Abs. 5 BGB wird aber auch im deutschen Recht bewirkt, dass im Ergebnis derjenige für die Mangelhaftigkeit haftet, dem sie zuzurechnen ist. § 478 Abs. 5 BGB erstreckt nämlich die Regelungen des Abs. 1 und 2 auf das Verhältnis des vom Letztverkäufer in Anspruch genommenen Lieferanten gegenüber dessen Lieferanten. Aus dem Wortlaut des § 478 Abs. 1 BGB, der ausschließlich auf den Lieferanten „der Sache" abstellt, ergibt sich, dass der Regress auch im deutschen Recht nur bis zum Hersteller zurückgeht und nicht etwa auch Ansprüche des Herstellers gegen seinen Zulieferer wegen mangelhafter Rohstoffe, Einzelteile oder ganzer Systemkomponenten erfasst.[2170]

Auch inhaltlich unterscheiden sich die Vorschriften des § 478 BGB von Art. 1519-*quinquies Cc*. So beschränkt sich der Regelungsinhalt des § 478 Abs. 1 BGB darauf, die dem Letztverkäufer aus § 437 BGB zustehenden Rechte gegenüber seinem Lieferanten für den Fall, dass er eine an den Verbraucher verkaufte, neu hergestellte Sache infolge eines Mangels von dem Verbraucher zurücknehmen musste oder der Verbraucher Minderung verlangt, dadurch zu modifizieren, dass er für ihre Geltendmachung auf die sonst erforderliche Fristsetzung verzichtet. Eine eigene Anspruchsgrundlage stellt § 478 Abs. 1 BGB selbst nicht dar.[2171]

[2169] *Cian/Trabucchi-Zaccaria*, Commentario breve, Art. 1173 III.

[2170] *Matthes*, NJW 2002, 2505 (2506).

[2171] Regierungsbegründung zum SchuldRModG, BT-Drucks. 14/6040, S. 247.

Der Regressanspruch kann somit in Form eines Nacherfüllungsanspruchs gemäß § 437 Nr. 1 i.V.m. § 439 BGB, eines Rücktrittsrechts nach § 437 Nr. 2 i.V.m. §§ 440, 323 und 326 Abs. 5 BGB, einem Recht zur Minderung nach § 437 Nr. 2 i.V.m. § 441 BGB oder nach § 437 Nr. 3 i.V.m. §§ 440, 280, 281, 283 und 311 a bzw. i.V.m. § 284 BGB in Form eines Schadens- oder Aufwendungsersatzanspruchs bestehen, wobei die jeweiligen Voraussetzungen - abgesehen von einem etwaigen Fristsetzungserfordernis - vollständig vorliegen müssen und der Anspruch auch durchsetzbar sein muss.[2172] Daneben steht dem Regressgläubiger für den Fall, dass der Verbraucher Nacherfüllung verlangt, gemäß § 478 Abs. 2 BGB ein eigenständiger, von den Voraussetzungen der Mängelgewährleistungsrechte des Verbrauchers unabhängiger Aufwendungsersatzanspruch zu. Im Unterschied zu § 478 Abs. 1 BGB sieht Abs. 2 der Vorschrift damit eine eigene Anspruchsgrundlage vor.[2173]

Die Rechtnatur des Regressanspruchs nach Art. 1519-*quinquies* Abs. 1 *Cc* ist indessen nicht abschließend geklärt. Die Formulierung der die Verjährung des Rückgriffsanspruchs regelnden Vorschrift des Art. 1519-*quinquies* Abs. 2 *Cc*[2174] macht deutlich, dass der Letztverkäufer vom Regressschuldner Ersatz der Kosten verlangen kann, die ihm im Rahmen der Erfüllung der Ansprüche des Verbrauchers entstanden sind.[2175] Die Vorschrift gewährt dem Letztverkäufer entsprechend § 478 Abs. 2 BGB einen Aufwendungsersatzanspruch.[2176]

Der zunächst entstandene Eindruck, der Letztverkäufer sei im italienischen Recht durch die Anzahl der Anspruchsgegner erheblich besser gestellt, relativiert sich, weil letztlich der Anspruchsinhalt beschränkt ist. Nacherfüllung, Minderung und Vertragsauflösung kann der Letztverkäufer auch im italienischen Recht nur von seinem Vertragspartner verlangen. Insoweit stimmt die italienische Regelung mit der deutschen überein. Eine Modifikation, wie sie in § 478 Abs. 1 BGB enthalten ist, bedurfte es im italienischen Recht indessen nicht, da Minderung und Vertragsauflösung im italienischen Recht ohnehin keine Fristsetzung voraussetzen.

Im deutschen Recht wird die an sich nur den Verbraucher begünstigende Beweisregel des § 476 BGB gemäß § 478 Abs. 3 BGB zugunsten des Letztverkäufers in den Fällen des § 478 Abs. 1 und 2 BGB auf das Verhältnis zu seinem Lieferanten erstreckt. In Italien besteht indessen Einigkeit darüber, dass der Regressanspruch den allgemeinen Beweisregeln des Art. 2697 *Cc* folgt und keine Beweislastumkehr entsprechend Art. 1519-*sexies* Abs. 3 *Cc* stattfindet.[2177] Anders als im deutschen Recht findet folglich im italienischen Recht keine Privilegierung des Letztverkäufers eines Verbrauchsgüterkaufes bei dessen Rückgriff statt.

2172 Palandt-*Putzo*, 64. Aufl., § 478 Rn. 12.
2173 Regierungsbegründung zum SchuldRModG, BT-Drucks. 14/6040, S. 249.
2174 „Der Letztverkäufer (...) kann handeln (...), um Ersatz in Höhe des Geleisteten zu erlangen.".
2175 *Zaccaria/De Cristofaro*, La vendita dei beni di consumo, S. 112.
2176 *Zaccaria/De Cristofaro*, La vendita dei beni di consumo, S. 112.
2177 *Zaccaria/De Cristofaro*, La vendita dei beni di consumo, S. 112

Eine erhebliche Abweichung der italienischen und deutschen Regressregelung stellt zudem die unterschiedlichen Möglichkeiten seiner Abdingbarkeit dar. § 478 Abs. 4 BGB ordnet die Unabdingbarkeit der Rückgriffsregelung vor Mitteilung des Mangels an den Rückgriffsschuldner an.[2178] Im italienischen Recht kann der Letztverkäufer den Regressschuldner gemäß Art. 1519-*quinquies* Abs. 1 *Cc* indessen nur in Anspruch nehmen, wenn keine gegenteilige Vereinbarung (*patto contrario*) oder Verzicht (*rinuncia*) vorliegt. Das Regressrecht des Letztverkäufers ist damit abdingbar. Das deutsche Recht ist folglich günstiger für den Letztverkäufer als eine erste Lektüre der hier verglichenen Vorschriften zunächst vermuten lässt.

2. Voraussetzungen und Inhalt

Sowohl die Anwendbarkeit des § 478 BGB als auch die des Art. 1519-*quinquies Cc* setzen voraus, dass am Ende der Vertragskette ein Verbrauchsgüterkauf steht. Dies ergibt sich für beide Vorschriften zunächst aus ihrer Stellung im Gesetz, da gemäß § 474 Abs. 1 BGB die Vorschriften der §§ 475 und 479 BGB und gemäß Art. 1519-*bis Cc* die Vorschriften der Art. 1519-*bis* ff. *Cc* nur auf Verbrausgüterkaufverträge anwendbar sind. § 478 BGB und Art. 1519-*quinquies Cc* knüpfen ausdrücklich an den Umstand an, dass ein Verbraucher seine Rechte geltend gemacht hat. Beide Vorschriften setzen gleichermaßen voraus, dass der Letztverkäufer zu beruflichen oder gewerblichen Zwecken tätig geworden ist. Dies bedeutet, dass die Existenz eines nicht gewerblich oder beruflich handelnden Verkäufers in der Lieferkette die Anwendbarkeit der Umsetzungsvorschriften beider Rechtsordnungen ausschließt. Der Umstand eines Verbrauchsgüterkaufes kann in beiden Rechtsordnungen gleichermaßen nicht durch eine vertragliche Vereinbarung herbeigeführt werden. § 478 BGB greift aber nur dann ein, wenn es sich bei dem vom Verbraucher gegen den Letztverkäufer geltend gemachten Anspruch um einen Anspruch wegen der Mangelhaftigkeit einer neu hergestellten Sache handelt. Diese Einschränkung enthält das italienische Recht nicht.

Ohne dass die Umsetzungsvorschrift dies ausdrücklich klarstellt, muss es sich in beiden Rechtsordnungen gleichermaßen um eine berechtigte Inanspruchnahme des Letztverkäufers durch den Verbraucher handeln. Der Letztverkäufer muss gegenüber dem Verbraucher sowohl die sich aus dem Abhilfeverlangen als auch die sich aus einer geltend gemachten Minderung oder Vertragsauflösung ergebenden Verpflichtungen bereits erfüllt haben, um Regress nehmen zu können. Dies ergibt sich im deutschen Recht bereits aus der Formulierung des § 478 Abs. 1 BGB, wonach die „Zurücknahme“ aufgrund einer gesetzlicher Verpflichtung aus § 437 BGB, also im Rahmen der Nacherfüllung, des Rücktritts oder der Erfüllung des Anspruchs auf Schadensersatz statt der Leistung, auch tatsächlich erfolgt sein muss. Gleiches gilt für den Aufwendungsersatzanspruch gemäß § 478 Abs. 2 BGB. Dieser erfasst nur die *beim Verkauf* zu tragenden Aufwendungen.

[2178] *Ernst/Gsell*, ZIP 2001, 1389 (1401).

Ähnlich formuliert es Art. 1519-*quinquies* Abs. 2 *Cc*, der davon spricht, dass der Letztverkäufer die vom Verbraucher gewählte Abhilfe *geschaffen hat.* § 478 BGB und Art. 1519-*quinquies* *Cc* lassen beide die bloße Geltendmachung der Rechtsbehelfe durch den Verbraucher ebenso wie einer aus Kulanz übernommene Abhilfe nicht ausreichen. Der Mangel der Sache, der die Rechte des Verbrauchers ausgelöst hat, muss mit dem Mangel identisch sein, der die Rechte des Letztverkäufers gegenüber seinem Lieferanten zur Folge hat.[2179]

Nicht erforderlich ist nach beiden Rechtsordnungen hingegen ein Verschulden des gegenüber dem Letztverkäufer Haftenden. Art. 1519-*quinquies* Abs. 1 *Cc* setzt nur voraus, dass die geltend gemachte Vertragswidrigkeit dem vom Regressgläubiger in Anspruch Genommenen zuzurechnen ist. Da § 478 BGB keine Direkthaftung des Verantwortlichen vorsieht, war eine entsprechende Einschränkung im deutschen Recht entbehrlich.

Auch das deutsche Recht folgt aber dem Verantwortungsprinzip. Gemäß § 478 Abs. 5 BGB hat der Regressschuldner des Letztverkäufers selbst einen Regressanspruch gegen seinen Vertragspartner, der wiederum seinen Vertragspartner in Regress nehmen kann. Diese Form der Kettengewährleistung wird bis zum letzten Glied der Vertragskette, dem Hersteller, erweitert, sodass im Ergebnis doch der Verantwortliche haftet. Allerdings wird im deutschen Recht die Vertragswidrigkeit im Zeitpunkt des Gefahrenübergangs gemäß § 478 Abs. 3 BGB vermutet, wenn sie im Zeitpunkt des Gefahrenübergangs auf den Verbraucher vorgelegen hat, wodurch dem Regressgläubiger im deutschen Recht der Rückgriff erheblich erleichtert wird.

Während die Kenntnis von der Vertragswidrigkeit bei Vertragsschluss gemäß § 442 BGB regelmäßig den Rückgriff ausschließt, der auch auf den Regress nach § 437 i.V.m. § 478 BGB und dem Aufwendungsersatzanspruch aus § 478 Abs. 2 BGB mangels abweichender Bestimmung Anwendung findet, sind im italienischen Recht nur die Sachmängelgewährleistungsrechte des Letztverkäufers gemäß Art. 1491 *Cc* bei Kenntnis von der Mangelhaftigkeit der Sache ausgeschlossen. Da aber auch Art. 1519-*ter* Abs. 3 *Cc* im Rahmen eines Verbrauchsgüterkaufes dieselbe Regelung vorsieht, kann ein Haftungsausschluss bei Kenntnis der Vertragswidrigkeit bzw. bei seiner Erkennbarkeit als grundlegendes Prinzip der Gewährleistungshaftung beider Rechtsordnungen betrachtet werden, sodass auch der Aufwendungsersatzanspruch des Letztverkäufers aus Art. 1519-*quinquies* Abs. 1 *Cc* in diesen Fällen ausgeschlossen sein muss.[2180]

Im deutschen Recht bleibt gemäß § 478 Abs. 6 BGB die Rügeobliegenheit aus § 377 HGB ausdrücklich unberührt, sodass der Letztverkäufer in seiner Eigenschaft als Käufer, soweit dies nach ordnungsmäßigem Geschäftsgange tunlich ist, zunächst unverzüglich nach Ablieferung der Sache durch den Verkäufer die Sache zu untersuchen hat. Im Ergebnis verpflichtet § 377 HGB den Letztverkäufer,

---

2179 *von Westphalen*, in: *Henssler/von Westphalen* (Hrsg.), Praxis der Schuldrechtsreform, § 478 Rn. 5.

2180 *Zaccaria/De Cristofaro*, La vendita dei beni di consumo, S. 107.

seinem Lieferanten die Geltendmachung der Rechte des Verbrauchers unverzüglich anzuzeigen.[2181]

Kommt der Letztverkäufer bei erkennbaren Mängeln an der Kaufsache seiner Untersuchungs- und Rügeobliegenheit aus § 377 Abs. 1 HGB nicht nach, so greift die Genehmigungsfiktion des § 377 Abs. 2 HGB ein. Danach gilt die Sache in Ansehung ihrer Mangelhaftigkeit vorbehaltlich des § 377 Abs. 5 HGB als genehmigt und muss als vertragsgemäße Lieferung angesehen werden. Da auch der Aufwendungsersatzanspruch aus § 478 Abs. 2 BGB die Vertragswidrigkeit der Sache im Zeitpunkt des Gefahrenübergangs voraussetzt, gilt, dass sowohl dieser als auch der Regress nach § 437 i.V.m., § 478 Abs. 1 BGB bei unterlassender Mängelanzeige ausgeschlossen sind. Auch das italienische Recht bestimmt in Art. 1495 Abs. 1 *Cc* als Voraussetzung zur Geltendmachung der Gewährleistungsrechte, dass der Käufer zuvor die Mangelhaftigkeit der Sache gerügt hat. Art. 1495 Abs. 1 *Cc* sieht hierzu eine Frist von 8 Tagen vor. Für den Aufwendungsersatzanspruch aus Art. 1519-*quinquies* Abs. 1 *Cc* gilt dies nicht. Art. 1519-*quinquies* Abs. 1 *Cc* ist hinsichtlich seiner Voraussetzungen abschließend.

Der Umfang des Aufwendungsersatzanspruchs wurde nur im deutschen Recht vom Gesetzgeber konkretisiert. Liegen die genannten Vorrausetzungen vor, so kann der Letztverkäufer nach § 478 Abs. 2 BGB die ihm durch die Nacherfüllung gegenüber dem Verbraucher entstandenen erforderlichen Aufwendungen i.S.d. § 439 Abs. 2 BGB und damit insbesondere Transport-, Wege-, Arbeits- und Materialkosten ersetzt verlangen.[2182] Hierzu zählen alle unmittelbar bei der Herstellung des vertragsgemäßen Zustandes anfallenden Kosten, wie die Kosten für die Abholung, Untersuchung, Ersatzteile, Bearbeitungskosten des Reklamationseingangs und die Kosten der Korrespondenz mit dem Kunden.[2183]

Die Frage, ob Unterschiede hinsichtlich einzelner, als Aufwendungen anerkannter Posten in Deutschland und Italien bestehen, kann zum jetzigen Zeitpunkt noch nicht beantwortet werden. Während sich in der deutschen Rechtswissenschaft bereits zahlreiche Aufsätze hierzu finden, fehlt es in Italien an einer solchen Auseinandersetzung. In Art. 1519-*quinquies* Abs. 2 *Cc* heißt es nur: „Der Letztverkäufer (...) kann handeln (...), um Ersatz in Höhe des Geleisteten zu erlangen.“. Der Letztverkäufer kann vom Regressschuldner Ersatz der Kosten verlangen, die ihm im Rahmen der Erfüllung der Ansprüche des Verbrauchers auf Abhilfe, Minderung und Rücktritt entstanden sind.[2184] Nicht ersetzt verlangen kann der Letztverkäufer hingegen weiter gehende Schäden, die ihm durch die Vertragswidrigkeit des Verbrauchsgutes entstanden sind.

2181 *Matthes*, NJW 2002, 2505 (2508).
2182 Regierungsbegründung zum SchuldRModG, BT-Drucks. 14/6040, S. 249.
2183 *Marx*, BB 2002, 2566 (2569); *Tröger*, ZGS 2003, 296 (297).
2184 *Zaccaria/De Cristofaro*, La vendita dei beni di consumo, S. 112.

3. Verjährung

Im deutschen Recht verjähren die Ansprüche des Rückgriffsgläubigers aus § 437 BGB auf Nacherfüllung und Schadensersatz modifiziert durch § 478 Abs. 1 BGB gemäß § 438 BGB in zwei Jahren ab Ablieferung der Sache an den Rückgriffsgläubiger. Das Minderungs- und Rücktrittsrecht des Rückgriffsgläubigers aus § 437 BGB ist ebenfalls gemäß § 438 Abs. 4 i.V.m. § 218 BGB bzw. § 438 Abs. 5 BGB i.V.m. § 218 BGB nach zwei Jahren ab Ablieferung der Sache ausgeschlossen. In Italien hingegen beträgt die Verjährungsfrist für die Sachmängelgewährleistungsansprüche des Rückgriffsgläubigers gemäß Art. 1495 Abs. 1 und 3 *Cc* nur ein Jahr ab Übergabe der Sache an den Rückgriffsgläubiger. Die unterschiedliche Dauer der Verjährung ist darauf zurückzuführen, dass der deutsche Gesetzgeber über die Vorgaben der VerbrGK-RL hinaus alle kaufrechtlichen Ansprüche bzw. Rechte, unabhängig vom Vorliegen eines Verbrauchsgüterkaufes, einheitlich der Verjährungs- bzw. Ausschlussfrist von zwei Jahren unterworfen hat. Der italienische Gesetzgeber hat es indessen für Ansprüche, die sich nicht unmittelbar aus dem Verhältnis zwischen Verbraucher und Verkäufer ergeben, bei der einjährigen Ausschlussfrist belassen.

Für den Anspruch auf Aufwendungsersatz aus Art. 1519-*quinquies* Abs. 1 *Cc* und § 478 Abs. 2 BGB haben beide Gesetzgeber Sonderregelungen geschaffen. Art. 1519-*quinquies* Abs. 2 *Cc* normiert zunächst in Übereinstimmung mit Art. 1495 Abs. 1 und 3 *Cc* auch hier eine Verjährungsfrist von einem Jahr. Der Fristbeginn ist in Abweichung zu Art. 1495 Abs. 1 und 3 *Cc* aber an den Zeitpunkt der Erfüllung der Ansprüche des Verbrauchers gekoppelt. Durch diese Regelung wird sichergestellt, dass der Regressanspruch des Letztverkäufers nicht bereits verjährt ist, wenn der Letztverkäufer vom Verbraucher in Anspruch genommen wird, was Voraussetzung für die Geltendmachung des Anspruchs aus Art. 1519-*quinquies* Abs. 1 *Cc* ist. Im deutschen Recht hingegen beträgt die Verjährung des von § 438 BGB nicht erfassten selbstständigen Aufwendungsersatzanspruchs nach § 478 Abs. 2 BGB gemäß § 479 Abs. 1 BGB zwei Jahre. Die Frist des § 479 Abs. 1 BGB beginnt bereits bei Ablieferung der Sache an den Käufer, sodass bei unmodifizierter Anwendung des § 479 Abs. 1 BGB dem Endverkäufer die Verjährung der eigenen Rückgriffsrechte drohen könnte, obwohl er selbst noch den Ansprüchen des Käufers ausgesetzt wäre, wenn es zu längeren Lagerzeiten beim Verkäufer gekommen ist.[2185]

Dieses Problem hat auch der deutsche Gesetzgeber gesehen und daher die Vorschrift des § 479 Abs. 2 BGB geschaffen. Danach unterliegen die Ansprüche des Rückgriffsgläubiger einer Ablaufhemmung von zwei Monaten ab dem Zeitpunkt, in dem der Rückgriffsgläubiger die Ansprüche des Verbrauchers erfüllt hat. Aus der Formulierung „frühestens" in § 479 Abs. 2 BGB ergibt sich, dass eine

---

[2185] *Schäfer/Pfeiffer*, ZIP 1999, 1829 (1835); *Ehmann/Rust*, JZ 1999, 853 (862); *Schmidt-Räntsch*, ZIP 1998, 849 (850); *Reich*, NJW 1999, 2397 (2403).

zu diesem Zeitpunkt längere Verjährungsfrist nicht ausgeschlossen werden soll.[2186] Um zu vermeiden, dass durch die Neuregelung der Verjährung das Problem der Regressfalle vom Letztverkäufer auf seinen Lieferanten verlagert, hat der deutsche Gesetzgeber außerdem in § 479 Abs. 3 BGB bestimmt, dass die Regelungen des § 479 Abs. 1 und 2 BGB auch auf die Ansprüche des Lieferanten und der übrigen Käufer in der Vertragskette entsprechende Anwendung finden.[2187] Im italienischen Recht bedurfte es einer derartigen Regelung nicht, da der *Codice civile* keinen Regress entlang der Vertragskette vorsieht, sondern einen Direktanspruch gegen den für die Vertragswidrigkeit Verantwortlichen normiert hat. Beide Gesetzgeber haben im Ergebnis einen effektiven Rückgriff sichergestellt und die Gefahr einer Regressfalle, wenn auch durch unterschiedliche Konstruktionen, umgangen. Um die Ablaufhemmung zu begrenzen, hat der Gesetzgeber in § 479 Abs. 2 Satz 2 BGB eine Maximalfrist von fünf Jahren vorgesehen. Danach endet die Ablaufhemmung spätestens fünf Jahre, nachdem der Rückgriffsschuldner die Sache bei seinem Gläubiger abgeliefert hat. Der Regressgläubiger hat im deutschen Recht im für ihn günstigsten Fall über die Zwei-Jahres-Frist des § 483 Abs. 2 BGB hinaus noch weitere drei Jahre für den Regress zur Verfügung, im für ihn ungünstigsten Fall nur zwei Monate.

Während im deutschen Recht zunächst formal ein Gleichlauf der Verjährungsfrist für den Rückgriffsanspruch mit der für die Verbraucheransprüche geltenden Verjährungsfrist und der für das Minderungs- und Rücktrittsrecht des Verbrauchers geltenden Ausschlussfrist bewirkt wird, die letztlich in der Praxis wegen der Ankopplung des Fristbeginns an den Zeitpunkt der Ablieferung der Sache an den Regressgläubiger bis auf zwei Monate reduziert werden kann, bleibt es im italienischen Recht bei der auch vor Umsetzung der VerbrGK-RL geltenden Einjahresfrist. Ob die deutsche oder italienische Umsetzungsvorschrift für den Regressgläubiger günstiger ist, richtet sich daher nach der Fallgestaltung bzw. danach, wann der Regressgläubiger die gegen ihn gerichteten Ansprüche erfüllt hat. Da auch die Richtlinie nicht dazu zwingt, dass der Zeitraum der Verjährungsfrist für Rückgriffsansprüche derjenigen für Verbrauchsgüterkaufverträge entsprechen muss, sind beide Umsetzungsvorschriften trotz im Einzelfall höchst unterschiedlicher Konsequenzen richtlinienkonform.

Eine umfassende Rechtsangleichung hat die Umsetzung des Art. 4 VerbrGK-RL zumindest in Hinblick auf die unterschiedliche Ausgestaltung der Verjährungssystematik nicht bewirkt. Während im deutschen Recht die Anwendbarkeit des § 479 BGB auf Verträge über neu hergestellte Sachen beschränkt ist, gilt Art. 1519-*quinquies* Abs. 2 *Cc* für alle Verträge. Da die Einschränkung im deutschen Recht nach der hier vertretenen Auffassung nicht mit den Vorgaben der VerbrGK-RL zu vereinbaren ist, die zur Aufnahme eines effektiven Rückgriffsanspruchs auch bei

---

2186 *Büdenbender*, in: *Dauner-Lieb/Heidel/Lepa/Ring* (Hrsg.), Das Neue Recht, § 8 Rn. 96 (S. 258).

2187 *Jud*, ZfRV 2001, 201 (215).

Mangelhaftigkeit gebrauchter Sachen zwingt, bleibt insoweit abzuwarten, ob die deutschen Gerichte bzw. der deutsche Gesetzgeber bei dieser Rechtslage bleiben.

Kapitel 5 - Fristen, Rügeobliegenheit und Beweislastverteilung

I. Richtlinienvorgaben

1. Fristen

Gemäß Art. 5 Abs. 1 Satz 1 VerbrGK-RL haftet der Verkäufer nach Art. 3 VerbrGK-RL, wenn die Vertragswidrigkeit binnen zwei Jahren nach der Lieferung des Verbrauchsgutes offenbar wird. Dies gilt unabhängig davon, ob der Verbraucher seine Rechte tatsächlich geltend gemacht hat.[2188] Die Rechte des Verbrauchers enden mit Ablauf der Frist von zwei Jahren ab Lieferung. Es handelt sich um eine materielle Ausschlussfrist[2189] und nicht etwa um eine Verjährungsfrist, durch deren Ablauf dem Schuldner lediglich ein Leistungsverweigerungsrecht eingeräumt würde. Gleichzeitig legt Art. 5 Abs. 1 Satz 1 VerbrGK-RL fest, dass der Verbraucher seine Rechte aus Art. 3 VerbrGK-RL zumindest dann geltend machen kann, wenn sie innerhalb von zwei Jahren nach Lieferung offenbar werden. Die VerbrGK-RL differenziert nicht zwischen der Frist für das Auftreten des Mangels und der Frist für die Geltendmachung der Rechte.[2190]

Hieraus folgt nicht, dass Art. 5 Abs. 1 VerbrGK-RL etwa eine Garantie für jede innerhalb der Zwei-Jahres-Frist auftretende Vertragswidrigkeit begründet.[2191] Der Verkäufer haftet gemäß Art. 3 Abs. 1 VerbrGK-RL nur für die Vertragswidrigkeit des Verbrauchsgutes im Zeitpunkt der Lieferung. Art. 5 Abs. 1 Satz 1 VerbrGK-RL stellt lediglich klar, dass auch so genannte „verborgene" Mängel die Rechte des Verbrauchers auslösen, sodass es insoweit für die Geltendmachung der Sachmängelgewährleistungsrechte des Verbrauchers ausreicht, wenn die Vertragswidrigkeit im Zeitpunkt der Lieferung zumindest angelegt gewesen ist.[2192]

Neben der Ausschlussfrist ordnet der EU-Gesetzgeber in Art. 5 Abs. 1 Satz 2 VerbrGK-RL auch eine Mindestverjährungsfrist an.[2193] Danach darf eine nach dem innerstaatlichen Recht für die Ansprüche nach Artikel 3 Abs. 2 VerbrGK-RL bestehende Verjährungsfrist nicht vor Ablauf eines Zeitraums von zwei Jahren ab dem Zeitpunkt der Lieferung enden. Für Mitgliedstaaten, in denen nach innerstaatlichem Recht keine Frist für das Auftreten des Mangels vorgesehen ist, endet die Verjährungsfrist demnach nicht vor Ablauf eines Zeitraumes von zwei Jahren

---

2188 *Gsell*, ERPL 1999 151 (153); missverständlich *Hondius*, ZEuP 1997, 130 (137); *Wolf*, RIW 1997, 899 (901).

2189 *Gsell*, ERPL 1999, 151 (153); *Magnus*, in: *Grundmann/Medicus/Rolland* (Hrsg.), Europäisches Kaufgewährleistungsrecht, S. 79 (90); *Matthiesen/Lindner*, NJ 1999, 617 (619); *Staudenmayer*, NJW 1999, 2393 (2396).

2190 Kritisch *Medicus*, ZIP 1996, 1925 (1928).

2191 *Staudenmayer*, in: *Grundmann/Medicus/Rolland* (Hrsg.), Europäisches Kaufgewährleistungsrecht, S. 27 (39).

2192 *Höffe*, Diss., S. 75.

2193 *Gsell*, ERPL 1999, 151 (156).

ab dem Zeitpunkt der Lieferung.[2194] Lediglich für gebrauchte Güter können die Mitgliedstaaten gemäß Art. 7 Abs. 1 Satz 2 eine kürzere Frist vorsehen, die ein Jahr nicht unterschreiten darf. Nach Erwägungsgrund 18 VerbrGK-RL bleibt es den Mitgliedstaaten überlassen, Regelungen über Hemmungen und Unterbrechung der Ausschluss- oder Verjährungsfrist zutreffen.

2. Rügeobliegenheit

Nach Art. 5 Abs. 2 VerbrGK-RL können die Mitgliedstaaten vorsehen, dass der Verbraucher den Verkäufer zur Inanspruchnahme seiner Rechte innerhalb von zwei Monaten ab dem Zeitpunkt, in dem er die Vertragswidrigkeit festgestellt hat, unterrichtet. Die Rechtsfolge der unterlassenen Rüge ist der Rechtsverlust.[2195] Diese Vorschrift ist fakultativ.[2196]

In Anlehnung an Art. 38 und Art. 39 CISG wollte die Kommission die Anzeigepflicht zwar ursprünglich zwingend ausgestalten, um so ein Gegengewicht für das zu diesem Zeitpunkt noch uneingeschränkt vorgesehene vierfache Wahlrecht des Verbrauchers zu schaffen.[2197] Durch die Hierarchisierung der Gewährleistungsrechte sah man keine Notwendigkeit mehr, den Verbraucher in die Pflicht zu nehmen, auch wenn die von der Kommission gewählte Optionslösung auf massive Kritik gestoßen ist.[2198] Insbesondere Deutschland war für eine Aufnahme der Rügeobliegenheit eingetreten.[2199] Die Optionslösung des EU-Gesetzgebers war als Verstoß gegen das verbraucherschützende Binnenmarktkonzept angesehen worden.[2200]

Mit einer zwingenden Aufnahme der Rügeobliegenheit wäre dem Ziel der VerbrGK-RL im Sinne einer umfassenden Harmonisierung der mitgliedstaatlichen Rechtsordnungen sicherlich ein größerer Dienst erwiesen worden. Die Aufnahme einer Rügeobliegenheit in denjenigen Staaten, denen dieses Rechtsinstitut bisher fremd war, hätte aber eine erhebliche Beschränkung der Verbraucherrechte und damit eine Schlechterstellung des Verbrauchers gegenüber der Rechtslage vor Umsetzung der VerbrGK-RL bedeutet. Es darf nicht aus den Augen verloren werden, dass Die VerbrGK-RL der Rechtsangleichung und nicht der Rechts-

---

[2194] Die Festlegung auf zwei Jahre ist auf die Ausschlussfrist des Art. 39 Abs. 2 CISG zurückzuführen, wonach der Käufer das Recht sich auf die Vertragswidrigkeit zu berufen verliert, wenn er sie nicht spätestens innerhalb von zwei Jahren nach Übergabe der Ware dem Verkäufer anzeigt. Vgl. *Schlechtriem*, ZSR 118 (1999), 335 (354); *ders.*, in: GS *Lüderitz*, S. 675 (691).

[2195] *Rieger*, VuR 1999, 287 (290).

[2196] *Tonner*, BB 1999, 1769 (1772).

[2197] *Micklitz*, EuZW 1999, 485 (488); *Staudenmayer*, NJW 1999, 2393 (2394).

[2198] *Micklitz*, EuZW 1999, 485 (488).

[2199] *Schiller*, PHI 1999, 118 (125).

[2200] *Staudenmayer*, in: *Grundmann/Medicus/Rolland* (Hrsg.), Europäisches Kaufgewährleistungsrecht, S. 27 (41); *ders.*, NJW 1999, 2393 (2396); *Reich*, NJW 1999, 2397 (2401); *Schlechtriem*, in: GS *Lüderitz*, S. 675 (692); *Weisner*, JuS 2001, 759 (762).

vereinheitlichung dient.[2201] Konnte der Verbraucher in einigen Rechtsordnungen bisher unabhängig von einer Rüge seine Rechte geltend machen, so würde er bei Aufnahme einer Rügeobliegenheit gezwungen, zunächst selbst tätig zu werden, bevor er seine Rechte geltend macht und zwar innerhalb einer Frist von zwei Monaten. Dem gleichfalls von der VerbrGK-RL anvisiertem Ziel, einen Beitrag zur Erreichung eines hohen Verbraucherschutzniveaus zu leisten, stünde eine zwingend ausgestaltete Rügeobliegenheit jedenfalls entgegen.

Zu berücksichtigen ist aber auch, dass die Rügeobliegenheit nach Art. 5 Abs. 2 VerbrGK-RL nicht dieselbe Intensität zukommt wie etwa der Rügeobliegenheit nach den Vorschriften des CISG. Sie kann daher für den Verbraucher zumutbar sein.[2202] Letztlich hat der Verbraucher selbst ein Interesse daran, seine Rechte schnell geltend zu machen. Er wird die Vertragswidrigkeit daher in der Regel umgehend anzeigen.[2203] Der Verkäufer hat ohnehin erhebliche Beweisschwierigkeiten, wenn der Verbraucher nicht zu erkennen gibt, wann er positive Kenntnis von der Vertragswidrigkeit hatte.[2204] Der Verkäufer, der grundsätzlich den Beginn der Frist beweisen muss, wird daher regelmäßig auf einen Anscheinsbeweis verwiesen sein.[2205]

Entscheidet sich der nationale Gesetzgeber für die Aufnahme einer Rügeobliegenheit, so ordnet Art. 5 Abs. 2 VerbrGK-RL an, dass die Frist, in dem der Verbraucher die Vertragswidrigkeit des Verbrauchsgutes rügen muss, einen Zeitraum von zwei Monaten nicht unterschreiten darf, wobei der Fristbeginn an die positive Kenntnis des Verbrauchers von der Vertragswidrigkeit zu koppeln ist. Eine Bestimmung, die den Beginn der Rügefrist an einen anderen Zeitpunkt anknüpft, etwa den Zeitpunkt, in dem die Kenntnisnahme vernünftigerweise zu erwarten gewesen wäre, stünde im Widerspruch zur VerbrGK-RL. Dies ergibt sich aus der Begründung zu Art. 4 Abs. 1 des ursprünglichen Richtlinienvorschlages[2206], den Art. 5 Abs. 2 VerbrGK-RL ersetzt hat. Danach soll der Verbraucher durch die Aufnahme einer Rügeobliegenheit lediglich aus Gründen der Rechtssicherheit gezwungen werden, auf die Belange des Verkäufers Rücksicht zu nehmen.[2207] Eine

---

2201 *Canaris*, in: *Canaris/Zaccaria* (Hrsg.), Die Umsetzung von zivilrechtlichen Richtlinien, S. 129 (133).

2202 *Brüggemeier/Reich*, BB 2001, 213 (220); *Grundmann*, Europäisches Schuldvertragsrecht, S. 300; *Weisner*, JuS 2001, 759 (762); a.A. *Heilegger*, RdW 1999, 633 (634), im Ergebnis wohl auch *Schmidt-Räntsch*, ZIP 1998, 849 (852).

2203 *Brüggemeier/Reich*, BB 2001, 213 (220).

2204 *Honsell*, JZ 2001, 278 (280); *Lehr/Wendel*, EWS 1999, 321 (325); *Gsell*, ERPL 1999, 151 (163); *Schmidt-Räntsch*, ZIP 1998, 849 (852).

2205 *Schlechtriem*, in: *Ernst/Zimmermann* (Hrsg.), Zivilrechtswissenschaft und Schuldrechtsreform, S. 205 (218).

2206 Vorschlag für eine Richtlinie des Europäischen Parlaments und des Rates über den Verbrauchsgüterkauf und –garantien [KOM (1995) 520endg.] (ABl. EG Nr. C 307 vom 16.10.1997, S. 8f.).

2207 Vgl. *Schiller*, PHI 1999, 118 (125).

Untersuchungspflicht des Verbrauchers entsprechend Art. 38 CISG soll hingegen nicht begründet werden.[2208]

Für den Fall der Falschlieferung ist in der Literatur darauf hingewiesen worden, dass es zweckmäßig sei, dem Käufer eine günstigere Lösung anzubieten. Sofern die Mitgliedstaaten von der Option des Art. 5 Abs. 2 VerbrGK-RL überhaupt Gebrauch gemacht haben, sollte man ihn von der Pflicht zur Mängelanzeige befreien, da sich der Verkäufer in diesen Fällen über die Vertragswidrigkeit der Lieferung bewusst sei,[2209] zumal die meisten europäischen Rechtsordnungen für die Falschlieferung bislang keine Rügeobliegenheit vorsahen. Gegen diesen Vorschlag wurde eingewendet, dass er mit dem CISG nicht konform sei.[2210] Die vorgenannte Auffassung übersieht, dass bei einem Verbrauchsgüterkauf grundsätzlich andere Schutzstandards zu gelten haben als bei denen dem CISG unterfallenden Handelskäufen.[2211]

Nach Art. 5 Abs. 2 Satz 2 und 3 VerbrGK-RL müssen die Mitgliedstaaten die Kommission darüber informieren, ob sie von der Option des Art. 5 Abs. 2 VerbrGK-RL Gebrauch machen, wobei sich die Kommission das Recht vorbehält, deren Auswirkungen zu überwachen. Nach Art. 5 Abs. 2 Satz 4 und 5 VerbrGK-RL erstellt die Kommission einen im Amtsblatt der Europäischen Gemeinschaften zu veröffentlichenden Bericht über die von den Mitgliedstaaten gewählte Lösung.

3. Beweislast

Gemäß Art. 5 Abs. 3 VerbrGK-RL wird bis zum Beweis des Gegenteils innerhalb der ersten sechs Monate ab Lieferung vermutet, dass das vom Verbraucher erworbene Verbrauchsgut bereits zum Zeitpunkt des Vertragsschlusses vertragswidrig war. Die Frist beginnt dabei unabhängig vom Zeitpunkt des Gefahrenübergangs, der nach Erwägungsgrund 14 ohnehin ausdrücklich vom Regelungsgegenstand der VerbrGK-RL ausgenommen ist.[2212] Es handelt sich um eine reine Ausschlussfrist.[2213] Durch sie soll der Verbraucher gehalten werden, innerhalb der ersten sechs Monate seine Ansprüche geltend zu machen.

Ob die Anzeigepflicht eine vorherige Untersuchung verlangt wird im Wortlaut nicht deutlich. Art. 5 Abs. 2 VerbrGK-RL bestimmt, dass die Frist mit der Feststellung der Vertragswidrigkeit beginnt. In der Bezugnahme auf die Vertragswidrigkeit muss, um der Systematik der VerbrGK-RL gerecht zu werden ein Verweis auf Art. 2 VerbrGK-RL gesehen werden. Art. 2 Abs. 3 VerbrGK-RL sieht vor, dass der Verbraucher vernünftigerweise nicht in Unkenntnis über die Vertragswidrigkeit sein durfte. Die Regelung des Art. 5 Abs. 3 VerbrGK-RL

2208 *Gsell*, ERPL 1999, 151 (163); *Honsell*, JZ 2001, 278 (280); *Rieger*, VuR 1999, 287 (290).

2209 *Bianca*, in: *Grundmann/Bianca*, EU-Kaufrechts-Richtlinie, Art. 3 Rn. 9.

2210 *Bin*, Contr. e Impr./Europa 2000, 403 (406); *Calvo*, Contr. e Impr./Europa 2000, 463 (466); *Fadda*, Contr. e Impr./Europa 2000, 410 (412); *Lehr/Wendel*, EWS 1999, 321 (323).

2211 *Bianca*, in: *Grundmann/Bianca*, EU-Kaufrechts-Richtlinie, Art. 3 Rn. 10.

2212 *Micklitz*, EuZW 1999, 485 (486); a.A. *Beale/Howells*, JCL 1997, 21 (31).

2213 *Micklitz*, EuZW 1999, 485 (486).

kommt damit de facto einer Untersuchungspflicht des Verbrauchers sehr nahe.[2214] Dies wird dadurch bestärkt, dass die Frist nicht an das Zu-Tage-Treten der Vertragswidrigkeit gebunden ist und daher auch verborgene Mängel erfasst.

Aus Art. 5 Abs. 3 VerbrGK-RL folgt, dass der Verkäufer sich innerhalb der ersten sechs Monate nur entlasten kann, wenn ihm der Nachweis glückt, dass das Verbrauchsgut erst nach seiner Lieferung vertragswidrig geworden ist. Die Vorschrift wird in der Literatur für zu weit reichend gehalten, da sie wegen der erschwerten Beweislage den Verbraucher auch dann begünstigt, wenn er die Vertragswidrigkeit verschuldet hat und damit auch bei rechtsmissbräuchlicher Geltendmachung der Gewährleistungsansprüche aus Art. 3 VerbrGK-RL eingreift.[2215] Um ein rechtsmissbräuchliches Verhalten auszuschließen ist daher der in der Literatur vertretenen Auffassung, wonach die Vertragswidrigkeit bei der Lieferung zumindest „im Keim" vorhanden gewesen sein muss, zu folgen.[2216]

Zu bedenken ist im Übrigen, dass die Vermutungsregelung nicht uneingeschränkt gilt. Die Beweislastverteilung des Art. 5 Abs. 3 VerbrGK-RL greift nicht ein, wenn sie mit der Art des Gutes oder der Art der Vertragswidrigkeit nicht vereinbar ist. Die Präzisierung der Ausnahmetatbestände wird wohl letztlich der Literatur und Rechtsprechung überlassen bleiben.[2217] Mit der Art der Vertragswidrigkeit ist aber eine Vertragswidrigkeit zumindest dann nicht vereinbar, wenn es sich um einen vom Verbraucher selbst verschuldeten Mangel handelt.[2218] Teilweise ist die Ausnahme sogar als Rechtfertigung dafür betrachtet worden, Verträge über gebrauchte Güter aus dem Anwendungsbereich des Art. 5 Abs. 3 herauszunehmen.[2219] Einen solchen allgemeinen Ausschluss für gebrauchte Güter lässt sich dem Wortlaut der VerbrGK-RL indes nicht entnehmen.

Aus einem Umkehrschluss zu Art. 7 Abs. 1 Satz 2 VerbrGK-RL, der nur eine Verkürzung der Verjährungsfrist bei gebrauchten Gütern für zulässig erklärt, folgt, dass gebrauchte Güter grundsätzlich nicht anderes behandelt werden dürfen als neue Güter. Grundsätzlich dürften verderbliche Waren, wie etwa Lebensmittel, in den Anwendungsbereich der Ausschlussvorschrift fallen.[2220] Ein Ausschluss der Beweislastumkehr angesichts der Art der Vertragswidrigkeit dürfte indessen dann anzunehmen sein, wenn der Verkäufer nachweist, dass die Art der Vertragswidrigkeit bei Lieferung nicht existiert haben kann.[2221] Dies ist insbesondere dann

---

2214 Ähnlich *Micklitz*, EuZW 1999, 485 (488), der von einer „qualifizierten Anzeigepflicht" spricht.

2215 *Lehr/Wendel*, EWS 1999, 321 (323).

2216 *Lehr/Wendel*, EWS 1999, 321 (323 Fn. 23).

2217 *Ehmann/Rust* JZ 1999, 853 (857); *Welser/Jud*, Zur Reform des Gewährleistungsrechts, S. 75.

2218 *Weisner*, JuS 2001, 759 (763).

2219 *Schmidt-Räntsch*, ZIP 1998, 849 (851).

2220 Anwaltskommentar-*Pfeiffer*, Kauf-RL, Art. 5 Rn. 7; *Hondius*, in: *Grundmann/Bianca* (Hrsg.), EU-Kaufrechts-Richtlinie, Art. 5 Rn. 21.

2221 *Hondius*, in: *Grundmann/Bianca* (Hrsg.), EU-Kaufrechts-Richtlinie, Art. 5 Rn. 21.

der Fall, wenn die Mangelhaftigkeit der Sache auf einer übermäßigen Abnutzung der Sache[2222] oder auf einer äußeren Einwirkung Dritter[2223] beruht.

II. Umsetzung in Deutschland

1. Fristen

Art. 5 Abs. 1 VerbrGK-RL wurde in Deutschland mit § 438 BGB umgesetzt. Die Vorschrift enthält zwar gegenüber den allgemeinen Vorschriften der §§ 194 ff BGB für die Verjährung bei Ansprüchen wegen Rechts- und Sachmängeln Sonderbestimmungen hinsichtlich der Fristlänge, dem Beginn und dem Eintritt der Verjährung, verweist im Übrigen aber auf dessen Anwendbarkeit. Während sich die Verjährung von Ansprüche des Käufers bei Rechtsmängeln vor Umsetzung VerbrGK-RL nach den allgemeinen Regeln beurteilte und die Ansprüche wegen eines Sachmangels durch die Sondervorschrift des § 477 BGB a.F. geregelt wurde, sind die Verjährungsregeln nunmehr vereinheitlicht.[2224] So verjähren die in § 437 Nr. 1 und 3 BGB genannten Ansprüche des Käufers auf Nacherfüllung, Schadens- und Aufwendungsersatz nunmehr gemäß § 438 Abs. 1 Nr. 3 BGB unabhängig davon ob ein Sach- oder Rechtsmangel vorliegt.[2225]

Zugleich hat sich die Verjährungsfrist von 6 Monaten für Sachmängelgewährleistungsansprüche gemäß § 477 BGB a.F. vervierfacht, was die im Rahmen der Richtlinienumsetzung bedeutsamsten Änderungen in der Rechtsprechung deutscher Gerichte nach sich ziehen wird. Mit der Aufnahme einer zweijährigen Verjährungsfrist sind die dogmatisch bedenklichen Konstruktionen zur Umgehung der im internationalen Vergleich extrem kurzen Verjährungsfristen nunmehr ausgeschlossen worden.[2226]

Dies hat erhebliche Änderungen für die Behandlung von Verträgen über neu herzustellende Eigenheime oder Eigentumswohnungen[2227], bei so genannten

---

2222 *Jud*, ÖJZ 1997, 441 (444).

2223 *Medicus*, ZIP 1996, 1925 (1927).

2224 *Witt*, JuS 2002, 105 (108).

2225 Für Bauwerke und bei einer Sache, die entsprechend ihrer üblichen Verwendung für ein Bauwerk verwendet worden ist und dessen Mangelhaftigkeit verursacht hat gilt ausnahmsweise gemäß § 438 Abs. 1 Nr. 2 BGB eine Verjährungsfrist von fünf Jahren.

2226 *Ernst/Gsell*, ZIP 2000, 1410 (1425); *Jorden/Lehmann*, JZ 2001, 952 (962).

2227 Diese wurden dem Werkvertragsrecht mit der günstigere Verjährungsfrist des § 638 a.F. BGB unterstellt, obwohl es sich der Sache nach um Kaufverträge handelte. Vgl. BGHZ 72, 229; 74, 204; 74, 258; 101, 350.

weiterfressenden Mängeln bzw. Mangelfolgeschäden[2228] und bei Gattungskäufen[2229] mit sich gebracht, die nunmehr alle gleich gbehandelt werden.

Zu einer Aufgabe der Judikatur zum „weiterfressenden Mängel“ bzw. zu Mangelfolgeschäden zwingt die Neuregelung nicht.[2230] Fraglich ist, aber, ob es zweckmäßig ist, § 438 BGB auf die konkurrierenden deliktsrechtlichen Ansprüche anzuwenden.[2231] Letztlich handelt es sich bei der Frage, ob § 438 BGB auch Ansprüche erfasst, die dem Verbraucher aufgrund eines Mangelfolgeschadens zustehen, um ein Problem aus dem Schadensersatzrecht, das nicht Gegenstand der VerbrKG-RL ist.[2232] Ein Rückgriff auf § 823 Abs. 1 BGB darf nicht dazu führen, dass der Vorrang der Nacherfüllung ausgehöhlt wird.[2233]

Trotz der Gleichbehandlung von Sach- und Rechtsmängeln sieht § 438 BGB für die Verjährung von Rechtsmängeln eine Besonderheit vor. Kann ein Dritter aufgrund eines dinglichen Rechts an der Sache ihre Herausgabe verlangen (so genannte Eviktionshaftung), so verjährt der Nacherfüllungsanspruch gemäß § 438 Abs. 1 Nr. 1 a) BGB in dreißig Jahren.[2234] Diese Regelung geht auf Forderungen im Schrifttum zurück, das die ursprünglich vorgesehene unterschiedliche Verjährung der Ansprüche des Schuldners und des Dritten für unangemessen hielt.[2235] Die

---

[2228] Es wurde zum Erhalt der günstigere Verjährung von drei Jahren nach § 852 BGB eine Eigentumsverletzung i.S.d. § 823 Abs. 1 BGB angenommen, indem der Kaufgegenstand in einen fehlerfreien und einen fehlerhaften Teil aufgespaltet wurde. Vgl. BGHZ 67, 359 (sog. Schwimmschalterfall); BGH NJW 1983, 812f. (sog. Gaszugfall); BGH JZ 1999, 97f. mit Anm. G. *Brüggemeier* S. 99f.; BGH NJW 2001, 1347f.

[2229] Hatte der Käufer nach § 480 Abs. 1 BGB a.F. Ersatzlieferung geltend gemacht, so wurden die für die Wandlung geltenden Vorschriften heran gezogen, sodass ein Einverständnis vorliegen musste, wonach die Ersatzlieferung gemäß § 465 BGB a.F. zu vollziehen war. Lag aber ein Einverständnis vor, so richtete sich die Verjährung nicht mehr nach § 477 BGB a.F. sondern nach § 195 BGB a.F. und betrug daher 30 Jahre. Vgl. BGH NJW 1999, 2884 (2885).

[2230] Regierungsbegründung zum SchuldRModG, BT-Drucks. 14/6040, S. 229; *Büdenbender*, in: *Dauner-Lieb* (Hrsg.), Das neue Schuldrecht, § 8 Rn. 72; *Janssen*, VuR 2003, 60 (64); *Lehmann*, DB 2002, 1090 (1092 f.); *A.* Staudinger, ZGS 2002, 145 (146); *Westermann*, NJW 2002, 243 (250); *Wilmowsky*, JuS 2002, Beilage 1, S. 21; a.A. Anwaltskommentar-*Mansel*, § 195 Rn. 50f., *Grigoleit*, ZGS 2002, 78 (79); *Huber/Faust*, Schuldrechtsmodernisierung, Kap. 14 Rn. 15f.; Palandt-*Heinrichs*, 64. Aufl., § 437 Rn. 52; MüKo-*Westermann*, 4. Aufl, BGB § 437 Rn. 26; *Lorenz/Riehm*, Lehrbuch zum neuen Schuldrecht, Rn. 582, die ohne weitere Begründung für eine Aufgabe dieser *Jud*ikatur plädieren.

[2231] Vgl. *Canaris*, ZRP 2001, 329 (335f.); *Eidenmüller*, JZ 2001, 283 (285f.); *Leenen*, JZ 2001, 552 (555f.); *Mansel*, NJW 2002, 89 (95). Teilweise ist in der Literatur der Versuch unternommen worden, zwischen Äquivalenz- und Integritätsinteresse zu differenzieren und nur für den Fall, dass Ersteres betroffen ist § 438 BGB für anwendbar zu erklären. Vgl. *Wagner*, JZ 2002, 475 (479).

[2232] Vgl. hierzu *Wagner*, JZ 2002, 475f.; *Arnold*, ZGS 2002, 438f.

[2233] *A.* Staudinger, ZGS 2002, 145 (146).

[2234] Gleiches gilt gemäß § 438 Abs. 1 Nr. 1 b) BGB, wenn der Mangel in einem sonstigen Recht besteht, das im Grundbuch eingetragen ist.

[2235] Vgl. *Mansel*, in: *Ernst/Zimmermann* (Hrsg.), Zivilrechtswissenschaft und Schuldrechtsreform, S. 333 (353); *Ernst/Gsell*, ZIP 2000, 1812.

hinter dieser Regelung stehende Wertung entspricht nicht nur der deutschen Tradition[2236], sondern ist angesichts der Regelung in § 197 Abs. 1 Nr. 1 BGB auch erforderlich, da die Herausgabeansprüche des Dritten auch erst in dreißig Jahren verjähren.[2237]

Eine weitere Ausnahme enthält § 438 Abs. 3 BGB. Für den Fall, dass der Verkäufer den Mangel an der Sache arglistig verschweigt, verjährt der Nacherfüllungsanspruch innerhalb der regelmäßigen Verjährungsfrist des § 195 BGB von drei Jahren.[2238] Diese Vorschrift war deswegen erforderlich, weil um der Gefahr zu begegnen, dass der Schuldner unter Umständen gerade wegen des arglistigen Verschweigens des Verkäufers den Mangel erst nach Ablauf von zwei Jahren entdeckt.[2239]

Minderungs- und Rücktrittsrecht im Sinne des § 437 Nr. 2 BGB sind anders als das Recht auf Nacherfüllung und das Recht, Schadens- und Aufwendungsersatz verlangen zu können nicht als Ansprüche sondern als Gestaltungsrechte ausgestaltet. Nach § 194 Abs. 1 BGB verjähren jedoch nur Ansprüche. Daher sieht das Gesetz für den Rücktritt in § 218 BGB eine besondere Regelung vor, der gemäß § 438 Abs. 4 Satz 1 BGB bzw. § 634 a Abs. 4 BGB im Kauf- und Werkvertragsrecht ohne weitere Einschränkung Anwendung findet.

Darüber hinaus gilt die Vorschrift des § 218 BGB gemäß § 438 Abs. 5 BGB bzw. § 634 a Abs. 5 BGB gleichfalls für die nur im kaufrechtlichen und werkvertragrechtlichen Gewährleistungsrecht bekannte Minderung. Nach § 218 Abs. 1 Satz 1 BGB ist der Rücktritt ausgeschlossen, wenn der Schuldner rechtswirksam gegen den Anspruch auf die Leistung oder gegen den Nacherfüllungsanspruch die Einrede der Verjährung nach § 214 Abs. 1 BGB geltend gemacht hat. Die zeitlichen Grenzen für das Minderungs- und das Rücktrittsrecht werden an die Verjährungsregel für den Nacherfüllungsanspruch des § 438 Abs. 1 BGB gekoppelt.[2240] Will also der Käufer wegen eines Mangels an der Kaufsache gemäß § 437 Nr. 2 i.V.m. § 323 (i.V.m. § 440) BGB vom Vertrag zurücktreten, so kann er dies nur, sofern sein Nacherfüllungsanspruch noch nicht nach § 438 Abs. 1 BGB verjährt ist. Dasselbe gilt gemäß § 438 Abs. 5 BGB für das Recht des Käufers auf Minderung.

Weniger eindeutig ist die Vorschrift des § 218 Abs. 1 Satz 2 BGB. Sie bestimmt für den Fall, dass der Verkäufer nach § 275 Abs. 1 BGB nicht zu leisten braucht, dass der Anspruch auf die Leistung oder Nacherfüllung anders als bei den Fällen der Unmöglichkeit nach § 275 Abs. 2 und 3 BGB, die nur ein Leistungs-

---

2236 So *Haas*, BB 2001, 1313 (1318).

2237 *Witt*, JuS 2002, 105 (108); a.A. *Heinrichs*, BB 2001, 1417 (1420).

2238 Um zu vermeiden, dass die Verjährung bei Arglist früher als nach § 438 Abs. 2 BGB eintritt, sieht § 438 Abs. 3 Satz 2 BGB vor, dass bei den in § 438 Abs. 1 Nr. 2 BGB genannten Fällen, die Verjährung nicht vor Ablauf der dort bestimmten Frist eintritt. Ansprüche wegen Mängeln an einem Bauwerk oder wegen Mängeln einer Sache, die zur Mangelhaftigkeit eines Bauwerkes führen verjähren daher auch bei Arglist frühestens nach fünf Jahren.

2239 Regierungsbegründung zum SchuldRModG, BT-Drucks. 14/6040, S. 230.

2240 *Huber/Faust*, Schuldrechtsmodernisierung, Kap. 13 Rn. 185.

verweigerungsrecht des Schuldners vorsehen, kraft Gesetzes ausgeschlossen ist und daher auch nicht verjähren kann. Der Gesetzgeber wollte mit der Regelung erreichen, dass auch dann, wenn der Verkäufer nach § 275 Abs. 1 BGB nicht zu leisten braucht, der Rücktritt ausgeschlossen sein soll, wenn der Anspruch, wäre er nicht ausgeschlossen, verjährt wäre.[2241]

In den Fällen des § 275 Abs. 2 und 3 BGB unterliegt der Anspruch des Verkäufers hingegen der Verjährung. Könnte der Käufer bei Mangelhaftigkeit der Sache wegen Unmöglichkeit im Sinne des § 275 Abs. 2 bis 3 BGB nach § 437 Nr. 2 i.V.m. §§ 326 Abs. 5, 440 BGB an sich zurücktreten, so ist der Rücktritt bereits nach § 218 Abs. 1 Satz 1 BGB ausgeschlossen, wenn der Anspruch auf die Leistung oder der Nacherfüllungsanspruch verjährt ist. § 438 Abs. 1 Satz 2 BGB hat diesbezüglich daher nur eine Klarstellungsfunktion. Gleiches gilt für den Fall, dass der Verkäufer die gewählte Art der Nacherfüllung gemäß § 439 Abs. 3 Satz 1 BGB verweigert. Auch hier ist der Nacherfüllungsanspruch nicht ausgeschlossen und unterliegt der Verjährung. Der nach § 437 Nr. 2 i.V.m. §§ 323, 440 BGB grundsätzlich mögliche Rücktritt wäre bei Eintritt der Verjährung des Leistungs- oder Nacherfüllungsanspruchs bereits nach § 218 Abs. 1 Satz 1 BGB ausgeschlossen. Die Vorschrift des § 218 Abs. 1 Satz 2 BGB enthält daher im Ergebnis nach § 275 Abs. 1 BGB eine eigenständige Regelung nur für die Fälle der Unmöglichkeit, die auch durch eine teleologische Erweiterung der Vorschrift des § 218 Abs. 1 Satz 1 BGB hätte erreicht werden können.[2242] Der Rechtsausschuss, dem die Bundesregierung gefolgt ist, hielt eine ausdrückliche Regelung für angezeigt, um Missverständnissen hinsichtlich der erstrebten Gleichbehandlung der Unmöglichkeit nach Abs. 1 mit Abs. 2 und 3 des § 275 BGB vorzubeugen.

Der Ausschluss von Gewährleistungsrechten nach § 218 BGB ist von der Verjährung der Ansprüche aus den Gewährleistungsrechten, sei es der Ansprüche aus Rücktritt gemäß §§ 346, 347 BGB oder aus Minderung nach § 441 Abs. 4 BGB zu trennen. Hierbei handelt es sich um selbstständige Anspruchsgrundlagen für einen Rückgewähr- bzw. Erstattungsanspruch des Verbrauchers auf den zu viel gezahlten Betrag.[2243] Für diese Ansprüche gilt die regelmäßige Verjährungsfrist von drei Jahren nach § 195 BGB, da sie nicht auf § 437 BGB beruhen.[2244] Für den Rücktritt gilt, dass sich der Verbraucher drei Jahre mit der Geltendmachung der Rückgewähransprüche Zeit lassen kann, da sie erst mit der Ausübung des Rücktrittsrechts entstehen können.[2245] Es mag sachgerecht erscheinen § 438 BGB auch auf die Rückgewähransprüche anzuwenden. Mit dem Gesetz ist dies nicht zu vereinbaren,[2246] da nach § 438 Abs. 2 BGB die Verjährung von Rückgewähr-

---

2241 *Witt*, JuS 2002, 105 (109).

2242 *Knütel*, NJW 2001, 2519.

2243 *Reinking*, ZGS 2002, 140 (141).

2244 Palandt-*Putzo*, 64. Aufl., § 438 Rn. 20; MüKo-*Westermann*, 4. Aufl, BGB § 438 Rn. 4; Staudinger-*Matusche/Beckmann*, Neuberab., § 438 Rn. 31.

2245 *Arnold*, ZGS 2002, 438 (441).

2246 So dennoch *Wagner*, ZIP 2002, 789 (790).

ansprüchen bereits mit Ablieferung der Sache und nicht erst mit der Rücktrittserklärung beginnen würde.

a) Verjährungsbeginn

Der Fristbeginn ist in § 438 Abs. 2 BGB geregelt. Danach beginnt die Frist beim Kauf beweglicher Sachen mit ihrer Ablieferung.[2247] Die Ablieferung ist ein einseitiger Realakt, der sich mit der Übereignung überschneiden kann.[2248] Dies gilt ebenso wie nach § 477 Abs. 1 Satz 1 BGB a.F. anders als bei der regelmäßigen Verjährung nach § 199 Abs. 1 BGB unabhängig davon, ob der Käufer seinen Anspruch kennt. Die Regelung ist im Hinblick auf die Problematik bei verborgenen Mängeln vielfach kritisiert worden,[2249] obwohl sie im Einklang mit der VerbrGK-RL steht, die als maßgebliches Anknüpfungskriterium die Lieferung des Verbrauchsgutes bestimmt. Grundsätzlich haftet der Verkäufer gemäß § 438 Abs. 1 Nr. 3 i.V.m. Abs. 2 BGB zwei Jahre ab dem Zeitpunkt der Ablieferung der Sache.

b) Neubeginn, Hemmung und Unterbrechung der Verjährung

Macht der Verbraucher seinen Anspruch auf Nacherfüllung gemäß § 439 i.V.m. § 437 Nr. 1 BGB geltend, so kann seine Erfüllung durch den Verkäufer als Anerkenntnis angesehen werden.[2250] Erkennt der Schuldner den Anspruch des Gläubigers an, so führt dies gemäß § 212 Abs. 1 Nr. 1 BGB dazu, dass die Verjährungsfrist mit Ablieferung der mangelfreien Sache neu beginnt. In der Literatur ist die Befürchtung geäußert worden, dass damit die Gefahr einer nie endenden „Kettengewährleistung" verbunden ist.[2251] Teilweise ist daher der Versuch unternommen worden, die Nachbesserung als Verhandlung i.S.d. § 203 BGB zu qualifizieren, um so zu einer Verjährungshemmung zu gelangen.[2252] Die Hemmung bewirke, so nach dieser Auffassung, dass der Verhandlungszeitraum in die Verjährungsfrist nicht eingerechnet wird und dem Käufer am Ende eine dreimonatige Ablaufhemmung als Beobachtungszeitraum zur Verfügung steht.

Eine solche Interpretation der Vorschrift scheitert an ihrem Wortlaut.[2253] Der Nacherfüllungsanspruch ist für den Bereich des Verbrauchsgüterkaufes zwingendes Recht. Von einer Verhandlungssituation kann hier nicht die Rede sein.[2254] Der Neubeginn der Verjährung ist mit Blick auf die Interessen des Verbrauchers auch

---

[2247] Für Grundstücke bestimmt § 438 Abs. 2 BGB, dass die Verjährung mit der Übergabe beginnt.

[2248] Palandt-*Putzo*, 64. Aufl., § 438 Rn. 15; MüKo-*Westermann*, 4. Aufl, BGB § 438 Rn. 25; Staudinger-*Matusche/Beckmann*, Neuberab., § 438 Rn. 54.

[2249] *Haas*, BB 2001, 1313 (1318).

[2250] *Mansel*, NJW 2002, 89 (98); *Haas*, in: *Haas/Medicus/Rolland/Schäfer/Wendtland*, Das neue Schuldrecht, S. 242 (332), der nur dann einen Neubeginn der Verjährung für angemessen hält, wenn der Verkäufer eine Ersatzsache liefert oder nur mangelhaft nacherfüllt.

[2251] *von Westphalen*, ZGS 2002, 19 (21); *Arnold*, ZGS 2002, 438 (440).

[2252] *Reinking*, ZGS 2002, 140 (141); *ders.*, ZfS 2003, 57 (63).

[2253] *Mansel*, NJW 2002, 89 (98).

[2254] Dennoch dafür *Arnold*, ZGS 2002, 438 (440); *Mansel/Budzikiewicz*, Das neue Verjährungsrecht, § 8 Rn. 21; *Reinking*, ZGS 2002, 140 (144); *Wagner*, ZIP 2002, 789 (793).

gerechtfertigt, da durchaus Fälle denkbar sind, in denen ihm andernfalls nicht einmal genügend Zeit bleiben würde, um die Sache nach Durchführung der Nacherfüllung auf ihre Mangelfreiheit zu überprüfen.[2255] Auch unter Geltung des alten Rechts wurde daher ein Anerkenntnis angenommen, wenn der Verkäufer durch die Lieferung einer Ersatzsache den Eindruck erweckt hat, dass er in dem Bewusstsein tätig geworden war, hierzu auch verpflichtet zu sein.[2256]

Es ist zwar einzuräumen, dass die Verjährung in diesen Fällen gemäß § 208 BGB a.F. nur unterbrochen war. Auch eine Unterbrechung der Verjährung hat aber zu Folge, dass die Verjährungsfrist abgebrochen wird und mit dem Tag der Unterbrechung von neuem beginnt.[2257] Bei der Mängelbeseitigung kam indessen die Vorschrift des § 639 Abs. 2 BGB a.F. direkt oder analog zum Zuge, wonach die Verjährung für den Fall eines fehlenden Anerkenntnisses bei Prüfung der Sache bzw. Mängelbeseitigung oder dessen Verweigerung bis zu diesem Zeitpunkt gehemmt war.[2258] Diese Vorschrift ist ersatzlos weggefallen.[2259] § 204 BGB, der die Hemmung der Verjährung nunmehr für alle Ansprüche einheitlich regelt, erfasst diese Fälle nicht, sodass man auch für den Fall der Nachbesserung nunmehr von einem Anerkenntnis mit den Folgen des § 212 Abs. 1 Nr. 1 BGB ausgehen muss.[2260]

Auch wenn ein Neubeginn der Verjährung bei Nacherfüllung durch die VerbrGK-RL nicht geboten ist[2261], so ist das Gesetz in diesem Punkt doch eindeutig.[2262] Eine restriktive richtlinienkonforme Auslegung wird man wohl kaum vornehmen dürfen. Es ist einzuräumen, dass ein Anerkenntnis nur dann anzunehmen ist, wenn der Verkäufer nicht aus Kulanz oder aufgrund einer Vereinbarung im Rahmen einer außergerichtlichen Streitbeilegung die zur Nacherfüllung erforderliche Handlung vornimmt.[2263] Versuche, die Gefahr einer „Kettengewährleistung" durch abändernde AGB-Klauseln zu umgehen, dürften regelmäßig an § 307 Abs. 2 Nr. 1 BGB scheitern.[2264]

c) Leistungsverweigerungsrecht

Sind der Rücktritt oder die Minderung nach § 218 i.V.m. § 438 Abs. 4 oder 5 BGB ausgeschlossen, so kann der Käufer gemäß § 438 Abs. 4 Satz 2 BGB, bei der

---

2255 So *Reinking*, ZfS 2003, 57 (63), der unverständlicherweise dennoch für eine Hemmung der Verjährung plädiert.

2256 BGH NJW 1999, 2884 (2885).

2257 Palandt-*Heinrichs*, 61. Aufl., § 208 Rn. 1.

2258 Palandt-*Sprau*, 61. Aufl., § 639 Rn. 4; BGH NJW 1996, 1962 (1964); BGH NJW 1997, 727 (728).

2259 *von Westphalen*, ZGS 2002, 19 (21).

2260 *von Westphalen*, ZGS 2002, 19 (22).

2261 Vgl. *Roth*, in: *Ernst/Zimmermann*, Zivilrechtswissenschaft und Schuldrechtsreform, S. 225 (245 f.).

2262 *von Westphalen*, ZGS 2002, 19.

2263 *Arnold*, ZGS 2002, 438 (440); *Reinking*, ZGS 2002, 140 (144).

2264 § 475 BGB kommt nicht zum Tragen, da § 212 BGB hier nicht genannt ist. Vgl. hierzu *von Westphalen*, ZGS 2002, 19 (22).

Minderung i.V.m. § 438 Abs. 5 BGB, die Zahlung des Kaufpreises insoweit verweigern, als er aufgrund des Rücktritts oder der Minderung dazu berechtigt gewesen wäre. Diese Regelung entspricht § 478 Abs. 1 Satz 1 BGB a.F., verzichtet aber auf die dort vorgesehene Mängelanzeige. Da der Anspruch des Verkäufers der regelmäßigen Verjährungsfrist von drei Jahren unterliegt, der Anspruch des Käufers auf Nacherfüllung hingegen gemäß § 438 Abs. 1 Nr. 3 BGB in der Regel bereits nach zwei Jahren verjährt, wäre der Käufer ohne die Bestimmung in § 438 Abs. 4 Satz 2 BGB zur Kaufpreiszahlung trotz Mangelhaftigkeit der Sache verpflichtet.[2265]

Fraglich ist, ob der Verbraucher auch dann die Leistung verweigern kann, wenn ihm vor Eintritt der Verjährung ein Nacherfüllungsanspruch zur Seite gestanden hätte. Mit der Beantwortung dieser Frage hängt die Frage zusammen, ob der Verbraucher eine Nachfrist setzen muss, bevor er sich auf die Einrede des § 438 Abs. 4 BGB berufen kann, da Rücktritt und Minderung an sich nach §§ 437 Nr. 2, 323, 441 BGB den erfolglosen Ablauf einer Nachfrist erfordern.[2266] Letztlich handelt es sich hierbei nur um ein Scheinproblem. Beruft sich nämlich der Verkäufer auf Verjährung, so ist darin eine Leistungsverweigerung i.S.d. § 440 BGB zu sehen, die die Nachfristsetzung entbehrlich macht.[2267] Dann aber erfordern der Rücktritt und die Minderung keine weiteren Voraussetzungen als der Nacherfüllungsanspruch. Dem Verbraucher stehen dann de facto auch der Rücktritt und die Minderung zur Seite, sodass hier nicht erörtert werden muss, ob auch die verjährte Nacherfüllung zur Leistungsverweigerung berechtigt. Eines Umweges über § 320 BGB, der ohnehin nach Gefahrenübergang nicht anwendbar ist[2268], bedarf es nicht.[2269]

Macht der Käufer von seinem Leistungsverweigerungsrecht aus § 438 Abs. 4 Satz 2 BGB Gebrauch, so bestimmt § 438 Abs. 4 Satz 3 BGB, dass der Verkäufer in diesem Fall zum Rücktritt berechtigt ist. Aus einem Umkehrschluss zu § 438 Abs. 5 BGB folgt, dass der Verkäufer dieses Recht jedoch nur für den Fall zusteht, dass der Käufer sein Leistungsverweigerungsrecht aufgrund des ihm ansonsten zustehenden Rücktrittsrechts (Rücktrittseinrede) geltend macht, da § 438 Abs. 5 BGB bei Geltendmachung der Minderung nur § 438 Abs. 4 Satz 2 BGB für entsprechend anwendbar erklärt. Bei Ausübung des Leistungsverweigerungsrechts aufgrund des dem Käufer ansonsten zustehenden Minderungsrechts (Minderungseinrede) gilt dies nicht. § 438 Abs. 5 BGB verweist nämlich nur auf § 438 Abs. 4 Satz 2 BGB. Dies ist auch sachgerecht, da der Käufer bei der Minderung die Sache gerade behalten will.[2270] Hat der Käufer den Kaufpreis voll oder zum Teil bezahlt,

---

2265 Regierungsbegründung zum SchuldRModG, BT-Drucks. 14/6040, S. 230.

2266 Bejahend: *Arnold*, ZGS 2002, 438 (441); *Lorenz/Riehm*, Lehrbuch zum neuen Schuldrecht, Rn. 560; *von Olshausen*, JZ 2002, 385 (387).

2267 *Mansel/Budzikiewicz*, Das neue Verjährungsrecht, § 5 Rn. 39.

2268 Palandt-*Heinrichs*, 64. Aufl., Vor § 320 Rn. 19.

2269 So aber *Arnold*, ZGS 2002, 438 (441) unter Berufung auf *Mansel/Budzikiewicz*, Das neue Verjährungsrecht, § 5 Rn. 37f.

2270 BT-Drucks. 14/6857, S. 26 und 60.

kann er ihn nicht gemäß § 214 Abs. 2 Satz 1 BGB zurückfordern. Dies ist die notwendige Rechtsfolge der Wirkung der Verjährung nach § 214 Abs. 1 BGB als einem dauernden Leistungsverweigerungsrecht.

2. Rügeobliegenheit

Aus dem alten Recht nicht übernommen worden ist die Regelung in § 464 BGB a.F., wonach die positive Kenntnis des Käufers von einem Mangel bei der Annahme der Sache zum Verlust seiner Rechte führte, wenn er sie sich nicht vorbehielt. Die VerbrGK-RL stellt es den Mitgliedstaaten in Art. 5 Abs. 2 frei, die Rechte des Käufers von einer Anzeige der Vertragswidrigkeit abhängig zu machen. Gleichzeitig bestimmt sie ausdrücklich, dass hierfür ein Zeitraum von 2 Monaten vorgesehen werden müsste. Die Regelung des § 464 BGB a.F. wäre daher ohnehin nicht mit der VerbrGK-RL zu vereinbaren gewesen.[2271] Der deutsche Gesetzgeber hat entgegen seinem ursprünglichen Vorhaben, eine den §§ 377 378 HGB entsprechende Rügeobliegenheit ins BGB aufzunehmen, sogar ganz davon abgesehen.

Das Ziel des Gesetzgebers, den Verkäufer zu privilegieren, der jetzt durch die Verlängerung der Gewährleistungsfrist auf zwei Jahre schlechter gestellt wird, konnte insofern nicht überzeugen.[2272] Die Rügeobliegenheit wurde als handelsrechtliche Besonderheit angesehen, die nicht ins Kaufrecht übertragbar sei.[2273] Den Befürwortern kann zwar zugestimmt werden, wenn sie sich darauf berufen, dass eine Gleichbehandlung des Verbrauchers mit dem eines Kaufmannes durch die Aufnahme einer Rügeobliegenheit nicht zu befürchten ist, da diese eben keine Untersuchungspflicht des Käufers entsprechend der handelsrechtlichen Regelung in § 377 Abs. 1 HGB voraussetzt.[2274] Eine gesetzgeberische Maßnahme, die an sich der Verbesserung des Verbraucherschutzes dienen soll, sollte aber nicht die Rechtsstellung des Verbrauchers verschlechtern.[2275]

Eine Verzögerung bei der Kenntnisnahme von dem Mangel der Sache würde ohnehin den Verkäufer in der Regel nur geringfügig beeinträchtigen, zumal bereits die auf sechs Monate befristete Umkehr der Beweislast nach § 476 BGB den Käufer beim Verbrauchsgüterkauf in der Regel dazu zwingt, umgehend seine Mängel anzuzeigen.[2276] Nach der Gesetzesbegründung aber soll es den Parteien

---

2271 *Haas*, BB 2001, 1313 (1318).

2272 *Staudenmayer*, NJW 1999, 2393 (2396); *Tonner/Crellwitz/Echtermeyer*, in: *Micklitz/Pfeiffer/Tonner/Willingmann* (Hrsg.), Schuldrechtsreform und Verbraucherschutz, S. 293 (334); a.A. *Ehmann/Rust*, JZ 1999, 853 (862); *Schäfer/Pfeiffer*, ZIP 1999, 1829 (1835); *Schwartze*, ZEuP 2000, 544 (572); *Schmidt-Räntsch*, ZEuP 1999, 294 (299).

2273 *Ernst/Gsell*, ZIP 2000, 1410 (1426); *Gsell*, JZ 2001, 65 (72); *Matthiesen/Lindner*, NJW 1999, 617 (621); *Reich*, NJW 1999, 2397 (2401); *Tonner*, VuR 2001, 87 (92); *Zimmer*, in: *Ernst/Zimmermann* (Hrsg.), Zivilrechtswissenschaft und Schuldrechtsreform, S. 191 (202).

2274 *Flessner*, in: *Grundmann/Medicus/Rolland* (Hrsg.), Europäisches Kaufgewährleistungsrecht, S. 233 (246); *Schwartze*, ZEuP 2000, 544 (572); *Westermann*, in: *Grundmann/Medicus/Rolland* (Hrsg.), Europäisches Kaufgewährleistungsrecht, S. 251 (274).

2275 *Ernst/Gsell*, ZIP 2000, 1410 (1426).

2276 *Ernst/Gsell*, ZIP 2000, 1410 (1427).

unbenommen bleiben, eine Rügeobliegenheit vertraglich zu vereinbaren.[2277] Es ist aber nicht nur fraglich, ob eine solche Vereinbarung von Art. 5 Abs. 2 VerbrGK-RL im Bereich des Verbrauchsgüterkaufs zulasten des Verbrauchers abweichen darf. Vielmehr würde es sich im Bereich des Verbrauchsgüterkaufes auch um eine nach § 475 BGB unzulässige Abweichung zulasten des Käufers handeln. Vertragliche Vereinbarungen über eine Rügeobliegenheit sind daher ausschließlich außerhalb des Anwendungsbereiches von § 475 BGB zulässig.

3. Beweislast

Die Beweislastverteilung in Art. 5 Abs. 3 VerbrGK-RL findet ihre Entsprechung im deutschen Recht in § 476 BGB, der gemäß § 474 Abs. 1 Satz 1 BGB nur auf Verbrauchsgüterkaufverträge Anwendung findet. Anders als bei der Umsetzung der Gewährleistungsfristen hat der deutsche Gesetzgeber von einer Übertragung der Beweislastverteilung auf das gesamte Kaufrecht abgesehen. Gemäß § 476 BGB wird vermutet, dass die Sache bereits bei Gefahrenübergang, d.h. gemäß § 446 BGB bei Übergabe oder Annahmeverzug, mangelhaft war, wenn sich der Sachmangel innerhalb der ersten sechs Monate seit Gefahrenübergang zeigt. Der Verkäufer muss daher in den ersten sechs Monaten beweisen, dass die Sache bei Gefahrenübergang den Mangel, der sich danach gezeigt hat, noch nicht aufgewiesen hat.[2278]

Nach den allgemeinen Beweislastgrundsätzen, die der Vorschrift des § 363 BGB entnommen werden, muss hingegen grundsätzlich der Gläubiger alle anspruchsbegründenden Tatsachen beweisen. § 476 BGB enthält eine Beweislastumkehr zugunsten des Käufers. Der von einigen in der Literatur gegen die Beweislastumkehr erhobene Einwand, die Vorschrift eröffne dem bösgläubigen, die Kaufsache innerhalb der sechsmonatigen Frist vorsätzlich beschädigenden Verbraucher, erhebliche Missbrauchsmöglichkeiten und führe damit zu einer unverhältnismäßigen Belastung des Handels für den Fall, dass dieser so handelt, weil er nach dem Kauf keinen Gefallen an der Kaufsache findet würde den Verbraucherschutz insgesamt obsolet machen.[2279]

Indem § 476 BGB abweichend von Art. 5 Abs. 3 VerbrGK-RL nicht auf den Zeitpunkt der Lieferung sondern auf den Zeitpunkt des Gefahrenübergangs abstellt, könnte § 476 BGB sogar den Schutzstandard der VerbrGK-RL unterlaufen. In der Gesetzesbegründung wird zur Rechtfertigung auf Erwägungsgrund 14 VerbrGK-RL hingewiesen.[2280] Dieser bestimmt aber lediglich, dass der Zeitpunkt, in dem die Gefahr des zufälligen Untergangs und der zufälligen Verschlechterung auf den Käufer übergeht, von der VerbrGK-RL nicht berührt wird. Auch wenn der EU-Gesetzgeber sowohl den Zeitpunkt, ab dem der Verkäufer gemäß Art. 3 Abs. 1

2277 *Tonner/Crellwitz/Echtermeyer*, in: *Micklitz/Pfeiffer/Tonner/Willingmann*, Schuldrechtsreform und Verbraucherschutz, S. 293 (335).

2278 Palandt-*Putzo*, 64. Aufl., § 476 Rn. 8; MüKo-*Lorenz*, 4. Aufl, BGB § 476 Rn. 4; Staudinger-*Matusche/Beckmann*, Neuberab., § 476 Rn. 2.

2279 So aber *Schäfer/Pfeiffer*, ZIP 1999, 1829 (1835).

2280 Regierungsbegründung zum SchuldRModG, BT-Drucks. 14/6040, S. 245.

VerbrGK-RL für die Vertragswidrigkeit eines Gutes haftet, als auch den Beginn der in Art. 5 Abs. 1 und 3 VerbrGK-RL geregelten Fristen an den Zeitpunkt der Lieferung des Verbrauchsgutes anknüpft, so ist mit der Formulierung „Zeitpunkt der Lieferung" regelmäßig nicht der Zeitpunkt des Gefahrenübergangs gemeint.[2281] Die VerbrGK-RL kennt sehr wohl den Begriff des Gefahrenübergangs, wie sich aus Erwägungsgrund 14 ergibt.[2282]

Für die Frage, ob die Anknüpfung in § 476 BGB an den Zeitpunkt des Gefahrenübergangs mit der VerbrGK-RL in Einklang steht, muss vielmehr Art. 8 Abs. 2 VerbrGK-RL herangezogen werden. Danach aber sind nur solche Abweichungen von der VerbrGK-RL zulässig, die den Verbraucher besser stellen. Dies bedeutet aber, dass nur der Zeitpunkt der Lieferung oder ein späterer Zeitpunkt maßgeblich sein kann. Nach Erwägungsgrund 17 VerbrGK-RL können die Mitgliedstaaten für den Beginn einer Frist einen anderen Zeitpunkt als die Lieferung des Gutes festgelegen, sofern die Gesamtdauer der in den innerstaatlichen Rechtsvorschriften festgelegten Ausschlussfrist für die Rechte des Verbrauchers einen Zeitraum von zwei Jahren ab dem Zeitpunkt der Lieferung nicht unterschreitet. Da die Übergabe der Sache mit dem Zeitpunkt der Lieferung regelmäßig zusammenfällt, ist die Vorschrift des § 476 i.V.m. § 446 Satz 1 BGB insoweit nicht zu beanstanden.

Unterschiede können sich ergeben, wenn sich der Käufer in Annahmeverzug befindet. Im Sinne einer einheitlichen Auslegung der VerbrGK-RL ist nach der hier vertretenen Auffassung unter dem Begriff der Lieferung der Akt zu verstehen, mit dem der Verkäufer dem Verbraucher die Sache tatsächlich ordnungsgemäß anbietet.[2283] Wie bereits gezeigt, ist daher nur der Zeitpunkt, in dem der Verbraucher durch ein tatsächliches Angebot des Verkäufers gemäß § 294 BGB in Annahmeverzug i.S.d. § 293 BGB gerät, mit dem Zeitpunkt der Lieferung identisch. § 296 BGB kann keine Anwendung finden, da hiernach der für den Zeitpunkt der Beweislastumkehr maßgebliche Umstand durch Parteivereinbarung vorverlegt werden kann. Dies kann sogar vor dem Zeitpunkt des Verjährungsbeginns und damit vor dem Zeitpunkt der Übergabe der Sache liegen, sodass der Verbraucher unter Umständen für den vollen Zeitraum der Verjährung die Beweislast trägt.

Relevant wird die Vorschrift des § 476 i.V.m. § 446 Satz 3 BGB für diejenigen Fälle, in denen die Sache in dem Zeitpunkt, in dem der Käufer die Annahme zurückweist noch mangelfrei ist. Hier geht es um die Frage, ob der Käufer die Sache berechtigterweise zurückgewiesen hat. Hat der Käufer die Sache zurückgewiesen, so besteht für ihn keine Einwirkungsmöglichkeit auf die Sache. Daher läuft der Käufer Gefahr, den Vorteil der Beweislastumkehr zu verlieren, noch bevor er die Möglichkeit hatte, die Sache zu untersuchen.[2284] Nach bisheriger

---

[2281] *Tonner/Crellwitz/Echtmeyer*, in: *Micklitz/Pfeiffer/Tonner/Willingmann* (Hrsg.) Schuldrechtsreform und Verbraucherschutz, S. 293 (308).

[2282] A.A. *Schwartze*, ZEuP 2000, 544 (559).

[2283] *Bianca*, in: *Bianca/Grundmann*, EU-Kaufrechts-Richtlinie, Art. 3 Rn. 12.

[2284] So auch *Gsell*, JZ 2001, 65 (74).

Rechtsprechung hingegen musste der Verkäufer beim Stückkauf bis zur Übergabe beweisen, dass die Sache mangelfrei ist. Dies gilt beim Gattungskauf sogar dann, wenn die Annahme bei gleichzeitiger Forderung mangelfreier Ware zurückgewiesen wurde.[2285] Der Käufer musste demnach erst dann, wenn die Sache tatsächlich übergeben wurde, den Mangel beweisen, um seine Gewährleistungsansprüche geltend zu machen.

Der Gesetzgeber stellt sich mit der Neuregelung in Widerspruch zu den Zielen der VerbrGK-RL, die neben der Binnenmarktsverwirklichung insbesondere auch die Verbesserung des Verbraucherschutzes anstrebt.[2286] Der deutsche Gesetzgeber vertritt die Auffassung, dass die Regelung des § 474 BGB dennoch mit den Vorgaben der VerbrGK-RL in Einklang steht, da die Folgen des Annahmeverzuges nicht von der VerbrGK-RL geregelt werden sondern dies den Mitgliedstaaten überlassen bleibt.[2287] Die Anknüpfung an den Zeitpunkt des Annahmeverzuges für den Beginn der Beweislastumkehr sei deswegen sachgerecht, weil andernfalls der Käufer durch seinen Annahmeverzug den Beginn der Frist zum Nachteil des Verkäufers beliebig hinauszögern könnte.[2288]

Diese Begründung begegnet bereits konstruktiven Bedenken.[2289] Gemäß § 293 BGB setzt der Annahmeverzug des Gläubigers zunächst voraus, dass ihm die Leistung angeboten wird. Grundsätzlich ist dazu ein tatsächliches Angebot im Sinne des § 294 BGB erforderlich. Danach muss der Schuldner dem Gläubiger die Leistung so anbieten, wie sie zu bewirken ist. Die Leistung muss, so wie sie geschuldet wird, am rechten Ort, zur rechten Zeit und in der rechten Art und Weise angeboten werden.[2290] Sie muss nach Art, Inhalt und Güte dem Inhalt des Schuldverhältnisses entsprechen.[2291] Nach ständiger Rechtsprechung begründet die Zurückweisung einer mangelhaften Sache auch dann keinen Annahmeverzug, wenn der Käufer sich nicht auf den Mangel der Sache beruft oder diesen nicht einmal erkannt hat.[2292]

Wenn aber der Annahmeverzug das Angebot einer mangelfreien Sache voraussetzt, so kann das Gesetz gemäß § 476 i.V.m. § 446 BGB nicht vermuten, dass die Sache in diesem Zeitpunkt bereits mangelhaft war.[2293] Die Vermutung schließt vielmehr nach dem Wortlaut der genannten Vorschriften den Gefahrenübergang durch Annahmeverzug des Käufers aus. Selbst wenn man aber, um zu einem sachgerechten Ergebnis zu gelangen, im Wege einer teleologischen Reduktion den Annahmeverzug von der Vermutungswirkung ausnimmt, so kann der den

---

2285 Palandt-*Putzo*, 61. Aufl., § 459 Rn. 50.

2286 Vgl. Erwägungsgrund 1 VerbrKG-RL.

2287 Regierungsbegründung zum SchuldRModG, BT-Drucks. 14/6040, S. 245.

2288 Regierungsbegründung zum SchuldRModG, BT-Drucks. 14/6040, S. 245.

2289 *Gsell*, JZ 2001, 65 (73).

2290 Palandt-*Heinrichs*, 64. Aufl., § 294 Rn. 3.

2291 Palandt-*Heinrichs*, 64. Aufl., § 294 Rn. 4.

2292 Vgl. Nachweise bei Staudinger-*Löwisch*, Neubearb., § 294 Rn. 4; MüKo-*Thode*, 3. Aufl., § 294 Rn. 6; Erman-*Battes*, 10. Bearb., § 294 Rn. 2.

2293 So auch *Gsell*, JZ 2001, 65 (74).

Gefahrenübergang begründende Annahmeverzug nur dann vorliegen, wenn die Sache tatsächlich mangelhaft war. Der Gläubiger handelte nach bisheriger Rechtsprechung zwar grundsätzlich auf eigene Gefahr, wenn er die Annahme zurückwies. Stellte sich aber heraus, dass die Sache tatsächlich mangelhaft war, so geriet er nicht in Annahmeverzug.[2294]

Dieser von der Rechtsprechung entwickelte Grundsatz muss auch nach der Schuldrechtsreform gelten. Nur wenn die Sache im Zeitpunkt des Angebots des Verkäufers mangelfrei ist, kann daher der Käufer gemäß § 293 BGB in Annahmeverzug geraten, sodass auch nur bei Mangelfreiheit der Sache im Zeitpunkt, in dem der Käufer die Annahme zurückweist, die Frist der Beweislastumkehr gemäß § 476 BGB zu laufen beginnt. Es fehlt dann an einer erhöhten Schutzbedürftigkeit des Verbrauchers. Entgegen der Auffassung in der Literatur[2295], wonach das Wort „Gefahrenübergang" in § 476 BGB richtlinienkonform auf „Gefahrenübergang durch Übergabe" reduziert werden muss, reicht es aus, dass das Wort „Gefahrenübergang" in § 476 BGB auf „Gefahrenübergang durch Übergabe oder Annahmeverzug infolge eines tatsächlichen Angebots" beschränkt wird. Darauf, ob der Käufer die Sache auch tatsächlich annimmt oder ob die Sache vom Verkäufer selbst übergeben wurde, muss es auch im Rahmen der VerbrGK-RL nicht ankommen.

Gemäß § 476 a.E. BGB gilt die Vermutung der Mangelhaftigkeit der Kaufsache bei Verbrauchsgüterkaufverträgen innerhalb der ersten sechs Monate nach Gefahrenübergang entsprechend Art. 5 Abs. 3 VerbrGK-RL nicht, wenn diese Vermutung mit der Art der Sache oder des Mangels unvereinbar ist. Aus der Formulierung „es sei denn" folgt, dass nicht von Amts wegen zu prüfen ist, ob die Voraussetzungen der Ausnahmeregel vorliegen, sondern dass der Verkäufer sie beweisen muss.[2296] Bei der Beurteilung, ob die Vermutung mit der Art der Sache zu vereinbaren ist, ist auf die gewöhnliche Verwendung und den Erwartungshorizont des Verkäufers i.S.d. § 434 Abs. 1 Satz 2 BGB abzustellen.[2297] Die Gesetzesbegründung zu § 476 BGB hat in der Literatur teilweise die Vorstellung hervorgerufen, dass insbesondere bei gebrauchten Sachen die Vermutungswirkung ausgeschlossen sei, weil sie unvereinbar mit der Art der Sache ist. Dem ist nicht zuzustimmen.

In der Gesetzesbegründung heißt es nur, dass die Ausnahme von der Beweislastumkehr „vor allem" bei gebrauchten Sachen eingreift, da bei diesen wegen des unterschiedlichen Grades der Abnutzung kein entsprechender allgemeiner Erfahrungssatz besteht.[2298] Auch der Wortlaut und die Entstehungsgeschichte der

---

2294 Vgl. nachweise bei Palandt-*Heinrichs*, 64. Aufl., § 294 Rn. 5.

2295 Kompaktkommentar-*Tonner*, § 476 Rn. 4.

2296 Palandt-*Putzo*, 64. Aufl., § 476 Rn. 9; Anwaltskommentar-*Büdenbender*, § 476 Rn. 13; *Reinking/Eggert*, Autokauf, Rn. 1346; a.A. *von Westphalen*, in: *Henssler/von Westphalen* (Hrsg.), Praxis der Schuldrechtsreform, § 476 Rn. 7; MüKo-*Lorenz*, 4. Aufl, BGB § 476 Rn. 22.

2297 *Westermann*, NJW 2002, 241 (252).

2298 Regierungsbegründung zum SchuldRModG, BT-Drucks. 14/6040, S. 245.

Vorschrift sprechen für die grundsätzliche Anwendbarkeit der Beweislastumkehr bei gebrauchten Sachen.[2299] § 474 Abs. 1 Satz 2 BGB bestimmt ausdrücklich, dass kein Verbrauchsgüterkauf vorliegt, wenn gebrauchte Sachen in einer öffentlichen Versteigerung verkauft werden, an der der Verbraucher persönlich teilnehmen kann. § 478 Abs. 1 Satz 1 BGB enthält einen ausdrücklichen Ausschluss für den Unternehmerrückgriff, wenn es sich um gebrauchte Sachen handelt, indem er den Unternehmerrückgriff auf neu hergestellte Sachen beschränkt.

Hätte der Gesetzgeber gebrauchte Sachen aus dem Anwendungsbereich des § 476 BGB ausnehmen wollen, so hätte er auch hier einen ausdrücklichen Vorbehalt normieren können.[2300] Hiervon aber hat der Gesetzgeber gerade keinen Gebrauch gemacht. Insbesondere bei gebrauchten Kfz kann ein genereller Ausschluss der Beweislastumkehr wegen der Unvereinbarkeit der Vermutungswirkung mit der Art der Sache nicht überzeugen.[2301] Gebrauchte Kfz weisen typischerweise einen unterschiedlichen Abnutzungsgrad auf, sodass bereits aus diesem Grund ein genereller Ausschluss nicht begründbar ist. Es kommt vielmehr darauf an, ob es sich um eine typische Verschleißerscheinung handelt. Nur in diesen Fällen ist die Beweislastumkehr wegen der Art des Mangels nicht anwendbar.[2302] Ein Kabelbrand an einem gebrauchten Kfz etwa stellt keine einfache Verschleißerscheinung dar, weswegen die Vermutung, dass der Mangel bereits bei Gefahrenübergang vorlag, ausgeschlossen sein könnte.[2303]

Maßgeblich dafür, ob die Vermutungswirkung hinsichtlich der Mangelhaftigkeit der Sache mit der Art der Sache zu vereinbaren ist, müssen Kriterien wie etwa Wartungs- und Bedienungsfehler oder Unfallschäden sein.[2304] Handelt es sich bei dem vom Verbraucher erworbenen Kfz um einen Unfallwagen, so kann dies dazu führen, dass die Umkehr der Beweislast ausgeschlossen ist. Stellt etwa der vom Verbraucher geltend gemachte (vermeintliche) Sachmangel die Folge eines zweiten nach Gefahrenübergang erfolgten Unfalls dar, der bei einem Neuwagen nicht aufgetreten wäre, weil das Kfz aufgrund seiner Vorbelastung anfälliger ist, so kann die Tatsache, dass es sich um einen Unfallwagen handelt, die Vermutungswirkung durchaus ausschließen, da sie in diesem Fall zweifelsohne mit der Art der Sache nicht zu vereinbaren ist.

Die Frage ist vielmehr, welche Anforderungen an die Beweislast bzw. an den vom Verkäufer zu führenden Gegenbeweis hinsichtlich der Mangelhaftigkeit im Zeitpunkt des Gefahrenübergangs zu stellen sind.[2305] Das Vorliegen eines Sachmangels ist vom Verbraucher zu beweisen. Nur die Beweislast dafür, dass er bereits im Zeitpunkt des Gefahrenübergangs vorlag, ist gemäß § 476 BGB

2299 *Reinking*, ZGS 2003, 105 (106).
2300 *Reinking*, ZGS 2003, 105 (106).
2301 OLG Köln, ZGS 2004, 40 (41); Palandt-*Putzo*, 64. Aufl., § 476 Rn. 4; MüKo-*Lorenz*, 4. Aufl, BGB § 476 Rn. 16; Staudinger-*Matusche/Beckmann*, Neuberab., § 476 Rn. 30.
2302 LG Hanau, Urt. v. 27.3.2003 – 1 O 1510/02, www.lrz-muenchen.de/~Lorenz/urteile.
2303 Ebenso AG Marsberg, ZGS 2003, 119f.
2304 *Reinking*, ZGS 2003, 105 (106).
2305 *Reinking*, ZGS 2003, 105 (106).

innerhalb der ersten sechs Monate ab Gefahrenübergang umgekehrt und nicht etwa die Beweislast dafür, dass überhaupt ein Mangel vorliegt.[2306] Will der Verkäufer sich entlasten, so muss er den Gegenbeweis führen, dass es sich nicht um einen Sachmangel im Zeitpunkt des Vertragsschlusses, sondern um eine typische Verschleißerscheinung handelt. Hierzu bedarf es etwa einer zielgerichtete Prüfung gerade des Teils an dem Kfz, dessen Mangelhaftigkeit bereits im Zeitpunkt des Vertragsschlusses vom Verbraucher behauptet wird.[2307] Ob ein Vollbeweis oder nur der Beweis einer Gegenwahrscheinlichkeit zu erbringen ist, bleibt durch die Rechtsprechung zu klären.

Anwendungsfälle für den Ausschluss der Beweislastumkehr dürften hingegen etwa Kaufverträge über verderbliche Sachen sein.[2308] Hier kommt es maßgeblich auf die Aufbewahrung der Sache nach Gefahrenübergang an. Darüber aber kann der Verkäufer keine Kenntnisse haben, weswegen die Rückwirkung der Vermutung mit der Art der Sache nicht zu vereinbaren ist. Als Bespiel für die Unvereinbarkeit der Vermutung mit der Art des Mangels nennt die Gesetzesbegründung Tierkrankheiten. Hier soll wegen der regelmäßigen Ungewissheit über den Zeitraum zwischen Infektion und Ausbruch der Krankheit, die den Nachweis darüber, dass die Krankheit bereits bei Gefahrenübergang bestanden hat unmöglich macht, mangels Rechtfertigung die Vermutungsregelung ausgeschlossen sein.[2309]

Dem Viehkauf kommt durch die Streichung der §§ 481 ff. BGB a.F. keine gewährleistungsrechtliche Sonderbehandlung mehr zu. Er muss als Verbrauchsgüterkauf behandelt werden.[2310] Die Fälle, in denen eine Sache mit auffälligen äußeren Beschädigungen offen übergeben wurden, fallen hingegen nicht unter den Anwendungsbereich des § 476 BGB.[2311] Hier dürfte regelmäßig bereits die Vorschrift des § 442 BGB einschlägig sein, wonach die Rechte des Käufers bei Kenntnis ausgeschlossen sind.

III. Umsetzung in Italien

1. Fristen

Der italienische Gesetzgeber hat in Art. 1519-*sexies Cc* der traditionellen Gesetzgebungstechnik folgend für den Ausschluss der Rechte des Verbrauchers zwei Fristen vorgesehen.[2312] Gemäß Art. 1519-*sexies* Abs. 1 *Cc* haftet der Verkäufer nach Art. 1519-*quarter Cc*, wenn sich die Vertragswidrigkeit innerhalb einer Frist von zwei Jahren ab Lieferung des Gutes zeigt. Die Umsetzung von Art. 5 VerbrGK-RL hat damit auch im italienischen Recht zu einer von vielen in der italienischen Literatur seit bereits zwei Jahrzehnten geforderten Verlängerung der

---

2306 So bereits die Rechtsprechung zum neuen Schuldrecht BGH NJW 2004, 2299.
2307 AG Potsdam, ZGS 2003, 120.
2308 *Haas*, BB 2001, 1313 (1319); *Huber/Faust*, Schuldrechtsmodernisierung, Kap. 15 Rn. 21.
2309 Regierungsbegründung zum SchuldRModG, BT-Drucks. 14/6040, S. 245.
2310 *Westermann*, NJW 2002, 245 (252).
2311 So aber *Haas*, BB 2001, 1313 (1319).
2312 *Hazan*, I Contr. 2002, 394 (405).

Verjährungsfrist für Sachmängelgewährleistungsansprüche geführt. Vor Umsetzung der VerbrGK-RL ist sogar von Teilen der Literatur in dem Bestreben, den Verbraucher besser zu schützen, der Versuch unternommen worden, Art. 1494 Abs. 2 *Cc* als deliktischen Anspruch zu qualifizieren, um die kurze Verfalls- und Verjährungsfrist des Art. 1495 *Cc* von einem Jahr zu umgehen.[2313] Letztlich sollte so Art. 2947 *Cc*, der eine fünfjährige Verjährungsfrist für deliktische Ansprüche vorsieht, zur Anwendung gelangen. Die Rechtsprechung ist dieser Auffassung nicht gefolgt. Der Streit zwischen Literatur und Rechtsprechung konnte mit Umsetzung der VerbrGK-RL endgültig beseitigt werden.

Aus der Formulierung in Art. 1519-*sexies* Abs. 1 *Cc* „sich zeigt" (*si manifesta*) folgt, dass es sich hierbei nicht etwa um eine anhand subjektiver Kriterien zu prüfende Voraussetzung handelt. Hierfür hätte der italienische Gesetzgeber daran anknüpfen können, ob sich die Vertragswidrigkeit *dem Verbraucher* zeigt. Maßgeblich ist vielmehr der Zeitpunkt in dem die Vertragswidrigkeit offensichtlich, feststellbar und von Außen erkennbar ist.[2314] Hinsichtlich der Feststellbarkeit und der Erkennbarkeit wird man wohl auf das in Art. 1519-*ter* Abs. 3 *Cc* verankerte Kriterium der „gewöhnlichen Sorgfalt" (*ordinaria diligenza*) zurückgreifen können.[2315] Art. 1519-*sexies* Abs. 1 *Cc* enthält insoweit eine „Ablauf- bzw. Verfallfrist" (*termine di decadenza*)[2316] von zwei Jahren ab Lieferung. Gemäß Art. 1519-*sexies* Abs. 4 *Cc* verjähren die Ansprüche indessen „in jedem Fall" (*in ogni caso*) bei einer Direktklage (*azione diretta*) in 26 Monaten ab Lieferung des Gutes, wenn der Verbraucher wegen solcher vom Verkäufer nicht vorsätzlich verborgenen Mängeln seine Rechte geltend macht.

Die Erweiterung der zweijährigen Ablauf- bzw. Verfallfrist des Art. 1519-*sexies* Abs. 1 *Cc* auf 26 Monate ist im Hinblick auf Art. 1519-*sexies* Abs. 2 *Cc* nur konsequent.[2317] Art. 1519-*sexies* Abs. 2 *Cc* enthält nämlich für den Fall, dass der Verbraucher die Anzeige der Vertragswidrigkeit innerhalb einer Frist von zwei Monaten nach seiner Entdeckung versäumt, einen Ausschlusstatbestand, wenn der Verkäufer die Vertragswidrigkeit nicht anerkannt oder verschwiegen hat. Es ist sachgerecht, die Gewährleistungsfrist des Art. 1519-*sexies* Abs. 1 *Cc* durch die Ausschlussfrist des Art. 1519-*sexies* Abs. 2 *Cc* zum Nachteil des Verbrauchers im Sinne der Rechtssicherheit einzuschränken, wenn dieser Umstand nicht dazu führt, dass der dem Verbraucher hierfür zustehende Zeitraum durch den Ablauf der Verfallsfrist eingeschränkt wird.[2318] Der Verbraucher soll auch dann, wenn er erst einen Tag vor Ablauf der Zweijahresfrist gemäß Art. 1519-*sexies* Abs. 1 *Cc* den Mangel entdeckt, noch zwei Monate für die Mängelanzeige und Durchsetzung

---

2313 *Galgano*, Contr. e Impr. 1986, 995 (999); *Cabella Pisu*, Garanzia e responsabilità nelle vendite commerciali, S. 258 f.

2314 *De Cristofaro*, Difetto di conformità, S. 163.

2315 *Zaccaria/De Cristofaro*, La vendita dei beni di consumo, S. 118.

2316 *De Cristofaro*, Difetto di conformità, S. 162.

2317 *De Nova*, L'aquisto di beni di consumo, 61.

2318 *Hazan*, I Contr. 2002, 394 (405).

seiner Rechtsbehelfe Zeit haben.[2319] Art. 1519-*sexies* Abs. 4 *Cc* erweitert die Einjahresfrist ab Lieferung des Art. 1495 Abs. 3 *Cc*, die für sonstige Kaufverträge gilt, für Verbrauchsgüterkaufverträge[2320] um 14 Monate.[2321]

Erstaunlich ist aber, dass der italienische Gesetzgeber scheinbar völlig unberücksichtigt gelassen hat, dass die auf einen Anspruch auf Vertragsauflösung bei Lieferung eines *aliud* nach allgemeinem Kaufrecht immer anzuwendende 10-jährige Frist der Regelverjährung nach Art. 2946 *Cc* für den Bereich des Verbrauchsgüterkaufes nunmehr um 7 Jahre und 10 Monate verkürzt wird.[2322] Damit wird der Verbraucher gegenüber einem sonstigen Käufer benachteiligt, da dieser weiterhin von der großzügigen Regelverjährung wird Gebrauch machen können.

Ob der Ablauf der Verfalls- und Ausschlussfrist geltend gemacht werden muss, hat der italienische Gesetzgeber nicht geregelt. Auch die allgemeinen Vorschriften über die Verjährung in den Art. 2934 ff. *Cc* schweigen hierzu. Während die Rechtsprechung unter dem Hinweis auf Art. 2934 Abs. 1 *Cc*, wonach jedes Recht im Falle der Verjährung erlöscht („*Ogni diritto si estingue per prescrizione*"), einen Erlöschenstatbestand annimmt, befürwortet die italienische Literatur den Einredecharakter der Verjährung.[2323] Hierfür spricht, dass nach Art. 2938 *Cc* die Verjährung nicht von Amts wegen beachtet werden darf.[2324] Bei der Verfalls- und Ausschlussfrist des Art. 1519-*sexies* Abs. 1 und 4 *Cc* handelt es sich aber letztlich um eine den Wirkungen der Verjährungsfrist gleichgestellte Frist. Nach Art. 2936 *Cc* ist das gesamte Verjährungsrecht zwingend, sofern das Gesetz nichts anderes bestimmt. Eine solche Bestimmung enthält Art. 1519-*octies* Abs. 2 *Cc*. Danach dürfen die Vertragsparteien die Frist des Art. 1519-*sexies* Abs. 1 *Cc* bei Verträgen über gebrauchte Güter bis zu einem Jahr einschränken.

2319 *De Nova*, L'aquisto di beni di consumo, S. 61 f; *Eccher/Schurr*, ZEuP 2003, 65 (81); *Hazan*, I Contr. 2002, 394 (405); *Zaccaria/De Cristofaro*, La vendita dei beni di consumo, S. 124.

2320 Die Verjährung des Art. 1519-*sexies* Abs. 4 *Cc* gilt wegen Art. 1510-*bis* Abs. 1 *Cc* auch für die Gewährleistung beim Werkvertrag (*contratto d'opera*). Während die Gewährleistungsansprüche des Bestellers (*committente*) außerhalb des Anwendungsbereiches der Art. 1519-*bisf. Cc* gemäß Art. 2226 Abs. 2 Satz 2 *Cc* nach Ablauf eines Jahres ab dem Zeitpunkt der Übergabe verjähren, greift für den Fall, dass es sich bei dem herzustellendem Werk um eine Verbrauchsgut handelt, wegen Art. 1519-*bis* Abs. 2 *Cc* nunmehr die 26- monatige Verjährungsfrist des Art. 1519-*sexies* Abs. 1 *Cc*. Dies gilt ebenso für Unternehmerwerkverträge (*contratto d'appalto*), die ein Verbrauchsgut zum Gegenstand haben, da nach der für die Verjährung von Unternehmerwerkverträgen maßgebliche „allgemeine" Verjährungsvorschrift des Art. 1667 Abs. 3 Satz 1 *Cc* nur eine zweijährige Verjährungsfrist gilt.

2321 Nur bei der Lieferung eines *Aliud* hat die Rechtsprechung den ihr einzigen Rechtsbehelf der Vertragsaufhebung auch noch nach Ablauf der Frist aus Art. 1495 Abs. 1 *Cc* für zulässig gehalten. Vgl. hierzu *Zaccaria*, in: *Grundmann/Medicus/Rolland* (Hrsg.), Europäisches Kaufgewährleistungsrecht, S. 181 (187).

2322 *De Cristofaro*, Stud. Iur. 2002, 1314 (1327 Fn. 48).

2323 Vgl. hierzu *Kindler*, Einführung in das italienische Recht, § 10 Rn. 1.

2324 Cian/Trabucchi-*Mantovani*, Art. 2934 I 2.

a) Verjährungsbeginn

Maßgeblicher Zeitpunkt für den Verjährungsbeginn ist - entsprechend Art. 1495 Abs. 3 *Cc* - der Zeitpunkt der Lieferung. Mit dem Begriff „Lieferung" muss hier in Abweichung zu Art. 1519-*ter* Abs. 1 *Cc* der Zeitpunkt gemeint sein, in dem der Verbraucher das Verbrauchsgut auch tatsächlich erhalten hat.[2325] Der Verkäufer muss alles zur Durchführung des Vertrages im Übrigen Erforderliche getan haben, damit er in den Genuss der endgültigen Leistungsbefreiung kommen kann. Diese Regelung ist in der italienischen Literatur auf heftige Kritik gestoßen. Es wurde darauf hingewiesen, dass die neue Regelung mit dem Prinzip *contra non valentem agere non currit praescripto* („wer nicht Handeln kann, dessen Ansprüche können auch nicht verjähren) in Konflikt gerät, sodass ausschließlich der Zeitpunkt der Entdeckung der Vertragswidrigkeit im Sinne eines umfassenden Verbraucherschutzes maßgeblich sein kann.[2326]

Letztlich wird aber wohl der Umstand überzeugen, dass die Anknüpfung des Verjährungsbeginns an den Zeitpunkt der Lieferung den Regelungen in den meisten EU-Mitgliedstaaten entspricht und daher im Dienste der Rechtsangleichung am effektivsten sein dürfte.[2327] Im Übrigen spricht auch der Umstand, dass bei Anknüpfung des Verjährungsbeginns an den Zeitpunkt der Entdeckung der Vertragswidrigkeit durch den Verbraucher, letztlich die Verjährung auf Kosten der Rechtssicherheit von objektiven Kriterien gelöst und in die Hände des Verbrauchers gelegt wird, für eine Anknüpfung an den Zeitpunkt der Lieferung.[2328] Dem Verbraucher stünde andernfalls je nachdem, wann er den Mangel entdeckt, eine variable Verjährungsfrist von 25 bis 49 Monaten zu.[2329] Handelt es sich bei dem vom Verbraucher erworbenen Verbrauchsgut um eine Sache, die erst vom Verkäufer montiert werden muss, so beginnt die Verjährung erst in dem Zeitpunkt, in dem die Montage beendet ist.[2330] Für Dauer-, Bezugs- oder Teillieferungsverträge gilt, dass der Verjährungsbeginn für jedes gelieferte Verbrauchsgut getrennt beginnt, also erst bei Lieferung des jeweiligen Verbrauchsgutes.[2331]

b) Neubeginn, Hemmung und Unterbrechung der Verjährung

Hat der Verkäufer die Vertragswidrigkeit anerkannt, so kommt mangels Sonderbestimmung in den Vorschriften über den Verbrauchsgüterkauf, namentlich in Art. 1519-*sexies Cc*, die Vorschrift des Art. 2944 *Cc* zur Anwendung. Danach wird die Verjährung bei Annerkenntnis der Ansprüche des Anspruchstellers durch den Anspruchsgegner unterbrochen. Die Unterbrechung der Verjährung hat gemäß Art. 2945 Abs. 1 *Cc* zur Folge, dass die schon begonnene Verjährungsfrist für ungültig

---

2325 *De Cristofaro*, Stud. Iur. 2002, 1314 (1328).

2326 *Pinna*, Contr. e Impr./Europa 2000, 516 (532).

2327 *Zaccaria/De Cristofaro*, La vendita dei beni di consumo, S. 123.

2328 *Zaccaria/De Cristofaro*, La vendita dei beni di consumo, S. 123.

2329 *Hazan*, I Contr. 2002, 394 (405).

2330 So bereits zu Art. 1495 *Cc*: *Cian/Trabucchi*, Commentario breve, Art. 1495 V.

2331 *Ciatti*, Contr. e Impr./Europa 2000, 433 (438); *Zaccaria/De Cristofaro*, La vendita dei beni di consumo, S. 128.

erklärt wird.[2332] Ist der unterbrechende Tatbestand beendet, so beginnt eine neue Verjährungsfrist, ohne dass die bis zu diesem Zeitpunkt vergangene Zeit Berücksichtigung findet. Die Entgegennahme des Verbrauchsgutes zum Zwecke der Ersatzlieferung oder Nachbesserung kann regelmäßig ein solches Anerkenntnis bedeuten. In diesen Fällen beginnt die Verjährungsfrist von 26 Monaten erneut mit der Erfüllung des Abhilfeanspruchs.

Nach Art. 1519-*sexies* Abs. 4 *Cc* gilt die 26-monatige Verjährungsfrist nur, wenn es sich um vom Verkäufer nicht vorsätzlich verborgene Vertragswidrigkeiten (*difetti non dolosamente occultati*) handelt. Der Zusatz des Adjektivs „vorsätzlich" ist nach allgemeiner Auffassung überflüssig.[2333] Denkbar ist, dass der italienische Gesetzgeber den Verbraucher nicht bereits wegen eines bloßen Schweigens des Verkäufers begünstigen wollte.[2334] Einem „Verbergen" ist immer ein vorsätzliches Handeln immanent, sodass die Fälle, in denen der Verkäufer keine positive Kenntnis von der Vertragswidrigkeit hatte, ohnehin aus dem Anwendungsbereich der Einschränkung fallen. Der italienische Gesetzgeber hat in Art. 1519-*sexies* Abs. 2 *Cc*, wonach die Anzeigeobliegenheit entfällt, wenn der Verkäufer den Mangel verborgen hat (*l'ha occultato*), auf den Zusatz „vorsätzlich" verzichtet. Warum er strengere Anforderungen an den Ausschluss der Verjährungsfrist nach Art. 1519-*sexies* Abs. 4 *Cc* hätte normieren sollen, ist nicht ersichtlich.

Fraglich ist, welche Konsequenzen eine vom Verkäufer vorsätzlich verborgene Vertragswidrigkeit für die Verjährung hat. Denkbar ist insofern, dass die 26-monatige Verjährung nunmehr erst ab Entdeckung des Mangels läuft. Bei sonstigen Kaufverträgen wird nämlich für den Fall, dass ein Mangel vom Verkäufer verborgen wurde, Art. 2941 Nr. 8 *Cc* angewandt[2335], wonach die Verjährung unterbrochen wird, wenn der Schuldner vorsätzlich die Existenz einer Schuld verborgen hat, und zwar so lange, bis die Schuld entdeckt wird. Verbirgt der Verkäufer einen Mangel, so wird danach bei sonstigen Kaufverträgen die nach Art. 1495 Abs. 3 *Cc* geltende einjährige Verjährungsfrist so lange unterbrochen, bis der Käufer den Mangel entdeckt, sodass die Verjährungsfrist erst mit Entdeckung des Mangels beginnt.[2336]

Aus einem Umkehrschluss zu Art. 1519-*sexies* Abs. 4 *Cc*, wonach die Fälle der vom Verkäufer verborgenen Vertragswidrigkeit nicht Gegenstand der 26-monatigen Verjährung sind, folgt, dass in diesem Fall die Regelverjährung nach Art. 2946 *Cc* von 10 Jahren in Gang gesetzt wird.[2337] Bei Verbrauchsgüterkaufverträgen bleibt es demnach immer bei der Anknüpfung des Verjährungsbeginns an

---

2332 *Cian/Trabucchi*, Commentario breve, Art. 2945 I.

2333 *De Cristofaro*, Stud. Iur. 2002, 1314 (1327 Fn. 50); *Zaccaria/De Cristofaro*, La vendita dei beni di consumo, S. 124.

2334 *Zaccaria/De Cristofaro*, La vendita dei beni di consumo, S. 124 f.

2335 *Bianca*, La vendita e la permuta, S. 1055; *Rubino*, in: *Cicu/Messineo* (Hrsg.), La compravendita, S. 845.

2336 *Rubino*, in: *Cicu/Messineo* (Hrsg.), La compravendita, S. 845; *Bianca*, La vendita e la permuta, S. 1055.

2337 *De Cristofaro*, Stud. Iur. 2002, 1314 (1327).

den Zeitpunkt der Lieferung.[2338] Der Zusatz „die vom Verkäufer nicht böswillig verborgen wurden" (*non dolosamente occultati dal venditore*) in Art. 1519-*sexies* Abs. 4 *Cc* hat daher durchaus eine eigenständige Funktion.[2339]

c) Leistungsverweigerungsrecht

Nach Art. 1519-*sexies* Abs. 4 *Cc* a.E. kann der auf Durchführung des Vertrages verklagte Verbraucher seine Rechte aus Art. 1519-*quarter* Abs. 2 *Cc* auch in diesem Fall geltend machen. Erwirkt der Verkäufer ein Urteil, wonach der Verbraucher zur Zahlung des Kaufpreises verpflichtet ist, so stehen ihm trotz Verjährung die Rechte auf Nacherfüllung, Minderung und Vertragsauflösung nach Art. 1519-*quarter* Abs. 2 *Cc* zu. Dies bedeutet nichts anderes als dass dem Verbraucher nach Verjährung der Mängelgewährleistungsansprüche bei Vertragswidrigkeit eine Einrede[2340] gegen den Kaufpreiszahlungsanspruch des Verkäufers zusteht.[2341] Voraussetzung ist, dass er die Vertragswidrigkeit innerhalb von 2 Monaten ab ihrer Entdeckung und vor Ablauf der vorgesehenen Verjährungsfrist angezeigt hat.[2342]

Es bedarf keiner Mängelanzeige als Voraussetzung zur Geltendmachung der Einrede, wenn auch nach Art. 1519-*sexies* Abs. 3 *Cc* die Anzeige entbehrlich ist, weil der Verkäufer die Vertragswidrigkeit anerkannt oder verborgen hat. In diesem Fall kann der Verbraucher auch ohne Mängelanzeige die Einrede der Vertragswidrigkeit erheben. Mit der Formulierung „vor Ablauf der vorgesehen Verjährungsfrist" (*prima della scadenza del termine di cui al periodo precedente*) ist nicht etwa zwingend die 26-monatige Verjährungsfrist des Art. 1519-*sexies* Abs. 4 *Cc* gemeint, sondern die jeweils nach den Vorschriften des gesamten *Codice civile* maßgebliche Verjährungsfrist, wie etwa bei vom Verkäufer verborgenen Mängeln die 10-Jahres Frist der Regelverjährung nach Art. 2946 *Cc*.[2343]

2. Anzeigeobliegenheit

Nach Art. 1519-*sexies* Abs. 2 Satz 1 *Cc* verliert der Verbraucher seine Rechte aus Art. 1519-*quarter* Abs. 2 *Cc*, wenn er dem Verkäufer die Vertragswidrigkeit nicht innerhalb von zwei Monaten nach ihrer Entdeckung anzeigt. Bei der Zwei-Monats-Frist des Art. 1519-*sexies* Abs. 2 *Cc* handelt es sich um eine Ablauffrist, die keine Ansprüche des Verkäufers begründet, sondern nur die Rechte des Verbrauchers ausschließt.[2344] Nach deutschem Verständnis handelt es sich insoweit um eine

---

[2338] *Zaccaria/De Cristofaro*, La vendita dei beni di consumo, S. 125.

[2339] A.A. *Zaccaria/De Cristofaro*, La vendita dei beni di consumo, S. 125 und *Garafalo*, in: *Schermeier* (Hrsg.), Verbraucherkauf in Europa, S. 237 (269), die in diesen Fällen Art. 2941 Nr. 8) *Cc* auch für den Verbrauchsgüterkauf zur Anwendung bringen möchten.

[2340] *Kindler*, Italienisches Handels- und Wirtschaftsrecht, § 5 Rn. 144.

[2341] *Hazan*, I Contr. 2002/4, 394 (405).

[2342] Diese Regelung orientiert sich ebenfalls an Art. 1495 Abs. 3 *Cc*.

[2343] *Hazan*, I Contr. 2002/4, 394 (405); *Zaccaria/De Cristofaro*, La vendita dei beni di consumo, S. 127.

[2344] *Zaccaria/De Cristofaro*, La vendita dei beni di consumo, S. 121.

Obliegenheit, die dem *Cc* nicht neu ist. Der italienische Gesetzgeber hat die bereits in Art. 1496 *Cc* enthaltene generelle Anzeigeobliegenheit, die auch für Verbraucherkäufe galt, für den Bereich des Verbrauchsgüterkaufs nur aufrechterhalten.

Die Aufnahme einer gesonderten Vorschrift in Art. 1519-*sexies* Abs. 1 *Cc* für den Bereich des Verbrauchsgüterkaufs war deswegen notwendig, weil Die VerbrGK-RL vorschreibt, dass eine Frist von 2 Monaten nicht unterschritten werden darf, sodass eine Übertragung der allgemeinen Frist des Art. 1495 Abs. 1 *Cc* von 8 Tagen auf den Verbrauchsgüterkauf das Mindestschutzniveau der VerbrGK-RL unterlaufen hätte. In Übereinstimmung mit Art. 1495 *Cc* hat der italienische Gesetzgeber in Art. 1519-sexies Abs. 2 Satz 2 Cc die Anzeigeobliegenheit des Verbrauchers für den Fall eingeschränkt, in dem der Verkäufer die Mangelhaftigkeit des Verbrauchsgutes anerkannt (*ha risonoscuto l'esistenza del difetto*) oder verheimlicht (*l'ha occulatato*) hat.

Um einen Gleichlauf zu den Vorschriften des allgemeinen Gewährleistungsrechts herzustellen, hat der italienische Gesetzgeber den Beginn der Frist ebenso wie in Art. 1495 Abs. 1 *Cc* an den Zeitpunkt der „Entdeckung" (*scoperta*) des Mangels und nicht wie in der VerbrGK-RL an das „Offenbarwerden" (*constatazione*) angeknüpft. Maßgeblich für den Beginn der Zwei-Monats-Frist ist damit die tatsächliche Entdeckung der Vertragswidrigkeit durch den Verbraucher.[2345] Darauf, ob der Verbraucher bei Anwendung der gewöhnlichen Sorgfalt die Vertragswidrigkeit hätte entdecken müssen, kommt es nicht an.[2346]

Bei der Behandlung von Rechtsproblemen im Zusammenhang mit der Rügeobliegenheit ist auch im Übrigen - soweit die Vorschriften über den Verbrauchsgüterkauf in Art. 1519-*bis* ff. *Cc* nicht entgegenstehen - auf die Rechtsprechung zu Art. 1495 *Cc* zurückzugreifen. Danach ist die Mängelanzeige grundsätzlich formlos möglich.[2347] Es ist nicht erforderlich, dass der Verbraucher Art und Umfang der Vertragswidrigkeit genau bestimmt. Hier hat der italienische Kassationsgerichtshof im Rahmen von Art. 1495 *Cc* vielmehr auf die Regelung in Art. 1490 Abs. 1 *Cc* zurückgegriffen und es ausreichen lassen, wenn sich aus der Rüge des Käufers ergibt, dass die Sache mangelhaft ist.[2348] Eine allgemein

---

[2345] *Zaccaria/De Cristofaro*, La vendita dei beni di consumo, S. 121. Für Verträge zwischen Unternehmern hat der italienische Kassationsgerichtshof hingegen entschieden, dass die Frist zu dem Zeitpunkt zu laufen beginnt, in dem der Käufer anhand seiner Ausrüstung den Mangel hätte feststellen können (Vgl. Cass., Urt. v. 12.10.1983, Nr. 5243 Giur. It. 1983/I/1, 920 = RIW 1984, 71 mit Anm. *Gursky*). Allerdings reicht auch hier nicht schon jeder Verdacht oder Zweifel aus, um die Frist in Gang zu setzen (vgl. Cass., Urt. v. 23.03.2000, Nr. 6735, Foro it. 2000/I, 2497 mit Anm. *Pardolesi*).

[2346] *De Cristofaro*, Difetto di Conformità, S 236; *ders.*, Stud. Iur. 2002, 1314 (1328).

[2347] Cass., Urt. v. 28.10.1986, Giust. civ. mass. 1986, 10 f.

[2348] Cass., Urt. v. 15.03.2000, Nr. 6234, Rep. foro it. 2000, Stichwort „*vendita*" Nr. 57.

gehaltene Anzeige der Vertragswidrigkeit reicht demnach aus.[2349] Sie kann sogar von einem Vertreter ohne Vertretungsmacht abgegeben werden.[2350]

Weder Art. 1495 *Cc* noch Art. 1519-*sexies* Abs. 2 *Cc* legen fest, ob der Käufer bzw. Verbraucher die Rechtzeitigkeit der Mängelanzeige oder der Verkäufer die Verspätung der Mängelanzeige beweisen muss. Diese bereits im Rahmen von Art. 1495 *Cc* umstrittene Frage[2351] wird wohl zugunsten des Verbrauchers entschieden werden müssen, da es sich nicht um eine in Art. 1519-*quarter Cc* geregelte Voraussetzung der Ansprüche des Verbrauchers handelt, sondern vielmehr um eine Einrede des Verkäufers. Diese Auffassung wird dadurch gestärkt, dass auch die Verjährung nach Auffassung der italienischen Literatur die Erhebung einer Einrede erforderlich macht. Sie ist ebenfalls in Art. 1519-*sexies* Abs. 1 *Cc* geregelt.

Auch hinsichtlich der mit Art. 1495 Abs. 2 *Cc* wortlautidentischen Einschränkung der Anzeigeobliegenheit in Art. 1519-*sexies* Abs. 2 Satz 2 *Cc* für den Fall, dass der Verkäufer die Vertragswidrigkeit anerkannt oder verheimlicht hat, kann wohl auf die hierzu in der Rechtsprechung entwickelten Grundsätze zurückgegriffen werden. Die im Rahmen der Auslegung von Art. 1495 *Cc* diskutierte Frage, ob auch das bloße Verschweigen einer dem Verkäufer bekannten Mangelhaftigkeit der Sache ausreicht, wird man hier im Hinblick auf die dem Erlass der Umsetzungsvorschriften zugrunde gelegte Intention des Gesetzgebers, das Verbraucherschutzniveau anzuheben, zugunsten des Verbrauchers entscheiden.[2352] Auch das bloße Verschweigen der Mangelhaftigkeit eines Verbrauchsgutes führt demnach zum Ausschluss der Anzeigeobliegenheit des Verbrauchers.

Fraglich ist, wie die Fälle zu behandeln sind, in denen der Verkäufer ein *aliud* erhält. Anders als in den Fällen der Schlechtleistung erhält der Verbraucher hier eine gänzlich andere als die geschuldete Leistung, sodass die fehlende Anzeige und damit letztlich ein Schweigen eine Vertragsänderung bewirkt, das an sich rechtsgeschäftliches Handeln voraussetzt. Es hat sich die Auffassung durchgesetzt, dass für diese Fälle ein rechtsgeschäftliches Handeln vermutet wird.[2353] Ein Schweigen des Gläubigers kann Einfluss auf die Haftung des Schuldners auf Schadensersatz haben. Nach Art. 1227 Abs. 2 *Cc* ist der Schadensersatzanspruch ausgeschlossen, wenn der Gläubiger bei Anwendung der gewöhnlichen Sorgfalt den Schaden hätte vermeiden können, wozu auch die rechtzeitige Anzeige der Mangelhaftigkeit zählt.[2354] Neben diesen Umständen spricht vor allem auch die Gleichstellung des *aliud* mit der Lieferung eines vertragswidrigen Verbrauchsgutes

2349 Zu Art. 1495 *Cc* vgl. *Cian/Trabucchi-Zaccaria*, Art. 1495 III.
2350 Cass., Urt. v. 30.10.1998, Nr. 10854.
2351 Vgl. hierzu *Cian/Trabucchi*, Commentario breve, Art. 1495 II.
2352 *Zaccaria/De Cristofaro*, La vendita dei beni di consumo, S. 120.
2353 *Bianca*, Contr. e Impr./Europa 2001, 16 (18f); *Zaccaria/De Cristofaro*, La vendita dei beni di consumo, S. 121.
2354 *Bianca*, Contr. e Impr./Europa 2001, 16 (18f).

dafür, auch bei der Lieferung eines *aliud* eine Anzeigeobliegenheit zu befürworten.[2355]

Die Zweimonatsfrist gemäß Art. 1519-*bis* Abs. 2 *Cc* gilt auch für Werkverträge und ersetzt die achttägige Anzeigefrist des Bestellers für Werkmängel nach Art. 2226 Abs. 2 Satz 1 *Cc*, wenn ein Verbrauchsgut Gegenstand der Werkleistung ist. Sie verbessert so die Rechtstellung des Bestellers gegenüber der alten Rechtslage. Beim Unternehmerwerkvertrag hingegen, der ein Verbrauchsgut zum Gegenstand hat, stellt sich die Frage, ob die bisherige und auch gegenwärtige außerhalb des Verbrauchsgüterkaufes geltende Frist von 60 Tagen nach Art. 1667 Abs. 2 Satz 1 *Cc* dann gilt, wenn sie ausnahmsweise länger ist als die Zwei-Monatsfrist des Art. 1519-*sexies* Abs. 2 *Cc*, weil sie den Verbraucher an sich gegenüber der Neuregelung begünstigt. Die Antwort auf diese Frage ist nur für den Fall relevant, wenn der Monat Februar in die Fristberechnung miteinbezogen werden muss. Es bleibt insofern abzuwarten, wie die italienische Rechtsprechung entscheidet.

3. Beweislast

Gemäß Art. 1519-*sexies* Abs. 3 *Cc* wird entsprechend Art. 5 Abs. 3 VerbrGK-RL bis zum Beweis des Gegenteils vermutet, dass die Vertragswidrigkeiten, die sich innerhalb von 6 Monaten nach Lieferung gezeigt haben, bereits zum Zeitpunkt der Lieferung bestand, es sei denn, dass diese Vermutung mit der Art des Gutes oder der Art der Vertragswidrigkeit nicht zu vereinbaren ist. Abweichend von Art. 2697 Abs. 1 *Cc* trägt der Verkäufer innerhalb der ersten sechs Monate ab Lieferung die Beweislast dafür, dass die Vertragswidrigkeit nicht zum Zeitpunkt der Lieferung vorlag. Gemäß Art. 2697 Abs. 1 *Cc* hat grundsätzlich der Anspruchsteller alle anspruchsbegründenden Tatsachen zu beweisen, sodass Art. 1519-*sexies* Abs. 3 *Cc* die Beweislast für die ersten sechs Monate ab Lieferung umkehrt. Die Beweislastumkehr stellt keine Neuerung im eigentlichen Sinne dar.

Art. 1519-*sexies* Abs. 3 *Cc* scheint sogar im Widerspruch zur Rechtsprechung des italienischen Kassationsgerichts zu stehen, der hinsichtlich der Beweislast bei Nichterfüllung seine Richtung geändert und jüngst entscheiden hat, dass auch in den Fällen, in denen keine Nichterfüllung sondern eine Schlechtleistung vorliegt, der Gläubiger nur den Nachweis erbringen muss, dass überhaupt eine Schlechterfüllung vorliegt, der Schuldner also immer die Beweislast für den Zeitpunkt der Schlechterfüllung trägt.[2356] Fraglich ist, ob durch Art. 1519-*sexies* Abs. 3 *Cc* tatsächlich die Rechtsposition des Verbrauchers gegenüber seiner Stellung vor Umsetzung der VerbrGK-RL verschlechtert wird, da er nach dieser Vorschrift nunmehr nach Ablauf von sechs Monaten ab Lieferung die Beweislast dafür trägt, dass die Vertragswidrigkeit bereits im Zeitpunkt der Lieferung

---

2355 *Bianca*, Contr. e Impr./Europa 2001, 16 (18f), *Zaccaria/De Cristofaro*, La vendita dei beni di consumo, S. 121.

2356 Corte di Cassazione Sezione Unite Civili, Urt. v. 30.10.2001, Nr. 13533, Foro it. 2002/I, 769ff = Stud. Iur.2002, 389ff = Corr. Giur. 2001, 1565f.

bestand.[2357] Bei einer solchen Auslegung stünde die Vorschrift letztlich im Widerspruch zu dem mit Erlass der VerbrGK-RL verfolgten Ziel einer Erhöhung des Verbraucherschutzniveaus in den EU-Mitgliedstaaten.

Die Beweislastregelung des Art. 1519-*sexies* Abs. 3 *Cc* nach Art. 1519-*octies* Abs. 1 *Cc* ist zwingendes Recht. Der Verbraucher genießt für die ersten sechs Monate ab Lieferung den Schutz der zwingenden Ausgestaltung der Beweislastumkehr. Ob die Gerichte bei fehlender abweichender Parteivereinbarung für den Zeitraum nach Ablauf der ersten sechs Monate ab Lieferung die Beweislast dafür, dass die Vertragswidrigkeit bereits im Zeitpunkt der Lieferung vorlag, dem Verbraucher oder dem Verkäufer aufbürden, bleibt abzuwarten.[2358] Da für den Verbraucher nach Art. 8 VerbrGK-RL gegenüber der VerbrGK-RL günstigere Regelung grundsätzlich zulässig sind, wäre es im Interesse eines hohen Verbraucherschutzniveaus, die von der jüngsten Rechtsprechung des italienischen Kassationshofes entwickelten Grundsätze anzuwenden.

IV. Rechtsvergleich

1. Fristen

Während der deutsche Gesetzgeber den Ausschluss der Verbraucherrechte an einen Zeitraum von zwei Jahren gekoppelt hat, hat der italienische Gesetzgeber die Präklusion der Verbraucherrechte einer 26-Monats-Frist unterworfen. Für beide Rechtsordnungen führt die Umsetzung der VerbrGK-RL damit zu einer erheblichen Verlängerung der Verjährungsfrist. So hat sich im italienischen Recht die Einjahresfrist des Art. 1495 Abs. 3 *Cc*, die für sonstige Kaufverträge gilt, für Verbrauchsgüterkaufverträge um 14 Monate mehr als verdoppelt und im deutschen Recht gegenüber der Verjährungsfrist von 6 Monaten für Sachmängelgewährleistungsansprüche gemäß § 477 BGB a.F. sogar vervierfacht. Der deutsche und der italienische Gesetzgeber haben bei der Umsetzung von Art. 5 Abs. 1 VerbrGK-RL - bedingt durch die in beiden Staaten unterschiedliche traditionelle Gesetzgebungstechnik hinsichtlich der Verjährung – erheblich von einander abweichende Normkomplexe geschaffen.

Da gemäß § 194 Abs. 1 BGB nur Ansprüche verjähren, hat der deutsche Gesetzgeber nur den Nacherfüllungsanspruch i.S.d. § 437 Nr. 1 BGB der Verjährung in § 438 Abs. 1 BGB unterworfen.[2359] Gemäß § 438 Abs. 1 Nr. 3 BGB verjährt der Nacherfüllungsanspruch in zwei Jahren. Das Rücktrittsrecht i.S.d. § 437 Nr. 2 BGB, das als Gestaltungsrecht nicht verjähren kann, unterliegt gemäß § 438 Abs. 4 Satz 1 BGB dem Ausschlusstatbestand der die Unwirksamkeit des Rücktritts regelnden allgemeinen verjährungsrechtlichen Vorschrift in § 218 BGB. Gleiches gilt gemäß § 438 Abs. 5 BGB für die Minderung, wonach § 218 BGB auf

---

[2357] So aber *De Cristofaro*, Stud. Iur. 2002, 1314 (1319 Fn. 20); *Zaccaria/De Cristofaro*, La vendita dei beni di consumo, S. 119.

[2358] Hierfür *Hazan*, I Contr. 2002, 394 (405).

[2359] Auch die Verjährung von Aufwendungs- und Schadensersatzansprüchen richtet sich nach § 438 Abs. 1 BGB.

die Minderung entsprechend anzuwenden ist. In § 218 BGB wird der Ausschluss des Rücktritts an die Verjährung des Nacherfüllungsanspruchs gekoppelt, sodass letztlich ein Gleichlauf der zeitlichen Grenzen, innerhalb derer der Verbraucher seinen Nacherfüllungsanspruch, die Minderung oder den Rücktritts geltend machen muss, bewirkt wird. So sind der Rücktritt und gemäß § 438 Abs. 4 BGB die Minderung nach § 218 Abs. 1 Satz unwirksam, wenn der Schuldner gegen den Anspruch auf die Leistung oder gegen den Nacherfüllungsanspruch die Einrede der Verjährung nach § 214 Abs. 1 BGB geltend gemacht hat.

Diese Regelung wird durch § 218 Abs. 1 Satz 2 BGB ergänzt. Kann der Verkäufer bei Mangelhaftigkeit der Sache wegen Unmöglichkeit im Sinne des § 275 Abs. 1 bis 3 BGB die Leistung oder gemäß § 439 Abs. 3 Satz 1 BGB die gewählte Art der Nacherfüllung verweigern, sodass der Verbraucher aus diesem Grund zum Rücktritt berechtigt ist, so ist der Rücktritt nach § 218 Abs. 1 Satz 2 BGB ebenfalls ausgeschlossen, wenn der Anspruch auf die Leistung oder der Nacherfüllungsanspruch verjährt ist. Im Ergebnis haftet daher der Verkäufer für die Mangelhaftigkeit der Sache nach deutschem Recht gemäß § 437 BGB innerhalb eines Zeitraumes von zwei Jahren.

Art. 1519-*sexies* Abs. 1 *Cc* bestimmt ebenfalls, dass der Verkäufer nach Art. 1519-*quarter Cc* haftet, wenn sich die Vertragswidrigkeit innerhalb einer Frist von zwei Jahren zeigt. Art. 1519-*sexies* Abs. 1 *Cc* enthält insoweit eine „Ablauf- bzw. Verfallfrist" (*termine di decadenza*)[2360] von zwei Jahren. Insoweit stimmen das deutsche und italienische Recht überein. Allerdings regelt Art. 1519-*sexies* Abs. 1 *Cc* nicht die Verjährung i.S.d. § 195 BGB. Die Verjährung ist vielmehr in Art. 1519-*sexies* Abs. 4 *Cc* geregelt. Danach verjähren die Ansprüche des Verbrauchers „in jedem Fall" (*in ogni caso*) bei einer Direktklage (*azione diretta*) in 26 Monaten ab Lieferung des Gutes, wenn der Verbraucher wegen solcher vom Verkäufer nicht vorsätzlich verborgener Mängel seine Rechte geltend macht. Anders als im deutschen Recht existiert im italienischen Recht keine Vorschrift, wonach ausschließlich Ansprüche der Verjährung unterworfen sind, sodass Art. 1519-*sexies* Abs. 1 *Cc* für die Nacherfüllung, Minderung und den Rücktritt gleichermaßen gilt.

Die Verjährungsfrist des Art. 1519-*sexies* Abs. 4 *Cc* überschreitet mithin die Verjährungs- und Ausschlussfrist des deutschen Rechts um zwei Monate. Dies erklärt sich damit, dass der Verbraucher nach italienischem Recht gemäß Art. 1519-*sexies* Abs. 2 *Cc* zur Anzeige der Vertragswidrigkeit nach seiner Entdeckung verpflichtet ist. Versäumt er die Anzeige, so sind seine Rechte nach Ablauf einer Frist von zwei Monaten ausgeschlossen, wenn der Verkäufer die Vertragswidrigkeit nicht anerkannt oder sie verschwiegen hat. Die Erweiterung der zweijährigen Ablauf- bzw. Verfallfrist des Art. 1519-*sexies* Abs. 1 *Cc* auf 26 Monate ist daher im Hinblick auf Art. 1519-*sexies* Abs. 2 *Cc* nur konsequent, wenn man die dem Verbraucher zustehende Anzeigefrist für den Fall, dass dieser erst

---

[2360] *De Cristofaro*, Difetto di conformità, S. 162.

einen Tag vor Ablauf der Zweijahresfrist gemäß Art. 1519-*sexies* Abs. 1 *Cc* den Mangel entdeckt, nicht verkürzen will.[2361]

Nach beiden Rechtsordnungen können die Vertragsparteien gemäß Art. 1519-*octies* Abs. 2 *Cc* bzw. nach § 475 Abs. 2 BGB die Verjährung bei Verbrauchsgüterkaufverträgen über gebrauchte Sachen auf ein Jahr verkürzen. Während nach deutschem Recht gemäß § 438 Abs. 3 BGB allerdings der Nacherfüllungsanspruch erst innerhalb der regelmäßigen Verjährungsfrist des § 195 BGB von drei Jahren verjährt und damit auch der Rücktritt und die Minderung erst nach drei Jahren ausgeschlossen sind, wenn der Verkäufer den Mangel an der Sache arglistig verschwiegen hat, folgt im italienischen Recht aus einem Umkehrschluss zu Art. 1519-*sexies* Abs. 4 *Cc*, demzufolge die Fälle der vom Verkäufer verborgenen Vertragswidrigkeit nicht Gegenstand der 26-monatigen Verjährung sind, dass in diesem Fall die Regelverjährung nach Art. 2946 *Cc* von 10 Jahren in Gang gesetzt wird.[2362]

Damit ist das italienische Recht für den Verbraucher in diesen Fällen günstiger. Erstaunlich ist aber, dass der italienische Gesetzgeber scheinbar völlig unberücksichtigt gelassen hat, dass die auf einen Anspruch auf Vertragsauflösung bei Lieferung eines *aliud* nach allgemeinem Kaufrecht ebenfalls anzuwendende 10-jährige Frist der Regelverjährung nach Art. 2946 *Cc* für den Bereich des Verbrauchsgüterkaufes nunmehr um 7 Jahre und 10 Monate verkürzt wird.[2363] Damit wird der Verbraucher im italienischen Recht gegenüber einem sonstigen Käufer benachteiligt, da dieser weiterhin von der großzügigen Regelverjährung Gebrauch machen können wird.

Sowohl im deutschen als auch im italienischen Recht handelt es sich bei der Verjährung um eine Einrede, deren Geltendmachung zur Disposition des Schuldners steht. Dies ergibt sich für das deutsche Recht aus § 214 Abs. 1 BGB, wonach der Schuldner nach Eintritt der Verjährung berechtigt ist, die Leistung zu verweigern. Ähnlich ist die Rechtslage im italienischen Recht. Hier handelt es sich zwar nicht um ein dauerndes Leistungsverweigerungsrecht, sondern um einen Ausschlusstatbestand, da Art. 2934 Abs. 1 *Cc* bestimmt, dass jedes Recht im Falle der Verjährung erlischt. Gemäß Art. 2938 *Cc* darf aber die Verjährung nicht von Amts wegen beachtet werden, sodass es sich auch im italienischen Recht um eine vom Schuldner geltend zu machende Einrede handelt.[2364]

a) Verjährungsbeginn

Die Verjährungsfrist des § 438 Abs. 1 und 3 BGB beginnt gemäß § 438 Abs. 2 BGB ebenso wie die Verjährungsfrist des Art. 1519-*sexies* Abs. 4 *Cc* und die Ablauffrist des Art. 1519-*sexies* Abs. 1 *Cc* mit der Ablieferung der Sache. Der italienische Gesetzgeber spricht zwar hier nur von „Lieferung“. Gemeint ist aber

2361 *De Nova*, L'aquisto di beni di consumo, 61.
2362 *De Cristofaro*, Stud. Iur. 2002, 1314 (1327).
2363 *De Cristofaro*, Stud. Iur. 2002, 1314 (1327 Fn. 48).
2364 Vgl. hierzu *Kindler*, Italienisches Handels- und Wirtschaftsrecht, § 10 Rn. 1.

auch hier die tatsächliche Besitzerlangung. Dies gilt sowohl im italienischen Recht als auch im deutschen Recht unabhängig davon, ob der Käufer seinen Anspruch kennt. Grundsätzlich haftet der Verkäufer gemäß § 438 Abs. 1 Nr. 3 i.V.m. Abs. 2 BGB und Art. 1519-*sexies* Abs. 1 *Cc* für jede Vertragswidrigkeit, die innerhalb von zwei Jahren ab dem Zeitpunkt der Ablieferung der Sache auftritt. Handelt es sich bei dem vom Verbraucher erworbenen Verbrauchsgut um eine Sache, die erst vom Verkäufer montiert werden muss, so beginnt die Verjährung erst in dem Zeitpunkt, in dem die Montage beendet ist.[2365] Für Dauer-, Bezugs- oder Teillieferungsverträge gilt in beiden Rechtsordnungen, dass der Verjährungsbeginn für jedes gelieferte Verbrauchsgut getrennt beginnt.[2366]

b) Neubeginn, Hemmung und Unterbrechung der Verjährung

Macht der Verbraucher seinen Anspruch auf Nacherfüllung gemäß § 439 i.V.m. § 437 Nr. 1 BGB bzw. seinen Anspruch auf Abhilfe nach Art. 1519-*quarter* Abs. 2 und 3 *Cc* geltend, so kann seine Erfüllung durch den Verkäufer als Anerkenntnis angesehen werden.[2367] Im deutschen Recht führt dies gemäß § 212 Abs. 1 Nr. 1 BGB zu einem Neubeginn der Verjährungsfrist mit Ablieferung der mangelfreien Sache. In Italien führt ein Anerkenntnis der Ansprüche des Anspruchstellers gemäß Art. 2944 *Cc* zur Unterbrechung (*interruzione*) der Verjährung bis zur Erfüllung des Abhilfeanspruchs. Die Unterbrechung der Verjährung im italienischen Recht hat zur Folge, dass die schon begonnene Verjährungsfrist für ungültig erklärt wird und die Verjährungsfrist ab dem Zeitpunkt, in dem der unterbrechende Tatbestand beendet ist, erneut läuft und zwar ohne dass die bis zu diesem Zeitpunkt vergangene Zeit Berücksichtigung findet. Bei einem Anerkenntnis der Vertragswidrigkeit durch den Verkäufer beginnt die Verjährungsfrist folglich in beiden Rechtsordnungen, mit der Erfüllung des Abhilfeanspruchs neu zu laufen.

c) Leistungsverweigerungsrecht

Nach § 438 Abs. 4 Satz 2 BGB, der gemäß § 438 Abs. 5 BGB auch auf die Minderung Anwendung findet, kann der Käufer die Zahlung des Kaufpreises trotz Unwirksamkeit des Rücktritts oder der Minderung gemäß § 218 Abs. 1 BGB verweigern, als er aufgrund des Rücktritts oder der Minderung dazu berechtigt gewesen wäre. Ähnlich ist die Rechtslage in Italien. Art. 1519-*sexies* Abs. 4 *Cc* bestimmt, dass der auf Durchführung des Vertrages verklagte Verbraucher seine Rechte aus Art. 1519-*quarter* Abs. 2 *Cc* einredeweise geltend machen kann, wenn sie verjährt sind.[2368] Voraussetzung ist, dass er die Vertragswidrigkeit innerhalb

---

[2365] So bereits zu Art. 1495 *Cc*: *Cian/Trabucchi-Zaccaria*, Commentario breve al *Cc*, Art. 1495 V.

[2366] *Ciatti*, Contr. e impr./Europa 2000, 433 (438); *Zaccaria/De Cristofaro*, La vendita dei beni di consumo, S. 128

[2367] *Mansel*, NJW 2002, 89 (98); *Haas*, in: *Haas/Medicus/Rolland/Schäfer/Wendtland*, Das neue Schuldrecht, S. 242 (332), der nur dann einen Neubeginn der Verjährung für angemessen hält, wenn der Verkäufer eine Ersatzsache liefert oder nur mangelhaft nacherfüllt.

[2368] *Kindler*, Italienisches Handels- und Wirtschaftsrecht, § 5 Rn. 144.

von 2 Monaten ab ihrer Entdeckung und vor Ablauf der vorgesehenen Verjährungsfrist gemäß Art. 1519-*sexies* Abs. 2 *Cc* angezeigt hat.[2369] Das deutsche Recht ergänzt die Bestimmung des § 438 Abs. 4 Satz 2 BGB in Satz 3 der Vorschrift. Macht der Käufer von seinem Leistungsverweigerungsrecht aus § 438 Abs. 4 Satz 2 BGB Gebrauch, so ist der Verkäufer nach dieser Vorschrift zum Rücktritt berechtigt. Eine solche Regelung enthält das italienische Recht indessen nicht.

2. Rüge- bzw. Anzeigeobliegenheit

Während der italienische Gesetzgeber von der Option des Art. 5 Abs. 2 VerbrGK-RL Gebrauch gemacht hat und in Art. 1519-*sexies* Abs. 2 Satz 1 *Cc* bestimmt, dass der Verbraucher seine Rechte aus Art. 1519-*quarter* Abs. 2 *Cc* verliert, wenn er dem Verkäufer die Vertragswidrigkeit nicht innerhalb von zwei Monaten nach ihrer Entdeckung anzeigt, hat der deutsche Gesetzgeber von einer entsprechenden Regelung abgesehen. Eine solche Anzeigeobliegenheit wurde in Deutschland als handelsrechtliche Besonderheit geregelt in §§ 377, 378 HGB angesehen, die nicht ins Kaufrecht übertragbar ist.[2370]

Diese Problematik stellte sich im italienischen Recht nicht. In Art. 1496 *Cc* ist eine Anzeigeobliegenheit enthalten, die bisher auch für Verbraucherkäufe galt. Die Übernahme des Art. 5 Abs. 2 VerbrGK-RL führt in Italien daher zu keiner Schlechterstellung des Verbrauchers. Dies folgt daraus, dass Art. 1496 *Cc* zur Anzeige der Mangelhaftigkeit im allgemeinen Kaufrecht und gemäß Art. 2226 Abs. 2 Satz 1 *Cc* zur Anzeige der Mangelhaftigkeit im Werkvertragsrecht lediglich eine Frist von 8 Tagen vorgesehen hat. In Übereinstimmung mit Art. 1495 *Cc* hat der italienische Gesetzgeber in Art. 1519-*sexies* Abs. 2 Satz 2 *Cc* die Anzeigeobliegenheit des Verbrauchers für den Fall eingeschränkt, in dem der Verkäufer die Mangelhaftigkeit des Verbrauchsgutes erkannt (*ha riconoscuto l'esistenza del difetto*) oder sie verheimlicht (*l'ha occultato*) hat.

Wegen Art. 1519-*octies* Abs. 1 *Cc* kann weder von der 2-Monats-Frist noch von der Bestimmung des Art. 1519-*sexies* Abs. 2 Satz 2 *Cc* zum Nachteil des Verbrauchers abgewichen werden. Art. 1519-*sexies* Abs. 2 *Cc* ist insoweit zwingend. Gleiches gilt hinsichtlich der Nichtaufnahme einer Rügeobliegenheit im deutschen Recht. Im Bereich des Verbrauchsgüterkaufes würde es sich entgegen der Gesetzesbegründung zum deutschen Recht[2371] um eine nach § 475 BGB unzulässige Abweichung zulasten des Käufers handeln, wenn eine Rügeobliegenheit vertraglich vereinbart würde.

2369 Diese Regelung orientiert sich ebenfalls an Art. 1495 Abs. 3 *Cc*.

2370 *Ernst/Gsell*, ZIP 2000, 1410 81426); *Gsell*, JZ 2001, 65 (72); *Matthiesen/Lindner*, NJW 1999, 617 (621); *Reich*, NJW 1999, 2397 (2401); *Tonner*, VuR 2001, 87 (92); *Zimmer*, in: *Ernst/Zimmermann* (Hrsg.), Zivilrechtswissenschaft und Schuldrechtsreform, S. 191 (202).

2371 *Tonner/Crellwitz/Echtermeyer*, in: *Micklitz/Pfeiffer/Tonner/Willingmann* (Hrsg.), Schuldrechtsreform und Verbraucherschutz, S. 293 (335).

3. Beweislast

Die Umsetzung von Art. 5 Abs. 3 VerbrGK-RL, der die Beweislast regelt, findet sich im italienischen Recht in Art. 1519-*sexies* Abs. 3 *Cc* und im deutschen Recht in § 476 BGB. Beide Vorschriften finden nur auf Verbrauchsgüterkäufe Anwendung. Für das deutsche Recht ergibt sich dies aus § 474 Abs. 1 Satz 1 BGB und für das italienische Recht aus Art. 1519-*bis* Abs. 1 *Cc*. Während Art 1519-*sexies* Abs. 3 *Cc* in Übereinstimmung mit Art. 5 Abs. 3 VerbrGK-RL bestimmt, dass bis zum Beweis des Gegenteils vermutet wird, dass die Vertragswidrigkeiten, die sich innerhalb von 6 Monaten nach Lieferung gezeigt haben, bereits zum Zeitpunkt der Lieferung bestanden und lediglich den klarstellenden Zusatz „vorbehaltlich eines Gegenbeweises" (*salvo prova contraria*) enthält, stellt der deutsche Gesetzgeber auf den Zeitpunkt des Gefahrenübergangs ab.

Gemäß § 476 BGB wird vermutet, dass die Sache bereits bei Gefahrenübergang, d.h. gemäß § 446 BGB bei Übergabe oder Annahmeverzug, mangelhaft war, wenn sich der Sachmangel innerhalb der ersten sechs Monate seit Gefahrenübergang zeigt. Nach der hier vertretenen Auffassung ist mithin der Zeitpunkt, in dem die geschuldete Leistungshandlung vorgenommen wird, der für den Gefahrenübergang maßgebliche Zeitpunkt. Auch der Begriff der Lieferung i.S.d. Art. 1519-*sexies* Abs. 3 *Cc* meint bei richtlinienkonformer Auslegung nichts anderes, als die Vornahme der Leistungshandlung, sodass das deutsche und italienische Recht insoweit übereinstimmen. Beide Umsetzungsvorschriften weichen von der allgemeinen Beweislastverteilung der ihr zugrunde liegenden Rechtsordnungen ab. Sowohl nach Art. 2697 Abs. 1 *Cc* als auch nach den allgemeinen Beweislastgrundsätzen im deutschen Recht, die der Vorschrift des § 363 BGB entnommen werden können, muss grundsätzlich der Gläubiger alle anspruchsbegründenden Tatsachen beweisen. Art. 1519-*sexies* Abs. 3 *Cc* und § 476 BGB enthalten eine Beweislastumkehr zugunsten des Käufers für die ersten sechs Monate ab Lieferung. Sie stimmen auch hinsichtlich ihrer Ausnahmetatbestände überein. Die Beweislastumkehr stellt weder in Deutschland noch in Italien eine Neuerung im eigentlichen Sinne dar.

Gemäß § 476 a.E. BGB bzw. Art. 1519-*sexies* Abs. 3 a.E. *Cc* gilt die Vermutung der Mangelhaftigkeit der Kaufsache bei Verbrauchsgüterkaufverträgen innerhalb der ersten sechs Monate nach Gefahrenübergang entsprechend Art. 5 Abs. 3 VerbrGK-RL nicht, wenn diese Vermutung mit der Art der Sache oder des Mangels unvereinbar ist. Nach beiden Rechtsordnungen muss der Verkäufer, um sich zu entlasten, den Gegenbeweis darüber führen, dass es sich nicht um einen Sachmangel bzw. um eine Vertragswidrigkeit im Zeitpunkt des Gefahrenübergangs, sondern um eine typische Verschleißerscheinung handelt. Ob ein Vollbeweis oder nur der Beweis einer Gegenwahrscheinlichkeit zu erbringen ist, bleibt durch die Rechtsprechung zu klären. Die Fälle, in denen eine Sache mit auffälligen äußeren Beschädigungen offen übergeben wurden, fallen hingegen nicht unter den Anwendungsbereich des § 476 BGB bzw. Art. 1519-*sexies* Abs. 3 *Cc*. Hier dürfte regelmäßig bereits die Vorschrift des § 442 BGB bzw. Art. 1519-*ter*

Abs. 3 *Cc* einschlägig sein, wonach die Rechte des Käufers bei Kenntnis ausgeschlossen sind.

Kapitel 6 - Garantien

I. Richtlinienvorgaben

Art. 6 VerbrGK-RL regelt freiwillige vertragliche Garantien.[2372] Ziel der Vorschrift ist es, den Verbraucher davor zu schützen durch Garantien in die Irre geführt zu werden.[2373] Die VerbrGK-RL bleibt dennoch in ihrer Wirkung und Bedeutung weit hinter den in den Vorarbeiten und ersten Entwürfen zur VerbrGK-RL vorgesehenen Reglementierungen zurück.[2374] Während im Grünbuch[2375] noch zwischen gesetzlichen Garantien, die in Anlehnung an die französische Begrifflichkeit als gesetzliche Gewährleistung verstanden wurden, und kommerziellen Garantien, die die Verkäufer- und Herstellergarantie nach deutschem Verständnis bezeichnete, unterschieden wurde, finden sich hiervon in der endgültigen Fassung der VerbrGK-RL nur noch Reste.[2376] So wurden Garantieverpflichtungen von Herstellern, Importeuren, Großhändlern und anderen an der Vertragskette beteiligten Personen auf freiwillige Verpflichtungen zurück geschnitten.[2377] Die Bestimmungen des Art. 6 VerbrGK-RL beschränken sich darauf, die Bindungswirkung von Garantieerklärungen und bestimmte formale Anforderungen festzulegen. Mindestanforderungen an den Garantieinhalt enthält sie hingegen nicht.[2378] Damit bleibt die Garantie zugleich in ihrer Funktion als rechtmäßiges wettbewerbsförderndes Marktinstrument erhalten und wird im Sinne eines effektiven Verbraucherschutzes unter einen Regelungsvorbehalt gestellt.[2379] Zunächst legt Art. 6 Abs. 1 VerbrGK-RL zu diesem Zweck fest, dass der Garantiegeber nicht nur an seine Garantieerklärung gebunden ist sondern auch an die einschlägige Werbung. Diese Regelung ist bereits aus der Pauschalreiserichtlinie[2380] bekannt. Hier hat der europäische Gesetzgeber in Art. 3 Abs. 2 Satz 2

[2372] *Schlechtriem*, in: *Ernst/Zimmermann* (Hrsg.), Zivilrechtswissenschaft und Schuldrechtsreform, S. 205 (223).

[2373] Vgl. Erwägungsgrund 21 VerbrGK-RL.

[2374] *Staudenmayer*, in: *Grundmann/Medicus/Rolland* (Hrsg.), Europäisches Kaufgewährleistungsrecht, S. 27 (43); *Micklitz*, EuZW 1999, 485 (488).

[2375] Grünbuch der Kommission über Verbrauchsgütergarantien und Kundendienst vom 15.11.1993, KOM(93) 509 endg. und Entschließung zum Grünbuch der Kommission über Verbrauchsgütergarantien und Kundendienst, (ABl. EG Nr. C 205 vom 25.07.1994, S. 562f.).

[2376] *Staudenmayer*, NJW 1999, 1393 (1396); *Brüggemeier*, WM 2002, 1376 (1380).

[2377] *Schlechtriem*, in: *Ernst/Zimmermann* (Hrsg.), Zivilrechtswissenschaft und Schuldrechtsreform, S. 203 (223).

[2378] *Grundmann*, in: *Grundmann/Medicus/Rolland*, Europäisches Kaufgewährleistungsrecht, S. 281 (319).

[2379] Vgl. Erwägungsgrund 21 VerbrGK-RL.

[2380] Richtlinie 90/314/EWG des Rates vom 13.06.1990 über Pauschalreisen (ABl. EG Nr. L 158 vom 23.06.1990, S. 59f.), umgesetzt in Deutschland in den §§ 651 af. BGB und in Italien in *Decreto Legislativo* vom 17.03.1995, Nr. 111 (*Attuazione della direttiva n. 90/314/cee concernente i viaggi, le vacanze ed i circuiti "tutto compreso"*), Gazzetta Ufficiale vom 14.04.1995, Nr. 88.

festgelegt, dass der Veranstalter bzw. der Vermittler von Pauschalreisen auch durch Angaben in einem Prospekt gebunden wird.[2381]

Die Haftung des Garantiegebers kann auch über ihren schriftlich fixierten Umfang hinausgehen. Dies kann insbesondere dann der Fall sein, wenn er von den in der einschlägigen Werbung gemachten Bedingungen abweicht. Die ausdrückliche Einbeziehung der Werbeaussagen hat insoweit nur deklaratorischen Charakter, was zur Klarstellung sinnvoll ist.[2382] Die Haftung des Garantiegebers im Umfang seiner Garantieerklärung einschließlich der in der einschlägigen Werbung gemachten Angaben kann als Sanktion für ein betrügerisches Verhalten des Garantiegebers verstanden werden.[2383] Dabei sind alle Vorgaben der VerbrGK-RL verbraucherfreundlich auszulegen. Der Inhalt von Werbeangaben und Erklärungen des Garantiegebers ist daher nach dem Empfängerhorizont eines durchschnittlichen Verbrauchers zu ermitteln. Maßgeblich ist, wie ein durchschnittlicher Verbraucher in der Situation des Garantieempfängers die Garantieerklärung verstehen durfte.

Die nationalen Gesetzgeber der Gemeinschaft müssen eine Vorschrift vorsehen, wonach eine Garantieerklärung den Garantiegeber einseitig bindet also zumindest unwiderruflich ist.[2384] Weicht etwa eine dem Verbraucher ausgehändigte Garantiekarte von seiner Erklärung ab, so richtet sich die Haftung des Garantiegebers nach der Garantieerklärung. Einseitige Willenserklärungen des Garantiegebers reichen insoweit aus.[2385] Auch nach den Vorschriften des CISG kann eine Garantieerklärung entweder durch einseitige Erklärung oder in einer selbstständigen Zusatzvereinbarung erfolgen.[2386] Es wäre kaum nachzuvollziehen, wenn der EU-Gesetzgeber auf der einen Seite eine Bindungswirkung hinsichtlich der in der Werbung angegebenen Bedingungen normiert, für die Bindung des Garantiegebers an seine Garantieerklärung jedoch einen förmlichen Vertrag fordern würde.

Zu berücksichtigen ist, dass entsprechend Art. 2 Abs. 2 d) VerbrGK-RL wohl nur solche Werbeaussagen herangezogen werden können, die bestimmt genug sind, um daraus Rechte des Verbrauchers herleiten zu können.[2387] Sind die Angaben in der einschlägigen Werbung hinreichend konkret, so haftet der Garantiegeber für den Fall, dass die Garantieerklärung gegenüber dem Verbraucher hinter den in der Werbung gemachten Angaben zurückbleibt, entsprechend den

---

2381 Vgl. *Zaccaria/De Cristofaro*, La vendita dei beni di consumo, S. 129.

2382 *Staudenmayer*, in: *Grundmann/Medicus/Rolland* (Hrsg.), Europäisches Kaufgewährleistungsrecht, S. 27 (43).

2383 *Höffe*, Diss., S. 81.

2384 *Medicus*, in: *Grundmann/Medicus/Rolland*, Europäisches Kaufgewährleistungsrecht, S. 219 (229).

2385 *Reich*, NJW 1999, 2397 (2399).

2386 Staudinger-*Magnus*, CISG, Art. 36 Rn. 16; a.A. *Herber/Czerwenka*, CISG, Art. 36 Rn. 4.

2387 *Welser/Jud*, Reform des Gewährleistungsrechts, S. 166.

Garantiebedingungen in der Werbung.[2388] Umgekehrt gilt, dass Werbeangaben, die in der Garantieerklärung korrigiert wurden, den Garantiegeber wegen Art. 2 Abs. 4 VerbrGK-RL nicht binden können.[2389]

Garantiegeber können gemäß Art. 1 Abs. 2 e) VerbrGK-RL sowohl Verkäufer als auch Hersteller sein. Hierbei darf nicht übersehen werden, dass Die VerbrGK-RL in ihrem Art. 1 Abs. 2 auch für den Begriff des Verkäufers und des Herstellers eigenständige Begriffsbestimmungen enthält, sodass sich ein Rückgriff auf ein nationales Verständnis zur Auslegung der Begriffe verbietet. Nach Art. 1 Abs. 2 c) VerbrGK-RL bezeichnet der Begriff des Verkäufers jede Person, die aufgrund eines Vertrages im Rahmen ihrer beruflichen oder gewerblichen Tätigkeit Verbrauchsgüter verkauft. Ob mit dem Begriff des Verkäufers nur der Vertragspartner des Endkäufers gemeint ist, lässt sich dem Wortlaut der Vorschrift nicht ohne weiteres entnehmen.

In der Literatur findet sich regelmäßig der Hinweis, dass Art. 6 VerbrGK-RL Verkäufer- und Herstellergarantien erfasst.[2390] Denkbar ist, dass alle an der Vertragskette Beteiligten als Garantiegeber im Sinne des Art. 6 Abs. 1 VerbrGK-RL auftreten können, wenn sie im Rahmen ihrer beruflichen oder gewerblichen Tätigkeit ein Verbrauchsgut verkaufen. Gegen ein solches Verständnis spricht zunächst ein Umkehrschluss aus Art. 4 VerbrGK-RL, der ausdrücklich als Rückgriffsberechtigte alle an der Vertragskette Beteiligten nennt. Ein solcher Zusatz fehlt in der allgemeinen Begriffsbestimmung des Art. 1 Abs. 2 c) VerbrGK-RL. Im Sinne der VerbrGK-RL bezeichnet der Begriff des Herstellers gemäß Art. 1 Abs. 2 d) VerbrGK-RL nicht nur den Hersteller der Verbrauchsgüter selber, sondern darüber hinaus auch „deren Importeur (...) oder jede andere Person, die sich dadurch, dass sie ihren Namen, ihre Marke oder ein anderes Kennzeichen an den Verbrauchsgütern anbringt“ als Hersteller bezeichnet. Neben dem Verkäufer, der die Sache an den Verbraucher verkauft hat, und dem Hersteller im engeren Sinne kommen auch andere Personen als Garantiegeber in Betracht.

Fraglich ist, ob mit dem Begriff des Herstellers jede Person, die an der Vertragskette beteiligt ist, gemeint ist. Dagegen spricht Art. 4 VerbrGK-RL. Würde der Begriff des Herstellers ein derart weites Verständnis erfordern, so wäre die Aufzählung in Art. 4 VerbrGK-RL entbehrlich. Hersteller im Sinne des Art. 1 Abs. 2 d) VerbrGK-RL ist nur der Hersteller im engeren Sinn, ein Importeur und solche Personen, die als Hersteller auftreten, indem sie das Verbrauchsgut entsprechend kennzeichnen. Dafür spricht Erwägungsgrund 21 VerbrGK-RL. Danach werden Garantien üblicherweise vom Verkäufer oder Hersteller auf ihre Erzeugnisse

---

2388 *Ehmann/Rust*, JZ 1999, 853 (863); *Faber*, JBl 1999, 413 (430); *Höffe*, Diss., S. 81; zweifelnd hingegen *Medicus*, in: *Grundmann/Medicus/Rolland*, Europäisches Kaufgewährleistungsrecht, S. 219 (229); *Schiller*, PHI 1999, 118 (127).

2389 *Malinvaud*, in: *Grundmann/Bianca*, EU-Kaufrechts-Richtlinie, Art. 6 Rn. 15 Fn. 3.

2390 *Hondius/Jeloschek*, in: *Grundmann/Medicus/Rolland* (Hrsg.), Europäisches Kaufgewährleistungsrecht, S. 197 (214).

gewährt. Anders als der den Regress betreffende Erwägungsgrund 9 VerbrGK-RL fehlt es auch hier an einer entsprechenden Aufzählung.

Vergleicht man die englische und französische Sprachfassung der VerbrGK-RL, so findet sich hier für den deutschen Begriff des Herstellers die Formulierung „*producer*" im Englischen und „*producteur*" im Französischen. Übersetzt man diese Begriffe ins Deutsche, so kann zwar auch der Begriff des Herstellers gewählt werden, daneben kommen aber auch die Begriffe „Produzent", „Erzeuger" und „Fabrikant" infrage. Bei einem Produzenten, Erzeuger und Fabrikanten eines Verbrauchsgutes handelt es sich zweifelsohne nur um solche Personen, die das Verbrauchsgut auch tatsächlich hergestellt haben und nicht um Dritte, die etwa nur am Vertrieb der Sache beteiligt sind. Dass der EU-Gesetzgeber sich für den Begriff des Herstellers entschieden hat, kann daher nur darauf zurückzuführen sein, dass er auch solche Personen als Hersteller anerkennen wollte, die die Sache nicht selbst hergestellt haben, sondern lediglich als Hersteller auftreten. Anders als die Begriffe „*producer*" und „*producteur*" kann nach deutschem Sprachverständnis der Begriff des „Produzenten" nicht so weit ausgelegt werden. Art. 6 Abs. 1 VerbrGK-RL verpflichtet somit jeden, der eine Garantie abgibt.[2391] Garantiegeber können alle an der Vertragskette Beteiligten sein.[2392]

Darüber hinaus stellt Art. 6 Abs. 2 VerbrGK-RL eine Reihe von Transparenzgeboten auf, deren Verletzung keine Sanktionen nach sich zieht. Art. 6 Abs. 5 VerbrGK-RL bestimmt nur, dass eine Nichterfüllung der dort genannten Anforderungen die Gültigkeit der VerbrGK-RL unberührt lässt. Um die Rechte aus der Garantie auch durchsetzen zu können, enthält Art. 6 Abs. 3 VerbrGK-RL eine Dokumentationspflicht des Garantiegebers. Der Rechtscharakter einer Garantieerklärung wird durch Die VerbrGK-RL nicht eindeutig festgelegt. Aus der Einbeziehung der Werbung folgt, dass die Garantieerklärung ihre Wirkung zwar nur im Zusammenhang mit einer vertraglichen Vereinbarung entfalten kann, nicht aber, dass die Garantieerklärung selbst eine Vereinbarung beinhalten muss.[2393]

1. Garantiebegriff

Nach Art. 1 Abs. 2 e) VerbrGK-RL bezeichnet eine Garantie im Sinne der Vorschrift „jede (...) ohne Aufpreis eingegangene Verpflichtung (...) den Kaufpreis zu erstatten, das Verbrauchsgut zu ersetzen oder in sonstiger Weise Abhilfe zu schaffen, wenn das Verbrauchsgut nicht den in der Garantieerklärung oder in der einschlägigen Werbung genannten Eigenschaften entspricht". Festzuhalten ist zunächst, dass alle unentgeltlichen[2394] Garantien eines Verkäufer und Herstellers von Art. 6 VerbrGK-RL erfasst werden. Aus Erwägungsgrund 21 VerbrGK-RL ergibt sich, dass insbesondere solche Erklärungen erfasst werden sollen, die den Verbraucher gegen alle Mängel absichern, die innerhalb einer bestimmten Frist

---

[2391] *Höffe*, Diss., S. 80.

[2392] *Medicus*, ZIP 1996, 1925 (1929); *Welser/Jud*, Zur Reform des Gewährleistungsrechts, S. 163; *Schäfer/Pfeiffer* ZIP 1999, 1829 (1836); *Gass*, in: FS *Rolland*, S. 133.

[2393] *Malinvaud*, in: *Grundmann/Bianca*, EU-Kaufrechts-Richtlinie, Art. 6 Rn. 17.

[2394] *Staudenmayer*, NJW 1999, 2393 (2394).

offenbar werden. Art. 6 Abs. 1 VerbrGK-RL erfasst zumindest so genannte Haltbarkeitsgarantien.

Die Begriffsbestimmung des Art. 1 Abs. 2 VerbrGK-RL geht weiter. Erfasst werden sollen auch solche Erklärungen, die die Eigenschaften einer Kaufsache betreffen. Aus dem Wortlaut der Vorschrift könnte sich daher der Schluss ergeben, dass sämtliche einem Verbrauchsgut anhaftenden Eigenschaften garantiefähig sind. Zu berücksichtigen ist, dass eine Garantie deutlich von der ohnehin nach Art. 2 Abs. 1 VerbrGK-RL bestehenden Verkäuferpflicht, deren Verletzung die Rechte des Verbrauchers aus Art. 3 VerbrGK-RL auslösen, zu unterscheiden ist. Während sich die Rechte des Verbrauchers bei einer Garantie aus der Garantieerklärung selbst ergeben und damit der Parteiautonomie unterliegen, sind die Rechte des Verbrauchers bei Vertragswidrigkeit des Verbrauchsgutes im Zeitpunkt der Lieferung in Art. 3 VerbrGK-RL zwingend vorgesehen. Auch wenn das Vorliegen einer Garantie, anders als noch im ersten Entwurf[2395], nicht mehr notwendigerweise an eine Besserstellung des Verbrauchers gebunden ist, so kann eine Garantie nur solche Erklärungen zum Inhalt haben, die sich nicht mit den Regelungen in Art. 2 i.V.m. Art. 3 VerbrGK-RL überschneidet.

Gemäß Art. 3 Abs. 1 VerbrGK-RL haftet der Verkäufer für jede Vertragswidrigkeit im Zeitpunkt der Lieferung. Vertragswidrig ist ein Verbrauchsgut gemäß Art. 2 Abs. 2 a) VerbrGK-RL dann, wenn es nicht mit der vom Verkäufer abgegebenen Beschreibung übereinstimmt oder nicht die Eigenschaften des Gutes besitzt, das der Verkäufer dem Verbraucher als Probe oder Muster vorgelegt hat und daher nicht mit der Beschaffenheitsvereinbarung übereinstimmt. Erklärungen über die Eigenschaft eines Verbrauchsgutes sind nur garantiefähig, wenn sie nicht schon bereits eine Beschaffenheitsvereinbarung des Verbrauchsgutes für den Zeitpunkt der Lieferung darstellen.[2396] Dies gilt nicht nur für Erklärungen des Verkäufers sondern gleichfalls für den Hersteller.[2397] Der Verkäufer haftet gemäß Art. 2 Abs. 1 und 2 d) i.V.m. Art. 3 VerbrGK-RL für Äußerungen des Herstellers, sodass auch insoweit die zwingenden Rechte des Verbrauchers aus Art. 3 VerbrGK-RL vorrangig zur Anwendung kommen. Das bedeutet, dass nur solche Verpflichtungen hinsichtlich der Beschaffenheit eines Verbrauchsgutes in einer Garantie zulässig sind, bei denen sich der Verkäufer verpflichtet, unabhängig vom Zeitpunkt der Lieferung für die vereinbarte Beschaffenheit einzustehen.

2395 Vorschlag für eine Richtlinie des Europäischen Parlaments und des Rates über den Verbrauchsgüterkauf und –garantien [KOM (1995) 520endg.] (ABl. EG Nr. C 307 vom 16.10.1997, S. 8f.).

2396 *Welser/Jud*, Zur Reform des Gewährleistungsrechts, S. 166; *Malinvaud*, in: *Grundmann/ Bianca*, EU-Kaufrechts-Richtlinie, Art. 6 Rn. 40.

2397 A.A. vgl. Stellungnahme des Bundesrates, BR-Drucks. 338/01, S. 55, der davon ausgeht, dass Art. 6 der VerbrGK-RL auch solche Garantien zum Inhalt hat, die die Beschaffenheit im Zeitpunkt des Gefahrenübergangs betreffen, die aber von einem Dritten insbesondere dem Hersteller abgegeben werden und deshalb nicht als Verein*bar*ung nach Art. 2 Abs. 2 a) der VerbrGK-RL gelten.

Eine Herstellergarantie indessen begünstigt den Verbraucher in jedem Fall, da Die VerbrGK-RL keinen Direktanspruch des Verbrauchers gegen den Hersteller vorsieht. Hier ist der Garantieinhalt nicht beschränkt. Wenn die nationalen Vorschriften eines Mitgliedstaates einen solchen Direktanspruch vorsehen, so darf eine Garantie den Schutzstandard des Direktanspruchs nicht unterlaufen. Grundsätzlich dürften daher Herstellergarantien das Mindestschutzniveau des Verbrauchers gegenüber dem Verkäufer sogar unterschreiten. Solche Garantieerklärungen sind regelmäßig gegenüber der Gesetzeslage günstiger. In der Praxis wird ihre Zulässigkeit dazu führen, dass Garantien ausschließlich von Herstellern übernommen werden. Sie stellen ebenso wie Verkäufergarantien ein effektives Marketinginstrument dar, ohne dass sie der Unabdingbarkeitsklausel des Art. 7 VerbrGK-RL unterliegen.[2398]

2. Formale Anforderungen

Handelt es sich um eine Garantieerklärung i.S.d. Art. 6 Abs. 1 VerbrGK-RL so muss sie den Anforderungen des Art. 6 Abs. 2 VerbrGK-RL genügen. Hierzu zählt die Vorschrift bestimmte Pflichtangaben auf. Ziel der Vorschrift ist es, eine falsche Vorstellung des Verbrauchers über den Umfang der ihm gesetzlich eingeräumten Rechte zu vermeiden.[2399] Art. 6 Abs. 3 VerbrGK-RL enthält darüber hinaus ein Dokumentationserfordernis. Art. 6 Abs. 4 hingegen, wonach die Mitgliedstaaten bestimmte Anforderungen an die Wahl der Sprache stellen können, ist nur optional.

a) Transparenzgebot

Art. 6 Abs. 2 VerbrGK-RL enthält in seinem Spiegelstrich 1 eine von den Mitgliedstaaten in ihren nationalen Rechtsvorschriften vorzusehende Hinweispflicht des Garantiegebers auf die gesetzlichen Rechts des Verbrauchers sowie darauf, dass diese Rechte von der Garantie nicht berührt werden. Der Verbraucher muss ausreichend darüber informiert werden, dass die Garantie die gesetzliche Gewährleistung nur ergänzt nicht aber ersetzt.[2400] Nicht geschuldet ist indessen die Beschreibung des Inhalts der gesetzlichen Gewährleistung.[2401] Wie bereits Art. 9 VerbrGK-RL deutlich macht, ist es Aufgabe des Staates, geeignete Maßnahmen zur Unterrichtung der Verbraucher über das innerstaatliche Recht zu ergreifen. Geht die Garantie nicht über die gesetzliche Gewährleistung hinaus, so muss zumindest ein Hinweis hierauf vorliegen, um die gesetzliche Gewährleistung nicht zum Marketinginstrument des Verkäufers bzw. Herstellers zu degradieren.[2402]

Nach Spiegelstrich 2 muss die Garantie in einfacher und verständlicher Formulierung den Inhalt der Garantie und die wesentlichen Angaben enthalten, die

---

2398 Dagegen *Malinvaud*, in: *Bianca/Grundmann*, EU-Kaufrechts-Richtlinie, Art. 6 Rn. 36.
2399 *Malinvaud*, in: *Bianca/Grundmann*, EU-Kaufrechts-Richtlinie, Art. 6 Rn. 24.
2400 *Malinvaud*, in: *Bianca/Grundmann*, EU-Kaufrechts-Richtlinie, Art. 6 Rn. 24.
2401 Kritisch hierzu *Amtenbrink/Schneider*, VuR 1996, 367 (371).
2402 *Grundmann*, in: *Grundmann/Medicus/Rolland* (Hrsg.), Europäisches Kaufgewährleistungsrecht, S. 281 (312); offen gelassen bei *Malinvaud*, in: *Bianca/Grundmann*, EU-Kaufrechts-Richtlinie, Art. 6 Rn. 24.

für die Inanspruchnahme der Garantie notwendig sind. Genannt ist zunächst die Dauer der Garantie. Der Verbraucher soll zunächst erkennen können, welche Vorteile die Garantie gegenüber der gesetzlichen Gewährleistung hinsichtlich der Verjährung mit sich bringt.[2403] Daneben muss die Garantieerklärung den räumlichen Geltungsbereich der Garantie benennen und Name und Anschrift des Garantiegebers enthalten, um dem Verbraucher so die Geltendmachung seiner Grantierechte zu erleichtern und vorzubeugen, dass eine Garantieerklärung zur Beeinflussung des Käufers bei seiner Kaufentscheidung genutzt wird, ohne dass der Verkäufer oder Hersteller damit rechnen muss, auch beim Wort genommen zu werden. letztlich ist für die Wahl des Käufers oftmals die Garantie ebenso entscheidend wie der Preis und die Qualität.[2404]

b) Dokumentationserfordernis

Gemäß Art. 6 Abs. 3 VerbrGK-RL muss die Garantie auf Wunsch des Verbrauchers schriftlich oder auf einem anderen dauerhaften Datenträger zur Verfügung gestellt werden. Durch diese Regelung soll dem Verbraucher der Beweis über den Umfang der Garantie erleichtert werden. Die Formulierung des „anderen dauerhaften Datenträgers" wurde bereits bei der Fassung von Art. 5 Abs. 1 der Fernabsatz-Richtlinie[2405] gewählt. Sie soll alle modernen Formen, die ein schriftliches Dokument ersetzen können, einbeziehen.[2406] Neben Fotokopien und Telefaxen sind beispielsweise auch Disketten und die CD-Rom zulässige Dokumentationsmittel i.S.d. Art. 6 Abs. 3 VerbrGK-RL.[2407] Zu berücksichtigen ist, dass die Dokumentation der Garantieerklärung nur auf Wunsch des Verbrauchers erfolgen muss.

c) Sprachenregelung

Gemäß Art. 6 Abs. 4 können die Mitgliedstaaten bestimmte Anforderungen an die Wahl der Sprache stellen. Sie können für ihr Gebiet vorschreiben, dass die Garantie in einer oder in mehreren Amtssprachen der Gemeinschaft abzufassen ist, soweit dies mit dem EGV zu vereinbaren ist. Hierbei handelt es sich lediglich um eine optionale Bestimmung, die auch in Art. 13 a der Lebensmittelkennzeichnungsrichtlinie[2408] so gestaltet wurde. Der Hinweis darauf, dass dies mit den „Vorschriften des Vertrages" vereinbart sein muss, soll sicherstellen, dass die

---

2403 *Malinvaud*, in: *Bianca/Grundmann*, EU-Kaufrechts-Richtlinie, Art. 6 Rn. 28.

2404 *Malinvaud*, in: *Bianca/Grundmann*, EU-Kaufrechts-Richtlinie, Art. 6 Rn. 30.

2405 Richtlinie 97/7/EG des Europäischen Parlaments und des Rates vom 20. Mai 1997 über den Verbraucherschutz bei Vertragsabschlüssen im Fernabsatz (ABl. EG Nr. L 144 vom 4.6.1997, S. 19f.).

2406 *Malinvaud*, in: *Bianca/Grundmann*, EU-Kaufrechts-Richtlinie, Art. 6 Rn. 18.

2407 *Schlechtriem*, in: *Ernst/Zimmermann* (Hrsg.), Zivilrechtswissenschaft und Schuldrechtsreform, S. 203 (223)

2408 Eingefügt durch Art. 1 Nr. 8 der Richtlinie 97/4/EG des Europäischen Parlaments und des Rates vom 27.1.1997 zur Änderung der Richtlinie 79/112/EWG zur Angleichung der Rechtsvorschriften der Mitgliedstaaten über die Etikettierung und Aufmachung von Lebensmitteln sowie die Werbung hierfür (ABl. EG, Nr. L 43 vom 14.2.1997, S. 21f.).

Rechtsprechung des EuGH, wonach die Warenverkehrsfreiheit gemäß Art. 28 EGV nicht durch überzogene Sprachanforderungen verletzt sein darf, weiterhin Geltung hat.[2409]

3. Rechtsfolgen bei Nichteinhaltung der Formalanforderungen

Sanktionen für die Nichteinhaltung der Bestimmungen in Art. 6 Abs. 2 bis 4 VerbrGK-RL oder eine durch den einzelnen Verbraucher einklagbare Verpflichtung des Verkäufers zur Einhaltung des Transparenzgebotes enthält die VerbrGK-RL nicht.[2410] Art. 6 Abs. 5 VerbrGK-RL stellt nur klar, dass der Verbraucher bei einem Verstoß gegen die genannten Bestimmungen die Rechte aus der Garantie weiterhin geltend machen und ihre Einhaltung verlangen kann, was sich bereits - wie soeben erläutert - aus der Bindungswirkung nach Art. 6 Abs. 1 VerbrGK-RL ergibt.

Gemäß Art. 10 wird die VerbrGK-RL in die Liste der im Anhang der Richtlinie vom 19. Mai 1998 über Unterlassungsklagen zum Schutz der Verbraucherinteressen[2411] aufgeführten Richtlinien aufgenommen. Dies hat zur Folge, dass die Verletzung des Transparenzgebots im Wege der Verbandsklage oder durch die zuständigen Verwaltungsbehörden geltend gemacht werden kann. In Erwägungsgrund 25 VerbrGK-RL findet sich ein Hinweis auf eine Empfehlung der Kommission vom 30. März 1998 betreffend die Grundsätze für Einrichtungen, die für die außergerichtliche Beilegung von Verbraucherrechtsstreitigkeiten zuständig sind.[2412] Danach können die Mitgliedstaaten Einrichtungen schaffen, die eine unparteiische und effiziente Beschwerdebehandlung im nationalen und grenzüberschreitenden Rahmen gewährleisten und die von den Verbrauchern als Vermittler in Anspruch genommen werden können. Art. 6 VerbrGK-RL begründet Unterlassungspflichten des Garantiegebers.[2413] Außerdem hat der EuGH[2414] festgestellt, dass die Mitgliedstaaten gemäß Art. 10 EGV verpflichtet sind, alle geeigneten Maßnahmen zu ergreifen, die die Geltung und Wirkung des Gemeinschaftsrechts

---

2409 *Tonner/Crellwitz/Pfeiffer*, in: *Micklitz/Pfeiffer/Tonner/Willingmann* (Hrsg.) Schuldrechtsreform und Verbraucherschutz, S. 293 (351).

2410 Obwohl dies vielfach in der rechtswissenschaftlichen Literatur gefordert wurde. Vgl. nur *Beale/Howells*, JCL 1997, 21 (39).

2411 Richtlinie 98/27/EG des Europäischen Parlaments und des Rates vom 19. Mai 1998 über Unterlassungsklagen zum Schutz der Verbraucherinteressen (ABl. EG Nr. L 166 vom 11.6.1998, S. 51f.).

2412 Empfehlung der Kommission vom 30. 3.1998 betreffend die Grundsätze für Einrichtungen, die für die außergerichtliche Beilegung von Verbraucherrechtsstreitigkeiten zuständig sind (ABl. EG Nr. L 115 vom 17.4.1998, S. 31f.). Diese Empfehlung ist mittlerweile durch die Empfehlung der Kommission vom 4. April 2001 über die Grundsätze für an der einvernehmlichen Beilegung von Verbraucherrechtsstreitigkeiten beteiligte außergerichtliche Einrichtungen (ABl. EG Nr. L 109 vom 19.4.2001, S. 41f.) ersetzt worden.

2413 *Ehmann/Rust*, JZ 1999, 853 (864).

2414 EuGH, Urt. v. 21.9.1989, Rs. 68/88 , Slg. 1989, 2965 (2984) - *Kommission gegen Griechenland.*

gewährleisten. Dies gilt insbesondere für den Fall, dass eine Richtlinie selbst keine Sanktionen für die Verletzung ihrer Vorschriften vorsieht.

II. Umsetzung in Deutschland

Art. 6 VerbrGK-RL wurde in Deutschland an zwei Stellen innerhalb des BGB umgesetzt: Zum einen in der auf alle Kaufverträge anwendbaren Vorschrift des § 443 BGB und zum anderen in § 477 BGB, der gemäß § 474 BGB nur auf Verbrauchsgüterkaufverträge Anwendung findet. Der Gesetzgeber unterscheidet in § 443 BGB zwischen der so genannten Haltbarkeitsgarantie und der Garantie für die Beschaffenheit einer Sache und legt fest, dass der Garantiegeber an den Inhalt seiner Garantieerklärung und an die Bedingungen in der einschlägigen Werbung gebunden ist. Bei dem Anspruch aus der Garantie handelt es sich um einen vertraglichen Erfüllungsanspruch.[2415] Aus der Formulierung „unbeschadet der gesetzlichen Ansprüche" folgt, dass der Garantieanspruch dabei neben die gesetzlich festgeschriebenen Mängelgewährleistungsrechte tritt.[2416] Dies sind zum einen bei Sachmängeln die weitestgehend konkretisierten Rechte aus den §§ 437 ff. BGB, zum anderen aber auch deliktische Ansprüche nach §§ 823 ff BGB gegen den Verkäufer und Hersteller sowie Ansprüche gegen den Hersteller aus Produkthaftungsrecht.[2417]

Die Garantiehaftung aus § 443 BGB steht in Konkurrenz zu den Sachmängelgewährleistungsrechten aus § 437 BGB.[2418] Für den Verbrauchsgüterkauf ergibt sich dies bereits aus § 475 BGB. Aus § 475 Abs. 1 BGB folgt, dass der Garantiegeber sich dann auf eine nachteilige Vereinbarung mit dem Verbraucher berufen kann, wenn die Vereinbarung getroffen wurde, nachdem der Verbraucher den Garantiefall angezeigt hat. § 434 BGB stellt sicher, dass eine Garantie die gesetzlichen Mängelgewährleistungsrechte vor Anzeige der Mangelhaftigkeit der Sache ausschließlich erweitern und nicht etwa beschränken oder ausschließen kann. Darüber hinaus überspielt eine Garantie die positive Kenntnis seitens des Käufers, die gemäß § 442 BGB die Rechte des Käufers ausschließt. Auch bei positiver Kenntnis von der Mangelhaftigkeit der Sache bei Vertragsschluss kann der Verbraucher seine Rechte aus der Garantie geltend machen.

§ 477 BGB enthält nur für den Verbrauchsgüterkauf ergänzende Sonderbestimmungen bezüglich der formellen Ausgestaltung von Garantieerklärungen. Danach soll der geschäftlich unerfahrene Verbraucher vor Irreführungen durch unklare, missverständliche oder unvollständige Erklärungen geschützt werden.[2419]

[2415] Anwaltskommentar-*Büdenbender*, § 443 Rn. 1.

[2416] *Brüggemeier*, WM 2002, 1376 (1380); Regierungsbegründung zum SchuldRModG, BT-Drucks. 14/6040, S. 238; *Schlechtriem*, in: *Ernst/Zimmermann* (hg), Zivilrechtswissenschaft und Schuldrechtsreform, S. 205 (233); *von Westphalen*, in: *Henssler/von Westphalen* (Hrsg.), Praxis der Schuldrechtsreform, § 443 Rn. 1.

[2417] Anwaltskommentar-*Büdenbender*, § 443 Rn. 6.

[2418] *Lehmann*, DB 2002, 1090 (1093).

[2419] *Huber/Faust*, Schuldrechtsmodernisierung, Kap. 15 Rn. 22; Palandt-*Putzo*, 61. Aufl., § 477 Rn. 2.

Die Aufspaltung der Umsetzung von Art. 6 VerbrGK-RL auf zwei unterschiedliche Regelungsabschnitte erklärt sich daraus, dass die Regelung des § 443 BGB bei allen Kaufverträgen gerechtfertigt ist. Für eine Übertragung der Regelung des § 447 Abs. 1 BGB auf den erfahrenen Unternehmer fehlt es dagegen an einer entsprechenden Schutzwürdigkeit.[2420]

Die gesetzliche Fixierung der Bindungswirkung von Garantieerklärungen des Verkäufers dient in § 443 BGB nur der Klarstellung. Sie ist auch nach den allgemeinen Vorschriften über Willenserklärungen begründbar, sodass sie ohne weiteres für alle Kaufverträge Geltung beanspruchen kann.[2421] Anderes gilt hinsichtlich der Erweiterung der Bindungswirkung von Garantieerklärungen Dritter. Die dort gefundene Lösung stellt eine echte Neuerung für das BGB dar.[2422] Um nämlich nach altem Recht eine Garantievereinbarung zwischen Dritten und dem Käufer begründen zu können, musste der Verkäufer entweder als Bote[2423] oder Stellvertreter des Garantiegebers qualifiziert werden.[2424] Nunmehr begründet eine so genannte „Herstellergarantie" eine unmittelbare Verpflichtung des Dritten gegenüber dem Endabnehmer aus der Garantie, die neben die Gewährleistungshaftung des Verkäufers tritt, da nach § 443 Abs. 1 BGB der Garantiegeber an seine Garantieerklärung unmittelbar gegenüber dem Endabnehmer gebunden ist.[2425]

Haben sowohl der Verkäufer als auch ein Dritter eine Garantieerklärung abgegeben, so haften beide als Gesamtschuldner nach den §§ 421 ff BGB.[2426] Dritte im Sinne dieser Vorschrift sind Personen, die am Vertrieb der Sache beteiligt oder interessiert sind, wie etwa Großhändler, Importeure, Vertriebsunternehmen oder auch Tochter- und Konzerngesellschaften des Herstellers, die ihrerseits den Verkäufer beliefern aber auch der Hersteller selbst.[2427] Teilweise wird angenommen, es handle sich bei § 443 Abs. 1 BGB um eine gesetzliche Haftung „quasivertraglicher Natur".[2428] Diese Einordnung der Garantieübernahme mag zwar durchaus rechtsdogmatisch nachvollziehbar sein, für die Praxis aber hilft sie nicht weiter. Die Garantieübernahme durch einen Dritten erfolgt in der Regel dadurch, dass der Endverkäufer dem Käufer eine Garantiekarte oder einen Garantieschein

2420 Regierungsbegründung zum SchuldRModG BT-Drucks. 14/6040 S. 246.

2421 Daher wurde in der deutschen Literatur teilweise eine Umsetzung von Art. 6 VerbrGK-RL für unnötig gehalten. Vgl. *Medicus*, in: *Grundmann/Medicus/Rolland*, Europäisches Kaufgewährleistungsrecht, S. 219 (229).

2422 *Staudenmayer*, in: *Grundmann/Medicus/Rolland* (Hrsg.), Europäisches Kaufgewährleistungsrecht, S. 27 (43); *Westermann*, in: in: *Grundmann/Medicus/Rolland* (Hrsg.), Europäisches Kaufgewährleistungsrecht, S. 278f.

2423 Dann musste ein Verzicht auf den Zugang der Annahme fingiert werden.

2424 Siehe Nachweise bei MüKo-*Westermann*, 3. Aufl., § 459 Rn. 98; Staudinger-*Honsell*, 13. Bearb., § 459 Rn. 178f.

2425 *Büdenbender*, in: *Dauner-Lieb/Heidel/Lepa/Ring* (Hrsg.), Das Neue Schuldrecht, § 8 Rn. 45.

2426 Anwaltskommentar-*Büdenbender*, § 443 Rn. 6.

2427 Palandt-*Putzo*, 64. Aufl., § 443 Rn. 8; Staudinger-*Matusche/Beckmann*, Neuberab., § 443 Rn. 10.

2428 So aber *Büdenbender*, in: *Dauner-Lieb/Heidel/Lepa/Ring* (Hrsg.), Das Neue Schuldrecht, § 8 Rn. 45.

aushändigt. Dies kann als Angebot auf Abschluss eines Garantievertrages unter Verzicht auf den Zugang der Annahmeerklärung nach § 151 BGB gewertet werden, soweit nicht die Wirksamkeit der Garantie von der Rücksendung der Garantiekarte abhängig gemacht wurde.[2429] Es handelt sich mithin bei der Garantieübernahme, um einen einseitig verpflichtenden Vertrag, durch den der Garantiegeber eine Leistung verspricht, die unentgeltlich erfolgen soll.

Denkbar ist auch, dass der Dritte gegenüber seinem Vertragspartner in der Veräußerungskette Garantieerklärung zugunsten des Endkäufers abgibt, wenn die Garantiebedingungen des Herstellers in den Vertrag mit dem Verkäufer einbezogen wurden.[2430] In diesem Fall handelt es sich um einen Vertrag zugunsten Dritter i.S.d. § 328 BGB. Der Endkäufer kann dann die Rechte aus der Garantie gemäß § 335 BGB gegen den Dritten selbst geltend machen. Tritt der Endverkäufer als Erfüllungsgehilfe des Dritten i.S.d. § 278 BGB auf, so ist ein Vertrag zugunsten Dritter nur mit äußerster Zurückhaltung anzunehmen.

Eine weiter gehende Konkretisierung der Wirkungen einer Garantie enthält § 443 BGB indes nicht.[2431] Auch wenn der Anspruch des Käufers aus der Garantie durch § 443 BGB gesetzlich fixiert ist, so unterliegt er doch grundsätzlich der Parteiautonomie, wobei sich der Haftungsumfang des Garantiegebers nach dem Inhalt seiner gesamten Erklärung unter Einbeziehung der einschlägigen Werbung und nicht etwa nur nach dem schriftlich fixiertem Inhalt einer Garantie richtet.[2432] Die Bedingungen der Garantie müssen nicht notwendigerweise in der Garantieerklärung, sondern können auch in der Werbung enthalten sein.[2433] Beide Verpflichtungselemente stehen gleichberechtigt nebeneinander. Es gibt insoweit keine Subsidiarität zwischen Garantierklärung und Werbeangaben.[2434]

Auffällig ist, dass der Begriff der einschlägigen Werbung in § 443 BGB weniger detailliert ist als in § 434 Abs. 1 Satz 3 BGB. Während die Werbung gemäß § 434 Abs. 1 Satz 3 BGB nur dann Bestandteil einer Beschaffenheitsvereinbarung wird, wenn der Käufer aufgrund einer öffentliche Äußerung des Verkäufers, des Herstellers oder seines Gehilfen über bestimmte Eigenschaften bestimmte Erwartungen an die Kaufsache stellen kann, der Verkäufer die Werbung kannte oder kennen musste, die Werbung nicht berichtigt war und die Kaufentscheidung beeinflussen konnte, enthält der Wortlaut des § 443 BGB keine derartigen Einschränkungen, weswegen sich ein Rückgriff auf § 434 BGB bei der Auslegung des § 443 BGB verbietet.[2435] Die Vorschrift darf daher nicht mit der

---

2429 *Jorden*, Diss., S. 498.

2430 *von Westphalen*, in: *Henssler/von Westphalen*, Praxis der Schuldrechtsreform, § 443 Rn. 11 und 21.

2431 Regierungsbegründung zum SchuldRModG, BT-Drucks. 14/6040, S. 239.

2432 *Brüggemeier*, WM 2002, 1376 (1380).

2433 Palandt-*Putzo*, 64. Aufl., § 443 Rn. 19; MüKo-*Westermann*, 4. Aufl, BGB § 443 Rn. 14; Staudinger-*Matusche/Beckmann*, Neuberab., § 443 Rn. 34.

2434 *Lehmann*, DB 2002, 1090 (1093).

2435 *von Westphalen*, in: *Henssler/von Westphalen* (Hrsg.), Praxis der Schuldrechtsreform, § 443 Rn. 35.

Regelung in § 434 Abs. 2 BGB verwechselt werden, wonach der Verkäufer auch für die öffentlichen Äußerungen des Herstellers oder seines Gehilfen haftet. Das Erfordernis des „Kennenmüssen" macht deutlich, dass es sich bei § 434 BGB um eine Zurechnungsregelung handelt.

Für ein solches Verständnis spricht auch ein Blick auf die Regelung des § 166 BGB, der die Wissenszurechnung des Vertreters regelt. Auch hier entscheidet die Kenntnis bzw. das Kennenmüssen über die Zurechnung von Wissensmängeln. Nach § 443 BGB haftet der Garantiegeber hingegen zu den in der einschlägigen Werbung angegebenen Bedingungen unabhängig davon, ob er von der Werbung Kenntnis hatte oder haben musste. Bereits die bloße Existenz der Werbung begründet die Haftung des Garantiegebers. Eine solche Auslegung entspricht auch den Vorgaben des Art. 6 VerbrGK-RL, wonach ebenfalls keine Kenntnis bzw. kein Kennenmüssen des Garantiegebers vorausgesetzt wird. Auch der Richtliniengesetzgeber hat die Formulierung „Kenntnis (haben) oder vernünftigerweise nicht in Unkenntnis (sein können)" dort aufgenommen, wo sie die Haftung beeinflussen soll.

Dies ist auch sachgerecht. Der Letztverkäufer kennt bei Abschluss des Kaufvertrages mit dem Endkäufer regelmäßig die Werbung der übrigen an der Vertragskette Beteiligten, insbesondere des Herstellers. Der Hersteller hingegen kennt die Werbung des Letztverkäufers oder des Händlers nicht, sodass es wenig sinnvoll ist, die Haftung des Herstellers von der Kenntnis bzw. einem Kennenmüssen abhängig zu machen. Aus diesem Grund kann auch nicht der Ansicht des Bundesrates gefolgt werden, der in seiner Stellungnahme vom 13. Juli 2001 davon ausgeht, dass die Werbung des Letztverkäufers oder eines Händlers auf den Inhalt der Herstellergarantie keinen Einfluss haben kann.[2436] Der Garantiegeber haftet nicht uneingeschränkt für jede Äußerung in der Werbung. Es darf insoweit nicht unberücksichtigt bleiben, dass die Regelung des § 443 BGB Garantien zum Gegenstand hat. Die Formulierung „einschlägig" muss daher so ausgelegt werden, dass sich die Werbung nicht nur auf die Kaufsache beziehen[2437], sondern in unmittelbarem Zusammenhang mit der vom Garantiegeber übernommenen Garantie stehen muss.[2438] Nur solche in der Werbung angegebenen Bedingungen führen zu einer Haftung des Garantiegebers, die sich auf die Garantieerklärung beziehen.

Die Erklärung selbst muss sich nicht auf die Werbung beziehen, da sonst ein Kennenmüssen der Werbung vorausgesetzt würde. Aus dem Umstand, dass eine Garantie die positive Kenntnis seitens des Käufers, die gemäß § 442 BGB die Rechte des Käufers ausschließt, überwindet, sodass der Verbraucher auch bei positiver Kenntnis von der Mangelhaftigkeit seine Rechte aus der Garantie geltend machen kann, zwingt dazu, bei den Angaben in der Werbung objektiv einen

---

2436 BR-Drucks. 338/01, S. 56.

2437 Anders Palandt-*Putzo*, 64. Aufl., § 443 Rn. 19.

2438 *von Westphalen*, in: *Hensslerlvon Westphalen* (Hrsg.), Praxis der Schuldrechtsreform, § 443 Rn. 36.

erkennbaren Rechtsbindungswillen i.S.d. §§ 133, 157 BGB zu verlangen, damit sie eine Garantiewirkung entfalten können.[2439] Dennoch kann die Haftung des Garantiegebers durchaus weiter gehen als unter Umständen mit der Übernahme einer Garantie vom Garantiegeber bezweckt wurde. Durch diese Straffunktion wird die Vorschrift des § 443 BGB in die Nähe des § 463 Abs. 2 BGB a.F. gerückt, wonach der arglistig handelnde Verkäufer so zu stellen war, als habe die Kaufsache die vorgespiegelte Eigenschaft.[2440]

§ 443 Abs. 2 BGB ordnet darüber hinaus entsprechend § 476 BGB eine widerlegliche Vermutung hinsichtlich des Garantiefalles für die Haltbarkeitsgarantie an.[2441] Danach muss grundsätzlich der Verkäufer innerhalb der Geltungsdauer der Garantie die Vermutung widerlegen, dass ein in diesem Zeitraum aufgetretener Sachmangel die Rechte aus der Garantie begründet. § 443 Abs. 2 BGB enthält eine Beweislastumkehr zugunsten des Käufers. Den Käufer muss beweisen, dass ein Kaufvertrag geschlossen und eine Garantiezusage abgegeben wurde. Ferner trägt er die Beweislast dafür, dass ein Sachmangels vorliegt und die Garantiefrist eingehalten wurde. Den Eintritt des „Garantiefalles" muss er nicht beweisen.[2442] Will der Garantiegeber sich gegen seine Inanspruchnahme wehren, so muss er gemäß § 443 Abs. 2 BGB darlegen und beweisen, dass der „Garantiefall" nicht eingetreten ist.. Der Beweis technisch einwandfreier Herstellung reicht hierzu nicht aus.[2443] Handelt es sich hingegen um eine Beschaffenheitsgarantie, so trägt der Käufer die Beweislast in vollem Umfang. Eine analoge Anwendung des § 443 Abs. 2 BGB bei einer Beschaffenheitsgarantie kommt bereits deswegen nicht infrage, weil ihr das Element der Dauerhaftigkeit fehlt.[2444] Gleiches gilt für einen Rückgriff auf § 476 BGB.

1. Garantiebegriff

Unter der Herrschaft des BGB vor der Schuldrechtsreform wurde zwischen zugesicherten Eigenschaften, der Abgabe einer unselbstständigen Garantie und einem selbstständigen Garantieversprechen unterschieden. Die Zusicherung bezog sich darauf, dass die Sache eine bestimmte Eigenschaft aufwies.[2445] Von einer unselbstständigen Garantie spricht man, wenn der Verkäufer im Rahmen der gesetzlichen Sachmängelgewährleistungsrechte die Gewähr für die Sachmängelfreiheit für eine bestimmte Nutzungsdauer übernommen hat.[2446] Eine selbstständige Garantie liegt vor, wenn der Garantiegeber für einen über die Sachmangelfreiheit

---

2439 *Lehmann*, DB 2002, 1090 (1093).

2440 *Höffe*, Diss., S. 81.

2441 Regierungsbegründung zum SchuldRModG, BT-Drucks. 14/6040, S. 238.

2442 Anwaltskommentar-*Büdenbender*, § 443 Rn. 5.

2443 Regierungsbegründung zum SchuldRModG, BT-Drucks. 14/6040, S. 239.

2444 *von Westphalen*, in: *Henssler/von Westphalen* (Hrsg.), Praxis der Schuldrechtsreform, § 443 Rn. 56f.

2445 BGHZ 48, 118 (122); BGHZ 59, 158 (160); Soergel-*Huber*, 12. Aufl., § 459 Rn. 206; MüKo-*Westermann*, 3. Aufl., § 459 Rn. 56; Palandt-*Putzo*, 61. Aufl, § 459 Rn. 15.

2446 MüKo-*Westermann*, 3. Aufl., § 459 Rn. 96.

hinausgehenden Erfolg einstehen will.[2447] Insbesondere bei der unselbstständigen Garantie waren bislang die Frage der Beweislastverteilung, des Beginns und der Dauer der Verjährung und ihre Rechtfolgen äußerst umstritten.[2448]

Nach der Rechtsprechung sollte der Käufer alle während der Garantiefrist aufgetretenen Mängel unabhängig vom Gefahrenübergang und der Verjährungsfrist geltend machen können.[2449] Entscheidendes Abgrenzungsmerkmal der Garantieformen war, ob die Verpflichtungserklärung des Verkäufers die gesetzlichen Gewährleistungsvorschriften ausgeschlossen oder in Bezug genommen hat.[2450] Die Rechtsprechung ging in den Fällen, in denen sich die Garantie abweichend von § 463 BGB a.F. auf eine Eigenschaft bezog, die erst nach Gefahrenübergang zur Entstehung gelangen sollte, von einer selbstständigen Garantie aus. Die in § 459 Abs. 2 a.F. und § 463 Satz 1 a.F. BGB geregelte zugesicherte Eigenschaft wurde hingegen überwiegend der unselbstständigen Garantie gleichgestellt.[2451]

Nunmehr hat der deutsche Gesetzgeber in § 443 BGB erstmals eine einheitliche Regelung für Garantien innerhalb des BGB geschaffen.[2452] Mit § 443 BGB sollen die in der Rechtsprechung bedingt durch die in Deutschland bislang fehlende gesetzliche Regelung für Garantien bestehenden erheblichen Rechtsunsicherheiten hinsichtlich der rechtlichen Behandlung von Garantien bei der Abgrenzung der unterschiedlichen „Garantieformen" beseitigt werden.[2453]

Der deutsche Gesetzgeber hat daher auf die Übernahme der Begriffe „selbstständige und unselbstständige Garantie" verzichtet. Die Rechtsterminologie der unselbstständigen Garantie wird vielmehr von dem Begriff der Haltbarkeitsgarantie konsumiert, deren Übernahme sowohl durch ein selbstständiges als auch durch ein unselbstständiges Garantieversprechen erfolgen kann.[2454] Eine Haltbarkeitsgarantie liegt nach der Legaldefinition des § 443 Absatz 1 BGB dann vor, wenn der Verkäufer oder ein Dritter eine Garantie dafür übernommen hat, dass die Sache für eine bestimmte Dauer eine bestimmte Beschaffenheit hat. Die Haltbarkeitsgarantie erweitert die gesetzliche Gewährleistung der Sachmangelfreiheit über den Zeitpunkt des Gefahrenübergangs hinaus.[2455] Sie gibt dem Käufer unabhängig von der Verjährungsfrist für seine Ansprüche die Möglichkeit seine Rechte, wegen der Mangelhaftigkeit der Sache innerhalb der Garantiefrist geltend zu machen. Übernimmt ein Dritter eine Haltbarkeitsgarantie, so erhält der Verbraucher unter Umständen zwei Gläubiger. Zum einen kann er seine Mängelgewährleistungsrechte gegen den Verkäufer aus § 437 BGB geltend machen, wenn der Eintritt des

---

2447 RGZ 90, 415 (418); BGH, NJW 1958, 1483; BGH, NJW 1965, 148 (149); BGH WM 1977, 365 (366).

2448 Regierungsbegründung zum SchuldRModG, BT-Drucks. 14/6040, S, 237.

2449 Palandt-*Putzo*, 61. Aufl., § 477 Rn. 21.

2450 *Trieble/Hölzle*, BB 2002, 521 (530).

2451 BGH, WM 1977, 718; BGH, WM 1978, 554.

2452 *Büdenbender*, in: *Dauner-Lieb/Heidel/Lepa/Ring* (Hrsg.), Das Neue Schuldrecht, § 8 Rn. 45.

2453 Regierungsbegründung zum SchuldRModG, BT-Drucks. 14/6040, S. 237.

2454 *Brüggemeier*, WM 2002, 1376 (1380).

2455 *Brüggemeier*, WM 2002, 1376 (1380).

Garantiefalls gleichzeitig die Mangelhaftigkeit der Sache i.S.d. § 434 BGB begründet, zum anderen hat er seine Ansprüche aus der Garantie gegen den Dritten.

Bei einer Verkäufergarantie kann es sich hingegen sowohl um einen vom Kaufvertrag unabhängigen und damit selbstständigen Garantievertrag als auch um ein unselbstständiges Garantieversprechen handeln, dessen Abgrenzung nach wie vor eine Frage der Auslegung bleibt.[2456] Handelt es sich um einen selbstständigen Garantievertrag, so stehen dem Verbraucher ebenfalls zwei Anspruchsgrundlagen zur Verfügung. Handelt es sich hingegen um ein unselbstständiges Garantieversprechen, so wird der Anspruch des Verbrauchers aus § 437 BGB hingegen erweitert. Die Übergabe eines Garantiescheins oder einer Garantiekarte kann nur ein Indiz für das Vorliegen eines selbstständigen Garantievertrages sein. Maßgeblich sind die Umstände des Einzelfalls. Zu prüfen ist jeweils ob eine eigenständige Verpflichtung begründet werden sollte und ob der Käufer sie auch nach den §§ 133, 157 i.V.m. 242 BGB redlicherweise so verstehen durfte.[2457] Auf die Frage, ob die Verpflichtungserklärung des Verkäufer die gesetzlichen Gewährleistungsvorschriften ausgeschlossen oder in Bezug genommen hat, kann es angesichts der Tatsache, dass nach § 443 Abs. 1 BGB die gesetzlichen Gewährleistungsrechte nicht ausgeschlossen werden können, nicht mehr ankommen.[2458] § 443 BGB erfasst sowohl selbstständige als auch unselbstständige Garantien nach dem unter Geltung des dem alten Recht zugrunde gelegten Verständnisses.[2459]

Was unter einer Garantie für die Beschaffenheit zu verstehen ist, lässt sich dem Wortlaut des § 443 BGB hingegen nicht ohne weiteres entnehmen. Da die Beschaffenheit regelmäßig bereits durch die im Zweifel durch Auslegung zu ermittelnde Beschaffenheitsvereinbarung i.S.d. § 434 Abs. 1 BGB festgelegt ist, erscheint es fraglich, welchen Anwendungsbereich § 443 BGB hinsichtlich der Beschaffenheitsgarantie überhaupt haben soll. Denkbar ist, dass nur solche Erklärungen eine Garantie darstellen, die nicht die unmittelbare Beschaffenheit der Sache sondern nur die Rechtsfolgen der Mangelhaftigkeit betreffen. Eine Garantieübernahme muss immer auch zu einer Besserstellung des Verbrauchers führen.

Im Hinblick darauf, dass der Gesetzgeber mit der Schuldrechtsreform den Begriff der Garantie an mehreren Stellen im BGB, namentlich in §§ 276 Abs. 1 Satz 1, 442 Abs. 1 und 444 BGB[2460], eingefügt hat, muss zunächst der Frage nach

---

2456 *von Westphalen*, in: *Henssler/von Westphalen*, Praxis der Schuldrechtsreform, § 443 Rn. 27.

2457 *von Westphalen*, in: *Henssler/von Westphalen*, Praxis der Schuldrechtsreform, § 443 Rn. 27; Anwaltskommentar-*Büdenbender*, § 443 Rn. 3.

2458 *Trieble/Hölzle*, BB 2002, 521 (530).

2459 Palandt-*Putzo*, 64. Aufl., § 443 Rn. 3; Staudinger-*Matusche/Beckmann*, Neuberab., § 443 Rn. 12. Vgl. zur Abgrenzung der selbstständigen von der unselbstständigen Garantie oben, hierzu auch *Trieble/Hölzle*, BB 2002, 521 (529).

2460 Auch die § 445 BGB und 477 BGB erwähnen den Begriff der Garantie. § 445 BGB stellt eine Sonderregel zu § 444 BGB dar. § 447 BGB verweist auf § 443 BGB. Für die Auslegung des Garantiebegriffs in diesen Vorschrift gelten dieselben Grundsätze wie im Rahmen des § 444 bzw. § 443 BGB, sodass sie im Folgenden unberücksichtigt bleiben können.

gegangen werden, ob auch eine einheitliche Auslegung geboten ist. Gemäß § 276 Abs. 1 Satz 1 BGB hat der Schuldner nur dann für Vorsatz und Fahrlässigkeit einzustehen, wenn keine verminderte oder verschärfte Einstandspflicht des Schuldners, insbesondere auf der Grundlage einer übernommenen Garantie oder der Übernahme eines Beschaffungsrisikos, vorgesehen ist.[2461] Die Erwähnung der Übernahme eines Beschaffungsrisikos in § 276 BGB dient nach der Gesetzesbegründung dazu, die in der Rechtswissenschaft stark kritisierte Vorschrift des § 279 BGB a.F. zu ersetzen. [2462] Danach übernahm nur der Schuldner einer Gattungsschuld die Gewähr für die Beschaffungsmöglichkeit zuzüglich des Beschaffungsrisikos.

Sowohl die Einschränkung auf Gattungsschulden als auch die Tatsache, dass erst bei objektiver Unmöglichkeit eine Haftungsbefreiung eintrat, wurde als unbillig empfunden.[2463] Um den in § 279 BGB a.F. zugrunde liegenden Gedanke einer Haftung für Beschaffungsrisiken beizubehalten, hat der Gesetzgeber ihn in verallgemeinerter Form in § 276 BGB aufgegriffen und die Übernahme eines Beschaffungsrisikos inhaltlich einer Garantie gleichgestellt, ohne dass dies zwangsläufig zu einer Garantiehaftung führt.[2464] Hieraus ergibt sich zunächst, dass eine Garantie i.S.d. § 276 BGB von der Übernahme eines Beschaffungsrisikos abzugrenzen ist. Mit der Aufnahme der Garantie in § 276 BGB sollte die in der alten Fassung enthaltene Formulierung „sofern nicht ein anderes bestimmt ist" konkretisiert werden.[2465]

Neben § 279 BGB a.F. und der inhaltlich unveränderten Vorschrift des § 278 BGB, wonach der Schuldner auch für ein Verschulden seines Erfüllungsgehilfen haftete, waren die Hauptanwendungsfälle einer solchen Ausnahme vom Verschuldensprinzip zum einen die Regelung des nunmehr gestrichenen §§ 459 Abs. 2 i.V.m. 463 S. 1 BGB a.F., wonach der Verkäufer auch dafür haftete, dass die Sache im Zeitpunkt des Gefahrenübergangs die zugesicherte Eigenschaft hat[2466], und zum anderen die Übernahme einer selbstständigen oder unselbstständigen Garantie.[2467] Eine „andere Bestimmung" i.S.d. § 276 BGB a.F. setzte unabhängig davon, ob es sich um eine zugesicherte Eigenschaft, eine selbstständige oder unselbstständige

---

2461 *Westermann*, NJW 2002, 241 (247).

2462 Der Gesetzgeber verweist in diesem Zusammenhang auf zwei Entscheidungen des Reichsgerichts (RGZ 57, 116 und RGZ 99, 1), vgl. Regierungsbegründung zum SchuldRModG, BT-Drucks. 14/6040, S. 132.

2463 Palandt-*Heinrichs*, 61. Aufl., § 279 Rn. 1, *Dauner-Lieb/Thiessen*, ZIP 2002, 108 (110).

2464 Regierungsbegründung zum SchuldRModG, BT-Drucks. 14/6040, S. 132; siehe auch *Dauner-Lieb/Thiessen*, ZIP 2002, 108 (110).

2465 Regierungsbegründung zum SchuldRModG, BT-Drucks. 14/6040, S. 131.

2466 Eine Eigenschaft im Sinne dieser Vorschrift ist jedes der Kaufsache auf Dauer anhaftende Merkmal, das für den Wert, ihren vertraglich vorausgesetzten Gebrauch oder aus sonstigen Gründen für den Käufer relevant ist. Als zugesichert galt eine Eigenschaft, wenn der Verkäufer ausdrücklich oder stillschweigend eine Erklärung abgegeben hat, die Vertragsinhalt geworden ist, wonach der Käufer erkennen kann, dass der Verkäufer verschuldensunabhängig für ihr Vorhandensein einstehen will.

2467 Vgl. Nachweise bei Palandt-*Heinrichs*, 61. Aufl., § 276 Rn. 15.

Garantie handelte, einen gesteigerten Rechtsbindungswillen des Verkäufers zur verschuldensunabhängigen Einstandspflicht bei Fehlen eines vorausgesetzten Zustandes oder Umstandes voraus. Bloße Beschaffenheitsvereinbarungen, die bereits zu einer Haftung nach § 459 Abs. 1 BGB a.F. führten, wurden nicht erfasst.

Wenn sich inhaltlich nichts an der Vorschrift des § 276 BGB ändern sollte, so bedeutet dies, dass eine Garantie im Sinne des § 276 BGB der zugesicherten Eigenschaft nach altem Recht entspricht. Dieses Verständnis wird auch vom Gesetzgeber geteilt. In der Gesetzesbegründung zu § 276 BGB wird ausdrücklich hervorgehoben, dass mit der Schuldrechtsreform die zugesicherte Eigenschaft im Kaufrecht nicht etwa abgeschafft werden, sondern an „besser passender Stelle", nämlich in § 276 BGB, geregelt werden sollte.[2468] Der Gesetzgeber hat insoweit nur einen formalen Wechsel des Begriffs „Zusicherung" zur „Garantie" vollzogen, um im Sinne der Begriffseinheit innerhalb des BGB eine Klarstellung zu erreichen.[2469] In der Gesetzesbegründung wird ausdrücklich darauf hingewiesen, dass der Garantiebegriffs des § 276 BGB auch den §§ 442 und 444 BGB[2470] zu Grunde zu legen ist.[2471] Auch wenn die §§ 442, 444 BGB anders als § 276 BGB die Formulierung „Garantie für die Beschaffenheit" enthalten, entspricht die Übernahme einer Garantie im Sinne der §§ 442, 444 BGB daher ebenfalls der Zusicherung einer Eigenschaft.[2472] Eine Garantie im Sinne der §§ 276 Abs. 1, 442 und 444 BGB kann sowohl in einer zugesicherten Eigenschaft als auch in einer selbstständigen oder unselbstständigen Garantie, in einer bloßen Beschaffenheitsvereinbarung hingegen nicht begründet sein.

Anders als in den §§ 276, 442 und 444 BGB, in denen von einer Garantie die Rede ist, die der Schuldner bzw. der Verkäufer übernommen hat, erfasst § 443 BGB auch Garantieerklärungen eines Dritten.[2473] Denkbar ist daher, dass der Garantiebegriff des § 443 BGB auch Vereinbarungen erfasst, die die Beschaffenheit der Sache betreffen. Das Argument für die einschränkende Auslegung von Verkäufergarantien im Rahmen der §§ 276, 442 und 444 BGB kann bei Erklärungen, die keine Beschaffenheitsvereinbarung im Sinne des § 434 Abs. 1 BGB darstellen, nicht für die Auslegung von Garantien herangezogen werden, die von einem Dritten abgegeben werden. Erklärungen eines Dritten können keine Beschaffenheitsvereinbarung im Sinne des § 434 Abs. 1 BGB darstellen, sofern der Dritte tritt nicht als Bote oder Vertreter des Verkäufers aufgetreten ist. Zugleich ist zu berücksichtigen, dass auch die Zusicherung von Eigenschaften i.S.d. §§ 459

2468 Regierungsbegründung zum SchuldRModG, BT-Drucks. 14/6040, S. 132.

2469 Anwaltskommentar-*Dauner-Lieb*, § 276 Rn. 19.

2470 Gemäß § 442 Abs. 1 BGB ist die Haftung des Verkäufers bei grob fahrlässiger Unkenntnis des Käufers von der Mangelhaftigkeit der Kaufsache nur ausgeschlossen, wenn der Verkäufer keine Garantie für die Beschaffenheit der Sache übernommen hat. Nach § 444 BGB kann sich der Verkäufer nicht auf einen vereinbarten Haftungsausschluss berufen, wenn er eine Garantie für die Beschaffenheit der Sache übernommen hat.

2471 Regierungsbegründung zum SchuldRModG, BT-Drucks. 14/6040, S. 236 und 240.

2472 Regierungsbegründung zum SchuldRModG, BT-Drucks. 14/6040, S. 236.

2473 *Westermann*, NJW 2002, 241 (248).

Abs. 2, 463 S. 1 BGB a.F. nur durch den Verkäufer niemals aber durch einen Dritten erfolgen konnte. Es wäre kaum nachvollziehbar, wenn sich der Garantiebegriff im Rahmen des § 443 BGB nur auf zugesicherte Eigenschaften beziehen würde. Der Begriff der Garantie ist damit weiter als in den §§ 276, 444, 445 BGB.

Für ein solches Verständnis spricht auch die Gesetzgebungsgeschichte.[2474] Die Schuldrechtskommission wollte zunächst nur die unselbstständige Garantie gesetzlich regeln, sodass sich die Beschaffenheitsgarantie als selbstständiger Garantietyp noch nicht in ihren Vorschlägen fand.[2475] Damit wäre der deutsche Gesetzgeber hinter den Vorgaben des Art. 6 Abs. 1 i.V.m. Art. 1 Abs. 2 e) VerbrGK-RL zurückgeblieben.[2476] Nach Art. 1 Abs. 2 e) VerbrGK-RL bezieht sich eine Garantie auf Eigenschaften einer Sache. Im Diskussionsentwurf vom 4. August 2000 wurde daher in der die Garantiebindung regelnden Vorschrift des § 442 BGB-DE[2477] die Formulierung „Garantie für eine Beschaffenheit" aufgenommen. Die Vorschrift des § 276 BGB a.F. blieb hingegen unverändert.

Unter Beibehaltung der Formulierung in § 442 BGB-DE wurde in der konsolidierten Fassung des Diskussionsentwurfs vom 6. März 2001 die Vorschrift des § 276 BGB a.F. entsprechend der jetzigen Fassung geändert. In einer Fußnote wurde darauf hingewiesen, dass mit dem Garantiebegriff in § 276 BGB die Eigenschaftszusicherung aus dem früheren § 463 BGB gemeint sei. Unberücksichtigt blieb hingegen, dass die §§ 441 und 443 BGB-DE[2478], noch von „Zusicherung" sprachen. Der Regierungsentwurf vom Mai 2001 verwendete hingegen den einheitlichen Terminus „Garantie" in den nunmehr neunummerierten Vorschriften der §§ 276, 442, 443 und 444 BGB, da der Begriff der „zugesicherten Eigenschaften" nicht mehr im Rahmen des Mängelbegriffs erwähnt wurde.[2479] Inhaltlich sollte sich an der Regelung nichts ändern, sodass im Rahmen der §§ 276, 442 und 444 BGB weiterhin die zugesicherte Eigenschaft unter den Garantiebegriff zu subsumieren war. Auch nach neuem Schuldrecht ist letztlich eine verschuldensunabhängige Haftung infolge der Zusicherung bestimmter Eigenschaften möglich. Für die Feststellung des Garantiewillens kann auf die in der früheren Rspr. zu § 459 Abs. 2 BGB a.F. entwickelten Grundsätze zurückgegriffen werden. Insoweit kommt dem Begriff der Zusicherung auch nach Wegfall des § 459 Abs. 2 BGB a.F. weiterhin sowohl im Rahmen des § 276 BGB wie auch im Rahmen des § 444 BGB Bedeutung zu.[2480] Soweit eines solche nach § 276 BGB mögliche Garantie reicht, ist ein Haftungsausschluss nach § 444 BGB unwirksam.[2481]

Bei §§ 442 und 444 BGB sollte es nach der Gesetzesbegründung nicht darum gehen, über den Gefahrenübergang hinaus eine Garantie für die Beschaffen-

---

2474 Vgl. hierzu *Dauner-Lieb/Thiessen*, ZIP 2002, 108 (113).
2475 BMJ (Hrsg.), Abschlussbericht 1992, S. 227.
2476 *Micklitz*, EuZW 1999, 485 (490).
2477 Nunmehr § 443 BGB.
2478 Jetzt §§ 442 und 444 BGB.
2479 Regierungsbegründung zum SchuldRModG, BT-Drucks. 14/6040, S. 236.
2480 *Westermann*, NJW 2002, 241 (247).
2481 OLG Düsseldorf, ZGS 2004, 271.

heit bzw. die Haltbarkeit zu übernehmen.[2482] Diese Garantieformen sollten ausschließlich von § 443 BGB erfasst werden.[2483] Der Bundesrat schlug daraufhin zur besseren Abgrenzung der Anwendungsbereiche der genannten Vorschriften in seiner Stellungnahme vom 13. Juli 2001 vor, § 443 BGB auf die so genannte Haltbarkeitsgarantie zu beschränken und die Beschaffenheitsgarantie dort nicht zu regeln.[2484] Dasselbe Ziel wollte auch die Bundesregierung durch die Verwendung des alten Begriffs der „Zusicherung“ in den §§ 276, 442 und 444 BGB erreichen.[2485] Auch der Rechtsausschuss ging von einem unterschiedlichen Verständnis des Garantiebegriffs in den §§ 276, 442, 444 BGB und § 443 BGB aus.[2486] Die endgültige Fassung der genannten Vorschriften blieb daher gegenüber der Fassung des Regierungsentwurfes unverändert. Auch die Entstehungsgeschichte macht also deutlich, dass der Garantiebegriff in § 443 BGB Beschaffenheitsvereinbarungen erfasst und damit weiter ist als in den §§ 276, 442 und 444 BGB.

2. Formelle Anforderungen

§ 477 BGB enthält für den Bereich des Verbrauchsgüterkaufes formelle Anforderungen an Garantien. Materiell gelten uneingeschränkt die Bestimmungen des § 443 BGB. In § 477 Abs. 1 Satz 1 BGB wurde das in Art. 6 Abs. 2 Spiegelstrich 2 VerbrGK-RL verankerte Transparenzgebot gesetzlich festgeschrieben. Danach müssen Garantieerklärungen einfach und verständlich abgefasst sein. Schon vor Inkorporation des AGB-Gesetzes in das BGB hat der Gesetzgeber unter dem Stichwort „Transparenzgebot“ das nunmehr in § 307 BGB normierte Erfordernis der Klarheit und Durchschaubarkeit von Allgemeinen Geschäftsbedingungen als tragendes Prinzip des Verbraucherschutzrechts angesehen.[2487] § 307 BGB wäre zur Umsetzung des Art. 6 Abs. 2 VerbrGK-RL für sich gesehen unzureichend gewesen.

§ 307 BGB, wonach Bestimmungen in Allgemeinen Geschäftsbedingungen klar und verständlich abgefasst sein müssen, ist zwar auch auf Garantiebedingungen anwendbar, nicht aber auf selbstständigen Garantie eines Dritten, da der enge Bereich der Preis- und Leistungsbestimmung der Parteidisposition vorbehalten ist.[2488] Gemäß Art. 6 Abs. 2 VerbrGK-RL war eine Vorschrift zu schaffen, wonach das Transparenzgebot auf den gesamten Text der Garantieerklärung sowohl unselbstständiger als auch selbstständiger Garantien anwendbar

2482 Regierungsbegründung zum SchuldRModG, BT-Drucks. 14/6040, S. 236, 240.
2483 Regierungsbegründung zum SchuldRModG, BT-Drucks. 14/6040, S. 237.
2484 BR-Drucks. 338/01, S. 55.
2485 Regierungsbegründung zum SchuldRModG, BT-Drucks. 14/6857, S. 61.
2486 Regierungsbegründung zum SchuldRModG, BT-Drucks. 14/7052, S. 184, 197.
2487 Vgl. nachweise bei Palandt-*Heinrichs*, 61. Aufl., AGBG § 9, Rn. 15.
2488 Zwar ist kraft ausdrücklicher Anordnung in § 307 Abs. 3 Satz 2 BGB das Transparenzgebot auch hier zu beachten. Voraussetzung ist, dass es sich um Allgemeine Geschäftsbedingungen im Sinne des § 305 BGB handelt, was regelmäßig bei einer selbstständigen Garantie nicht der Fall ist. Vgl. *von Westphalen*, in: *Henssler/von Westphalen* (Hrsg.), Praxis der Schuldrechtsreform, § 443 Rn. 12.

ist. Das Transparenzgebot des § 477 Abs. 1 Satz 1 BGB wird darüber hinaus in § 477 Abs. 1 Satz 2 Nr. 1 und 2 BGB durch bestimmte Hinweis- und Informationspflichten konkretisiert.[2489] Satz 2 übernimmt damit die übrigen Vorgaben des Art. 6 Abs. 2 VerbrGK-RL.[2490] § 477 Abs. 2 BGB statuiert ein Dokumentationserfordernis und dient insoweit der Umsetzung des Art. 6 Abs. 3 VerbrGK-RL.[2491]

a) Transparenzgebot

Nach § 477 Abs. 1 Satz 2 Nr. 1 BGB ist der Garantiegeber entsprechend Art. 6 Abs. 2 Spiegelstrich 1 VerbrGK-RL verpflichtet, dass Verhältnis der Garantie zu den in § 437 BGB genannten Gewährleistungsrechten klarzustellen. Er muss zum einen darauf hinweisen, dass die Garantie unabhängig von den gesetzlichen Gewährleistungsrechten besteht und zum Anderen, dass diese auch nicht von der Garantie eingeschränkt werden. Bereits vor der Schuldrechtsreform bestand die Rechtsprechung darauf, dass der Garantiegeber daraufhin weist, dass dem Verbraucher der gewährleistungsrechtliche Standard, hinter den gemäß § 11 Nr. 10 b) AGBG a.F.[2492] nicht zurückgegangen werden durfte, erhalten bleibt.[2493] An die Unübersehbarkeit und Verständlichkeit waren hohe Anforderungen zu stellen.[2494] Dies muss auch nach der Schuldrechtsreform gelten.

Der Verbraucher soll klar erkennen können, dass die Garantie ein zusätzliches Leistungsversprechen enthält, das über seine gesetzlichen Rechte hinausgeht, nicht aber seine Rechte ausschließt.[2495] Andernfalls bestünde die Gefahr, dass der Verbraucher von der Geltendmachung seines Rechts durch eine unklare Fassung der Garantieerklärung abgehalten wird.[2496] Es soll vermieden werden, dass durch eine Garantieerklärung der Eindruck entsteht, das gesetzliche Haftungssystem sei durch ein vertragliches Leistungsversprechen abgegolten. An die drucktechnische Gestaltung, wie dies etwa gemäß § 355 Abs. 2 BGB für die Widerrufsbelehrung vorgesehen ist, stellt § 477 Abs. 2 BGB hingegen keine besonderen Anforderungen. Dies ist in der Literatur stark kritisiert worden.[2497]

Angesichts dessen, dass die Hinweispflicht von elementarer Bedeutung für die Verbrauchergarantie ist, sei es insofern erforderlich, in § 477 BGB vorzusehen, dass die Garantieerklärung einen „deutlich gestalteten Hinweis entsprechend den Erfordernissen des eingesetzten Kommunikationsmittels auf die Rechte des

---

2489 *von Westphalen*, in: *Henssler/von Westphalen* (Hrsg.), Praxis der Schuldrechtsreform, § 477 Rn. 2.

2490 Regierungsbegründung zum SchuldRModG, BT-Drucks. 14/6040, S. 246.

2491 Regierungsbegründung zum SchuldRModG, BT-Drucks. 14/6040 S. 246.

2492 Die Vorschrift ist nunmehr mit durch die Schuldrechtsreform bedingten Änderungen in § 309 Nr. 8 Buchstabe bb) BGB enthalten.

2493 BGH NJW 1988, 1726 (1727).

2494 Vgl. BGH NJW 1988, 1726 (1728f.).

2495 Regierungsbegründung zum SchuldRModG, BT-Drucks. 14/6040, S. 246.

2496 Regierungsbegründung zum SchuldRModG, BT-Drucks. 14/6040, S. 246.

2497 *Tonner/Crellwitz/Pfeiffer*, in: *Micklitz/Pfeiffer/Tonner/Willingmann* (Hrsg.) Schuldrechtsreform und Verbraucherschutz, S. 293 (351).

Verbrauchers sowie darauf, dass sie durch die Garantie nicht eingeschränkt werden"[2498], enthalten muss. Hierfür spricht auch, dass sich die Hinweispflicht bei Verwendung Allgemeiner Geschäftsbedingungen bereits aus § 307 Abs. 1 Satz 2 BGB ergibt. Maßgeblich ist entsprechend der bisherigen Rechtsprechung zum Transparenzgebot insoweit das Leitbild des juristisch nicht ausgebildeten Durchschnittskäufers, sodass der Garantiegeber gezwungen ist, in seinen Allgemeinen Geschäftsbedingungen darauf hinzuweisen, dass die gesetzlichen Gewährleistungsansprüche neben den Rechten aus der Garantie bestehen bleiben.[2499] Wenn aber bei Allgemeinen Geschäftsbedingungen auch für die Hinweispflicht unzweifelhaft die Textform gilt, so kann für Garantiebedingungen nichts anderes gelten.

Das Transparenzgebot des Art. 6 Abs. 2 Spiegelstrich 2 VerbrGK-RL ist im deutschen Recht auf zwei Vorschriften verteilt worden. § 477 Abs. 1 Satz 1 BGB erfordert zunächst, dass die Garantieerklärung einfach und verständlich abgefasst wird. Das Erfordernis der Einfachheit bezieht sich auf die Fassung, den Umfang der verwendeten Worte und den Satzbau, das Erfordernis der Verständlichkeit hingegen auf die Sprache und die Formulierung.[2500] Für die Auslegung der Begriffe Einfachheit und Verständlichkeit kann auf die Rechtsprechung zum Transparenzgebot im Rahmen von Allgemeinen Geschäftsbedingungen zurückgegriffen werden. Grundsätzlich ist eine Garantieerklärung danach in der Sprache abzufassen, die für den Verbraucher verständlich ist. Der Gesetzgeber hält dabei durchaus eine Garantieerklärung in einer anderen als der deutschen Sprache für zulässig, auch wenn im Regelfall die deutsche Sprache, die für den Verbraucher verständliche Sprache sein wird.[2501]

Ob die Abfassung in einer Sprache den Anforderungen des § 477 Abs. 1 BGB genügt, soll dabei entscheidend von den zu erwartenden Erkenntnismöglichkeiten des Adressatenkreises und dem Garantieinhalt abhängen.[2502] Bei Teilgarantien für einen PC kann durchaus die englische Sprache ausreichend sein. Umgekehrt wird man aber wohl bei einem Beipackzettel, insbesondere der Pharmaindustrie, neben der Testfassung in deutscher Sprache etwa auch seine Übersetzung in andere, nicht nur EU-Sprachen, für erforderlich halten müssen.[2503] Unterstellt man nämlich im Sinne eines effektiven Verbraucherschutzes § 477 BGB den Zweck, das rechtliche Risiko durch eine Minimierung des sprachlichen Unverständnisses zu verringern, so müssen Garantieerklärungen auch in Türkisch,

---

2498 *Tonner/Crellwitz/Pfeiffer*, in: *Micklitz/Pfeiffer/Tonner/Willingmann* (Hrsg.) Schuldrechtsreform und Verbraucherschutz, S. 293 (352).

2499 *von Westphalen*, in: *Henssler/von Westphalen* (Hrsg.), Praxis der Schuldrechtsreform, § 443 Rn. 13; so unter Geltung des alten Rechts für selbstständige Garantien: BGH, NJW 1988, 1726 (1727); OLG Köln, ZIP 1985, 379 (380).

2500 Palandt-*Putzo*, 61. Aufl., § 477 Rn. 5.

2501 Regierungsbegründung zum SchuldRModG, BT-Drucks. 14/6040 S. 246.

2502 Regierungsbegründung zum SchuldRModG, BT-Drucks. 14/6040 S. 246.

2503 *von Westphalen*, in: *Henssler/von Westphalen* (Hrsg.), Praxis der Schuldrechtsreform, § 477 Rn. 4f.

Serbokroatisch oder Arabisch abgefasst werden, wenn zu erwarten ist, dass der Adressatenkreis der Garantieerklärung im wesentlichen Umfang auch Verbraucher erfasst, die überwiegend nur diesen Sprachen mächtig sind.[2504]

Was die Formulierung der Garantieerklärung anbelangt, so ist dem Erfordernis der Verständlichkeit dadurch Rechnung zu tragen, dass ein verwirrender Satzbau vermieden wird und der richtige Zusammenhang etwa durch klarstellende Verweise, Nummerierungen oder Absätze dargestellt wird.[2505] Maßgeblich ist stets, ob ein durchschnittlicher Verbraucher Voraussetzungen, Inhalt und Reichweite der Garantieerklärung verstehen kann.[2506] Gleichzeitig bedeutet dies, dass Fachausdrücke nur dann verwendet werden dürfen, wenn sie vom Adressatenkreis erwartungsgemäß verstanden werden können.[2507] Dies hängt davon ab, welcher Art das Verbrauchsgut ist und welche Kenntnis des Verbrauchers für dessen Verwendung allgemeine vorauszusetzen ist.

Nach § 477 Abs. 1 Satz 2 Nr. 2 BGB muss für den Verbraucher erkennbar sein, was ihm inhaltlich im Garantiefall für zusätzliche Rechte eingeräumt werden. Diese Bestimmung enthält keine materiellrechtlichen Anforderungen an den Inhalt einer Garantie.[2508] Die inhaltliche Ausgestaltung der Garantie bleibt vielmehr im Ermessen des Garantiegebers. Erforderlich ist vielmehr, dass der Garantiegeber den Inhalt klar beschreibt. Die Vorschrift zählt hierzu alle garantierelevanten Angaben auf: Inhalt, Dauer und räumlicher Geltungsbereich des Garantieschutzes sowie Name und Anschrift des Garantiegebers. Letzteres ist deswegen erforderlich, um dem Verbraucher die tatsächliche Durchsetzung seiner Garantierechte zu ermöglichen.[2509] Dabei gehört zum Inhalt der Garantieerklärung auch die Erklärung, ob es sich um eine Haltbarkeits- oder Beschaffenheitsgarantie handelt und welche Voraussetzungen und Rechtsfolgen der Garantiefall erfordert bzw. nach sich zieht.[2510] Im Einzelfall muss dabei jeweils ermittelt werden, welche Aspekte zur Geltendmachung der Rechte aus der Garantie erforderlich sind.[2511]

b) Dokumentationserfordernis

Nach § 477 Abs. 3 BGB ist dem Verbraucher auf Wunsch die Garantieerklärung in Textform mitzuteilen. Dies bedeutet nicht, dass Garantieerklärungen nunmehr formgebunden sind. Grundsätzlich ist eine Garantieerklärung auch beim Verbrauchsgüterkauf formfrei und damit mündlich und stillschweigend möglich.[2512] Nur wenn der Verbraucher verlangt, die Garantierklärung in Textform

---

2504 *von Westphalen*, in: *Henssler/von Westphalen* (Hrsg.), Praxis der Schuldrechtsreform, § 477 Rn. 5.
2505 Palandt-*Putzo*, 61. Aufl., § 477 Rn. 7.
2506 Anwaltskommentar-*Büdenbender*, § 477 Rn. 5.
2507 Palandt-*Putzo*, 61. Aufl., § 477 Rn. 7.
2508 Anwaltskommentar-*Büdenbender*, § 477 Rn. 7.
2509 Anwaltskommentar-*Büdenbender*, § 477 Rn. 7.
2510 Palandt-*Putzo*, 61. Aufl., § 477 Rn. 10.
2511 Anwaltskommentar-*Büdenbender*, § 477 Rn. 7.
2512 Palandt-*Putzo*, 61. Aufl., § 477 Rn. 13.

zu erhalten, ist eine in lesbaren Schriftzeichen fixierte Erklärung vorzulegen.[2513] Der Regierungsentwurf vom 14. Mai 2001 sah noch alternativ die Schriftform oder einen dauerhaften Datenträger vor.[2514] Durch die Einfügung des Begriffes „Textform" sollte § 477 BGB an § 126 b BGB angepasst werden. Es gelten mithin die in § 126 b BGB enthaltenen Voraussetzungen. Danach muss eine Erklärung, für die durch Gesetz die Textform vorgeschrieben ist, in einer Urkunde oder auf andere zur dauerhaften Wiedergabe in Schriftzeichen geeigneten Weise abgegeben werden, wobei sie die Person des Erklärenden nennt und den Abschluss der Erklärung durch Nachbildung der Namensunterschrift oder anders erkennbar gemacht hat.

Ausreichend ist nicht nur eine Erklärung auf Papier sondern gleichfalls eine auf einem dauerhaften Datenträger enthaltene Erklärung. Dies entspricht der Fassung des Regierungsentwurfs, der seinerseits den Wortlaut der VerbrGK-RL übernommen hatte. Dauerhaft ist ein Datenträger nur dann, wenn dessen Inhalt nicht mehr verändert werden kann, nachdem er dem Verbraucher zur Verfügung gestellt wurde.[2515] E-Mails entsprechen den Anforderungen der Textform, wenn Sie bei einem Online-Provider angekommen sind, auf den der Empfänger zugreifen kann.[2516] Nicht ausreichend ist hingegen, wenn die Garantieerklärung lediglich als Download auf der Homepage des Garantiegebers verfügbar ist.[2517] Eine Unterschrift des Garantiegebers ist hingegen zur Einhaltung der Textform nicht erforderlich. Zu berücksichtigen bleibt noch, dass der Anspruch des Verbrauchers sich ausschließlich gegen den Garantiegeber richtet und damit nicht zwangsläufig gegen seinen Verkäufer.[2518]

c) Sprachenregelung

Für eine Umsetzung von Art. 6 Abs. 4 VerbrGK-RL, wonach es den Mitgliedstaaten vorbehalten ist, eine Vorschrift vorzusehen, die vorschreibt, dass eine Garantie in einer oder mehreren Amtssprachen der Gemeinschaft abzufassen ist, sah der deutsche Gesetzgeber keinen Bedarf.[2519] In der amtlichen Begründung wird vielmehr auf § 477 Abs. 1 Satz 1 BGB hingewiesen, zu dessen Regelungsinhalt es auch gehört, dass eine Garantieerklärung in einer für den Verbraucher verständlichen Sprache abgefasst sein muss.[2520]

2513 Anwaltskommentar-*Büdenbender*, § 477 Rn. 8.

2514 Regierungsbegründung zum SchuldRModG, BT-Drucks. 14/6040, S. 146.

2515 *Tonner/Crellwitz/Pfeiffer*, in: *Micklitz/Pfeiffer/Tonner/Willingmann* (Hrsg.) Schuldrechtsreform und Verbraucherschutz, S. 293 (349).

2516 Anwaltskommentar-*Büdenbender*, § 477 Rn. 8.

2517 Anwaltskommentar-*Büdenbender*, § 477 Rn. 8.

2518 Palandt-*Putzo*, 61. Aufl., § 477 Rn. 13.

2519 Anwaltskommentar-*Büdenbender*, § 477 Rn. 4.

2520 Regierungsbegründung zum SchuldRModG, BT-Drucks. 14/6040 S. 246.

3. Rechtsfolgen bei Nichteinhaltung der Formalanforderungen

Welche Rechtsfolge Verstöße gegen die Vorgaben der Absätze 1 und 2 des § 477 BGB nach sich ziehen regelt § 477 Abs. 3 BGB. Danach wird die Wirksamkeit einer Garantieerklärung entsprechend Art. 6 Abs. 5 VerbrGK-RL nicht dadurch berührt, dass die Anforderungen der Abs. 1 und 2 des § 477 BGB nicht erfüllt werden. Hieraus folgt zunächst, dass es sich bei § 477 Abs. 1 und 2 BGB nicht etwa um Voraussetzungen einer Garantieerklärung handelt, sondern dass sie weiter gehende Rechte des Verbrauchers auslösen. Gleichzeitig soll dem rechtlichen Risiko entgegengewirkt werden, das bei Anwendung des § 139 BGB bestünde. § 139 BGB bestimmt, dass für den Fall, dass ein Teil eines Rechtsgeschäfts nichtig ist, das gesamte Rechtsgeschäft nichtig ist, wenn nicht anzunehmen ist, dass das Rechtsgeschäft auch ohne den nichtigen Teil vorgenommen werden würde. Bei Anwendbarkeit des § 139 BGB gingen dem Verbraucher bei einer selbstständigen Garantie alle Rechte aus der Garantieerklärung verloren, obwohl § 477 Abs. 1 und 2 BGB ausschließlich dem Schutz des Verbrauchers dient und daher nicht zu seinen Lasten wirken darf.

Eine Sanktion, die den Garantiegeber veranlasst, die Vorschriften der Abs. 1 und 2 des § 477 BGB einzuhalten, gibt es ebenso wie bei Art. 6 VerbrGK-RL nicht. Denkbar ist zwar insoweit ein Schadensersatzanspruch aus § 280 Abs. 1 oder § 311 Abs. 2 BGB wegen Verletzung einer Schutzpflicht i.S.d. § 241 Absatz 2 BGB. Dies wird aber regelmäßig am Fehlen eines Schadens beim Verbraucher scheitern.[2521] Verstöße können aber dazu führen, dass das Verhalten des Garantiegebers als „unlauter" im Sinne des Wettbewerbsrechts angesehen wird.[2522] Dies entspricht der Auffassung des Gesetzgebers.[2523] In Betracht kommt zum einen, dass unklare und missverständliche Garantiebedingungen zum Zwecke der irreführenden Werbung eingesetzt werden, sodass sie unter die Vorschrift des § 3 UWG fallen. Zum anderen können sie unter dem Gesichtspunkt des Rechtsbruchs einen Verstoß gegen die Generalklausel nach § 1 UWG bedeuten. Dabei muss aber berücksichtigt werden, dass sich der Verstoß auf den Wettbewerb auswirken muss. Im Ergebnis verbleibt daher als Sanktion regelmäßig nur ein Unterlassungsanspruch aus § 2 Unterlassungsklagegesetz für Verbraucherverbände.

Im Hinblick auf die Sanktionslosigkeit der Nichterfüllung der Hinweispflicht aus § 477 Abs. 2 BGB ist die Vorschrift des § 477 BGB in der rechtspolitischer Literatur stark angegriffen worden. Während einige in der Literatur es noch für ausreichend halten, wenn Rechtswissenschaft, Praxis und Rechtsprechung die Vorschrift „effektivieren"[2524], so ist von anderen gefordert worden, für den Fall

---

2521 *Tonner/Crellwitz/Pfeiffer*, in: *Micklitz/Pfeiffer/Tonner/Willingmann* (Hrsg.) Schuldrechtsreform und Verbraucherschutz, S. 293 (349).

2522 *Schmidt-Räntsch*, ZIP 1998, 849 (853); *Grundmann*, Europäisches Schuldvertragsrecht, Rn. 36; *Rieger*, VuR 1999 Heft 9; *Micklitz*, EuZW 1999, 485 (489); *Hänlein*, DB 1999, 1641 (1645).

2523 Regierungsbegründung zum SchuldRModG, BT-Drucks. 14/6040, S. 247.

2524 *Ernst/Gsell*, ZIP 2000, 1410 (1414)

unterlassener oder unzureichender Hinweispflichten bei einer Garantie eines Dritten, den Garantiegeber entsprechend der Entscheidung des BGH[2525] zu § 11 Nr. 10 b) AGBG a.F. wie einen Verkäufer haften zu lassen.[2526] Letztlich erhält der Verbraucher gegenüber sonstigen Käufern keine inhaltliche Verbesserung sondern nur eine formelle Begünstigung.[2527] § 477 BGB ist aber für die Auslegung einer Garantieerklärung nach §§ 133, 157 BGB relevant. Unklarheiten als Folge der Nichtbeachtung der Anforderungen an eine Garantierklärung gehen insoweit zulasten des Garantiegebers.[2528]

III. Umsetzung in Italien

Art. 6 VerbrGK-RL wurde vom italienischen Gesetzgeber mit der Vorschrift des Art. 1519-*septies Cc* umgesetzt.[2529] Nach Abs. 1 dieser Vorschrift bindet eine Garantie denjenigen, der sie anbietet, nach Maßgabe der in der Garantieerklärung selbst und der in der einschlägigen Werbung angegebenen Modalitäten. Art. 1519-*septies* Abs. 2 bis 4 *Cc* enthält indessen entsprechend Art. 6 Abs. 2 VerbrGK-RL formale Anforderungen an die Abgabe einer Garantieerklärung und Art. 1519-*septies* Abs. 5 *Cc* bestimmt in Umsetzung von Art. 6 Abs. 5 VerbrGK-RL, dass ein Verstoß hiergegen die Wirksamkeit der Garantie nicht berührt.

Wie die Übernahme einer Garantie erfolgt, lässt der *Codice civile* offen. Der Wortlaut des Art. 1519-*septies* Abs. 1 *Cc* lässt zunächst vermuten, dass die Bindungswirkung einer Garantie durch ihr Angebot ausgelöst wird, da es in Art. 1519-*septies* Abs. 1 *Cc* heißt: Die Garantie bindet denjenigen, der sie anbietet (*chi la offre*). Die Bindungswirkung erstreckt sich nach dem weiteren Wortlaut der Vorschrift auf die Modalitäten, die in der Garantieerklärung formuliert wurden. Der damit verbundene und die gesetzliche Gewährleistung ergänzende Schutz des Käufers ist dem italienischen Recht nicht neu.[2530] Die Verbindlichkeit vertraglicher Absprachen ergibt sich vielmehr bereits aus den allgemeinen Vorschriften des *Codice civile.*

So hat ein Vertrag gemäß Art. 1372 Abs. 1 *Cc* immer „Rechtskraft“ (*forza di legge*) zwischen den Parteien. Ein Vertrag ist nach Art. 1321 *Cc* eine Einigung zwischen zwei oder mehreren Personen, wodurch eine vermögensrechtliche Beziehung begründet, geregelt oder aufgehoben wird. Damit handelt es sich auch bei einer Garantie um einen Vertrag i.S.d. *Codice civile*, sodass sich ihre Bindungswirkung bereits aus Art. 1372 Abs. 1 *Cc* ergibt. Art. 1519-*septies* Abs. 1 *Cc* dient hinsichtlich des Inhalts der Garantieerklärung selbst nur der Klarstellung.

2525 BGH NJW 1988, 1726 (1727).

2526 *Tonner/Crellwitz/Pfeiffer*, in: *Micklitz/Pfeiffer/Tonner/Willingmann* (Hrsg.) Schuldrechtsreform und Verbraucherschutz, S. 293 (351).

2527 Anwaltskommentar-*Büdenbender*, § 477 Rn. 2.

2528 Anwaltskommentar-*Büdenbender*, § 477 Rn. 10.

2529 Zu berücksichtigen ist, dass die Vorschrift des Art. 1519-*septies Cc* nach Art. 2 Abs. 2 der Gesetzesverordnung trotz ihres In-Kraft-Treten bis zum 30. Juni 2002 nicht auf Waren anzuwenden war, die vor In-Kraft-Treten der Neuregelung in den Markt eingeführt wurden.

2530 *Hazan*, I contr. 2002/4, 394 (405).

Die Rechtsnatur und -grundlage eines Garantievertrages ist seit jeher umstritten.[2531] Teilweise wird sie in der italienischen Literatur als „Versprechen an die Öffentlichkeit“ (*promessa al pubblico*) gemäß Art. 1989 *Cc* behandelt, nach überwiegender Ansicht ist eine Garantieerklärung hingegen ein „Angebot an die Öffentlichkeit“ (*offerta al pubblico*) gemäß Art. 1336 *Cc*, das auf den Abschluss eines einseitig verpflichtenden (Garantie-)Vertrages i.S.v. Art. 1333 *Cc* gerichtet ist, sodass die Bindungswirkung erst dann eintritt, wenn es zum Abschluss eines Garantievertrages gekommen ist. Der Vertrag kommt nach überwiegender Ansicht durch bloßes Schweigen des Garantieempfängers gemäß Art. 1326 *Cc*, unter Umständen vorbehaltlich einer schriftlichen Annahmebestätigung etwa auf einer Garantiekarte, zustande.[2532]

Während es in der VerbrGK-RL heißt, die Garantie müsse „die Person, die sie anbietet“ (*la persona che la offre*) binden, bestimmt Art. 1519-*septies* Abs. 1 *Cc*, dass die Garantie „denjenigen, der sie anbietet“ (*chi la offre*) bindet. Ebenso wie nach der VerbrGK-RL können Garantiegeber einer Garantie i.S.d. Art. 1519-*septies Cc* der Verkäufer und der Hersteller sein. Dies ergibt sich aus Art. 1519-*bis* Abs. 2 e) *Cc* der entsprechend Art. 1 Abs. 2 e) VerbrGK-RL bestimmt, dass eine Garantie jede von einem Verkäufer oder Hersteller gegenüber den sonstigen Gewährleistungspflichten zusätzlich eingegangene Verpflichtung ist. Verkäufer kann dabei nur der Letztverkäufer sein, wie sich aus der Definition in Art. 1519-*bis* Abs. 2 c) *Cc* ergibt, der wortgleich mit der Definition in Art. 1 Abs. 2 c) VerbrGK-RL bestimmt, dass ein Verkäufer i.S.d. der Sondervorschriften über den Verbrauchsgüterkauf derjenige ist, der unmittelbar am Verbrauchsgüterkaufvertrag beteiligt ist.

Hersteller hingegen können neben dem Hersteller i.e.S. gemäß Art. 1519-bis Abs. 2 d) *Cc* auch alle Übrigen an der Vertragskette Beteiligten sein. Es wäre kaum zu rechtfertigen, warum Garantien anderer Personen als der des Letztverkäufers und des Herstellers i.e.S. nicht den gemäß Art. 1519-*octies* Abs. 1 *Cc* zwingenden Bestimmungen des Art. 1519-*septies* Abs. 2 bis 5 *Cc* unterworfen sein sollten.[2533] Der Personenkreis der Garantiegeber ist nicht etwa, wie der Wortlaut des Art. 1519-*bis* Abs. 2 e) *Cc* zunächst vermuten lässt, auf den Letztverkäufer und Hersteller i.e.S. beschränkt. Es ist daher durchaus denkbar, dass neben dem Verkäufer und dem Hersteller weitere Garantieerklärungen abgegeben werden. Der Inhalt des Anspruchs gegen einen Garantiegeber richtet sich dann nach der jeweiligen konkreten Garantieerklärung aus der der Verbraucher Rechte geltend macht.

Nach Art. 1519-*septies* Abs. 1 *Cc* haftet der Garantiegeber in Übereinstimmung mit Art. 6 Abs. 1 VerbrGK-RL nicht nur für den Inhalt seiner Garantieerklärung, sondern auch für die Angaben in der einschlägigen Werbung. Art. 1519-*septies Cc* normiert damit eine vertragliche Haftung des Garantiegebers

---

2531 *Calvo*, Contr. e Impr./Europa 2000, 463 (474).

2532 *Zaccaria/De Cristofaro*, La vendita dei beni di consumo, S. 29.

2533 *Zaccaria/De Cristofaro*, La vendita dei beni di consumo, S. 28f.

für den Inhalt der einschlägigen Werbung und zwar auch dann, wenn er bei Abgabe seiner Garantieerklärung deren Inhalt weder wiederholt noch sich sonst auf irgendeine Art und Weise darauf bezogen hat.[2534] Dies ist dem italienischen Recht neu. Bisher wurde in diesen Fällen allenfalls eine außervertragliche oder vorvertragliche Haftung des Garantiegebers ausgelöst.[2535] Art. 1519-*septies* Abs. 1 *Cc* bestimmt anders als Die VerbrGK-RL, dass der Garantiegeber nur alternativ für den Inhalt seiner Garantieerklärung und für Werbeangaben haftet. Dies ergibt sich aus der hier verwendeten Formulierung „oder". Eine inhaltliche Abweichung zu den Vorgaben der VerbrGK-RL dürfte damit nicht verbunden sein, da weder die Formulierung der VerbrGK-RL noch Art. 1519-*septies* Abs. 1 *Cc* etwas darüber aussagt, wie zu verfahren ist, wenn sich Garantieerklärung und Werbeangaben widersprechen.[2536]

Ein Blick auf die mit Art. 3 Abs. 2 Satz 2 der Pauschalreiserichtlinie[2537] wortgleiche Vorschrift des Art. 9 Abs. 2 des Dekrets zur Umsetzung der Pauschalreiserichtlinie[2538], die dem EU-Gesetzgeber insoweit als Vorbild für Art. 6 Abs. 1 VerbrGK-RL gedient haben dürfte, kann helfen. Danach ist der Veranstalter bzw. Vermittler einer Pauschalreise zwar an die in einem Prospekt enthaltenen Angaben gebunden. Die Bindungswirkung der Prospektangaben greift aber nur dann ein, wenn Änderungen dem Verbraucher nicht vor Vertragsschluss mitgeteilt worden sind, sich kein Hinweis im Prospekt darauf findet oder wenn eine Änderung nach Vertragsschluss zwischen den Parteien vereinbart wurde. Diese Einschränkung ist Ausdruck des Grundsatzes der Parteiautonomie, der auch Art. 6 Abs. 1 VerbrGK-RL zugrunde liegt. Macht man diese Überlegungen im Rahmen der Auslegung von Art. 1519-*septies* Abs. 1 *Cc* fruchtbar, so ist den Angaben in der Werbung der Vorrang einzuräumen, sofern der Garantiegeber in seiner Garantieerklärung nicht auf Abweichungen hingewiesen hat oder Änderungen zwischen den Parteien vereinbart wurden.[2539]

Hinter der Bindungswirkung von Werbeangaben steht der Gedanke, dass dem Verbraucher bei Vertragsschluss regelmäßig nur die in der Werbung gemachten Angaben bekannt sind, was aus Vertrauensschutzgesichtspunkten zwar zu einer Erweiterung der Haftung des Garantiegebers zwingt, nicht aber zu einem umfassenden Ausschluss der Parteiautonomie.[2540] Nicht überzeugen kann daher die Auffassung, wonach die für den Verbraucher günstigere Variante den Vorrang genießen soll.[2541] Werbeangaben treten nur dann hinter einer Garantieerklärung

---

2534 *Rumi*, Dir. e for. 2002/2, 213 (218); *De Cristofaro*, Stud. Iur. 2002, 1174 (1183).

2535 *De Cristofaro*, Stud. Iur. 2002, 1174 (1183).

2536 *Zaccaria/De Cristofaro*, La vendita dei beni di consumo, S. 129.

2537 Richtlinie 90/314/EWG des Rates vom 13.06.1990 über Pauschalreisen (ABl. EG Nr. L 158 vom 23.06.1990, S. 59f.).

2538 Decreto Legislativo vom 17.03.1995, Nr. 111 (Attuazione della direttiva n. 90/314/cee concernente i viaggi, le vacanze ed i circuiti "tutto compreso"), Gazzetta Ufficiale vom 14.04.1995, Nr. 88.

2539 *Zaccaria/De Cristofaro*, La vendita dei beni di consumo, S. 130.

2540 *Fadda*, Contr. e Impr./Europa 2000, 410 (431).

2541 So aber *Toriello*, Contr. e Impr./Europa 1997, 815 (821).

zurück, wenn der Garantiegeber auf sie hingewiesen hat bzw. wenn sie vereinbart wurden. Fraglich ist, ob der Hinweis auf die Änderungen gegenüber den Angaben in der Werbung im Rahmen eines Verbrauchsgüterkaufes entsprechend Art. 3 Abs. 2 Satz 2 der Pauschalreiserichtlinie bzw. Art. 9 Abs. 2 des Dekrets zur Umsetzung der Pauschalreiserichtlinie der Schriftform bedarf.

Anders als im Rahmen von Pauschalreiseverträgen ist nach Art. 1519-*septies* Abs. 3 *Cc* in Umsetzung von Art. 6 Abs. 3 VerbrGK-RL die Garantie nur auf Wunsch des Verbrauchers schriftlich oder auf einem dauerhaften Datenträger zur Verfügung zu stellen. Das Schriftformerfordernis ist daher nicht zwingend zum Schutz des Verbrauchers erforderlich, sodass gegenüber Werbeangaben abweichende Angaben in der Garantieerklärung auch dann der Vorrang einzuräumen ist, wenn der hierzu notwendige Hinweis nur mündlich erfolgt ist.[2542] Da gemäß Art. 2697 *Cc* Einwendungen immer vom Anspruchsgegner zu beweisen sind, muss die Kenntnis des Verbrauchers von einer Änderung vom Garantiegeber geltend gemacht werden.

1. Garantiebegriff

Anders als Die VerbrGK-RL spricht der italienische Gesetzestext von einer „konventionellen Garantie" (*garanzia conventionale*). Diese Spezifikation des Garantiebegriffs war deswegen erforderlich, weil das italienische Recht den Begriff „Garantie" (*garanzia*) für Garantieerklärungen und Gewährleistung synonym verwendet.[2543] Durch die Bezeichnung „konventionelle Garantie" soll klargestellt werden, dass nicht etwa die „gesetzliche Garantie" (*garanzia legale*) i.S.v. Gewährleistung gemeint ist, sondern die in der italienischen Rechtssprache als „kommerzielle Garantie" (*garanzia commerciale*) bezeichneten Garantien, die neben die gesetzliche Gewährleistung treten.[2544] Warum sich der italienische Gesetzgeber für die Formulierung „konventionelle" statt „kommerzielle" Garantie entschieden hat, ist nicht ohne weiteres nachzuvollziehen. Eine mögliche Erklärung könnte vielleicht die Fassung des geänderten Richtlinienvorschlages vom 1. April 1998[2545] geben.

Während hier noch die Rede von „kommerziellen Garantien" war, hat der Richtliniengesetzgeber in der endgültigen Fassung der VerbrGK-RL auf jedweden Zusatz verzichtet, da der Rat der Auffassung war, dass das Adjektiv in einigen Mitgliedstaaten zu Verwirrung geführt hätte.[2546] Es ist daher anzunehmen, dass auch der italienische Gesetzgeber sich zur Vermeidung einer Fehlinterpretation des Garantiebegriffs für das Adjektiv „konventionell" entschieden hat. Letztlich soll

---

2542 *Zaccaria/De Cristofaro*, La vendita dei beni di consumo, S. 131.

2543 *Eccher/Schurr*, ZEuP 2003, 65 (73).

2544 *Zaccaria/De Cristofaro*, La vendita dei beni di consumo, S. 28.

2545 Geänderter Vorschlag für eine Richtlinie des Europäischen Parlaments und des Rates über den Verbrauchsgüterkauf und –garantien [KOM(1998) Nr. 217endg.] (ABl. EG Nr. C 148 vom 14.05.1998, S. 12f.).

2546 Gemeinsamer Standpunkt (EU) Nr. 51/98 vom Rat festgelegt am 24.09.1998 (ABl. EG Nr. C 333 vom 30.10.1998, S. 46f.).

nur klargestellt werden, dass es sich im Rahmen des Art. 1519-*septies Cc* um eine „freiwillige“[2547] bzw. „vertragliche“[2548] Gewährleistungsübernahme handelt.

Welche Erklärungen im einzelnen Gegenstand einer Garantie i.S.d. Art. 1519-*septies* Abs. 1 *Cc* sein können, hat der italienische Gesetzgeber nicht bestimmt. Art. 1519-*bis* Abs. 2 e) *Cc* bestimmt nur, dass eine Garantie jede von einem Verkäufer oder Hersteller gegenüber dem Verbraucher ohne Aufpreis eingegangene Verpflichtung, den Kaufpreis zu erstatten, das Verbrauchsgut zu ersetzen oder nachzubessern oder in sonstiger Weise Abhilfe zu schaffen. Die Garantie ist verletzt, wenn das Verbrauchsgut nicht den in der Garantieerklärung oder in der einschlägigen Werbung genannten Konditionen (*condizioni enunciate*) entspricht. Dies könnte zunächst dafür sprechen, dass durch die Garantieerklärung die Bedingungen für die Durchsetzung der gesetzlich gewährten Rechtsbehelfe zugunsten des Verbrauchers nur modifiziert werden können, indem der Verkäufer oder Hersteller mit der Garantieerklärung für eine bestimmte Nutzungsdauer eine verschuldensunabhängige Haftung übernimmt, die Verjährungsfristen oder Beweislastumkehr erweitert oder dem Verbraucher eine unverhältnismäßige Abhilfealternative gewährt.

Hierfür würde auch die Formulierung in Art. 1519-*septies* Abs. 1 *Cc* sprechen, wonach eine Garantie den Garantiegeber an die in der Garantieerklärung genannten Modalitäten (*modalità indicate*) bindet. Der Begriff „*modalità*“ erfasst nach allgemeinem italienischem Sprachgebrauch alle charakteristischen Umstände bei der Ausführung einer Handlung oder der Durchführung eines (Rechts-)Verhältnisses. Solche unmittelbar der Sache anhaftenden Merkmale, wie die Qualität und Leistung einer Sache, sind bereits regelmäßig Gegenstand der Vereinbarung, sodass eine Garantieübernahme für das Vorliegen einer bestimmten Qualität und Leistung keine Besserstellung des Verbrauchers gegenüber der gesetzlich angeordneten Rechtfolge beinhaltet.

Bei einer Garantie i.S.d. der Umsetzungsvorschriften muss es sich gemäß Art. 1519-*bis* Abs. 2 e) *Cc* um eine „zusätzliche“, d.h. eine die Rechte des Verbrauchers aus Art. 1519-*ter* Abs. 2 *Cc* erweiternde, Garantie handeln.[2549] Die Haftung für jedwede Vertragswidrigkeit i.S.d. Mangelhaftigkeit der Sache aber ergibt sich bereits aus Art. 1519-*quarter* Abs. 1 *Cc*, sodass vom Wortlaut her nur eine Vereinfachung der Rechtdurchsetzung vom Garantiebegriff erfasst zu sein scheint. Zu berücksichtigen ist, dass nur der Letztverkäufer dem Verbraucher gegenüber haftet, da der *Codice civile* keinen Direktanspruch des Verbrauchers gegen den Hersteller vorsieht. Eine Garantieübernahme des Herstellers, wonach dieser die Haftung für das Vorliegen einer bestimmten Qualität und Leistung übernimmt, ist daher durchaus geeignet, die Rechte des Verbrauchers zu erweitern,

---

[2547] Bei *Ferrante*, VuR 2003, 165 (170) findet sich daher die Übersetzung „freiwillige Garantie“ für die Formulierung „*garanzia convenzionale*“.

[2548] Bei *Schermeier* (Hrsg.), Verbraucherkauf in Europa, S. 445 (462) findet sich die Übersetzung „vertragliche Garantie“ für die Formulierung „*garanzia convenzionale*“.

[2549] *Zaccaria/De Cristofaro*, La vendita dei beni di consumo, S. 28.

da ihm dann zwei Gläubiger zur Verfügung stehen. Dies spricht wiederum dafür, dass auch solche der Sache unmittelbar anhaftende Eigenschaften garantiefähig sein müssen.

Nicht zuletzt spricht auch der in Art. 1519-*bis* Abs. 2 e) *Cc* verwendete Begriff „*condizioni*" statt „*modalità*" für eine weite Auslegung. Der Begriff „*condizioni*" lässt sich in die deutsche Sprache mit den Begriffen „Kondition" i.S.v. Bedingung oder Voraussetzung übersetzen. Zur Voraussetzung der Verkäuferhaftung können aber sowohl tatsächliche, also solche der Sache unmittelbar anhaftende, Eigenschaften i.S.d. Art. 1519-*ter Cc* gemacht werden als auch Sonstige vom Verhalten des Verbrauchers abhängige Voraussetzungen, wie etwa die Geltendmachung der Rechte innerhalb einer bestimmten Frist und ihrer Modalitäten oder der Nachweis der Vertragswidrigkeit. Dies spricht dafür, dass durch eine Garantieerklärung nicht nur die Durchsetzung der Rechte erleichtert und der Umfang der Rechte vergrößert sondern auch die Qualität und Leistung gesteigert werden können.

Die Begriffe *condizioni* und *modalità* wurden aus der VerbrGK-RL übernommen. Die VerbrGK-RL spricht hier zwar von Modalitäten, die in der Garantieerklärung „festgelegt" wurden (*modalità stabilite nelle dichiarazione di garanzia*), Art. 1519-*septies* Abs. 1 *Cc* hingegen von Modalitäten, die in der Garantieerklärung „angegeben" wurden (*modalità indicate nelle dichiarazione di garanzia*). Inhaltliche Abweichungen von den Richtlinienvorgaben dürften damit nicht bezweckt sein. Die vom italienischen Gesetzgeber gewählte Formulierung dürfte gegenüber der Formulierung des EU-Gesetzgebers vielmehr die sprachtypischere Formulierung sein. In der deutschen Textfassung der VerbrGK-RL wird als Synonym für den Begriff „*condizioni*" der Begriff „Eigenschaften" in Art. 1 Abs. 2 e) VerbrGK-RL verwendet und in der englischen Textfassung der VerbrGK-RL der Begriff „*specifications*" (Spezifizierung). Die deutsche und englische Textfassung sprechen ebenfalls dafür, dass bei richtlinienkonformer Auslegung der italienischen Umsetzungsvorschriften auch solche unmittelbar der Sache anhaftenden Eigenschaften garantiefähig sind.[2550]

Freilich ist zu berücksichtigen, dass eine bloße Garantie über die Qualität und Leistung der Sache im Zeitpunkt der Lieferung keine Erweiterung der Rechtstellung des Verbrauchers zur Folge hat, wenn nicht gleichzeitig auch der Umfang und die Durchsetzung der Rechtsbehelfe erweitert werden. Aus einem Umkehrschluss zum zwingenden Charakter der Gewährleistungsrechte des Verbrauchers bei Vertragswidrigkeit nach Art. 1519-*ter Cc* folgt, dass eine Verkäufergarantie den Verbraucher sowohl dann begünstigen kann, wenn sie auf das Stufenverhältnis der Gewährleistungsrechte nach Art. 1519-*quarter* Abs. 2 *Cc* zugunsten des Verbrauchers verzichtet, die Beweisführung erleichtert oder die Verjährungsfrist verlängert, als auch dann, wenn sie die Vertragswidrigkeit über

[2550] In der französischen Textfassung der VerbrGK-RL findet sich der Begriff „*conditions*" (Bedingungen), der ebenso wie der italienische Begriff „*condizioni*" auch einer eingeschränkten Auslegung zugänglich ist.

den Zeitpunkt der Lieferung hinaus erweitert. Letzteres ist insbesondere dann denkbar, wenn sie sich auf die Haltbarkeit oder Funktionsfähigkeit des vom Verbraucher erworbenen Verbrauchsgutes bezieht. Unzweifelhaft fällt daher auch die „Garantie für die Funktionsfähigkeit" (*garanzia di buon funzionamento*) gemäß Art. 1512 *Cc* unter den Garantiebegriff des Art. 1519-*bis* Abs. 2 e) *Cc*.[2551]

Fraglich ist, ob eine Garantieerklärungen des Herstellers das Mindestschutzniveau des Verbrauchers gegenüber dem Verkäufer unterschreiten darf, indem dem Verbraucher zum Beispiel ein Ersatzlieferungsanspruch gegenüber dem Hersteller eingeräumt wird, nicht aber der Anspruch auf Nachbesserung, sodass ihm anders als gegenüber dem Letztverkäufer kein Wahlrecht zwischen den Abhilfealternativen zusteht. Solche Garantieerklärungen sind zwar regelmäßig gegenüber der Gesetzeslage günstiger, da sie die Anzahl der gegenüber dem Verbraucher Haftenden erweitert. Sie könnten jedoch letztlich den Verbraucher über seine Rechte in die Irre führen, da sie, um als effektives Marketinginstrument wirken zu können, oftmals so gestaltet werden, als seien sie hinsichtlich der darin aufgeführten Rechte abschließend.[2552] Mangels gesetzlicher Bestimmung bleibt die italienische Rechtsprechung abzuwarten.

2. Formelle Anforderungen

Art. 1519-*septies* Abs. 2 *Cc* enthält in Umsetzung zu Art. 6 Abs. 2 VerbrGK-RL eine Aufzählung der formellen Anforderungen, die an eine Garantieerklärung bei Verbrauchsgüterkaufverträgen zu stellen sind. Entsprechend Art. 6 Abs. 3 VerbrGK-RL findet sich in Art. 1519-*septies* Abs. 3 *Cc* eine Dokumentationspflicht des Verkäufers auf Wunsch des Verbrauchers. Art. 1519-*septies* Abs. 4 *Cc* enthält eine den nationalen Gesetzgebern nach Art. 6 Abs. 4 VerbrGK-RL optional überlassene Sprachenregelung.

a) Transparenzgebot

Die Vorschrift stellt zunächst über den Wortlaut der VerbrGK-RL hinaus klar, dass die nachfolgend genannten Mindestanforderungen von demjenigen eingehalten werden müssen, der sie anbietet (*a cura di chi la offre*). Nach Art. 1519-*septies* Abs. 2 a) *Cc* ist in der Garantie anzugeben, dass dem Verbraucher die in den zur Umsetzung der VerbrGK-RL in den *Cc* neu eingefügten Vorschriften über den Verbrauchsgüterkauf genannten Rechte zustehen und dass die Garantie selbst diese Rechte unberührt lässt. Damit hat der italienische Gesetzgeber den Vorgaben von Art. 6 Abs. 2 Spiegelstrich 1 VerbrGK-RL ausreichend Rechnung getragen, der eine von den Mitgliedstaaten in ihren nationalen Rechtsvorschriften vorzusehende Hinweispflicht des Garantiegebers auf die gesetzlichen Rechte des Verbrauchers und darauf, dass diese Rechte von der Garantie nicht berührt werden, enthält.

So wird dem Umstand, dass der Verbraucher regelmäßig von der Garantie und auch von den Angaben in der Werbung nicht aber immer auch von seinen

---

2551 *Zaccaria/De Cristofaro*, La vendita dei beni di consumo, S. 129.

2552 So für die VerbrGK-RL: *Malinvaud*, in: *Bianca/Grundmann*, EU-Kaufrechts-Richtlinie, Art. 6 Rn. 36.

gesetzlichen Gewährleistungsrechten Kenntnis hat, ausreichend Rechnung getragen.[2553] Gleichzeitig wird der Verbraucher dadurch vom zwingenden Charakter der Vorschriften der Art. 1519-*bis* ff. *Cc* in Kenntnis gesetzt und ermutigt, seine Gewährleistungsrechte unter Umständen auch nur präventiv neben der Garantie geltend zu machen, damit ihm diese nicht durch Zeitablauf, wie etwa im Falle einer unterlassenen Mängelanzeige nach Art. 1519-*sexies* Abs. 2 *Cc*, verloren gehen.[2554]

Gemäß Art. 1519-*septies* Abs. 2 b) *Cc* muss der Garantiegeber in einfacher und verständlicher Weise auf den Inhalt der Garantie und die wesentlichen Voraussetzungen hinweisen, die für die Inanspruchnahme der Garantie notwendig sind. Welche Angaben als „wesentlich" im Sinne der Vorschrift gelten, wird nachfolgend aufgezählt: die Dauer, der räumliche Geltungsbereich des Garantieschutzes sowie der Name oder die Firma und der Wohnsitz oder der Firmensitz des Garantiegebers in der Garantie. Damit trägt die Vorschrift dem Hinweis in Erwägungsgrund 13 VerbrGK-RL Rechnung, wonach Herstellern von Verbrauchsgütern, die in mehreren Mitgliedstaaten verkauft werden, empfohlen werden sollte, eine Liste mit mindestens einer Ansprechadresse in jedem Mitgliedstaat, in der die Ware vertrieben wird, beizufügen.[2555]

Die Konkretisierung der nach b) der Vorschrift erforderlichen Angaben erfolgt nicht durch die einleitende Formulierung „insbesondere", der die Aufzählung der einzelnen Angaben folgt, wie es Die VerbrGK-RL vorsieht, sondern durch die nachfolgenden Angaben in Bezug nehmende Formulierung „umfassend" (*compresi*). Im Unterschied zur VerbrGK-RL sind die nachfolgend konkretisierten Angaben zwingend. Die zwingende Ausgestaltung des Transparenzgebotes ist wegen Art. 8 VerbrGK-RL grundsätzlich zulässig, da der Verbraucher durch die zwingende Normierung einzelner Angaben besser gestellt wird, als wenn letztlich nur die zur Inanspruchnahme der Garantie notwendigen Angaben in der Garantieerklärung enthalten sind. Nicht immer ist es hierzu erforderlich, dass die Garantieerklärung die Angabe der Garantiedauer, des Geltungsbereichs des Garantieschutzes, den Namen und die Anschrift enthält. In Anlehnung an die Auslegung zur Vorschrift des Art. 1496-*quarter* Abs. 1 *Cc*, der das Transparenzgebot im Rahmen der Verwendung Allgemeiner Geschäftsbedingungen normiert, müssen die Angaben nach Auffassung der italienischen Literatur nicht in der *üblichen* oder *gewöhnlichen* Art und Weise klar und verständlich sein, sondern nur unter Berücksichtigung der Umstände des Einzelfalls.[2556]

2553 *Fadda*, Contr. e Impr./Europa 2000, 410 (432).

2554 *Calvo*, Contr. e Impr./Europa 2000, 463 (474); *Zaccaria/De Cristofaro*, La vendita dei beni di consumo, S. 132.

2555 *Eccher/Schurr*, ZEuP 2003, 65 (83).

2556 *Zaccaria/De Cristofaro*, La vendita dei beni di consumo, S. 132; zu Art. *1469-quarter Cc* vgl. *Cian/Trabucchi*, Commentario breve, Art. 1469-*quarter* I.

b) Dokumentationserfordernis

Nach Art. 1519-*septies* Abs. 3 *Cc* muss die Garantie auf Wunsch des Verbrauchers schriftlich oder auf einem dauerhaften Datenträger zur Verfügung gestellt werden und diesem zugänglich gemacht werden. Der italienische Gesetzgeber verzichtet hier auf die insoweit in der italienischen Sprachfassung der VerbrGK-RL überflüssigerweise doppelte Nennung des Erfordernisses der Verfügbarkeit der Garantie für den Verbraucher.[2557]

c) Sprachenregelung

Gemäß Art. 1519-*septies* Abs. 4 *Cc* ist eine Garantie zwingend in italienischer Sprache abzufassen, wobei die Kennzeichnung der italienischen Sprachfassung der Garantie nicht weniger auffällig als die etwaige Fassung in anderen Sprachen sein darf. Der Schrifttyp der italienischen Sprachfassung muss in gleicher Weise lesbar sein wie der Garantietext in anderen Sprachen.[2558] Im Vorfeld der italienischen Gesetzgebung war zwar überlegt worden, ob die Abgabe der Garantieerklärung in englischer Sprache nicht als ausreichend zur Gewährleistung des Verbraucherschutzmindestniveaus betrachtet werden kann. Diese Möglichkeit wurde im Hinblick darauf, dass durchaus nicht jeder italienische Verbraucher der englischen Sprache mächtig ist, wieder verworfen.[2559]

3. Rechtsfolgen bei Nichteinhaltung der Formalanforderungen

Die Nichteinhaltung der in den Art. 1519-*septies* Abs. 2 bis 4 *Cc* vorgesehenen Anforderungen führt nicht zur Unwirksamkeit der Garantie selbst, sondern löst nur Schadensersatzansprüche des Verbrauchers aus.[2560] Art. 1519-*septies* Abs. 5 *Cc* bestimmt daher, dass eine Garantie, die nicht den Anforderungen des Art. 1519-*septies* Abs. 2 bis 4 *Cc* entspricht, dennoch gültig bleibt und dass der Verbraucher sie weiterhin geltend machen und ihre Einhaltung verlangen kann. Art. 1519-*septies* Abs. 5 *Cc* stellt insoweit eine „andere gesetzliche Bestimmung“ i.S.d. Art. 1418 Abs. 1 *Cc* dar. Danach ist ein Vertrag nichtig, wenn er gegen zwingende Vorschriften verstößt, sofern nicht das Gesetz etwas anderes bestimmt.

Wegen Art. 1519-*octies Cc* handelt es sich bei Art. 1519-*septies* Abs. 2 bis 4 *Cc* um eine zwingende Bestimmung, sodass der Garantievertrag ohne die Regelung des Art. 1519-*septies* Abs. 5 *Cc* nichtig ist, wenn er den Anforderungen des Art. 1519-*septies* Abs. 2 bis 4 *Cc* nicht entspricht. Sofern es sich um eine unselbstständige Garantie handelt, gilt gemäß Art. 1419 Abs. 1 *Cc* dasselbe. Danach führt die Teilnichtigkeit des Vertrages grundsätzlich zu seiner Gesamtnichtigkeit. Art. 1519-*septies* Abs. 5 *Cc* verhindert entsprechend den Richtlinienvorgaben, dass der Garantiegeber von der Nichteinhaltung der aus Verbraucherschutzgründen

---

2557 Wörtlich übersetzt würde der italienische Richtlinientext hier lautet: „(...) muss dem Verbraucher verfüg*bar* zur Verfügung gestellt werden“ (*deve essere disponibile (...) a sua disposizione*).

2558 *Kindler*, Italienisches Handels- und Wirtschaftsrecht, § 5 Rn. 145.

2559 Vgl. hierzu *Eccher/Schurr*, ZEuP 2003, 65 (83).

2560 *Zaccaria/De Cristofaro*, La vendita dei beni di consumo, S. 133.

aufgenommenen Garantieanforderungen profitiert.[2561] Ist der Verbraucher nicht nach Art. 1519-*septies* Abs. 2 a) *Cc* darüber informiert worden, dass ihm neben den Rechten aus der Garantie die gesetzlichen Gewährleistungsrechte zur Seite stehen und hat er aus diesem Grund etwa die zur Erhaltung seiner Rechte nach Art. 1519-*sexies* Abs. 2 *Cc* erforderliche Mängelanzeige innerhalb von zwei Monaten ab Entdeckung des Mangels versäumt, so kann er Ersatz des ihm dadurch entstandenen Schadens verlangen.

Ist eine Garantie entgegen Art. 1519-*sexies* Abs. 5 b) *Cc* unklar oder missverständlich, sodass mehrere Auslegungsmöglichkeiten gegeben sind, so muss hier entsprechend Art. 1469-*quarter Cc* nach dem Prinzip *„interpretatio contra proferentum“* (Prinzip der Auslegung zulasten des Verwenders) die für den Verbraucher günstigere Variante gelten.[2562] Im Übrigen dürfte die Nichteinhaltung der in den Abs. 2 bis 4 enthaltenen Anforderungen ein „die Interessen des Verbrauchers beeinträchtigendes Verhalten“ i.S.v. Art. 5 des Gesetzes Nr. 281[2563] sein, sodass Verbraucherschutzorganisationen im Wege eines Verbandsklageverfahren die gerichtliche Feststellung erwirken können, dass ein solches Verhalten rechtswidrig ist, oder aber ein Urteil, wonach der Garantiegeber unter Androhung eines Bußgeldes zur Einhaltung der in Abs. 2 bis 4 des Art. 1519-*septies Cc* genannten Anforderungen verpflichtet wird.[2564] Denkbar ist auch, dass eine Missachtung der Formanforderungen an eine Garantie Schadensersatzansprüche des Verbrauchers wegen eines Verstoßes gegen das Verbot unlauteren Wettbewerbs nach Art. 2598 Abs. 3 *Cc* auslöst. Hier bleibt die Rechtsprechung abzuwarten.

IV. Rechtsvergleich

Art. 1519-*septies* Abs. 1 *Cc* und § 443 Abs. 1 BGB bestimmen entsprechend Art. 6 Abs. 1 VerbrGK-RL gleichermaßen, dass der Garantiegeber an seine Garantieerklärung nach Maßgabe ihres Inhalts und der einschlägigen Werbung gebunden ist. Art. 6 Abs. 2 bis 5 VerbrGK-RL, der bestimmte formelle Anforderungen an Garantieerklärungen enthält, hat der deutsche Gesetzgeber hingegen in § 477 BGB und damit in den Sonderbestimmungen über Verbrauchsgüterkaufverträge umgesetzt. Im italienischen Recht finden sie sich in Art. 1519-*septies* Abs. 2 bis 5 *Cc* wieder. Festzuhalten ist zunächst, dass Garantieerklärungen und Werbeangaben sowohl im deutschen als auch im italienischen Recht als Verpflichtungselemente des Garantiegebers gleichberechtigt nebeneinander stehen, was für beide Rechtsordnungen insoweit neu ist.[2565]

Während die Umsetzungsvorschrift zu Art. 6 Abs. 1 VerbrGK-RL im deutschen Recht für alle Kaufverträge ihre Wirkung entfaltet, ist der

---

2561 *De Nova*, Riv. Dir. priv. 1997, 22 (29); *Fadda*, Contr. e Impr./Europa 2000, 410 (432).

2562 *Zaccaria/De Cristofaro*, La vendita dei beni di consumo, S. 133.

2563 Gesetz vom 30.07.1998, Nr. 281 (Disciplina dei diritti dei consumatori e degli utenti), Gazzetta Ufficiale vom. 14.08.1998, Nr. 189.

2564 *Zaccaria/De Cristofaro*, La vendita dei beni di consumo, S. 134.

2565 *Lehmann*, DB 2002, 1090 (1093).

Anwendungsbereich des Art. 1519-*septies* Abs. 1 *Cc* auf Verbrauchsgüterkaufverträge i.S.d. Art. 1519-*bis* Abs. 1 *Cc* beschränkt. Nach beiden Rechtsordnungen kann eine Garantie die gesetzliche Gewährleistung nicht verdrängen. Dies ergibt sich für das deutsche Recht bereits aus dem Wortlaut des § 443 Abs. 1 BGB, wonach der Käufer nur „unbeschadet der gesetzlichen Ansprüche" seine Rechte aus der Garantie geltend machen kann. Bei Verbrauchsgüterkaufverträgen kommt § 443 Abs. 1 BGB nur eine Klarstellungsfunktion zu, da sich die Unabdingbarkeit der gesetzlich vorgesehenen Rechte im Rahmen eines Verbrauchsgüterkaufes bereits aus § 475 Abs. 1 BGB ergibt. Dementsprechend bestimmt Art. 1519-*bis* Abs. 2 e) *Cc*, dass eine Garantie i.S.d. Vorschriften über den Verbrauchsgüterkauf nur eine gegenüber den sonstigen Gewährleistungspflichten „zusätzlich" (*ulteriore*) eingegangene Verpflichtung ist. Auch im italienischen Recht folgt aber bereits aus Art. 1519-*octies* Abs. 1 *Cc*, dass die Vorschriften der Art. 1519-*bis* ff. *Cc* und damit die von Gesetzes wegen dem Verbraucher zustehenden Rechtsbehelfe einschließlich ihrer Voraussetzungen zwingend sind.

Sowohl im deutschen als auch im italienischen Recht erfolgt die Übernahme einer Garantie durch Abschluss eines Garantievertrages zwischen Garantiegeber und Garantienehmer. Nach überwiegender Auffassung in der italienischen Literatur wird die Garantieerklärung wie ein „Angebot an die Öffentlichkeit" (*offerta al pubblico*) gemäß Art. 1336 *Cc* gerichtet auf den Abschluss eines einseitig verpflichtenden (Garantie-) Vertrages i.S.v. Art. 1333 *Cc* behandelt, sodass der Garantievertrag letztlich durch bloßes Schweigen des Garantieempfängers gemäß Art. 1326 *Cc* vorbehaltlich einer schriftlichen Annahmebestätigung, etwa auf einer Garantiekarte, zustande kommt.[2566] Im deutschen Recht kann hingegen ein Schweigen nur dann als Willenserklärung behandelt wird, wenn eine entsprechende Erklärungswirkung vereinbart wurde.[2567] Nach ständiger deutscher Rechtsprechung gilt, dass die Aushändigung einer Garantiekarte oder eines Garantiescheins regelmäßig als Angebot auf Abschluss eines Garantievertrages unter Verzicht auf den Zugang der Annahmeerklärung nach § 151 BGB zu werten ist, wenn nicht etwa die Wirksamkeit der Garantie von der Rücksendung der Garantiekarte abhängig gemacht wird.[2568]

Garantiegeber können gemäß § 443 Abs. 1 BGB sowohl der Verkäufer als auch Dritte sein.[2569] Dritte im Sinne des § 443 BGB können alle Personen sein, die am Vertrieb der Sache beteiligt oder interessiert sind, wie etwa Großhändler, Importeure, Vertriebsunternehmen oder auch Tochter- und Konzerngesellschaften des Herstellers, die ihrerseits den Verkäufer beliefern, ebenso wie der Hersteller selbst.[2570] Art. 1519-*septies* Abs. 1 *Cc* bestimmt hingegen zunächst nur, dass eine

---

2566 vgl. hierzu *Zaccaria/De Cristofaro*, La vendita dei beni di consumo, S. 29.

2567 Palandt-*Heinrichs*, 64. Aufl., Einf. Vor § 116 Rn. 6.

2568 *Jorden*, Diss., S. 498.

2569 *von Westphalen*, in: *Henssler/von Westphalen* (Hrsg.) Praxis der Schuldrechtsreform, § 443 Rn. 3.

2570 Palandt-*Putzo*, 64. Aufl., § 443 Rn. 8.

Garantieerklärung „denjenigen, der sie anbietet" (*chi la offre*) bindet. Im italienischen Recht muss auf die Definition für den Begriff der Garantie im Sinne der Sondervorschriften über den Verbrauchsgüterkauf in Art. 1519-*bis* Abs. 2 e) *Cc* zurückgegriffen werden. Danach ist eine Garantie jede von einem Verkäufer oder Hersteller gegenüber den sonstigen Gewährleistungspflichten zusätzlich eingegangene Verpflichtung. Der Personenkreis der Garantiegeber einer Garantie i.S.d. Art. 1519-*septies Cc* wird entgegen dem ersten Anschein nicht auf Verkäufer und Hersteller i.e.S. beschränkt.

Hersteller sind gemäß Art. 1519-bis Abs. 2 d) *Cc* neben dem Hersteller i.e.S. auch der Importeur eines Verbrauchsgutes oder jede andere Person, die sich als Hersteller ausweist, indem sie auf dem Verbrauchsgut ihren Namen, ihre Marke oder ein anderes Unterscheidungsmerkmal anbringt, also alle an der Veräußerungskette irgendwie beteiligten Personen, wobei es sich nicht zwingend um Personen handeln muss, die als Verkäufer in Erscheinung getreten sind. Der Personenkreis der Garantiegeber ist daher im deutschen und italienischen Recht entgegen dem ersten Eindruck identisch.

Regelmäßig ist aber in beiden Rechtsordnungen nur der Garantiegeber an die Garantieerklärung gebunden. Eine Garantieübernahme durch Dritte begründet daher nur eine Verpflichtung des Dritten. Dementsprechend bindet eine Garantieerklärung des Verkäufers nur den Verkäufer selbst, wenn er nicht als Bote oder Stellvertreter des Herstellers bzw. des Dritten in Erscheinung getreten ist.[2571] Gibt ein Dritter eine Garantieerklärung zugunsten des Endkäufers gegenüber seinem Vertragspartner in der Veräußerungskette ab, so kann darin auch ein Vertrag zugunsten Dritter i.S.d. § 328 BGB bzw. Art. 1411 *Cc* gesehen werden, sodass der Endkäufer die Rechte aus der Garantie gemäß § 335 BGB bzw. Art. 1411 Abs. 2 *Cc* (*contratto a favore di terzi*) gegen den Dritten selbst geltend machen kann. In diesem Fall kommt es in beiden Rechtsordnungen nur darauf an, dass die Garantiebedingungen des Herstellers in den Vertrag mit dem Verkäufer einbezogen sind.[2572]

1. Garantiebegriff

Auffällig ist zunächst, dass Art. 1519-*septies* Abs. 1 *Cc* von einer „konventionellen" Garantie spricht, während der Garantiebegriff des § 443 BGB einen solchen Zusatz nicht enthält. Inhaltliche Abweichungen sind damit nicht verbunden. Der italienische Gesetzgeber wollte nur sicherstellen, dass nicht etwa die „gesetzliche Garantie" (*garanzia legale*) i.S.v. Gewährleistung gemeint ist, sondern die nur in der italienischen Rechtssprache als „kommerzielle Garantie" (*garanzia commerciale*) bezeichnete, freiwillig übernommene Garantie, die neben die gesetzliche Gewährleistung tritt.[2573] Um bei der Auslegung des Garantiebegriffs

---

2571 *Büdenbender*, in: *Dauner-Lieb/Heidel/Lepa/Ring* (Hrsg.), Das Neue Schuldrecht, § 8 Rn. 45.

2572 *von Westphalen*, in: *Henssler/von Westphalen*, Praxis der Schuldrechtsreform, § 443 Rn. 11 und 21.

2573 *Zaccaria/De Cristofaro*, La vendita dei beni di consumo, S. 28.

den im Rahmen der Interpretation der Umsetzungsvorschriften erforderlichen Rückgriff auf die Vorgaben der VerbrGK-RL anzuzeigen, hat sich der italienische Gesetzgeber für die Formulierung „konventionelle" statt „kommerzielle" Garantie entschieden.

Anders als Art. 1519-*septies* Abs. 1 *Cc* unterscheidet § 443 Abs. 1 BGB zwischen der Haltbarkeitsgarantie und der Garantie für die Beschaffenheit. Eine Haltbarkeitsgarantie liegt nach der Legaldefinition des § 443 Absatz 1 BGB vor, wenn der Verkäufer oder ein Dritter eine Garantie dafür übernommen hat, dass die Sache für eine bestimmte Dauer eine bestimmte Beschaffenheit hat. Die Haltbarkeitsgarantie erweitert die gesetzliche Gewährleistung der Sachmangelfreiheit über den Zeitpunkt des Gefahrenübergangs hinaus.[2574] Welche Erklärungen im einzelnen Gegenstand einer Garantie i.S.d. Art. 1519-*septies* Abs. 1 *Cc* sein können, hat der italienische Gesetzgeber nicht bestimmt.

Nach Art. 1519-*bis* Abs. 2 e) *Cc* bedeutet eine Garantie nur jede von einem Verkäufer oder Hersteller gegenüber dem Verbraucher ohne Aufpreis eingegangene Verpflichtung, den Kaufpreis zu erstatten, das Verbrauchsgut zu ersetzen oder nachzubessern oder in sonstiger Weise Abhilfe zu schaffen. Eine solche Kondition kann ohne Zweifel die Übernahme der Garantie für eine bestimmte Nutzungsdauer sein. Die Erweiterung der Verjährungsfristen stellt daher sowohl nach deutschem als auch nach italienischem Recht einen garantiefähigen Gegenstand dar.

In beiden Rechtsordnungen ist umstritten, ob auch die Beschaffenheit der Sache bei Gefahrenübergang bzw. Lieferung Inhalt einer Garantieerklärung sein kann. Die Beschaffenheit der Sache im Zeitpunkt des Gefahrenübergangs bzw. der Lieferung ist als maßgebliches Kriterium zur Bestimmung der Vertragsmäßigkeit bzw. Mangelfreiheit bereits regelmäßig Gegenstand der im Zweifel durch Auslegung zu ermittelnden Parteivereinbarung i.S.d. § 434 Abs. 1 BGB bzw. Art. 1519-*ter* Abs. 1 *Cc*.

Gegen die Garantiefähigkeit einer Beschaffenheitsvereinbarung spricht im italienischen Recht der Wortlaut des Art. 1519-*septies* Abs. 1 *Cc*. Danach bindet eine Garantie den Garantiegeber an die in der Garantieerklärung genannten Bedingungen (*modalità indicate*). Im deutschen Recht lässt sich zwar die Eigenschaft einer Sache ohne weiteres unter den Begriff der Beschaffenheit subsumieren, sodass eine Beschaffenheitsvereinbarung vom Wortlaut her durchaus Gegenstand einer Garantie sein kann. Die §§ 276 Abs. 1, 442 und 444 BGB, die ebenfalls von einer Garantie für die Beschaffenheit der Sache sprechen, erfassen nach der Gesetzesbegründung zum SchuldRModG jedoch nur die zugesicherte Eigenschaft, die selbstständige und die unselbstständige Garantie, Beschaffenheitsvereinbarungen hingegen nicht.[2575]

Während aber bei §§ 276, 442 und 444 BGB von einer Garantie die Rede ist, die der Schuldner und damit der Verkäufer übernommen hat, erfasst § 443 BGB

2574 *Brüggemeier*, WM 2002, 1376 (1380).

2575 Regierungsbegründung zum SchuldRModG, BT-Drucks. 14/6040, S. 236.

auch Garantieerklärungen eines Dritten, sodass auch solche Erklärungen in den Anwendungsbereich des § 443 BGB fallen müssen, die, hätte der Verkäufer sie abgegeben, an sich bereits eine Beschaffenheitsvereinbarung i.S.d. § 434 BGB darstellen.[2576] Dieselbe Überlegung ist auch Art. 1519-*septies* Abs. 1 *Cc* zugrunde zu legen. Einzige Voraussetzung der Bindungswirkung einer Garantieerklärung ist in beiden Rechtsordnungen, dass sie den Verbraucher begünstigt. Aus einem Umkehrschluss zum zwingenden Charakter der Gewährleistungsrechte des Verbrauchers bei Vertragswidrigkeit nach Art. 1519-*ter* *Cc* bzw. aus der Formulierung in § 443 BGB „unbeschadet der gesetzlichen Ansprüche" folgt, dass eine Verkäufergarantie den Verbraucher sowohl dann begünstigen kann, wenn sie auf das Stufenverhältnis der Gewährleistungsrechte zugunsten des Verbrauchers verzichtet, die Beweisführung erleichtert oder die Verjährungsfrist verlängert, als auch dann, wenn sie die Vertragswidrigkeit über den Zeitpunkt der Lieferung hinaus erweitert.

Eine Herstellergarantie hingegen kann auch Erklärungen, die die Vertragsmäßigkeit bzw. Mangelfreiheit i.S.d. Art. 1519-ter Cc bzw. Art. 434 BGB betreffen, zum Gegenstand haben, da weder das deutsche noch das italienische Recht einen Direktanspruch des Verbrauchers gegen den Hersteller kennen, sodass jedwede Garantieübernahme des Herstellers eine Besserstellung des Verbrauchers bedeutet. Die Unterscheidung zwischen Haltbarkeits- und Beschaffenheitsgarantie im Rahmen des § 443 Abs. 1 BGB macht letztlich hinsichtlich des dem Garantiebegriff der Vorschrift zugrunde liegenden Verständnisses keinen Unterschied zum italienischen Recht.

2. Formelle Anforderungen

Art. 6 Abs. 2 ff. VerbrGK-RL hat ihre Umsetzung in Deutschland in § 477 BGB und in Italien in Art. 1519-*septies* Abs. 2 ff. *Cc* erfahren. § 477 Abs. 1 BGB und Art. 1519-*septies* Abs. 2 *Cc* ordnen entsprechend Art. 6 Abs. 2 VerbrGK-RL das schon vor Inkorporation der VerbrGK-RL aus dem Recht der Allgemeinen Geschäftsbedingungen in beiden Rechtsordnungen bekannte Transparenzgebot für Garantieerklärungen einschließlich einer Hinweis- und Informationspflicht des Verkäufers an. § 477 Abs. 2 BGB und Art. 1519-*septies* Abs. 3 *Cc* enthalten in Umsetzung zu Art. 6 Abs. 3 VerbrGK-RL das dort vorgesehene Dokumentationserfordernis. Insoweit sind die Umsetzungsvorschriften inhaltlich mit den Richtlinienvorgaben und damit auch untereinander nahezu identisch. Anders als der deutsche Gesetzgeber hat der italienische Gesetzgeber darüber hinaus in Art. 1519-*septies* Abs. 4 *Cc* von der Option des Art. 6 Abs. 4 VerbrGK-RL Gebrauch gemacht und eine Sprachenregelung für Garantieerklärungen vorgesehen.

a) Transparenzgebot

Während § 477 Abs. 1 Satz 1 BGB das in Art. 6 Abs. 2 Spiegelstrich 2 VerbrGK-RL enthaltene Gebot der Einfachheit und Verständlichkeit den nachfolgenden

---

2576 *Westermann*, NJW 2002, 241 (248).

Bestimmungen voranstellt, indem dort nur festgelegt wird, dass die Garantieerklärung einfach und verständlich abgefasst sein muss und erst § 477 Abs. 1 Satz 2 Nr. 2 BGB bestimmt, dass die Garantieerklärung den Inhalt der Garantie und alle wesentlichen Angaben enthalten muss, hat der italienische Gesetzgeber den Aufbau und Inhalt der Richtlinienvorschrift nahezu wortgleich in Art. 1519-*septies* Abs. 2 *Cc* übernommen. Das Pendant zu § 477 Abs. 1 Satz 1 BGB und § 477 Abs. 1 Satz 2 Nr. 2 BGB findet sich daher erst in b) der italienischen Umsetzungsvorschrift wieder. Gemäß Art. 1519-*septies* Abs. 2 b) *Cc* muss die Garantie den Inhalt der Garantie und die wesentlichen Voraussetzungen, die für die Inanspruchnahme der Garantie notwendig sind, in einfacher und verständlicher Weise „enthalten" (*indicare*).

Mögen auch die Umsetzungsvorschriften auf den ersten Blick divergieren, da die italienische Umsetzungsvorschrift das Postulat der Einfachheit und Verständlichkeit auf den Inhalt und die Voraussetzungen der Inanspruchnahme der Garantie bezieht, während § 477 Abs. 1 Satz 1 BGB das Gebot der Einfachheit und Verständlichkeit an die Abfassung der Garantieerklärung in ihrer Gesamtheit koppelt, so kann doch keinem der Gesetzgeber unterstellt werden, er habe etwas anderes regeln wollen, als die VerbrGK-RL vorgibt. Das Erfordernis der Einfachheit bezieht sich in beiden Umsetzungsvorschriften auf die Fassung, den Umfang der verwendeten Worte und den Satzbau, das der Verständlichkeit hingegen auf die Formulierung. Maßgeblich ist in beiden Rechtsordnungen daher, ob ein durchschnittlicher Verbraucher Voraussetzungen, Inhalt und Reichweite der Garantieerklärung verstehen kann.

Auch hinsichtlich der Bestimmung, welche Angaben als wesentlich im Sinne der Umsetzungsvorschriften gelten, stimmen die deutsche und italienische Umsetzungsvorschrift weitestgehend überein. In Art. 1519-*septies* Abs. 2 b) *Cc* wird nahezu wortgleich mit § 477 Abs. 1 Satz 2 Nr. 2 BGB die Dauer, der räumliche Geltungsbereich des Garantieschutzes sowie der Name und die Anschrift des Garantiegebers als wesentliche Bestandteile einer Garantie aufgezählt. Die italienische Vorschrift stellt darüber hinaus klar, dass für den Fall, dass es sich um eine Firma handelt, die Firma und deren Firmensitz anzugeben sind. Dies ergibt sich für das deutsche Recht ohne weiteres bereits aus der Formulierung „Name und Anschrift des Garantiegebers".

Damit tragen beide Vorschriften dem Hinweis in Erwägungsgrund 13 VerbrGK-RL Rechnung, wonach Hersteller von Verbrauchsgütern, die in mehreren Mitgliedstaaten verkauft werden, empfohlen werden sollte, eine Liste mit mindestens einer Ansprechadresse in jedem Mitgliedstaat, in der die Ware vertrieben wird, beizufügen. Anders als § 477 Abs. 1 Satz 2 NR. 2 BGB erfolgt die Konkretisierung der nach Art. 1519-*septies* Abs. 2 b) *Cc* erforderlichen Angaben nicht durch die einleitende Formulierung „insbesondere", der die Aufzählung der einzelnen Angaben folgt, sondern durch die nachfolgenden Angaben in Bezug nehmende Formulierung „umfassen" (*compresi*). Im Unterschied zum deutschen Recht sind die genannten Angaben zwingend. Die Formulierung „insbesondere" macht nur deutlich, dass es sich bei den nachfolgend genannten Angaben in der

Regel um wesentliche Angaben für die Inanspruchnahme der Garantie handelt. Es ist daher durchaus denkbar, dass im deutschen Recht etwa auf die Angabe bezüglich des räumlichen Geltungsbereiches verzichtet werden kann, wenn die Garantie insoweit keinen Einschränkungen unterliegt. Umgekehrt lassen beide Formulierungen darauf schließen, dass es sich um keine abschließende Aufzählung handelt, sondern im Einzelfall durchaus auch weitere Angaben als wesentlich i.S.d. Vorschriften zu behandeln sind.

Art. 6 Abs. 2 Spiegelstrich 1 VerbrGK-RL ist sowohl im italienischen Recht als auch im deutschen Recht nahezu wortgleich übernommen worden. Nach Art. 1519-*septies* Abs. 2 a) *Cc* ist in der Garantie anzugeben, dass dem Verbraucher die in den zur Umsetzung der VerbrGK-RL in den *Codice civile* neu eingefügten Vorschriften über den Verbrauchsgüterkauf genannten Rechte zustehen und dass die Garantie selbst diese Rechte unberührt lässt. Ähnlich formuliert es § 477 Abs. 1 Satz 2 Nr. 1 BGB. Hier heißt es zwar „dass sie (die Rechte des Verbrauchers) nicht von der Garantie *eingeschränkt werden*". Eine inhaltliche Abweichung liegt darin nicht. Beide Gesetzgeber haben insoweit sicher gestellt, dass der Verbraucher vom zwingenden Charakter der Umsetzungsvorschriften in Kenntnis gesetzt und dazu ermutigt wird, seine Gewährleistungsrechte, wenn auch nur präventiv, neben der Garantie geltend zu machen, damit ihm diese nicht durch Zeitablauf, wie etwa im Falle einer unterlassenen Mängelanzeige, verloren gehen.[2577]

b) Dokumentationserfordernis

Sowohl nach Art. 1519-*septies* Abs. 3 *Cc* als auch nach § 477 Abs. 3 BGB muss die Garantie auf Wunsch des Verbrauchers dokumentiert werden. Während die italienische Umsetzungsvorschrift den Wortlaut des Art. 6 Abs. 3 VerbrGK-RL übernommen hat und bestimmt, dass die Garantieerklärung auf Wunsch des Verbrauchers schriftlich oder auf einem dauerhaften Datenträger zur Verfügung gestellt wird und diesem zugänglich gemacht werden muss, findet sich in § 477 Abs. 3 BGB nur eine Kurzform hiervon. Danach ist dem Verbraucher auf Wunsch die Garantieerklärung in Textform mitzuteilen. Durch die Einfügung des Begriffes „Textform" sollte § 477 BGB nur an § 126 b BGB angepasst werden. Inhaltliche Abweichungen zur italienischen Umsetzungsvorschrift sind damit nicht verbunden. Auch nach deutschem Recht ist die Garantieerklärung dem Verbraucher auf seinen Wunsch hin schriftlich oder auf einem dauerhaften Datenträger zugänglich zu machen.

c) Sprachenregelung

Während der italienische Gesetzgeber in Art. 1519-*septies* Abs. 4 *Cc* von der Option des Art. 6 Abs. 4 VerbrGK-RL Gebrauch gemacht hat, hat der deutsche Gesetzgeber auf eine Sprachenregelung verzichtet. Gemäß Art. 1519-*septies* Abs. 4 *Cc* ist eine Garantie zwingend in italienischer Sprache abzufassen, wobei die

---

[2577] *Calvo*, Contr. e Impr./Europa 2000, 463 (474); *Zaccaria/De Cristofaro*, La vendita dei beni di consumo, S. 132.

Kennzeichnung der italienischen Sprachfassung der Garantie nicht weniger auffällig als die etwaige Fassung in anderen Sprachen sein darf. In der amtlichen Begründung zu § 477 BGB wird darauf hingewiesen, dass das in § 477 Abs. 1 Satz 1 BGB enthaltene Kriterium der „Verständlichkeit" regelmäßig erfordert, dass eine Garantieerklärung in einer für den Verbraucher verständlichen Sprache abgefasst sein muss.[2578] Der deutsche Gesetzgeber hält eine Garantieerklärung in einer anderen als der deutschen Sprache für zulässig, auch wenn im Regelfall die deutsche Sprache die für den Verbraucher verständliche Sprache sein wird. Ob die Abfassung in einer fremden Sprache den Anforderungen des § 477 Abs. 1 BGB genügt, soll dabei entscheidend von den zu erwartenden Erkenntnismöglichkeiten des Adressatenkreises und dem Garantieinhalt abhängen.

3. Rechtsfolgen bei Nichteinhaltung der Formalanforderungen

Die Nichteinhaltung der in den Art. 1519-*septies* Abs. 2 bis 4 *Cc* bzw. in § 477 Abs. 1 und 2 BGB vorgesehenen Anforderungen führt sowohl nach italienischem Recht gemäß Art. 1519-*septies* Abs. 5 *Cc* als auch nach deutschem Recht gemäß § 477 Abs. 3 BGB nicht zur Unwirksamkeit der Garantie. Die in Italien und Deutschland bei Teilnichtigkeit eines Rechtsgeschäfts anzuwendenden Vorschriften werden insoweit verdrängt. Sowohl nach deutschem als auch nach italienischem Recht würde andernfalls bei einem selbstständigen Garantievertrag, insbesondere also bei Herstellergarantien, die Nichteinhaltung der formellen Anforderungen an Garantieerklärungen zumindest zu einer Teilnichtigkeit nach § 139 BGB bzw. Art. 1419 *Cc* führen, die letztlich in beiden Rechtsordnungen zur Gesamtnichtigkeit des Rechtsgeschäfts führen würde. Bei Anwendbarkeit der Vorschriften über die Teilnichtigkeit gingen dem Verbraucher bei einer selbstständigen Garantie folglich alle Rechte aus der Garantieerklärung verloren, obwohl § 477 Abs. 1 und 2 BGB und Art. 1519-*septies* Abs. 2 bis 4 *Cc* ausschließlich dem Schutz des Verbrauchers dienen.

Die Regelungen in Art. 1519-*septies* Abs. 5 *Cc* und § 477 Abs. 3 BGB waren daher beide zur Umsetzung von Art. 6 Abs. 3 VerbrGK-RL zwingend erforderlich. Eine Sanktion, die den Garantiegeber veranlasst, die formalen Anforderungen für Garantieerklärungen einzuhalten, sieht weder der *Codice civile* noch das BGB vor. Denkbar ist ein Schadensersatzanspruch des Verbrauchers. Dieser könnte sich im deutschen Recht aus § 280 Abs. 1 oder § 311 Abs. 2 BGB wegen Verletzung einer Schutzpflicht i.S.d. § 241 Absatz 2 BGB und im italienischen Recht aus Art. 1218 *Cc* ergeben, der den Schadensersatz wegen Nichterfüllung regelt und auch die Verletzung von Nebenpflichten (*obbligazioni collaterali*) erfasst. Für das italienische Recht gilt daher, dass der Verbraucher Schadensersatz für den Fall verlangen kann, dass er nicht nach Art. 1519-*septies* Abs. 2 a) *Cc* darüber informiert worden ist, dass ihm neben den Rechten aus der Garantie die gesetzlichen Gewährleistungsrechte zur Seite stehen und er aus diesem Grund die zur Erhaltung seiner Rechte nach Art. 1519-*sexies* Abs. 2 *Cc* erforder-

---

[2578] Regierungsbegründung zum SchuldRModG, BT-Drucks. 14/6040 S. 246.

liche Mängelanzeige innerhalb von zwei Monaten ab Entdeckung des Mangels versäumt hat. Im deutschen Recht dürfte ein Schadensersatzanspruch regelmäßig an einem fehlenden Schaden des Verbrauchers scheitern.[2579] Denkbar ist auch, dass die Nichteinhaltung der Formanforderungen in einer Garantie im italienischen Recht Schadensersatzansprüche aus Art. 2598 Abs. 3 *Cc* wegen eines Verstoßes gegen das Verbot unlauteren Wettbewerbs auslöst.

Nach Auffassung des deutschen Gesetzgebers kann es sich für den Fall, dass unklare und missverständliche Garantiebedingungen zum Zwecke der irreführenden Werbung eingesetzt werden, entweder um einen Verstoß gegen § 3 UWG handeln oder aber gegen die Generalklausel des § 1 UWG unter dem Gesichtspunkt des Rechtsbruchs, wenn sich der Verstoß auf den Wettbewerb auswirkt. Hier bleibt die Rechtsprechung beider Mitgliedstaaten abzuwarten. Ist eine Garantie entgegen Art. 1519-*sexies* Abs. 5 b) *Cc* unklar oder missverständlich, so wird in der italienischen Literatur vertreten, dass bei mehreren Auslegungsmöglichkeiten entsprechend Art. 1469-*quarter Cc* nach dem Prinzip *„interpretatio contra proferentum"* (Prinzip der Auslegung zulasten des Verwenders) die für den Verbraucher günstigere Variante gelten muss.[2580] Dies lässt sich wohl ohne weiteres auf das deutsche Recht übertragen, sodass Zweifel bei der Auslegung von Garantien i.S.d. § 443 BGB immer analog § 305 c Abs. 2 BGB oder gemäß § 242 BGB zulasten des Garantiegebers gehen müssen.

Im Übrigen können sowohl in Deutschland als auch in Italien Verbraucherschutzorganisationen im Wege eines Verbandsklageverfahrens die gerichtliche Feststellung der Nichteinhaltung der Formanforderungen an Garantieerklärungen erwirken. Anspruchsgrundlage ist hierfür im italienischen Recht die Vorschrift des Art. 5 des Gesetzes Nr. 281[2581], im deutschen Recht § 2 Unterlassungsklagegesetz (UKlaG).

[2579] Tonner/Crellwitz/Echtermeyer, in: *Micklitz/Pfeiffer/Tonner/Willingmann (Hrsg.), Schuldrechtsreform und Verbraucherschutz, S. 293 (349).*

[2580] *Zaccaria/De Cristofaro*, La vendita dei beni di consumo, S. 133.

[2581] Gesetz vom 30.07.1998, Nr. 281 (Disciplina dei diritti dei consumatori e degli utenti), Gazzetta Ufficiale vom. 14.08.1998, Nr. 189.

Teil C: Zusammenfassung und Schlussbetrachtung

Die Richtlinie als Rahmenrecht hat konkrete Umsetzungsprobleme aufgeworfen, darüber hinaus jedoch die Vertragstheorien des italienischen und deutschen Rechts herausgefordert. Bereits die Funktion der Richtlinie als Rahmenrecht[2582] macht deutlich, dass mit der Umsetzung der Richtlinie auch weitreichende Änderungen in den in den Mitgliedstaaten geltenden Vertragstheorien einhergehen mussten, da ohne eine Angleichung der unterschiedlichen Werteordnungen selbst solche Vorschriften nicht zu einer Rechtsangleichung führen können, deren Umsetzung sich nahezu wortlautgetreu an der Richtlinie – wie in Italien - orientiert. Im Rahmen der Rechtsvergleichung hat sich gezeigt, dass eine Angleichung der Rechtsordnungen nur gelingt, wenn neben der Aufnahme oder Änderung der einzelnen Vorschriften, die auf die Richtlinie zurückgehen, auch eine Angleichung der vom europäischen Vertragsrecht verwendeten Begrifflichkeiten und entwickelten Prinzipien erfolgt.[2583]

Die größten Unterschiede verbleiben dort, wo die Umsetzung der Richtlinie eine Auseinandersetzung mit den den einzelnen Regelungen zugrunde liegenden Modellen erforderte und letztlich ihre Modifikation notwendig machte. Mag auch die Verlängerung der Verjährungsfrist in Deutschland die Veränderung sein, die am meisten umstritten und diskutiert wurde und die größten Auswirkungen in der Praxis erwarten ließ, systematische Schwierigkeiten, die einer Rechtsangleichung entgegenstehen könnten, waren insoweit nicht zu bewältigen.

Entscheidend für die Angleichung der Rechtsvorschriften in Italien und Deutschland durch die Umsetzung der VerbrGK-RL waren vielmehr Regelungen betreffend die Rechtsbehelfssystematik und den Regressanspruch des Unternehmers. Hier zeigt sich die Grenze der Systeme, die durch das Mittel der Richtlinie letztlich nur eine fragmentarische Angleichung zuließen. Die Rechtsangleichung durch übergeordnetes Recht kann daher auf die vorherige Verständigung der Systeme nicht gänzlich verzichten.

Daher ist es auch nicht zutreffend, wenn behauptet wird, nur Rechtsverordnungen und Übereinkommen seinen die geeigneten Regelungsinstrumente für eine umfassende Rechtsvereinheitlichung. Sie kompensieren eben nicht unterschiedliche historisch und kulturell bedingte Unterschiede, da sie sich letztlich doch in deren Umfeld durchsetzen müssen. Zudem „vereinfachen" sie die Rechtskulturen auf einen kleinsten gemeinsamen Nenner, was der Wirtschaft nützen, der Rechtskultur aber schaden kann.

Allein das Rechtsinstrument der Richtlinie gibt den Mitgliedstaaten einen vernünftigen Spielraum zur Berücksichtigung nationaler Besonderheiten und bei der suche nach einem Weg, nationale Barrieren zu überwinden. Schließlich geht im Rahmen der Richtliniengesetzgebung der Trend im europäischen Privatrecht dahin,

---

2582 *Oppermann* Rn. 547 ff.

2583 *Micklitz*, EuZW 1999, 485 (491).

immer mehr eigene, von den nationalen Rechtsordnungen losgelöste Modelle zu entwickeln, an denen sich die europäische Gesetzgebung orientiert. In der Literatur finden sich hierfür Bezeichnungen wie „Konzept der legitimen Erwartungen" und „Konzept der vertraglichen Solidarität".[2584] Zudem hat sich im Europarecht, wie auch die Darstellung der Richtlinienvorschriften gezeigt hat, eine autonome Begriffsbildung durchgesetzt. Ein eigenes Europarecht im Vertragsrecht ohne Rückgriff auf nationale Systeme ist dies jedoch nicht und sollte es auch nicht werden. Rechtsvereinheitlichung bedeutet nicht etwa Rechtsidentität, sondern Rechtsanwendungsidentität. Die Richtlinie widerspricht daher keinesfalls, wie teilweise behauptet wird, dem Charakter eines vereinheitlichten Rechts.[2585] Sie entfaltet vielmehr große Bindungswirkungen und stößt internationale Vereinheitlichungsprozesse an. Jede umgesetzte Richtlinie führt zu einer Änderung der nationalen Rechtsvorschriften und zwar insbesondere dann, wenn sie - wie die VerbrGK-RL in Deutschland - vollständig in das Zivilgesetzbuch eines Mitgliedstaates integriert wird. Übereinkommen schließen dagegen die Anwendbarkeit nationaler Vorschriften aus, die aber wieder aufleben, wenn das Übereinkommen gekündigt wird.

Daher wäre auch die Schaffung eines Europäischen Verbrauchergesetzbuches problematisch, weil es ein in die Zivilrechtsbücher der Mitgliedstaaten einbezogenes Verbraucherrecht weitgehend unanwendbar machen würde.[2586] Für die Form der Richtlinie als geeignetes Mittel zur Rechtsvereinheitlichung spricht auch Art. 3b Abs. 3 EGV. Das darin verankerte Verhältnismäßigkeitsprinzip begrenzt die Möglichkeiten des europäischen Gesetzgebers, in nationale Rechtsordnungen einzugreifen. Die Schaffung eines verbindlichen Europäischen Verbrauchergesetzbuches wäre zweifelsohne gegenüber den erwarteten positiven Effekten für die Ziele der Gemeinschaft ein unverhältnismäßiger Eingriff in die Gesetzgebungskompetenz der Mitgliedstaaten.[2587] Nicht zuletzt ließe sich bei einer sofortigen Ersetzung des bestehenden Verbrauchervertragsrechts eine fehlerfreie Rechtsanwendung und damit das in Deutschland wie auch in anderen Mitgliedstaaten gewohnte Maß an Rechtssicherheit nicht mehr gewährleisten. Auch aus anderem Grund erweist sich die Beibehaltung von Gestaltungsspielräumen der nationalen Gesetzgeber als zweckmäßig. Allein die Richtlinie ermöglicht einen Rest von Wettbewerb zwischen den einzelnen nationalen Rechtsordnungen, gibt damit die Chance zur Mitgestaltung und erhält die Möglichkeit ständiger Verbesserungen lebendig.[2588]

Es ist daher angezeigt, so wie es der EU-Gesetzgeber auch getan hat, in Form von Richtlinien und Empfehlungen auf die Gesetzgebung der Mitgliedstaaten

---

2584 *Micklitz*, EuZW 1999, 485 (491); *Micklitz*, ZEuP 1998, 253 (263f.).

2585 So aber *Taschner*, FS *Schlechtriem*, S. 275 (284).

2586 *Roth*, JZ 2001, 475 (490).

2587 *Engel*, ZfRV 1999, 121 (128f.).

2588 *Canaris*, in: *Canaris/Zaccaria* (Hrsg.), Die Umsetzung von zivilrechtlichen Richtlinien der EG in Italien und Deutschland, S. 129 (134).

einzuwirken. Allein dies ist m.E. der richtige Weg, um das europäische Vertragsrecht fortzuentwickeln.

Hierbei dürfte dem Gedanken einer transnationalen Privatrechtswissenschaft und damit der nichtlegislatorischen Privatrechtsangleichung durch die Bildung von Arbeitsgruppen, wie schon vielfach geschehen, und die Erarbeitung gemeinsamer Prinzipien erhebliche Bedeutung zukommen.[2589] Keine Rechtsordnung der Welt hat sich allein an praktischen Bedürfnissen orientiert. Nachhaltige Gesetzgebung profitiert immer von den Erkenntnissen der Wissenschaft, der die Aufgabe vorbehalten ist, wirtschaftliche Interessen mit sozialen Bedürfnissen in Einklang zu bringen und damit ein erhöhtes Maß an Einzelfallgerechtigkeit zu schaffen, die bei allein an wirtschaftlichen Interessen und der Funktionsfähigkeit einer Regelung ausgerichteten Vorschriften wohl kaum zu realisieren wäre. Entscheidend ist mithin nicht allein die Gesetzgebung. So wie sich das *ius comune* oder die Vereinheitlichung der deutschen Rechte im BGB und die amerikanischen Uniform Codes sich auf die Wissenschaft gestützt hat und damit nachhaltig wirken konnten, so muss auch die Vereinheitlichung des europäischen Vertragsrechts sich dieser Quellen bedienen. Die wesentliche Arbeit ist von der Wissenschaft zu tragen. Dies benötigt – wie die Vergangenheit gezeigt hat - Zeit. Selbst bei langjährig entwickelten Vorschriften verbleiben immer Defizite, die es gilt, in einem weiteren Gesetzgebungsakt wieder zu beheben.[2590]

Der nachfolgende Katalog will hierzu bereits einen kleinen Beitrag leisten. Er zeigt, dass es eine Reihe von nicht immer besonders gravierenden Unterschieden hinsichtlich der von beiden Gesetzgebern gewählten Umsetzungsvorschriften gibt, die aber erwartungsgemäß eher im Detail liegen.

- Deutschland hat sich - weit über die Richtlinienvorgaben hinaus - für eine umfassende Neugestaltung des Gewährleistungsrechts und damit für die so genannte *große Lösung* entschieden, indem der deutsche Gesetzgeber die Anwendung der Umsetzungsvorschriften auf alle Kaufverträge erstreckt hat und nur einige wenige Sondervorschriften über den Verbrauchsgüterkauf vorgesehen wurden. Der italienische Gesetzgeber hat die Vorschriften der Richtlinie in einem eigenen Normenkomplex nahezu wortlautidentisch in den *Codice civile* eingefügt und damit allen Umsetzungsvorschriften den Charakter von Sonderbestimmungen verliehen (*kleine Lösung*).
- Der Begriff des Verbrauchsgutes erfasst im italienischen Recht, anders als im deutschen Recht, nicht nur Sachen, die räumlich abgrenzbar sind. Vom Anwendungsbereich der italienischen Umsetzungsvorschriften werden auch Verträge über Softwareprodukte erfasst.
- Die Umsetzungsvorschriften gelten im deutschen Recht für alle Verträge, die ab dem 1. Januar 2002 geschlossen wurden. Für Dauerschuldverhältnisse, die vor dem 1. Januar 2002 begründet wurden, gelten sie ab dem 1. Januar 2003. Der Geltungsbereich der italienischen Umsetzungsvorschriften ist auf

2589 *Schmid*, ZfRV 1999, 213 (220).
2590 Vgl. hierzu auch *Dauner-Lieb*, ZGS 2003, 10 (11-12).

Verträge beschränkt, die nach dem 23. März 2002 geschlossen wurden. Auf Garantien finden die Umsetzungsvorschriften bis Ende Juni 2002 dann keine Anwendung, wenn die betroffenen Verbrauchsgüter bereits vor In-Kraft-Treten des Dekrets auf den Markt gebracht wurden.

- Nach deutschem Recht gelten die Merkmale zur Bestimmung der Vertragsmäßigkeit bei fehlender ausdrücklicher Parteivereinbarung als konkludent vereinbart. Sie stellen mithin eine Auslegungsregel dar. In Italien führt ihr Vorliegen zunächst nur zu einer technischen Beweiserleichterung für den Verkäufer und zwar auch nur dann, wenn die Merkmale kumulativ vorliegen.
- Nach italienischem Recht muss keine ausdrückliche oder konkludente Vereinbarung zwischen den Parteien und nicht einmal ein Versprechen oder eine Verpflichtung vorliegen, damit die Vermutungswirkung, wonach eine Beschreibung, ein Muster oder eine Probe die Soll-Beschaffenheit eines Verbrauchsgutes bedingt, eingreift. Im deutschen Recht müssen Beschreibungen, Muster oder Proben, wenn bei dem erworbenen Verbrauchsgut eine Abweichung hiervon geltend gemacht wird, hingegen Gegenstand der Parteivereinbarung gewesen sein.
- Ein Sachmangel liegt nach deutschem Recht bereits dann vor, wenn die Montageanleitung mangelhaft war. Nur die Haftung des Verkäufers ist ausgeschlossen, wenn die Sache dennoch fehlerfrei montiert wurde. Die Beweislast für die fehlerfreie Montage trifft daher den Verkäufer. Vor ihrer Montage führt die Mangelhaftigkeit der Montageanleitung zu einem Mangel des Verbrauchsgutes. Im italienischen Recht ist ein Sachmangel bei Vorliegen einer fehlerhaften Montageanleitung indessen nur dann zu bejahen, wenn sie auch fehlerhaft montiert wurde und die unsachgemäße Montage auf den Mangel in der Montageanleitung zurückzuführen ist. Die Beweislast für die fehlerhafte Montage trifft den Verbraucher.
- In der italienischen Literatur werden unter den Begriff der Montageanleitung sämtliche Verwendungs- und Nutzungsanleitungen sowie Hinweise zur Instandhaltung und Wartung subsumiert. Eine fehlerfreie Montage führt zum Ausschluss der Unternehmerhaftung. In der deutschen Literatur hat sich die Auffassung durchgesetzt, dass Montageanleitungen allenfalls unter den Begriff der Beschaffenheit zu subsumieren sind. Eine einmalige fehlfreie Montage heilt noch nicht die fehlerhafte Montageanleitung.
- Bei einer Zuviellieferung liegt nach deutschem Recht kein Sachmangel vor, nach italienischem Recht indessen schon.
- Die Haftung des Unternehmers ist in Italien für den Fall, dass der Mangel auf einem vom Verbraucher gelieferten Stoff beruht, nur dann ausgeschlossen, wenn er den Verbraucher unverzüglich über die Mangelhaftigkeit des Stoffes unterrichtet. Damit ist das italienische Recht insoweit verbraucherfreundlicher.
- Im deutschen Recht löst das Vorliegen eines Rechtsmangels im Rahmen eines Verbrauchsgüterkaufes dieselben Rechtsfolgen aus wie das Vorliegen

eines Sachmangels. Im italienischen Recht bleibt es bei Vorliegen eines Rechtsmangels bei der Anwendung der allgemeinen kaufrechtlichen Vorschriften, dass dem Verbraucher ein sofortiges Vertragsauflösungs- und Minderungsrecht gewährt.

- Bei Fehlschlagen der vom Verbraucher gewählten Abhilfe oder für den Fall, dass der Verkäufer die Abhilfe verweigert, kann der Verbraucher nur im italienischen Recht nach Ablauf einer angemessenen Frist noch auf die andere Art der Abhilfe übergehen. Im deutschen Recht kann der Verbraucher in diesem Fall nur vom Vertrag zurücktreten oder Minderung verlangen.
- Im italienischen Recht ist das Wahlrecht des Verbrauchers ausgeschlossen, wenn die von ihm gewählte Abhilfealternative objektiv unmöglich oder übermäßig belastend ist, was von Amts wegen zu berücksichtigen ist. Das deutsche Recht gibt dem Verkäufer bei allen Formen der Unmöglichkeit und Unverhältnismäßigkeit nur ein Leistungsverweigerungsrecht. Prozessual ist der Verkäufer damit im deutschen Recht schlechter gestellt, da bei Vorliegen eines bloßen Leistungsverweigerungsrechts zunächst eine Einrede erhoben werden muss. Materiellrechtlich aber besser gestellt, weil er auch bei subjektiver Unmöglichkeit die gewählte Abhilfealternative verweigern kann.
- Die Nacherfüllung gilt im deutschen Recht erst dann als fehlgeschlagen, wenn auch der zweite Versuch erfolglos war. Im italienischen Recht reicht bereits der erstmalige fehlgeschlagene Nacherfüllungsversuch aus.
- Bei fehlender Parteivereinbarung ist der Erfüllungsort für die Nachbesserung und Ersatzlieferung im deutschen Recht der Wohnsitz des Verkäufers. Im italienischen Recht hat der Verkäufer die Sache nach erfolgreicher Nachbesserung und Ersatzlieferung an dem Ort zu übergeben, an dem die Sache sich im Zeitpunkt des Vertragsabschlusses befand.
- Der deutsche Gesetzgeber hat festgelegt, dass der Käufer an seine Rücktrittserklärung gebunden ist und daher nicht vom Rücktritt auf die Minderung wechseln kann. Dies gilt im italienischen Recht nur dann, wenn der Rücktritt vom Verbraucher im Wege der Klage geltend gemacht wurde.
- Sind mehrere Verkäufer an einem Verbrauchsgüterkaufvertrag beteiligt, so muss im deutschen Recht die Minderung vom Verbraucher gegenüber allen Verkäufern erklärt werden. Im italienischen Recht reicht ein Minderungsverlangen gegenüber einem Verkäufer aus.
- Ist der Verbraucher weit überwiegend für den Mangel verantwortlich, so ist sein Minderungsrecht im deutschen Recht ausgeschlossen. Liegt der Mitverantwortungsanteil unterhalb der Schwelle der „weit überwiegenden Verantwortlichkeit", so mindert sich der Minderungsbetrag entsprechend seines Verantwortungsanteils. Im italienischen Recht sind diese Fälle nicht geregelt.
- Im italienischen Recht kann der Verbraucher bei Vertragsauflösung Verzinsung des ihm zurück zu gewährenden Kaufpreises ab Übergabe verlangen. Eine solche Regelung kennt das deutsche Recht nicht.

- Während der Verbraucher im deutschen Recht im Rahmen der Rückabwicklung des Kaufvertrages - unabhängig von der Rechtshängigkeit oder einer etwaigen Bösgläubigkeit des Verkäufers - sonstige Aufwendungen nach Bereicherungsrecht herausverlangen kann, gewährt das italienische Recht dem Käufer nur dann einen solchen Anspruch, wenn der Verkäufer bösgläubig war.
- Die Vertragsauflösung ist bei geringfügigen Mängeln im italienischen Recht nur dann ausgeschlossen, wenn dem Verbraucher das Recht auf Vertragsauflösung wegen Unmöglichkeit oder Unverhältnismäßigkeit der Abhilfe zusteht. Im deutschen Recht ist der Rücktritt hingegen bei unerheblicher Pflichtverletzung unabhängig davon ausgeschlossen, unter welchen Voraussetzungen der Verbraucher andernfalls zum Rücktritt berechtigt wäre. Die italienische Vorschrift ist damit günstiger für den Verbraucher.
- Die Ausgestaltung des Rückgriffsanspruchs weist die weitreichendsten Unterschiede bei der Richtlinienumsetzung auf. Im italienischen Recht hat der Letztverkäufer ein Regressrecht gegenüber demjenigen in der Vertragskette, dem die Vertragswidrigkeit zuzurechnen ist. Im deutschen Recht kann der Letztverkäufer nur seinen Lieferanten in Regress nehmen, der seinerseits seinen Vertragspartner in Anspruch nehmen kann. Der gesetzliche Rückgriffsanspruch ist in Italien jederzeit abdingbar. Im deutschen Recht ist er vor Mitteilung der Mangelhaftigkeit an den Regressschuldner zwingend. Allerdings ist der Rückgriffsanspruch im deutschen Recht auf neu hergestellte Sache beschränkt.
- In Deutschland kommt auch innerhalb der Lieferkette die Beweislastumkehr des Verbrauchsgüterkaufes zur Anwendung. Diese Erleichterung sieht das italienische Recht für den Rückgriff des Letztverkäufers nicht vor.
- Voraussetzung des Rückgriffs im deutschen Recht ist, dass der Letztverkäufer die Mangelhaftigkeit der Kaufsache unverzüglich gerügt hat. In Italien ist die Rügefrist auf 8 Tage ab Übergabe festgelegt.
- Gewährleistungsansprüche und Rechte des Rückgriffsgläubigers im deutschen Recht verjähren in zwei Jahren ab Ablieferung der Sache an den Rückgriffsgläubiger bzw. sind ausgeschlossen. Die Verjährungsfrist in Italien beträgt nur ein Jahr ab Übergabe der Sache an den Rückgriffsgläubiger.
- Aufwendungsersatzansprüche verjähren im italienischen Recht innerhalb einer Frist von einem Jahr ab Erfüllung der Ansprüche des Verbrauchers. Im deutschen Recht hingegen beträgt die Verjährung des Aufwendungsersatzanspruchs zwei Jahre ab Ablieferung der Sache an den Regressgläubiger. Diese Ansprüche unterliegen jedoch einer Ablaufhemmung von zwei Monaten ab dem Zeitpunkt, in dem der Rückgriffsgläubiger die Ansprüche des Verbrauchers erfüllt hat, wobei eine Maximalfrist von fünf Jahren festgelegt wurde.

- Der deutsche Gesetzgeber hat den Ausschluss der Verbraucherrechte an einen Zeitraum von zwei Jahren gekoppelt, der italienische Gesetzgeber hat die Präklusion der Verbraucherrechte einer 26-Monats-Frist unterworfen.
- Hat der Verkäufer den Mangel arglistig verschwiegen, so verjährt der Nacherfüllungsanspruch im deutschen Recht erst innerhalb der regelmäßigen Verjährungsfrist von drei Jahren. In Italien greift bei Arglist zwar ebenfalls die Regelverjährung ein, diese beträgt jedoch 10 Jahre.
- In Deutschland steht dem Verbraucher trotz Verjährung des Nacherfüllungsanspruchs ein Leistungsverweigerungsrecht zu, dessen Ausübung den Verkäufer zum Rücktritt berechtigt. Eine solche Regelung enthält das italienische Recht nicht.
- Nach italienischem Recht verliert der Verbraucher seine Gewährleistungsrechte, wenn er dem Verkäufer die Vertragswidrigkeit nicht innerhalb von zwei Monaten nach ihrer Entdeckung anzeigt. Eine derartige Anzeigepflicht kennt das deutsche Recht nicht.
- Eine Garantieerklärung muss im italienischen Recht neben sonstigen wesentlichen Angaben zwingend die Dauer der Garantie und ihren räumlichen Geltungsbereich sowie den Namen oder die Firma und den Wohnsitz oder Geschäftssitz desjenigen, der sie anbietet, enthalten. Nach deutschem Recht sind lediglich die für die Inanspruchnahme der Garantie wesentlichen Angaben in der Garantie zu machen. Es ist daher durchaus denkbar, dass im deutschen Recht etwa auf die Angabe bezüglich des räumlichen Geltungsbereiches verzichtet werden kann, wenn die Garantie insoweit keinen Einschränkungen unterliegt.
- Nach italienischem Recht ist zudem eine Garantie zwingend in italienischer Sprache abzufassen, wobei die Kennzeichnung der italienischen Sprachfassung der Garantie nicht weniger auffällig als die etwaige Fassung in anderen Sprachen sein darf. Nach deutschem Recht reicht eine für den Verbraucher verständliche Sprache aus. Welche Sprache dies ist, richtet sich in der Regel nach dem durchschnittlichen das Verbrauchsgut, für das eine Garantie übernommen wurde, erwerbenden Verbraucher.

Abkürzungsverzeichnis

a.A.	anderer Ansicht
a.E.	am Ende
a.F.	alte Fassung
ABl.	Amtsblatt
AcP	Archiv für die civilistische Praxis
AGB	Allgemeine Geschäftsbedingungen
BB	Betriebs-Berater
BGB	Bürgerliches Gesetzbuch
BGBl.	Bundesgesetzblatt
BGH	Bundesgerichtshof
BGHZ	Entscheidungen des Bundesgerichtshofs in Zivilsachen
BMJ	Bundesministerium der Justiz
BR-Drucks.	Bundesratsdrucksache
BT-Drucks.	Bundestagsdrucksache
Cass.	Corte di Cassazione (italienischer Kassationsgerichtshof)
Cc	Codice civile (italienisches Zivilgesetzbuch)
CEE	Comunità Economia Europea
cic	culpa in contrahendo
CISG	Convention on Contracts for the International Sale of Goods
Consumatori, Dir. e Merc.	Consumatori, diritti e mercato
Contr. e impr./ Europa	Contratto e impresa/Europa
Corr. Giur.	Il Corriere giuridico
Corte Cost.	Corte Costituzionale (italienisches Verfassungsgericht)
Cost.	Costitutine (italienische Verfassung)
CR	Computer und Recht
DB	Der Betrieb
Dir. Comun. Scambi internaz.	Il Diritto comunitario e degli scambi internazionali
Dir. consumi	Diritto dei Consumi
Dir. e for.	Diritto e formazione
Dir. e giust.	Diritto e gustizia
Diss.	Dissertation
DNotZ	Deutsche Notar-Zeitung
EAG	Europäische Atomgemeinschaft
EG	Europäische Gemeinschaft
EGBGB	Einführungsgesetz zum Bürgerlichen Gesetzbuch
EGKS	Europäische Gemeinschaft für Kohle und Stahl

EGV	Vertrag zur Gründung der Europäischen Gemeinschaften
ELF	The European Law Forum
ERPL	The European Review of Public Law
EU	Europäische Union
EuGH	Gerichtshof der Europäischen Gemeinschaften
Europa e dir. priv.	Europa e diritto privato
EuZW	Europäische Zeitschrift für Wirtschaftsrecht
EVÜ	Europäisches Übereinkommen über das auf vertragliche Schuldverhältnisse anzuwendende Recht
EWG	Europäische Wirtschaftsgemeinschaft
EWR	Europäischer Wirtschaftsraum
EWS	Europäisches Wirtschafts- und Steuerrecht
Foro it.	Foro italiano
FS	Festschrift
Giur. Cost.	Giurisprudenza costitutionale
Giur. It.	Giurisprudenza italiana
GS	Gedächtnisschrift
Guist. Civ.	Giustizia civile
HGB	Handelsgesetzbuch
I contr.	I contratti
IHR	Internationales Handelsrecht
IPrax	Praxis des internationalen Privat- und Verfahrensrechts
JB	Jahrbuch
JbJgZivilRW	Jahrbuch Junger Zivilrechtswissenschaftler
JCL	Journal of Contract Law
JR	Juristische Rundschau
Jura	Juristische Ausbildung
JuS	Juristische Schulung
JZ	Juristen-Zeitung
KOM	Dokumente der Kommission der Europäischen Gemeinschaften
Mass. Giust. civ.	Massimario di Giustizia civile
MDR	Monatsschrift für Deutsches Recht
n.	numero
n.F.	neue Fassung
JbItalR	Jahrbuch für italienisches Recht
NGCC	La nuova giurisprudenza civile commentata
NJW	Neue Juristische Wochenschrift
NJW-RR	NJW-Rechtsprechungs-Report
ÖJZ	Östereichische Juristenzeitung
PVV	Positive Vertragsverletzung
Quad. dir. priv. europ.	Quaderni di diritto privato europeo

RabelsZ	Zeitschrift für ausländisches und internationales Privatrecht
Rass. Dir. Civ.	Rassegna di diritto civile
Rep. Foro it.	Repertorio del Foro italiano
Rep. Giur. It.	Repertorio della Giurisprudenza italiana
RGZ	Entscheidungen des Reichsgerichts in Zivilsachen
Riv. crit. dir. priv.	Rivista critica del diritto privato
Riv. dir. civ.	Rivista di diritto civile
RIW	Recht der Internationalen Wirtschaft
Rs.	Rechtssache
Stud. Iur.	Studium iuris
Trib.	Tribunale
UKlaG	Unterlassungsklagengesetz
UNCITRAL	United Nations Commission on International Trade Law
UNIDROIT	Institut International pour l'Unification du Droit Privé
UWG	Gesetz gegen den unlauteren Wettbewerb
VerbrGK-RL	Verbrauchsgüterkauf
VO	Verordnung
VuR	Verbraucher und Recht
WM	Wertpapiermitteilungen, Zeitschrift für Wirtschafts- und Bankrecht
WRP	Wettbewerb in Recht und Praxis
ZEuP	Zeitschrift für Europäisches Privatrecht
ZfRV	Zeitschrift für Rechtsvergleichung
ZGS	Zeitschrift für das gesamte Schuldrecht
ZIP	Zeitschrift für Wirtschaftsrecht
ZPO	Zivilprozessordnung
ZRP	Zeitschrift für Rechtspolitik
ZvglRWiss	Zeitschrift für vergleichende Rechtswissenschaft

Literaturverzeichnis

Ackermann, Thomas, Die Nacherfüllungspflicht des Stückverkäufers, in: JZ 2002, S. 378f.

Alpa, Guido, „Status" et capacità, Rom-Bari 1993, S. 205f. (*Alpa,* Status, S.)

- Gli usi del termine "consumatore" nella giurisprudenza, NGCC 1999/II, S. 4f.
- The implementation of the EC Directive on unfair contract terms in Italy, in: ERPL 5 (1997), S. 181f.

Alpa, Guido/ Patti, Salvatore (Hrsg.), Le clausole vessatorie nei contratti con i consumatori, Tomo I-II, Mailand 1997 (zitiert: *Bearbeiter*, in: *Alpa/ Patti* (Hrsg.), Le Clausole vessatorie, S.)

Amadio, Guiseppe, Difetto di conformità e tutele sinallagmatiche, in: Riv. dir. civ. 2001/I, S. 863 ff

Amadio, Guiseppe, La conformità al contratto tra garanzia e responsabilità, in: Contr. e impr./ Europa 2001, S. 2f.

Amtenbrink, Fabian/ Schneider, Claudia, Die europaweite Vereinheitlichung von Verbrauchsgüterkauf und – garantien, in: VuR 1997, S. 367f.

- Europäische Vorgaben für ein neues Kaufrecht und deutsche Schuldrechtsreform, in: VuR 1999, S. 293f.

Anders, Holm, Die Pflichtverletzung im System des Leistungsstörungsrechts als Modell de lege ferenda. Eine systematische Darstellung, untersetzt durch alternative Vorschläge unter besonderer Berücksichtigung kaufrechtlicher Bestimmungen, Dissertation, Berlin 2001 (zitiert: *Anders*, Diss., S.)

- Zur Reform des Kaufrechts, in: ZRP 2000, S. 293f.

Baier, Kirsten, Europäische Verbraucherverträge und missbräuchliche Klauseln. Die Umsetzung der Richtlinie 93/13 über missbräuchliche Klauseln in Verbraucherverträgen in Deutschland, Italien, England und Frankreich, Dissertation, Hamburg 2004 (zitiert: *Baier*, Diss., S.)

Baldus, Christian, Aspetti della direttiva sulla compravendita dei beni di consumo. Il concorso dei rimedi giuridici ed il ruolo del giudice nel diritto privato comunitario, in: Quad. dir. priv. europ., a cura di *A. Jannarelli-G. Piepoli-N. Scannicchio*, Bari 2000, S. 11f. (zitiert: *Baldus,* Quad. dir. priv. europ., 2000, 11f.)

Bamberger, Heinz Georg/ Roth, Herbert (Hrsg.), Kommmentar zum Bürgerlichen Gesetzbuch, München 2003 (zitiert: *Bearbeiter*, in: *Bamberger/Roth*, Kommentar zum BGB, § Rn.)

Bar, Christian von, Die Study Group on a European Civil Code, in: Gottwald, Peter/ Jayme, Erik/ Schwab, Dieter (Hrsg.), Festschrift für *Dieter Henrich* zum 70. Geburtstag, 1. Dezember 2000, Bielefeld 2000, S. 1ff. (zitiert: *Bar*, FS *Henrich*, S. 1f.)

***Basedow, Jürgen* (Hrsg.)**, Europäische Vertragsrechtsvereinheitlichung und deutsches Recht, Symposium „Europäische Vertragsvereinheitlichung und deutsches Recht", Tübingen 2000 (zitiert: *Basedow* (Hrsg.), Europäische Vertragsvereinheitlichung und deutsches Recht, S.)

- Das BGB im künftigen europäischen Privatrecht: Der hybride Kodex. Systemsuche zwischen nationaler Kodifikation und Rechtsangleichung, in: AcP 200 (2000), S. 445f.

Baumbach, Adolf (Begr.)/ ***Hopt, Klaus** J.(Bearb.)*, Handelsgesetzbuch mit GmbH & Co. Handelsklauseln. Bank- und Börsenrecht. Transportrecht (ohne Seerecht), 30. Aufl., München 2000 (zitiert: *Baumbach/Hopt*, HGB, § Rn.)

Baumert, Andreas J, Die Umsetzung des Art. 6 Abs. 2 der AGB-Richtlinie im System des europäischen kollisionsrechtlichen Verbraucherschutzes, in: EWS 1995, S. 57f.

Beale, Hugh/ Howells, Geraint, EC Harmonisation of Consumer Sales Law – A Missed Opportunity?, in: JCL 12 (1997), S. 21f.

Berger, Christian, Der Ausschluß gesetzlicher Rückgewähransprüche bei der Erbringung unbestellter Leistungen nach § 241a BGB, in: JuS 2001, S. 649f.

Bianca, Massimo Cesare, Consegna di aliud pro olio e decadenza dai rimedi per omessa denunzia nella direttiva 1999/44/CE, in: Contr. e impr./Europa 2001, S. 16f.

- Diritto civile III, Il contratto, 2. Aufl., Mailand 2000 (zitiert: *Bianca*, Diritto civile, S.)
- Diritto civile, L'obbligazione, 4. Aufl., Milano 1993 (zitiert: *Bianca*, Dritto civile, S.)
- La vendita e la permuta, nel Trattato di diritto civile italiano fondato da Vassalli, Torino 1993 (zitiert: *Bianca,* Vendita, S.)
- La vendita e la permuta, Vol. Settimo/Tomo primo (Vii/1), in: *Vasalli, Filippo* (Hrsg.) Trattato di Diritto Civile Italiano, 2. Ed., Torino 1993 (zitiert: *Bianca*, in: *Vasalli*, Trattato di Diritto Civile Italiano, S.)

Bianca, Massimo Cesare/ Alpa, Guido, Le clausole abusive nei contratti stipulati con i consumatori, Padua 1996 (zitiert: *Bianca/Alpa*, Le clausole abusive, S.)

Bin, Marino, Clausole vessatorie: una svolta storica (ma si attuano così le direttive comunitarie?), in: Contr. e impr./Europa, 1996, S. 431f.

- Per un dialogo con il futuro legislatore dell'attuazione: ripensare l'intera disciplina della non conformità dei beni nella vendita alla luce della direttiva comunitaria, in: Contr. e impr./Europa 2000, S. 403f.

Binder, Jens-Hinrich, Die Inzahlungnahme gebrauchter Sachen vor und nach der Schuldrechtsreform am Beispiel des Autokaufs „Alt gegen Neu", in: NJW 2003, S. 393f.

Bitter, Georg/ Meidt, Eva, Nacherfüllungsrecht und Nacherfüllungspflicht des Verkäufers im neuen Schuldrecht, in: ZIP 2001, S. 2114f.

Bocchini, Fernando, La vendita tra piazze diverse di beni di consumo, in: Riv. dir. civ. 2002/II, S. 1f.

Boerner, Dietmar, Kaufrechtliche Sachmängelhaftung und Schuldrechtsreform, in: ZIP 2001, S. 2264f.
Bonfante, Guido/ Cagnasso, Oreste, Risoluzione del contratto ed "azione di adempimento" quali strumenti di tutela del consumatore o dell'impresa?, in: Contr. e impr./Europa 2001, S. 23f.
Brambring, Günter, Schuldrechtsreform und Grundstückskaufvertrag, in: DNotZ 2001, S. 590f.
Brand, Oliver, Probleme mit der „IKEA-Klausel", in: ZGS 2003, S. 96f.
Brors, Christiane, Die Falschlieferung in der Schuldrechtsreform, in: JR 2002, S. 133f.
Brox, Hans (Begr.)/ ***Walker, Wolf-Dietrich***, Besonderes Schuldrecht, 29. Aufl., München 2004 (zitiert: *Brox/Walker*, Besonderes Schuldrecht, Rn.)
Brüggemeier, Gert, Das neue Kaufrecht des Bürgerlichen Gesetzbuches. Eine kritische Bestandsaufnahme, in: WM 2002, S. 1376f.
- Zur Reform des deutschen Kaufrechts – Herausforderungen durch die EG-Verbrauchsgüterkaufrichtlinie, in: JZ 2000, S. 529f.
Brüggemeier, Gert/ Reich, Norbert, Europäisierung des BGB durch große Schuldrechtsreform? Stellungnahme zum Entwurf eines Schuldrechts-modernisierungsgesetzes, in: BB 2001, S. 213f.
Büdenbender, Ulrich, Das Kaufrecht nach dem Schuldrechtsreformgesetz (Teil 1), in: DStR 2002, 312f.
- Das Kaufrecht nach dem Schuldrechtsreformgesetz (Teil 2), in: DStR 2002, 361f.
Cabella Pisu, Luciana, Garanzia e responsabilità nelle vendite commerciali, Milano 1983 (zitiert: *Cabella Pisu*, Garanzia e responsabilità, S.)
- Vendita, vendite: quale riforma delle garanzie?, in: Contr. e impr./Europa 2001, S. 34f.
Calvo, Roberto, L'attuazione della direttiva n. 44 del 1999 una chance per la revisione in senso unitario della disciplina sulle garanzie e rimedi nella vendita, in: Contr. e impr./Europa 2000, S. 463f.
- Note a margine del convegno di Padova dedicato alla memoria di Alberto Trabucchi su "L'attuazione della direttiva 99/44/CE in Italia e in Europa" in: Contr. e impr./Europa 2001, S. 419f.
Canaris, Claus-Wilhelm, Das allgemeine Leistungsstörungsrecht im Schuldrechts-modernisierungsgesetz, in: ZRP 2001, S. 329f.
- Schlusswort: Aspekte der Europäischen Rechtsangleichung mit Hilfe von Richtlinien, in: *Canaris, Claus-Wilhelm/ Zaccaria, Alessio* (Hrsg.), Die Umsetzung von zivilrechtlichen Richtlinien der Europäischen Gemeinschaft in Italien und Deutschland, Untersuchungen zum Europäischen Privatrecht Band 12, Berlin 2002, S. 129f. (zitiert: *Canaris*, in: *Canaris/ Zaccaria* (Hrsg.), Die Umsetzung von zivilrechtlichen Richtlinien, S. 129f.)

- Vorwort in: Schuldrechtsreform 2002 (systematische Einführung, Diskussionsentwürfe, Begründung des Regierungsentwurfs, Stellungnahme des Bundesrates, Gegenäußerung der Bundesregierung, Bericht des Rechtsausschusses), zusammengestellt von *Claus-Wilhelm Canaris*, 1. Aufl., München 2002, S. VIIf. (zitiert: *Canaris*, Schuldrechtsreform 2002, S. VIIf.)

Caredda*, *Valeria, Le liberalità diverse dalla donazione, Torino 1996 (zitiert: *Caredda*, Le liberalità diverse dalla donazione, S.)

Casper, Matthias, Die Zusendung unbestellter Waren nach § 241a BGB, in: ZIP 2000, S. 1602f.

Cendon, Paolo (Hrsg.), Commentario al codice civile, 1997 (zitiert: Cendon, Commentario, Art.)

Cesàro, Ernesto (Hrsg.), Clausole vessatorie e contratto del consumatore, Padua 1996 (zitiert: *Bearbeiter*, in: *Cesarò* (Hrsg.), Clausole vessatorie, S.)

Cian, Giorgio, Europäisches Privatrecht aus italienischer Sicht: Die Umsetzung der EG-Richtlinie 93/13 über Verbraucherverträge in das italienische Recht, in: *Diederichsen, Uwe/ Mengoni, Luigi/ Schefold, Dian/ Cian, Giorgio /Patti, Salvatore/ Uckmar, Victor/ Raupach, Arndt* (Hrsg.), Jahrbuch für italienisches Recht, Band 10, Heidelberg 1997, S. 55f. (zitiert: *Cian,* in: *Diederichsen / Mengoni / Schefold / Cian /Patti / Uckmar / Raupach* (Hrsg.), Jahrbuch für italienisches Recht, Bd 10, S. 55f.)

Cian, Giorgio/ Trabucchi, Alberto (Hrsg.), Commentario breve al codice civile, 7. Aufl., Padua 2004 (zitiert: *Cian/Trabucchi*, Commentario breve, Art.)

Ciatti, Alessandro, L'ambito di applicazione ratione materiae della direttiva comunitaria sulla vendita e le garanzie dei beni di consumo, in: Contr. e impr./Europa 2000, S. 433f.

Dauner-Lieb, Barbara, Die geplante Schuldrechtsmodernisierung – Durchbruch oder Schnellschuß?, in: JZ 2001, S. 8f.

- Ein Jahr Schuldrechtsreform – Eine Zwischenbilanz, in: ZGS 2003, S. 10f.

Dauner-Lieb, Barbara/ Arnold, Arnd, Noch einmal – Die Falschlieferung beim Stückkauf, in: JuS 2002, S. 1175f.

Dauner-Lieb, Barbara, Arnold, Arnd/ Dötsch, Wolfgang/ Kitz, Volker, Anmerkungen und Fragen zur konsolidierten Fassung des Diskussionsentwurfs eines Schuldrechtsmodernisierungsgesetzes, Fassung vom 6. März 2001, veröffentlicht auf der Internetseite: www. dauner-lieb. de (zitiert: *Dauner-Lieb/ Arnold/ Dötsch/ Kitz*, Anmerkungen und Fragen zur konsolidierten Fassung des Diskussionsentwurfs, S.)

Dauner-Lieb, Barbara/ Dötsch, Wolfgang, Selbstvornahme im Kaufrecht?, in: ZGS 2003, S. 250f.

Dauner-Lieb, Barbara/ Heidel, Thomas/ Lepa, Manfred/ Ring, Gerhard (Hrsg.), Schuldrecht: Erläuterungen der Neuregelungen zum Verjährungs-recht, Schuldrecht, Schadensersatzrecht und Mietrecht – Anwaltskommentar, Bonn 2002 (zitiert: Anwaltskommentar-*Bearbeiter*, § Rn. oder Art. Rn.)

Dauner-Lieb, Barbara/ Thiessen Jan, Garantiebeschränkungen in Unternehmenskaufverträgen nach der Schuldrechtsreform, in: ZIP 2002, S. 108f.

De Cristofaro, Giovanni, Difetto di conformità al contratto e diritti del consumatore – L'ordinamento italiano e la Direttiva 99/44/CE sulla vendita e le garanzie dei beni di consumo, Padova 2000 (zitiert: *De Cristofaro,* Difetto di conformità, S.)

- La nuova disciplina codicistica dei contratti per la fornitura dei beni mobili conclusi da consumatori con professionisti (Prima parte), in: Stud. Iur. 2002, S. 1174f.

De Cristofaro, Giovanni, La nuova disciplina codicistica dei contratti per la fornitura dei beni mobili conclusi da consumatori con professionisti (Seconda parte), in: Stud. Iur. 2002, S. 1314f.

De Matteis, Raffaella, Il difetto di conformità e l'equilibrio contrattuale dello scambio, in: Contr. e impr./Europa 2001, S. 46f.

De Nova, Giorgio, La proposta di direttiva sulla vendita e la garanzia dei beni di consumo, in: Riv. dir. priv. 1997, S. 22f.

- La recezione della Direttiva sulle garanzie nella vendita di beni di consumo: vincoli, ambito di applicazione, difetto di conformità, in: Riv. dir. priv. 2001, S. 759f.

- Verso una direttiva comunitaria in tema di vendita di beni di consumo, garanzie e servizi post-vendita, in: *Rizzo, Victortio* (Hrsg.), Diritto privato comunitario, I, Fonti, principi, obbligazioni e contratti, Esi, Napoli, 1997, S. 186f. (zitiert: *De Nova,* in: *Rizzo* (Hrsg.), Diritto privato comunitario, S. 186f.)

Deckers, Stefan, Zusendung unbestellter Ware, in: NJW 2001, S. 1474f.

Delogu, Lucia, I patti modificativi della responsabilità del venditore: la direttiva 1999/44/CE, l'odierno diritto italiano e le prospettive di riforma, in: Contr. e impr./Europa 2000, S. 489f.

- La proposta modificata di direttiva del palamento europeo e del consiglio sulla vendita e la garanzia dei beni di consumo, in: Contr. e impr./Europa 1998, S. 1039f.

Derleder, Peter, Der Wechsel zwischen den Gläubigerrechten bei Leistungsstörungen und Mängeln, NJW 2003, S. 998f.

Di Majo, Adolfo, Garanzia e inadempimento nella vendita di beni di consumo, in: Europa e dir. priv. 2002, S. 1f.

Di Marzio, Fabrizio, Intorno alla nozione di consumatore, Guist. Civ., 2001/I, S. 2125f..

Eccher, Bernhard/ Schurr, Francesco A., Die Umsetzung der Richtlinie 99/44/EG über den Verbrauchsgüterkauf in Italien, in: ZEuP 2003, S. 65f.

Eckert, Hans-Werner, Das Recht der Allgemeinen Geschäftsbedingungen, in: ZIP 1996, S. 1238f.

Eckert, Hans-Werner, Europäisierung des Privatrechts: Die Bedeutung der Richtlinien der Europäischen Union für die Schaffung einheitlicher Rechtsordnungen, in: *Gerhard Köbler* (Hrsg.), Festschrift für *Alfred Söllner* zum 70. Geburtstag, Europas universale rechtsordnungspolitische Aufgabe im Recht des dritten Jahrtausends, München 2000, S. 239f. (zitiert: *Eckert*, in FS *Söllner*, S. 239f.)

Ehmann, Horst/ Rust, Ulrich, Die Verbrauchsgüterkaufrichtlinie, in: JZ 1999, S. 853f.

Ehmann, Horst/ Sutschet, Holger, Modernisiertes Schuldrecht: Lehrbuch der Grundsätze des neuen Rechts und seiner Besonderheiten, München 2002 (zitiert: *Ehmann/Sutschet*, Modernisiertes Schuldrecht, S.)

Eidenmüller, Horst, Zur Effizienz der Verjährungsregeln im geplanten Schuldrechtsmodernisierungsgesetz, in: JZ 2001, S. 283f.

Engel, Arno Johannes, Ein Europäisches Zivilgesetzbuch? – Zukunftsperspektiven aus dem Blickwinkel der Gemeinschaftskompetenz, in: ZfRV 1999, S. 121f.

Erman, Walter, Bürgerliches Gesetzbuch: Handkommentar mit AGBG, EGBGB, ErbbauVO, HausratsVO, HausTWG, ProdHaftG, SachenRBerG, SchuldRAnpG, VerbrKrG, Band 1 und 2, 10. Aufl., Münster/ Aschaffendorf u.a. 2000 (zitiert: Erman-*Bearbeiter*, 10. Aufl., § Rn)

Ernst, Wolfgang, Die Schuldrechtsreform 2001/2002, Zum Diskussionsentwurf des Schuldrechtsmodernisierungsgesetzes, in: ZRP 2001, S. 1f.

- Die Zurückweisung der Ware, in: NJW 1997, S. 896f.
- Zum Fortgang der Schuldrechtsmodernisierung, in: *Ernst, Wolfgang/ Zimmermann, Reinhard* (Hrsg.), Zivilrechtswissenschaft und Schuldrechtsreform: Zum Diskussionsentwurf eines Schuldrechtsmodernisierungsgesetzes des Bundesministeriums der Justiz, Tübingen 2001, S. 559f. (zitiert: *Ernst*, in: *Ernst/Zimmermann* (Hrsg.), Zivilrechtswissenschaft und Schuldrechtsreform, S. 559f.)

Ernst, Wolfgang/Gsell, Beate, Kaufrechtsrichtlinie und BGB, in: ZIP 2000, S. 1410f.

- Kritisches zum Stand der Schuldrechtsreform, in: ZIP 2001, S. 1389f.
- Nochmals für die „kleine Lösung", in: ZIP 2000, S. 1812f.

Faber, Wolfgang, Aliud- und Minderlieferung im Konzept der „Vertragsmäßigkeit" der EG-Richtlinie zum Verbrauchsgüterkauf, in: Tradition und Fortschritt, Bonner Tagung, 8.-11. September 1999, Jahrbuch Junger Zivilrechtswissenschaftler 1999, S. 85f. (zitiert: *Faber*, JB Junger Zivilrechtswissenschaftler 1999, S.)

- Die Richtlinie bezüglich Verbrauchsgüterkauf und Garantien für Verbrauchsgüter, in: JBl. 1999, S. 413f.

Fadda, Rossella, Il contenuto della direttiva 1999/44/CE: una panoramica, in: Contr. e impr./Europa 2000, S. 410f.

Falzone Calvisi, Maria Giovanna, Garanzie legali della vendita: quale riforma?, in: Contr. e impr./Europa 2000, S. 448f.

Faust, Florian, Garantie und Haftungsbeschränkung in § 444 BGB, ZGS 2002, 271f.

Ferrante, Edoardo, Die Umsetzung der Verbrauchsgüterkaufrichtlinie 1999/44/EG im italienischem Recht, in: RIW 2003, 570f.

- Die neuen Vorschriften des italienischen Codice civile über den Verbrauchsgüterkauf, in: VuR 2003, S. 165f.
- L'attuazione della direttiva comunitaria sulle garanzie nella vendita di beni di consumo: la legge austriaca ed il progetto tedesco, in Contr. e impr./Europa 2001, S. 423f.

Ferri, Giovanni B., Divagazioni intorno alla direttiva n. 44 del 1999 su taluni aspetti della vendita e delle garanzie dei beni di consumo, in: Contr. e impr./Europa 2001, S. 57f.

Fischer, Gerfried, Das Kollisionsrecht der Verbraucherverträge jenseits von Art. 5 EVÜ, in: *Hübner, Ulrich/ Ebke, Werner F.* (Hrsg.), Festschrift für *Bernhard Großfeld* zum 65. Geburtstag, Heidelberg 1999, S. 277f. (zitiert: *Fischer*, FS *Großfeld*, S.)

Flessner, Axel, Richtlinie und Reform – Die Einpassung der Kaufgewährleistungs-Richtlinie ins deutsche Recht, in: *Grundmann, Stefan/ Medicus, Dieter/ Rolland, Walter* (Hrsg.), Europäisches Kaufgewährleistungsrecht, Reform und Internationalisierung des deutschen Schuldrechts, Köln/ Berlin/Bonn/ München 2000, S. 233f. (zitiert: *Flessner*, in: *Grundmann/ Medicus/ Rolland* (Hrsg.), Europäisches Kaufgewährleistungsrecht, S.)

Flessner, Axel/ Kadner, Thomas, CISG? Zur Suche nach einer Abkürzung für das Wiener Übereinkommen über Verträge über den internationalen Warenkauf, in: ZEuP 1995, S. 347f.

Flume, Werner, Vom Beruf unserer Zeit für Gesetzgebung. Die Änderungen des BGB durch das Fernabsatzgesetz, in: ZIP 2000, S. 1427f.

Foerste, Ulrich, Der Fehlerbegriff im Kaufrecht, in: JuS 1994, S. 202f.

Freitag, Robert/ Leible, Stefan, Von den Schwierigkeiten der Umsetzung kollisionsrechtlicher Richtlinienbestimmungen. Einige Anmerkungen zum Entwurf eines Art 29a EGBGB, in: ZIP 1999, S. 1296f.

Gaier, Reinhard, Das Rücktritts(folgen)recht nach dem Schuldrechtsmodernisierungsgesetz, WM 2002, 1f.

Galgano, Francesco, Responsabilità del produttore, in: Contr. e Impr. 1986, S. 995f.

Gallo, Paolo, La Garanzia nella vendita di beni al consumo. Prospettiva e riforma alla luce della direttiva 1999/44 CE, in: Contr. e impr./Europa 2001, S. 78f.

Gandolfi, Giuseppe, Der Vorentwurf eines Europäischen Vertragsgesetzbuches, in: ZEuP 2002, S. 1f.

Garofalo, Luigi, L'attuazione della direttiva 1999/44/CE in Italia, in: *Schermaier, Martin Josef* (Hrsg.), Verbraucherkauf in Europa. Altes Gewährleistungsrecht und die Umsetzung der Richtlinie 1999/44/EG, München 2002, S. 237f. (zitiert: *Garofalo*, in: *Schermaier* (Hrsg.), Verbraucherkauf in Europa, S.)

Gass, Peter, Die Schuldrechtsüberarbeitung nach der politischen Entscheidung zum Inhalt der Richtlinie über den Verbrauchsgüterkauf, in: *Diedrichsen, Uwe/ Fischer, Gerfried/ Medicus, Dieter/ Pirrug, Jörg/ Wagenitz, Thomas* (Hrsg.), Festschrift für *Walter Rolland* zum 70. Geburtstag, Köln 1999, S. 129f. (zitiert: *Gass*, in: FS *Rolland*, S. 129f.)

Gazzoni, Francesco, Manuale di Diritto Privato, 12. Aufl., Neapel 2004 (zitiert: *Franzoni*, Manuale, S.)

Gebauer, Martin, Grundfragen der Europäisierung des Privatrechts – eine Untersuchung nationaler Ansätze unter Berücksichtigung des italienischen und des deutschen Rechts, Dissertation, Heidelberg 1998 (zitiert: *Gebauer*, Diss., S.)

Gravante, Alessandro, Die Regelunge des Verbrauchsgüterkaufs. Die Umsetzung der Richtlinie 99/44/EG über den Verbrauchsgüterkauf in italienisches Recht, in: ELF 2002, S. 356f.

Greco, Paolo/ Cottino, Gastone, Della vendita, art. 1470 – 1547, Commentario del codice civile a cura di *Antonio Scialoja* e *Giuseppe Branca*, 2. Aufl., Bologna-Roma 1981 (zitiert: *Greco/Cottino*, in: *Scialoja/Branca*, Commentario del Codice civile, S.)

Griffi, Leonardo Patroni, Le clausole abusive nei contratti conclusi con i consumatori (direttiva 93/13/C.E.), Rass. Dir. Civ. 1995, S. 345f.

Grigoleit, Hans Christoph/ Herresthal, Carsten, Die Beschaffenheitsvereinbarung und ihre Typisierung in § 434 I BGB, in: JZ 2003, S. 233f.

Grigoleit, Hans Christoph/ Herresthal, Carsten, Grundlagen der Sachmängelhaftung im Kaufrecht, in: JZ 2003, S. 118f.

Grigoleit, Hans Christoph/ Riehm, Thomas, Grenzen der Gleichstellung von Zuwenig-Lieferung und Sachmangel, in: ZGS 2002, S. 115f.

Groh, Thomas, Auslegung des Gemeinschaftsrechts und Vorlagepflicht nach Art. 234 EG – Plädoyer für eine zielorientierte Konzeption, in: EuZW 2002, S. 460ff.

Gronstedt, Sebastian/ Jörgens, Stefan, Die Gewährleistungshaftung bei Unternehmensverkäufen nach dem neuen Schuldrecht, in: ZIP 2002, S. 52f.

Gruber, Urs Peter, Das neue deutsche Zwischenhändler-Schutzrecht – eine Benachteiligung inländischer Hersteller und Großhändler? in: NJW 2002, S. 1180f.

- Montagefehler und fehlerhafte Montageanleitung im neuen Kaufrecht, in: VuR 2002, S. 120f.
- Zur Rolle der Rechtsvergleichung nach der Schuldrechtsreform, in: ZVglRWiss 101 (2002), S. 38f.

Grundmann, Stefan, Binnenmarktkollisionsrecht - vom klassischen IPR zur Integrationsordnung, in: RabelsZ 64 (2000), S. 457f.

- EG-Richtlinie und nationales Privatrecht – Umsetzung und Bedeutung der umgesetzten Richtlinie im nationalen Privatrecht, in: JZ 1996, S. 274f.
- Europäisches Schuldvertragsrecht, Struktur und Bestand, in: NJW 2000, S. 14f.

- Europäisches Schuldvertragsrecht. Das europäische Recht der Unternehmensgeschäfte (nebst Texten und Materialien zur Rechtsangleichung), Berlin/ New York 1999 (zitiert: *Grundmann*, Europäisches Schuldvertragsrecht, S.)
- Harmonisierung, Europäischer Kodex, Europäisches System der Vertragsrechte, in: NJW 2002, 393f.

Grundmann, Stefan/ Bianca, Cesare Massimo (Hrsg.), EU-Kaufrechts-Richtlinie, Kommentar, Köln 2002 (zitiert: Grundmann/Bianca-*Bearbeiter*, Art. Rn.)

Gsell, Beate, Kaufrechtsrichtlinie und Schuldrechtsmodernisierung, in: JZ 2001, S. 65f.

- Nutzungsentschädigung bei kaufrechtlicher Nacherfüllung?, in: NJW 2003, S. 1969f.

Gundel, Jörg, Neue Grenzlinien für die Direktwirkung nicht umgesetzter Richtlinien unter Privaten, in: EuZW 2001, S. 143f.

Haas, Lothar, Entwurf eines Schuldrechtsmodernisierungsgesetzes: Kauf- und Werkvertragsrecht, in: BB 2001, S. 1313f.

Haas, Lothar/ Medicus, Dieter/ Rolland, Walter/ Schäfer, Carsten/ Wendtland, Holger (Hrsg.), Das neue Schuldrecht, München 2002 (zitiert: *Bearbeiter*, in: *Haas/Medicus/Rolland/Schäfer/Wendtland* (Hrsg.), Das neue Schuldrecht, Kap. Rn.)

Habersack, Mathias/ Mayer, Christian, Die überschießende Umsetzung von Richtlinien. Normauslegung und Rechtsweg im Grenzbereich zwischen deutschem und europäischen Privatrecht, in: JZ 1999, S. 913ff.

Hänlein, Andreas, Die Richtlinie zu bestimmten Aspekten des Verbrauchsgüterkaufs und der Garantien für Verbrauchsgüter, in: DB 1999, S. 1641f.

Hassemer, Michael, Kaufverträge nach der Schuldrechtsreform – Vertragsgestaltung gegenüber Verbrauchern und im Handelsgeschäft, in: ZGS 2002, S. 95f.

Häuberlein, Martin, Der Beschaffenheitsbegriff und seine Bedeutung für das Verhältnis der Haftung aus culpa in contrahendo zum Kaufrecht, in: NJW 2003, S. 388f.

Haustein, Almut, Reformbedürftigkeit des Gewährleistungsrechts. Unter Beachtung der Richtlinie über den Verbrauchsgüterkauf und –garantien und den Vorschlägen der Schuldrechtsreform, Dissertation, Aachen 2002 (zitiert: *Haustein*, Diss., S.)

Hazan, Maurizio, Attuata la direttiva 99/44/CE: si rafforza la tutela del consumatore, in: I contr. 2002, S. 394f.

Heilegger, Gerda, Neue Richtlinie zum Verbrauchsgüterkauf, in: RdW 1999, S. 633f.

Heinemann, Andreas/ Pickartz, Thomas, Die Nacherfüllung beim Stückkauf, in: ZGS 2003, S. 149ff.

Heinrichs, Helmut, Die EG-Richtlinie über mißbräuchliche Klauseln in Verbraucherverträgen, in: NJW 1993, S. 1817f.

Henssler, Martin/ Westphalen, Friedrich Graf von (Hrsg.), Praxis der Schuldrechtsreform, Recklinghausen 2002 (zitiert: *Bearbeiter* in: *Henssler/ von Westphalen*, Praxis der Schuldrechtsreform, § Rn.)

Herber, Rolf/ Czerwenka, Beate, Internationales Kaufrecht. Kommentar zu dem Übereinkommen der Vereinigten Nationen vom 11. April 1980 über Verträge über den internationalen Warenkauf, München 1991 (zitiert: *Herber/Czerwenka*, CISG, Art. Rn.)

Hermanns, Marc, Garantien beim Unternehmens- und Anteilskaufvertrag - Gestaltungsmöglichkeiten und Formulierungsvorschläge, in: ZIP 2002, S. 696f.

Hertel, Christian, Vorwirkungen, des neuen Schuldrechts auf notarielle Angebote, in: DNotZ 2001, S. 742ff.

Heß, Burkhard, Das neue Schuldrecht – In-Kraft-Treten und Übergangsregelungen, in: NJW 2002, S. 253ff.

Heß, Stefan, Die Umsetzung von EG-Richtlinien im Privatrecht, Dissertation, Frankfurt am Main 1999 (zitiert: *Heß*, Diss., S.)

Hilgard. Mark/ Kraayvanger, Jan, Unternehmenskauf - Rechtsfolgen eines selbstständigen Garantieversprechens nach der Reform, in: MDR 2002, S. 678f.

Hoeren, Thomas, Gestaltungsvorschläge für Musterverträge und Einkaufsbedingungen nach In-Kraft-Treten des Schuldrechtsmodernisierungsgesetzes - Teil 1, in: ZGS 2002, S. 10f.

Hoeren, Thomas/ Martinek, Michael (Hrsg.), Systematischer Kommentar zum Kaufrecht, 1. Aufl., Recklinghausen 2002 (zitiert: *Hoeren/Martinek-Bearbeiter*, § Rn.)

Höffe, Sibylle, Die Verbrauchsgüterkaufrichtlinie 1999/44/EG und ihre Auswirkungen auf den Schadensersatz beim Kauf, Dissertation, Frankfurt am Main/ Berlin/ Bern/ Bruxelles/New York/ Oxford/ Wien 2001 (zitiert: *Höffe*, Diss., S.)

Hoffmann, Jan, Verbrauchsgüterkaufrechtsrichtlinie und Schuldrechtsmodernisierungsgesetz, in: ZRP 2001, S. 347f.

Hondius, Ewoud, Kaufen ohne Risiko! Der europäische Richtlinienentwurf zum Verbraucherkauf und zur Verbrauchergarantie, in: ZEuP 1997, S. 130f.

Hondius, Ewoud/ Jeloschek, Christoph, Die Kaufrechtsrichtlinie und das niederländische Recht: Für den Westen kaum etwas Neues, in: *Grundmann, Stefan/ Medicus, Dieter/ Rolland, Walter* (Hrsg.), Europäisches Kaufgewährleistungsrecht, Reform und Internationalisierung des deutschen Schuldrechts, Köln/ Berlin/Bonn/ München 2000, S. 197f. (zitiert: *Hondius/ Jeloschek*, in: *Grundmann/ Medicus/ Rolland* (Hrsg.), Europäisches Kaufgewährleistungsrecht, S. 197f.)

Honsell, Heinrich, Die EU-Richtlinie über den Verbrauchsgüterkauf und ihre Umsetzung ins BGB, in: JZ 2001, S. 278f.

- Einige Bemerkungen zum Diskussionsentwurf eines Schuldrechtsmodernisierungsgesetzes, JZ 2001, 18f.

Horak, Michael, Das EG Grünbuch über Verbrauchsgütergarantien und Kundendienst, in: *Schermaier, Martin Josef* (Hrsg.), Reform des Gewährleistungsrechts und europäische Rechtsangleichung: studentische Beiträge zur Rechtsangleichung und Rechtspolitik, Frankfurt am Main/ Bern/ New York 1998, S. 255f. (zitiert: *Horak*, in: *Schermaier* (Hrsg.), Reform des Gewährleistungsrechts und europäische Rechtsangleichung, S. 255f.)

Huber, Peter, Der Nacherfüllungsanspruch im neuen Kaufrecht, NJW 2002, 1004f.

- Kaufrecht - Made in Europe! Die EG-Richtlinie über den Verbrauchsgüterkauf und ihre Folgen für das deutsche Gewährleistungsrecht, in: *Gottwald, Peter* u.a. (Hrsg.), Festschrift für *Dieter Henrich* zum 70. Geburtstag, 2000, S. 297f. (zitiert: *Huber*, in: FS *Henrich*, S.)

Huber, Peter/ Faust, Florian, Schuldrechtsmodernisierung. Einführung in das neue Recht, München 2002 (zitiert: *Huber/ Faust*, Schuldrechtsmodernisierung, Kap. Rn.)

Hübner, Ulrich, Der Verbrauchsgüterkauf: ein weiterer Schritt in Richtung Europäisierung des Privatrechts, in: EuZW 1999, S. 481f.

Jakobs, Horst Heinrich, Tagungsbericht Schuldrechtsmodernisierung – Impressionen von einem Symposium, in: JZ 2001, S. 27f.

Jansen, Nils, Gewährleistung trotz Annahmeverzugs und Untergangs der Kaufsache?, in: ZIP 2002, S. 877f.

- Nochmals: Gewährleistung trotz Annahmeverzug und Untergang der Kaufsache?, in: ZIP 2002, S. 1794f.

Janssen, André, Die Zukunft des „weiterfressenden Mangels" nach der Schuldrechtsreform, in: VuR 2003, S. 60f.

- Kollision des einheitlichen UN-Kaufrechts mit dem Verbraucherschutzrecht am Beispiel der Richtlinie über den Verbrauchsgüterkauf und –garantien, in: VuR 1999, S. 324f.

Jaques, Henning, Haftung des Verkäufers für arglistiges Verhalten beim Unternehmenskauf – zugleich eine Stellungnahme zu § 444 BGB n. F., in: BB 2002, S. 417f.

Jauernig, Othmar (Hrsg.), Bürgerliches Gesetzbuch, 10. Aufl. München 2003 (zitiert: Jauernig-*Bearbeiter*, § Rn.)

Jayme, Erik, Konsensualprinzip und obligatorischer Kaufvertrag im italienischen Recht, in: Festschrift für *Otto Mühl*, Stuttgart u.a. 1981, S. 339f. (zitiert: ***Jayme***, FS-Mühl, S. 339f.)

- Zum internationalen Geltungswillen der europäischen Regeln über den Handelsvertreterausgleich, in: IPrax 2001, S. 190f.

Jorden, Simone, Verbrauchergarantien: die EG-Richtlinie über den Verbrauchsgüterkauf und Verbrauchergarantien und ihre Umsetzung in das deutsche Zivilrecht, Dissertation, München 2001 (zitiert: *Jorden*, Diss., S.)

Jorden, Simone/ Lehmann, Michael, Verbrauchsgüterkauf und Schuldrechtsmodernisierung, in: JZ 2001, S. 952f.

Jud, Brigitta, Die Rangordnung der Gewährleistungsbehelfe. Verbrauchsgüterkaufrichtlinie, österreichisches, deutsches und Un-Kaufrecht im Vergleich, in: *Helms, Tobias/ Neumann, Daniela/Caspers, Georg/Sailer, Rita/Schmidt-Kessel, Martin* (Hrsg.), Jahrbuch Junger Zivilrechtswissenschaftler, Das neue Schuldrecht 2001, S. 205f. (zitiert: *Jud*, in: *Helms/Neumann/Caspers/Sailer/Schmidt-Kessel* (Hrsg.), Jb.J.ZivRWiss., S. 205f.)

- Regressrecht des Letztverkäufers, Art. 4 der RL 99/44/EG über den Verbrauchsgüterkauf und die Reform in Österreich und Deutschland, in: ZfRV 2001, S. 201f.

Junker, Abbo, Vom Bürgerlichen zum kleinbürgerlichen Gesetzbuch - Der Richtlinienvorschlag über den Verbrauchsgüterkauf, in: DZWir 1997, S. 271f.

Kamanabrou, Sudabeh, Die Umsetzung der Fernabsatzrichtlinie, in: WM 2000, S. 1417f.

Kessler, Christian, Der Kauf gebrauchter Waren nach dem Diskussionsentwurf eines Schuldrechtsmodernisierungsgesetzes, in: ZRP 2001, S. 70f.

Kilian, Benno, Verbraucherbegriff in der EU, Dissertation, Augsburg 1998 (zitiert: *Kilian*, Diss., S.)

Kindler, Peter, Einführung in das italienische Recht, München 1993 (zitiert: *Kindler*, Einführung in das italienische Recht, S.)

- Italienisches Handels- und Wirtschaftsrecht. Schriftenreihe Recht der Internationalen Wirtschaft Band 17, Heidelberg 2002 (zitiert: *Kindler*, Italienisches Handels- und Wirtschaftsrecht, § Rn.)
- Rechtswahlfestigkeit des Handelsvertreterausgleichs bei Tätigkeitsausübung in Mitgliedstaat, aber Sitz des Unternehmens in Drittstaat, in: BB 2001, S. 11f.

Kircher, Wolfgang, Die Voraussetzungen der Sachmängelhaftung beim Warenkauf: eine vergleichende Darstellung des deutschen und des englischen Rechts unter Berücksichtigung des UN-Kaufrechts und aktueller Reformbestrebungen, Dissertation, Tübingen 1998 (zitiert: *Kircher*, Diss., S.)

Kircher, Wolfgang, Zum Vorschlag für eine Richtlinie über den Verbrauchsgüterkauf und –garantien, in: ZRP 1997, S. 290f.

Klauer, Irene, Die Europäisierung des Privatrechts – Der EuGH als Zivilrichter, 1. Aufl., Baden-Baden 1998 (zitiert: *Klauer*, Die Europäisierung des Privatrechts, S.)

Knöpfle, Robert, Der Begriff des Fehlers i.S. des § 459 I BGB bei beweglichen Sachen und seine praktischen Auswirkungen, insbesondere bei Produkten mit schlechtem Testergebnis, in: AcP 180 (1980), S. 462f.

- Zum Inhalt des Fehlers und der Zusicherung i.S. § 459 I, II BGB, in: NJW 1987, S. 801f.

Knütel, Rolf, Zur Schuldrechtsreform, in: NJW 2001, S. 2519f.

Kothe, Wolfhard/ Micklitz, Hans-W./ Rott, Peter/ Tonner, Klaus/ Willingmann, Armin (Hrsg.), Das neue Schuldrecht. Kompaktkommentar, Neuwied/ München 2003 (zitiert Kompaktkommentar-*Bearbeiter*, § Rn.)
Kötz, Hein, Savigny v. Thibaut und das gemeineuropäische Zivilrecht, in: ZEuP 2002, S. 431f.
Kramer, Andreas, Abwicklungsstörungen bei Kaufverträgen. Die Lieferung vertragswidriger Sachen im deutschen und italienischen Recht, Dissertation, Frankfurt am Main/ Berlin/ Bern/ New York/ Paris/ Wien 1996 (zitiert: *Kramer*, Diss, S.)
Krebs, Peter, Die große Schuldrechtsreform, in: DB 2000, Beilage Nr. 14, S. 15f.
- Verbraucher, Unternehmer oder Zivilpersonen, in: DB 2002, S. 517f.
Kropholler, Jan, Internationales Privatrecht - einschließlich der Grundbegriffe des Internationalen Zivilverfahrensrechts -, 4. Aufl., Tübingen 2001 (zitiert: Kropholler, Internationales Privatrecht, §)
Lamprecht, Philipp, Nochmals: Gewährleistung trotz Annahmeverzug und Untergang der Kaufsache? Zum Abnahmeverweigerungsrecht des Käufers nach neuem Schuldrecht – zugleich Stellungnahme zu Jansen, ZIP 2002, 877, in: ZIP 2002, S. 1790f.
Lando, Ole, Does the European Union need a Civil Code?, in: RIW 2003, S. 1 f.
Lando, Ole/ Beale, Hugh (Hrsg.), The Principles of European Contract Law, Part I and II, The Hague, Boston, London 2000 (zitiert: *Lando/ Beale* (Hrsg), The Principles of European Contract Law Part I and II)
Laws, Jutta, Strukturen des Kauf-, Werkvertrags- und Werklieferungsvertragsrechts nach der Schuldrechtsreform, in: MDR 2002, S. 320f.
Leenen, Detlef, Die Neuregelung der Verjährung, in: JZ 2001, S. 552f.
Lehmann, Michael, Die Haftung für Werbeangaben nach dem Schuldrecht, in: DB 2002, S. 1090f.
- Informationsverantwortung und Gewährleistung für Werbeaussagen beim Verbrauchsgüterkauf, in: JZ 2000, S. 280f.
Lehr, Wolfgang/ Wendel, Heiko, Die EU-Richtlinie über Verbrauchsgüterkauf und –garantien, in: EWS 1999, S. 321f.
Leible, Stefan, Die Mitteilung der Kommission zum Europäischen Vertragsrecht – Startschuss für ein Europäisches Vertragsgesetzbuch, in: EWS 2001, S. 471f.
Lettl, Tobias, Die Falschlieferung durch den Verkäufer nach der Schuldrechtsreform, in: JuS 2002, S. 866f.
Lodolini, Paola Romana, La direttiva 1999/44/CE del Palamento europeo e del Consiglio su taluni aspetti della vendita e delle garanzie dei beni di consumo: prime osservazioni, in: Europa e dir. priv. 1999, S. 1275f.
Lorenz Stephan/ Riehm, Thomas, Lehrbuch zum neuen Schuldrecht, München 2002 (zitiert: *Lorenz/ Riehm*, Lehrbuch zum neuen Schuldrecht, Rn.)
Lorenz, Stephan, Schadensersatz wegen Pflichtverletzung – ein Beispiel für die Überhastung der Kritik an der Schuldrechtsreform, in: JZ 2001, S. 742f.
- Selbstvornahme der Mängelbeseitigung im Kaufrecht, in: NJW 2003, S. 1417f.

Luminoso, Angelo, Appunti per l'attuazione della direttiva 1999/44/CE e per la revisione della garanzia per vizi nella vendita, in: Contr. e impr./Europa 2001, S. 83f.

- Riparazione o sostituzione della cosa e garanzia per vizi nella vendita. Dal codice civile alla direttiva 1999/44, in: Riv. dir. civ. 2001/I, S. 837f.

Lutter, Marcus, Die Auslegung angeglichenen Rechts, in: JZ 1992, S. 593f.

Macario, Francesco, Brevi considerazioni sull'attuazione della direttiva in tema di garanzie nella vendita di beni di consumo, in: Contr. e impr./Europa 2001, S. 143f.

Magnus, Ulrich, Der Regreßanspruch des Letztverkäufers nach der Richtlinie über den Verbrauchsgüterkauf, in: *Peter Johannes Weber* (Hrsg.), Liber discipulorum et amicorum, Festschrift für *Kurt Siehr* zum 65. Geburtstag, 2000, S. 429f. (zitiert: *Magnus*, FS *Siehr*, S. 429f.)

- Der Regreßanspruch des Letztverkäufers nach der Richtlinie über den Verbrauchsgüterkauf, in: *Basedow, Jürgen/ Meier, Isaak/ Schnyder, Anton K./Einhotn, Talia/ Girsberger, Daniel* (Hrsg.), Private Law in the International Arena – From National Conflict Rules Towards Harmonisation and Unification, Den Haag 2000, S. 429f. (zitiert: *Magnus*, in: *Basedow/Meier/Schnyder/Einhotn/Girsberger* (Hrsg.), Private Law in the International Arena, S. 429f.)
- Der Stand der internationalen Überlegungen: Die Verbrauchsgüterkauf-Richtlinie und das UN-Kaufrecht, in: *Grundmann, Stefan/ Medicus, Dieter/ Rolland, Walter* (Hrsg.), Europäisches Kaufgewährleistungsrecht, Reform und Internationalisierung des deutschen Schuldrechts, Köln/ Berlin/Bonn/ München 2000, S. 79f. (zitiert: *Magnus*, in: *Grundmann/ Medicus/ Rolland* (Hrsg.), Europäisches Kaufgewährleistungsrecht, S. 79f.)
- Die Auslegung des neuen Schuldrecht, in: RIW 2002 Heft 10, S. 1

Magnus, Ulrich/ Wurmnest, Wolfgang (Hrsg.), Casebook Europäisches Haftungs- und Schadensrecht, 1. Aufl., Baden-Baden 2002 (*Magnus/Wurmnest* (Hrsg.), Casebook Europäisches Haftungs- und Schadensrecht, S.)

Mankowski, Peter, Ein Zulieferer ist kein Lieferant. Konsequenzen aus dem begrenzten Zuschnitt der Regressregelung in §§ 478, 479 BGB, in: DB 2002, S. 2419f.

Mansel, Heinz-Peter /Budzikiewicz, Christine, Das neue Verjährungsrecht, Bonn 2002 (zitiert: *Mansel/Budzikiewicz*, Das neue Verjährungsrecht, § Rn.)

Mansel, Heinz-Peter, Die Neuregelung des Verjährungsrechts, in: NJW 2002, S. 89f.

Mariconda, Vincenzo, "Conformità al contratto" dei beni di consumo e onere della prova, in: Corr. giur. 2002, S. 1095f.

Martiny, Dieter, Europäisches Internationales Vertragsrecht - Ausbau und Konsolidierung, in: ZEuP 1999, S. 246f.

- Internationales Vertragsrecht im Schatten des Europäischen Gemeinschaftsrecht, in: ZEuP 2001, S. 308f.

Marx, Claudius, Handlungskosten im Unternehmerrückgriff, in: BB 2002, S. 2566f.

Matthes, Jens, Der Herstellerregress nach § 478 BGB in Allgemeinen Geschäftsbedingungen – ausgewählte Probleme, in: NJW 2002, S. 2505f.

Matthiessen, Holger/ Lindner, Beatrix, EG-Richtlinie über den Verbrauchsgüterkauf – Anlass für eine Reform des neuen Schuldrechts, in: NJW 1999, S. 617f.

Maultzsch, Felix, Schuldrechtsmodernisierung 2001/2002 - Der Regress des Unternehmers beim Verbrauchsgüterkauf, in: JuS 2002, S. 1171f.

Medicus, Dieter, Bürgerliches Recht – eine nach Anspruchsgrundlagen geordnete Darstellung zur Examensvorbereitung, 19. Aufl., Köln 2002 (zitiert: *Medicus*, Bürgerliches Recht, Rn.)

- Dogmatische Verwerfungen im geltenden deutschen Schuldrecht, in: *Schulze, Reiner/Schulte-Nölke* (Hrsg.), Hans, Die Schuldrechtsreform vor dem Hintergrund des Gemeinschaftsrechts, Münster u.a., 2001, S. 33f. . (zitiert: *Medicus*, in: *Schulze/ Schulte-Nölke* (Hrsg.), Die Schuldrechtsreform vor dem Hintergrund des Gemeinschaftsrechts, S. 33f.)
- Ein neues Kaufrecht für Verbraucher, in: ZIP 1996, S. 1924f.
- Verbraucherrecht und Verbrauchsgüterkauf in einem kodifikatorischen System – Bürgerrecht, handelsrecht und sonderprivatrecht, in: *Grundmann, Stefan/ Medicus, Dieter/ Rolland, Walter* (Hrsg.), Europäisches Kaufgewährleistungsrecht, Reform und Internationalisierung des deutschen Schuldrechts, Köln/ Berlin/Bonn/ München 2000, S. 251f. (zitiert: *Medicus*, in: *Grundmann/ Medicus/ Rolland* (Hrsg.), Europäisches Kaufgewährleistungsrecht, S. 251f.)

Mengozzi, Pieralbero, La nozione di consumatore, la direttiva CEE 93/13 ed il diritto italiano, in: Contr. e Impr./Europa, 2002, 54f.

Micklitz, Hans W., Ein einheitliches Kaufrecht für Verbraucher in der EG?, in: EuZW 1997, S. 229f.

- Perspektiven eines Europäischen Privatrechts, in: ZEuP 1998, S. 253f.
- Zur Notwendigkeit eines neuen Konzepts für die Fortentwicklung des Verbraucherrechts in der EU, in: VuR 2003, S. 2f.
- Die Verbrauchsgüterkauf-Richtlinie, in: EuZW 1999, S. 485f.
- Vertragsschlußmodalitäten, in: *Micklitz, Hans-W./ Pfeiffer, Thomas/ Tonner, Klaus/ Willingmann, Armin* (Hrsg.), Schuldrechtsreform und Verbraucherschutz, Baden-Baden 2001, 191f. (zitiert: *Micklitz*, in *Micklitz/ Pfeiffer/ Tonner/ Willingmann* (Hrsg.), Schuldrechtsreform und Verbraucherschutz, S. 191f.)

Micklitz, Hans-W./ d'Usseaux, F. Brunetta, Die Umsetzung der Richtlinie 93/13 in das italienische Recht, in: ZEuP 1998, S. 104f.

Minervini, Enrico, Tutela del consumatore e clausole vessatorie, Neapel 1999 (zitiert: *Minervini*, Tutela del consumatore, S.)

Mischo, Jean, Der Beitrag des Gerichtshofes zur Wahrung der föderalen Balance in der Europäischen Union: Referat im Rahmen der Vortragsreihe "Europa an der Schwelle zur einheitlichen Währung in Bonn am 11. Januar 1999 [Rheinische Friedrich-Wilhelms-Universität Bonn, Zentrum für Europäisches Wirtschaftsrecht], Bonn 1999 (zitiert: *Mischo*, Der Beitrag des EuGH zur Wahrung der föderalen Balance in der EU, S. 24f.)

Möllers, Thomas M. J., Europäische Richtlinien zum Bürgerlichen Recht, in: JZ 2002, S. 121f.

Morgenroth, Sascha J., Umsetzung der Verbrauchsgüterkaufrichtlinie in Spanien und Deutschland, Dissertation, Frankfurt am Main 2003 (zitiert: *Morgenroth*, Diss., S.)

Motsch, Richard, Die Modernisierung des Schuldrechts, in: NJ 2002, S. 1f.

Müller, Gerd, Zu den Folgen eines Rügeversäumnisses i.S. d. § 377 HGB, in: ZIP 2002, S. 1178

Müller, Klaus, Unternehmenskauf, Garantie und Schuldrechtsreform - ein Sturm im Wasserglas?, in: NJW 2002, S. 1026f.

Müller, Markus, Die Umgehung des Rechts des Verbrauchsgüterkaufs im Gebrauchtwagenhandel, in: NJW 2003, S. 1975f.

Münchener Kommentar zum Bürgerlichen Gesetzbuch, hrsg. von *Kurt Rebmann* und *Franz Jürgen Säcker*, Bd. 1, Allgemeiner Teil, §§ 1-240, AGB-Gesetz, 3. Aufl., München 1993 (zitiert: MüKo-Bearbeiter, 3. Aufl., BGB § Rn)

- hrsg. von *Kurt Rebmann* und *Franz Jürgen Säcker*, Bd. 2, Schuldrecht Allgemeiner Teil, §§ 241-432, 3. Aufl., München 1994 (zitiert: MüKo-Bearbeiter, 3. Aufl., BGB § Rn)
- hrsg. von *Kurt Rebmann* und *Franz Jürgen Säcker*, Bd. 2, Schuldrecht Besonderer Teil I, §§ 433-610, Finanzierungsleasing, Verbraucherkreditgesetz, Haustürwiderrufsgesetz, Erbschaft- und Schenkungssteuergesetz, Gesetz zur Regelung der Miethöhe, Heizkostenverordnung, 3. Aufl., München 1995 (zitiert: MüKo-Bearbeiter, 3. Aufl., BGB § Rn)
- hrsg. von *Kurt Rebmann, Franz Jürgen Säcker* und *Roland Rixecker*, Bd. 3, Schuldrecht Besonderer Teil I, §§ 433-610, Finanzierungsleasing, Heizkostenverordnung, Betriebskostenverordnung, CISG, 4. Aufl., München 2004 (zitiert: MüKo-Bearbeiter, 4. Aufl., BGB § Rn oder CISG Art. Rn.)

Musielak, Hans-Joachim, Die Falschlieferung beim Stückkauf nach dem neuen Schuldrecht, in: NJW 2003, S. 89f.

Noverino, Paola, La nuova disciplina comunitaria della garanzia nella vendita dei beni di consumo, in: Dir. Comun. Scambi interni 2000, S. 315f.

Oetker, Hartmut/ Maultzsch, Felix, Vertragliche Schuldverhältnisse, 2. Aufl. Berlin 2004 (zitiert: *Oetker/Maultzsch*, Vertragliche Schuldverhältnisse, S.)

Olshausen, Eberhard von, Einrede- und Aufrechnungsbefugnisse bei verjährten Sachmängelansprüchen, in: JZ 2002, S. 385f.

Padovini, Fabio, Die Umsetzung der Richtlinie 1999/44 EG zum Verbrauchsgüterkauf und zu den Garantien für Verbrauchsgüter, in: *Jayme, Erik / Mansel, Heinz-Peter/ Pfeiffer, Thomas* (Hrsg.), Jahrbuch für italienisches Recht, Bd. 17, Heidelberg 2004, S. 43f. (zitiert: *Padovini*, JbItalR 17 (2004), S. 43f.)

Paefgen, Walter G., Kollisionsrechtlicher Verbraucherschutz im Internationalen Vertragsrecht und europäisches Gemeinschaftsrecht, in: ZEuP 2003, S. 266f.

Palandt, Otto (Begr.), Kommentar zum Bürgerlichen Recht, 61. Aufl., München 2002 (zitiert: Palandt-*Bearbeiter*, 61. Aufl., § Rn); 64. Aufl., München 2005 (zitiert: Palandt-*Bearbeiter*, 64. Aufl., § Rn)

Palm, Heinz, Die Schuldrechtsreform vor dem Hintergrund des Gemeinschaftsrechts, in: ZRP 2001, S. 431f.

Pammler, Sebastian, Zum Ersatzlieferungsanspruch beim Stückkauf, in: NJW 2003, S. 1992f.

Pardolesi, Paolo, La direttiva sulle garanzie nella vendita: ovvero, di buone intenzioni e risultati opachi, Riv. crit. dir. priv. 2001, S. 437f.

Peifer, Karl-Nikolaus, Die Haftung des Verkäufers für Werbeangaben, in: JR 2001, S. 265f.

Petersen, Jens, Die Nacherfüllung, in: JURA 2002, S. 461f.

Pfeiffer, Thomas, Systemdenken im neuen Leistungsstörungs- und Gewährleistungsrecht, in: ZGS 2002, S. 23f.

- Unkorrektheiten bei der Umsetzung der Verbrauchsgüterkaufrichtlinie in das deutsche Recht, Teil 1, in: ZGS 2002, S. 94f.
- Unkorrektheiten bei der Umsetzung der Verbrauchsgüterkaufrichtlinie in das deutsche Recht, Teil 2, in: ZGS 2002, S. 138f.
- Unkorrektheiten bei der Umsetzung der Verbrauchsgüterkaufrichtlinie in das deutsche Recht, Teil 3, in: ZGS 2002, S. 217f.
- Unkorrektheiten bei der Umsetzung der Verbrauchsgüterkaufrichtlinie in das deutsche Recht, Teil 4, in: ZGS 2002, S. 390f.
- Vom kaufmännischen Verkehr zum Unternehmensverkehr. Die Änderungen des AGB-Gesetzes durch das Handelsrechtsreformgesetz, in: NJW 1999, S. 169f.

Pinna, Andrea, I termini nella disciplina delle garanzie e la direttiva 1999/44/CE sulla vendita di beni di consumo, in: Contr. e impr./Europa 2000, S. 516f.

Plaia, Armando, Nel caso di "difetto di conformità" è il commerciante che risponde, in: Dir. e giust. 2002, S. 52f.

Rausch, Uta, Das Recht der Allgemeinen Geschäftsbedingungen in Italien. Ein vergleich zum deutschen Recht unter besonderer Berücksichtigung der EU-Richtlinie 93/13 über missbräuchliche Klauseln in Verbraucherverträge, Dissertation, hamburg 2004 (zitiert: *Rausch*, Diss., S.)

Reich, Norbert, Die Umsetzung der Richtlinie 1999/44/EG in das deutsche Recht, in: NJW 1999, 2397f.

- Verbraucherpolitik und Verbraucherschutz im Vertrag von Amsterdam, in: VuR 1999, S. 3f.

- Zur Theorie des europäischen Verbraucherrechts, in: ZEuP 1994, S. 381f.

Reich, Norbert/ Micklitz, Hans-W., Europäisches Verbraucherrecht, 4. Aufl., Baden-Baden 2003 (zitiert: *Autor*, in: *Reich/Micklitz*, Europäisches Verbraucherrecht, S.),

Reifner, Claire, Stillschweigender Ausschluss des UN-Kaufrechts im Prozess?, in: IHR 2002, S. 52f.

Reinicke, Dietrich/ Tiedke, Klaus, Kaufrecht: einschließlich Abzahlungsgeschäfte, allgemeine geschäftsbedingungen, Eigentumsvorbehalt, Factoring, Fernabsatzverträge und elektronischer Geschäftsverkehr, finanzierte Kaufverträge, Haustütgschäfte, leasing, Pool-vereinbarungen, Produzentenhaftung, Teilzeit-Wohnrechtsverträge (Time-sharing), UN-Kaufrecht und verbauchsgüterkaufverträge, 7. Aufl., München 2004 n(zitiert: *Reinicke/Tiedtke*, Kaufrecht, Rn.)

Reinking, Kurt, Auswirkungen des Schuldrechtsmodernisierungsgesetzes auf den Neu- und Gebrauchtwagenkauf, in: DAR 2001, S. 8f.

- Die Geltendmachung von Sachmängelrechten und ihre Auswirkung auf die Verjährung, in: ZGS 2002, S. 140f.

Reinking, Kurt, Gebrauchtwagenkauf von Unternehmen an Verbraucher im neuen Schuldrecht, in: ZGS 2003, S. 105ff.

Reinking, Kurt/ Eggert, Christoph, Der Autokauf. Rechtsfragen beim Kauf neuer und gebrauchter Kraftfahrzeuge sowie beim Leasing, 8. Aufl., Düsseldorf 2003 (zitiert: *Reinking/Eggert*, Autokauf, Rn.)

Remien, Oliver, AGB-Gesetz und Richtlinie über missbräuchliche Verbrauchervertragsklauseln in ihrem europäischen Umfeld, in: ZEuP 1994, S. 34f.

Renda, Andrea, Prime annotazioni in merito alla imminente direttiva sulle garanzie contrattuali: una occasione mancata?, in: Dir. consumi 1997, S. 565f.

Repgen, Tilman, Kein Abschied von der Privatautonomie. Die Funktion zwingenden Rechts in der Verbrauchsgüterkaufrichtlinie, Paderborn/ München/ Wien/ Zürich 2001 (zitiert: *Repgen*, Kein Abschied von der Privatautonomie, S.)

Rescigno, Pietro, Commentario al Codice Civile, 4. Aufl., Mailand 2001 (zitiert: *Rescigno*, Commentario al Codice Civile, Art.)

Rieger, Gregor, Die Richtlinie zu bestimmten Aspekten des Verbrauchsgüterkaufs und der Garantien für Verbrauchsgüter vor dem Hintergrund des geltenden Rechts, in: VuR 1999, S. 287f.

Roppo, Vincenzo, La nuova disciplina delle clausole abusive nei contratti fra imprese e consumatori, Riv. Dir. Civ. 1994/I, S. 277ff.

Roth, Herbert, Die Reform des Werkvertragsrechts, in: JZ 2001, S. 543f.

- EG-Richtlinien und bürgerliches Recht, in: JZ 1999, S. 529f..

Roth, Wulf-Henning, Die Schuldrechtsmodernisierung im Kontext des Europarechts, in: *Ernst, Wolfgang/ Zimmermann, Reinhard* (Hrsg.), Zivilrechtswissenschaft und Schuldrechtsreform: Zum Diskussionsentwurf eines Schuldrechtsmodernisierungsgesetzes des Bundesministeriums der Justiz,

Tübingen 2001, S. 225f. (zitiert: *Roth*, in: *Ernst/Zimmermann* (Hrsg.), Zivilrechtswissenschaft und Schuldrechtsreform, S. 225f.)

- Europäischer Verbraucherschutz und BGB, in: ZIP 2001, S. 475f.
- Europäisches Recht und nationales Recht, in: *Canaris, Claus-Wilhelm/ Heldrich, Andreas/ Hopt, Klaus J./ Roxin, Claus/ Schmidt, Karsten/ Wildmaier, Gunter* (Hrsg.), 50 Jahre Bundesgerichtshof. Festgabe aus der Wissenschaft, Band II. Handels- und Wirtschaftsrecht, Europäisches und Internationales Recht, München 2000, S. 847f (zitiert: *Roth*, BGH-Festgabe II, S. 847f)

Rubino, Domenico, La Compravendita, in: *Cicu/Messineo* (Hrsg.), Trattato di Diritto Civile e Commerciale, 1962, S. 633f. (zitiert: *Rubino*, in: *Cicu/Messineo* (Hrsg.), Trattato di Diritto Civile, S. 633f.)

Rumi, Tiziana, L'attuazione della direttiva 1999/44/CE "su taluni aspetti della vendita e delle garanzie di beni di consumo", Parte prima, in: Dir. e for. 2002, S. 213f.

- L'attuazione della direttiva 1999/44/CE "su taluni aspetti della vendita e delle garanzie di beni di consumo", Parte seconda, in: Dir. e for. 2002, S. 369f.

Ruscello, Francesco, Le garanzie post-vendita nella Direttiva 1999/44/CE del 25 maggio 1999, in: Stud. Iur. 2001, S. 832f.

Rusche, Tim, Der enge Zusammenhang im Sinne des Art. 29 a EGBGB, in: IPRax 2001, S. 420f.

Sachsen Gessaphe, Karl August von: Der Rückgriff des Letztverkäufers – neues europäisches und deutsches Kaufrecht, in: RIW 2001, S. 721f.

Safferling, Christoph J.M., Re-Kodifizierung des BGB im Zeitalter der Europäisierung des Zivilrechts – ein Anachronismus?, in: *Helms, Tobias/ Neumann, Daniela/ Caspers, Georg/ Sailer, Rita/ Schmidt-Kessel, Martin* (Hrsg.), Jahrbuch Junger Zivilrechtswissenschaftler 2001, Das neue Schuldrecht, Freiburg 2001, 133f. (zitiert: *Safferling*, in: *Helms/Neumann/Caspers/Sailer/Schmidt-Kessel* (Hrsg.), JbJgZivilRW, S. 133f.)

Schäfer, Peter/ Pfeiffer, Karen, Die EG-Richtlinie über den Verbrauchsgüterkauf, in: ZIP 1999, S. 1829f.

Schattenkirchner, Silvia, Sachmängelhaftung beim Gebrauchtwagenkauf nach der Schuldrechtsreform (f), in: DAR 2003, S. 120

Schiller, Sabine, Europäische Union: die Richtlinie über Verbrauchsgüterkauf und -garantien, Produkt- und Umwelthaftungsrecht international, Produkt- und Umwelthaftpflicht international. Recht und Versicherung (PHI) 1999, S. 118f. (zitiert: *Schiller*, PHI 1999, S. 118f.)

Schlechtriem, Peter (Hrsg.), Kommentar zum einheitlichen UN-Kaufrecht, 3. Aufl., München 2000 (zitiert: Schlechtriem-*Bearbeiter*, CISG Art. Rn.)

- „Wandlungen des Schuldrechts in Europa" – wozu und wohin, in: ZEuP 2002, S. 213f.

- Das geplante Gewährleistungsrecht im Lichte der europäischen Richtlinie zum Verbrauchsgüterkauf in: *Ernst, Wolfgang/ Zimmermann, Reinhard* (Hrsg.), Zivilrechtswissenschaft und Schuldrechtsreform: Zum Diskussionsentwurf eines Schuldrechtsmodernisierungsgesetzes des Bundesministeriums der Justiz, Tübingen 2001, S. 205f. (zitiert: *Schlechtriem*, in: *Ernst/ Zimmermann* (Hrsg.), Zivilrechtswissenschaft und Schuldrechtsreform, S. 205f.)
- Die Anpassung des deutschen Rechts an die Klausel-Richtlinie und den Richtlinienvorschlag zum Verbraucherkaufsrecht, in: ZSR 118 (1999), S. 335f.
- Entwicklung des deutschen Schuldrechts und europäische Rechtsangleichung, in: *Helms, Tobias/ Neumann, Daniela/ Caspers, Georg/ Sailer, Rita/ Schmidt-Kessel, Martin* (Hrsg.), Jahrbuch Junger Zivilrechtswissenschaftler 2001, Das neue Schuldrecht, Freiburg, 2001, S. 9f. (zitiert: *Schlechtriem*, in: *Helms/Neumann/Caspers/Sailer/Schmidt-Kessel* (Hrsg.), JbJgZivilRW, S. 9f.)
- Kaufrechtsangleichung in Europa: Licht und Schatten in der Verbrauchsgüterkaufrichtlinie, in: *Schack, Haimo* (Hrsg.), Gedächtnisschrift für *Alexander Lüderitz*, München 2000, S. 682f. (zitiert: *Schlechtriem*, in: GS *Lüderitz*, S. 675f.)
- Verbraucherverträge und Richtlinienentwurf, in: JZ 1997, S. 441f.

Schlesinger, Piero (Hrsg.), Il Codice Civile, Commentario diretto, Milano 1994 (zitiert: *Bearbeiter*, in: *Schlesinger* (Hrsg.), Il Codice Civile, S.)
- Le garanzie nella vendita di beni di consumo, Corr. giur. 2002, S. 561f.

Schmid, Christoph, Anfänge einer transnationalen Privatrechtswissenschaft in Europa, in: ZfRV 1999, S. 213f.
- Legitimitätsbedingungen eines Europäischen Zivilgesetzbuchs, in: JZ 2001, S. 675f.

Schmidt-Kessel, Martin, Der Rückgriff des Letztverkäufers in: ÖJZ 2000, S. 661f.

Schmidt-Räntsch, Jürgen, Der Entwurf eines Schuldrechtsmodernisierungsgesetzes, in: ZIP 2000, S. 1639f.
- Gedanken zur Umsetzung der kommenden Kaufrechtsrichtlinie, in: ZEuP 1999, S. 294f.
- Zum Stand der Kaufrechtsrichtlinie, in: ZIP 1998, S. 849f.

Schnyder, Anton K./ Straub, Ralf Michael, Das EG-Grünbuch über Verbrauchsgütergarantien und Kundendienst. Erster Schritt zu einem einheitlichen EG-Kaufrecht?, in: ZEuP 1996, S. 8f.

Schubel, Christian, Nacherfüllung im Kaufrecht. Bemerkungen zu den Vorschlägen der Schuldrechtskommission, in: ZIP 1994, S. 1330f.
- Schuldrechtsmodernisierung 2001/2002. Das neue Kaufrecht, in: JuS 2002, S. 313f.

Schulte-Nölke, Hans, Anforderungen an haftungseinschränkende Beschaffenheitsvereinbarungen beim Verbrauchsgüterkauf, in: ZGS 2003, S. 184ff.

- Elf Amtssprachen ein Recht? Folgen der Mehrsprachigkeit für die Auslegung von Verbraucherschutzrichtlinien, in: *Schulze, Reiner* (Hrsg.), Auslegung europäischen Privatrechts und angeglichenen Rechts, 1. Aufl., Baden-Baden 1999, S. 143f. (zitiert: *Schulte-Nölke*, in: *Schulze* (Hrsg.), Auslegung europäischen Privatrechts, S. 143f.)
- Initiative für ein besseres Verständnis des neuen, europäisch geprägten Schuldrechts, in: ZGS 2002, S. 261
- Vertragsfreiheit und Informationszwang nach der Schuldrechtsreform, in: ZGS 2002, S. 72f.

Schulte-Nölke, Hans/ Behren, Michael, Neues Kaufrecht: Wärmepumpe I-V, in: ZGS 2002, S. 33f.

Schulz, Sabine U.E., Die französische action directe: Modell für einen Gewährleistungsdurchgriff im deutschen Kaufrecht, Frankfurt am Main u.a. 1999 (zitiert, *Schulz*, Die französische action directe, S.)

Schulze Steinen, Petra, Umsetzung der EU-Richtlinie über den Verbrauchsgüterkauf in Finnland, in: IHR 2003, S. 212f.

Schulze, Götz, Falschlieferung beim Spezieskauf – Unzulänglichkeiten des Gesetzes?, in: NJW 2003, S. 1022f.

Schulze, Reiner, Auslegung europäischen Privatrechts und angeglichenen Rechts – Einführung, in:. *Schulze, Reiner* (Hrsg.), Auslegung europäischen Privatrechts und angeglichenen Rechts, 1. Aufl., Baden-Baden 1999, S. 9f. (zitiert: *Schulze*, Auslegung europäischen Privatrechts, S. 9f.)

Schulze, Reiner/Schulte-Nölke, Hans, Schuldrechtsreform und Gemeinschaftsrecht, in: *Schulze, Reiner/Schulte-Nölke, Hans* (Hrsg.), Die Schuldrechtsreform vor dem Hintergrund des Gemeinschaftsrechts, Münster u.a., 2001, S. 1f. . (zitiert: *Schulze/ Schulte-Nölke*, in: *Schulze/ Schulte-Nölke* (Hrsg.), Die Schuldrechtsreform vor dem Hintergrund des Gemeinschaftsrechts, S. 1f.)

Schurr, Francesco A.: Die neue Richtlinie 99/44/EG über den Verbrauchsgüterkauf und ihre Umsetzung – Chancen und Gefahren für das deutsche Kaufrecht, in: ZfRV 1999, S. 222f.

Schwab, Martin, Das neue Schuldrecht im Überblick, in: JuS 2002, S. 1f.
- Leistungsstörungen im Sukzessivlieferungsvertrag nach neuem Schuldrecht, in: ZGS 2003, S. 73ff.

Schwab, Martin/ Witt, Carl-Heinz, Einführung in das neue Schuldrecht, München 2002 (zitiert: *Schwab/Witt*, Einführung in das neue Schuldrecht, S.)

Schwartze, Andreas, Europäische Sachmängelgewährleistung beim Warenkauf. Optionale Rechtsangleichung auf der Grundlage eines funktionalen Rechtsvergleichs, 1. Aufl., Tübingen 2000 (zitiert: *Schwartze*, Europäische Sachmängelgewährleistung, S.)
- Die zukünftige Sachmängelgewährleistung in Europa. Die Verbrauchsgüterkauf-Richtlinie vor ihrer Umsetzung, in: ZEuP 2000, S. 544f.

Seibt, Christoph/ Raschke, Thorsten/ Reiche, Felix, Rechtsfragen der Haftungsbegrenzung bei Garantien (§ 444 BGB nF) und M&A-Transaktionen, in: NGZ 2002, S. 256f.

Sobich, Philip, Neues Kaufrecht im vereinigten Königreich, in: RIW 2003, S. 740f.

Soergel, Hans Th., Bürgerliches Gesetzbuch mit Einführungsgesetz und Nebengesetzen, Bd 2a, Allgemeiner Teil (§§ 13, 14, 126a-127, 194-225), 13. Aufl., Stuttgart 2002 (zitiert: Soergel-*Bearbeiter*, § Rn.)

- Bd. 3, Schuldrecht II (§§ 433-515), AGB-Gesetz, AbzG, EAG, EKG, UN-KaufAbk, 12. Aufl., Stuttgart 1991 (zitiert: Soergel-*Bearbeiter*, 12. Aufl., § Rn.)
- Bd. 13, Schuldrechtliche Nebengesetze 2, Übereinkommen der Vereinigten Nationen über Verträge über den internationalen Warenkauf (CISG), 13. Aufl., Stuttgart 2000 (zitiert: Soergel-*Bearbeiter*, CISG, Art. Rn.)

Sonnenberger, Hans Jürgen: Privatrecht und Internationales Privatrecht im künftigen Europa: Fragen und Perspektiven, in: RIW 2002, S. 489f.

Spindler, Gerald/ Klöhn, Lars, Neue Qualifikationsprobleme im E-Commerce. Verträge über die Verschaffung digitalisierter Informationen als Kaufvertrag, Werkvertrag, Verbrauchsgüterkauf?, in: CR 2003, S. 81f.

Stathopoulos, Michael, Europäisches Recht Vertragsrecht und ratio scripta – Zuständigkeiten und Perspektiven, in: ZEuP 2003, S. 243f.

Staudenmayer, Dirk: Die EG-Richtlinie über den Verbrauchsgüterkauf, in: NJW 1999, S. 2393f.

- EG-Richtlinie 1999/44/EG zur Vereinheitlichung des Kaufgewährleistungsrechts, in: *Grundmann, Stefan/ Medicus, Dieter/ Rolland, Walter* (Hrsg.), Europäisches Kaufgewährleistungsrecht, Reform und Internationalisierung des deutschen Schuldrechts, Köln/ Berlin/Bonn/ München 2000, S. 27f. (zitiert: *Staudenmayer*, in: *Grundmann/ Medicus/ Rolland* (Hrsg.), Europäisches Kaufgewährleistungsrecht, S. 27f.)
- Perspektiven des Europäischen Vertragsrechts, in: *Schulze, Reiner/ Schulte-Nölke, Hans* (Hrsg.), Die Schuldrechtsreform vor dem Hintergrund des Gemeinschaftsrechts, Münster u.a., 2001, S. 419f. (zitiert: *Staudenmayer*, in: *Schulze/ Schulte-Nölke* (Hrsg.), Die Schuldrechtsreform vor dem Hintergrund des Gemeinschaftsrechts, S. 419f.)
- Wie soll es mit dem Europäischen Vertragsrecht weitergehen?, in: EuZW 2002, S. 481

Staudinger, Ansgar, Das Schicksal der Judikatur zu "weiterfressenden Mängeln" nach der Schuldrechtsreform, in: ZGS 2002, S. 145f.

- Der Rückgriff des Unternehmers in grenzüberschreitenden Sachverhalten, in: ZGS 2002, S. 63f.
- Die ungeschriebene kollisionsrechtlichen Regelungsgebote der Handelsvertreter-, Haustürwiderrufs- und Produkthaftungsrichtlinie, in: NJW 2001, S. 1974f.
- Form und Sprache, in: *Schulze, Reiner/Schulte-Nölke, Hans* (Hrsg.), Die Schuldrechtsreform vor dem Hintergrund des Gemeinschaftsrechts, Münster u.a., 2001, S. 295f. . (zitiert: *Staudinger*, in: *Schulze/ Schulte-Nölke* (Hrsg.), Die Schuldrechtsreform vor dem Hintergrund des Gemeinschaftsrechts, S. 295f.)

Staudinger, Julius von, Kommentar zum Bürgerlichen Gesetzbuch mit Einführungsgesetz und Nebengesetzen, Buch 2, Recht der Schuldverhältnisse, Leistungsstörungsrecht, §§ 255 – 304, Neubearb., Berlin 2004 (zitiert: *Staudinger-Bearbeiter*, Neubearb., § Rn.)

- Buch 2, Recht der Schuldverhältnisse , §§ 433 – 534, 13. Aufl., Berlin 1995 (zitiert: *Staudinger-Bearbeiter*, 13. Aufl., § Rn.)
- Buch 2, Recht der Schuldverhältnisse, Leasing (Kaufrecht und Leasingrecht), §§ 433 – 487, Neubearb., Berlin 2004 (zitiert: *Staudinger-Bearbeiter*, Neubearb., § Rn.)
- Buch 2, Recht der Schuldverhältnisse, §§ 652 -704, 13. Aufl., Berlin 1995 (zitiert: *Staudinger-Bearbeiter*, 13. Aufl., § Rn.)
- Wiener UN-Kaufrecht (CISG), Neubearb. von *Ulrich Magnus*, Berlin 1999 (zitiert: *Staudinger-Magnus*, CISG, Art. Rn.)

Stoppel, Jan, Die Rechte des Käufers nach Lieferung einer mangelhaften Montageanleitung, in: VuR 2003, S. 176ff.

Taschner, Claudius, Internationale Übereinkommen, EG-Richtlinien, Europäisches Zivilgesetzbuch. Wege zu gemeinsamem Zivilrecht. Einige kritische Randbemerkungen, in: *Schwenzer, Ingeborg/ Hager, Günter* (Hrsg.), Festschrift für *Peter Schlechtriem* zum 70. Geburtstag, Tübingen 2003, S. 275f.(zitiert: *Taschner*, FS *Schlechtriem*, S. 275f.)

Thier, Andreas, Aliud- und Minus-Lieferung im neuen Kaufrecht des Bürgerlichen Gesetzbuches, in: AcP 203 (2003), S. 399f.

Tonner, Klaus, Die kaufrechtlichen Vorschriften im Diskussionsentwurf eines Schuldrechtsmodernisierungsgesetzes, in: VuR 2001, S. 87f.

- Verbrauchsgüterkauf-Richtlinie und Europäisierung des Zivilrechts, in: BB 1999, S. 1769f.

Tonner, Klaus/ Crellwitz, Kristin/ Echtermeyer, Sandra, Kauf- und Werkvertragsrecht im Regierungsentwurf eines Schuldrechtsmodernisierungsgesetzes, in: *Micklitz, Hans-W./ Pfeiffer, Thomas/ Tonner, Klaus/ Willingmann, Armin* (Hrsg.), Schuldrechtsreform und Verbraucherschutz, Baden-Baden 2001, 293f. (zitiert: *Tonner/Crellwitz/ Echtermeyer*, in: *Micklitz, /Pfeiffer /Tonner/Willingmann* (Hrsg.), Schuldrechtsreform und Verbraucherschutz, S.)

Toriello, Francesco, La proposta di direttiva sulle garanzie nelle vendite di beni di consumo: brevi note, in: Contr. e impr./Europa 1997, S. 815f.

Triebel, Volker/ Hölzle, Gerrit, Schuldrechtsreform und Unternehmenskaufverträge, in: BB 2002, S. 521f.

Trimarchi, Pietro, Istituzioni di diritto privato, 14. Aufl., Mailand 2002 (zitiert: *Trimarchi*, diritto privato, S.)

Tröger, Tobias, Aufwendungsersatz nach § 478 Abs. 2 BGB, in: ZGS 2003, S. 296f.

- Systemdenken im Europäischen Schuldvertragsrecht, in: ZEuP 2003, S. 525f.

Twigg-Flesner, Christian, Directive on Certain Aspects of the Sale of Consumer Goods and Associated Garantees, in: Consumer Law Journal 1999, S. 177f.

Valcárcel Schnüll, Dagmar, Die Haftung des Verkäufers für Fehler und zugesicherte Eigenschaften im europäischen Rechtsvergleich, Dissertation, Bonn 1994 (zitiert: *Valcárel Schnüll*, Diss., S.)

Vitellino, Gaetano, Primi appunti sulla direttiva 99/44Ce in tema di vendita e garanzie dei beni di consumo, in: Consumatori, Dir. e Merc. 2000, S. 98f.

Vorsmann, Martin: Gesetzliche Mängelhaftung gemäß der Europäischen Richtlinie über den Verbrauchsgüterkauf und Bürgerliches Gewährleistungsrecht, Dissertation, Dortmund 2001 (zitiert: *Vorsmann*, Diss., S.)

Wagner, Axel-Michael/ Neuenhahn, Stefan, Die Anwendbarkeit der §§ 478 und 479 BGB auf die „Beschaffungskette" des Herstellers, in: ZGS 2002, S. 395f.

Wagner, Axel-Michael/ Neuenhahn, Stefan, Die vertragliche Erstreckung der Regelungen der §§ 478, 479 BGB auf die Beschaffungskette" des Herstellers – 2. Teil, in: ZGS 2003, 64f.

Wagner, Gerhard, Die Verjährung gewährleistungsrechtlicher Rechtsbehelfe nach neuem Schuldrecht, in: ZIP 2002, S. 789f.

- Mangel- und Mangelfolgeschäden im neuen Schuldrecht?, in: JZ 2002, 475f.

Wagner, Rolf, Zusammenführung verbraucherschützender Kollisionsnormen aufgrund EG-Richtlinien in einem neuen Art. 29a EGBGB, in: IPRax 2000, S. 249f.

Weiler, Frank, Haftung für Werbeangaben nach dem neuem Kaufrecht, in: WM 2002, S. 1784f.

Weisner, Arnd, Die EG-Kaufrechtsgewährleistungsrichtlinie, in: JuS 2001, S. 759

Welser, Rudolf, Der Vorschlag der EU-Richtlinie über den Verbrauchsgüterkauf, in: *Meyer, Heinz/ Schlabrendorff, Fabian von/ Spiegelfeld, Benedikt* (Hrsg.), Recht in Österreich und Europa, Festschrift für *Karl Hempel* zum 60. Geburtstag, Wien 1997, S, 323f. (zitiert: *Welser*, in: FS *Hempel*, S. 323f.)

Welser, Rudolf/ Jud, Brigitta, Zur Reform des Gewährleistungsrechts: die Europäische Richtlinie über den Verbrauchsgüterkauf und ihre Bedeutung für ein neues Gewährleistungsrecht, Verhandlungen des 14. Österreichischen Juristentages, Band II/1 – Bürgerliches Recht, Gutachten, Wien 2000 (zitiert: *Welser/ Jud*, Zur Reform des Gewährleistungsrechts, S.)

Wertenbruch, Johannes, Die eingeschränkte Bindung des Käufers an Rücktritt und Minderung, in: JZ 2002, S. 862f.

Westermann, Harm Peter, Vorschlag für eine Einpassung der Kaufgewährleistungsrichtlinie ins deutsche Recht, in: *Grundmann, Stefan/ Medicus, Dieter/ Rolland, Walter* (Hrsg.), Europäisches Kaufgewährleistungsrecht, Köln/ Berlin/Bonn/ München 2000, S. 251f. (zitiert: *Westermann*, in: *Grundmann/ Medicus/ Rolland* (Hrsg.), Europäisches Kaufgewährleistungsrecht, S. 251f.)

- Das neue Kaufrecht einschließlich des Verbrauchsgüterkaufs, in: JZ 2001, S. 530f.

- Das neue Kaufrecht, in: NJW 2002, S. 241f.
- Kaufrecht im Wandel, in: *Schulze, Reiner/Schulte-Nölke, Hans* (Hrsg.), Die Schuldrechtsreform vor dem Hintergrund des Gemeinschaftsrechts, Münster u.a., 2001, S. 109f. . (zitiert: *Westermann*, in: *Schulze/ Schulte-Nölke* (Hrsg.), Die Schuldrechtsreform vor dem Hintergrund des Gemeinschaftsrechts, S. 109f.)

Westermann, Harm Peter/ Buck, Petra, Das neue Schuldrecht: systematische Darstellung der Schuldrechtsrefrom 2002, Stuttgart 2002 (zitiert: *Westermann/Buck*, Das neue Schuldrecht, S.)

Westphalen, Friedrich Graf von, Die Umsetzung der Verbrauchsgüterkauf-Richtlinie im Blick auf den Regreß zwischen Händler und Hersteller, in: DB 1999, S. 2553f.
- Kettengarantie und kein Ende?, in: ZGS 2002, S. 19f.
- Die Neuregelungen des Entwurfs eines Schuldrechtsmodernisierungsgesetzes für das Kauf- und Werkvertragsrecht, in: DB 2001, S. 799f.

Wieser, Eberhard, Eine Revolution des Schuldrechts, in: NJW 2001, S. 121f.
- Leistungsstörungen bei der Nacherfüllung des Kaufvertrages, in: JR 2002, S. 269f.

Wilhelm, Jan, Schuldrechtsreform 2001, in: JZ 2001, 861f.

Witt, Carl-Heinz, Schuldrechtsmodernisierung 2001/2002 – das neue Verjährungsrecht, in: JuS 2002, S. 105f.

Wolf, Manfred/ Horn, Norbert/ Lindacher, Walter F. (Hrsg.), Gesetz zur Regelung des Rechts der Allgemeinen Geschäftsbedingungen, Kommentar, 4. Aufl., München 1999 (zitiert: *Bearbeiter* in: Wolf/Horn/Lindacher, AGBG, § Rn.)

Wolf, Sabine, Reform des Kaufrechts durch EG-Richtlinie – ein Vorteil für die Wirtschaft? – die möglichen Auswirkungen einer Richtlinie über den Verbrauchsgüterkauf und –garantien auf das deutsche Kaufrecht und die Wirtschaft, in: RIW 1997, S. 899f.

Wrase, Michael/ Müller-Helle, Adrian, Aliud-Lieferung beim Verbrauchsgüterkauf - ein nur scheinbar gelöstes Problem, in: NJW 2002, S. 2537f.

Zaccaria, Alessio, Einführung: Wege zu einer Harmonisierung des Privatrechts in Europa, in: *Canaris, Claus-Wilhelm/ Zaccaria, Alessio* (Hrsg.), Die Umsetzung von zivilrechtlichen Richtlinien der Europäischen Gemeinschaft in Italien und Deutschland, Untersuchungen zum Europäischen Privatrecht Band 12, Berlin 2002, S. 1f. (zitiert: *Zaccaria*, in: *Canaris/Zaccaria* (Hrsg.), Die Umsetzung von zivilrechtlichen Richtlinien der Europäischen Gemeinschaft in Italien und Deutschland, S. 1f.)
- La tutela del promettente compratore in buona fede di una cosa altrui, in: Stud. Iur. 2000, S. 790f.
- Riflessioni circa l'attuazione della Direttiva n. 1999/44/CE "su taluni aspetti della vendita e delle garanzie dei beni di consumo", in: Stud. Iur. 2000, S. 260f.

- Umsetzungsüberlegungen zur Kaufgewährleistungsrichtlinie in Italien, in: *Grundmann, Stefan/ Medicus, Dieter/ Rolland, Walter* (Hrsg.), Europäisches Kaufgewährleistungsrecht, Reform und Internationalisierung des deutschen Schuldrechts, Köln/ Berlin/Bonn/ München 2000, S. 181f. (zitiert: *Zaccaria*, in: *Grundmann/ Medicus/ Rolland* (Hrsg.), Europäisches Kaufgewährleistungsrecht, S. 181f.)

Zaccaria, Alessio/ De Cristofaro, Giovanni, La vendita dei beni di consumo. Commento agli Artt. 1519bis – 1519nonies del Codice Civile, Padova 2002 (zitiert: *Zaccaria/ De Cristofaro*, La Vendita dei beni di consumo, S.)

Zahn, Herbert, Der kaufrechtliche Nacherfüllungsanspruch – ein Trojanisches Pferd im Leasingvertrag?, in: DB 2002, S. 985f.

Zerres, Thomas, Das neue Sachmängelgewährleistungsrecht beim Kauf, in: VuR 2002, S. 3f.

- Recht auf Nacherfüllung im deutschen und englischen Kaufrecht, in: RIW 2003, S. 746f.

Ziegler, Benno/ Rieder, Markus, Vertragsgestaltung und Vertragsanpassung nach dem Schuldrechtsmodernisierungsgesetz, in: ZIP 2001, S. 1789f.

Zimmer, Daniel, Das geplante Kaufrecht, in: *Ernst, Wolfgang/ Zimmermann, Reinhard* (Hrsg.), Zivilrechtswissenschaft und Schuldrechtsreform: Zum Diskussionsentwurf eines Schuldrechtsmodernisierungsgesetzes des Bundesministeriums der Justiz, Tübingen 2001, S. 191f. (zitiert: *Zimmer*, in: *Ernst/ Zimmermann* (Hrsg.), Zivilrechtswissenschaft und Schuldrechts-reform, S. 191f.)

- Das neue Recht der Leistungsstörungen, in: NJW 2002, S. 1f.

Zimmer, Daniel/ Eckhold, Thomas, Das neue Mängelgewährleistungsrecht beim Kauf, in: JURA 2002, S. 145f.

Zimmermann, Reinhard, Die "Principles of European Contract Law", Teil I, in: ZEuP 1995, S. 731f.

- Schuldrechtmodernisierung?, in: *Ernst, Wolfgang/ Zimmermann, Reinhard* (Hrsg.), Zivilrechtswissenschaft und Schuldrechtsreform: Zum Diskussionsentwurf eines Schuldrechtsmodernisierungsgesetzes des Bundesministeriums der Justiz, Tübingen 2001, S. 1f. (zitiert: *Zimmermann*, in: *Ernst/ Zimmermann* (Hrsg.), Zivilrechtswissenschaft und Schuldrechtsreform, S. 1f.)

- Schuldrechtsmodernisierung?, in: JZ 2001, S. 171f.

Zuleeg, Manfred, Die gemeinschaftskonforme Auslegung und Fortbildung mitgliedstaatlichen Rechts, in: *Schulze, Reiner* (Hrsg.), Auslegung europäischen Privatrechts und angeglichenen Rechts, 1. Aufl., Baden-Baden 1999, S. 163f. (zitiert: *Zuleeg*, in: *Schulze* (Hrsg.), Auslegung europäischen Privatrechts, S. 163f.)

Anhang – Italienische Umsetzungsvorschriften

Italienischer Gesetzestext der Umsetzungsvorschriften

§ 1-*bis* Della vendita dei beni di consumo
Art. 1519-*bis* (Ambito di applicazione e definizioni)

[1] Il presente paragrafo disciplina taluni aspetti dei contratti di vendita e delle garanzie concernenti i beni di consumo. A tali fini ai contratti di vendita sono equiparati i contratti di permuta e di somministrazione nonché quelli di appalto, di opera e tutti gli altri contratti comunque finalizzati alla fornitura di beni di consumo da fabbricare o produrre.

[2] Ai fini del presente paragrafo si intende per:

a) consumatore: qualsiasi persona fisica che, nei contratti di cui al comma primo, agisce per scopi estranei all'attività imprenditoriale o professionale eventualmente svolta;

b) beni di consumo: qualsiasi bene mobile, anche da assemblare, tranne:
1. i beni oggetto di vendita forzata o comunque venduti secondo altre modalità dalle autorità giudiziarie, anche mediante delega ai notai;

2. l'acqua e il gas, quando non confezionati per la vendita in un volume delimitato o in quantità determinata;
3. l'energia elettrica;
c) venditore: qualsiasi persona fisica o giuridica pubblica o privata che, nell'esercizio della propria attività imprenditoriale o professionale, utilizza i contratti di cui al comma primo;

d) produttore: il fabbricante di un bene di consumo, l'importatore del bene di consumo nel territorio della Unione europea o qualsiasi altra persona che si presenta come produttore apponendo sul bene di consumo il suo nome, marchio o altro segno distintivo;
e) garanzia convenzionale ulteriore: qualsiasi impegno di un venditore o di un produttore, assunto nei confronti del consumatore senza costi

Deutsche Übersetzung der italienischen Umsetzungsvorschriften

§ 1-*bis* Verbrauchsgüterkauf
Art. 1519-*bis* (Anwendungsbereich und Definitionen)

[1] Dieser Paragraph (Untertitel) regelt einige Aspekte der Kaufverträge und der Garantien über Verbrauchsgüter. Den Kaufverträgen in diesem Sinn sind Tausch- und Bezugsverträge ebenso wie Unternehmerwerkverträge, einfache Werkverträge und alle sonstigen Verträge, die auf die Lieferung eines anzufertigenden oder herzustellenden Verbrauchsgutes gerichtet sind, gleichgestellt.

[2] Im Sinne dieses Paragrafen (Untertitels) bezeichnet der Ausdruck

a) Verbraucher: Jede natürliche Person, die im Rahmen der unter Absatz 1 fallenden Verträge zu einem Zweck handelt, der weder einer unternehmerischen noch beruflichen Tätigkeit zugerechnet werden kann;

b) Verbrauchsgüter: Alle beweglichen - auch zusammenzubauende - Güter, mit Ausnahme von
1. Gütern, die aufgrund von Zwangsvollstreckungsmaßnahmen oder durch eine andere gerichtliche Maßnahmen verkauft werden, auch dann, wenn dies durch einen Notar erfolgt,;

2. Wasser und Gas, wenn sie nicht in einem begrenzten Volumen oder in einer bestimmten Menge zum Verkauf abgefüllt sind;
3. Strom;
c) Verkäufer: Jede natürliche oder juristische Person des öffentlichen oder privaten Rechts, die zum Zwecke ihrer unternehmerischen oder beruflichen Tätigkeit Verträge im Sinne des Abs. 1 der Vorschrift abschließt;

d) Hersteller: Der Fabrikant eines Verbrauchsguts, dessen Importeur für das Gebiet der Europäischen Union oder jede andere Person, die sich als Hersteller bezeichnet, indem sie ihren Namen, ihre Marke oder ein anderes Kennzeichen an dem Verbrauchsgut anbringt;
e) Konventionelle zusätzliche Garantie: Jede von einem Verkäufer oder Hersteller gegenüber dem Verbraucher ohne Aufpreis eingegangene Ver-

supplementari, di rimborsare il prezzo pagato, sostituire, riparare, o intervenire altrimenti sul bene di consumo, qualora esso non corrisponda alle condizioni enunciate nella dichiarazione di garanzia o nella relativa pubblicità;

pflichtung, den Kaufpreis zu erstatten, das Verbrauchsgut zu ersetzen oder nachzubessern oder in sonstiger Weise Abhilfe zu schaffen, wenn das Verbrauchsgut nicht den in der Garantieerklärung oder in der einschlägigen Werbung genannten Konditionen entspricht;

f) riparazione: nel caso di difetto di conformità, il ripristino del bene di consumo per renderlo conforme al contratto di vendita.

f) Nachbesserung: im Falle der Vertragswidrigkeit, die Wiederherstellung des Verbrauchsgutes, um es in den vertragsgemäßen Zustands zu setzen.

[3] Le disposizioni del presente paragrafo si applicano alla vendita di beni di consumo usati, tenuto conto del tempo del pregresso utilizzo, limitatamente ai difetti non derivanti dall'uso normale della cosa.

[3] Die Vorschriften dieses Untertitels finden (auch) auf den Verkauf gebrauchter Verbrauchsgüter Anwendung, (jedoch) unter Berücksichtigung der Dauer des vorangegangenen Gebrauchs (und nur) eingeschränkt auf Mängel, die nicht durch den üblichen Gebrauch der Güter entstanden sind.

Art. 1519-*ter* (Conformità al contratto)

[1] Il venditore ha l'obbligo di consegnare al consumatore beni conformi al contratto di vendita.

[2] Si presume che i beni di consumo siano conformi al contratto se, ove pertinenti, coesistono le seguenti circostanze:

a) sono idonei all'uso al quale servono abitualmente beni dello stesso tipo;

b) sono conformi alla descrizione fatta dal venditore e possiedono le qualità del bene che il venditore ha presentato al consumatore come campione o modello;

c) presentano la qualità e le prestazioni abituali di un bene dello stesso tipo, che il consumatore può ragionevolmente aspettarsi, tenuto conto della natura del bene e, se del caso, delle dichiarazioni pubbliche sulle caratteristiche specifiche dei beni fatte al riguardo dal venditore, dal produttore o dal suo agente o rappresentante, in particolare nella pubblicità o sull'etichettatura;

d) sono altresì idonei all'uso particolare voluto dal consumatore e che sia stato da questi portato a conoscenza del venditore al momento della conclusione del contratto e che il venditore abbia accettato anche per fatti concludenti.

Art. 1519-ter (Vertragsmäßigkeit)

[1] Der Verkäufer hat die Pflicht, dem Verbraucher dem Kaufvertrag gemäße Güter zu liefern.

[2] Es wird vermutet, dass Verbrauchsgüter vertragsgemäß sind, wenn, soweit anwendbar, die nachfolgenden Umstände gleichzeitig vorliegen:

a) sie eignen sich für den Zweck, für den Güter der gleichen Art gewöhnlich gebraucht werden;

b) sie stimmen mit der vom Verkäufer gegebenen Beschreibung überein und besitzen diejenige Qualität des Gutes, die der Verkäufer dem Verbraucher als Probe oder Muster vorgelegt hat;

c) sie weisen die bei Gütern der gleichen Art übliche Qualität und Leistungen auf, die der Verbraucher vernünftigerweise erwarten kann, wenn die Beschaffenheit des Gutes und gegebenenfalls die insbesondere in der Werbung oder bei der Etikettierung gemachten öffentlichen Äußerungen des Verkäufers, des Herstellers oder dessen Makler oder Vertreter über die konkreten Eigenschaften der Güter in Betracht gezogen werden;

d) sie eignen sich ferner für eine bestimmten vom Verbraucher angestrebten Verwendung, den der Verbraucher dem Verkäufer bei Vertragsschluss zur Kenntnis gebracht hat und dem der Verkäufer zugestimmt hat, was auch konkludent möglich ist.

[3] Non vi é difetto di conformità se, al momento della conclusione del contratto, il consumatore era a conoscenza del difetto o non poteva ignorarlo con l'ordinaria diligenza o se il difetto di conformità deriva da istruzioni o materiali forniti dal consumatore.

[3] Es liegt keine Vertragswidrigkeit vor, wenn der Verbraucher im Zeitpunkt des Vertragsschlusses Kenntnis des Mangels hatte oder bei Anwendung gewöhnlicher Sorgfalt nicht in Unkenntnis darüber sein konnte, oder wenn die Vertragswidrigkeit auf den Anweisungen oder gelieferten Stoffen des Verbraucher beruht.

[4] Il venditore non é vincolato dalle dichiarazioni pubbliche di cui al comma secondo, lettera c), quando, in via anche alternativa, dimostra che:
a) non era a conoscenza della dichiarazione e non poteva conoscerla con l'ordinaria diligenza;

b) la dichiarazione é stata adeguatamente corretta entro il momento della conclusione del contratto in modo da essere conoscibile al consumatore;

c) la decisione di acquistare il bene di consumo non é stata influenzata dalla dichiarazione.

[4] Der Verkäufer ist durch die in Absatz 2 Buchstabe c) genannten öffentlichen Äußerungen nicht gebund-en, wenn er – auch (nur) alternativ –nachweist, dass:
a) er die betreffenden Äußerungen nicht kannte und bei Anwendung der gewöhnlichen Sorgfalt auch keine Kenntnis davon haben konnte;
b) die Äußerung zum Zeitpunkt des Vertragsschlusses in angemessener Weise berichtigt worden war und zwar so, dass der Verbraucher davon Kenntnis haben konnte;
c) die getroffene Kaufentscheidung nicht durch die Äußerung beeinflusst worden ist.

[5] Il difetto di conformità che deriva dall'imperfetta installazione del bene di consumo é equiparato al difetto di conformità del bene quando l'installazione é compresa nel contratto di vendita ed é stata effettuata dal venditore o sotto la sua responsabilità. Tale equiparazione si applica anche nel caso in cui il prodotto, concepito per essere installato dal consumatore, sia da questo installato in modo non corretto a causa di una carenza delle istruzioni di installazione.

[5] Die Vertragswidrigkeit infolge unsachgemäßer Montage des Verbrauchsgutes wird der Vertrags-widrigkeit gleichgestellt, wenn die Montage Bestand-teil des Kaufvertrags ist und vom Verkäufer oder unter dessen Verantwortung vorgenommen worden ist. Diese Gleichstellung gilt auch in dem Fall, in dem das zur Montage durch den Verbraucher bestimmte Produkt von diesem wegen eines auf die Montagean-leitung zurückzuführenden Mangels unsachgemäß montiert wurde.

Art. 1519-*quater* (Diritti del consumatore)

[1] Il venditore é responsabile nei confronti del consumatore per qualsiasi difetto di conformità esistente al momento della consegna del bene.

[2] In caso di difetto di conformità, il consumatore ha diritto al ripristino, senza spese, della conformità del bene mediante riparazione o sostituzione, a norma dei commi terzo, quarto, quinto e sesto, ovvero ad una riduzione adeguata del prezzo o alla risoluzione del contratto, conformemente ai commi settimo, ottavo e nono.

[3] Il consumatore può chiedere, a sua scelta, al venditore di riparare il bene o di sostituirlo, senza spese in entrambi i casi, salvo che il rimedio richiesto sia oggettivamente impossibile o eccessivamente oneroso rispetto all'altro.

Art. 1519-*quater* (Rechte des Verbrauchers)

[1] Der Verkäufer haftet dem Verbraucher für jede Vertragswidrigkeit, die zum Zeitpunkt der Lieferung des Verbrauchsgutes besteht.

[2] Bei Vertragswidrigkeit hat der Verbraucher das Recht auf unentgeltliche Herstellung des vertrags-gemäßen Zustandes durch Nachbesserung oder Ersatz-lieferung nach Maßgabe der Absätze 3, 4, 5 und 6 oder auf eine angemessene Kaufpreisminderung oder auf Vertragsauflösung nach Maßgabe der Absätze 7, 8 und 9.

[3] Der Verbraucher kann vom Verkäufer nach seiner Wahl verlangen, das Gut nachzubessern oder zu ersetzen, (und zwar) in beiden Fällen unentgeltlich, sofern die gewählte Abhilfe nicht objektiv unmöglich oder gegenüber der anderen übermäßig belastend ist.

[4] Ai fini di cui al comma terzo é da considerare eccessivamente oneroso uno dei due rimedi se impone al venditore spese irragionevoli in confronto all'altro, tenendo conto:

a) del valore che il bene avrebbe se non vi fosse difetto di conformità;
b) dell'entità' del difetto di conformità;
c) dell'eventualità' che il rimedio alternativo possa essere esperito senza notevoli inconvenienti per il consumatore.

[5] Le riparazioni o le sostituzioni devono essere effettuate entro un congruo termine dalla richiesta e non devono arrecare notevoli inconvenienti al consumatore, tenendo conto della natura del bene e dello scopo per il quale il consumatore ha acquistato il bene.

[6] Le spese di cui ai commi secondo e terzo si riferiscono ai costi indispensabili per rendere conformi i beni, in particolare modo con riferimento alle spese effettuate per la spedizione, per la mano d'opera e per i materiali.

[7] Il consumatore può richiedere, a sua scelta, una congrua riduzione del prezzo o la risoluzione del contratto ove ricorra una delle seguenti situazioni:
a) la riparazione e la sostituzione sono impossibili o eccessivamente onerose;
b) il venditore non ha provveduto alla riparazione o alla sostituzione del bene entro il termine congruo di cui al comma sesto;
c) la sostituzione o la riparazione precedentemente effettuata ha arrecato notevoli inconvenienti al consumatore.

[8] Nel determinare l'importo della riduzione o la somma da restituire si tiene conto dell'uso del bene.

[9] Dopo la denuncia del difetto di conformità, il venditore può offrire al consumatore qualsiasi altro rimedio disponibile, con i seguenti effetti:

a) qualora il consumatore abbia già richiesto uno specifico rimedio, il venditore resta obbligato ad attuarlo, con le necessarie conseguenze in ordine alla decorrenza del termine congruo di cui al comma sesto, salvo accettazione da parte del consumatore del rimedio alternativo proposto;

[4] Eine der beiden Abhilfe gilt als übermäßig belastend im Sinne des Absatzes 3, wenn sie dem Verkäufer gegenüber der anderen Abhilfe unvernünftige Kosten verursacht, unter Berücksichtigung
a) des Wertes, den das Gut ohne die Vertragswidrigkeit hätte,
b) der Bedeutung der Vertragswidrigkeit,
c) der Möglichkeit auf die Abhilfealternative ohne erhebliche Unannehmlichkeiten für den Verbraucher zurückgegriffen werden kann.

[5] Die Nachbesserungen oder die Ersatzlieferungen müssen innerhalb einer angemessenen Frist ab (dem Zeitpunkt) ihrer Geltendmachung erfolgen und sie dürfen keine erheblichen Unannehmlichkeiten für den Verbraucher mit sich bringen, wobei die Art des Gutes sowie des Zwecks, für den der Verbraucher das Gut gekauft hat, zu berücksichtigen sind.

[6] Die Kosten im Sinne der Absätze 2 und 3 umfassen die zur Herstellung der Vertragsgemäßheit der Verbrauchsgüter notwendigen Kosten, insbesondere die für den Versand bewirkten Kosten, die Arbeits- und die Materialkosten.

[7] Der Verbraucher kann nach seiner Wahl eine angemessene Minderung des Kaufpreises oder die Vertragsauflösung verlangen, wenn eine der nachfolgendenden Situationen gegeben ist:
a) die Nachbesserung oder die Ersatzlieferung sind unmöglich oder übermäßig belastend;
b) der Verkäufer hat nicht innerhalb einer angemessenen Frist im Sinne von Absatz 6 für die Nachbesserung oder Ersatzlieferung des Verbrauchsgutes gesorgt;
c) die vorangegangene Ersatzlieferung oder Nachbesserung hat für den Verbraucher erhebliche Unannehmlichkeiten mit sich gebracht.

[8] Bei der Feststellung des Minderungsbetrages oder der zurückzugewährenden Summe muss der Gebrauch des Gutes berücksichtigt werden.

[9] Nachdem die Vertragswidrigkeit angezeigt worden ist, darf der Verkäufer dem Verbraucher jede andere zur Verfügung stehende Abhilfe mit den nachfolgenden Wirkungen anbieten:
a) hat der Verbraucher bereits eine bestimmte Abhilfe verlangt, so bleibt der Verkäufer zu ihrer Vornahme innerhalb der angemessenen Frist nach Absatz 6 der Vorschrift verpflichtet, es sei denn, der Verbraucher nimmt die ihm angebotene alternative Abhilfe an;

b) qualora il consumatore non abbia già richiesto uno specifico rimedio, il consumatore deve accettare la proposta o respingerla scegliendo un altro rimedio ai sensi del presente articolo.

[10] Un difetto di conformità di lieve entità per il quale non é stato possibile o é eccessivamente oneroso esperire i rimedi della riparazione o della sostituzione, non da' diritto alla risoluzione del contratto.

Art. 1519-*quinquies* (Diritto di regresso)

[1] Il venditore finale, quando é responsabile nei confronti del consumatore a causa di un difetto di conformità imputabile ad un'azione o ad un'omissione del produttore, di un precedente venditore della medesima catena contrattuale distributiva o di qualsiasi altro intermediario, ha diritto di regresso, salvo patto contrario o rinuncia, nei confronti del soggetto o dei soggetti responsabili facenti parte della suddetta catena distributiva.

[2] Il venditore finale che abbia ottemperato ai rimedi esperiti dal consumatore, può agire, entro un anno dall'esecuzione della prestazione, in regresso nei confronti del soggetto o dei soggetti responsabili per ottenere la reintegrazione di quanto prestato.

Art. 1519-*sexies* (Termini)

[1] Il venditore é responsabile, a norma dell'articolo 1519-quater, quando il difetto di conformità si manifesta entro il termine di due anni dalla consegna del bene.

[2] Il consumatore decade dai diritti previsti dall'articolo 1519-quater, comma secondo, se non denuncia al venditore il difetto di conformità entro il termine di due mesi dalla data in cui ha scoperto il difetto. La denuncia non é necessaria se il venditore ha riconosciuto l'esistenza del difetto o l'ha occultato.

[3] Salvo prova contraria, si presume che i difetti di conformità che si manifestano entro sei mesi dalla consegna del bene esistessero già a tale data, a meno che tale ipotesi sia incompatibile con la natura del bene o con la natura del difetto di conformità.

[4] L'azione diretta a far valere i difetti non dolosamente occultati dal venditore si prescrive, in ogni caso, nel termine di ventisei mesi dalla

b) hat der Verbraucher noch keine bestimmte Abhilfe verlangt, so muss er entweder das Angebot des Verkäufers annehmen oder ablehnen, wobei er (dann) eine andere Abhilfe im Sinne dieses Artikels auswählen muss.

[10] Eine Vertragswidrigkeit, die nur von geringfügiger Bedeutung ist und bei der es unmöglich oder übermäßig belastend ist, auf die Nachbesserung oder Ersatzlieferung zurückzugreifen, gibt kein Recht zur Vertragsauflösung.

Art. 1519-*quinquies* (Regressrecht)

[1] Der Letztverkäufer hat, vorbehaltlich gegenteiliger Vereinbarungen oder eines Verzichts gegenüber dem oder den Haftenden innerhalb der Veräußerungskette, ein Regressrecht, wenn er gegenüber dem Verbraucher aufgrund einer Vertragswidrigkeit infolge eines Handelns oder Unterlassens des Herstellers, eines früheren Verkäufers innerhalb derselben Veräußerungsvertragskette oder einer anderen Zwischenperson haftet.

[2] Der Letztverkäufer, der der vom Verbraucher ausgewählten Abhilfe nachgekommen ist, kann innerhalb eines Jahres nach Durchführung der Leistung den oder die Haftenden in Regress nehmen, um die Wiederherstellung des Geleisteten zu erhalten.

Art. 1519-*sexies* (Fristen)

[1] Der Verkäufer haftet nach Artikel 1519-quater, wenn die Vertragswidrigkeit innerhalb einer Frist von zwei Jahren nach der Lieferung des Gutes offenbar wird.

[2] Der Verbraucher verliert die in Artikel 1519-quater Absatz 2 genannten Rechte, wenn er dem Verkäufer die Vertragswidrigkeit nicht innerhalb einer Frist von zwei Monaten ab dem Zeitpunkt, in dem er den Mangel entdeckt hat, anzeigt. Die Anzeige ist nicht erforderlich, wenn der Verkäufer den Mangel erkannt oder arglistig verschwiegen hat.

[3] Vorbehaltlich eines Gegenbeweises, wird vermutet, dass Vertragswidrigkeiten, die sich innerhalb von sechs Monaten nach Lieferung des Gutes zeigen, bereits in diesem Zeitpunkt vorlagen, es sei denn, diese Vermutung ist mit der Art des Gutes oder der Vertragswidrigkeit unvereinbar.

[4] Die Direktklage, um solche nicht arglistig vom Verkäufer versteckter Mängel geltend zu machen, verjährt in jedem Fall in einer Frist von

consegna del bene; il consumatore, che sia convenuto per l'esecuzione del contratto, può tuttavia far valere sempre i diritti di cui all'articolo 1519-quater, comma secondo, purché il difetto di conformità sia stato denunciato entro due mesi dalla scoperta e prima della scadenza del termine di cui al periodo precedente.

Art. 1519-*septies* (Garanzia convenzionale)

[1] La garanzia convenzionale vincola chi la offre secondo le modalità indicate nella dichiarazione di garanzia medesima o nella relativa pubblicità.

[2] La garanzia deve, a cura di chi la offre, almeno indicare:

a) la specificazione che il consumatore é titolare dei diritti previsti dal presente paragrafo e che la garanzia medesima lascia impregiudicati tali diritti;

b) in modo chiaro e comprensibile l'oggetto della garanzia e gli elementi essenziali necessari per farla valere, compresi la durata e l'estensione territoriale della garanzia, nonché il nome o la ditta e il domicilio o la sede di chi la offre.

[3] A richiesta del consumatore, la garanzia deve essere disponibile per iscritto o su altro supporto duraturo a lui accessibile.

[4] La garanzia deve essere redatta in lingua italiana con caratteri non meno evidenti di quelli di eventuali altre lingue.

[5] Una garanzia non rispondente ai requisiti di cui ai commi secondo, terzo e quarto rimane comunque valida e il consumatore può continuare ad avvalersene ed esigerne l'applicazione.

Art. 1519-*octies* (Carattere imperativo delle disposizioni)

[1] É nullo ogni patto, anteriore alla comunicazione al venditore del difetto di conformità, volto ad escludere o limitare, anche in modo indiretto, i diritti riconosciuti dal presente paragrafo. La nullità può essere fatta valere solo dal consumatore e può essere rilevata d'ufficio dal giudice.

[2] Nel caso di beni usati, le parti possono

26 Monaten nach Lieferung des Gutes; der Verbraucher, der auf Durchführung des Vertrags verklagt wird, kann dennoch immer die in Artikel 1519-quater Absatz 2 genannten Rechte geltend machen, wenn die Vertragswidrigkeit innerhalb von zwei Monaten nach der Entdeckung und vor dem Ablauf der im vorigen Satz genannten Frist angezeigt worden ist.

Art. 1519-*septies* (konventionelle Garantien)

[1] Die konventionelle Garantie bindet denjenigen, der sie anbietet zu den in der Garantieerklärung oder einschlägigen Werbung enthaltenen Modalitäten.

[2] Eine Garantie muss, wofür derjenige die Sorge zu tragen hat, der sie anbietet, wenigstens enthalten:

a) die detaillierte Beschreibung, dass der Verbraucher Inhaber der in diesem Paragrafen (Untertitel) vorgesehenen Rechte ist und dass die Garantie diese Rechte unberührt lässt;

b) in einfacher und verständlicher Weise den Inhalt der Garantie und die wesentlichen Angaben, die für die Geltendmachung der Garantie erforderlich sind, einschließlich der Dauer und den räumlichen Geltungsbereich der Garantie sowie den Namen oder die Firma und den Wohnsitz oder Geschäftssitz desjenigen, der sie anbietet.

[3] Auf Verlangen des Verbrauchers, muss die Garantie schriftlich oder auf einem anderen dauerhaften, ihm zugänglichen Datenträger zur Verfügung stehen.

[4] Die Garantieerklärung muss in italienischer Sprache abgefasst werden und zwar nicht weniger auffällig als die eventuell (enthaltenen) Fassung in anderen Sprachen.

[5] Eine Garantie, die nicht den Anforderungen der Absätze 2, 3 und 4 entspricht, bleibt dennoch gültig und der Verbraucher kann sie weiterhin geltend machen und ihre Einhaltung verlangen.

Art. 1519-*octies* (Zwingender Charakter der Vorschriften)

[1] Jede Vereinbarung vor Mitteilung der Vertragswidrigkeit an den Verkäufer, die darauf gerichtet ist, die in diesem Paragrafen (Untertitel) vorgesehenen Rechte (sei es) auch (nur) mittelbar auszuschließen oder einschränken, ist nichtig. Die Nichtigkeit kann nur vom Verbraucher geltend gemacht und von Amts wegen festgestellt werden.

[2] Im Fall gebrauchter Güter können die Parteien

limitare la durata della responsabilità di cui all'articolo 1519-sexies, comma primo, ad un periodo di tempo in ogni caso non inferiore ad un anno.

[3] É nulla ogni clausola contrattuale che, prevedendo l'applicabilità' al contratto di una legislazione di un paese extracomunitario, abbia l'effetto di privare il consumatore della protezione assicurata dal presente paragrafo, laddove il contratto presenti uno stretto collegamento con il territorio di uno Stato membro dell'Unione europea.

Art. 1519-*nonies* (Tutela in base ad altre disposizioni)

Le disposizioni del presente paragrafo non escludono né limitano i diritti che sono attribuiti al consumatore da altre norme dell'ordinamento giuridico".

die Haftungsdauer aus Artikel 1519-sexies Absatz 1 in jedem Fall auf nicht weniger als ein Jahr beschränken.

[3] Jede Vertragsklausel ist nichtig, die die Anwendung des Rechts eines Nichtmitgliedstaates auf den Vertrag vorsieht, wodurch dem Verbraucher der durch diesen Paragrafen (Untertitel) gewährte Schutz vorenthalten wird, wenn der Vertrag einen engen Zusammenhang mit dem Gebiet der Mitgliedstaaten der Europäischen Union aufweist.

Art. 1519-*nonies* (Schutz aufgrund anderer Vorschriften)

Die Vorschriften dieses Paragrafen (Untertitels) beschränken nicht die Rechte und schließen sie auch nicht aus, die der Verbraucher aufgrund anderer Vorschriften der Rechtsordnung geltend machen kann.

INTERNATIONALRECHTLICHE STUDIEN
Beiträge zum Internationalen Privatrecht, zum Einheitsrecht und zur Rechtsvergleichung

Herausgegeben von Ulrich Magnus

Band 1 Birgit Reimers-Zocher: Beweislastfragen im Haager und Wiener Kaufrecht. 1995.

Band 2 Lenja Vespermann: Schadensersatz bei Beeinträchtigung rechts- oder sittenwidriger Interessen im deutschen und französischen Recht. 1996.

Band 3 Peter Cypra: Die Rechtsbehelfe im Verfahren der Vollstreckbarerklärung nach dem EuGVÜ unter besonderer Berücksichtigung der Ausgestaltung in Deutschland und Frankreich. 1996.

Band 4 Brigitta Lurger: Regulierung und Deregulierung im europäischen Privatrecht. 1997.

Band 5 Uta Gutknecht: Das Nacherfüllungsrecht des Verkäufers bei Kauf- und Werklieferungsverträgen. Rechtsvergleichende Untersuchung zum CISG, zum US-amerikanischen Uniform Commercial Code, zum deutschen Recht und zu dem Vorschlag der Kommission zur Überarbeitung des deutschen Schuldrechts. 1996.

Band 6 Stefan Abel: Die Qualifikation der Schenkung. Zur Methode der Qualifikation im Internationalen Schuldvertragsrecht. 1997.

Band 7 Daniel Kötz: Verkäuferpflichten und Rechtsbehelfe des Käufers im neuen norwegischen Kaufrecht vom 13. Mai 1988 Nr. 27 im Vergleich zum UN-Kaufrecht vom 11. April 1980 (CISG). 1997.

Band 8 Olaf Beier: Grundsätze eines europäischen transportmittelübergreifenden Schadensrechts für den Gütertransport. Eine rechtsvergleichende Untersuchung unter besonderer Berücksichtigung der CMR, der ER/CIM 1990, des WA/HP und der HVR. 1999.

Band 9 Ulrich Krüger: Modifizierte Erfolgshaftung im UN-Kaufrecht. Die Haftungsbefreiung bei Lieferung vertragswidriger Ware gemäß Art. 79 CISG. 1999.

Band 10 Wolf-Henning Hammer: Das Zurückhaltungsrecht gemäß Art. 71 CISG im Vergleich zu den Kaufgesetzen der nordischen Staaten unter Einbeziehung transportrechtlicher Aspekte. Eine rechtsvergleichende Studie. 1999.

Band 11 Ulrich Quay: Der Consulting-Vertrag im Internationalen Privatrecht. 2000.

Band 12 Axel Halfmeier: Die Veröffentlichung privater Tatsachen als unerlaubte Handlung. Eine rechtsvergleichende Untersuchung. 2000.

Band 13 Stephanie Scholz: Lohngleichheit durch Verfahren. Eine Studie zur Förderung der Lohngleichheit durch verfahrensrechtliche Ansätze. 2000.

Band 14 Tank Cebecioglu: Stellung des Ausländers im Zivilprozeß. Eine rechtsvergleichende Untersuchung des türkischen und deutschen Rechts. 2000.

Band 15 Gunnar Straube: Sozialrechtliche Eingriffsnormen im Internationalen Privatrecht. 2001.

Band 16 Daniela de Lukowicz: Divergenzen in der Rechtsprechung zum CISG. Auf dem Weg zu einer einheitlichen Auslegung und Anwendung? 2001.

Band 17 Mohamed Hassan Fadlalla Ali: Das islamische Ehe- und Kindschaftsrecht im Sudan. Mit Hinweisen zu den Lehren der Islamischen Rechtsschule, der anwendbaren Familienrechtsvorschriften für Nichtmuslime im Sudan und im deutschen Familienrecht. 2001.

Band 18 Ole Lando / Ulrich Magnus / Monika Novak-Stief (Hrsg./eds.): Angleichung des materiellen und des internationalen Privatrechts in der EU. Harmonisation of Substantive and International Private Law. 2003.

Band 19 Florian Schulz: Der Ersatzlieferungs- und Nachbesserungsanspruch des Käufers im internen deutschen Recht, im UCC und im CISG. Eine rechtsvergleichende Untersuchung unter Berücksichtigung der Schuldrechtskommission, der EG-Richtlinie 1999/44/EG und des Diskussionsentwurfs eines Schuldrechtsmodernisierungsgesetzes. 2002.

Band 20 Ingo Janert: Die Aufrechnung im internationalen Vertragsrecht. 2002.

Band 21 Armin Jentsch: Die Erhaltungspflichten des Verkäufers und des Käufers im UN-Kaufrecht im Vergleich zum US-amerikanischen Uniform Commercial Code und zum deutschen Recht. 2002.

Band 22 Martin Taschner: Arbeitsvertragsstatut und zwingende Bestimmungen nach dem Europäischen Schuldvertragsübereinkommen. Einheitliche Auslegung. 2003.

Band 23 Klaus Bitterich: Die Neuregelung des Internationalen Verbrauchervertragsrechts in Art. 29a EGBGB. 2003.

Band 24 Sascha J. Morgenroth: Umsetzung der Verbrauchsgüterkaufrichtlinie in Spanien und Deutschland. Umsetzung der Richtlinie 1999/44/EG des Europäischen Parlaments und des Rates vom 25. Mai 1999 zu bestimmten Aspekten des Verbrauchsgüterkaufs und der Garantien für Verbrauchsgüter in Spanien und Deutschland. 2003.

Band 25 Markus Renfert: Über die Europäisierung der ordre public Klausel. 2003.

Band 26 Henning Mordhorst: Die Behandlung vertraglicher Mobiliarsicherheiten im US-amerikanischen und deutschen Insolvenzrecht. 2003.

Band 27 Hans Markus Wulf: UN-Kaufrecht und eCommerce. Problembereiche bei der Anwendung des Wiener Übereinkommens auf Internet-Verträge. 2003.

Band 28 Julia Kaiser: Freiheit oder Schutz? Die Scheidungsfolgenvereinbarung im deutschen und im englischen Recht. 2003.

Band 29 Astrid Hillebrenner: Die private Zustimmung zu Rechtsgeschäften Dritter im englischen, dänischen und deutschen Recht. 2004.

Band 30 Irene von der Heyde: Das deutsche und italienische internationale Kindschaftsrecht im Rechtsvergleich. Favor filii oder favor filiationis? 2004.

Band 31 Sven-Michael Werner: Recht im Systemwandel. *Ein Land, zwei Systeme* und das Kontinuitätsproblem in Hongkong. 2004.

Band 32 Holger Ellenberger: Wirtschaftsrelevante Kollisionsnormen im japanischen internationalen Privatrecht. 2004.

Band 33 Sebastian Kaufmann: Parol Evidence Rule und Merger Clauses im internationalen Einheitsrecht. 2004.

Band 34 Britta Christina Weber: Eigentumsübertragung und gutgläubiger Erwerb beim Kauf von beweglichen Sachen im vietnamesischen Zivilgesetzbuch von 1995. Eine rechtsvergleichende Analyse unter Berücksichtigung des Eigentumsbegriffs im vietnamesischen Recht. 2004.

Band 35 Alexander von Saucken: Die Reform des österreichischen Schiedsverfahrensrechts auf der Basis des UNCITRAL-Modellgesetzes über die internationale Handelsschiedsgerichtsbarkeit. Ein Diskussionsbeitrag. 2004.

Band 36 Jasnica Garašić: Anerkennung ausländischer Insolvenzverfahren. Teil 1 und Teil 2. Ein Vergleich des kroatischen, des deutschen und des schweizerischen Rechts sowie der Europäischen Verordnung über Insolvenzverfahren, des Istanbuler Übereinkommens und des UNCITRAL-Modellgesetzes. 2005.

Band 37 Eugenia Kurzynsky-Singer: Anknüpfung und Reichweite des Vollmachtsstatuts. 2005.

Band 38 Timo Utermark: Rechtsgeschichte und Rechtsvergleichung bei Ernst Rabel. 2005.

Band 39 Mohamed Lakmes: Die IPR-Anknüpfung der Schuldverträge. Ein Vergleich zwischen dem deutschen und dem syrischen Recht. 2005.

Band 40 Christian Haas: Vertragsstrukturen privatfinanzierter Infrastrukturprojekte. Nationale und internationale Perspektiven. 2005.

Band 41 Tanja Herzog-Engels: Gesellschaftsrechtliche Formvorschriften und Internationales Privatrecht. 2005.

Band 42 Hassan Siahpoosh: Das Familien- und Erbrecht im Iran. 2006.

Band 43 Carola Reifenrath: Das Vertragsrecht Hongkongs und dessen zukünftige Entwicklung. Unter besonderer Berücksichtigung des englischen Common Law. 2006.

Band 44 Arkadiusz Wudarski: Der Pfandbrief und sein Treuhänder. Eine rechtsvergleichende Untersuchung zum polnischen und deutschen Recht. 2006.

Band 45 Ulla Liukkunen: Cross-Border Services and Choice of Law. A Comparative Study of the European Approach. 2007.

Band 46 Claire Anna Reifner: Die Umsetzung der Verbrauchsgüterkaufrichtlinie in Italien und Deutschland. 2007.

www.peterlang.de